Die Wiege der abendländischen Kultur

Ägypten – Griechenland – Rom

VERLEGT BEI
KAISER

Inhalt

Buch 1
Ägypten
Das Land der Pharaonen　　　　　　Seite 3–216

Buch 2
Griechenland in der Antike　　Seite 1–216

Buch 3
Das römische Reich　　　　　　Seite 1–216

ÄGYPTEN

Das Land der Pharaonen

Alessandro Bongioanni

VERLEGT BEI
KAISER

Alessandro Bongioanni promovierte an der Universität von Turin in Ägyptologie und spezialisierte sich auf Geschichts- und Religionsforschung im Bereich der ägyptischen Kultur und der östlichen Welt. Als Dozent der Universität Turin lehrte er im Institut für Geschichte und Archäologie ägyptische Religion und Sprache. Seit Jahren arbeitet er mit der *Sopraintendenza per le Antichità Egizie* in Turin zusammen, ist mit der Katalogisierung der im *Museo Egizio* in Turin aufbewahrten Materialien beschäftigt und hält Vorträge über die eigene Forschungs- und Lehrtätigkeit in Turin und anderen italienischen Städten. Gemeinsam mit Mario Tosi ist er Autor von *Uomini e Dei dell'Antico Egitto* (Parma 1991) und *La Spiritualità nell'Antico Egitto* (Rimini 1997), mit Riccardo Grazzi Autor von *Torino, l'Egitto e l'Oriente fra Storia e Leggenda* (1994). Zahlreiche Aufsätze und Essays des Autors wurden in italienischen und internationalen Fachzeitschriften publiziert. A. Bongioanni hat als Berater oder Gast bei zahlreichen Fernsehsendungen mitgewirkt: *Stargate, Misteri, Il Filo di Arianna* und *La Macchina del Tempo*.

Titel des italienischen Originals: »Atlante dell' Antico Egitto«
Einzig berechtigte Übertragung aus dem Italienischen:
Mag. Maria Schlick

Deutsche Erstausgabe

Copyright © 2001 Istituto Geografico De Agostini S.p.A., Novara
Copyright der deutschen Ausgabe
© 2010 by Neuer Kaiser Verlag Gesellschaft mbH, Klagenfurt
Neuauflage
E-Mail: office@kaiserverlag.com
www.kaiserverlag.com
Kein Teil des Werkes darf in irgendeiner Form (durch Fotografie, Mikrofilm oder ein anderes Verfahren) ohne schriftliche Genehmigung des Verlages reproduziert oder unter Verwendung elektronischer Systeme verarbeitet, vervielfältigt oder verbreitet werden.
Einbandgestaltung: Context Type & Sign Pink GmbH, St. Veit – Markus Kurrent
Satz: Context Type & Sign Pink GmbH, St. Veit/Glan
Druck und Bindearbeit: Gorenjski Tisk, Kranj-Slowenien

INHALT

6 Einführung

DER NIL

8 Ägypten, ein Geschenk des Nils

MODERNE ÄGYPTOLOGIE

10 Moderne Ägyptologie

GESCHICHTE

14 Ägyptische Geschichte im Überblick
18 Die Herrscher Ägyptens
20 Vom Anbeginn bis zur Thinitenzeit
22 Das Alte Reich
24 Erste Zwischenzeit und Mittleres Reich
26 Von der Zweiten Zwischenzeit zum Neuen Reich
28 Höhepunkt und Niedergang des Neuen Reiches
30 Die Dritte Zwischenzeit
32 Saitisch-persische Periode
34 Die Ptolemäer-Dynastie bis zur Herrschaft der Römer

RELIGION

36 Die Enneade von Heliopolis
38 Die Staatsreligion
40 Die Priesterkaste
42 Das Leben nach dem Tod
44 Der Totenkult und die Reise ins Jenseits
46 Das *Totenbuch*
48 Die nächtliche Reise der Sonne
50 Die Orakel

INHALT

52 Magie
54 Die Verbreitung der ägyptischen Religion
56 Ägyptische Feste
60 Die Götter Ägyptens

DIE SCHRIFT

76 Die Schrift

DIE WISSENSCHAFTEN

82 Astronomie und Kalender
86 Mathematik und Zahlen
88 Messinstrumente und Messsysteme
90 Krankheiten und Heilmethoden

128 Malerei
134 Sarkophage, Schmuck und Masken

DAS TÄGLICHE LEBEN

138 Ägyptische Gesellschaft
142 Das Rechtswesen
144 Die Armee
148 Der Mythos von der Sklaverei
150 Ehe und Familie

DIE ENTDECKUNG DES ALTEN ÄGYPTEN

152 Unter- und Mittelägypten
172 Oberägypten

210 GLOSSAR
213 BIBLIOGRAPHIE
214 STICHWORTVERZEICHNIS
216 BILDNACHWEIS

WIRTSCHAFT

92 Landwirtschaft
96 Wein und Weinlese
98 Fischfang
100 Schifffahrt
104 Metallbearbeitung
106 Handwerk

ARCHITEKTUR UND KUNST

110 Architektur
112 Der Pharaonenpalast
114 Die Tempel: ein symbolisches Universum
116 »Tempel der Millionen Jahre«
118 Die Gräber
120 Die Pyramiden
122 Reliefe
124 Skulpturen

Einführung

Was alles hat die europäische Kultur der ägyptischen Antike zu verdanken? Über welche Wege gelangte die ägyptische Weisheit ins Bewusstsein der westlichen Welt?

Man hat immer von einer möglichen Reise des griechischen Philosophen Platon nach Ägypten gesprochen. Dort soll er von ägyptischen Priestern unterrichtet worden sein, sodass er sehr alte ägyptische Überlieferungen deuten und nutzen konnte. Wir wissen nicht, ob Platon wirklich in Ägypten war, da kein sicherer Nachweis über eine solche Reise vorliegt. Falls sie aber stattgefunden hat, so muss das etwa 388/87 v. Chr. gewesen sein, kurz bevor Platon seine Hauptwerke der mittleren Periode verfasst hat.

Ägypten galt schon seit jeher als eine Quelle ältesten und außergewöhnlichen Wissens, und durch das Zusammentreffen der ägyptischen mit der griechischen Kultur wurde in Wissenschaft und Kunst Großartiges geschaffen.

Auch die Römer, die Ägypten nur als Teil eines rätselhaften Ostens sahen, spürten den Zauber dieser alten Zivilisation und ihrer Religionen. Sie trugen dazu bei, dass geheimnisvolle Kulte und die ersten Glaubenslehren, die vor dem Christentum das Seelenheil des Einzelnen verkündeten, weiterverbreitet wurden.

Die Beziehungen zwischen Ägypten und der westlichen Kultur schwächten sich aber gegen Ende der Antike und während des Mittelalters immer mehr ab. Erst gegen Ende des 15. Jh.s wurde ausgehend vom Hofe Lorenzo de' Medicis durch die Werke der Humanisten Pico della Mirandola und Marsilio Ficino (Übersetzung Platons, neuplatonische und hermeneutische Literatur) das Interesse am antiken Ägypten wieder geweckt. Zu Beginn des 19. Jh.s, nach der Entzifferung der Hieroglyphenschrift durch J. F. Champollion, konnte niemand mehr daran zweifeln, dass Platons »hermeneutische Schriften« Konzepte und Ideen enthielten, die in Ägypten schon lange bekannt gewesen waren.

Die während Napoleons Ägypten-Feldzug gemachten getreuen Abbildungen von Monumenten und Texten führten dann zur Wiederentdeckung der ägyptischen Kultur durch die moderne Welt.
Heute wissen wir sehr viel darüber, was seit über 4000 Jahren am Ufer des Nils geschah. Wir wissen aber auch, dass viele mit dieser weit zurückliegenden Kultur verbundene Fragen noch lange Zeit, wenn nicht für immer ohne Antwort bleiben werden.

Das kulturelle Erbe des alten Ägypten ist aktueller denn je: man denke nur an die große Popularität, welche die Ägypter und ihre Geschichte in den letzten Jahren durch Literatur, Kolossalfilme und zahlreiche Fernsehsendungen erlangt haben. Dieses Buch wendet sich an alle, die vom Land der Pharaonen begeistert sind und einen spannenden und unterhaltsamen Führer suchen, der auch vom Inhalt her umfassend ist. Eine besondere Bereicherung bieten die zahlreichen Fotos, Zeichnungen und Karten.

Alessandro Bongioanni

ÄGYPTEN, EIN GESCHENK DES NILS

Der Nil hat die großartige Kultur Ägyptens möglich gemacht, ohne ihn wäre das Land der Pharaonen nur ein *Desheret*, ein »rotes Land«, geblieben: eine trockene Wüste.

Für die Ägypter war der Nil von so großer Bedeutung, dass ihm sogar göttliche Eigenschaften zugestanden wurden. Der Gott Hapi war der Gott des Flusses und der Fruchtbarkeit und wurde als dickbäuchiger Mann und manchmal als Hermaphrodit dargestellt. Seine Haut war zuweilen grün, als Symbol für die Regenerierung der Pflanzen, oder auch blau, mit einem Wellenmuster auf der Haut. Da die eigentlichen Quellen noch unbekannt waren, begann der Nil für die Ägypter beim ersten Katarakt in der Nähe des heutigen Assuan. Im 19. Jh. entdeckten britische Forscher den Victoriasee in Uganda als eine Quelle des Flusses. In den als Weißem Nil bezeichneten Flussabschnitt mündet bei Khartum ein großer Zufluss, der in Äthiopien entspringende Blaue Nil. Die großen Wassermengen, die beide mit sich führten, sowie Erd- und Schlammablagerungen auf den Feldern während der Nilflut halfen den Wohlstand Ägyptens zu begründen.

Hapi, der Gott des Nils
Der Gott Hapi personifizierte die jährliche Nilflut, weswegen er oft mit einem Tablett oder Tisch für die Geschenke dargestellt wurde. Die Speisen auf dem Tablett waren Symbol für die zahlreichen Wohltaten, die das Hochwasser Ägypten bescherte.

Hochwassermessungen
Die Ägypter erfanden so genannte »Nilometer«, die dazu dienten, die Nilfluten zu messen und einen zu geringen oder außerordentlich großen Anstieg relativ genau vorhersagen zu können. Diese Konstruktionen reichten bis ins Flussbett und hatten eine Gradeinteilung in Ellen und Untereinheiten, sodass der Wasserstand berechnet werden konnte. Auf dem Foto: der Nilometer im Tempel des Ramses III. von Medinet Habu.

Jahreszyklus
Die Auswirkungen der Nilfluten in einer Zeichnung aus dem 19. Jh. vom italienischen Archäologen Giovanni Battista Belzoni.

Der große Verkehrsweg Ägyptens
Der Nil war Lebensquelle und Hauptverbindungsweg Ägyptens. Um sich auf dem Fluss fortbewegen zu können, verwendeten die Ägypter zahlreiche Bootsarten – von einfachen Papyrusbooten bis zu großen Segelschiffen –, um verschiedenste Frachten zu befördern. Die Geschicklichkeit der Seeleute wurde daran gemessen, wie sie sich an die Stromschnellen in Nubien heranwagten.

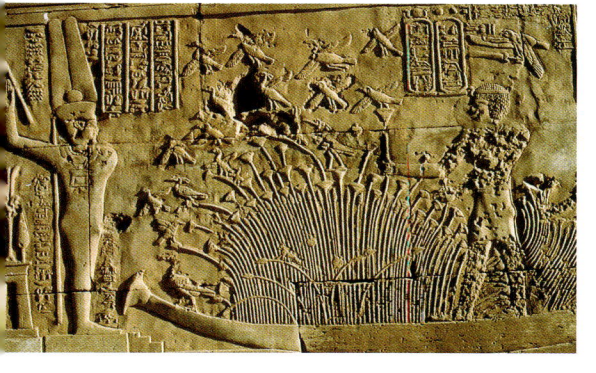

Der fruchtbare Schlamm

Nach der Erzählung Herodots »verringert der Nil sein mit der Sommersonnenwende beginnendes 100tägiges Hochwasser und kehrt wieder in sein Flussbett zurück; sein Wasserstand wird geringer, sodass er während des ganzen Winters bis zur nächsten Sommersonnenwende niedrig bleibt«.
Der Grund für das Ansteigen war vor allem dem Anschwellen des Blauen Nils zu verdanken: im Sommer führte er durch die tropischen Regenfälle und die zahlreichen Zuflüsse zwischen 200 und 10.000 m^3 Wasser pro Sekunde. Das Hochwasser erreichte den ersten Katarakt im Juni und das Deltagebiet im Juli. Das Land wurde bis September überschwemmt, dann begannen die Wassermengen wieder zurückzugehen. Im November wurde auf den durch den Flussschlamm fruchtbar gemachten Boden gesät und im März konnte geerntet werden. Danach begann der nächste Jahreskreislauf, von dem Leben und Wohlergehen abhing.

Der Papyrus
Gemeinsam mit der Lotosblume war Papyrus (oben) eine der Pflanzen, die zu Symbolen Ägyptens wurden. Aus ihm wurden zahlreiche Gegenstände, von Körben bis zu Booten, hergestellt. Wegen des reichen Vorkommens im Deltagebiet galt Papyrus auch als Symbol Unterägyptens.

MODERNE ÄGYPTOLOGIE

Ein wichtiges Kapitel der Geschichte, das jahrhundertelang fast vollständig im Sand der Wüste verborgen war, wurde erst durch die Weitsichtigkeit eines großen Feldherrn wieder entdeckt.

Das Interesse für das alte Ägypten und die Geburt der modernen Ägyptologie zu Ende des 18. Jh.s waren unter anderem Folgen der Rivalität zwischen dem Frankreich der Revolution und England. Eine wichtige Rolle in dieser Entwicklung wird Napoleon Bonaparte zugeschrieben, der von den Reiseberichten der Antike beeindruckt war und nach jenem Ruhm strebte, wie ihn Alexander der Große und Julius Caesar durch ihr Wirken in Ägypten erlangt hatten. So nahm er von der französischen Regierung, dem so genannten Direktorium, den Auftrag für eine Expedition nach Ägypten an: er sollte Ägypten von der Herrschaft der Türken befreien und den Ägyptern helfen, ihr Land nach dem Vorbild des revolutionären Frankreich zu entwickeln. In diesem Auftrag verbargen sich aber andere politische Absichten – in der Außenpolitik die englische Expansion einzudämmen und in der Innenpolitik einen beliebten General vom Volk fernzuhalten. Napoleon konnte mit seinem Enthusiasmus viele Wissenschaftler und Künstler beeindrucken, die ihn auf diese militärische Expedition gegen das türkische Heer begleiteten. Der Feldherr erreichte Ägypten im Juli 1798 und eroberte das Land am 21. Juli des gleichen Jahres in der Schlacht bei den Pyramiden. Nur zehn Tage später wurde die französische Flotte durch die Engländer (Alliierte der Türken) bei Abukir vernichtet. Nach drei Jahren militärischer Auseinandersetzungen zogen sich die Franzosen wieder aus Ägypten zurück.

Vivant Denon

Die napoleonische Expedition führte zur Wiederentdeckung der ägyptischen Kultur: danach wurden viele Bücher über das Land der Pharaonen herausgegeben, die wiederum Neugier und Enthusiasmus erweckten. Eines der Hauptwerke ist zweifellos die *Description de l'Égypte*, eine Sammlung der Arbeiten jener Wissenschaftler, die Napoleon nach Ägypten gefolgt waren. Die wissenschaftliche Expedition wurde von Vivant Denon angeführt, der als einer der Gründerväter der modernen Ägyptologie gilt. Er war der Erste, der auch Oberägypten bereiste, die Tempel besuchte und sich für die Sitten und Bräuche der Ägypter interessierte. In seinem Tagebuch vermerkte er detailliert alle seine Eindrücke. Bei seiner Rückkehr wurde er von Napoleon zum Generalinspektor der Museen in Paris ernannt und schuf

Soldaten und Wissenschaftler
Die militärisch-wissenschaftliche Expedition Napoleons in Ägypten war zwar militärisch gescheitert, brachte aber eine exzellente Forschungsarbeit mit sich. Während das Militär die türkisch-ägyptischen Truppen in Richtung Süden verfolgte, trafen französische Wissenschaftler auf die monumentalen Reste einer großartigen, lange Zeit vergessen gewesenen Kultur.

Die Sphinx von Giseh
Diese Inschrift befindet sich im Band 5 der Description de l'Égypte.
*»Hier ist die berühmte Sphinx von Giseh von Osten gesehen.«
Wie zu sehen ist, ragte nur der Kopf der kolossalen Statue hervor; der Rest war noch unter dem Wüstensand begraben.*

das Napoleon-Museum, den heutigen Louvre. 1802 veröffentlichte er das Werk *Voyage dans la Basse et la Haute Égypte, pendant les campagnes du général Bonaparte* – eine lebendige Chronik mit Landschaftszeichnungen, Skizzen von Monumenten und Szenen aus dem Alltag sowie Anekdoten und Kommentaren über Ägypten.

Reiseeindrücke

Unter den vielen Reisenden, Künstlern und Wissenschaftlern, die zu Beginn des 19. Jh.s das Land besuchten, muss Giovanni Battista Belzoni genannt werden, ein italienischer Abenteurer, der im Dienste der Engländer unterwegs war. Er erzählte von seinen Erfahrungen in *Narrative of the Operations and recent Discoveries* (1820). Auch die Forschungen des Barons von Minutoli und von Jean-Jacques Rifaud wurden in mehreren Büchern ausführlich beschrieben. Ein weiterer berühmter Ägyptologe war Jean-François Champollion, der dank des weltbekannten Steins von Rosette die ägyptischen Hieroglyphen entziffern konnte. Die Ergebnisse seiner Studien wurden 1822 als *Lettre à M. Dacier relative à l'alphabet des hièroglyphes phonétiques* veröffentlicht. Unter den italienischen Wissenschaftlern zeichnete sich Ippolito Rosellini mit *I monumenti dell'Egitto e della Nubia* aus, ein dreiteiliges Werk, das zwischen 1832 und 1844 herausgegeben wurde. Viele seiner Zeichnungen wurden später auch in anderen Werken nachgedruckt.

Der Pionier in Großbritannien war John Gardner Wilkinson. Er führte vor allem im Gebiet von Theben mehrere Ausgrabungen durch und fasste seine gesamten Forschungsergebnisse im dreibändigen Werk *Manners and Customs of the Ancient Egyptians* (1837) zusammen.

Das Innere des Großen Tempels von Abu Simbel
Die Arbeit Giovanni Battista Belzonis wurde zum Teil in Narrative of the Operations and recent Discoveries *beschrieben. Die Werke Belzonis enthielten unzählige Zeichnungen wie jene im Bild unten. Nicht zuletzt durch diese Werke lernten die Europäer die ägyptische Kultur kennen.*

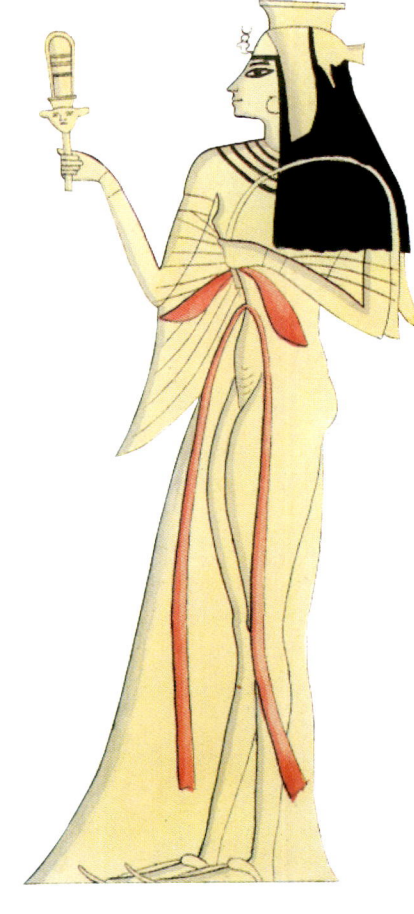

Das Werk des Barons von Minutoli
1824 veröffentlichte Heinrich von Minutoli Reise zum Tempel des Jupiter Ammon in der libyschen Wüste und nach Ober-Ägypten. *Das Werk, das die Ergebnisse einer von Preußen finanzierten wissenschaftlichen Ägypten-Expedition zusammenfasste, enthielt 234 Zeichnungen, 54 davon vom Autor. Die Zeichnung oben zeigt die Königin Nofretiri, wie sie im Relief des Kleinen Tempels von Abu Simbel dargestellt ist.*

MODERNE ÄGYPTOLOGIE

Bücher über Ägypten

Unter den Künstlern, die sich Mitte des 19. Jh.s Ägypten widmeten, ist besonders der Schotte David Roberts zu erwähnen. Er stellte Zeichnungen und Entwürfe her und verkaufte Bilder dieser Vorlagen an Private. Seine Arbeiten waren von solcher Schönheit, dass seine Zeichnungen und Skizzen zu Lithographien verarbeitet und in Bücher, wie z. B. *Egypt and Nubia* (1846–1850), eingefügt wurden. In Deutschland verbreitete Karl Richard Lepsius das Wissen über das alte Ägypten. Er schrieb *Denkmäler aus Ägypten und Äthiopien* in zwölf Bänden (veröffentlicht zwischen 1848 und 1852), ein außerordentlich detailliertes Werk und vielleicht gemeinsam mit *Description de l'Égypte* der wichtigste wissenschaftliche Beitrag zu diesem Thema.

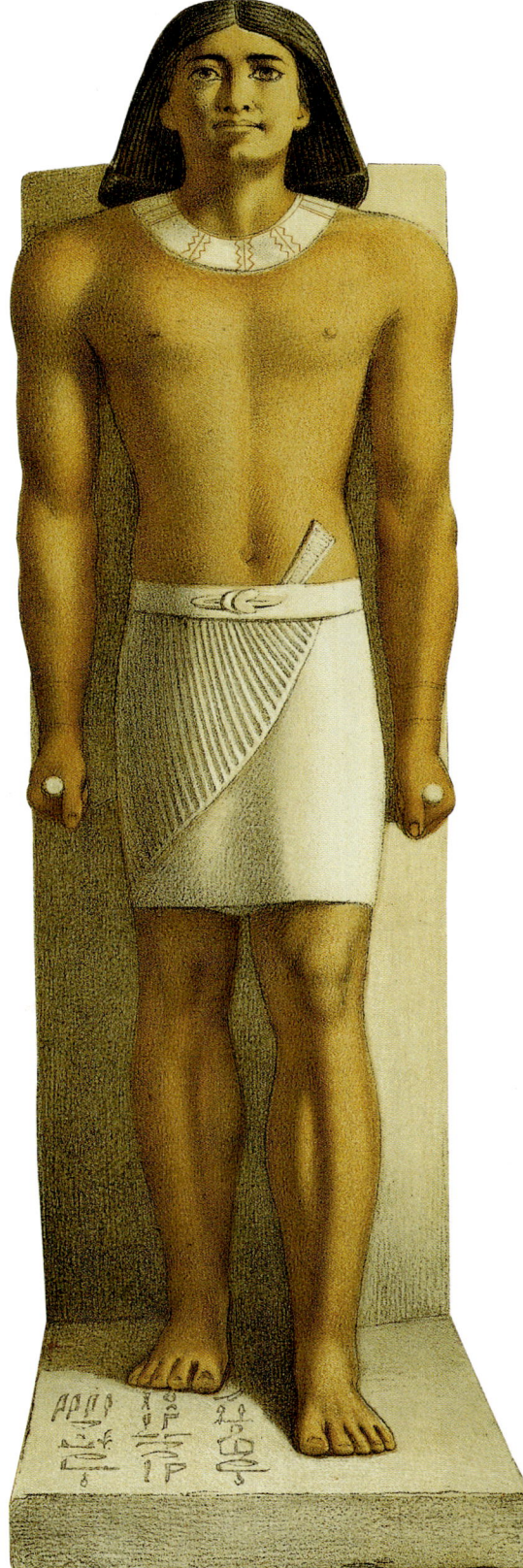

Ein hoher Beamter
Diese Zeichnung zeigt die Statue eines hohen Beamten; sie stammt vom französischen Architekten und Zeichner Émile Prisse d'Avennes.

Der Abenteurer
Der Forscher und Abenteurer Belzoni war eine der extravagantesten Personen der Ägyptenforschung des 19. Jh.s. Durch ihn konnte das British Museum eine beachtenswerte Sammlung archäologischer Fundstücke zusammentragen. Belzoni publizierte Berichte über seine Reisen und organisierte Messen in Paris und London.

Kairo nach Roberts
David Roberts illustrierte seine Werke mit Zeichnungen und Skizzen, die nicht nur dem Ägypten der Pharaonen, sondern auch dem Ägypten seiner Zeit gewidmet waren.

Archäologische Entdeckungen

Die Suche nach Altertümern wurde von mehreren europäischen Konsuln in Ägypten angeregt, allen voran vom französischen Konsul Drovetti und vom Engländer Salt. Salt engagierte Giovanni Battista Belzoni, der 1816 an der Ausgrabung einer riesigen Büste von Ramses II. teilnahm, welche dann ins British Museum gebracht wurde. Belzoni gelang es, in die Chephren-Pyramide und in die Gräber von Sethos I., Ramses I. und Eje einzudringen. 1816/17 grub er den Großen Tempel von Abu Simbel aus, der 1813 vom Schweizer Burkhardt entdeckt worden war.

Der Franzose Prisse d'Avennes lebte mehrere Jahre in Ägypten und schrieb *Les monuments égyptiens* (1874). John G. Wilkinson, der Vater der englischen Ägyptologie, kopierte zahlreiche Zeichnungen und Inschriften und wagte als Erster, eine Chronologie der Könige und Dynastien zu erstellen. 1840 finanzierte Preußen eine große Nilexpedition – sie wurde von Richard Lepsius geleitet. Er konnte zahlreiche Werke für das Museum in Berlin erwerben und veröffentlichte viele der gefundenen Texte auch in seinem Werk *Denkmäler*. 1851 entdeckte und erforschte der Franzose Mariette das Serapeum von Memphis. 30 Jahre später fand der Deutsche Brugsch bei Deir el-Bahari echte Mumien aus der 18. und 19. Dynastie. Ab Ende des 19. Jh.s wurden noch mehr archäologische Expeditionen in Ägypten unternommen. Eine deutsche Gruppe, die von Ludwig Borchardt geleitet wurde, führte Ausgrabungen bei Abusir (1898–1901) und später bei Tell el-Amarna (1912–1914) durch. Besonders zu erwähnen ist der Fund der Königsgräber im Tal der Könige durch Victor Loret und Theodore Davies. Ernesto Schiaparelli machte Ausgrabungen bei Deir el-Medina und entdeckte das Grab der Königin Nofretiri (1904) im Tal der Königinnen. Zu nennen sind auch die nordamerikanischen Forschungsarbeiten bei Giseh (George Reisner, 1899–1905) und von Jacques de Morgan bei Dahschur gegen Ende des 19. Jh.s und zu Beginn des 20. Jh.s. 1922 entdeckte der Engländer Howard Carter das Grab des Tutanchamun. 1923 brachte der Brite Firth die Pyramide des Djoser ans Licht, ein Unternehmen, das dann vom Franzosen Jean Philippe Lauer weitergeführt wurde. 1939 entdeckte Pierre Montet den Schatz der Thiniten-Könige.

Das Grab der Nofretiri
1904 entdeckte die von Ernesto Schiaparelli angeführte italienische archäologische Expedition das Grab der Nofretiri, der Gattin Ramses' II.

Auguste Mariette
Im Februar 1851 drangen Auguste Mariette und sein Team nach mehr als einem Jahr Ausgrabungsarbeit in das Serapeum von Memphis ein, wo die heiligen Apis-Stiere begraben waren. Dieser Stich zeigt einen Tunnel zur Zeit der Entdeckung.

Der Schatz des Tutanchamun
1922 brachte Howard Carter das Grab des Pharaos Tutanchamun ans Licht. Die äußerst wertvollen Grabbeigaben bestanden vor allem aus Gegenständen aus Gold oder aus mit Gold überzogenem Holz, wie diese Statue, die den Pharao darstellt.

ÄGYPTISCHE GESCHICHTE IM ÜBE

PERIODEN	GESCHICHTE	KUNST UND LITERATUR
PRÄDYNASTISCHE BIS PROTO-DYNASTISCHE ZEIT (5. Jahrtausend – 3065 v. Chr.)	– Kulturen von El-Badari und von Maadi. – Negade-I-Kultur. – Negade-II-Kultur. – Oberägyptisches Reich, Hauptstadt Hierakonpolis; unterägyptisches Reich, Hauptstadt Buto. – Die 0. Dynastie. Narmer vereint Ägypten.	– Dekorierte Keramik. – Mit Reliefen dekorierte Schminkpaletten. – Bestattung der Toten mit Grabbeigaben am Wüstenrand. – Hieroglyphenschrift. – Königsgräber bei Abydos.
THINITENZEIT (3065–2686 v. Chr.)	– Mit Aha beginnt die 1. Dynastie; er gründet Memphis. – Dewen trägt als Erster den Titel »König von Ober- und Unterägypten«. – Hetep-sechemui gründet die 2. Dynastie. – Auseinandersetzungen zwischen Seth- und Horusanhängern. – Feldzug des Chasechem gegen Nubien.	– Königsgrabmäler bei Abydos und Sakkara. – Aufzeichnungen über die Regierungsjahre der Könige. – Entwicklung der Bildhauerkunst. – Beamtenadel.
ALTES REICH (2686–2173 v. Chr.)	– Regierungszeit des Djoser, mit Wesir Imhotep. – Besiedlung der Halbinsel Sinai und Unternubiens. – Regierungszeit des Cheops; das Amt des Wesirs bekommt mehr Bedeutung. – Regierungszeit des Chephren; Titel »Sohn des Re«. – Regierungszeit des Mykerinos; Privilegien für den Priesterstand. – Krieg gegen die Nubier und die Libyer. – In der 5. Dynastie Machtzuwachs der Priester des Sonnenkults. – 7. Dynastie: Schwächung der Monarchie. – Anhäufung von Macht und Reichtum durch den Adel. – Lange Regierungszeit des Pepi II. – Machtzuwachs der Feudalherren; Anarchie.	– Erste Pyramide (Djoser), Werk des Baumeisters Imhotep. – Man spricht und schreibt Altägyptisch. – Hieratische Schrift, die Kursivform der Hieroglyphenschrift. – Die Pyramiden von Cheops, Chephren und Mykerinos. – Statuen von Rahotep und Nofret. Der sitzende Schreiber. – Statuen von Chephren, Triaden von Mykerinos. – Erste Sphinxe. Die große Sphinx von Giseh. – Sonnentempel von Abu Ghurab. – Holzstatue von Ka-Aper. – Die *Lehren* des Ptahhotep. – *Pyramideninschriften* in der Wenis-Pyramide. – Stele von Palermo. – Papyrus Edwin Smith. – Biographien hoher Beamter. Autobiographien. – *Mahnworte des Ipuwer*.
ERSTE ZWISCHENZEIT (2173–2040 v. Chr.)	– Verlegung der Hauptstadt nach Herakleopolis. – Mentuhotep I. gründet in Theben die 9. Dynastie. – Kämpfe zwischen Theben und Herakleopolis.	– *Sargtexte*. – *Klagen des beredten Bauern*. – *Lehre für Merikare*.
MITTLERES REICH (2040–1786 v. Chr.)	– Mentuhotep II. vereint Ägypten (Hauptstadt Theben). – Verlegung der Hauptstadt nach Ittawi und Illahun. – Kontrolle über den 2. Katarakt von Nubien. – Allmähliches Eindringen semitischer Stämme. – Feldzüge des Sesostris III. – Absolutistische Herrschaft Amenemhets III.	– Man spricht und schreibt Mittelägyptisch. – *Geschichte des Sinuhe*. *Die Lehre des Königs Amenemhet*. *Geschichte von Horus und Seth*. – Die weiße Kapelle von Karnak. – Verfall der Pyramiden. – Handwerkerstadt El-Kahun. – Würfelhocker. Grabbauten. – *Harfnerlieder*. – Totentempel des Amenemhet III. (Labyrinth).
ZWEITE ZWISCHENZEIT (1786–1552 v. Chr.)	– Während der 13. Dynastie Befestigung des Regierungssitzes El-Faijum. – Stärkeres Eindringen semitischer Stämme, der späteren Hyksos. – Salitis gründet die 15. Dynastie der Großen Hyksos, die ganz Ägypten beherrschen. – Zusammenstöße zwischen den thebanischen Königen der 17. Dynastie und den Hyksos.	– Künstlerischer Niedergang und Zerstörung der Statuen. – Pyramiden werden nicht mehr als Königsgräber gebaut. – *Rischi-Särge*. – Mathematischer Papyrus Rhind.

GESCHICHTE 15

BLICK

ALLTAGSLEBEN	ANDERE KULTUREN
– Weiterentwicklung der Landwirtschaft (Bewässerung) und der Viehzucht. – Kupferverarbeitung. – Handelsverbindungen mit Palästina, Nubien und Sinai.	– Die Kultur von Ghassul in Palästina. – Der Staat Uruk. – Städtische Ansiedlungen in Mesopotamien. – Entwicklung der sumerischen Schrift.
– Beginn des Re-Kults. – Aufbau einer zentralen Verwaltung. – Organisierte Bewässerung. – Jährliche Volkszählung. – Entwicklung eines zentralisierten Staates.	– Astronomische Studien der Sumerer. – Auseinandersetzungen zwischen den sumerischen Städten Ur, Uruk und Lagasch. – Errichtung der ersten *Zikkurat* in Mesopotamien. – Gilgamesch ist König von Uruk.
– Religiöser Mittelpunkt ist der Sonnengott Re, politischer Mittelpunkt der Pharao. – Ein gut organisierter Staat: Großbauten. – Einfuhr von Zedernholz aus dem Libanon. – Kupfergewinnung im Sinai. – Seefahrten nach Punt (Ostsudan). – Handelsbeziehungen mit dem Libanon, Kreta und Syrien. – Getreideanbau und Sammeln wild wachsender Gemüsesorten. – Haustierhaltung von Eseln, Oryxantilopen und Ziegen. – Staatsmonopol für den Außenhandel. – Der *Schat* wird als Zahlungsmittel verwendet. – Entlang des Niltals entstehen Städte.	– Königsgräber von Ur. – Die 1. Dynastie von Ur herrscht über Teile Mesopotamiens. – Minoische Kultur in Kreta. – Kulturen von Mohenjo Daro und Harappa in Indien. – Akkadische Sprache in Mesopotamien. – Herrschaft von Ebla in Syrien. Eblaitische Sprache. – Sargon I. von Akkad begründet das erste mesopotamische Großreich. – Bronzezeit in Europa. – Neusumerisches Reich.
– Plünderung von Gräbern und Pyramiden. – Popularität des Osiris-Kults. – Zeit der Not und der Anarchie.	– Die 3. Dynastie von Ur begründet ein Großreich. – Bau der *Zikkurat* von Ur. – Antike babylonische Periode.
– Absicherung der Grenzen durch Festungen. – Religiöser Mittelpunkt: der Gott Amun. – Bodenbebauung mit Bewässerungsanlagen bei El-Faijum. – Handelsbeziehungen mit der Ägäis, dem Libanon und Ugarit.	– Beginn der Macht Babyloniens. – Die Hethiter werden in Anatolien sesshaft. – Einfall der Achäer in Griechenland. – Assyrisch-Babylonischer Bund. – Erste minoische Paläste in Kreta (Knossos). – Errichtung von Stonehenge auf den Britischen Inseln. – Die erste chinesische Dynastie: die Xia-Dynastie.
– Die Hyksos führen den Streitwagen, das Pferd, das Sichelschwert und den Helm ein. – Handelsbeziehungen mit Kreta. – Identifizierung von Baal mit Seth.	– Hammurabi regiert in Babylonien. – Niederschrift des *Codex Hammurabi*. – Der hethitische König Hattusili I. befestigt die Hauptstadt Hattusa und vereinigt die Hattier in einem Reich. – Herrschaft der Kassiten in Babylonien.

GESCHICHTE

	GESCHICHTE	KUNST UND LITERATUR
NEUES REICH (1552–1069 v. Chr.)	– Ahmose vertreibt die Hyksos und vereint Ägypten. – Hatschepsut, Königin Ägyptens. – Beginn der Feldzüge des Thutmosis III. nach Syrien. – Amenhotep II. schlägt die Rebellion in Syrien nieder. Friedensvertrag mit Mitanni. – Höhepunkt Ägyptens unter Amenhotep III. – Amarna-Revolution durch Echnaton. – Tutanchamun: Wiedereinsetzung der Amun-Priester. – Sethos I. verlegt seinen Sitz nach *Ramses-Stadt* und kämpft gegen die Hethiter. – Schlacht von Kadesch: Ramses II. gegen die Hethiter. – Eindringen der *Seevölker*. – Ramses III. besiegt die zweite Angriffswelle der *Seevölker*. – Ramses XI. ernennt Hrihor zum Hohepriester des Amun.	– *Totenbücher* und andere Totentexte. – Gräber im Tal der Könige, im Tal der Königinnen und im Tal der Noblen. – *Lehre des Ani*. – Erweiterung von Karnak. – Errichtung des Tempels von Luxor. – Menschenähnliche Särge. Keramik von Malqata. *Hymne an Amun-Re*. – *Hymne an Aton*. Büste der Nofretete. – Man schreibt und spricht Neuägyptisch. – *Streit zwischen Horus und Seth*. – Bau von Abu Simbel. *Pentaur-Hymnus*. – Stele von Israel. – Errichtung des Tempels von Medinet Habu. – *Die Erzählung des Wenamun*.
DRITTE ZWISCHENZEIT (1069–664 v. Chr.)	– Während der Dynastie von San el-Hagar (Tanis) im Delta regieren die Hohepriester des Amun in Theben. – Verlust der Kontrolle über Nubien. Machtzuwachs der Meschwesch im Delta. – Scheschonk I. gründet die 22. (libysche) Dynastie. – Scheschonk I. plündert Jerusalem. – Petubastis gründet die 23. Dynastie. – Unabhängige Königreiche. – Tefnacht begründet in Sais die 24. Dynastie. – Der Nubier Schabaka wird König Ägyptens (25. Dynastie). – Der Assyrerkönig Asarhaddon erobert Ägypten. Libysche Dynastien, Vasallen der Assyrer, im Delta.	– Tempel und Totenstädte der Könige von Tanis. – Kapelle der Gottesgemahlinnen in Medinet Habu. – Geld aus bearbeiteten Edelsteinen. – *Cachettes* von Deir el-Bahari. – Errichtung der Tempel von Bubastis (Tell Basta), Heimat der Pharaonen der 22. Dynastie. – Bronzestatue der Karomama. – Rechteckige Sarkophage auf vier Säulen. – Pyramiden von Napata. – Stein von Schabaka, mit Theologie von Memphis.
SAITISCHE PERIODE (664–525 v. Chr.)	– Psammetich I. vertreibt die Assyrer. – Ausweisung des nubischen Pharaos Tanutamun. – Die Nubier verlegen die Hauptstadt nach Meroë. – Aufstände gegen Pharao Apries. – Ausdehnung bis nach Zypern.	– Neo-memphische (archaische) Reliefkunst. – Demotische Schrift, Entwicklung der hieratischen Schrift. – Berliner Grüner Kopf. Bildnisse. Skarabäen. – *Mythos vom Sonnenauge. Zyklus des Petubastis*. – *Lehre des Anchscheschonki*.
PERSISCHE PERIODE (525–332 v. Chr.)	– Kambyses II. verleibt Ägypten dem persischen Reich ein. – Darius I. von Persien in Ägypten. – Der Pharao Amyrtaios verliert seine Macht. – Nefaarud gründet die 29. Dynastie mit der Hauptstadt Mendes. – Zweite persische Herrschaft.	– Amun-Tempel in Qasr el-Guweita. – Darius I. errichtet den Tempel von El-Hiba. – Imhotep wird als Gott verehrt. – Erstmals Geburtshäuser in Tempelanlagen (Dendera). – *Demotische Chronik*. – Laubengang des Nektanebos I. in Philae.
PTOLEMÄISCHE PERIODE (332–30 v. Chr.)	– Alexander der Große ernennt sich zum Pharao. – Ptolemaios begründet die Dynastie der Lagiden. – Verlegung der Hauptstadt nach Alexandria. – Ägypten interveniert in den Syrischen Kriegen. – Ägypten schlägt Antiochos III. bei Raphia. – Lokale Königreiche in Theben. – Machtzuwachs des ägyptischen Klerus. – Der Seleukide Antiochos IV. dringt in Ägypten ein, muss sich aber nach dem Eingreifen der Römer zurückziehen. – Kleopatra VII. ist Königin von Ägypten. – Niederlage des Antonius bei Aktium und Selbstmord der Kleopatra; Rom annektiert Ägypten.	– Gründung Alexandrias. – Bibliothek, Museum und Leuchtturm von Alexandria. – Übersetzung des Alten Testaments ins Griechische. – *Corpus Hermeticus, Aegyptiaca* von Manetho. – Hellenisierung der Kultur. – Kanapos-Dekret. – Das Dekret von Memphis wird in den Stein von Rosette eingemeißelt. – Horus-Tempel in Idfu. – Isis-Tempel in Philae. – Tempel der Hathor in Dendera. – Ptolemäische Sprache in den Tempeln.

ALLTAGSLEBEN	ANDERE KULTUREN
– Errichtung des Arbeiterdorfes Deir el-Medina. – Seefahrten nach Punt. – Herstellung von Glas. – Thutmosis wendet sich gegen den Amun-Kult und bevorzugt den Sonnengottkult. – Verehrung des Aton als einziger Gott. – Wachsender Einfluss der Armee. – *Damnatio memoriae* in den Tempeln des Ramses II. – Arbeiterstreik in Deir el-Medina zur Zeit des Ramses III. – Verwendung des *Schaduf* (Schöpfbaum) in der Landwirtschaft. – Plünderung von Gräbern, schlechte Ernten, Not, Fremdenhass. – Das Priesteramt wird vererbbar.	– Große Palastbauten auf Kreta. – Thera wird durch einen Vulkanausbruch zerstört. – Höhepunkt des Reichs von Mitanni in Obermesopotamien. – Unabhängiges Arzawa-Reich in Anatolien. – Tudhaliya III. ist Hethiterkönig. – Mykenische Kultur (Achaia) in Griechenland. – Suppiluliuma I. gründet das Hethiterreich. – Assur-uballit I. legt den Grundstein des Assyrer-Reichs. – Der Assyrer Salmanassar I. annektiert Mitanni. – Die *Seevölker* annektieren das Hethiterreich. – Kampf um Troja. – Nebukadnezar I. regiert in Babylonien. – Phönizisches Alphabet. – Einfall der Dorer in Griechenland. Ende der minoischen und mykenischen Kultur.
– Tierkult, insbesondere Verehrung des Apis, große Totenstädte. – Großes Prestige der Gottesgemahlinnen des Amun. – Unter den Religionen tritt der Osiris-Kult in den Vordergrund. – Libyer und Meschwesch als Söldner im ägyptischen Heer. Erneute Nutzung der Steinbrüche. – Handelsbeziehungen mit den Phöniziern. – Asiatische Wohnviertel in Memphis. – Anwachsen der Zahl von Sklaven. – Größere Bedeutung des Wesirs. – Ächtung des Gottes Seth. – Plünderung von Theben durch die Assyrer.	– Unabhängige Stadtstaaten in Phönizien. – Hebräische Herrschaft in Palästina. – Phönizische Kolonien im Mittelmeer. – Äramäische Herrschaft von Damaskus. – Stadtstaat in Griechenland. – Griechisches Alphabet. – Salmanassar III. regiert in Assyrien. – Gedichte Homers. – Gründung von Karthago. – Hallstatt-Kultur in Europa. – Erste Olympiade. – Gründung Roms. – Die Griechen kolonisieren den Süden Italiens. – Zerstörung Babyloniens durch Sennacherib von Assyrien.
– Umsegelung von Afrika durch die Phönizier im Auftrag der Ägypter. – Necho II. beginnt mit dem Bau eines Kanals zum Roten Meer. – Verbreitung von Bronzegegenständen.	– Kyaxares gründet das Mederreich. – Sturz des letzten Assyrer-Königs, Assur-uballit II. – Geburt von Pythagoras, Buddha und Konfuzius. – Kyros II. gründet das Perserreich. – Die Perser erobern Babylon.
– Ausbau der Oasen. – Unter Darius I. wird der Kanal vom Nil zum Roten Meer fertig gestellt. – Herodot besucht Ägypten. – Antiochos II. Theos prägt die Drachmen-Münzen. Nektanebos II. prägt Münzen mit ägyptischen Inschriften.	– Kleisthenes errichtet in Athen eine Demokratie. – Kriege zwischen Griechen und Persern. – La-Tène-Kultur in Europa. – Regierungszeit des Perikles in Athen. Peloponnesischer Krieg. Klassisches Zeitalter der griechischen Kultur (Sokrates, Platon, Aristoteles ...). – Philipp II. von Makedonien unterwirft Griechenland. – Alexander der Große besiegt Darius III bei Issus.
– Zwei Verwaltungseinheiten (griechisch und ägyptisch). – Serapis, die neue griechische Gottheit. – Griechisches Geld. – Berühmte Wissenschaftler in Alexandria. – Anwendung des Sonnenkalenders. – Erfindung der *Sakije* (Schöpfrad) und Einführung der Baumwolle. – Die Ägypter werden von den hohen politischen und administrativen Ämtern ausgeschlossen. – Ausbreitung des Isis-Kults auf den Mittelmeerraum. – Hohe Besteuerung der Bauern, die daraufhin ihr Land verlassen.	– Aschoka gründet das erste indische Reich. – Beginn der Punischen Kriege. – Scipio besiegt bei Zama die Karthager. – Karthago wird von den Römern dem Erdboden gleichgemacht. – In Palästina Aufstand der Makkabäer gegen Antiochos III. – In Rom Bürgerkrieg zwischen Marius und Sulla. – Erstes Triumvirat in Rom: Pompeius, Crassus und Caesar. – Bürgerkrieg zwischen Caesar und Pompeius. – Zweites Triumvirat: Antonius, Lepidus und Octavian.

DIE HERRSCHER ÄGYPTENS

Die Jahreszahlen in Klammern geben Beginn und Ende einer Periode, Dynastie oder Regierungszeit an. Die Zahlen ohne Klammern von der 3. bis 8. Dynastie geben die Regierungszeit mancher Könige an, so sie bekannt ist. Bei manchen Namen der Pharaonen sind weitere gebräuchliche Schreibungen angegeben.

PRÄDYNASTISCHE ÄRA
(5. Jahrtausend–3200 v. Chr.)

PROTODYNASTISCHE ZEIT

Dynastie »0« (3200–3065 v. Chr.)
»König Skorpion«
Ka
Narmer

THINITENZEIT (3065–2686 v. Chr.)
Mit Ausnahme des Peribsen (beginnt mit Seth) beginnen alle Herrschernamen dieser Periode mit Hor. Chasechemui hat die Beinamen Hor und Seth.

1. Dynastie (3065–2890 v. Chr.)
Aha (Menes)
Djer (Athothis)
Wadji
Merneit (Regentin)
Dewen
Adjib
Semerchet
Qaa

2. Dynastie (2890–2686 v. Chr.)
Hetepsechemui
Nebre (Raneb)
Ninetjer
Wenegnebti
Sened
Sechemib/Peribsen
Chasechem/Chasechemui

ALTES REICH (2686–2173 v. Chr.)
Auf der rechten Seite der Pharaonennamen sind die Jahre der Regierungszeit angegeben.

3. Dynastie (2686–2613 v. Chr.)
Sanacht Nebka 19
Djoser (Tosorthros, Netjerichet) 19
Sechemchet 6
Chaba 6
Huni 24

4. Dynastie (2613–2494 v. Chr.)
Snofru 24
Cheops (Chufu) 23
Djedefre (Radjedef) 8
Chephren 25
Hordjedef (Djedefhor)
Bafre (Rabaef)
Mykerinos 28
Schepseskaf 4
Djedefptah (Thamphthis) 2

5. Dynastie (2494–2345 v. Chr.)
Userkaf (Usercheres) 7
Sahure 14
Neferirkara Kakai (Nephercheres) 10
Schepseskare Sisires 7

Neferefre 7
Niuserre Ini 31
Menkauhor Akauhor (Mencheres) 8
Djedkare Isesi 39
Unas (Wenis) 30

6. Dynastie (2345–2173 v. Chr.)
Teti (Othoes) 12
Userkare 1
Merire Phiops (Pepi) I. 49
Merenre I. Nemtiemsaef I. 5
Phiops (Pepi) II. 94
Merenre II. Nemtiemsaef II. 1
Nitokris 2
Neferkare II. das Kind
Neferkare III. Nebi
Djedkare II. Schemai
Neferkare IV. Chendu
Merenhor
Neferkamin
Nikare
Neferkare V. Tereru
Neferkahor

ERSTE ZWISCHENZEIT
(2173–2040 v. Chr.)

7. Dynastie (2173–2040 v. Chr.)
70 Tage – 70 Könige

8. Dynastie (2173–2160 v. Chr.)
Wadjkare Pepisoneb (Chabau)
Neferkare VI. Anu 2
Qakare Ibi I. 4
Neferkare VII. (Neferkawre) 2
Neferkawhor Chuwihape (Necheribau) 1
Neferirkare (Demedjibtaui)
Iti
Imhotep

9./10. Dynastie (2160–2040 v. Chr.)
18 Könige in unbekannter Reihenfolge, darunter:
Achtoi (Cheti) I.
Neferkare VIII.
Nebkaure Achtoi (Cheti) II.
Wahkare Achtoi (Cheti) III.
Meriibra Achtoi (Cheti) IV.
Merikare

MITTLERES REICH (2040–1786 v. Chr.)
Die Jahreszahlen rechts der Pharaonennamen geben Beginn und Ende der Regierungszeit an.

11. Dynastie (2133–1991 v. Chr.)
Mentuhotep I.
Sehertaui Antef I. (bis 2118)
Wahanch Antef II. (2118–2069)
Nachtnebtepnefer Antef III. (2069–2061)
Nebhepetre Mentuhotep II. (2061–2010)
Sanchkare Mentuhotep III. (2010–1998)
Nebtauire Mentuhotep IV. (1998–1991)

12. Dynastie (1991–1786 v. Chr.)
Sehetepibre Amenemhet I. (1991–1962)
Cheperkare Sesostris I. (1971–1928)
Nebkaure Amenemhet II. (1929–1895)
Khakheperre Sesostris II. (1897–1878)
Khakaur Sesostris III. (1878–1843)
Nimaatre Amenemhet III. (1843–1797)
Maakherure Amenemhet IV. (1798–1790)
Königin Neferusobek (Skemiophris, Sobekneferu)
(1790–1786)

ZWEITE ZWISCHENZEIT
(1786–1552 v. Chr.)

13. Dynastie (1786–1633 v. Chr.)
Chutauire Wegaf
Sechemkare Amenemhetsonbef
Sechemrechuitaui
Sechemkare Amenemhet V.
Hetepibre
Efni
Seanchibre Amenemhet VI.
Smenkare
Sehetepibre
Sewadjkare
Nedjemibre
Khaankhre Sebekhotep I.
Reniseneb
Autibre Hor I.
Sedjefakare Amenemhet VII.
Sechemre Chutaui Sebekhotep II.
Userkare Chendjer
Smenkare Imiramescha
Hetepkare Antef IV.
Seth
Sechemre Sewadjtaui Sebekhotep III.
(1744–1740)
Chasechemre Neferhotep I. (1740–1730)
Sihathor
Chaneferre Sebekhotep IV.
Chahotepre Sebekhotep V.
Wahkare Jooib
Merneferre Aja (1700–1676)
Merhetepre Sebekhotep VI.
Seanchenre Sewadjtu
Mersechemre Ined
Swadikare Hori
Merkaure Sebekhotep VII.
Djedhetepre Dedomose
Ibi II.
Hor II.
Se...kara
Sewahenre Senebmiu
Sechaenre
Mercheperre
Merkare
+ 18 Könige in unsicherer Reihenfolge

14. Dynastie (1700–1645 v. Chr.)
76 Könige in ungewisser Reihenfolge

GESCHICHTE

15. Dynastie (1644–1537 v. Chr.),
»Die Großen Hyksos«
Salitis
Beon (Yakubber)
Seuserenre Chajan
Auserre Apophis I.
Apophis II.
Chamudi (1542–1537)

16. Dynastie (1645–1537 v. Chr.),
»Die Kleinen Hyksos«
Mindestens 18 Könige in ungewisser Reihenfolge
+ Apophis III.

17. Dynastie (1633–1552 v. Chr.)
Nubcheperre Antef V.
Sechemre Wahkhau Rahotep
Sechemre Wadjchau Sobekemsaf I.
Sechemre Smentawi Djehuti
Seanchenre Mentuhotep VII.
Sewadjenre Nebirau I.
Nebirau II.
Semenenre
Seweserenre
Sechemre Schedtaui Sobekemsaf II.
Sechemre Upmaat Antef VI.
Sechemre Heruhormaat Antef VII.
Snachtenre Tao I.
Sekenenre Tao II. der Mutige
Wadjcheperre Kamose

NEUES REICH (1552–1069 v. Chr.)

18. Dynastie (1552–1305 v. Chr.)
Nebpehtyre Ahmose (1552–1527)
Djeserkare Amenhotep (Amenophis) I. (1527–1506)
Aacheperkare Thutmosis I. (1506–1494)
Aacheperenre Thutmosis II. (1494–1490)
Maatkare Hatschepsut (Königin Hatschepsut) (1490–1468)
Mencheperre Thutmosis III. (1490–1436)
Aacheperure Amenhotep (Amenophis) II. (1438–1412)
Mencheperure Thutmosis IV. (1412–1402)
Nebmaatre Amenhotep (Amenophis) III. (1402–1364)
Nefercheperure Amenhotep (Amenophis) IV./Echnaton (1364–1347)
Semenchkare (1349–1346)
Nebcheperure Tutanchaton / Tutanchamun (1346–1337)
Kheperkheperure Eje (1337–1333)
Djeserkheperure Haremhab (Armais) (1333–1305)

19. Dynastie (1305–1186 v. Chr.)
Menpehtire Ramses I. (1305–1303)
Menmaatre Sethos I. (1305–1289)
Usermaatre Setepenra Ramses II. (1289–1224)
Baenre Merinetjeru Meneptah (1224–1204)
Menmire Setepenre Amenmesse (1204–1200)
Usercheperure Setepenre Sethos II. (1200–1194)
Achenre Setepenre Siptah (1194–1188)
Sitre Meriamun (Königin Tausret) (1194–1186)

20. Dynastie (1186–1069 v. Chr.)
Userchaure Setepenre Sethnacht (1186–1184)
Usermaatre Meriamun Ramses III. (1184–1153)
Heqamaatre Ramses IV. (1153–1146)
Usermaatre Ramses V. (1146–1142)
Nebmaatre Meriamun Ramses VI. (1142–1135)
Usermaatre Meriamun Setepenre Ramses VII. (1135–1129)
Ramses VIII. (Sethherchopschef) (1129–1127)
Neferkare Setepenre Ramses IX. (1127–1109)
Chepermaatre Ramses X. (1109–1099)
Ramses XI. (Chaemwese II.) (1099–1069)

DRITTE ZWISCHENZEIT (1069–664 v. Chr.)

A) TANIS–EPOCHE (1069–945 v. Chr.)
21. Dynastie (1069–945 v. Chr.)
Hedjcheperre Setepenre Smendes I. (1069–1043)
Neferkare Amenemnisu (1043–1039)
Aacheperre Setepenamun Psusennes I. (1039–991)
Usermaatre Meriamun Setepenamun Amenemope (993–984)
Aacheperre Setepenre Osochor (984–978)
Netjerchonsiuefanch Setepenamun Siamun (978–959)
Titcheperure Psusennes II. (959–945)

DIE GROSSEN AMUN-PRIESTER IN THEBEN (1080–945 v. Chr.)
Hrihor (1080–1074)
Pianch (1074–1070)
Pinodjem I. (1070–1032)
Masaharta (1054–1046)
Djedchonsiuefanch (1046–1045)
Mencheperre (1045–992)
Smendes II. (992–990)
Pinodjem II. (990–969)
Psusennes III. (969–945)

B) LIBYSCHE EPOCHE (945–715 v. Chr.)
22. Dynastie (945–715 v. Chr.)
Hedjcheperre Setepenre Scheschonk I. (945–924)
Sechemcheperre Setepenre Osorkon I. (924–889)
Heqacheperre Setepenre Scheschonk II. (890)
Takelot I. (889–874)
Usermaatre Setepenamun Osorkon II. (874–850)
Hedjcheperre Setepenamun Harsiese (870–860)
Hedjcheperre Setepenamun Takelot II. (850–825)
Usermaatre Setepenra Scheschonk III. (825–773)
Usermaatre Setepenamun Pami (773–767)
Aacheperre Scheschonk II. (767–730)
Aacheperre Setepenamun Osorkon IV. (730–715)

23. Dynastie (818–715 v. Chr.)
Usermaatre Setepenamun Pedibastet (818–793)
Usermaatre Setepenamun Auput I. (804–783)
Usermaatre Meriamun Scheschonk IV. (783–777)
Usermaatre Setepenamun Osorkon III. (777–749)
Usermaatre Takelot III. (754–734)
Usermaatre Setepenamun Rudamun (734–731)
Auput II. (731–715)

Könige von Herakleopolis
Neferkare Peftjauauibastet (749–720)

Könige von Hermopolis
Nemalot (749–725)

24. Dynastie (727–715 v. Chr.)
Schepsesre Tefnacht (Tetnachte) (727–720)
Wahkare Bakenrenef (720–715)

Könige von Nubien (780–716 v. Chr.)
Alara (780–760)
Maatre Kaschta (760–747)
Mencheperre Pije (Pianchi) (747–716)

C) ÄTHIOPISCHE EPOCHE (Könige von Kusch)
25. Dynastie (716–656 v. Chr.)
Neferkare Schabaka (Sabakon) (716–702)
Djedkare Schebitku (702–690)
Nefertemchure Taharqa (Taharka) (690–664)
Bakare Tantamani (Tanotamun) (664–656)

SAITISCHE PERIODE (664–525 v. Chr.)

26. Dynastie (672–525 v. Chr.)
Mencheperre Necho I. (672–664)
Wahibre Psammetich I. (664–610)
Wehemibre Necho II. (610–595)
Neferibre Psammetich II. (595–589)
Waibre Apries (589–570)
Chnemibre Amasis (Ahmose II.) (570–526)
Anchkare Psammetich III. (526–525)

PERSISCHE PERIODE (525–332 v. Chr.)

A) ERSTE PERSISCHE HERRSCHAFT (525–404 v. Chr.)
27. Dynastie (525–404 v. Chr.)
Kambyses II. (528–522)
Gaumata (Pseudo–Esmerdis) (522)
Darius I. (522–486)
Xerxes I. (486–465)
Artaxerxes I. »Langhand« (465–424)
Xerxes II. (424)
Darius II. Notos (424–404)
Artaxerxes II. Mnemon (404–358)

B) DIE LETZTEN HEIMISCHEN DYNASTIEN (404–341 v. Chr.)
28. Dynastie (404–398 v. Chr.)
Amyrtaios (404–398)

29. Dynastie (398–378 v. Chr.)
Baenre Merinetjeru Nefaarud (Neferites) I. (398–392)
Muthis (392)
Userre Setepenptah Psammuthis (392–391)
Maatibre Hakor (391–379)
Nefaarud (Neferites) II. (379–378)

30. Dynastie (378–341 v. Chr.)
Cheperkare Nektanebos I. (378–361)
Irmaatenre Djedhor (361–359)
Snedjemibre Setepeninhur Nektanebos II. (359–341)

C) ZWEITE PERSISCHE HERRSCHAFT (343–332 v. Chr.)
Artaxerxes III. Ochos (358–338)
Arses (338–336)
Darius III. Codomanus (336–330)

HELLENISTISCH-PTOLEMÄISCHE PERIODE (332–30 v. Chr.)
Makedonische Dynastie (332–305 v. Chr.)
Meriamun Setepenre Alexander III. der Große (336–323)
Meriamun Setepenre Philipp III. Arrhidaios (323–317)
Haaibre Setepenamun Alexander IV. (323–310)
Interregnum (310–305)

Ptolemäische Dynastie (305–30 v. Chr.)
Die Königsnamen dieser Dynastie entsprechen den griechischen Beinamen, unter denen sie bekannt sind.
Ptolemaios I. Soter (305–283)
Ptolemaios II. Philadelphos (283–246)
Ptolemaios III. Euergetes (246–221)
Ptolemaios IV. Philopator (221–203)
Ptolemaios V. Epiphanes (203–181)
Ptolemaios VI. Philometor (181–145)
Ptolemaios VII. Neos Philopator (145–144)
Ptolemaios VIII. Euergetes II. Tryphon (170–163, 145–131, 128–116)
Kleopatra II. (173–128, 125–115)
Ptolemaios Apion (Herrschaft nur in Kyrenaika)
Ptolemaios IX. Soter II. Lathyros (116–107, 88–80)
Ptolemaios X. Alexander I. (107–88)
Ptolemaios XI. Alexander II. (80)
Ptolemaios XII. Neos Dionysos Auletes (80–58, 55–51)
Berenike IV. (58–55)
Ptolemaios XIII. Dionysos II. (51–47)
Kleopatra VII. Philopator (51–30)
Ptolemaios XIV. Philopator (47–44)
Ptolemaios XV. Kaisor (44–30)

Heimische Könige von Theben (205–186 v. Chr.)
Harwennofre (205–199)

VOM ANBEGINN BIS ZUR THINITENZEIT

Von prähistorischen Zeiten an entwickelte sich die ägyptische Kultur, die es schon lange vor den Pharaonen gab, langsam, aber doch so großartig, dass sie eine Hauptrolle in der Geschichte der Menschheit einnehmen sollte.

Etwa zur Mitte des 6. Jahrtausends v. Chr. betrieben die in Ägypten lebenden Nomadenstämme unter dem Einfluss von asiatischen Völkern eine relativ fortgeschrittene Landwirtschaft und Viehzucht. Die ersten ständigen Siedlungen entstanden im Nildelta – Merimde, Omari – und in den Oasen von El-Faijum. Unterägypten erlebte einen außerordentlichen Aufschwung, der Mitte des 5. Jahrtausends zur Gründung der ersten städtischen Siedlungen führte. In Mittel- und Oberägypten begann man auch nach Bodenschätzen – vor allem Gold – zu suchen (besonders im Zusammenhang mit der Anbetung von Osiris und Horus).

Die großen Städte zu Ende der Prädynastischen Zeit

Zu Ende der Prädynastischen Ära (Ende des 5. Jahrtausends–3200 v. Chr.) gab es in Ägypten mehrere untereinander verfehdete Städte: Negade (Naqada), Hierakonpolis und Thinis. Schließlich wurde ein vereintes oberägyptisches Reich mit der Hauptstadt Hierakonpolis geschaffen (ägyptisch *Nechen*). Die Herrscher dieses Reiches dehnten es nach Norden aus, annektierten Negade und ließen sich in Thinis-Abydos nieder. Von hier wurde das Königreich Oberägypten in Richtung Delta und südwärts bis zum ersten Katarakt vergrößert. Die Herrscher, die diese Gebiete eroberten und die »beiden Länder« (Ober- und Unterägypten) vereinigten, bildeten die »Dynastie 0« und regierten das Land von 3200–3065 v. Chr. (Protodynastische Zeit).

> ### KÖNIG NARMER, DER HERRSCHER, DER ÄGYPTEN EINTE
>
> Die Überlieferung schreibt die Vereinigung der beiden Reiche Narmer zu. Sein Name scheint auf der berühmten Schminktafel auf, die im Tempel des Horus in Hierakonpolis gefunden wurde. Wie aus den verschiedenen noch erhaltenen Tafeln der Prädynastischen Periode zu entnehmen ist, gab es allerdings vor der Vereinigung der beiden Länder zahlreiche Kämpfe – nicht nur mit den Bewohnern des Deltas, sondern auch mit den Nubiern. Der neue Staat nahm die Symbole beider Reiche an, vereinte die beiden Kronen und bestimmte Schlange und Geier als die Schutzgötter der Pharaonen. Narmer wurde in Abydos in Oberägypten in der Nekropole der Könige begraben. Sein Grab ist wahrscheinlich eines der ältesten in der Totenstadt. Es befinden sich darin eine Kammer für den Leichnam und eine zweite für die Grabbeigaben.

Der Priester Hetepdief
Dieser Priester von Sakkara lebte Ende der 2. und zu Beginn der 3. Dynastie. Sein Name steht im Sockel der Statue, mit dem Titel »Der Große des Weihrauchs im Roten Haus«. Da er den Totenkult der ersten drei Könige der 2. Dynastie pflegte, stehen ihre Namen auf seiner rechten Schulter.

Die Palette von Narmer
Die Palette von Narmer ist sowohl vom symbolischen Inhalt als auch vom künstlerischen Stil her ein außerordentlich wichtiges Zeugnis dieser Zeit. Sie ist aus grünem Schiefer gemeißelt und stellt zum ersten Mal den Pharao als König Ober- und Unterägyptens dar. Auf der Vorderseite (oben) sieht man Narmer, wie er gerade einen Feind unterwirft. Auf der Rückseite (oben rechts) ist der Pharao als Stier abgebildet: er reißt eine Stadt nieder, zu seinen Füßen liegt ein erschöpfter Feind.

Schmuck des Königs Djer
Dieses Armband aus Gold und Halbedelsteinen wurde in einem Grabmal in Abydos gefunden. Es war Grabbeigabe für Pharao Djer, Sohn des Aha.

Thinitenzeit

Der Stammvater der 1. Dynastie (Thinitendynastie) war Aha. Er gründete die Stadt Memphis, unternahm Feldzüge gegen die Nubier und die Libyer und unterhielt Handelsbeziehungen mit dem Nahen Osten. Seine Nachfolger bemühten sich, die politische und administrative Einheit Ober- und Unterägyptens zu erhalten, aber während der 2. Dynastie mehrten sich Abspaltungstendenzen. Schließlich regierten in Memphis und in Thinis zwei Könige zur gleichen Zeit, denn Peribsen erklärte sich als Wiedergeburt der alten Gottheit Seth und machte Thinis zu seiner Hauptstadt. Sein Nachfolger, Chasechem, stellte die Einheit mit Waffengewalt wieder her und schuf die Basis für den zentralisierten Staat des Alten Reiches.

CHASECHEM, LETZTER THINITENKÖNIG

Der größte Teil unseres Wissens über Chasechem, den letzten König der 2. Dynastie, geht auf Funde in Herakleopolis zurück, darunter zwei Statuen des Königs (eine davon im Bild links), die seine Tätigkeit im Delta bezeugen. Chasechem unterwarf die Anführer der Stämme Oberägyptens, die sich einer Zentralisierung des Staates widersetzten, und vereinigte Ober- und Unterägypten erneut. Um die Rechtmäßigkeit seiner Herrschaft über beide Teile des Landes zu unterstreichen, nahm er den Namen Chasechemui an. Er bedeutet: »Die beiden Mächte (Horus und Seth) paaren sich.« Wie zuvor Peribsen ließ auch er sich in Abydos eine Grabanlage bauen.

Das Messer von Djebel el-Arak
Dieses Messer (heute im Louvre) stammt aus der Prädynastischen Ära. Es besteht aus einer prächtigen Klinge mit parallelen Linien und einem Elfenbeingriff mit Schnitzdekor: bei den dargestellten Kriegsszenen sind mesopotamische Einflüsse erkennbar.

DAS ALTE REICH

Mit dem Alten Reich (2686–2173 v. Chr.) wurde der erste zentralisierte Staat der Geschichte geschaffen. Gleichzeitig begann der Aufschwung der ägyptischen Kultur, die in dieser Periode eines der großartigsten Monumente hervorbrachte.

Mit den Königen Sanacht Nebka und Djoser, Söhnen des Chasechem, gab es umwälzende politische Veränderungen. Deshalb gelten diese Herrscher als Begründer der 3. Dynastie und des Alten Reiches. Unter Sanacht Nebka wurde endgültig Memphis als Hauptstadt festgelegt; in der Totenstadt Sakkara wurde die erste Mastaba, ein durchwegs aus bearbeiteten Steinblöcken bestehendes Monumentalbauwerk in Form einer Steinbank, errichtet. Während seiner Regierung ließ sein Bruder und Nachfolger Djoser eine Stufenpyramide erbauen. Mit dieser ersten Pyramide, Werk des Baumeisters Imhotep, begann ein neues architektonisches Zeitalter. Außerdem wurden ab dieser Zeit die Könige in einer rituellen Zeremonie bestattet und die Monarchie an die religiösen Gebote der Priester von Heliopolis gebunden. Von da an sollten die Beziehungen zwischen Staat und Priesterschaft die Geschichte des Alten Reiches bestimmen.

Seneb und seine Familie
Diese Statue aus mehrfarbigem Kalk befindet sich im Ägyptischen Museum in Kairo und zeigt den Zwerg Seneb und seine Familie. Sie ist eine der berühmtesten und originellsten Skulpturen des Alten Reiches: sie überrascht durch die kraftvolle Erscheinung Senebs, das ruhige Lächeln seiner Gattin und die unschuldige und natürliche Schüchternheit seiner Kinder.

CHEOPS UND DIE GROSSE PYRAMIDE

Cheops, der zweite Pharao der 4. Dynastie, war in einer Zeit des beträchtlichen Wohlstands König eines geeinten Ägypten. Die Berichte über sein Leben und seine Regierung sind widersprüchlich: gemäß der antiken griechischen Geschichte war Cheops grausam und erbarmungslos; von seinen Zeitgenossen wurde er aber als Erneuerer beschrieben, dem es gelang, die königliche Macht auszubauen. Der Pharao kümmerte sich vor allem um die Neuorganisierung des Staates und setzte einen Wesir ein, der eine äußerst wichtige politische Stellung einnahm. Im religiösen Bereich schränkte er die Privilegien der Priester und Tempel ein und wählte die Hohepriester der Hauptgottheiten aus seiner eigenen Familie. Seine Herrschaft war auch eine Zeit des friedlichen Zusammenlebens mit den Nachbarvölkern; die einzigen Auslandsexpeditionen – in den Sinai und nach Nubien – wurden unternommen, um nach Bodenschätzen zu suchen. Für seine Reise ins Jenseits ließ Cheops ein monumentales Bauwerk errichten, das alle anderen in den Schatten stellen sollte: die Große Pyramide.

GESCHICHTE

Höhepunkt der Macht der Pharaonen

Mit König Snofru begann die 4. Dynastie, zweifellos jene Epoche, in der die Macht der Pharaonen ihren Höhepunkt erreichte. Die Pyramiden dieser Zeit spiegeln sehr gut die Macht des Staates und der Herrscher, die sie erbauen ließen, wider. Die Monarchen wurden mit dem Gott Re und ihre Verehrung mit Gottesanbetung gleichgesetzt. Cheops, Sohn und Nachfolger des Snofru, ließ das gewaltigste der Bauwerke, die Große Pyramide in Giseh, errichten. Unter seinen Nachkommen, Chephren und Mykerinos, entstanden zwei weitere Pyramiden am gleichen Ort, etwas kleiner, aber genauso formvollendet. Nach der Herrschaft des Mykerinos kam es zu einer politisch-religiösen Krise. Die Priester von Heliopolis konnten sich gegen die Könige der 5. Dynastie durchsetzen und die Trennung von Religion und Königskult erreichen. Daher sind die Pyramiden jener Herrscher kleiner und lassen erkennen, dass die wirtschaftlichen Ressourcen des Staates sich bereits erschöpften. Die Krise erreichte dann in der 6. Dynastie ihren Höhepunkt.

DIE LANGE HERRSCHAFT DES PEPI

Pharao Pepi II. der 6. Dynastie war Stiefbruder seines Vorgängers, Merenre I. Da Pepi II. als Kind auf den Thron kam, übernahm seine Mutter Anchnesmerire II., Gattin von Pepi I., die Staatsgeschäfte. Die Skulptur links zeigt Pepi II. mit seiner Mutter gemeinsam. Nach dem Geschichtsschreiber Manetho »regierte Pepi von seinem sechsten bis zu seinem hundertsten Lebensjahr«. Der späteste Nachweis seiner Regierungszeit ist eine Inschrift in seinem Totentempel in Sakkara: dort ist die 33. jeweils zweijährige Steuereinhebung belegt, was bedeutet, dass er mindestens 66 Jahre lang regiert hat. Während dieser Zeit wuchs jedoch die Macht der Statthalter (Nomarchen) in den Provinzen zum Nachteil des Königreichs an. Pepi II. versuchte, durch das Aufheben vieler Besitzrechte und Privilegien von Würdenträgern und Priestern diesem Trend entgegenzuwirken, scheiterte aber. So wurden aus lokalen Verwaltungsbeamter mächtige Provinzfürsten.

Die Gräber der Pharaonen
Die Pyramiden von Giseh – fotografiert von Francis Frith. Der englische Fotograf besuchte Ägypten in der zweiten Hälfte des 19. Jh.s.

Erste Zwischenzeit und Mittleres Reich

Die Ägyptologen haben die Geschichte Ägyptens in Perioden eingeteilt, die sie als »Reiche« bezeichnen – Zeitabschnitte, in denen das Land unter einer Herrschaft vereint war. Dazwischen gab es weniger glanzvolle Epochen – die »Zwischenzeiten«. Die Erste Zwischenzeit beginnt nach dem Alten Reich.

Ursachen für das Ende des Alten Reiches waren die hohen Kosten für den Totenkult und die wachsende Macht der Priester und Adeligen. Während der Ersten Zwischenzeit (2173–2040 v. Chr.) erlebte das Königreich Ägypten den ersten schweren Niedergang. Durch das Eindringen asiatischer Völker ins Delta begann eine Zeit der Anarchie. Laut Manetho gab es in der 7. Dynastie 70 Könige in 70 Tagen (diese Zahl hatte symbolischen Wert und bedeutete »unzählig«). Die 8. Dynastie bestand aus Nachfahren der Memphis-Dynastie; während der 9. und 10. Dynastie wurde die Hauptstadt nach Herakleopolis verlegt. Die Herrscher dieser Dynastien sahen sich der wachsenden Macht der Nomarchen (Statthalter) Mittel- und Oberägyptens, besonders Thebens, gegenüber. Um 2133 v. Chr. erklärte sich der Nomarch von Theben, Mentuhotep, als unabhängig und widersetzte sich dem König in Herakleopolis – er wurde von seinen Nachfolgern als erster König Thebens bezeichnet. Es war eine Zeit von Bürgerkriegen, Hungersnöten und Volksaufständen. Die thebanischen Könige Antef I., Antef II. und Antef III. vereinten die Nomarchen unter ihrer Herrschaft. Merikare war der letzte Herrscher von Herakleopolis. Mentuhotep II. eroberte diese Stadt 2040, machte Theben zur Hauptstadt Ägyptens und begründete das Mittlere Reich.

Pektoral aus Gold
Während des Mittleren Reiches unterhielt Ägypten Handelsbeziehungen mit anderen Mittelmeerländern. Nach Syrien exportierten die Ägypter Schmuck, wie auch diesen goldenen Brustschmuck, der in Biblo gefunden wurde.

Der Kanzler Nacht
Links eine Skulptur aus der Zeit des Mittleren Reiches. Sie stellt den Kanzler Nacht dar, eine mächtige und einflussreiche Persönlichkeit am Hof des Pharaos.

MENTUHOTEP II., DER VEREINIGER

Nach der Wiedervereinigung Ägyptens stellte Mentuhotep II. die Königsmacht wieder her und versuchte Politik und Verwaltung zentral zu organisieren. Während seiner 51-jährigen Amtszeit sicherte er die Grenzen des Landes gegen Angriffe aus dem Osten und führte Kriege gegen die Libyer der Westlichen Wüste sowie die Nomaden des Sinai. Er eroberte den Weg zum Roten Meer und legte den Grundstein für die Wiedereroberung Unternubiens. Mentuhotep II. wurde im Tempelgrab von Deir el-Bahari westlich von Theben beigesetzt.

SESOSTRIS I.

Sesostris I. hatte schon zehn Jahre mit seinem Vater Amenemhet I. regiert. Es gelang ihm, Nubien endgültig zu unterwerfen und friedliche Beziehungen zu Syrien und zum Nahen Osten zu unterhalten. Unter seinen wichtigsten Monumentalbauten ist besonders die »Weiße Kapelle« (aus schneeweißem Kalk) zu erwähnen. In ihrem Sockel ist eine Liste der *sepat*, der ägyptischen Verwaltungseinheiten, eingemeißelt. Seine Grabpyramide befindet sich in Lischt (Faijum).

Das Mittlere Reich

Nach dem Chaos der Ersten Zwischenzeit stellten die Pharaonen des Mittleren Reiches (2040–1786 v. Chr.) die Ordnung wieder her und führten Ägypten zu seinem größten Glanz. Die Könige der 11. Dynastie unternahmen Feldzüge, um Nubien wiederzuerobern, und Expeditionen nach Wadi Hammamat, um nach Bodenschätzen zu suchen. Der Übergang zur 12. Dynastie war nicht friedlich, denn Amenemhet, ein Wesir des Mentuhotep IV., riss die Macht an sich. Es gab Veränderungen auf allen Ebenen: Amun wurde Beschützer der Monarchie und Nationalgott; die Hauptstadt wurde nach Ittawi und Illahun verlegt; im Gebiet von El-Faijum wurden ehrgeizige Bewässerungsprojekte verwirklicht und riesige Befestigungsanlagen wie z. B. die »Fürstenmauer« errichtet. Der letzte Pharao, Königin Skemiophris, hatte keine Erben. Damit war das Ende des Mittleren Reiches besiegelt und es begann eine neue unsichere Epoche: die Zweite Zwischenzeit.

Vater und Sohn
Oben: Sesostris III. Rechts: Amenemhet III. in Priesterkleidung.

SESOSTRIS III. UND AMENEMHET III.

Durch Geschichtsschreiber, die in der Antike Ägypten bereisten, wie Herodot und den Priester und Gelehrten Manetho ist uns viel über Sesostris III. überliefert worden. Seine Regierungszeit war der Höhepunkt des Mittleren Reiches und brachte eine wichtige Reform des ägyptischen Staates: das Land wurde in drei Zonen (Unterägypten, Oberägypten und Elephantine) eingeteilt, wozu noch der Norden Nubiens kam. Jede Zone wurde von einem Statthalter verwaltet, der einem Rat und dem Wesir, dem höchsten Repräsentanten des Gesetzes nach dem Pharao, unterstand. Diese glanzvolle Zeit hielt auch unter dem Sohn und Nachfolger von Sesostris, Amenemhet III., an und bedeutete für Ägypten eine lange Periode des Friedens. Das größte Unternehmen Amenemhets III. war die Bewässerung El-Faijums. Sein Grab (und das berühmte »Labyrinth«) befand sich in Hawara.

Von der Zweiten Zwischenzeit zum Neuen Reich

Auf das Mittlere Reich folgte in Ägypten eine Zeit der Instabilität, wobei die Hyksos vor allem im östlichen Delta und die thebanischen Monarchen im Süden herrschten. Schließlich errang Theben die Vorrangstellung und damit begann die große Zeit des Neuen Reiches.

Während der 12. Dynastie siedelten sich Völker aus dem asiatischen Raum (Hyksos) in Ägypten an. Vorerst waren sie Arbeiter und Handwerker, erhielten dann auch verantwortungsvollere Aufgaben und schließlich gelangten sie an die Macht. Durch eine Stele aus dem Jahr 400 v. Chr. weiß man, dass die Hyksos um 1730 v. Chr. Auaris im östlichen Delta einnahmen und zu ihrer Hauptstadt machten. Von dort dehnten sie ihre Herrschaft über das ganze Delta und Mittelägypten aus. Die Zweite Zwischenzeit (1786–1552 v. Chr.) war durch Machtkämpfe zwischen ägyptischen Gaufürsten und den Hyksos, die die 15. und 16. Dynastie bildeten, gekennzeichnet. Der ägyptische Widerstand ging von Theben aus, wobei ein Fürstengeschlecht (17. Dynastie) die Führung übernahm. Die Wiedereroberung des Landes wurde durch die Pharaonen Tao II. und Kamose eingeleitet. Ahmose, dem ersten König der 18. Dynastie und des Neuen Reiches, gelang es, die Hyksos endgültig aus dem Land zu vertreiben.

Die Rischi-Särge
Während der 17. Dynastie begann man, Särge mit Geierfedern zu schmücken, die den Verstorbenen beschützen sollten. Die Bezeichnung Rischi kommt aus dem Arabischen und bedeutet »mit Federn«.

Die Skarabäen der Hyksos
Die Skarabäen sind eine der Hauptquellen für unser heutiges Wissen über die ägyptische Geschichte während der Zeit der Hyksos. Die beiden Skarabäen tragen die Namen »Chajan« (ein König der 15. Dynastie) und »Nikare« (Name eines Herrschers der 16. Dynastie).

AHMOSE, SOHN DER AHHOTEP

Ahmose war Sohn von Tao II. und jüngerer Bruder von Kamose, seinem Vorgänger. Da beide in Schlachten gegen die Hyksos fielen, gelangte Ahmose als Kind auf den Thron und seine Mutter Ahhotep (*rechts*) führte einige Jahre die Regierungsgeschäfte. Pharao Ahmose nahm den Krieg gegen die Hyksos wieder auf, vertrieb sie aus Ägypten, verfolgte sie bis in den Nahen Osten und zerstörte dort die Festung Tell el-Fara. Größtes Verdienst Ahmoses war die Wiedervereinigung des Landes, der Wiederaufbau der Verwaltung und die Aufteilung der politischen Macht auf Statthalter. Seine Regierungszeit dauerte etwa 25 Jahre.

GESCHICHTE

Das Königspaar
Nofretete blieb bis zu seinem zwölften Regierungsjahr an Echnatons Seite und verschwand danach aus dem politischen Leben.

Die erste Dynastie des Neuen Reiches

Das Neue Reich (1552–1069 v. Chr.) war vom künstlerischen und architektonischen Standpunkt aus die großartigste Epoche Ägyptens. Große Könige, Amenhotep III. und Ramses II., ließen überall im Land und in Nubien riesige Bauwerke errichten. Die bedeutendsten Bauwerke entstanden in Theben, teils weil die Stadt während der 18. Dynastie Sitz des Königshofes war, teils weil spätere Dynastien sie zum größten religiösen Zentrum des Landes machten. Nach der Wiedervereinigung des Landes während der 18. Dynastie verschoben die Pharaonen des Neuen Reiches die Grenzen in Richtung Asien und Nubien und Ägypten hatte zu dieser Zeit seine größte Ausdehnung. Ende der 18. Dynastie gab es Unruhen wegen einer von Echnaton eingeführten Religionsreform; mit Haremhab erfolgte eine Rückkehr zu den alten Traditionen.

Die Sphinx-Frau
Hatschepsut war eine der wenigen Frauen, die als Sphinx dargestellt wurde.

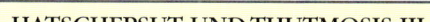

Der große Krieger
Durch die militärischen Feldzüge des Thutmosis III. erlangte Ägypten die größte Ausdehnung seiner Geschichte.

ECHNATON UND DER MONOTHEISMUS

Dieser Pharao der 18. Dynastie (Gattin: die schöne Nofretete) verlegte im fünften Jahr seiner Amtszeit die Hauptstadt ins Zentrum des Landes: in das heutige Tell el-Amarna, auf halbem Weg zwischen Memphis und Theben, wo er auch die Königsgräber für sich und seine Familie errichten ließ. So kam es zur »Revolution von Amarna«, die sich vor allem im religiösen Bereich auswirkte. Der »ketzerische« König Echnaton führte eine monotheistische Religion ein und bestimmte die Sonnenscheibe Aton als alleinigen Gott – eigentlich nichts anderes als eine sichtbare Verkörperung des ansonsten unsichtbaren Re von Heliopolis. Tatsächlich neu war das Verbot anderer Kulte. Der König ernannte sich zum einzigen Propheten Atons und entmachtete dadurch alle anderen Priester. Fundstücke in El Amarna belegen aber, dass diese Maßnahmen keinen großen Einfluss auf das einfache Volk hatten, das weiterhin die alten Götter verehrte.

HATSCHEPSUT UND THUTMOSIS III.

Hatschepsut war eine der wenigen Pharaoninnen im Alten Ägypten. Als Tochter des Thutmosis I., der keinen männlichen Erben hinterließ, heiratete sie ihren Stiefbruder Thutmosis II. Nach dessen Tod übernahm sie die Regierungsgeschäfte für den noch minderjährigen Stiefsohn Thutmosis III. Tatsächlich regierte sie dann 21 Jahre lang und der legitime Pharao blieb im Hintergrund. Sie ließ mit viel Aufwand die während der Hyksos-Dynastien verfallenen Bauwerke restaurieren. Ihren eigenen großartigen Totentempel in Deir el-Bahari ließ sie in einmaliger Lage vor schroff aufragenden Felswänden errichten. Bei ihrem Tod kam schließlich Thutmosis III. auf den Thron. Er erwies sich als großer Herrscher, unternahm in den ersten Jahren mehrere siegreiche Feldzüge und erweiterte die Grenzen des Landes auf ein nie zuvor erreichtes Ausmaß. Es folgte eine lange Zeit des Friedens, in der Thutmosis das Land mit Bauwerken in Tod, Medamud, Armant und Karnak bereicherte.

HÖHEPUNKT UND NIEDERGANG DES NEUEN REICHES

Der Zerfall des Neuen Reiches war gleichzeitig auch ein kultureller Niedergang, von dem sich Ägypten nicht mehr richtig erholen sollte.

Zu Beginn der 19. Dynastie kam General Paramses, der vom einstigen Oberbefehlshaber der Armee, Pharao Haremhab, ausgesucht worden war, auf den Thron. Unter dem Namen Ramses I. setzte er die Politik seines Vorgängers fort: er stärkte das Militär, setzte durch, dass die Amun-Priester großteils vom Staat kontrolliert wurden und förderte andere Kulte, besonders jene des Osiris und Seth. Sein Nachfolger, Sethos I., errichtete in Abydos einen großartigen Tempel und ließ dort eine Liste der Könige – von Narmer bis zu seiner eigenen Herrschaft – einmeißeln. Wie zahlreiche Denkmäler und Bauten belegen, war der Höhepunkt wohl die Herrschaft von Ramses II., dem großen Pharao, der in der Schlacht von Kadesch den Hethitern gegenüberstand. Meneptah sah indessen sein Land durch die aus Libyen kommenden so genannten *Seevölker* bedroht, die durch ihre Eroberungsgelüste den ganzen östlichen Mittelmeerraum erschütterten. Unter Ramses II. oder Meneptah ereignete sich unter der Führung von Moses der »Auszug« der Israeliten aus Ägypten. Moses war vielleicht sogar ägyptischer Priester, der seine eigene Kultur »verleugnet« hatte, um außerhalb seines Heimatlandes eine neue Religion zu gründen.

Das Grab Sethos' I.
Giovanni Battista Belzoni entdeckte 1817 das Grab von Sethos I.; Wände von Kammern und Gängen sind mit großartigen Verzierungen geschmückt. Rechts ein Relief aus der Totenkammer mit Szenen aus dem **Amduat***; es beschreibt die Reise des Sonnenschiffes durch die zwölf Zonen der Erde, die den zwölf Nachtstunden entsprechen.*

HAREMHAB, GELEHRTER UND SOLDAT

Nach der Amarna-Zeit schien Ägypten im Chaos zu versinken. Man brauchte einen erfahrenen Führer, der die Situation des Landes gut kannte. Dieser Mann war Haremhab, Soldat und Schriftgelehrter während der Amarna-Zeit. Nachdem er seine erste Frau verstoßen hatte, heiratete er Nofretetes Schwester Mutnodjme, um seine eigene Autorität als Pharao gewissermaßen zu legitimieren. Er führte den Amun-Kult wieder ein; obwohl ihn die Amun-Priester von Theben unterstützt hatten, versuchte Haremhab ihre Macht einzuschränken: zu diesem Zweck setzte er Priester aus der Kriegerkaste ein und verlegte seine Residenz nach Memphis. Im militärischen Bereich bestimmte er je einen Kommandanten für den Norden und für den Süden. Sein Pharaonengrab ließ er im Tal der Könige errichten. Im Bild unten: der Pharao bei einer Opfergabe an Atum.

Die Königsliste von Abydos
Die Liste, die Ramses II. in den Tempel von Abydos einmeißeln ließ, befindet sich heute im British Museum in London. Sie besteht aus drei Reihen, in denen sich die Namen aller Könige mit jenem von Ramses abwechseln, der die Titel »König von Ober- und Unterägypten« und »Sohn des Re« trägt. Eine weitere Königsliste im Totentempel von Sethos I. befindet sich noch in Abydos.

Die 20. Dynastie

Die mit der Nachfolge des Sethos II. verbundenen Probleme führten zum Ende der 19. Dynastie. Sethnacht riss die Macht an sich und wurde erster König der 20. und letzten Dynastie des Neuen Reiches. Die *Seevölker* versuchten erneut, nach Ägypten einzudringen, wurden aber von Ramses III. geschlagen.
Der letzte Herrscher der 20. Dynastie war Ramses XI.; seine Herrschaft war von zahlreichen Problemen überschattet: die Bedrohung durch die *Seevölker* und der Machtzuwachs des Hohepriesters des Amun. Beim Tod von Ramses XI. wurde die Macht zwischen dem Wesir Smendes im Delta und Pinodjem I., Amun-Hohepriester in Theben, aufgeteilt. Damit begann die Dritte Zwischenzeit.

Die Schlacht von Kadesch
1285 v. Chr. standen sich die Hethiter und Ägypter in der Schlacht von Kadesch gegenüber. Pharao Ramses II. ließ den ägyptischen Sieg in zahlreichen Tempeln verewigen. Oben ein Auszug aus dem Relief von Abu Simbel; man beachte den Kontrast zwischen den geordneten ägyptischen Reihen und der völlig desorganisierten hethitischen Truppe.

RAMSES II., KÖNIG DER KÖNIGE

Der Sohn von Sethos I., Ramses II., war einer der mächtigsten Könige Ägyptens. Seine lange Regierungszeit (66 Jahre) war von zahlreichen politischen und militärischen Ereignissen und von außergewöhnlicher Bautätigkeit in ganz Ägypten gekennzeichnet. 25 Jahre lang stand die große Königsgemahlin Nofretiri Ramses bei der Führung Ägyptens zur Seite. Zu Beginn seiner Herrschaft fand der große Feldzug nach Syrien gegen den Hethiterfürsten Muwatalli statt, der mit der Schlacht von Kadesch (1285 v. Chr.) endete. Die Schlacht, in einer Reihe von Monumenten als ägyptischer Sieg verewigt – Abu Simbel, Karnak, im Totentempel des Pharaos (Ramesseum) – endete allerdings unentschieden. Eine wichtige politische Folge war jedoch die verbesserte diplomatische Beziehung zwischen Ägypten und den Hethitern. Im Bereich des Bauwesens führte Ramses II. zahlreiche bedeutende Vorhaben durch, angefangen von der Verlegung der Hauptstadt von Theben nach Piramesse, in der Gegend des heutigen Tell el-Daba. Der Pharao ließ sich ein riesiges Grab im Tal der Könige errichten, wo er schließlich begraben wurde. Da dieses schon in der Antike entweiht wurde, brachte man seine Mumie ins Mumienversteck des Neuen Reiches in Deir el-Bahari. Heute befindet sie sich im Ägyptischen Museum in Kairo.

DIE DRITTE ZWISCHENZEIT

Während der Dritten Zwischenzeit (1069–664 v. Chr.) zerfiel Ägypten in Teilreiche und stand unter dem Einfluss mehrerer fremder Völker, besonders der Libyer und Äthiopier.

Der Zerfall Ägyptens begann schon während der von Smendes begründeten 21. Dynastie. Smendes verlegte die Hauptstadt von Piramesse nach Tanis (San el-Hagar) und versuchte beharrlich, gleichzeitig die Kontrolle über das Land und auch die Beziehungen zum Ausland zu erhalten, obwohl der politische Einfluss Ägyptens auf seine Nachbarstaaten geschwunden war. Der Königsmacht im Delta stand nun die Theokratie der Hohepriester von Theben in Oberägypten gegenüber. Eine weitere Machtposition hatten die libyschen Generäle inne, aus deren Reihen Osorkon als Pharao in Tanis herrschte.

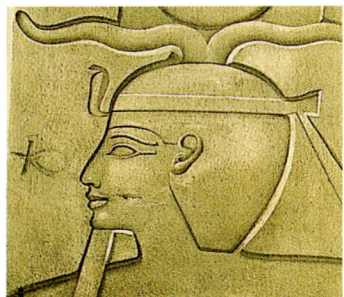

SCHESCHONK I., DER LIBYER

Gegen Ende der 21. Dynastie wuchs die Macht der libyschen Krieger, die als »Kommandanten der *Ma*« bekannt waren und sich vollkommen an das ägyptische Volk und ihre Kultur anpassten. Psusennes II., der keine Söhne hatte, übergab den Thron dem König der *Ma*, Scheschonk I. Mit ihm begann die libysche Epoche und damit eine Fremdherrschaft in Ägypten. Die Hauptstadt verblieb in Tanis – sie wurde auch Residenz und Grabstätte der libyschen Könige. Scheschonk I. vereinigte die beiden Reichsteile wieder und gewann durch familiäre Verbindungen mit adeligen Familien aus Theben die Kontrolle über die Hohepriester. Er ernannte seinen Sohn Auput zum Hohepriester des Amun und setzte seinen Sohn Nemalot als General in Herakleopolis ein. Er unternahm Feldzüge nach Israel, besetzte Jerusalem (930 v. Chr.) und drang bis Megiddo vor. Er unterhielt diplomatische und wirtschaftliche Beziehungen mit den Phöniziern.

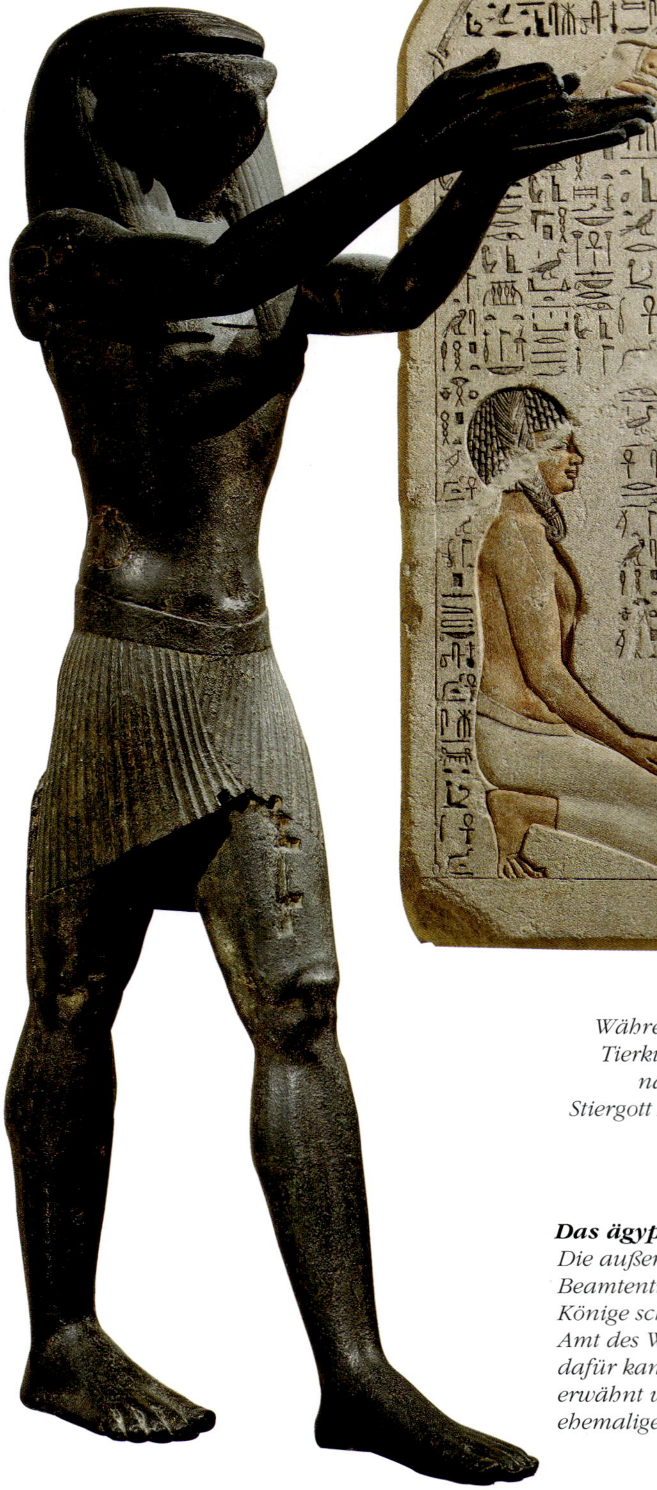

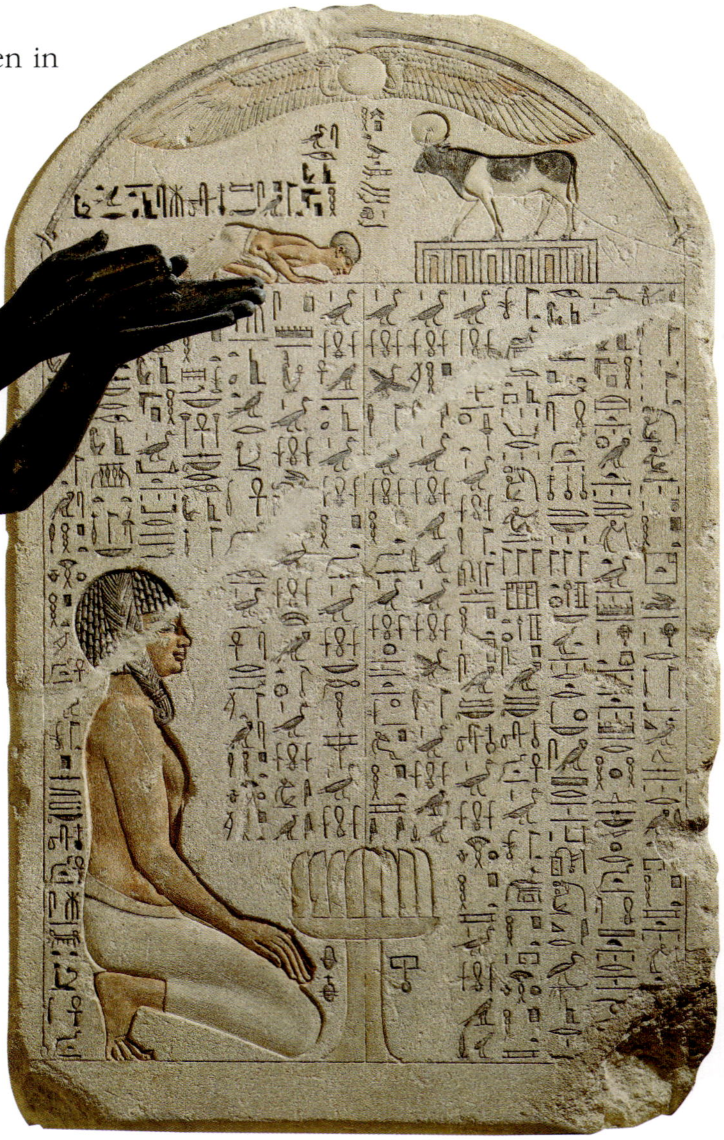

Die ägyptische Religion
Während der Dritten Zwischenzeit nahm der Tierkult an Bedeutung zu. Einen Ehrenplatz nahmen die Katzengöttin Bastet und der Stiergott Apis ein, der im oberen Teil dieser Stele dargestellt ist.

Das ägyptische Beamtentum
Die außerordentliche Bedeutung des Beamtentums zeigte sich, als die Macht der Könige schwächer wurde. Von da an trat das Amt des Wesirs in den Vordergrund. Als Beispiel dafür kann der erste Pharao der 21. Dynastie erwähnt werden, Smendes I. (links) *– er war ehemaliger Wesir Unterägyptens.*

GESCHICHTE

Scheschonk I.
Scheschonk I. (**rechts**) *war der erste König der 22. (»libyschen«) Dynastie. Er heiratete die Tochter des letzten Königs der 21. Dynastie und legitimierte damit seine Thronanwartschaft. Er setzte seine Söhne für die höchsten Ämter des Landes ein und es gelang ihm, die innere Ordnung wiederherzustellen.*

TAHARQA, DER ÄTHIOPIER

Dieser dritte Herrscher der 25. (»äthiopischen«) Dynastie widmete den Beginn seiner Amtszeit dem Bau und Ausbau verschiedener Tempel in Nubien (Kawa) und Ägypten (besonders Karnak). Ein erster assyrischer Angriff auf Ägypten unter Asarhaddon wurde 674 v. Chr. zurückgeschlagen. Asarhaddon konnte aber 671 v. Chr. mit Hilfe der Libyer aus dem Delta Memphis erobern. Nach einer kurzzeitigen Rückeroberung 669 wurde Taharqa 668 v. Chr. endgültig von Assurbanipal besiegt. Er musste sich nach Nubien zurückziehen, wo er verstarb und in einer Pyramide der Totenstadt Nuri beigesetzt wurde.

Libysche und nubische Herrscher

Der libysche Aufstieg zur Macht manifestierte sich in der 22. (»libyschen«) Dynastie, deren Hauptstadt Bubastis im Delta war. Das zerbrechliche Gleichgewicht der Mächte Theben und Bubastis hielt sich ab dem ersten Herrscher dieses Geschlechts, Scheschonk I., etwa ein Jahrhundert. Während der Herrschaft Scheschonks III. wurde Ägypten in drei unabhängige Staaten geteilt: die 22. Dynastie herrschte weiterhin in Bubastis; eine weitere libysche Dynastie, die 23., hatte ihren Sitz in Tanis; der dritte Staat konzentrierte sich auf das Gebiet um Theben, das von den Hohepriestern des Amun unabhängig regiert wurde. Die Unabhängigkeit Thebens endete durch einen Pharao der 23. Dynastie, Osorkon III.: er ernannte seine Tochter zur »Gottesgemahlin des Amun« und brachte damit Theben unter seine Herrschaft. Diese Situation dauerte jedoch nur kurz, denn die nubischen Herrscher Kaschta und Pianchi besetzten Ägypten und begründeten ihre eigene, die »äthiopische« (25.) Dynastie.

Ein Geschenk an Hemen
Taharqa pflegte den Kult verschiedener Götter. Dem in Nubien besonders verehrten Amun widmete er mehrere Tempel. Sein Thronname bedeutete »Nefertem ist sein Beschützer« und bezog sich auf den aus einer Lotosblüte geborenen Gott. Auf der Skulptur links bringt er Hemen ein Geschenk dar, einem alten, wenig bekannten Gott aus Oberägypten. Hemen war Schutzpatron Moallas, wo eine bedeutende Totenstadt entstand.

SAITISCH-PERSISCHE PERIODE

Unter der saitischen Dynastie erlebte Ägypten einen letzten Höhepunkt seiner mehrere Jahrtausende alten Geschichte. Nach einem halben Jahrhundert eroberte jedoch das persische Heer unter Kambyses II. das Land.

Während der Saitenzeit (664–525 v. Chr.) wurde die Hauptstadt nach Sais verlegt, der Heimat des bedeutendsten Pharaos der 26. Dynastie, Psammetich I. Während dieser kulturellen Blütezeit öffnete sich Ägypten und Fremde kamen als Söldner und Händler ins Land. Es wurden viele Rohstoffe eingeführt und zahlreiche Monumente errichtet. Nach dem Zusammenbruch des Assyrerreichs 612 v. Chr. spielte Ägypten wieder eine Hauptrolle für das internationale politische Gleichgewicht. Necho II., Sohn und Nachfolger Psammetichs I., fiel in Palästina und Syrien ein; er beauftragte die verbündeten Phönizier, Afrika zu umsegeln, und ließ einen Kanal entlang des Wadi Tumilat vom Nil zum Roten Meer bauen.

Psammetich II. war sowohl militärisch als auch diplomatisch äußerst aktiv: an der Spitze eines großteils aus asiatischen Söldnern bestehenden Heeres verwüstete er Nubien; seine Versuche, durch Entsendung einer diplomatischen Vertretung nach Syrien und Palästina einen Aufstand gegen den König von Babylon, Nebukadnezar II., anzustiften, blieben allerdings erfolglos. Während der Herrschaft des letzten Pharaos der 26. Dynastie, Psammetich III., fiel der Perserkönig Kambyses in Ägypten ein. Psammetich III. wurde bei Pelusium geschlagen und musste sich nach Memphis zurückziehen. Nach einem erfolglosen Aufstand wurde er dann in Ketten nach Susa gebracht. Auf dieses ruhmlose Ende der saitischen Dynastie folgte die persische Herrschaft der Achämeniden.

Persische Krieger des Darius I.
Das Heer von Kambyses II., Sohn von Kyros dem Großen, schlug die Armee Psammetichs III. und machte Ägypten zu einer persischen Provinz. Dieses Relief von Persepolis zeigt Krieger des Darius I.

Phönizisches Schiff
Während der Saitischen Periode unterhielt Ägypten intensive Handelsbeziehungen mit den phönizischen Städten. Das Pharaonenland importierte Silber und Bronze, und gleichzeitig setzten die phönizischen Seefahrer in den Kolonien ägyptische Skarabäen, Amulette und Glasvasen ab.

PSAMMETICH I., FEIND DER ASSYRER

Psammetich I. – er vertrieb die Assyrer aus Ägypten – war der erste König einer kurzen glanzvollen Periode eines Landes, das bereits im Niedergang begriffen war und schließlich durch die Perser erobert werden sollte. Dem neuen König gelang es mit Hilfe griechischer Söldner, sich von den Assyrern und den libyschen Herrschen des Deltas zu befreien sowie die Äthiopier aus Oberägypten zurückzudrängen. Psammetich I. förderte die »klassische« Kunst des Mittleren Reiches und ließ verschiedene Bauwerke in diesem Stil restaurieren, darunter die Stufenpyramide von Sakkara. Er baute auch die Handelsbeziehungen im Mittelmeerraum aus und gestattete die Ansiedlung zahlreicher Einwanderer, wie zum Beispiel von Juden (in Elephantine) und Griechen.

GESCHICHTE

Die persische Periode

Die persische Periode (525–332 v. Chr.) kann in drei Phasen eingeteilt werden: die Erste Persische Herrschaft, die Zeit der letzten heimischen Dynastien und die Zweite Persische Herrschaft. Während der Ersten Persischen Herrschaft (525–404 v.Chr.), die mit Kambyses II. begann, respektierten die Achämeniden-Könige (27. Dynastie) die lokalen Religionen und Traditionen. Trotzdem gab es im ganzen Land Aufstände, und 404 v. Chr. konnte Ägypten für kurze Zeit die Freiheit wiedererlangen: dies war die Ära der letzten ägyptischen Könige (28., 29. und 30. Dynastie: 404–341 v. Chr.). Mit der Eroberung des Landes durch Artaxerxes III. begann die Zweite Persische Herrschaft (343–332 v. Chr.). Weder Artaxerxes noch seine Nachfolger Arses und Darius III. ließen sich zum Pharao krönen. Ihre Herrschaft der brutalen Unterdrückung endete mit der Befreiung des Landes durch den Makedonier Alexander den Großen.

NEKTANEBOS II., »LETZTER KÖNIG«

Der letzte Herrscher der 30. Dynastie und letzte einheimische ägyptische König, Nektanebos II., kam durch die Intrigen seines Vaters Tjahepimu auf den Thron: Tjahepimu ließ den Pharao, seinen eigenen Bruder, absetzen, während dieser gegen die Perser kämpfte. Auch Nektanebos II. musste sich den – von Artaxerxes III. angeführten – Persern stellen: 351 v. Chr. gelang es ihm noch, sie zurückzuschlagen, aber 343 v. Chr. fiel das feindliche Heer ins Land ein und der Pharao musste nach Unternubien fliehen. Von dem während seiner Regierungszeit errichteten Tempel der Isis in Behbeit el-Hagar sind noch viele Ruinen erhalten.

Neue Skulpturen
Seit der Saitenzeit wurden Personen auch als Götter dargestellt. Solche Statuen stellte man in einem Naos (Schrein im Allerheiligsten) oder einer Nische auf, wie jene Priesterstatue oben.

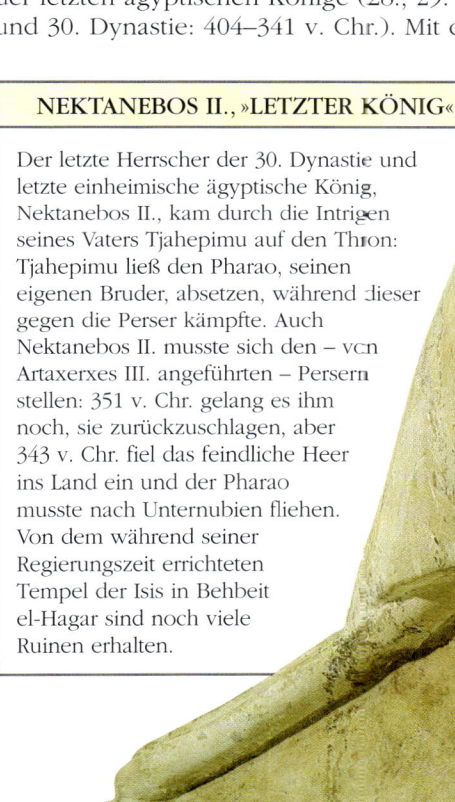

Von den Göttern beschützt
Diese Skulptur (heute im Louvre) zeigt Nektanebos II., der als letzter heimischer König Ägyptens in die Geschichte eingegangen ist.

Die Ptolemäer-Dynastie bis zur Herrschaft der Römer

Die großen Namen im letzten Geschichtsabschnitt des alten Ägypten waren Alexander der Große, Julius Caesar, Kleopatra und Octavian Augustus.

Die hellenistisch-ptolemäische Ära begann gleich nach dem Tod Alexanders des Großen, der mit der Eroberung Ägyptens dem Persischen Imperium ein Ende gesetzt hatte. Einer seiner Nachfolger, Ptolemaios I. Lagos, begründete die Dynastie der Lagiden (305–30 v. Chr.), die mit Kleopatra VII. endete. Diese Herrscher regierten Ägypten mit eiserner Hand und verteidigten es auch gegen äußere Angriffe. Die Thronfolgen waren mit Intrigen, manchmal auch mit Inzest und Mord verbunden. Die Lagidendynastie brachte aber auch große Intellektuelle und Strategen hervor.

Die Ptolemäer-Dynastie

Die ersten Lagiden widmeten sich dem Ausbau der neuen Hauptstadt, Alexandria. Es wurden Paläste, Tempel und viele andere Bauwerke errichtet – darunter die berühmte Bibliothek, Zentrum der hellenistischen Kultur, und der Leuchtturm, eines der Sieben Weltwunder der Antike. Die politische Macht war fest in den Händen der Herrscher und es entstand eine makedonische Kriegerkaste, die das Heer und das Land kontrollierte. Ein starker und effizienter Verwaltungsapparat kümmerte sich um die Wirtschaft des Landes. Außerhalb der ägyptischen Grenzen gab es Probleme im Gebiet Syriens, da die Seleukiden-Könige versuchten, ihr Reich zum Nachteil der mit Ägypten verbündeten Städte auszudehnen. Der dritte und vierte syrische Krieg endete aber mit dem Sieg der ägyptischen Könige Ptolemaios III. Euergetes und Ptolemaios IV. Philopator. Schließlich tauchte eine weitere Macht im Mittelmeer auf: Rom. Auch wenn Ägypten anfangs sehr gute Beziehungen mit Rom unterhalten hatte, wurde es während der Regierungzeit Kleopatras VII. gezwungen, der wachsenden Macht Roms zu weichen. Damit war das Ende der drei Jahrtausende währenden Herrschaft der Pharaonen besiegelt.

DER PHARAO ALEXANDER

Dem König Makedoniens, Alexander dem Großen, gelang es innerhalb von drei Jahren, die Perser unter Darius III. Codomanus zu besiegen und ihr riesiges Reich zu übernehmen. In Ägypten wurde er als Befreier begrüßt: als er 332 v. Chr. das Orakel im Tempel des Amun in Siwa befragte, wurde er als Sohn des Zeus-Amun erkannt und als Pharao verehrt. Ein Jahr später gründete er Alexandria – es sollte die neue Hauptstadt Ägyptens und die Wiege der hellenistischen Kultur werden. Hier wurde er auch in einem von seinem General und späteren ägyptischen König Ptolemaios I. errichteten Grabmal bestattet. Alexander duldete nicht nur, sondern identifizierte sich sogar mit den Sitten und Gebräuchen der Ägypter. An der Außenwand des Amun-Tempels in Luxor (oben) ist er mit Kleidung und Kartusche des Pharaos dargestellt.

Weltwunder der Antike
Alexandria beherbergte eines der Sieben Weltwunder der Antike: Pharos, den Leuchtturm von Alexandria. Er bekam seinen Namen von der Insel Pharos, auf der er erbaut wurde. Der Leuchtturm wurde von Ptolemaios I. in Auftrag gegeben, unter Ptolemaios II. vollendet und 1375 bei einem Erdbeben zerstört.

Berenike II.
Berenike II. war eine der berühmtesten und bedeutendsten Königinnen der Ptolemäer-Zeit. Sie war Gattin von Pharao Ptolemaios III. Euergetes I. (246–221 v. Chr.), dem sie als Mitgift die Kyrenaika einbrachte. Der Name des Sternbildes »Haar der Berenike« bezieht sich auf die Sage, die Königin hätte so schöne Haare gehabt, dass die Götter ihnen einen Platz im Himmel gegeben hätten.

KLEOPATRA, DIE LETZTE KÖNIGIN

Nach dem Tod von Ptolemaios XII. Auletes kam seine Tochter Kleopatra VII. Philopator gemeinsam mit ihrem jüngeren Bruder Ptolemaios XIII. auf den Thron. Sie wurde im Zuge einer Verschwörung vertrieben, kam dann aber mit Hilfe Caesars nach Alexandria zurück, der ihr den anderen Bruder, Ptolemaios XIV., zur Seite stellte. Als Geliebte des römischen Generals lebte sie dann eine Zeit lang mit dem aus dieser Verbindung entsprungenen Sohn Caesarion in Rom. Nach dem Tod Caesars kehrte sie nach Ägypten zurück, ließ ihren Bruder ermorden und setzte ihren Sohn als Herrscher ein. Nach der Schlacht bei Philippi (42 v. Chr.) verband sie sich mit Antonius, bekam von ihm weitere drei Kinder und erreichte die Anerkennung Caesarions als Mitregent. Bei der »Schenkung von Alexandria« 34 v. Chr. übergab Antonius Kleopatra und ihren Kindern Armenien, Kreta und Zypern, erweckte aber damit den Unmut des römischen Senats. Die Königin nahm an der Seeschlacht bei Aktium (31 v. Chr.) teil, die ihre und Antonius' Niederlage gegenüber Octavian besiegelte. Trotz ihrer Versuche, mit dem Sieger zu verhandeln, wurde sie zum Selbstmord gezwungen. Plutarch erzählt, dass sie sich von einer giftigen Schlage töten ließ, die sie bei ihrer Verhaftung durch Octavian in einem Korb versteckt hatte. Der künftige Kaiser ließ Caesarion töten, annektierte Ägypten und machte es zur römischen Provinz: damit endete die Ptolemäische Dynastie und die Unabhängigkeit Ägyptens.

Die Gemälde von El-Faijum
Während der römischen Herrschaft begann man, Holztafeln mit dem Gemälde des Verstorbenen unter den Kopf der Mumie zu legen. Viele solcher Bilder, die im Gebiet von El-Faijum gefunden wurden, entspringen nicht der ägyptischen Tradition, sondern dem Einfluss der Freskenmalerei von Pompeji.

Ägypten als römische Provinz

Solange Ägypten zum Römischen Reich gehörte (30 v. Chr.–395 n. Chr.) war es Kornkammer Roms.
Während der römischen Herrschaft gab es in der Verwaltung Ägyptens keine großen Veränderungen gegenüber der vorhergehenden Ptolemäer-Zeit: die von Rom gesandten Statthalter ließen sich in einigen Städten wie Alexandria und Memphis nieder, wo auch die großen Legionen ihre Lager aufschlugen. Die römische Herrschaft bis zur Zeit Konstantins verlief ohne sonderliche Probleme. Nach der Teilung des Römischen Reiches (395 n. Chr.) wurde Ägypten Teil Ostroms.

Römische Religiosität
Die Römer nahmen die griechisch-ägyptischen Religionskulte an und hatten keine Probleme, als Priester einer fremden Gottheit zu agieren. Sie nahmen an den lokalen Riten teil, beteten Isis und Serapis an, und akzeptierten, dass der Kaiser die Gottheit verkörperte. Diese Skulptur zeigt den Gott Anubis und ist ein gutes Beispiel für die Vermischung der Kulturen.

DIE ENNEADE VON HELIOPOLIS

Die Ägypter schufen ihre Religion, um den Ursprung der Welt zu erklären, wobei jedes bedeutende religiöse Zentrum seine eigene Theorie entwickelte. Zu den verbreitetsten gehörte die Kosmogonie (Lehre) von Heliopolis, wo neun Götter von der Schaffung der Welt bis zur Geburt der Monarchie zusammenwirkten.

Durch die Beobachtung der Natur entwickelten die Priester von Heliopolis die Theorie eines Schöpfergottes, der aus den ursprünglichen und chaotischen Wassern des *Nun* auftauchte. In ihm lebte – erst noch schlafend – Atum, »der sich selbst schuf«. Der Schöpfergott schuf einen Hügel, wo Atum stehen konnte. Die Beschreibung des ursprünglichen und chaotischen Ozeans lässt an die Nilflut denken, aus deren Wasser, wenn sie sich zurückziehen, kleine Inseln auftauchen, auf denen dann sehr schnell Leben sprießt. Atum schuf aus Speichel oder Samen ein Götterpaar: Schu, die Luft, und Tefnut, die Feuchtigkeit. Dieses Paar gebar den Gott Geb, die Erde, und die Göttin Nut, den Himmel. Die Erde wurde durch einen am Boden liegenden Mann, aus dessen Körper Pflanzen sprießen, dargestellt. Die Schaffung der ersten Götter durch die Körpersäfte des Atum wird auch in einer Abhandlung über die Magie der Spätzeit dargelegt, im *Buch vom Niederwerfen des Apophis*. »Zahlreich waren die Lebewesen, die aus meinem Mund entsprangen, bevor es Himmel und Erde gab, bevor die Schlangen und Reptilien an diesem Ort geschaffen wurden. Im Chaos schuf ich einen Teil des Daseins, das schlief, solange ich keinen Ort gefunden hatte, wo es bleiben konnte […]. Ich trieb Unzucht mit meiner Faust, masturbierte mit meiner Hand. Ich spie mit meinem Mund und spuckte Speichel aus, und so entstanden Schu und Tefnut.«

Die letzten Götter der Enneade
Die dritte Göttergeneration bestand aus Osiris, Isis, Seth, Nephtys und manchmal Horus. Sie waren besonders im Totenkult bedeutend, da sie den Verstorbenen ins nächste Leben geleiteten. Manche, wie Seth, halfen Re bei seiner nächtlichen Reise. In dieser Stele des Horus wird der Verstorbene zu verschiedenen Göttern der Neunheit gebracht.

Die vielen Gesichter des Atum
Atum wurde als Mann mit Doppelkrone dargestellt; seine Tiersymbole waren unter anderem Löwe, Stier und Manguste. Im Altertum wurde er mit Re assoziiert. Als Sonnengott der Totenwelt wurde er mit einem Hammelkopf dargestellt.

RELIGION

Die Löwengöttin
Tefnut, die Tochter des Atum, wurde als Frau mit Löwenkopf dargestellt.

Der Sohn des Osiris
Neben den neun Göttern der Pyramidentexte tauchte während der Ptolemäer-Zeit Horus auf, der die durch Osiris begründete Erbfolge der Monarchen verkörperte.

Die Kinder von Geb und Nut

Die letzte Göttergeneration der Enneade von Heliopolis steht mit dem Mythos des Pharaonentums im Zusammenhang. Es heißt, dass Geb und Nut vier Kinder hatten: Osiris, Isis, Seth und Nephtys. Osiris und Isis bildeten ein Paar, ebenso Seth und Nephtys. Osiris gewann immer mehr Anhänger, nicht so Seth, der das Chaos repräsentierte. Seth brachte seinen Bruder Osiris um und warf seinen Leichnam in den Fluss; Isis und Nephtys fanden ihn. Es gelang Isis, ihn wiederzubeleben und sie vereinigte sich mit ihm. Darauf gebar sie Horus, dessen Nachkommen die Pharaonen sein sollten.

Die Namen der Götter
Die Götternamen haben als Hieroglyphen ihr eigenes Zeichen. Links steht die Hieroglyphe der Nut, die das Himmelsgewölbe darstellt; das Zeichen in der Mitte steht für Osiris, das rechte bedeutet Isis und stellt einen Thron dar.

DIE STAATSRELIGION

Basis der ägyptischen Staatsreligion war das Zusammenspiel der folgenden drei Gruppen: Götter, Pharaonen und Menschen.

Der ägyptische Pharao stellte den einzigen Priester seines Volkes und damit den einzigen Vermittler zwischen der Welt der einfachen Menschen und der Götter dar. Um das Wohlergehen seiner Untertanen zu gewährleisten, musste er die Beziehungen zu den Göttern pflegen und sich um die Maat, die vom Anbeginn der Zeiten bestehende kosmische Ordnung, kümmern. Auf den dekorierten Tempelwänden findet man häufig eine Darstellung des Pharaos, wie er der Gottheit eine Statuette der Maat darbringt, oder auch wie er sie entgegennimmt. Es handelte sich dabei um eine symbolhafte Bestätigung, dass zwischen dem »Gott-König« und seinem Volk Ordnung herrschte, denn der König konnte das Wohlergehen seiner Untertanen nur erhalten, wenn er sich in den Rang einer Gottheit erhob. Gemäß der Staatsreligion war der Herrscher der Einzige, der den Tempel betreten durfte. Da er jedoch nicht gleichzeitig an allen religiösen Stätten tätig sein konnte, übertrug er diese Rolle der Priesterkaste. Die Priester agierten somit im Auftrag des Königs und nicht als seine Vertreter. Genau genommen verlangte der Götterkult vom Herrscher, dass er sich zu seinen Pflichten berufen fühlte, wie es Sesostris I. vom Gott Harachte berichtete: »Er hat mich dazu geschaffen […] um auszuführen, was er mir aufgetragen hat.« In den ägyptischen Schriften sind die beiden Aspekte des Pharaos immer klar auseinander gehalten: als Mensch geboren wurde er Garant für die von den Göttern gewünschte Ordnung auf der Welt, ohne dabei zu Lebzeiten ganz zu einem Gott zu werden.

Maat, die kosmische Ordnung
Der Pharao oder an seiner Stelle der Hohepriester brachten der Gottheit eine Statuette der Maat dar und zeigten so, dass im ganzen Land Ordnung herrschte.

Wohlgerüche für die Götter
In den Reliefen der Heiligtümer ist es der Pharao, der sich um die religiösen Riten kümmert. Zu den Aufmerksamkeiten für die Götter gehörte das Verbrennen von Weihrauch, dessen sichtbarer Rauch die Reise von der Erde in den Himmel symbolisierte.

Individuelle Religionen

Die ägyptischen Götter wurden anfangs in einzelnen Städten oder Provinzen verehrt, aber später verbreiteten sich die Kulte über das ganze Land. Einige Götter wurden zu dreien in Familien mit Vater, Mutter und Sohn gruppiert, wie Osiris, Isis und Horus, oder Amun, Mut und Chonsu. Mit der Zeit wurden allen Göttern ähnliche Beinamen gegeben, sodass es oft schwierig ist, die besonderen Eigenheiten und Funktionen der einen oder anderen Gottheit zu erkennen. Um zu zeigen, dass er mit wenigen Ausnahmen die Gebote und Regeln, die ihm die traditionelle Religion auferlegte, befolgte, hielt der Ägypter verschiedentlich auch persönliche Zwiesprache mit der Gottheit. Diese individuelle religiöse Haltung ist in der so genannten »Weisen«-Literatur zu sehen, deren bedeutendste und häufigste Beispiele ab der Ramses-Epoche erhalten sind.

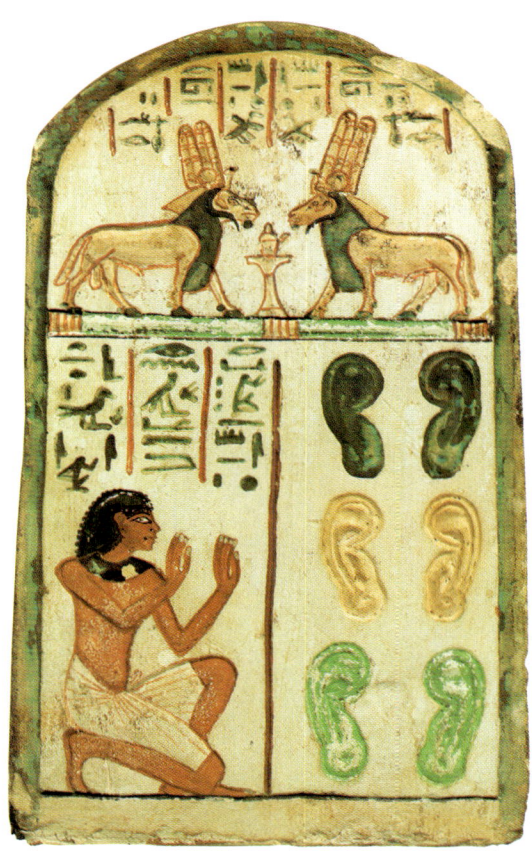

Stele mit Ohren
Wenn ein Gläubiger von einem Gott etwas erflehen wollte, brachte er eine Stele mit seiner Bitte dar. Auf jener links ist eine Reihe von Ohren zu sehen, die die Gottheit drängen sollten, die Bitte anzuhören. Diese Stelen mit Ohren wurden dem »Gott, der die Bitten erhört« dargebracht.

DIE FRAU IM RELIGIÖSEN LEBEN

Während des Alten und Mittleren Reiches waren die Frauen der oberen Klassen als Priesterinnen in die Staatsreligion eingebunden, die auf dem Götterkult und der Person des Pharaos basierte. Das bedeutendste Amt der weiblichen Priesterschaft war das Amt der »Gottesanbeterin« des Amun und wurde von der Tochter des Hohepriesters bekleidet. Später hatte dann die Tochter des Pharaos dieses Amt inne und trug den Titel »Gottesgemahlin«. Ab dem Neuen Reich widmeten sich immer weniger Frauen der Priesterschaft und die weibliche Rolle hatte hier nur mehr wenig oder bloß dekorative Bedeutung. Viel wichtiger war der religiöse Einfluss der Frauen in der Familie. Im Volkskult war man besonders den weiblichen Göttern, wie zum Beispiel der Göttin Hathor, verbunden.

Im Gebet
In der ägyptischen Kunst trifft man oft auf die Darstellung Betender mit erhobenen oder ausgestreckten Händen. Das Relief links zeigt den Priester Neferhor und seine Frau, beide demütig kniend.

DIE PRIESTERKASTE

Die Priester, die sich um die Tempel und das Wohl der Götter sorgten, bildeten eine mächtige Kaste in der ägyptischen Gesellschaft.

Im alten Ägypten hatte fast jede Stadt ein Pantheon für die Götter und eine Priesterschaft, die sich um die Götter sorgte. Diese Priester waren ab der Mitte der 18. Dynastie in einer strengen Hierarchie organisiert, die vom Pharao kontrolliert wurde. Denn, auch wenn das Priesteramt erblich war, konnte nur der Herrscher einen Priester ein- oder absetzen. Solange sie ihr Amt innehatten (in den früheren Epochen bekleideten die Priester das Amt wechselweise für kürzere oder längere Perioden), mussten sie ihren Körper rasieren, Leinenkleider und Sandalen tragen und sexuell enthaltsam leben. Außer den Zuwendungen durch den Pharao besaßen die Tempel Besitztümer, sodass die Priester von den Ernten und Zinsen leben konnten. Der mit dem Amt verbundene Machtzuwachs und die Anhäufung von Reichtum führten dazu, dass während der 20. Dynastie Priester Pharaonen werden konnten.

Gegenstände für den Dienst an den Göttern
Der tägliche Tempelritus bestand aus der Reinigung der Götterstatue und dem Darbringen von Geschenken. Davor mussten sich auch die Priester reinigen, indem sie sich mit Wasser aus einer Schüssel oder im heiligen See des Tempels wuschen. Die Götterstatue wurde mit kostbarem Öl besprengt und mit Wohlgerüchen umgeben; außerdem mussten Speisen für die Götter bereitgestellt werden.

Hrihor, der Usurpator
Als Hohepriester des Amun in Karnak hatte Hrihor die Macht in Oberägypten während der Regierungszeit von Ramses XI. (1099–1069 v. Chr.) inne. Es gelang ihm, seinen eigenen Namen in Form einer Kartusche zu schreiben.

Der heilige Wohnsitz
Die Priester im Dienste der Götter lebten im Tempel – dieser war von einer Mauer aus rohen Ziegeln umgeben, um ihn vor Lärm von außen zu schützen und rein zu halten. In die Kapelle mit der Götterstatue (rechts eine Reproduktion als kleine Votivskulptur) konnte nur der Pharao selbst, oder in seiner Vertretung der Hohepriester, eintreten.

Die Würdenträger

Das höchste Priesteramt war der erste Prophet (wörtlich »Gottesdiener«, den die Griechen als Sprecher der Götter sahen) oder Hohepriester, der Vertreter des Pharaos. Danach folgte der zweite Prophet, der administrative Aufgaben durchführte, des Weiteren der dritte und vierte. Der hohe Klerus war für Verwaltung und Kult zuständig; den größten Teil der Priesterschaft machte aber der niedere Klerus aus. Sie wurden Reine oder *Uab* genannt und kümmerten sich um die täglichen Rituale und die Belange der Gottheiten. Im niederen Klerus gab es auch Spezialisten mit genauen Tätigkeitsbereichen: die »Stunden«-Priester verkündeten den Beginn der Rituale; die »Astronomen« legten die Glücks- und Unglückstage fest; die »Lektoren« verkündeten während der Zeremonie die Worte der Götter.

Die Diener der Götter
Auch wenn der Pharao ursprünglich als einziger Mittler zwischen Göttern und Menschen galt, übertrug er diese Funktion dem Hohepriester jedes Tempels. Diese ließen sich von anderen Priestern und Dienern in ihrem Amt unterstützen, wie man im Bild rechts sehen kann.

GÖTTLICHE PROZESSIONEN

Die Tätigkeit der Priester beschränkte sich nicht allein auf den Dienst an den Göttern. Sie schrieben auch Papyri für Tempel und Private ab, widmeten sich der Pflege von Feldern, Vorratsspeichern und der Bibliothek (»Haus des Lebens«), die sich innerhalb des Tempelbereichs befanden. Die Priester hatten auch die Rechtsprechung inne und wurden als Traumdeuter befragt. Dazu diente auch das Orakel: An einem festgelegten Tag wurde die Götterstatue aus dem Heiligtum hinausgetragen und konnte vom Volk befragt werden. Die Priester mit ihren typischen Kleidern und Masken trugen auf ihren Schultern die Statue, die dann mit Hilfe der Priester auf die gestellten Fragen antwortete.

Beeindruckender Realismus
Diese Holzstatue aus dem Alten Reich zeigt den Priester Kaaper, der ein bedeutendes religiöses Amt während der 5. Dynastie innehatte. Diese Skulptur wurde 1860 gefunden und gehört zu den wichtigsten Ausstellungsstücken des Ägyptischen Museums in Kairo.

Das Leben nach dem Tod

Die Ägypter glaubten an ein Leben nach dem Tod, betrachteten den Tod aber nicht als traumatisches Ereignis, sondern als Voraussetzung für das ewige Leben.

Identifizierung einer Mumie
Wegen der Grabplünderungen wurden manche Mumien in fremde Gräber gelegt und bei ihrem Fund verwechselt. Deswegen sind einige Grabbeigaben, wie die Vasen für die Mumifizierung, eine wertvolle Hilfe, um die Identität des Bestatteten festzustellen.

Der Tod wurde als Unterbrechung des immerwährenden Daseins empfunden, und man wollte durch Einbalsamierung und Bestattungsriten die Unsterblichkeit sicherstellen. Nicht nur die unveränderliche physische Form des Toten als Mumie oder Statue kam ins Grab, sondern auch Geschenke für das *Ka*, die »Lebenskraft des Menschen«. Das Grab war auch der Ort, wo der Tote zum *Ach* werden konnte, den

Ramses II.
Die Mumie dieses Pharaos der 19. Dynastie wurde 1881 in der Cachette *von Deir el-Bahari gefunden.*

RELIGION

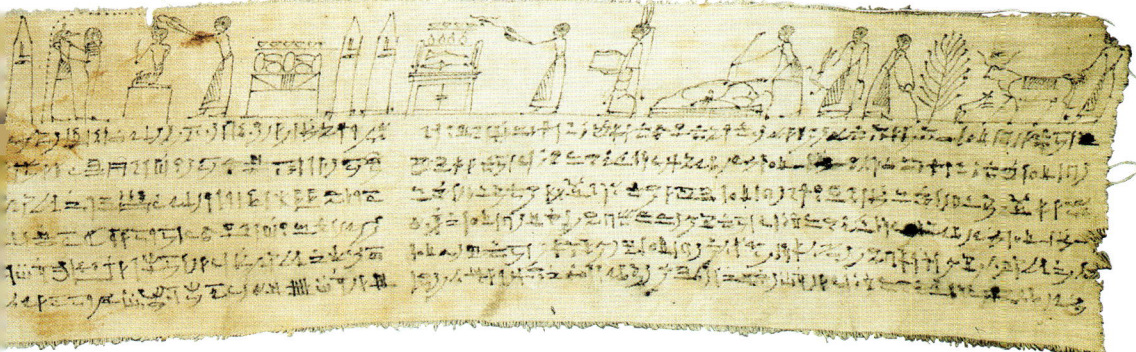

Die »Kleidung« einer Mumie
Der Leichnam wurde in lange Baumwollstreifen gewickelt, die oft mit Sprüchen und Zeichnungen aus dem Totenbuch *versehen waren.*

»verwandelten Geist«. Zur menschlichen Persönlichkeit gehörte auch das *Ba*, das manchmal unrichtigerweise als »Geist« gedeutet worden ist; es bedeutete die Fähigkeit sich zu bewegen oder eine vom Toten gewünschte Form anzunehmen, wie Schatten, Energie (*Hekau*), Herz oder Name.

Die Mumifizierung

Um den irdischen Tod zu überleben, musste der Körper des Verstorbenen erhalten werden, und dies war durch die Mumifizierung möglich. Die Totenpriester entfernten die Eingeweide aus dem Körper und balsamierten ihn ein. Die Technik variierte je nach sozialer Zugehörigkeit des Verstorbenen, war sehr aufwändig und die Priester mussten gute Anatomiekenntnisse haben, um die Organe entfernen zu können, ohne sie zu beschädigen. Während der Mumifizierung brachten die Priester eine Reihe von Amuletten zwischen den Binden an, die mit Formeln beschrieben waren, um das Überleben des Verstorbenen im Jenseits zu sichern. Der Ausdruck Mumie leitet sich vom arabischen *mumiya* (»Bitumen«) her, denn so bezeichneten die Araber, die sich in Ägypten angesiedelt hatten, die Mumien – sie dachten, das bei der Mumifizierung verwendete Harz wäre Bitumen. Später erweckten die Mumien in Europa großes Interesse und dem durch Zermahlen gewonnenen Pulver wurden magische und heilende Kräfte zugeschrieben. Manche Maler verwendeten diese Pulver für ihre schwarze Farbe.

Die ersten ägyptischen Mumien waren auf natürliche Weise entstanden, da das trockene Klima die Konservierung der Körper förderte. Als man eine Verbindung zwischen Mumifizierung und Jenseits zu sehen begann, erfand man künstliche Formen der Konservierung des Leichnams. Aus dem Alten und Mittleren Reich sind nur wenige Mumien erhalten, da die Mumifizierung noch nicht sehr entwickelt war und auch viele Gräber geplündert wurden. Die meisten und am besten erhaltenen Mumien stammen aus dem Neuen Reich, obwohl diese Technik noch bis zur Zeit der Römer gepflegt wurde.

Amenhotep I.
Bei dieser Pharaonenmumie der 18. Dynastie wurde der Mumienverband bereits in der Antike entfernt. Die Grabschänder legten den Verband mit solcher Präzision wieder an, dass es kein Ägyptologe mehr wagte, ihn wieder abzunehmen. Auf dem Gesicht hatte die Mumie eine Maske und um den Hals eine Blumengirlande.

DIE KÖNIGSMUMIEN

Die meisten Mumien wurden im Mumienversteck der Nekropole von Theben gefunden. Es handelt sich dabei um Leichname von Pharaonen und Höflingen des Neuen Reiches. Das bedeutet nicht, dass nur diese Personen mumifiziert wurden, sondern dass dabei eine raffiniertere Technik angewandt und dadurch die Verwesung verhindert wurde. Anfang der 18. Dynastie wurden die Arme des Toten über der Brust verschränkt, in den späteren Perioden legte man sie ausgestreckt bis zu den Hüften und die Hände auf die Genitalien.

In der 19. Dynastie hatten die Mumien der Pharaonen die Arme mit offenen Händen über der Brust verschränkt. Ab der 21. Dynastie nahm man die Eingeweide heraus, balsamierte sie ein und legte sie dann auf ihren ursprünglichen Platz zurück. Der Körper wurde mit Sägemehl, Lumpen und Zwiebeln gefüllt, um ihm Volumen zu verleihen. Mit Hilfe moderner Untersuchungsmethoden konnte man an den Mumien auch heute verbreitete Krankheiten wie Arthritis und Arterienverkalkung feststellen. Im Schädel mancher Mumien, wie hier bei Ramses V. (*unten*) befindet sich eine Öffnung – verursacht von Grabräubern, die so den bösen Geistern Gelegenheit geben wollten, aus dem Toten zu entweichen.

Der Totenkult und die Reise ins Jenseits

Nachdem der Verstorbene mit seinen wertvollsten Sachen von einem prunkvollen Leichenzug zum Grab geführt worden war, konnte seine gefahrvolle Reise durch die Unterwelt beginnen.

Nach der Einbalsamierung legte man den Leichnam in einen Sarg und der Leichenzug geleitete ihn zum Grab. Der Totenpriester führte den Zug an, danach kamen Kinder mit den Gegenständen, die das Leben des Verstorbenen in der Unterwelt angenehmer gestalten sollten. Sarg und Kanopenkrüge wurden auf zwei Schlitten befördert. Sobald die Prozession beim Grab angekommen war, nahm der Priester die Mundöffnungszeremonie vor, wodurch nach der Überlieferung dem Verstorbenen das Weiterleben ermöglicht wurde. Die ganze Ausstattung wurde gemeinsam mit dem Sarg und den Grabbeigaben ins Grab gelegt, das dann versiegelt wurde. Niemand sollte die ewige Ruhe des Toten stören, denn dieser hatte eine lange Reise durch die Unterwelt vor sich. Anubis, der als Wächter der Nekropole die Totenriten überwachte, führte den Verstorbenen zu Osiris, dem Herrscher des Totenreichs. Dort kam es dann zum Totengericht und dem »Wiegen des Herzens«.

Der Totenzug
Der Leichenzug zum Grabeingang wurde vom Totenpriester angeführt, der den Toten mit Wasser besprengte und die Weihrauchpfanne schwenkte.

Der Mundöffner
Der Totenpriester hatte die Aufgabe, die Mundöffnungszeremonie durchzuführen. Da sie ursprünglich an einer Statue des Verstorbenen durchgeführt wurde, verwendete man Werkzeuge von Bildhauern und Tischlern dafür. Daher ist der Mundöffner eine Art Axt, mit der das Gesicht berührt wird, um die Sinne wieder zu beleben.

Die Vernunft des Herzens
Man legte dem Verstorbenen einen Skarabäus wie jenen links an die Stelle des Herzens. Danach wurde ein Kapitel aus dem Totenbuch rezitiert, das sich auf das Totengericht bezog.

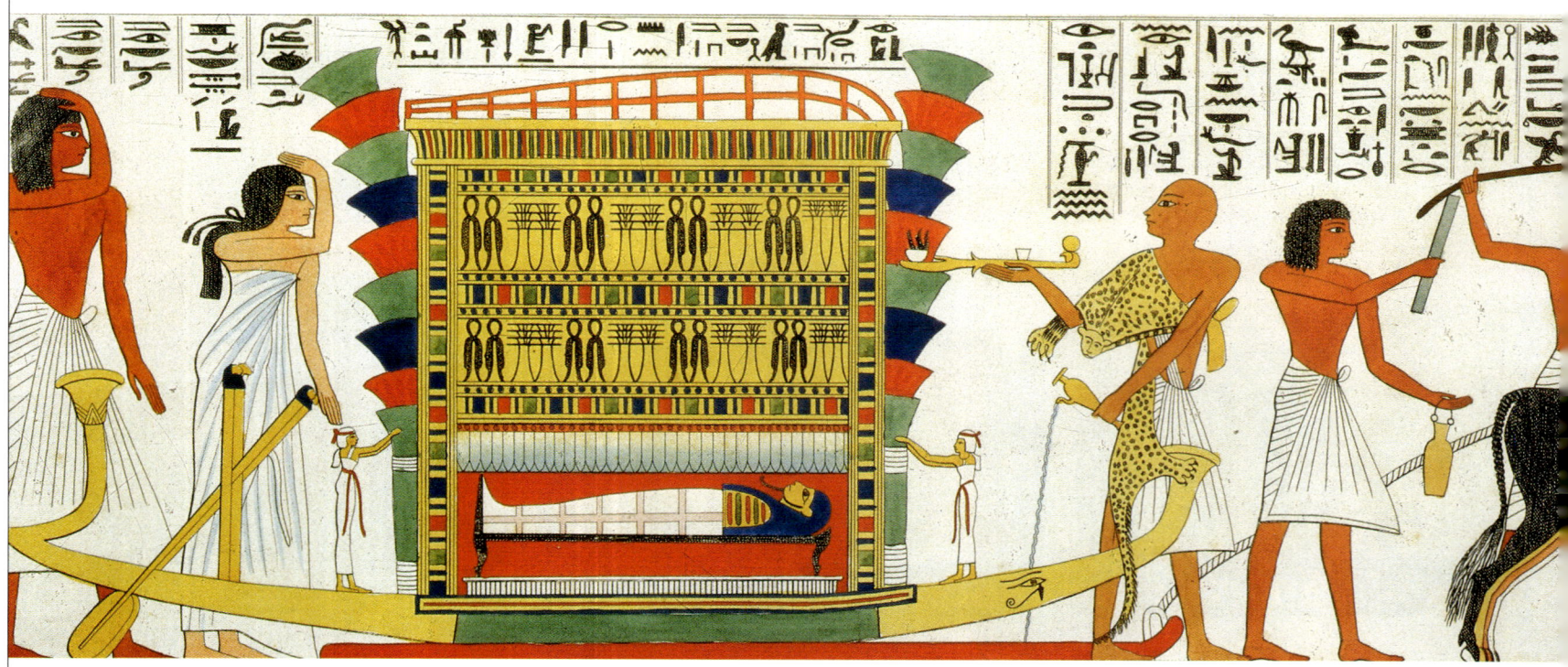

RELIGION

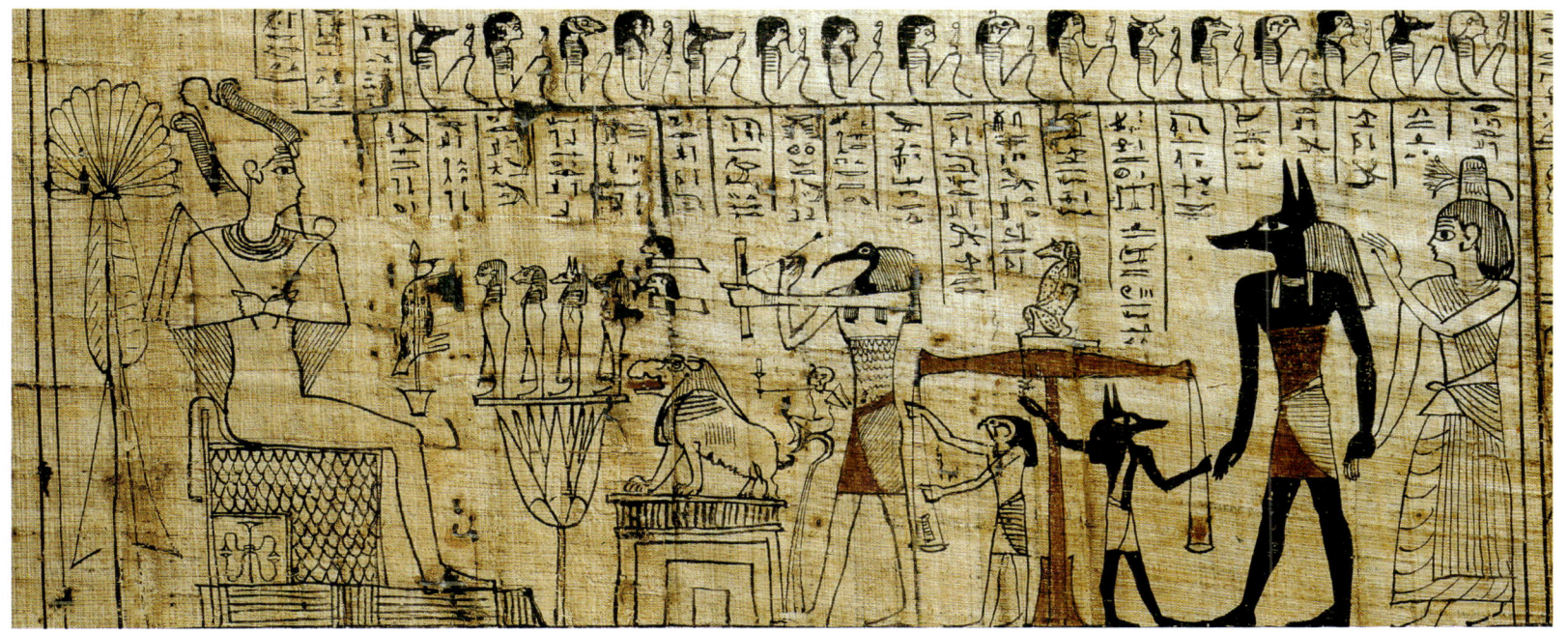

Das Wiegen des Herzens

Diese Zeremonie fand in der Halle der beiden Gerechtigkeiten statt. Auf der einen Seite saß Osiris auf seinem Thron, neben ihm weitere Götter und 42 Richter. In der Mitte der Halle war die Waage: auf der einen Waagschale lag eine Feder, Symbol der Maat, auf die andere legte man das Herz des Verstorbenen. Vor den Göttern und Richtern musste der »Angeklagte« ein negatives Geständnis machen, das heißt seine

Die Stunde des Urteils

Während des Totengerichtes wurde das Herz des Verstorbenen auf eine Waage gelegt, auf deren anderen Seite eine Feder lag: wenn das Herz sich als schwerer erwies, wurde der Verstorbene verdammt.

Unschuld darlegen. Zuerst wandte er sich an sein Herz und bat es, nicht zu widersprechen. Ein solcher Spruch tauchte oft auf dem »Herzskarabäus« auf, einem Amulett, das zwischen den Mumienverband gelegt wurde. Dann sagte er vor jedem Richter einen anderen Spruch auf, wobei er sich frei von jeglicher Sünde erklärte. Interessanterweise stand beim Geständnis das Verhältnis zu den Mitmenschen und nicht zu den Göttern im Vordergrund. Hatte der Verstorbene gesündigt, so wog das Herz schwerer als die Feder – und Amit, ein Monster mit dem Kopf eines Krokodils und den Füßen eines Löwen und Nilpferds, verschlang ihn. War er aber unschuldig, durfte er nach einer gefahrvollen Reise durch die Unterwelt ins Iaru-Gefilde (Paradies) eintreten.

DER LEOPARDENMENSCH

Der Totenpriester mit dem Namen *Sem* war anfangs »der Erstgeborene, der für das Begräbnis des Vaters zuständig ist«. Seine Haupthandlung war die Zeremonie der Mundöffnung. Diese eigenartige Zeremonie, die schon im Alten Reich (2686–2173 v. Chr.) erwähnt wurde, ist uns dank der Papyri aus dem Neuen Reich (1552–1069) detailliert überliefert. Ursprünglich konnte die Mundöffnung nur vom Erstgeborenen des Verstorbenen ausgeführt werden. Von der 3. Dynastie (2686–2613 v. Chr.) an konnte sie von jedem durchgeführt werden, der vom Erstgeborenen autorisiert war.
Zu Ende des Neuen Reiches wurde das Beiwort *Sem* nur mehr mit dem Priester, der die Bestattung durchführte, verbunden. Wie man im Bild links sehen kann, trug der Totenpriester ein Leopardenfell und einen seitlichen Zopf als typisches Zeichen seiner Jugend. In vielen Reliefs des Alten Reiches sind auch die adeligen Verstorbenen in Leopardenfell gekleidet.

DAS TOTENBUCH

Für die Ägypter war die Konservierung des Leichnams für ein Leben nach dem Tod unerlässlich. Durch die Mumifizierung wurde die physische Form gerettet, das *Totenbuch* half der Seele, das Grab zu verlassen.

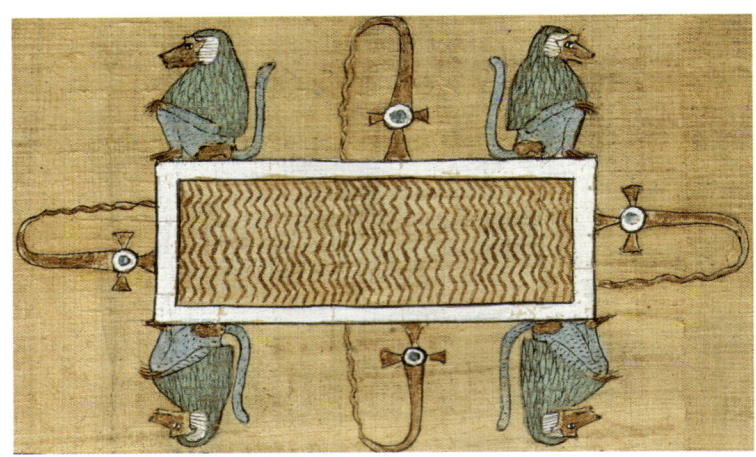

Der See aus Feuer
In der Unterwelt gab es Flüsse und Seen aus Feuer, in denen die Bösen den Tod fanden. Vier Paviane bewachten diesen von mehreren Kohlebecken gespeisten See.

Im Alten Reich konnten nur die Pharaonen in ein jenseitiges Leben, in die Nähe des Gottes Re gelangen. Später nutzten Adelige und Reiche ihre Macht, um ebenso wie die Pharaonen ihr Leben im Jenseits weiterführen zu können. Diese »Demokratisierung« setzte sich während des Neuen Reiches fort: von da an hatte jeder Ägypter, der ein redliches Leben geführt hatte, die Möglichkeit, im Jenseits wiedergeboren zu werden. Um dorthin zu gelangen, gab es das *Totenbuch*, meist Papyri, die neben den Verstorbenen gelegt

DIE *USCHEBTIS*

Die *Uschebtis* oder »Antworter« waren Statuetten, die ins Grab gelegt wurden und dem Verstorbenen im jenseitigen Leben hilfreich sein sollten. Wertvollere *Uschebtis* waren aus Lapislazuli, andere aus Holz oder Stein. Meist waren es männliche Figuren mit einer Hacke und einem Sack auf der Schulter oder mit einem Pflug, die auf der Vorderseite ein Kapitel des *Totenbuches* eingraviert hatten. Die rituelle Verlesung der Inschrift verlieh der Statuette Leben, die dann anstelle des Verstorbenen die Arbeit verrichten würde. *Rechts* ein *Uschebti* aus Holz aus dem Grab der Mutemwia, der Gattin von Pharao Thutmosis IV., aus der Zeit des Neuen Reiches.

wurden. Das *Totenbuch* – das »Buch vom Herausgehen am Tage« – bestand aus Zauber- und Grabsprüchen, die während des Neuen Reiches zusammengestellt wurden und ihren Ursprung in den *Grabtexten* des Alten Reiches hatten.

Wegzehrung für die Seele

Das *Totenbuch* mit seinen Beschwörungen und Sprüchen wurde meistens auf Papyrus und manchmal auf die Mumienbänder geschrieben. Es wurde neben die Mumie oder in den Sockel der Statuette des Totengottes Ptah-Sokar gelegt. Das Buch war manchmal auch mit Zeichnungen versehen, wobei die Anzahl der Kapitel und Sprüche auch von den wirtschaftlichen Möglichkeiten des Auftraggebers abhing. Einfachere Bücher stellte man serienmäßig her, wobei ein Feld für den Namen freigelassen wurde. Der Inhalt der Bücher kann auch bei unterschiedlichem Umfang nach Themen gegliedert werden; die ersten Sprüche handeln von der Vorbereitung des Leichnams für die Reise ins Jenseits – Transport des Sarges zum Grab, Wiederbelebung der Sinne und Leichenzug.

Die Überfahrt ins Jenseits
Zum Abschluss seiner Reise in die Unterwelt wurde der Verstorbene im Boot des Sonnengottes übergesetzt. Der Sonnengott ist hier als Auge des Re dargestellt.

DIE KANOPENKRÜGE

Die dem Toten entnommenen Eingeweide wurden gewaschen und nach dem Einbalsamieren in vier Vasen gelegt. Diese Vasen stellten die »Söhne des Horus« genannten Gottheiten dar, die die Organe vor der Verwesung schützen sollten. Die Behälter mit ihren Deckeln in Form eines Menschen, eines Schakals, eines Pavians und eines Falken heißen auch Kanopenkrüge.

Amset
Die Leber kam in den Krug mit dem Menschenkopf-Deckel.

Duamutef
Der Krug mit dem Schakalkopf enthielt den Magen.

Hapi
Im Krug mit dem Pavian-kopf befand sich die Lunge.

Kebhesenuf
Der Darm befand sich im Krug mit dem Falkenkopf.

Gaben an die Götter

Der Verstorbene musste mit vielen Dingen ausgestattet sein, damit er auf seiner Reise in die Unterwelt mit Bitten und Geschenken vor die Götter treten konnte. Links ein Bild aus dem Totenbuch: die Verstorbene steht barfuß und mit erhobenen Händen vor dem falkenköpfigen Gott Sokar und der Göttin Hathor (mit Kuhhörnern und Sonnenscheibe) und bringt Speisen und Blumen als Gaben dar.

Die nächtliche Reise der Sonne

In den Königsgräbern des Neuen Reiches fand man viele Dekorationen, die aus dem *Amduat* oder anderen Büchern über die nächtliche Reise der Sonne stammen.

Nach der Vorstellung des Jenseits im Neuen Reich unternahm die Sonne eine nächtliche Reise, an der auch die Verstorbenen teilhatten. Weil sie sich dazu tief in der Erde befinden mussten, wurden die Gräber dieser Periode in die Felsen gehauen. Der *Amduat*, das *Buch über das Jenseits*, war eine Sammlung von Totentexten der 18. Dynastie (1552–1305 v. Chr.). Das Buch wurde von den Amun-Priestern vielleicht auch zur Stärkung der eigenen Machtposition zusammengestellt. Von Thutmosis I. (1506–1494 v. Chr.) bis Echnaton (1364–1347 v. Chr.) war es nur die Grabkammer, die mit Szenen aus dem *Amduat* ausgeschmückt wurde. Besonders ausführliche Beispiele gibt es in den Gräbern des Thutmosis III. (1490–1436 v. Chr.) und des Amenhotep II. (1438–1412 v. Chr.).

Die Litanei des Re
Am Eingang vieler unterirdischer Königsgräber befindet sich die Litanei des Re, hier der Beginn im Grab von Sethos I. Auf der Sonnenscheibe sieht man einen Skarabäus, die Personifizierung des Gottes der Morgenröte, Chepri, daneben den Sonnenuntergang Atum mit dem Kopf eines Widders.

Die elfte Stunde
Entlang der Strecke der nächtlichen Reise des Re lauern Gefahren wie die Schlange Apophis. In jeder dieser zwölf Nachtstunden werden die Guten belohnt und die Bösen bestraft. Auf der Szene unten ist die elfte Stunde dargestellt: der Pharao steigt in den Himmel auf und die Barke des Re fährt die mittlere Bahn entlang. In der unteren Ebene, zu der keine Sonne dringen kann, befinden sich die Verdammten.

Andere heilige Bücher

Bei vielen Gräbern des Neuen Reiches findet man am Eingang die *Litanei des Re*. Dieser Text stammt aus der 18. Dynastie und Re erscheint darin in 75 verschiedenen Formen, während er seine nächtliche Reise vollführt. Er wird dabei vom Pharao begleitet, der mit ihm wieder auferstehen soll. An den Tempelwänden findet man des Öfteren eine Darstellung der Sonne, die während ihrer Reise mehrere als »Höhlen« oder »Tore« bezeichnete und von bösen Geistern bewachte Regionen passiert.

Der *Amduat* hat vieles mit dem *Buch der Tore* gemeinsam, wie etwa die Darstellung dreier Ebenen mit dem unterirdischen Fluss auf der mittleren Ebene. Das *Höhlenbuch* zeigt ein unveränderliches Bild vom Jenseits und ihrer Götter. »Diese Götter sehen die Sonnenstrahlen ... und wenn jene sie verlassen, umgibt sie die Dunkelheit.« Während der 20. Dynastie wurden die Decken der Gräber mit dem *Buch des Himmels*, die Wände mit dem *Buch der Erde* dekoriert.

Die Götter des Amduat
Im Vorzimmer des Grabes von Thutmosis III., Pharao der 18. Dynastie, ist ein Teil des Amduat *dargestellt. Die Zeichnungen sind vertikal angeordnet und zeigen Götter der Unterwelt, die jeweils einer Region zugeordnet sind, sodass man sich eine Vorstellung von der Unterwelt machen kann.*

DAS *BUCH DER TORE*

Der Name *Buch der Tore* stammt vom französischen Ägyptologen Auguste Mariette. Auch dieses Buch erzählt von der nächtlichen Reise des Re. Dabei musste der Sonnengott mehrere Zonen durchwandern, die untereinander durch von bösen Geistern und Schlangen bewachte Tore verbunden waren. Um sie gefahrlos durchschreiten zu können, musste der von mehreren Göttern begleitete Re Zauberformeln sprechen und die Geister um Erlaubnis fragen. Neu in diesem Buch gegenüber den früheren war, dass Osiris über den Verstorbenen zu Gericht saß. Vor ihm stand eine weitere Gottheit mit einer Waage auf den Schultern, welche die Seele des Verstorbenen zu wiegen hatte. Ein schwarzes Schwein stellte den Schuldigen dar, der von einem Affen ausgepeitscht wurde. Das *Buch der Tore* ist in vielen Königsgräbern des Neuen Reiches dargestellt, wie hier im Grab von Haremhab (*oben*).

Apophis
Dieses auf das Grab Ramses' I. gemalte Detail aus dem Buch der Tore *zeigt die riesige Schlange Apophis. Sie lebt in den Eingeweiden der Erde, wohin kein Sonnenlicht dringen kann und stellt sich der Sonne in allen Phasen ihres Laufes entgegen, vom Aufgang bis zum Untergang.*

DIE ORAKEL

Die ägyptischen Götter konnten sich auf verschiedene Arten äußern – so auch durch ein Orakel. Mit Hilfe ihres Bildes oder der Stimme eines Priesters konnte die Gottheit auf die von den Gläubigen gestellten Fragen antworten.

Die ältesten Aufzeichnungen über Orakel stammen aus der 18. Dynastie des Neuen Reiches, aber vermutlich gehen Weissagungen dieser Art viel weiter zurück. Alle Ägypter einschließlich der Pharaonen befragten das Orakel, wenn sie Entscheidungen bezüglich rechtlicher Fragen, Krankheiten, Arbeit, Liebe, ja sogar Familienstreitigkeiten treffen mussten. Anfangs antwortete der Gott mittels seiner Statue, die während religiöser Feste in der heiligen Barke befördert wurde. Die meisten Anfragen wurden mündlich vorgetragen, und wenn die Priester, welche die Statue trugen, sich nach vor bewegten, war die Antwort positiv, wichen sie aber zurück, war sie negativ.
Seit der Dritten Zwischenzeit sind Orakel-Amulett-Papyri nachzuweisen: diese Papyri mit einem Orakelspruch des Gottes wurden wie ein Talisman getragen, weil dies Schutz vor jedwedem Ungemach bedeutete.
Die Priester stellten auch hohle Statuen her, in denen sie sich versteckten, sodass dann die Gottheit sozusagen selbst sprechen konnte. Auch heilige Tiere, wie der Apis-Stier in Memphis, wurden vom Volk wegen ihrer seherischen Kräfte befragt.

Legitimierung des Monarchen
Thutmosis III. aus der 18. Dynastie war einer der ersten Pharaonen, der sich von einem Orakel die eigene Königswürde bestätigen ließ. Nach der Sage ging er als Kind in den Tempel des Amun. Die Statue des Gottes sprach ihn an und erkannte in ihm den Herrscher.

Die Prozession
Die Götter konnten befragt werden, solange ihre Statue in der Prozession herumgetragen wurde. Dies war die einzige Gelegenheit, bei der das Volk die Gottheit sehen, sie aber auch befragen durfte.

Das Orakel des Apis
Von der Saitischen Periode an war der Apis-Stier ein beliebtes Orakel. Seine Antworten an die Fragenden bestanden darin, eine Speise anzunehmen oder abzulehnen, in ein Zimmer einzutreten oder nicht einzutreten.

Das Orakel von Siwa

Nachdem Alexander der Große Ägypten erobert hatte, ging er nach Memphis, um von den Priestern des Gottes Ptah gekrönt zu werden. Dann begab er sich in die Oase Siwa zum Orakel des Zeus-Amun-Tempels. Der mit gewundenen Hörnern dargestellte Gott nannte Alexander seinen Sohn, wodurch der große makedonische Feldherr als ägyptischer Pharao legitimiert wurde. Aus den historischen Quellen ist ersichtlich, dass das Orakel von Siwa noch bis zur Zeit der Römer häufig befragt wurde.

Der Tempel des Orakels
Das Orakel von Siwa war eines der bekanntesten der Antike. Sein Tempel bestand aus einer Reihe von Vorräumen und Hallen, die zu einer von außen nicht sichtbaren Höhle führten, von wo aus der Priester den Orakelspruch verkündete.

TIERNEKROPOLEN

Die Tierverehrung reicht in der ägyptischen Religion sehr weit zurück. In Heliopolis wurde ein Friedhof aus vorgeschichtlicher Zeit mit mumifizierten Gazellen und Hunden gefunden. Es ist aber unklar, ob diese als Glücksbringer oder als heilige Tiere betrachtet wurden. Die Tiermumien wurden in Tempeln oder in eigens geschaffenen Tiernekropolen begraben. In Heliopolis wurden die Mnevis-Ochsen in den unterirdischen Kammern einer Totenstadt begraben. Die Tiersärge waren aus Granit, wie auch jene des Apis-Stiers in Memphis oder des Bukhis-Ochsen in Armant. In Tuna el-Djebel wurde eine Totenstadt für Ibisse und Paviane entdeckt, in deren Kammern auch die Priester dieses Kultes begraben waren.

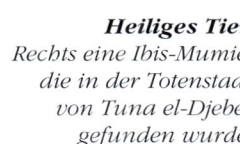
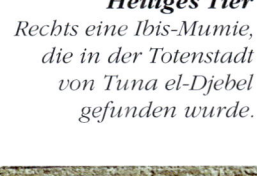

Heiliges Tier
Rechts eine Ibis-Mumie, die in der Totenstadt von Tuna el-Djebel gefunden wurde.

MAGIE

Die Magie spielte im Leben der Ägypter eine äußerst wichtige Rolle und wurde in verschiedenster Weise angewandt. Besonders bedeutend waren mit Zauberkräften versehene Amulette, die im Jenseits Schutz boten.

Im Unterschied zu anderen Kulturen, wo es eine Figur eines Zauberers als Mittler zwischen Menschen und Göttern gab, der allein die Kunst der Magie verstand, konnten sich in Ägypten alle Menschen durch Sprüche der Zauberei bedienen. Die Magie wurde durch ein Bild des Gottes Heka personifiziert, der im Universum für die Ordnung zuständig war und die Götter bei der Beseitigung des Chaos und im Kampf gegen ihre Feinde unterstützte. Es gab verschiedene Anwendungsgebiete für die Zauberei. Die im Totenkult verwendeten Praktiken stützten sich auf Substitution, und so wurden Amulette, *Uschebti*-Figuren und Texte als reale Objekte gesehen. Wollte man Krankheiten bekämpfen, geschah dies durch Zauberei per Analogie. Man stellte den Krankheitsfall dem eines Gottes gegenüber: wenn der Gott genas, so würde auch der Kranke wieder gesund werden.

Der Djed-Pfeiler
Der Djed-*Pfeiler (in der Mitte des Bildes) stand für das Rückgrat des Osiris. Als göttliches Symbol für Stabilität wurde er mit dem Königtum in Verbindung gebracht.*

Gute und böse Magie

Ein Beispiel für Zauberei zum Wohle des Staates waren die auf den Tempelwänden dargestellten Jagdszenen. Die Vogeljagd symbolisierte göttliche Hilfe, sodass der Pharao seine Feinde besiegen konnte. Gegen feindliche Angriffe schuf man Statuetten von Gefangenen und schrieb »Verwünschungsformeln«; durch deren Zauberkraft sollte der Feind daran gehindert werden, ins Land einzudringen. Die ärmeren sozialen Schichten bedienten sich auch der so genannten bösen Magie: so wurden etwa Nadeln in Wachsstatuen gesteckt, um jemandem Unglück zu bringen.

Zauberstäbe
Im Mittleren Reich tauchte der Zauberstab auf – gefertigt aus Elfenbein und mit Inschriften und Zeichnungen der Schutzgottheiten dekoriert wurde er zum Schutz gegen gefährliche Tiere unter das Bett gelegt.

Zauberformeln
Zauberformeln wurden von Göttern und von Menschen benutzt. Im Jenseits musste der Verstorbene gegen die bösen Geister, aber auch der Gott Re gegen die Schlange Apophis kämpfen. Die Zauberformeln aus dem Totenbuch **(unten)** *halfen beiden, die Gefahren zu bestehen.*

RELIGION

Amulette

Amulette wurden um den Hals, am Handgelenk oder als Ring getragen. Während der Prädynastischen Periode verwendete man dafür kleine Teile des menschlichen oder tierischen Körpers, ab dem Neuen Reich wurden andere Materialien verwendet. Die älteren Amulette hatten die Aufgabe, dem Verstorbenen im Jenseits als Sinnesorgane zu dienen und erinnerten daher an Teile des Körpers: Mund, Ohren, Augen, Beine und Hände. Andere Amulette waren Darstellungen von Göttersymbolen, wie der Knoten der Isis oder der *Djed*-Pfeiler des Osiris. Tieramulette – meist stellten sie Körperteile von Tieren dar – hatten auch Hieroglyphen-Zeichen eingeritzt. Die magische Kraft eines Amuletts war von der Form und der Farbe des Materials abhängig: die Pharaonen bevorzugten Gold, da es das Fleisch der Götter symbolisierte.

Hypocephalus

In der Spätzeit (es wurden aber auch einige Exemplare aus der Mittleren Epoche gefunden) fand ein besonderer Gegenstand im Totenkult Verbreitung, der Hypocephalus: eine Scheibe aus Holz, Papyrus oder Bronze, die unter den Kopf der Mumie gelegt wurde. Auf die Scheibe schrieb man das Kapitel CLXII aus dem Totenbuch, damit der Verstorbene unter seinem Kopf die Wärme des Gottes Amun-Re fühlen konnte.

Das Auge des Mondes

Das Udjat-Auge war wohl eines der wirkungsvollsten Amulette; dabei wurde das menschliche Auge mit dem eines Falken (Symbol des Gottes Horus) vereint. Es sollte das Augenlicht der Lebenden schützen und das Unglück von den Toten fernhalten.

Die Verbreitung der Ägyptischen Religion

Überall in der Antike war der Einfluss der ägyptischen Religion zu spüren: vom entfernten Britannien bis zum benachbarten persischen Reich. Besonders viele Anhänger fanden die Götter Ägyptens aber vor allem bei den Griechen und Römern.

Bereits vor Alexander dem Großen und der Ptolemäer-Dynastie wurde eine ägyptische Gottheit auch außerhalb des Landes verehrt: Isis, die Gattin des Osiris und Schutzherrin der Seefahrer. Schon im 5. Jh. v. Chr. gab es in mehreren Seehäfen des Mittelmeers den Isis-Kult; in Piräus, im Hafen der Stadt Athen, stand ein kleiner Tempel der Göttin. Als Ägypten Teil des Römischen Reiches wurde, war Isis eine der Gottheiten, die voll in die römische Götterfamilie aufgenommen wurde. Die Verehrung dieser Göttin war besonders im Volk weit verbreitet. Die römischen Herrscher standen ihr aber eher ablehnend gegenüber, wie etwa Augustus, für den die ägyptischen Götter nur heidnische Gottheiten waren. Kaiser Caligula war ihr jedoch sehr ergeben und ließ mitten im Marsfeld einen Isis-Tempel errichten. Der Tempel wurde 80 n. Chr. zerstört und dann

Die große Mutter
Außerhalb Ägyptens hatte Isis viele Namen. In den Häfen wurde sie als Beschützerin der Seefahrer angerufen, in einigen Heiligtümern wurde sie als Heilerin und Göttin der Magie verehrt. Als Mutter des Gottes Harpokrates (Horus als Kind) war sie auch Modell für die christliche Jungfrau mit dem Jesuskind.

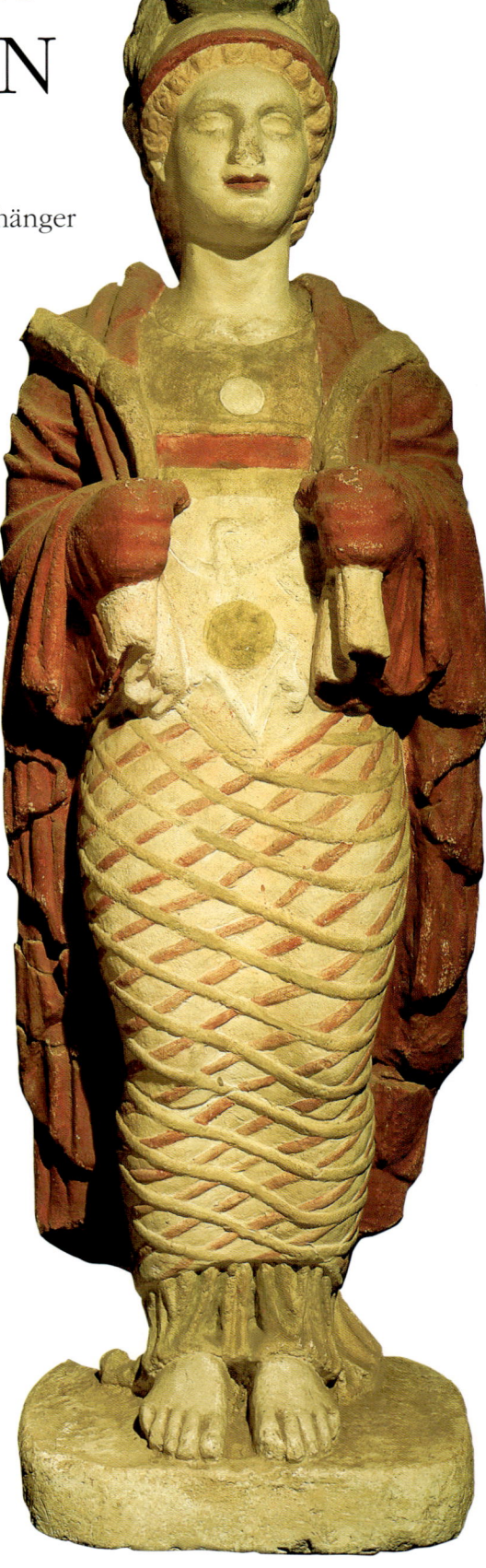

Der Zwergengott
Bes, der kleine Gott der ägyptischen Götterfamilie, wurde besonders während der Spätzeit und der hellenistischen Periode vom Volk sehr verehrt. Amulette mit seinem Bildnis waren im ganzen Mittelmeerraum verbreitet. Der Gott wurde als nackter, untersetzter Zwerg dargestellt, manchmal mit Bart in Form einer Maske.

Die Prozession
Während der Römerzeit wurden die Feste zu Ehren der Isis mit großem Prunk und unter großem Andrang von Gläubigen durchgeführt. Wegen der großen Verehrung der Göttin durch das Volk scheiterten auch alle Versuche der Senatoren, diesen Kult abzuschaffen.

von Domitian wieder aufgebaut. Der Isis-Kult in Rom spielte sich in einer mystischen Atmosphäre ab, ähnlich den Mysterienfeiern der Demeter in der griechischen Stadt Eleusi. Es gibt davon Aufzeichnungen in den *Metamorphosen* des römischen Schriftstellers Apuleius, und Gemälde in einem Haus in Herkulaneum, welche die Initiationsriten des Isis-Kults darstellen.

Serapis

Als die Lagiden während der Ptolemäer-Dynastie die Pharaonen Ägyptens stellten, schufen sie eine neue Gottheit: Serapis. Er war eine Verschmelzung des Totengottes Osiris und des Apis-Stiers und wurde in Alexandria und anderen Mittelmeerstädten verehrt. Da sehr viele Serapis- und auch Isis-Tempel erbaut wurden, betrachtete man schließlich beide als Paar. Wegen seiner wundertätigen Kräfte identifizierten die Römer Serapis mit ihrem Gott Äskulap. Mit ihm wurde das Heilverfahren der »Inkubation« (Heilschlaf) verbunden, dem sich auch einige römische Kaiser unterzogen. Danach wurden Träume der Kranken gedeutet und so die jeweilige Therapie festgelegt.

Hathor
Während Isis und Serapis in der griechisch-römischen Welt eine weite Anhängerschaft hatten, wurde Hathor (oben) besonders von den Phöniziern verehrt, wo sie mit der Göttin der Liebe und Fruchtbarkeit, Astarte, identifiziert wurde. Die Phönizier beschränkten sich nicht allein auf die Verehrung der Götter, sondern beteten auch ägyptische Denkmäler an, wie die Hathor-Kapitelle.

Der heilende Gott
Serapis (unten), Verschmelzung von Osiris und Apis, wurde vor allem in Alexandria verehrt. Sein Einfluss reichte bald über die Grenzen Ägyptens hinaus, wo er wegen seiner heilenden Kräfte mit dem Gott Asklepius oder Äskulap identifiziert wurde.

Kaiser und Pharao
Der große dem Gott Chnum geweihte Tempel von Esna, im Norden von Luxor; im Tempel sind Reliefe und Inschriften (links) aus der Römerzeit erhalten, wo mehrere Kaiser in Pharaonenkleidung gemeinsam mit ägyptischen Göttern abgebildet sind.

ÄGYPTISCHE FESTE

Im alten Ägypten wurden verschiedenste Ereignisse festlich begangen: es gab mythologische, politische und astrologische Feste und solche, die mit Jahres- und Erntezeiten zu tun hatten.

Die ägyptischen Tempel waren nicht für jedermann offen, nur die Priester und der Pharao konnten eintreten. Die Gläubigen durften nur in den ersten Hof, wo man die im Inneren verborgene Götterstatue nicht sehen konnte. Die Statue des Amun, dessen Name genau genommen »der Verborgene« bedeutet, wurde nur bei ganz wenigen Gelegenheiten gezeigt.

Das Opet-Fest

Das Opet-Fest (Ipt ist der kurze ägyptische Name für Luxor) wurde ab der 18. Dynastie des Neuen Reiches abgehalten. Es fand einmal im Jahr – im zweiten Monat der Jahreszeit Achet – statt und konnte zwei bis vier Wochen dauern. Der Höhepunkt der Feier war die große Prozession der drei Götter Thebens, Amun, Mut und Chonsu; man trug ihre Statuen von Karnak nach Luxor, dem Heiligtum, das als Harem dieser Götter bezeichnet wurde. Die Götterstatuen wurden vom Volk bejubelt und oft wurde der Pharao durch Orakelsprüche zu großen politischen Entscheidungen inspiriert. Im Tempel von Luxor sind noch Reliefe erhalten, die das von den Pharaonen Tutanchamun und Haremhab abgehaltene Opet-Fest zeigen.

Die Barkenprozession
Während des Opet-Festes betrat der Pharao das Heiligtum und brachte seine Opfer dar. Dann wurden in der heiligen Barke die Statuen oder Bildnisse von Amun, Mut und Chonsu aus der Kapelle und aus dem Tempel gebracht.

Die Neujahrsflaschen
Während des Neujahrsfestes, das während der Nilflut gefeiert wurde, füllte man ab dem Neuen Reich Flaschen mit Nilwasser, dem magische Eigenschaften zugeschrieben wurden.

Das Neujahrsfest

Der erste Tag des Jahres (19. Juli) war gleichzeitig der Beginn der Nilflut. Der Jahresanfang wurde in verschiedenen ägyptischen Tempeln gefeiert, die bekanntesten Neujahrsfeste wurden im Hathor-Tempel von Dendera und im Horus-Tempel von Idfu abgehalten. In Dendera, wo Hathor als Tochter des Sonnengottes Re betrachtet wurde, begann das Fest zwei Nächte vorher. Mit vier Hellsehern und einem Musiker trat der Hohepriester zuerst in den »Flammensaal« ein, wo er einen Grabstein verschieben musste, um in die Krypta zu gelangen. Dort befand sich die Barke mit der Hathor-Statue, die zuerst feierlich gereinigt wurde. Nach diesem Ritual führte die von den Fächerträgern angeführte Prozession die Statue zur im Freien gelegenen »reinen Kapelle«. Dann erfolgte die »Übergabe der acht Kronen« an die Vertreter der Achtheit von Hermopolis. Am Abend vor dem Neujahrstag wurde die Statue bei einer weiteren Prozession (vorne die Fächerträger, gefolgt von den heiligen Schreibern, anderen Priestern, dem König und der Königin) in eine Kapelle mit geschlossenen Vorhängen gebracht. Bei Sonnenaufgang wurden die Vorhänge geöffnet, um die Vereinigung der Göttin Hathor mit ihrem Vater Re und die Erneuerung seiner Kräfte zu ermöglichen.

Die heilige Barke
Die Barke, in der die Statue des Amun transportiert wurde, musste von dreißig Personen geleitet werden. Im Hafen wurde sie für die Flussüberquerung in ein anderes Boot geladen (oben).

RELIGION

Das Fest zum Regierungsjubiläum

Das Fest zum Regierungsjubiläum (*Sed*-Fest) diente dazu, die göttliche Autorität des Herrschers zu »erneuern«. Laut ägyptischen und griechischen Quellen wurde es erst nach dreißigjähriger Regierungszeit vom König veranstaltet; die Griechen bezeichneten diesen Gedenktag auch als »Fest der dreißig Jahre«. Vom Alten Reich sind auch einige Ausnahmen zur Dreißigjahr-Regel bekannt, die jedoch alle mit historisch bedeutsamen Ereignissen zusammentrafen.

Das Fest diente dem Ziel, die Kraft des alt gewordenen Pharaos zu erneuern. Während der Zeremonie wurde auch eine Statue des Pharaos begraben, die wohl den alten Herrscher darstellte. Der Pharao selbst hatte als Nachweis seiner Verjüngung einen rituellen Wettlauf vor den Göttern zu bestreiten, der auf einer von Steinen oder Säulenstümpfen begrenzten Bahn ausgetragen wurde. Im Grabkomplex der Stufenpyramide des Djoser wurden Reste einer solchen Bahn gefunden. An der Südseite der Pyramide war der Hof, in dem das *Sed*-Fest gefeiert wurde.

Das Schöne Fest vom Wüstental

Das Schöne Fest vom Wüstental wurde alljährlich in Theben gefeiert. Es dauerte etwa zehn Tage und begann in der Neumondnacht des zehnten Monats im ägyptischen Kalender. Während der Zeit der Ramessiden-Könige fand das Fest während der Erntezeit – im zweiten Monat der sommerlichen Jahreszeit *Schemu* – statt. Die Amun-Statue wurde von Karnak zu den Tempeln anderer Totengötter westlich von Theben und zu den Tempeln verstor-

Ein Fest für das Volk
Während des Schönen Festes im Wüstental wurden den Verstorbenen Geschenke dargebracht. Im Bereich der Gräber wurde gegessen, gesungen und getanzt.

bener Gott-Könige gebracht. Die Götterstatue wurde in einer der heiligen Barken auf den Schultern getragen und gemeinsam mit den Statuen der Mut und des Chonsu (die Dreiheit von Theben) zum Hafen gebracht; dem Zug folgten der Pharao, Würdenträger des Hofes und das Volk. Durch einen Kanal erreichte die Dreiheit der Götter den Wüstenrand, wo sich die Tempel befanden. Der Gott Amun besuchte auf diese Weise den großen Tempel von Deir el-Bahari und die Grabgebäude der Pharaonen. Dort fand ein feierliches Ritual statt, wobei der Pharao sich mit Amun gleichsetzte. Im weiteren Verlauf des Festes gedachte das Volk seiner verstorbenen Angehörigen, wodurch die Welten der Lebenden und der Toten vereint wurden.

Das Schöne Fest im Wüstental wurde bis zur Ptolemäer-Periode abgehalten. In der Spätzeit ließen sich hohe Würdenträger an Orten begraben, in deren Nähe die Prozession vorbeiführte.

Festkalender
In die Tempelwände wurden häufig Kalender mit den alljährlich stattfindenden Festen eingemeißelt. Der Festkalender im Tempel von Kom Ombo auf dem Foto listet links die Namen und rechts die Tage der Feste auf.

Der Hof des Sed-Festes
In der Anlage des Djoser in Sakkara ist der Hof des Sed-Festes von Heiligtümern der Gottheiten Ober- und Unterägyptens umgeben.

Ausgangspunkt und Ziel der Prozession
Die Prozession des Schönen Festes vom Wüstental begann im Tempel von Karnak (oben) und führte schließlich zum Tempel des Mentuhotep II. bei Deir el-Bahari (rechts).

DIE GÖTTER ÄGYPTENS

Unter den alten Religionen ist die ägyptische sicherlich die vielseitigste. Frauen und Männer verehrten zahlreiche Götter und suchten in allen Facetten des täglichen Lebens göttlichen Beistand.

Die in Ägypten verehrten Gottheiten konnten sich in menschlicher, tierischer und auch in hybrider Form (Tierkopf und Menschenleib) zeigen. Auch Himmelskörper und kosmische Phänomene konnten die Verkörperung eines Gottes sein. Die Ägypter hatten also keine Vorstellung einer einheitlichen und transzendentalen Götterwelt; für sie waren Kosmos und Natur durch den machtvollen Einfluss vieler Götter entstanden. Diese waren die Mächte der Welt und ihr Wirken zeigte sich in den verschiedensten Naturereignissen: im Wind, im Regen, im Wachstum der Pflanzen und in den Eigenarten der Tiere. Die Religion war nicht einheitlich, sondern es kam eher vor, dass das gleiche Element in mehreren Göttern verehrt wurde. Ein und dieselbe Gottheit konnte in unterschiedlicher Gestalt erscheinen, da das *Ba* den Göttern erlaubte, verschiedene äußere Formen anzunehmen.

Der Glaube an überragende Fähigkeiten von Tieren ist schon in sehr alten Kunstwerken belegt, die Götter in Tierform darstellen. Während der Thinitenzeit hatten die Götter Menschengestalt, aber ab der 3. Dynastie wurden auch Götter mit hybriden Körperformen (Mensch und Tier) verehrt. Es gab in Ägypten mehrere Mythen über den Ursprung der Welt, wovon sich unterschiedliche Glaubenslehren ableiteten. Jede Gottheit hatte ein eigenes Kultzentrum: die bedeutendsten Zentren waren Heliopolis, Memphis, Hermopolis und Theben. Bildnisse oder Statuen der Götter wurden an den verborgensten und heiligsten Orten der Tempel aufbewahrt.

Kopfschmuck der Götter
Ein immer wiederkehrendes Element als Haarschmuck der Götter und Göttinnen ist die Feder. Amun trägt zwei senkrecht stehende Federn und Osiris zwei Federn seitlich auf der Krone Oberägyptens. Auf dem Foto ist das Haar der Maat mit einer Straußenfeder geschmückt.

Sieben für einen
In Reliefen (und besonders im Totenbuch) sind oft sieben Kühe und ein Stier gemeinsam abgebildet. Diese als die »sieben Hathoren« bekannten heiligen Tiere gehörten zum Harem des Apis. Ihre Aufgabe war es, das Schicksal eines Neugeborenen oder eines Verstorbenen zu bestimmen.

Ptah, der Schöpfergott

Ptah ist eine sehr alte Gottheit, die schon während der 1. Dynastie erwähnt und in den *Pyramidentexten* genannt wird. Nach Auffassung der Priester von Memphis war er der Schöpfer der Welt. In dieser Eigenschaft trug er den Namen Ptah Tatenen (Urhügel), also ein Gott, der mit der Erde verbunden ist. Es gibt jedoch auch die Ansicht, dass dieser Glaube nicht so weit zurückgeht, sondern dass der Ptah-Kult erst während der 25. Dynastie mit archaischen Stilmitteln versehen wurde. Der Gott Ptah wurde als Mensch in Mumienform dargestellt, galt als Schöpfer der körperlichen Arbeit und war daher Schutzpatron der Handwerker. Man glaubte, dass alle irdischen Klänge ein Ausdruck seiner Macht wären, daher wurde er auch als schöpferische Gottheit gesehen. Die Priester von Memphis hatten andere Ansichten als jene von Heliopolis, denn nach der Lehre von Memphis hatte Ptah die Neunheit geschaffen: »Die neun Götter befanden sich vor ihm, die Zähne und Lippen, oder auch Samen und Hände des Atum, denn die Neunheit wurde durch Samen und Hände Atums geschaffen. Aber in Wahrheit besteht die Neunheit aus den Zähnen und Lippen jenes Mundes, welcher jeder Sache einen Namen gegeben hat, aus dem Schu und Tefnut entsprangen und welcher der Neunheit das Licht gegeben hat.« Man schrieb Ptah auch die Erfindung der Mundöffnungszeremonie zu und er wurde besonders von jenen Menschen verehrt, die seine Zauber- und Heilkunst schätzten.

Ptah-Sokar-Osiris
Wie andere Götter verschmolz auch Ptah mit anderen Gottheiten. Seine Verbindung mit der Unterwelt geht auf das Alte Reich zurück. Zu dieser Zeit hatte er die Gestalt eines Falken und wurde dem Totengott Sokar angeglichen, woraus der Gott Ptah-Sokar entstand. Ab dem Neuen Reich nahm er dann die Eigenschaften des Osiris an und so wurde der Gott Ptah-Sokar-Osiris geboren. Man hat viele Holzstatuen dieses Gottes als Grabbeigaben jener Zeit entdeckt; die meisten zeigen einen Mann mit Federkrone auf einem Sockel.

Götterverehrung im Volk
Ptah wurde auch in einem Tempel am Ostrand von Theben, in der Nähe von Deir el-Medina, angebetet. Der Gott war Schutzpatron der Ortschaft und fand große Verehrung. Die Handwerker widmeten ihm Stelen wie jene rechts (Ptah ist im oberen Teil mit anderen Göttern abgebildet); in jeder solchen Stele baten sie den Gott um Vergebung ihrer Sünden.

Osiris, Herrscher des Totenreichs

Ursprünglich war Osiris eine mit dem Ackerbau verbundene Gottheit in Abusir, einer kleinen Ansiedlung im Delta. Er verschmolz mit der Lokalgottheit Anedjti und nahm den Charakter eines an der Schöpfung mitwirkenden Gottes an. Zu seinen Ehren als Fruchtbarkeitsgott wurden Erntedankfeste veranstaltet. Schon in den *Pyramidentexten* wird der Name des Osiris unter den Göttern erwähnt. In der Kosmogonie von Heliopolis ist er Sohn und Erbe des Geb und bildet mit seinen Geschwistern die Neunheit von Heliopolis. Nach der Sage war der zerteilte Körper des Osiris im ganzen Land verstreut worden; daher wurde vielerorts beteuert, einen Teil des Körpers dieser Gottheit zu besitzen – ähnlich wie es später beim Kreuz Christi behauptet wurde. Als Herrscher des Jenseits nahm Osiris das Wesen des Chontamenti an, eines weiteren Lokalgottes von Abydos, und wurde schließlich zum Herrscher des Totenreichs. Sein Kult verbreitete sich zur Zeit des Neuen Reiches und Osiris wurde zur Hauptgottheit des Pantheons.

Einige Forscher vermuten auch eine königliche Herkunft. Vielleicht war er in der Prädynastischen Epoche ein Hirtenkönig. Seine Herrschaftszeit war wohl eine Zeit des Wohlstands und er wurde schließlich als Gott verehrt. Daher wurde Osiris gewöhnlich mit Krummstab und Geißel dargestellt, Kennzeichen der Hirten und auch des Gottes Anedjti, mit dem Osiris verschmolz.

Wachstumsgott Osiris
Während des Neuen Reiches gab es ein neues Objekt als Grabbeigabe: eine ausgehöhlte Holz- oder Tonform, auch in Form einer Statuette, die mit Schlamm und Getreidekörnern gefüllt und ins Grab gelegt wurde. Dort begann die »Statuette« zu keimen und war Symbol für die Sehnsucht nach einer Wiederauferstehung.

Das Totengericht
So wie Osiris zu Lebzeiten König der Ägypter gewesen sein soll, wurde er nach seinem Tod Herr des Totenreichs. Als Totengott war er Richter der Unterwelt und stand dem Totengericht und dem »Wiegen des Herzens« vor, das in der Halle der beiden Gerechtigkeiten abgehalten wurde.

Die Körperhaltung des Osiris
Die typische Darstellung des Osiris fasste alle mit seinen Beinamen verbundenen Eigenschaften zusammen. Als Herrscher hatte er die Embleme Krummstab und Geißel. Auf seinem Haupt trägt er hier die weiße Krone von Oberägypten, da sein bedeutendster Tempel in Abydos stand. Sein Gesicht konnte weiß, schwarz oder grün sein, je nachdem, ob zu einer Mumie, zur fruchtbaren schwarzen Erde oder zu den Pflanzen Bezug genommen wurde. Er war wie eine Mumie eingewickelt, aus dem nur die über der Brust gekreuzten Arme herausragten.

RELIGION

Isis, Mutter aller Götter

Der Isis-Kult fand überaus weite Verbreitung, und bevor 535 n. Chr. Kaiser Justinian den Isis-Tempel auf der Insel Philae schließen ließ, galt dieser als letzte Bastion altägyptischer Kultur und Religion. Die Göttin war als Schwester und Gattin mit Osiris verbunden und war eine der Hauptgottheiten. Vermutlich wurde sie ursprünglich in Behbeit el-Hagar im Delta verehrt, wo sich auch ein ihr geweihter Tempel, das Iseum, befand. Isis wird bereits in den *Pyramidentexten* als Tochter von Geb und Nut erwähnt und ihre Beliebtheit ist durch zahlreiche Isis-Tempel belegt. In der Ptolemäer-Zeit wurden ihr sämtliche Eigenschaften aller weiblichen Gottheiten zugesprochen, die dann auch als Verkörperungen der Isis galten. So wurde sie ab dem Neuen Reich auch mit Kuhhörnern und Sonnenscheibe in der Erscheinungsform der Hathor dargestellt. Das Hieroglyphen-Schriftzeichen der Isis bedeutete das Wort Thron – sie war die Beschützerin der Monarchie und des Königsthrons. Isis galt auch als Mutter aller Könige, da der jeweilige Pharao ihrem Sohn Horus gleichgesetzt wurde. Ein Titel der Isis war »die große Zauberin«. Nach der Sage erlangte sie die Zauberkraft vom Gott Re, als er ihr seinen geheimen Namen sagte. Im Zusammenhang mit Osiris war die Göttin die Beschützerin der Ehe und repräsentierte die eheliche Treue. Isis war derart bedeutend, dass sie in manchen Tempeln auch als die Schöpferin der Welt gesehen und als »Mutter aller Götter« bezeichnet wurde.

Die Brust der Isis
Die Situla war ein Gefäß, das für Wasser- oder Milchgaben bei den religiösen Zeremonien verwendet wurde. Sie wurde mit Isis in ihrer Eigenschaft als Mutter des Horus in Zusammenhang gebracht.

Der Königsthron
Der ägyptische Name der Isis war Aset und bedeutete »Thron«. Die Göttin trug die Hieroglyphe ihres Namens wie eine Krone auf dem Kopf, wodurch vermutlich ihre Aufgabe als Beschützerin des Thrones hervorgehoben werden sollte.

Die Sonnengöttin
Isis war auch Sonnengöttin: daher trägt sie in dieser Darstellung (links) anstatt der Hieroglyphe die Sonnenscheibe und Kuhhörner auf dem Kopf (Verschmelzung mit Hathor).

Horus, Beschützer des Pharaos

Horus hatte in der prädynastischen Stadt Hierakonpolis eine bedeutende Kultstätte. Er galt als der höchste Gott und *Spiritus Rector* des Herrschers. So erhielt der Pharao den Beinamen »Großer Gott« und war die irdische Verkörperung des Horus. Für die Ägypter war der Pharao Horus, der himmlische Falke, dessen Augen als Sonne und Mond erschienen. Er war Mittler zwischen den Menschen und den Kräften der Natur und hielt die kosmische Ordnung aufrecht.

Während des Alten Reiches bekam der lebende Pharao den Beinamen »Guter Gott«, um ihn von den anderen Göttern zu unterscheiden, in den Totentexten bezog sich »Großer Gott« auf Osiris, den »Herrn des Westens«. Horus, der König, wurde oft zum Sohn verschiedener Gottheiten erklärt. Die Theologie von Memphis beschreibt die Thronbesteigung des »Horus, Sohn des Osiris«. Danach verkörpert der König den Sohn des Osiris, der wiederum mit dem verstorbenen Pharao identifiziert wird. Horus galt als Erbe und legitimer Nachfolger des Osiris; Isis repräsentierte den göttlichen Thron, den der König bei seiner Amtsübernahme bestieg. Die Ägypter bezeichneten den Thron als »Mutter« des Horus, des regierenden Monarchen. Wenn die göttliche Eigenschaft des Königs hervorgehoben werden sollte, wurde er »Horus, Sohn der Hathor« genannt, um zu zeigen, dass er ein Sohn des Himmels war.

Die Horus-Kinder
Amset, Duamutef, Hapi und Kebehsenuef sind die vier Horus-Kinder; sie sind hier als Mumien dargestellt. Sie hüteten die Kanopenkrüge, die Behälter mit den inneren Organen der Verstorbenen.

Im Jenseits
Die Aufgaben des Horus beschränkten sich nicht allein auf die Lebenden. Als irdischer Sohn des Osiris musste er für die Erhaltung der Gräber und die Totengaben sorgen. Häufig geleitete er den Verstorbenen zu Osiris, wie in diesem Papyrus aus dem Totenbuch *des Schreibers Ani zu sehen ist.*

Der Falke
Horus wurde mit dem Kopf eines Falken dargestellt. Die Ägypter bewunderten diesen Vogel wegen seiner majestätischen Haltung, seiner Kraft und der Fähigkeit, hoch in den Himmel fliegen zu können. Der Pharao wurde dem Falkengott gleichgesetzt – so wurde der Tod des Herrschers in ganz Ägypten mit dem Flug des Falken assoziiert.

Re und Aton, die Kräfte der Sonne

Zu Beginn der ägyptischen Geschichte wurde die Sonne mit Horus identifiziert, dem Falkengott der Lüfte, dessen Augen die Sonne und den Mond darstellten. Danach wurde Re als Sonnengott verehrt – sein Name wird ab der 2. Dynastie immer häufiger erwähnt. Heliopolis wurde zur Stadt der Sonne, und Atum, das Gestirn, stand an der Spitze der neun Götter. Später weitete sich der Kult von Heliopolis auf den Totenkult aus, wie der Bau der Pyramiden es erkennen lässt. Ab Chephren scheint der Name Re im Titel der Herrscher auf: die Könige bezeichneten sich als Söhne des Re und erklärten sich damit zu Söhnen der Sonne. Der Sonnenkult wirkte sich auch auf die Verehrung anderer mehr oder weniger bedeutender Gottheiten aus, die dann ebenso als Sonnengötter angebetet wurden. So verschmolz im Neuen Reich Amun, der große Gott Thebens, mit der Sonne und hieß Amun-Re; dasselbe geschah mit Chnum-Re, Sobek-Re oder Month-Re. Aton bedeutete »Sonnenscheibe« und galt später als Personifizierung des Re; in der *Hymne an Aton* heißt es, dass der Körper des Re »Aton sei«. Echnaton (1364–1347 v. Chr.) identifizierte den Gott Aton mit der Sonne, erklärte ihn zur höchsten Gottheit und setzte die Anbetung des Aton als einzigen erlaubten Kult durch. Der Pharao verließ Theben, die Stadt des Amun, und verlegte seinen Sitz ins heutige Tell el-Amarna. Dort gründete er eine neue Hauptstadt, Achet-Aton, was soviel bedeutet wie »Horizont des Aton« und ließ mehrere Tempel für die Gottheit errichten. Der König erklärte sich zum ersten und einzigen Priester des Gottes und schränkte so die Macht der thebanischen Priester ein. Echnaton versuchte auch, den Amun-Kult abzuschaffen und die Erinnerung an den Namen Amun auszulöschen. Es wurden keine der früheren Sonnengötter mehr geduldet, es ist aber unklar, ob außer der Triade von Theben noch andere Gottheiten verboten waren. Tatsächlich schuf der Pharao nur ein scheinbar monotheistisches System und verfasste selbst die *Hymne an Aton*, wovon noch verschiedene Versionen in den Felsengräbern der Amarna-Gefolgsleute zu sehen sind. Nach dem Tod von Echnaton wurde der Amun-Kult wieder eingeführt und das Gedenken des ketzerischen Königs oder die Anbetung seines Gottes strengstens verboten.

Geschenke an Aton
Dieses Relief zeigt wie Echnaton und seine Familie dem Gott Aton Gaben darbringen. Aton galt als Quelle allen Lebens und beschützte mittels seiner Strahlen den König.

Die Sonnenbarke
Der Sonnenkult beeinflusste auch die Begräbniszeremonien und die Vorstellung vom Jenseits und der nächtlichen Welt. Man glaubte, dass Re zwei Barken besaß: mit der einen fuhr er am Tage über den Himmel, bei Sonnenuntergang bestieg er die andere, um durch die zwölf Nachtstunden zu fahren; indem er die Toten mit seinen Strahlen berührte, erweckte er sie aus ihrem Schlaf.

Amun, der Nationalgott Ägyptens

Ab der 9. Dynastie des Mittleren Reiches wurde Amun, dessen Name »der Unsichtbare« oder »der Verborgene« bedeutet, zur Nationalgottheit Ägyptens. Seine Herkunft geht auf das Alte Reich zurück und er wurde in den *Pyramidentexten* mit seinem weiblichen Gegenstück Amaunet erwähnt.

Das Zeichen des Amun
Eines der heilige Tiere des Amun war ein Widder mit gebogenen Hörnern. Die von seinen Priestern getragenen Zeichen waren Widderkopf und Sonnenscheibe, die Symbole des Sonnengottes Re.

Amun wurde mit einem Froschkopf und Amaunet mit dem Kopf einer Uräusschlange (der heiligen Schlange) oder auch Amun mit dem Kopf der Uräusschlange und Amaunet mit einem Katzenkopf dargestellt. Nach und nach wurde Re auch als Amunrasonther bezeichnet, was soviel heißt wie »Amun-Re, Herr der Götter«. Da er hauptsächlich in Theben verehrt wurde, verschmolz er mit dem Kriegsgott Month. Amun wurde in seiner Eigenschaft als Schöpfer- oder Fruchtbarkeitsgott als schwarzhäutiger Mann dargestellt, oder auch blau, da er zuvor als der Gott des Himmels und der Luft verehrt worden war. Auf seinem Kopf trug er eine Krone mit zwei Federn, dem Symbol der Dualität, wobei jede Feder aus sieben Teilen bestand (sieben war bei den Ägyptern eine magische Zahl). Als Schöpfergott wurde Amun häufig als Schlange Kematef dargestellt, oder als Gans, aus deren Ei die Sonne schlüpfte. Ab dem Neuen Reich wurde er auch manchmal als Löwe oder Stier abgebildet.

Ihm zu Ehren wurden Feste wie etwa das Opet-Fest und das Schöne Fest im Wüstental veranstaltet. Während des Opet-Fests wurde die Statue des Amun von Karnak zu seinem »südlichen Harem«, dem Tempel von Luxor, gebracht; das Tal-Fest ging ebenfalls von Karnak aus und führte zum Tempel des Mentuhotep in Deir el-Bahari. Die Pharaonen des Mittleren Reiches führten in ihrem Thronnamen auch jenen des Amun, obwohl dessen Hieroglyphenschriftzug kein Ideogramm ist, sondern nur aus Phonemen besteht. Mentuhotep II. ernannte ihn zum Nationalgott des Mittleren Reiches. Amuns Herkunft war eigentlich Hermopolis oder Theben, dennoch standen sei-

Amun und das Orakel von Siwa
Einer von Amuns zahlreichen Beinamen war »Herr der Oasen«, wie in Aufzeichnungen ab der 26. Dynastie belegt ist. Zu dieser Zeit wurde in der Oase Siwa ein Tempel zu seinen Ehren errichtet, der dann durch das Orakel äußerst berühmt wurde. Die Römer erkannten in dem in Siwa verehrten Amun ihren bedeutendsten Gott, Jupiter.

ne Tempel in ganz Ägypten und Nubien, vorzugsweise in Napata, der Residenz der Kuschitenkönige der 25. Dynastie. Diese Pharaonen glaubten, dass die Wohnung des Amun sich im heiligen Berg Djebel Barkal befinde und legitimierten ihre Macht, indem sie sich als die Söhne dieses Gottes bezeichneten. Die Amun-Priester waren sehr einflussreich und untermauerten die Macht ihres Gottes, indem sie eine Kosmogonie erfanden und Amun als »älteste Gottheit des östlichen Himmels« im *Totenbuch* anführten.

Göttlicher Schutz
Dem Gott Amun wurden zahlreiche Tempel geweiht. Einer der bedeutendsten befindet sich in Karnak, wo diese Sphinxe mit Widderkopf zu sehen sind. Man stellte Statuen des Pharaos zwischen ihre Vorderbeine, um zu unterstreichen, dass Amun den Herrscher beschützte.

Maat und Neith, die kosmische Ordnung und die Gottesmutter

Die Gottheit Maat wird schon in den *Pyramidentexten* des Alten Reiches erwähnt und taucht auch im *Totenbuch* wieder auf. Die Göttin wurde als stehende oder sitzende Frau dargestellt, auf dem Kopf trug sie eine Straußenfeder mit einem Diadem. Als Tochter des Sonnengottes Re stand sie hinter ihrem Vater in der Barke, mit der sie jede Nacht in die Unterwelt fuhren. Sie personifizierte Gerechtigkeit und Wahrheit sowie die kosmische und soziale Ordnung. Der Neith-Kult reicht bis in die Prädynastische Zeit zurück: ihre ursprüngliche Funktion war vermutlich die einer Kriegs- und Jagdgöttin und ihre Kennzeichen waren Schild, Pfeil und Bogen. Vom Alten Reich an beschützte Neith Osiris, Re und den Pharao und verteidigte sie mit ihrem Bogen, wobei ihre Pfeile die bösen Geister betäubten. Deshalb wurden auch Darstellungen ihrer Zauberkraft an den Kopfseiten von Betten angebracht. Sie stammte aus Sais im Delta und war dort Gattin des Sobek. In Texten des Alten Reiches tritt sie dann als Gattin des Seth und Mutter des Sobek mit dem Namen »die den Krokodilen die Brust reicht« auf. Ein weiteres bedeutendes Kultzentrum der Göttin war Esna – dort trug sie den Namen »die Schreckliche« und war Gattin des Chnum sowie Mutter des Apophis. Im Neuen Reich wurde sie »Gottesmutter« und »Auge des Re« genannt und als Schöpfergöttin betrachtet. In der Saitenzeit wurde sie zur Himmelsgöttin und bekam den Titel »Mutter aller Götter«. Außerdem war sie eine Totengöttin, Beschützerin der Toten und Führerin der Mumien. Schließlich galt sie noch als Erfinderin der Webkunst und als diejenige, die den Mumienverband bereitlegt.

Schutzherrin der Richter
Da die Richter auch die Ordnung des Universums personifizierten, wurde Maat als ihre Schutzherrin gesehen. Um ihre Funktion würdig ausführen zu können, trugen sie ein Amulett dieser Göttin um den Hals. Auf der Statuette links ist die Maat auf einem Sockel sitzend abgebildet, der den bereits vor der Schöpfung bestehenden Urhügel darstellt.

Königin von Unterägypten
Neith wird gewöhnlich als Frau mit der Krone Unterägyptens auf dem Kopf dargestellt. Der Name dieser Krone, Net, gleicht jenem der Göttin.

Thot, der Götterschreiber

Thot war der Gott der Schreibkunst, der Sprache und des Wortes. In seinen Bereich gehörten Mathematik, Astronomie, die allgemeinen Wissenschaften und er wurde als Symbol der Weisheit gesehen. Er galt als Erfinder der Schrift, war Schutzpatron der Schreiber und wurde als Pavian oder Ibis dargestellt. Nach der Lehre von Hermopolis erschuf er die Welt allein durch das Wort. Er soll eigenhändig 42 Bücher (es gab 42 ägyptische Fürstentümer und 42 Richter im Totengericht) geschrieben haben, die das gesamte Wissen der Welt beinhalten. Als Gott der Schreibkunst hatte er als Gefährtin seine Schwester – die Göttin Seschat, »Herrin der Bücher«. Auf Abbildungen ist sie mit priesterlichem Leopardenfell und einer sternförmigen Rose (die Deutung ist unklar) auf dem Kopf dargestellt.

Thot, der Ibis-Gott
Während der griechisch-römischen Periode erklärte man sich die Gleichsetzung des Gottes Thot mit einem Ibis auf rationelle Weise: man glaubte, dass dieser Vogel wegen seiner langen Sprünge, die genau vier Spannen maßen, Thot als Gott der Messkunst symbolisierte.

Der Beschützer der Schreibkunst
Die Schreiber ließen sich oft mit ihrem Schutzgott Thot an ihrer Seite darstellen. Hier hat der Gott die Form eines Pavians.

Hathor, die Göttin der Weiblichkeit

Hathor war eine Himmelsgöttin: ihr Name *Hwt-Hr* bedeutet »Haus des Horus«. Ihre Herkunft ist unklar, aber nach Meinung der meisten Archäologen muss sie eine sehr alte Gottheit sein. Mit großer Wahrscheinlichkeit tauchte sie schon in der vorgeschichtlichen Zeit auf. In den *Grabtexten* des Mittleren Reiches wurde sie als »erster Gedanke, Herrin von Allem, die am Ort der Wahrheit lebte« bezeichnet und schuf zuerst Himmel und Erde. Nach diesem Mythos wurde sie im gleichen Augenblick geboren, als der Sonnengott Re entstand; daher stellte man sie neben ihm in der Sonnenbarke sitzend dar. Als Göttin der Mutterschaft wurde sie später auch zur Göttin der Weiblichkeit. Außerdem war sie die Beschützerin der Liebe, der Musik, des Tanzes und Gesangs und wurde sowohl von Künstlern als auch von Bier- und Weintrinkern verehrt.

Hathor im Grab von Sethos I.
In diesem Gemälde im Grab von Sethos I. nimmt Hathor den Pharao bei der Hand; in der anderen hält sie das Menat-Halsband, eines ihrer Symbole. Die Übergabe des Halsbandes an den Verstorbenen bedeutete den Wunsch der Göttin, dass der Pharao im Jenseits weiterlebe.

Hathor in der Architektur
Die Hathor-Tempel hatten eine Besonderheit: auf den Säulenkapitellen war der Kopf der Göttin mit den Ohren einer Kuh, ihrem heiligen Tier, abgebildet. Die so genannten »Hathor-Kapitelle« wurden in den Tempeln von Dendera, Deir el-Bahari, Abu Simbel und Philae gefunden.

Anubis, Wächter der Totenstadt

Der Beschützer der für die Ägypter überaus bedeutenden Totenwelt war Anubis. Das heilige Tier dieses Gottes war der Schakal und er wurde mit Menschenkörper und Schakalkopf oder zur Gänze als Schakal dargestellt. Anubis verdrängte Chontamenti (»Herrscher des Westens«), den alten Gott der Friedhöfe und Toten von Abydos. Die Figur des Anubis tauchte schon in den ersten Dynastien in engem Zusammenhang mit der »Nebride« auf. Dies war ein aus einem Tierfell bestehender Fetisch, der auf einen Stab genagelt war. Als Wächter der Totenstädte wird der Gott oft beim Versiegeln des Grabes dargestellt. Bei der Mumifizierung trug der Priester eine Maske mit Schakalkopf, um darauf hinzuweisen, dass es eigentlich Anubis war, der die Zeremonie vornahm.

Totenriten
Die Figur des Anubis steht mit der Einbalsamierung und der Mundöffnungszeremonie im Zusammenhang. Er hat ein schwarzes Gesicht, der Farbe der verwesenden Leichname, aber auch des Nilschlamms, einem Symbol der Wiedergeburt.

NUBISCHE GOTTHEITEN

Südlich des ersten Nilkatarakts lag Nubien, dessen Bewohner viel von Sitte, Brauch und Religion der Ägypter übernahmen. Man errichtete ägyptischen Göttern gewidmete Tempel, und Elephantine wurde Kultzentrum einer Göttertriade mit dem Gott Chnum und zwei nubischen Göttinnen: seine Gemahlin Satis und seine Tochter Anuket, die manchmal auch mit ihrem Gatten dargestellt wird. Im Gebiet des Meroitischen Reiches, beim sechsten Katarakt, erfuhr die Religion eine starke Afrikanisierung. Das Studium der lokalen Religion erwies sich als schwierig, da die unzähligen Inschriften in meroitischer Sprache sehr schwer zu übersetzen sind. Es herrschten jedenfalls die Götter aus dem Inneren Afrikas vor: der wichtigste war Apedemak *(auf dem Foto)* – er wurde in Menschengestalt mit Löwenkopf dargestellt und hatte den Titel »herrlicher Gott an der Spitze Nubiens, Löwe des Südens, mit mächtigem Arm«. Er wurde als Beschützer der Ordnung und der in den Schlachten siegreichen Pharaonen verehrt.

Anubis beim Wiegen des Herzens
Ebenso mit der Totenwelt verbunden war die Rolle des Anubis bei der Psychostase (Wiegen des Herzens). Der Gott führte den Verstorbenen in die Halle der beiden Gerechtigkeiten. Dort wurde das Herz gewogen und geprüft, ob es gleich leicht wie das Symbol der Maat (hier eine Statuette) war. Neben Anubis ist hier Thot mit Ibiskopf abgebildet, der das Ergebnis notiert.

Sobek, der Krokodilgott

Herodot schrieb: »Für die Ägypter sind die Krokodile heilig. Man verschenkt sie lebend und nach ihrem Tod werden sie in heiligen Gräbern bestattet.« Die Bedeutung dieser Tiere war so groß, dass seit frühester Zeit eine Gottheit – Sobek – mit ihnen assoziiert wurde. Dieser Gott wurde in Menschengestalt mit Krokodilskopf, einer Krone mit gebogenen Hörnern, Federn und Uräusschlange dargestellt. Außer dem Krokodil waren auch der Falke (in dieser Form wurde er ursprünglich verehrt), der Widder und der Löwe Verkörperungen dieser Gottheit. Man glaubte, dass Sobek das *Ba* der meisten Götter und das *Ka* des Re repräsentiere.

Nach einigen Darstellungen war Sobek ein Schöpfergott, der aus dem *Nun*, den Wassern des Chaos, gekommen war. Als Krokodilgott war er gleichzeitig gut und böse. In seiner guten Eigenschaft war er ein Wassergott – er hatte den Nil aus seinem Schweiß erschaffen. Im Zusammenhang mit dem Fluss war er ein Gott der Fruchtbarkeit, des Wachstums und des Lebens. In den *Grabtexten* wird das Krokodil aber wie ein Dämon des Jenseits, das vernichtet werden muss, dargestellt. Das Krokodil wurde mit Gefahr und Chaos und daher auch mit Seth in Verbindung gebracht.

Der Sobek-Kult
Während der Ptolemäer-Zeit erlangte der Sobek-Kult große Bedeutung. Es gab zahlreiche Heiligtümer, die Sobek gewidmet waren; die Gläubigen brachten ihm Votivgaben in Form kleiner, auf Sockeln stehender Krokodilstatuetten dar.

Das Krokodil und der Pharao
Um ihre Ergebenheit gegenüber dem Krokodilgott zu unterstreichen, trugen einige Könige der 12. und 13. Dynastie seinen Namen in ihren Königstiteln. Beispiele dafür sind die Pharaonin der 12. Dynastie, Skemiophris, die auch Neferusobek genannt wurde, und Sebekhotep in der 13. Dynastie. Auf der Skulptur links trägt Sobek die mit großen Federn geschmückte Atef-Krone, neben ihm befindet sich Amenhotep III., Pharao der 18. Dynastie.

Bastet und Sechmet, Katze und Löwin

Der Name Bastet heißt Göttin der *Bas* (die *Bas* ist ein Salbenkrug, der während der Begräbniszeremonie verwendet wird). Bastet symbolisierte im Speziellen Mutterliebe, Milde und Fruchtbarkeit und war Beschützerin des häuslichen Herdes. Vom Alten Reich an galt sie als Mutter des regierenden Pharaos, später verschmolz sie mit Sechmet, Tefnut oder Pachet und hatte die Gestalt einer Löwin. Während des Mittleren Reiches wurde sie dann mit Hathor und Mut assoziiert und als Katze dargestellt. Die Pharaonen der 12. Dynastie aus Tell Basta förderten den Katzenkult, die Göttin wurde mit der Kraft der Sonne gleichgesetzt und als Tochter des Re betrachtet.

Sechmet wurde in zahlreichen Heiligtümern verehrt, aber in Memphis wurde ein spezieller Sechmet-Kult betrieben. Sie wurde mit Sonnenscheibe und Uräusschlange als Löwin oder in Frauengestalt mit Löwenkopf dargestellt. Als Tochter des Re verkörperte sie eines seiner Augen und die zerstörerische Kraft der Sonne. Sie war eine furchteinflößende Kriegsgöttin.

Ihr Aussehen rief sogar im Jenseits Schrecken hervor, auch Seth und die schreckliche Schlange Apophis erlagen ihrem Anblick. Sie wurde »die Mächtige« genannt, aber eigentlich stand dieser Name Hathor zu: der Sage nach hatten sich die Menschen gegen Re verschworen, und um die Verschwörer zu vernichten, verwandelte sich Hathor in Sechmet. Ihre Wut hätte zur Auslöschung des Menschengeschlechts geführt, hätte Re nicht beschlossen, sie davon abzuhalten.

Votivgaben
Von der Saitenzeit an wurden der Göttin Bastet von den Gläubigen als Dankesgaben Bronzestatuetten, welche die Göttin als Katze zeigten, dargebracht. Oft waren die Katzen mit Halsband, Udjat-Auge oder auch goldenen Ohrringen geschmückt.

Die Bastet-Katzen
Im Bastet-Tempel wurden Katzen gehalten, die nach ihrem Tod mumifiziert wurden. Die der Göttin ergebenen Gläubigen konnten die Katzenmumien kaufen und als Opfergabe darbringen. Diese Mumien wurden fast genauso wie jene von Menschen hergestellt und manchmal sogar in maßgefertigten Särgen begraben.

RELIGION

Es gelang ihm, ihr 7000 Fässer rot gefärbtes Bier zu trinken zu geben. Die Göttin dachte, es sei Blut, stürzte sich darauf und betrank sich: dank dieser List konnten die Menschen überleben. Sechmet gehörte zu einer Göttertriade und war in Memphis Gattin des Ptah und Mutter des Lotos-Gottes Nefertem. Sie personifizierte die aggressiven Eigenschaften zahlreicher weiblicher Götter. Während des Neuen Reiches wurde sie als die gewaltsame Seite der Mut gesehen. Pharao Amenhotep III. ließ im Tempel der Mut in Karnak viele Sechmet-Statuen aufstellen, ebenso im westlichen Teil seines Totentempels in Theben. Trotz ihrer blutrünstigen Art hatte sie auch eine wohltätige Seite: sie wurde als »Große Zauberin« der Heilkunst gesehen und war die Schutzpatronin der Ärzte.

Das Gesicht der Göttin
Sechmet wurde mit Frauenkörper, dem Kopf einer Löwin und häufig mit Sonnenscheibe und Uräusschlange dargestellt.

Die Flammen der Sonne
Sechmet war Symbol für die Flammen der Sonne und wurde als Aspisviper, Auge oder Korona der Sonne beschrieben. Ihre Aufgabe war es, mit ihren Flammen die Feinde des Schöpfergottes Re zu vernichten. Die Statuette links ist mit Gold überzogen und wurde im Grab Tutanchamuns entdeckt.

FREMDE GÖTTER

Die meisten asiatischen Götter fanden zu Ende des Mittleren und besonders während des Neuen Reiches Eingang in die ägyptische Religion. Die Hyksos-Könige brachten ihre eigenen Götter mit: Anat, Astarte und Baal *(links)*, der mit Seth verschmolz. Im Neuen Reich kamen noch weitere Götter hinzu, die besonders im Delta und in Memphis gerne akzeptiert wurden. Die asiatischen Götter behielten ihren ursprünglichen Namen, ihr Aussehen wurde aber ägyptischen Vorlieben angepasst. Mit Alexander dem Großen und während der Ptolemäer-Zeit wurden griechische Götterkulte eingeführt. Eine durch Vermischung dieser Kulte entstandene Gottheit war jedenfalls sehr erfolgreich: Serapis – sein Erscheinungsbild war griechisch, seine Eigenschaften und sein Einflussbereich ägyptisch.

Seth, das Chaos

Während der Negade-I-Kultur (3800–3600 v. Chr.) in der Prädynastischen Periode sind Darstellungen eines Tieres erhalten, das als der Gott Seth identifiziert wurde. Obwohl sein Heimatort Kom Ombo und seine Totenstadt Negade waren, wurde ihm libysche Herkunft nachgesagt. Zu dieser Zeit hatte der Gott noch keinen negativen Charakter; er war Gott der Metalle und Schutzherr Oberägyptens. In der folgenden Epoche, nach der Vereinigung der beiden Länder standen sich die Anhänger des Seth, dem »Herrn Oberägyptens«, und jene des Horus, dem Schutzherrn Unterägyptens, gegenüber. Horus behielt die Oberhand und sein Name erscheint in mehreren Königstiteln; wenn sie gemeinsam angegeben wurden, stand der Name des Horus vor dem von Seth.

Die negativen Mächte des Seth bezogen sich auf Dürre, Unfruchtbarkeit, Gewalt, Hunger und jede Art von Unordnung. Er wurde mit einem undefinierbaren Tierkopf dargestellt, einer Mischung aus Ameisenbär, Esel und Hund.

Seth und Nephtys
In dieser Skulptur wird Seth mit Menschenkörper, Tierkopf mit spitzen Ohren und einer Perücke dargestellt. Neben ihm steht seine Gemahlin Nephtys, die eine Sonnenkrone mit Hörnern trägt.

Streit zwischen Horus und Seth
Nachdem Horus den Streit mit Seth gewonnen hatte, gründete er der Sage nach Idfu, wo sich ein Tempel zu seinen Ehren befindet. An den Wänden befinden sich Reliefe, die auf die Zeit von Pharao Caesarion zurückgehen und die den Kampf der beiden Götter darstellen.

Apis, der heilige Stier

Die Ägypter verehrten verschiedene Tiere, darunter den Mnevis-Ochsen von Heliopolis, den Buchis-Stier von Armant und den Apis-Stier von Memphis. Der Kult um den Apis-Stier ist sehr alt und geht auf die ersten Dynastien zurück. Der Stier war Symbol der Fruchtbarkeit und zu seinen Ehren wurden bäuerliche Feste veranstaltet. Er stand auch mit dem Sonnengott in Verbindung und trug zwischen seinen Hörnern die Sonnenscheibe, manchmal auch die Uräusschlange. Ab dem Neuen Reich wurde er mit dem Gott Ptah assoziiert: der Apis-Stier war das *Ba*, der sichtbare Ausdruck des Ptah und wurde als solcher im Tempel von Memphis verehrt. Unweit dieser Stätte, in Sakkara, wurde ein Friedhof für die Apis-Stiere errichtet. Während der 26. Dynastie, ab der Herrschaft Psammetichs I., wurde die Verehrung des Apis wieder aufgenommen und es entstand ein Orakelkult, wie aus zahlreichen schriftlich festgehaltenen Traumdeutungen, die neben den Stiermumien entdeckt wurden, hervorgeht. Dem Apis-Stier als lebendem Gott musste die gleiche Aufmerksamkeit wie einer anderen Gottheit oder dem Pharao gewidmet werden. Es war verboten, sein Fleisch zu essen, und er wurde in seinem Palast in Memphis von Priestern gepflegt und angebetet. Als Gott wurde er bei seinem Tod einbalsamiert und wie ein Herrscher begraben. Seine Organe durften nicht entfernt werden, jedoch – wie Herodot berichtete – wurde eine Einbalsamierungszeremonie vorgenommen; danach wurde der Stier in einen Sarg gelegt und zum Serapeum, der Apis-Totenstadt in der Nähe von Sakkara, gebracht.

Ein neuer Gott
In der Ptolemäer-Zeit tauchte eine neue Gottheit auf, welche die Eigenschaften der Götter Osiris und Apis verband: Serapis – er war nicht nur in Ägypten, sondern im ganzen Mittelmeerraum sehr beliebt. Sein Kult setzte sich ebenso wie der Apis-Kult bis zum Dreikaiserdekret (380 n. Chr.) fort, nach welchem viele Statuen zerstört wurden.

Göttliche Eigenschaften
Nicht alle Stiere waren geeignet, als Apis verehrt zu werden. Denn man glaubte, dass der Apis-Stier durch einen Sonnenstrahl gezeugt worden war, und dass er bei seinem Tod durch ein exakt entsprechendes Tier ersetzt werden müsse. Die Auswahl des Stieres wurde durch eine Reihe besonderer Charakteristika bestimmt. Herodot sah einen Apis-Stier und gab 29 Merkmale an, die er haben musste. Besonders wichtig waren zwei Flecken, einer in Form eines Geiers auf dem hinteren Teil des Rückens und der andere in Form eines Skarabäus auf der Zunge.

Die Entdeckung des Serapeums
Als Auguste Mariette im Auftrag des Louvre nach Ägypten fuhr, um Papyri zu erwerben, ahnte er noch nicht, dass er die Nekropole der Apis-Stiere entdecken würde. Der Stich zeigt den Eingang des Serapeums zur Zeit der Entdeckung 1851 nach den von Mariette geführten Ausgrabungen.

DIE SCHRIFT

Schriftsymbole hatten für die Ägypter magische Bedeutung, sie nannten die Schrift *Medu Neter* – das »Wort Gottes«. Für die griechischen Reisenden in der Antike waren sie »heiliges Schnitzwerk«, wovon auch der bis heute verwendete Terminus »Hieroglyphen« stammt.

Im Lauf ihrer Geschichte entwickelten die Ägypter verschiedene Schriftarten. Die älteste war die Hieroglyphenschrift; sie wurde vorwiegend verwendet, um Wände von Tempeln und Gräbern oder Steinmonumente mit Inschriften zu versehen. Die hieratische Schrift entstand fast gleichzeitig mit der Hieroglyphenschrift und war eine Art Kursivschrift, in der hauptsächlich auf Papyri oder andere Materialien geschrieben wurde. In der Saitenzeit wurde eine weitere, die demotische Schrift erfunden – sie fand im administrativen und privaten Bereich Anwendung. Für das Koptische wurde dann das griechische Alphabet verwendet.

Übereinander angeordnete Schriftzeichen
Auf dem Pyramideon des Amenemhet III., Pharao des Mittleren Reiches, ist eine Schrift mit übereinander gesetzten Schriftzeichen zu sehen. Diese Schreibart war von dieser Epoche an stark verbreitet.

Hieratischer Papyrus
Die hieratische Schrift (unten) war eine Kursivversion der Hieroglyphenschrift. Die Hieroglyphen wurden meist in Stein oder andere dauerhafte Materialien eingearbeitet, während Hieratisch für Schriftstücke des täglichen Gebrauchs verwendet wurde. Geschrieben wurde meist mit einem Pinsel von rechts nach links, wobei die Zeichen in Spalten oder Zeilen angeordnet wurden.

Die Hieroglyphenschrift

Die faszinierende Hieroglyphenschrift war bis zum Ende der Pharaonenzeit und sogar noch während der Römischen Epoche gebräuchlich, allerdings war sie auf Tempelinschriften und Steinmonumente beschränkt. Die ersten Hieroglyphen standen jeweils direkt für einen Begriff und stellten Objekte dar, die Teil des täglichen Lebens waren. Hieroglyphen wurden anfangs als Ideogramme verwendet, das heißt, dass ein einziges Zeichen für einen Begriff stand. Sie konnten aber auch Phonogramme sein, wurden also wegen ihres Lautwerts benutzt. Schließlich gab es auch Zeichen als Determinativ am Ende eines Wortes: sie wurden nicht gelesen, sondern erläuterten die genauere Bedeutung oder das Bedeutungsfeld des Wortes.

Hieroglyphen »in Farben«
Dieses Fragment vom Sarg des Djedthofetanch (rechts) im Museo Egizio in Turin ist ein besonders schönes Beispiel einer mehrfarbigen Hieroglyphenschrift. Wie zu sehen ist, sind verschiedene Vogelarten dargestellt, die jeweils für einen genau bestimmten Lautwert stehen.

Heilige Inschrift
Die Hieroglyphen schmückten die Tempelwände und berichteten von den Taten der Pharaonen und Götter. Der Text der Inschrift links stammt aus der Ptolemäer-Zeit; er ist in Spalten angeordnet und von rechts nach links zu lesen.

DER STEIN VON ROSETTE

196 v. Chr. erließen die Priester von Memphis ein Dekret, das auf die Krönung von König Ptolemaios V. Epiphanes hinwies und seinen Kult in allen Tempeln einführte. Die außerordentliche Bedeutung dieses vom Inhalt her eher belanglosen Dokuments liegt darin, dass die Inschrift in drei verschiedenen Sprachen in schwarzen Granit *(rechts)* eingemeißelt wurde: in Hieroglyphen, Demotisch und Griechisch. Die Tafel war in die Mauer einer mittelalterlichen Festung von Rosette (in der Nähe von Alexandria) eingefasst und wurde durch Zufall 1799 von der französischen Armee beim Ausbau der Festung gefunden. Napoleon erkannte die Bedeutung des Fundes – er ließ sofort mehrere Abdrücke herstellen und diese an europäische Wissenschaftler versenden. Nachdem bereits Young, Akerblad und de Sacy erfolglos versucht hatten, die Hieroglyphen zu entziffern, bekam der Franzose Jean-François Champollion eine der Kopien in die Hände – ihm gelang es, das Geheimnis der Schriftzeichen zu enthüllen. Vom griechischen Text ausgehend, in dem mehrmals der Name Ptolemaios vorkam, konnte er auch im Hieroglyphentext die Kartusche (ovale Umrahmung) mit dem Namen des Königs erkennen und so die einzelnen Schriftzeichen entziffern.

Ideogramm-Gruppen und Schriftrichtung

Die etwa 1000 bekannten Hieroglyphen (davon wurden überwiegend 700 bis 800 verwendet) wurden von den Ägyptologen nach der Bedeutung der Zeichen in Gruppen eingeteilt. Die größte Gruppe setzt sich aus jenen Zeichen zusammen, die Menschen oder Tiere oder deren Körperteile abbilden. Die große Anzahl von Zeichen zur Darstellung der Tierwelt zeigt, dass die Ägypter die Natur genau beobachteten und welche detaillierten Unterschiede sie innerhalb einer Spezies wahrnahmen. Weitere Gruppen bildeten die Dinge des täglichen Lebens wie Wohnung und Nahrung oder Himmel und die Erde. Die Gebäude wurden im Grundriss und im Querschnitt dargestellt; als es jedoch nach und nach neue Formen und Tätigkeiten gab, erfand man eine Hieroglyphe als Determinativ (am Ende des Wortes). Nicht alle Hieroglyphen konnten zweifelsfrei gedeutet werden – es gibt noch immer Zeichen, wo kein Zusammenhang mit einem fassbaren Begriff erkannt werden konnte. Die Vielschichtigkeit des Hieroglyphen-Systems zeigt sich noch deutlicher, wenn es darum geht, die Textrichtung zu erkennen: zuerst muss man auf die Tier- und Personenzeichen achten, da deren Blickrichtung auf den Beginn des Satzes weist. Es gibt keine Leerräume oder Satzzeichen zwischen den Wörtern – diese müssen dann bei der Lektüre hinzugefügt werden. Ab dem Mittleren Reich setzte man die Schriftzeichen häufig übereinander; mit der Einführung der demotischen Schrift wurde immer öfter von rechts nach links geschrieben. Die Schreibrichtung hing auch von ästhetischen Überlegungen ab. Je nach Platzangebot konnte senkrecht oder waagrecht, nach links oder nach rechts geschrieben werden.

Altägyptisch
Altägyptisch ist die älteste ägyptische Sprache und hat eher einfache Wort- und Satzformen.

Mittelägyptisch
In dieser zweiten Phase der ägyptischen Sprache gibt es bereits komplexere Wortformen.

DIE ÄGYPTISCHE SPRACHE

Die gesprochene Sprache machte mit der Schrift eine mehr oder weniger gleichzeitige Entwicklung durch. Ägyptisch gehört zu den hamitisch-semitischen Sprachen und unterscheidet sich von den indoeuropäischen Sprachen insofern, dass es weder eine Deklination von Substantiven, Adjektiven oder Pronomen noch eine Verbkonjugation gibt. Die Bedeutung der Wörter im Satz ergibt sich durch Wortstellung und Präpositionen. Ägyptisch ist eine synthetische Sprache, wobei mit einem einzigen Wort sehr komplexe grammatikalische Beziehungen ausgedrückt werden können. Der Zusammenhang zwischen den einzelnen Wörtern wird durch Suffixe (Partikel, die an den Wortstamm angehängt werden) angezeigt. Man hat drei Phasen der altägyptischen Sprachgeschichte ausmachen können, die parallel zur historischen Entwicklung verliefen: Altägyptisch (bis zum Alten Reich), Mittelägyptisch (Mittleres Reich und Beginn des Neuen Reiches), Neuägyptisch (ab der Ramessiden-Zeit). Es folgten Epochen, während der sich die Sprachen der Fremdherrscher im Land durchsetzten, wie Persisch, Griechisch, und schließlich Koptisch, die Sprache der ägyptischen Christen.

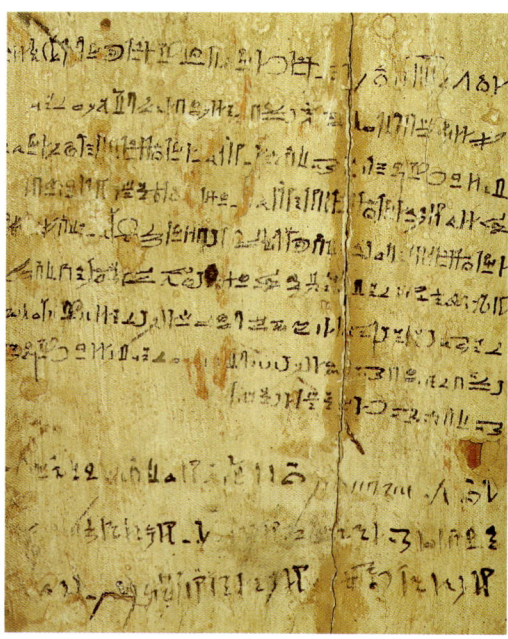

Neuägyptisch
Neuägyptisch ist eine Sprache mit zahlreichen Lautänderungen und Komposita.

DIE SCHRIFT

Der Papyrus

Die Ägypter benutzten verschiedene Schreibmaterialien: von Knochen, Leinwand, Ton, Stein und Holz bis zum von den Schreibern am häufigsten verwendeten Papyrus, der aus dem Stängel einer Sumpfpflanze im Delta hergestellt wurde. Das Mark dieser Pflanze wurde in dünne Streifen geschnitten, die man dicht nebeneinander legte. Quer darüber legte man weitere Streifen und presste beide Schichten zusam-

men, sodass ein Blatt entstand. Die Blätter wurden zusammengerollt und in Krügen aufbewahrt. Auch die Rückseiten konnten beschrieben werden, und da Papyrus sehr teuer war, wurde er vorwiegend in der Verwaltung verwendet; in den Schulen wurden jedoch andere Schreibmaterialien benutzt, wie etwa das *Ostrakon* (Tonscherbe). Der Name »Papyrus« bedeutete: »gehört dem Pharao« und wies darauf hin, dass der Pharao allein das Monopol für Verkauf und Herstellung von Papyrus besaß – eine wichtige Einnahmequelle für das Königreich.

An den Ufern des Nils
Zur Zeit der Pharaonen wuchsen dem Nil entlang, besonders im Delta, üppige Papyruswälder (unten), die Heimat einer reichen Fauna waren. Papyrus war nicht nur ein ausgezeichnetes Schreibmaterial, sondern wurde auch zur Herstellung von Möbeln, Körben, Sandalen und Booten verwendet.

Ein Blatt mit zwei Seiten
Der Schreiber malte die Schriftzeichen mit Pinsel und schwarzer oder roter Tinte und richtete sich dabei nach der Anordnung der Papyrusstreifen. Wegen der hohen Kosten wurden die Blätter oft »wiederverwertet« und auch die Rückseiten beschrieben.

Der Schreiber

Der Schreiber war gewöhnlich ein hoher Beamter im Dienste eines Pharaos oder Adeligen, er konnte aber auch Priester in einem Tempel sein. Seine Aufgaben waren vielfältig: er musste die Grenzen der Anbauflächen nach der jährlichen Nilflut feststellen, die Getreideernte schätzen, um die einzuhebenden Steuern berechnen zu können, sowie Vieh, Wein und die anderen Produkte zählen, die in den königlichen Speichern aufbewahrt wurden. Aber sein Aufgabenbereich beschränkte sich nicht darauf: manchmal musste er auch Verträge, Gerichtsakten und andere Schriftstücke für Privatpersonen schreiben. Auch unter den Tempelpriestern gab es Schreiber – sie kopierten Texte und schrieben rituelle Formeln auf. Schreibmaterialien waren Papyrus, eine Schreibpalette mit Pinseln, Tintenbehälter, Wassernapf und Mörser. Die Palette hatte zwei Vertiefungen: eine für schwarze, die andere für rote Tinte. Zum Schreiben verwendete man einen aus einer zugespitzten Binse gefertigten Pinsel. Der Mörser diente zum Zermahlen der Farbpigmente und der Wassernapf zum Anfeuchten des Pinsels.

Petamenope
Dieser Priester und Zauberer aus der Saitenzeit ist sitzend mit gekreuzten Beinen – in der typischen Haltung der Schreiber – dargestellt.

Buchhaltung
Zu den Hauptaufgaben eines königlichen Schreibers gehörte die Buchführung, auch über die Abgaben, die Ägypten von anderen Ländern einhob. In diesem Gemälde aus dem Grab des Vizekönigs Rechmire notiert der Schreiber die Waren, die in die königlichen Speicher gebracht werden.

Das Piktogramm des Schreibers
Die hohe soziale Stellung der Schreiber ist auch dadurch belegt, dass ihr Beruf als einer der wenigen mit einem Piktogramm (ein Schriftzeichen, das die Wirklichkeit getreu darstellt) geschrieben wurde. Das Zeichen zeigt ein Schreibwerkzeug: die Schreibpalette (links).

Die Schreiberschule
In den Gräbern mancher Beamter gibt es Darstellungen von Schreiberschulen. Die Inschrift im oberen Teil des Reliefs beschreibt den Unterricht.

Texte der ägyptischen Literatur

Die ägyptische Kultur war stark von Religion beeinflusst und brachte im Zusammenhang mit den Göttern und dem Jenseits eine reiche Literatur hervor. Zu den Hauptwerken gehören die *Pyramidentexte* (2686–2173 v. Chr.), die *Grabtexte* (zum Teil durch die *Pyramidentexte*, aber während des Mittleren Reiches auch stark durch Autobiographien von Privatpersonen beeinflusst) und das *Totenbuch* (1552–1069 v. Chr.). Jedoch müssen zu den großen Meisterwerken auch literarische Beiträge anderer Genres gezählt werden: epische Erzählungen, die von den Taten der Pharaonen handeln, und poetische Texte wie Liebesgedichte oder Hymnen. Als Beispiel sei die *Hymne an Aton* von Pharao Echnaton genannt, der sehr stark von Spiritualität und Lyrik eingenommen war. In der Erzählliteratur gibt es bereits während des Mittleren Reiches ausgereifte Werke – die berühmten *Erzählungen des Schiffbrüchigen* und *Die Erzählungen des Sinuhe* sollten bis zur Spätzeit die »Klassiker« in der Schulliteratur sein.

Der Sarg des Chnumhotep
Um dem Verstorbenen den Schutz der Götter zu sichern, wurden auf diesen Holzsarg des Mittleren Reiches Sprüche aus den Grabtexten *geschrieben.*

ASTRONOMIE UND KALENDER

Die Astronomie war in Ägypten nicht so hoch entwickelt wie etwa bei den Babyloniern. Die Ägypter beschränkten sich darauf, ihre astronomischen Kenntnisse im praktischen und religiösen Sinn zu nutzen, wie für die Zeitrechnung und die Ausrichtung der Tempel und Pyramiden.

Man kann heute nicht genau sagen, wie viel die Ägypter über die Astronomie gewusst haben, da nur wenige, sehr einfache Beobachtungsgeräte erhalten sind. Für die Sonnenbeobachtung verwendete man das *Gnomon*, einen »Schattenstab«, durch dessen Schattenlänge die Höhe der Sonne berechnet wurde. Für die Sternbeobachtung hatte man das *Merchet* (ein Winkellot) und einen Visierstab mit Schlitzvisier, die dazu dienten, die Sternkonstellationen zu beobachten. Die besondere Leistung der Ägypter war die Zeitmessung: sie führten das durch wiederkehrende Regenzeiten bestimmte Jahr und die Stunde ein. Die Astronomie wurde auch genutzt, um die Ausrichtung von Tempeln, Pyramiden und anderen Gebäuden

Anen, Priester und Astronom
Kenntnis und Technik der Sternbeobachtung waren den Priestern vorbehalten. Diese Statue aus Assuan zeigt einen Priester der 18. Dynastie: die Kleidung und die am Gürtel hängenden Geräte weisen darauf hin, dass es sich um einen Astronomen handelt.

Sternzeichen von Dendera
Dieser berühmte Tierkreis befand sich auf der Decke des Hathor-Tempels in Dendera und ist heute im Louvre ausgestellt. Im inneren Kreis stehen die Tierkreiszeichen neben Planeten und anderen Sternkonstellationen.

zu bestimmen. Die Ägypter konnten sehr genau den Himmelsnordpol feststellen und bemerkten sogar die erst nach Jahrhunderten erkennbare Verschiebung des Himmelspols, wie anhand der Richtungskorrektur einiger rekonstruierter Tempel nachgewiesen werden konnte. Sie beobachteten auch die helleren Planeten, die mit verschiedenen Erscheinungsformen des Horus assoziiert wurden. Schließlich teilten sie den Himmel in 36 Sternbilder oder Dekane ein (jeweils etwa zehn Grad der Ekliptik) und verwendeten diese Einteilung für die nächtliche Zeitmessung und als Kalender.

Der Sternenhimmel
In den Tempeln und Gräbern trifft man häufig auf Darstellungen des Sternenhimmels. In der Pyramide des Wenis, dem letzten König der 5. Dynastie, befindet sich dieser mit Sternen übersäte Himmel, der als Symbol der Ewigkeit galt.

Die Himmelsgöttin
Nut, die Himmelsgöttin, war für die Sternbewegungen und den Lauf der Zeit zuständig. Bei Sonnenuntergang wurde die Sonnenscheibe von Nut verschluckt, durchquerte ihren Körper und wurde beim Morgengrauen wieder von ihr geboren.

Die Sonnenuhr
In äquatornahen Breiten wie in Ägypten konnte man von den frühen Morgenstunden bis zu den letzten Nachmittagsstunden die Zeit mit dem Gnomon messen. Der mit dem Lauf der Sonne wandernde Schatten des »Schattenstabes« zeigte die Stunde an.

Pyramiden, Orion und Hyaden
Die Anlage der Pyramiden in der Ebene von Giseh könnte als eine auf den Boden gezeichnete Karte der Konstellationen Orion und Hyaden gesehen werden. Die Pyramiden von Dahschur stellten vielleicht die Hyaden dar, jene von Giseh, Zawiet el-Aryan und Abu Rawasch könnten mit dem Sternbild Orion in Zusammenhang gebracht werden.

DAS RELIGIÖSE JAHR UND DIE LANDWIRTSCHAFT

Im ägyptischen Kalender war das heilige Jahr um sechs Stunden kürzer als jenes, das sich durch die Nilflut ergab. Dadurch kam es zu immer größeren Unterschieden: die religiösen Jahreszeiten und die Festtage fanden immer früher im Jahr statt (alle 120 Jahre ein Monat). Diese Diskrepanz im Kalender des alten Ägypten hätte leicht ausgeglichen werden können, hätte man alle vier Jahre einen Tag hinzugefügt. Doch die Priester hielten hartnäckig am alten Kalender fest, bis dies 26 v. Chr. auf Befehl Roms geändert werden musste. Zu dieser Zeit trafen das erste Auftauchen des Sternes Sothis (unseres Sirius) am Morgenhimmel mit dem jährlichen Anschwellen des Nils zusammen. Daher wurden diese Ereignisse als Zeichen für den Beginn eines neuen Jahres akzeptiert und die Ägypter konnten von dieser Zeit an über den besten Kalender der Antike verfügen. Der Ägypter Sosigenes von Alexandria war Berater Julius Caesars bei der römischen Kalenderreform gewesen und hatte ihm empfohlen, den Sonnenkalender zu übernehmen und das Schaltjahr einzuführen. Mit dieser Reform hatte das Jahr nun eine Dauer von 365,25 Tagen – sehr nahe der tatsächlichen Dauer von 365,2422 Tagen.

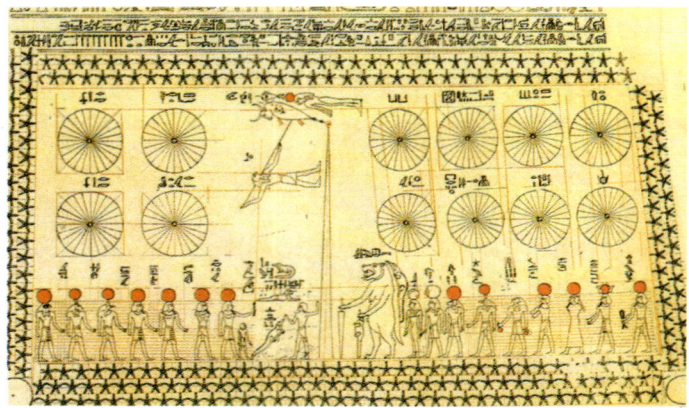

Die Zeit als Kreis
Dieses Gemälde auf der Decke der Grabkammer von Senmut, dem Architekten von Königin Hatschepsut, ist ein Kalender mit Darstellungen der im Laufe des Jahres sichtbaren Sternkonstellationen. Die zwölf Kreise stellen die Monate dar. Durch die präzise Position der Sterne konnte das Gemälde auf 1463 v. Chr. datiert werden.

Pyramiden und Astronomie

Die Ägypter des Alten Reiches zeichneten sich durch präzise astronomische Messungen aus. So waren die Seiten der Pyramiden genau nach den Himmelsrichtungen ausgerichtet. Einige Wissenschaftler des 19. Jh.s versuchten, den Pyramidenbau mit der Astronomie in Zusammenhang zu bringen. So behauptete Richard Proctor, dass die Große Galerie der Cheopspyramide als Sternwarte verwendet wurde. Proctor zufolge diente der südliche Schacht der Großen Galerie vermutlich mindestens zehn Jahre lang der Beobachtung der vorbeiziehenden Sterne.

Ein anderer Wissenschaftler, Duncan MacNaughton, hielt die Halle für eine spezielle Sternwarte zur Beobachtung des Sirius, die Cheops benutzt hatte, um die richtige Lage für sein eigenes Grab festzustellen.

Anfang des 20. Jh.s vertrat Costwarth die Ansicht, dass die Große Pyramide durch ihren Schatten die Jahreszeiten anzeige (Sonnenwenden und Tagundnachtgleichen). 1964 erforschten Badawy und Trimble die »Belüftungsschächte« der Königskammer in der Cheopspyramide. Durch Berechnungen der Sternpositionen des Jahres 2600 v. Chr. konnte man feststellen, dass der nördliche Schacht

DIE WISSENSCHAFTEN

Der religiöse Kalender
Die Decke des Säulengangs im Tempel von Esna (1. Jh. n. Chr.) ist mit astronomischen Zeichen und einem Kalender der religiösen Hauptfeste dekoriert.

Der nördliche Himmel
Im Tempel der Hathor von Dendera sind ägyptische und griechische Symbole bei der Darstellung der Sterne des nördlichen Himmels in außergewöhnlicher Weise verknüpft.

auf den Stern Thuban (der damalige »Polarstern«) und der südliche Schacht auf die Gürtelsterne des Orion ausgerichtet waren. Ende des 20. Jh.s stellte Robert Bauval die These auf, dass die Anlage der Pyramiden von Giseh, Abu Rawasch und Zawiet el-Aryan die Konstellation des Orion widerspiegeln. In der so auf den Boden gezeichneten Sternkarte stellen die großen Pyramiden von Giseh die Gürtelsterne des Orion und der südlichste Punkt den Stern Theta Orionis dar. Außerdem zeigt von der Königinkammer ein Schacht genau auf den Stern Sirius, der von den Ägyptern mit Sothis und Isis identifiziert wurde. Die Pyramiden von Dahschur waren mit der Konstellation der Hyaden verbunden. Die Milchstraße wurde in dieser Karte durch den Nil dargestellt. Auch die Namen, mit denen die Pyramiden bezeichnet wurden, halfen, diesen Zusammenhang zwischen Himmel und Erde zu bestätigen. So war zum Beispiel der Name der Pyramide von Abu Rawasch »König Djedefre ist ein Sehedu-Stern« (so wurden auch die Sterne im Orion bezeichnet).

Der ägyptische Kalender

Der religiöse Kalender – er war vom Mondkalender Mesopotamiens beeinflusst – teilte das Jahr in drei Perioden von vier Monaten, und diese wiederum in drei Dekaden, von denen jede durch eine Sternkonstellation bestimmt war; somit hatte das Jahr 360 Tage. Da die tatsächliche Dauer des Jahres durch die alljährliche Nilflut bekannt war, fügte man fünf Tage am Ende des vierten Monats hinzu. Diese wurden von den Griechen *epagomenoi* (»die Hinzugefügten«) genannt. Der Mythos von der Herkunft dieser fünf Tage stellt wieder einen Zusammenhang zwischen Kalender und Religion her. Der Gott Thot hatte sie von Luna beim Damespiel gewonnen und schenkte sie seiner Geliebten Nut. Diese Göttin war von ihrem Ehegatten Ra als Strafe für ihre Untreue zur Unfruchtbarkeit an allen 360 Tagen des Jahres verdammt worden.

Mathematik und Zahlen

Die Ägypter waren in der Mathematik weit fortgeschritten. Von Papyri und Ostraka (Tonscherben) kennen wir das nummerische System, das für Rechnungen und Gleichungen verwendet wurde.

Die alten Ägypter kannten nicht nur alle vier Grundrechnungsarten (Addition, Subtraktion, Multiplikation und Division), sie führten auch komplexere Rechnungen durch, wie etwa Gleichungen mit einer Unbekannten. Die mathematischen Begriffe auf den alten Papyri basierten auf praktischen Kenntnissen. Das in diesem Zusammenhang bedeutendste erhaltene Dokument ist in den im British Museum aufbewahrten mathematischen Papyri Rhind enthalten. Das Dokument stammt aus der Zeit um 1660 v. Chr., ist aber eigentlich eine Abschrift, die der Schreiber

Die Stele der Nefertiabet
Die Prinzessin Nefertiabet wurde in einem einfachen Grab beigesetzt, dessen einziger Schmuck aus einer Kalksteinstele besteht. Darauf ist eine Abbildung der vor dem Gabentisch sitzenden Prinzessin und einer Liste mit der genauen Anzahl der im Jenseits benötigten Dinge: Brot, Bier, Ochsen, Salben.

Euklid
Der große Mathematiker lebte während der Herrschaft von Ptolemaios I. in Alexandria. Seine geometrischen Studien sollten die Basis einer späteren Wissenschaft bilden.

Ahmose von einem älteren Text gemacht hat. Im Dokument enthalten sind 84 Gleichungen, Divisionen 1 : n und vor allem 2 : n, sowie geometrische Beispiele im Zusammenhang mit Flächenberechnungen. Die Begriffe der Mathematik und Geometrie, wie etwa die Relation zwischen Winkeln und Seiten eines Dreiecks, wurden von den Schreibern im praktischen Sinn genutzt, um Mengen, Steuern oder die Flächen von Grundstücken zu berechnen.

GRUND- UND ORDNUNGSZAHLEN

Die Ägypter hatten ein Notationssystem für Grund- und Ordnungszahlen. Jenes der ganzen Zahlen basierte auf einem Dezimalsystem. Für die Zahl 1 zog man einen senkrechten Strich und bis zur Zahl 9 dementsprechend viele. Die gleiche Methode wurde für die Symbole für 10 (für 30 wurde es dreimal geschrieben), 100, 1000, 10.000 und 100.000 angewendet. Die Bezeichnungen für die Zahlen nach den *Pyramidentexten*: *wa* (1), *senu* (2), *chemet* (3), *fedu* (4), *diu* (5), *seresu* (6), *sefech* (7), *chemen* (8), *pesedj* (9), *medj* (10), *djebati* (20), *maba* (30), *chem* (40), *djiu* (50), *seresiu* (60), *sefechiu* (70), *chemeniu* (80), *pesedjiu* (90), *schet* (100), *cha* (1000), *djeba* (10.000), *hefen* (100.000) und *heh* (1.000.000). Die Ordnungszahlen wurden vor allem für das Datum gebraucht: *tepi* war der »erste«; von »zweitens« bis »neuntens« wurde jeweils die Endung *nu* an die Kardinalzahl angehängt; ab »zehntens« wurde *mekh* (»anfüllen«) vorangestellt.

DIE WISSENSCHAFTEN

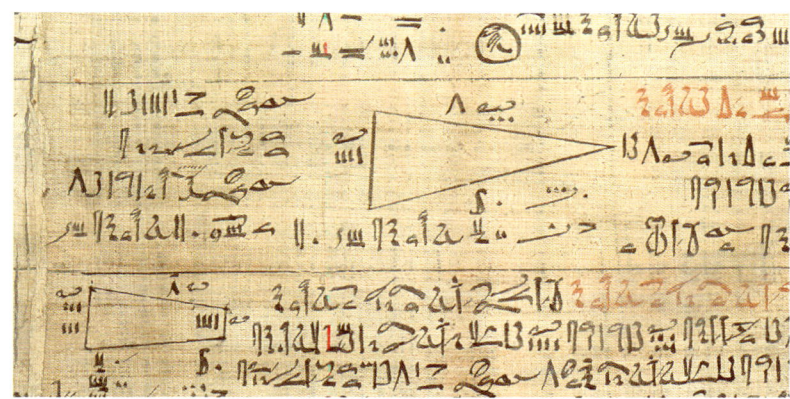

Die Papyri Rhind
Aus erhaltenen Dokumenten wie den Papyri Rhind (links) geht hervor, dass die Ägypter die Winkel- und Seitenrelationen eines Dreiecks kannten.

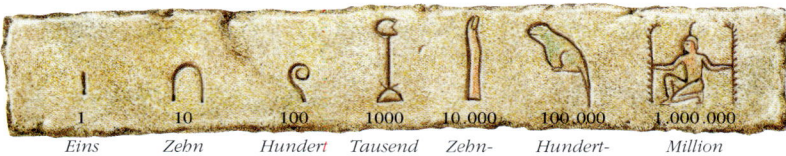

1	10	100	1000	10.000	100.000	1.000.000
Eins	Zehn	Hundert	Tausend	Zehn-tausend	Hundert-tausend	Million

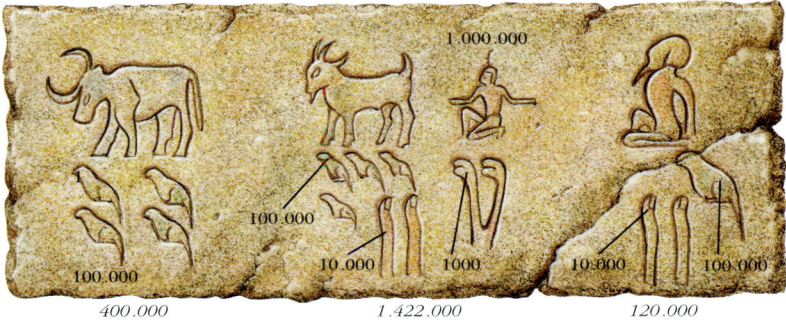

400.000 Stiere — 1.422.000 Ziegen — 120.000 Gefangene

Das Dezimalsystem
Das jeweilige Hieroglyphenzeichen einer Zahl wurde je nach Anzahl wiederholt, aber nicht öfter als neunmal: beim Zehnfachen wurde das nächstgrößere Zeichen verwendet.

Der Inhalt der Kornkammern
Um Steuern eintreiben zu können, musste man die Erntemengen aus dem Ackerbau berechnen. Diese Aufgabe oblag den Schreibern (unten), die so ihre Mathematikkenntnisse praktisch anwendeten.

Die Wiege der Mathematik

Unter solch günstigen Voraussetzungen galt Ägypten, und insbesondere Alexandria in der Ptolemäer-Zeit als unbestrittene Wiege der Mathematik. Euklids (330–275 v. Chr.) großes Werk *Elemente* schuf die Basis für mehr als 2000 Jahre Geometrieunterricht. Archimedes von Syrakus (287–212 v. Chr.) kam zur Zeit von Ptolemaios II. nach Alexandria und studierte dort Physik, Mathematik und Astronomie. Er errechnete einen Näherungswert der Zahl *Pi* und fand Formeln zur Berechnung von Volumen und Oberfläche von Kugeln, Kegeln, Zylindern und anderen Körpern. Apollonius von Perge (262–190 v. Chr.) beschäftigte sich mit Kegelschnitt, Ellipse, Parabel und Hyperbel. Seine in der *Conica* zusammengefassten Werke wurden später von Kepler und Newton wieder aufgegriffen, um die Planetenbahnen zu berechnen.

Gaben an die Götter
In vielen Tempeln ist die Anzahl der Geschenke, die den Göttern dargebracht werden mussten, aufgelistet. Auf diesem Relief im Tempel von Kom Ombo stehen links der Schriftzeichen für die Geschenke jeweils die Mengenangaben (in den rot umrandeten Feldern).

Messinstrumente und Messsysteme

Da man »amtliche« Maßeinheiten brauchte, fertigten die Ägypter Uhren, Waagen, Gewichte, Lineale und Behälter mit Mengeneinteilungen an. Diese Gegenstände zeigen, wie weit fortgeschritten die Ägypter in wirtschaftlicher und kultureller Hinsicht waren.

Behälter für Flüssigkeiten
Meist wurden Gefäße mit einem bestimmten Fassungsvermögen verwendet. In den Amphoren im Bild oben wurden Flüssigkeiten wie Milch, Wein oder Bier aufbewahrt. Ihr Volumen war etwa 13 Liter.

Als Längenmaß diente die Elle – die Länge des Unterarms bis zur Spitze des Mittelfingers – und diese war wiederum in Handbreit, Spanne, Fuß und Finger unterteilt. Während der 3. Dynastie wurde die »Königselle« (etwa 52,3 cm) eingeführt, was der Länge einer Elle zuzüglich einer Spanne entsprach. Es gab Lineale aus Stein oder Holz mit eingravierten Unterteilungen. Für die Gewichtsmessung verwendete man Waagen und Gewichte. Die Waage war bereits im Alten Reich bekannt, wurde aber anfangs nur von Goldschmieden und Juwelieren verwendet. Die Gewichte waren meist geschliffene scheiben- oder quaderartige Steine und hatten abgerundete Kanten. Ab dem Neuen Reich verwendete man auch aus Bronze gefertigte Tierformen. Das am meisten verbreitete Maß war der *Deben* (etwa 91 Gramm), der in 10 *Kedet* unterteilt wurde. Ein *Schat* (»Ring«) entsprach $1/12$ *Deben*. Der Kupfer-*Deben* wurde bei Tauschgeschäften mit dem Ausland als Währung oder auch für die Entrichtung von Steuern und Abgaben verwendet. Es gab aber noch weitere gängige Messsysteme. Zur Berechnung von Getreidemengen verwendete man das $4^{1}/_{2}$ Liter fassende *Heqat*-Fass.

Wein, Bier oder Milch wurde mit Amphoren gemessen, die etwa 13 Liter fassten. Für kostbare Flüssigkeiten wie Parfums verwendete man den *Hin* mit einem Volumen von etwa $1/2$ Liter. Viele Behälter, die zum Messen und Berechnen von Mengen verwendet wurden, waren mit dem jeweiligen Wert beschriftet. Brote waren immer etwa gleich groß und hatten zwischen 800 und 900 Gramm. Generell kann man sagen, dass diese Maßeinheiten mit ihren Vielfachen und Untereinheiten nicht genau festgelegt waren, sondern von einer Epoche zur anderen variierten.

DIE ZEITMESSUNG

Die Ägypter teilten den Tag und die Nacht in je zwölf Stunden. Wahrscheinlich waren die Stunden nicht weiter unterteilt. Um die Tagesstunden zu messen, benutzten sie den *Gnomon* (eine Sonnenuhr), wovon es zwei Arten gab: man konnte die Länge oder die Richtung des Schattens aufzeichnen. Während der Nacht bestimmte man die Stunden, indem man den Weg gewisser Sterne durch den Zenit beobachtete; man verwendete dazu ein Lineal mit Schlitzen und zwei Winkelmaße, die mit einem Bleilot versehen waren. Auch Wasseruhren wurden zur Zeitmessung verwendet. Das konische Alabastergefäß im Bild links ist mit zehn Reihen von jeweils zwölf Öffnungen versehen, durch die das eingefüllte Wasser langsam abfließen konnte. Die Uhrzeit kann anhand der freigewordenen Öffnungen abgelesen werden. Zu Beginn des Neuen Reiches erfand ein Astronom die Sanduhr, um Tages- und Nachtstunden messen zu können.

Das Lineal eines Malers
Dieses Lineal aus dem Neuen Reich gehörte einem Maler. Es hat eine Länge von 52,3 cm, was einer »Königselle« entspricht, und ist in 28 »Finger« von 1,86 cm und weitere Untereinheiten eingeteilt.

DIE WISSENSCHAFTEN

Feldvermessung

Ein Volk, das ohne Hilfe von Maschinen Großbauten errichten konnte und dessen Hochkultur 3000 Jahre andauerte, musste notwendigerweise gute Mathematik- und Geometriekenntnisse besitzen. Geometrische Kenntnisse waren besonders für die Verwaltung wichtig, um Grenzen zwischen den verschiedenen Regionen des Landes zu ziehen; außerdem half dieses Wissen, um die Grenzlinien der Anbaufelder, die alljährlich durch die Nilflut verwischt wurden, neu zu bestimmen. Um die Grundstücksgröße errechnen und die Erntemenge schätzen zu können, wurden die Felder von Beamten mit genormten Seilen vermessen. Das lineare Grundmaß war die Elle, Vielfache waren *Naubion* (1 1/2 Ellen), *Chet* (100 Ellen) und *Iteru* (20.000 Ellen, also 10,5 km).

Waage und Gewichte
Der Gebrauch der Waage im alten Ägypten ist durch Grabgemälde belegt. Als Gewichte verwendete man geschliffene Steine, etwa aus Hämatit, Basalt oder Achat wie jene rechts und links oben. Meist waren sie rund oder quaderartig mit abgerundeten Kanten. Vom Neuen Reich an wurden sie auch aus Bronze und in Tierformen hergestellt.

Feldvermesser
Der Schreiber begab sich vor der Ernte aufs Feld und führte mit einem genormten Seil Messungen durch. So konnte er die voraussichtlichen Erntemengen des jeweiligen Bauern berechnen.

Krankheiten und Heilmethoden

Die Wissenschaft hat heute ein relativ genaues Bild von den häufigsten Erkrankungen der alten Ägypter und von den Heilmitteln, die den Kranken verabreicht wurden.

Unter welchen Krankheiten die alten Ägypter gelitten hatten, konnte aufgrund mehrerer Quellen festgestellt werden: durch Untersuchung von Mumien und Skeletten, durch künstlerische Darstellungen und durch medizinische Berichte, die Symptome, Ursachen und Therapien von Krankheiten beschrieben. Die meisten Diagnosen stellten die Krankheit mit der Umwelt in Zusammenhang. Entlang dem Nil gab es viele Krankheitserreger, die entweder durch die Haut oder beim Trinken in den Körper gelangen konnten. Weit verbreitet war die Bilharziose, eine Wurmerkrankung, bei der Parasitenlarven durch den Verdauungsapparat oder die Haut in den Blutstrom gelangten, Blutarmut verursachten und Leber und Niere angriffen. Außerdem gab es Bakterien im Wasser und im Wüstensand, die Augenbeschwerden verursachten. Eine Art der Bindehautentzündung, auch als Trachom oder ägyptische Körnerkrankheit bekannt, konnte zur Erblindung führen – dies war ein oftmaliger Krankheitsverlauf, was durch zahlreiche Abbildungen von Blinden belegt ist. Der durch Endogamie (eine Sitte, dass nur innerhalb eines bestimmten sozialen Verbands oder der eigenen Familie geheiratet werden durfte) verursachte Zwergwuchs gehörte

Zwergwuchs
Der Zwergwuchs, und insbesondere die Chondrodystrophie, eine Störung der Knochenbildung und des Längenwachstums der Knochen, waren im alten Ägypten weit verbreitet.

Kinderlähmung
Viele ägyptische Kinder litten an Kinderlähmung, einer Virusinfektion, die zu Lähmungen und Muskelschwund führte. Diese Krankheit verhinderte beim Priester Rensi (auf der Stele links) die normale Entwicklung des Beines.

Schlangengift
Die Ägypter kannten die Gefahr von Skorpionstichen und Schlangenbissen sehr gut. Als Therapie versuchte man, das Gift aus dem Körper zu entfernen und nahm Zuflucht zur Magie.

zu den am meisten verbreiteten angeborenen Krankheiten. Mumienuntersuchungen ergaben, dass besonders die Ägypter der wohlhabenderen Schicht, die sich fettreich ernährten, unter Arterienverkalkung litten. Viele Reiche hatten durch den hohen Honigkonsum Karies. Von Arthritis (Gelenksentzündung) blieben auch Pharaonen wie Ramses II. nicht verschont. Pocken und Krebs kamen ebenfalls häufig vor.

Die Arzneien

Durch einige erhalten gebliebene Texte wissen wir heute über die in Ägypten verwendeten Arzneien Bescheid. Die in diesen Dokumenten beschriebenen Rezepte gehen auf den Anfang der ägyptischen Geschichte zurück. In einigen Grabreliefen wird auch die Zubereitung verschiedener Heilmittel gezeigt. Der größte Teil der Zutaten konnte identifiziert werden, einige sind jedoch nach wie vor unbekannt. Vorwiegend wurden pflanzliche Mittel angewendet: Blüten des Maulbeerfeigenbaums, Wacholder, Weihrauch, Trauben, Wassermelonen und viele andere.
Ein Rezept zum Inhalieren: »Man knetet Myrrhe, Harz und Datteln, bis ein Teig entsteht. Inzwischen legt man sieben Steine aufs Feuer, achtet aber darauf, dass sie nicht zu glühen beginnen. Dann streicht man einen Teil der Medizin auf einen der Steine und stülpt einen neuen Becher mit einer Öffnung im Boden darüber. In diese Öffnung steckt man einen frischen Halm und nimmt das andere Ende des Halmes in den Mund, um die austretenden Dämpfe zu inhalieren ...«

Medizin gegen Bauchschmerzen
Die Dattelpalme war in Ägypten weit verbreitet. Ihre Früchte gehörten zu den Grundnahrungsmitteln und waren auch Bestandteil mancher Arzneien, besonders wenn es sich um Darmbeschwerden handelte.

Steine als Heilmittel
Bei gewissen Krankheiten wurden Steine als Heilmittel verwendet, wie etwa der Malachit, der zu Pulver gemahlen und zum Zwecke der Heilung rund um die Augen aufgebracht wurde.

Heilende Milch
In vielen Papyri wird die Heilkraft der Milch unterstrichen: meist verwendete man Kuhmilch, aber auch Eselsmilch und Frauenmilch wurden für Heilzwecke angewendet.

LANDWIRTSCHAFT

Grundlage der ägyptischen Wirtschaft war die Landwirtschaft. Die Bauern benutzten einfache, aber wirksame Geräte wie Pflug und Hacke, die bis heute nahezu unverändert noch immer verwendet werden.

Wenn der Nil über die Ufer trat, musste das Wasser mit geeigneten Geräten abgepumpt werden. Da man Deiche und Kanäle hatte, konnte das Flusswasser auch verteilt und genutzt werden. Das Beobachten des Hochwassers ermöglichte den Bauern, die Fruchtbarkeit des Bodens zu erhöhen und bessere Ernten zu erzielen. Wenn die Nilflut geringer war als sonst, konnte man mit Hilfe der Kanäle auch noch Wasser zu den entlegeneren Feldern bringen. Es war jedoch nicht die Zentralverwaltung (sie interessierte sich nur für die Höhe der Nilflut), die den Kanalbau vorantrieb, sondern die Gaufürsten. Man weiß nicht genau, seit wann die Ägypter ihre Felder künstlich bewässerten. Es gibt in den Gräbern auch keine Bilder mit

Haremhab gibt das Zeichen zum Beginn der Feldarbeit
In der ägyptischen Kunst wurden alle Phasen der Feldarbeit dargestellt. In diesem Relief setzt König Haremhab ein Zeichen zum Beginn des Pflügens: dies war ein feierlicher Akt mit tiefem religiösen Hintergrund.

Ein Feldarbeiter mit Hacke
Die für die Feldarbeit unerlässliche Hacke wurde ursprünglich aus Holz und dann aus Metall hergestellt. Dieses einfache Werkzeug bestand aus zwei Teilen: Griff und Blatt.

WIRTSCHAFT

Bewässerungskanäle
Die Ägypter bauten Kanäle und Deiche, um die Nilflut so gut wie möglich zu nutzen und die Fläche der kultivierbaren Felder zu vergrößern.

Schöpfrad
Das Gemälde aus der Römerzeit (unten) aus dem Museum in Alexandria zeigt eine Sakije. Dieses Schöpfrad wurde in Ägypten zu Ende des 4. Jh.s v. Chr. eingeführt.

Szenen vom Kanal- oder Deichbau. Höchstwahrscheinlich wurde die Entscheidung, Bewässerungsgräben zu ziehen, in der Ersten Zwischenzeit getroffen, als die Nilfluten sehr niedrig waren. Das älteste Schriftstück, in dem der Bau eines Kanals erwähnt wird, stammt aus der 9. oder 10. Dynastie.

Bewässerungsgeräte

Während des Alten Reiches gelangte das Wasser nur auf natürliche Weise durch die Nilflut auf die Felder, aber ab dem Mittleren Reich gab es erste Versuche, auch künstlich zu bewässern. Während des Neuen Reiches ist die Verwendung des *Schaduf* zur Bewässerung nachgewiesen. Dieses Gerät bestand aus einer Gabel, auf der ein Balken lag; am einen Ende dieses Balkens war an einem Strick oder einer Stange ein Eimer befestigt und am anderen Ende ein Stein als Gegengewicht. Mit diesem System war es möglich, den Eimer zu füllen und bis zum Feld hochzuheben, das bewässert werden sollte. Zur Ptolemäer-Zeit fand auch die

WIRTSCHAFT

Sakije, ein von Tieren angetriebenes Schöpfrad, Anwendung. Noch ein weiteres Bewässerungsgerät wurde während dieser Periode eingeführt – die »archimedische Schraube«, eine Förderschnecke: ein spiralförmiges Blatt drehte sich innerhalb eines wasserdichten Zylinders und förderte so das Wasser vom Fluss nach oben aufs Feld.

Die Ägypter bauten auch mehrere Staudämme: bei Wadi Garawi in der Nähe von Helwan errichtete man mit Material aus einem nahegelegenen Steinbruch einen riesigen Damm für ein Wasserreservoir. Es wurden auch Erdwälle gebaut, um Straßen und Dörfer vor der Nilflut zu schützen.

Die archimedische Schraube
Vermutlich wurde dieses auch heute noch verwendete Gerät von Archimedes erfunden und während der Ptolemäer-Zeit in Ägypten eingeführt.

Getreideanbau

Im November, wenn sich die Nilflut wieder von den Feldern zurückzog, begannen die Bauern mit der Feldarbeit und benutzten dazu zwei Geräte: Hacke und Pflug. Der Pflug fand ab dem Alten Reich Anwendung und wurde meistens von zwei Ochsen über eine lange Stange gezogen. Er bestand aus einer hölzernen Pflugschar mit zwei leicht geneigten Griffen. Mit diesen konnte der Bauer die Pflugschar dann in die Erde drücken; der Pflug riss die Erde ohne sie zu wenden auf und zog Furchen, in welche das Getreide gesät wurde. Auch die Hacke wurde verwendet, um die Erdschollen aufzubrechen und die Aussaat zu erleichtern. Dieses einfache Werkzeug war ursprünglich aus Holz und bestand aus zwei Teilen, dem Griff und dem »Blatt«, das die Form eines Spatens, einer Spitze oder

Erntezeit
Die Zeit der Ernte war für die Bauern besonders arbeitsreich. Meist waren die Männer mit dem Getreideschnitt beschäftigt, während Frauen und Kinder die Ähren einsammelten (im oberen Teil des Reliefs rechts). Beim Dreschen (im unteren Teil) wurden Korn und Stroh getrennt.

WIRTSCHAFT

Gemälde im Grab des Menna
Außer der Hacke benützten die Bauern auch dieses hammerähnliche Werkzeug, das zum Zerkleinern von härteren Erdschollen verwendet wurde.

einer Gabel haben konnte. Man weiß, dass auch Hacken aus Metall verwendet wurden – diese sind bereits in der 5. Dynastie nachgewiesen. Verbreitet waren sie aber erst in der 18. Dynastie im Neuen Reich, wie Bilder und Reliefe in den Gräbern dieser Zeit bestätigen.

Zur Ernte stellten sich die Bauern mit Sicheln in einer Reihe auf, um das Getreide zu schneiden. Die Ähren wurden in halber Höhe geschnitten, wie im Bild unten zu sehen ist; der Rest diente als Tierfutter oder auch, um Körbe und andere Dinge herzustellen. Hinter den Bauern gingen Frauen und Kinder, um die Ähren einzusammeln und in Körbe zu legen. Die gebündelten Ähren wurden in die Scheune gebracht, um beim Dreschen das Korn vom Stroh zu trennen. Danach wurde das Getreide in den königlichen Speichern oder in den Tempeln gelagert. Einen Teil der Ernte bekam der Bauer zum Brotbacken; ein weiterer Teil wurde für die Aussaat im nächsten Jahr oder für Notzeiten aufbewahrt.

HAUPTANBAUPRODUKTE

Die Ägypter bauten sechs verschiedene Getreidearten an, aus denen sie ihr Grundnahrungsmittel, das Brot, und ihr Getränk, das Bier, herstellten. Beachtlich war auch der Flachsanbau für die Herstellung von Leinen, da Kleidung aus anderen Stoffen als unrein betrachtet wurde. Die Flachsaussaat war gleich wie beim Getreide; nur die Erntemethoden wichen voneinander ab, denn Flachs wurde nicht gemäht, sondern ausgerissen.

Wein und Weinlese

Die Ägypter schätzten ihren Wein außerordentlich und stellten ihn in einem langwierigen Verfahren her. In manchen Gräbern fand man Reste von Weinamphoren und reiche Dekorationen mit Weinreben.

Im alten Ägypten war der Weinanbau, der in kleinen Gärten, aber auch in ausgedehnten Weinbergen betrieben wurde, von besonderer wirtschaftlicher Bedeutung. Die wichtigsten Weinanbaugebiete befanden sich in der Nähe von Alexandria im Delta, an der Küste im Westen an der Grenze zu Libyen, in den Oasen Dachla und Charga sowie in Kynopolis in Mittelägypten. Obwohl viele Weinstöcke im Besitz hoher Beamter waren, sollten später die Priester allein den größten Teil der ägyptischen Weinproduktion betreiben.

Wein war ein beliebtes Tauschmittel, mit dem auch Steuern und Abgaben bezahlt wurden. Sein Wert hing vom »Herkunftsnamen« ab, der aus den Siegeln auf den Weinbehältern zu entnehmen war. Thinitischer Wein von Nutirka und der Wein von Ramses II. im östlichen Gebiet des Deltas waren die am meisten gefragten. Wandmalereien in den Gräbern zeigen detailliert alle Vorgänge während der Weinproduktion. Im Allgemeinen wurde Rotwein

Weinlese
In diesem Gemälde aus dem Grab des Nacht ernten Bauern Wein von einer Laube. Die Trauben wurden in kleinen Körben zu einem viereckigen Behälter gebracht, in dem die Kelterung vorgenommen wurde. Oben rechts sind vier Amphoren zu sehen, die mit Tonstöpseln verschlossen sind.

Die Reifung des Weines
Nach der halben Gärungszeit wurde der Wein in große Amphoren gefüllt, in denen man ihn weiterreifen ließ; danach wurde er durch ein Tuch abgeseiht und mit Kräutern oder Honig aromatisiert.

Ein Festmahl
Dieses Relief aus einem Grab des Alten Reiches zeigt ein Festmahl: einige Diener servieren ihrem Herrn, dem Adeligen Iri, Wein und Speisen.

erzeugt – er wurde mit Kräutern aromatisiert oder mit Honig gesüßt. In manchen Bildern ist auch ein klarer Wein dargestellt, womit auch die Produktion vom selteneren Weißwein nachgewiesen ist.

Der Wein hatte auch im religiösen Zusammenhang große Bedeutung. Bevor man mit der Weinproduktion begann, wurde dem Gott Schesmu ein Trankopfer dargebracht, damit die Ernte immer ausreichend und der Wein von guter Qualität sei. Texte der ägyptischen Mythologie besagen, dass auch die Herkunft des Osiris mit dem Wein in Zusammenhang steht. Während des Rituals der Einbalsamierung wurde sein Name immer wieder mit dem Ausdruck »Osiris und die Rebe« erwähnt, da man glaubte, dass er davon im Jenseits im Überfluss besitzen würde. Deswegen war der Wein auch für die Unterwelt außerordentlich wichtig. In einigen Gräbern wurden Reste von Weinamphoren gefunden, außerdem wurden häufig Weintrauben auf den Geschenktafeln Verstorbener dargestellt.

Die Herstellung des Weines

Nach der Lese wurden die Trauben gekeltert, danach wurden die Reste in Segeltuchsäcke gegeben, sodass sie weiter ausgepresst werden konnten. Der so gewonnene Most wurde in die dafür vorgesehenen Behälter geleert und zum Gären stehen gelassen. Nach dem halben Gärungsprozess wurde der Wein in große Amphoren gefüllt, um ihn fertig reifen zu lassen. Sobald die Gärung abgeschlossen war, siebte man ihn durch ein Leinentuch und aromatisierte den Wein durch Zugabe von verschiedenen Kräutern oder Honig. Bei einigen Ausgrabungen fand man hieratische Inschriften, die den Weinbau sowie Daten der Weinlese, Art und Qualität der Trauben und dgl. zum Inhalt hatten.

Das Weinlaubengrab
Diesen Namen bekam im 19. Jh. die Gruft des Sennefer, dessen Decke mit einer an Trauben überreichen Weinlaube dekoriert ist. Mit einem solchen Wandschmuck ließen die Ägypter den Weinberg des Osiris, Symbol der Lebenskraft, der Wiedergeburt und Erneuerung dieses Gottes, lebendig werden.

FISCHFANG

Der Fischfang war immer eine wichtige Nahrungsquelle im alten Ägypten. Die Reliefe und Grabgemälde zeigen Fangtechniken, die in ihrem wesentlichen Ablauf bis in die heutige Zeit die gleichen geblieben sind.

Fisch war eines der Grundnahrungsmittel der Ägypter, und sicherlich nicht nur der ärmeren Schichten. Er wurde nicht nur frisch gegessen, sondern es wurden auch große Mengen gesalzen und getrocknet; der so konservierte Fisch wurde an die Soldaten verteilt und war Hauptbestandteil ihrer Verpflegung. Um im fischreichen Nil zu fangen, wurden zwei sehr alte Geräte verwendet: Speer und Harpune. Außerdem waren Angelrute und Angelhaken gebräuchlich; die Haken wurden ursprünglich aus Knochen oder Elfenbein und später aus Bronze gefertigt und waren oft mit Widerhaken versehen. Ferner wurden kleine Netze verwendet, die von einer Person gehandhabt werden konnten; für den Fang einer großen Anzahl von Fischen waren große Schleppnetze verbreitet. Meist fischte man am Ufer des Flusses oder Kanals, aber häufig auch von Papyrusbooten aus.

Der Transport der Fische
Nach dem Fang wurden die Fische in Körben transportiert, die an beiden Enden einer Stange befestigt waren; durch gute Gewichtsverteilung konnte der Fischer auch größere Lasten auf den Schultern tragen.

Fischhandel
Der Fang größerer Mengen und der Handel mit Fischen gehen in Ägypten mit großer Wahrscheinlichkeit auf prähistorische Zeiten zurück. Um riesige Fischmengen zu fangen, wurden große Schleppnetze verwendet, für deren Handhabung mehrere Personen gleichzeitig notwendig waren.

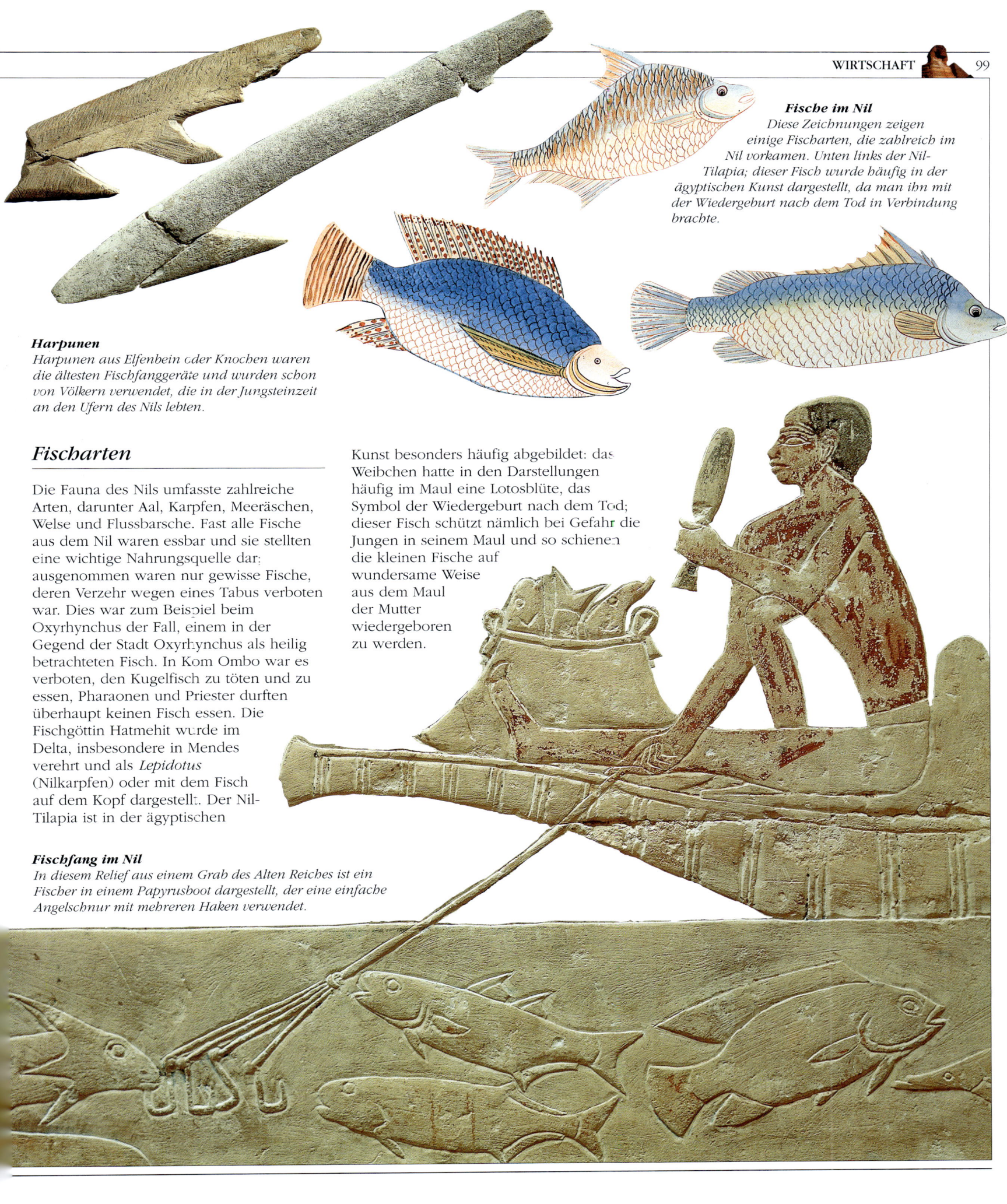

Fische im Nil
Diese Zeichnungen zeigen einige Fischarten, die zahlreich im Nil vorkamen. Unten links der Nil-Tilapia; dieser Fisch wurde häufig in der ägyptischen Kunst dargestellt, da man ihn mit der Wiedergeburt nach dem Tod in Verbindung brachte.

Harpunen
Harpunen aus Elfenbein oder Knochen waren die ältesten Fischfanggeräte und wurden schon von Völkern verwendet, die in der Jungsteinzeit an den Ufern des Nils lebten.

Fischarten

Die Fauna des Nils umfasste zahlreiche Arten, darunter Aal, Karpfen, Meeräschen, Welse und Flussbarsche. Fast alle Fische aus dem Nil waren essbar und sie stellten eine wichtige Nahrungsquelle dar; ausgenommen waren nur gewisse Fische, deren Verzehr wegen eines Tabus verboten war. Dies war zum Beispiel beim Oxyrhynchus der Fall, einem in der Gegend der Stadt Oxyrhynchus als heilig betrachteten Fisch. In Kom Ombo war es verboten, den Kugelfisch zu töten und zu essen, Pharaonen und Priester durften überhaupt keinen Fisch essen. Die Fischgöttin Hatmehit wurde im Delta, insbesondere in Mendes verehrt und als *Lepidotus* (Nilkarpfen) oder mit dem Fisch auf dem Kopf dargestellt. Der Nil-Tilapia ist in der ägyptischen Kunst besonders häufig abgebildet: das Weibchen hatte in den Darstellungen häufig im Maul eine Lotosblüte, das Symbol der Wiedergeburt nach dem Tod; dieser Fisch schützt nämlich bei Gefahr die Jungen in seinem Maul und so schienen die kleinen Fische auf wundersame Weise aus dem Maul der Mutter wiedergeboren zu werden.

Fischfang im Nil
In diesem Relief aus einem Grab des Alten Reiches ist ein Fischer in einem Papyrusboot dargestellt, der eine einfache Angelschnur mit mehreren Haken verwendet.

SCHIFFFAHRT

Andere Völker, wie etwa die Phönizier und die Kreter, nahmen sich ein Vorbild an den Ägyptern, da diese technisch hoch entwickelte Schiffe hatten, mit denen sie den Nil, aber auch das offene Meer befahren konnten.

Die ägyptische Kultur war eng mit dem Nil verbunden, und so war der Fluss auch der Mittelpunkt für die Entwicklung Ägyptens. Der Nil wurde für den Fischfang und für den Transport von Waren und Menschen genutzt. Die Bedeutung der Schifffahrt auf dem Fluss wird umso klarer, wenn man sich den Transport der Steinblöcke vorstellt, die für die großen Tempel im Niltal benötigt wurden. Für Begräbniszeremonien und die Fahrt ins Jenseits hatten die Ägypter eigene Schiffe, einige Pharaonen ließen sich sogar mit ihren Schiffen begraben.

Flussboote

Ein besonderer Anhaltspunkt für unser Wissen über den Schiffsbau im alten Ägypten waren verschiedene in den Gräbern gefundene Modelle. Einige dieser Modelle waren einfache Spielzeuge oder Dekorationen (Schmuckkästchen,

Freizeitboot aus dem Neuen Reich
Diese Zeichnung zeigt – nach einem Schiffsmodell aus dem Grab des Tutanchamun – ein großes Freizeitboot für Fahrten auf dem Nil. Der Innenraum war so groß, dass das Boot außer der Besatzung noch das ganze Gefolge des Pharaos aufnehmen konnte. In der großen Kabine in der Mitte konnten sich die Passagiere ausruhen; im Bug war ein Ausguck für den Matrosen, der nach Hindernissen im Fluss Ausschau hielt; im Heck befand sich das Steuer, das hier aus einem Ruderpaar besteht.

Papyrusboot
Die Papyrusboote hatten gewöhnlich die Form eines Halbmondes und wurden in seichten Gewässern verwendet.

Kosmetikbehälter), vorwiegend waren es aber Votivgaben mit großer symbolischer Bedeutung – sie hatten den Zweck, den Verstorbenen ins Jenseits zu geleiten. Diese Modelle, die vielfach nur einfache und schematische Darstellungen waren, sind für die Ägyptologen und Schiffsarchäologen überaus bedeutend, weil sie die Informationen anderer Quellen vervollständigen: Literatur (religiöse Schriften, welche die Barke des Amun beschreiben), Gemälde (Bilder vom Fischfang oder Darstellungen von hochgestellten Persönlichkeiten an Bord ihres eigenen Schiffes), Reliefe (Szenen von Schlachten und Expeditionen) und verschiedene archäologische Fundstücke. Die meisten Flussboote wurden auf relativ einfache Art aus Papyrus hergestellt. Aus den gewaschenen und in der Sonne getrockneten Stängeln der Papyrusstaude fertigte man lange Bündel, die man zusammenfügte, bis eine Art Floß entstand. Bug und Heck waren schmäler und mussten nach oben gebogen sein, um nicht in den Schlamm einzutauchen; dadurch bekam das Boot die klassische Form des Halbmondes. Man erhielt durch diese Bauweise ein stabiles und handliches Fahrzeug.

DIE TOTENBARKE DES CHEOPS

Für die Ägyptologen und besonders für diejenigen, die sich mit den Schiffen des alten Ägypten beschäftigten, war es ein unerwartetes Geschenk, als 1955 die Totenbarke des Cheops entdeckt wurde. Das Schiff war in 1224 Einzelteilen neben der Pyramide des Pharaos vergraben. Zusammenbau und Restaurierung nahmen zehn Jahre in Anspruch und die Barke ist heute im Museum der Sonnenbarke in der Nähe der Cheopspyramide ausgestellt. Sie wurde aus Zedernholz gebaut, ist 43,3 m lang und bis zu 5,6 m breit. Alle Teile wurden nach einem ausgeklügelten System mit Seilen zusammengefügt, wodurch auf Nägel völlig verzichtet werden konnte.

Seeschiffe

Die Versorgung mit Holz, das in Ägypten nur sehr spärlich wuchs, war die treibende Kraft des Seehandels. Biblo und andere Seehäfen im heutigen Syrien und im Libanon waren daher die Haupthandelsziele der ägyptischen Hochseeschiffe; diese Schiffe wurden *Kebenit* genannt, was wörtlich »Biblo-Schiff« bedeutet. Der Staat verfügte über eine eigene Flotte, um Fahrten nach Biblo zu unternehmen und die wertvollen Holzlasten aufzunehmen. Dies waren jedoch nicht die einzigen Seefahrten der Ägypter. Im Neuen Reich fuhr man häufig nach Zypern oder Kreta, aber zweifellos war das berühmteste Unternehmen, von dem wir heute wissen, die Expedition nach Punt unter Königin Hatschepsut.
Mit dem Namen Punt bezeichneten die Ägypter ein Gebiet in Ostafrika (entweder im heutigen Somalia oder in Eritrea), das sie für ein sagenumwobenes Land mit außerordentlichen Reichtümern hielten.
Da die Seeschiffe weitaus größeren Beanspruchungen ausgesetzt waren als die Flussschiffe, wurden sie aus Holz gefertigt. Zusammengebaut wurden sie mit Holzpflöcken und Seilen – so entstand ein fester und solider Rumpf, der leicht zu reparieren und auseinander zu nehmen war.

Auf offener See
Diese Zeichnung zeigt ein für die Seefahrt geeignetes ägyptisches Schiff. Besonderheiten waren das Fehlen eines Kiels und das wegen der höheren Festigkeit oben und unten von Rahen gehaltene Segel. Entlang der Längsseiten des Bootes befinden sich Ruderbänke, denn das Boot konnte nicht nur mit Wind, sondern auch mit Muskelkraft bewegt werden.

Voll beladen
Die Ägypter transportierten Waren aller Arten auf den Booten: Flüssigkeiten wurden in Amphoren verladen, empfindliche Waren wie Keramik oder Stoffe sorgfältig verpackt und Getreide im Kielraum verstaut.

WIRTSCHAFT

Die Kunst der Navigation
Um im Nildelta oder auf offenem Meer segeln zu können, musste man die Kunst der Navigation beherrschen; insbesondere musste man die Segel richtig setzen, um die wechselnden Winde nutzen zu können – wie in diesem Relief aus dem Tempel von Königin Hatschepsut in Deir el-Bahari zu sehen ist.

TRANSPORT AN LAND

Die von Menschen und Tieren seit jeher benutzten Pfade entlang der Flussufer waren auch die Basis für das Straßennetz. Diese Wege bestanden aus festgestampfter Erde, nur in Tempelanlagen gab es aus rituellen Gründen gepflasterte Straßen. Die Ägypter kannten das Rad, aber da Holz knapp war, wurde es erst verwendet, als die Hyksos in der Zweiten Zwischenzeit (1786–1552 v. Chr.) den Pferdewagen einführten. Anfangs wurde der Wagen (der aus einer Plattform mit Rädern bestand) nur für den Transport von hochgestellten Persönlichkeiten, für die Treibjagd und ganz besonders als Kriegsgerät gebraucht. In Alexandria waren dann während der Ptolemäer-Zeit (332–30 v. Chr.) Fahrzeuge mit Rädern weit verbreitet. Die Römer erhielten das ägyptische Straßensystem weiterhin aufrecht und sorgten auch für einen besseren Straßenbelag.

Barke mit Rädern
Dieses seltsame kleine Modell, das im Grab der Königin Ahhotep entdeckt wurde, zeigt eine Barke auf einem vierrädrigen Wagen.

METALLBEARBEITUNG

Obwohl sie einfachste Werkzeuge verwendeten, gelang es den Ägyptern, qualitativ hochwertige Gegenstände aus Metall herzustellen.

Zu Beginn des Alten Reiches wurden Steinwerkzeuge fast vollständig durch solche aus Kupfer ersetzt. Auf Wandgemälden sind die verschiedenen Vorgänge bei der Metallbearbeitung zu sehen. Dazu gehörte das Abwiegen mit einer Waage: ein Mann berechnete das Gewicht des Metalls, während ein anderer es notierte; auch der gereinigte und in Blätter gegossene Rohstoff wurde dargestellt. Das Abwiegen diente dazu, die abgelieferte Metallmenge und das fertige Produkt zu vergleichen – es wurde folglich zweimal abgewogen.

Der Schmelzprozess wurde in einem Schmelztiegel vorgenommen, unter dem ein Holzkohlenfeuer brannte. Um die Schmelztemperatur erreichen zu können, musste die Glut angefacht werden. Im Alten und Mittleren Reich stellten sich mehrere Arbeiter um das Feuer und bliesen kräftig durch lange Schilfhalme, die mit einer Tülle aus Ton versehen waren. Im Neuen Reich wurde ein Blasebalg verwendet; er bestand aus Ledersack, Tonteller und einer Düse, die auf das Feuer gerichtet war. Ein einziger Arbeiter konnte den Blasebalg bedienen, indem er einen Teil mit dem Fuß zusammenpresste und den anderen mit einem Seil hochhob. Zu dieser Zeit war der Schmelztiegel ein breiter, flacher Behälter mit einem Schnabel am Rand. Zur weiteren Verarbeitung des geschmolzenen Metalls wurde der Schmelztiegel mit zwei

Schmelztiegel
Die Abbildungen zeigen zwei Tiegel zum Schmelzen von Metallen: der linke stammt aus Hammamija, jener oben aus dem Arbeiterdorf Deir el-Medina. Die älteren Schmelztiegel hatten auf der Seite ein Loch, das vor dem Erhitzen verschlossen und vor dem Entleeren wieder geöffnet wurde.

Ein Falke
Dieser großartige Brustschmuck aus Gold ist kunstvoll mit Lapislazuli, Karneol und Glassteinen eingefasst.

Silberschale
Diese Silberschale von ausgezeichneter Machart ist heute im Louvre ausgestellt; das Dekorationsmuster besteht aus einer von Fischen und Wasserpflanzen umgebenen Rosette.

langen Stäben angehoben und die Schmelze durch einen Trichter in eine mehr oder weniger tiefe Form gegossen. Das erstarrte Metall wurde meist auf einem breiten, niedrigen Amboss mit Steinen bearbeitet.

Wertvolle Metalle

Aus dem Wüstengebiet zwischen dem Nil und dem Roten Meer und aus Nubien bezog man Gold. Silber wurde aus dem Westen Asiens eingeführt und Blei aus Bleiglanz gewonnen. Die ergiebigsten Kupferminen befanden sich im Sinai; ab der 12. Dynastie wurde dieses Metall durch Bronze, eine Legierung aus Kupfer und Zinn, ersetzt. Werkzeuge und Waffen wurden ab der 25. Dynastie aus Eisen hergestellt. Aus Afghanistan führte man Lapislazuli ein und Obsidian aus Äthiopien.

Das Armband des Tutanchamun
Dieses Armband, das zu den Grabbeigaben von König Tutanchamun gehörte, zeugt von der Handwerkskunst der thebanischen Goldschmiede der 18. Dynastie. Im oberen Teil sticht ein mit Lapislazuli dekorierter Skarabäus hervor.

Goldkrug
Wertvolle Gegenstände wie dieser Goldkrug aus dem Museum von Kairo waren für Könige und Götter bestimmt. Leider sind nur sehr wenige dieser Kunstgegenstände den Grabräubern entgangen.

STEINBRÜCHE

Während des Alten und Mittleren Reiches brauchte man eine große Anzahl von Steinblöcken, um die Grabbauten errichten zu können. Deswegen wurden Kalk-, Granit-, Basalt- und während des Neuen Reiches Sandsteinbrüche zur Gewinnung von Baumaterialen genutzt. Im Steinbruch von Djebel Silsila sind noch Spuren von Abbau und Transport der Felsblöcke zu sehen; aber auch in anderen Teilen Ägyptens wurden Reste von Lagern und Landstraßen gefunden, aufgrund deren die Organisation solcher Transporte rekonstruiert werden kann. Als Beispiele können der Alabastersteinbruch von Hatnub und der Amethystabbau von Wadi el-Hudi genannt werden.
Wenn ein König oder Provinzstatthalter Baumaterial benötigte, schickte er eine Expedition zu den Steinbrüchen. Meist waren es zeitlich befristete Arbeiten, obwohl es auch ständig betriebene Steinbrüche mit Ansiedlungen gab. So wurden die Türkisbergwerke von Serabit el-Khadim im Sinai und die Basaltsteinbrüche von Djebel Qatrani bei El-Faijum ganzjährig betrieben.

Erzadern
Diese Karte aus der 20. Dynastie ist im Museo Egizio von Turin aufbewahrt; sie zeigt den Standort mehrerer Goldminen und Basaltlager in der Östlichen Wüste.

HANDWERK

In allen Dörfern und in den Tempeln entstanden Werkstätten, wo Glas, Garne und Keramik bearbeitet und daraus sowohl Gebrauchs- als auch Kunstgegenstände hergestellt wurden.

Von der Prädynastischen Zeit an gab es in Ägypten bereits ausgereifte Herstellungsmethoden für Keramiken. Die erste Aufgabe des Töpfers war es, den Rohton für die weitere Verarbeitung aufzubereiten. Dazu verkneteten ein oder zwei Männer den Ton mit den Füßen oder kleinere Teile auch mit den Händen. Um der Masse Konsistenz zu geben, fügte man zerkleinertes Stroh, Holzabfälle, Sand und auch Dung hinzu. Dann setzte der Töpfer den fertigen Tonklumpen auf die Töpferscheibe, eine einfache Holzscheibe, die drehbar auf einer Achse gelagert war. Der Töpfer kauerte sich vor die Töpferscheibe und drehte sie mit der linken Hand, während er mit der rechten den Ton modellierte. Der Tonmasse nahm so die Form einer Vase, einer Schüssel oder eines Kruges an. Nachdem die Gefäße geglättet oder poliert waren, ließ man sie trocknen. Danach wurde die Oberfläche bemalt oder eine Schicht gefärbten Tons aufgebracht und man konnte verschiedene Motive eingravieren und das Markenzeichen anbringen. Sobald die Gefäße getrocknet waren, wurden sie in zylinderförmigen Ziegelöfen gebrannt. Die Öfen hatten

Der Töpfer
Der Beruf des Töpfers war ein anstrengender und ungesunder Beruf. So wurde er in der Satire der Berufe, *einem Text aus dem Mittleren Reich, beschrieben: »Der Töpfer steckt im Dreck und verbringt sein Leben wie ein Tier: der Schlamm macht ihn noch schmutziger als ein Schwein, weswegen er seine Töpfe kocht; seine Kleider sind steif vor Dreck, sein Gürtel in Fetzen.«*

Amphore von Malkata
Während des Neuen Reiches vergrößerte sich der Formenreichtum der Keramiken, die nun auch häufiger mit Dekorationen versehen waren. Hals und Bauch dieser Amphore mit zwei Henkeln aus dem Palast von Amenhotep III. sind mit Pflanzenmotiven und geometrischen Mustern bemalt. Im oberen Teil ist ein Widderkopf eingearbeitet.

Keramikbearbeitung
Diese nach einem Grabgemälde angefertigte Zeichnung zeigt die Arbeitsgänge bei der Herstellung von Tongefäßen. Nach dem Kneten des Lehms wurde die Tonmasse mit Hilfe der Töpferscheibe modelliert und dann zum Brennen in den Ofen gegeben.

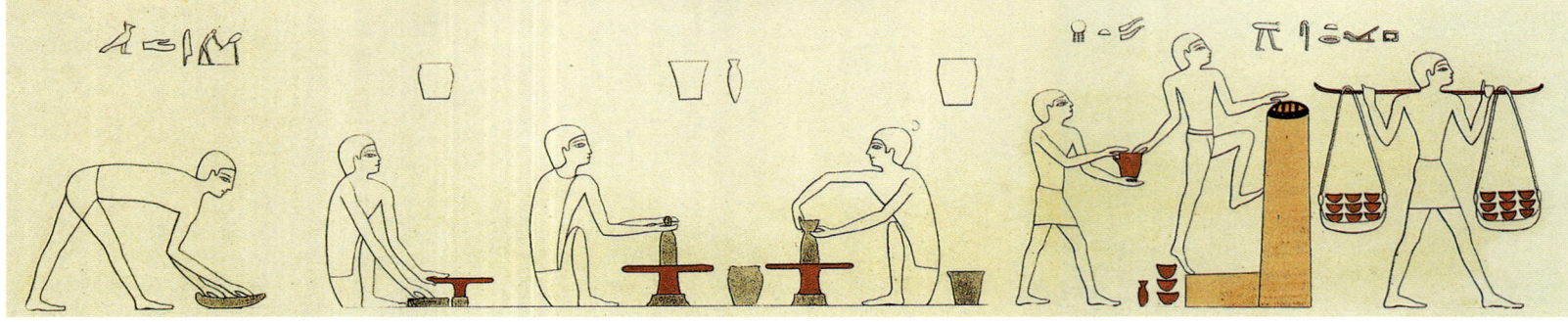

am Boden eine Öffnung, durch die das Brennmaterial, meistens Holz oder getrockneter Dung, eingeschoben werden konnte. Diese Tonwaren scheinen im alten Ägypten ausschließlich für den täglichen Gebrauch bestimmt gewesen zu sein. Sie erfuhren daher nicht jene künstlerische Gestaltung, wie dies bei den Griechen oder anderen Völkern der Antike der Fall war. Wie durch in etruskischen Gräbern gefundene griechische Vasen belegt ist, wurden diese sogar als Luxusgüter exportiert.

Glas

Die Erzeugung von Glas ist in Ägypten bereits in der Prädynastischen Zeit nachgewiesen. Bei der Herstellung mischte man Kieselerde, Kalk und Soda und färbte diese Mischung mit einem Kupfererz, dem Malachit. Die bei hoher Temperatur geschmolzene Mischung wurde auf einen Kern aus pulverisierter Kieselerde mit Ton oder Talk aufgebracht. Auf diese Weise wurden Halsketten, Amulette, *Uschebtis* und andere Figuren sowie Einlegearbeiten und Verzierungen für Statuetten und Gefäße hergestellt. Mit der Herstellung von Glasgefäßen begann man um 1500 v. Chr., während der Herrschaft von Thutmosis I.; diese Neuerung war durch die Expansion Ägyptens in den Mittleren Osten eingeführt worden. Im Neuen Reich wurden mehrere Stätten der Glaserzeugung erwähnt: Malkata, Tell el-Amarna, Lischt, Menschijeh und Tell el-Jahudije. Nach dem Neuen Reich kam es zu einer Verringerung der Königsmacht, was unter anderem auch einen Rückgang der Glaserzeugung mit sich brachte. Während der griechisch-römischen Epoche gab es zwei wichtige Städte, in welchen Glasprodukte im griechischen Stil hergestellt wurden: Alexandria und Naukratis.

Glas
Glasteig wurde für Schmuck-Einlegearbeiten und Reliefe, aber auch für hübsche Skulpturen wie diesen Königskopf aus der 18. Dynastie verwendet.

Kugelförmiges Gefäß
Während der 18. Dynastie war die Verwendung des berühmten Glases für Verzierungen stark verbreitet. Ornamente in kontrastierenden Farben waren auch noch für spätere Imitationen kleiner Gegenstände zur Körperpflege typisch, wie etwa Behälter für Parfums und Salben.

Der Becher von Thutmosis III.
Dieser berühmte Glaskelch aus der Zeit von Thutmosis III. ist in der ägyptischen Sammlung des Museums in München aufbewahrt. Er wurde nach einer Technik aus dem Nahen Osten (von Pharao Thutmosis III. erobertes Gebiet) mit marineblauem Hintergrund und in einer für die 18. Dynastie typischen Form hergestellt. Auf den noch heißen Kelch wurden Glasteigstücke in verschiedenen Farben als Verzierungen angebracht.

Stoffe

Die Ägypter stellten Stoffe aus verschiedenen Garnen und Fasern her. Wolle wurde im häuslichen Bereich, besonders für Mäntel verwendet. Seide wurde seit der Ptolemäer-Zeit hergestellt, während Baumwolle erst in der arabischen Epoche eingeführt wurde. Zur Zeit der Pharaonen war Leinen der Stoff erster Wahl und man erntete mehrmals im Jahr Flachs, um Fasern verschiedener Elastizität und Robustheit zu gewinnen. Die Pflanzenfasern wurden durch Kämmen, Einweichen und Schlagen von den holzigen Teilen getrennt und dann entwirrt, um die gereinigten Fasern zu gewinnen. Es gab drei Spinntechniken: die erste bestand darin, die Spindel auf dem Oberschenkel zu drehen und die Faser aufzuwickeln, während man sie mit der anderen Hand spannte; nach einer anderen Technik ließ man die Spindel zwischen den Händen kreisen, während man den Faden durch eine Gabel gleiten ließ.

Bei einer dritten Technik lief die Faser durch einen Ring in einen Wasserkessel, sodass sie weich wurde; dann glitt die Faser durch die Finger einer Hand und wurde als sehr feiner und gleichmäßiger Faden auf die Spindel gewickelt.

Nachdem man auf diese Weise das Garn hergestellt hatte, wurde es auf Webstühlen zu verschiedenen Stoffarten weiterverarbeitet, je nach der Stärke des Fadens und nach der Dichte des Gewebes: »Königsleinen« (die feinste Qualität), »extrafeines Leinen«, »feines Leinen« und »glattes Leinen«. Schriftliche Quellen belegen, dass die Tempel und der Staat Textilmanufakturen besaßen.

Leinenstoffe aus dem Neuen Reich
Dieser Leinenstoff ist mit einfachem Schussfaden gearbeitet (es kreuzen sich jeweils ein Schussfaden und ein Kettfaden), die Fransen am Rand sind gebündelt.

Textilmanufaktur

Dieses kleine Modell aus einem Grab in Deir el-Bahari zeigt eine Textilmanufaktur. Einige Frauen weben auf waagrechten Rahmen, andere bereiten die Flachsfasern zur Garngewinnung vor, und wieder andere spannen und messen das Garn zwischen an der Wand befestigten Stangen, damit dann die Knäuel gewickelt werden können.

Wäsche waschen

Das Gemäldefragment unten stammt aus dem Neuen Reich. Rechts ist ein Kind, das einen Stoff in ein Gefäß taucht, vermutlich um es zu waschen oder zu bleichen. Links sieht man einen Mann und eine Frau, wie sie einen Stoff auswringen.

FÄRBEN VON STOFFEN

Während der Zeit der Pharaonen waren gefärbte Stoffe nicht sehr verbreitet. Am häufigsten trug man weißes Leinen. Manche Garne wurden rötlich oder kastanienbraun gefärbt und dazu verwendet, geometrische Muster wie jenes links herzustellen, oder Kragen oder Ärmel einer Tunika zu schmücken. Weitaus mehr Farben wurden erst in der koptischen Epoche (3.–7. Jh. n. Chr.) verwendet. Damals war Wolle mehr verbreitet – sie nahm die Beize (ein chemischer Stoff zum Fixieren der Farbe) leichter auf und ermöglichte eine große Vielfalt von Farben tierischer und pflanzlicher Herkunft.

Die Ornamente, sowohl die christlichen als auch jene griechischen Ursprungs, zeigen geometrische und gegenständliche (Menschen, Tiere, Blumen etc.) Elemente.

ARCHITEKTUR

An Pyramiden und Tempeln kann man heute noch sehen, welche Perfektion die altägyptische Architektur erreicht hat. Die Grabgebäude und Tempel, die aus Stein errichtet wurden, sind teilweise erhalten. Dies ist bei den Städten nicht der Fall, da diese aus weniger haltbaren Materialien gebaut wurden.

Die ägyptische Architektur erreichte eine Perfektion, die während der ganzen Pharaonenzeit anhielt. Die Werke, die uns die alten Ägypter überlassen haben, zeugen von ihren Ideen und Kenntnissen. Tempel und Königsgräber spiegeln die Macht der Pharaonen und der Götter durch ihre Monumentalität wider; die Konstruktionsweisen drückten durch die Verwendung von geraden Linien und rechten Winkeln das Konzept des Gleichgewichts aus, welches auch durch die Umgebung und die geographische Lage angedeutet war. Die Skulpturen, Reliefe und Gemälde in den Gräbern, welche die Verstorbenen darstellten, zeigen, dass man an ein Leben im Jenseits glaubte; dieser Glaube wurde auch durch die vom Klima begünstige gute Konservierung der Leichname bestärkt. Auch wenn die künstlerischen Formen von natürlichen und kulturellen Gegebenheiten bestimmt wurden, so zeugen doch die Vielfalt der verwendeten Materialien, die meisterhafte Ausführung und die Vielzahl der Werke von der Kunstsinnigkeit dieses Volkes.

Das Pyramideon
Dieses Pyramideon bildete die Spitze der Roten Pyramide, die von Snofru in Dahschur erbaut wurde. Es war ein architektonisches Element, das nicht nur die Spitze von Pyramiden bildete, sondern auch die in Tempeln errichteten Obelisken schmückte.

Die Städte
Deir el-Medina (links) ist eine der wenigen Städte, von denen heute noch Reste erhalten sind. Hier wohnten die Arbeiter, welche die Gräber im Tal der Könige errichteten.

Die Säulen
In der ägyptischen Architektur wurden als Träger meist Säulen (rechts) aufgestellt, auf welche dann die Querbalken gelegt wurden.

LOTOSSÄULE **PALMENSÄULE** **PAPYRUSSÄUI**

Grab- und Tempelarchitektur

Die Grabarchitektur ist durch verschiedene Bauweisen gekennzeichnet. Während der Thinitenzeit wurden Mastabas aus mit Stroh verstärkten Lehmziegeln gebaut. Ab dem Alten Reich wurden dann Steinpyramiden für die Herrscher errichtet. Aus dem Mittleren Reich sind das Tempelgrab von Mentuhotep II., die kleinen Königspyramiden der 12. Dynastie und die Felsengräber der Adeligen von Beni Hasan erhalten. Die Gräber des Neuen Reiches (Tal der Könige) wurden in den Felsen gehauen und somit von den Kultstätten getrennt. Was die Architektur im religiösen Bereich betrifft, so gab es im Alten Reich viele Tempel, die dem Gott Re geweiht waren. Für das Neue Reich bezeichnend waren monumentale Tempel wie jene von Luxor, Karnak, Abydos und Abu Simbel. Die Tempel der Isis (Philae), der Hathor (Dendera), des Horus (Idfu) und andere große Tempel stammen aus der Ptolemäer-Zeit.

Gestern wie heute
Dieses ägyptische Dorf in der Oase Charga wurde aus luftgetrockneten Lehmziegeln errichtet, denselben Materialien, die man im alten Ägypten für den Bau von Häusern und Palästen verwendete. Dies erklärt, warum nur noch wenige Reste von alten Wohnbauten vorhanden sind.

Wohnbau-Architektur

Nicht viele Wohngebäude des alten Ägypten konnten die Zeit überdauern; zu erwähnen sind die Reste der Siedlungen Illahun (Mittleres Reich) und Deir el-Medina (Neues Reich). Es sind nur wenige Spuren von städtischen Strukturen aus dem alten Ägypten erhalten geblieben, da die Häuser aus wenig haltbaren Materialien wie luftgetrockneten Lehmziegeln erbaut wurden. Ein schönes Beispiel ist die Stadt Deir el-Medina, welche für die Arbeiter errichtet wurde, die viele Jahre lang mit dem Bau der Gräber im Tal der Könige beschäftigt waren.

SÄULENFORMEN

Die Ägypter gestalteten die Säulen nach Vorbild der für das Land typischen Pflanzen. Die Säulenkapitelle im Hypostyl (ein gedeckter Säulengang) waren einer Palme oder den Blütenkelchen von Lotos oder Papyrus nachempfunden; im Mittelschiff hatte man auch Kapitelle mit offenen Blüten. Die Lotossäule verschwand gegen Ende des Mittleren Reiches und kommt erst wieder in Bauten der Ptolemäer-Zeit vor. Die seit dem Alten Reich gebräuchliche Palmensäule und die Papyrussäulen veränderten während des Neuen Reiches ihre Form. Während des Mittleren Reiches kam als neue Form die protodorische Säule hinzu und ab dem Neuen Reich war die Glockenform sehr verbreitet. Die Hathorsäule war dem Sistrum, einem der Hathor heiligen Rasselinstrument, nachempfunden. Die offene Papyrusform ist seit der 3. Dynastie belegt.

PROTODORISCHE FORM | GLOCKENFORM | HATHORSÄULE | OFFENE PAPYRUSFORM

Der Pharaonenpalast

Die aus luftgetrockneten Lehmziegeln erbauten ägyptischen Paläste haben nicht bis zur heutigen Zeit überdauert. Es sind nur einige Fundamente und Mauern übrig, die es ermöglichen, uns eine Vorstellung von der Konstruktion zu machen.

In Ägypten dienten verschiedene Arten großer Gebäude aus Stroh, Lehm und Holz als Wohnung für den König und seine Familie, also Gebäude, die wir heute als »Paläste« bezeichnen würden (dieses Wort hat seine Herkunft vom römischen Kaiserpalast auf dem Palatin). Diejenigen, die an das Ramesseum oder den Tempel Ramses' III. in Medinet Habu angebaut waren, wurden nicht als Wohnsitz, sondern für rituelle Zwecke errichtet. Auch die Paläste von Tell el-Amarna (Achet-Aton) und von Sethos I. in Qantir waren keine wirklichen Königsresidenzen. Dort fanden religiöse und staatliche Zeremonien statt oder es wurden Audienzen für die Botschafter abgehalten. Die meisten Königsresidenzen, die wir heute

Dachziegel-Fragment
Bei Ausgrabungen im Palast von Ramses III. wurden diese Dachziegel-Fragmente aus Glas entdeckt. Solche Ziegel waren eine typische Dekoration für die Palastmauern. Sie zeigen auf Körbe gesetzte Kiebitze mit ausgebreiteten Flügeln, die das ganze ägyptische Volk symbolisieren sollten.

Dekoration eines Palastes
Dieses Fragment stammt aus einem thebanischen Palast der 18. Dynastie. Die Szene in einem Nilweiher zeigt eine Ente, die über Papyrusstauden und anderen Wasserpflanzen fliegt. Das Ornament im oberen Teil kehrt in allen Gemälden des Palastes wieder: ein Saumband von kräftigen Rosen, die zwischen zwei Bändern eingefasst sind.

Der Thronsaal
Im Bereich des Tempels von Ramses III. in Medinet Habu ist im Königspalast noch die Steintreppe zu sehen, die auf den Thron führte (Foto unten).

Der Palast von Ramses III.
Obwohl er großteils aus luftgetrockneten Lehmziegeln erbaut wurde, ist der Königspalast von Ramses III. in einem ausgezeichneten Erhaltungszustand.

kennen, stammen aus dem Neuen Reich. Die bedeutendsten sind jene von König Amenhotep III. in Malkata, von Echnaton in Tell el-Amarna und von Meneptah in Memphis. Ihre architektonische Struktur ist sehr vielfältig: die Palastanlagen umfassten die eigentliche Wohnanlage, Empfangssäle, Vorhallen, Teiche und heilige Bereiche für religiöse Feiern. In vielen Palästen gab es das so genannte »Erscheinungsfenster«. Dies war ein zeremonielles Fenster, in dem sich der Pharao zeigte, während er seine öffentlichen Pflichten erfüllte, wie etwa Botschafter empfing, Feiern eröffnete oder Belohnungen verteilte. Im Inneren waren die Paläste dekoriert: einige Fresken- und Stuckreste sind noch heute zu sehen. Man vermutet, dass außer den Mauern auch Fußböden und Decken bemalt waren. Die Dekorationsmotive waren nach dem Vorbild der Natur gestaltet.

Das »große Haus«

Die Ägypter bezeichneten die Königsresidenz als *Per-aa* (»das große Haus«); ab dem Neuen Reich wurde dieses Wort auch für die Person des Königs verwendet, der so zum »Pharao« wurde – eine Bezeichnung, die bis heute überlebt hat.

MÖBEL

Möbel wurden hauptsächlich aus Holz hergestellt, obgleich in Ägypten Mangel an diesem Material herrscht. Für Gebrauchsmöbel verwendete man heimische Hölzer gemeinsam mit anderen, weniger haltbaren Materialien wie Binsen und Rohr. Aus importiertem Holz, wie etwa Zedernholz aus dem Libanon, wurden nur Luxusmöbel gefertigt. Man schmückte sie mit Einlegearbeiten aus Elfenbein und Glas; die Oberfläche wurde häufig bemalt oder mit Gold überzogen. Unter den bis heute erhaltenen Möbeln stammen die wertvollsten aus den Königsnekropolen und besonders aus dem Grab des Tutanchamun. Von dort stammt dieser herrliche Koffer für Schmuck und Amulette mit Einlegearbeiten aus Elfenbein und eingravierten Hieroglyphen.

Der Tempel: ein symbolisches Universum

Der ägyptische Tempel war nicht nur Kultstätte und Aufenthaltsort der Gottheit, er sollte auch das Universum darstellen; deswegen hatte jeder Gebäudeteil eine genau definierte symbolische Bedeutung.

Sphinxe
Das Bild oben zeigt einen Ausschnitt aus der großartigen Sphinx-Allee, die zum Eingang des Tempels von Luxor führt.

Der ägyptische Tempel war als Symbol des Universums grundsätzlich nach Osten ausgerichtet. Die Hauptfassade zeigte also nach Osten, die linke Seite nach Süden und die rechte Seite nach Norden. Die wichtigsten Elemente eines Tempels waren Pylon (Torturm), Hof, Hypostyl (Säulengang) und das Heiligtum. Die ursprünglichen Tempelanlagen bestanden aus einer Strohhütte mit gewölbtem Dach; ein Gang führte zum Hof, bei dessen Eingang zwei Fahnenmasten standen. Die archaischen Göttertempel, die auch »Haus Gottes« genannt wurden, bestanden aus drei Teilen: der Kapelle, der Vorhalle und dem Hof, an dessen Längsseiten sich die Kapellen der Nebengötter befanden.
In der quadratischen oder rechteckigen Kapelle befand sich eine Nische mit der Götterstatue; hier wurden Kultgegenstände und oft auch die Prozessionsbarke aufbewahrt. Die klassischen ägyptischen Tempel waren von einer hohen Schutzmauer aus an der Sonne getrockneten Lehmziegeln umgeben. Eine Sphinx-Allee führte zum Eingang mit den Pylonen. Neben dem Eingang befanden sich zwei hohe Obelisken und zwei riesige Statuen, die den Pharao sitzend darstellten.

Der Eingang des Tempels von Luxor
Zwei riesige Statuen von Pharao Ramses II. flankieren den Tempeleingang. Die in die Tortürme eingeschnittenen Einbuchtungen waren für die Fahnenmasten vorgesehen.

Der Tempelhof
Nachdem man das große von Pylonen eingesäumte Tor durchschritten hatte, kam man in einen weiträumigen Hof, der oft von einer doppelten Säulenreihe und Statuen des Pharaos umgeben war. Im Bild sieht man den Hof des Tempels von Luxor. Der erste Hof war der Ort, wo das Volk der Gottheit begegnen konnte; hier endete der Bereich, in den die Laien eintreten durften.

ARCHITEKTUR UND KUNST

Das Allerheiligste
Das Sanktuarium war der heiligste Ort des Tempels. Die kleinen, niedrigen und kaum erhellten Räume sorgten für eine Atmosphäre der Intimität und der inneren Sammlung.

Der heilige Bezirk

Der Tempel bildete eine Art Universum aus Stein. Hinter den Pylonen befand sich ein häufig von einer doppelten Säulenreihe umgebener Hof. Hier endete der Bereich, den die Gläubigen betreten durften. An den Hof schloss sich das Hypostyl an, ein regelrechter »Säulenwald«, welcher die aus dem Ur-Ozean sprießenden Pflanzen darstellen sollte. Die Säulenkapitelle hatten Papyrus-, Lotos- oder Palmenform und die Decke der Säulenhalle symbolisierte das Himmelsgewölbe.

Das Sanktuarium war der heiligste Teil des Tempels; dort befanden sich die Räume, in denen die Kultgegenstände aufbewahrt wurden. Je mehr man sich dem Allerheiligsten näherte, desto kleiner und dunkler wurden die Kammern. Die Raumhöhe wurde geringer, die Wände rückten zusammen und der Boden stieg an. All dies diente dazu, im Inneren des Heiligtums eine Atmosphäre der Intimität zu erzeugen. Am verborgensten Ort des Tempels ruhte hier die Götterstatue. Im Heiligtum befanden sich auch einige Kapellen, die Nebengöttern geweiht waren, wenn man aber der Hauptachse des Tempels folgte, gelangte man zum Raum mit der heiligen Barke. In den Tempelanlagen befand sich auch ein heiliger See, der den Ur-Ozean Nun darstellte und dessen Wasser für die zyklische Erneuerung des Universums nötig waren.

Der heilige See
Er symbolisierte das Nun, die Wasser des Chaos. Die Tempelpriester wuschen sich mit dem Wasser des heiligen Sees, bevor sie mit dem Gott Kontakt aufnahmen und rituelle Handlungen vornahmen. In Dendera ist der heilige See (oben) in ausgezeichnetem Zustand erhalten.

»Tempel der Millionen Jahre«

Die so bezeichneten Tempel waren von Herrschern des Neuen Reiches errichtet worden, um ihre Stellung in der Götterwelt zu sichern.

Die »Tempel der Millionen Jahre« wurden während des Neuen Reiches im Westen der Ebene von Theben errichtet. Lange Zeit glaubte man, sie wären Grabtempel oder Kultstätten, die einmal direkt mit den Felsengräbern verbunden und somit Teil einer Gesamtanlage waren – wie dies bei den Pyramiden-Grabanlagen des Alten Reiches der Fall gewesen war. Heute weiß man, dass dort der lebende Pharao verehrt wurde, den man als Verkörperung des Nationalgottes während des Neuen Reiches, Amun, betrachtete. Die gemeinsame Verehrung mit der Gottheit schloss eine symbolische Erneuerung der königlichen Macht mit ein, die alljährlich beim Schönen Fest vom Wüstental stattfand. In diesen Tempeln wurde auch das *Sed*-Fest gefeiert, dessen Ziel es war, die Macht und die Kraft eines alten Herrschers wieder herzustellen. Auf diese Weise wurde hervorgehoben, dass der König für die Aufrechterhaltung der Ordnung in Ägypten zuständig war. Mit den »Tempeln der Millionen Jahre« hoffte man – ebenso wie in den früheren Göttertempeln – das Universum zur Zeit der Schöpfung darzustellen. Gleichzeitig wurde aber auch die Rolle des Herrschers als Garant der kosmischen Ordnung in diesem kleinen Universum Ägypten bekräftigt.

Der Tempel von Mentuhotep II.
Dieser Tempel liegt in Deir el-Bahari und ist ein Vorläufer der »Tempel der Millionen Jahre«. Zum Unterschied von jenen war der Tempel von Mentuhotep II. ein Totentempel, da er hier als verstorbener Gott-König gemeinsam mit Amun-Re verehrt wurde.

ARCHITEKTUR UND KUNST

Der Tempel von Sethos I.
Von diesem Tempel ist der Bogengang im hinteren Teil der Vorhalle erhalten. Durch eine Säulenhalle gelangt man zu sechs Kulträumen, wovon einer Sethos I. gewidmet war.

Struktur und Symbolik

In religiösem Sinn hatten die »Tempel der Millionen Jahre« des Neuen Reiches bereits im Mittleren Reich einen Vorläufer: den Tempel von Mentuhotep II. Denn in diesem Heiligtum von Deir el-Bahari wurde ein Kult um den verstorbenen König betrieben, der gemeinsam mit dem Gott Amun-Re verehrt wurde. Auch der nahegelegene Tempel von Königin Hatschepsut, der imponierendste unter den »Tempeln der Millionen Jahre«, war dem Tempel von Pharao Mentuhotep II. nachgebaut, enthielt jedoch kein Felsengrab mehr. Beide waren mit dem Taltempel durch die »Prozessionsstraße« verbunden. Das Ramesseum gilt als das Beispiel unter den »Tempeln der Millionen Jahre« mit der charakteristischen klassischen Struktur eines Göttertempels: Außenring, zwei Pylonen, zwei Vorhallen, ein Säulengang, das Heiligtum und große Lagerräume. In Struktur und Symbolik ähnlich dem Ramesseum ist der Tempel von Ramses III. in Medinet Habu. Die Reliefe an den Tempelwänden erzählen von den Unternehmungen des Königs gegen die *Seevölker*. Im Inneren befinden sich Kapellen, die den Göttern und dem Gott-König geweiht sind. Im Tempel von Sethos I. ist ein Bereich dem Königskult und ein anderer dem Sonnengottkult gewidmet. Der größte der »Tempel der Millionen Jahre« war jedenfalls jener von Amenhotep III.; von diesem Tempel sind jedoch nur noch die riesigen Statuen des Königs am Eingang erhalten.

Der Tempel der Königin Hatschepsut
Einer der großartigsten »Tempel der Millionen Jahre« ist jener von Königin Hatschepsut in Deir el-Bahari. Er ist teilweise in den Felsen gehauen und terrassenförmig angelegt.

DIE TOTENTEMPEL

Die vor dem Neuen Reich errichteten Totentempel bestanden aus zwei Teilen: der eine war für die Gläubigen geöffnet, der andere dem priesterlichen Kult um den toten Pharao vorbehalten. Die Struktur der Totentempel veränderte sich während des Alten Reiches. In der 3. und zu Beginn der 4. Dynastie handelte es sich um eine einfache Kapelle für den Königskult, mit einem Tisch für die Gaben und einigen Stelen. Während der 4. Dynastie wurde die Konstruktion etwas komplexer, sodass man von den ersten eigentlichen Tempeln sprechen kann – sie wurden an der Ostseite der Pyramiden errichtet. Dies war beim Totentempel des Sahure von Abusir *(unten)* der Fall: Pyramide und Totentempel waren von einer Einfriedung umgeben. Der Eingang in die Pyramide befand sich an der Nordseite, der Totentempel an der Ostseite.

DIE GRÄBER

Die ägyptischen Begräbnisstätten hatten vielerlei Formen. Die Konstruktion der Gräber erfuhr zuweilen radikale Änderungen, sei es aus religiösen oder aus Sicherheitsgründen. Mastabas, Pyramiden und Felsengräber gehörten zu den Hauptformen.

Das typische ägyptische Grab bestand aus zwei Teilen: der Grabkammer, in die der Leichnam gelegt wurde, und aus einer Kammer, die Geschenke und Speisen für das Jenseits enthielt. Grab und Beigaben waren anfangs in einer Einheit und später in getrennten Räumen untergebracht. Die Königsgräber der frühen Perioden waren ähnlich privaten Gräbern; sie bestanden aus einer unterirdischen Grabkammer und einer Kammer für die Grabbeigaben, auf die eine Mastaba aufgesetzt wurde. Die Pharaonen der ersten Dynastien der Thinitenzeit wurden in Abydos und Sakkara begraben. Ihre Gräber waren Mastabas mit unterirdischen Kammern – der Grabkammer und weiteren Kammern

Die Felsengräber des Neuen Reiches
Der Eingang in die Felsengräber wurde manchmal von einer Säulenhalle gebildet, von der ein Gang weiterführte (rechts).

Eine Mastaba aus der 5. Dynastie
Die Brüder Chnumhotep und Nianchchnum ließen sich diese Mastaba in Sakkara (unten) *erbauen.*

ARCHITEKTUR UND KUNST

Die ersten Königsgräber
Der unterirdische Teil der Mastabas bestand aus der Grabkammer und einem Raum für die Grabbeigaben; der Grabhügel darüber repräsentierte den Ur-Hügel.

für die Grabbeigaben; über dem Grab wurde ein Hügel aufgeschüttet, der vielleicht den Ur-Hügel darstellte und auf dem zwei Stelen errichtet wurden. Das Grab war von einer Mauer aus Lehmziegeln umgeben, die mit den charakteristischen Elementen einer Palastfassade versehen war. Die Adeligen ließen immer kunstvollere Mastabas errichten, während die Pharaonen im Laufe des Alten Reiches die Pyramide als Grabmal vorzogen. Im Neuen Reich veranlasste der Wunsch, die Körper der Verstorbenen bestmöglich zu konservieren, die Könige dazu, die Gräber in Form einer Krypta in die Felsen hauen zu lassen. Dies war jedoch keine Neuheit, da bereits Adelige des Mittleren Reiches auf diese Art bestattet wurden. In Theben ließen hohe Beamte ihre Grabanlagen mit einem monumentalen Eingang mit Pylonen oder mit einem Tempel versehen. Die Begräbnisstätten der Könige der letzten Dynastie sind nahezu unbekannt; nur in Tanis sind einige Gräber mit wertvollen Sarkophagen erhalten geblieben.

Einige Mastabas

Während der 3. Dynastie wurde die Pyramide zur königlichen Begräbnisstätte, die ägyptische Oberschicht ließ sich aber weiterhin in Mastabas bestatten. Die Mastabas der 4. Dynastie hatten nur eine einzige unterirdische Grabkammer; diese war mit dem darüber liegenden Steinbau verbunden, der mit der Zeit immer aufwändiger gestaltet wurde. Zu dieser Zeit wurden die Mastabas der Mitglieder der königlichen Familie und der Würdenträger des Hofes in einer Nekropole im Umkreis der Pyramide angelegt. Bei den Mastabas der 5. und 6. Dynastie entwickelte sich der oberirdische Steinbau zu einem Gebäudekomplex mit mehrere Kammern, die mit Reliefen und blinden Türen verziert waren. In den Reliefen wurden Begräbnisszenen, aber auch Bilder aus Landwirtschaft und Handwerk dargestellt. Der *Serdab* war ein unzugänglicher Raum, der die Statue mit dem *Ka* des Verstorbenen enthielt und der nur eine kleine Öffnung zur Kammer mit den Geschenken hatte. Während des Mittleren Reiches ließen sich reiche Privatpersonen Felsengräber errichten, es wurden aber auch, wie in Abusir und Idfu, weiterhin Mastabas gebaut.

Grabdekoration aus der 6. Dynastie
In der Mastaba des Wesirs Kagemmi befinden sich acht geschmückte Kammern, die für den Totenkult bestimmt waren. Die Reliefe (unten) zeigen Szenen aus Landwirtschaft, Jagd und Fischerei.

Die Mastabas von Giseb
Während der 4. Dynastie wurden die Mastabas für die Familienangehörigen des Königs und für die Würdenträger des Hofes in der Nähe der Pyramiden angelegt. In Giseb bildeten sie eine Nekropole, die sich im Osten und im Westen der Großen Pyramide erstreckte.

Die Pyramiden

Während des Alten Reiches entstanden neue Grabgebäude – die Pyramiden. Im Laufe der Zeit wurden diese beeindruckenden Monumente zu den eigentlichen Symbolen der ägyptischen Kultur.

Jene Grabmale, welche den Pharaonen der ersten beiden Dynastien als letzte Ruhestätte dienten, wurden während der Herrschaft von Pharao Djoser durch ein neues Bauwerk ersetzt: die Pyramide. Diese erste Pyramide entstand durch Übereinandersetzen von mit der Höhe immer kleiner werdenden Mastabas (diese »Steinbänke« glichen dem Rumpf einer Pyramide). Die Stufen symbolisierten eine Treppe, auf welcher der Pharao in den Himmel steigen konnte. Im Laufe der 4. Dynastie wurde die Pyramide noch perfektioniert. Der erste Schritt war die Wahl eines geeigneten Standortes; dann wurde ein Plan gezeichnet und errechnet, wie viel Material und wie viele Arbeiter für die Errichtung notwendig waren. Danach wurden die Priester gerufen, um die genauen Himmelsrichtungen für die Seiten der Pyramiden anzugeben, damit die Grundfläche abgesteckt und die Nivellierung des Bodens durchgeführt werden konnte. Der Pharao musste in einer Zeremonie symbolisch ein Seil spannen, um die Ausrichtung zu überprüfen, einen Pflock in jeden Eckpunkt schlagen, einen kleinen Teil des Grabens ausheben, einen Ziegel herstellen und den Grundstein legen, um damit den Bau zu eröffnen. Die Dauer der Arbeiten hing von der Größe des Grabkomplexes ab, der beim Tod des Pharaos fertig sein musste.

Die Bauarbeiten

Die Pyramiden wurde nicht von Sklaven, sondern von Arbeitern errichtet, die vom Staat bezahlt wurden. Sobald die Arbeit eingeteilt war, wurde im Steinbruch mit dem Abbau der für die Pyramide notwendigen Steinblöcke begonnen. Die zurechtgeschnittenen Blöcke wurden auf Schlitten geladen und zur Baustelle befördert. Damit die Schlitten nicht stecken blieben und besser gleiten konnten, schüttete man Schlamm auf die Piste. Gleichzeitig sorgte ein Heer von Arbeitern dafür, dass die Steinblöcke an die entsprechenden Stellen gehoben und die verschiedenen Stockwerke der Pyramide fertig gestellt wurden. Wie die Ägypter es geschafft haben, derart große und schwere Lasten in die Höhe zu bewegen (sogar 15 Tonnen schwere Blöcke in 50 m Höhe), ist noch immer nicht geklärt. Nach Funden im Sonnentempel des Niuserre (5. Dynastie) ist anzunehmen, dass sie ein ausgeklügeltes Rampensystem benutzten.

Knickpyramide
Diese merkwürdige Form entstand vielleicht dadurch, dass man zwei Pyramiden übereinander setzen wollte.

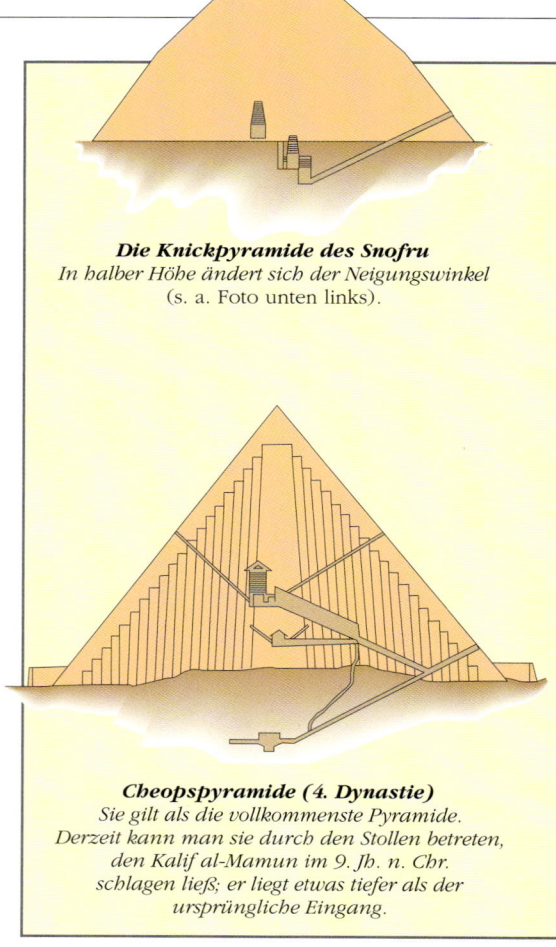

Die Knickpyramide des Snofru
In halber Höhe ändert sich der Neigungswinkel (s. a. Foto unten links).

Cheopspyramide (4. Dynastie)
Sie gilt als die vollkommenste Pyramide. Derzeit kann man sie durch den Stollen betreten, den Kalif al-Mamun im 9. Jh. n. Chr. schlagen ließ; er liegt etwas tiefer als der ursprüngliche Eingang.

Die Entwicklung der Pyramiden

Snofru, der erste König der 4. Dynastie, ließ die von seinem Vater Huni begonnene Stufenpyramide außen verkleiden. Daraufhin folgten die ersten Versuche, Pyramiden mit glatten Seitenflächen zu errichten, deren Inneres aus einer Stufenpyramide bestand. Um die Stufen auszufüllen, wurden Verkleidungsblöcke verwendet. Snofru ließ in Dahschur die »Knickpyramide« errichten, die auf halber Höhe den Neigungswinkel ändert, sowie die »Rote Pyramide«, die erste große »echte« Pyramide. Die höchste und vollkommenste war jedoch die Cheopspyramide in Giseh. Die Nachfolger von Cheops, Chephren und Mykerinos,

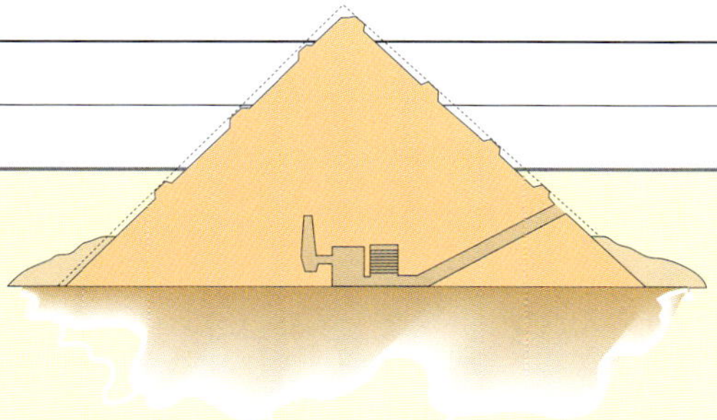

ARCHITEKTUR UND KUNST

Die Rote Pyramide des Snofru (4. Dynastie)
Sie war die erste echte Pyramide. Die Konstruktionstechnik ähnelt bereits jener der Pyramiden von Giseh. Der Nordeingang ist auf Bodenniveau, ein Tunnel führt hinunter zu drei mit falschem Gewölbe versehenen Kammern, wovon die dritte die Grabkammer ist.

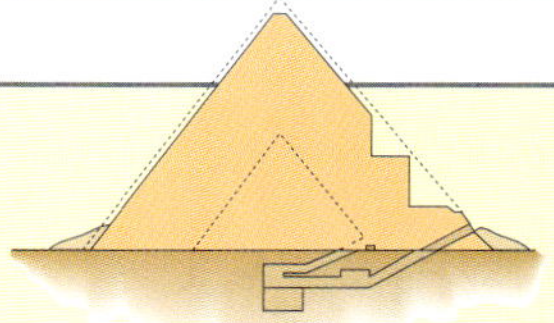

Pyramide des Mykerinos (4. Dynastie)
Sie wurde nach dem gleichen Vorbild wie jene von Cheops und Chephren erbaut, ist aber viel kleiner als die beiden anderen. Die unterirdischen Kammern sind sehr gut erhalten.

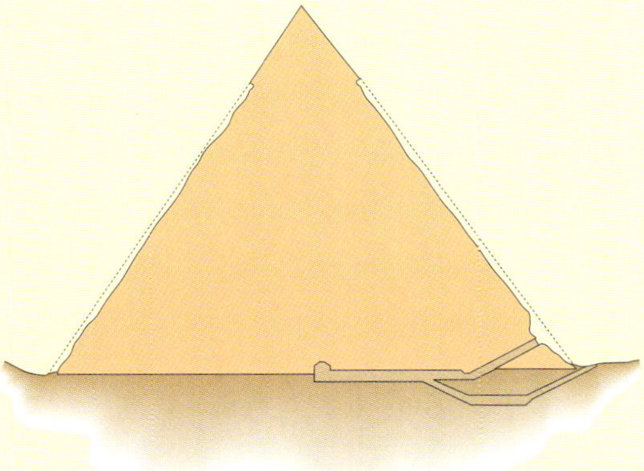

Chephrenpyramide (4. Dynastie)
Sie hat einen höheren Neigungswinkel als die Cheopspyramide. Der Eingang ist außerhalb der Pyramide. Eigentlich gibt es zwei Gänge: einer beginnt auf Bodenniveau und ein weiterer einige Meter höher in der Seitenwand der Pyramide.

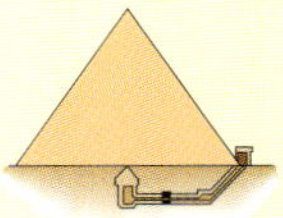

Pyramide des Wenis (5. Dynastie)
Die Wenis-Pyramide ist steiler als die früheren Pyramiden. Sie hat einen großen Teil der Kalksteinverkleidung verloren. Auch ihr Eingang befindet außerhalb, im Norden der Pyramide.

errichteten Pyramiden der gleichen Art. Auch in der 5. und 6. Dynastie wurden Pyramiden, wenn auch in kleinerem Maßstab, nach diesem Vorbild erbaut. Jene des Mittleren Reiches wurden aus billigeren und weniger haltbaren Materialen errichtet und waren vergleichsweise einfach gehalten.

Giganten im Vergleich
Auf dem Foto unten sind von rechts nach links die Pyramiden von Cheops, Chephren und Mykerinos zu sehen.

DIE PYRAMIDENFELDER

Westlich des Nils
Die Pyramidenfelder sind mit dem derzeitigen Namen der benachbarten Dörfer bezeichnet. Alle Pyramiden befinden sich westlich des Nils, dem Ort des Sonnenuntergangs, welcher der Welt der Toten überlassen wurde. Die Pyramiden des Alten Reiches sind um Memphis konzentriert, während des Mittleren Reiches wurden sie in der Nähe von Ittawi errichtet.

RELIEFE

Die Reliefe bezeugen auf hervorragende Weise die künstlerische Ausdruckskraft der Ägypter. Reliefe wurden nicht nur zum Schmücken von Gräbern und Tempeln verwendet, sondern auch dazu, um wertvolle Gegenstände zu verschönern. Auch Siegel sowie Grab- und Gedenkstelen wurden mit Reliefen versehen.

Schon im alten Ägypten wurde eine Vielzahl von Objekten durch Reliefe künstlerisch gestaltet. Während der Negade-II-Kultur wurde die Technik des Basreliefs eingeführt, die außer bei Paletten auch bei Gegenständen wie etwa beim Griff eines Stockes oder eines Messers Anwendung fand. Die Schminkpaletten aus Schiefer wurden ursprünglich zum Mischen von Farben verwendet, verloren dann aber ihren Charakter als Gebrauchsgegenstand und wurden zu Kultgegenständen mit oftmals magischer und symbolischer Bedeutung. Während der Prädynastischen Periode wurden sie mit Vogelköpfen oder anderen Tierköpfen geschmückt. In der Protodynastischen Zeit waren sie dann noch größer und sowohl Ober- als auch Unterseite waren mit Reliefen verziert; viele waren mit ersten Hieroglyphenzeichen versehen, welche die dargestellten Szenen erläuterten. Messer waren bei Riten und Zeremonien äußerst bedeutend. Die Klingen dieser Messer wurden aus Quarz aus Oberägypten hergestellt, die fein gearbeiteten und dekorierten Griffe aus dem Eckzahn eines Flusspferdes. Auch Zeremonialstäbe waren mit Reliefen versehen: anfangs hatten sie die Form eines Stumpfkegels, während der Protodynastischen Zeit waren sie eher birnenförmig. Von den bis heute erhaltenen dekorierten Zeremonialstäben wurden vier in einer Kammer des Tempels von Herakleopolis gefunden. Versenkte Reliefe wurden zum Beispiel in Siegel und andere Gegenstände aus Elfenbein eingeschnitten.

Das Messer von Djebel el-Arak
Der Griff dieses Messers ist auf beiden Seiten mit Jagd- und Kriegsszenen dekoriert. Auf dem Bild sind Szenen eines Zweikampfes und einer Seeschlacht zu sehen (das komplette Messer ist auf Seite 21 abgebildet).

Gravur auf einem Siegel
Auf vorgeschichtlichen Fundstücken ist häufig die afrikanische Fauna abgebildet. Auf diesem Siegel sind laufende Mufflons und ägyptische Pflanzen zu sehen.

Relieftechniken

Basreliefe, versenkte Reliefe, Hochreliefe – die Ägypter verwendeten verschiedene Techniken, um ihre Gräber und Tempel zu schmücken. Bereits zur Zeit des Alten Reiches wurden in der Grabkammer des Djoser mehrere Kalkplatten mit flachen Reliefen aufgestellt. Mastabas hoher Beamter wurden häufig mit bemalten Basreliefen geschmückt. Im Grab der Itet ist ein versenktes Relief zu sehen, das dann mit farbiger Paste ausgefüllt wurde. Während des Mittleren Reiches wurden Basreliefe und versenkte Reliefe nebeneinander verwendet. Aus dem Neuen Reich sind Reliefe in privaten Gräbern und einigen Königsgrabstätten bekannt; außer Tempelmauern und Säulen wurden auch Sarkophage und Stelen mit Reliefen verziert. Um die Sandsteinblöcke aus Karnak zu bearbeiten, wurden die Konturen eingeritzt und die inneren Flächen als Basrelief fertig gestellt. In der Spätzeit trifft man oft auf Reliefe, die eingeschnitten und nur wenig nachbearbeitet wurden. In der Ptolemäer-Zeit war das versenkte Relief gebräuchlich.

Die Stele des Antef
Antef, General von Sesostris I., errichtete in Abydos ein Grab in der Nähe des Osiris-Tempels. In einer Mauernische außerhalb der Kapelle befindet sich eine Stele mit Bildern aus dem Leben des Verstorbenen.

Ein Werk – zwei Techniken
An Sarkophagen wurden oft Reliefe angebracht, wobei auch verschiedene Techniken gleichzeitig angewendet wurden. Dieser Sarkophag der 18. Dynastie aus dem Grab des Tutanchamun ist großteils mit versenktem Relief verziert die Göttin Nephtys aber als Halbrelief dargestellt.

Entwurf im Grab des Haremhab
Durch die Entdeckung dieses Grabes im Tal der Könige konnte Einblick in Dekorationstechniken des Neuen Reiches gewonnen werden. Die Wanddekorationen wurden nicht fertig gestellt: in der Grabkammer ist noch der unbemalte weiße Stein zu sehen, der Entwurf daneben ist in Rot und die Korrekturen sind in Schwarz gehalten. Der Bildhauer färbte die Oberfläche mit Wasser und Gips weiß, bevor er sie bemalte.

Stelen

Stelen bestanden aus einem einzigen Steinblock aus Kalkstein, Sandstein oder Granit, konnten verschieden geformt sein und wurden zum Beispiel bei Gräbern, Tempeln und Palästen aufgestellt. Die Grabstelen waren neben dem Sarg Hauptelement eines ägyptischen Grabes, da sie Namen und Titel des Verstorbenen trugen und damit seine Identität angaben. Sie wurden in die Grabkapellen gestellt und hatten auch den Zweck, dem Verstorbenen die Möglichkeit zu geben, Nahrung und Gegenstände für sein Leben im Jenseits zu erhalten. Für das Alte Reich typisch waren Stelen mit angedeutetem Tor; durch dieses »magische Tor« konnte der im Jenseits Wohnende Kontakt mit der Welt der Lebenden aufnehmen. Kult- oder Votivstelen waren meist in Tempeln aufgestellt; sie waren einer Gottheit geweiht und stellten Szenen dar, in denen der Gott verehrt wurde oder in denen man ihm Gaben darbrachte. Gedenkstelen hatten propagandistischen Zweck und verherrlichten die Siege eines Königs oder das Wirken eines Adeligen. Des Weiteren gab es Stelen als Grenzsteine, welche die Grenzen einer Stadt oder des Landes markierten.

SKULPTUREN

Die Skulptur war ursprünglich eine in Gräbern und Tempeln verwendete Kunstform und hatte folglich eine religiöse Bestimmung. Die Beamten wurden mit einem gewissen Realismus, der Pharao jedoch in idealisierter Weise nach genau festgelegten Regeln abgebildet.

Der größte Teil der Statuen wurde aus Kalkstein, Alabaster oder sehr hartem Gestein wie Granit und Diorit hergestellt. Aus Holz, Gold, Kupfer und anderen Materialen wurden nur sehr wenige Skulpturen gefertigt. Jene aus Kalkstein und Holz wurden zuerst mit einer Stuckschicht überzogen und dann bemalt. Um die Geschlechter zu unterscheiden, benutzte man dunkles Ocker für Männer und eine hellere Farbe für Frauen. Rundskulpturen waren von strengen Formen charakterisiert: man wollte, dass Beine und Arme in einem Block verblieben, um zu verhindern, dass eventuelle Sprünge den Verstorbenen im Jenseits belasteten. Grundvoraussetzung einer gelungenen Skulptur war eine senkrechte Achse, die den Körper in zwei symmetrische Hälften teilte. Im Laufe der Arbeit verband der Bildhauer dann die Seitenprofile und die Vorderseite seiner Figuren. Die ägyptischen Künstler glaubten, auf diese Weise am besten eine naturgetreue Abbildung herzustellen. Bei Skulpturen von Beamten und Dienern wurden die Gesichter realistisch, Pharaonen jedoch in idealisierter Weise dargestellt.

Die Arbeit der Bildhauer
Diese Skizze (nach einer Szene aus dem Grab des Rechmire) zeigt einige Bildhauer bei der Arbeit. Ausgehend von einem Steinblock unterteilten sie die glatte Oberfläche mit einem regelmäßigen Netz, aufgrund dessen sie dann die Proportionen bestimmten. Dann begann man, die Entwürfe auf beiden Seiten zu realisieren und erst danach wurde die Vorderseite ausgearbeitet.

Das Königspaar
Das Schema zur Abbildung von Königen betraf nicht den Pharao allein, sondern erstreckte sich auch auf seine Gemahlin. Bei dieser Darstellung von Mykerinos und seiner Gemahlin wird der steife königliche Charakter dadurch etwas gemildert, dass die Gattin den Herrscher umarmt.

Die Richtlinien zur Abbildung eines Pharaos wurden zu Beginn des Alten Reiches festgelegt. So wurde das Wesen eines Königs durch eine Reihe symbolischer Elemente

ARCHITEKTUR UND KUNST   125

Göttliche Eigenschaften
Die Ähnlichkeit zwischen Pharaonen und Göttern spiegelt sich in manchen Statuengruppen, wie hier bei Tutanchamun und dem Gott Amun, wider. Beide haben einen Ausdruck von Würde und Feierlichkeit, der über alle menschliche Probleme erhaben ist.

DIE BÜSTE DER NOFRETETE

Im Dezember 1912 entdeckte der deutsche Archäologe Ludwig Borchardt in Tell el-Amarna die Ruinen einer Werkstatt und eine große Anzahl von Skulpturen, darunter die berühmte Büste der Nofretete. Diese 48 cm hohe Kalksteinbüste wurde mit einer Gipsschicht überzogen, damit die Farbe besser haften konnte. Die Königin und Gemahlin von Echnaton, Pharao der 18. Dynastie, trägt eine blaue, oben abgeflachte Krone und eine breite Halskette mit Blumenmuster. Da die Ohrläppchen der Büste Löcher aufweisen, ist anzunehmen, dass sie – wie in der Amarnazeit üblich – mit Ohrringen ausgestattet war. Der Künstler wendete bei den schwierigen Stellen wie Gesicht, Ohren und Hals große Sorgfalt an und bearbeitete den Rest eher oberflächlich. Die Büste der Nofretete stellt in der ägyptischen Kunst eher eine Besonderheit dar; ansonsten stehen solche Darstellungen immer mit der Religion oder dem Totenkult in Zusammenhang. Das Fehlen einer Namensinschrift (welche in der ägyptischen Kunst sonst selten fehlt) lässt vermuten, dass es sich um ein Modell für die Werkstätte handelte und als Muster für die Bildhauerlehrlinge verwendet wurde. Dieses naturalistische Porträt ist zum Prototyp der Amarna-Kunst geworden.

bestimmt: eine starre Haltung, auf die Oberschenkel gestützte Arme, der Zeremonialbart, verschiedene Arten von Kronen, der Schwanz eines Löwen oder Stieres, Zepter und ideale Körpermaße. Bei Skulpturen von Königen gab es nur eine geringe Bandbreite zwischen Idealisierung der Person und realistischer Darstellung individueller Gesichtszüge; auf jeden Fall mussten die Statuen ein Wesen mit gleichzeitig menschlichem und göttlichem Charakter darstellen. Zur einer bestimmten Persönlichkeit wurde die Statue erst, wenn ihr Name in Hieroglyphenschrift eingraviert wurde.

Stehende und sitzende Statuen

Die Skulpturen wurden so hergestellt, dass sie von vorne betrachtet werden sollten. Sehr oft wurde die stehende Person mit einem etwas vorgezogenem Bein dargestellt (wie bei der Statue des Beamten auf Seite 126 zu sehen ist). Die Arme hängen lose am Körper und häufig hält eine Hand einen Gegenstand, wie etwa ein Machtsymbol. Nase, Bart und Brustbein befinden sich in einer Linie. Es gab auch Skulpturen

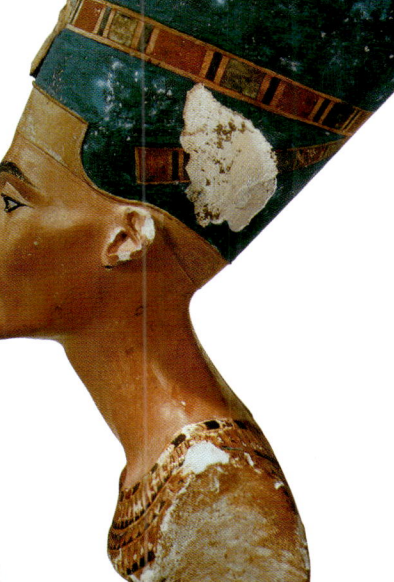

Zeitlose Schönheit
Die im Ägyptischen Museum von Berlin ausgestellte Büste der Nofretete zeigt die Königin in all ihrer Schönheit. Der Gegensatz zwischen der riesigen Krone und dem grazilen Hals spiegelt sich in der Spannung des Gesichts wider; es ziehen sich Konturen von den Augenbrauen zum Kinn und ebenso von den gespannten Halsmuskeln zu den geschlossenen Lippen.

ARCHITEKTUR UND KUNST

Stehende und sitzende Skulptur
Die Skulptur der stehenden Person wurde aus Kalkstein gehauen und mit einer Stuckschicht überzogen, auf die verschiedene Farben aufgebracht wurden. Die sitzende Statue ist aus Diorit und stellt einen hohen Würdenträger dar.

Im Sand begraben
Diese Zeichnung von Ludwig Mayer von 1804 zeigt die Sphinx von Giseh, bevor sie wieder ganz ausgegraben wurde.

DIE SPHINX

Die Darstellung einer Sphinx ist erstmals zur Zeit der 4. Dynastie, während des Alten Reiches, also bereits vor mehr als 4500 Jahren nachgewiesen. Die berühmteste und monumentalste, aber nicht die älteste, ist diejenige, die Chephren in Giseh errichten ließ. Die erste bekannte Darstellung eines Pharaos in Form einer Sphinx ist die vom Bruder und Vorgänger des Chephren, Djedefre. Er führte als Erster den Namen »Re« in seinem Königstitel und ließ sich in einer Pyramide bei Abu Rawasch – der großen Nekropole bei Memphis – bestatten. Die Pyramide wurde jedoch wegen seiner kurzen Regierungszeit nicht fertig gestellt. Bei Ausgrabungen in diesem Gebiet wurde neben anderen Skulpturen auch eine kleine Sphinx gefunden. Das bedeutendste Fundstück war jedoch ein Kopf aus rotem Granit, der den Pharao mit den königlichen Insignien darstellt: Kobra und *Nemes*-Kopftuch (falls dieser Kopf Teil einer Sphinx war, wäre dies demnach die erste bekannte Sphinx mit Menschenkopf). Die Sphinx von Giseh ist jedenfalls die größte Tierdarstellung im alten Ägypten. In den dortigen Felsen wurde der Körper eines Löwen mit Menschenkopf gehauen, mit Gips überzogen und dann bemalt. Die Sphinx sollte die Nekropole von Giseh beschützen und wurde dann im Neuen Reich mit Harachte, »Horus im Horizont«, in Verbindung gebracht. Die Skulptur war lange Zeit im Sand vergraben und so vor Zerstörungen geschützt.

sitzender Personen und je nach sozialem Rang wurde die Person auf einem gewöhnlichen Block oder auf einem Thron sitzend abgebildet. Bei dieser Art der Skulptur war ebenfalls die Vorderansicht die wichtigste. Die auf der gegenüberliegenden Seite abgebildete Figur aus Diorit stellt einen hohen Würdenträger dar, der während der 5. Dynastie lebte. Er sitzt auf einem würfelförmigen Hocker und seine geschlossenen Beine ruhen auf einem Sockel.

Würfelhocker

Wie wir bereits gesehen haben, gibt es in der ägyptischen Skulptur verschiedene Modelle: Statuen von stehenden oder sitzenden Personen, von Einzelpersonen oder Gruppen. Während aber die Skulpturen von Pharaonen oder Göttern einem festen Schema folgten, offenbarte sich bei Statuen von Privatpersonen mehr Flexibilität und Kreativität. Ein gutes Beispiel dafür sind die so genannten Würfelhocker, die erstmals im Mittleren Reich nachgewiesen sind.

Ein altes Fundstück
Dieser Würfelhocker aus Granit, der im Grab des Hetep in Sakkara gefunden wurde, stammt aus der 12. Dynastie. An den Flächen zwischen den Beinen und an den Seiten wurden Inschriften angebracht.

Sie werden so bezeichnet, da die Person sitzend mit angezogenen Beinen und den Armen auf den Knien dargestellt wird; all dies ist in einen Mantel gehüllt, aus dem nur der Kopf herausragt. Die fertige Form entspricht etwa einem Würfel. Man weiß nicht, welche Personen sich aus welchem Grund auf diese Weise darstellen ließen; in Verbindung mit dem Totenkult könnte sie auf eine Darstellung des Osiris bei seiner Auferstehung vom Ur-Hügel zurückgehen.

Ein besonderer Würfelhocker
Senmut, königlicher Architekt in der 18. Dynastie, ließ sich in dieser Statue mit Prinzessin Neferure, der Tochter von Königin Hatschepsut, verewigen.

MALEREI

Die an Künstler mit großem Namen gewohnte westliche Welt ist manchmal von der Qualität der Gemälde überrascht, die namenlose Handwerker in Grabkammern, Tempeln und Palästen des alten Ägypten schufen.

Im Laufe von 3000 Jahren machte die ägyptische Malerei nicht viele Veränderungen durch – die bereits sehr früh festgelegten Regeln blieben im Großen und Ganzen die gleichen. Grund dafür waren wahrscheinlich die starre Gesellschaftsstruktur und die große Bedeutung, welche die Religion einnahm. Ausgeführt wurden die Malereien von einer Gruppe von Handwerkern, wobei jeder eine Spezialaufgabe hatte. Hauptperson war der Zeichner, der auch »Schreiber der Umrisse« oder »jener der eine Form darstellt« genannt wurde. Er zeichnete den genauen Grundriss des Gemäldes im richtigen Maßstab vor. Nachdem das Thema gewählt war, begann er unter Oberaufsicht des Leiters der Werkstätte mit der Ausarbeitung. Die Maler verwendeten ein paar einfache Hilfsmittel: die erste Schattierung eines Reliefs wurde dabei mit einem speziellen Hammer vorgenommen; die auf einer Steinpalette mit Wasser gemischten Farbpigmente brachte man mit einem »Pinsel« auf, der aus an der Spitze eingeschnittenen Holzstäbchen oder zurechtgeschnittenen Rohrbündeln bestand. Die Grundstoffe für die verschiedenen Farbtöne wurden hauptsächlich aus Mineralien gewonnen. Aus gemahlenem Malachit wurde grüne, aus Eisenoxyd rote und aus Kohle schwarze Farbe hergestellt.

Der blinde Harfenspieler
Dieses Gemälde des blinden Harfenspielers, der den Festgästen zu Ehren des Verstorbenen aufspielt, ziert neben unzähligen weiteren Dekorationen das Grab des Nacht; er war hoher Beamter und lebte zur Zeit der Pharaonen Amenhotep II. und Thutmosis IV.

Alltagsleben und Jenseits
Im Grab des Sennedjem, das 1886 in Deir el-Medina entdeckt wurde und auf die 19. Dynastie zurückgeht, haben sich wertvolle Gemälde (unten) *mit Themen aus dem Alltag und vom Jenseits erhalten.*

DIE GEMÄLDE VON EL-FAIJUM

Zwischen dem 1. und 4. Jh. n. Chr. legte man auf das Gesicht der Mumie statt der davor verwendeten Totenmasken aus Stuck Holztafeln mit dem Gemälde des Verstorbenen. Solche Tafeln wurden erstmals im 17. Jh. entdeckt und als »Gemälde von El-Faijum« bezeichnet, da sie vor allem im Gebiet von El-Faijum gefunden wurden. Diese Gemälde entsprangen nicht der ägyptischen Tradition, sondern waren von den römischen Fresken in Pompeji beeinflusst. Techniken und Materialien weisen verschiedene Stilrichtungen auf.

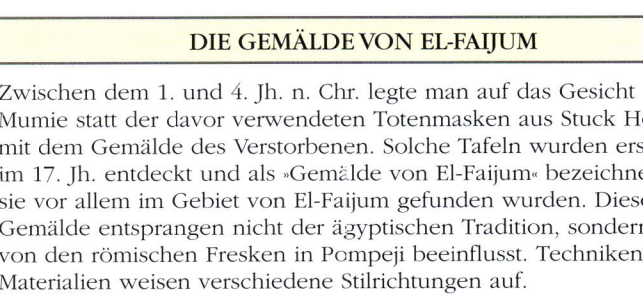

Ostrakon mit Tänzerin
Auf diesem bemalten Ostrakon (griech. Wort für »Scherbe«) einer Kalksteinplatte ist mit besonderer Raffinesse eine Tänzerin bei einer akrobatischen Übung dargestellt. Das Fragment ist nur 10,5 mal 16,8 cm groß, stammt aus dem Neuen Reich und ist im Museum von Turin aufbewahrt.

Die schöne »Europäerin«
Das Mädchen auf diesem Bild hat wegen seiner blassen Hautfarbe den Namen »Europäerin« erhalten. Das Werk stammt aus dem Jahr 160 n. Chr. und gehört zu den Gemälden von El-Faijum.

Repertoire an Bildsymbolen

Die für Begräbnisse von Königen und Privaten benutzten Symbole mussten verschiedenen Anforderungen genügen: bei Königen und Königinnen hatten die Wandgemälde mythologisch-religiösen Inhalt, bei Privaten wurden oft Szenen aus dem täglichen Leben dargestellt, die ebenfalls magische Bedeutung haben konnten.

Die Entwicklung der Malerei
Der Gänsefries im Grab des Nefermaat in Medum gilt als erste Darstellung einer Bilderfolge.

Malerei auf Stoff
Die ältesten bemalten Fundstücke waren aus Stoff – wie dieses in Gebelein gefundene Fragment.

Erprobung neuer Techniken
Die Verwendung von gefärbter Paste zum Ausfüllen versenkter Reliefe – hier im Grab des Prinzen Nefermaat – war eine nicht sehr erfolgreiche Technik, da die Paste beim Trocknen brüchig wurde und abfiel.

Prädynastische Ära (5. Jahrtausend–3200 v. Chr.)	Protodynastische Ära (3200–3065 v. Chr.)	Thinitenzeit (3065–2686 v. Chr.)	Alt (2686–

Keramikmalerei (Keramik der Negade-II-Zeit)
Während der Prädynastischen Periode war Rotbraun die häufigste Dekorfarbe für Keramiken.

Der »Naturalismus«
Darstellungen von Tieren waren wesentlich realistischer als jene von Menschen, wie in dieser Szene eines Kalbes mit seiner Mutter zu sehen ist.

Themen der Keramikmalerei
Keramiken der jungsteinzeitlichen Negade-II-Kultur sind mit stilisierten Booten, Tieren und Wellen verziert.

Schrift und Malerei
Die Hieroglyphen waren die ersten bildlichen Darstellungen, die als genormte Symbole in der Malerei verwendet wurden.

ARCHITEKTUR UND KUNST 131

Gemäldegalerie des Mittleren Reiches
In Beni Hasan sind 39 Gräber mit kleinen, qualitativ hochwertigen Gemälden dekoriert.

Die Fremden
In diesem Gemälde sind asiatische Händler dargestellt: sie haben hellere Haut, andere Bärte und andere Gewänder als die Ägypter.

Alltagsleben
In den Gräbern der Adeligen erzählen Bilder vom Alltag des Verstorbenen. Links ein Gemälde aus dem Grab des Iti in Gebelein.

eich	Erste Zwischenzeit	Mittleres Reich	Zweite Zwischenzeit
73 v. Chr.)	(2173–2040 v. Chr.)	(2040–1786 v. Chr.)	(1786–1552 v. Chr.)

Rangordnung
Der Maßstab, in welchem Personen dargestellt wurden, hing von ihrem sozialen Rang ab. In diesem Bild aus dem Grab des Chnumhotep in Beni Hasan hebt sich die Figur des verstorbenen Adeligen durch seine Größe deutlich von seinen Dienern ab.

Die Geschenke
Neben den geschriebenen Zauberformeln auf Mauern und Sarkophagen sind oft Darstellungen von Gläubigen, die Geschenke für den Unterhalt der Seele darbringen. Der Ausschnitt unten stammt aus dem Inneren des Sarkophages von Iqer aus Gebelein.

ARCHITEKTUR UND KUNST

Das Tal der Könige
Im nicht fertig gestellten Felsengrab des Haremhab (links) kann man bei den Grabbildern gut den Wechsel in der Darstellungstechnik (bemaltes Basrelief) und in der Themenwahl (das Buch der Pforten) verfolgen.

Rückkehr zur Tradition
Nach der Amarna-Zeit erinnerte man sich kulturell wieder der traditionellen Werte. Das Grab von Ramses VI. im Tal der Könige ist mit Gemälden und Reliefen dekoriert, in denen Rot und Gelb vorherrschen.

Neues Reich (1552–1069 v. Chr.)	Dritte Zwischenzeit (1069–664 v. Chr.)	Saitenzeit (664–525 v. Chr.)

Malerei in Palästen
Die Malerei diente nicht nur dem Totenkult. Es wurden auch Decken und Wände der Pharaonenpaläste dekoriert. In diesem Deckenfragment aus dem Palast von Amenhotep III. in Malkata sind geometrische Motive, Tierdarstellungen und Symbole von Göttern nebeneinander abgebildet.

Tell el-Amarna
Der Einfluss der Religionsreform machte sich auch in der Kunst bemerkbar. Motive aus der Sumpflandschaft waren die bevorzugte Palastdekoration.

Das Tal der Noblen
Im Neuen Reich ließen sich die Adeligen wie Pharaonen darstellen.

ARCHITEKTUR UND KUNST   133

Malerei auf Papyrus
Ab der Dritten Zwischenzeit wurden große Wandgemälde seltener. Die wenigen bis heute erhaltenen Bildbeispiele sind Darstellungen im Totenbuch, das in die Gräber gelegt wurde.

Das Totenbuch des Hereubechet
In diesem für die letzten Ramessiden typischen Exemplar des Totenbuches ist eine weiß gekleidete Frau dargestellt, die sich demütig vor einem Krokodil verbeugt.

Das Wiegen des Herzens
Bei diesem Ausschnitt aus dem Totenbuch ließ man dem Schreiber gerade noch genug Platz für die Zauberformeln, die den Verstorbenen beschützen sollten. Die Zeichnung hat eine fast symmetrische Struktur, wobei die leichte Asymmetrie der Figuren durch die Farbe ausgeglichen wird.

| Persische Periode (525–332 v. Chr.) | Hellenistisch-Ptolemäische Periode (332–30 v. Chr.) | Römische Periode (ab 30 v. Chr.) |

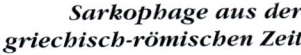

Architektur als Träger der Malerei
Innenwände, Decken und Fassaden von Tempeln und Palästen waren oft mit mehrfarbigen Malereien geschmückt. Jedes Motiv hatte eine bestimmte Farbe. Aufnahmen von Reisenden des 19. Jh.s wie hier von der Säulenhalle im Tempel der Isis in Philae zeugen von den lebhaften Farben, die aber inzwischen nicht mehr vorhanden sind.

Sarkophage aus der griechisch-römischen Zeit
Die Malereien, die zu dieser Zeit das Innere von Särgen schmückten, zeigen eine Überlagerung der Kulturen: so wurden die Figuren in ägyptischem, die Gesichter aber in europäischem Stil abgebildet, wie hier am Sarkophag des Priesters Petemenope.

El-Faijum und die Porträtkunst
In der römischen Periode verwendete man erstmals bestimmte Gemälde, die man nach dem Fertigstellen am Gesicht der Mumie anbrachte.

Sarkophage, Schmuck und Masken

Die Sarkophage, besonders jene in Körperform, die Totenmasken aus Gold oder vergoldetem Holz und die Schmuckstücke, die sowohl dekorativen als auch magischen Zwecken dienten – sie bildeten ein symbolisches Universum, in dem sich die Kunst im alten Ägypten bestens manifestieren konnte.

Die Sarkophage der Thinitenzeit (1. und 2. Dynastie) waren durch rechteckige Form und gewölbte Deckel gekennzeichnet. Das Gesicht des Verstorbenen war nach Westen gerichtet. Die Seiten des Sarkophages bestanden aus Holz und zeigten die Fassade des Hauses oder Palastes, in dem der Verstorbene gewohnt hatte.

Ab dem Alten Reich übernahmen die Särge die symbolische Bedeutung, die bisher das Grab hatte. Bis zu dieser Zeit war das Grab, in das magische Gegenstände mitgegeben wurden, als unerlässlich für das Weiterleben des Verstorbenen betrachtet worden. Nun wurde der Sarg, der wie eine Kopie des Grabes in kleinerem Maßstab gefertigt war, das wichtigste Element für das Weiterleben im Jenseits. Ab der 4. Dynastie hatten die Sarkophage eine längere Form und im Mittleren Reich waren Darstellungen aus dem Osiris-Mythos verbreitet. Der Sarkophag musste ganz genau ausgerichtet sein. An jeder der Ecken war einer der Horus-Söhne auf einer Tafel dargestellt: Hapi im Norden, Amset im Süden, Duamutef im Osten und Kebehsenuef im Westen. Im Mittleren Reich wurde auch oft eine seitliche Tafel in der Höhe des Kopfes des Verstorbenen angebracht, auf der Augen und darunter eine Tür dargestellt wurden. Man musste auch die Geschenke und die Vorräte, die den Verstorbenen begleiteten, auflisten oder darstellen. Diese Inschriften wurden am Fuß- oder Kopfende des Sarges oder bei den Bildnissen der Schutzgöttinnen und Schwestern Isis und Nephtys eingefügt.

Der Holzsarkophag von Ramses II.
Dieser Sarkophag in Körperform aus der 17. Dynastie wurde für die Mumie von Ramses II. wiederverwendet. Die überkreuzten Arme, Zepter und Geißel zeigen, dass der Verstorbene mit Osiris gleichgesetzt wurde.

Der Sarg von Antef V.
Dieser Sarg (oben) aus der 17. Dynastie ist aus vergoldetem Holz, da man glaubte, dass die Haut der Götter aus Gold bestand. Dies war ein Merkmal der Identifizierung des Verstorbenen mit Osiris.

Die Maske von Psusennes I.
Die Königsmasken, meist aus Gold oder aus mit Gold überzogenem Holz, zeigten alle Attribute des verstorbenen Pharaos: Nemes-Kopftuch, Zeremonialbart und Uräusschlange. Die breite Halskette war Teil der Maske: sie schützte die Brust und war aus geometrisch angeordneten Fäden zusammengesetzt.

Untersuchung der Särge
Dieses Bild von 1804 zeigt einen nahezu vollständig mit Schriftzeichen bedeckten Sarg. Die Inschriften haben meist magischen oder mythologischen Inhalt.

Der Sarkophag in Körperform

Ab der 12. Dynastie verwendete man den Sarkophag in Körperform, in welchem der Verstorbene Pharao sozusagen zu Osiris wurde. Der Sarg, der ein Abbild des Toten sein sollte, trug auch die Merkmale des Gottes: Geißel und Krummstab waren in die über der Brust gekreuzten Arme gelegt. Oft waren die Inschriften auf dem unteren Teil des Sarges so angebracht, dass die Schriftzeilen die Mumienbinden imitierten. Die Maske zeigte Machtattribute und Gesichtszüge des Verstorbenen, da er dadurch im Augenblick des Totengerichts leichter wiedererkannt werden konnte. Die Masken waren aus Gold oder vergoldetem Holz, da man glaubte, dass die Haut der Götter aus diesem unvergänglichen Metall bestand.

Die Masken

Die Totenmasken hatten beim Begräbnis des Verstorbenen große Bedeutung. Man legte sie über die Mumienbinden, die Gesicht und Brust bedeckten. Es sind uns je nach Epoche verschiedene Arten von Masken bekannt, welche ab dem Mittleren Reich immer häufiger mitgegeben wurden. Mit dieser Maske konnte der Verstorbene erkannt werden, wenn er vor den Richtern stand und war somit »gerechtfertigt« (so war er der Mundöffnungszeremonie und dem

ARCHITEKTUR UND KUNST

DIE MASKE DES TUTANCHAMUN

Aus 10 kg getriebenem Gold, technisch perfekt gearbeitet, das Gesicht mit ernstem Ausdruck und hypnotischem Blick – dieses Juwel gehört zu den berühmtesten Bildern der ägyptischen Grabkunst. Kopfbedeckung und Kette sind mit prächtigen Intarsien aus Keramik und Edelsteinen verziert. Die Maske wurde 1922 von Howard Carter entdeckt und ist im Ägyptischen Museum in Kairo aufbewahrt. Sie bedeckte das Gesicht der Mumie, hat idealisierte Gesichtszüge und ist mit Symbolen der Pharaonenmacht versehen.

Totengericht gewachsen). Die Maske war nicht unbedingt notwendig, wenn jedoch der Körper des Verstorbenen vermoderte, konnten die Maske und der Sarkophag die Stelle des Körpers einnehmen. Auf diese Weise fand das *Ka* die notwendige physische Hülle, um weiterleben zu können. Die Masken zeigten üblicherweise ein idealisiertes Gesicht (jung und schön) und Merkmale, die sich nicht mit der Realität deckten. Am häufigsten wurden Masken aus Holz, zuweilen aber auch aus Gold hergestellt.

Maske aus der Zweiten Zwischenzeit
Nach Ägypten kamen auch fremde Völker (Libyer, Nubier), welche die Kultur des Landes annahmen. Diese Maske hat eine dunkle Gesichtsfarbe – jene der Fremden.

Gold und Edelsteine
Die Maske des Tutanchamun besteht aus massivem Gold mit Einlegearbeiten aus Keramik und Edelsteinen.

Ring mit Skarabäus
Dieser Ring aus Gold und Glas stammt aus der 18. Dynastie.

Der Gott Harpokrates, »Horus, das Kind« als Amulett
Der Gott ist nackt und mit Königskrone dargestellt, die Haare sind in einem seitlichen Zopf zusammengefasst.

ARCHITEKTUR UND KUNST

Die Magie der Schmuckstücke

Die Ägypter verwendeten Schmuck nicht nur für Dekorationszwecke oder um einen bestimmten sozialen Rang erkennen zu lassen – Schmuck war noch wesentlich bedeutender. Sein Wert erstreckte sich auch auf die Magie, und Schmucksteine, die als Amulette verwendet wurden, konnten Darstellungen aus der Mythologie oder Götterbildnisse tragen. Die verwendeten Farben und Materialien hatte wichtige symbolische Bedeutung. Die magische Wirkung des Schmuckes beschränkte sich nicht nur auf Dekoration und Schutz der Lebenden, auch den Verstorbenen wurden Schmuckamulette mitgegeben.

Der Brustschmuck des Tutanchamun
Bei diesem Pektoral aus der 18. Dynastie sticht ein großer geflügelter Skarabäus hervor. Dieses in ägyptischem Schmuck immer wieder vorkommende Motiv ist in den Grabbeigaben des Tutanchamun besonders häufig vertreten. »Skarabäus« war auch Teil von einem der Namen des Königs.

Gliederkette aus Glas
Gemeinsam mit Pektoralen waren solche Ketten die repräsentativsten Schmuckstücke im alten Ägypten. Dieses Exemplar stammt aus der Zweiten Zwischenzeit.

Die Kartusche als Schmuckstück
Königskartuschen (ovale Umrahmung der Königsnamen) wurden häufig mit Juwelen verziert. Auf der Kartusche von Pharao Ahmose (links) ist neben dem Namen des Königs der Ausdruck »Sohn des Re« eingraviert.

ÄGYPTISCHE GESELLSCHAFT

Im alten Ägypten hatte jede soziale Schicht ihre genaue Funktion, und es trugen alle, von den Bauern bis zum Pharao, zur Stabilität der Gesellschaft bei.

Die Ägypter sahen die Person nicht als Individuum, sondern als besonderen Teil eines Ganzen, der seine Aufgabe im Inneren dieser Gesellschaft zu erfüllen hatte. Die Bauern erzeugten die Nahrungsmittel, bebauten die Felder, zahlten Steuern und verrichteten Pflichtdienste für den Staat. Arbeiter und Handwerker stellten alle Arten von Produkten her und wurden dafür in Naturalien bezahlt. Die Schreiber kümmerten sich um die Verwaltung von Rohstoffen und Produktion. Die Führungsschicht, an deren Spitze der Pharao stand, koordinierte das System, sodass die Waren unter der ganzen Bevölkerung verteilt werden konnten. Man kann sagen, dass sich aus dem Beruf die Zugehörigkeit zu einer sozialen Schicht ergab. Ämter und Berufe wurden üblicherweise in der Familie weitergegeben, wodurch sich – besonders vom Alten bis zum Mittleren Reich – mächtige Dynastien bildeten.

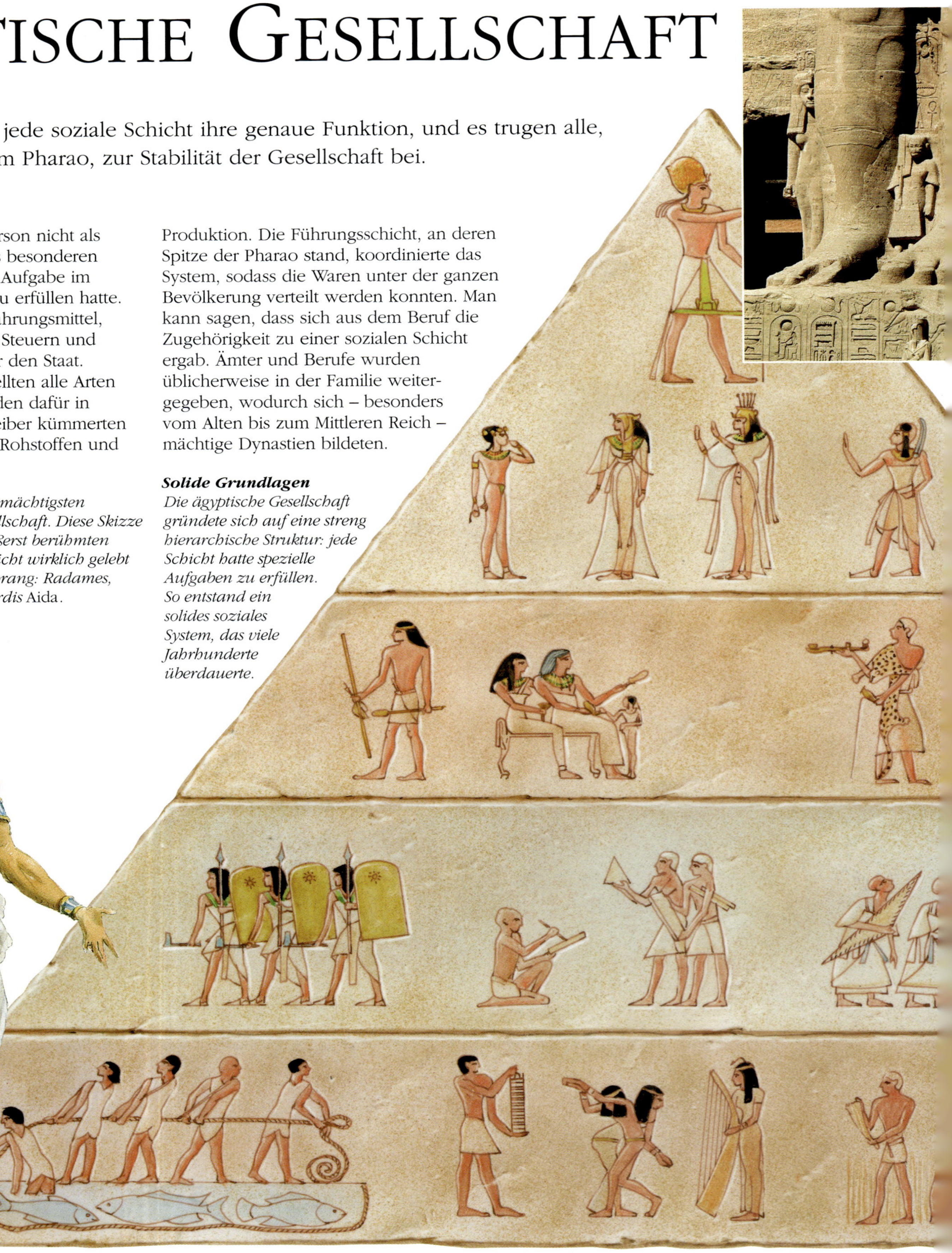

Ein großer Feldherr
Offiziere gehörten zu einer der mächtigsten Schichten der ägyptischen Gesellschaft. Diese Skizze aus dem 18. Jh. zeigt einen äußerst berühmten Feldherrn, auch wenn dieser nicht wirklich gelebt hat, sondern der Fantasie entsprang: Radames, eine Hauptrolle in Giuseppe Verdis Aida.

Solide Grundlagen
Die ägyptische Gesellschaft gründete sich auf eine streng hierarchische Struktur: jede Schicht hatte spezielle Aufgaben zu erfüllen. So entstand ein solides soziales System, das viele Jahrhunderte überdauerte.

DAS TÄGLICHE LEBEN

Die Königsfamilie
Zu Füßen der Kolossalstatuen von Abu Simbel sind die Hauptgemahlin von Ramses II. (Königin Nofretiri), seine Mutter, sein Sohn Ramses und Prinzessin Meritamun dargestellt. Die Prinzen bekleideten, besonders während des Alten Reiches, die hohen Verwaltungsämter; den Prinzessinnen wurden religiöse Titel verliehen.

Nubische Soldaten
Vom Beginn der Pharaonenzeit an zeichneten sich die nubischen Soldaten durch ihre Tapferkeit aus. Sie waren bei der Verwendung von Pfeil und Bogen sowie im Umgang mit Elefanten sehr geschickt und dienten als Söldner im Heer des Pharaos oder der Nomarchen.

Die Gesellschaftspyramide

Die ägyptische Gesellschaft hatte eine hierarchische Struktur: an der Spitze der Pyramide standen der Pharao und seine Familie (die Mutter des Königs, Prinzen und Prinzessinnen); es folgten die hohen Beamten (mit dem Wesir als höchsten Beamten), Hohepriester, Militärs, Handwerker und Facharbeiter. Ganz unten in der Pyramide waren die Bauern, die den größten Teil der Bevölkerung ausmachten.

Der Wesir Iymeru
Der Wesir, der das höchste Verwaltungsamt innehatte, war nur dem Pharao gegenüber verantwortlich. Im Alten Reich bekleidete meist einer seiner Söhne dieses Amt. Er wurde mit großem Bauch, dem Synonym für Macht und Reichtum, dargestellt.

FREMDE IN ÄGYPTEN

Während des Neuen Reiches gab es in Ägypten einen starken Zustrom aus dem Osten, zum Beispiel Kriegsgefangene oder Beduinen auf der Flucht vor Eroberern. Die Ägypter waren Fremden gegenüber sehr tolerant und erlaubten ihnen, in ihren Kolonien die eigenen Sitten und Gesetze auch unter der Herrschaft des Pharaos beizubehalten. Es entstanden Ansiedlungen von Hethitern und Syrern, die sich weitgehend integrierten und ägyptische Namen annahmen; in Elephantine bildete sich eine jüdische Kolonie und in Memphis machten die Händlerviertel die ganze Stadt zu einem Handelsplatz; während der letzten Epoche der Pharaonenzeit gab es eine verstärkte Einwanderung von Griechen. Nach Meinung der Ägypter waren die Fremden erschaffen worden, um Tempel und Staatskasse durch ihre Arbeit zu bereichern. Am Fliesenboden im Palast von Ramses III. in Medinet Habu sind »exotische« Menschen dargestellt, bei welchen die jeweils charakteristischen Merkmale hervorgehoben sind: der Libyer ist durch tätowierte Haut, Zopf und Koteletten gekennzeichnet; mit krausem Haar, breitem Gürtel und auffälliger Kleidung ist der Nubier dargestellt; der Syrer hat einen Spitzbart und ein Haarband *(im Foto unten).*

Stadt und Land

Da Landwirtschaft und Tierzucht die Grundlage der Wirtschaft ausmachten, lebte der größte Teil der ägyptischen Bevölkerung auf dem Land. Über die großen ägyptischen Städte wie Memphis und Theben ist wenig bekannt, denn archäologische Reste sind nur von einigen Handwerkerdörfern, wie Deir el-Medina und Illahun erhalten, sowie von einigen Städten, wie Tell el-Amarna, der kurzzeitigen Hauptstadt des Echnaton. Auf jeden Fall gab es Unterschiede zwischen Stadt- und Landleben, wie schon die verschiedenen sozialen Schichten – die erste Voraussetzung für eine Stadtbevölkerung – beweisen. In den Städten lebten viele Menschen, die sich nicht der Herstellung von Nahrungsmitteln widmeten, sondern ein Handwerk oder Tätigkeiten ausübten, die wir heute als »Dienstleistungen« bezeichnen würden. Die städtischen Ansiedlungen befanden sich in der Nähe des Nils, aber in erhöhter Lage, um nicht von der Nilflut

Die Priester
Die Priester wohnten im Tempel, in der Nähe des Hauptgebäudes. Sie hatten religiöse Aufgaben und mussten die Güter des Tempels verwalten.

Das Nobelviertel
Eine breite Straße führte durch das Zentrum der Stadt, wo sich die wichtigsten Gebäude befanden. Im Palast wohnte der König mit seiner großen Familie. Im religiösen Zentrum der Stadt, dem Tempel, wohnten die Priester. Nicht weit davon hatten die Adeligen Villen mit großen Gärten.

DAS TÄGLICHE LEBEN 141

Ein einfaches Stadtviertel
Die einfachen Häuser waren aus rohen Ziegeln gebaut; sie waren sehr klein, eingeschossig, und hatten eine Terrasse, wo man sich im Freien aufhalten konnte. Die engen Straßen waren nicht gepflastert und daher sehr staubig. Außer Wohnungen befanden sich in diesem Viertel auch Bäckereien und kleine Handwerksbetriebe.

Deir el-Medina
Dies war ein Handwerkerdorf mit winzigen Wohnungen und Geschäften; hier wurden Werkzeuge, Vasen, Kleidungsstücke und Reste von Nahrungsmitteln gefunden.

überschwemmt zu werden. Im Zentrum der Stadt gab es große Plätze mit Bäumen und Gärten; breite Alleen führten vom Tempel zum Königspalast, also vom Zentrum des religiösen Lebens zu jenem der Verwaltung. Die hohen Beamten wohnten in weiträumigen Anlagen, welche Stallungen, Lagerräume und Küchen sowie Wohnräume für die große Dienerschaft umfassten. Die Armen wohnten hingegen in stark bevölkerten Vierteln und einfachen Häusern, die nur mit wenigen Möbeln eingerichtet waren. Diese dürftigen Unterkünfte waren eng aneinander gedrängt und nur durch schmale Gassen zu erreichen; Raum für Gärten und Schutz gegen Hitze waren nicht vorhanden. Im Sommer verbrachten Frauen und Kinder die meiste Zeit auf der Terrasse des Hauses, die auch als Schlafzimmer diente.

DAS RECHTSWESEN

An der Spitze der Justiz stand der Pharao – er erließ die Gesetze und fällte die Urteile.

In Ägypten basierten die Gesetze auf der Vorstellung von der *Maat* (Gerechtigkeit). Der Pharao erließ Gesetze und brachte so die Vollkommenheit der Justiz zum Ausdruck, er festigte und erweiterte die Regeln der allumfassenden Ordnung, die bereits seit der Schöpfung bestanden hatte. Außer für die Einhaltung der alten Gesetze, die von Göttern oder früheren Königen geschaffen worden waren, war die Gerichtsbarkeit für Dekrete, Zuerkennung von Privilegien und Gerichtsurteile zuständig. In Ägypten gab es keine Gesetzgebung im engeren Sinn, sondern praktisch angewandtes Recht: jeder Fall wurde individuell entschieden, ohne dass man sich an ältere Rechtssprüche gebunden fühlte. So waren Gesetze anwendbar, solange sie nicht durch eine Entscheidung des Pharaos abgeändert wurden. Dieser konnte Beschlüsse fassen, die nicht im Einklang mit der Gesetzgebung waren, durften aber auf keinen Fall das Gleichgewicht der *Maat* stören. Leider sind nur wenige Dokumente über die Anwendung von Gesetzen erhalten.

Der Justizapparat

Urteile wurden hauptsächlich vom Pharao gesprochen, dem jede Art von Streitfall vorgetragen werden konnte. Der Wesir, der höchste Regierungsbeamte, war gemeinsam mit dem König der höchste Richter des Landes; er wurde von Beamten und den lokalen Vertretern der Justiz unterstützt. Zur Zeit der 5. Dynastie existierten sechs Tribunale, welche »ehrenwerte Wohnsitze« genannt wurden; als Richter fungierten hohe Beamte, denen Helfer zur Seite standen. Auch die Provinzgouverneure übten richterliche

Weihrauch und Trankopfer
Der Pharao musste die göttliche Ordnung und Gerechtigkeit sichern, in dem er mit Anstand und Weitblick regierte, für Ordnung sorgte und den Rhythmus der Natur beachtete. Zu seinen Aufgaben gehörte auch, in jedem Tempel die heiligen Riten durchzuführen und dabei den Göttern Weihrauch und Trankopfer darzubringen.

Im Angesicht der Gerechtigkeit
Der Wesir trug ein langes Kleid, das unter der Brust mit einer Schnur verknotet war – dies war ein Zeichen, dass es sich um einen wichtigen und achtenswerten Mann handelte. Auf der Brust trug er ein Bild der Göttin Maat, wodurch seine Hauptaufgabe unterstrichen wurde – für moralische Ordnung, Wahrheit und Gerechtigkeit zu sorgen. Als höchster und unbestechlicher Richter musste er unparteiisch agieren, nur so war ihm die Zustimmung der Weisen sicher.

DAS TÄGLICHE LEBEN 143

Die Verkörperung der Rechtsordnung
Maat war die Schutzgöttin der Richter und ihr Bild wachte über den Verhandlungen. Im Totenbuch ist sie beim Wiegen des Herzens zugegen, jenem Ritual, welches das Schicksal des Verstorbenen bestimmte.

Funktionen aus. Im Neuen Reich gab es lokale Gerichte, sodass die Beamten am Ort, wo der Streit entbrannt war, Ermittlungen durchführen konnten. Obwohl es wenig Informationen über Gerichtsverfahren im alten Ägypten gibt, ist bekannt, dass sich Kläger und Beklagte selbst vertraten und dass sich Urteile auf Indizien und Zeugenaussagen stützten. Verhandlungen, in deren Mittelpunkt ein Verbrechen stand, begannen mit der Befragung der Angeklagten, wobei manchmal sogar die Folter angewendet wurde.
Wenn der Angeklagte für schuldig befunden wurde, hatte der Pharao das Strafausmaß festzusetzen. Im Neuen Reich konnten sich die Angeklagten während der religiösen Feste an die Orakel wenden und die Statue eines Königs oder Gottes um Gerechtigkeit bitten.

GERICHTLICHE DOKUMENTE

Die bis heute erhaltenen gerichtlichen Dokumente (Papyri, die hauptsächlich in Demotisch oder auch in Griechisch verfasst waren) stammen aus den jüngeren Perioden der ägyptischen Geschichte. Aus diesen Papyri geht hervor, dass die Ägypter eine klare Rechtsauffassung von Eigentum und Gleichheit hatten: Mann und Frau wurden vor dem Gesetz gleich behandelt, beide konnten Ehe- oder Mietverträge abschließen und ein Testament verfassen; Privateigentum war durch Erbschaft, Verkauf und Schenkung übertragbar; Verträge wurden nach ägyptischem Recht abgeschlossen, internationales Recht war aber nicht unbekannt. Das Foto unten zeigt einen gerichtlichen Papyrus mit dem Protokoll eines Zivilprozesses.

Ein Beamter
Wenn die lokalen Gerichte über besonders wichtige Streitfälle zu entscheiden hatten, schickte der Wesir einen seiner Beamten. Dieser hörte sich die Zeugenaussagen vor Ort an und fällte gemeinsam mit den lokalen Richtern das Urteil.

DIE ARMEE

Das Leben der Soldaten war hart und gefährlich, barg aber die Möglichkeit, reiche Beute zu machen und im Fall eines Sieges eine stattliche Belohnung zu erhalten.

Da Ägypten während des Alten Reiches durch natürliche Grenzen – die Wüste und das Mittelmeer – geschützt war, brauchte es kein ständiges Heer. Um in dringenden Fällen äußeren Gefahren die Stirn bieten zu können, wie etwa während der Beduinen-Einfälle, wurden junge Männer rekrutiert, die nach Beendigung des Krieges wieder an ihre Arbeit zurückkehrten. Als dann die Adeligen ihre Macht vergrößerten, versuchte jeder Nomarch seine eigene Streitmacht aufzustellen. Die Zentralisierung der Macht während des Neuen Reiches und die Ausdehnung der Grenzen in Richtung Nubien machten ein Berufsheer notwendig. Während des Neuen Reiches erwarb die Armee durch Kriege gegen fremde Länder eine noch bedeutendere Rolle und es wurde eine feste Organisationsstruktur aufgebaut. Zum Großteil bestand die Truppe aus Ägyptern, aber bereits in frühester Zeit wurden auch ausländische Söldner angeheuert. Die am meisten geschätzten waren die Nubier, da sie mit Pfeil und Bogen äußerst geschickt umgehen konnten, und die Libyer. Während des Mittleren Reiches gab es unter den Söldnern der Armee immer mehr Hyksos, bis diese in der Zweiten Zwischenzeit sogar die Macht im Staat übernehmen konnten; 1573 v. Chr. wurden sie wieder vertrieben. Später stammten auch die Leibwächter einiger Pharaonen aus fremden Ländern. Zu Ende der Persischen Periode, vor der Eroberung Ägyptens durch Alexander den Großen (332 v. Chr.), wurden für die Bezahlung der griechischen Söldner eigene Münzen geprägt.

Die Basiseinheit des ägyptischen Heeres war die Abteilung, die aus etwa 50 Mann

Die nubischen Bogenschützen
Im Alten Reich bestand die Armee nicht aus Berufssoldaten. Die einzigen ständigen Soldaten waren ausländische Söldner, besonders Libyer und Nubier. Die Nubier unterschieden sich von den Ägyptern durch ihre dunklere Hautfarbe und durch ihre Kleidung, die aus einem kurzen mit Fell verzierten Lederrock bestand. Sie waren als Bogenschützen sehr geschätzt, wie anhand der Darstellung in diesem Modell aus einem Grab des Mittleren Reiches in Assiut und ähnlichen Modellen zu vermuten ist. Für ihre Bögen verwendeten sie Pfeile mit Quarzspitzen und ihr Ruhm übertrug sich auf ihr Herkunftsland Nubien, das von den Ägyptern »Land des Bogens« genannt wurde.

bestand. 50 Abteilungen bildeten eine Kompanie und 20 Kompanien eine Division, die nach einer Gottheit benannt wurde. Der höchste Heerführer war der Pharao, der aber den Generälen das Kommando übertrug. Lange Truppenmärsche Schulter an Schulter und Zweikämpfe waren Teil der harten Heeresausbildung. Als Entschädigung für den obligatorischen Wehrdienst bekamen die Soldaten außer einem Teil der Beute und einigen Sklaven auch Ländereien zugesprochen. So entstand eine reiche Mittelschicht, denn die Ländereien und damit auch der Soldatenberuf wurden weitervererbt.

Die ägyptischen Lanzenträger
Die ägyptische Armee bestand aus Bogenschützen, Lanzenträgern und – ab dem Neuen Reich – auch aus einer Reiterei. Auch wenn die Bogenschützen ausländische Söldner sein konnten, so waren die Lanzenträger großteils Ägypter. Die Uniform dieser Soldaten war sehr einfach – sie bestand nur aus einem weißen Rock. Zu ihrer Ausstattung gehörten eine Lanze mit zugespitztem Ende, auf dem eine Metallspitze befestigt war, und ein mit bemaltem Leder überzogener Holzschild. Diese Soldaten machten den Hauptteil der ägyptischen Infanterie aus.

Transport von Lebensmitteln
Die Verpflegung der Soldaten, die zur Gänze der Staat zur Verfügung stellte, wurden abgefüllt und auf Wagen verladen. Wasser und Wein wurden in großen Tonkrügen aufbewahrt (oben), die zum leichteren Transport verschlossen wurden.

Die Reiterei
Ab dem Neuen Reich profitierte das ägyptische Heer, das traditionell aus Bogenschützen und Lanzenträgern bestanden hatte, von einer Neueinführung: dem von Pferden gezogenen Streitwagen. Die Reiterei, ein Teil der Infanterie und der Kommandotrupp bildeten das Ende der Formation.

Waffen

Bis zum Ende des Mittleren Reiches waren die Waffen der Ägypter die gleichen wie die ihrer afrikanischen und östlichen Nachbarn. Als älteste Waffe gilt der Bogen mit einem Pfeil mit Steinspitze. Pfeil und Bogen waren bei allen angrenzenden Völkern sehr wohl bekannt, und die Ägypter bezeichneten ihre Feinde als »Völker der Neun Bögen«. Sehr verbreitet waren auch Lanze, Dolch und Axt; die scharfen Klingen wurden zuerst aus Stein, dann aus Kupfer und ab dem Mittleren Reich aus Bronze gefertigt. Speere, obwohl sie auch in Schlachten verwendet wurden, waren ursprünglich für die Vogeljagd bestimmt.

Um das ab dem Neuen Reich perfekt organisierte Heer zu versorgen, entstanden Werkstätten zur Waffenherstellung. Sie befanden sich in Palästen oder in der Nähe von Tempeln, da das beste Holz für die Griffe in den heiligen Stätten zu finden war. Es sind Darstellungen erhalten, in denen das Feilen von Lanzen und die Herstellung von Bögen gezeigt wird; um die Rundung der Bögen zu erzielen, wurde ein spezielles Gerät verwendet.

Die Waffe des Herrschers
Ab der Zweiten Zwischenzeit führte Ägypten dank seiner Beziehungen zu den Nachbarländern neue Waffen ein, darunter das bronzene Sichelschwert aus Kleinasien. Sein Gebrauch war dem König vorbehalten, der häufig in den Schlachtszenen mit dem Sichelschwert kämpfend dargestellt wird.

Der Streitwagen

Die Einführung des Streitwagens durch die Hyksos während der Zweiten Zwischenzeit war für die Umgestaltung des Heeres entscheidend. Der ägyptische Streitwagen hatte Platz für den Wagenlenker und den Kämpfer, der Pfeil und Bogen und ein Futteral mit Speeren trug. Ein Schild (ursprünglich aus dem Panzer einer Schildkröte und dann aus mit Leder oder Fell überzogenem Holz hergestellt, wobei der obere Teil gerundet war) vervollständigte die Ausstattung jener Wagen, die für Pharaonen und Adelige vorgesehen waren. Der Streitwagen war eine taktische Waffe für ganz bestimmte Einsätze: damit konnte man die feindliche Infanterie frontal angreifen oder nach Umgehen der feindlichen Linien Unordnung in die fremden Truppen bringen, sie in die Flucht schlagen und schließlich die Flüchtenden verfolgen. Der Erfolg dieser »Kriegsmaschine« basierte auf Geschwindigkeit; mehrere solcher Streitwagen konnten wie eine Walze die gegnerische Infanterie überrollen. Gegen Streitwagen gab es nur wenige Verteidigungsmöglichkeiten: man musste das Gelände optimal nutzen, Gräben ziehen und Hindernisse aufstellen oder versuchen, die Pferde der Feinde niederzureißen.

Die Streitaxt
Die ältesten Streitäxte bestanden aus einem Kupferblatt in Halbmondform und einem Holzstiel. Ab dem Neuen Reich wurden sie aus Bronze hergestellt und bekamen eine rechteckigere Form, wie im Bild oben zu sehen ist.

DAS TÄGLICHE LEBEN

Feldzug
Dieses Relief aus dem Neuen Reich zeigt eine mit Streitäxten, Speeren und Schilden bewaffnete Truppe von Soldaten.

Speer mit Köcher
Jeder Streitwagen war mit einem Köcher mit mehreren Speeren ausgestattet, deren Spitze anfangs aus Quarz und später aus Kupfer oder Bronze bestand.

Ramses beim Angriff
Diese Zeichnung aus dem 18. Jh. nach einem Relief aus dem Ramesseum zeigt Ramses II. in einer Schlachtszene. Der Pharao steht allein in seinem Streitwagen; er hat die Zügel um seine Taille gebunden und die Hände frei, um einen Pfeil abzuschießen. Es handelt sich um ein Fantasiebild, denn Ramses hätte diese Aktionen nur schwer ohne die Hilfe eines Wagenlenkers ausführen können.

Der Mythos von der Sklaverei

Die griechischen Reisenden hielten fest, dass der Bau der Pyramiden ohne den massiven Einsatz von Sklaven nicht möglich gewesen wäre – so verbreitete sich der Mythos, dass Sklaven die Basis der ägyptischen Wirtschaft gebildet hätten.

Die Ägypter verstanden unter einem »Sklaven« etwas anderes als die Griechen und andere Völker des Altertums. Während des Alten Reiches war die Teilnahme der gesamten Bevölkerung notwendig, um Bewässerungskanäle und große Infrastrukturen zu errichten sowie militärische Aktionen durchzuführen. Die einzigen zur Gänze ihrer Freiheit beraubten Personen waren Kriegsgefangene, meist Libyer und Nubier. Die ägyptischen Bezeichnungen für diese waren »lebender Toter« oder »die zu tötenden Lebenden«. Die meisten hatten Hausarbeit zu verrichten, die Unglücklicheren landeten jedoch in den Bergwerken. Während der Ersten Zwischenzeit kaufte man in Asien Sklaven, deren Kinder ebenfalls als Sklaven geboren wurden.

Die ersten Sklaven
Ab dem Alten Reich kamen viele Sklaven der Ägypter aus Nubien. Die Kriegsgefangenen aus den Feldzügen der Pharaonen mussten Feldarbeit leisten, in Bergwerken arbeiten oder im Heer des Pharaos kämpfen.

Sklaven auf Abruf

Während des Alten Reiches bestand außer der Kriegsgefangenschaft die einzige Form der Sklaverei aus Frondiensten und obligatorischen Arbeiten auf dem Lande. Die Reichen konnten sich freikaufen, die Ärmeren mussten aber ihre Dienste leisten; wenn sie zu fliehen versuchten, wurden sie mit lebenslanger Sklaverei bestraft. Die Diener des Pharaos waren Kriegs- oder Strafgefangene; ihre Behandlung war unterschiedlich – ab dem Mittleren Reich wurden sie bei Fluchtversuchen meistens zum Tode verurteilt. »Sklaven« im Sinne der Griechen oder Römer gab es ab dem Ende des Mittleren Reiches; zumeist waren diese Sklaven Ausländer, die aber ihre Freiheit erlangen konnten, wenn sie in die Armee eintraten. Auch Ägypter selbst konnten Sklaven werden – sei es, dass sie sich selbst wegen extremer Armut als Sklaven verkauften oder dass sie wegen eines Verbrechens dazu verurteilt wurden. Sklaven konnten verkauft oder auch verliehen werden.

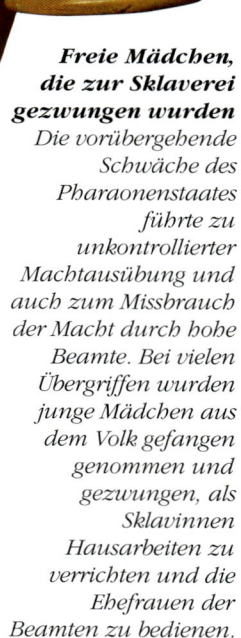

Freie Mädchen, die zur Sklaverei gezwungen wurden
Die vorübergehende Schwäche des Pharaonenstaates führte zu unkontrollierter Machtausübung und auch zum Missbrauch der Macht durch hohe Beamte. Bei vielen Übergriffen wurden junge Mädchen aus dem Volk gefangen genommen und gezwungen, als Sklavinnen Hausarbeiten zu verrichten und die Ehefrauen der Beamten zu bedienen.

DAS TÄGLICHE LEBEN

Die Dienerschaft
Als Djet bezeichneten die Ägypter Männer, die zwar keine Sklaven waren, aber nur wenig Freizeit besaßen. Ihre Hauptaufgabe war es, Arbeiten im Haus zu verrichten. Im Relief links sieht man einige Djet beim Bettenmachen.

Sklaven im Jenseits

Der Terminus für die dem König zu Lebzeiten dienenden Sklaven, »Khem«, wurde auch für die so genannten *Uschebti*-Statuetten verwendet. So wie die Bauern während ihres Frondienstes Landarbeit und andere Dienste für den lebenden Herrscher verrichteten, kümmerten sich die *Uschebtis* anstelle des Verstorbenen um dessen Pflichten im Jenseits. Daher nannte man diese Statuetten auch *Khem* – ein Name, mit dem die für obligatorische Arbeiten eingesetzten Diener im Alten Reich bezeichnet wurden.

Pyramiden und Sklaven
In überlieferten Dokumenten aus dem Alten Reich wird nichts über den Einsatz von Sklaven beim Pyramidenbau berichtet, wie allerdings dieser Stich aus dem 19. Jh. suggeriert. Es gab nur Hinweise auf Frondienste, welche die Bauern zu leisten hatten, während der Nil ihre Felder überflutete.

Wegen Schulden in die Sklaverei
In der ägyptischen Gesellschaft gab es auch eine Art von Sklaventum, die jener im Römischen Reich ähnlich war. Wer wegen Armut oder Verschuldung über zu wenig Mittel zum Überleben verfügte, konnte für eine gewisse Zeitspanne als Sklave verkauft werden.

Ehe und Familie

Es war Wunsch eines jeden Ägypters, zu heiraten und eine Familie zu gründen. In den unteren Schichten war die Einehe, bei den Adeligen die Vielehe gebräuchlich.

In Ägypten galt die Heirat als reine Privatangelegenheit, der lediglich beide Partner zustimmen mussten, sie schloss jedoch auch Rechte und Pflichten zwischen den Familien der Eheleute mit ein. Ab dem Beginn der Pubertät konnte man eine Ehe eingehen, und sobald junge Leute verheiratet waren, wurden sie als »erwachsen« betrachtet. Die Tatsache, dass ein Paar unter einem Dach lebte, reichte aus, um als verheiratet zu gelten. Meist zog die Frau in das Haus des Ehemannes. Für Scheidungen wurden vielfältige Gründe angeführt, wie die Unfruchtbarkeit der Frau, Ehebruch oder gegenseitiges Einverständnis. Man weiß, dass der Trennungswunsch häufiger von den Männern ausging als von den Frauen. Nach Auflösung der Ehe brauchte der Mann die Frau nicht länger zu erhalten und beide durften sich wiederverheiraten. Wegen der hohen Sterberate unter den Gebärenden (die Säuglingssterblichkeit war allerdings noch häufiger) heirateten viele Männer mehrere Male im Laufe ihres Lebens.

Der Priester Tenti und seine Gattin
Die gleiche Körpergröße dieser beiden Figuren kann als Hinweis auf gleiche Rechte von Mann und Frau gelten. Die Eheleute geben sich die Hand; diese Geste symbolisiert Zuneigung, Einmütigkeit, gegenseitige Hilfe und Zusammenhalt.

Auch die Vielehe war in Ägypten möglich – sie wurde von den höheren Schichten und vom Pharao praktiziert, dessen Ehefrauen oft seine Schwestern oder sogar seine Töchter waren. Die Ehe unter Blutsverwandten kam auch in der ägyptischen Mythologie vor und wurde im Gegensatz zur Auffassung des Inzest-Begriffes in der westlichen Welt keineswegs negativ gesehen.

Die Königsfamilie

Der Pharao konnte mehrere Frauen und Geliebte haben. Die »erste Frau des Königs« gebar in der Theorie die legitimen

Eltern und Kinder
Eine Familie bestand gewöhnlich aus Eltern und Kindern. Die Ehe legitimierte sowohl die Anerkennung der Kinder als auch die Rechte des Nachwuchses auf eine Erbschaft. Männer und Frauen erbten Grundstücke und bewegliche Güter zu gleichen Teilen. Sowohl der Ehemann als auch die Ehefrau konnten ein oder mehrere Kinder zugunsten der anderen enterben.

DAS TÄGLICHE LEBEN 151

Das Lieblingsgetränk der Ägypter
Die Bierherstellung war reine Frauensache, wie aus den zahlreichen in den Gräbern gefundenen Frauenstatuetten, die gerade Bier zubereiten, geschlossen werden kann. Um Bier zu machen, vermischten die Ägypter Brot oder Brotreste mit Wasser und pressten es durch ein Sieb in einen Krug, in dem durch Gärung das Bier entstand. Dieser Krug war mit einem Ausgießer versehen, durch den die Flüssigkeit tropfen konnte.

Eine Königsgemahlin, die keine königlichen Vorfahren hatte
Teje, die Gemahlin von Amenhotep III., war die Tochter eines hohen Beamten und gehörte nicht der königlichen Familie an. Dies zeigt die Haltlosigkeit einer Theorie, dass die Thronfolge in der weiblichen Linie innerhalb der gleichen Königsfamilie weitervererbt worden sei. Viele Könige heirateten allerdings Schwestern und Stiefschwestern, vielleicht um den Machtzuwachs anderer aristokratischer Familien sowie die Aufspaltung des Familienbesitzes zu verhindern.

Thronerben, während die anderen Ehefrauen in einem Art Harem lebten. Aus diplomatischen und wirtschaftlichen Gründen gab es häufig Ehen zwischen Mitgliedern der Königsfamilie und ausländischen Prinzessinnen; es war üblich, dass der Brautvater eine reiche Mitgift bereitstellte, während der Pharao einen großzügigen »Brautpreis« bezahlte.

Die Frau in der Gesellschaft

Die theoretische Gleichstellung von Mann und Frau fand eigentlich nur in den höheren ägyptischen Gesellschaftsschichten ihre Umsetzung. Fünf oder sechs Frauen hatten sogar die Pharaonenmacht inne, und die Gemahlinnen einiger Pharaos wirkten aktiv in der Politik ihrer Ehegatten mit. Adelige Frauen hatten religiöse und amtliche Titel; sie verfügten über Besitztümer, die sie selbst verwalteten und an ihre Erben weitergeben konnten. Die Frauen genossen in Ägypten eine beneidenswerte gesellschaftliche Stellung, wie sie in anderen Kulturen nicht beobachtet werden konnte. Aus den überlieferten Quellen ist bekannt, dass Frauen Grundbesitz hatten, ohne Hilfe von Männern kaufmännische Transaktionen durchführten sowie selbst Erbschaften machen und nach ihrem Belieben Erben bestimmen konnten. Als Ehefrauen verfügten sie weiterhin über ihre eigenen Güter, die sie auch im Fall einer Scheidung wieder mitnehmen konnten. Die Gleichheit vor dem Gesetz brachte mit sich, dass Frauen ebenso wie Männer als Kläger, Angeklagte oder Zeugen vor dem Gericht auftreten konnten.

Unter- und Mittelägypten

Eine Vielzahl von großartigen und berühmten Bauwerken der alten Pharaonenkultur sind in Mittel- und Unterägypten zu finden, das sich vom am Mittelmeer gelegenen Alexandria über die Pyramiden von Giseh bis Tell el-Amarna, der kurzzeitigen Hauptstadt von Echnaton, erstreckt.

Nekropole von Tanis

Tanis befand sich im östlichen Delta, in der Nähe der heutigen Ortschaft San el-Hagar. Die ältesten Überreste in Tanis gehen auf das Alte Reich zurück. In der Nähe befanden sich die Hauptstadt der Hyksos, *Auaris* (Tell el-Daba) und die Hauptstadt von Ramses II., *Piramesse* (Qantir). Im Gebiet zwischen diesen beiden Städten sind seit mehr als dreißig Jahren Ausgrabungen im Gange, wobei man den größten Teil des Grundrisses der Stadt Tanis nachvollziehen konnte, obwohl kaum etwas von den Gebäuden die Zeit überdauert hat. Bei weitem ergiebiger waren die Ausgrabungen im heiligen Bezirk mit seinen besser erhaltenen Grundrissen und den großen, an Skulpturen reichen Tempeln, die hauptsächlich aus der Ramessiden-Zeit stammten. Außerdem wurden in diesem Bereich Gräber von Herrschern der 21. und 22. Dynastie entdeckt. Psusennes I., Pharao der 21. Dynastie, ließ sein Grab im Südwesten der Anlage errichten. Hier fand Pierre Montet Mumien und Grabbeigaben des Herrschers und seiner Gemahlin. Es war ein einfaches Grab, die Wände waren mit Motiven aus dem *Sonnenhymnus* und Darstellungen des von den Göttern im Jenseits aufgenommenen Verstorbenen geschmückt. Innerhalb des Grabes befanden sich drei ineinander gestellte Sarkophage. Auf dem Gesicht der Mumie des Königs lag eine Goldmaske und

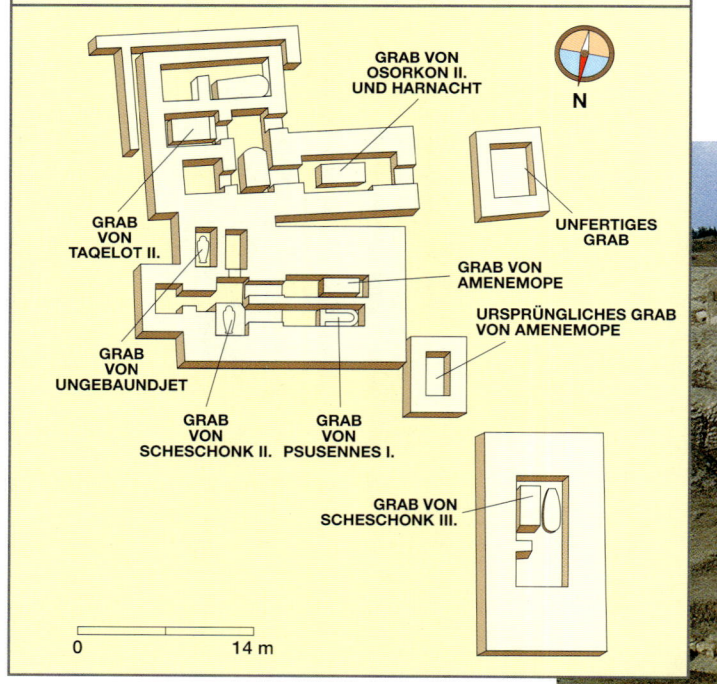

Gräberanlage
Die Totenstadt, die Montet 1939 in Tanis entdeckte, enthielt die Gräber von Psusennes I. und Amenemope aus der 21. Dynastie sowie jene von Osorkon II. und Scheschonk III. aus der 22. Dynastie. Es wurden auch Gräber gefunden, die nicht zugeordnet werden konnten.

Sarkophag aus Silber
Im Grab von Psusennes I. wurde auch der silberne Sarkophag von Scheschonk II. aus der 22. Dynastie gefunden.

Tanis heute
So sieht heute das im östlichen Delta gelegene Tanis aus. Im Hintergrund sieht man die Ruinen des Amun-Tempels, der unter der Leitung von Pierre Montet ausgegraben wurde.

Relief aus dem Grab von Scheschonk III.
Die Reliefe im Grab von Scheschonk III. zeigen Themen aus dem Buch der Nacht, in dem die Reise der Sonnenbarke durch die zwölf Nachtstunden beschrieben ist.

Relief am Sarkophag von Psusennes I.
Am äußeren Sarg aus rotem Granit sind Reliefe, die das Schicksal des Herrschers in der Unterwelt beschreiben.

Die Maske von Psusennes I.
Die Goldmaske, die das Gesicht von Pharao Psusennes I. bedeckte, war mit Nemes-Kopftuch, Uräusschlange, Bart und Usech-Halskragen ausgestattet.

am Körper waren äußerst viele Schmuckstücke angebracht: *Schebiu*-Halsketten, Pektorale mit Skarabäen, Finger aus Gold, Ringe, Amulette, Sandalen aus Gold, Ohrringe in Herzform und Armbänder. Es wurden außerdem Fragmente von Zeptern, Waffen, Kelchen und Goldgefäßen gefunden, und weitere Objekte, die den vorhergehenden Herrschern gehört hatten. Neben der Kammer von Psusennes I. befand sich jene von Mutnodjme, der Mutter des Pharaos. In dieser Kammer wurde der Nachfolger von Psusennes I., Amenemope, bestattet. Viele Tanitengräber dienten als Grab für mehrere Pharaonen und enthielten auch die Särge weiterer hochgestellter Persönlichkeiten. Osorkon I. ließ Scheschonk II. (22. Dynastie) im Grab von Psusennes I. bestatten. In der Grabkammer wurde ein Sarkophag aus Silber mit Falkenkopf, mehrere Kanopenkrüge, Statuetten und viele Schmuckstücke gefunden. Neben dem Grab von Mutnodjme befand sich jenes von König Osorkon II. Dort fand man einen Granitsarg, der weitere Sarkophage und reiche Grabbeigaben enthielt, darunter Kanopenkrüge mit dem Namen des Monarchen und mehr als 300 *Uschebti*-Statuetten. Harnacht, der Sohn von Osorkon II., starb mit acht oder neun Jahren und wurde neben seinem Vater begraben. Das Grab von Scheschonk III. sticht durch seine wertvollen Reliefe hervor, die Szenen aus dem *Buch der Nacht* darstellen. In diesem Grab war auch der Körper von Scheschonk I., dem Begründer der 22. Dynastie, untergebracht.

Alexandria

Die Stadt Alexandria wurde am Ufer des Mittelmeeres um das altägyptische Dorf Rhakotis gebaut. Nach Plutarch hatte Alexander einen Traum, in dem ihm ein alter weißhaariger Mann zeigte, wo er die Stadt gründen sollte. Die Reste der antiken Stadt befinden sich unter dem heutigen Alexandria. Dinokrates von Rhodos zeichnete einen Entwurf der Stadt und daneben den Maryut-See. Ptolemaios I. ließ das Grab für Alexander errichten, ebenso das Museum und die Bibliothek, die dann im 1. Jh. v. Chr. abgebrannt ist. Unter Ptolemaios II. wurde der Leuchtturm fertig gestellt und seine Nachfolger erweiterten die Stadt, so auch Kleopatra, die das Caesareum errichten ließ. Unter den Römern wurden das Amphitheater, die Thermen und die Nekropole erbaut. Alexandria war bis zum Ende des Mittelalters ein bedeutender Hafen und blühte im 19. Jh. durch die Öffnung des Suezkanals wieder auf.

ARCHÄOLOGISCHE ENTDECKUNGEN

Um die Überreste der von Alexander dem Großen gegründeten Stadt ans Licht zu bringen, waren verschiedene Maßnahmen notwendig. In den 50er-Jahren unternahm Jacques Cousteau die ersten Ausgrabungen unter Wasser, die 1994 von Jean-Yves Empereur wieder aufgenommen wurden. Empereur entdeckte mehr als 2000 Fragmente von Statuen und Gebäuden. Einige davon gehörten zu den Bauwerken der Ptolemäer-Zeit, wie der Leuchtturm, der den Schiffen den Weg in den Hafen wies. Außer Mauerresten des antiken Alexandria fand Empereur auch einige Schiffe (die ältesten stammen aus dem 4. Jh. n. Chr.), die vor der Küste Schiffbruch erlitten hatten.

Schätze unter Wasser
Die Entdeckung einer der Statuen des Leuchtturms bei Untersee-Ausgrabungen 1995.

Der Stadtgründer
Alexander der Große wurde 332 v. Chr. zum Pharao gekrönt. Im Jahr darauf legte er den Grundstein für die zukünftige Stadt Alexandria, deren Fertigstellung er nicht mehr erlebte; tatsächlich wurde Alexander erst zu seinem Begräbnis an diesen Ort zurückgebracht.

Eine schachbrettartig angelegte Stadt

Von der Stadtanlage des antiken Alexandria sind nur spärliche Überreste erhalten. Vermutungen über ihr damaliges Aussehen stützen sich auf die Aufzeichnungen des griechischen Geographen Strabo, der Alexandria 25 v. Chr. besuchte. Dinokrates von Rhodos hatte die Stadt entworfen und um die Hauptstraße (Kanopische Straße) angeordnet, die von Osten nach Westen verlief. Er richtete sich dabei nach den typischen griechischen Stadtmodellen, in denen die Straßen schachbrettartig angelegt waren. Diese Stadtstruktur wurde nach Hippodamos benannt, der bereits den Grundriss von Milet nach diesem Muster entworfen hatte, und ist als »Hippodamisches System« bekannt geworden. Alexandria war in fünf Stadtteile aufgeteilt und um die Stadt erhoben sich Mauern, die in der Römerzeit den Stadtbereich eingrenzten. Alexandria wurde durch Kanäle mit Wasser aus dem südlich der Stadt gelegenen Maryut-See versorgt.

Eine Stadt, viele Kulturen

Als Alexander sich entschloss, eine Stadt zu gründen, wählte er diesen Standort wegen seines natürlichen Hafens. Zur Zeit von Ptolemaios I. wurde die Insel Pharos, auf welcher der große Leuchtturm stand, durch einen Wall (den Heptastadion) mit dem Festland verbunden. Dadurch entstanden zwei Häfen: der im Westen liegende »Hafen der Glücklichen Heimkehr« und der Große Hafen. Die beiden Häfen begünstigten einen wirtschaftlichen Aufschwung und Alexandria verwandelte sich in eine reiche und blühende Stadt. Die Stadtteile unterschieden sich nach ihren Bewohnern: Rhakotis mit seinen Gebäuden im Pharaonenstil war das »Ägyptierviertel« und eines der bevölkerungsreichsten Stadtviertel – auch die Juden ließen sich hier nieder, nachdem sie aus den anderen Stadtteilen vertrieben worden waren; die Insel Pharos war von Ägyptern bewohnt; in der Nähe des Großen Hafens befand sich das Viertel Brucheion oder Regia, in welchem sich die Königsresidenzen befanden.

Das römische Theater
Im Stadtviertel Kom al-Dick, woher die meisten Funde aus der Römerzeit stammen, befindet sich das Theater. Der Halbkreis mit den Stufen und Teile der Bühne sind erhalten.

Die Katakomben von Alexandria

Die berühmtesten und interessantesten Gräber von Alexandria sind jene von griechischen und römischen Adeligen, weil sich bei diesen Begräbnisstätten ägyptische Motive mit griechischen und römischen vermischten. An der östlichen Stadtmauer befindet sich die Totenstadt Schatby aus dem 4. bis 3. Jh. v. Chr. und auf der Insel Pharos die Nekropole Anfuschi aus dem 3. bis 1. Jh. v. Chr. Die Gräber sind im Pompeji-Stil dekoriert, die Themen sind aber typisch ägyptisch. Um hineinzugelangen, durchquert man ein unterirdisches Atrium, von wo aus man zu den Grabkammern hinabsteigen kann. Am bedeutendsten sind die Katakomben von Kom el-Schukafa mit Gräbern aus dem 1. und 2. Jh. n. Chr. Erst kürzlich wurde die Nekropole Gabbani mit Nischengräbern für Erd- und Feuerbestattungen entdeckt.

Die Säule des Pompeius
Diese Granitsäule wurde vom Präfekten Ägyptens errichtet und 297 n. Chr. Diokletian gewidmet. Lange Zeit glaubte man fälschlich, dass sie das Grabmal des Pompeius anzeige.

Die Katakomben
Der Pharao kommt mit einem Pektoral als Geschenk zum Apis-Stier, der von der Göttin Isis beschützt wird. Diese Szene befindet sich in der Haupt-Grabkammer der Katakomben von Kom el-Schukafa.

Die Nekropole von Sakkara

Die Gräberstadt Sakkara befand sich in der Wüste, am westlichen Ufer des Nils, in der Nähe von Memphis, der ersten Hauptstadt in der Geschichte des Pharaonenlandes. Sakkara war ab der 1. Dynastie die Totenstadt von Memphis und sollte die bedeutendste Nekropole dieser Hauptstadt des Alten Reiches werden. Anfangs errichtete man Mastabas aus luftgetrockneten Lehmziegeln. In solchen Grabstätten wurden die Pharaonen und Adeligen bestattet, bevor Imhotep, der Architekt von Pharao Djoser, die erste Steinpyramide erbaute. Die Mastabas waren rechteckig angelegt und enthielten eine unterirdische Grabkammer. Die Gräber der Nekropole Sakkara zeigen sehr schön die Entwicklung des äußeren und inneren Ausbaus der Grabgebäude. Zur Zeit der 1. Dynastie wurde das Äußere der Grabanlage wie eine Palastfassade gestaltet. An der Ostseite war außen eine falsche Tür mit einer dem Verstorbenen gewidmeten Stele angebracht, die eine Art Verbindung zur Welt der Lebenden darstellte. Ab der 2. Dynastie wurden die Fassaden einfacher gestaltet und die äußere Nische mit der falschen Tür wurde durch eine Kapelle im Inneren ersetzt.

Karte von Sakkara
Die Nekropole von Sakkara befindet sich in der Wüste, am westlichen Ufer des Nils. Sie ist über 6 km lang und mehr als 1,5 km breit und gilt als die bedeutendste archäologische Stätte Unterägyptens.

Memphis
Von Memphis, der ersten Hauptstadt des geeinten Ägypten, sind kaum noch Reste erhalten. Nur einige Ruinen und Notizen von Reisenden können uns eine Idee davon geben, wie diese grandiose Stadt ausgesehen hat, die am östlichen Ufer des Nils lag und deren große Nekropolen Sakkara und Giseh waren. Links ist eine Sphinx aus Alabaster aus dem Neuen Reich zu sehen.

Die Nekropole von Sakkara
Im mittleren Teil der Nekropole befand sich die Grabanlage des Djoser mit der großen Stufenpyramide. Geographisch lässt sich das Gräberfeld in zwei große Bereiche gliedern: den nördlichen und den südlichen Teil. Der Großteil der Gräber befindet sich im nördlichen Teil.

DIE ENTDECKUNG DES ALTEN ÄGYPTEN

Die Grabanlage des Djoser

Ebenfalls hier in Sakkara entstand die erste Pyramide Ägyptens – die Stufenpyramide des Djoser, einem Herrscher der 3. Dynastie. Seine Grabanlage wurde von Imhotep, dem Architekten des Pharaos, etwa 2650 v. Chr. als ewige Ruhestätte des Königs errichtet. Die Anlage wurde von Archäologen des 19. Jh.s wie Lepsius, Perring, Vyse und Mariette erforscht. Im 20. Jh. haben sich Firth und vor allem Philippe Lauer durch ihre Forschungsarbeiten ausgezeichnet.

Die Pyramide war ursprünglich als Mastaba geplant, wurde dann aber so weit ausgebaut, dass sie schließlich sechs Stufen hatte. Der Eingang befindet sich an der Nordseite. Ein Schacht führt zur Grabkammer, ein anderer Gang zu zwei Kammern mit blauen Keramikfliesen. 1933 wurden weitere unterirdische Gänge gefunden, aus denen Särge aus Alabaster und etwa 40.000 beschädigte Steingefäße geborgen werden konnten. Der Grabkomplex des Djoser war von einer 10 m hohen Mauer aus Kalksteinblöcken umgeben, die wie eine Palastfassade mit Vorsprüngen und Kehlungen versehen war; der Eingang befindet sich im Südosten. Man ging durch einen

JEAN-PHILIPPE LAUER

Viele der Anlagen von Sakkara wurden ab 1927 vom französischen Architekten Jean-Philippe Lauer ausgegraben. Er beschränkte sich nicht darauf, die Anlagen ans Licht zu bringen, sondern restaurierte und rekonstruierte einen großen Teil; dazu benutzte er, soweit es möglich war, am Ort befindliche behauene Steine gemeinsam mit Steinen aus dem antiken Kalksteinbruch Tura. An der Ostseite des großen Hofes rekonstruierte Lauer zwei der ursprünglich 13 Kapellen *(links im Bild).* Diese waren Scheinkapellen und hatten keinen Innenraum. Es handelt sich um Steinkopien der für das *Sed*-Fest errichteten Pavillons. Die gewölbten Dächer der Gebäude werden von hohen Säulenreihen getragen; die Säulen sind mit den traditionellen Blumenkapitellen geschmückt.

Der Eingang in die Grabanlage des Djoser
Die Mauer, die den Grabkomplex des Djoser umgab, hatte Vorsprünge, Kehlungen und 14 Scheintore und war der Fassade des Königspalastes nachempfunden. Der Eingang befand sich im Südosten.

DIE ENTDECKUNG DES ALTEN ÄGYPTEN

Das »Südgrab«
In der südwestlichen Ecke des Südhofes im Grabkomplex des Djoser befindet sich ein Heiligtum, das im oberen Teil mit einem Fries mit Uräusschlange, dem Symbol der Königlichkeit, geschmückt ist. Daneben befindet sich eine kleine unterirdische Kammer, vermutlich ein Grab, in dem die Kanopenkrüge mit den Eingeweiden des Königs aufbewahrt wurden.

Die zwei Zonen des Gräberfelds von Sakkara

Gang mit 20 kannelierten Säulen, die Rohrbündel darstellen sollten. Danach kam man in einen großen Hof, wo der Pharao anlässlich des *Sed*-Festes (*siehe Seite 58*) einen rituellen Wettlauf durchzuführen hatte. Der südliche Hof war im Norden von der Pyramide begrenzt; im Osten befanden sich die Kapellen für das *Sed*-Fest; im Südwesten war das »südliche Grab« mit den Grabkammern, in denen die Eingeweide des Königs aufbewahrt wurden; daneben befand sich eine Kapelle, deren Wände von einem umlaufenden Fries in Form einer Kobra geschmückt waren. In der Mitte des Südhofes sind zwei Bauten in Form eines »B« erhalten, die mit dem *Sed*-Fest in Zusammenhang standen; in der Nähe der Südseite der Pyramide befindet sich ein Altar. Im Norden der Anlage stehen zwei Gebäude: das Haus des Südens und das Haus des Nordens; ihre Dekorationselemente weisen auf Ober- bzw. auf Unterägypten.

Die meisten Pyramiden in Sakkara, die man während der 5. und 6. Dynastie errichtete, wurden mit einer Kalksteinverkleidung versehen. Es gibt auch zwei Pyramiden aus luftgetrockneten Lehmziegeln aus der 13. Dynastie. In der Nähe befinden sich Gräber von Würdenträgern, manche davon sind Felsengräber, andere bestehen aus Lehmziegeln. Die Mastabas sind mit großartigen Reliefen verziert. In Sakkara befinden sich auch Tier-Totenstädte, wie das Serapeum, die Begräbnisstätte der Apis-Stiere.
Einige Adelige der 18. Dynastie und der Ramessidenzeit ließen ihre Gräber im Süden der Stufenpyramide errichten. Während der Saitenzeit und der Persischen Periode wurden Schachtgräber im Südwesten der Wenis-Pyramide angelegt.

Eine Doppelmastaba
Die Mastaba des Nianchchnum und des Chnumhotep (unten) weist eine komplexe Struktur auf: sie besteht aus zwei Vorhallen, einem Hof, einer Kapelle und einer Kammer für die Grabbeigaben.

Die Mastaba des Mereruka
Die Mastaba des Wesirs Mereruka gehört zu den größten von Sakkara. Sie zeichnet sich durch die bemerkenswerte Qualität der Basreliefe und die Vielfalt der Symbole aus: eines der interessantesten Motive ist hier das gewaltsame Mästen von Hyänen.

Relief aus der 5. Dynastie
Dieses kostbare Basrelief hat sich in der Mastaba von Ptahhotep und Achethotep (5. Dynastie) erhalten.

Im Westen des Serapeums befinden sich auch einige Gräber aus der 30. Dynastie. Das Gräberfeld von Sakkara kann in zwei Zonen geteilt werden: den nördlichen Teil, wo sich fast alle Gräber befinden, und den südlichen Teil. Die Grabanlage des Djoser liegt in der Mitte und jene von Pharao Userkaf aus der 5. Dynastie befindet sich im Nordosten. Im Süden liegt die Pyramide von König Wenis aus der 5. Dynastie, und direkt daneben befinden sich zahlreiche Mastabas, darunter jene von Irukaptah, Nianchchnum und Chnumhotep. Neben der Wenis-Pyramide liegen auch die Gräber von Haremhab und dem Schatzmeister Maya, beide aus der 18. Dynastie; im Südwesten der Pyramide ist die Grabanlage von König Sechemchet aus der 3. Dynastie. Im Osten der Pyramide des Userkaf befindet sich die Grabanlage von König Teti aus der 6. Dynastie; nicht weit davon liegen einige Mastabas, wie jene von Mereruka, Kagemni und Anchmahor. Die Doppelmastaba von Ptahhotep und Achethotep sowie die Mastaba des Ti sind im östlichen Teil der Nekropole; daneben befindet sich das Serapeum und im Norden Totenstädte für Ibisse und Paviane. Ebenfalls im Norden liegen Gräber aus der 30. Dynastie und der griechisch-römischen Epoche, im Nordosten Gräber aus der Thinitenzeit. Die wenigen Gräber im südlichen Bereich von Sakkara sind alle von besonderem archäologischen Interesse: die Grabanlage des Djedkare Isesi (5. Dynastie), von Pepi I., Merenre I. und Pepi II. (6. Dynastie), ebenso die Grabanlage des Schepseskaf (4. Dynastie) und die Pyramiden von Masghuna.

Die Grabanlage des Sechemhet
Im südwestlichen Bereich des Grabkomplexes des Djoser liegt die Grabanlage seines Vorgängers, Sechemchet. Dort sind auch Reste einer unvollendeten Stufenpyramide (links), die noch größer gewesen sein muss als jene von Djoser.

Der Taltempel des Wenis
Er liegt im östlichen Bereich und war durch eine fast 1 km lange Rampe mit dem Grabtempel verbunden. Der Taltempel hatte einen T-förmigen Grundriss; heute sind nur noch zwei Säulen mit Palmenkapitellen vorhanden.

Die Pyramiden von Giseh

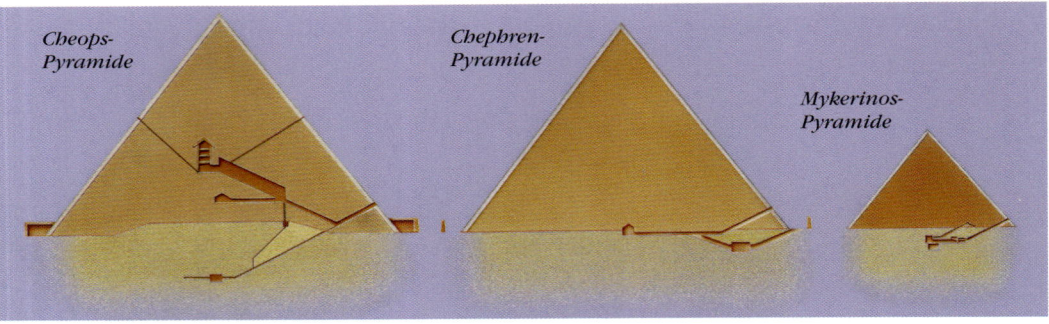

Cheops-Pyramide *Chephren-Pyramide* *Mykerinos-Pyramide*

In der Nähe der Vorstädte von Kairo, auf der Hochebene von Giseh, befinden sich die berühmtesten und bedeutendsten Grabkomplexe des antiken Ägypten – die Pyramiden von Giseh. Das große Hochplateau, auf dem sie erbaut wurden, misst 1500 m in Nord-Süd-Richtung und 2000 m in Ost-West-Richtung und liegt 40 m über dem Talboden. Die drei Pyramiden sind nach Größe und Alter angeordnet und bilden eine Achse von Nordosten nach Südwesten. Die älteste liegt am Nordrand des Plateaus, die zweite diagonal südlich davon und die dritte, zuletzt gebaute, noch ein Stück weiter. Ihre Außenverkleidung hielt sich bis zum Mittelalter, als sie entfernt wurde, um als erstklassiges Baumaterial für die Häuser von Kairo verwendet zu werden.

Die Pyramiden von Giseh wurden im Laufe von drei Generationen errichtet: Unter Cheops, dem zweiten Pharao der 4. Dynastie, entstand die größte, unter seinem Sohn Chephren die zweitgrößte und unter dem Neffen Mykerinos die dritte. Auch heute weiß man noch nicht mit Sicherheit, auf welchen mathematischen Berechnungen der Bau dieser Pyramiden basierte und welche Konstruktions- und Bautechniken angewandt wurden.

Der Horizont des Cheops

Die Cheops-Pyramide, auch Große Pyramide oder »Horizont des Cheops« genannt, ist die älteste (2605–2580 v. Chr.) und mit ihren heutigen 144 m die höchste der drei Pyramiden. Die Basis ist 230 m lang, der Neigungswinkel beträgt 51°. In ihrem Umkreis wurden Schächte mit zwei großen heiligen Barken gefunden; eine Barke wurde rekonstruiert und ist in einem Museum in der Nähe der Pyramide ausgestellt (*siehe Seite 101*). Östlich der Großen Pyramide befinden sich die drei kleinen Pyramiden von Gattinnen des Cheops. Im Osten und im Westen liegen in einer Reihe einige Mastabas der 4. und 5. Dynastie. Man rechnet, dass die Große Pyramide aus mehr als zwei Millionen jeweils 2,5 t schweren Steinblöcken besteht. Im Mittel hätten die Arbeiter alle vier Minuten einen Steinblock behauen, transportieren und auf den richtigen Platz hieven müssen, und zwar Tag und Nacht, insgesamt 23 Jahre lang – ein Unternehmen, das uns heute fast unmöglich erscheint.

IM INNEREN DER PYRAMIDEN

Im inneren Aufbau der Pyramiden gab es Unterschiede: meist gab es drei Kammern, in die man durch schmale Gänge gelangte. Esoterik-Anhänger haben diese drei Kammern den drei lebenswichtigen Dingen des Menschen gleichgesetzt: Herz, Gehirn und Fortpflanzungsorgane. Andere wiederum halten die Pyramiden für Tempel, in deren Kammern Unerfahrene unter der Aufsicht von Priestern lernen konnten, mit Hilfe von Meditation in einen höheren Bewusstseinszustand zu gelangen. Im Bild oben ist die Innenstruktur der Pyramiden von Giseh eingezeichnet.

Zusammentreffen von Gegenwart und Vergangenheit
Auch wenn man sich oft vorstellt, die drei Pyramiden von Giseh lägen mitten in der Wüste, so befinden sie sich doch im nahen Umkreis der Millionenstadt Kairo.

Die Chephren-Pyramide

Die Chephren-Pyramide befindet sich im Südwesten der Cheops-Pyramide. Sie ist etwas kleiner, obwohl sie der Betrachter für größer halten könnte, da sie 10 m höher liegt. Sie ist 136,5 m hoch und 210,5 m breit und die einzige der Pyramiden von Giseh, bei der im oberen Teil noch etwas von der Kalksteinverkleidung erhalten ist. Sie hat auf der Nordseite zwei Eingänge: der erste befindet sich in Bodenhöhe und der zweite etwa 13 m über dem Felssockel, auf dem die Pyramide steht. Beide Gänge vereinigen sich im Inneren und führen zur Grabkammer, die einen Granitsarkophag ohne Inschriften und Dekorationen enthält.

Auf der Südseite der Chephren-Pyramide befand sich eine Nebenpyramide. Zwei Gänge führen in die unterirdischen Kammern dieser Pyramide, von deren Aufbau allerdings nichts mehr übrig ist. Einer der Gänge endet in einer kleinen Nische, in der man eine Holzkiste mit mehreren von Ahmed Yussuf wieder zusammengesetzten Teilen eines Schreins aus Zedernholz fand. Der Schrein wurde für den Transport einer Götterstatue bei Zeremonien benutzt.

Eine Chephren-Statue
1860 entdeckte Auguste Mariette unter Statuenfragmenten, die in einen Graben des Taltempels geworfen worden waren, diese außergewöhnliche Skulptur, die den sitzenden Monarchen darstellt.

Außenverkleidung
Nächtliches Bild der Chephren-Pyramide; sie ist die einzige unter den Pyramiden in der Ebene von Giseh, bei der noch Spuren von der Kalksteinverkleidung vorhanden sind.

Die Göttliche Pyramide

Im Südwesten liegt die dritte der Pyramiden von Giseh – die »Göttliche Pyramide«. Sie wurde unter Pharao Mykerinos verwirklicht und gleicht von der Konstruktionstechnik her den anderen beiden, ist aber kleiner. Sie hat eine Höhe von 65,50 m, eine Basislänge von 108 m und einen Neigungswinkel von 51°. Südlich davon stehen drei kleine Pyramiden und vom östlich liegenden Grabtempel ist nicht viel erhalten. In der Grabkammer der Pyramide wurden ein Sarg aus Basalt und Reste eines Holzsarkophags gefunden.

Eine große Lücke in der Mykerinos-Pyramide
1196 eignete sich Malek Abd al-Aziz Othman ben Yussuf, ein Sohn Saladins, einige der Steinblöcke der Mykerinos-Pyramide an. Ursprünglich wollte er die Pyramide vollständig abtragen, scheiterte aber bei diesem Unternehmen. Dies zeigt, wie solide und dauerhaft die Pyramide gebaut wurde.

Zeitloser Zauber
Die majestätischen Pyramiden von Giseh, Symbol Ägyptens seit mehr als 4500 Jahren, sind eines der Hauptreiseziele von Touristen aus der ganzen Welt geworden. Von links nach rechts: die Pyramiden von Mykerinos, Chephren und Cheops.

Der Taltempel

Wie sein Vater Cheops ließ auch Pharao Chephren einen großen Grabkomplex errichten. Außer der Pyramide umfasste die Anlage einen Taltempel, die berühmte Sphinx und einen kolossalen Totentempel. Dieser befand sich an der Ostseite der Pyramide und war größer als jener von Pharao Cheops, es sind jedoch leider nur noch Ruinen vorhanden. Der Totentempel ist mit dem Taltempel im Süden durch den großartigen, 494 m langen Aufweg verbunden. Nachdem Auguste Mariette 1825 den (als einzigen erhaltenen) Taltempel entdeckt hatte, bezeichnete er ihn fälschlich als »Sphinx-Tempel«. Der Tempel wurde aus rechteckigen Granitblöcken aus Assuan errichtet und seine Bauweise war dem Totentempel ähnlich. Die beiden Eingänge, vermutlich jeweils symbolisch für Ober- und Unterägypten, waren mit vier Sphinxen geschmückt, von welchen nur noch Bruchstücke übrig sind; nach der querliegenden Eingangshalle folgte eine (heute eingestürzte) Säulenhalle in T-Form mit 16 Steinsäulen; entlang der Mauern dieser grandiosen Säulenhalle waren große Pharaonenstatuen aus Diorit, vermutlich insgesamt 23, postiert. Eine davon – sie wurde von Mariette bei Ausgrabungen in der Eingangshalle entdeckt – ist im Museum von Kairo zu bewundern.

Die Mastabas von Giseh
Während der 4. Dynastie wurden die Mastabas für die Familienangehörigen des Königs und für die Würdenträger des Hofes in der Nähe der Pyramiden errichtet. So konnten sie mit dem Pharao auch das Leben in der Unterwelt teilen. In Giseh bildeten die Mastabas eine Nekropole, die sich im Osten und im Westen der Großen Pyramide ausbreitete (oben).

Der Pyramidenbau
Für den Pyramidenbau verwendete man Steinquadern, die entweder trocken oder mit einer hauchdünnen flüssigen Mörtelschicht aus Sand und Kalk zusammengesetzt wurden.

Die Sphinx

Neben dem Taltempel befindet sich die Große Sphinx. Sie bewacht den Totentempel des Chephren, hat den Körper eines Löwen und einen Menschenkopf, und die Gesichtszüge sind die von Pharao Chephren. Sie trägt das *Nemes*-Kopftuch, an der Stirn die Uräusschlange und hatte einen Zeremonialbart (ein Teil des Bartes wurde 1816 entdeckt und dem British Museum geschenkt).
Unter den Hunderten von Statuen, die während der Herrschaft von Chephren hergestellt wurden, war die Sphinx die erste Kolossalstatue des antiken Ägypten.

Der Löwe in Gefahr
Thutmosis IV. ließ zwischen den Pfoten der Sphinx eine Stele errichten. Das Gesicht der Mensch-Tier-Statue wurde im 14. Jh. n. Chr. durch einen arabischen Scheich verunstaltet. Die Vorderpfoten wurden bereits während der Römerzeit restauriert. Luftverschmutzung, unterirdische Wasserläufe und Massentourismus bedrohen den Löwen mit dem Gesicht des Chephren.

Die Dimensionen dieser legendären aus einem riesigen Felsen gemeißelten Statue, die zuerst von der Natur und dann von Menschenhand modelliert wurde, sprechen für sich: von den vorderen Krallen bis zum Schwanzansatz 73 m lang und 20 m hoch; das Gesicht hat eine Höhe von 5 m und die Ohren von 1,37 m.
Die Sphinx stellt also Chephren dar, der hier der Sonne, der ewigen Wächterin der Totenstadt, gleichgestellt wird. Im Neuen Reich sah man in ihr den Gott Harmachis, »Horus vom Horizont«, der vermutlich zu Beginn der Herrschaft von Amenhotep II. mit einem Gott von Kanaan identifiziert wurde.

Blick von oben auf die Sphinx
Von der Luft aus kann man die Sphinx (von der 1804, als Ludwig Mayer sie zeichnete, nur der Kopf sichtbar war) in ihrer ganzen Länge von 73 m bewundern und mit dem Tempel zu ihren Füßen, von dem nur Reste erhalten sind, vergleichen.

Touristenattraktion
Bei den Pyramiden und der Sphinx von Giseh werden jeden Abend »Son et lumière«-Veranstaltungen angeboten.

Zwischen den Vorderpfoten der Statue befindet sich eine Stele, die während der 18. Dynastie, mehr als 1000 Jahre nach Fertigstellung der Sphinx, angebracht wurde. Eine Inschrift auf der Stele berichtet, dass, als Wüstensand die Sphinx bedeckte, Thutmosis einen Traum hatte, in dem der Gott Harmachis ihn bat, vom Sand befreit zu werden – dafür würde der Gott ihm zum Thron verhelfen. Als Thutmosis unter dem Namen Thutmosis IV. zum Pharao gekrönt wurde, erinnerte er sich an den Traum und führte alsbald die erste Restaurierung des Monuments durch. Ausgrabungen und Restaurierungen der Sphinx haben in der Geschichte mehrmals stattgefunden. 1798, als die Wissenschaftler der Napoleon-Expedition die Statue ausgruben, entdeckten sie die berühmte Stele von Thutmosis IV. und untersuchten erstmals die Statue. 1980 nahm man wegen unterirdischer Wasserschäden und starker Verschmutzung eine Restaurierung vor. Die durchgeführten Arbeiten hatten katastrophale Auswirkungen, da sich durch die ungeeignete Verwendung von Zement mehrere Steinblöcke lösten. Man musste eine andere Art von »Nachbesserung« vornehmen, um der Sphinx wieder ihr ursprüngliches Aussehen zu verleihen und ihr Überleben zu sichern.

Der Sphinx-Tempel

Der Tempel liegt an der rechten Seite der Sphinx und wurde aus großen Kalkstein- und Granitblöcken aus Assuan errichtet. In seinem Inneren befindet sich ein Hof, der von großen rechtwinkeligen Pfeilern umgeben ist, und im Zentrum steht ein Gabenaltar. Der Tempel scheint der Sphinx selbst geweiht worden zu sein, aber man weiß nur wenig darüber, da aus dem Alten Reich keine Texte über die Statue oder ihren Tempel erhalten sind. Jedenfalls gilt er als erster Sonnentempel des Alten Reiches, der mit einem Grabkomplex verbunden ist.

Abusir und Abu Ghurab

In Ägypten gab es mindestens sechs Sonnentempel – nur zwei davon sind bisher ausgegraben worden: jene von König Userkaf in Abusir und von König Niuserre in Abu Ghurab. Sonnentempel waren nach oben offen, sodass der Sonnengott Re sich an den zu seinen Ehren vollzogenen Zeremonien erfreuen konnte. Im Zentrum der Anlage, inmitten eines rechteckigen, von einer Mauer umgebenen Hofes, stand der *Benben*-Stein (ein unregelmäßiger konisch zulaufender Pfeiler) als heiliges Symbol der Sonne.

Pharao Userkaf, Erbauer des ersten Sonnentempels

Der erste Pharao der 5. Dynastie, Userkaf, führte den Sonnenkult ein, der auch von seinen Nachfolgern gepflegt wurde. Er errichtete in Abusir den ersten Sonnentempel, der in den Jahren 1954–1957 ausgegraben wurde. Die Anlagen von Userkaf und Niuserre sind einander ähnlich, der Sonnentempel von Niuserre war zum Unterschied allerdings mit Basreliefs geschmückt. Im Inneren des Tempels von Userkaf wurden einige Statuen und Portraits des Pharaos aus Schiefer gefunden; vermutlich stammen sie aus der gleichen Werkstatt wie die Mykerinos-Triaden.

Userkaf
Dieser wundervoll gearbeitete Kopf des Userkaf mit der Krone Unterägyptens wurde im Sonnentempel von Abusir (oben rechts) gefunden.

Sonnentempel
Obwohl nur einige Mauerreste übrig geblieben sind, ist der Sonnentempel des Niuserre derjenige, der am besten erhalten ist. Im Foto sind Teile des Altars, der Einfriedungsmauer und des Sockels für den Obelisken zu sehen; der Sockel hatte die Form eines Pyramidenstumpfes. Im Vordergrund sind Alabasterbehälter zu sehen, in denen das Blut der geschlachteten Tiere aufgefangen wurde.

Der Sonnentempel des Niuserre

Er wurde 1837 vom Engländer Perring entdeckt und war den Reisenden des 19. Jh.s unter dem Namen »Pyramide von Reegah« bekannt. Zwischen 1898 und 1902 wurde der Tempel von einer deutschen Forschergruppe ausgegraben. Die Anlage umfasste den

Taltempel, einen gedeckten Aufweg und als wichtigsten Teil den oberen Tempel. Aufgrund der Ähnlichkeit mit den Pyramidenanlagen könnte man vermuten, dass der Sonnentempel mit dem Begräbniskult zu tun hatte. Auf halbem Weg zwischen der Westseite und dem großen Hof des Freilichttempels stand auf einer Stumpfpyramide aus Granit ein großer Obelisk. Der Hof war von einer 110 m langen und 80 m breiten Steinmauer umgeben. Vorne befand sich ein großer Alabasteraltar, auf dem die Priester dem Gott Re Gaben darbrachten. Ein langer Gang, der den Hof umgab, endete in einem langen und engen Raum, der »Kammer der Jahreszeiten«. In der Nordostecke der Einfassungsmauer waren der Bereich für die Tieropfer an den Gott Re und die Kornkammern. Die Sonnenbarke, mit der die Sonne ihre Fahrt über den Himmel antreten konnte, wurde außerhalb der Einfriedung aufbewahrt.

Altar für den Gott Re
Der beeindruckende Opferaltar (6 m im Durchmesser) im Tempel von Niuserre bestand aus vier Alabasterblöcken, die um einen Zylinder angeordnet waren.

Der Grabkomplex des Niuserre

Niuserre ließ seine Grabanlage im südlichen Teil von Abu Ghurab bei Abusir errichten. Die Pyramide war bei ihrer Fertigstellung 51,5 m hoch und hatte eine Basislänge von 81 m. In die Grabkammer gelangte man durch einen Gang an der Nordseite. Wie alle Grabanlagen dieser Dynastie bestand auch jene von Niuserre aus Totentempel, Aufweg und Taltempel. Im 365 m langen Aufweg waren Schlachtszenen gegen Libyer und Völker aus dem Osten dargestellt. Der Totentempel war nach Süden ausgerichtet und mit großen Basaltplatten gepflastert und der Innenhof von roten Granitsäulen mit Palmenkapitell umgeben. Die Säulen waren etwa 6 m hoch und mit Kriegsszenen und vorbeiziehenden Gefangenen dekoriert. Auch die Statue eines Gefangenen wurde im Tempel gefunden.

Der Löwe: Symbol der Macht
Dieser Löwenkopf aus rotem Granit wurde im Sonnentempel des Niuserre gefunden und wird heute im Museum von Kairo aufbewahrt. Der Löwe war Symbol für die Macht des Pharaos und wurde auch mit dem Sonnengott in Zusammenhang gebracht.

Grabruinen
Diese Pyramide gehörte zum Grabkomplex des Niuserre und ist heute in äußerst schlechtem Zustand.

Die Pyramiden von Dahschur

Etwa 2 km von der Nekropole von Sakkara liegt die Anlage von Dahschur mit fünf Pyramiden, drei davon aus Stein und zwei weitere aus Lehmziegeln. Die Pyramiden sind in zwei parallelen Reihen in Nord-Süd-Richtung angeordnet. Am weitesten im Norden steht jene von Sesostris III. Sie wurde aus luftgetrockneten Lehmziegeln erbaut und ursprünglich mit einer Verkleidung aus Tura-Kalkstein versehen; sie war 78 m hoch, misst aber heute nur noch 30 m.

1839 fand die erste europäische Grabungsgruppe in der Grabkammer einen großen Granitsarkophag. 1894/95 fand man im Norden vier Gräber von Königinnen und Prinzessinnen und im Inneren wunderschöne Schmuckstücke.

1,5 km weiter befindet sich die so genannte Weiße Pyramide von Amenemhet II., wovon nur noch ein großer Lehmziegelhaufen übrig ist. Im Westen des Monuments brachten archäologische Ausgrabungen die

Die Schwarze Pyramide
Diese Pyramide beherbergte nie den Leichnam ihres Auftraggebers, Amenemhet III., da dieser sich in Hawara begraben ließ.

Gräber von Königin Keminub, vom Kanzler Amenhotep sowie der Prinzessinnen Itaweret, Sithathormerit, Ita und Chnumet ans Licht. Die letzten beiden Grabstellen bargen prächtige Grabbeigaben, welche heute im Ägyptischen Museum in Kairo ausgestellt sind.

Die dritte Pyramide war für Amenemhet III. erbaut worden und ist als Schwarze Pyramide bekannt; die Grabkammer enthielt einen großen roten Granitsarg – dieser war leer, denn der Pharao hatte sich eine zweite Pyramide in Hawara errichten lassen.

Der Bau der rhombischen Knickpyramide (siehe Seite 120) und der so genannten Roten Pyramide geht auf Snofru, den Vater von Cheops, zurück. Die Rote Pyramide war ursprünglich mit Kalkstein verkleidet, hatte diese Verkleidung bei der Entdeckung bereits zur Gänze verloren, sodass seither die roten Steinblöcke zu sehen sind. Die Seitenkanten der Knickpyramide haben zwei Neigungswinkel, die ihr die eigenartige Form verleihen. Diese Pyramide besitzt zwei Eingänge, einen an der Westseite und einen an der Nordseite, von dem ein Gang zu zwei in den Felsen gehauenen Kammern führt.

Die Pyramide von Sesostris III.
Dies ist alles, was vom Grabmal übrig blieb; beim Bau nutzte man die bestehende Gesteinsformation.

Die erste echte Pyramide
Die Rote Pyramide war die erste echte Pyramide. Sie war 104 m hoch, die Nord- und Südseiten waren 218,5 m und die Ost- und Westseiten 221,5 m lang. Sie wirkt wegen des mäßigen Neigungswinkels eher flach. Der Eingangsschacht führt zu drei hintereinander liegenden rechtwinkeligen Kammern.

Beni Hasan, die Gräber der Adeligen

Die Felsengräber von Beni Hasan am Ostufer des Nils (277 km südlich von Kairo) gehörten zur Stadt Menat, die am Fuß der Nekropole lag. In zwölf von insgesamt 39 Felsgräbern kann man bedeutende Gemälde mit Szenen aus dem täglichen Leben bewundern. In den Gräbern sind Adelige und Fürsten bestattet, die während der 11. und 12. Dynastie des Mittleren Reiches lebten. Architektonisch bedeutend sind die in den Fels gemeißelten Bogengänge, die in die Grabanlage führen. Nach dem Eingang, der von vieleckigen Säulen flankiert wird, folgt ein Saal mit quadratischem Grundriss. In einigen Gräbern gibt es Säulen mit Lotoskapitellen und auch protodorische Säulen kommen vor. Manchmal haben die Gräber zwei Kammern und Nischen mit Statuen des Verstorbenen und seiner Familie. Am besten erhalten sind die Gräber von Cheti und Baquet III. aus der 11. Dynastie sowie von Chnumhotep III. und Amenemhet aus der 12. Dynastie. Ein weiteres bedeutendes Monument von Beni Hasan ist der *Speos Artemidos*. Dies ist eine Felsenkapelle, die Königin Hatschepsut aus der 18. Dynastie zu Ehren der Lokalgöttin Pachet errichten ließ. Vor dem Eingang ist ein offener Bogengang mit vier aus dem Felsen gearbeiteten Pfeilern.

Ägyptisches Tierbilderbuch
Der italienische Ägyptologe Ippolito Rossellini zeichnete viele der Gemälde von Beni Hasan ab, in welchen verschiedene Tierarten dargestellt sind.

Grab von Chnumhotep III., Adeliger der 12. Dynastie
Beim Grabeingang sind zwei protodorische Säulen zu sehen; dahinter befindet sich ein dreischiffiger Saal mit Säulen, die ein falsches Gewölbe tragen. Am Querbalken der Eingangstür bezieht sich eine Inschrift auf Geschenke und Totenriten.

Grab des Amenemhet
Dieses Felsengrab hat einen relativ einfachen Grundriss. Nennenswert sind die vier 16-eckigen Säulen (sie wurden von Champollion als »protodorisch« bezeichnet), die für das Innere charakteristisch sind. In einer Nische im hinteren Teil des Saales sind Bilder des Verstorbenen, seiner Frau und seiner Mutter.

Tell el-Amarna, die vergängliche Stadt

Während seines vierten Regierungsjahres wählte Echnaton Achet-Aton (Tell el-Amarna) als Ort für seine neue Hauptstadt aus. Bis zu dieser Zeit hatte sich keine Ansiedlung dort befunden – dies ist durch die 14 Grenzsteine, die der Pharao am Nilufer errichten ließ, belegt, welche besagen, dass der Ort bisher keiner Gottheit angehört hatte. Echnaton ließ beeindruckende Gebäude aus Lehmziegeln und Kalksteinquadern, die vor Ort gewonnen wurden, errichten und die Stadt dem Nil entlang anlegen. Im Zentrum befanden sich der Königspalast und dem Gott Aton geweihte Tempel; um das Zentrum waren die Privathäuser angeordnet; im Norden und Süden der Stadt lagen die Gräber von Adeligen und Beamten; das Königsgrab und die Wohnstätten der mit dem Bau der Stadt Achet-Aton beschäftigten Handwerker und Arbeiter waren im Osten. Der große Aton-Tempel erinnert an die Sonnentempel der 5. Dynastie. Er war von einer Einfriedung umgeben und hatte mehrere Pylonen (Tortürme), durch die man zu den Höfen, Opferaltären und einer Säulen-Eingangshalle gelangte.

Die Töchter des Echnaton
Einige Gemälde aus den Amarna-Palästen haben sich nahezu vollständig erhalten. Dieses Gemälde zeigt zwei Töchter des Echnaton, sie sitzen nackt auf Kissen in ihrem Zimmer.

Dekoration einer Harfe
Dieser aus Holz geschnitzte Kopf zierte einen Harfenkasten und weist alle für den Amarna-Stil typischen Merkmale auf: verlängerter Schädel, tiefliegendes Jochbein, ausgeprägte Nase, fleischige Lippen und mandelförmige Augen. Augen und Augenbrauen waren ursprünglich mit Steinen verziert.

Ein unverwechselbarer Stil

Echnaton förderte einen nahezu karikaturistischen Kunststil, wobei der Körper entstellt und in die Länge gezogen wurde. Unter den königlichen Handwerkern traten Bak und Iuti hervor, der berühmteste war aber Thutmosis. 1912 entdeckte Borchardt die Werkstatt dieser Bildhauers; es wurden dort Werkzeuge, nicht fertig gestellte Statuen, Gipsfiguren und die schöne und elegante Büste der Nofretete (siehe Seite 125) aus bemaltem Kalkstein gefunden. Dieses Werk in naturalistischem Stil zeigt großes künstlerisches Können. In Tell el-Amarna gibt es an den Mauern der Aton-Tempel und in den Gräbern eine Fülle von Reliefen; es handelt sich hauptsächlich um Darstellungen des Pharaos beim Tempelbesuch oder beim Darbringen von Opfergaben und der Königsfamilie beim Anbeten der Sonnenscheibe sowie Bilder aus dem Familienleben.

Das Gewicht der Macht
Der bis ins Groteske ausgereizte Naturalismus des Amarna-Stils zeigt sich auch in dieser Darstellung von Pharao Echnaton. In der nahezu vollständig erhaltenen großen Skulptur wirkt das Gesicht des Pharaos besonders angespannt und der Körper ist überaus mager.

Bemaltes Relief
Die Privatresidenz des Beamten Panehesi wurde 1927 in der Nähe des großen Aton-Tempels ausgegraben. Im Hauptraum des Gebäudes fand man eine kleine Kapelle mit den im Foto links gezeigten Pfosten und Fassadenteilen; darauf ist das Königspaar mit Prinzessin Meritamun dargestellt, wie sie der Sonnenscheibe Aton Gaben darbringen.

PRIVATGRÄBER

Auf den Hügeln, welche die Stadt im Norden und Süden umgeben, befinden sich Felsengräber von Privatpersonen. Die einzelnen Grabanlagen sind jeweils in einer Linie mit der Eingangsachse angelegt: ein langer Gang führt in einen Säulensaal, in dessen Hintergrund eine Nische mit der Statue des Verstorbenen zu sehen ist. Gewöhnlich sind in den Gräbern Darstellungen der Königsfamilie angebracht: der Verstorbene verehrt den Pharao, während dieser gerade öffentliche oder religiöse Handlungen durchführt. Der Erhaltungszustand der Felsengräber ist nicht besonders gut; Gründe dafür sind die geologische Beschaffenheit des Geländes und mutwillige Zerstörungen zu Ende des Altertums. Die interessantesten Gräber sind jene von Merire *(links)* und von Eje, in welchem die *Hymne an Aton* gefunden wurde. Diese Hymne wurde von Pharao Echnaton selbst verfasst und handelt von der Lehre des Aton-Kults.

OBERÄGYPTEN

Von der heiligen Stadt Abydos über die Tempel Thebens bis zu den Kolossen von Abu Simbel lassen die atemberaubenden Monumente Oberägyptens eine Vergangenheit auferstehen, worüber auch heutige Besucher noch staunen können.

Abydos

Ursprünglich wurde in Abydos der Totengott Chontamenti verehrt; dieser verschmolz bereits in vordynastischen Zeiten mit der wichtigsten Gottheit im Jenseits, Osiris. Abydos wurde zu einer berühmten heiligen Stätte, da der Überlieferung nach hier der Kopf des von seinem Bruder Seth ermordeten Osiris begraben war. Es wurden Mysterienspiele zu Ehren des Osiris abgehalten, die jeweils mit der Auferstehung des Gottes endeten. Während des Alten Reiches wohnten die Pharaonen in Memphis und wurden in Sakkara bestattet; sie ließen jedoch in Abydos ein Scheingrab (Kenotaph) errichten, um symbolisch dem Grab und dem Heiligtum des Osiris nahe zu sein. In der Ersten Zwischenzeit wurden die religiösen Vorrechte auch den Adeligen zugestanden, die sich nun ebenfalls nach ihrem Tod in Osiris verwandeln konnten. Im Mittleren Reich verdrängte Osiris Chontamenti vollends und die Stadt wurde Kultzentrum und Wallfahrtsort.

Das Grab des Dewen
Zu den größten Gräbern in der Hauptnekropole von Abydos gehört jenes von Pharao Dewen aus der 1. Dynastie. Es ist rechwinkelig angelegt und besteht aus mehreren Teilen – außer der Grabkammer sind auch kleine Räume für die Diener vorhanden.

Opfertisch
In der Totenstadt von Abydos wurde dieser wunderbare Gabentisch aus Kalkstein und Alabaster von 1785 v. Chr. gefunden. Auf der Stirnseite ist der von seiner Familie begleitete Opfernde dargestellt.

Die Totenstädte

Die Nekropolen der Stadt lagen im Westen und Süden und dienten den Ägyptern von der Negade-II-Epoche (3600–3300 v. Chr.) bis zur Römerzeit als letzte Ruhestätte. In der Nähe des Dorfes El-Khirba befindet sich eine Nekropole mit Gräbern vom Ende des Alten Reiches und von der Ersten Zwischenzeit; ringsherum sind Tiergräber aus der Spätzeit. Auf einem angrenzenden Hügel erstreckt sich neben einigen Gräbern

Wertvolle Armbänder
Diese Armbänder aus Gold, Türkis, Lapislazuli und Amethyst befanden sich auf dem Arm einer Mumie der 1. Dynastie.

aus dem Mittleren Reich eine Mauer aus Lehmziegeln; innerhalb dieser Mauer liegt das Grab des Djer aus der 1. Dynastie, das für das Grab des Osiris gehalten wurde. In der Hauptnekropole von Abydos befanden sich Gräber von Königen der 1. Dynastie sowie von Peribsen und Chasechemui aus der 2. Dynastie.

Der Tempel von Sethos I.

Das Stadtbild von Abydos wird vom Tempel von Sethos I. beherrscht. Nachdem das großartige Gebäude beim Tod des Pharaos 1289 v. Chr. noch nicht fertig gestellt war, versprach sein Sohn Ramses II. feierlich, es zu Ende zu führen. Obwohl die Kapellen mit Tod, Auferstehung und Jenseits im Zusammenhang standen, war es kein reiner Totentempel. Das Bauwerk hatte auch einen politischen Zweck, nämlich den Pharao sowohl mit der wichtigsten Gottheit als auch mit den vorhergehenden Herrschern Ägyptens auf eine Ebene zu stellen. So konnte die Rechtmäßigkeit der Ramessiden-Dynastie begründet werden.

Das Osireion

In der Verlängerung der Längsachse des großen Tempels gelangt man zum Osireion (Grab des Osiris). Dies ist ein Scheingrab, das Sethos I. erbauen ließ, und das unter Mineptah, Sohn und Nachfolger von Ramses II., fertig gestellt wurde. Die Anlage ist in der ägyptischen Architektur einmalig. Ursprünglich betrat man das Gebäude durch einen langen Gang und eine Vorhalle vom Nordwesten aus. Gang und Vorhalle waren mit Totentexten im Zusammenhang mit der ägyptischen Mythologie und Ausschnitten aus dem *Buch der Tore* geschmückt. Sobald man den Bogengang durchquert hatte, kam man ins eigentliche Osireion, in dessen Mitte der Scheinsarg des Osiris stand. Es hatte die Form einer Insel und war von einer Mauer mit 17 Verbindungstoren und einem Wassergraben umgeben. Vermutlich sollte diese Anordnung den Ur-Ozean darstellen, in dem die Welt erschaffen wurde.

Zwei Höfe, zwei Säle und sieben Kapellen
Der Tempel von Sethos I. besteht aus zwei Höfen, zwei Hypostylen (Säulenhallen) und sieben heiligen Kapellen. Das zweite Hypostyl (links) *ist zweischiffig und enthält 24 Papyrusbündelsäulen. Im hinteren Teil führen Rampen zu den Eingängen der sieben Kapellen.*

Das Osireion
Das Osireion wurde 1903 entdeckt und gehört zu den architektonisch interessantesten Fundstätten des alten Ägypten.

Dendera

Dendera, das antike Iunet, liegt zwischen Abydos und Theben. Die Stadt war Hauptstadt des 6. *Nomos* (Gau) von Oberägypten und eine der ältesten Kultstätten der Göttin Hathor. Die Könige Oberägyptens – sie nannten sich »Diener des Horus« – kamen nach Dendera, um die Kuhgöttin zu verehren. Hier war bereits zur Zeit von Cheops ein Tempel errichtet und später von Pepi I. ausgebaut worden. Im Bereich der Nekropole brachten die Ausgrabungen von Petrie viele Mastabas von Adeligen des Alten und Mittleren Reiches ans Licht, und im Tempelbezirk grub Daressy einen Tempel von Mentuhotep I. aus. Thutmosis III. ließ ein neues Heiligtum für die Göttin Hathor errichten, das dann unter den Ramessiden weiter ausgebaut wurde. Ab dem Neuen Reich sind Besonderheiten im Kult von Dendera dokumentiert, nämlich

Der heilige Bezirk
Vom römischen Eingangsportal aus gelangt man zu den Geburtshäusern (Mamisi), zum Sanatorium und der christlichen Basilika.

Der Hathor-Tempel
Auf jedem Kapitell im äußeren Hypostyl sind vier Gesichter der Göttin Hathor (rechts) dargestellt. Jedes der Antlitze blickt genau in eine Himmelrichtung; dadurch sollte die Rolle der Göttin als Beherrscherin des Kosmos bekräftigt werden. Die Reliefe, welche die Mauern schmücken, zeigen die Mitglieder der römischen Kaiserfamilie.

Die Decke des äußeren Hypostyls
In der Deckendekoration ist eine Darstellung der Himmelsgöttin Nut; sie verschluckt die Sonne, um sie in ihrem Bauch mit neuer Kraft zu versehen und sie bei der Morgendämmerung wieder zu gebären.

Der Kiosk
Vom Heiligtum der Hathor führte eine Treppe auf das Dach; dort befand sich ein Kiosk aus zwölf Säulen (rechts). Am ersten Tag des Jahres brachte man die Hathor-Statue zur neu entstehenden Sonne, damit sie die Sonnenstrahlen aufnehmen konnte.

Geburtshäuser
Im Bild links kann man im Hintergrund das römische Mamisi (Geburtshaus) mit dem Säulengang sehen. Links ist das Mamisi von Nektanebos I. und im Zentrum sieht man die Ruinen der christlichen Basilika.

Friedhöfe und Katakomben für Tiere. Die Tempelanlage stammt aus der Zeit zwischen 30. Dynastie und Römerzeit.

Der Tempel

Der Haupttempel von Dendera war Hathor geweiht und wurde unter den letzten Ptolemäern und von den römischen Kaisern der Julisch-Claudischen Dynastie errichtet. Es gibt keinen Arkadenhof, sondern man tritt durch ein äußeres Hypostyl mit Hathorsäulen ein, das an einen Tempel von Kaiser Tiberius angefügt wurde. Nach dem ersten Säulensaal kommt man in das innere Hypostyl, auch »Saal der Erscheinung« genannt, neben dem sich kleinere Gebäude für die täglichen Kulthandlungen befinden. Innerhalb des Tempels führen Treppen auf das Dach zu einem Kiosk und den Osiris-Kapellen. Im Süden der Einfriedung steht der Geburtstempel der Isis, der durch eine Straße mit dem Heiligtum des Horus von Idfu verbunden war. Im Südwesten der Anlage liegt der heilige See aus der Römerzeit.

Weitere Gebäude

Außer dem Haupttempel gibt es noch weitere bedeutende Bauwerke in Dendera. Das *Mamisi* (Geburtstempel) von Pharao Nektanebos I. ist das älteste Gebäude, das heute im Tempelbereich zu sehen ist. Südlich davon stand ein Sanatorium aus luftgetrockneten Lehmziegeln, wo die Besucher in der Nähe der Göttin schlafen konnten, um so von Krankheiten geheilt zu werden. Außerdem sind Ruinen einer Basilika aus dem 5. Jh. n. Chr. vorhanden. Das römische *Mamisi* wurde von Augustus in Auftrag gegeben, wurde aber nicht fertig gestellt. Es ist das neueste unter den Gebäuden dieser Art, die bis heute erhalten sind.

Theben, die legendäre Stadt

Theben, das antike Waset, lag am Platz des heutigen Luxor. Die Stadt wurde im Alten Reich gegründet, erlangte aber erst im Mittleren Reich durch den Amun-Kult Bedeutung. Theben entwickelte sich um die beiden Heiligtümer von Karnak und Luxor. Rund um diese beiden Tempel entstanden große Wohnviertel mit Häusern, die mit den eher kurzlebigen luftgetrockneten Lehmziegeln errichtet wurden. Außerhalb der Wohngebiete erstreckten sich riesige kultivierte Felder, die im Kontrast zur nahen Wüste standen. Der griechische Poet Homer beschrieb die Stadt als das »hunderttorige Theben« und bezog sich dabei vermutlich auf die zahlreichen Durchgänge, welche die mächtige Stadteinfriedung unterbrachen. In der Römerzeit wurde ein Lager für die Soldaten errichtet; aus der arabischen Bezeichnung für dieses Lager entstand der Name Luxor. Die Stadt wurde nach und nach größer, bis sie das heutige Aussehen annahm. Die Reste der legendären Vergangenheit sind noch in Form der beiden Heiligtümer vorhanden, welche auch heute noch einen zentralen Bereich in der Stadtstruktur darstellen.

Der Tempel von Medinet Habu
Der Totentempel von Ramses III. befindet sich am Westufer. Auf den Wänden wurde eine Schlacht gegen die Seevölker dargestellt.

DIE ENTDECKUNG DES ALTEN ÄGYPTEN

Theben heute
Am östlichen Ufer liegen die Wohnviertel und der Kultbereich Thebens; in der Mitte der Luftbildaufnahme kann man die Sphinx-Allee und die Ruinen des Luxor-Tempels sehen. Am Westufer befanden sich jenseits der Anbaufelder die Totentempel und die Nekropole.

Die Sphinx-Allee
Einige Sphinxe tragen einen Widderkopf, da die thebanischen Tempel dem Gott Amun geweiht waren, der auch manchmal mit dem Kopf eines Widders dargestellt wurde.

Der Amun-Tempel in Luxor

Als die europäischen Reisenden des 19. Jh.s vor den Ruinen des Luxor-Tempels standen, versetzte sie deren Monumentalität in Staunen. Der Tempel war von Sand bedeckt, aber die beiden Obelisken und die Statuen von Ramses II. ragten hervor. Einer der beiden Obelisken wurde Frankreich geschenkt und steht heute am Place de la Concorde in Paris. Die dem Gott Amun geweihte Tempelanlage stammt aus der Zeit von Amenhotep III. und Ramses II. Durch den Pylon *(siehe Seiten 114/15)* – auf diesem ist die Schlacht von Kadesch dargestellt – kommt man zu einem hohen Säulengang; im Hof befinden sich drei Kapellen für die heiligen Barken von Amun, Mut und Chonsu. Der Säulengang wurde unter Amenhotep III. errichtet, ebenso die große Vorhalle am Ende des Säulengangs. Wenn man weitergeht, kommt man in einen Bereich, den nicht mehr jedermann betreten durfte. Ein Hypostyl führt zu einer Vorkammer, in der sich Überreste eines Heiligtums aus der Römerzeit befinden. Durch diesen Raum gelangt man in eine weitere Vorkammer, die sich innerhalb des so genannten »Geburtszimmers« befindet: dies war der Ort, wo Amun-Re in einem Manne wiedergeboren wurde, um sich mit der zukünftigen Mutter des Pharaos zu vereinen. An den Wänden ist die göttliche Geburt von Amenhotep III. dargestellt, ebenso wie in Deir el-Bahari die göttliche Geburt von Königin Hatschepsut zu sehen ist. Der heiligen Barke des Amun ist eine eigene Kapelle gewidmet, die zur Zeit von Amenhotep III. errichtet und von Alexander dem Großen ausgebaut wurde. Im Allerheiligsten, das ebenfalls aus der Regierungszeit von Amenhotep III. stammt, ließ sich der makedonische Feldherr als Pharao in Reliefen darstellen. Der Tempel war durch eine Mauer und verschiedene Eingangstore geschützt; für Feste wurden die Tore geöffnet und das Volk durfte bis in den Hof von Ramses II., um am Opet-Fest teilnehmen zu können.

Empfang durch Sphinxe
Die Sphinx-Allee vor dem Tempeleingang wurde unter Nektanebos I., Pharao der 30. Dynastie, errichtet.

Pharaonenstatuen
Da der Tempel des Amun in Luxor jahrhundertelang unter dem Sand begraben war, blieben viele der zahllosen Statuen erhalten. 1989 wurden im Hof von Amenhotep III. einige Statuen von Pharaonen und Göttern aus dem Neuen Reich entdeckt.

Die Anlage von oben gesehen
Die Luftansicht der Tempelanlage des Amun zeigt die Umgebung des Komplexes und die verschiedenen in den aufeinander folgenden Epochen errichteten Anbauten. Durch den Pylon von Ramses II. gelangt man in den Hof, in dem sich heute eine Moschee aus dem 13. Jh. n. Chr. befindet. Es folgt ein hoher Säulengang, der in den Hof von Amenhotep III. und zu den verschiedenen heiligen Räumen des Gottes führt.

Der Gott Amun
Die Anlage von Luxor war insbesondere Amun als Gott der Pharaonendynastie geweiht. Viele Skulpturen des Gottes sind durch eine Federkrone gekennzeichnet.

Der große Säulengang
Pharao Amenhotep III. ließ diesen Säulengang mit offenen Papyruskapitellen errichten. Am Eingang waren zwei Statuen von Ramses II.

Karnak

Ab dem Mittleren Reich wurden in Karnak mehr als 2000 Jahre lang Tempel errichtet, erweitert, wieder niedergerissen, vergrößert und restauriert. Diese Bautätigkeit erlangte zu Beginn der 18. Dynastie, als man die Hauptstadt nach Theben verlegte, ihren Höhepunkt.

Der Amun-Tempel war lange Zeit sowohl vom ideologischen als auch vom wirtschaftlichen Standpunkt aus die bedeutendste religiöse Einrichtung Ägyptens. Die Anlage von Karnak kann in drei Sektoren aufgeteilt werden, die durch Reste von Lehmziegel-Umfriedungen der Tempelbereiche abgegrenzt sind. Der größte, bedeutendste und am besten erhaltene Tempelbezirk ist jener im Zentrum mit dem Amun-Tempel. Der nördliche Tempelbezirk war dem früheren Lokalgott Month geweiht. Die Tempelanlage der Mut befindet sich im Süden und ist mit dem Amun-Tempel durch eine Sphinx-Allee verbunden. Eine weitere Allee ging von Karnak zum Tempel von Luxor, und einige Kanäle verbanden den Amun- und den Month-Tempel mit dem Nil.

Der Chonsu-Tempel

In der Südostecke des Amun-Tempelbezirkes liegt der Chonsu-Tempel, ein beispielhaftes Modell der klassischen ägyptischen Architektur, das bis heute in ausgezeichnetem Erhaltungszustand ist. Der Tempelbau wurde von Ramses III. begonnen, aber erst in der Ptolemäer-Zeit vollendet. So hatten viele Pharaonen die Gelegenheit, den Monumenten und Bauten der Anlage ihren Stempel aufzudrücken. Der Hauptteil der Anlage stammt aus der 20. Dynastie; verschiedene Ausgrabungen in diesem Gebiet lassen aber vermuten, dass hier bereits in früheren Epochen Bauwerke vorhanden waren. Das Innere des Tempels war so konzipiert, dass sich die Raumhöhe nach und nach verringerte, je tiefer man ins Gebäude hineinging.

Reliefe im Heiligtum
An den Wänden der Barkenkapellen und in den anderen Tempeln von Karnak wurden verschiedene Reliefe angebracht. In der Barkenkapelle aus der Zeit von Philipp III. Arrhidaios, dem Nachfolger von Alexander dem Großen, befanden sich Reliefe vom Opet-Fest, bei dem die Barke des Amun von Karnak nach Luxor gebracht wurde.

Grundriss der Anlage
Auf der Karte sind die Tempelbezirke von Amun, Month und Mut zu sehen. Einige Gedenkstätten befinden sich auch außerhalb dieser Bezirke.

Die Sphinx-Allee
Zum ersten großen Pylon, der unter dem Pharao der 30. Dynastie Nektanebos I. errichtet wurde, führt eine Allee von Sphinxen mit Widderkopf, dem heiligen Tier des Amun. Zwischen den Pfoten der Sphinxe steht jeweils eine Statue des Herrschers.

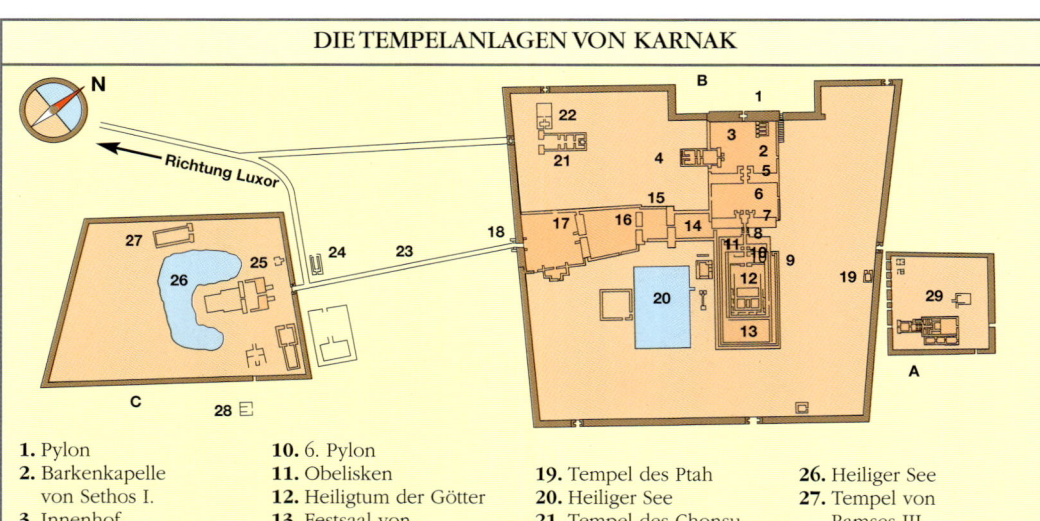

DIE TEMPELANLAGEN VON KARNAK

1. Pylon
2. Barkenkapelle von Sethos I.
3. Innenhof
4. Tempel Ramses' III.
5. 2. Pylon
6. Großes Hypostyl
7. 3. Pylon
8. 4. Pylon
9. 5. Pylon
10. 6. Pylon
11. Obelisken
12. Heiligtum der Götter
13. Festsaal von Thutmosis III.
14. *Cachette* (Versteck)
15. 7. Pylon
16. 8. Pylon
17. 9. Pylon
18. 10. Pylon
19. Tempel des Ptah
20. Heiliger See
21. Tempel des Chonsu
22. Tempel der Opet
23. Sphinx-Allee
24. Barkenkapelle von Thutmosis III. und Hatschepsut
25. Tempel der Mut
26. Heiliger See
27. Tempel von Ramses III.
28. Tempel von Nektanebos II.
29. Tempel des Month
A. Tempelbezirk des Month
B. Tempelbezirk des Amun
C. Tempelbezirk der Mut

DIE ENTDECKUNG DES ALTEN ÄGYPTEN

Durch das ständige Ansteigen des Fußbodens und das gleichzeitige Niedrigerwerden der Decke drang immer weniger Licht in jene Räume, die dem Allerheiligsten am nächsten lagen – so entstand eine günstige Atmosphäre für Sammlung und Gebet. Nicht weit vom Chonsu-Tempel entfernt stand der Tempel der Nilpferdgöttin Opet. Er wurde von Thutmosis III. in der 18. Dynastie erbaut, und fast 1000 Jahre später von Taharqa renoviert. Innerhalb des Tempelbezirks des Amun kann man etwa 20 Kapellen und kleine Tempel bewundern; einer der Tempel ist Ptah geweiht, dem alten ägyptischen Gott, der als Schöpfer der Menschen und der Götter galt. An diesem Tempel ließen im Lauf der Jahrhunderte Thutmosis III., Schabaka, die Ptolemäer und Tiberius bauen. Von großem Interesse ist auch die von Osorkon und

Taharqa
Dieser Pharao aus der 25. Dynastie (Äthiopische Epoche) ließ den Opet-Tempel restaurieren.

Die Fassade des Chonsu-Tempels
Zwei sich nach oben verjüngende Tortürme flankieren das Eingangsportal. Auf dem Platz davor sieht man die Sockel für die Säulen, welche Taharqa errichten ließ.

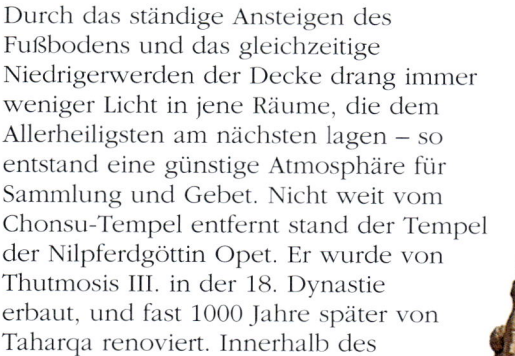

Schebitku errichtete Kapelle des Gottes Osiris Heka-Zepter, dem »Herrn der Zeit«. Im Tempelbezirk befinden sich auch der Große Amun-Tempel und der heilige See. Im Grundriss des Tempels sieht man eine Reihe von Pylonen aus verschiedenen Epochen, die zum Großen Tempel führen. Dazwischen sind jeweils offene Höfe mit Statuen und Obelisken. Die Pylonen bestehen aus zwei großen Tortürmen, die den Eingang flankieren. Vor dem ersten Pylon befinden sich ein Kai und eine Allee von Sphinxen, die den König beschützen sollten. Etwas weiter Richtung Süden steht eine Kapelle, wo die heilige Barke von Psammuthis und Hakor aufbewahrt wurde. Im Hof gleich dahinter ist das Heiligtum von Sethos I., das aus drei, den Gottheiten Amun, Mut und Chonsu geweihten Kapellen besteht. Zwischen dem ersten und zweiten Pylon befindet sich hinter zwei riesigen Statuen der Tempel von Ramses III. Auch hier war eine heilige Barke aufbewahrt. Zwischen zweitem und drittem Pylon liegt das große Hypostyl, das von einem buchstäblichen »Säulenwald« umgeben ist. Das Hypostyl wurde von Amenhotep III. begonnen, unter Sethos I. und Ramses II. fertig gestellt und ist die größte mit Stein gedeckte Säulenhalle der Welt (102 mal 53 m). Dieser Saal gilt als Schmuckstück der Architektur des alten Ägypten und die gut proportionierten Säulen faszinieren jeden Besucher – sie sind fast 20 m hoch und bieten trotz ihrer Höhe einen sehr harmonischen Anblick. Säulen und Wände sind mit religiösen Motiven dekoriert und es finden sich Darstellungen aller Götter Karnaks sowie von Zeremonien zu Ehren Amuns. Der vierte und der fünfte Pylon wurden unter Thutmosis I. errichtet, sie sind die ältesten der Anlage. Hinter dem großen zentralen Hof im Tempelbereich des Amun liegt der Festsaal von Thutmosis III. Der direkt angrenzende Raum ist allgemein als »Botanischer Garten« bekannt. Seine Wände sind mit Darstellungen von Pflanzen, Vögeln und anderen Tieren geschmückt, die Pharao Thutmosis III. während seines Syrien-Feldzugs bewundert hatte. Der Hof nördlich des siebenten Pylons wurde auch »Cachette« genannt, da zu Beginn des 20. Jh.s ein Lager von Tausenden von Statuen gefunden wurde, die einst den Tempel schmückten. In diesem Hof wurden auch Teile noch älterer Gebäude ausgegraben.

Der heilige See wurde unter Thutmosis III. angelegt und ist so groß, dass seine Fläche ein Drittel des ganzen Heiligtums einnehmen würde. In diesem See konnten sich die Priester reinigen und hier befand sich auch die heilige Barke. In der Nähe der Nordostecke des heiligen Sees steht ein Steinmonument mit einem riesigen Skarabäus, dem Bild des Gottes Chepri, einer Verkörperung des Sonnengottes. Das Monument stammt vermutlich aus dem Totentempel von Amenhotep III. am gegenüberliegenden Ufer des Nils.

Eingangstore
Der Tempelbezirk des Amun-Re war von einer Mauer umgeben, die den Tempelbereich vor Schmutz und unerwünschten Einflüssen von außen schützte. Im Inneren befinden sich Bauwerke, die im Laufe von etwa 20 Jahrhunderten errichtet wurden. Entlang der Mauer sind einige Tore.

Der heilige See
In jedem Tempel gab es einen heiligen See, damit sich die Priester vor den rituellen Handlungen reinigen konnten. Der See repräsentierte die Wasser des Ur-Ozeans Nun. Der heilige See im Tempelbezirk des Amun-Re wurde unter Thutmosis III. angelegt und unter Taharqa fertig gestellt.

Die Tempelbezirke von Mut und Month

Der südliche Tempelbezirk beherbergt den von einem halbmondförmigen See umgebenen Tempel der Mut und einige Nebengebäude. Der Mut-Tempel wurde unter Amenhotep III. errichtet, das

Der Tempel von Ramses III.
Zwischen dem ersten und zweiten Pylon ließ Ramses III. einen kleinen Tempel mit Kolossalstatuen am Eingang errichten.

Eingangsportal stammt aber aus der Ptolemäer-Zeit. Die Tempelanlage der Mut war mit schwarzen Granitstatuen übersät, die der Löwengöttin Sechmet geweiht waren. Einige davon befinden sich noch in Karnak, andere sind in verschiedenen Museen auf der ganzen Welt aufbewahrt. Die Tempelanlage des Month befindet sich an der Nordseite des Hauptkomplexes. Dieser quadratische Tempelbezirk enthält den Haupttempel des Month, einen heiligen See und eine größere Anzahl kleinerer Gebäude. An der Nordseite befanden sich vor dem Tempel ein Landungssteg und eine Allee von Sphinxen mit Menschenköpfen.

Karnak besitzt den größten und prächtigsten archäologischen Komplex des antiken Ägypten – keine andere Stätte des Landes kann den Besucher derartig begeistern und einen nachhaltigeren Eindruck hinterlassen. *Ipet-isut*, »der vollkommenste Ort« – so nannten ihn die alten Ägypter – war Hauptkultzentrum der Triade von Theben und verdankte dieser auch sein Ansehen.

Großes Hypostyl
Diese Säulenhalle wurde unter Sethos I. begonnen und unter den Ramessiden fertig gestellt. Sie besteht aus 134 reich verzierten Säulen mit offenen Papyruskapitellen.

Der heilige Skarabäus
Amenhotep III. ließ in der Nähe des heiligen Sees einen Sockel für den heiligen Skarabäus errichten, welcher Chepri, die Morgensonne, repräsentierte.

Die Tempel von Deir el-Bahari

Die Architekten nahmen bei der Planung der Bauten von Deir el-Bahari darauf Rücksicht, dass die Tempel in die Landschaft eingepasst wurden. Sie sorgten aber auch für die bei Grabbauten übliche Ausstattung. So haben die Tempel von Königin Hatschepsut und Mentuhotep II. mit Rampen verbundene Terrassen, Säulenhallen aus viereckigen Pfeilern und mehrere in den Felsen gehauene Kapellen.

Mit der Landschaft verbunden
Als Hintergrund für seinen Totentempel (oben, im Vordergrund) wählte Mentuhotep eine Felswand. Die Anlage wurde in die Landschaft eingepasst, Kultkapelle und Grabkammer wurden in den Felsen gehauen.

Grundriss der Anlage
Der Grundriss von Deir el-Bahari zeigt Anlage und Struktur der Tempel am besten.

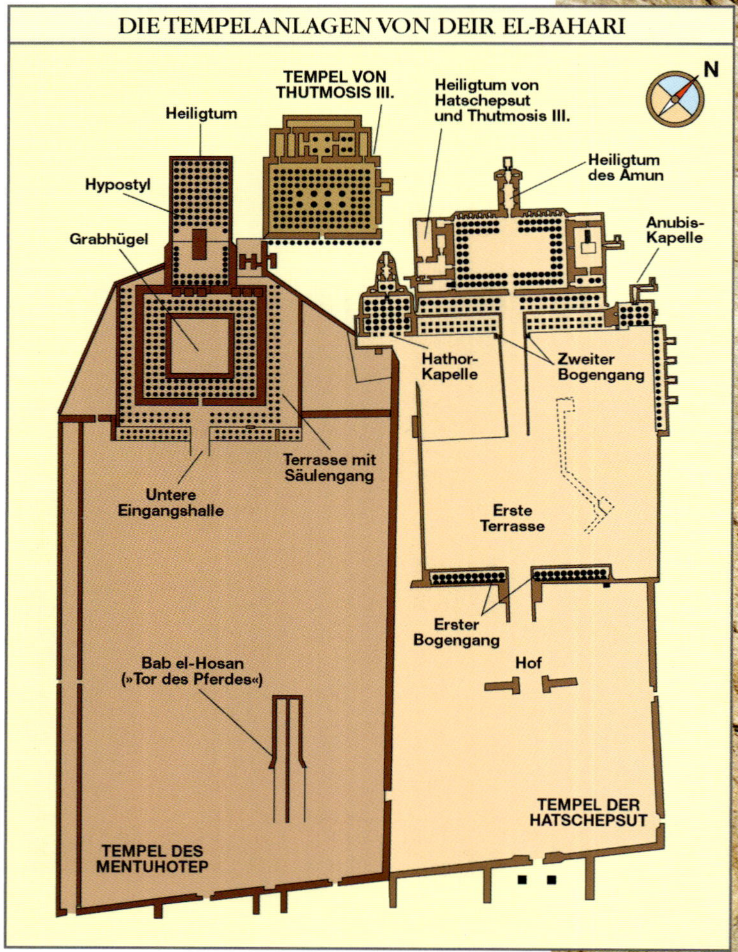

DIE TEMPELANLAGEN VON DEIR EL-BAHARI

- TEMPEL VON THUTMOSIS III.
  - Heiligtum
  - Hypostyl
  - Grabhügel
  - Untere Eingangshalle
  - Terrasse mit Säulengang
  - Bab el-Hosan (»Tor des Pferdes«)
  - TEMPEL DES MENTUHOTEP
- Heiligtum von Hatschepsut und Thutmosis III.
- Heiligtum des Amun
- Anubis-Kapelle
- Hathor-Kapelle
- Zweiter Bogengang
- Erste Terrasse
- Erster Bogengang
- Hof
- TEMPEL DER HATSCHEPSUT

DIE ENTDECKUNG DES ALTEN ÄGYPTEN

Osiris-Pfeiler
Auf den beiden Terrassen des Hatschepsut-Tempels sind noch einige der viereckigen Pfeiler mit Osiris-Statuen geschmückt.

Theogamie
Die Amun-Priester schufen für Hatschepsut den Mythos von der Theogamie (gott-menschliche Zeugung): der Gott Amun nahm den Körper von Thutmosis I. an und vereinigte sich mit Königin Ahmes, die aus dieser Verbindung Hatschepsut empfing.

Eine Frau an der Macht
Die Grandiosität des Totentempels von Königin Hatschepsut (oben) spiegelt die enorme Macht wider, die eine der wenigen weiblichen Pharaonen in der Geschichte des alten Ägypten innehatte.

Luftansicht
Wahrscheinlich waren die Tempel von Mentuhotep II. und Hatschepsut durch den Aufweg mit einem Taltempel am Nil verbunden. Vom Aufweg konnte man Felswand und Tempelanlagen schon von weitem bewundern.

Der Tempel des Mentuhotep II.

Mit seinem Grabkomplex wich Pharao Mentuhotep II. stark von den Grabbauten seiner Vorgänger ab. In der Vergangenheit hatten die Pharaonengräber aus einem großen Hof, einer Steinmauer mit Außenfassade und einer unterirdischen Kapelle bestanden. Mentuhotep II. fasste in seinem Grabbau die Elemente dieser frühen Königsgräber und der Pyramiden zusammen. Vom Taltempel kam man über eine Rampe auf zwei Terrassen, auf welchen sich der Totentempel befand. Die Terrassen waren mit Hilfe von mehreren Pfeilern übereinander angelegt. Vermutlich erhob sich im oberen Teil eine Pyramide oder ein Hügel; im unteren Teil waren ein Hof und ein Hypostyl mit der Totenkammer und der Kultstätte. Dahinter lag eine in den Felsen gehauene Kapelle, wahrscheinlich ein Heiligtum des Amun-Re.

Der Tempel der Hatschepsut

Der Totentempel von Königin Hatschepsut wurde neben der Anlage von Mentuhotep II. in Deir el-Bahari errichtet. Senmut, Architekt der Königin, war auch Amun-Priester und Lehrer von Neferure, der Tochter der Pharaonin. Er ließ sich von der Struktur des angrenzenden Tempels inspirieren und entwarf eine in Terrassen geteilte Anlage. Vom am Nil gelegenen Taltempel zum Totentempel führte eine Allee mit Sphinxen, die das Gesicht der Pharaonin trugen. Von einem Garten mit Palmen, Maulbeerfeigenbäumen und Teichen gelangte man über eine Zugangsrampe auf die erste Terrasse. Eine weitere Rampe führte auf die zweite Terrasse, auf der sich zwei Seitenkapellen befanden, die den Gottheiten Hathor und Anubis geweiht waren. Die Tempelwände wurden mit Reliefen verziert. Sie zeigen die Expedition nach Punt *(siehe Seite 102)*, den Transport der beiden Obelisken von Assuan nach Karnak und die göttliche Wiedergeburt der Königin Hatschepsut, die ihre Thronfolge nach dem Tod von Thutmosis II. legitimieren sollte. Auf der oberen Terrasse des Tempels ließ Hatschepsut ein kleines Amun-Heiligtum errichten, das dann unter ihrem Nachfolger Thutmosis III. erweitert wurde.

Die Memnon-Kolosse

Amenhotep III.
Amenhotep III. war einer der mächtigsten Pharaonen Ägyptens. Unter ihm erlebte das Land eine wirtschaftliche und kulturelle Blüte und eine Periode des inneren und äußeren Friedens. Während der Regierungszeit von Amenhotep III. setzte sich die Kolossalskulptur durch, womit die Gottähnlichkeit des Königs betont wurde.

Fährt man am Westufer des Nils die Straße entlang, die von Theben nach Medinet Habu und ins Tal der Königinnen führt, so trifft man auf zwei gigantische Statuen des sitzenden Pharaos Amenhotep III. Vom einstigen Totentempel des Pharaos blieben nur diese Kolosse übrig. Sie standen vor dem ersten Eingangsportal des Tempels und sind heute eher unter dem Namen »Memnon« bekannt, den sie von den Griechen bekamen. Der Bau wurde vom Lieblingsarchitekten von Amenhotep III. verwirklicht. Dieser hieß ebenfalls Amenhotep und war oberster Schreiber und Sohn des Hapu. Als Zeichen der Anerkennung für seine Arbeit erlaubte der Pharao dem Baumeister, ihm an dieser Stelle einen Totentempel zu errichten. Das Ansehen dieses Architekten war so groß, dass er in den nachfolgenden Epochen als Gott der Heilkunst verehrt wurde. Er war aber nicht der einzige Baumeister in der Geschichte des alten Ägypten, dem ein derartiger Ruhm zuteil wurde – bereits im Alten Reich fand der Erbauer der ersten Stufenpyramide in Sakkara, Imhotep, ebenfalls große Anerkennung und Verehrung. Der Tempel verfiel aus einer Reihe von Gründen, wobei der Standort und die verwendeten Materialien eine

DIE ENTDECKUNG DES ALTEN ÄGYPTEN

Naturgetreue Zeichnungen
Durch die Zeichner und Künstler, die an den wissenschaftlichen Expeditionen des 19. Jh.s teilnahmen, wurden die beeindruckenden Bilder der Pharaonenbauten in der ganzen Welt verbreitet. In ihren minuziösen Abbildungen konnte man auch den seit der Pharaonenzeit unverändert gebliebenen Landschaftscharakter erkennen. In der Zeichnung rechts ist die Ebene mit den Kolossen gerade von der Nilflut überschwemmt.

Die heutigen Kolosse
Durch Erosion, Erdbeben, Einwirkung des Menschen und Schadstoffe in der Luft haben die gigantischen Statuen von Pharao Amenhotep III. viel von ihrem ursprünglichen Aussehen verloren.

große Rolle spielten. Er stand in der Ebene, die jährlich vom Nil überflutet wurde und so lösten sich die zum Bau verwendeten luftgetrockneten Lehmziegel langsam auf. Außerdem wurde der Tempel in späterer Zeit als »Steinbruch« für andere Bauten verwendet.

Die »klingende Memnonsäule«

27 v. Chr. zerstörte ein Erdbeben Teile des Oberkörpers des nördlichen Kolosses. Die beschädigten Statuen zogen jedoch weiterhin viele Besucher an. Wind und die beim Erdbeben entstandenen Risse verursachten nun beim Morgengrauen immer einen dem Weinen ähnlichen Ton. Nach einer Restaurierung im 2. Jh. n. Chr. schwiegen die Kolosse wieder, ohne jedoch ihre imposante Erscheinungsform einzubüßen.

Der Tempel von Medinet Habu

Der Totentempel von Medinet Habu ist ein Musterbeispiel der Architektur des Neuen Reiches. Vorbild für diesen Tempel war das Ramesseum (Totentempel von Ramses II.); er ist aber noch größer und eines der am besten erhaltenen Bauwerke im Gebiet von Theben *(siehe Seite 176)*. Auch ein großer Teil der mehrfarbigen Dekoration ist erhalten. Der Eingang in den Tempelbereich

Die syrische Migdol-Festung
Der Eingang in den Tempelbezirk von Medinet Habu hatte die Form eines als Migdol bezeichneten syrischen Festungsturmes. Mit dieser Konstruktion verlieh man dem Tempelbezirk den Charakter einer Festung.

Der Eingang in den Tempelbezirk
Der gesamte grandiose Grabkomplex von Ramses III. wurde zum Schutz des geweihten Bereiches von einer Mauer aus Lehmziegeln umgeben. Ein Kanal verband den Eingang mit dem Nil.

besteht aus einem Tor, das dem syrischen *Migdol* (einem Festungsturm) sehr ähnlich ist. Links kann man die Kapellen der Priesterinnen aus der 25. und 26. Dynastie bewundern. Sie gehörten den »Gottesgemahlinnen« des Amun – Gattinnen und Mütter von Königen, die diesen Titel trugen, durften besondere Rituale und Zeremonien durchführen. Rechts vom Eingang sind die Ruinen eines Tempels der 18. Dynastie zu sehen.

Der Grabkomplex besteht aus zwei Pylonen, zwei mit einer Rampe verbundenen Höfen und mehreren Hypostylen, die zum Heiligtum des Amun führen. Daneben sind Kapellen, die thebanischen Gottheiten wie Amun, Mut, Chonsu und Month sowie dem Gott-König geweiht waren. Zu der Anlage gehört auch ein Tempel, der in der griechisch-römischen Ära erweitert wurde. Während der 20. Dynastie war Medinet Habu ein Verwaltungszentrum.

Schutz der Götter
Im Bild oben ist ein Detail der mehrfarbigen Dekoration eines Querbalkens zu sehen: die geflügelte Sonnenscheibe wacht über den Kartuschen mit den Namen von Ramses III.

Der Königspalast
Im äußeren Tempelbereich, zwischen dem ersten und zweiten Pylon, befand sich ein Palast, von dem nur noch einige Anbauten aus Stein und Lehmziegeln erhalten sind. Im Palast gab es einen Thronsaal und einen Königssaal. Um in den Tempel zu gelangen, musste man durch den als »Erscheinungsfenster« bezeichneten Raum gehen. Der Palast war nicht Wohnsitz des Herrschers, sondern wurde nur für Zeremonien und Rituale verwendet.

Sechmet-Statuen
*Das Heiligtum wurde mit zahlreichen Skulpturen verziert, im Besonderen mit mehreren schwarzen Granitstatuen, die der Göttin Sechmet geweiht waren.
Diese Göttin ist mit dem Körper einer Frau und einem Löwenkopf dargestellt, auf dem sie die Sonnenscheibe trägt.*

Das Tal der Könige

Die Pharaonen des Neuen Reiches wählten ein verlassenes Tal am westlichen Ende der Stadt Theben als ihre letzte Ruhestätte. Diese Wahl war nicht rein zufällig, denn nach den religiösen Vorstellungen dieser Zeit befand sich das Reich der Toten im Westen. Ein weiterer Grund dafür, dass dieses Tal als ideale Grabstätte gesehen wurde, scheint auch in der Pyramidenform des Berges El-Qurn zu liegen. Dieser dominiert das Tal und erinnerte sicherlich an die Pharaonengräber des Alten Reiches. Das Tal der Könige ist ein in die thebanischen Berge eingeschnittener *Wadi* (ausgetrocknetes Flussbett), der sich in zwei Arme teilt: das Tal der Könige und das Tal der Affen. Das Nebental oder Tal der Affen beherbergt vier Gräber, wie jenes von Eje und von Amenhotep III.; im Hauptal oder Tal der Könige wurden 58 Gräber gefunden. Durch die Abgelegenheit und auch durch spezielle Wachtruppen, die *Medjai*, wurde die Grabesruhe gesichert. Außerdem stand das Tal unter dem Schutz der Kobragöttin Meretseger, die auch als jene »die das Schweigen liebt« bezeichnet wurde. Der erste Pharao, der sein Grab in diesem Tal errichten ließ, war vermutlich Amenhotep I. Während seiner Regierungszeit änderte sich die Vorstellung, wie ein Grabkomplex auszusehen hatte, grundsätzlich – das Grab wurde vollkommen vom Tempel getrennt, der entweder am Flussufer oder in einem anderen Tal errichtet wurde. Auch die Anlage der Felsengräber änderte sich im Laufe der Jahrhunderte. Die Grabbaupläne richteten sich meistens nach zwei Modellen: in der 18. Dynastie waren die Gräber rechteckig angelegt, in der 20. Dynastie war die Anlage eher lang gestreckt. In beiden Fällen wurde der Sarkophag in der am tiefsten gelegenen Kammer aufgestellt und die Wände wurden reich dekoriert. Nach der Entdeckung des Tals der Könige durch die Europäer im 19. Jh. begannen mehrere Ausgrabungen in diesem Gebiet. Die Grabungsarbeiten erreichten 1922 ihren Höhepunkt, als der englische Ägyptologe Howard Carter in das einzige unversehrte Grab des Tales eindringen konnte – das Grab des Tutanchamun. Nachdem einige Personen, die bei dieser Entdeckung mitgewirkt hatten, unter rätselhaften Umständen verstarben, begann man vom »Fluch des Tutanchamun« zu sprechen.

Der Gründer der Nekropole
Amenhotep I. erneuerte die Begräbnisrituale und war wahrscheinlich der Gründer der Nekropole im Tal der Könige. Sein Grab konnte jedoch noch nicht identifiziert werden.

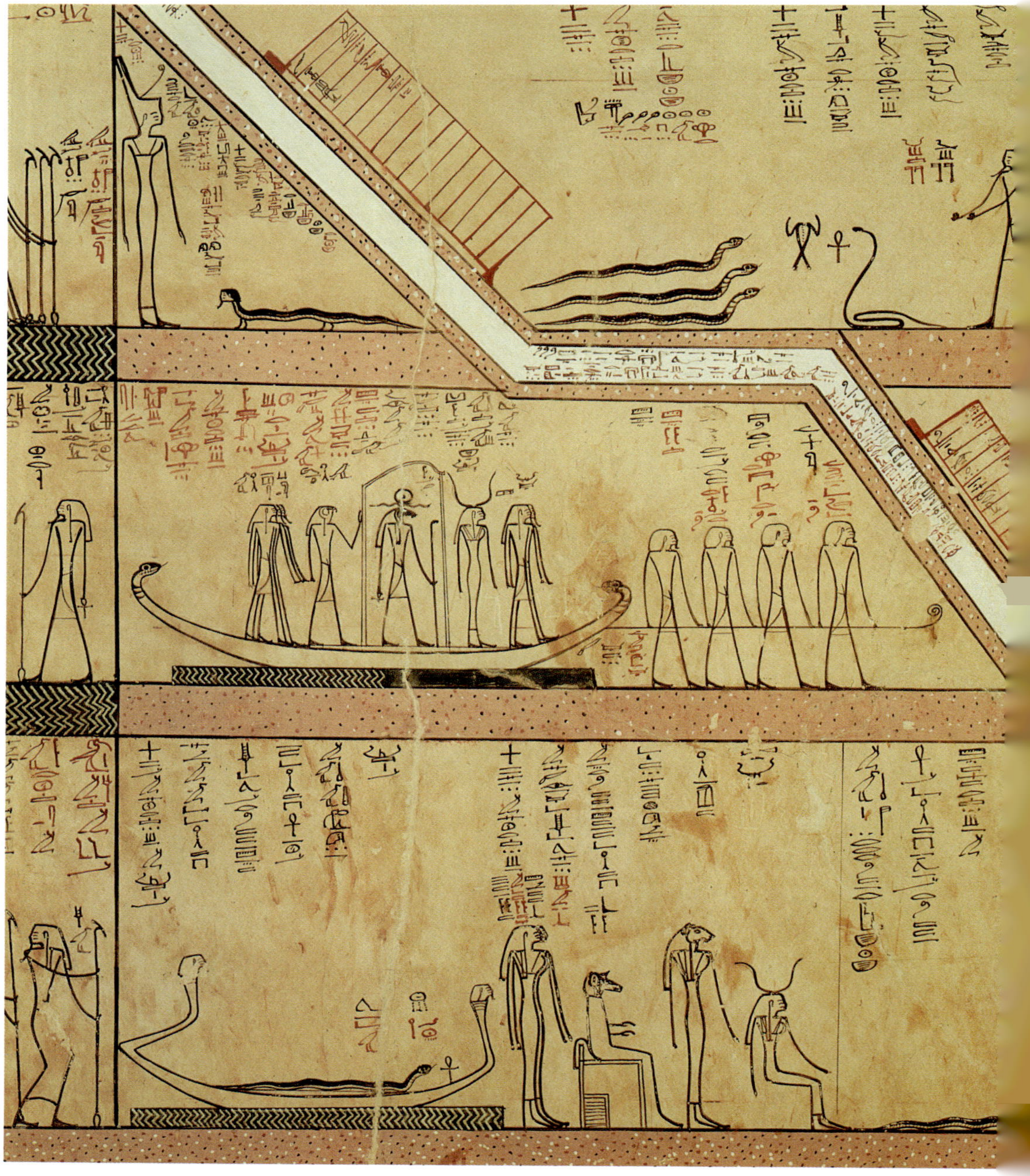

Der Korridor der Nachtstunden
Dieses Gemälde aus der Totenkammer Thutmosis' III. zeigt die Götter der Unterwelt und einen Korridor, der durch mehrere Stockwerke abwärts führt. Die einzelnen Nachtstunden sind durch Pforten getrennt.

DIE ENTDECKUNG DES ALTEN ÄGYPTEN

Der Sarkophag von Thutmosis III.
Der Sarkophag steht hinter zwei Pfeilern an der Nordostseite der Grabkammer. Seine ovale Form soll an die Königskartuschen erinnern; der Sarkophag ist aus gelbem Quarzit gefertigt und ocker eingefärbt, vermutlich um den rosa Granit von Assuan zu imitieren.

Das Grab von Thutmosis III.

Das Grab von Pharao Thutmosis III. befindet sich in einer engen Schlucht im Tal der Könige in einer Höhle, die in fast 10 m Höhe liegt. Das Grab wurde 1898 von Mitarbeitern einer Forschungsgruppe unter der Führung des Franzosen Victor Loret entdeckt, der damals Leiter der *Services des Antichités* in Ägypten war. Durch den Eingang kommt man zu zwei Gängen und einem viereckigen Ritualschacht, und danach zu einer Vorhalle mit Zwillingspfeilern. Von hier gelangt man über eine Stiege zur Grabkammer. Diese ist oval, hat also die Form einer Königskartusche, und enthält zwei Mittelpfeiler und einen Sarkophag; an den Ost- und Westseiten sind vier Nebenkammern. Die Kammer wurde vollständig ausgeraubt und der Sarkophag beschädigt.
Die Art der Dekoration im Grab von Thutmosis III. ist anders als in den übrigen Felsengräbern im Tal der Könige: in den Gängen gibt es keine Ornamente; in der Vorhalle sind die 741 Götter aus dem *Amduat*, dem Buch »von dem was in der Unterwelt ist«, aufgelistet; die Wandzeichnungen sind tabellenartig angelegt, sodass in jedem Kästchen eine Gottheit abgebildet ist; die Grabkammer wurde mit allen Büchern des *Amduat* derart beschrieben, dass sich an der Wand das Bild einer Papyrusrolle ergibt. Die Texte beschreiben die Reise der Sonne von Westen nach Osten während der zwölf Nachtstunden. Auf den Pfeilern sind Szenen aus der *Litanei des Re* dargestellt. Die Wanddekoration windet sich auch über die Wölbungen der Kammer und besteht aus vielen Zeichnungen und Texten in Kursivschrift, wobei Texte und Bilder einander ergänzen. Einige, meist rote, Linien teilen die Wandbeschriftung in drei oder vier Zeilen. Das Buch beginnt mit einer Einleitung von zehn Spalten und alle Figuren bewegen sich in Richtung der zwölften Stunde. Der Stil ist sehr einfach und harmonisch gehalten, wobei die Figuren schematisch dargestellt sind. Im hinteren Teil der Kammer steht der Sarkophag aus gelbem Quarzit für den Pharao.

Das Grab von Sethos I.

Unter den Gräbern im Tal der Könige sticht wegen seiner Schönheit und der aufwändig gestalteten Dekoration jenes von Sethos I. hervor, dem Vater von Ramses II. Der Grundriss ist viel komplexer als bei den Gräbern früherer Pharaonen. Vom Eingang kommt man zu einem abwärts führenden Korridor, und dann zu einer Treppe. Die *Litanei des Re*, die in früheren Gräbern die Wände der Grabkammer zierte, schmückt hier erstmals die Gänge und die ersten Säulenhallen. Auch die 75 magischen Namen des Sonnengottes Re sind aufgelistet und der Pharao ist mit anderen Göttern der Unterwelt dargestellt.

Der zweite Korridor ist mit Szenen aus dem *Amduat* (die meisten Darstellungen in den folgenden Kammern stammen auch aus diesem Buch) dekoriert. Danach kommt ein Schacht, der aber nicht als Wasserbehälter diente, sondern eine rituelle Bedeutung hatte. Als nächstes folgt eine Kammer mit vier Pfeilern, die mit einem weiteren, unvollständigen Raum verbunden ist. In jener sind nur zwei Pfeiler und Entwürfe für Reliefe zu sehen. Über Stiegen und einen dritten Gang gelangt man in die Vorkammer, die von Belzoni wegen der großartigen Reliefe »Raum der Schönheiten« genannt wurde. Die Dekoration erinnert an jene im Grab des Haremhab und zeigt den Pharao vor den Göttern. Schließlich gelangt man in die aus zwei Teilen bestehende Grabkammer: der etwas höher liegende Teil ist von sechs Pfeilern gestützt, im tiefer gelegenen Teil befindet sich der Sarkophag des Pharaos.

In einer Wandnische der Grabkammer sind Darstellungen des Osiris zu sehen. Von der Grabkammer kann man in den am tiefsten gelegenen Raum der Grabanlage gelangen: ein teilweise eingestürzter Nebenraum ohne Dekoration – er könnte als symbolische Grabkammer gedacht gewesen sein. Vermutlich sollte er Sinnbild für die Wasser des Nun, des ursprünglichen Chaos sein, woraus alles Leben und alle Dinge entstanden waren.

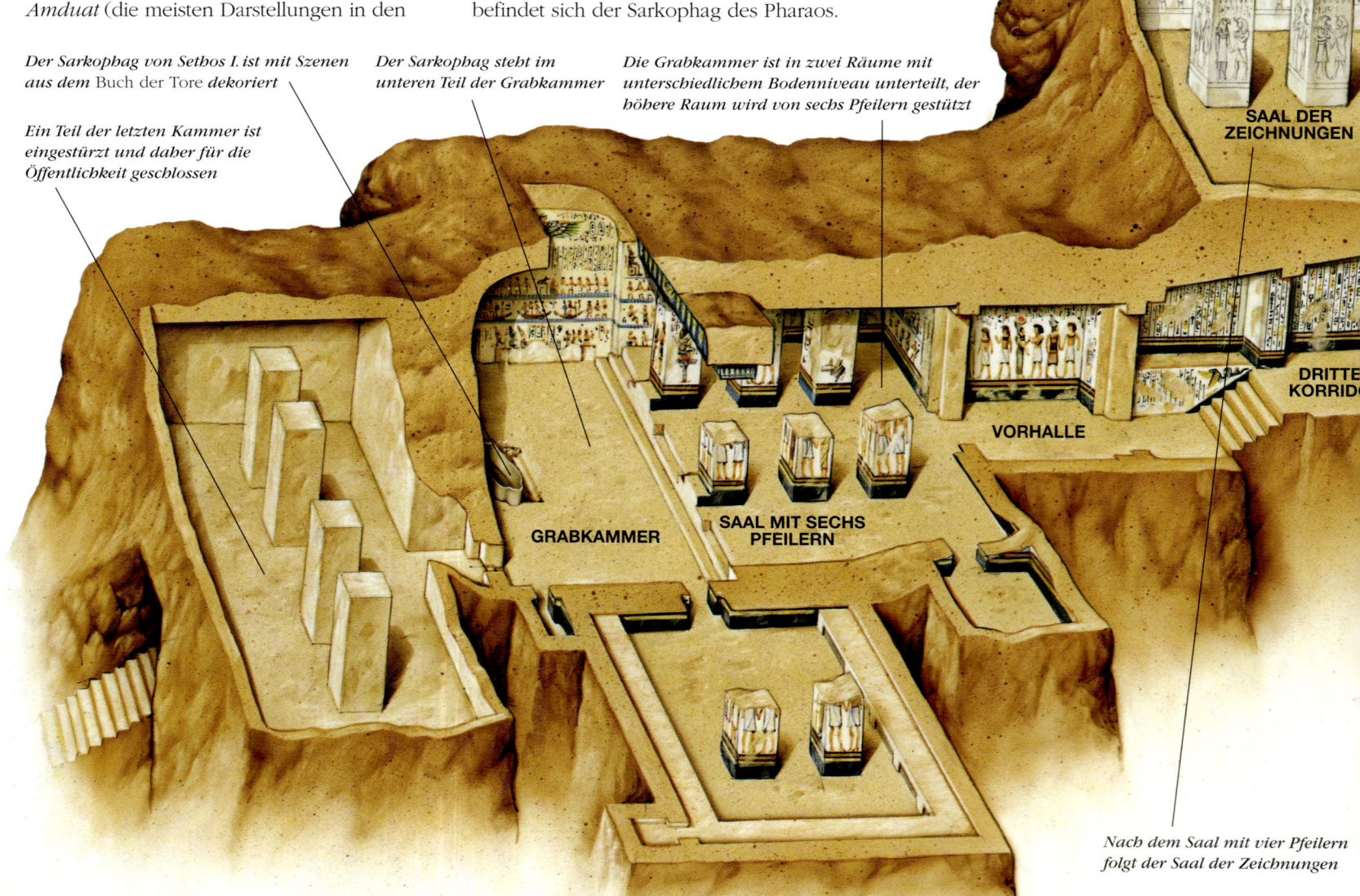

Der Sarkophag von Sethos I. ist mit Szenen aus dem Buch der Tore *dekoriert*

Ein Teil der letzten Kammer ist eingestürzt und daher für die Öffentlichkeit geschlossen

Der Sarkophag steht im unteren Teil der Grabkammer

Die Grabkammer ist in zwei Räume mit unterschiedlichem Bodenniveau unterteilt, der höhere Raum wird von sechs Pfeilern gestützt

GRABKAMMER

SAAL MIT SECHS PFEILERN

VORHALLE

DRITTE KORRID.

SAAL DER ZEICHNUNGEN

Nach dem Saal mit vier Pfeilern folgt der Saal der Zeichnungen

DIE ENTDECKUNG DES ALTEN ÄGYPTEN

Der Sarkophag von Sethos I.
Giovanni Battista Belzoni entdeckte den Sarkophag von Sethos I. aus feinstem, fast durchscheinendem Alabaster. Der 3 m lange Sarg enthielt aber nicht die Mumie des Pharaos (sie wurde in Deir el-Bahari gefunden). Der Sarg ist mit Szenen aus dem Buch der Tore dekoriert.

Die letzte Ruhestätte von Sethos I.
Die Zeichnung zeigt die weiträumige Verteilung der Grabanlage von Sethos I. In die Grabkammer gelangt man erst über mehrere Treppen und Gänge.

Vom Eingang des Grabes kommt man in einen Korridor, der zu mehreren aufeinander folgenden unterirdischen Kammern hinabführt

Wanddekorationen in den hinabführenden Gängen waren eine große Neuerung

An den Wänden wurden Bilder aus dem Amduat dargestellt

Vom Saal mit vier Pfeilern führen Stufen zum tiefer gelegenen Teil des Grabes hinab

Im Saal mit vier Pfeilern ist Pharao Sethos I. gemeinsam mit verschiedenen Göttern, wie etwa Osiris und Thot, dargestellt

Der Schacht nach den ersten Korridoren im Grab von Sethos I. hatte eine symbolische Bedeutung

Saal mit vier Pfeilern
Die Decke des Saales wird durch vier Pfeiler gestützt und bedeckt auch den Ritualbrunnen. Die Zeichnungen stellen Sethos I. mit einigen Göttern dar, die ihn umarmen. Rechts wird der Pharao vom Schöpfergott Ptah-Sokar in die Arme geschlossen.

Das Grab des Tutanchamun

Die Entdeckung des Grabes von Tutanchamun war das archäologische Hauptereignis des 20. Jh.s. Verantwortlich dafür war Howard Carter – er begann an einer Stelle zu graben, wo niemand ein Grab vermutete und ging das Risiko ein, die Grabung aufgrund erhöhter Kosten abbrechen zu müssen.

Auch wenn das Grab, eines der kleinsten im Tal der Könige, eiligst fertig gestellt wurde, so wurden doch seine Kammern mit allem gefüllt, was man für Tutanchamun im Jenseits für notwendig hielt – Carters Ausgrabungsgruppe brauchte 50 Tage, um die 3500 Objekte aus der einzigen Vorkammer klassifizieren und bergen zu können. Es gab noch einen Anbau als Aufbewahrungsort für die Speisen. Das einfache Grab steht im starken Gegensatz zur Fülle der äußerst wertvollen Grabbeigaben, die in der Vorkammer gefunden wurden: Behälter aus weißem Holz für Lebensmittel,

Thron aus Gold
Dies ist eines der Möbelstücke aus den Grabbeigaben des Tutanchamun. Auf der Rückenlehne sind der Pharao und seine Gattin Anchesenamun dargestellt.

vergoldete Koffer für die Gewänder des Pharaos, Schemel, Waffen und Ritualbetten. Die Betten dienten dazu, die Seele des Verstorbenen wiederzubeleben; sie waren mit den Köpfen von Nilpferd, Kuh und Löwin, den Tiersymbolen der Göttinnen Amrit, Mehet-Warit und Isis Mehet, dekoriert. In der Grabkammer befanden sich vier Schreine aus vergoldetem Holz. Sie waren ineinander gesetzt und enthielten einen Quarzsarg, in dem wiederum drei Sarkophage in Körperform ineinander gelegt waren. Eine Tür führte zur Schatzkammer mit den Grabbeigaben.

Der Kind-Pharao
Tutanchamun kam im Alter von nur neun Jahren auf den Thron und starb mit 18. Auf dem Foto unten ist der vergoldete Kopf einer Holzbüste aus den herrlichen Grabbeigaben des Pharaos zu sehen.

Die Grabkammer
Der einzige dekorierte Raum war die Grabkammer, dessen Wände jedoch durch das Eindringen von Wasser beschädigt wurden. Die dargestellten Bilder erzählen vom Transport des Sarkophages beim Leichenzug, vom Empfang, den die Götter dem Pharao bereiten und von der Reise durch die Unterwelt.

Das Tal der Königinnen

Das Tal der Königinnen liegt im Südwesten des Tals der Könige. In der ausgedehnten Totenstadt wurden während der 18. Dynastie Prinzen und Prinzessinnen aus der Königsfamilie und hochgestellte Persönlichkeiten begraben. Hier sind auch ab Satre, der Gemahlin von Ramses I., die Königinnen mit dem Titel »Königsgemahlin« beigesetzt. Ramses III. ließ auch einige seiner Kinder hier bestatten. Das Tal wurde als besonders geeignet für eine religiöse Stätte und einen Begräbnisort betrachtet, da sich am Ende des Tales eine Grotte mit einem Wasserfall befand. Für die Ägypter repräsentierte diese Grotte den Uterus der Himmlischen Kuh, aus dem die Wasser entsprangen, welche die Auferstehung der Toten verkündeten. Im Tal der Königinnen gibt es zwei Grabtypen: die einfacheren Grabschächte der 18. Dynastie, die nur mit wenigen Grabmalereien ausgestattet sind, sowie die großen, wesentlich komplexeren Gräber der 19. und 20. Dynastie.

Grab des Amenherchopschef
Das Bild oben zeigt den Querbalken der Tür, die zum hinteren Teil der Grabkammer mit dem Sarkophag führt. Zwei Uräusschlangen mit Sonnenscheibe auf dem Kopf und ausgebreiteten Flügeln schützen die Königskartuschen in der Mitte. Darüber sieht man die geflügelte Sonnenscheibe.

Das Grab des Chaemwese
Die Wände des hinteren Anbaus der Grabkammer (links) sind von einem Cheker-Fries (Abschlussornament, das Schilfbündel darstellt) eingerahmt. Rechts ist ein Djed-Pfeiler, das Symbol der Stabilität, zu sehen.

Das Grab des Titi
Dieses Felsengrab (oben) war eines der wenigen, das für die Reisenden des 19. Jh.s zugänglich war. Giovanni Battista Belzoni hinterließ bei einer schnellen Besichtigung seine Signatur.

Das Grab der Nofretiri

Das Tal der Königinnen beherbergt über 100 Gräber, wovon nur 20 dekoriert sind. Das bekannteste wurde 1904 vom italienischen Ägyptologen Ernesto Schiaparelli entdeckt – das Grab der Nofretiri. Sie war die Lieblingsfrau von Ramses II. und eine der berühmtesten Königsgemahlinnen in der Geschichte des alten Ägypten. Die Struktur des Grabes – Kammern, absteigende Gänge, Grabkammer und Nebenkammern – spiegelt die Reise der Verstorbenen wider, an deren Ende sich Nofretiri in eine Gottheit verwandelt. Die Themen in den Wandgemälden befassen sich ebenfalls mit der Gottwerdung Nofretiris.

Neben Abbildungen der Königin mit verschiedenen Gottheiten sind auch Darstellungen aus dem *Totenbuch* zu sehen. Diese sollten der Verstorbenen auf ihrer Reise durch die Unterwelt beistehen. Im Augenblick der Entdeckung waren die Grabgemälde bereits in sehr schlechtem Erhaltungszustand. Dies war hauptsächlich auf die schlechte Qualität des Kalksteinfelsens, in dem sich das Grab befand, zurückzuführen. Ihr Zustand verschlimmerte sich noch durch eine Reihe von technisch unangemessenen Maßnahmen, die den Zerfall der Wandmalereien noch beschleunigten. Bei kürzlichen Restaurierungen wurden die großartigen Wandbilder gereinigt und der Gesamteindruck wieder hergestellt.

Nofretiri macht Geschenke
Die Wände des Treppengangs, der die Vorkammer mit der Grabkammer verbindet, sind zur Gänze dekoriert. Im Bild oben bringt die Königin einigen Göttinnen Speisen und Getränke dar: Hathor, Selket, Isis und Nephtys.

Die Grabkammer
Im mittleren Teil der Kammer stehen vier bemalte Pfeiler. Das Bild oben zeigt Osiris mit dem Gott Horus, der als Priester dargestellt ist.

Zwischen den vier Pfeilern stand vermutlich einst der Sarkophag

Die Cella (Kapelle), der letzte Raum des Grabes, war dem Kult gewidmet

GRABKAMMER

Die Struktur des Grabes
In der Perspektive sieht man, dass die Grabanlage entlang einer Längsachse angelegt ist, die sich leicht nach Norden neigt. Um ins Grab zu gelangen, steigt man über eine Treppe zur Vorhalle hinab. Von hier geht es über eine weitere Treppe zur Grabkammer mit einer Kapelle im hinteren Teil.

DIE ENTDECKUNG DES ALTEN ÄGYPTEN

Erster östlicher Seitenanbau
Östlich des Vestibüls ist noch eine weitere Seitenkammer. Die Wände dieser Kammer wurden mit mehreren Kapiteln aus dem Totenbuch dekoriert. Das Bild links ist ein Fragment aus dem Gemälde, das die »Sieben heiligen Kühe und den Stier« als Symbol für den ewigen Kreislauf des Lebens darstellt.

Neben der Vorhalle befinden sich ein Vestibül und eine Seitenkammer, dessen Wandgemälde die Ankunft der Königin bei den Göttern zeigen

Über eine Stiege gelangt man zur Vorhalle, deren Wände mit Szenen aus Kapitel XVII des Totenbuches verziert sind

Die zweite Treppe schwenkt etwas nach Norden und folgt der Längsachse des Grabes

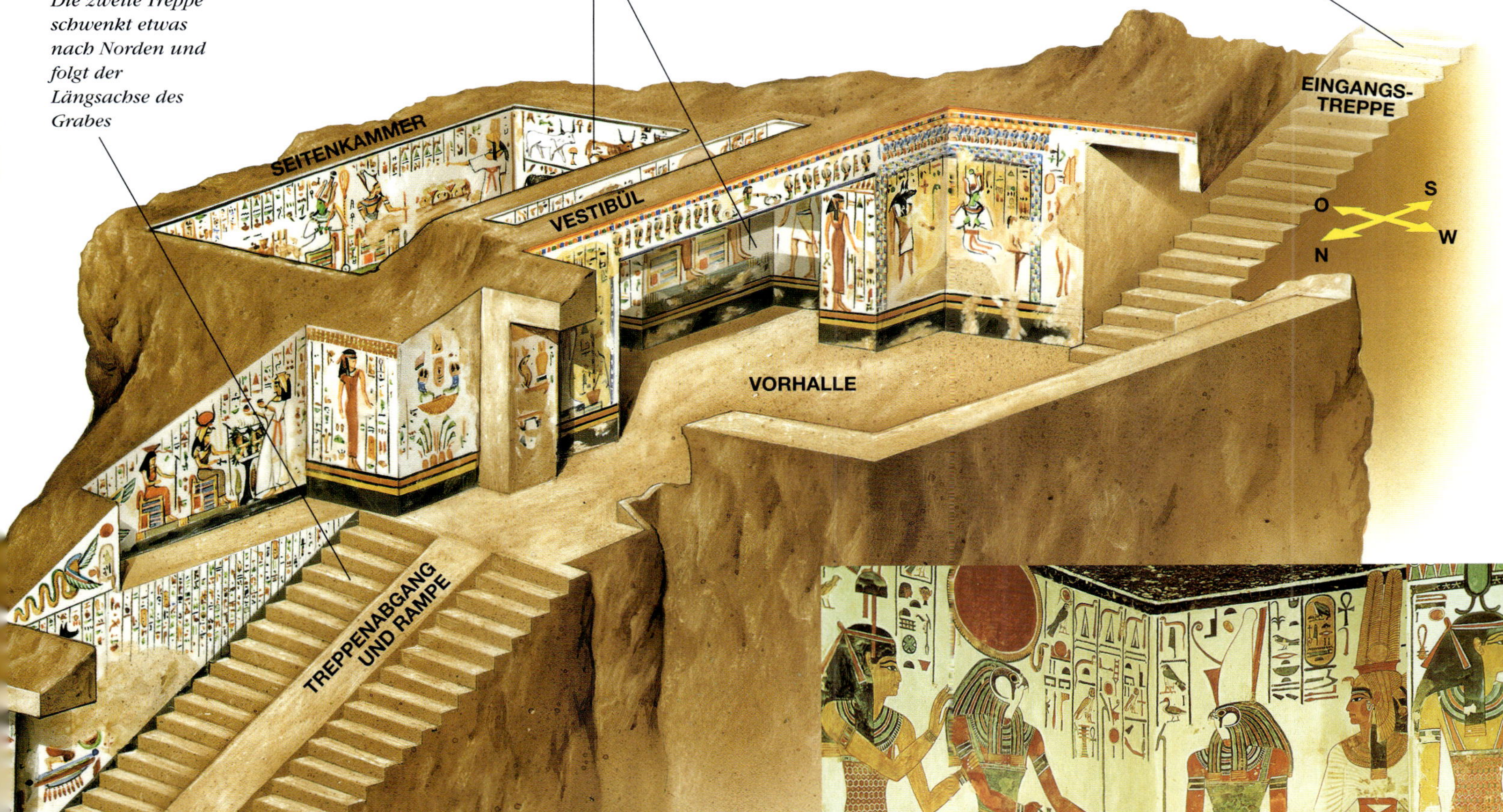

EINGANGSTREPPE

SEITENKAMMER

VESTIBÜL

VORHALLE

TREPPENABGANG UND RAMPE

Neben der Grabkammer befindet sich eine Reihe von Aufbewahrungsräumen

Das Vestibül
In der Ostwand der Vorhalle öffnet sich ein Vestibül, in dessen Wandgemälden Nofretiri in der Unterwelt empfangen und den Göttern vorgestellt wird. Neith (im Foto rechts) empfängt die Königin; dann nimmt Horus (mit Falkenkopf und Doppelkrone) Nofretiri an der Hand und führt sie zu Re-Harachte und Hathor-Amentet, die auf ihrem Thron sitzen.

Deir el-Medina

Das Dorf Deir el-Medina befindet sich zwischen dem Ostabhang der thebanischen Berge und dem Hügel Qurnet Murai. Die Siedlung wurde zu Beginn der 18. Dynastie als Wohnstätte für die Arbeiter, die mit Bau und Ausstattung der Gräber im Tal der Könige beschäftigt waren, unter dem Namen *Set Maat*, »Sitz der Ordnung«, gegründet. Im 19. Jh. wurde die Stätte von Forschern und Sammlern, wie Drovetti und Salt, regelrecht geplündert. Die ersten wissenschaftlichen Forschungen im Arbeiterdorf wurden zwischen 1905 und 1909 vom italienischen Archäologen Schiaparelli durchgeführt. In der Folge erforschte das *Institut Français d'Archéologie Orientale* das Gebiet; eine von Bruyère geleitete Forschungsgruppe und der tschechische Archäologe Jaroslav Cerny konnten zwischen 1941 und 1952 das gesamte Dorf und die Nekropole ausgraben.

Der Weg ins Tal der Könige
Von Deir el-Medina führte ein Pfad über den Berg ins Tal der Könige, Arbeitsstätte der Dorfbewohner. Auf halbem Weg befand sich eine Art Raststätte.

Das Grab des Kha
1906 entdeckte eine italienische Forschergruppe unter der Leitung von Schiaparelli in der Nekropole von Deir el-Medina das unversehrte Grab des Architekten Kha und seiner Gattin Merit. Die prächtigen Grabbeigaben, die heute im Museo Egizio in Turin ausgestellt sind, erlauben Einblicke in das Dorfleben und weitreichende Kenntnisse über die Bewohner von Deir el-Medina.

Der Tischler Didi und sein Sohn
Auch Tischler nahmen an den Arbeiten im Tal teil und stellten Schemel, Stühle, Betten und Bahren her. Die Kalksteinstele oben zeigt den Tischlermeister Didi und seinen Sohn.

Deir el-Medina war in eine »Backbord-« und eine »Steuerbordseite« geteilt und bestand aus mehr als 70 Häusern. Das Dorf war von einer Mauer umgeben und bot etwa 120 Arbeitern und ihren Familien Unterkunft. Im Norden waren die örtlichen Bethäuser und im Westen die Nekropole, wobei die Gräber jeweils in Gruppen zusammengefasst waren. Die Siedlung entstand, als die Arbeiten im Tal der Könige begannen und wurde während der Zeit des Haremhab (unter seiner Regierung wurden auch die Einzelgräber der Arbeiter durch Gemeinschaftsgräber ersetzt) stark vergrößert. Das Dorf erlebte während der 19. Dynastie eine Blütezeit, begann unter Ramses IX. zu verfallen und wurde in der 21. Dynastie aufgegeben. König Taharqa (25. Dynastie) ließ hier ein Heiligtum aufstellen; später wurden in Deir el-Medina die saitischen Felsengräber der »Gottesgemahlinnen« errichtet. Unter der Lagiden-Dynastie entstand ein Tempel, der den Göttinnen Hathor und Maat geweiht war und während der Kopten-Zeit in ein Kloster umgewandelt wurde.

Objekte des täglichen Gebrauchs
Schemel und Besen (links) – *zwei von vielen Gebrauchsgegenständen, welche die Handwerker in ihrer Freizeit herstellten.*

Ostrakon mit sitzendem Hundskopfaffen und dem Gesicht der Königin
Im Dorf wurden Tausende von Ostraka (Tonscherben) wie jenes rechts gefunden; sie wurden von den Künstlern zum Anfertigen von Skizzen verwendet.

Das Arbeiterdorf
Deir el-Medina wurde als Wohnort für die Arbeiter, die im Tal der Könige beschäftigt waren, errichtet und ist ein einzigartiges Beispiel altägyptischer Wohnbauplanung.

Die Gräber der Adeligen

Im Gebiet von Qurna, in der Nähe von Theben, wurden vom Alten Reich bis zur Römerzeit Gräber errichtet. Während des Neuen Reiches nahm die Zahl der Grabstätten beträchtlich zu. Den mittleren Teil der Nekropole bildet Scheich Abd el-Qurna; hier befindet sich der Großteil der Privatgräber aus dem Neuen Reich, besonders aus der 18. Dynastie. In El-Chocha wurden Gräber aus der Ersten Zwischenzeit und aus dem Neuen Reich gefunden, und im Asasif-Tal Gräber aus der Ramessiden-Zeit und aus der 25. und 26. Dynastie.

Die Gräber von El-Chocha
Im Südosten von Deir el-Bahari erhebt sich der kleine Hügel El-Chocha. Der Grundriss der hier angelegten Felsengräber (unten) gleicht dem der Grabanlagen des nahegelegenen Scheich Abd el-Qurna.

In Dra' Abu el-Naga', im nördlichsten Bereich der Anlage, befinden sich Gräber von Beamten des Neuen Reiches. Auf dem Hügel von Qurnet Murai, im südlichen Teil der Nekropole, stammt der größte Teil der Gräber aus dem Neuen Reich. Einige Grabstätten befinden sich hoch oben und andere am Fuß des Hügels. Am Grabeingang steht öfters ein Pyramideon wie bei den Gräbern von Deir el-Medina. Die thebanischen Privatgräber bestehen meistens aus einer äußeren Vorhalle, einem Vestibül und einer Grabkapelle, die aus einem oder zwei Räumen besteht. Von dort aus kommt man in einen unterirdischen

Das Grab des Neferhotep
Dieses Gemälde zeigt den Besitzer des Grabmals; sein Name und seine Titel tauchen an verschiedenen Stellen des Grabes auf. Manchmal war auch die Biographie des Verstorbenen Teil der Wandinschriften und Bilder.

Scheich Abd el-Qurna
Der bedeutendste Teil der thebanischen Nekropole ist Scheich Abd el-Qurna. Hier befinden sich die Grabmäler der bekanntesten Persönlichkeiten der Region aus der 18. Dynastie. Die Gräber befinden sich übrigens mitten in der Ortschaft. Leider hat die Feuchtigkeit viele Wandmalereien beschädigt oder zerstört.

Korridor oder Schacht. Die Grabkapelle war mit der Grabkammer verbunden und wurde nach dem Begräbnis verschlossen. Während der 18. Dynastie hatte der mit Verzierungen geschmückte Teil der Grabanlage die Form eines »T«: quer zum Eingang lagen eine Eingangshalle und eine Kapelle mit einer Nische, in der die Statue des Verstorbenen aufgestellt war; gegenüber dem Eingang führte ein langer Korridor zur Grabkammer. Es gab aber auch einige Gräber, die einen anderen Grundriss hatten.

Der Großteil der Gräber war mit Wandgemälden und manchmal auch mit Reliefen ausgestattet – die Wahl der Dekorationstechnik hing unter anderem vom Felsen ab, in den das Grab hineingehauen war. Die Bilder zeigen viele Szenen aus dem täglichen Leben, wie Ackerbau, Jagd und Fischfang, sowie Fauna und Flora, die häufigsten Themen sind jedoch Bankette und Begräbnisfeierlichkeiten.

Fauna und Flora im Grab des Menna
Das Grab des Menna ist wegen der genauen Darstellungen von Jagd und Fischfang sowie vom Leben auf den Feldern berühmt geworden. Die Künstler verstanden es, die Nilsümpfe äußerst realistisch darzustellen: in diesem Gemälde (oben) sieht man im Papyrusdickicht Vögel und eine Katze, die sich an ein Nest heranschleicht.

Die Gräber im Asasif-Tal
Die Grabmäler des Asasif-Tals liegen neben der Straße, die zu den Tempeln von Deir el-Bahari führt. Anlage und Ausstattung der Asasif-Gräber unterscheiden sich von den anderen Gräbern der Nekropole.

Der Tempel von Idfu

Der Tempel von Idfu wurde auf einem älteren Gebäude aus der Ramessidenzeit, von dem noch immer Überreste vorhanden sind, errichtet. Die Bauarbeiten begannen 237 v. Chr. unter Ptolemaios III. Euergetes und wurden 57 v. Chr. unter dem Vater von Kleopatra, Ptolemaios XII., fertig gestellt. Die Anlage ist ähnlich jener von Dendera und hat eine Umfassungsmauer. Im Inneren befand sich ein *Mamisi* – eine Stätte, an der die Geburt des Sohnes von Horus und Hathor gefeiert wurde. Gleich hinter dem ersten Pylon öffnet sich eine Vorhalle mit 32 von Blumenkapitellen gekrönten Säulen. Von hier kommt man in das *Pronaos*, das erste Hypostyl mit 18 Säulen. Die Säulen der *Pronaos*-Front sind durch mit Bildern

Der Wandelgang
Vom Pronaos kommt man in einen kleinen Wandelgang, der um das Allerheiligste führt. Die Wände sind mit Inschriften und Reliefen reich geschmückt und zeigen den Pharao und die Götter.

Pylon und offene Vorhalle
Der Eingangspylon von Idfu ist von allen ägyptischen Tempeln der höchste. An der Außenseite sind Szenen des Sieges von Ptolemaios III. über seine Feinde zu sehen, auf der Innenseite ist der Pharao mit verschiedenen Göttern, insbesondere Horus und Hathor, dargestellt. Die 32 Säulen der offenen Vorhalle sind mit Pflanzendekor und Blumenkapitellen geschmückt.

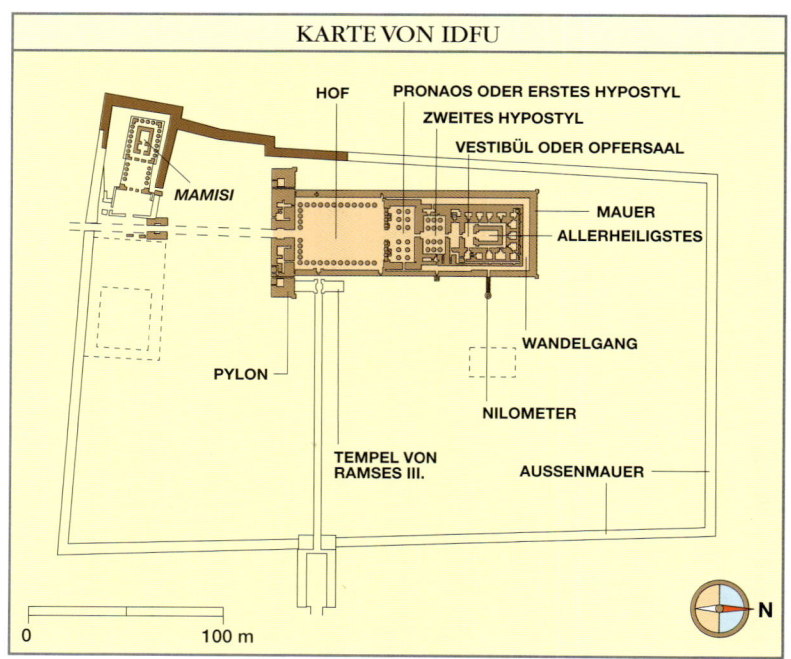

KARTE VON IDFU

Atypische Anlage
Idfu ist der am besten erhaltene ägyptische Tempel. Obwohl er den typischen Aufbau eines Pharaonentempels hat (Pylon, Vorhalle, erstes und zweites Hypostyl, Allerheiligstes und Nebenräume), ist der Tempel von Idfu nicht wie die antiken Bauten entlang einer Ost-West-Achse, sondern in einer Nord-Süd-Achse entlang dem Nil angelegt.

DIE ENTDECKUNG DES ALTEN ÄGYPTEN

Ziegelmauern
Um den heiligen Bezirk vor Verunreinigungen von außen zu schützen, war der Tempel von einer Mauer aus luftgetrockneten Lehmziegeln umgeben. Vor dem Pylon sind noch Teile der Mauer zu sehen.

Allerheiligstes und Altar
Im Allerheiligsten ist das Tabernakel, in dem die Götterstatue aufbewahrt wurde, noch vollkommen erhalten – ein Monolith aus grauem Granit von 4 m Höhe. Inschriften im Tabernakel sollten den Leser glauben machen, dass der Tempel selbst bereits viel älter wäre und auf die Zeit von Nektanebos II. zurückginge. Der Sockel vor dem Schrein war für die heilige Barke des Gottes Horus bestimmt.

dekorierten Mauern mit verbunden – man sieht, wie der Pharao vor seinem Eintritt in den heiligen Bereich die rituelle Waschung vor Horus und Seth vornimmt. Vom *Pronaos* führen zwei Treppen auf eine Terrasse, auf der die Feiern zum Neujahrsfest abgehalten wurden. Hinter dem *Pronaos* befand sich ein zweites Hypostyl. Rechts war eine Bibliothek und links eine Kammer, in der die Kanopenkrüge aufbewahrt wurden. Ein Vestibül (hier der Opfersaal) und eine Reihe von Kapellen, darunter auch eine Kapelle der Neunheit, umgaben das Allerheiligste, in dem sich die Götterstatue befand. Die Türen zum Allerheiligsten waren mit Bronze und Silber verkleidet und mit Edelsteinen verziert. Innerhalb der Außenmauer des Tempels zieht sich ein Wandelgang um das zweite Hypostyl und das Allerheiligste. Je näher man dem Allerheiligsten kam, desto geringer wurde die Raumhöhe: der Boden stieg an und die Decke wurde niedriger. So wurde ein Kontrast zwischen dem hellen, offenen Platz außen und dem Dunkel im Inneren hergestellt.

Der Falkengott
Der Gott Horus wurde als Falke oder mit Menschenkörper und Falkenkopf dargestellt. Die Statue links zeigt Horus als Falken mit der Doppelkrone (Pschent) des Pharaos. Die Statue befindet sich in der Vorhalle, die zum Pronaos führt und hatte eine Zwillingsstatue auf der anderen Seite der Vorhalle.

Die Tempel von Philae

Die Insel Philae wurde von den Ägyptern als »die Grenze« bezeichnet. Auf dieser Insel wurde während der Zeit von Pharao Taharqa und von Kaiser Trajan eine der bemerkenswertesten Tempelanlagen Ägyptens errichtet. Sie befindet sich in der Nähe des ersten Nilkatarakts, bei Assuan, am äußersten Ende einer Inselgruppe in einer Felsenbucht. Vermutlich entstanden hier bereits Bauten während der 18., 25. und 26. Dynastie, auch wenn die ältesten noch sichtbaren Reste auf die Herrschaft von Nektanebos I. zurückgehen. Die besonders bemerkenswerten Monumente stammen aus der Ptolemäer- und der Römerzeit. Der Haupttempel birgt das Heiligtum der Isis, das mit seinen Kapellen und Anbauten den westlichen Teil der Insel einnimmt. Nachdem sich die Römer Ägyptens bemächtigt hatten, verbot man – auch im Zusammenhang mit der Verbreitung des Christentums – die alten ägyptischen Religionen. Nur in den Tempeln der Insel Philae wurden weiterhin »heidnische« Kulte gepflegt. Hier wurde Isis verehrt, und nur noch die Isis-Priester kannten das Geheimnis der Hieroglyphenschrift. Mit Justinian wurden dann die letzten Reste der ägyptischen Religionskulte endgültig zerstört.

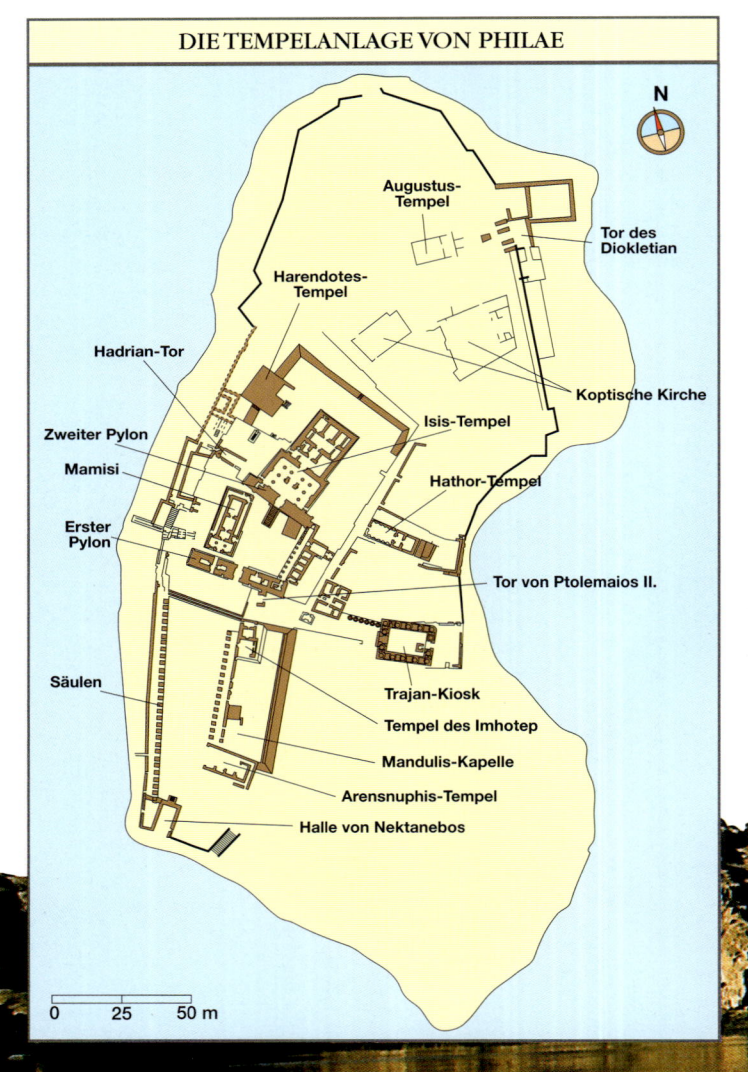

DIE TEMPELANLAGE VON PHILAE

Halle von Nektanebos I.
Das älteste Bauwerk der Insel ist die Halle von Nektanebos I. Besonders auffällig an diesem Bauwerk sind die Hathor-Säulen; dies sind Säulen, deren Kapitelle mit dem Gesicht der Göttin Hathor geschmückt sind.

Altar im Isis-Tempel
Der Altar befindet sich im Allerheiligsten, dem dunkelsten Bereich des Tempels. Dieser Raum ist nur durch zwei kleine Fenster im oberen Bereich der Seitenwände erhellt. Auf dem Granitsockel aus der Zeit von Ptolemaios III. hatte einst die heilige Barke gestanden, in der bei den Prozessionen die Götterstatue getragen wurde.

Die Tempelanlage

Die Insel Philae war von einer Steinmauer umgeben; diese diente nicht nur zur Verteidigung, sondern vielmehr dazu, eine weitere Erosion durch den Nil zu verhindern. Anfangs war die Insel sicherlich nur Raststation während der Prozession mit der Sonnenbarke. In der Folge wurde die Insel dann selbst zu einem religiösen Heiligtum. Die Pilger gingen in der Nähe der Halle von Pharao Nektanebos I. an Land. Die Halle ist mit Hathor-Säulen, Säulen mit Kapitellen, die das Gesicht der Göttin Hathor zeigen, geschmückt. Von hier kommt man auf einen offenen Platz, der von zwei Säulengängen begrenzt ist: dem ersten östlichen Säulengang und dem westlichen Säulengang mit 32 Säulen mit Lotoskapitellen und typischen Dekorationen aus der Römerzeit. Gleich hinter den Säulen im Osten schließen sich der Tempel des Arensnuphis und die Kapelle des Mandulis – beide waren nubische Götter – und der Imhotep geweihte Tempel an. Bei der nördlichen Öffnung des ersten östlichen Säulengangs steht ein Tor, das Ptolemaios II. Philadelphos gewidmet war. Von hier gelangt man zu einer kleinen Kapelle und zum Trajan-Kiosk am Ostufer.

Der Haupttempel der Isis umfasst mehrere getrennte Bauten. Nach dem ersten Pylon befinden sich das *Mamisi*, das so genannte Geburtshaus, und der zweite östliche Säulengang mit Kammern und Kapellen. Ihre Dekoration stammt vom Ende der Ptolemäer- und vom Beginn der Römerzeit. Über eine Stiege und durch den zweiten Pylon betritt man den Haupttempel und gelangt so in den heiligen Bereich. Im dunkelsten Raum des Tempels befindet sich der Altar. Durch zwei kleine nahe der Decke gelegene Fenster fällt nur wenig Licht. Auf dem Granitsockel aus der Zeit von Ptolemaios III. hatte einst die heilige Barke gestanden, in der man bei Prozessionen die Götterstatue beförderte.

Auf der Ostseite der Insel befinden sich der Trajan-Kiosk, der aus einem Säulengang auf einer rechteckigen Plattform besteht, und der kleine Hathor-Tempel mit seinen mit Musikerfiguren dekorierten Säulen. Einer Sage nach ging Hathor von Zorn entbrannt nach Nubien und erschlug jeden, den sie traf – die Götter versuchten sie mit Musik und Tänzen zu besänftigen.

An der Nordspitze war ein weiterer, Augustus geweihter Tempel; gleichfalls im Norden steht das Tor des Diokletian. Der Kaiser Ostroms, Justinian (527–565 n. Chr.), schaffte die alten ägyptischen Kulte ab, wobei ein Großteil der Statuen und Bilder von Göttern und Pharaonen zerstört wurde. Ab der Mitte des 4. Jh.s wurden auch christliche Kirchen auf der Insel erbaut.

Dekoration im Hathor-Tempel
Die Säulen beim Eingang sind mit Musikern dekoriert – auch der Gott Bes befindet sich darunter.

Der Trajan-Kiosk
Er besteht aus einer Säulenhalle auf einer rechteckigen Plattform. In späterer Zeit wurde er mit einem Holzdach gedeckt. Er wurde vom Volk bei größeren Festen für Geburt, Tod und Auferstehung genutzt.

Die Verlegung des Tempels

Die Insel Philae lag südlich der Stadt Assuan und war nicht weit vom heutigen Standort der Tempel – der Insel Agilkia – entfernt. Bereits 1902 wurde der erste Nilstaudamm gebaut; die steigenden Wasser verursachten schwere Schäden bei einigen stromaufwärts gelegenen Bauwerken, darunter bei jenen von Philae. All dies wurde noch durch die jährliche Nilflut verschlimmert. Die wundervollen mehrfarbigen Wandmalereien im Hypostyl des Isis-Tempels, welche die Wissenschaftler nach der Napoleon-Expedition beschrieben hatten, wurden zerstört. Mit dem Bau des bereits 1959 angekündigten Assuan-Staudamms wären alle Bauten zwischen dem ersten und zweiten Katarakt im Nilstausee versunken. Deswegen gaben die *Services des Antichités* und die UNESCO eine Studie in Auftrag, einen Plan für die Bergung der von der Überflutung durch den Nasser-See bedrohten Bauwerke auszuarbeiten. Zwischen 1976 und 1979 wurde der gesamte Komplex abgebaut, in 45.000 Blöcke geteilt, restauriert und danach auf der nahegelegenen Insel Agilkia wieder aufgebaut.

Philae zur Zeit von Lepsius
Die Insel Philae im 19. Jh. nach einem Gemälde von Karl Richard Lepsius.

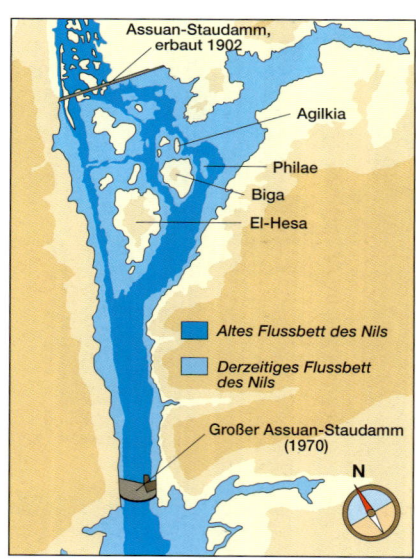

Die Lage von Philae
Wegen seiner Nähe zum Assuan-Staudamm wurde der Tempelkomplex von Philae auf die Insel Agilkia übersiedelt.

DIE ENTDECKUNG DES ALTEN ÄGYPTEN

Säulenreihen vor dem Eingang zum Haupttempel der Isis
Eine Reihe von 32 Säulen bildet den Bogengang, der zum Isis-Tempel führt. Die Dekoration stammt aus der Römerzeit.

Gesamtansicht
Links sieht man die Halle des Nektanebos und die 32 Säulen des Bogengangs, in der Mitte die Pylonen des Tempels und rechts den Trajan-Kiosk.

Abu Simbel

Die Tempel, die Ramses II. in Abu Simbel errichten ließ, sind zwei in die Felsen gehauene Grotten. Der Bauplan richtete sich zwar nach den typischen Tempelmodellen des Neuen Reiches, musste jedoch der geographischen Lage (gebirgiges Terrain) und dem Untergrund (Felsen) angepasst werden. Man nutzte zwei Grotten, die lokalen Gottheiten geweiht waren, und vergrößerte den Hohlraum, um mehrere Räume gestalten zu können. Der heilige Bezirk wurde nicht nur umgestaltet, auch die antiken Götter wurden durch die wichtigsten Gottheiten des ägyptischen Pantheons ersetzt – Re-Harachte und Hathor. Mit diesen beiden Göttern wurden der Pharao und seine Lieblingsfrau Nofretiri identifiziert. Das Innere der beiden Tempel wurde entlang einer Längsachse gestaltet, dessen Ende das Allerheiligste bildete. Dieses war im größeren Tempel Ptah, Amun-Re, dem Gott-König Ramses und Re-Harachte geweiht. Im kleineren ist der Pharao mit Hathor abgebildet – man hatte seine Gemahlin dieser Göttin gleichgestellt. Durch den Eingang gelangt man in das erste

Der große Felsentempel
Vier fast 21 m hohe Statuen von Ramses II., der die Doppelkrone von Ober- und Unterägypten trägt, flankieren den Eingang des großen Felsentempels. Über dem Tor befindet sich eine Nische mit einer Statue des Re-Harachte. Der Gott ergreift zwei Symbole, die einen der Namen des Pharaos, »Usermaatre«, ergeben – user (Zepter) und Maat.

Der kleine Felsentempel
An der Fassade des Hathor und Nofretiri geweihten Tempels stehen sechs ca. 10 m hohe Statuen. Vier der Statuen stellen den Pharao und zwei seine Gattin Nofretiri dar. An den Seiten jeder Kolossalstatue befinden sich kleinere Statuen von Prinzen und Prinzessinnen.

In die Landschaft eingefügt
Sowohl beim großen als auch beim kleinen Tempel musste die traditionelle ägyptische Tempelarchitektur etwas abgeändert werden, um den Tempel an die Landschaft anpassen zu können. Die Pylonen, die gewöhnlich den Eingang flankierten, wurden durch eine in den Felsen gearbeitete Monumentalfassade und Statuen im Hochrelief ersetzt. Hypostyl, Vorkammer des Allerheiligsten und verschiedene als Lager verwendete Kammern wurden jedoch wie üblich angelegt.

DIE ENTDECKUNG DES ALTEN ÄGYPTEN

Die heutigen Tempel
Die Tempel von Ramses II. befinden sich heute 65 m über dem ursprünglichen Standort. Das Heiligtum befindet sich auf einem künstlichen Hochplateau, weit über der Wasseroberfläche des Sees.

Der Umzug
Im Bild ist der Kopf einer der Monumentalstatuen des großen Tempels während des »Umzugs« 1964 zu sehen.

Hypostyl, das durch zwei Pfeilerreihen in drei Schiffe geteilt ist. Im größeren Tempel wird die Hypostylhalle von Osiris-Pfeilern gestützt. An jedem dieser Pfeiler ist eine Kolossalstatue »angelehnt«, die den König als Osiris in Mumienform darstellt. Im kleineren Tempel sind es Hathor-Pfeiler – ihr Relief zeigt die Göttin Hathor, die vom Griff eines Sistrums eingerahmt ist. Die Grundrisse der beiden Tempelbereiche sind verschieden. Der größere Tempel hat mehrere Seitenkammern und noch ein zweites, kleineres, Hypostyl, von dem man in die Vorkammer des Allerheiligsten gelangt. Die Innendekoration beider Tempel erzählt von den von Ramses II. gewonnenen Schlachten sowie vom täglichen Leben des Königspaars und stellt religiöse Zeremonien dar. Der Komplex von Abu Simbel hatte den Zweck, die Macht des Pharaos zu verherrlichen, was sicherlich voll gelungen ist, wie die monumentalen Tempelfassaden bezeugen. 1964, bald nach Beginn der Arbeiten für den Assuan-Staudamm, wurden die Tempel abgetragen und 65 m über ihrem ursprünglichen Standort wieder aufgebaut, um dadurch einer Überflutung durch den Stausee vorzubeugen.

Das Hypostyl
Zwei Reihen von Osiris-Pfeilern, die den Pharao als Osiris-Mumie darstellen, teilen die drei Schiffe des Hypostyls im großen Felsentempel. In einigen Gemälden auf der Decke ist die Göttin Nechbet mit ausgebreiteten Flügeln dargestellt.

Glossar

B

Ba
Nach der ägyptischen Vorstellung stellte das *Ba* die Fähigkeit einer Gottheit dar, sich in verschiedenen Verkörperungen zu zeigen. Es wurde häufig als Vogel mit Menschenkopf dargestellt.

Bart
Als heiliges Symbol war der Bart ein Merkmal von Königen und Göttern. In einigen Schriften wird erwähnt, das die Götter »Lapislazuli-gleiche Bärte« (blaue Bärte) trugen.

Benben
Heiliger Stein von Heliopolis in der Form eines Obelisken.

C

Chepresch-Krone
Blaue Krone oder Kriegshelm, der nur von Pharaonen getragen werden durfte. Die *Chepresch*-Krone wurde in Ägypten von der 18. Dynastie an verwendet und stand vermutlich mit der Krönungszeremonie im Zusammenhang.

D

Deben
Gewicht von etwa 91 Gramm; es wurde in Ägypten als Wert- und Rechnungseinheit verwendet.

Demotisch
Ägyptische Kursivschrift, die sich aus der hieratischen Schrift entwickelt hatte. Die Griechen gaben ihr diesen Namen, da sie während der Spätzeit für administrative, persönliche und öffentliche Schriftstücke verwendet wurde.

Determinativa
In den drei ägyptischen Schriftsystemen (Hieroglyphenschrift, Hieratisch und Demotisch) gibt es Schriftsymbole, welche die Bedeutung eines Wortes näher erläutern.

Djed-Pfeiler
Der *Djed*-Pfeiler war ein dem Gott Osiris geweihter Pfeiler und bedeutete »Stabilität«. Er wurde mit den Zeremonien zum Regierungsjubiläum verknüpft und es gab Amulette mit diesem Symbol für den Totenkult.

Dromos
Griechische Bezeichnung für die Sphinx-Allee, die zum Eingang eines ägyptischen Tempels führte. In der Landessprache nannte man diese Allee »Weg der Gottheit«. *Dromos* wird auch als Bezeichnung für den Eingangskorridor eines Grabes verwendet.

E

Enneade oder Neunheit von Heliopolis
Gruppe aus neun Gottheiten, angeführt von Atum, dem Begründer der Kosmogonie von Heliopolis.

Erscheinungsfenster
Architektonisches Element des Königspalastes ab der 18. Dynastie des Neuen Reiches. In diesem Fenster zeigte sich der Pharao seinen Untertanen.

G

Gerechter der Stimme
Bezeichnung für einen Verstorbenen, der das Totengericht des Osiris im Jenseits erfolgreich überstanden hat.

Gott-Könige
Die verstorbenen Pharaonen; sobald der Herrscher verstarb und ins Jenseits eintrat, wurde er seinen Vorfahren gleichgestellt und als Gott verehrt. Die Ägypter glaubten, dass die verstorbenen Könige bei den bedeutendsten Zeremonien zugegen wären, wie etwa bei der Krönungszeremonie.

Graffito
Dauerhaft in das Mauerwerk eines Monuments eingeritzte Inschrift, um ein persönliches Zeugnis von seinem Besuch zu hinterlassen. In Ägypten gibt es bereits aus der Pharaonenzeit solche Graffiti; später hinterließen besonders die Reisenden des 19. Jh.s häufig ihre Signatur.

H

Heilige Barke
Prozessionsbarke, in der bei den religiösen Zeremonien der Schrein mit der Götterstatue getragen wurde.

Heka-Zepter
Symbol der königlichen Macht in Form eines Krummstabes; das *Heka*-Zepter ist seit der Prädynastischen Zeit belegt.

Herr im Land der Binse
Titel des Königs von Oberägypten, der sich auf die Wappenpflanze dieses Reiches bezieht, die Binse.

Herr von Ape
Titel der Könige von Unterägypten. Bedeutung von *Ape* unklar.

Hetep
Hieroglyphenzeichen, das eine Art Fladenbrot auf einer Strohmatte darstellt. Es bedeutet wörtlich »Geschenk«. In mehreren Begräbnisformeln kommt folgender Spruch vor: *hetep-di nesu* (»ein Opfer, das der König gibt«).

Hieroglyphen
Das älteste Schriftsystem der Ägypter; es wurde in der Prädynastischen Zeit erfunden. Diese Schrift besteht aus Piktogrammen (stilisierte Darstellung eines Begriffs). Anfangs war es ein rein ideographisches System (ein Zeichen entsprach einem Begriff), das sich aber bald zu einem gemischten System mit sowohl ideographischen als auch phonetischen Zeichen (Zeichen, die für einen Lautwert stehen) entwickelte. Nichtsdestotrotz behielten die Hieroglyphen ihren Piktogramm-Charakter unverändert im Laufe ihrer gesamten Entwicklung bis ins 4. Jh. n. Chr. bei.

Hor (Horusname)
Titel, der vor dem ersten Königsnamen stand; dieser Name wurde in einen *Serech* (s. dort) geschrieben.

Hypostyl
Mehrschiffige Säulenhalle des ägyptischen Tempels; zumeist gelangt man vom Eingang über einen Hof zum Hypostyl, das direkt vor den Räumen des Heiligtums liegt. Die Säulenform im Hypostyl ist die Papyrussäule.

I

Iaru-Gefilde
Elysisches Gefilde, das Paradies des Osiris im Jenseits. Im Iaru-Gefilde wohnten die Toten, welche die Psychostase (Totengericht) erfolgreich überstanden hatten.

Ideogramm
Bei den verschiedenen ägyptischen Schriftsystemen (Hieroglyphen, Hieratisch und Demotisch) gibt es Schriftzeichen, die nicht für einen Lautwert, sondern für einen konkreten Begriff oder eine abstrakte Idee stehen. Die ältesten Schriftzeichen waren Ideogramme.

J

Jahreszeiten
Der ägyptische Kalender sah drei Jahreszeiten mit je vier Monaten vor, die wiederum je 30 Tage hatten. Die Jahreszeit der »Überschwemmung« hieß *Achet* und begann mit dem Erscheinen des Sirius am Morgenhimmel: sie dauerte vom 19. Juli bis Mitte November. Die Jahreszeit *Peret* oder »Herauskommen der Saat«, in welcher das Land wieder aus den Fluten auftauchte, erstreckte sich von Mitte November bis Mitte März. Die Jahreszeit *Schemu* oder »Hitze«, die Zeit der Ernte, dauerte schließlich von Mitte März bis 19. Juli.

K

Ka
Nach dem ägyptischen Glauben war das *Ka* eine identische Gestalt des Individuums oder auch seine »Lebenskraft«.

Kanopen
Krüge zur Aufbewahrung der Eingeweide des Verstorbenen, die diesem bei der Mumifizierung entnommen wurden.

Kenotaph
Leeres Grabmal, das nicht den Leichnam des Verstorbenen enthält, sondern zu Ehren einer Persönlichkeit oder eines Königs errichtet wurde.

Klassisches Ägyptisch oder Mittelägyptisch
Gesprochene und geschriebene Sprache, die sich in der Ersten Zwischenzeit entwickelte und etwa bis zur 18. Dynastie in Verwendung war. Später wurde diese Sprache von den Ägyptern als das klassische Stadium ihrer Sprache betrachtet und studiert. Obwohl Mittelägyptisch bereits eine tote Sprache war, wurde es noch in der Spätzeit für Inschriften und für theologischen Texte verwendet. Klassisches Ägyptisch wurde in Hieroglyphen und Hieratisch geschrieben.

Königsliste
Liste der Herrscher Ägyptens. Berühmte Königslisten sind jene im Papyrus von Turin, die Listen von Manetho und diejenigen, die Sethos I. und Ramses II. in ihre Tempel von Abydos einmeißeln ließen.

Königstitulatur
Insgesamt fünf Titel, nach denen der jeweilige individuelle Name folgte; mit diesen fünf Titeln und Namen wurden die Pharaonen Ägyptens offiziell angesprochen.

Kopte
Arabisches, aus dem Griechischen übernommenes Wort, das ursprünglich »Ägypten« und später »christlicher Ägypter« bedeutete. Als Koptisch wurden Schrift und Sprache bezeichnet, die von den Christen in Ägypten verwendet wurden.

Kosmogonie
Schöpfungsmythos. Die wichtigsten Kosmogonien Ägyptens waren jene von Heliopolis, Memphis, Theben und Hermopolis.

M

Mamisi
Name, den Jean-François Champollion aus dem Koptischen übernahm, um kleine Tempel, die an die Ptolemäer-Tempel angebaut waren, zu bezeichnen. In diesen feierte man die Geburt des Gotteskindes, dies war jeweils der Sohn der Schutzgottheit, nach der die jeweiligen Tempel benannt waren.

Mastaba
Arabisches Wort für »Bank«, mit dem man den monumentalen Oberbau der Thinitengräber des Alten Reiches bezeichnete; der Begriff wurde dann für die gesamte Grabanlage verwendet.

Menat
Perlenhalsband mit Gegengewicht auf der Rückseite, das mit der Göttin Hathor in Verbindung gebracht wurde. Das *Menat* wurde von Regenten und Mitgliedern der Aristokratie getragen.

Mundöffnungszeremonie
Ein Ritual, um den Verstorbenen »wiederzubeleben«. Anfangs wurde diese Zeremonie nur bei Statuen, später aber bei den Mumien durchgeführt, um die Lebenskräfte des Verstorbenen wiederzuerwecken.

N

Nebti
Titel, der vor dem zweiten Namen des Pharaos stand. Er bedeutete »zwei Herrinnen« und bezog sich auf die Göttin Nechbet von Oberägypten und die Göttin Uto von Unterägypten.

Nefer
Ägyptisches Wort mit der Hauptbedeutung »schön, anmutig, gut«. Nefer-Amulette symbolisierten Glück.

Nemes
Bezeichnung einer Kopfbedeckung des Königs. Es handelt sich um ein quergestreiftes Kopftuch, an dessen Stirnseite gewöhnlich eine Uräusschlange dargestellt war.

Neuägyptisch
Sprache, die von der 18. Dynastie an gesprochen und ab der Amarnazeit auch geschrieben wurde.

Nomos
Griechische Bezeichnung für die verschiedenen Territorien Ägyptens, vergleichbar mit unseren Bezirken. Der Vorsteher eines *Nomos* wurde Nomarch genannt.

O

Obelisk
Steinpfeiler und Sinnbild der Sonne, die ursprünglich vom *Benben* in Heliopolis symbolisiert wurde.

Ogdoade oder Achtheit von Hermopolis
Eine von Thot angeführte Gruppe von acht Gottheiten bildete die Kosmogonie von Hermopolis.

Ostrakon
Plural: Ostraka. Griechische Bezeichnung für die Stein- und Keramikfragmente, welche die alten Ägypter zum Schreiben und Zeichnen verwendeten. Ostraka waren wegen des hohen Preises von Papyrus weit verbreitet.

P

Papyrus
Sumpfpflanze (*Cyperus papyrus*), die im Altertum an den Ufern des Nils, besonders im Delta wuchs. In der Prädynastischen Zeit begannen die Ägypter, aus dieser Pflanze Schreibmaterial herzustellen. Papyrus wurde vor allem verwendet, um in hieratischer und später in demotischer Schrift zu schreiben. Die beschriebenen Blätter wurden aneinander gefügt, sodass sie eine einzige lange Schriftrolle bildeten; die Papyrusrollen wurden in Krügen aufbewahrt. Das Wort Papyrus bedeutete im Ägyptischen »dem Pharao gehörig«, das heißt, dass Herstellung und Verkauf dieses Schreibmaterials königliches Monopol waren.

Pharao
Ursprünglich die Bezeichnung für den Königspalast (wörtlich »das große Haus«); später wurde auch der König Ägyptens so bezeichnet. Dies ist zum ersten Mal in der Amarna-Zeit belegt; diese Bezeichnung wurde jedoch niemals als Anrede für den Monarchen benutzt und wurde auch nie zu einem echten Königstitel. Nachdem dieses Wort in der *Bibel* vorkam, bezeichnete man so im allgemeinen Sprachgebrauch die verstorbenen Herrscher Ägyptens.

Phonogramm
In den verschiedenen ägyptischen Schriftsystemen (Hieroglyphen, Hieratisch und Demotisch) gibt es Schriftzeichen, die einen phonetischen Wert mit einem oder mehreren Buchstaben wiedergeben.

Piktogramm
Schriftzeichen, das einen Begriff durch direkte bildliche Darstellung beschreibt, ohne irgendeinen Hinweis auf die Aussprache des Wortes. Alle Schriftzeichen der Hieroglyphenschrift sind Piktogramme.

Pschent
Doppelkrone der Könige Ober- und Unterägyptens; sie entstand durch das Übereinandersetzen der Weißen Krone Oberägyptens und der Roten Krone Unterägyptens.

Psychostase
Wörtlich »das Wiegen der Seele«, das eigentlich zum »Wiegen des Herzens« wurde, da die Ägypter das Herz für den Sitz des Wissens und des Intellekts hielten.

Pylon
Griechische Bezeichnung für die beiden Tortürme, die den Haupteingang flankierten und die Frontfassade der ägyptischen Tempel bildeten. Die Außenseite der Pylonen war leicht geneigt.

Pyramide
Griechische Bezeichnung für die monumentalen Grabbauten der Ägypter, die durch diese geometrische Form geprägt waren. Sie wurden von ägyptischen Herrschern der 3. bis zur 18. Dynastie und von den Pharaonen von Napata errichtet.

Pyramideon
Kleine Pyramide, die während des Neuen Reiches auf einige Privatgräber aufgesetzt wurde. Der Terminus wurde auch für die obere Spitze der Obelisken verwendet.

R

Rote Krone oder Descheret
Krone der Herrscher Unterägyptens.

S

Säulenschranken
In den Ptolemäer-Tempeln verbanden kleine Mauern die Säulen an der Vorderseite des Hypostyls. Diese Mauern waren nur halb so hoch wie die Säulen und ließen daher Fensteröffnungen frei, wodurch Licht in das Hypostyl gelangen konnte. Auf diesen Säulenschranken sind reiche Dekorationen mit Motiven aus der Mythologie der Schutzgottheiten des Tempels zu finden.

Sechem-Zepter
Symbol, das vom Herrscher, vom Wesir und anderen hochgestellten Persönlichkeiten getragen wurde und »Macht und Stärke« bedeutete. Dieses Zepter wurde zum Hauptsymbol des Gottes Anubis; es wurde bei Zeremonien in Tempeln und im Totenkult verwendet.

Sed-Fest
Fest zum 30-jährigen Regierungsjubiläum eines Herrschers. Das Fest stammte aus vorgeschichtlicher Zeit und hatte einen rituellen Zweck – es sollte den Monarchen in allen seinen Fähigkeiten stärken und besonders seine physische Kraft erneuern.

Sem-Priester
Totenpriester, der die Aufgabe hatte, die Zeremonie der Mundöffnung vorzunehmen.

Serdab
Kleine Kammer für den Verstorbenen mit einer Öffnung zum Oberbau der Mastaba. In dieser Kammer wurden eine oder mehrere Statuen des Verstorbenen aufbewahrt, der durch die winzige Öffnung zwischen *Serdab* und Kultkapelle Kontakt mit den Lebenden aufnehmen konnte. In die öffentlich zugängliche Kapelle konnte man die Geschenke für den Verstorbenen bringen.

Serech
Eine Art Standarte; sie stellt das älteste bekannte Symbol des Herrschers dar. Die ältesten *Serech* wurden im Gebiet von Memphis gefunden: auf ihnen ist der Königspalast dargestellt, der durch eine Mauer mit Vorsprüngen und Kehlungen gekennzeichnet ist und worauf zwei Horus-Falken sitzen. In den etwas jüngeren *Serechs* ist nur noch ein Falke dargestellt; im Freiraum zwischen diesem und der Fassade stehen die ersten bekannten Hieroglyphen, die wahrscheinlich bereits den Namen dieser vordynastischen Könige bezeichnen.

Schat
Gewichtsmaß, das $1/12$ Deben entspricht. Der Gold-*Schat* war eine Wert- und Verrechnungseinheit.

Skarabäus
Amulett, das die aufgehende oder entstehende Sonne repräsentierte. Der Skarabäus war Symbol der Auferstehung und als Hieroglyphenzeichen bedeutete er »werden«. Ab der Hyksos-Dynastie gab es häufig Skarabäen-Amulette, welche die Phönizier dann im ganzen Mittelmeerraum verbreiteten.

Sohn des Re
Königstitel; er wurde in einer Kartusche geschrieben und war jeweils der fünfte Name des Pharaos.

Sonnentempel
Tempel für den Sonnenkult. Nach dem Vorbild des Tempels von Heliopolis bestanden die Sonnentempel der 5. Dynastie aus einem großen, nach oben offenen Hof, in dessen Mitte sich ein riesiger Obelisk erhob.

Sothis-Zyklus
Periode von 1460 Jahren. Wegen der fehlenden Übereinstimmung des offiziellen ägyptischen Kalenders mit der tatsächlichen Jahreslänge durchlief der Jahresanfang während dieser Periode alle Jahreszeiten. Der Name bezieht sich auf den Stern Sothis (Sirius), mit dessen erster Sichtbarkeit am Morgenhimmel das ägyptische Sonnenjahr begann.

Sphinx
Symbol des Sonnengottes, verkörpert durch einen Löwen mit Menschenkopf. Zu den ägyptischen Tempeln gehörten Alleen von Sphinxen mit Tierköpfen, welche das heilige Tier der jeweiligen Schutzgottheit darstellten.

Stele mit Scheintür
Art einer Grabstele mit eingearbeiteter Scheintür, durch die der Verstorbene mit der Außenwelt in Verbindung treten konnte. Die Inschriften in der Stele umfassen in der Regel Namen und Titel des Besitzers sowie Formeln im Zusammenhang mit den Geschenken.

T

Talatat
Kleinere Steinblöcke, die als Baumaterial verwendet wurden, insbesondere in der Amarna-Zeit. Der Name *Talatat* bedeutete, dass die Blöcke drei Handbreit lang waren (*talat* heißt auf Arabisch »drei«). Sie hatten den Vorteil, dass sie von einer einzigen Person auf der Schulter getragen werden konnten. Durch Verwendung dieser Steine konnten der Baufortschritt bedeutend beschleunigt werden.

Temenos
Name aus dem Griechischen, der in der Ägyptologie den heiligen Bezirk eines Tempels bezeichnet, welcher von einer Umfassungsmauer aus Lehmziegeln umgeben ist.

Totentempel
Tempel für den Totenkult eines verstorbenen Königs.

U

Udjat
Das unzerstörbare Auge des Gottes Horus. Es wurde ihm von Seth ausgerissen, während sie sich im Kampf gegenüberstanden und wurde durch Zauber wieder geheilt. Das *Udjat*-Auge war ein mächtiges Amulett.

Umfassungsmauer mit Kehlung
Die in der Prädynastischen Periode und in der Thinitenzeit errichteten Umfassungsmauern aus mit Stroh verstärkten Lehmziegeln weisen Vorsprünge und Einbuchtungen (Kehlungen) auf. Vermutlich wurden solche Mauern ursprünglich bei Festungen verwendet, wurden aber nach kurzer Zeit zur Besonderheit von Palastfassaden. Die ersten Mauern mit Kehlung sind im Delta nachgewiesen; sie wurden dann auch zum Charakteristikum der Königs-Mastabas der Thinitenzeit, und ebenso der rechteckig angelegten Mauer, die den Grabkomplex von Pharao Djoser in Sakkara umgab.

Uräus
Ursprünglich Symbol aller Kobragöttinnen des ägyptischen Pantheons. Das Wort stammt von einem ägyptischen Ausdruck für die aufgerichtete Kobra und war die Verkörperung von Uto, Schutzgöttin der Könige Unterägyptens. Später, als *Uräus* auf der Stirn der Pharaonen, beschützte die Göttin Uto alle Herrscher des vereinten Ägypten.

Uschebtis
Statuetten, die ins Grab mitgegeben wurden und den mit Arbeitsgeräten ausgestatteten Verstorbenen darstellten. Man glaubte, dass die *Uschebtis* (wörtlich »Antworter«), auf denen der Name des Verstorbenen eingraviert war, sich für diesen im Iarus-Gefilde beim Arbeitsaufruf melden würden; sie würden dann auf magische Art die vom Verstorbenen geforderte Feldarbeit verrichten.

W

Was-Zepter
Symbol der königlichen Macht. Das *Was*-Zepter besteht aus einem langen Stab mit einem stilisierten Tierkopf am oberen Ende und einer Gabelung unten. Der Tierkopf symbolisierte vermutlich das Tier des Seth.

Weiße Krone oder Heget
Krone der Herrscher Oberägyptens.

Wesir
Orientalischer Titel, mit dem üblicherweise der mit dem ältesten königlichen Verwaltungsamt Betraute bezeichnet wurde. Der Wesir unterstand direkt dem Pharao.

Bibliographie

A. Bongioanni - M. Tosi, *Uomini e Dei dell'Antico Egitto*, Parma 1991
A. Bongioanni - M. Tosi, *La Spiritualità dell'Antico Egitto*, Rimini 1997
A. Bongioanni - M. S. Croce (Hrsg.), *Tesori dell'Antico Egitto nelle collezioni del Museo del Cairo*, Vercelli 2001
S. Curto, *L'Antico Egitto*, Turin 1981
S. Donadoni, *Testi religiosi egizi*, Turin 1991
S. Donadoni, *L'Egitto* (Storia Universale dell'Arte), Turin 1991
S. Donadoni (Hrsg.), *L'Uomo Egiziano*, Bari 1990
A. H. Gardiner, *Civiltà Egizia*, Turin 1997
E. Hornung, *Gli Dei dell'Antico Egitto*, Rom 1992
B. Kemp, *Antico Egitto*, Bari 2000
B. Kemp - B. Trigger, *Storia Sociale dell'Antico Egizio*, Bari 1989
C. Vandersleyen, *L'Egypte et la Vallée du Nil*, I-II, Paris 1993–1999

Stichwortverzeichnis

Abu Ghurab 165-166
Abu Simbel 208-209
Abusir 166-167
Abydos 20, 28, 172-73
Achämeniden 32, 33
Achethotep 159
Agilkia 206
Ägyptische Literatur 81
Ägyptische Sprache 78
Aha 20, 21
Ahmes 185
Alexander der Große 33, 34, 51, 154, 180
Alexandria 34, 154
Altes Reich 22-23, 24, 120, 125, 130, 144, 148, 149
Amarna-Periode 28
Amduat 28, 48-49, 191
Amenemhet 169
Amenemhet I. 25
Amenemhet II. 168
Amenemhet III. 25, 168
Amenemope 153, 154
Amenherchopschef 195
Amenhotep 43, 168
Amenhotep I. 190
Amenhotep II. 48
Amenhotep III. 178, 179, 182, 183, 186, 187, 190
Amit 45
Amset 64
Amulette 53
Amun 39, 65, 66, 177, 178, 179, 180
Anchesenamun 194
Anchmahor 159
Anchnesmerire II. 23
Anen 82
Anfushi-Nekropole 155
Antef 123
Antef I. 24
Antef II. 24
Antef III. 24
Anubis 44, 70
Apedemak 70
Apis 50, 60, 75
Apollonius von Perge 87
Apophis 48, 49, 52
Archimedes 87, 94
Architektur 110-111
Arensnuphis 205
Armee 139, 144-147
Arses 33
Artaxerxes III. 33
Asarhaddon 31
Asasif 200, 201
Assurbanipal 31
Assyrer 32
Astronomie 82-85
Äthiopier 32
Aton 65, 171
Atum 36
Auput 30

Bak 171
Baquet III. 169
Bastet 30, 72
Belzoni, Giovanni Battista 8, 11, 12, 13, 28, 192, 193, 195

Benben 166
Beni Hasan 169
Berenice II. 34
Bergbau 105
Bes 54
Bildhauerei 124-127
Borchardt, Ludwig 13, 125, 171
Bubastis 31
Buch der Erde 49
Buch der Tore 49
Buch des Himmels 49

Caesarion 35
Carter, Howard 13, 136, 190, 194
Cerny, Jaroslav 198
Chaemwese 195
Champollion, Jean-François 11, 77
Chasechem 21
Chasechemui 21, 173
Chatby-Nekropole 155
Cheops 22, 23, 84, 101, 120, 160
Chephren 23, 126, 160, 161, 163, 164
Chepri 182, 183
Cheti 169
Chnum 55
Chnumet 168
Chnumhotep 169
Chonsu 178, 180, 181
Chontamenti 172
Chronologie 14-17

Dahschur 168
Daressy 174
Darius I. 32
Darius III. Codomanus 33, 34
Davies, Theodore 13
Deir el-Bahari 24, 178, 184
Deir el-Medina 110, 111, 128, 141, 198-199
Dendera 174, 202
Denon, Vivant 10
Dewen 172
Didi 198
Dinokrates von Rhodos 154
Diokletian 155
Djed-Pfeiler 52, 53
Djer 20
Djet 149
Djoser 22, 120, 157, 158
Dritte Zwischenzeit 29, 30-31, 130, 133
Drovetti 13, 198
Duamutef 64
Dynastien 18-19
– Dynastie »0« 20
– 1. Dynastie 21
– 2. Dynastie 21
– 3. Dynastie 22
– 4. Dynastie 22, 23
– 5. Dynastie 23
– 6. Dynastie 23
– 7. Dynastie 24
– 9. Dynastie 25
– 10. Dynastie 25
– 11. Dynastie 25
– 12. Dynastie 25, 26
– 20. Dynastie 29
– 21. Dynastie 30

– 22. Dynastie 31
– 23. Dynastie 31
– 25. Dynastie 31
– 26. Dynastie 32
– 27. Dynastie 33
– 28. Dynastie 33
– 29. Dynastie 33
– 30. Dynastie 33

Echnaton 65, 170, 171
Eje 190
El-Chocha 200
El-Faijum 25, 35, 129, 133
El-Qurn 190
Elysische Gefilde 45
Enneade von Heliopolis 36, 61, 62
Erste Persische Herrschaft 33
Erste Zwischenzeit 24-25, 130, 200
Euklid 86, 87

Fahrzeuge 113
Feldvermessung 89
Felsengräber 118, 119
Fest zum Königsjubiläum 58
Feste 56-59
Firth 13
Fischfang 98-99
Fürstenmauer 25

Geb 36, 37
Geburtshaus, s. Mamisi
Gefäße 106
Gerichtswesen 142-143
Getreide 95-96
Giseh 23, 160, 165
Glas 107
Götter 60-75
Gottesgemahlinnen des Amun 189, 199
Gottesmutter, s. Neith
Gräber 118-119
Grabtexte 47, 81
Große Pyramide 22, 23

Hakor 182
Handwerkskunst 106-109
Hapi 8, 64
Harachte 126
Haremhab 28, 123, 159, 192, 199
Harmachis 165
Harpokrates 54
Hathor 55, 69, 174, 175, 205, 208
Hatschepsut 169, 184, 185
Heilige Pyramide 162
Heirat 150-151
Heka 52
Heliopolis 36
Heptastadion 154
Herakleopolis 21, 24
Herodot 25
Herrscher Ägyptens 18-19
Hetep 127
Hethiter 28, 29
Hierakonpolis 20
Hieroglyphen 77-78
Hippodamos von Milet 154
Höhlenbuch 49
Horus 36, 37, 64

Hrihor 41
Hyksos 26
Hyksos-Götter 73
Hymne an Aton 171
Hypocephalus 53

Iaru-Gefilde 45
Idfu 175, 202
Illahun 25
Imhotep 22, 156, 157, 186, 205
Irukaptah 159
Isis 36, 37, 54, 55, 63, 206
Ita 168
Itaweret 168
Ittawi 25
Iuti 171

Jenseits 44, 46-47
Julius Caesar 34, 35

Kaaper 41
Kadesch, Schlacht von 28, 29
Kagemni 159
Kalender 82-85
Kambyses II. 32
Kanopenkrüge 47
Karnak 176, 179-183
Kaschta 31
Kavallerie 145
Kebehsenuef 64
Keminub 168
Kha 198
Khem 149
Kleopatra VII. Philopator 34, 35
Knickpyramide 120, 168
Kom el-Schukafa 155
Konstantin 35
Krankheiten 90-91
Künstliche Bewässerung 92, 93, 94

Labyrinth 25
Lagiden 34
Landwirtschaft 92-95
Lauer, Jean Philippe 13, 157
Lepsius, Karl Richard 11, 13, 157, 206
Letzte heimische Dynastien 33
Libyer 21
Lischt 25
Litanei des Re 48, 49, 191, 192
Loret, Victor 13, 191
Luxor 114, 178-179

Maat 38, 45, 60, 67, 142, 143, 208
Magie 52-53
Malerei 128-133
Mamisi 174, 175, 202
Manetho 23, 24, 25
Marc Anton 35
Mariette, Auguste 13, 49, 75, 157, 161, 163
Masken 134-137
Maßeinheiten 88
Mastabas 118, 119, 120
Mathematik 86-87
Mayer, Ludwig 126, 165
Medinet Habu 176, 188

Medizin 91
Memnon 186
Memphis 22, 51, 156, 157
Meneptah 28, 173
Menna 201
Mentuhotep 174
Mentuhotep I. 24
Mentuhotep II. 24, 184, 185
Mentuhotep IV. 25
Merenre I. 23, 159
Meretseger 190
Merire 171
Merit 198
Meritamun 171
Messer 122
Messwesen 88-89
Metallbearbeitung 104-105
Migdol 188, 189
Minutoli, Heinrich von 10, 11
Mittelägypten 152ff
Mittleres Reich 24, 127, 130, 134, 144, 145, 148
Montet, Pierre 13, 152
Month 180, 183
Morgan, Jacques de 13
Moses 28
Mumie 43, 44
Mumifizierung 43
Mundöffner 44
Mut 72, 73, 178, 180, 183
Muwatalli 29
Mykerinos 23, 121, 124, 160, 162

Nacht 24
Nächtliche Reise der Sonne 48
Napoleon Bonaparte 10
Narmer 20
Nebukadnezar 32
Nechbet 209
Necho II. 32
Neferhotep 200
Negade 20
Negade-II-Kultur 130, 172
Neith 67
Nektanebos I. 178, 180, 204, 207, 295
Nektanebos II. 33, 203
Nemalot 30
Nephtys 36, 37
Neues Reich 26-27, 130, 190, 200,
Neujahrsfest 57
Nianchchnum 159
Nil 8-9
Nilometer 8
Niuserre 166-167
Nofretete 125, 171
Nofretiri 29, 196-197, 208
Nomarchen 23, 24
Nubien 24
Nubier 20, 21, 139
Nubische Götter 70
Nun 192
Nuri 31
Nut 36, 37, 83

Octavianus Augustus 34, 35

Opet 178
Opet-Fest 56, 66
Orakel 41, 50-51
Orion 84, 85
Osireion 173
Osiris 36, 37, 44, 45, 54, 62, 172, 173, 209
Osiris Heka-Zepter 181
Osorkon 30
Osorkon II. 153, 154
Osorkon III. 31
Osorkon IV. 181
Ostrakon 199

Pachet 169
Panehesi 171
Papyrus 9, 79
Paramses, s. Ramses I.
Pepi I. 159
Pepi II. 23, 159
Peribsen 21, 173
Perring 157, 166
Perser 32
Persische Periode 32, 130, 158
Pharaonenpalast 112-113
Philae 204-206
Philipp III. Arrhidaios 180
Pianchi 31
Pinodjem I. 29
Piramesse 29
Prädynastische Zeit 20, 130
Priester 40-41, 140
Priesterkaste 40-41
Priesterschaft von Heliopolis 22
Prisse d'Avennes, Émile 12, 13
Protodynastische Zeit 130
Psammetich I. 32
Psammetich II. 32
Psammetich III. 32
Psammuthis 182
Pschent 203
Psusennes I. 153, 154
Psusennes II. 30
Ptah 61
Ptahhotep 159
Ptah-Sokar 47, 61, 193
Ptah-Sokar-Osiris 61
Ptolemäer-Zeit 34-35, 130
Ptolemaios I. 34, 154
Ptolemaios II. 34, 205
Ptolemaios III. Euergetes 34, 202
Ptolemaios IV. Philopator 34
Ptolemaios XII. Auletes 35
Ptolemaios XIII. 35, 202
Ptolemaios XIV. 35
Pyramide von Reegah 166
Pyramiden 84-85, 111
Pyramidentexte 37, 47, 81

Qurna 200

Ramses I. 28, 195
Ramses II. 28, 29, 42, 173, 178, 179, 188, 192, 196, 208, 209
Ramses III. 29, 176, 183

Ramses V. 43
Ramses XI. 29, 41
Re 36, 52, 53, 167
Reisner, George 13
Reliefe 122-123
Religion 38-39
Religiöse Texte 49
Rhakotis 154
Rifaud, Jean Jacques 11
Roberts, David 12
Römische Periode 34-35, 130
Rossellini, Ippolito 11, 169
Rote Pyramide 168

Sais 32
Saitische Periode 32, 130, 158
Sakkara 22, 23, 156, 172
Saladin 162
Salt 13, 198
Sanacht-Nebka 22
Sanatorium 174, 175
Sarkophage 134-137
Satre 195
Säulen 110, 111
Schebitku 181
Schepseskaf 159
Scheschonk I. 30, 31
Scheschonk II. 31, 153, 154
Schiaparelli, Ernesto 13, 196, 197, 198
Schiffe 100, 101, 102-103
Schifffahrt 100-101
Schlamm 9
Schmuck 134-137
Schönes Fest im Wüstental 58, 66
Schreiber 80, 81
Schrift 76-81
Schu 36
Schwarze Pyramide 168
Sechemchet 159
Sechmet 72, 73, 183, 189
Sed-Fest 58, 59, 158
Seevölker 28, 29
Senmut 127, 185
Seneb 22
Serapis 55, 75
Seschat 68
Sesostris I. 25, 38
Sesostris III. 25, 168
Seth 36, 37, 74, 172
Sethnacht 29
Sethos I. 28, 173, 182, 183, 192, 193
Sethos II. 29
Set-Maat 198
Sithathormerit 168
Siwa 34, 66
Skarabäus 44, 45
Skemiophris 25
Sklaverei 148-149
Smendes 29, 30
Smendes I. 30
Snofru 23, 168
Sobek 71
Söhne des Horus 47
Sokar 61
Sothis 84

Speos Artemidos 169
Sphinx 126
Sphinx von Giseh 10, 63, 164-165
Stein von Rosette 11, 77
Stele 123
Sternkonstellationen 83
Streitwagen 145

Taharqa 31, 181, 182, 199, 204
Tal der Affen 190
Tal der Könige 190-194
Tal der Königinnen 186, 195-197
Tal der Noblen 131
Tanis 30, 31, 152
Tefnut 36, 37
Tell el-Amarna 170
Tempel 114-115
Tempel der Millionen Jahre 116-117
Teti 159
Theben 24, 25, 43, 176-177
Theos 33
Thinis 20
Thinitenzeit 20-21, 130, 134
Thot 68
Thutmosis 171
Thutmosis I. 185
Thutmosis III. 50, 181, 182, 185, 191
Thutmosis IV. 164-165
Ti 159
Tiere 51
Tier-Nekropole 51
Titi 195
Tjahepimu 33
Tod 42
Totenbuch 43, 46-47, 52, 81, 133, 196
Totengericht 44, 45
Totentempel 117
Trajan 207
Transporte an Land 103
Tutanchamun 125, 136, 137, 190, 194

Udjat 53
Uschebtis 46, 149
Userkaf 166, 159

Waage 89
Waffen 146
Waset 176
Weberei 108-109
Weibliche Priesterschaft 39
Wein 96-97
Weiße Kapelle 25
Weiße Pyramide 168
Wenis 159
Wesir 22, 30, 139
Wilkinson, John Gardner 11, 13
Würfelhocker 127

Yussef, Ahmed 161

Zahlen 86-87
Zeus-Amun 51
Zweite Persische Herrschaft 33
Zweite Zwischenzeit 25, 26-27, 28-29, 130, 144

Bildnachweis

Archivio IGDA: 8 Mitte, 8-9, 15 Mitte links, 15 unten links, 18, 24 Mitte, 26 rechts, 28 unten rechts, 28-29 oben, 29 unten, 31 unten, 38 unten, 41 oben, 42 oben, 43 unten, 43 unten rechts, 45 oben, 46 links, 46 oben, 50 Mitte, 54 Mitte, 55 unten, 57 oben, 59 oben, 59 unten links, 59 unten rechts, 62 oben, 63 rechts, 66 unten, 68 links, 76 unten, 77 oben, 78 oben, 86 unten, 86 oben, 88 oben, 98 oben, 105 Mitte, 105 rechts, 110 unten, 124 oben, 125 unten, 129 rechts, 134 oben, 138 unten, 141 unten, 142, 151 oben, 151 unten, 170 oben, 189 rechts, 195 oben, 198 oben; /G. e A.Dagli Orti: 8 links, 9 oben, 10 unten, 12 links, 12 oben rechts, 12 unten rechts, 13 Mitte, 16 oben rechts, 17 unten links, 20-21 oben, 22 Mitte, 24 unten, 24 rechts, 25 Mitte, 26 links, 27 rechts, 27 Mitte , 27 links, 28 oben, 30 rechts, 30 Mitte, 33 links, 33 rechts, 34 unten rechts, 35 links, 38 oben, 39 unten rechts, 40 oben, 40 unten rechts, 41 unten links, 41 unten rechts, 44 Mitte, 45 unten, 46-47, 47 oben, 47 unten, 49 unten rechts, 50-51 unten, 52-53, 52 oben, 53 unten, 54 rechts, 54 unten, 55 rechts, 55 oben, 56-57, 60 oben, 60 unten, 61 links, 61 rechts, 62 unten, 62 rechts, 63 links, 63 oben, 64 oben, 66 oben, 66 links, 67 unten, 69 rechts, 70 oben, 70 unten rechts, 71 rechts, 71 links, 72 rechts, 73 links, 75 oben, 75 unten links, 75 unten rechts, 76 oben, 77 rechts, 77 unten, 78 unten rechts, 79 unten, 79 oben, 80-81, 80 Mitte, 82 unten, 89 rechts, 90 oben, 90 unten, 91 unten, 94-95, 98 unten, 102, 104 oben, 106 unten, 116 unten, 113 unten, 117 oben, 118 unten, 119 unten rechts, 119 unten links, 120, 122, 123 unten links, 124 oben, 126, 122 Mitte, 138-139 oben, 139 oben, 139 unten, 140 oben, 142-143, 143 unten, 145 rechts, 145 unten, 146 oben, 146-147, 149 rechts, 152 oben, 153 oben, 154 oben, 155 oben, 155 unten, 157 oben, 157 unten, 159 oben, 159 unten links, 163 oben, 164, 166 oben, 167 oben, 167 unten links, 167 unten rechts, 169 unten rechts, 170 unten links, 169 unten, 174-175 unten, 174 unten links, 181 oben, 194 oben, 194 unten links, 194 unten rechts, 198 unten rechts, 198 unten, 199 oben, 199 Mitte, 201 oben, 208 Mitte; / G. Sioen: 9 Mitte, 25 links, 31 Mitte, 51 rechts, 64 Mitte, 78 unten links, 94 oben, 99 unten, 99 oben, 104 unten, 104-105, 109 oben, 110 oben, 115 oben, 152 unten, 153 oben, 169 oben, 169 unten links, 181 Mitte, 186,186-187, 191, 200 oben; Bildarchiv/W. Busing: 150-151; / W. Buss: 16 unten links, 32 oben, 50 oben, 68 rechts, 82 oben, 112 oben, 154 unten, 158 oben, 161 unten, 162 oben, 162 unten, 178 oben, 178 unten, 179, 179 unten, 208 oben, 209 unten; /A. Castiglioni: 80 unten links; /Chomon: 187; /A. De Gregorio: 87 unten links; / C. Dorico: 91 oben, 113 rechts; 163 unten; /A. Jemolo: 14 oben rechts, 20 Mitte, 72 links, 112 unten; /G. Lovera: 17 oben links, 44-45 unten, 48 unten, 49 unten links, 114 oben, 195 unten links; /G. Nimatallah: 87 unten; /C. Sappa: 13 unten rechts, 35 Mitte, 73 rechts, 91 Mitte, 158 unten links, 188 unten, 188 oben, 189 oben, 189 unten, 203 oben links, 203 oben rechts, 203 Mitte; /M. Seemuller: 13 oben rechts, 14 Mitte, 89 unten, 95 unten; / S. Vannini: 116 oben, 159 unten rechts; /A. Vergani: 83 unten Mitte, 111 oben. AGE Fotostock: 209 rechts; Ancient Art&Architecture Collection, Ltd/Rsheridan: 40 unten links, 100-101, 148-149; S. Compoint/Sygma: 154 links; DAIK 172 unten; Fundación Archeológica Clos: 10 oben, 66 rechts, 83 oben, 137 oben, 195 unten links; INDEX: 149 unten, 190 oben, 190-191; J. Liepe: 108-109, 170-171; Magnum Photos/Zardoya: 22 rechts; Oronoz: 16 unten links, 34 oben links; J. Padrò: 21 Mitte links; Scala: 17 unten rechts, 35 rechts; Sheridan Ancient Art Library: 135, 153 rechts; The Bridgeman Art Library: 15 oben links, 23 unten, 43 oben, 64 unten,69 links, 114 unten, 115 unten, 118 oben, 122 unten, 127 unten, 136 oben, 143 oben, 148 Mitte, 150; J.Vivò: 23 links, 106 Mitte, 113 links, 119 oben, 166 links, 169 unten, 199 oben, 201 unten; White Star: 11 unten, 11 rechts, 16 oben links, 30 links, 49 oben, 83 unten rechts, 85 oben, 85 unten, 93 oben, 114-115, 123 unten rechts, 126-127, 134 unten, 135 Mitte, 137 unten, 137 Mitte, 144, 144-145,173 oben, 179 oben; / A. De Luca: 16 Mitte rechts, 20-21 unten, 21 rechts, 26 Mitte, 39 oben; /A. Attini: 48 oben, 92 oben, 120-121, 169 unten links, 175, 202-203, 206-207, 206-207 oben; /M. Bertinetti: 84 oben, 156 unten, 160 unten, 200 unten; /Lepsius: 124 unten; /G. Veggi: 148 unten, 174-175 oben, 202 oben; /G. Seopato; J. C. Golvin: 51 oben; Zardoya: 52 Mitte, 53 oben, 103 oben, 128 oben; Werner Froman Archive: 90 links, 93 unten.
Zeichnungen: Marcel Socias

GRIECHENLAND

IN DER

ANTIKE

GRIECHENLAND
IN DER
ANTIKE

WIEGE EUROPÄISCHER KULTUR

Martino Menghi

VERLEGT BEI
KAISER

Martino Menghi

Nach Abschluss seines Literaturstudiums an der Università degli Studi in Mailand und des *Master of Arts in Greek* am Bryn Mawr College Pa., USA, hat Martino Menghi derzeit an einem Mailänder Gymnasium eine Professur inne und doziert weiters an der Scuola di Specializzazione in Didattica der Universität Pavia. Er beschäftigt sich insbesondere mit zwei Fachgebieten: Zum einen mit der didaktischen Aufbereitung der Geschichte der Antike und der lateinischen Sprache, er hat bereits ein Handbuch zum griechisch-römischen Altertum, Anthologien zu Autoren und lateinischen Texten und zur Geschichte der lateinischen Literatur herausgegeben, zum anderen mit der Philosophie der Antike, zu der er einige Artikel sowie den Band *L'utopia degli Iperborei* (Iperborea, 1998) veröffentlicht hat. Zudem hielt er Kurse an der École Pratique des Hautes Études der Sorbonne ab und rezensiert diverse Texte über die Antike für den Kulturteil einer großen italienischen Tageszeitung.

SACH- UND ILLUSTRATIONSREDAKTION
Chefredaktion: Valeria Camaschella
Graphische Leitung: Marco Santini
Technische Leitung: Roberto Ghidoli
Redaktionsleitung: Miryam Lamarque
Redaktionssekretariat: Laura Ciancolini, Tiziana Campana

Bildredaktion: Centro Iconografico
dell'Istituto Geografico De Agostini
Fotografien: Archivio IGDA (W. Buss, G. Cozzi, A. Dagli Orti, G. Dagli Orti, A. Garozzo, G. Nimatallah, L. Pedicini, S. Vannini) außer S. 166 unten Mitte (Bridgeman/Ag. Grazia Neri)

Deutsche Erstausgabe

Anmerkung: Griechische Wörter sind auf dem Vokal akzentuiert, der betont ist (z. B.: *agorà*); der Diphthong OU liest sich wie das deutsche U (z. B.: *nous* = nus).

Titel des italienischen Originals: »Atlante dell'Antica Grecia«
Einzig berechtigte Übertragung aus dem Italienischen:
Manuela Eder

Copyright © 2003 Istituto Geografico De Agostini S.p.A., Novara
Copyright der deutschen Ausgabe
© 2010 Neuer Kaiser Verlag Gesellschaft mbH, Klagenfurt
Neuauflage
E-Mail: office@kaiserverlag.com
www.kaiserverlag.com
Kein Teil des Werkes darf in irgendeiner Form (durch Fotografie, Mikrofilm oder ein anderes Verfahren) ohne schriftliche Genehmigung des Verlages reproduziert oder unter Verwendung elektronischer Systeme verarbeitet, vervielfältigt oder verbreitet werden.
Satz: Context Type & Sign Pink GmbH, St. Veit/Glan
Druck und Bindearbeit: Gorenjski Tisk, Kranj-Slowenien

INHALT

6 Einführung

EIN ZENTRUM UND VIEL PERIPHERIE

8 Landkarte der griechischen Zivilisation
10 Kontakte mit den »Barbaren«
12 Der kulturelle Einfluss auf Rom und das Christentum

GESCHICHTE

14 Zeittafel
16 Die Quellen
18 Die Kultur Kretas
20 Mykene, Migration und dunkle Zeitalter
22 Troja und Homers Epen
24 Die *poleis*: Griechenland und Mittelmeerraum
26 Der Aufstieg Athens und Spartas
28 Griechen gegen Perser
32 Krieg um die Vorherrschaft: Athen gegen Sparta
34 Der Aufstieg Makedoniens und die Eroberung des Persischen Reiches
36 Hellenistische Reiche und ihre Eroberung durch Rom
38 Glorreicher Endpunkt: das Oströmische Reich

DIE SCHAUPLÄTZE

40 Das klassische Athen
42 Delos, Geburtsinsel Apolls
44 Delphi und Epidauros
48 Ephesus
50 Syrakus und Massilia
52 Alexandria in Ägypten

UTOPIEN UND FANTASIEWELTEN

54 Die Insel der Phaiaken
56 Fern im Norden: das Volk der Hyperboräer
58 Die »Gerechte Stadt« Platons
60 Die Heliopolitaner

INHALT

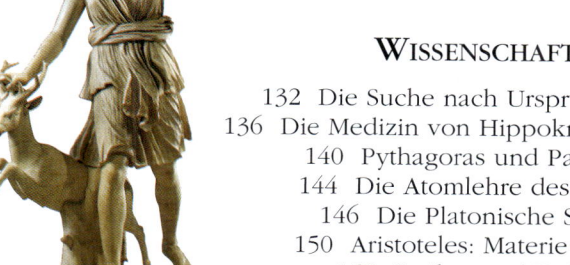

DIE PROTAGONISTEN
62 Die Helden Homers
64 Die *polis*, Gesetz und Gesetzgeber
66 Perikles und Alkibiades
70 Sokrates, der Lehrer
72 Große Monarchen: Darius, das persische Vorbild
74 Die Erben: Alexander und die hellenistischen Könige
76 Ptolemäus I. und Ptolemäus II. von Ägypten

POLITIK UND RECHTSWESEN
80 Die Gesellschaft Homers
82 Ämter und Versammlungen in der *polis*
84 Bürger und Bürgerrechte
88 Die hellenistischen Monarchien und ihre Untertanen
90 Delikte und Strafen: Von der Blutrache zum Gericht
92 Für und wider die Todesstrafe
94 Die Schaffung von Konsens

WIRTSCHAFT
98 Produktion, Handel und Schifffahrt
100 Metallbearbeitung und Bergbau
104 Geld und Bankwesen
106 Steuern und Monopole

MILITÄRWESEN
108 Vom Krieger zum streitbaren Bürger
112 Das Heer Alexanders des Großen
114 Hopliten, makedonische Phalanx und Kavallerie
118 Schiffe und Kriegsmaschinen

RELIGION
120 Die Götter des Olymp und der Dyonisoskult
126 Spiele, Musik und Sport zu Ehren der Götter
128 Mysterien, geheime Kulte

WISSENSCHAFTEN
132 Die Suche nach Ursprung und Sinn
136 Die Medizin von Hippokrates bis Galenos
140 Pythagoras und Parmenides
144 Die Atomlehre des Demokrit
146 Die Platonische Synthese
150 Aristoteles: Materie und Form
152 Stoiker und Epikureer

LITERATUR
156 Die Poesie Homers
160 Archaische Dichtung
162 Die Tragödie
166 Die Komödie
168 Geschichtsschreibung
170 Literaturgattungen im Hellenismus
174 Die Rhetorik
176 Religiöse Schriften

ARCHITEKTUR UND KUNST
178 Heiligtum und Tempel
180 Das Theater
182 Die Bildhauerei
186 Die Malerei

DAS TÄGLICHE LEBEN
190 Szenen aus dem Alltag in Odysseus' Welt
194 Das Leben in Athen im 5. Jh. v. Chr.
198 Eros und die Athener
202 Ernährung
204 Das Bankett
206 Die Kleidung

208 GLOSSAR

212 ALPHABETISCHER INDEX

Einführung

Es mag an ihrer außerordentlich reichen Vielfalt liegen, dass die Geschichte der griechischen Kultur einst und heute gleichermaßen fasziniert und interessiert. Vor allem erfuhr das antike Griechenland in relativ kurzer Zeit eine Entwicklung durch zahlreiche Formen der politischen und gesellschaftlichen Organisation: Vom in Homers *Odyssee* besungenen *oikos* der Aristokratie erfolgte zwischen dem 8. und dem 6. Jh. v. Chr. der Übergang zur von Gesetzen geregelten *polis*, die mit Athen im 5. Jh. ihre höchste Blüte erreichen sollte.

Im 4. Jh. v. Chr. war Griechenland Teil Makedoniens, ab dem 2. Jh. v. Chr. wurde es in das Römische Reich eingegliedert. Doch das war längst nicht die letzte Wendung in seiner bewegten Geschichte. Während das Weströmische Reich im 5. Jh., vom inneren wirtschaftlichen und sozialen Ungleichgewicht geschwächt, unter dem Druck der Barbaren zerfällt, bleibt das Oströmische Reich noch bis Mitte des 15. Jh. erhalten und bewahrt all das, was im Westen von der griechischen Kultur Zug um Zug verloren ging, bis in die Neuzeit hinein.

Der interessanteste Beitrag dieser Zivilisation war jedoch sicherlich der kulturelle. Griechenland ist die Wiege der Poesie – vom Heldenepos Homers bis zur Liebeslyrik Sapphos –, Heimat der Tragödie, die das gesamte abendländische Theater prägt, aber auch der Philosophie im Sinne der Suche sowohl nach dem Ursprung der Welt als auch nach der besten Regierungsform oder einer Ethik, die dem Einzelnen zu Lebensglück verhilft.

Als wäre all dies noch nicht genug, haben die Griechen mit Herodot, der als Erster die Sitten und Gebräuche seines Volkes mit jenen anderer (Ägypter, Perser und Inder) verglich, und Thukydides, der die Gründe des Zusammenbruchs der Macht Athens (oder eines beliebigen anderen Machtzentrums unter ähnlichen Umständen) untersuchte und für die Nachwelt festhielt, auch noch die okzidentale Geschichtsschreibung begründet. Des Weiteren legten sie die Regeln der Rhetorik fest und überlieferten sie an ihre Eroberer, ordneten ihr Wissen über den Menschen und die Natur rationell und sammelten rund um die Schule des Hippokrates medizinische Kenntnisse an, die Jahrhunderte überdauern sollten. Auf dem Gebiet der Religion schufen sie, zwar mit polytheistischem Ansatz, mit Platon und dessen Begriff der Transzendenz das Fundament für den jüdisch-christlichen Monotheismus. Was nun das Rechts-

wesen sowie soziale und gesellschaftliche Angelegenheiten betrifft, schreibt man ihnen das zweifelhafte Verdienst zu, Theorien zur »Freiheit« einiger Menschen zum Preis der Sklaverei vieler anderer oder zur »Überlegenheit« ihres Volkes über den Rest der Menschheit formuliert zu haben, die für Sklaverei und Rassismus in der Neuzeit Argumente lieferten. Doch hatten sie auch den Verstand und den intellektuellen Mut, mit den Wegbereitern des Stoizismus das Prinzip der Gleichheit der Menschen nachzuweisen, nach dem wir, zumindest auf der geistigen Ebene, alle im universellen *logos* und der Vorsehung, die die Geschicke der Welt lenkt, verbunden sind.

Aufnahmefähig für das Gedankengut anderer Kulturen, wie es einige Elemente ihrer Philosophie und die universelle Ausrichtung des Museums von Alexandria zeigen, übten die Griechen enormen Einfluss auf alle Völker aus, die im Laufe der Geschichte mit ihnen in Berührung kamen: *Graecia capta ferum victorem cepit* (»Das eroberte Griechenland eroberte seinen wilden Bezwinger«) schrieb Horaz am Ende des 1. Jh. v. Chr. und fasste in diesen Worten zusammen, was Rom der hellenischen Kultur schuldete. Diese Schuld machte es jedoch wett, indem es frisches Blut ins alte Wissen brachte: mit den politischen und kulturellen Ansätzen eines Cicero, der Poesie eines Vergil, des neuen Bildes einer imperialen Gesellschaft des Stoikers Seneca und der dramaturgischen Geschichtsschreibung eines Tacitus. Das christliche Abendland trat, nicht zuletzt dank des langen Bestehens des Oströmischen Reiches, ein höchst vielfältiges kulturelles Erbe an und machte es sich zu Eigen. Weder Humanismus, Renaissance, der Entwurf des Verfassungsstaates im 17. und 18. Jh., die Idee der Gewaltenteilung noch Hegel oder Kant wären ohne die griechischen Wegbereiter denkbar gewesen.

Dieses reich bebilderte Buch beleuchtet die wichtigsten Aspekte der altgriechischen Geschichte – sind wir doch der Überzeugung, dass ein besserer Einblick in diese nur augenscheinlich fernen historischen Momente hilft, die Dynamik der modernen Welt besser zu verstehen. Entdecken wir, wie sehr wir heute noch mit dieser Kultur verbunden sind, um uns zuversichtlich und rationell unseren zeitgenössischen Herausforderungen zu stellen.

Martino Menghi

LANDKARTE DER GRIECHISCHEN ZIVILISATION

Alles begann im Herzen der Ägäis, auf Kreta. Doch die Wanderungen anderer Völker (Mykener, Dorer, Äoler und Ioner) bestimmten das Bild, das wir hier zeichnen wollen, maßgeblich mit.

Die älteste Zivilisation Europas ist wohl jene von Kreta, die auf etwa 2300 v. Chr. zurückgeht. Dort begann eine lange, abenteuerliche Geschichte, die im Verlauf des 2. Jahrtausends v. Chr. zur Entstehung der griechischen Kultur in den von der Ägäis umspülten Gebieten führen sollte. Kreta erreichte den Gipfelpunkt seiner Macht um 1700 v. Chr. und kontrollierte, noch vor den Phöniziern, den Handel im Mittelmeer. Das öffentliche Leben drehte sich um die Paläste, die nicht nur den Herrschern als Sitz dienten, sondern auch große Fertigungs- und Lagerstätten beherbergten. Befestigungsbauten oder Mauern um ihre Städte kannten die Kreter nicht, umgab sie doch das Meer wie eine große, natürliche Festung, und die einzige Macht, auf die sie vertrauten, war ihre Flotte.

Mykener und Dorer

Etwa um 1400 v. Chr. wurde Kreta von den Mykenern besetzt, einem indoeuropäischen Volk, das sich bereits zwei Jahrhunderte zuvor, von Norden her kommend, auf dem Peloponnes angesiedelt hatte. Im Gegensatz zu den Kretern waren die Mykener ein kriegerisches Volk, was ihre Befestigungsbauten, Darstellungen von Kampfwägen und insbesondere die Kriegsberichte in der *Ilias*, Homers Werk über die Eroberung Trojas, lebhaft bezeugen. Kaum hatten sie

Der Lilienprinz
Diese Figur aus dem Freskenschmuck an der Wand des Prozessionskorridors im Palast von Knossos auf Kreta wurde »Lilienprinz« genannt.

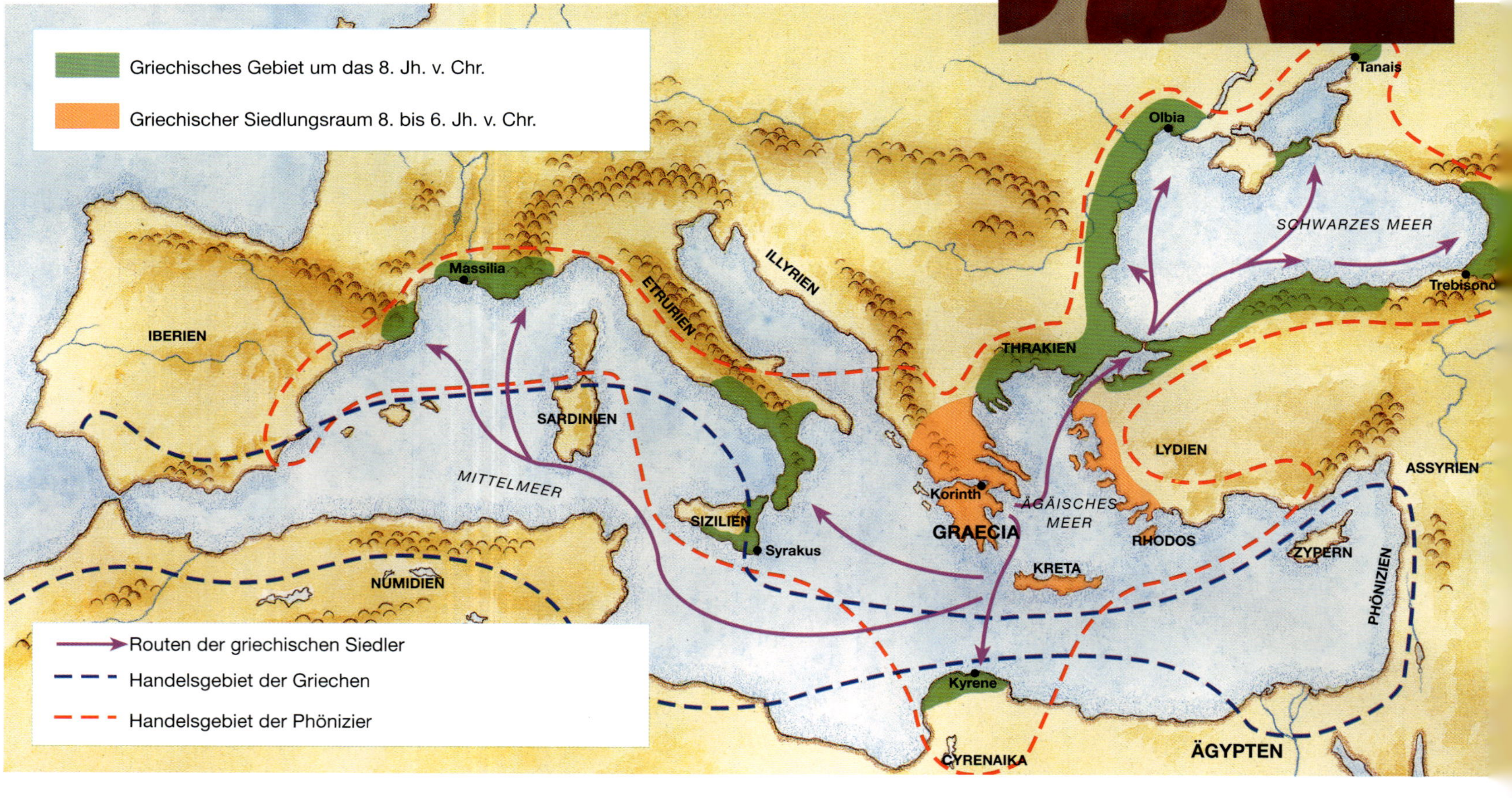

das Meer überquert und Kreta besetzt, drängten die Mykener auch schon weiter gegen die türkische Küste, wo sie um 1250 v. Chr. Troja eroberten. Die Insel Kreta, der Peloponnes und ein Teil der Küste der Türkei: Dies waren die ersten Siedlungsgebiete der Mykener, der ersten Vorfahren der Griechen. Sie benutzen die »Linearschrift B«, die als eine der frühesten Formen des Griechischen entziffert wurde. Ein weiteres Volk indoeuropäischen Ursprungs, wieder aus dem Norden, soll der Geschichte der Mykener um 1200 v. Chr. ein Ende gesetzt haben, obwohl man heute meist eher davon ausgeht, die »Seevölker« – verschiedene Stämme, darunter auch indoeuropäische – hätten Angst und Schrecken im Mittelmeerraum verbreitet und unter anderem das Reich der Hethiter gestürzt und Ägypten okkupiert.

Die Dorer nahmen anschließend den Platz der Mykener ein, und um das 11. Jh. v. Chr., als die Welle der Verwüstung durch die Seevölker – oder, nach anderen Theorien, durch Hungersnöte und große Klimakatastrophen – endlich verebbt war, blieben von den Griechen drei indoeuropäische Volksgruppen übrig: Neben den Dorern am Peloponnes mit der Hauptstadt Sparta siedelten die Äoler in Böotien und auf den Ägäischen Inseln und die Ioner auf Attika mit der Hauptstadt Athen. Sie drängten jedoch weiterhin auf der Suche nach Siedlungsraum und neuen wirtschaftlichen Möglichkeiten an die türkische Küste, die dort »Ionische Küste« genannt wird. Damit ist die Landkarte der griechischen Kultur schon beinahe vollständig.

Die Griechen in Sizilien
Selinunte wurde um die Mitte des 8. Jh. v. Chr. an jener Stelle gegründet, an der sich das Tal des Belice zur sizilianischen Küste hin öffnet. Unten: Blick auf die Überreste der Akropolis mit den Fragmenten zahlreicher großartiger Tempel.

Magazine mit Tonkrügen
Im Palast von Knossos auf Kreta wurden große Magazine mit riesigen Tonkrügen (die so genannten pithoi, siehe links) *gefunden. Sie dienten als Behälter für die Lebensmittelvorräte, besonders für Öl und Korn.*

Die Kolonien

Nun fehlte nur noch die Kolonisation des westlichen Mittelmeerraums, insbesondere Süditaliens. Diese erfolgte gleich nachdem sich im bisherigen Gebiet der Griechen der Stadtstaat, die *polis*, etabliert hatte. Zwischen dem 8. und dem 6. Jh. v. Chr. bewog der Bedarf nach Siedlungsraum und neuen Märkten die Ioner dazu, entlang der türkischen Küste neue Städte zu gründen. Dieses Modell der *polis* trugen verschiedene griechische Volksgruppen alsbald weit über das Ägäische Meer hinaus. So entstanden in der heutigen Region Kampanien in dieser Zeit die Städte Kyme, Paestum und Neapel, in Kalabrien die Städte Rhegion, Kroton, Sybaris und Lokroi, in Apulien der Hafen Tarent, in Sizilien Syrakus, Gela, Selinunte und Agrigent. Doch auch in weiter entfernte Regionen des Mittelmeerraums drangen die Griechen vor und gründeten neue, rasch florierende Siedlungen, wie Kyrene in Nordafrika oder Massilia, das heutige Marseille, im Süden Frankreichs.

KONTAKTE MIT DEN »BARBAREN«

In der Begegnung mit benachbarten Völkern, die generell als »Barbaren« bezeichnet wurden, hielten die Griechen immer einen gewissen Stolz und ein Gefühl der Überlegenheit aufrecht, doch das hinderte sie nicht daran, sich für andere Kulturen zu interessieren und diese zu schätzen.

Die Goldschmiedekunst der Skythen
Ein goldener Hirsch, der in der Eremitage in St. Petersburg aufbewahrt wird.

Homer war es, der als Erster von den »Barbaren« sprach. Mit diesem legendären Terminus bezeichnete er Volksgruppen, die der griechischen Sprache nicht mächtig waren, allerdings gänzlich ohne negative Wertung. Erst nach der Konfrontation mit dem Persischen Reich während der Kriege 490 bis 478 v. Chr. erweiterte sich die Bedeutung dieses Begriffs. Der Kontakt mit der nichthellenischen Welt bewirkte nun zweierlei: zunächst Interesse für eine unterschiedliche Kultur, deren Werte man schätzte und kennen lernen wollte, und zum zweiten Angst und später Hass gegen das Fremde, das im Falle der Perser auch ein Feind war. Es entstand – neben dem anthropologischen Interesse eines Herodot und der philosophischen Neugier der Sophisten – die erste Form des Rassismus: Den Barbaren war die »hohe« griechische Kultur fremd, somit musste die ihrige eine »niedrigere« sein. Es war einer der bedeutendsten Staatstheoretiker, Aristoteles, der in seiner *Politica* die Überlegenheit des griechischen freien Mannes über den Rest der Menschheit – über Sklaven, Frauen und die vielfältige barbarische Welt – beschrieb. Die andersartige Kultur der Barbaren wurde später in der Philosophie der Stoiker

DIE GRIECHISCHE »RASSE«

Hier die Theorien des griechischen Philosophen Aristoteles (384–322 v. Chr.) zur Überlegenheit der Griechen über den Rest der Menschheit:
»Die Völker, die die kalten Regionen und jene Europas bewohnen [dies bezieht sich auf die Barbarenstämme nördlich von Griechenland, somit auch auf die Skythen] *sind voll des Mutes, doch es mangelt ihnen an Intelligenz und Kunstfertigkeit, sie leben daher zwar frei, haben jedoch keine politische Organisation und sind nicht in der Lage, über ihre Nachbarn zu herrschen. Dagegen besitzen die Völker Asiens zwar Intelligenz und Kunstfertigkeit, doch keinen Mut und daher leben sie in ständiger Unterwerfung und Sklaverei. Die Rasse der Hellenen jedoch, die geografisch zwischen den beiden liegt, hat an den Eigenschaften beider Anteil und besitzt Mut und Intelligenz, lebt in Freiheit, verfügt über die besten politischen Institutionen und somit über die Fähigkeit, alle zu beherrschen.«*
Aristoteles, *Politica*, VII. 7
(Übertragung ins Deutsche aus der italienischen Übersetzung von R. Laurenti)

Der Teppich von Pazyryk
Die Skythen verfügten früh über meisterliche Webkunst, wie der Teppich von Pazyryk aus dem 5. Jh. v. Chr. (unten) zeigt. Der äußere Rahmen des seltenen, im Grab eines Skythen von noblem Rang entdeckten Stückes zeigt einen Zug von Reitern, die abwechselnd im Sattel und ihre Remonten an der Hand führend dargestellt sind.

Flachrelief eines phönizischen Schiffes
Die Schiffe der Phönizier hatten bereits einen Kiel, der sie zur besseren Navigation stabilisierte.

Vasen aus Glasteig
Die Phönizier lernten die Kunst der Glasbearbeitung von den Ägyptern und verbreiteten sie im gesamten Mittelmeerraum.

neu bewertet, die besagte, dass ethische Tugenden allen Menschen zu Eigen waren, seien es Freie, Sklaven oder Barbaren. In dieselbe Bresche schlugen zwar auch die Christen. Doch weder der kosmopolitische Gedanke der Stoiker noch die von den Christen beschworene Brüderlichkeit der Menschen konnten im Laufe der folgenden Jahrhunderte die Welt von der Geißel des Rassismus befreien.

Phönizier, Perser und Skythen

Ein Problem mit den Barbaren hatte die griechische Welt zwar erst als Folge der Kriege gegen die Perser, doch Beziehungen zu fremden Kulturen gab es vor und nach diesem Zeitpunkt. Das erste Volk, mit dem die Hellenen in Berührung kamen, waren die Phönizier. Das griechische Wort *phoínikes* bedeutet »purpurfarben« und bezog sich auf die Einwohner von Kanaan und die dortige Produktion von mit Purpur gefärbten Stoffen. Doch die Phönizier, deren Geschichte sich im Orient von 1200 bis ins 3. Jh. v. Chr. (im Okzident bis zur Zerstörung Karthagos im Jahre 146 v. Chr.) erstreckt, waren auch die größten Konkurrenten der Griechen auf den mediterranen Handelsrouten: Als kundige Seefahrer verfügten sie über eine mächtige Flotte, die nicht nur die eigenen Handelsschiffe gegen Überfälle der Griechen schützte, sondern auch selbst immer wieder der Piraterie frönte. Von den Phöniziern übernahmen die Griechen das Alphabet, die Kunst der Eisenbearbeitung und die Verwendung geprägter Münzen als Tauschmittel gegen gehandelte Waren.

Auch die Beziehungen zu den Persern waren nach dem Ende der Kriege gegen die Griechen im Jahre 478 v. Chr. keineswegs beendet. Ende des 4. Jh. v. Chr. unterwarf Alexander der Große an der Spitze eines großen Heeres das Reich des Perserkönigs Darius III., das sich über Kleinasien, Ägypten, Syrien, Mesopotamien und die iranische Hochebene bis zum Tal des Indus erstreckte. Daraus entstanden die legendären hellenistischen Königreiche, in denen das griechisch-makedonische Volk mit den orientalischen Völkern verschmolz.

Eine andere Kultur, mit der die Griechen ab dem 8. Jh. v. Chr. in Berührung kamen, war die der Skythen. Wie die Nomaden, die in Zentral- und Südrussland im Norden Griechenlands lebten, benutzten die Skythen keine Schrift und lebten nicht in einem Staat organisiert, erreichten aber dennoch ein hohes kulturelles Niveau, wie ihre Goldschmiedekunst und das Wissen ihrer Schamanenpriester zeigen. Die Stoiker bewunderten das naturnahe Leben der Steppenvölker, und scheinbar hatten die Weisen der Skythen Kontakt mit griechischen Philosophen und Wissenschaftern.

Die königliche Garde
Dieses detailgetreue Flachrelief aus dem legendären Königspalast von Persepolis zeigt die Leibgarde des Perserkönigs, die sich aus Persern und Medern, den größten im Persischen Reich vertretenen Volksgruppen, zusammensetzte.

Der kulturelle Einfluss auf Rom und das Christentum

Graecia capta ferum victorem cepit (»Das eroberte Griechenland eroberte seinen wilden Bezwinger«) stellte Horaz fest, indem er den kulturellen Einfluss der Griechen richtig einschätzte. Doch auch die Christen bedienten sich ihres Wissens bei der Definition und Verbreitung ihrer Doktrin.

Die hellenische Welt kam bereits Anfang des 3. Jh. v. Chr. erstmals mit der Macht Roms in Berührung, als dieses seine Herrschaft über die griechischen Kolonien im Süden Italiens ausdehnen wollte. Als es die ganze Halbinsel beherrschte, wurde das hellenistische Königreich Ägypten auf die neue Großmacht im Mittelmeerraum aufmerksam und nahm über Gesandte diplomatische Beziehungen mit ihr auf. Ab diesem Moment gab es zwei grundsätzliche Ziele in der Außenpolitik Roms: Erstens die Stelle der Karthager im westlichen Mittelmeerraum einzunehmen und zweitens jene der hellenistischen Monarchien, die nach dem Zerfall des Reiches Alexanders des Großen entstanden waren. Zwischen dem 3. und der ersten Hälfte des 2. Jh. v. Chr. gelang es Rom, die Macht Karthagos zu zerschlagen und das Makedonische Reich zu erobern, zu dem auch Griechenland gehörte: Das Jahr 146 v. Chr. markiert die Zerstörung von Karthago und Korinth. Auch die Königreiche Ägypten, Pergamon (in Kleinasien) sowie Syrien fielen zwischen der zweiten Hälfte des 2. Jh. und dem Ende des 1. Jh. v. Chr. an Rom. Nach diesem kurzen Exkurs in geschichtliche Daten interessiert uns jedoch nun, welchen Beitrag die griechische Kultur zur römischen geleistet hat.

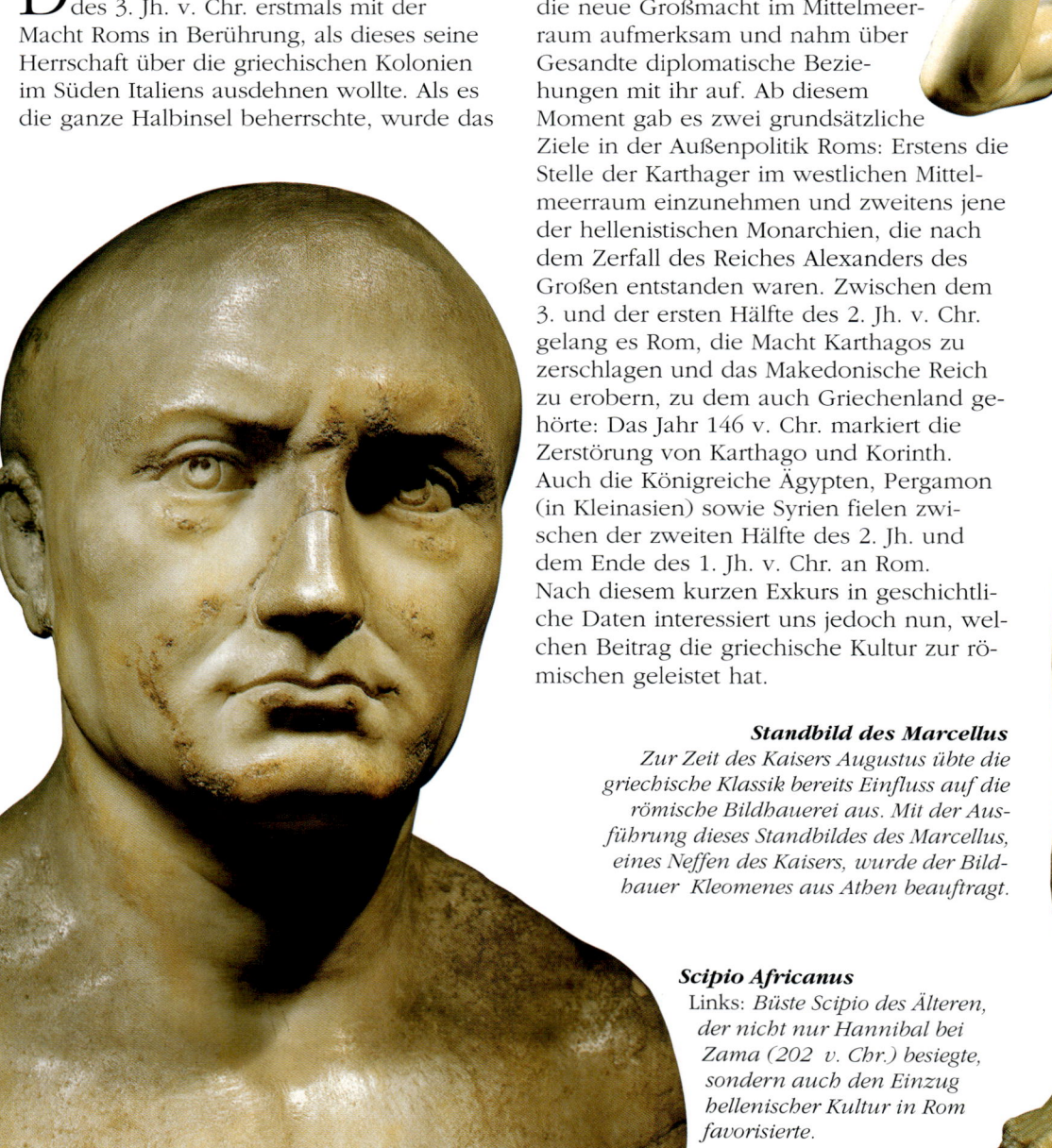

Standbild des Marcellus
Zur Zeit des Kaisers Augustus übte die griechische Klassik bereits Einfluss auf die römische Bildhauerei aus. Mit der Ausführung dieses Standbildes des Marcellus, eines Neffen des Kaisers, wurde der Bildhauer Kleomenes aus Athen beauftragt.

Scipio Africanus
Links: *Büste Scipio des Älteren, der nicht nur Hannibal bei Zama (202 v. Chr.) besiegte, sondern auch den Einzug hellenischer Kultur in Rom favorisierte.*

Die Faszination der Kultur

Von Anfang an übte Griechenlands Kultur auf Rom eine unerhörte Faszination aus. Die Unterwerfung von Magna Graecia (241 v. Chr. wurde Sizilien römische Provinz) sowie diplomatische und wirtschaftliche Kontakte mit den hellenistischen Königreichen lockten noch vor deren Eroberung zahlreiche griechische Philosophen, Dichter, Redner und Ärzte nach Rom. Sie lebten als Präzeptoren in den Häusern der Reichen, ihre Ärzte konnten Krankheiten nicht nur vorbeugen, sondern sie auch heilen, und die Meister des gesprochenen Wortes unter ihnen lehrten die größten römischen Redner ihre Kunst. Das hellenische Vorbild prägt die römische Literatur: Plautus und Terentius wären undenkbar gewesen ohne das Theater, Cicero ohne die Rhetorik und Philosophie, Catull ohne die Lyrik und Vergil ohne die Epen der Griechen.

Das Vermächtnis des Attalus
Als 133 v. Chr. der letzte Herrscher von Pergamon, Attalus III., ohne Erben starb, fiel sein Reich an Rom. Auf der Akropolis dieser kleinasiatischen Stadt werden heute noch die Überreste des im 2. Jh. n. Chr. erbauten Hadriantempels von Historikern und Reisenden bewundert.

SAPPHO UND CATULL

Zur Verdeutlichung des außerordentlichen Einflusses, den die griechische Literatur auf die römische ausübte, wollen wir hier zwei Texte parallel zitieren. Der erste stammt von der griechischen Dichterin Sappho (7./6. Jh. v. Chr.), der andere aus der Feder Catulls (1. Jh. v. Chr.), der als dessen *variatio in imitando* (eine Nachbildung, die Abweichungen nicht ausschließt) angesehen wird. In beiden geht es um die Angst, eine geliebte Person (in Sapphos Fall ein Mädchen) zu verlieren.

Mir scheint er den Göttern gleich, der dir gegenüber sitzt und ganz nahe dich süß reden hört und liebreizend lachen.

Das hat mir wahrhaftig das Herz in der Brust entsetzt; blicke ich dich an, nur kurz, dann lässt mich nichts mehr die Stimme erheben, und die Zunge zerbricht; dann läuft sogleich ein zartes Feuer mir unter der Haut, mit den Augen sehe ich nichts und es braust in den Ohren;

Schweiß rinnt herab, und ein Beben hält mich fest umfangen; fahl wie Gras auf dem Felde scheine nur wenig entfernt vom Tode ich zu sein.
Sappho, *fr. 31 Voigt*; dt. Übertragung nach der it. Übers. von V. Di Benedetto

Porträt der Sappho
Die Dichterin Sappho, hier in einem Mosaik aus dem 3. Jh. n. Chr. dargestellt.

*Wie ein himmlischer Gott erscheint mir, wär's erlaubt, noch über den Göttern selig, wer vor dir hinsitzend dich immer, immer schaut und anhört,
wie so süß du lachst, was um alle Sinne jählings bringt mich Armen; ja wenn ein Blick nur dir begegnet, Lesbia, stockt der Atem tief in der Brust mir;
Und die Zunge erlahmt, mein Gebein durchrieselt abwärts flüchtiges Feuer, vom eignen Klange gellt der Ohren Paar, und es deckt die Augen nächtliches Dunkel.*
Catull, *Liber*, 51; dt. n. it. Üb. v. M. Ramous

Die Lehre der Christen

Auch das Christentum, das sich innerhalb der jüdischen Welt unter Kaiser Tiberius (14–37 n. Chr.) entwickelte, stand stark unter dem Einfluss der griechischen Kultur. Ab dem 5. Jh. n. Chr. wurde es zunächst zur Staatsreligion des gesamten Römischen Reiches, nach dem Zusammenbruch des Weströmischen Reiches (476 n. Chr.) zu der des Heiligen Römischen Reiches Deutscher Nation und des Oströmischen Reiches. Die ältesten schriftlichen Zeugnisse christlichen Gedankengutes besitzen wir in Griechisch. Neben der alexandrinischen Version des Alten Testaments, der für die griechischsprachigen Juden zwischen dem 3. und dem Ende des 2. Jh. v. Chr. übersetzten so genannten *Septuaginta*, sind das die griechischen Versionen der *Evangelien*, der *Briefe* und der *Apostelgeschichte*, die zum Großteil auf die zweite Hälfte des 1. Jh. n. Chr. datiert werden. Im 2. Jh. n. Chr. entwickelte sich unter den griechischen Kirchenvätern Justinian und Clemens auf der Basis der Rhetorik eine eigene literarische Gattung, die ausschließlich der Rechtfertigung der christlichen Lehren dient, die Apologetik. Zudem verdanken die Christen den alten Griechen noch weitaus Fundamentaleres: Das philosophische Grundgerüst ihrer Lehre und ihres literarischen Ausdrucks basiert auf dem Stoizismus und in noch stärkerem Ausmaß auf dem Platonismus (Neuplatonismus, Plotin).

Alpha und Omega
Mosaik aus Tunesien (5. Jh.) mit Alpha, Omega und Christussymbol in der Mitte.

ZEITTAFEL

	GESCHICHTE	LITERATUR, PHILOSOPHIE, WISSENSCHAFT
600 v. Chr.	– 2300-2000 Entwicklung und Blüte der minoischen Kultur (Kreta). – 1700 Kreta auf dem Gipfel seiner Macht. – 1600 Entwicklung der Kultur von Mykene auf dem Peloponnes. – 1400 Besetzung Kretas durch die Mykener. – 1250 Die Mykener erobern Troja und die Türkei. – 1200 Zerstörung Mykenes durch die Seevölker. – 11. Jh. Die Dorer kolonisieren den Peloponnes, die Äoler Böotien und die Ägäischen Inseln, die Ioner Attika und die türkische Küste (Kleinasien). – 8.-6. Jh. Entwicklung der *polis*.	– 9. Jh. Homer verfasst seine Werke *Ilias* und *Odyssee*. – 800 ca. Die Griechen übernehmen das Alphabet der Phönizier. – 750 ca. Homer verfasst seine Gedichte. – 700 ca. Hesiod schreibt *Theogonie* sowie *Werke und Tage*. – 620 ca./570 ca. v. Chr. Leben und Werk der Dichterin Sappho.
	– 594 Reformen Solons in Athen. – 561 Beginn der Tyrannei des Peisistratos in Athen. – 546 Persien unterwirft die griechischen Kolonien Kleinasiens. – 508 Demokratische Reformen des Kleisthenes in Athen. – 499-494 Aufstand gegen die Perser in den Städten Kleinasiens. – 490 Perserfeldzug unter Darius. Griechischer Sieg bei Marathon. – 480 Perserfeldzug unter Xerxes. Griechischer Sieg bei Salamis. – 478 Gründung des Delisch-Attischen Seebundes. – 450 Beginn der Politik des Perikles. – 446 30-jähriger Frieden zwischen Athen und Sparta. – 431 Beginn des Peloponnesischen Krieges. – 430/29 Die Pest in Athen, Tod des Perikles. – 421 Friede von Nicäa zwischen Athen und Sparta. – 415-413 Feldzug und Niederlage Athens gegen Sizilien. – 405/04 Athen unterliegt bei Aigospotamoi, Tyrannei der Dreißig.	– 585 Thales von Milet sagt eine totale Sonnenfinsternis voraus. Traditionell gilt er als Stammvater der griechischen Philosophie. – 525/24-456/55 Leben und Werk des Tragödiendichters Aischylos. – 496-406 Leben und Werk des Tragödiendichters Sophokles. – 485 ca.-406 Leben und Werk des Tragödiendichters Euripides. – 484 ca.-430 Leben und Werk des Historikers Herodot. – 469-399 Leben und Werk des Sokrates. – 460 ca.-400 ca. Leben und Werk des Historikers Thukydides. – 460 ca.-375/351 Leben und Werk des Arztes Hippokrates. – 427-347 Leben und Werk Platons.
400 v. Chr.	– 371-361 Hegemonie Thebens. – 359 Philipp an der Macht in Makedonien. – 338 Philipp siegt bei Cheironeia über Theben und Athen. – 336 Alexander wird Philipps Nachfolger; griechisch-makedonischer Feldzug gegen Persien. – 331 Sieg Alexanders bei Gaugamela gegen Darius III., König von Persien. – 323 Tod Alexanders in Babylon. Ausbruch des ersten der Diadochenkriege. – 306-304 Vergöttlichung der Könige Antigonos und Demetrios in Athen; Vergöttlichung König Ptolemäus' in Ägypten. – 283 Ptolemäus II. herrscht in Ägypten. – 280 Antiochos I. Soter herrscht in Syrien. – 276 Antigonos Gonatas beherrscht Makedonien und Griechenland.	– 384-322 Leben und Werk des Aristoteles. – 366-283 Ptolemäus I. Soter, König von Ägypten, gründet nach der Überlieferung das Museum und die Bibliothek von Alexandria, Ptolemäus II. erweitert sie. – 287-212 Leben und Werk des Physikers und Mathematikers Archimedes von Syrakus. – 280-195 ca. Leben und Werk des Mathematikers, Astronomen und Geographen Alexanders des Großen, Eratosthenes von Kyrene.
200 v. Chr.	– 197 Römischer Sieg gegen Makedonien bei Kynoskephalai. – 168 Definitive Niederlage Makedoniens bei Pydna. – 148 Makedonien wird römische Provinz. – 129 Rom annektiert das hellenistische Pergamon. – 63 Pompeius unterwirft Syrien und Kilikien. – 31 Das hellenistische Königreich Ägypten wird von Oktavianus erobert.	– 200-118 Leben und Werk des Historikers Polybios. – 185-110 Leben und Werk des Philosophen Panaitios von Rhodos.
n. Chr.	– 476-1453 Das tausendjährige Oströmische Reich.	– 50 ca.-120 ca. Leben und Werk des Philosophen Plutarch. – 50 ca.-137 ca. Leben und Werk des Philosophen Epitet. – 100 ca.-170 ca. Leben und Werk des Wissenschaftlers Ptolemäus. – 130 ca.-200 ca. Leben u. Werk des Arztes und Philosophen Galenos. – 205-270 Leben und Werk des Philosophen Plotin. – 325 ca.-403 Leben und Werk des byzantinischen Arztes Oribasius. – 533/34 *Corpus iuris civilis*, Codex Kaiser Justinians I.

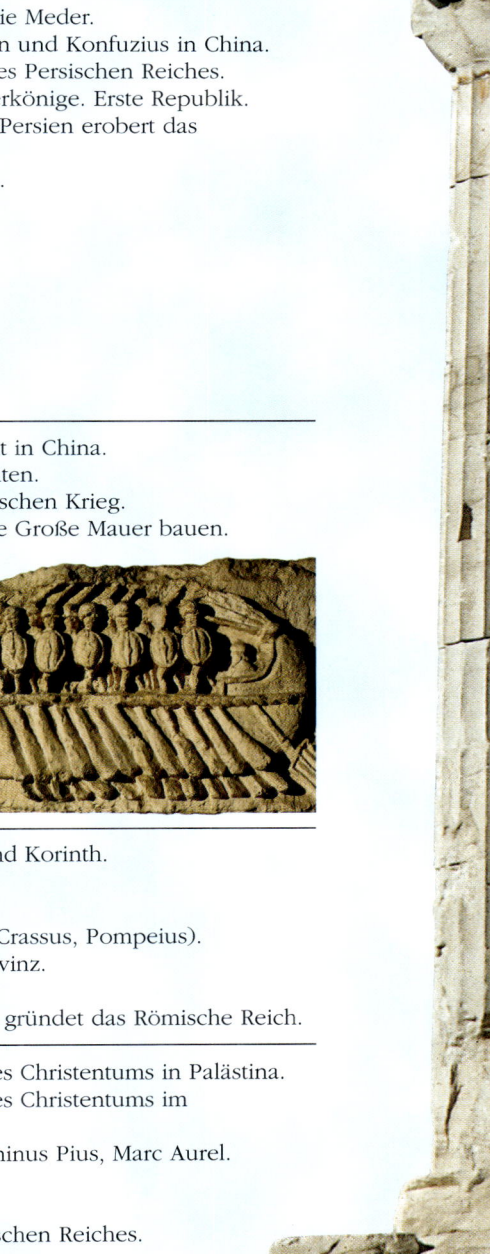

ARCHITEKTUR UND KUNST	ANDERE KULTUREN
– 2000-1700 Frühminoische und erste Palastepoche von Knossos auf Kreta. – 1700-1400 Zweite Palast- oder spätminoische Epoche von Knossos. – 1400 ca. Definitive Anlage der Felsenarchitektur von Mykene und Tyrins. – 625 ca. Bau des Hera-Tempels in Olympia. 	– 1200 Beginn der Expansion der Assyrer. – 11.-8. Jh. Die Phönizier auf dem Gipfel der Macht. – 9. Jh. Beginn der etruskischen Kultur in Italien. – 1027 Invasion der Zhou in China. – 771 Beginn des Feudalismus in China. – 753 Gründung Roms (nach der Überlieferung). – 750 ca.-650 ca. Maximale Ausdehnung des Assyrerreichs. – 7./6. Jh. Etruskische Kultur in Italien. – 612 Die Babylonier erobern Ninive. – 609 Teilung Assyriens zwischen Babyloniern und Medern.
– 500-400 Erster Bau des griechischen Theaters in Syrakus. – 450 ca. Der Bildhauer Phidias errichtet die kolossale, mit Gold und Elfenbein verkleidete Zeus-Statue von Olympia. Sie gilt als eines der Sieben Weltwunder. – 450 ca. Bau des Neptun-Tempels in Paestum. – 447-432 Bau des Parthenon auf der Akropolis von Athen. – 430 ca. Poliklet modelliert die Statue des *Diadumenos* (eines sich mit dem Kranz des Siegers bekrönenden olympischen Athleten). – 425 ca. Bau des Tempels von Segesta. – 400/300 Bau des Theaters von Epidauros.	– 550 Die Perser unterwerfen die Meder. – 550 ca. Buddha lehrt in Indien und Konfuzius in China. – 522 Maximale Ausdehnung des Persischen Reiches. – 509 Rom vertreibt die Etruskerkönige. Erste Republik. – Ende 6./Anfang 5. Jh. v. Chr. Persien erobert das Indus-Tal. – 451 Zwölftafelgesetze in Rom.
– 310 ca.-290 ca. Bau des Museums und der Bibliothek von Alexandria in Ägypten. 	– 359 Die Qin-Dynastie herrscht in China. – 343-305 Rom gegen die Samniten. – 241 Rom siegt im Ersten Punischen Krieg. – 221 Die Qin-Dynastie lässt die Große Mauer bauen. – 206 Die Han-Dynastie erlangt die Macht. – 202 Rom siegt im Zweiten Punischen Krieg. 
– 180 ca. Bau des Theaters von Pergamon (Kleinasien). 	– 146 Rom zerstört Karthago und Korinth. – 91-88 Bürgerkrieg in Rom – 82 Diktatur des Silla in Rom. – 60 Erstes Triumvirat (Caesar, Crassus, Pompeius). – 49 Gallien wird römische Provinz. – 44 Ermordung Caesars. – 27 Caesar Oktavian Augustus gründet das Römische Reich.
– 130 ca. Hadrian lässt das Olympieion zu Ehren des Zeus auf der Athener Akropolis errichten. – 250 ca. Relief mit einer Darstellung des Sonnengottes auf einer geflügelten Quadriga (Troja). – 530 ca. Justinian lässt die Kirche Hagia Sophia in Konstantinopel erbauen.	– 1. Hälfte 1. Jh. Verbreitung des Christentums in Palästina. – 2. Hälfte 1. Jh. Verbreitung des Christentums im Römischen Reich. – 98-180 Trajan, Hadrian, Antoninus Pius, Marc Aurel. – 212 Edikt des Caracalla. – 313 Edikt von Mailand. – 476 Untergang des Weströmischen Reiches.

Die Quellen

Archäologische Funde künstlerischer und architektonischer Natur, aber auch Alltagsgegenstände und schriftliche Überlieferung sind die wichtigsten Quellen zur Rekonstruktion einer Kultur.

Um die Geschichte einer Kultur wie jener Griechenlands zu rekonstruieren, muss der Wissenschafter zahlreiche unterschiedliche Belege in Betracht ziehen, die ihm als Quellen dienen. Grundsätzlich gibt es davon zwei Arten: Da wären zum einen Fundstücke der Archäologie in Form von Überresten von Architektur, Technik, Kunst und Alltagsgegenständen einerseits, zum anderen die schriftliche Dokumentation wie Inschriften und Texte aller Art sowie ganze literarische Werke. Im Falle Griechenlands hat der Historiker besonderes Glück. Er verfügt nicht nur über zahlreiche teilweise erhaltene Bauwerke und Kunstgegenstände, wie etwa Vasen (auf denen nicht nur Szenen der Mythologie, sondern auch aus dem Alltagsleben festgehalten wurden), Lampen, Waffen, chirurgische Instrumente und noch vieles andere mehr, sondern steht auch noch jener Kultur gegenüber, die der abendländischen Nachwelt das Konzept der schriftlichen Chronik, ja sogar das der Literatur im weitesten Sinne hinterlassen hat.

Literatur und Philosophie

In Griechenland entstehen mit Homer die heroische Dichtung, aber auch die Liebeslyrik, das Theater und die Rhetorik – oder vielmehr die Kunst der Überzeugung (Anklage- und Verteidigungsreden sowie politische Ansprachen). Es handelt sich bei Letzteren um äußerst wichtige Dokumente zur Rekonstruktion des griechischen Rechtswesens. In Griechenland entsteht aber auch die Philosophie, die »Liebe zur Weisheit«, deren oberstes Ziel das Studium der Natur ist. Die ersten philosophischen Traktate heißen nicht ohne Grund *Perì physeos*, »Rund um die Natur«. Es geht um das Prinzip der Welt und die Beziehung der Menschen zu diesem Prinzip, das als göttlich angesehen wird. Die Philosophie beschäftigt sich auch mit den Instrumenten zur Erkenntnis der Realität und legt Verhaltensnormen für den Menschen innerhalb der Gesellschaft fest, der er angehört. Somit gehören auch Gnoseologie und Ethik zu ihr. In dieser Hinsicht dienen uns Platon (5./4. Jh. v. Chr.) und Aristoteles (4. Jh. v. Chr.), um hier nur die beiden größten Vertreter der Philosophie der Antike zu nennen, als schier unerschöpfliche Quelle der Information über die Menschen im alten Griechenland, ihr Gedankengut, ihre Gesellschaft, ihre Konzepte, ihre Werte und Vorurteile.

Begründer der griechischen Archäologie
Der deutsche Archäologe Heinrich Schliemann (1822–1890) war Autodidakt und hat die Stadt Troja aufgrund seiner Nachforschungen in den Texten Homers identifizieren können. Seinem außerordentlichen Forschergeist verdanken wir auch die Entdeckung der Kultur von Mykene.

Die Skizzen von Arthur Evans
Die ersten systematischen archäologischen Ausgrabungen auf Kreta gehen auf den Engländer Arthur Evans (1851–1941) zurück, der mit der Entdeckung des Palastes von Knossos Weltruhm erlangte. Sein Hauptwerk, The Palace of Minos, *enthält zahlreiche Zeichnungen wie die hier gezeigten mit einer Reihe von Ansichten verschiedener Keramiken mit Mustern und Details.*

Geschichtsschreibung und wissenschaftliche Traktate

Die griechische Literatur hat zwei Gattungen entwickelt, die für die Forschungsarbeit äußerst wertvoll sind, das sind Geschichtsschreibung und wissenschaftliche Traktate. Herodot erzählt in den *Historien* von den Beziehungen der Griechen zu anderen Völkern (und liefert damit höchst interessante ethnographische Vergleichsdaten) sowie von den Kriegen gegen die Perser; Thukydides berichtet von Aufstieg und Fall der Vormacht Athens im Laufe des Peloponnesischen Krieges. Was die wissenschaftlichen Abhandlungen betrifft, haben uns vor allem Hippokrates (5./4. Jh. v. Chr.) und Galenos (2. Jh. n. Chr.) ein umfangreiches Vermächtnis über Gesundheit und Krankheit des Menschen hinterlassen, während Euklid (4./3. Jh. v. Chr.), Eratosthenes (3./2. Jh. v. Chr.) und Ptolemäus (2. Jh. n. Chr.) insbesondere für ihre der Geometrie, der Geografie und der Astronomie gewidmeten Werke bekannt sind.
Es ist somit ein umfangreicher Schatz, aus dem Historiker heute schöpfen können, um der aktuellen Welt ein lebendiges, authentisches und vollständiges Bild der griechischen Kultur vor Augen zu führen.

Der Schatz des Priamos
In Troja entdeckte Schliemann den so genannten »Schatz des Priamos« (links auf einer zeitgenössischen Zeichnung), der aber in Wirklichkeit aus einer unter der Stadt Homers begraben liegenden Schicht stammte.

GEGEN DAS VERGESSEN

In der Vorrede zu seinen *Historien* erklärt uns Herodot die Gründe, aus denen er ein so monumentales Werk verfasst hatte: »Herodot, aus Halikarnassos, gibt hier Bericht von allem, was er erkundet hat, damit der Menschen Taten nicht in Vergessenheit geraten und auch die großen und wunderbaren Werke nicht, *die von den Hellenen und Barbaren* [unter Barbaren versteht Herodot hier besonders die Perser, aber auch alle Völker, die von ihnen unterworfen wurden, von Indien bis Ägypten] *vollbracht wurden. Vor allem aber soll man erfahren, um welcher Ursache willen sie gegeneinander in Krieg geraten sind;* [zentrales Thema der *Historien* von Herodot sind die Perserkriege]. Herodot, *Historien*, Buch I.

Gesetze auf Stein
Die Gesetze von Gortyn (5. Jh. v. Chr.), erhalten in Form einer der längsten und am besten erhaltenen Inschriften der archaischen Periode, stellten zu einer Zeit, als in Griechenland der Stadtstaat entstand, ein äußerst wichtiges juridisches Dokument dar.
Rechts: Detail aus der nach ihrem Fundort, der antiken kretischen Stadt Gortyn, benannten Inschrift.

DIE KULTUR KRETAS

Die Kreter waren ein reiches, friedliebendes Volk, ihre Paläste waren frei von Verteidigungsanlagen, ihren Wohlstand verdankten sie allein der Seefahrt und dem Handel mit den anderen Völkern des östlichen Mittelmeerraums.

Kreta ist ein Land im dunkelwogenden Meere, fruchtbar, anmutsvoll und ringsumschlossen; es wohnen dort unzählige Menschen, und ihrer Städte sind neunzig: Völker von mancherlei Stamm und Sprache. Es wohnen dort Achaier, Kydonen und eingeborene Kreter, Dorer, welche sich dreifach verteilet, und edle Pelasger. Ihrer Könige Stadt ist Knossos, dort wo Minos geherrscht hat, der neunjährig mit Zeus, dem großen Gotte, geredet. (Homer, *Odyssee*, 19. Gesang, 172–179)

Es ist Homer, der den großen Abenteurer Odysseus so von der Schönheit und dem Reichtum dieser Insel schwärmen lässt, wenn auch nach der Besiedelung durch Achaier oder Mykener und andere Völker von der hellenischen Halbinsel wie Dorer und Pelasger (mit eingeborenen Kretern meint er die Urbevölkerung Kretas vom Ostteil der Insel, mit Kydonen die Einwohner der gleichnamigen Stadt). Ihre höchste Blüte erreichte die Kultur jedoch schon um 2000 v. Chr., in der Hochbronzezeit.

Die Königin des Handels

Im Vergleich mit den zeitgenössischen Kulturen in Ägypten und Mesopotamien weist jene auf Kreta einen grundlegenden Unterschied auf: Der Wohlstand stammte dort nicht aus dem Ackerbau. Es wurden zwar Wein und Oliven angebaut, ihren Reichtum verdankten die Kreter jedoch dem Handel. Die große Insel im Süden des Ägäischen Meers liegt auf halbem Weg zwischen Griechenland und der Türkei, nicht weit von Zypern, dem Nildelta und der syrischen Küste entfernt. Dank des Waldreichtums auf den Hügeln und Bergen besaßen die Kreter immer genügend Holz für den Bau von Schiffen, unterhielten eine starke Flotte und flochten ein weit verzweigtes Handelsnetz. Exportgüter waren Olivenöl, Wein,

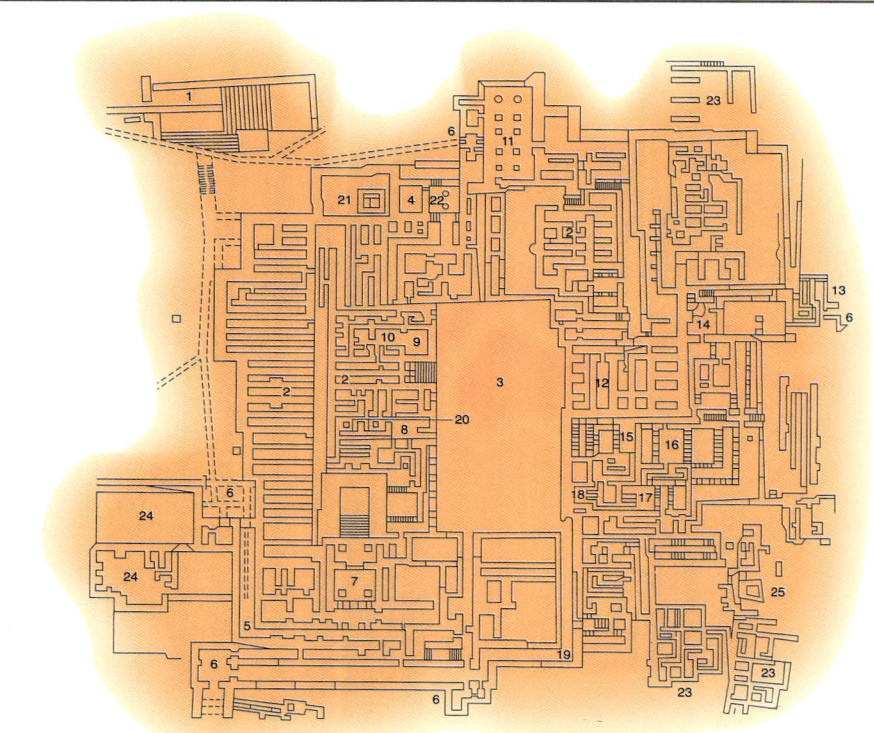

GRUNDRISS DES PALASTS VON KNOSSOS

1. Theatergebiet mit Treppen
2. Lagerräume
3. Mittelhof
4. Vorhalle
5. Prozessionskorridor
6. Eingangshallen
7. Südliche Propyläen
8. Raum des großen Pithos
9. Vorhalle
10. Thronsaal
11. Nördliche Säulenhalle
12. Magazine der großen *phitoi*
13. Bastei
14. Hof des Steinrohres
15. Säulenhalle
16. Halle der Doppeläxte
17. *Megaron* der Königin
18. Toiletten der Königin
19. Treppenaufgang
20. Pfeilerkrypta
21. Waschräume
22. Portikus
23. Häuser aus der Palastperiode
24. Bereich mit Ruinen von Außenhäusern
25. Vor dem Palast liegende Gebäude

GESCHICHTE

Wachposten
Links: *Die Bastei überschaut den nördlichen Eingang des Palastes von Knossos nach Restaurierung und Wiederaufbau durch den englischen Archäologen Arthur Evans.*

Keramik und Wolle; Metalle und Werkzeug für das Handwerk auf der Insel wurden aus dem Nahen Osten eingeführt. 1700 v. Chr. war Knossos der wahrscheinlich wichtigste Ballungsraum auf der Insel und die bevölkerungsreichste Stadt des gesamten Mittelmeerraums. Eine Reihe von Erdbeben um das Jahr 1500 v. Chr. entlang der Küste der Insel Santorin leitete wahrscheinlich den Niedergang ein. Nach der Eroberung durch die Mykener um 1400 v. Chr. verlor Kreta für immer seine Unabhängigkeit.

Im Meer von Kreta
Unten: *Detail des großen Freskenschmucks mit Delphinen aus dem Megaron (»Saal«) der Königin von Knossos. Charakteristisch für die minoische Malerei sind die lebhaften Farben und die Motive, die meist der vielfältigen lokalen Flora und Fauna entstammen.*

Kult um die Muttergöttin

Heute wissen wir dank reicher archäologischer Funde viel über die Kultur auf der großen Mittelmeerinsel. Kreta war, wie die Überreste der Paläste von Knossos und Phaistos deutlich bezeugen, eine so genannte »Palastkultur«, wobei die großen Bauten nicht nur Residenz der Herrscher oder religiöse Kultorte waren, sondern wichtige wirtschaftliche Zentren für die lebensfrohen, schöpferischen Menschen auf der Insel.

Die Paläste Kretas beherbergten in ihrem Inneren Lagerhallen, Werkstätten für die Handwerker und Warenarchive. Die Kreter benutzten eine Schrift, die uns heute noch weit gehend unbekannt ist. Ein zentrales Merkmal ihrer Religion ist die Verehrung einer Mutterfigur als Göttin, die über das Reich der Pflanzen und Tiere herrscht. Sie spiegelt sich in der griechischen Aphrodite ebenso wider wie in der römischen Venus (man denke nur an die Poesie eines Lucretius). Die Erde, alle über und unter dem Ozean liegenden Landmassen waren ihr unterworfen, und ihre Heiligtümer befanden sich in Höhlen, auf Hochebenen und Berggipfeln. Darstellungen zeigen diese Figur immer mit einer außerordentlichen Macht über die Natur ausgestattet. Später entsteht in der griechischen Kultur daraus eine Göttin, mit der eine ihr unterworfene männliche Figur (der *paredros*, wörtlich: »der ihr Beisitzende«) assoziiert wird. Viele Experten betrachten dies als Beleg für in der minoischen Kultur noch deutlich vorhandene Reste eines matriarchalischen Erbfolgesystems, das zuvor im gesamten östlichen Mittelmeerraum geherrscht haben soll. Als weitere indirekte Hinweise darauf könnte man die friedliche Natur der Kreter, die weder Stadtmauern noch Festungen errichteten, sowie ihr reges Interesse für das Meer und fremde Völker deuten.

Die Katze und die Schlangen
Die Schlangengöttin, die im Palast von Knossos entdeckt wurde, trägt eine Katze auf dem Kopf und hält Schlangen in den Händen, was vermutlich ihre geheimnisvolle Macht über die Natur ausdrücken soll. Sie wird auf die Periode zwischen 1600 und 1500 v. Chr. datiert.

Mykene, Migration und dunkle Zeitalter

Die Mykener dominieren die Geschichte Griechenlands zwischen dem 17. und dem 13. Jh. v. Chr. Unter dem Druck der Seevölker verschwindet das kriegerische Volk gegen 1200 v. Chr. von der Bühne der Geschichte.

Um 1600 v. Chr. wird der Süden Griechenlands, der Peloponnes, von einem Nomadenstamm indoeuropäischen Ursprungs besetzt, den Achaiern oder Achäern. Besser bekannt ist dieses Volk unter dem Namen Mykener, den sie ihrem wichtigsten Ballungszentrum und ihrer bekanntesten Burg, Mykene, verdanken.

Ein Volk von Kriegern

Nachdem sie nunmehr auf dem Peloponnes sesshaft geworden waren, beschäftigten sich die Mykener mit Ackerbau, Viehzucht und Weidewirtschaft, gaben aber ihr Interesse an der Eroberung neuer Gebiete damit keineswegs auf. Von der kriegerischen Natur dieser Kultur zeugen mächtige Festungsmauern, die sie um ihre Städte anzulegen pflegten, reiche Waffenfunde, die die Archäologie ans Licht gebracht hat, vor allem aber der bekannte Feldzug, der um 1250 v. Chr. zur Eroberung Trojas führte. In der Zweiklassen-Gesellschaft der Mykener herrschte eine aristokratische Oberschicht, an deren Spitze als oberster Souverän der so genannte *wanax* stand, der später im

Erschrockene Göttin
In Mykene wurde dieses weibliche Götzenbild aus gebranntem Ton gefunden (rechts), *das mit mit den typischen Ornamenten zeremonieller Tracht geschmückt ist. Typisch ist auch der erschrockene Gesichtsausdruck.*

Von Löwen bewacht
Oben: *das große Eingangstor in die Burg von Mykene, das so genannte Löwentor, 14./13. Jh. v. Chr.*

Das Grabmal des Atreus
Das so genannte Schatzhaus des Atreus (rechts) *ist das größte der tholos-Grabmäler von Mykene: ein herrschaftliches Grab, das teilweise unter einem Hügel liegt und einen breiten Zugang mit mächtigen gemauerten Steinwänden aufweist.*

Griechischen zum *anax*, dem Herrscher wird. Im Epos von Homer entspricht dieser Rang dem Agamemnon. Die Oberschicht war in eine Klasse von Kriegern, die selbst kleine Herrscher und für die Verteidigung ihrer Untertanen zuständig waren, und eine Priesterklasse unterteilt.
Ihnen unterstellt war der *damos*, die Gemeinde oder das Volk, in Griechisch später *demos*. Dazu zählten die Bauern, Fischer und Handwerker. Sie lebten in organisierten Gemeinschaften in unmittelbarer Nähe des Palastes ihres jeweiligen Oberhauptes.
Die günstige Lage des Peloponnes, der sich in die Ägäis erstreckt, veranlasste auch die Mykener dazu, Schiffe zu bauen. Sie wurden zu erfahrenen Seeleuten und dehnten dank ihrer Flotte ihre Dominanz weit über das Mittelmeer aus. Sie eroberten Kreta und hinterließen im Palast von Knossos jene Tafeln mit Linearschrift B, die später dort entdeckt wurden. Sie gründeten zahlreiche Kolonien und führten einen großen Feldzug an die Küsten Kleinasiens, wo sie Troja eroberten. Der plötzliche Untergang um 1200 v. Chr. wurde von Angriffen der »Seevölker« oder, nach anderen Hypothesen, Erdbeben und Stürmen eingeleitet. Erst um das 11. Jh. v. Chr. siedeln neue indoeuropäische Völker in Griechenland, wie die Dorer am Peloponnes, die Ioner in Attika und an der Küste Kleinasien sowie die Äoler in Böotien.

DAS GEHEIMNIS VON LINEAR B

Es war Sir Arthur Evans, der 1900 im Palast von Knossos Tontafeln mit Inschriften in drei verschiedenen Schriften entdeckte, die zu drei verschiedenen Perioden gehörten. Die beiden ersteren sind noch weit gehend unbekannt, doch die dritte, die Silbenschrift Linear B, wurde vom Sprachwissenschaftler Michael Ventris 1956 entziffert. Sie enthielt eine hellenische Sprache, die von den Griechen zwischen 1400 und 1200 v. Chr., also vor Übernahme des phönizischen Alphabets, gesprochen wurde. Die griechische Geschichte wurde somit um jene Zeit bereichert, in der die Mykener – wenn auch nicht allzu lange – über Griechenland herrschten.

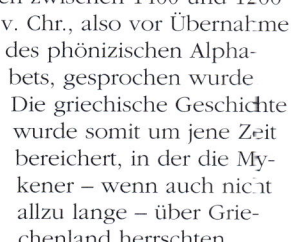

Die Archive von Knossos
Links: *Tontafel mit Inschrift in Linear B, die im Gegensatz zum Typ A nicht aus Symbolen, sondern aus Silben bestand.*

Die dunklen Jahrhunderte

Die langen Jahre zwischen dem Niedergang Mykenes um etwa 800 v. Chr. werden wegen der nur spärlich vorhandenen Fundstücke als »dunkle Jahrhunderte« bezeichnet. Die Verse Homers aus der *Ilias* und der *Odyssee* liefern uns jedoch indirekt eine Menge Information über das Leben und die Gesellschaft jener Epoche. Zwar wurden die beiden Epen erst um 750 v. Chr. niedergeschrieben, sie entstanden jedoch in eben jener Zeit als mündliche Überlieferung von Heldentaten aus noch älteren Zeiten. Aus der *Odyssee* erfahren wir zum Beispiel, dass die Griechen kurz nach dem Zusammenbruch der Kultur von Mykene in Dorfgemeinschaften lebten. An der Spitze dieser *oikoi* (die Wurzel dieses Wortes findet sich im lateinischen *vicus* wieder, das ebenfalls Dorf bedeutet) standen die *basileis*, Anführer und Oberhäupter der mächtigsten Familien. Als Kontrolle fungierte ein Ältestenrat, das Volk konnte in einer Versammlung Fragen von allgemeinem Interesse erörtern und die Arbeit der Anführer beurteilen. Ein lebhaftes Beispiel hierfür ist die Beschreibung des *oikos*, in dem Odysseus lebte.

Die Kriegervase
Ein anschauliches Beispiel für die kriegerische Natur der Mykener ist die bekannte Kriegervase, die Heinrich Schliemann in den Ruinen der Burg von Mykene gefunden hatte. Ihren Namen verdankt sie dem Zug aus Kriegern in identischer Rüstung und Bewaffnung, der in Form eines Figurenfrieses das Gefäß ziert. Ganz links sieht man Reste einer weiblichen Figur, die den wahrscheinlich auf dem Weg in eine Schlacht an ihr vorüberziehenden Männern grüßend zuwinkt.

Trojas Schicksal und Homers Epen

Im Spannungsbereich zwischen Geschichte und Legende: Den Trojanischen Krieg kennen wir hauptsächlich aus *Ilias* und *Odyssee*. Die Epen Homers bringen Licht in die dunklen Jahrhunderte der griechischen Geschichte.

Wie zuvor bereits erwähnt zogen die Mykener um 1250 v. Chr. in einen Feldzug, den nach Homers Schilderung der legendäre König Agamemnon anführte. Es ging gegen Troja, eine Stadt, die um 3000 v. Chr. in Kleinasien entstanden war und um 1800 v. Chr. besondere Bedeutung erlangte. Der Eroberungszug entlang der türkischen Küste kam nicht nur der kriegerischen Natur der Mykener entgegen, sondern löste auch das Problem der Überbevölkerung in den Stammländern und linderte den Druck nachdrängender Völker aus dem Norden. Neue Gebiete waren nicht nur für den Ackerbau wichtig, sondern auch für die angestrebte Kontrolle des Handels in jenem Bereich des Mittelmeers. Doch aller plausiblen Begründungen zum Trotz konnte man sich doch nicht auf die Dichtung als einzige historische Dokumentation verlassen. Der Archäologie gelang es, die Erzählungen mit Belegen zu untermauern. Troja wurde mehrmals zerstört und wieder aufgebaut und weist heute mehrere Schichten auf. Die Schicht VII A zeigt Spuren eines Großbrandes, der Ende des 13. Jh. v. Chr. stattgefunden hat. Nicht zu Unrecht deutete der Archäologe C.W. Blegen dies als Hinweis auf Brandschatzung und Plünderung durch die Mykener.

Ein Schatz an Informationen

Die Epen Homers sind Resultat der Sammlung, Zusammenfügung und Niederschrift mündlich überlieferter Erzählungen im Laufe des 8. Jh. v. Chr., in welchen aus einer Zeit von 500 Jahren die Rede war. Diese Geschichten lebten nur im Gedächtnis der Menschen und wurden von Generation zu Generation weitergegeben (während der so genannten dunklen Zeitalter gab es in

Das Trojanische Pferd
Auf dem Hals dieser großen Vase aus Mykonos (1. Hälfte 7. Jh. v. Chr.) zeigt eine der als Relief dargestellten Szenen das große Pferd voll bewaffneter Krieger aus der Legende, mit dem es den Achaiern schließlich gelang, Troja zu erobern.

Ruf zu den Waffen
Links: Radierung aus dem 19. Jh. nach einem griechischen Original, in der der Aufbruch König Agamemnons nach Troja dargestellt ist.

Das östliche Stadttor
Links: das östliche Stadttor von Troja VI, datiert auf einen Zeitraum zwischen 1800 und 1300 v. Chr.

Griechenland keine Schrift). So liefert uns die Dichtung Homers umso wertvollere Informationen, nicht nur über Troja oder Odysseus' abenteuerliche Heimkehr, sondern auch über das Leben und die Gesellschaft in den »dunklen Jahrhunderten« sowie in der Zeit, in der diese Erzählungen niedergeschrieben wurden. In der *Ilias* finden wir zahlreiche Hinweise auf das Leben in den griechischen Kolonien Kleinasiens, die von den Ionern ab dem 8. Jh. v. Chr. gegründet wurden. Die *Odyssee* wiederum erzählt uns einiges über die ersten großen Fahrten der Händler, Entdecker und griechischen Siedler in die noch unbekannten Wasser des zentralen und westlichen Mittelmeerraums. Doch dieses Thema behandeln wir am besten zusammen mit der Entstehung und Verbreitung des griechischen Stadtstaates, der *polis*.

An einem Strang
Dieses Vasenfragment stammt aus Magna Graecia (630 v. Chr.) und zeigt Männer, die gemeinsam an einem dicken Seil ziehen: Schleppen sie vielleicht das Trojanische Pferd?

TÖDLICHES DUELL

In einer der zahlreichen Kampfszenen der *Ilias* wird der Krieger Iphidamas, der aus Thrakien zur Verteidigung Trojas herbeieilte, von Agamemnon im Zweikampf getötet.

Erst Antenors Sohn Iphidamas, groß und gewaltig, aufgenährt in Thraka, der schollingen Mutter der Schafe. Kisseus der Ahn erzog ihn in seinem Palaste, welcher Theano gezeugt, Iphidamas' rosige Mutter. Aber nachdem er das Ziel der rühmlichen Jugend erreichet, jetzo behielt ihn der Ahn und gab ihm die blühende Tochter. Neuvermählt dann folgt er dem großen Ruf der Achaier aus dem Gemach, mit zwölf schönprangenden Schiffen des Meeres; ließ in Perkope zurück die schwebenden Schiffe, zu Fuß erreicht' er Ilios' Mauern. Dieser begegnete jetzt des Atreus' Sohn Agamemnon. Als nun sich genaht die Eilenden gegeneinander, jetzo verfehlt Agamemnon, seitwärts flog ihm die Lanze. Aber Iphidamas stieß auf den Gurt ihm, unter dem Panzer; kraftvoll, drängte dann nach, der nervichten Rechte vertrauend. Dennoch nicht durchbohrt' er den schöngetriebenen Gürtel; sondern vom Silber gehemmt, verbog wie Blei sich die Spitze. Schleunig ergriff die Lanze der herrschende Held Agamemnon, zog sie heran, mit Gewalt, wie ein Berglöw', und aus der Hand ihm riss er sie; schwang in den Nacken das Schwert, und löst' ihm die Glieder. Also sank er daselbst, und schlief den ebernen Schlummer; mitleidswert, von der Gattin getrennt, für die Seinigen kämpfend; ihr, die jugendlich nicht ihm belohnt die großen Geschenke: Hundert Rinder schenkt' er zuerst, und gelobte dem Schwäher tausend Ziegen und Schaf aus seinen unzähligen Herden. Ihn entwaffnete jetzt des Atreus' Sohn Agamemnon, trug dann einher durch der Danaer Reihn die prangende Rüstung.
Homer, *Ilias*, 11. Gesang, 221–247.

Die *poleis*: Griechenland und Mittelmeerraum

Ab dem 8./7. Jh. v. Chr. war Griechenland von zahlreichen autonomen Stadtstaaten übersät, die *poleis* genannt wurden. Bald sollten sich diese über den gesamten Mittelmeerraum verbreiten.

Öffentliche Zeremonie
Detail des Parthenonfrieses mit der Darstellung eines Zuges junger Wasserträger. Sie nehmen an der feierlichen Prozession teil, die alle vier Jahre zu Ehren Athenes (der Minerva der Römer), der Schutzherrin der Stadt, abgehalten wurde.

Ab dem 8./7. Jh. v. Chr., in der Morgendämmerung nach den »dunklen Jahrhunderten«, bestand Griechenland aus zahlreichen kleinen, autonomen Staatsgefügen, den so genannten *poleis*. Das Phänomen der Stadtstaatenbildung wurde von der örtlichen Topographie begünstigt, da Täler und Ebenen, von Bergmassiven eingegrenzt, mehr oder weniger isoliert lagen. Aus diesem Grunde befanden sich viele *poleis* an der Küste, da der Seeweg für den Handel einfacher war. Jede Stadt hatte zwar ihre eigenen Gesetze, doch gemeinsame Religion und Sprache einten die Bevölkerung.

Die Struktur der *poleis*

Jede *polis* umfasste landwirtschaftliche Flächen und einen urbanen Kern. Am Rand lebten die Ackerbauern und Viehzüchter, in der Stadt die Handwerker, Händler, Kaufleute, Ärzte, Redner und Lehrer sowie die Aristokratie. Letztere hatte auch Zugang zur Hochstadt, zur Akropolis, wo man sich versammelte, um über Angelegenheiten der

Die *poleis* in Griechenland
Hier sehen wir die wichtigsten griechischen Stadtstaaten zu Beginn des 7. Jh. v. Chr.

Regierung zu beraten, der sie angehörten. Die Akropolis beherbergte auch Tempel für größere Feierlichkeiten zur Verehrung der Götter sowie, zumindest am Anfang, die wichtigsten Gerichte. Unterhalb der Akropolis befand sich die *agora*, der große Platz, auf dem sich das wirtschaftliche und gesellschaftliche Leben abspielte: Dort verkauften Viehzüchter und Bauern ihre Produkte, machten Händler ihre Geschäfte, boten Handwerker ihre Erzeugnisse feil und Dienstleister fanden ihre Kundschaft. Rund um die *agora* gab es weitere Tempel und Gerichte für alltäglichere Kulthandlungen oder Streitigkeiten. Auf der *agora* fand weiters die Volksversammlung statt, an der alle Bürger teilnehmen und über Angelegenheiten von öffentlichem Interesse abstimmen konnten. Die Bürger besaßen ein Wahlrecht, konnten politische Funktionen ausüben und Kriegsdienst leisten.

Das Bürgerrecht

Die *polis* vollzieht, vielleicht zum ersten Mal in der griechischen Welt, eine Unterscheidung zwischen Bürgern und Nichtbürgern. Zur ersten Kategorie gehören alle, die von diesem Ort stammen, Kinder von Bürgern sind und ein Stück Land besitzen. Fremde verfügen nicht über wichtige politische Rechte wie Wahlrecht in der Entscheidung über einen Feldzug oder das Recht, höhere

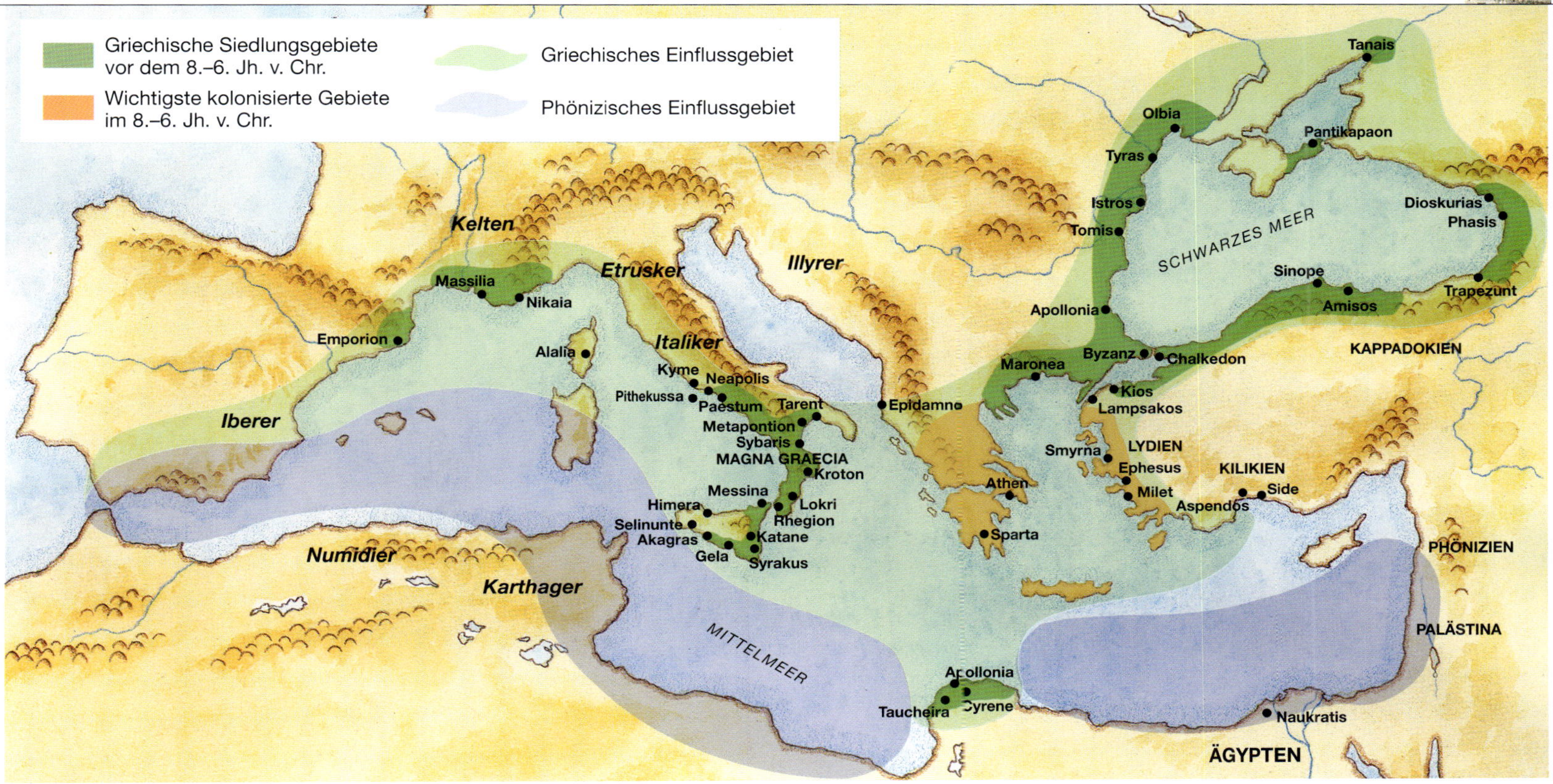

GESCHICHTE

Griechische Kolonien im Mittelmeerraum
Diese Karte zeigt die wichtigsten Kolonien, die im gesamten Mittelmeerraum von den Griechen gegründet wurden.

Ämter zu bekleiden. Frauen und Sklaven sind von jeglichem politischen Recht ausgeschlossen, Erstere, weil ihre einzige Aufgabe Erziehung und Pflege der Kinder ist, Zweitere, weil sie nicht frei sind. Somit waren auch diejenigen davon betroffen, die in Schuldknechtschaft geraten waren, weil sie nach einer Dürre oder einer Epidemie (Pest) ihre Schulden nicht mehr zahlen konnten.

Und natürlich fielen auch alle in diese Kategorie, die im Krieg oder bei der Unterwerfung eines weniger zivilisierten Volkes gefangen genommen wurden, und es entstand ein bedeutender Sklavenmarkt. Die Exklusivität für wenige oder die Ausweitung der Bürgerrechte auf viele können als Gradmesser für den Entwicklungsstand der Demokratie (wörtlich die »Macht des Volkes« und damit auch der niedrigen Bevölkerungsschichten) in der *polis* im Vergleich mit einer anderen angesehen werden: So verlieh etwa Sparta die Bürgerrechte nur an einige wenige angesehene Familien, während man in Athen bereits im 5. Jh. v. Chr. all jenen das Bürgerrecht zuerkannte, die ein Stück Land besaßen und mindestens einen Elternteil benennen konnten, der aus Athen stammte.

Eine polis in Italien
Mit seinen herrlichen dorischen Säulen ist der Tempel der palatinischen Kolonnaden (ca. 500 v. Chr.), der wahrscheinlich der Göttin Hera gewidmet war, das am besten erhaltene Monument der Mitte des 8. Jh. v. Chr., gegründet als griechische Kolonie Metapontion in der heutigen Basilikata.

Zu neuen Ufern

Das Phänomen der *polis* ergriff bald den gesamten Mittelmeerraum: Überbevölkerung und gesellschaftliche und wirtschaftliche Probleme drängten die Regierungen der Metropolen (wörtlich: »Mutterstädte«) zur Gründung neuer Siedlungen in anderen Gebieten. Auf der Suche nach neuem Siedlungsraum erreichten die Griechen zwischen dem 8. und dem 6. Jh. v. Chr. Kleinasien, Süditalien und Sizilien, ja sogar Südfrankreich (Massilia) und Nordafrika (Kyrene), wo sie Städte gründeten, die ihren Metropolen ähnelten. Sie unterhielten mit Letzteren auch rege Handelsbeziehungen, außerdem besaßen Bürger der Mutterstadt auch das Bürgerrecht in der Kolonie.

DER AUFSTIEG ATHENS UND SPARTAS

Während Athen sich mit einer Reihe von Reformen auf ein demokratisches politisches System zubewegte, wurde Sparta von einer strengen militärischen Oligarchie beherrscht, die die Bevölkerung unterworfen hatte.

Eine der größten Errungenschaften der griechischen *polis* waren die schriftlich festgehaltenen Gesetze, die schon um das 7. Jh. v. Chr. auf unmissverständliche Weise die Regeln des Zusammenlebens der Bürger in der Stadt festhielten und so der Willkür der Mächtigen Grenzen setzten. Die Gesetze von Gortyn, einer kleinen Siedlung auf Kreta, haben wir bereits erwähnt. Athen jedoch beschritt einen Weg, der es im 5. Jh. v. Chr. zur größten demokratischen Stadt Griechenlands machen sollte.

Solon und Peisistratos

Über die großen Reformen werden wir uns genauer in einem Kapitel unterhalten, das den Protagonisten der griechischen Kultur gewidmet ist. Hier genügt es zu erwähnen, dass nach Spannungen zwischen *demos* und *aristoi* (»die Besseren«), weil die größten Landeigner auch die wichtigsten politischen Aufgaben innehatten, die Bürger zu Beginn des 6. Jh. v. Chr. dem Aristokraten Solon die Aufgabe anvertrauten, die Gesellschaft Athens neu zu ordnen.
594 v. Chr. hob Solon die Schulden der ärmsten Bevölkerungsschichten auf und schaffte auch die Schuldknechtschaft ab. Dann teilte er die Bevölkerung nach Einkommen in Klassen ein. Die Rechte und Pflichten eines Bürgers wurden an sein Vermögen angepasst. Doch dies war nur der erste Schritt. Weitere, auf soziale Gerechtigkeit abzielende Fortschritte erzielte Peisistratos, ein Aristokrat, der 546 v. Chr. an die Macht kam. Er teilte den Bauern einen Teil des Landes der Aristokraten zu und gründete einen Fonds, der Kredite vergab und so die Wirtschaft kräftig ankurbelte. Der letzte Schritt in Richtung Ausweitung der Bürgerrechte erfolgte unter Kleisthenes (Ende 6. Jh. v. Chr.), der als Vater der demokratischen Verfassung Athens gilt. Nun war jeder, der in der Stadt Athen geboren war, ein Athener Bürger, auch wenn er keinerlei Besitz sein Eigen nannte. Die Bevölkerung von Attika wurde in zehn Stämme eingeteilt. Jeder von diesen loste 50 Personen aus, die sodann in die *bule*, das Regierungsorgan der Stadt, entsandt wurden. Die dort getroffenen Entscheidungen mussten jedoch noch von der *ekklesia*, der Versammlung der gesamten Athener Bevölkerung, gebilligt werden.

Kleine Götter
Diese Götzenbilder stammen aus dem Tempel der Artemis Orthia in Sparta (7. Jh. v. Chr.).

DER STOLZ DER ATHENER

Mit diesen Worten lobt Perikles in einem entscheidenden Moment des Peloponnesischen Krieges die demokratische Verfassung Athens: »Die Verfassung, die wir haben, richtet sich nach keinerlei fremden Gesetzen; viel eher sind wir für andere ein Vorbild als von ihnen abhängig. Mit Namen heißt sie Volksherrschaft, weil der Staat nicht auf wenige Bürger, sondern auf eine größere Zahl gestellt ist. Es haben aber nach dem Gesetz in allem, was den einzelnen Bürger angeht, alle gleichen Teil, und der Geltung nach hat in öffentlichen Angelegenheiten derjenige den Vorzug, der sich durch irgendeine Leistung Ansehen erworben hat, d. h. nicht nach irgendeiner Zugehörigkeit, sondern nach seinem Verdienst. Und niemand wird, wenn er für die Stadt etwas leisten könnte, daran nur aus Armut, nur durch die Unscheinbarkeit seines Namens gehindert.« Thukydides, II, 37.1; dt. nach d. Übers. v. C. Moreschini

Meister der Weisheit
Solon, der in dieser Illustration aus einem türkischen Manuskript im Gewand des Lehrmeisters dargestellt ist, war berühmt für seine außerordentliche Weisheit. Nicht ohne Grund wurde er zu den Sieben Weisen gezählt.

Trotz dieser bedeutenden Schritte in Richtung Demokratie darf man nicht vergessen, dass Athen, wie jede andere griechische *polis* jener Zeit, einen wachsenden und florierenden Sklavenmarkt besaß. Diese Leibeigenen erfüllten alle Aufgaben, die die Bürger der Stadt verweigerten. Gewalt und Ungerechtigkeit übertrugen sich nach und nach auf die Stadtstaaten, die zu wahren Erfüllungsgehilfen der Unterwerfungspolitik gegenüber anderen Völkern wurden.

Spartiaten, Heloten, Perioiken

In Sparta konzentrierte sich die Macht ab dem 8. Jh. v. Chr. in den Händen weniger Familien, der Spartiaten, die die übrigen Einwohner der Region, die Heloten, unterworfen und versklavt hatten. Letztere waren dazu verpflichtet, das Land zu bestellen und jeglichen Dienst zu verrichten, der ihnen von ihren Herren aufgetragen wurde. Jene wiederum widmeten sich einzig dem Aufbau und der Pflege des Heeres.

Überreste der Antike
Sparta lag in einer fruchtbaren Ebene, die sich im Süden zum Meer hin öffnete. Die antike Stadt lag um die Akropolis (unten) angeordnet und enthielt verschiedene öffentliche Gebäude, darunter ein Theater (oben).

Etwas besser meinte es das Schicksal mit den Perioiken, die die kleinen Siedlungen im Umkreis der Stadt bewohnten. Sie erfreuten sich einer gewissen Autonomie, doch auch sie waren dazu verpflichtet, im Falle der Notwendigkeit Produkte, Waffen und auch Männer zu liefern. Die in sich geschlossene, konservative Oligarchie von Sparta befand sich bald in einer schwierigen und gefährlichen Lage: 3000–4000 Spartiaten mussten die Kontrolle über rund 250.000 Heloten und Perioiken ausüben.

Die Streitkräfte, die fragile Herrschaftsstruktur und nicht zuletzt die Furcht, eines Tages von der wachsenden Macht Athens unterworfen zu werden, bewog Sparta gegen Ende des 6. Jh. v. Chr. dazu, sich an die Spitze des von den Perserkönigen unterstützten Peloponnesischen Bundes zu stellen, zu der Städte wie Tegea, Mantinea, Theben und Korinth in Böotien gehörten.

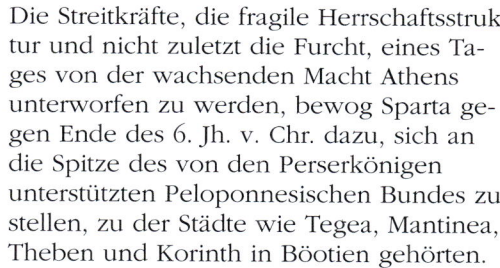

Heroischer Krieger
Diese Kriegerbüste aus Marmor wurde auf der Akropolis von Sparta gefunden und geht auf etwa 490 v. Chr. zurück. Wegen der Intensität des Ausdrucks wird sie häufig mit dem heldenhaften König Leonidas assoziiert.

GRIECHEN GEGEN PERSER

Das Perserreich stellte für die Griechen eine so ernsthafte Bedrohung dar, dass sich Athen und Sparta gezwungen sahen, ein Bündnis gegen den gemeinsamen Feind zu schließen. Der Antrieb, die Freiheit zu behalten, führte zum Sieg.

Während Sparta und Athen sich zu den beiden führenden Städten der antiken hellenischen Welt aufschwangen und über wechselseitige Bündnisse ihre Verfassungen stärkten, hatte im Orient Mitte des 6. Jh. v. Chr. ein Volk von Eroberern innerhalb von rund 50 Jahren ein Reich aufgebaut, das noch stabiler und größer war als das der Assyrer. Am Ende des Jahrhunderts erstreckte sich das von den Persern unterworfene Gebiet bereits von Ägypten bis zum Tal des Indus. Dazu zählten Regionen wie Mesopotamien, Kleinasien und auch die griechischen Siedlungsgebiete an der türkischen Küste.

Die Perserkriege
Die Übersichtskarte zeigt den Verlauf der beiden Feldzüge der Perser gegen Griechenland und die Schauplätze der wichtigsten Schlachten.

Die persische Bedrohung

Die Perserkönige, besonders Darius, hatten ein spezielles Rezept, wie sie die vielen unterschiedlichen Völker in ihrem Hoheitsgebiet unter Kontrolle hielten: Sie ließen den unterworfenen Territorien ein gewisses Maß an Autonomie und Freiheit. Die Privilegien der lokalen Aristokratie blieben unangetastet, Traditionen und Religion jedes Volkes wurden respektiert. Doch es gab auch Bedingungen, die die Untertanen zu erfüllen hatten: Anerkennung der Autorität des »Königs der Könige«, der zur Stärkung seines Anspruchs auf eine Verbindung zu den Göttern pochte, sowie die periodische Abgabe von Steuern und die Bereitstellung von Soldaten im Kriegsfall. Das Persische Reich war in 20 Satrapien unterteilt, die von den Satrapen geführt wurden. Es verfügte über ein ausgezeichnetes Straßennetz mit in regelmäßigem Abstand eingerichteten Post- und Garnisonsstellen. Zur Kontrolle der Königstreue der reichen und mächtigen Satrapen wurden eigene Inspektoren (die »Augen und Ohren des Königs«) entsandt. Dank dieser straffen Organisation war das Persische Reich in der Lage, um 513 v. Chr. einen weiteren Feldzug gegen die Skythen zu unternehmen, ein nomadisierendes Volk nördlich des Schwarzen Meeres. Für Darius geriet der Feldzug zum Erfolg, für die Griechen aber, die die Perser Makedonien und Thrakien besetzen sahen, bedeutete er Gefahr. Ihre Befürchtungen sahen sie durch die herrschende Unzufriedenheit in den ehemaligen griechischen Kolonien Kleinasiens bestätigt, die gezwungen waren,

auch gegen ihren Willen Soldaten für den Skythenfeldzug bereitzustellen. Als sie sich 499 v. Chr. gegen die persische Herrschaft erhoben und dafür hart bestraft wurden, rüsteten Athen und Eretria (eine Stadt auf der Insel Euböa), die den Aufstand unterstützt hatten, zum Krieg. 490 v. Chr. griff Darius Eretria an und zog sodann gegen Attika, wo er mit 20.000 Mann landete. In der Ebene von Marathon trafen sie auf die Athener Hopliten (etwa 7000 Mann), und Darius erlitt eine vernichtende Niederlage. Die Schlagkraft der Hopliten und die Überzeugung, für die eigene Freiheit zu kämpfen, ließ sie den Sieg über ein zahlenmäßig weit überlegenes Heer davontragen, das aus Söldnern und Zwangsverpflichteten bestand, die für eine fremde Sache kämpften.

Ein Marathonläufer im Relief
Die Nachricht vom Sieg bei Marathon wurde von Phidipides, einem Soldaten, ins 42 km entfernte Athen gebracht. Er lief die ganze Strecke und brach am Ende vor Erschöpfung tot zusammen. Zum Gedenken an den legendären Lauf wird die längste olympische Laufdisziplin noch heute als Marathon bezeichnet.

Die Waffen der Perser
Die Reliefs in den Palästen der Perserkönige Darius und Xerxes in Persepolis liefern viele wertvolle Hinweise auf die Art der Waffen, die das persische Heer damals trug: rechts ein mit Bogen und Lanze bewaffneter Soldat der Garde.

SIEGEN ODER STERBEN

In diesem Dialog berichtet Herodot, wie Demaretos, ein Grieche in Xerxes' Diensten, dem von seiner Überlegenheit überzeugten Perserkönig erklärt, warum die Griechen siegen können, auch wenn sie weniger zahlreich sind:
«*Xerxes brach in schallendes Gelächter aus und rief: Demaretos, was erzählst du mir! Tausend Männer wollen sich gegen eine so starke Armee stellen? […] Tausend oder zehntausend oder fünfzigtausend Männer, alle gleichermaßen frei und keinem Anführer gehorchend, wie könnten sie gegen eine solche Übermacht bestehen? […] Ja, stünden sie unter einem Befehl wie nach unserem System, so könnten sie, aus Angst vor jenem, mutiger werden als sie es von Natur aus sind und von der Peitsche gezwungen gegen einen Feind marschieren, der an Zahl überlegen; freien Willens jedoch täten sie nichts dergleichen. […] Worauf Demaretos antwortete: [Die Griechen] mögen frei sein, doch gehorchen sie einem Herrn, dem Gesetz, das sie viel mehr fürchten als deine Männer dich; sie tun was immer es befiehlt. Und es befiehlt stets nur eines: im Kampfe auch Massen von Feinden nicht fliehen, sondern auf dem Posten zu kämpfen und zu siegen oder zu sterben.*»
Herodot, *Historiae*, VII, 103/04; dt. nach d. Übers. v. F. Bevilacqua

GESCHICHTE

Das Opfer des Leonidas
480 v. Chr. behauptete sich Leonidas am Thermopylenpass zwei Tage lang gegen eine eklatante persische Übermacht (4000 Griechen gegen 30.000 Perser). Als bekannt wurde, dass eine feindliche Kolonne den Pass umgehen wollte, schickte Leonidas die Verbündeten los und blieb mit 300 Kampfgefährten zurück, um den Übergang bis auf den letzten Blutstropfen zu verteidigen. Gemälde von Jacques-Louis David (1748–1825).

Die Thermopylen und Salamis

Doch die Athener ruhten sich nun nicht auf ihren Lorbeeren aus, sondern hörten auf Themistokles: Sie bauten eine Flotte aus leichten Schiffen, den Trieren, die in den engen Buchten der griechischen Küste leicht zu manövrieren waren, außerdem wurden sie mit einem tödlichen Rammsporn ausgestattet. Als Xerxes, der Sohn des Darius, 480 v. Chr. an der Spitze eines riesigen Heeres den Bosporus überquerte, wurde die Bedrohung so groß, dass sich auch Sparta zum Kampf entschloss. Die heldenhafte Selbstaufopferung des Leonidas und seiner 300 Spartaner Hopliten, die die Perser am Thermopylenpass aufhielten, gab den Athenern die Zeit, einen Teil der persischen Flotte bei der Insel Salamis zu zerstören. Eine weitere Niederlage, die die griechischen Eroberungspläne der Perser endgültig beendete, folgte im Jahr darauf bei Platäa in Böotien unter Pausanias.

Schlagkraft
Die schwere Infanterie, die aus den Hopliten (unten) bestand, war das Herzstück des griechischen Heeres während der Perserkriege. Die Soldaten wurden, zumindest in der Anfangszeit, aus voll berechtigten Bürgern ausgewählt. Für ihre Bewaffnung kamen sie selbst auf.

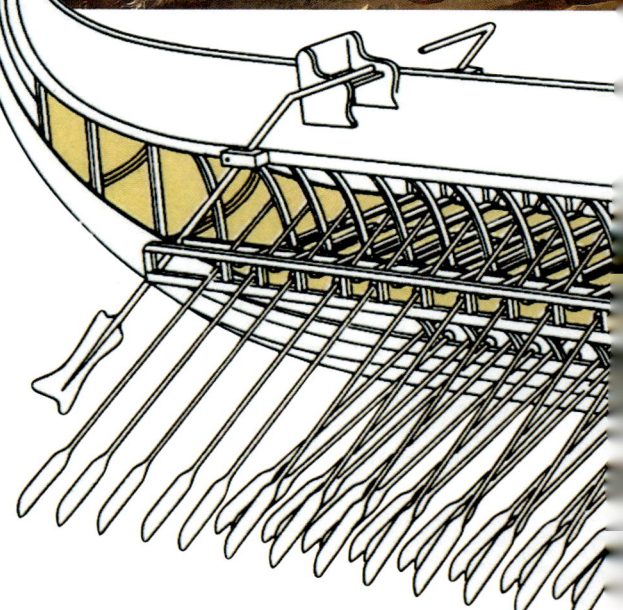

Das Heiligtum der Athener
Dieses Bauwerk wurde in Delphi zur Feier des Sieges gegen die Perser im 5. Jh. v. Chr. errichtet. Ursprünglich bedeckten Inschriften die Wände, und neben dem Tempel waren die im Kampf mit dem Feind eroberten Trophäen ausgestellt.

DIE ATTISCHE TRIERE

Das Lenormant-Relief aus dem späten 5. Jh. v. Chr. *(unten)* wird in Athen im Akropolis-Museum aufbewahrt und zeigt eine der vollständigsten Ansichten einer attischen Triere, die wohl die höchste Errungenschaft des Flottenbaus in der griechischen Antike darstellt. Wie man klarer in der Rekonstruktion *(unten)* sehen kann, waren die drei Reihen Ruder für eine bessere Antriebsleistung treppenförmig angeordnet. Im 5. Jh. bestand die Mannschaft aus 170 Ruderern, von denen auf jeder Seite je 31 auf den oberen Bänken und 27 auf jeder der unteren Bänke saßen. Außerdem trug jedes Schiff noch bis zu 40 Hopliten, rund 20 Unteroffiziere und fünf Offiziere an Bord. Die Zusammenarbeit zwischen der Besatzung musste streng geordnet verlaufen. Wenn man bedenkt, dass zu einer Trierenflotte 100 bis 150 Einheiten gehörten, kann man sich vorstellen, welche Anforderungen die Ausbildung einer Truppe von 20.000 bis 30.000 Mann erfordert, dabei sind kleinere Einheiten und Transportschiffe noch gar nicht mitgezählt.

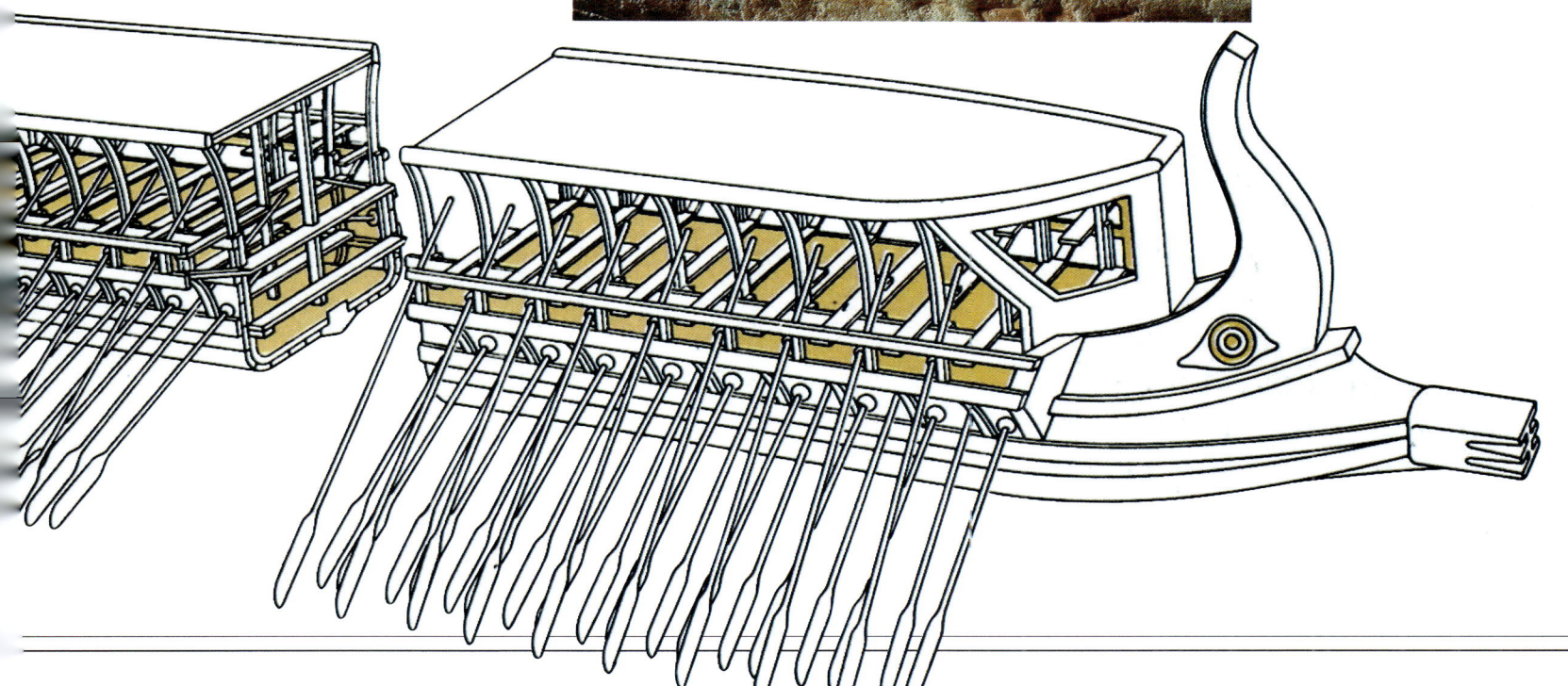

KRIEG UM DIE VORHERRSCHAFT: ATHEN GEGEN SPARTA

Es waren die wachsende Macht und die imperialistischen Ansprüche Athens, die den Peloponnesischen Krieg auslösten. Er endete mit dem Sieg Spartas zu Lande und zu Wasser.

In den 50 Jahren, die seit dem Sieg über die Perser bis zum Ausbruch des Peloponnesischen Krieges (431 v. Chr.) vergingen, befolgten die Athener den Rat ihres Archonten Themistokles. Sie bauten ihre Seemacht aus und befestigten nicht nur die Stadt, sondern auch die Verbindung zum Hafen von Piräus. Somit waren im Falle des Scheiterns der Feldzüge die Tribute der Bündnispartner über den Hafen gesichert.

Einflussbereiche Athens und Spartas
In der Übersichtskarte sind die poleis *und Gebiete des Delisch-Attischen Seebundes und des Peloponnesischen Bundes dargestellt.*

478 v. Chr. stellte sich Athen an die Spitze des Delisch-Attischen Seebundes, zu dem mehrere *poleis* gehörten. Ursprünglich war die Insel Delos Sitz der Bundesversammlung, auch die Bundeskasse wurde dort angelegt. Alle Mitglieder zahlten ihren Tribut für die gemeinsame Verteidigung ein. Doch spätestens 454 v. Chr., als die Bundeskasse nach Athen überführt wurde, lag klar auf der Hand, dass das Bündnis zu einem Instrument der Athener Hegemonie geworden war. Alle Städte im Bund hatten nun Beiträge zu leisten, säumige Zahler wurden hart bestraft und mit Athen nicht solidarische Regierungen nicht geduldet.

Kurze Vormachtstellung
Im 4. Jh. v. Chr. erlangte Theben dank der Politiker und Feldherren Pelopidas und Epameinondas die Vormacht über andere griechische Städte. Oben: Götterstatuetten aus dem antiken Theben.

GESCHICHTE

Die Reaktion Spartas

Es war für Sparta ein alarmierendes Zeichen, dass immer mehr der großen *poleis* unter den Einfluss von Athen fielen. Die Stadt hatte bereits 466 v. Chr. mit der Erneuerung des Peloponnesischen Bundes reagiert, zu dem alle Zentren gehörten, in welchen sich bereits oligarchische Regimes etabliert hatten. Doch dies konnte nicht verhindern, dass Athen immer mächtiger wurde. Wie bei Thukydides berichtet, war es die Angst vor der Übermacht Athens, die Sparta zur Kriegserklärung 431 v. Chr. bewog. Angesichts der Zerstörung, die die Feldzüge des Peloponnesischen Bundes anrichteten, zogen sich die Athener hinter ihre Stadtmauern zurück. Der Plan des Themistokles sicherte ihnen die Einkünfte über den Hafen Piräus. Perikles, vielleicht der größte griechische Staatsmann, regierte die Stadt und war der Ansicht, nun müsse man das Reich konsolidieren anstatt es auszudehnen. Eine schlimme Pestepidemie, die wahrscheinlich aufgrund der plötzlich viel zu hohen Bevölkerungsdichte ausbrach, dezimierte die Einwohner 430/29 v. Chr. um die Hälfte. Doch bald erholte sich Athen und trug zu Wasser immer wieder Siege gegen den zur See weniger starken Feind davon. Zu Lande musste es aber bittere Niederlagen hinnehmen, und es gab keinen wahren Sieger. Daher trat der Athener General Nikias für einen Frieden ein, der 421 v. Chr. geschlossen wurde.

> **GENESIS EINES KRIEGES**
>
> Zu Beginn seines Werks erklärt Thukydides (460–400 v. Chr.) die wahren Gründe für den Peloponnesischen Krieg. »Die Gründe aber, weshalb sie ihn beendeten, und die Zerwürfnisse habe ich zuerst vorausgeschickt, damit nicht etwa jemand zu fragen hätte, von woher die Griechen in einen so großen Krieg geraten seien. Der wahrhafteste Grund freilich, welcher zum Krieg trieb, so wenig er auch in den Worten hervortrat, war meines Erachtens die Größe Athens, welche den Lakedämoniern Furcht einflößte.« Thukydides, I. 23.5–6; dt. n. Übers. v. C. Moreschini.

Die Mauern von Athen
Rechts: *Auf dieser Vase im Rotfigurenstil (5. Jh. v. Chr.) ist ein Gigant beim Bau der Mauern der Akropolis unter Anleitung Athenes dargestellt.*

Die Niederlage der Athener

Anlass zur Wiederaufnahme der Feindseligkeiten gab Alkibiades, der entgegen dem Rat von Nikias und Perikles die Athener überzeugte, ihre Hand nach Sizilien auszustrecken, das damals von inneren Kämpfen geschwächt war. Alkibiades befand sich noch auf der »Sizilischen Expedition«, als er wegen Religionsfrevels verurteilt wurde. Wütend über die Intrige seiner politischen Gegner kehrte er nicht nach Athen zurück, sondern verriet die Pläne der Athener an den Feind. So erlitten seine Landsleute im Jahre 413 v. Chr. eine bittere Niederlage bei Syrakus und wurden auf dem Rückzug ins sizilianische Binnenland neuerlich geschlagen. Zehn Jahre später wurde ihre gesamte Flotte bei Aigospotamai (Dardanellen) vernichtet. Das auch zu Lande schwer belagerte Athen kapitulierte schließlich 404 v. Chr. und überließ die Vorherrschaft Sparta. Schon drei Jahrzehnte später verlor dieses sie jedoch an Theben, 371 v. Chr. in der Schlacht bei Leuktra. Aber auch Theben konnte die Macht in Griechenland nur ein Jahrzehnt halten, zu stark waren die Autonomiebestrebungen der Städte. Der Boden für den Auftritt von Makedonien war bereitet.

Ansicht von Delos
Bei Gründung des Delisch-Attischen Seebundes war die Insel zum Sitz der Bundesversammlung und der Bundeskasse bestimmt worden.

DER AUFSTIEG MAKEDONIENS UND DIE EROBERUNG DES PERSISCHEN REICHES

Dank des militärisch-politischen Genies Philipps II. und Alexanders des Großen gelang es dem kleinen Reich Makedonien, Griechenland zu unterwerfen und in der Folge das größte Imperium der Welt zu errichten.

Das kleine, von Darius im Zuge des Feldzuges gegen die Skythen unterworfene Reich Makedonien hatte im Anschluss an die Niederlage der Perser seine Unabhängigkeit wiedererlangt und sich im Laufe des Peloponnesischen Krieges mit Sparta verbündet. Es wurde von einer militärischen Aristokratie beherrscht, die Hauptstadt war Pella. Mit der Thronbesteigung Philipps II. 359 v. Chr. begann eine glorreiche Wende für das kleine Reich.

Griechenland für Makedonien

Das Erste, was der neue Herrscher in Angriff nahm, war eine Heeresreform. Mit den stärkeren Truppen sollte Thrakien erobert werden, wo im Berg Pangoias Gold- und Silberminen lockten und das zudem einen Zugang zum Meer bot. Entschlossen, das von heftigen inneren Spannungen zerrüttete Griechenland zu unterwerfen, wollte er sich mit dessen Kultur vertraut machen und bestimmte Aristoteles als Lehrer für seinen Sohn Alexander und andere Sprösslinge der Aristokratie. Dass er sich zunehmend in die griechische Politik einmischte, erweckte in Athen, Theben und anderen *poleis* bald Besorgnis. Ein antimakedonisches Bündnis wurde geschlossen, und ohne die verfügbaren Streitkräfte zu koordinieren bereitete man sich auf den Krieg vor. In der Schlacht von Cheironeia in Böotien brachten die gefürchteten makedonischen Phalangen der Allianz eine vernichtende Niederlage bei. Theben wurde dem Erdboden gleichgemacht. Griechenland hatte seine Unabhängigkeit verloren, doch Philipp zeigte sich als neuer Souverän großzügig und wollte Freiheit und Wohlstand für das Volk erhalten. Schließlich brauchte er es noch für den vielleicht ehrgeizigsten politischen Plan, der je entworfen wurde: die Eroberung Persiens und seiner sagenhaften Schätze. Beim Kongress von Korinth 337 v. Chr. wurde der Feldzug mit der Unterstützung

Philipps Grabmal
Dieser in Gold getriebene Figurenschmuck ziert ein 1977/78 entdecktes Grab, das Philipp II. zugeschrieben wird. Es zeigt Szenen, die mit der Eroberung Trojas in Zusammenhang stehen.

GESCHICHTE

Makedonischer Reiter
Diese Statuette eines makedonischen Reiters (4. Jh. v. Chr.) stammt aus Pella, der Geburtsstadt Alexanders und Hauptstadt Makedoniens.

zahlreicher griechischer Städte beschlossen. Als Philipps verstoßene Frau Olympia ihn jedoch ermorden ließ, lag das Schicksal des Reiches in den Händen seines erst 20-jährigen Sohnes Alexander.

Ein großer Feldherr

Trotz seines Jugendalters besaß Alexander bereits alle Attribute eines großen Feldherrn, hegte aber auch vielfältige kulturelle Interessen. Er trat an die Spitze seines makedonisch-griechischen Heeres und band auch Historiker, Geografen, Wissenschafter, Architekten und Ingenieure für verschiedene Aufgaben in diesen größten Feldzug der Geschichte ein. Dabei konnten sie die Gunst der Stunde nutzen: Das Persische Reich war geschwächt und innerlich durch die Aufstände in den Satrapien zerrissen. So konnten die Makedonier und Griechen in einer Zeitspanne von nur zehn Jahren das gesamte Gebiet von Ägypten bis zum Industal erobern. Nun war Alexander nicht mehr aufzuhalten: Er eroberte Kleinasien in den Schlachten am Fluss Granikos und bei Issos (334 und 333 v. Chr.). Ungehindert zog er nach Ägypten weiter, wo er die Stadt Alexandria gründete, sich zum Sohn des Zeus-Ammon erklären und zum Pharao krönen ließ. 331 v. Chr. errang er in der Schlacht bei Gaugamela in Mesopotamien einen letzten Sieg über Darius III. Nun war der Weg für ihn frei nach Susa, Babylon und Persepolis, wo er sich nach persischer Tradition zum »König der Könige« ausrufen ließ. Mittlerweile gab es Widerstand innerhalb seines Heeres wegen seiner neuen Rolle als orientalischer Souverän. Um die Völker zusammenzuführen heiratete er Roxane, die Tochter König Darius'. Er durchquerte und unterwarf Baktrien (den heutigen Iran) und Sogdiana (Afghanistan), um 327 v. Chr. ins Industal hinabzusteigen. Da die Truppen nun ständig rebellierten, musste er in Babylon anhalten, wo er 323 v. Chr. im Alter von nur 33 Jahren an Malaria starb. Das größte Imperium der Welt lag nun in den Händen seiner Generäle.

Porträt Alexanders
Dieses bekannte Porträt Alexanders des Großen stammt aus Pergamon (heute im Archäologischen Museum von Istanbul).

Darius III.
Der größte Feind Alexanders des Großen, hier in Begleitung seines Hofes auf einer Miniatur in einem griechischen Manuskript aus dem 13. oder 14. Jh., war der Perserkönig Darius III.

LIEBE UND STAATSRÄSON

In dieser Passage gedenkt Plutarch (1./2. Jh. n. Chr.) der Hochzeit mit Roxane, der Tochter König Darius', und des Vorteils, den Alexander generell in der Vermählung des griechisch-makedonischen und des persischen Elements sah: *»Auch seine Verbindung mit Roxane geschah zwar aus Liebe – er hatte sie in ihrer Jungschönheit im Reigentanz bei einem Gastmahl gesehen –, sie fügt sich aber ebenfalls in seine politischen Zielsetzungen ein. Tatsächlich ermutigte die Hochzeit die Barbaren [die Perser] da ein Band zwischen ihnen geknüpft ward und verehrten Alexander, da er sich in Zurückhaltung übte und sich ihr, die einzig ihn besiegte, nicht ohne Billigung des Gesetzes [der Ehe] nähern wollte.«*
Plutarch, *Parallele Leben. Alexander–Caesar*, 47, 7/8; dt. n. Übers. v. D. Magnino

Hellenistische Reiche und ihre Eroberung durch Rom

Nach zwei Jahrzehnten des Kampfes um die Nachfolge im größten Reich der Welt entstehen die hellenistischen Reiche von Ägypten, Syrien und Pergamon. Am Ende sollten sie alle zu römischen Provinzen werden.

Nach Alexanders Tod konnte der Sohn, den Roxane ihm geschenkt hatte, nur für kurze Zeit sein Erbe antreten. Die Generäle des griechisch-makedonischen Heeres ermordeten ihn, seine Mutter und den Reichsverweser Perdikkas. Sie entledigten sich der persischen Beamten, die Alexander an seinen Hof geholt hatte und lösten damit eine Serie von fünf Erbfolgekriegen, die so genannten Diadochenkriege, aus. Diadochen (griech.: Nachfolger) nannte man eben jene Generäle, die das Alexanderreich schließlich unter sich aufteilten, weil es keinem von ihnen gelang, die Oberherrschaft zu erlangen. Als hellenistisch bezeichnete man diese autonomen Monarchien, weil die herrschende Klasse – abgesehen von wenigen Ausnahmen unter der lokalen Aristokratie – ausschließlich griechisch-makedonischen Ursprungs war.

Von Ägypten bis zum Indus

Das wichtigste der Diadochenreiche war jenes in Ägypten, das der makedonische General Ptolemäus 306 v. Chr. gegründet hatte. Es war besonders reich und betrieb regen Handel, und die Hauptstadt Alexandria war bereits seit Ptolemäus I. dank seines Museums und seiner Bibliothek das bedeutendste kulturelle Zentrum des Mittelmeerraums.

Das größte der Reiche, das sich zu Beginn vom Mittelmeer bis zum Tal des Indus erstreckte, war jenes von Syrien. Seleukos I. hatte es gegründet und sein Sohn Antiochos erweiterte es ab 280 v. Chr. Doch die großen Gebiete waren schwer zu kontrollieren, bald schwelten Aufstände der lokalen Aristokratien in einigen Provinzen, und neue Königreiche entstanden.

Noch im Laufe des 3. Jh. v. Chr. entwickelte sich das Reich der Parther aus einer abtrünnigen Satrapie der Seleukiden, zwischen der Südostküste des Kaspischen Meeres und dem heutigen Afghanistan. Es sollte sich im Laufe von nur rund 150 Jahren noch erheblich in Richtung Mittelmeer ausdehnen.

Die Parther kontrollierten den Handel mit der Seide aus China und stellten für die Römer einen widerspenstigen Feind dar, den sie niemals zu unterwerfen vermochten.

Frau aus Pergamon
Dieser Frauenkopf aus Pergamon geht auf die Anfangszeit der römischen Herrschaft zurück.

Kriegsgefangener
An der Nordseite der römischen agora von Korinth stand ein zweistöckiger Portikus mit Säulen, von denen einige durch Standbilder im Kampf gefangen genommener Parther ersetzt worden waren.

König Demetrius
Im 2. Jh. v. Chr. dehnte Demetrius von Baktrien, der hier auf einer Münze dargestellt ist, die Grenzen seines Reiches bis zum Punjab im heutigen Indien aus.

Im selben Jahrhundert entstand auch das Reich von Baktrien, in der von Afghanistan aus neben dem Industal verlaufenden Region. Dort fand eine interessante Verschmelzung zwischen der griechisch-makedonischen und der indischen Kultur statt. In Kleinasien schließlich bildete sich das Pergamenische Reich, dessen Hauptstadt Pergamon das zweite bedeutende Kulturzentrum der hellenistischen Welt war. Griechenland selbst war seit einiger Zeit ein Teil Makedoniens. Unter den hellenistischen Reichen war es das ärmste, da es ja den Feldzug Alexanders finanziert hatte, ohne an der reichen Beute zu partizipieren. Es war auch das am wenigsten stabile, da die griechischen Städte, wie schon seit je her, nach Autonomie strebten.

Die römische Expansion

Außer jenem der Parther teilten alle hellenistischen Königreiche dasselbe Schicksal: Sie fielen nacheinander im 2. und 1. Jh. v. Chr. an Rom. Nachdem Rom Karthago niedergerungen hatte, machte es sich an die Eroberung des Ostens und verleibte sich Griechenland und Makedonien 148 v. Chr. und wenige Jahre später das Pergamenische Reich ein. 63 v. Chr. eroberte Pompeius Kilikien und Syrien, das jedoch durch den Vormarsch der Parther bereits deutlich kleiner geworden war. 31 v. Chr. schließlich stellte Caesar Oktavianus Augustus Ägypten unter römisches Protektorat. Dies brachte Kontrolle über den Handel und reiche Beute, doch das wertvollste und einflussreichste Gut, das die Römer von den hellenistischen Reichen übernahmen, waren zweifellos die Kultur und das Wissen der griechischen und orientalischen Welt.

Antiochia, eine kosmopolitische Stadt
Die vom syrischen König Seleukos I. gegründete Stadt Antiochia in der heutigen Türkei erreichte in der hellenistischen Periode und in den ersten Jahrhunderten der christlichen Zeitrechnung eine außerordentliche Blüte. Die Einwohner waren vor allem Syrer und Griechen, eine einflussreiche jüdische Gemeinschaft gab es auch. Rechts: ein Mosaik (3. Jh. v. Chr.) aus der Stadt.

Glorreicher Endpunkt: das Oströmische Reich

Dem griechischen Osten war ein längerer Bestand beschieden als dem seiner Eroberer. Das Imperium von Konstantinopel dauerte weit über den Zerfall des Weströmischen Reiches hinaus an und prägte die abendländische Kultur.

Als im 2. und 1. Jh. v. Chr. die hellenistischen Reiche in römische Hand fielen, wurde der griechisch-hellenistische Kulturkreis zwar zu einem Teil der von Rom beherrschten Welt, schwang sich aber sofort zu einer führenden Stellung auf. Dank des überlegenen Wissens wurden die kulturellen und politischen Entscheidungen der Eroberer beeinflusst.

Wissenschafter und Schriftgelehrte

Bereits zu Beginn des 3. Jh. v. Chr. wurde Rom stark beeinflusst von der Redekunst der Gesandten des Ägyptischen Reiches, die kamen, um der neuen Großmacht im Mittelmeerraum zu huldigen. Die lateinische Literatur beginnt mit einem Griechen, Livius Andronicus, dem Übersetzer der *Odyssee* von Homer, und im ausgehenden 3. und beginnenden 2. Jh. v. Chr. hielt der Hochadel Roms manch distinguierten Sklaven, darunter hellenistische Ärzte, Lehrer und Philosophen. Der griechische Historiker Polybios frequentierte den Scipionenkreis und sieht in seinen *Historiae* unverblümt die Dekadenz und den Fall Roms sowie anderer Völker auf dem Gipfel der Macht und des Reichtums voraus. Die griechischen Philosophen Panaitios und Poseidonios (2./1. Jh. v. Chr.) führten den Römern vor, wie sich stoische Ethik mit den politischen Erfordernissen eines Imperiums verbinden ließ. Griechenland blieb das erklärte Ziel all jener römischen Bürger, die für ihre politische Tätigkeit eine fundierte rhetorische und philosophische Bildung benötigten. Auch nachdem Ägypten römische Provinz geworden war, wurde das größte Wissens- und Forschungszentrum der antiken Welt, das Museum von Alexandria mit seiner Bibliothek, von den neuen Machthabern weiterhin rückhaltlos unterstützt und auf das Großzügigste finanziert. Der Grieche Galenos wurde der Leibarzt und Freund Kaiser Mark Aurels, der in den von ihm eigenhändig ins Griechische übertragenen *Selbstbetrachtungen* die eigene stoische Sicht der Existenz darlegt.

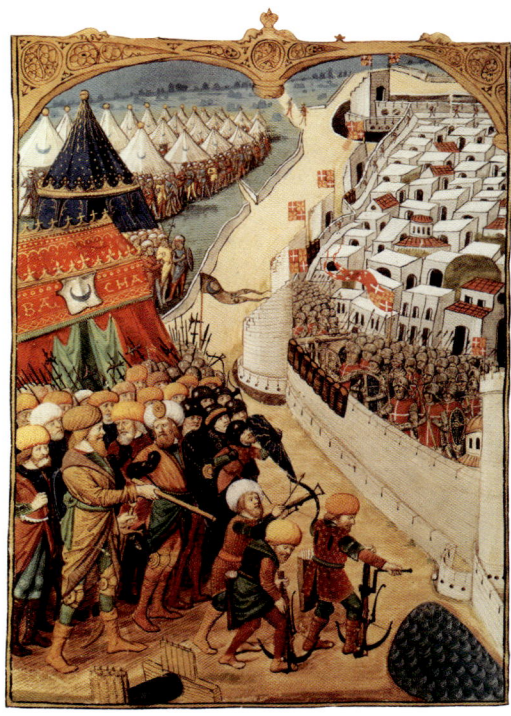

Der Fall von Konstantinopel
1453 fällt das sagenumwobene Konstantinopel unter dem Ansturm der Osmanen: Das Ende des Oströmischen Reiches ist gekommen. Oben: eine Miniatur zeigt die Belagerung der Stadt.

Der Philosophenkaiser
Mark Aurel, hier ein Detail der bekannten Reiterstatue vom Kapitol in Rom, benutzte die griechische Sprache zum Niederschreiben seiner Selbstbetrachtungen.

Das Erbe des klassischen Wissens

Nach der Teilung des Römischen Reiches unter Kaiser Diokletian am Ende des 3. Jh. n. Chr. verlief das Schicksal für das Weströmische Reich in anderen Bahnen als für das Oströmische. Das eine brach nach gerade anderthalb Jahrhunderten unter dem Gewicht der seiner Struktur innewohnenden Widersprüche zusammen, das andere überlebte noch ein ganzes Jahrtausend, bis der Untergang Mitte des 15. Jh. es schließlich ebenfalls ereilte.

Gründe für das lange Bestehen des Oströmischen Reiches gibt es mehrere. Zunächst gab es in den reichen Städten Kleinasiens, Syriens und Ägyptens eine vitale Gesellschaft. Dann war die Aristokratie Griechenlands sicherlich nicht so reich wie die weströmischen Senatoren, doch sie war in der Lage, der Reichsverwaltung Beamte und Diplomaten mit erstklassigen Fähigkeiten zu stellen. Dazu kam die Fähigkeit des Kaisers und seiner Beamten, ein teilweise aus Söldnern bestehendes Heer straff zu führen und die Grenzen mit Hilfe der benachbarten Barbarenvölker zu schützen sowie der Reichtum aus den fruchtbaren Gebieten, dem Handel und den angehäuften Schätzen. Dank der großen Kultur, die es beerben durfte, wurde das Oströmische Reich für das westliche Abendland zum Bewahrer des klassischen (vor allem griechischen, aber auch lateinischen) Wissens, das ansonsten großteils verloren gegangen wäre.

DER ANFANG VOM ENDE

Hier lesen wir, wie der griechische Historiker und Stoiker Polybios den Zerfall eines jeden, auch des römischen Staates voraussieht, der reich und mächtig geworden ist: »*So nun ein Staat sich befreit von vielen und ernsten Gefahren, und unvergleichliche Macht erreicht, werden seine Bürger unweigerlich als Folge des allgemeinen Wohlstands ein prunkvolleres Leben führen und nach mehr Macht und Überfluss verlangen als ihnen wohlbekommt. Später auf diesem Wege werden wachsende Machtgier und Furcht vor Missachtung den Anfang des Abstiegs kennzeichnen, der begleitet sein wird von übermäßigem Prunk und Verfall der Sitten.*« Polybios, *Historiae*, VI, 57; dt. n. d. it. Übers. v. C. Schick

Leo VI. besteigt den Thron
Leo VI. wird zum oströmischen Kaiser gekrönt und herrschte von 886 bis 912. Hier auf einer zeitgenössischen Elfenbeinschnitzerei.

Justinian und sein Gefolge
Justinian (482–565), der größte oströmische Kaiser, wollte nicht nur die Autorität des Römischen Reiches wieder herstellen indem er die afrikanischen und iberischen Gebiete sowie Ägypten, Syrien und Palästina aus der Hand der Barbaren befreite, sondern auch seinen Glanz: Dieses prächtige Mosaik aus Ravenna zeigt ihn mit seinem Gefolge (unten).

DAS KLASSISCHE ATHEN

Für das aus einer »Hochstadt«, der Akropolis, und einer »Niederstadt« bestehende Athen des 5. Jh. v. Chr. gab es einen weiteren Ort von größter Bedeutung: Piräus, einen wichtigen Militärhafen und Handelsumschlagplatz.

Wer heute an einem klaren Tag zur Akropolis hinaufsteigt, wird mehr als von den architektonischen Schätzen des Altertums vom atemberaubenden Blick über das Meer begeistert sein: Eine Vielzahl kleiner und größerer Inseln scheint eine ideale Brücke zu bilden, über die jeder Teil des Ägäischen Meeres erreichbar ist. Beim Anblick von Salamis, Ägina und den Kykladen mit Delos, Keos und Paros kommt einem Athen als Seemacht in den Sinn, wie Themistokles sie nach dem Sieg über die Perser (479 v. Chr.) entwarf. Das Projekt führte zu einer Umstrukturierung der Stadt, die – vielleicht zum ersten Mal – von einer Mauer umgeben wurde. Die so genannte lange Mauer zog sich jedoch auch die Straße nach Piräus entlang. Auf diese Art konnte die Stadt dank der Tribute in Naturalien, die im Hafen eintrafen, im Kriegsfall auch einer Belagerung trotzen, ohne dass die Bevölkerung Hunger zu leiden hatte. Im Folgenden wollen wir nun die Struktur und die wichtigsten Bauwerke dieser Stadt, die im 5. Jh. v. Chr. ihre höchste Blütezeit erlebte, näher beschreiben.

Prächtiger Parthenon
Dieser herrliche Pferdekopf ist Teil des überreichen Figurenschmucks am Parthenon.

Sakrale Baukunst
Die südliche Säulenhalle des Erechtheion wird von den Karyatiden getragen, Stützen in Form von weiblichen Statuen. Dort wurde vermutlich eine heilige Statue oder ein geweihtes Objekt aufbewahrt und manchmal dem Volk gezeigt.

Die Akropolis

Athen war als klassische *polis* klar in zwei, unter Berücksichtigung von Piräus sogar drei Bereiche unterteilt: erstens die Akropolis (»Hochstadt«), wo einst die Burg der Könige von Mykene stand, neben der sich bereits in der späteren archaischen Periode einige Wohnhäuser und sakrale Gebäude angesiedelt hatten. In der Zeit zwischen Solon (4. Jh. v. Chr.) und Perikles (5. Jh. v. Chr.) entstand die Akropolis als Tempelstadt, wie wir sie zu einem Großteil heute noch bewundern können. Das mykenische Wehrtor wurde durch die Propyläen ersetzt, der Parthenon zu Ehren der jungfräulichen Göttin Parthenos Athene, der Schutzherrin der Stadt, errichtet, ebenso der kleine Tempel der Athena Nike (der siegreichen Athene) zur Feier des Sieges über die Perser, weiters das Erechtheion, ein prächtiger Tempel zu Ehren eines legendären Königs von Athen, der vor allem für die so genannte Karyatidenloge mit den sechs Mädchenfiguren, die das Dachgebälk tragen, bekannt ist.

Die »Niederstadt« und Piräus

Am Fuße der Akropolis erstreckte sich die »Niederstadt«, von der man heute noch die Überreste der *agora*, des wahren Zentrums des städtischen Lebens, bewundern kann. Dort begegneten einander Händler, Bauern und Handwerker, um Waren und Produkte auszutauschen. Um den Platz herum erhoben sich die wichtigsten Bauten, wie das Buleuterion, wo die Bürgerversammlung (*bule*, von griech. Wille oder Befreiungswille) tagte, die Tribunale für die Ausübung der Rechtsprechung sowie die Tempel für die alltägliche Verehrung der Götter. Weiter in Richtung Südosten lag Piräus, das Themistokles zu einem sicheren Hafen für die Schiffe, die im Rahmen seines Flottenbauprogrammes entstanden, ausbauen wollte. Zuvor hatte Athen die offene Bucht von Phaleros genutzt. Piräus besaß drei Häfen, zwei militärische (Munichia und

Zea) und einen großen Handelshafen (Kantharos). Dorthin begab sich, wie Platon in *Res publica* erzählt, der Philosoph Sokrates, um mit den niedrigen Bevölkerungsschichten und der bunten Welt der Sklaven und »Barbaren« in Berührung zu kommen. Er hörte sich ihre Erzählungen an und nahm an ihren nächtlichen Festen teil, um ihre Wünsche und Sorgen kennen zu lernen. Genau wie alle anderen sollten auch sie in seinem Entwurf einer »idealen Stadt« Berücksichtigung finden.

Die »Hochstadt«
Unten: die Anlage der Akropolis in ihrem heutigen Zustand. Die monumentale Pracht des Parthenon und der anderen Tempel und Bauwerke sind steinerne Zeugen der Hegemonie Athens über die gesamte griechische Welt.

Die Propyläen
Die vom Architekten Mnesikles als monumentaler Aufgang zur Akropolis geplanten Propyläen wurden zwischen 437 und 432 v. Chr. erbaut.

Helden zu Pferd
Rund um den Parthenon verläuft ein Figurenfries, der einen Prozessionszug darstellt. Ein großer Teil davon besteht aus Streitwagen und Reitern (unten), die vermutlich einige der in der Schlacht bei Marathon gefallenen Athener darstellen.

DELOS, GEBURTSINSEL APOLLS

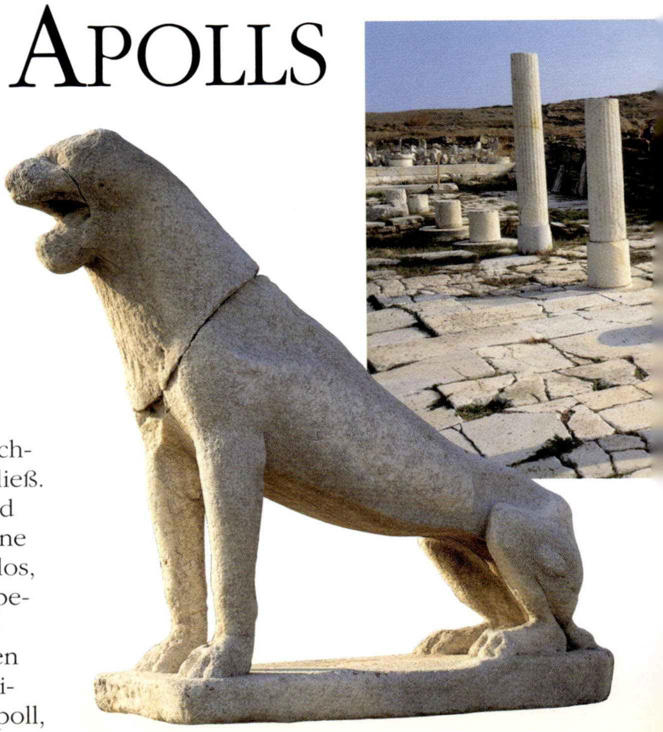

Im Herzen des Archipels der Kykladen liegt Delos, Sitz des bedeutendsten Heiligtums des Gottes Apoll in der Ägäis und wichtiges politisches und wirtschaftliches Zentrum der Griechen.

Nach der Legende war Delos eine schwimmende Scholle, die durch die Gebete von Leto, einer Geliebten des Zeus, befestigt wurde. Da Hera, die eifersüchtige Gemahlin des Göttervaters, ihr die Geburt des von Zeus empfangenen Sohnes auf dem Festland verwehrte, brachte sie Apoll (auch: Apollon) dort zur Welt. Aus der Legende erfahren wir weitere interessante Details. Leto war zwölf Tage und Nächte auf der Suche nach einem ruhigen Ort gewesen und dabei bis nach Norden ins Land der Hyperboräer vorgedrungen. Von dort geleitete sie ein Wolfsrudel, in dem sie sich in Gestalt einer Wölfin vor Heras glühendem Zorn versteckte, nach Delos. Dies erklärt, warum Apoll auch *Lykeios* (»der von den Wölfen«) genannt wurde und außerdem, warum er zum Dank einmal jährlich das Volk der Hyperboräer besuchte, das ihm große Ehren zuteil werden ließ. Dank seiner Anwesenheit glich das Land der Hyperboräer, das zuvor eine trockene Scholle gewesen war, nun der Insel Delos, mit Wäldern, Quellen und milden Temperaturen. Den Rest des Jahres verbrachte Apoll in Delos, wo ein Tempel zu seinen Ehren stand. Seine Reisen zeigen von einem anderen Aspekt des Mythos um Apoll, nach dem es seine ihm bestimmte Aufgabe war, die Gerechtigkeit im Namen seines Vaters unter den Menschen zu verbreiten.

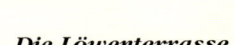

Die Löwenterrasse
Am Haupteingang zum Tempel des Apoll liegt die Löwenterrasse (unten) *aus der archaischen Periode, die ihren Namen den neun Statuen* (oben) *entlang des Zugangs verdankt.*

Das Haus der Naxier
Dieses Bauwerk aus der achaischen Epoche (links) *bestand aus einer großen rechteckigen Halle mit einer zentralen Säulenreihe, die das Dach trug. Wahrscheinlich wurden darin religiöse Opfergaben der Einwohner von Naxos für den Gott Apoll aufbewahrt.*

Die Nike von Delos
Diese imposante Statue belegt als wichtiges Fundstück die archaische Skulptur der Kykladen (4. Jh. v. Chr.) und wurde in Delos entdeckt: Sie zeigt Nike, *die Personifizierung des Sieges.*

Korn und Sklaven

Möglicherweise galt die Insel bereits zur Zeit Mykenes als Heiligtum. Vom 7./6. Jh. an wurde sie von der mächtigen Insel Naxos aus beherrscht und fiel ab dem 6./5. Jh. v. Chr. unter den Einfluss von Athen. 479 v. Chr., kurz vor dem entscheidenden Sieg über die Perser bei Mykale, wurde sie befreit und zum Sitz des Bundes gegen die Perser auserkoren, der unter Apolls Schutz stand. Als die Bedrohung aus Asien abgewandt war, wurde die Insel zum Hauptsitz des Delisch-Attischen Seebundes, und alle Städte, die daran teil hatten, zahlten ihren Tribut, den man im Falle eines neuen Krieges für die Verteidigung aufwenden wollte, dort hin. Doch die Athener überführten den Schatz 454 v. Chr. nach Athen und enthüllten damit ihre imperialistischen Ansprüche. Der wichtige Handelshafen wurde ab der zweiten Hälfte des 3. Jh. v. Chr. zum wichtigsten Umschlagplatz für Korn aus Chersones und Numidien, löste sich 314 v. Chr. von Athen und blieb bis zur Eroberung durch Rom 166 v. Chr. unabhängig. Nach der Zerstörung Karthagos wurde die Insel zum wichtigsten Zentrum des gigantischen römischen Sklavenmarktes. Mitte des 1. Jh. v. Chr. wurde Delos in einem Piratenkrieg verwüstet.

Zweistöckiger Säulengang
Unten: *das Haus des Hermes, eines der zahlreichen Privathäuser, die um den Tempelbezirk gruppiert waren. Man sieht noch den Innenhof mit zweistöckigem Säulenumgang.*

DELPHI UND EPIDAUROS

Der Kult um Apoll und seinen Sohn Asklepios, den Gott der Heilkunde, machte aus Delphi und Epidauros zwei viel besuchte religiöse Zentren mit monumentalen Gebäuden und zahlreichen Kunstwerken.

Die Stadt Delphi liegt in Mittelgriechenland, in der Phokis an der Südseite des Parnass-Gebirges. Wie Delos ist auch sie ein Heiligtum, das mit dem Kult um den Gott Apoll in Verbindung steht. Die ihm gewidmete Tempelanlage beherbergte das berühmte Orakel, das ab dem 7./6. Jh. v. Chr. immense Bedeutung erlangte. Eine Priesterin des Apoll, die Pythia, saß dort auf einem ehernen Dreifuß und gab in ekstatischer Trance Orakelsprüche von sich, die von zwei Priestern interpretiert und in oft schwer verständlichen Versen niedergeschrieben wurden. An dieses Orakel wandten sich die griechischen Städte, bevor sie auszogen, um neue Siedlungen zu gründen. Noch bedeutender als panhellenisches Begegnungszentrum wurde Delphi mit der Einsetzung der Pythischen Spiele um 590 v. Chr. Es handelte sich um einen Wettstreit in Poesie, Musik, Reitkunst und Gymnastik, der im dritten Jahr jeder Olympiade stattfand. Der erste Kontakt mit den Römern war eine goldene Vase, die diese nach der Eroberung von Veii sandten. Nach der Eroberung durch Rom (191 v. Chr.) wurde Delphi von den neuen Herrschern für unabhängig erklärt, was jedoch nicht verhinderte, dass es 83 v. Chr. von Silla geplündert wurde. Nach mehrmaliger Zerstörung mit anschließendem Wiederaufbau wurde Delphi 381 n. Chr. endgültig verlassen, als der christliche Kaiser Theodosius das Orakel verbot.

Der heutige Tempel des Apoll
Der nach der dorischen Ordnung erbaute Tempel ist von Säulen aus Tuffgestein umgeben. Die Überreste (rechts) basieren auf dem Wiederaufbau 373 v. Chr. auf den Grundmauern des archaischen Tempels aus dem 5. Jh. v. Chr.

Dem Gotte zu Ehren
Links: *Votivstatuette des Apoll, Bronze, ca. 550–540 v. Chr.*

DER TEMPEL DES APOLL

Die Tempelanlage zu Ehren des Gottes Apoll *(siehe Illustration rechts)* lag innerhalb einer 190 m langen und 35 m breiten gemauerten Einfriedung mit neun Toren. Vom Haupttor führte die von Monumenten flankierte Heilige Straße vorbei an Schatzhäusern, in welchen die griechischen Städte Opfergaben an die Götter deponierten, zum Tempel des Apoll auf einer zentralen Erhöhung. Vor ihm lag der Stein der Sibylle, einer Wahrsagerin, die von Apoll die Gabe der Hellsicht erhalten hatte, weiter oben befanden sich das Theater und der Dionysos-Tempel.

Der Spruch der Pythia
Die Konsultation des Orakels von Delphi auf einem Vasensegment aus dem 4. Jh. v. Chr. aus Magna Graecia.

Tanzende Mädchen
Dieses Säulenfragment, auf dessen Kapitell eine Gruppe tanzender Mädchenfiguren dargestellt ist, stammt aus Delphi.

APOLLS PRIESTERINNEN

Die Pythia wurde ursprünglich immer unter den Jungfrauen von Delphi ausgewählt, aber nachdem eine Pythia einmal von einem gewissen Echekrates vergewaltigt wurde, hob man das Alter der Priesterinnen auf über 50 Jahre an. Als zur Blütezeit des Orakels immer mehr Frager eine Antwort erheischten, setzte man zwei Priesterinnen und eine Anwärterin zur Bewältigung des Andrangs ein. Wer das Orakel befragen wollte, musste zuerst eine Gebühr entrichten und eine Ziege opfern. Vor dem Opfer wurde sie mit kaltem Wasser besprengt, um ein Vorzeichen zu erhalten. Nur wenn sie erschauderte, war das Orakel bereit.

Ein großer Tempel der Heilung

Die Stadt Epidauros, gelegen in Argolidas am Saronischen Golf, hatte sich zur Zeit des Krieges zwischen Athen und Sparta dem Peloponnesischen Bund angeschlossen. Große panhellenische Bedeutung erhielt sie durch den Tempel des Asklepios. Wie Delphi verfiel sie ab dem 3. Jh. n. Chr. im Zuge der Verbreitung des Christentums. Asklepios war ein Sohn des Apoll und wurde als Gott der Heilkunde verehrt. Einerseits ergab sich durch diesen Kult eine Förderung der wissenschaftlichen Medizin, da die mutmaßlichen Nachkommen des Asklepios, die Asklepiaden, auf der Insel Kos im 6. Jh. v. Chr. eine Schule begründet hatten (die Schule des Hippokrates). Andererseits nahm die Stadt auch einen hohen religiösen Stellenwert ein, da Jahr um Jahr zahlreiche Pilger aus ganz Griechenland zu den prachtvollen Heiligtümern strebten, um dort die ersehnte Heilung zu finden. Ein Kranker, der sich auf dem heiligen Boden des Tempels zum Schlafen legte, konnte dort nach dem damaligen Glauben eine persönliche Verbindung mit dem Gott herstellen, der ihn im Traum zu heilen vermochte.

Rekonstruktion des Tempels des Asklepios
Die Tempelanlage von Epidauros (unten) *war das bekannteste Heiligtum zu Ehren des Gottes der Heilkunde. Im Zentrum lag der Tempel des Asklepios, links davon die* tholos, *die Säulenhalle, wo die Pilger das Wunder der Heilung durch ihren Gott Asklepios erwarteten.*

Schätze des Tempels
Diese Skulptur von der Tempelfront, vermutlich eine der Nereiden, wird dem Bildhauer Timotheos zugeschrieben und auf 370 v. Chr. datiert.

DAS THEATER VON EPIDAUROS

Epidauros ist neben seiner Tempelanlage auch für sein Theater *(links)* bekannt, das vom Architekten Polyklet um die Mitte des 4. Jh. v. Chr. entworfen wurde und noch praktisch zur Gänze erhalten ist. Gerühmt werden an diesem Bau vor allem die harmonische Konstruktion und die ausgezeichnete Akustik. Die *cavea* (die Stufenreihen für die Zuschauer) bot Platz für 14.000 Personen und wurde von einem *diazoma* (Gürtel) unterteilt. Die ersten der unteren Reihen waren für die Ehrengäste reserviert. Die *orchestra* (der Bereich, in dem der Chor sang und tanzte) war kreisrund und wurde von einem Steinkanal umgeben. Im Zentrum lag der Altar des Dionysos, um den sich das Schauspiel bewegte. Das Theater von Epidauros ist heute noch in so gutem Zustand, dass dort weltbekannte Vorstellungen stattfinden.
(Zur Architektur griechischer Theater siehe auch S. 180/81).

Die tholos
Die Bestimmung der tholos *von Epidauros, eines herrlichen Rundbaus aus dem 4. Jh. v. Chr.* (oben) *ist nicht mit Sicherheit bekannt. Vielleicht handelte es sich um ein Heldendenkmal, vielleicht wurden dort aber auch die heiligen Schlangen des Asklepios gehalten.*

EPHESUS

Begehrt und erobert von den größten Herrschern der Antike, war Ephesus eine reiche und mächtige Metropole, die bis ins christliche Zeitalter bestehen blieb.

Als eine der ältesten ionischen Siedlungen an der anatolischen Küste lag Ephesus nahe der Mündung des Flusses Mäander, an der Straße der Könige und hatte eine bewegte Geschichte. Im Laufe des 7. Jh. v. Chr. herrschten dort griechische Tyrannen, anschließend der sagenhafte Kroisos von Lydien, um sodann vom Perserkönig Darius und danach von den Makedoniern und Alexander dem Großen erobert zu werden. Nach den Wirren des Streites zwischen Ptolemäern und Seleukiden wurde die Stadt 133 v. Chr. von den Römern Pergamon zugeschlagen, und nachdem diese Region annektiert war, wurde Ephesus 129 v. Chr. zur Hauptstadt der römischen Provinz in Asien. Es siedelte sich dort eine bedeutende christliche Gemeinde an: Der hl. Paulus hielt sich öfters dort auf und richtete von dort die *Epheserbriefe* an die Christenheit. Im 1. Jh. n. Chr. kam dort ein großer Arzt zur Welt, Soranos, der später in Rom wirkte und gynäkologische Traktate schrieb, die bis heute erhalten sind. Im Oströmischen Reich war Ephesus die zweitwichtigste Stadt nach Konstantinopel.

Öffentliches und privates Gebäude
Die Bibliothek des Celsus (rechts) *erfüllte ihre öffentliche Funktion und diente gleichzeitig als privates Grabmal für den Senator Julius Celsus Polemeanus, der unter Kaiser Trajan ein hohes Amt innehatte. Die Fassade wurde in mühevoller Kleinarbeit rekonstruiert.*

Das Artemision
Hier eine Rekonstruktion des sagenhaften Tempels der Artemis (Artemision) in Ephesus, der als eines der Sieben Weltwunder der Antike gilt. Mit einer Basis von 55x115 m war er dreimal so groß wie der Zeus-Tempel in Olympia, der größte, der in Griechenland gebaut wurde. Die Säulen maßen 19 m.

Die Hauptverkehrsader
Die Via Arcadiana (oben) *führte vom Hafen über rund einen halben Kilometer bis zum Theater. Die Prachtstraße wurde von einem doppelten Säulengang gesäumt, der nachts von Lampen beleuchtet war.*

SCHAUPLÄTZE

Die Magna Mater Kybele

Vor der christlichen Ära war Ephesus Sitz eines bedeutenden Kultes zu Ehren der Muttergöttin Kybele, einer Fruchtbarkeitsgöttin, die später mit Artemis verschmolzen wurde. Heute noch können wir eine Statue aus dem 2. Jh. n. Chr. bewundern, deren Oberkörper zum Zeichen ihrer Fruchtbarkeit mit ovalen, brustähnlichen Gebilden übersät ist. Dieser Gottheit hatten die Epheser einen Tempel gewidmet, der 117 über 18 m hohe Säulen enthielt und der als eines der Sieben Weltwunder gilt.

Teile der antiken Stadt, wie die Via Arcadiana, die den Theaterbezirk (ein hellenistischer Bau, der in der Römerzeit umgestaltet wurde) mit dem Hafen verband, sind heute noch zu sehen. Unter den wenigen Tempeln, die erhalten blieben, sind vor allem der des Serapis (eines Unterwelt-Gottes griechisch-ägyptischen Ursprungs, dessen Kult die Ptolemäer in Ephesus einführten) in der Nähe der alten Agora sowie jener des Kaisers Hadrian zu erwähnen, an dem vor allem die Fassade der Bibliothek mit ihrem reichen baulichen Zierrat besondere Aufmerksamkeit verdient.

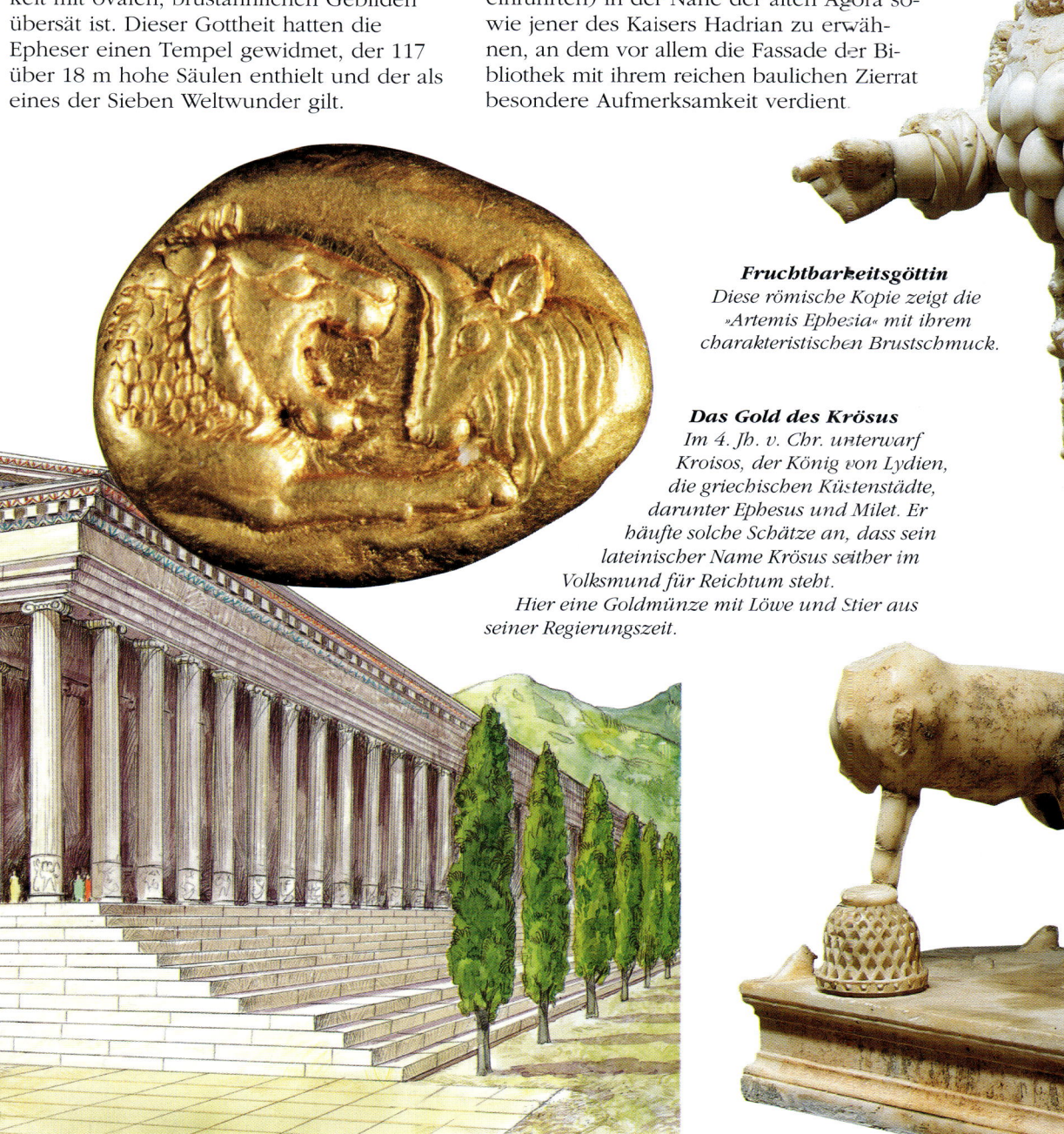

Fruchtbarkeitsgöttin
Diese römische Kopie zeigt die »Artemis Ephesia« mit ihrem charakteristischen Brustschmuck.

Das Gold des Krösus
Im 4. Jh. v. Chr. unterwarf Kroisos, der König von Lydien, die griechischen Küstenstädte, darunter Ephesus und Milet. Er häufte solche Schätze an, dass sein lateinischer Name Krösus seither im Volksmund für Reichtum steht. Hier eine Goldmünze mit Löwe und Stier aus seiner Regierungszeit.

Syrakus und Massilia

Zwei Städte, Syrakus im Herzen des Mittelmeerraums, und Massilia an der Mündung der Rhone, zeugen noch heute davon, wie weit die Griechen und ihre *polis* auf der Suche nach neuem Siedlungsgebiet kamen.

Das von korinthischen Siedlern im 8. Jh. v. Chr. gegründete Syrakus wurde von einer mächtigen Oligarchie beherrscht, die enge Handelsbeziehungen und einen regen kulturellen und religiösen Austausch mit Korinth unterhielt. Im Laufe des 5. Jh. v. Chr. regierten eine Reihe von Tyrannen, unter Gelon und Hieron kam es zu einer kulturelle Blüte, die Stadt beherbergte Dichter wie Aischylos und Pindaros. Im Peloponnesischen Krieg besiegten die Syrakuser unter dem Spartaner Gyllipos 413 v. Chr. die Flotte der Athener, die ihre Seemacht nach Sizilien ausdehnen wollte.

Um das 4./3. Jh. v. Chr. wechselten demokratische und tyrannische Regierungen einander ab, und die Stadt musste jeweils die Römer oder die Karthager davon abhalten, Sizilien zu erobern.

Im Kampf gegen die Römer gelang es einigen Quellen zufolge dem Gelehrten Archimedes, die feindliche Flotte mit Sonnenspiegeln in Brand zu setzen. Nachdem es römische Provinz und Kolonie unter Augustus wurde, verlor Syrakus in den ersten Jahrhunderten der christlichen Ära an Bedeutung. Bis Ende des 5. Jh. hielten es die Goten besetzt, erst im Jahrhundert darauf (535 n. Chr.) eroberten es die Byzantiner zurück und errichteten dorte eine kaiserliche Residenz.

Korenbüste
Diese Büste aus gebranntem Ton stammt aus Syrakus und stellt ein Mädchen (kore) *dar.*

Opfergaben für Zeus
Der Altar des Hierone (links) *ist mit 22,8x198 m der größte Altar aus griechischer Zeit, der bis heute erhalten blieb. Er wurde von Hieron II. errichtet und war vermutlich für Opfergaben an Zeus, den Befreier, bestimmt. Es ist nur die aus dem Fels gehauene Basis des Altars erhalten.*

Das antike Syrakus

Ursprünglich war nur die Halbinsel Ortygia besiedelt, die mit der Küste die beiden Naturhäfen der Stadt (den Großen und den Kleinen Hafen) bildet. Später dehnte sich Syrakus in Richtung Festland über Akradina, Tyche und Neapolis aus. Im Norden liegen die Latomien, Steinbruchhöhlen, die auch als Gefängnisse dienten. Dort gewann man den hellen Kalkstein, aus dem die Bauten der Stadt entstanden, wie etwa das griechische Theater aus dem 5. Jh. v. Chr., das in der Römerzeit umgebaut wurde. Das Rund mit einem Durchmesser von 138 m wurde fast zur Gänze aus dem Fels gehauen und ist heute noch Schauplatz klassischer Aufführungen. Bedeutend sind auch der monumentale öffentliche Opferaltar des Hieron, von dem die Fundamente erhalten sind, sowie das römische Amphitheater, das im 3. Jh. n. Chr in elliptischer Form errichtet wurde.

ARCHIMEDES UND SEINE BRENNSPIEGEL

Der in Syrakus geborene Archimedes studierte in Alexandria in Ägypten bei den Nachfolgern des Euklid und begann sich dort mit Geometrie, Hydrostatik und Mechanik zu beschäftigen. Gemäß der Überlieferung war er der Erfinder der Brennspiegel, großer konkaver Kollektoren, die das Sonnenlicht reflektierten und so stark bündelten, dass man sogar weit entfernte Objekte damit entflammen konnte. So gelang es ihm, römische Schiffe, die vor dem Hafen von Syrakus kreuzten, in Brand zu setzen. Ebenfalls aus der Überlieferung wissen wir, dass der Wissenschafter während der Plünderung der Stadt von einem Römer erschlagen wurde. Der Soldat wusste nicht, wer er war: Sein Genie und sein Ruhm hätten ihm gewiss das Leben gerettet.

Tod eines Philosophen
Archimedes, in seine Berechnungen vertieft, missachtet die Anweisungen eines Soldaten nicht und wird erschlagen. Hier eine Darstellung dieser Szene als römisches Mosaik.

Die Expansion nach Norden

Der um 600 v. Chr. an der Mündung der Rhone von Siedlern aus Phokis gegründete Hafen Massilia konnte sich gegen Etrusker und Karthager behaupten und stieg rasch zu einer bedeutenden Handelsmacht im nördlichen Mittelmeer auf. Auch nach der Einverleibung der Provence ins Römische Reich zu Beginn des 2. Jh. v. Chr. behielt die Stadt ihre Unabhängigkeit und verbreitete weiterhin die griechische Kultur in den von Ligurern und Galliern bewohnten Gebieten. Caesar berichtet von seinem Eroberungszug im nördlichen Zentralgallien, die einzige dort bekannte Schrift sei die griechische, was auf den Einfluss von Massilia zurückzuführen ist. Erhaltene Spuren der Griechen- und Römerzeit gibt es heute noch am Alten Hafen zu bewundern, es handelt sich um Abschnitte alter Hafenmauern und die Überreste zweier Türme.

Der Alte Hafen von Massilia (Marseille)
Am Alten Hafen von Marseille (hier eine Radierung aus dem 19. Jh.) kann man noch die ursprünglichen griechischen Hafenanlagen sehen.

Das Theater von Syrakus
Das Theater von Syrakus (oben) stammt aus dem 5. Jh. v. Chr. Seine heutige Form geht jedoch auf einen Umbau im 3. Jh. unter dem Tyrannen Hieron II. und weitere Umbaumaßnahmen in der Römerzeit zurück.

ALEXANDRIA IN ÄGYPTEN

Alexandria war das bedeutendste wirtschaftliche und kulturelle Ballungszentrum am Mittelmeer und Drehscheibe zwischen Okzident und Orient. Als Hauptstadt unter Ptolemäus verfiel es erst mit dem Aufstieg der Araber im 7. Jh. n. Chr.

Die von Alexander dem Großen 332/31 v. Chr. westlich des Nildeltas gegründete Stadt Alexandria schwang sich zur Hauptstadt des hellenistischen Königreiches Ägypten und zum Angelpunkt des kulturellen und kommerziellen Austausches zwischen Orient und Okzident auf. Die Ptolemäer bauten den Hafen imposant aus und ließen einen Leuchtturm errichten, der zu den Sieben Weltwundern der Antike gezählt wird. Waren aus dem gesamten Mittelmeerraum trafen dort ein, ebenso wie Arbeitskraft in Form von Sklaven. Alexandria partizipierte aber auch am Handel mit dem Fernen Osten. Seide, Edelsteine und Gewürze kamen zuerst über die Karawanenrouten der Seidenstraße und in der Römerzeit auf dem Seeweg vom Indus und dem Indischen Ozean über das Rote Meer.

Pflege des antiken Wissens
In der Bibliothek von Alexandria lagerten rund 700.000 Papyrusrollen. Während Julius Caesar 48 v. Chr. die Stadt belagerte, stand sie in Flammen, aber erst 391 wurde sie definitiv zerstört. Auf dieser Radierung aus dem 19. Jh. kann man im Hintergrund ihre Ruinen erkennen.

Museum und Bibliothek

Die Ptolemäer hegten den Ehrgeiz, aus Alexandria nicht nur den größten Handelshafen des Mittelmeers zu machen sondern auch das wichtigste kulturelle Zentrum der hellenistischen Welt: Sie waren überzeugt, der Schlüssel zur politischen Macht läge im systematisierten Wissen um alles, was auf der Welt gedacht und produziert wird. Sie gründeten ein Museum als Ort des Lernens und der experimentellen Forschung, wo Griechen und Wissenschafter aus fremden Ländern ihre Forschungen betreiben und einander unter dem Schutz des Monarchen austauschen konnten. Es studierten und wirkten dort unter anderem Aristarch von Samos (einer der ersten Verfechter des heliozentrischen Weltbildes), Euklid, Archimedes, Herophilos (Arzt und Begründer der modernen Anatomie) und später, in der Römerzeit, Claudius Ptolemäus und Galenos. Es wurde auch große Bibliothek mit der größten öffentlichen Sammlung von Schriften der antiken Welt. Alle Werke wurde dort abgeschrieben, katalogisiert und ins Griechische übersetzt. Hier erfolgte auch, im Laufe des 3. Jh. v. Chr., die erste Übertragung der Bibel ins Griechische. Die Version nennt sich »Septuaginta«, weil der Legende nach 70 Übersetzer daran arbeiteten. Sie war bei der hellenisierten jüdischen Gemeinde der Stadt in Gebrauch.

Königin und Göttin
Berenike II., ägyptische Prinzessin und Braut Ptolemäus' III., übte sich in Wohltätigkeit und hatte einen guten Einfluss auf ihren Gatten. Sie war beim Volk beliebt und wurde wie eine Göttin verehrt. Hier ist sie in Form einer Büste aus dem 3. Jh. v. Chr. dargestellt.

Fusion der Stile
Die Katakomben von Kom el-Shoqafa mit Grabanlagen, die im 2. Jh. n. Chr. in den Felsen eines Hügels angelegt wurden, sind ein typisches Beispiel für die Vermischung des griechisch-römischen und ägyptischen Stils in den darstellenden und angewandten Künsten in Alexandria.

Der Niedergang

Die Ptolemäer herrschten bis zur Krönung Kleopatras über Alexandria. Nachdem es 30 v. Chr. an die Römer fiel, spielte es auch unter der Herrschaft der Oströmischen Kaiser weiterhin die Rolle eines wichtigen Handelsumschlagplatzes und der intellektuellen Hauptstadt des Mittelmeerraums – bis zur Eroberung durch die Araber im 7. Jh. n. Chr. Zuerst waren Brandschatzung und Zerstörung an der prachtvollen Bausubstanz vor allem das Werk der Barbaren, später, ab Ende des 4. Jh. auch der Christen und schließlich der Araber. So gingen die Kunstschätze Alexandrias verloren. Derzeit arbeiten Archäologen an der Suche nach Statuen, Skulpturen, Säulen und sonstigen Überresten der einstigen Pracht, es tauchen immer wieder neue Fundstücke auf.

Sphinx von Pharos
Diese Sphinx aus Stein wurde auf der Insel Pharos gefunden, wo auch der berühmte Leuchtturm von Alexandria stand, eines der Sieben Weltwunder.

DER LEUCHTTURM VON ALEXANDRIA

Der griechische Name – *pharos* – dieses grandiosen Bauwerks *(links)*, das gegen Ende des Mittelalters einstürzte, leitet sich von der Alexandria vorgelagerten Insel Pharos her, auf der es stand. Ptolemäus I. Soter (»Retter«) ließ den Turm zu Beginn des 3. Jh. v. Chr. bauen, um den Seefahrern einen sicheren Weg zum Hafen zu weisen, denn es mangelte in der Gegend an natürlichen Landmarken. Der Leuchtturm war 120 m hoch und in drei Abschnitte gegliedert, der Eingang war von einer Wehrmauer umfangen, die Basis war ein Stufenpodest. An seiner Spitze brannte ständig ein Feuer, dessen Licht, von einem großen Hohlspiegel gebündelt, noch in 50 km Entfernung zu sehen war. In dem Turm waren auch Soldaten untergebracht, da er gleichzeitig der Verteidigung der Stadt diente.

Die Insel der Phaiaken

Das Land der Phaiaken, eine ferne, unbekannt Insel, ein Paradies auf Erden: Odysseus sammelt dort neue Kräfte für sein letztes großes Abenteuer. Dieser ideale Ort existierte wahrscheinlich nur in der Fantasie und in den Träumen.

Nach einem schrecklichen Sturm erreicht Odysseus schwimmend den Strand der Insel der Phaiaken. Mit letzter Kraft schleppt er sich in einen Wald, wo er auf einem Bett aus Laub in tiefen Schlaf fällt und erst am Tag darauf erwacht. Es ist dies der letzte Abschnitt seiner langen Heimreise nach Ithaka, wo er sodann den im gebührenden Platz als Herrscher wieder einnimmt. Doch diese Episode unterscheidet sich von allen anderen.
Hier tobt kein Kampf mehr gegen Monster, die Elemente oder Feinde wie die Zyklopen, Äolus, die Laistrygonen und Circe, die Sirenen, Skylla und Charybdis und die Rinder des Helios. Im Gegenteil, es herrschen Eintracht, Harmonie, Überfluss und immerwährende Glückseligkeit an diesem Ort.

Ein utopischer Ort

Das Land der Phaiaken kann niemals ein Fremder betreten, es sei denn auf Wunsch des Göttervaters Zeus.
Die Insel ist den meisten unbekannt, doch ihre Einwohner kennen dank ihrer Navigationskunst, die ans Magische grenzt (ihre Schiffe haben weder Steuermann noch Ruder, gelangen aber an jedes Ziel), kennen sie die Städte und Länder der Menschen. Auf der glücklichen Insel sind Waffen unbekannt, denn ihr Volk darf nicht andere Länder erobern, noch gelangt dort jemals jemand mit feindlichen Absichten hin: *»Wahrlich, der lebt noch nicht, und niemals wird er geboren, welcher käm' in das Land der phaiakischen Männer, mit Feindschaft unsre Ruhe zu stören; denn sehr geliebt*

Die Tochter des Königs
Oben: *Odysseus, Athene und Nausikaa auf einer Vase aus dem 6. Jh. v. Chr. Die sensible und spontane, wahrscheinlich vom ersten Augenblick an in Odysseus verliebte Königstochter ist eine der beliebtesten Figuren der* Odyssee.

Porträt eines Helden
Die Figur des Odysseus ist ein beliebtes Motiv in den antiken darstellenden Künsten. Ein Beispiel hierfür ist diese Skulptur aus der hellenistischen Epoche (links), die bei Sperlonga an der Küste von Latium gefunden wurde.

Die Pflichten der Gastfreundschaft
Die Begegnung zwischen Odysseus und Alkinoos auf einem Gemälde von Francesco Hayez (1791–1882). Der mystische König der Phaiaken wird von Homer als vorbildlicher Gastgeber gerühmt.

von den Göttern, wohnen wir abgesondert im wogenrauschenden Meere, an dem Ende der Welt, und haben mit keinem Gemeinschaft. Nein, er kommt zu uns, ein armer irrender Fremdling, dessen man pflegen muss. Denn Zeus gehören ja alle Fremdling' und Darbende an.«
(Homer, *Odyssee*, 6, 201–208; dt. n. it. Übers. v. R. Calzecci Onesti)

Mit diesen Worten beruhigt die Königstochter Nausikaa ihre Dienerinnen, die bei Odysseus' Anblick erschrocken waren. Ein im wahrsten Sinne utopischer Ort, denn keiner wusste, wo er war (aus griech. *ou/ouk* = nicht, und *topos* = Ort) – und dazu herrschte dort eine Glückseligkeit, die anderswo nicht existierte. Das Volk der Phaiaken lebt im ewigen Überfluss und sein König, Alkinoos, empfängt den Fremdling mit allen Ehren. Er bietet ihm seine Tochter Nausikaa zur Frau an, und als Odysseus ablehnt, hilft er ihm sogar bei der Heimkehr nach Ithaka: *»Schaffte doch Vater Zeus, Athene und Phoibos Apollon, dass ein Mann, so wie du, so ähn-*

Der geblendete Zyklop
Auf dieser Vase aus dem 6. Jh. v. Chr. ist eine bekannte Szene aus der Odyssee *abgebildet: Odysseus und seine Gefährten brennen Polyphemos mit einem glühenden Pfahl sein Auge aus.*

Die Reisen des Odysseus
Der Begriff »Odyssee« ist in die Alltagssprache als Bezeichnung für eine lange, beschwerliche Reise mit vielen Umwegen eingegangen. Unten: Ein römisches Mosaik, das in Algerien entdeckt wurde, zeigt Odysseus auf seinem Schiff.

lich mir an Gesinnung, meine Tochter begehrte, sich mir erhöre zum Eidam, und hier bliebe! Ich wollte dir Haus und Habe verehren, bliebest du willig hier. Doch wider Willen soll niemand von den Phaiaken dich halten: das wolle Gott nicht gefallen! Deine Heimfahrt aber bestimm' ich dir, dass du es wissest, morgen. Allein du wirst indessen liegen und schlafen, da sie die Stille des Meers durchrudern, bis du erreichest deine Heimat.« (7, 311–320).

So kehrt Odysseus aus dieser Welt der Harmonie und Perfektion, immer noch im Traum, an Bord eines Schiffes *»mit Nebel und Wolken umhangen«* zurück, das den Kurs wie von Zauberhand kennt. Dazwischen erzählt er während eines Aufenthaltes bei diesem gesegneten Volk seine abenteuerliche Geschichte. Doch sein Aufenthalt an diesem paradiesischen Ort erscheint wie ein langer Traum, und seine Abenteuer erscheinen wie eine Verarbeitung des Erlebten im Schlaf vor den Prüfungen, die ihm noch bevorstehen. Ein Traum also, vor der Kulisse eines friedlichen Utopia.

Fern im Norden: Das Volk der Hyperboräer

Weiter im Norden als alle bekannten Länder vermutete man ein Volk, das die Harmonie und den Sinn des Lebens kannte: Die Hyperboräer starben nur, wenn sie des Lebens müde waren.

Im antiken Griechenland hatte man nur eine vage Vorstellung vom Norden. Im Norden Griechenlands lebten Halbnomaden wie die Skythen, die Arimaspen und Issedonen, deren Sitten sich deutlich vom griechischen Modell unterschieden und die deshalb als Barbaren betrachtet wurden. Weiter noch im Norden also als diese wenig bekannte und lange Zeit gering geschätzte Welt, jenseits des Rif-Gebirges und des kalten Windes der Boraea vermutete man ein sagenhaftes und glückliches Volk, das weder Krieg noch Krankheit kannte

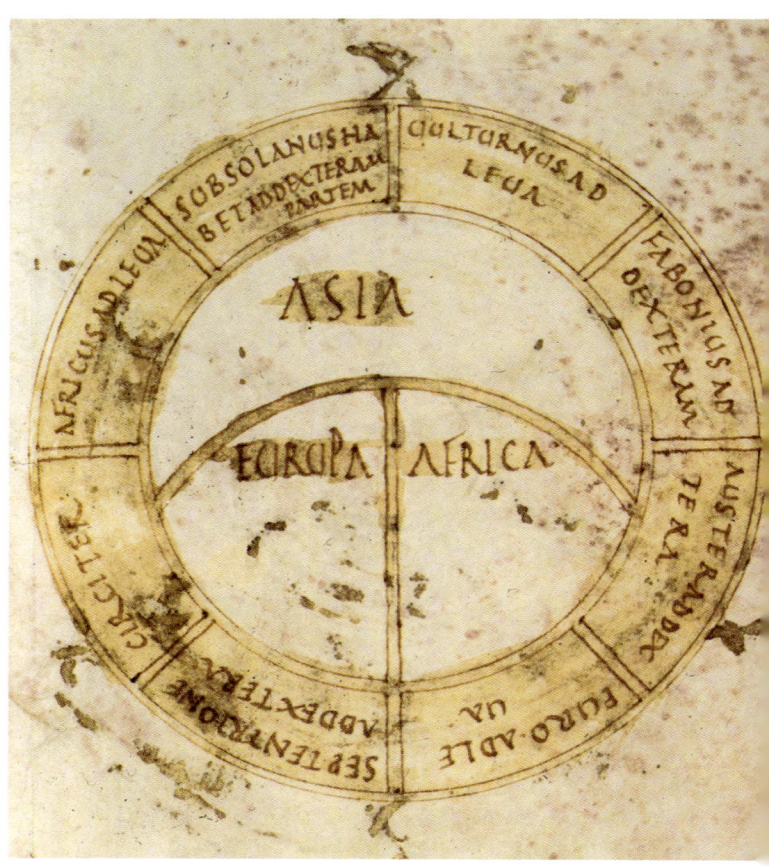

Die Geografie der Antike
Claudius Ptolemäus, griechischer Astronom und Geograf, lebte im 2. Jh. n. Chr. und hinterließ genau formulierte Regeln für die Konstruktion von Globen und Landkarten der Erde mit verschiedenen Projektionssystemen. Rechts: *Federzeichnung mit ptolemäischer Weltkarte aus dem 9. Jh. n. Chr.*

und in dessen Land ein wunderbar mildes Klima herrschte: noch ein Utopia des Friedens und der Glückseligkeit.

Apolls auserwähltes Volk

Wie aber konnte eine so komplexe Fantasiewelt entstehen? Sicherlich entsprang sie der Neigung des Menschen, das eigene Streben nach Glück und Perfektion in ein fantastisches Jenseits zu projizieren. Doch wie kam ein ganzes Volk zur selben Projektion?
Ein Erklärung ist sicherlich der komplexe Mythos des Gottes Apoll. Sein Vater Zeus hatte ihm befohlen, in seinem von Schwänen gezogenen Wagen Delphi aufzusuchen, um die Gerechtigkeit dorthin zu tragen, doch er verweilte zuvor bei den Hyperboräern. Die magischen Orte seines Kultes, wo er sich der Legende nach öfters aufhielt, waren sein Geburtsort Delos, Delphi und das Land der Hyperboräer, das Apoll

Durch die Luft nach Norden
Links: *Fragment eines attischen Tellers (Rotfigurenstil, 6. Jh. v. Chr.) mit Apoll, der auf einem Schwan ins Land der Hyperboräer fliegt.*

niemals vergaß: Es waren die Hyperboräer, die seiner Mutter Leto halfen, als diese in den Wehen lag und vom Zorn der eifersüchtigen Hera (der Gemahlin seines Vaters Zeus) verfolgt wurde.

Die Hyperboräer bei Plinius

Der Mythos dieses gesegneten Ortes ging fast unverändert in die römische Literatur ein, Plinius der Ältere beschreibt ihn im 1. Jh. n. Chr. im 4. Buch seiner *Naturalis Historia*, wo er eine Landkarte der Welt entwirft: »Dann liegen dort die Berge des Rif und ein Gebiet namens Pterophoros, das so heißt wegen des häufigen Schnees, der dort fällt wie Federn, ein Teil der Welt der verdammt ist von der Natur und liegt in dichter Dunkelheit, beherrscht von Frost und vom eisigen Aquilone. Hinter den Bergen, jenseits des Aquilone, lebt ein Volk (wenn wir glauben) in Glückseligkeit. Sie nennen sich Hyperboräer und lebt, wie man berichtet, bis ins hohe Alter. In diesem Land befinden sich die Angeln der Welt und die äußersten Enden der Bahnen der Sterne, sechs Monate ist es dort hell und nur einen Tag gibt es ohne Sonne [...]: so geht die Sonne einmal im Jahr auf, zur Sommersonnenwende, und geht einmal im Jahr unter, zur Wintersonnenwende. Ein sonniges Gebiet ist es mit mildem Klima ohne jede üble Plage. Sie bewohnen die Wälder, ehren die Götter und Zwietracht und Krankheit sind ihnen unbekannt. Es gibt keinen Tod, außer durch Überdruss am Leben, nach Banketten und dem Alter voll Annehmlichkeit stürzen sie sich von einem Felsen ins Meer. Ein herrlicheres Grab gibt es nicht.«
(Plinius, *N. H.* Buch 4, 88–90; dt. nach it. Übers. v. M. Basile)

Diese Legende durchlebt somit unverändert die gesamte Kultur des Altertums. Gerade die Mythen um Orte wie das Land der Hyperboräer, die Insel Thule (Island oder Norwegen) oder auch die Insel des Kronos (die auch im hohen Norden liegen soll) stellten eine Harmonie und Perfektion dar, die anderswo verloren schien und von der die Germanen im Norden, wie sie uns etwa vom Historiker Tacitus (1./2. Jh. n. Chr.) präsentiert werden, noch einen schwachen Abglanz bewahrt zu haben schienen.

Apoll von Piräus
Dieses herrliche Bronzestandbild des Apoll ist 1,92 m hoch und geht auf das späte 6. Jh. v. Chr. zurück. Entdeckt wurde es zusammen mit einigen anderen Statuen aus verschiedenen Perioden auf dem Gelände des Hafens von Athen, wo sie nach einem Brand im 1. Jh. v. Chr. unter den Trümmern des Gebäudes verschüttet lagen, das in den Flammen zerstört wurde.

Der Kampf gegen die Barbaren
Die Stadt Xanthos in Lykien in Kleinasien ist für ihre Felsengräber bekannt, die mit Friesen und Reliefs geschmückt sind. Darunter befindet sich auch das Nereiden-Monument (links) mit einer Darstellung des Kampfes der Griechen gegen die Barbaren (Ende 5. Jh. v. Chr.).

Das ferne Thule
Der Mythos der Hyperboräer ist mit jenem um Thule verflochten, die sagenhafte Insel, die man in der Antike für das nördlichste Land und das Ende der Welt hielt. Pytheas von Massilia gab ihre Lage sechs Tagesreisen von Britannien und auf derselben Höhe wie Island an, das hier in einem Atlas aus dem 16. Jh. dargestellt ist.

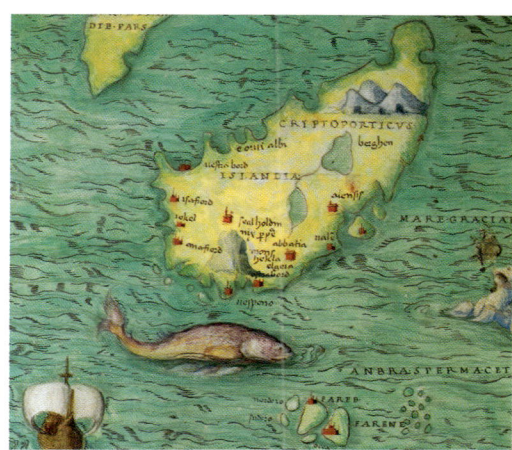

Die »Gerechte Stadt« Platons

Wenn man die Existenz einer idealen rationellen Welt annahm, dann musste der Philosoph versuchen, sie in ein Projekt der idealen Gesellschaft einzubinden: Platons »Gerechte Stadt«.

Eines der Hauptziele, die sich der große Philosoph Platon gesetzt hatte, war, den rigiden Dualismus der Schule von Elea, besonders ihres Vertreters Parmenides (6./5. Jh. v. Chr.), aufzulösen, nach dem alles wahrhaft Seiende unveränderlich und ewig sein musste und die reale Existenz jeglicher Bewegung, Vielheit und Veränderung negiert und als Täuschung betrachtet wurde. Platon zweifelte eine so drastische Sicht der Dinge an und wollte nicht glauben, dass die komplexe, vielschichtige und vielgestaltige Realität sich in so enge und sterile Kategorien fassen ließ. War es denn zulässig, die gesamten Phänomene der wahrgenommenen Welt pauschal als Nicht-Sein zu klassifizieren, nur weil sie Prozessen wie dem Werden, Wachsen, Reifen und Vergehen ausgesetzt waren, mit einem Wort, dem Leben und Sterben? Wie ging diese rigide Struktur mit der Tatsache um, dass diese Phänomene trotz allem vorhanden waren? Oder mit dem anderen Problem, der Ursache ihrer Existenz und ihres Werdens? Und wie konnte man selbst im eingegrenzten Umfeld der menschlichen Gesellschaft das ganze Leben einer *polis* auf die absolute Macht weniger Vertreter des wahren Seins reduzieren, wie es Parmenides vorsah? Wie war das mit den gesellschaftlichen und wirtschaftlichen Umwälzungen zu vereinbaren, die sich ab dem 6. Jh. vor Chr. abzeichneten? Platon war klar, dass politische Reformen, wissenschaftlicher und technischer Fortschritt, der florierende Handel und das Aufstreben neuer sozialer Schichten nicht nur ein philosophisches Umdenken erforderte, sondern auch eine stärkere Vermittlung zwischen politischen und gesellschaftlichen Kräften.

Der Philosoph der Ideen
Büste des Platon: Es handelt sich um eine römische Kopie nach griechischem Original.

Die bestmögliche Gesellschaft

Aus diesem Bewusstsein entsprang der große politische und philosophische Entwurf Platons, der in der Republik seinen höchsten Ausdruck fand. Die augenscheinliche Welt war »gerettet«, aber gleichzeitig auch »erklärt«. Die Realität der Phänomene war für den Philosophen eine unvollkommene und vergängliche Kopie der ewigen, unveränderlichen, perfekten Welt, die am Ursprung des Ganzen stand, einer Welt der »Formen« oder »Ideen«. An diesem Modell musste sich der Philosoph orientieren, um auf dieser unserer Welt eine bessere Gesellschaft zu organisieren. So entstand das Projekt einer »Gerechten Stadt«, in der alle Einwohner mit vereinten Kräften an der irdischen Realisierung der göttlichen Idee des Guten zusammenarbeiteten. An der Spitze der gesellschaftlichen Hierarchie sollten die Philosophen stehen, die dank

An der Spitze der »Gerechten Stadt«
In Platons idealem Staatsentwurf standen die Philosophen an der Spitze. Dieser *skyphos* (Trinkgefäß, 5. Jh. v. Chr.) zeigt zwei Griechen beim Philosophieren.

ihrer Kenntnis der Dialektik als Vermittler der idealen Welt fungierten und als Personifizierung des edelsten Teils des menschlichen Geistes, der Ratio, galten. Die Stadt gegen Missbrauch von innen und Angriffe von außen zu verteidigen war Aufgabe mutiger und gesetzestreuer Wächter, die den streitbaren Teil des menschlichen Geistes verkörperten, ihre Emotionen aber stets nur für das Gute und Gerechte zu mobilisieren verstanden. An der Basis der gesellschaftlichen Ordnung stand die bunte Welt der Wirtschaftstreibenden: Handwerker, Bauern, Händler und Sklaven, die ebenso lebensnotwendig für die Stadt waren wie Nahrungsmittel für den Körper. Sie entsprachen der Ebene der menschlichen Begierden und elementaren Bedürfnisse, denen sie jedoch nur im rechten Maß ihren Lauf ließen. Auf dieser gedanklichen Basis entwarf Platon die beste aller möglichen Gesellschaften, sein persönliches Utopia. Im Gegensatz zu vielen anderen utopischen Welten sollte diese sogar in die Realität umgesetzt werden. Der Philosoph unternahm 367 v. Chr. eine Reise nach Syrakus, da er hoffte, in der von Dionysios II. gegründeten Stadt günstige Bedingungen zur Realisierung seines idealen Staates zu finden. Doch der Versuch scheiterte. Sein Projekt aber spielte weiterhin eine wichtige Rolle als wegweisendes Vorbild für zahlreiche spätere Verfassungen.

Das Ohr des Dionysios
Links: Das Ohr des Dionysios in Syrakus, eine natürliche Höhle, deren besondere Form den geringsten Ton verstärkt. Der Legende zufolge soll Dionysios I. sie als Gefängnis für seine Gegner benutzt und von oben jedes Wort belauscht haben, das sie sprachen. Sein Sohn Dionysios II. mäßigte unter dem liberalen Einfluss Platons den strengen militärischen Despotismus, den sein Vater eingeführt hatte.

»Die Schule von Athen«
Dieses weltbekannte Fresko von Raffael zeigt die Philosophen Platon und Aristoteles im Gespräch. Platon weist nach oben, auf die übergeordnete Welt der Ideen, Sokrates' nach unten gewandte Handfläche symbolisiert die von ihm postulierte Existenz einer einzigen Realität.

DIE HELIOPOLITANER

Ein Reich soll an Rom fallen, doch ein Mitglied der königlichen Familie fordert das System heraus und gründet die Stadt der Sonne, Heliopolis. Dort sollen alle Bürger frei und vor dem Gesetz gleich sein.

Im Jahre 133 v. Chr. hatte König Attalos III. Pergamon testamentarisch den Römern, die mittlerweile über den Mittelmeerraum herrschten, vermacht. Doch ein Mitglied der königlichen Familie, Aristonikos, war damit nicht einverstanden, sondern forderte das kleine, in Anatolien nach der Aufteilung des Reiches Alexanders des Großen entstandene Reich für sich ein. Daraus entstand ein Bürgerkrieg, und da sich mit herkömmlichen Methoden kein Erfolg erzielen ließ, scharte Aristonikos Sklaven und leibeigene Bauern um sich, denen er eine neue »Stadt der Sonne« versprach. *»Auf seinem Weg hinein* – schrieb der Historiker und Geograph Strabon – *sammelte er in kurzer Zeit eine Menge Armer und Sklaven um sich, überzeugte sie mit dem Versprechen der Freiheit, und er nannte sie Heliopolitaner.«* (Geographica, 14, 1, 38)

Die Attaliden
Die hellenistische Dynastie der Attaliden wurde von Eumenes I. begründet. Sie herrschten im 3./2. Jh. v. Chr. und verdankten ihren Reichtum vor allem dem Bündnis mit Rom. Oben: Tetradrachme mit dem Bild Attalos' I.

Natürliches Gefälle
Das Theater von Pergamon war eine der ersten Bauten unter dem Mäzenat der Attaliden. Das spektakuläre Halbrund wurde am natürlichen Hang der Akropolis aus dem Fels gehauen.

Der Vater der Stoa
Zenon von Kition (333–263 v. Chr.) war zunächst Anhänger Platons, bevor er seine eigene Schule gründete. Der Name leitet sich vom damaligen Unterrichtsort in einer Säulenhalle (griech. stoà) her.

Der Triumph der Athene
Dieser Fries mit der Göttin Athene im Zentrum gehört zum Reliefschmuck des Altars von Pergamon. Das Meisterwerk der Baukunst wurde unter Eumenes II. (181 und 159 v. Chr.) errichtet.

Ein politisches Experiment mit dem Stoizismus

Zwar ist aus den Quellen nicht gerade viel darüber zu entnehmen, wie Aristonikos seinen neuen Staat organisieren wollte, zwei Aspekte daran sind jedoch besonders interessant. Zum Ersten die Tatsche, dass der Usurpator Blossius von Kyme zu sich rief, denselben Stoiker, der die Gracchen in Rom bei ihrer Agrarreform unterstützt hatte. Denn der Stoizismus lehnte, noch in dieser Phase seiner Entwicklung, den autoritären Staat grundsätzlich ab. Die einzigen Gesetze, die der weise Stoiker benötigte, waren jene, die er sich selbst gab. Des Weiteren lehnte der Stoizismus auch den privaten Besitz ab. Wenn wenige sich etwas zu Eigen machten und daraus Vorteil zogen, so war das für den Stoiker Diebstahl und Betrug an vielen. Als schwerwiegende Folge dieses Denkens ergab sich daraus natürlich auch, dass der Besitz von anderen Menschen und somit die gesamte Institution der Sklaverei gegen die Natur verstößt. Überhaupt sind für den Stoiker alle Menschen potenziell gleich Sklaven, denn sie tragen einen Teil des göttlichen *logos* in ihrer Seele, der die Welt zusammenhält. Somit können alle moralische Tugend erlangen, indem sie freiwillig die Unterscheidung zwischen Gut und Böse annehmen, die die universelle Ratio in uns allen wirken lässt. Da Blossius Aristonikos zur Seite stand, liegt der Schluss nahe, dass Heliopolis im Zeichen dieser Prinzipien aufgebaut werden sollte, wobei versucht wurde, dieses Projekt der Freiheit dem gesamten Volk schmackhaft zu machen und das System auf andere Völker zu übertragen.

Das zweite interessante historische Faktum bezieht sich auf die Niederschlagung der Bewegung und die Zerstörung dieses Stadtstaates. Die Römer wurden damit allein nicht fertig, sie benötigten die Hilfe der Könige von Bythinia und Kappadokien sowie der griechischen Städte Kleinasiens. Offenbar hatte die Bewegung die Region rasch ergriffen und war daher nicht so leicht zu ersticken. Ein solches System stellte, wie man sich vorstellen kann, sicherlich eine nicht zu unterschätzende Bedrohung für die autoritären zeitgenössischen Regimes im Mittelmeerraum dar.

DER ALTAR VON PERGAMON

Das wichtigste Monument der Akropolis von Pergamon war der Altar, der zur Feier des Sieges von Attalos I. über die Galater errichtet worden war. Ein rechteckiger Portikus mit doppeltem Säulengang ionischer Ordnung beherbergte den eigentlichen Altar. Man betrat das Heiligtum über einen weitläufigen Treppenaufgang zwischen den zwei Flügeln des Portikus von Westen. Der große, 2,30 m hohe und ca. 100 m lange Figurenfries stellte ein beliebtes Motiv der griechischen Kunst, den Kampf gegen die Giganten (*Gigantomachie*), dar. Er symbolisiert den Triumph der Zivilisation über das Chaos.

Monumentale Rekonstruktion
Diese Rekonstruktion des Altars steht im Pergamonmuseum in Berlin.

DIE HELDEN HOMERS

Die *Ilias* und die *Odyssee* berichten von den Stärken und Schwächen der wichtigsten Protagonisten des griechischen Altertums. Sie waren alle Individualisten und exzessiv sowohl in der Tugend als auch im Laster.

Die Gestalten Homers haben neben den Geschichten von Krieg und Eroberung auch eine Lebensweise mit ihren mykenischen Vorfahren gemeinsam, die man als archaisch und aristokratisch zugleich bezeichnen könnte. In den Heldenepen spiegeln sich die griechischen dunklen Jahrhunderte (12.–10. Jh. v. Chr.) ebenso wider wie die großen politischen, wirtschaftlichen und gesellschaftlichen Veränderungen, die im 8. Jh. v. Chr. Gestalt annahmen, als die Epen niedergeschrieben wurden.

Agamemnon und Achilles, Verbündete und Feinde

Der klassische Held Homers ist ein Anführer, gewöhnlich ein König, der über einen bedeutenden *oikos* herrscht, der andere, kleinere kontrollierte. Agamemnon zum Beispiel ist der mächtigste aller griechischen Könige und steht deshalb an der Spitze des Feldzugs der Griechen gegen Troja. Die Macht (*kratos*) eines Königs über sein Volk stützte sich damals auf seine Stärke und den Ruf (*kleos*), den er unter seinesgleichen genoss, und dieser wiederum erwuchs ihm aus beherzten Unternehmungen, in denen er seinen Mut und seine Tapferkeit, aber auch seine Schlauheit in kriegerischen und taktischen Unternehmungen als dem anderen überlegen darstellen konnte. Mit anderen Worten, der

Die Ferse des Achilles
Ajax trägt Achilles' Leichnam: Detail aus einer griechischen Vasenmalerei aus dem 6. Jh. v. Chr. Der Held Achilles starb durch einen Pfeil, mit dem ihn Apoll an der einzigen Stelle traf, an der er verwundbar war, seiner Ferse.

Agamemnons Totenmaske
Diese Totenmaske aus Gold aus dem 16. Jh. v. Chr. wurde von Heinrich Schliemann in Mykene entdeckt und wird häufig König Agamemnon zugeschrieben, obwohl sie in Wirklichkeit aus einer Epoche vor der Eroberung Trojas durch die Achaier stammt. Sie wurde dem Toten auf das Gesicht gelegt.

Die Entführung der Briseis
Briseis war die Tochter des Brises, des Bruders des Chryses, eines Priesters des Apoll. In der Ilias *wird sie als Lieblingssklavin des Achilles bezeichnet. Agamemnon nimmt sie ihm weg. Die Rache des erzürnten Helden bildet den Stoff des Epos. Hier ist die Entführung der Briseis als Thema einer Vasenmalerei im Rotfigurenstil aus dem 5. Jh. v. Chr. aufgegriffen worden.*

eigene Ruhm und die eigene Macht in der Unterlegenheit des jeweils anderen, der nicht unbedingt ein Feind sein musste. Übertrumpfung anderer und Macht sind daher in homerischen Epen synonym, und dem jeweils Besiegten obliegt es, sich für ein erlittenes Unrecht mit dem Zufügen noch größeren Unheils zu rächen. Dies ist die Gesellschaft, deren Protagonisten Homers Helden sind. Agamemnon etwa fordert Achilles heraus, indem er ihm seine Sklavin und Konkubine Briseis entführt. Doch tut er dies nur deshalb, weil ihm selbst seine Lieblingssklavin Chryseis genommen worden war. Er hatte sie ihrem Vater, einem Priester des Apoll, zurückgeben müssen, damit der Zorn des Gottes besänftigt würde, denn die Pest wütete unter

Geselligkeit
Szene eines Festmahls aus einem Relief vom Friedhof von Kerameikos im antiken Athen.

den Achaiern. Der erzürnte Achilles kann zwar seinen Verbündeten Agamemnon nicht töten, zieht aber seine Männer aus dem gemeinsamen Kampf gegen den Feind zurück, was zu schwersten Verlusten unter den Griechen führt. Erst ein noch größeres Unheil kann Achilles dazu bewegen, wieder in den Kampf einzugreifen. Als Hektor seinen Freund Patroklos tötet, gelüstet es ihn schließlich doch nach Rache am gemeinsamen trojanischen Feind.

Faustrecht und Ehre

Die Helden Homers haben keinen Sinn für eine gerechte Sache, sie kennen keine Motivation zum Besten des Gemeinwohls und folgen auch keinerlei Gesetz, das freilich noch nicht existiert. Ihre Welt ist allein von Eigeninteressen geprägt, die nicht einmal ein Krieg wie der gegen Troja zu überwiegen vermag: Wie man sieht, zieht sich Achilles aus rein persönlichen Gründen aus dem Kampf zurück. Ihre Werte sind die Macht des Stärkeren, und in der Verteidigung ihrer persönlichen Ehre kennen sie weder Maß noch Ziel. Ungezügelte Leidenschaft, Zorn und Begierde und elementare Bedürfnisse wie Gelüste nach Essen und Wein, wie man aus der Beschreibung der Bankette schließen kann, treiben sie an.

Zu Ehren des Patroklos
Fragment einer Vase aus dem 6. Jh. v. Chr. mit der Darstellung von Griechen, die von den Stadtmauern Trojas der Bestattung des Patroklos zusehen.

Die *polis*, Gesetz und Gesetzgeber

Mit der *polis* entsteht das schriftliche Gesetz, das das Zusammenleben der Bürger regelt und ihre Rechte und Pflichten festhält: Solon und Kleisthenes waren die Schlüsselfiguren dieses wichtigen Augenblicks in der Geschichte des antiken Griechenland.

Solons timokratische Reform
Solons Reform führte zu einer Timokratie *oder Herrschaft der Reichen: Die Bürgerrechte wurden nach dem Besitz an Korn, Öl und Wein berechnet.* Oben: kylix *mit Malerei im Rotfigurenstil, 480-470 v. Chr., ein Jüngling ist beim Weinschöpfen dargestellt.*

Die homerische Welt und ihre Werte befanden sich bereits zu jener Zeit in der Krise, als sie vom Dichter dargestellt werden. Das griechische Heer vor den Toren Trojas ist gezwungen, in einer Art Gemeinschaft zu leben, die ihnen strenge Regeln auferlegt. Dazu gehört auch die Anerkennung eines Anführers, eines Gesetzes oder beider Autoritäten. So reflektiert der Trojanische Krieg, wie er in der *Ilias* beschrieben wird, bereits die Notwendigkeit einer staatlichen Organisation der griechischen *poleis*, die um das 8. Jh. v. Chr. entstanden, eben in jener Zeit, als Homer sein Epos niederschrieb. Werte wie Ehre, Ruf, Faustrecht und Blutrache des individuellen Helden spielen bereits nur noch eine Rolle in der Legende. In der Gesellschaft der *polis* setzen sich neue Regeln und ein neues Wertesystem durch. An erster Stelle steht die Forderung nach Anerkennung des Herrschers und des Gesetzes, das nun nicht mehr mündlich überliefert wird und damit willkürlicher Interpretation offen steht, sondern schriftlich festgehalten wird, damit alle jederzeit Bezug darauf nehmen können. So geben sich die *poleis* ein Gesetz und eine Verfassung, die je nach gewünschter Regierungsform variiert. Sie kann stark oligarchisch orientiert sein wie in Sparta, wo nur ca. 4000 Einwohner vollberechtigte Bürger waren, oder demokratisch, wenn die Bürgerrechte auf einen immer weiteren Personenkreis ausgedehnt werden, wie im Fall von Athen. Allein das Vorhandensein eines solchen Gesetzes bringt mit sich, dass sich das Wertesystem immer weiter von der Gesellschaft der homerischen Dichtung entfernt. An die Stelle der Macht des Helden tritt nach und nach die des Volkes, der Bürger. Sie richten ihre Gewalt nun, in einem Heer organisiert, nach außen gegen eine andere *polis* oder ein feindliches Reich. An die Stelle der persönlichen Rache treten die Gerichte, die über Recht und Unrecht entscheiden und für alle gleiche Strafen festsetzen. Und anstelle sich den eigenen Leidenschaften maß- und zügellos hinzugeben wie die Helden Homers ist der Mensch nun zur Mäßigung angehalten. Das triebhafte und irrationale Verhalten des Einzelnen soll kontrolliert werden.

Der Senat von Milet
Im buleuterion *tagte die Bürgerversammlung* (bule). *Rechts: graphische Rekonstruktion des* buleuterion *von Milet.*

Der große Gesetzgeber
Obwohl die Überlieferung nur wenig über seine Person zu berichten weiß, war Solon der erste Politiker der westlichen Welt, dessen Gedankengut aus erster Hand überliefert ist. Seine eigenhändig verfassten Verse sind in Fragmenten erhalten. Links: Büste des Solon.

Die Reformer Solon und Kleisthenes

Wenn auch der eigentlich Protagonist dieser Reform, die als epochaler Meilenstein in der Geschichte der Zivilisation gilt, die *polis* in ihrer Gesamtheit war, so waren doch, wie im Fall von Athen, Menschen daran beteiligt, deren Werk bleibende Spuren in der Geschichte dieser Stadt und der westlichen Demokratie hinterlassen haben: Solon und Kleisthenes. Zu Beginn des 6. Jh. v. Chr. zwang Solon die großen aristokratischen Familien, ihre Macht mit den Bürgern zu teilen, indem er sie nach Einkommen in vier Klassen unterteilte. Die niedrigste Klasse war von allen Ämtern ausgeschlossen, außer von der *ekklesia*, der Volksversammlung, die die Mitglieder ins Tribunal der *eliea* wählte, wo man sich mit Verstößen und Delikten gegen die *polis* befasste. Theoretisch war das Geburtsrecht damit gebrochen und jeder konnte sich die Einkünfte verschaffen, die er benötigte, um einer der obersten beiden Klassen anzugehören. Solon hob auch die Schuldknechtschaft auf, die Schulden der Ärmsten wurden gestrichen. Doch der wahre Architekt der Athener Demokratie war Kleisthenes, der in den letzen Jahren des 6. Jh. v. Chr. die Erwartungen seiner aristokratischen Befürworter enttäuschte und eine radikale Reform durchführte, nach der sämtliche politische Macht der *ekklesia* übertragen wurde. Er setzte weiters ein Organ ein, das die Beschlüsse der *ekklesia* ausführen und Letzterer Vorschläge zur Gesetzgebung unterbreiten sollte. Dies war die *bule*, gebildet aus 50 Personen aus den zehn Stämmen, in die er das Volk unterteilt hatte. Was Perikles wenige Jahre später behauptete, nämlich dass in Athen jeder Politik machen konnte, war wahr.

Architekt der Demokratie
Kleisthenes gehörte zwar selbst der Aristokratie an, verstand jedoch, dass zur Erlangung von Stabilität in der polis *eine demokratische Reform notwendig war. Oben: ein Fresko aus Magna Graecia (6. Jh. v. Chr.) mit der Darstellung eines männlichen Aristokraten.*

Parthenos Athene
Römische Kopie der Parthenos Athene *von Phidias, einer Statue, die im Inneren des Parthenon bewahrt wurde. Die Göttin war die Schutzherrin der Stadt Athen und aller griechischen* poleis *im Allgemeinen.*

PERIKLES UND ALKIBIADES

Gegensätzlicher als die Überlieferung sie darstellt, können zwei Menschen kaum sein: ein großer Staatsmann der Erste, ein junger Zyniker und Herausforderer der andere. Beider Schicksal betraf auch Athen.

Perikles war der Sohn eines großen Admirals, Xanthippos, der die Athener Flotte siegreich in den letzten Kampf gegen die Perser geführt hatte. Mütterlicherseits stammte er von den Alkmeoniden ab, einer der am höchsten angesehenen Familien Athens, und von Kleisthenes, dem Begründer der Demokratie. Es war also ein Aristokrat, der sich für die Sache der Demokratie einsetzte, auch wenn diese, wie wir noch sehen werden, sich nach griechischem Konzept problemlos mit dem Athener Imperialismus vereinbaren ließ. Der Historiker Thukydides gedenkt seiner mit folgenden Worten: *»… Perikles, mächtig durch Würde und Herkunft, mit Geld nicht korrumpierbar, beherrschte das Volk ohne seine Freiheit zu begrenzen, und es wurde von ihm nicht mehr geführt als es ihn führte, denn […] er sprach nicht um zu schmeicheln, wie er es getan hätte, wäre er mit unlauteren Mitteln an die Macht gelangt, sondern widersprach ihm auch im Zorn, denn er dankte seine Macht seiner Person. […] so gab es in Athen eine Demokratie, doch die Macht lag in den Händen des Ersten Bürgers.«* (Thuk II, 65; dt. nach it. Übers. v. C. Moreschini). Thukydides, selbst ein hoher Aristokrat, nimmt mit diesen etwas scharfzüngig formulierten Aussagen mehr auf die persönlichen Führungsqualitäten als auf seinen Einsatz für die Demokratie Bezug.

Die siegreiche Athene
Fragment des Westfrieses vom Parthenon mit Nike, der Göttin des Sieges. Die Marmorfigur ist etwa 2,5 m hoch.

Büste des Perikles
Laut dem Historiker Plutarch ließ sich Perikles immer mit Helm darstellen, um seine längliche Kopfform zu verbergen.

Ein Leben im Dienste Athens

Perikles war in die politischen Umwälzungen in Athen ab 460 v. Chr. involviert und von Anfang an damit beschäftigt, das politische Gewicht des Volkes innerhalb des Staates zu stärken. Er führte die Reformen des Kleisthenes weiter, der bereits der Volksversammlung, der *ekklesia*, die politische Macht übertragen hatte, und beschnitt nun auch die Befugnisse des *areopag* (des obersten Rates, der aus Adeligen bestand), der nun keine politische Kontrolle mehr hatte und nur noch als Gericht über Gewalttaten fungierte. Außerdem führte er eine Entlohnung für die Archonten und die Mitglieder der *eliea*, des Volksgerichts, ein. Durch diese Maßnahme konnten auch Bürger, die auf ein Arbeitseinkommen angewiesen waren, kontinuierlich politischen Ämtern nachkommen. In Wahrheit war dies für den *demos* mehr eine Möglichkeit der Kontrolle als der politischen Mitsprache, denn wichtige Ämter wie die der Strategen (denen Perikles lange Zeit vorstand) wurden weiterhin nur Angehörigen der höheren Klassen anvertraut. Perikles erkannte Bürgerrechte nur denjenigen zu, deren beide Eltern Athener waren, damit blieben alle Zuwanderer und Sprösslinge von Mischehen ausgeschlossen. Von den – wie wir annehmen – rund 100.000 Menschen, die im Athen jener Zeit lebten, mitsamt Frauen, Zuwanderern und Sklaven, genossen sicher weniger als die Hälfte das Recht, an den Volksversammlungen teilzunehmen und sich als Bürger Athens zu bezeichnen.

Das Erechtheion
Zu Perikles' stolzem Bauprogramm gehörte auch das Erechtheion mit der Karyatidenloge, ein Tempel zu Ehren eines großen griechischen Königs.

Das Meisterwerk der Akropolis
Der Parthenon war ein Großprojekt, das Perikles vorantrieb. Er betraute den Architekten Iktinos mit der Ausführung, Kallikrates wurde mit in die Arbeiten einbezogen. Der große Bildhauer Phidias beaufsichtigte die Dekorationsarbeiten an und in dem gesamten Komplex.

Die Außenpolitik des Perikles

In der Außenpolitik setzte Perikles, wie wir bereits angedeutet haben, starke imperialistische Impulse zum Ausbau der Athener Seemacht. Dies überrascht nun keineswegs, da der Lebensunterhalt der Bürger und auch die Kosten der ausgeprägten Propagandapolitik mit großen öffentlichen Bauten und Initiativen unmöglich aus den Ressourcen innerhalb der Stadt Athen bestritten werden konnten. Die Besteuerung der Mitglieder des Delisch-Attischen Seebundes musste steigen, und mehr Verbündete mussten gefunden werden. Als die Spannungen zwischen dem Peloponnesischen Bund und Athen eskalierten, griff Perikles auf die Strategie des Themistokles zurück: Alle Bürger wurden aus dem Umland evakuiert und innerhalb der Stadtmauern untergebracht, wo man sich darauf beschränkte, die unbesiegbare Athener Flotte auf siegreiche Expeditionen gegen die feindlichen Küstenstädte zu schicken, bis schließlich alle Kampfhandlungen eingestellt wurden. Doch eben in dem Moment, als die Strategie am erfolgreichsten schien, geschah das Unvorhersehbare: Eine verheerende Pestepidemie suchte Athen heim, und die dicht zusammenlebenden Einwohner der Stadt wurden sprichwörtlich in Scharen dahingerafft. Selbst in dieser kritischen Lage gelang es Perikles noch, die Athener zum Durchhalten zu motivieren, doch er empfahl ihnen auch, nach der Erholung der Bevölkerung nicht mehr nach weiterer Ausdehnung des Imperiums zu streben und sich auf die Stabilisierung dessen zu konzentrieren was sie besaßen – zumindest bis zum siegreichen Ende des Peloponnesischen Krieges. Bald sollte auch Perikles selbst zu den Opfern der Pest zäh-

Berühmtes Pestopfer
Perikles starb 429 v. Chr. als eines der zahlreichen Opfer der Pestepidemie, die Athen während der Belagerung durch Sparta heimsuchte.
Oben: Scène de peste,
Werk des französischen Malers
Théodore Géricault (1791–1824).

Kriegsschiffe
Athener Kriegsschiffe auf einem attischen Trinkgefäß aus dem 5. Jh. v. Chr.
Am Heck sieht man die Steuermänner, die das Kommando über die großen Ruder haben.

len. Thukydides berichtet: *»Er lebte noch zwei Jahre und zwei Monate nach Beginn des Krieges, und nach seinem Tode trat seine Weitsicht klar zutage. Er sagte, die Athener würden gewinnen, wenn sie ruhig blieben, sich auf ihre Flotte verließen, wenn sie ihr Reich im Kriege nicht auszudehnen suchten und die Stadt nicht in Gefahr brächten.«* (Thuk II; dt. nach it. Übers. v. C. Moreschini) Doch die Athener wollten nicht hören.

Alkibiades und der Machthunger

Die Persönlichkeit des Alkibiades wird in der Überlieferung als glattes Gegenteil des Perikles dargestellt. Jung, gutaussehend, wagemutig, ehrgeizig und obendrein ein Zyniker soll er gewesen sein, während Perikles als Idealist galt. Er wird als Hauptverantwortlicher für die Entscheidung der Athener betrachtet, gegen Sizilien zu Felde zu ziehen, was mit einer verheerenden Niederlage endete. Alkibiades war ein Neffe des Perikles und nach dem Tode seines Vaters in dessen Haus aufgenommen worden. Er schloss sich der Schule der Sophisten an und interessierte sich für Sokrates, dessen ethische Prinzipien er zwar bewunderte, aber nicht anwandte. 420 v. Chr., mitten im Peloponnesischen Krieg, wurde er zum Strategen gewählt und wechselte zu den Demokraten über. Fünf Jahre später übernahm er, zusammen mit dem alten Nikias, das Kommando über den Feldzug gegen Sizilien, den er stark befürwortet hatte. In einer berühmten Rede vor der Volksversammlung machte er sich über die Vorsicht des Nikias lustig, der sich auf dieses Wagnis nicht einlassen wollte, und wies darauf hin, dass ein Imperium, das nach Höherem strebte, ständig wachsen müsse und Sizilien – schwach und in sich gespalten – eine leichte Beute wäre. Soviel zu seinem Wagemut. Sein Zynismus zeigte sich, als ihn auf dem Feldzug der Befehl erreichte, nach Athen zurückzukehren, um sich gegen den Vorwurf der Gotteslästerung (der wahrscheinlich von politischen Gegnern inszeniert worden war) zu verteidigen, lief er einfach zu den Spartanern über, die dank seiner Hilfe die Athener in Sizilien und Attika besiegen konnten. Doch auch die Spartaner trauten ihm nicht, und so ließ Alkibiades auch sie im Stich. Er wollte sich nun in den Dienst des Tissaphernes stellen, eines Provinzstatthalters der Perser, mit dem er versuchte, Athen und Sparta gegeneinander auszuspielen. Er half mit an der Einsetzung des Rates der Vierhundert in Athen, fiel aber von diesem wieder ab und näherte sich den Demokraten an, die sich mit der Flotte nach Samos geflüchtet hatten. Er trug zum Sturz der Oligarchie in Athen bei und errang einen wichtigen Sieg zur See gegen den Peloponnesischen Bund. 408 wurde er in seiner Geburtsstadt triumphal empfangen, nur um wenig später von neuem in Ungnade zu fallen. Nun suchte er Schutz beim phrygischen Satrapen Pharnabazos, der jedoch Sparta nahe stand und ihn ermorden ließ. Alkibiades hatte sein Leben dem Streben nach uneingeschränkter Macht gewidmet, doch zu einer Zeit, in der Griechenland politische Wirren durchlitt, die ihm das Erreichen seiner Ziele nicht leicht machten. Sein Einfallsreichtum war jedenfalls außergewöhnlich.

Büste des Alkibiades
Alkibiades verkörpert gleichsam die Hoffnungen und Illusionen, die die imperialistische Politik Athens gegen Ende des 5. Jh. v. Chr. inspirierte.

Vernichtende Niederlage
413 v. Chr. erlitten die Truppen des Nikias in Sizilien eine vernichtende Niederlage. Der Großteil der Soldaten wurde niedergemetzelt, Nikias selbst wurde hingerichtet. Rechts: gefallener Krieger, griechische Statue aus Sizilien.

Sokrates, der Lehrer

Sokrates hat nichts Schriftliches hinterlassen, doch er verstand es, große ethische Werte am eigenen Beispiel zu vermitteln, indem er auch den Tod auf sich nahm, um den Gesetzen seiner Stadt Genüge zu tun.

Sokrates ist uns als der Inbegriff des Philosophen in Erinnerung, der sich als Geburtshelfer für die Gedanken seiner Schüler verstand. Seine Methode nannte er dem entsprechend Maieutik. Mit Hilfe dieser Kunst verhalf er anderen dazu, in sich selbst die Antwort auf die Frage nach Recht und Unrecht zu finden.

Sein Leben war bewegt bis zum Ende, als er die Todesstrafe annahm, um die Gesetze Athens zu befolgen, dessen Gericht ihn der Verhetzung der Jugend und der Gotteslästerung für schuldig befunden hatte.

Abschiednahme
Der Tod des Sokrates von Giuseppe Diotti (1779–1846) zeigt den Philosophen von Freunden und Schülern umgeben.

Eine unbequeme Person

470 v. Chr. als Sohn einer Hebamme und eines Bildhauers geboren, kämpfte Sokrates tapfer im Peloponnesischen Krieg. Er bewies seine geistige Unabhängigkeit, als er einige Generäle verteidigte, die beschuldigt wurden, den Ertrinkenden und Verletzten nach der Seeschlacht bei den Arginusen (405 v. Chr.) nicht zu Hilfe geeilt zu sein. Unter den Dreißig Tyrannen (403 v. Chr.) verweigerte er Kritias, der der Regierung vorstand und einst sein Freund gewesen war, den Gehorsam als er einen Demokraten unrechtmäßig verhaften sollte. Er entging der Todesstrafe nur, weil die Tyrannei zusammenbrach. Nach Wiedereinsetzung der Demokratie blieb er jedoch

Porträt des Meisters
Diese Büste des Sokrates ist ein Werk eines römischen Bildhauers des 1./2. Jh. n. Chr.

eine unbequeme Person: Die Freundschaft zu Alkibiades und Kritias machte ihn verdächtig, und mehr noch seine Art, die Jugend zu lehren, traditionelle Werte und Überzeugungen in Frage zu stellen. Des Weiteren stand er den ebenfalls misstrauisch beäugten Sophisten nahe, die mit ihrer unschlagbaren Argumentationskunst jegliche Wahrheit in Frage zu stellen vermochten. Sokrates verteidigte sich gegen die Anklage wegen Verhetzung der Jugend und Gotteslästerung auf denkwürdige und provokante Weise. Sein Todesurteil empfing er gefasst und starb im Kreise seiner treuesten Freunde 399 v. Chr. durch den Giftbecher.

Sokrates' Gedankengut

Sokrates hat nichts Schriftliches hinterlassen, und so können wir sein Gedankengut nur durch das Zeugnis von Dritten rekonstruieren, was ein reichlich widersprüchliches Bild ergibt. Um uns nur auf die bekanntesten Beispiele zu beschränken, seien

DIE MEISTER DER SOPHISTEREI

Die Komödie *Wolken* von Aristophanes spielt im Athen des Jahres 423 v. Chr. Der alte Strepsiades hat sich hoch verschuldet, um den Lebensstil und die Laster seines verwöhnten Sohnes Pheidippides zu finanzieren, der sich nur für Pferde interessiert und sich um die Nöte und Sorgen seines Vaters nicht kümmert. Verzweifelt sucht er Hilfe in der Schule von Sokrates, von der man sagt, man lerne dort für Geld eine Art zu argumentieren, mit der man Unrecht ins Recht verdrehen könne. Damit hofft er seine Gläubiger abzuwimmeln. Doch Strepsiades ist schon alt und unverständig, er kann den subtilen Gedankengängen seiner Lehrmeister nicht folgen und wird davongejagt. Nun überredet er seinen Sohn, an seiner Stelle dorthin zu gehen und zu lernen, was ihm nottäte. Pheidippides wohnt nun dort einer Debatte bei, wo jeder der traditionellen Werte Stück für Stück demontiert wird – einer überspitzten Parodie auf die Lehre der Sophisten. Als er nach Hause zurückkehrt, hält er dem Vater die erlernten unwiderlegbaren Argumente für seine Lebensart entgegen und fühlt sich gänzlich im Recht. Der arme Vater ist außer sich und weiß keinen anderen Rat, als neuerlich zur Schule der Sophisten zu gehen, diesmal jedoch, um sie in Brand zu stecken.

hier Aristophanes und Platon und ihre höchst gegensätzlichen Standpunkte zur Figur des Sokrates zitiert. Aristophanes malt, insbesondere in der Komödie *Wolken*, das Bild eines schlechten Sophisten, der nur daran interessiert ist, seine Landsleute zum eigenen Vorteil hinters Licht zu führen. In Wahrheit handelt es sich jedoch sicherlich mehr um einen Rundumschlag gegen die sophistische Bewegung, die in Athen einen besonders gefährlichen ethischen Relativismus eingeführt hatte. Platon dagegen macht Sokrates, der sein Lehrer gewesen war, zum Fürsprecher des eigenen Gedankenguts. Im Spiegel der Maieutik des Meisters sehen wir die Personen in Platons Dialog *Politeia* von der Welt des äußeren Scheins zur übergeordneten Ebene der Ideen aufsteigen, bis sie die höchste Idee des Guten umschrieben haben, an der sich jede Handlung und Erfahrung des Menschen orientieren soll, einschließlich der Aufbau einer »Gerechten Stadt« für die Gesellschaft durch die Philosophen.

Sokrates' Zimmer
Oben: *Rekonstruktion eines Zimmers im Terrassenhaus von Ephesus, das Sokrates bewohnt haben soll.*
Links: *Detail aus einem Fresko mit der Figur des großen Philosophen (2. Jh. v. Chr.).*

Grosse Monarchen: Darius, das persische Vorbild

Als Herrscher von Gottes Gnaden über ein riesiges Imperium setzte Darius auf straffe Zentralisierung der Macht. Mit seinem gewaltigen Heer unterwarf und beherrschte er zahlreiche verschiedene Völker.

Der persische Monarch und sein System bildeten einen Gegensatz zur *polis*, die von den Bürgern verwaltet wurde, aber auch zu den Königen Homers, die ihre Macht im beschränkten Umfeld ihres *oikos* und höchstens noch einiger unterworfener Siedlungen ausübten. Er stellt eines der frühesten Beispiele einer zentralistischen Alleinherrschaft über ein weites Territorium mit Völkern unterschiedlichster Herkunft und Kultur in der Welt der Antike dar.

Der König der Könige

Hören wir Darius, unter dessen Herrschaft das Persische Reich den Gipfel seiner Macht und die größte Ausdehnung erreichte, von sich sagen: »Ich bin Darius, der große König, König der Könige, König der Länder und Völker aller Stämme, König dieser großen Erde weithin, Sohn des Hystaspes, ein Achämenide, ein Perser, Sohn eines Persers, ein Arier von arischem Samen.« Hier sprach einer, der sich bewusst war, an der Spitze eines Reiches zu stehen, wie es die Welt noch nicht gesehen hatte. Es reichte vom Ägäischen Meer bis zum Tal des Indus, vom Kaspischen Meer bis zum Nil, und umfasste Völker der unterschiedlichsten Sprachen, Kulturen und Bräuche. Um über so viele Provinzen zu herrschen, die jederzeit abfallen konnten, brauchte es eine effiziente Struktur, die teilweise am Vorbild der großen orientalischen Reiche Babylon, Assyrien und Ägypten orientiert war, allerdings auch einige Neuerungen aufwies.

Reformen im Religionswesen und in der Verwaltung

Da ihm bewusst war, welchen Stellenwert die Religion in einem Vielvölkerreich einnahm, führte Darius den Zoroastrismus (auch: Zarathustrismus, Mazdaismus oder Parsismus) ein, der das vorherige Pantheon an Gottheiten in einem einzigen Glauben zusammenführte. Diese Reform war ein wesentlicher Faktor für die Regierbarkeit des Reiches, denn sie entmachtete die zuvor einflussreiche Priesterkaste der traditionellen Götter. Darius rief den Zoroastrismus zur Staatsreligion aus und trat seinem Volk dadurch als höchster Priester und Mitt-

Der geflügelte Löwe
Die Stadt Susa erlebte bereits zur Zeit von Babylon und Assyrien glanzvolle Zeiten, und umsomehr unter der Herrschaft der Achämeniden. Die Paläste mit ihrem reichen Reliefschmuck auf glasierten Ziegeln zeigen eine fantastische Welt der Fabeltiere, mit geflügelten Stieren, Löwen mit Menschenköpfen oder den Flügeln und Fängen eines Greifs und eindrucksvoll geschwungenen Hörnern auf dem Kopf (siehe Abb. rechts).

Gesamtansicht von Persepolis
Persepolis, im heutigen Iran, wurde 518 v. Chr. von Darius gegründet und 330 v. Chr. in einer Feuersbrunst im Zuge der Eroberung durch Alexander den Großen zerstört. Die Ruinen erheben sich auf einer großen, aus Steinblöcken erbauten Terrasse und sind über einen Treppenaufgang zugänglich.

Der Saal der Audienzen
Dieses Relief mit einer Darstellung des Königs Darius befindet sich im tripylon, *oder Saal der Audienzen, in einem quadratischen Raum mit drei Eingangstüren innerhalb der königlichen Paläste von Persepolis.*

ler zu den Göttern entgegen. Lokale Kulte wurden respektiert, doch alle Untergebenen hatten den Zoroastrismus als offizielle Religion und Darius als göttlichen König anzuerkennen. Althergebrachte Privilegien der Aristokratie blieben ebenso unangetastet wie andere Eigenheiten der unterworfenen Völker. In Sprache, Traditionen und wirtschaftliche Betätigung wurde nicht eingegriffen, dafür mussten zwei Bedingungen erfüllt werden: Erstens mussten die Steuern regelmäßig an den Staat abgeführt werden, und zweitens hatte jedes Volk sein Kontingent an Männern für Feldzüge bereitzustellen. Zu diesem Zweck unterteilte Darius das Reich in 20 Satrapien, die von Männern seines Vertrauens als Statthalter geführt wurden, und errichtete ein effizientes Straßennetz. In regelmäßigen Abständen gab es Festungen und Stationen zum Wechseln der Pferde, wodurch der Weg von einem Punkt des Reiches bis zu einem anderen deutlich kürzer und auch sicherer wurde. Zu seiner eigenen Sicherheit schuf sich Darius eine Leibgarde aus 10.000 treuen, in Kampf und Krieg erfahrenen Männern. Man nannte sie die »Unsterblichen«, denn sobald einer von ihnen fiel oder anderweitig zu Tode kam, wurde er ersetzt. Er besaß also schon Prätorianer, bevor dieses Wort überhaupt existierte.

DER ZOROASTRISMUS

Die grundlegende Eigenschaft dieser Religion ist der ausgeprägte Dualismus. Zarathustra glaubte an einen beständigen Kampf zwischen dem Geist des Guten, Ahura Mazda oder »Herr der Weisheit«, und dem Geist des Bösen, Ahriman oder »Herr der Finsternis«. Jeder von ihnen machte sich weitere Götter dienstbar, wobei die Guten die Menschen auf den rechten Weg führten und die Schlechten sie in die Verdammnis leiteten. Am Ende des Kampfes sollte das Gute siegreich hervorgehen und alle Guten und Gläubigen um sich scharen, damit sie auf ewig in Glückseligkeit lebten, während die Schlechten zusammen mit Ahriman in einer Art Hölle gefangen waren.
Denselben Dualismus finden wir teilweise in Platons Philosophie vor, mit dem Konflikt zwischen Leib und Seele, Vernunft und Verlangen. Später wird er in der Ära des Christentums wieder aufgenommen.

Zarathustra lehrt
Zarathustra auf dem Thron: Miniatur aus einer italienischen Handschrift aus dem 11. Jh.

Die Erben: Alexander und die hellenistischen Könige

Die Figur des von einer Aura des Göttlichen umgebenen Herrscher des Orients übte eine große Faszination aus, vor allem auf die Griechen, durch die sie sich dann auf die römischen Kaiser übertrug.

Alexander strebte nach dem Tod von Darius III. (330 v. Chr.) nicht mehr die Vollendung des panhellenischen Projekts an, sondern eine große makedonische Monarchie, in die viele Elemente der orientalischen Kultur – die ja in der griechischen Welt als »barbarisch« galten – einfließen sollten. Schon bald wurde er seinem Feinde ziemlich ähnlich, zentrierte genau wie er alle Macht auf sich und entledigte sich ohne Skrupel aller Berater und Freunde, die Zweifel und Kritik zu äußern wagten. Gleichzeitig umgab er seine Person mit dem Schein der Göttlichkeit (nicht umsonst spricht man von ihm als *theios aner*, göttlicher Held) und förderte die Verschmelzung der griechisch-makedonischen Aristokratie mit der persischen. Seine eigene Hochzeit mit Darius' Tochter Roxane feierte er zusammen mit 80 weiteren Offizieren aus seinem Heer, die mit adeligen Perserinnen verheiratet wurden. Ebenfalls orientalisch mutet sein Streben an, eine weltumspannende Monarchie zu schaffen, nicht anders als Darius I., der seine Macht bis über die Gebiete der Skythen hinaus nach Griechenland ausdehnen hatte wollen. Alexander wollte sich nun ebenfalls nicht mit der Eroberung aller Gebiete des ehemaligen Perserreiches begnügen. Er plante einen Feldzug gegen Arabien und hoffte, seinem Reich auch noch das Abendland einzuverleiben. Für ein Vorhaben dieser Größenordnung benötigte er jedoch eine starke, dauerhafte, zentralistische Führung.

Metamorphosen eines Herrschers
Dieses Relief auf Glaskeramik aus der Römerzeit zeigt Alexander den Großen in Gestalt des homerischen Helden Achill.

Ägyptischer Tempel
Nicht weit von den Pyramiden von Gizeh in Ägypten liegen die Überreste eines Tempels zu Ehren Alexanders des Großen, der um das Jahr 300 v. Chr. erbaut wurde.

Vergötterte Herrscher

Auch die Nachfolger Alexanders strebten, jeder auf seine eigene Weise, dem Ideal des vergöttlichten orientalischen Alleinherrschers nach. Sie unterhielten ein Heer aus Berufssoldaten und Söldnern – die Bürger-Soldaten der *polis* waren längst Geschichte – und eine königliche Garde aus ausgewählten Männern. Sie alle förderten die Vergöttlichung der eigenen Person, indem sie sich gewisser Aspekte lokaler politischer und religiöser Systeme bedienten, wie etwa die Ptolemäer, die sich als neue Pharaonen präsentierten. Besonders in Ägypten und Syrien wurden zentralisierte Steuersysteme eingeführt, lokale Aristokratien wurden mit Respekt behandelt und in das System eingebunden und das griechisch-makedonische mit dem jeweils einheimischen Element verschmolzen. Für griechischstämmige Bürger bedeutete dies eine dramatische Veränderung: Da jetzt der Herrscher absolute Macht über alle Untertanen ausübte, waren auch sie von der Sklaverei betroffen, denn unter einem Gottkönig konnte sich keiner als frei betrachten. Dies war das Klima, indem eine Ethik wie die des Stoizismus gedeihen konnte, die das Konzept der menschlichen Freiheit behandelt, aber auf eine geistige Ebene hebt.

Makedonischer Pharao
Rechts: *Kolossalstatue aus der ptolemäischen Epoche aus Karnak, Ägypten. Sie zeigt einen makedonischen König, wahrscheinlich Alexander, in der Aufmachung der Pharaonen.*

Alexanders Stadt
Das bekannteste Monument in Alexandria aus der Römerzeit ist die so genannte Pompeius-Säule (unten). Die Säule ist aus einem Stück rosa Granit gehauen und wurde in Wahrheit zu Ehren des Kaisers Diokletian errichtet.

Der Alexander-Roman
Diese Miniatur aus dem 13./14. Jh. n. Chr. ist eine Illustration aus dem Alexander-Roman und zeigt Alexander als Feldherrn an der Spitze seiner Truppen.

Ptolemäus I. und Ptolemäus II. von Ägypten

Die ersten Herrscher Ägyptens legten dank ihres politischen Wissens und des Weitblicks, mit dem sie die Bevölkerung in die Staatsführung einbezogen, ein dauerhaftes und solides Fundament für ihre Macht.

Ptolemäus I. Soter, Sohn des Lagos, gehörte der makedonischen Aristokratie an und war über seine Mutter Arsinoe mit der königlichen Familie verwandt. Er wurde am Hof Philipps II. erzogen, möglicherweise war sein Lehrer ebenfalls Aristoteles. Er nahm an den Feldzügen Philipps teil, auch an den größeren militärischen Operationen Alexanders, doch bei der Eroberung des Persischen Reiches spielte er eine untergeordnete Rolle. Erst zum Zeitpunkt des Todes seines Herrschers (323 v. Chr.) machte er auf sich aufmerksam, indem er sich weigerte, am Wettstreit teilzunehmen, der zwischen den Generälen um die Nachfolge in Alexanders Reich entbrannt war. Dennoch konnte er sich die Satrapie Ägypten sichern. Sensibel für die Gebräuche des Landes, das er zu regieren gedachte, richtete er sich nicht in Alexandria ein, wo Kleomenes als Statthalter Alexanders zuvor sein Hauptquartier bezogen hatte, sondern in der ehemaligen Pharaonenstadt Memphis. Für diese Stadt sprach sicherlich auch ihre strategische Lage an der Stelle, wo das Nildelta sich zum Tal verjüngte, unweit der Ostgrenze am Roten Meer. Zu diesem Zeitpunkt war Memphis eine reichere und interessantere Handelsstadt als Alexandria, das nach seiner Gründung vor erst sechs Jahren zum Großteil noch in Bau war. Außerdem war Memphis die kulturelle und religiöse Hauptstadt des Landes. Indem er diese Stadt zu seiner Hauptresidenz erwählte, schloss Ptolemäus in direkter Kontinuität an die Pharaonenherrschaft an und stellte damit die Beziehungen zu seinem Volk von Anfang an auf ein solides und gesundes Fundament.

Ptolemäus I.
Ptolemäus (367–283 v. Chr.), hier auf einer goldenen Pentadrachme (rechts), nahm an den Kriegen Makedoniens teil. Ab 323 war er Satrap in Ägypten, proklamierte sich 304 zum König und begründete die Dynastie, die das Land der Pharaonen bis zum 1. Jh. v. Chr. regierte.

Königspaar
Diese Goldmünze zeigt das Königspaar Ptolemäus II. und Arsinoe II.

Gelungener Schachzug

Doch Ptolemäus I. war auch ein Meister der Propaganda. Als 322 v. Chr. Perdikkas, der Verwalter des Persischen Reiches, Alexanders sterbliche Hülle in die königliche Nekropolis in Makedonien überführen lassen wollte, schnitt Ptolemäus dem Zug in Syrien den Weg ab. Er brachte Alexanders Leichnam nach Memphis. Damit war ihm nun auch die Sympathie des griechisch-makedonischen Anteils der Bevölkerung sicher, nachdem er die Ägypter bereits gewonnen hatte, als er das antike religiöse Zentrum Memphis zur Hauptstadt erhob. Perdikkas reagierte auf diesen Übergriff mit einem Einmarsch in Ägypten im Jahre 321 v. Chr., doch seine Offensive blieb noch vor Memphis stecken, das von den Truppen und dem Fluss perfekt geschützt wurde. Da man ihn für das Scheitern der Operation verantwortlich machte, wurde Perdikkas von seinen Generälen abgesetzt. Trotz seines Sieges verzichtete Ptolemäus jedoch darauf, um Alexanders Nachfolge zu kämpfen, sondern konsolidierte stattdessen seine Macht in Ägypten und wollte diese über die Cyrenaika und Zypern ausdehnen.

König der Toten
In der ptolemäischen Epoche bereicherte sich das ägyptische Pantheon um eine neue Persönlichkeit, Serapis, der als Gott der Toten verehrt und stets als alter Mann mit Bart dargestellt wurde.

Die sterbliche Hülle Alexanders des Großen
Ptolemäus I. ließ Alexanders sterbliche Hülle, die nach Makedonien übergeführt werden sollte, nach Memphis bringen. Unten: Alexanders Tod in einer arabischen Miniatur.

Bauernsoldaten

Was die Innenpolitik betrifft, entschied sich Ptolemäus einige Jahre später, nach Alexandria zu ziehen, das nun bereit war, ihn aufzunehmen. Unter ihm wurden das Museum und die große Bibliothek in Angriff genommen. Doch der neue Herrscher band auch die lokale Aristokratie in die Staatsführung ein und besetzte einige wichtige Posten in der Verwaltung mit Vertretern aus deren Kreisen. Um in weiterer Folge auf kostspielige und nicht immer loyale Söldnerkontingente verzichten zu können, sorgte er im Rahmen der so genannten Klerukienreform dafür, dass ständig ein Korps aus Soldaten aus der gesamten griechischen Welt bereitstand. Er gab jedem der Soldaten ein Stück Land, von dem sie in Friedenszeiten leben konnten. Wenn ihr Herrscher sie jedoch für einen Feldzug oder einen Krieg brauchte, hatten sie unverzüglich bereitzustehen.

Der große Fluss
Der Nil stellte nicht nur einen wichtigen Handels- und Verkehrsweg, sondern vor allem auch die Lebensader der Landwirtschaft Ägyptens dar.

Ptolemäus II. Philadelphus

285 v. Chr. übernahm Ptolemäus II. den Thron direkt von seinem Vater Ptolemäus I. Über seine Innen- und Außenpolitik ist heute nur wenig bekannt. So wissen wir etwa, dass er 273 v. Chr. Gesandte nach Rom schickte, um der neuen Macht im Mittelmeerraum Ehre zu erweisen. Die Römer waren fasziniert von der Eloquenz und dem diplomatischen Geschick dieser königlichen Botschafter. 271/70 v. Chr. siegte er im Krieg gegen Syrien. Weiters ist bekannt, dass er seine Gesandten bis nach Indien schickte, sodass der große König Asoka sich um 250 v. Chr. rühmen konnte, diplomatische Beziehungen mit Alexandria zu unterhalten. Über die Organisation des dynastischen Kults wissen wir schon etwas mehr. Ptolemäus II. führte 279 v. Chr. rituelle Spiele ein, die alle vier Jahre zu Ehren seines gottgleichen Vaters, des großen Ptolemäus I. Soter (Erlöser) stattfinden sollten. Besonders für ihren Prunk

Arsinoe II.
Arsinoe II. heiratete ihren Bruder, nachdem dieser seine erste Frau verstoßen hatte. Sie übte auch großen Einfluss auf die Außen- und Innenpolitik aus.

Lampen für Ptolemäus
Diese Lampen aus gebranntem Ton wurden für Ptolemäus II. hergestellt.

Königin Kleopatra
Diese Gipsbüste stammt aus dem 2. Jh. v. Chr. und gilt als Porträt von Kleopatra I., Königin von Ägypten und Tochter Antiochus' III. von Syrien sowie Gemahlin Ptolemäus V. Epiphanes. Nach dessen Tod war sie Regentin für ihren Sohn Ptolemäus VI. Philometor.

berühmt waren jene von 271/70 v. Chr., da damit auch gleichzeitig der Sieg im Krieg gegen Syrien gefeiert wurde. Die denkwürdigste Handlung Ptolemäus' II. war aber die Hochzeit mit seiner Schwester Arsinoe II. (daher sein Beiname Philadelphus, wörtlich: »der die eigene Schwester liebt«). Jene war bereits mit dem wichtigsten Verbündeten des Bruders, dem thrakischen König Lysimachos, verheiratet gewesen, während Ptolemäus dessen Tochter Arsinoe I. geheiratet hatte. Als die Schwester verwitwet nach Ägypten zurückkehrte, verstieß Ptolemäus II. seine erste Frau und vermählte sich mit ihr. Diese inzestuöse Verbindung und ihre Fremdartigkeit für die herrschenden Bräuche war Teil einer groß angelegten Propaganda, mittels welcher Ptolemäus den göttlichen Status seiner Familie bekräftigte. So stand er über den Gesetzen, die für die Sterblichen galten. Außerdem wurde damit in der Person des Herrschers und der Herrscherin das höchste Götterpaar sowohl Ägyptens (Isis und Osiris) als auch Griechenlands (Zeus und Hera) nachgestellt. Trotz mancher außenpolitischer Wirren erwies sich die Herrschaftszeit Ptolemäus' II. als goldenes Zeitalter, Kallimachos schrieb seine *Hymnen*, Theokrit seine *Idyllen*, Apollonius Rhodius sein Werk über die Züge der Argonauten, Herophilos trieb die Medizin mit Studien zur Anatomie deutlich voran, und Aristarch von Samos bewies, dass die Sonne und nicht die Erde im Mittelpunkt unseres Planetensystems steht.

Ptolemäus III.
Als Sohn Ptolemäus' II. weitete Ptolemäus III. Euergetes (»Wohltäter«) sein Imperium über große Gebiete in Syrien, Kleinasien und Thrakien aus. Als ebenso großer Bauherr und Mäzen wie seine Vorgänger verhalf er dem hellenistischen Ägypten zu einer Zeit außerordentlichen Glanzes.

Isis und Osiris
Ptolemäus II. umgab seine Ehe mit Arsinoe II. mit einer göttlichen Aura. Dabei inspirierte ihn wohl ein in der örtlichen Religion stark verehrtes Götterpaar: Isis und Osiris, hier sitzend in einem Flachrelief zusammen mit ihrem Sohn Horus (in der Mitte) dargestellt.

DIE GESELLSCHAFT HOMERS

Der König, oder besser die Könige, standen in der Gesellschaft Homers an der Spitze, doch jeder freie Bürger konnte eine Versammlung einberufen, um über wichtige Fragen zu beraten, wie es Achill zu Beginn der *Ilias* tut.

Die Gesellschaft Homers, wie sie uns in *Ilias* und *Odyssee* präsentiert wird, kulminiert in der Figur des Königs, auch wenn er weder Alleinherrscher noch mit den Göttern verwandt oder selbst ein Halbgott ist, wie es etwa die persischen oder hellenistischen Könige waren. Bei Homer gibt es viele Könige, und jeder steht an der Spitze seiner Dorfgemeinschaft, des *oikos*. Je größer diese Gemeinschaft ist, umso mehr Einfluss hat der König unter seinesgleichen. Doch handelt es sich keineswegs um absolute Macht. Wie wir gesehen haben, nimmt in der *Ilias* Achill, der die Waffen niedergelegt hat, diese nicht auf Befehl des Agamemnon wieder auf, sondern weil es ihn gelüstet, seinen von Hektor getöteten Freund Patroklos zu rächen.

Heimkehr
Gobelin aus dem 16. Jh. mit der Rückkehr des Odysseus nach Ithaka als Motiv.

Mutter und Sohn
Penelope und Telemachos während Odysseus' Abwesenheit in Ithaka: ein beliebtes Motiv in der Kunst, hier auf einer Vase aus dem 5. Jh. v. Chr.

Homerischer Held
Der griechische Held Diomedes als Motiv einer Skulptur aus der hellenistischen Zeit. Er nahm am Trojanischen Krieg an der Seite seines Freundes Odysseus teil und raubte mit ihm das Palladion (Götterbild der Athene) aus Troja.

Das Beispiel des Telemachos

Jeder König befiehlt über die Männer in Waffen und wohnt der Versammlung seiner freien Untertanen bei, um über die Gemeinschaft betreffende Themen zu beraten. Der 2. Gesang der *Odyssee* beginnt mit der Einberufung der Versammlung der Ithaker durch Telemachos, Sohn des abwesenden Odysseus, bei der der junge Prinz seinem Volk seinen Schmerz über die Abwesenheit des Vaters und die unrechte Behandlung seiner Mutter und seines Besitzes mitteilt: »...*Zuerst verlor ich den guten Vater, euren König, der euch mit Vaterliebe beherrschte. Und nun leid' ich noch mehr: mein ganzes Haus ist vielleicht bald tief ins Verderben gestürzt, und all mein Vermögen zertrümmert! Meine Mutter umdrängen mit ungestümer Bewerbung Freier, geliebte Söhne der Edelsten unseres Volkes*« (Homer, *Odyssee*, II, 46–51).

Aus dieser misslichen Lage konnte sich Telemachos nur befreien, indem er sich auf die Suche nach Spuren des Vater machte. Wenn er herausfand, dass dieser bald zurückkehrte, wäre das Machtvakuum beendet. Sollte er jedoch von seinem Tod erfahren, müsste er sich entscheiden, ob er nun für den Vater Rache nehmen oder König von Ithaka werden wollte. Archaisch und voll von Widersprüchen, erlaubte die homerische Welt kein allzulanges Fernbleiben von der Macht.

Ausdruck der Übereinstimmung

Obwohl der König der Volksversammlung vorstand, musste es nicht unbedingt er sein, der sie einberief, jeder freie Untertan konnte das tun. Zu Beginn der *Ilias* ist es ja eben Achill, der die Versammlung der Achäer zusammenruft, um Vorkehrungen gegen die Pest zu treffen, die viele Krieger dahinraffte. Jeder freie Mann konnte daran teilnehmen und das Wort ergreifen. In diesem Fall schwang er ein Szepter, das ihn unangreifbar machte, während er sprach. Die homerische Volksversammlung kannte kein Abstimmungssystem, man schlug stattdessen, wie es Tacitus auch von den Germanen beschrieb, mit den Waffen gegen die Schilde, um Zustimmung auszudrücken. Ablehnung bedeuteten laute Zwischenrufe, Geschrei und Gemurmel, während der Redner sprach. Die Meinung der Versammlung war zwar nicht bindend für den König, doch er blieb dadurch am Puls der öffentlichen Stimmung, der er in der einen oder anderen Weise Rechnung tragen musste. Heutige Regierungen tun dies, indem sie Umfragen in Auftrag geben.

Die Pflicht der Gastfreundschaft

Ein weiteres Detail aus der Welt Homers muss zum tieferen Verständnis ihrer Gesetzmäßigkeiten erwähnt werden, nämlich die Bedeutung der Pflichten der Gastfreundschaft. Die Gastfreundschaft galt in dem Ausmaß als heilig, dass selbst während des Trojanischen Krieges zwei Feinde, Diomedes und Glaukos, in ihrem Namen auf einen Zweikampf verzichteten und Geschenke austauschten. Ebenso hat wahrscheinlich nicht so sehr der Raub der Helena durch Paris den Trojanischen Krieg ausgelöst, sondern vielmehr die Verletzung der Regeln der Gastfreundschaft, die Menelaos diesem gewährt hatte.

Der Casus Belli
Oben: Paris und Helena, *von Jacques-Louis David. Paris, der jüngste Sohn des mystischen Königs von Troja, Priamos, wurde nach Sparta geschickt, wo er Helena verführte und raubte. Diese Episode löste den Trojanischen Krieg aus.*

König von Sparta
Als Sohn des Atreus, des Königs von Mykene, und Bruder des Agamemnon wurde Menelaos durch die Hochzeit mit Helena, der Tochter des Tindaros, König von Sparta. Unten: *etruskische Vasenmalerei mit Menelaos und Aphrodite.*

ÄMTER UND VERSAMMLUNGEN IN DER *POLIS*

Zwei Verfassungen, die eine einfach und spartanisch im wahrsten Sinne, und eine komplexere wie jene Athens, markieren den Unterschied zwischen der archaischen, oligarchischen *polis* und den Anfängen der Demokratie.

Verlassen wir nun die Welt Homers und begeben uns in jene der *poleis* des 5. Jh. v. Chr., so finden wir rund 500 Jahre später ein bereits weitaus komplexeres und ausgereifteres politisches und rechtliches System vor, aber auch ein gänzlich anderes Szenario: Anstelle des Bandes der Gastfreundschaft vereint die Städte nun ein Bund, der in einer der *poleis* errichtet wurde, die mit Argusaugen über die Einhaltung der Bedingungen wacht. Nun ist es auch nicht mehr ein einzelner Held, der Angriffslust verspürt, sondern gleich eine ganze *polis*. Ja, das gesamte politische und rechtliche System scheint so ausgerichtet zu sein, dass sich die Aggressivität kollektiv nach außen richtet, um im Inneren des Stadtstaates möglichst stabile Verhältnisse zu haben. Sparta und Athen repräsentieren nun beide Arten der *polis*, die oligarchische und die mehr demokratisch organisierte. Wenden wir uns also ihren Verfassungen als exemplarisch für Griechenland zu.

Die Inkarnation des Geistes der Spartiaten
Moderne Statue des Leonidas, des Helden vom Thermopylenpass, der Mut und Kampfgeist der Spartiaten verkörpert.

Die Akropolis von Sparta
Allzu spartanisch war das Leben in Sparta offenbar nicht. In der Stadt gab es zahlreiche Monumente, von denen heute freilich nur Ruinen geblieben sind.

Porträt eines Strategen
In der polis *lag die militärische Macht in den Händen des Strategen: Im heutigen Sprachgebrauch steht dieser Begriff für eine Person, die Menschen und Mittel für einen bestimmten, nicht notwendigerweise militärischen Zweck optimal einzusetzen versteht.*
Links: römische Kopie eines Strategenkopfes.

Sparta

Sparta erkannte nur eine geringe Anzahl seiner Einwohner als Vollbürger an. Diese trugen ständig Waffen und waren immer bereit zu kämpfen. Dafür genossen die so genannten Spartiaten als Einzige politische Rechte, nämlich zu wählen und zu kämpfen. Zivile Rechte in dem Sinne, dass ihr Eigentum und ihre Arbeit und ihre Familien durch das Gesetz geschützt wurden, besaßen auch die Perioiken, jene Händler und Handwerker, die rund um die Stadt (von griech. *peri oikos*, um die Gemeinschaft) lebten. Die lokal angesiedelten Heloten hatten keinerlei Rechte und arbeiteten als Leibeigene auf den Feldern der Spartiaten. In Friedenszeiten veranstalteten Letztere mit ihnen oft regelrechte Hetzjagden, um in Übung zu bleiben. Die Verfassung von Sparta sah eine Versammlung vor, welche den Spartiaten vorbehalten war, die das dreißigste Lebensjahr vollendet hatten. Diese konnte einem Ältestenrat von 28 Spartiaten, die nicht mehr kämpften, der *gherusia*, Vorschläge unterbreiten. Dieser Rat hatte die eigentliche Macht und ließ seine Beschlüsse dann von den zwei Königen ausführen, die die militärische Macht innehatten. Jedoch wurden sie der Kontrolle der obersten Richter, der Ephoren, unterstellt. Diese Verfassung suchte Sparta Ende des 6. und Anfang des 5. Jh. in allen Städten durchzusetzen, die dem Peloponnesischen Bund angehörten.

Athen

In Athen hatte die Reform des Kleisthenes den Adel entmachtet. Der Gesetzgeber hatte das Athener Volk in zehn Stämme nach ihrem Wohnort eingeteilt. Grundbedingung für das Bürgerrecht waren Geburt und Wohnsitz in Athen; Perikles fügte noch hinzu, dass beide Eltern Athener sein mussten. Die Bürger nahmen an der *ekklesia*, der Volksversammlung, teil, die nicht nur Fragen öffentlichen Interesses erwog und debattierte, sondern auch die Ämter durch Wahl besetzte. Die neun Archonten, die die zivile Macht ausübten, und die Strategen, die das Heer befehligten, durften nur unter den nobelsten Familien ausgewählt werden. Die Versammlung entsandte auch die 500 Mitglieder der *bule*. Dieser Organismus bestand aus je 50 Vertretern für jeden Stamm und erwog Vorschläge der anderen Beamten, arbeitete Gesetzesentwürfe aus, die der *ekklesia* zur Abstimmung unterbreitet wurden und übte die Funktion eines Rats der Exekutive aus, indem Dekrete verabschiedet, die Anwendung der Gesetze überwacht und Rechenschaftsberichte der Ämter kontrolliert worden. Auch Polizei- und Justizverwaltungsaufgaben gehörten dazu. Die *ekklesia* wählte außerdem die Richter der *eliea*, des Gerichts von Athen, das jedoch nicht über Bluttaten befand, die nur im Areopag verhandelt wurden. Letzterer war ursprünglich das einzige permanente Organ des Staates, dessen Ämter zunächst nicht durch Wahl, sondern durch Erbfolge besetzt wurden, später designierte man ehemalige Archonten dazu. Der Rat hatte die Kontrolle über Gesetze, Moral, Religion, praktisch das gesamte öffentliche Leben in Athen inne. Mit der zunehmend demokratischen Entwicklung der Stadt verlor er jedoch immer mehr an Bedeutung, bis ihn Perikles 462/61 v. Chr. im Zuge der Reformen auf ein Gericht für Gewaltdelikte reduzierte. Auch Athen erlegte sein Modell einer Verfassung den Städten des Delisch-Attischen Seebundes auf.

Ekklesia und Ämter
Alle Athener Vollbürger konnten an der Versammlung der ekklesia *teilnehmen, zu deren vielfältigen Aufgaben zählte auch die Wahl der Beamten. Oben: Skulptur aus alexandrinischer Zeit, die einen Würdenträger in der Toga darstellt.*

Regierungssitz
In dieser Rekonstruktion der Ostseite der agora *von Athen sieht man links die* tholos*, einen Rundbau, in dem die 50 Vertreter der* bule *residierten.*

Bürger und Bürgerrechte

Die Freiheit der Bürger, der Politik und den gesellschaftlichen Pflichten in der *polis* nachzugehen, war durch die Arbeit der Sklaven und der Frauen gewährleistet, denen jedoch keinerlei Rechte zuerkannt wurden.

Der Vollbürger einer *polis* war, wie wir bereits festgestellt haben, generell berechtigt, an den militärischen Operationen und den politischen Entscheidungen seines Stadtstaates teilzuhaben. In den Städten mit stärker demokratisch orientierter Verfassung wie Athen war damit bereits ein Wahl- und Abstimmungsrecht verbunden, in jenen mit noch überwiegend oligarchischer Struktur konnten die Bürger lediglich Vorschläge unterbreiten, über die sodann ein Ältestenrat beriet.

Kleines Handwerk
Unten: *Scherenschleifer, Skulptur im hellenistischen Stil aus dem 3. Jh. v. Chr.*

Ein nobles Viertel
Die Hauptstraße des Theaterviertels von Delos. Dies war die breiteste und schönste Straße der Insel und erstreckte sich bis zum Handelshafen.

POLITIK UND RECHTSWESEN 85

Die freien Bürger

Die Bürger in Sparta waren eingeschworene Gruppen, ständig mit der Ausübung der Kampfkünste beschäftigt und stammten alle aus denselben sozialen Rahmenbedingungen, weswegen dort unter diesem Gesichtspunkt alle »gleich« waren. In Athen dagegen handelte es sich um eine bei weitem differenziertere Gruppe aus unterschiedlichen Schichten. Da sie nicht nur zahlenmäßig größer, sondern auch geschichtlich besser dokumentiert ist, wollen wir hier dem Athener Bürgertum größere Aufmerksamkeit schenken. An der Spitze der Rangordnung standen Familien mit Großgrundbesitz und Einkünften aus Handel oder Bergbau, denen die hohen Ämter wie das des Archonten und Strategen vorbehalten waren. Freiberufler, Handwerker, Kaufleute, Händler und kleine Grundbesitzer waren weiter unten in der sozialen Rangordnung angesiedelt. Sie mussten ihren Lebensunterhalt aus der täglichen Arbeit bestreiten, konnten jedoch in Friedenszeiten immer noch die Zeit aufbringen, an Versammlungen teilzunehmen. In den Gymnasien pflegte man gesellschaftliche Kontakte und ging ins Theater, um am kulturellen Leben teilzuhaben.

Schreiner
Tonstatuette eines Schreiners (5. Jh. v. Chr.) aus Böotien, der historischen Region im östlichen Zentralgriechenland.

Herren und Sklaven
Diese Laterne aus gebranntem Ton aus dem 2. Jh. v. Chr. zeigt einen Betrunkenen, der von einem Diener gestützt wird.

Die Sklaven

Doch was ermöglichte ihnen diesen Freiraum, der auch dazu benötigt wurde, besonders die Jungen auszubilden, um bei gegebenem Anlass die eigene *polis* zu verteidigen? Es war die Knechtschaft oder Sklaverei im gesamten System der produktiven Wirtschaft und der gesellschaftlichen Struktur. Sie arbeiteten in den Minen, auf dem Feld, in den Werkstätten der Handwerker, in den Kontoren der Händler, erledigten die Arbeit in den Haushalten der Reichen und Wohlhabenden und verschafften den Bürgern so die Zeit, die sie brauchten, um sich um die Politik, die Kunst des Kampfes und das Gesellschaftsleben zu kümmern. Ein Großgrundbesitzer etwa setzte als Aufseher über die Arbeiter geeignete Sklaven ein und musste sich nur noch zu Kontrollzwecken um die Bestellung seines Landes kümmern, ebenso verfuhren die Eigentümer von Bergwerken. Selbst Freiberufler und Händler, ja sogar kleine Landbesitzer kamen nicht ohne die Arbeit ihrer Sklaven aus und delegierten ihnen die weniger interessanten Aufgaben. Doch woraus bestand dieses Heer an Sklaven? Nachdem Solon die Schuldknechtschaft abgeschafft hatte, blieb als einziger Weg zur Beschaffung von Sklavenarbeitskraft der Krieg und der Markt. Parallel zur Entwicklung und Ausbreitung der *polis* florierte der Handel mit dieser menschlichen Ware bestens. Siegreiche Feldzüge gegen die so genannten Barbaren, wie etwa Thraker oder Skythen, oder ins afrikanische Umland von Kyrene brachten reiche Beute, die Sklavenhändler sodann auf den Hauptumschlagplätzen der griechischen Welt feilboten. Das konnte eine bestimmte Insel der Ägäis sein, wie etwa Delos, oder einfach die *agora* irgendeiner neu gegründeten *polis*, in der gerade verstärkt Arbeitskräfte gebraucht wurden.

Die kostbare Freiheit

Die Sklaven waren menschliche Ware, einmal erworben, gingen sie ins Eigentum ihres Herrn über. Doch für die Glücklicheren unter ihnen gab es dennoch Möglichkeiten, die Freiheit zu erlangen. Nicht selten schenkten großzügige Herren ihnen diese als Anerkennung für besondere Dienste, doch hatten zu dieser Möglichkeit fast nur Haussklaven Zugang, die im Übrigen meist relativ angenehme Lebensbedingungen genossen. Ein Leibeigener, der das Feld bestellte oder in einem Bergwerk arbeitete, kam nur höchst selten in den Genuss dieser Gnade. Es gibt auch dokumentierte Fälle der Freilassung von Sklaven, die höher qualifizierte Arbeiten oder Dienstleistungen erbrachten. Ihnen gestand ihr Gebieter oft ein Gehalt zu, das sie sparten, um sich eines Tages von der Knechtschaft freizukaufen. Erreichten sie dies, genossen sie eingeschränkte Bürgerrechte. Sie konnten einer

Die Sklavenhaltung in Ägypten
In der ägyptischen Mentalität war, zumindest während des Alten Reiches (2686–2173 v. Chr.), das Konzept der Sklavenhaltung anders als in der klassischen Antike. Die einzigen Individuen ohne jegliche Freiheit und Recht waren die Kriegsgefangenen.
Links: Sklaven in einer Wandmalerei aus Theben.

LEBENDE MASCHINEN

Die Arbeit der Sklaven und Frauen verschaffte den freien Männern die Zeit, sich mit Politik und Gesellschaftsleben zu beschäftigen, indem sie ihnen Arbeiten abnahmen, die ansonsten jede freie Minute beansprucht hätten. Besonders die Sklaven wurden zu Arbeiten herangezogen, die heute zu einem großen Teil von Maschinen erledigt werden. Es ist kein Zufall, wenn Aristoteles die Sklaverei eben mit dem Argument verteidigt, dass ein solcher Automatismus damals noch unvorstellbar war: »*Wenn jedes Werkzeug vermöchte seine Bestimmung selbst oder auf einen Befehl zu vollziehen, so wie es heißt von den Standbildern des Dädalus oder den Tripoden des Hephaistos, die, wenn sie das Wort des Dichters hören, ›aus eigenem Antrieb in göttliche Geschäftigkeit treten‹* [Hom., Il., XVIII, 376], *wie auch Spulen webten von selbst und das Plektrum alleine die Laute schlüge, so bräuchten Handwerker keine Helfer und Herren keine Sklaven.*« (Politica I, 4; dt. nach it. Übers. von R. Laurenti)

Billige Arbeitskraft
Bei allen antiken Kulturen stellten die Sklaven den Großteil der Arbeitskraft für die niedrigen Aufgaben. Rechts: assyrisches Tiefrelief mit einer Gruppe von Sklavenarbeitern, die gemeinsam eine Kolossalstatue ziehen.

Spinnerinnen
Die Frauen spielten eine wichtige Rolle in der häuslichen Wirtschaft. Diese Keramik aus dem 5. Jh. v. Chr. zeigt einige Spinnerinnen bei der Arbeit.

Arbeit nachgehen und eine Familie gründen, besaßen jedoch kein Mitspracherecht in der Politik. Häufig lebten sie weiter in der Nähe ihres ehemaligen Besitzers und verrichteten kleinere Dienste für ihn. Mit der Summe, die sie für die Freiheit zu bezahlen hatten, konnte sich der Besitzer einen jüngeren Sklaven kaufen. Ihr Schicksal war unterschiedlich, manche von ihnen lebten in menschenunwürdigen, andere in akzeptablen Umständen, sie stammten aus zahlreichen Ländern, sprachen verschiedene Sprachen und waren des Griechischen oft nicht mächtig: So gelang es den Sklaven in der hellenischen Welt nie, sich zu organisieren und gegen ihre Unterdrücker zu rebellieren. Platon riet den Besitzern großer Sklavenkontingente deshalb, sie unter möglichst vielen verschiedenen Nationen auszuwählen und sie niemals gleich zu kleiden, damit sie einander nicht erkennen und eine potenziell gefährliche Solidarität entwickeln konnten.

Die Lage der Frauen

Eine andere große Gruppe, welcher die politischen Rechte vorenthalten wurden, waren die Frauen der freien Männer. Von Kindesbeinen an wurden sie zum Schweigen und zur Unterwerfung unter männliche Familienmitglieder erzogen. Man brachte ihnen nur häusliche Arbeiten bei, denn die erste Pflicht der griechischen Frau war die Kindererziehung. Natürlich kam es hier stark darauf an, welcher sozialen Schicht die Familie angehörte. Die Frauen reicher Männer hatten viele Sklaven, die ihnen bei der Arbeit zur Hand gingen, solche aus den weniger wohlhabenden Schichten mussten oft allein mit allen Pflichten fertig werden. In reichen Familien waren den Frauen außerdem eigene Gemächer zugewiesen, die im Inneren der Häuser lagen. Sie hielten sich dort mit Sklaven und Töchtern auf, während den Männern die frei zugänglichen, offenen Räumlichkeiten zum Empfang von Freunden und Geschäftspartnern vorbehalten waren. Die Frauen blieben zudem mehr im Haus, während sich die Männer frei in der Stadt bewegten.

Mutterpflichten
Diese in Sizilien aufgefundene Skulptur zeigt eine Göttin beim Säugen von Zwillingen.

Die hellenistischen Monarchien und ihre Untertanen

An der Spitze der hellenistischen Gesellschaft stand der König, gleich darunter rangierten die privilegierten Schichten wie Aristokraten, Bankiers und Händler, an der Basis jene, die seit jeher ausgebeutet wurden.

Die politische Stabilität der hellenistischen Königreiche stützte sich hauptsächlich auf zwei Faktoren. Zum einen besaßen sie ein starkes Heer, dessen Herzstück die makedonische Phalanx war. Es wurde rein griechisch-makedonisch geführt, Söldner wurden nur für die Infanterie- und Kavallerieabteilungen rekrutiert. Diese Heere verfügten außerdem über eine effektive Waffe, die Elefanten. Entsprechend eingesetzt, brachen sie durch jede feindliche Linie. Zum anderen sorgte ein straff organisierter bürokratischer Apparat dafür, dass einmal eroberte Gebiete und deren Bevölkerung unter hellenistischer Kontrolle blieben. Hellenistische Könige hatten auch

Tanagrinerinnen
In Tanagra, einer Stadt in Böotien, wurden herrliche Terrakotten aus der hellenistischen Zeit gefunden. Die Statuetten zeigen, wie die oben abgebildeten, Frauen aus der Stadt in fantasievoller, vielfältiger Tracht und lebendigen Farben.

Alexander tötet einen Feind
Der Kern des Heeres der hellenistischen Reiche bestand aus griechisch-makedonischen Offizieren, den Erben des militärischen Erfolges Alexanders des Großen.

keine Scheu, sich mit fähigen Ministern und Beamten zu umgeben, die – generell griechischstämmig – die große Kultur der *polis* zum Hintergrund hatten. Durch ihr Geschick im Umgang mit dem Adel der unterworfenen Völker konnten sie gute Beziehungen zu der einstigen Elite aufbauen und deren weiterhin wirksamen gesellschaftlichen und wirtschaftlichen Einfluss für sich nutzen.

Aristokraten, Bankiers und Kaufleute

Wie war die Gesellschaft der hellenistischen Monarchien nun aufgebaut? Wenn der König der absolute Herrscher aller eroberten Gebiete war, wie sah die vielfältige Welt seiner Untertanen aus? Eine privilegierte Schicht war die griechisch-makedonische Aristokratie, die weiterhin in den ursprünglichen Stadtstaaten lebte und neue in den eroberten Ländern gründete. Meistens handelte es sich um blühende Städte,

Das Mausoleum von Halikarnassos

Mausolos (4. Jh. v. Chr.), ein hellenistischer König aus Karien in Kleinasien, wollte aus dem in einem natürlichen Amphitheater an der Ägäisküste gelegenen Ort Halikarnassos eine mondäne und funktionelle Hauptstadt machen. Von seinen imposanten Plänen blieben die Überreste des nach ihm benannten Monumentalgrabes (Mausoleum). Unten rechts: Kolossalstatue, die vermutlich den Herrscher darstellt. Rechts: Rekonstruktion des Mausoleums, das als eines der Sieben Weltwunder betrachtet wird.

die viel größer waren als in den vorhergehenden Jahrhunderten. Der Reichtum stammte aus den Eroberungen und der enormen Ausdehnung, die der griechisch-makedonische Markt erfahren hatte. Daher waren die direkten Nutznießer findige Kaufleute und Bankiers griechisch-makedonischen Ursprungs, ein weiterer privilegierter Stand. Die einen konnten mit ihren Waren nun international auf einem Markt operieren, der vom Indus bis nach Westeuropa reichte, die anderen profitierten von der enormen Masse an Geldern, die dadurch im Umlauf waren. Das Militär, die Beamten, Aristokraten, Bankiers und Kaufleute aus Griechenland und Makedonien sowie die einheimische Aristokratie der eroberten Gebiete bildeten somit die privilegierten Klassen des neuen Entwurfs der Monarchie, der von der Macht des Königs gestützt und getragen wurde.

Die kleinen Leute

Für einige jedoch hatte sich dadurch gar nichts geändert: Die alte Basis des gesellschaftlichen Gefüges in der orientalischen Welt, das kleine Volk und die Bauern, mussten weiterhin unter teilweise ärmlichsten Bedingungen den täglichen Bedarf der gesamten Bevölkerungspyramide produzieren. Auch die griechisch-makedonischen Schichten traf es hier nicht besser, oft sogar schlechter, denn durch die Inflation, die die Einführung der neuen, enormen Reichtümer und der gesteigerte Bedarf an Zahlungsmitteln gebracht hatte, konnten sie mit ihren kleinen handwerklichen Betrieben kaum noch ihren Lebensunterhalt verdienen. Sie waren auf gelegentliche Zuwendungen des Königs angewiesen, und viele von ihnen ergriffen die Gelegenheit auf eine neue Chance in einer der neu gegründeten Städte jener Zeit.

Handelsstadt
In der hellenistischen Periode war Ephesus ein blühendes Handelszentrum mit eleganten Wohnvierteln. Oben: edel ausgestattete Innenräume eines privaten Wohnhauses.

DELIKTE UND STRAFEN: VON DER BLUTRACHE ZUM GERICHT

Mit der Entwicklung und Verbreitung der *polis* entstand auch das Strafrecht zum Schutze ihrer Bürger. Anstelle der Blutrache befand nun ein Gericht über Schuld und Sühne.

Während in der homerischen Welt auf eine Gewalttat oder einen Mord noch ganz selbstverständlich mit Vergeltung in gleicher Münze entweder durch eigene Hand oder einen Verwandten reagiert wurde, ändert sich dies mit der Entwicklung der *polis* jedoch grundlegend. Ab dem 7./6. Jh. v. Chr. entsteht in vielen Städten, etwa in Dreros auf Kreta, in Kyme in Äolien, in Mytilene auf Lesbos und in Lokri an der Küste Kalabriens, ein Kodex aus schriftlich definierten Delikten nebst den dafür vorgesehenen Strafen. Diese Gesetze wurden auf Steintafeln an den wichtigsten Begegnungsorten der Bevölkerung aufgestellt, damit sie jeder lesen konnte. Ziel dieser Maßnahmen war es, Übeltäter abzuschrecken und die Entscheidung über Recht und Unrecht der von Willkür geführten Hand der Mächtigen zu entziehen und in die gerechtere der Staatsführung zu legen.

Gesetze über Tötungsdelikte

Glücklicherweise verfügen wir heute über ausreichende Informationen über die Gesetze zu Tötungsdelikten, die ab dem Ende des 7. Jh. v. Chr. von Drakon in Athen erlassen wurden. Sie markieren das Ende der Blutrache und die Geburtsstunde des Straf-

Göttliches Urteil
Weil er das Feuer gestohlen und den Menschen gegeben hatte, wurde Prometheus von Zeus an einen Felsen gekettet, und ein Adler fraß seine Leber, die immer wieder nachwuchs. Von dieser schrecklichen Strafe befreite ihn Herakles. Diese dramatische Episode ist das Motiv dieser detailreichen Vasenmalerei aus dem 7. Jh. v. Chr.

Der Tempel des Apoll in Delphi
Für den Vollzug der Gesetze hatte das Orakel von Delphi große Bedeutung. Seine Sprüche verbanden die menschliche Urteilsfindung mit der göttlichen. Die Pythia antwortete auf diese Fragen sitzend auf ihrem Dreifuß im adyton, *dem innersten Teil des Tempels des Apoll, den kein gewöhnlicher Sterblicher betreten durfte.*

POLITIK UND RECHTSWESEN

Gesetzestext
Oben: Eingemeißelt in eine Marmorstele wurde dieser Gesetzestext in Mytilene im 4. Jh. v. Chr. der Öffentlichkeit kundgetan.

rechts. Drakon ordnete an, dass ein des Mordes Beschuldigter nicht mehr der Rache und den Repressalien der Familie des Ermordeten ausgesetzt sein sollte, sondern in einem öffentlichen Prozess verurteilt werden sollte. Sein Gesetz unterschied auch zwischen vorsätzlichem Mord und Totschlag. Im ersten Fall trat die Todesstrafe in Kraft, im zweiten wurde der Schuldige verbannt. Außerdem wurde erwogen, in welchen Situationen es gerechtfertigt (*dikaios*) sein könnte, jemanden zu töten und ein Freispruch zu fällen sei. Wer sich selbst gegen einen Angriff verteidigte, der tödlich gewesen wäre, fiel in diese Kategorie – eine Verantwortung, die wir noch heute als Notwehr kennen. Allerdings galt auch der Mord an jemandem, den man auf frischer Tat beim Vollzug sexueller Handlungen mit der eigenen Frau, Mutter, Tochter oder Konkubine ertappte, als gerechtfertigt, ging es dabei doch um die Rettung der eigenen Ehre. In einer männlich dominierten Welt wie der griechischen war dies ein ausreichender Grund. Weiters ist zu erwähnen, dass Gesetze und ihre Anwendung sich oft auf das Orakel von Delphi stützten – seine Sprüche hatten den Stellenwert juristischer Regeln. Ein Beispiel hierfür ist der Ritus, bei dem nach jeder Bluttat eine Reinigungszeremonie erfolgen musste. Verabsäumte eine Stadt dies nach der Beschmutzung (*miasma*) durch das Vergießen von Blut, riskierte sie, in der Folge von schrecklichen Katastrophen wie Hungersnot, Dürre oder Pest heimgesucht zu werden. Allerdings wurde die Anwendung dieser Gesetze, so konsequent sie auf den gesamten Bürgerstand erfolgte, ziemlich nachlässig gehandhabt, wenn das Opfer ein Sklave war.

OSTRAKISMUS: DAS SCHERBENGERICHT

Auf der *agora* von Athen wurden etwa 1200 *ostraka* wie die unten gezeigten gefunden. Es handelt sich um Tonscherben, die man im 5. Jh. v. Chr. benutzte, um für die Verbannung von Missliebigen zu stimmen. Darauf wurden die Namen der Personen geschrieben, die man für zehn Jahre aus der Stadt verbannen wollte. Unter den Verurteilten befand sich auch Perikles. Am Tag der Abstimmung fanden sich die Athener in Abteilungen nach den Stämmen auf der *agora* ein und gaben ihre Stimme ab. Die Abstimmung war geheim, Analphabeten durften sich jedoch von einem Nachbarn helfen lassen. Für eine gültige Wahl mussten mindestens 6000 *ostraka* abgegeben werden. Oft fielen dem Ostrakismus Politiker zum Opfer, die zu machthungrig geworden waren.

Für und wider die Todesstrafe

Vor der Athener Volksversammlung lieferten sich zwei Meister der Rhetorik, Kleon und Diodotos, im 5. Jh. v. Chr. ein mit subtiler Dialektik gespicktes Rededuell über die Todesstrafe.

Im Laufe des Peloponnesischen Krieges fällt eine Stadt vom Bündnis mit Athen ab und schließt sich dem Peloponnesischen Bund an: Mytilene. Eine oligarchische Regierung hatte die demokratische gestürzt und die Neuorientierung veranlasst. In Athen überlegt man nun, welche Strafe für das mittlerweile belagerte Mytilene angemessen sei. Es bilden sich zwei Parteien in der Versammlung, auf der einen Seite jene, die alle Einwohner töten lassen wollten, um ein Exempel für andere Verbündete zu statuieren, und jene, für die nur alle direkt für den Verrat am Bündnis Verantwortlichen zum Tode zu verurteilen sind. Es wird abgestimmt, und die Mehrheit ist für das Massaker. Nun wird eine Triere auf den Weg geschickt, um für Ordnung zu sorgen und den Beschluss auszuführen. Jedoch berichtet Thukydides, dass am nächsten Tag noch einmal über die Notwendigkeit einer so drastischen Maßnahme debattiert wird. Wieder stehen sich die beiden Fronten gegenüber. Der ehrgeizige Demagoge Kleon tut sich unter den geschickten Rednern, die im Interesse der Zurschaustellung ihrer Überzeugungskraft das Schicksal einer ganzen Stadt aufs Spiel setzen, besonders hervor.

Büste des Demosthenes
Der Athener Redner und Politiker Demosthenes (384–322 v. Chr.) war ein Meister seines Fachs und verstand es, selbst ungestüme Schmähreden mit größter Finesse auszustatten. Er war ein mutiger und leidenschaftlicher Verteidiger der Unabhängigkeit seiner Heimat von der makedonischen Hegemonie und vergiftete sich selbst, um nicht den Gegnern in die Hände zu fallen.

Feldzug zur See
Detail aus der Dekoration eines Kraters mit einem Schiff mit Soldaten an Bord.

Er betont die Gefahr, die Athen aus dem Verrat der Mytilener erwächst, und drängt sie, nicht weiter über ihren gefassten Entschluss nachzudenken, denn eine Stadt, deren Beschlüsse respektiert würden, selbst wenn sie ungerecht seien, wäre viel stärker als eine, die lange überlege aber nicht handle. Schlau setzt Kleon Argumentationskunst und Wortgewalt aggressiv gegen die einstigen Verbündeten ein und zeigt damit, laut Thukydides, das hässlichste Gesicht der Athener Macht, seinen Imperialismus, der jede Rebellion blind niederschlägt, anstatt sie im Vorfeld zu verhindern. Doch nun tritt ein Redner aus dem Dunstkreis des Perikles auf, Diodotos, den ganz andere Absichten beseelen. Mit subtilem Geschick gelingt es ihm, die Aufmerksamkeit der gesamten Zuhörerschaft, auch die seiner Gegner, zu gewinnen, indem er aufzeigt, als einziges Kriterium das Wohl seiner Stadt im Blickfeld zu haben: *»... Selbst wenn ich demonstrierte dass sie [die Mytilener] völlig im Unrecht seien, könnte ich euch nicht raten, sie alle zu ermorden, wenn es der Stadt nicht nützte; ebenso wenig könnte ich euch raten, sie alle laufen zu lassen, so sehr sie auch Gnade verdienten, wenn es der Stadt nicht von Nutzen wäre.«* (Thukydides, 3, 44; dt. n. it. Übers. v. C. Moreschini) Damit hatte der Redner den Geist der Zuhörer für seine Argumentation vorurteilsfrei zugänglich gemacht. Ehe er jedoch den Fall der Mytilener erörterte, holte Diodotos weiter aus. Er demonstrierte, welch eine ineffiziente Repressalie die Todesstrafe doch sei, da man gut sehen könne, dass die Verbrechen trotzdem noch immer geschähen. Sein Vortrag über die Nutzlosigkeit der Todesstrafe in einer Gesellschaft, die diese ständig ohne zu zögern anwandte, ist ein bemerkenswertes Dokument: *»… In vielen Städten steht die Todesstrafe auf viele Delikte, selbst auf Delikte viel geringerer Tragweite als die Strafe selbst. Doch, von der Hoffnung getrieben, setzen sich Übeltäter dennoch immer und immer wieder dieser Gefahr aus, und niemand hat sich je in Gefahr begeben, nachdem er selbst urteilte, dass das Unternehmen nicht gelingen könne. Welche Stadt hat je einen Aufstand versucht, mit einer Vorbereitung (und sei es mit Hilfe Verbündeter), die in ihren Augen ungenügend war und durch die das Unternehmen scheitern müsse? Es ist in der Natur, dass alle, seien es Einzelne oder Staaten, sich schuldig machen, es gibt kein Gesetz das zu hindern; denn alle Strafen haben die Menschen schon durchversucht, immer steigernd, um so vielleicht Ruhe zu bekommen vor den Frevlern. Wohl waren einst die Strafen für große Missetaten geringer, doch da die Verbrechen anhielten, hat man immer schärfere gefunden, bis zur Todesstrafe, und immer noch wurde das Gesetz gebrochen. Entweder gilt es also noch einen gewaltigeren Schrecken zu erfinden, als diesen – oder es gibt kein Hindernis.*

Überreste des antiken Mytilene
Von der antiken Stadt Mytilene, einst der Hauptstadt der Insel Lesbos, blieben nur wenige Überreste in den Wäldern am Hügel der einstigen Akropolis.

Die Insel Lesbos
Lesbos ist nach Kreta und Euböa die drittgrößte Insel Griechenlands. Sie gehört zur Gruppe der Nordägäischen Inseln und liegt vor der Küste Anatoliens, nur 10 km vom Festland entfernt.

Denn die Armut, die verwegen ist aus Not, und die Macht, habgierig aus Frevelmut und Stolz, und alle anderen Lebensumstände, wie sie die Menschen mit irgendeiner Leidenschaft fassen, sie alle reißen mit ihren wechselnden Übergewalten unwiderstehlich zum Wagnis.« (Thuk. 3, 45; dt. n. it. Übers. v. C. Moreschini).

Da die Todesstrafe offensichtlich kein Abschreckungsmittel sein kann, wenn jemand sich in einer Lage befindet, in der er ein Gesetz zu brechen imstande ist, wird sie auch im Umgang mit den Mytilenern nicht diese Wirkung entfalten, ja sogar der Macht Athens noch schaden. Machte man die ganze Stadt dem Erdboden gleich, verlöre Athen nicht nur die Tributzahlungen, sondern liefe auch Gefahr, dass sich andere Städte des Bundes, durch das Beispiel Mytilenes angestachelt, zum gemeinsamen Aufstand zusammenschlössen. Daher schlug er vor, nur die direkt für den Verrat Verantwortlichen hinzurichten und in Zukunft dafür Sorge zu tragen, dass in einer verbündeten Stadt nicht die Bedingungen für den Aufstand keimten. Dazu müsse die Politik mit den Bündnispartnern nicht ausbeuterisch umgehen, sondern ein Klima der Hilfsbereitschaft, des Austauschs und des gemeinsamen Nutzens schaffen. Mit seiner Rede erreichte er eine neue Abstimmung, die zwar knapp, aber dennoch zu Gunsten der Mytilener ausging. Eine weitere Triere mit neuen Befehlen wurde ausgeschickt.

Die Schaffung von Konsens

Die Sicherheit im *oikos*, die politische Rede, Krieg, Theater und Spiele, Ehrenpflicht und Wohltätigkeit waren die Wege zur Schaffung von Konsens unter der Bevölkerung für die Machthaber in Griechenland.

Die Art, wie die Mächtigen im antiken Griechenland den Konsens der Bürger erreichten, hing von den wechselnden politischen und gesellschaftlichen Bedingungen ab. In der noch kleinen und überschaubaren Gesellschaft des homerischen *oikos* versprach der König oder *basileus* den Untertanen Sicherheit, und erhielt dafür Unterstützung und damit Gehorsam. Dank seines Mutes und seiner Erfahrung im Erobern fremder und im Verteidigen eigener Güter, und auch in der Kriegsführung (falls sich einige Gemeinschaften gegen einen gemeinsamen Feind zusammenschlossen) garantierte der König des *oikos* seinen Untertanen ein ruhiges Leben als Hirten, Fischer, Bauern, kleine Handwerker

Überzeugende Argumente
Mit dem Aufkommen der poleis *wurde die Bedeutung der Zustimmung der Bürger zu den Entscheidungen der Regierenden immer wichtiger; so erlangte die Redekunst steigende Bedeutung. Rechts: Detail einer Statue aus der griechisch-römischen Periode in Ägypten. Sie zeigt das Porträt eines Redners.*

Autorität und soziales Gleichgewicht
Wie im sozialen Gefüge war auch innerhalb des eigenen Hauses alles auf die Autorität eines Oberhauptes ausgerichtet. Diese etruskische Graburne (unten) zeigt den wütenden Odysseus, der den unverschämten Freiern, die es auf eine Heirat mit Penelope abgesehen hatten, ihre gerechte Strafe angedeihen lässt.

oder Händler. Im Austausch dafür bekam er einen bestimmten, meist großzügigen Anteil ihrer Produkte, um seinen Bedarf und den seines Hofes sowie seiner Sklaven zu decken, Krieger zu unterhalten und gewisse Bauwerke von gemeinnützigem Interesse zu errichten, wie einen Hafen, eine Festung, oder auch seinen Untertanen im Falle von Hungersnöten zu helfen. Was Odysseus erlebte, ist in diesem Zusammenhang bezeichnend, denn nach seiner langen und beschwerlichen Heimkehr findet der Held eine vollkommen veränderte Situation vor. Es herrscht völliges Chaos im *oikos*, das Gleichgewicht, auf das sich die gesellschaftliche Ordnung gestützt hatte, ist aus den Fugen geraten. Die Freier, die um seine vermeintliche Witwe warben, hatten sich in seinem Palast eingerichtet und erst seine, dann die Habe seiner Untertanen verprasst, behandelten das Volk schlecht und beuteten es aus. Die Usurpatoren waren zwar verhasst, doch wagte es niemand, ihnen zu widersprechen oder sich zu organisieren und gegen sie aufzulehnen. Diese Aufgabe kam einzig und allein dem König zu, dessen Rache auch umgehend erfolgt und fürchterlich ist. So wird das alte Gleichgewicht in der Gemeinschaft wieder hergestellt – und auch der Konsens mit einem Herrscher, der Verrätern gegenüber unerbittliche Härte an den Tag legt, während er treuen Untertanen gegenüber immer großzügig und fürsorglich auftritt.

Die Macht der Worte

In der *polis* wird das Spiel der Kräfte komplexer, und es gibt nun verschiedene Wege, um die Gunst des Volkes zu werben. Innere Spannungen, die sich notwendigerweise aus dem sozialen und wirtschaftlichen Ungleichgewicht zwischen den Bürgern ergeben, werden nach außen projiziert und in Form von Kriegen ausgetragen. In der Welt der Antike ist dies auch die gängigste Form der wirtschaftlichen Expansion. Zwar werden die Kriege immer aus einem »gerechten« Grund begonnen,

Steuern für den Krieg
Die wohlhabenden Bürger waren unter anderem verpflichtet, zu den militärischen Ausgaben beizutragen und im Kriegsfall eine Triere auszustatten. Oben: Relief aus Magna Graecia mit der Darstellung einer Seeschlacht zwischen den Griechen und den Trojanern.

wie etwa wegen eines Unrechts seitens anderer *poleis*, doch in Wirklichkeit ist der Hintergrund wirtschaftlicher Natur: die Eroberung reicher Beute, oft wissentlich angestachelt, Aussichten auf üppige Tributzahlungen, die der siegreichen Stadt zufließen und dann an alle verteilt werden. Zur Propaganda für Unternehmungen dieser Art, die oft eine große Zahl an Todesopfern fordern und eine Menge Ressourcen und Materialien verbrauchen, leistet die politische Redekunst einen wichtigen Beitrag. Die Redner der klassischen Periode verstehen es meisterhaft, die Massen zu entflammen oder angesichts kollektiver Tragödien zu trösten, zu Widerstand, Mut oder Geduld aufzurufen und zu beweisen, dass das gerade Erduldete unausweichlich war. Perikles bietet bei Thukydides ein ausgezeichnetes Beispiel, als er öffentlich der in den ersten Jahren des Peloponnesischen Krieges gefallenen Männer gedenkt: »*Darum will ich, statt mit ihnen zu weinen, die Eltern der gefallenen Krieger trösten, die hier anwesend sind. Sie wissen, Ereignisse jeglicher Art erlebt zu haben: Das Glück verspürt man, wenn man das Edelste zu Ende bringt, wie jene, oder den nobelsten Schmerz, wie ihr, und wenn das Leben gemessen wird zwischen Glück und gleichzeitigem Tod.*«
(II, 44; dt. n. it. Übers. v. C. Moreschini)
Dieser Kunstgriff setzt Schmerz, Leben und Tod in eine Beziehung und zeigt die Bürgerschaft als ein Ganzes, anstelle des Verlustes einzelner Männer. Die Redekunst konnte natürlich jedem Zweck dienen, auch dem Frieden und seinen Segnungen.

Öffentliche Kundgebungen
Reste der agora *von Athen, wo sich die politischen Redner einfanden, wenn sie die Zustimmung der Bürger gewinnen wollten.*

POLITIK UND RECHTSWESEN

Ehre und Pflicht

Zu den weiteren Wegen, Konsens zu schaffen, kann man ohne Weiteres auch die Schauspiele zählen, die eine große Rolle spielten. An erster Stelle stand das Theater, aber auch sportliche und musikalische Wettbewerbe waren bedeutend. Ereignisse, an denen die Bürger kollektiv teilnahmen, egal ob in der eigenen Stadt oder in größerem Maßstab an einem panhellenischen Kultort wie Delphi, Olympia oder Nemea, waren geeignet, bei den Zusehern die fundamentalen Werte der *polis*, ihre Regeln und Verhaltensnormen zu festigen. Das Theater konnte etwa anhand von Beispielen großer Symbolkraft lehren, wie der Einzelne Aggressivität und Hang zur Ausschweifung überwinden konnte, die sportlichen Wettkämpfe förderten den Wettbewerbsgeist und den Ehrgeiz, der für die Autonomie einer jeden *polis* wichtig war. Für die Ausführung der Spiele verantwortlich war die *choregie*, die von den reichen Bürgern finanziert wurde. Sie waren gesetzlich dazu verpflichtet, auf diese Weise einen Dienst an der Allgemeinheit zu leisten. Zu den Pflichten des reichen

Das Theater von Ephesus
Das in hellenistischer Zeit errichtete und unter römischer Herrschaft mehrmals umgebaute Theater von Ephesus fasste 24.000 Zuschauer.

Musikalische Herausforderung
Im antiken Griechenland maßen nicht nur Athleten ihre Fähigkeiten mit anderen, es gab auch musikalische Wettbewerbe. Links: Terrakotta-Statuette aus der hellenistischen Periode eines Musikers beim Panflötenspiel.

Das Band des Siegers
Der Athlet beim Umbinden des Stirnbandes zum Symbol des Sieges war ein beliebtes Motiv und wurde in der Kunst Diadumenos genannt. Unter den bis heute erhaltenen Diadumenos-Standbildern besticht diese römische Kopie eines Werks von Polyklet dem Älteren (ca. 430 v. Chr.) durch besondere Harmonie.

Bürgers gehörte weiters die *trierarchie* oder die Pflicht, im Kriegsfall eine Triere auszustatten, sowie die Steuervorauszahlung zugunsten der armen Bürger. Diese Pflichtbeiträge der Reichen finanzierten viele öffentliche Ausgaben, für die die *polis* nicht aufkommen hätte können, und waren für die Abgabepflichtigen durchaus nicht gering. Doch war damit die Möglichkeit verbunden, sich öffentliches Ansehen und die Gunst des Volkes zu erwerben. Ein anderer Weg zu öffentlichem Konsens waren, besonders in der hellenistischen Zeit, Akte der Wohltätigkeit. Oft trugen hellenistische Herrscher den Beinamen Euergetes, was Wohltäter bedeutet. Grund für diese öffentliche Anerkennung war die Stiftung größerer Einrichtungen, man denke nur an die Bibliothek und das Museum von Alexandria, aber auch den dortigen Leuchtturm. Außerdem erhielten die Armen häufig Zuwendungen, und große Veranstaltungen für das griechisch-makedonische Publikum wurden finanziert.

Athletischer Wettkampf
Körperlicher Betätigung kam in der griechischen Gesellschaft große Bedeutung zu, und die Wettkämpfe der Athleten zählten zu den beliebtesten Ereignissen zur öffentlichen Unterhaltung. Hier eine antike Vase mit Läufern im Schwarzfigurenstil (oben).

Der Wohltäter
Skulptur aus Diorit mit einem Porträt des ägyptischen Herrschers Ptolemäus VIII. Euergetes (ca. 181–116 v. Chr.).

Produktion, Handel und Schifffahrt

Abgesehen von den typischen mediterranen Produkten bietet Griechenland keine besonders bedeutenden Ressourcen. Der größte Reichtum des Landes ist seine Lage: Als Brücke zwischen Orient und Okzident entwickelte sich von dort aus ein blühender Handel, der den gesamten Mittelmeerraum erfasste.

Von Anfang an ist die Geschichte Griechenlands mit dem Meer verbunden. Grundsätzlich ist die griechische Halbinsel ebenso wie die Ägäischen Inseln, die ebenfalls zu dieser Geschichte gehören, ein eher trockenes Land. Es gibt keine großen Wasserläufe wie Nil, Tigris, Euphrat, Indus, den Ganges oder den Gelben und den Blauen Fluss, die anderswo zur Entwicklung der Zivilisation im Orient beigetragen haben, nicht ohne Grund spricht man von Flusskulturen. Doch in Griechenland, wo die zahlreichen Bergketten arm an Wasser sind, war der Boden nicht fruchtbar genug, um für sich allein das Überleben seiner Bewohner zu sichern. Die wichtigsten agrarischen Produkte waren die heute noch typischen Erzeugnisse des Mittelmeerraums: Korn, Öl, Wein, Milchprodukte und Fisch.

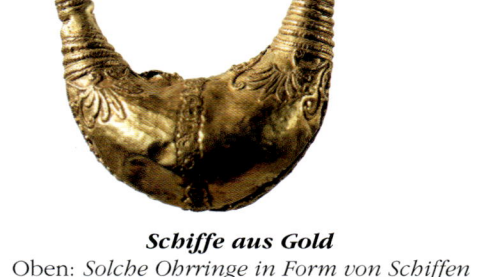

Schiffe aus Gold
Oben: *Solche Ohrringe in Form von Schiffen wurden im 4. und 5. Jh. v. Chr. hergestellt.*

Als traditionelle Viehzüchter erzeugten die alten Griechen weiters reichlich Wolle und Leder, woraus sie Kleidungsstücke und Decken fertigten. Die Wälder ihres Landes versorgten sie mit Brennholz, aber auch mit Material für den Bau der so wichtigen Schiffe sowie diverser Reise-, Kriegs- und Transportwagen. Zusammen mit rohen Ziegeln diente das Holz als Baumaterial. Zu den wichtigsten Handelsgütern Griechenlands zählten aber auch die Edelmetalle, die man aus den Erzvorkommen in Laurion, im Süden von Attika, und im Pangaios-Gebirge in Thrakien gewann.

Piraten in Aktion
In einer der zahlreichen Episoden der Dionysos-Mythen kommen auch Piraten vor, die den Gott gefangen nehmen und als Sklaven verkaufen wollen. In diesem römischen Mosaik (3. Jh. n. Chr.) sieht man Dionysos gemeinsam mit dem Satyr Silenos gegen Piraten kämpfen.

Kriophorus, der Hirtengott
Diese kleine Skulptur stammt aus Magna Graecia und zeigt einen Hirten, der einen Widder auf den Schultern trägt. Diese Figur nannte man Kriophorus, er stand für den christlichen Christophorus Pate. Die Wolle der Schafe wurde zu Kleidungsstücken verarbeitet.

Handelskonkurrenten

So arm Griechenland an fruchtbarem, leicht zu bestellendem Boden auch sein mag, an günstigen Meeresströmungen, Küsteneinschnitten, Buchten und natürlichen Häfen ist es reich. Daher verwundert es nicht weiter, dass viele der wichtigsten *poleis* in unmittelbarer Küstennähe lagen. Bei so vielen Inseln fiel in der Ägäis das Navigieren auch ohne moderne Instrumente nicht schwer, irgendwo ist fast immer eine Küste in Sicht und das rettende Land liegt im Notfall niemals fern. Als nun die Phönizier den Seehandel im westlichen Mittelmeerraum aufgebaut und von Nordafrika bis Sizilien, Sardinien, Süditalien und an die Südküsten Spaniens und Frankreichs ausgeweitet hatten, wurden ihnen die Griechen mit ihrer Schlüsselposition zwischen Okzident und Orient bald zur gefürchteten Konkurrenz. Nachdem sie die Küsten Kleinasiens kolonisiert und den Warenverkehr aus dem Orient übernommen hatten, drängten auch sie nach Sizilien und Süditalien, gründeten Kyrene in Nordafrika und Massilia in Frankreich. Und diese Konkurrenz bestand nicht nur darin, die eigenen Routen wehrhaft zu schützen, es kam auch zu räuberischen Übergriffen auf die gegnerischen Schiffe, es herrschte regelrechte Piraterie. Dennoch besaß die Konkurrenz auch noch eine andere Seite, und diese bedeutete Kommunikation und Austausch, wie etwa die Übernahme des phönizischen Alphabets durch die Griechen. Im 5. Jh. v. Chr. wurden die Handelsrouten hauptsächlich von Städten wie Athen und Korinth in den Stammlanden, Ephesus und Milet in Kleinasien sowie Syrakus, Rhegion und Tarent in Süditalien kontrolliert. Ab dem 4. Jh. v. Chr. übernahmen diese Rolle die hellenistischen Könige, speziell jene von Ägypten, Syrien und Pergamon. Sie stellten den Handel unter großstaatliche Kontrolle.

Phönizische Keramik
Solche Keramikgefäße (die hier gezeigten stammen aus dem 7. Jh. v. Chr.) zählten zu den beliebtesten Handelswaren der Phönizier und wurden überall im Mittelmeerraum gekauft.

Metallbearbeitung und Bergbau

Nach dem Aufkommen des Eisens, das eine wahre Revolution in der Herstellung von Waffen und Werkzeugen bedeutete, entdeckte Griechenland die Möglichkeit, Silber von Blei zu trennen und damit Münzen zu prägen. Dieses Silber und das Gold aus dem Pangaios-Gebirge waren so wertvoll, dass ganze Heerscharen von Sklaven in den Minen arbeiteten.

Ab 1200 v. Chr. begann das Eisen allmählich die Bronze abzulösen. Die Ersten, die die Vorteile dieses Metalls erkannten, waren die Hethiter. Ihre Schmiede hatten entdeckt, dass man Eisen erhitzen, schmieden und dann mit Wasser kühlen musste, um eine besonders harte Oberfläche zu erhalten, die viel widerstandsfähiger war als Bronze. Der Zusammenbruch des Hethiterreiches, wahrscheinlich wegen wiederholter Einfälle so genannter Seevölker, trug zur Verbreitung dieses zuvor eifersüchtig gehüteten Geheimnisses zunächst im östlichen, dann durch die Handelsbeziehungen der Phönizier und Griechen auch im westlichen Mittelmeerraum bei. Eisen kommt übrigens in allen Mittelmeerländern vor und der Abbau erlaubte der lokalen Bevölkerung, landwirtschaftliche Geräte,

Standbild des Apoll
Der Apollonische Kult war beliebt und in Griechenland weit verbreitet. Rechts: *Dieses kostbare Standbild zeugt vom Entwicklungsstand der Goldschmiedekunst.*

Schmuck und Zierrat
Aus den Goldadern des Pangaois-Gebirges kam der Rohstoff, aus dem der Schmuck für die Frauen der wohlhabenden Griechen gefertigt wurde. Links: *Artemiskopf mit Goldschmuck.*

WIRTSCHAFT

Gold, Silber und Eisen
Unter den Beigaben, die im Grab Philipps II. in Vergina, Makedonien, gefunden wurden, waren dieser mit Ornamenten und Beschlägen aus Gold verzierte Brustpanzer aus Eisen (links) *sowie ein Gefäß für Salböl* (unten) *aus Silber.*

Makedonische Münze
Eine unter der Herrschaft Philipps II. geprägte makedonische Goldmünze.

Werkzeuge und Waffen zur Verteidigung herzustellen. Die Blütezeit der *poleis* im 8. Jh. v. Chr. hätte ohne den Abbau und die Verarbeitung des wertvollen Rohstoffes Eisen in dieser Form wahrscheinlich niemals stattfinden können.

Der Silberbergbau

Ein weiteres, sehr wichtiges Material in der Geschichte des griechischen Altertums war das Silber. Archäologen gehen davon aus, dass die Technik zur Gewinnung des Edelmetalls ursprünglich aus Kleinasien stammte. Schon in der Bronzezeit wurde Silber aus Anatolien und Mesopotamien nach Ägypten gebracht, wo man es gegen Gold tauschte. Das Verfahren zur Gewinnung des Silbers war ein Trennungsprozess, bei dem das Metall bei Luftkontakt in einem Ofen geschmolzen wurde, wodurch das Blei oxidierte, während das Silber seine metallische Reinheit behielt. Es wurde als Material zur Herstellung von Schmuck und anderen Ziergegenständen wie Tassen, Vasen und Statuetten verwendet und von den Phöniziern in den gesamten Mittelmeerraum exportiert. Der gute Absatz führte zur Suche nach neuen Vorkommen, Schmelzhütten und Schmieden. Auf das Konto der Phönizier geht zum Beispiel die Entdeckung der ersten spanischen Silberminen, die in den folgenden Jahrhunderten noch schicksalhafte Bedeutung erlangen sollten. Besonders in der Römerzeit spielten sie eine große Rolle in der Wirtschaft. In Griechenland befanden sich die ersten Silberzentren auf den Kykladen, wurden aber später von den Bergwerken in Laurion im Süden Attikas an Relevanz übertroffen. Der Silberabbau erreichte seinen Höhepunkt ab dem 4. Jh. v. Chr., als die Silbervorkommen einen wichtigen Faktor für die Vormachtstellung Athens darstellten. Überhaupt kam dem Silber in der griechischen Wirtschaft weit größere Bedeutung als Prägemetall denn als Rohstoff zur Erzeugung von Ziergegenständen zu: Die Athener Silbermünzen waren weithin für ihre Reinheit bekannt. Mit den siegreichen Feldzügen Philipps II., des Vaters Alexanders des Großen, fielen jedoch die zuvor von den Persern kontrollierten Goldminen des Pangaios-Gebirges in Thrakien den Makedoniern in die Hände. Zum ersten Mal war die griechische Welt in der Lage, Goldmünzen zu prägen – bisher hatte das Persische Reich dieses Monopol gehalten. Dank dieses enormen Reichtums hatten die Makedonier schließlich das von inneren Konflikten geschwächte Griechenland durch wirtschaftlichen Druck, Korruption und militärische Expansion in der Hand.

WIRTSCHAFT

Fundstück aus Troja
Dieser Dolch aus Bronze wurde in Troja II (2500–2200 v. Chr.) gefunden und in einem Druck aus Schliemanns Zeit dargestellt (siehe S. 16/17). Die Spitze wurde wahrscheinlich beim Brand der Stadt verbogen.

Die Arbeit in den Minen

Ob in privatem oder staatlichem Besitz, die Minen im klassischen Griechenland wurden immer durch systematischen Einsatz von Sklavenarbeit ausgebeutet. In den Silberminen von Laurion etwa wurde das Erz in vertikalen Gruben abgebaut, die untereinander über horizontale Stollen verbunden waren. Die Bergarbeiter, ausnahmslos Leibeigene, stiegen an langen, an die Grubenwände gelehnten Leitern hinab. Die Luft dort unten hatte kaum genug Sauerstoff zum Atmen, denn es wurden Lampen mit offener Flamme zur Beleuchtung verwendet, auch die Technik, mit der der Fels spröde gemacht wurde, trug zusätzlich dazu bei: Man erhitzte ihn mit offenem Feuer und goss dann kaltes Wasser darüber. Um das Wasser wieder aus dem Stollen zu entfernen, verwendet man ab einem gewissen Zeitpunkt einen Apparat, den Archimedes erfunden hatte, eine lange spiralförmige Schraube, die sich in einem Rohr drehte. Zur Verbesserung der Belüftung gab es die Verbindungsgänge und Luftschächte, den-

Die Archimedische Schraube
Unter den Erfindungen, die Archimedes zugeschrieben werden, befindet sich auch diese geniale Schraube, die hier als Modell gezeigt wird. Eine spiralförmige Schraube, die sich in einem festen, wasserdichten Rohr drehte, konnte Wasser nach oben transportieren. Sie wurde im Bergbau und im Ackerbau genutzt.

noch waren die Arbeitsbedingungen dort denkbar schlecht, Todesfälle durch Ersticken oder Mangelkrankheiten unter den Minenarbeitern waren an der Tagesordnung. Die Stoiker, die generell jede Unterscheidung zwischen Sklaven und Freien ablehnten, weil sie wider die Natur ist, sahen natürlich auch die Arbeit der Leibeige-

Gussformen
Diese Gussform aus dem 4. Jh. v. Chr. wurde für die Herstellung von Waffen benutzt. Die am meisten verwendete Legierung für Helme, Schilde und Rüstungen war Bronze.

Sklaven in einem Marmorbruch
Attika und die Insel Paros lieferten besonders hochwertigen, feinen Marmor aus ihren Steinbrüchen. Statuen und Reliefs wurden gewöhnlich in lebhaften Farben dekoriert. Die harte Arbeit des Marmorabbaus wurde von Sklaven erledigt, wie hier in einem Relief gezeigt.

nen in den Bergwerken als Unrecht an. Poseidonios von Apameia (2./1. Jh. v. Chr.), ein weit gereister Philosoph und Stoiker, beschrieb mit diesen von seinem Gesinnungsgenossen, dem Historiker Diodoros Siculos (1. Jh. v. Chr.), festgehaltenen Worten die tragischen Lebensbedingungen der spanischen Minenarbeiter: »Die Sklaven, ausgebeutet in den Minen, verschaffen ihren Herren unerhört hohe Profite, während sie ihren eigenen Körper bei der Arbeit in den unterirdischen Stollen Tag und Nacht verschleißen. Viele halten dem übergroßen Leiden nicht stand: Sie dürfen niemals rasten, niemals zum Ruhen von der Arbeit fernbleiben, von ihren Wächtern mit Schlägen gezwungen, müssen sie weiter diese schrecklichen Umstände ertragen, unglücklich gezwungen ihr Leben wegzuwerfen, und jene, die länger widerstehen, weil sie stärker sind an Körper und Geist, müssen nur umso länger das Leiden auf sich nehmen; denn der Tod scheint ihnen lohnender als das Leben, so sehr haben sie zu leiden.« (Diod., V. 38; dt. n. it. Üb. v. A. Paradiso) Poseidonios und die anderen Stoiker verurteilten nicht nur die Ausbeutung dieser Sklaven, sie gingen noch weiter und betrachteten es bereits als Sakrileg, der Erde Wunden beizubringen, um die Rohstoffe aus ihren Adern zu fördern. Für die Stoiker manifestierte sich die göttliche Substanz im gesamten *kosmos*, daher war der Raubbau an der Erde ein Anschlag gegen das Göttliche. Für Chrysippos (3. Jh. v. Chr.), einen der geistigen Väter dieser Schule, waren die Erzadern Organe wie bei einem Tier oder einer Pflanze. Da alle Lebewesen Körper und Seele haben, war es ein Verbrechen, den Planeten durch den Bergbau zu verletzen. Nur der Ackerbau stellte nach dieser Philosophie eine legitime Technik dar, Gold sollte höchstens von der Oberfläche gesammelt werden, wie in den nördlichen Ländern »am Ende der Welt«, wo Goldstaub im Sand der Flüsse zu finden ist. Doch trotz der kritischen Haltung dieser Denker begleitete der Bergbau die gesamte griechische und römische Geschichte. Nach Erschöpfung der Vorkommen in Laurion fiel der Blick der Griechen auf die weiten Gebiete, die Alexanders Eroberungszüge verfügbar gemacht hatten. In den hellenistischen Reichen wurde der Bergbau zum Staatsmonopol.

GELD UND BANKWESEN

Am Anfang waren es die *oboloi*, Spieße aus Eisen, die ein Kennzeichen des Staates trugen, dann wurden daraus Münzen aus Silber, auf die jede Stadt ihr Symbol prägte. Später wurden unter Philipp II. von Makedonien die ersten Goldmünzen Griechenlands geprägt.

Allem Anschein nach waren die Erfinder des Geldes die Lydier in Kleinasien um das 7. Jh. v. Chr. Dieses Geld sah allerdings ganz anders aus als die Münzen, die wir heute kennen. Es handelte sich um Eisenspieße, die so genannten *oboloi*, die etwas weniger als ein halbes Kilo wogen. Die Phönizier benutzten zunehmend Geld im Austausch für Handelswaren, und die Griechen, die gerade dabei waren, Kleinasien und Süditalien zu kolonisieren, taten es ihnen gleich. Es dauerte nicht lange, bis der Tauschhandel abgeschafft war und jede Stadt ihre eigene Währung aus einer Silberlegierung hatte, deren Gewicht und damit Wert sie garantierte. Das Geld als Zahlungsmittel brachte zweifellos viele neue Vorteile für eine Gesellschaft wie die griechische mit sich, die bereits auf den Austausch von Waren über längere Strecken ausgerichtet war. Zum ersten Mal wurde der Reichtum vom Landbesitz gelöst. Eine Börse voller Geld konnte ebenso viel wert sein wie ein großes Stück Land. Das neue Zahlungsmittel war leicht zu transportieren und verdarb nicht wie viele andere Waren, die Zeit brauchten, bis sich die Gelegenheit zu einem Geschäft ergab. Der Handel war einen bedeutenden Schritt weiter gekommen.

Syrakus und die Delphine
Auf die Münzen aus Syrakus wurde ein Frauenkopf mit Delphinen geprägt.

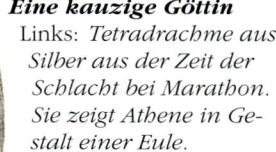

Eine kauzige Göttin
Links: Tetradrachme aus Silber aus der Zeit der Schlacht bei Marathon. Sie zeigt Athene in Gestalt einer Eule.

Reste des Tempels des Apoll
Dieser Tempel auf Delos war nicht nur eine Kultstätte, sondern auch eine der bekanntesten Banken in der Welt der Antike.

Banken entstehen

Mit der Verbreitung des Geldes bildeten sich auch neue Dienstleistungen heraus. Die ersten Banken der Antike lagen aus Sicherheitsgründen im inneren Bereich eines Tempels, den von vornherein nicht jeder betreten durfte. Sie verwahrten Spenden, Opfergaben, Kriegsbeute, Tributgelder der Verbündeten sowie Steuern, aber auch die Ersparnisse der Bürger und die Einkünfte aus dem Handel. Außerdem konnten sie Geld gegen Zinsen an jene verleihen, die einen Handel oder ein anderes Geschäft aufbauen wollten, oder öffentliche Kosten der Städte übernehmen. Eine der bekanntesten Banken lag im Tempel des Apoll auf der Insel Delos, wo der Schatz des Delisch-Attischen Bundes aufbewahrt wurde.

Die Athener Drachme

Jede Stadt prägte ihre eigenen Symbole auf die Münzen. In Athen trug die Vorderseite oder Avers die Göttin Athene mit Helm und Kranz aus Ölzweigen, die Rückseite oder Revers eine Eule, auf der Insel Ägina war es eine Schildkröte, in Tarent ein auf einem Delphin reitender Mann, in Agrigent ein Krebs, in Syrakus eine von Delphinen umgebene Frau. Die Athener Drachme setzte sich als Währung bald durch. Sie wog 4,36 Gramm und war aus einer hochfeinen Silberlegierung. Die Nominalwerte waren die Didrachme (zwei Drachmen), die Tetradrachme (vier Drachmen) und die Dekadrachme (zehn Drachmen). Hundert Drachmen bildeten eine Mine, 60 Minen ein Talent. Während im klassischen Griechenland jede Stadt ihre eigenen Münzen prägte, setzten die hellenistischen Könige eine einheitliche Währung durch.

Die Münzen Athens
Oben und links: *Avers und Revers einer Drachme aus Athen.*

Phönizisches Gewicht
Die kleinen Händler hatten keinen guten Ruf und wurden oft beschuldigt, gefälschte Münzen und Gewichte für ihren Handel zu benutzen.

Gott Mammon
Die ersten Banken lagen im Inneren von Tempeln. Noch heute zeugen manche historische Bankgebäude von dieser ihrer Geschichte. Nicht selten sieht man Bankfassaden, die am Eingang Säulen oder andere Elemente griechischer Tempel aufweisen. Rechts: Die Bank von England, dargestellt in einem Druck aus dem 19. Jh.

Steuern und Monopole

Von den Tontafeln von Mykene, einer Urform der Finanzbuchhaltung, ging man in der klassischen Ära zu den komplexeren Spielarten der Besteuerung über, wie sie in Sparta und vor allem in Athen üblich waren. Das erste wirklich engmaschige Modell war jenes der Ptolemäer in Ägypten.

Als man in den 50er Jahren des vergangenen Jahrhunderts die Tontafeln von Knossos *(siehe S. 21)* entzifferte, hatte man einen Schlüssel zum Verständnis des Steuersystems der archaischen Zeit in der Hand. Die Tafeln, auf denen die Eingänge von Naturalien vermerkt waren, stellten eine frühe Form der Bilanz des königlichen Hofes dar, dank welcher der König und seine Beamten ihre administrativen Aufgaben im eigenen Hoheitsgebiet leichter erledigen konnten.

Tribut und Liturgie

Aus dem klassischen Griechenland sind zwei unterschiedliche Modelle der systematischen Besteuerung bekannt, jenes von Sparta und jenes von Athen. In ersterem Fall unterhielten die Heloten durch Zwangsarbeit und die Perioiken (die nicht nur das Recht, sondern auch die Pflicht hatten, einer Erwerbstätigkeit nachzugehen) den privilegierten Stand der Spartiaten. In Athen gab es, der komplexeren Gesellschaft entsprechend, ein weitaus differenzierteres Steuersystem. Generell bezahlten die Bürger dem Staat keine Steuern, sondern die in der Stadt ansässigen Auswärtigen, die Matoiken, bezahlten für die Gelegenheit zur Arbeit in der Stadt, die verbündeten Stadtstaaten entrich-

Zahlung in Naturalien
Links: *Detail aus einer minoischen Wandmalerei, ein Fischer wird mit seinem Fang dargestellt.*

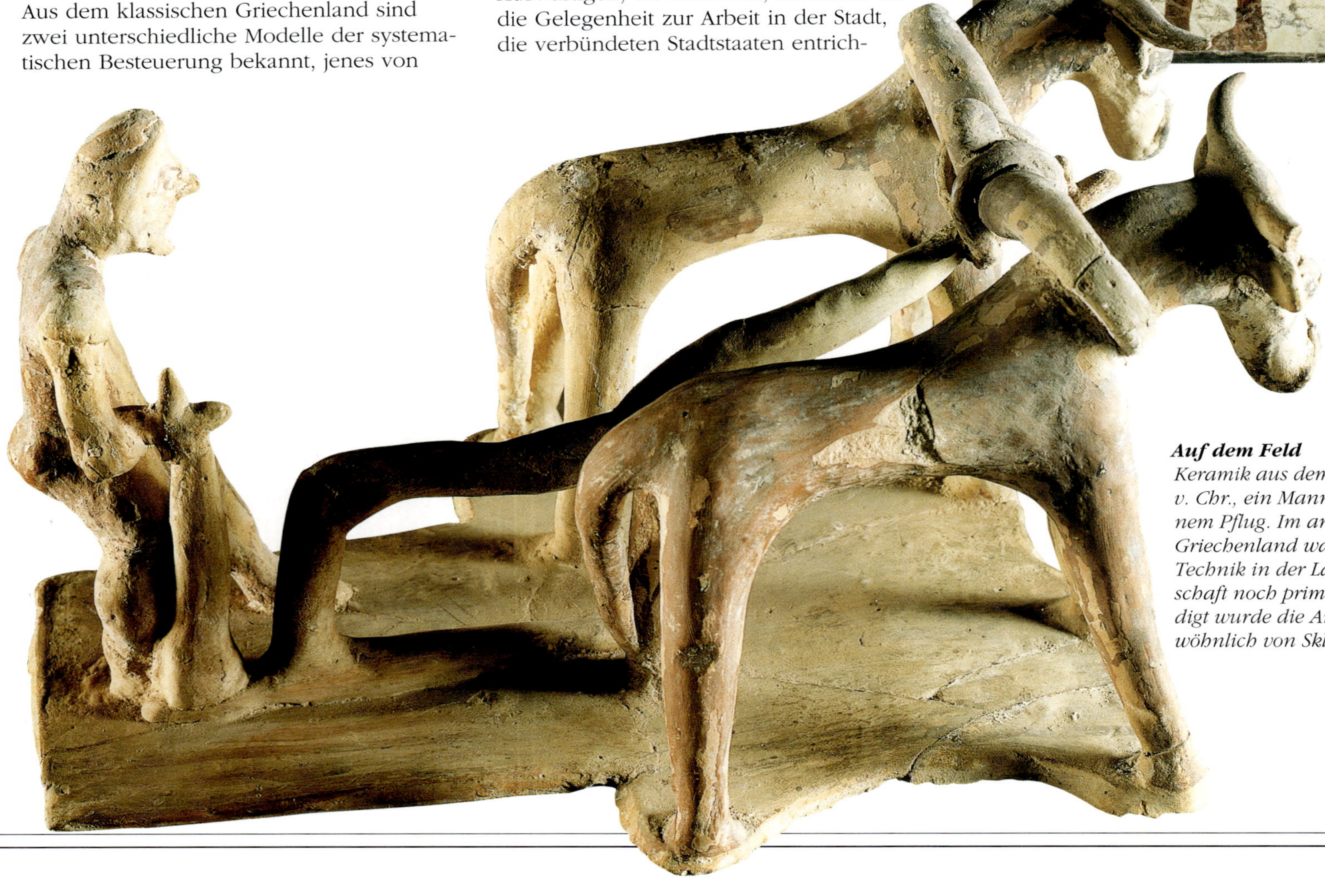

Auf dem Feld
Keramik aus dem 7./6. Jh. v. Chr., ein Mann an einem Pflug. Im antiken Griechenland war die Technik in der Landwirtschaft noch primitiv. Erledigt wurde die Arbeit gewöhnlich von Sklaven.

Öffentliche Bauten
Beitragszahlungen waren unerlässlich für den Bau und die Erhaltung öffentlicher Gebäude. Rechts: Rekonstruktion des Innenraums des Parthenon, Stich aus dem 18. Jh.

teten einen Tribut für den wirtschaftlichen und militärischen Schutz durch Athen. Eine Ausnahme stellten die zunächst freiwilligen, später obligatorischen Beiträge der reichen Bürger zum Wohle der Gemeinschaft dar. Diese so genannten Liturgien (von griech. *liturgein*, einen Dienst für die Allgemeinheit verrichten) bestanden in der Finanzierung der Ausgaben für Spiele und Theater oder öffentliche Bauvorhaben sowie das Ausrüsten einer Triere und den Unterhalt für ihre Mannschaft im Kriegsfall. Im Austausch dafür kam der Person des betreffenden Bürgers mehr politisches Gewicht zu. Um die enormen Kosten zu finanzieren, die Athen für die Gemeinschaft zu tragen hatte, gab es neben siegreichen Feldzügen auch noch andere Einkommensquellen wie Hafengebühren, Warenverkehrssteuern und Steuern auf öffentliche Versteigerungen. Im Kriegsfall wurde jeder Besitz mit einer substanziellen Sondersteuer, der *eisphora*, belegt, die die Reichen für die Armen vorzustrecken hatten (eine weitere Liturgie).

Staatliche Monopole

Werfen wir einen Blick auf die hellenistische Welt, so stehen uns ausreichend Informationen über Ägypten unter den Ptolemäern zur Verfügung, wo es ein noch viel engmaschigeres Steuersystem gab. Das gesamte Land und alle seine Erzeugnisse, aber auch der Verkehr sämtlicher Produkte, unterlagen der Besteuerung seitens der Regierung. Ebenfalls besteuert wurden Umschlag- und Ausfuhrwaren in den Häfen, die Zollsätze Ägyptens unter den Ptolemäern waren als besonders hoch (bis zu 50 Prozent des Warenwertes) bekannt. Der interessanteste Aspekt des ptolemäischen Steuersystems waren jedoch die Monopole, die der Staat in gewissen Bereichen der Wirtschaft hielt. Es waren dies das Bankwesen, die Ölerzeugung, die Papyruserzeugung, die Herstellung von Duftessenzen und der Bergbau – mit anderen Worten, der Herrscher trat als alleiniger Anbieter all dieser besonders wichtigen Waren und Dienstleistungen auf. Mit diesem Steuersystem war das ptolemäische Reich nicht nur in der Lage, für die umfangreichen öffentlichen Ausgaben aufzukommen, sondern auch, einen riesigen bürokratischen und militärischen Apparat zu unterhalten sowie neue Städte zu gründen und große öffentliche Bauvorhaben durchzuführen.

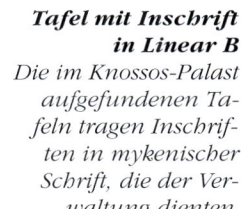

Tafel mit Inschrift in Linear B
Die im Knossos-Palast aufgefundenen Tafeln tragen Inschriften in mykenischer Schrift, die der Verwaltung dienten.

Ägyptisches Fresko mit Papyrus
Der Papyrus, der reichlich an den Ufern des Nils wuchs, eignete sich entprechend bearbeitet zum Beschreiben und unterlag, wie viele Waren, der staatlichen Besteuerung durch die Ptolemäer.

Vom Krieger zum streitbaren Bürger

Der Herrscher und seine Vertrauten bildeten den Nerv des Heeres von Mykene. In Athen konnten alle Bürger zu den Waffen gerufen werden, in Sparta oblag die Verteidigung der Stadt allein den Spartiaten.

Das Heer von Mykene, das teilweise in grandiosen Szenen der *Ilias* von Homer beschrieben wird, bestand hauptsächlich aus dem Herrscher und seinen Vertrauten, die sich Rüstungen aus Bronze und Kampfwagen leisten konnten. Sie stellten die wahren Helden in einer Schlacht dar, von ihnen und ihrer Tapferkeit hingen Sieg oder Untergang ab. Die anderen Soldaten und die Masse der Untertanen spielten eine marginale Rolle und waren meist schlecht bewaffnet. Unter den zahlreichen Schlachtszenen gibt es eine in der *Ilias*, in der die Bedeutung der Rüstung und die herausragende Rolle der noblen Krieger treffend geschildert wird. Es handelt sich um einen Moment in einer bekannten Seeschlacht im 13. Gesang: »Teukros der Telamonid' erschlug den tapferen Kämpfer Imbrios, Mentors Sohn, des mit Rossen begüterten Herrschers. Jener wohnt' in Pedäos, bevor die Achaier gekommen, Priamos' Nebentochter vermählt, die Medesikaste. Aber nachdem die Achaier in Ruderschiffen gelandet, kam er gen Ilios wieder und ragte hoch vor den Troern; auch bei Priamos wohnt' er, der gleich ihn ehrte den Söhnen. Ihn traf Telamons Sohn jetzt unter dem Ohr mit der Lanze Stoß, und entriss ihm den Schaft; da taumelt' er hin, wie die Esche, welche hoch auf dem Gipfel des Berges, abgehaun mit dem Erz ihr zartes Gezweig' hinabstreckt: So sank jener, umklirrt von dem Erz der prangenden Rüstung. Teukros lief nun hinan, in Begier das Geschmeid' ihm zu rauben; aber im Lauf warf Hektor die Lanz' ihm entgegen. Zwar er selbst vorschauend vermied den ehernen Wurfspieß kaum; doch Amphimachos, Kteatos Sohn, des Aktorionen, als er sich nahte zum Kampf, flog stürmend der Speer in den Busen; Dumpf hinkracht' er im Fall, und es rasselten die Waffen. Hektor lief nun hinan, den Helm, der den Schläfen sich anschloss, abzuziehn von Amphimachos' Haupt,

Goldenes Schwert
Dieser Schwertgriff aus Gold ist Werk eines Schmieds aus Mykene und stammt aus dem 14. Jh. v. Chr.

Im Kampfgetümmel
Schlachtszene im Rotfigurenstil auf einer attischen Vase aus dem 4. Jh. v. Chr.

Duell zwischen edlen Kriegern
Der »Teller des Euphorbos« (ca. 600 v. Chr.), ein Meisterstück der Keramik aus Rhodos, zeigt den Kampf zwischen Menelaos und Hektor über dem Leichnam des trojanischen Helden Euphorbos.

des erhabenen Kämpfers. Aber im Lauf warf Ajas die Lanz' ihm entgegen. Hektors Leib zwar rührte sie nicht; denn er starrte ringsher in strahlendem Erz; doch den Schild auf den Nabel ihm traf er, und stieß mit großer Gewalt, dass er eilend zurückwich von den erschlagenen zween: die zogen hinweg die Achaier. Ihn den Amphimachos trugen Athens streitkundige Fürsten, Stichios samt Menestheus, hinab in das Heer der Achaier; Imbrios aber die Ajas, entbrannt von stürmendem Mute. Wie zween Löwen die Geiß, der Gewalt scharfzahniger Hunde weggerafft, forttragen durch dichte Gesträuche, hoch empor von der Erd' im blutigen Rachen sie haltend: So nun empor ihn haltend, die zween gebarnischten Ajas, raubten sie dort das Geschmeid'; und das Haupt vom zarten Genick ihm hieb des Oïleus' Sohn, um Amphimachos erbittert, schwang es dann wie die Kugel umgedreht ins Getümmel. Und vor Hektors Füße dahin entrollt' es im Staube.« (Homer, Ilias, XIII. 170–205) In dieser Truppe scheint sich alles zwischen großen Kriegern abzuspielen. Das Volk und die gemeinen Soldaten – seien es nun Trojaner oder Achaier – kommen nur am Rande vor, sie spielen eine Statistenrolle.

Bronzener Panzer
Die Rüstung war das kostspieligste Teil der Ausrüstung des Soldaten. Im Heer von Mykene konnten sich nur die edelsten Bürger einen solchen Brustpanzer leisten.

Bürger und Soldaten in Athen

Mit der Entwicklung der Metallbearbeitung und der gleichmäßigeren Verteilung des Wohlstandes im neuen Kontext der *polis* wuchs die Zahl der Bürger, die sich die schwere Rüstung der Hopliten – der typischen Soldaten des klassischen Altertums – leisten konnten, sprunghaft an. In Athen waren nach den Reformen des Solon, der die Bürger in vier Klassen je nach Vermögen eingeteilt hatte, alle zum Waffendienst verpflichtet. Mit einem Unterschied allerdings: Die obersten drei Klassen kamen selbst für die Kosten ihrer Ausrüstung auf und stellten Männer für die Kavallerie und die schwere Infanterie, während die unterste Klasse die leichte Infanterie bildete und eine untergeordnete Rolle spielte; sie wurde auf Staatskosten ausgerüstet. Das erinnert wieder an die edlen homerischen Krieger. Mit der demokratischen Reform des Kleisthenes schließlich musste jeder der zehn Stämme eine eigene Schar Reiter stellen, die besonders nach dem Peloponnesischen Krieg immer häufiger eingesetzt wurden, ebenso wie ein Kontingent an Infanteristen. Erwähnenswert in diesem Zusammenhang ist auch, dass sich Athen im Laufe des 5. Jh. v. Chr. immer stärker auf den Kampf zur See mit den beinahe unschlagbaren Trieren spezialisierte. Die Athener Bürger konnten von ihrem 18. bis

Ehre, wem Ehre gebührt
Bekränzung des siegreichen Kriegers auf einem im Rotfigurenstil bemalten Krater.

zum 60. Lebensjahr zum Waffendienst einberufen werden. Die Wehrpflicht stellte den bedeutendsten Dienst des Einzelnen an der Heimat dar.

Permanenter Waffendienst

In Sparta stellten die Spartiaten, die einzigen Vollbürger der Stadt, die man auch *homoioi* (die Gleichen) nannte, allein das gesamte Heer. Von Kindesbeinen an wurden sie in der Kampfkunst geschult und standen zwischen ihrem 20. und dem 60. Lebensjahr praktisch permanent im Waffendienst. Falls nötig konnten auch die Perioiken in militärische Operationen eingebunden werden, in Extremfällen sogar die Heloten, was natürlich der Staat finanzierte.

GRIECHISCHE HELME

Die Vielfalt unter den griechischen Helmen war groß und die Form mehr eine Frage lokaler Traditionen als technischer Weiterentwicklung. Der am weitesten verbreitete Stil war der korinthische, der sich ab dem 8. Jh. *(rechts)* und bis zum 6. oder 5. Jh. v. Chr. feststellen lässt. Das zweite traditionelle Modell ist der schwerere und weniger verbreitete *kegel (unten)*, der um 700 v. Chr. verschwand. Anlehnungen an diese Form findet man jedoch bei weiteren Helmen wie etwa bei dem der Illyrer *(unten rechts)*, der bis zum 5. Jh. benutzt wurde.

Lanzenspitzen
Lanzenspitzen aus Bronze aus dem 6. Jh. v. Chr.

Das Heer Alexanders des Grossen

Das Heer des großen makedonischen Feldherrn bestand nicht nur aus Soldaten und Glücksrittern, sondern auch aus Wissenschaftern, Historikern und Geografen, die die Aufgabe hatten, die Besonderheiten und alles Sehenswerte der neu zu entdeckenden Welt zu dokumentieren.

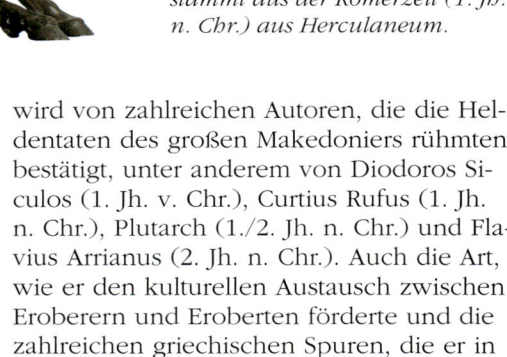

Der große Feldherr
Diese Bronzestatuette zeigt Alexander den Großen zu Pferd. Sie stammt aus der Römerzeit (1. Jh. n. Chr.) aus Herculaneum.

Nachdem Alexander die Nachfolge seines Vaters angetreten hatte, entschied er sich trotz seiner Jugend für das ehrgeizige Projekt, das Persische Reich zu erobern. Dabei stand er mehr einer reisenden *polis* vor als einem Heer. Natürlich überwog das militärische Element, doch begleiteten ihn auch griechische und makedonische Siedler auf der Suche nach ihrem Glück und ein Stab Wissenschafter mit Historikern, Geografen, Ärzten, Naturkundlern, Ingenieuren und Architekten. Ziel dieses Unternehmens war nämlich nicht allein die Eroberung der politisch-militärischen Macht im größten Reich der Welt, sondern auch die systematische Erkundung der natürlichen Ressourcen des Landes, die man später nutzen könnte. Im Übrigen war die Erkenntnis für Alexander, dessen Lehrer Aristoteles gewesen war, eines der wichtigsten Instrumente zur Erlangung einer stabilen und dauerhaften Machtstellung. Diese intellektuelle Offenheit wird von zahlreichen Autoren, die die Heldentaten des großen Makedoniers rühmten, bestätigt, unter anderem von Diodoros Siculos (1. Jh. v. Chr.), Curtius Rufus (1. Jh. n. Chr.), Plutarch (1./2. Jh. n. Chr.) und Flavius Arrianus (2. Jh. n. Chr.). Auch die Art, wie er den kulturellen Austausch zwischen Eroberern und Eroberten förderte und die zahlreichen griechischen Spuren, die er in Asien hinterließ, zeugen davon.

Philipp II.
Als Philipp II. an die Macht kam, verfügte er über ein Heer aus rund 10.000 Soldaten und 600 Reitern.

DIE NACKTEN WEISEN

Eine interessante Erzählung aus Flavius Arrianus' Bericht vom Ende des Alexanderfeldzuges in Westindien beschreibt die so genannten nackten Weisen, die Gymnosophisten, denen der makedonische Herrscher dort begegnet. Dieses kuriose Detail der indischen Gesellschaft konnte dem großen Feldherrn, der sich der eroberten Gebiete im Sinne eines frühen Globalismus nicht nur militärisch, sondern in allen Bereichen annehmen wollte, nicht entgehen: »*Die Gesamtheit der Inder wird generell in sieben Kasten unterteilt. Eine davon ist die Kaste der Weisen, geringer an der Zahl als die anderen, doch größer und bedeutsamer an Ehre und Ansehen. Jene müssen keiner körperlichen Betätigung nachgehen und auch der Gemeinschaft nicht die Frucht ihrer Arbeit darbieten. Mit einem Wort, sie unterliegen keinem Zwang außer jenem, den Göttern im Namen der indischen Gemeinschaft zu opfern. […] Sie allein unter den Indern sind der Kunst der Hellsicht mächtig, und niemand anders als ein Weiser darf die Zukunft voraussagen. Sie machen Prophezeiungen zu den Jahreszeiten und sehen Plagen voraus, doch private Geschäfte Einzelner kümmern sie nicht, sei es, weil ihre Kunst nicht wertlose Dinge beachtet, sei es, weil sie sich um solche nicht bemühen wollen. […] Diese Weisen gehen nackt, im Winter unter freiem Himmel, im Sommer dagegen, wenn die Sonne stark ist, in Wiesen und Sümpfen und unter Bäumen […]. Sie nähren sich von den Früchten der Jahreszeit und der Rinde der Bäume, die süß und nahrhaft ist wie die Datteln der Palmen.*«
(Arrianus, *Indika*, XI, 1–8; dt. n. it. Übers. v. A. Oliva)

Untreue Verbündete

Das Heer selbst bestand aus einer schweren Kavallerie aus noblen Kriegern, den Gefährten des Königs, deren große Schlagkraft bald weithin bekannt war, sowie einer leichten Kavallerie und zwei Infanterieregimentern, einem schweren, in langen Phalangen angeordneten und mit langen Lanzen bewaffneten und einem leichten mit Divisionen von Bogenschützen. Das Herzstück von Alexanders Streitmacht waren die makedonischen Abteilungen, die von einem Korps von gut ausgebildeten Berufsoffizieren geführt wurden. Sie hatten bereits unter der Führung Philipps II. Erfahrung auf siegreichen Feldzügen in Thrakien und bei der Eroberung Griechenlands gesammelt. Die griechischen Kontingente waren ein vernachlässigbarer Faktor. Alexander verließ sich nie auf sie, ebenso wenig wie auf die mächtige Athener Flotte, da Athen und Theben als Letzte der *poleis* kapituliert und auf die Unabhängigkeit verzichtet hatten. Aus diesem Grunde beharrte Alexander auch zuallererst darauf, die wichtigsten Flottenhäfen der Perser, von Kleinasien angefangen bis Syrien und Phönizien, durch einen Angriff von innen lahmzulegen. Der Sieg in der Schlacht am Granikos hatte ihm den Weg zu den Häfen Vorderasiens geöffnet, der bei Issos schwächte die persischen Positionen an der syrischen und phönizischen Küste. Die Eroberung Ägyptens schließlich erlaubte ihm, Phönizien, wo die Seefestung Tyros noch erbitterten Widerstand leistete, vollends zu unterwerfen. Doch abgesehen von den Unsicherheitsfaktoren der Flotte und der griechischen Kontingente konnte Alexander auf den Kampfgeist seiner makedonischen Männer, die besten und modernsten Waffen seiner Zeit (erkauft mit dem Gold aus dem Pangaios-Gebirge) und zahlreiche militärische Erfindungen der Griechen, über die wir andernorts noch genauer sprechen werden, sowie auf bestens ausgebildete Generäle zählen.

Nachgestellte Schlacht am Granikos
Im Mai/Juni des Jahres 334 v. Chr. tobte an den Ufern des Granikos in Anatolien eine erbitterte Schlacht zwischen den Truppen Alexanders des Großen und Darius' III. von Persien. Sie endet mit einer Niederlage der persischen Kavallerie.

Alexanders Lieblingspferd
Bukephalos oder Bukephalus hieß das Lieblingspferd Alexanders des Großen. Ihm zu Ehren gründete er die Stadt Bukephala, das heutige Jalalpur in Pakistan. Diese mittelalterliche Miniatur zeigt Alexander auf seinem Reittier.

Die Ruinen von Tyros
Die phönizische Stadt Tyros im heutigen Libanon kämpfte erbittert gegen das Heer Alexanders des Großen, bis er sie 332 v. Chr. eroberte und fast vollkommen zerstörte.

Hopliten, makedonische Phalanx und Kavallerie

Die Makedonier machten aus den schweren Fußtruppen der Hopliten eine leichte, modern und effizient bewaffnete Infanterie und besaßen eine gepanzerte und eine leichte Kavallerie.

Enge Formation
Wie man in diesem Relief deutlich sehen kann, waren die Soldaten der Phalanx mit langen Stoßlanzen bewaffnet.

Reiterei
Griechischer Reiter in einem Relief der Römerzeit.

Lange Zeit waren die Hopliten das Herzstück des griechischen Heeres gewesen. Sie bildeten eine schwere Infanterietruppe aus Männern in voller Rüstung (*panoplia*), bestehend aus Helm, schwerem Brust- und Rückenpanzer aus Bronze. Dazu waren die Hopliten mit einem runden Schild, einem kurzen Schwert und einer Lanze bewaffnet. Diese Ausrüstung war äußerst kostspielig, sodass sie sich zunächst nur Aristokraten leisten konnten und später der Staat anstelle der weniger wohlhabenden Bürger dafür aufkommen musste. Außerdem war das Ganze sehr schwer, allein sich darin zu bewegen erforderte ein gewisses Maß an Übung. Die Taktik der Hopliten beruhte außerdem auf der frontalen Begegnung mit dem Feind. Man wählte einen leichten Hang, von dem aus sich die Hopliten, von ihrem Gewicht getrieben, in vollem Lauf auf die Stellungen des Feindes stürzen konnten. Der Aufprall war fürchterlich, für beide Seiten verlustreich, es kam einzig allein darauf an, sich nicht umwerfen zu lassen. Die Hopliten mussten danach noch in der Lage sein, mit Schwert und Lanze zu kämpfen, und von hinten wurde Druck von den Veteranen der Nachhut ausgeübt: Sie sorgten dafür, dass die Linie nicht nachgab.

Die makedonische Phalanx

Die Makedonier gestalteten die Rüstung ihrer Hopliten leichter, damit sie sich schneller fortbewegen und rascher auf Richtungsänderungen reagieren konnten, und bewaffneten sie mit sechs bis sieben Meter langen Lanzen, den so genannten Sarissen. Gesenkt bildeten diese Stoßwaffen eine undurchdringliche Wand aus tödlichen Spitzen. Die Hopliten zogen in dichten Formationen in die Schlacht, die man als makedonische Phalanx bezeichnet. Sie be-

MILITÄRWESEN

stand aus 16 Reihen. Die ersten sechs Reihen hielten die Stoßlanzen gesenkt, die hinteren zehn trugen sie aufrecht, aber bereit zum Einsatz. Die verwundbaren Punkte der Phalanx waren Flanken und Rücken, Erstere wurden von Kavallerieregimentern gesichert, Letztere von einer leicht gepanzerten Infanterie als Nachhut.

Peltasten und Söldner

In der leichten Infanterie gab es zahlreiche Peltastenschwadrone. Sie waren mit einem Wurfspeer (*pelta*) bewaffnet und wie die verschiedenen Söldner aus Thrakien, Illyrien und vom Balkan in einer Art Guerillakampftechnik ausgebildet. Alexander hatte sie in den rauen Berggebieten Albaniens in Aktion gesehen, wie sie mit ihren Kurzspeeren und Steinen, die sie aus Lederschlingen schleuderten, dem Feind schwere Verluste zufügen konnten. Unter den Makedoniern wurden sie mit verhaltener Verachtung betrachtet, kamen sie doch aus Barbarendörfern, doch sie leisteten unschätzbare Dienste für den Erfolg der militärischen Operationen. Um sie für ihren Mut zu belohnen und sich ihrer Loyalität zu versichern, sah Alexander großzügig über Plünderungen und Raubzüge hinweg, die sie immer wieder unternahmen.

Die Waffen der Hopliten
Grabstele eines Hopliten aus dem 5. Jh. v. Chr. Der Soldat trägt eine Lanze und ein Kurzschwert.

Geflügelter Greif
Griechisches Schildabzeichen aus Bronze in Form eines geflügelten Greifs.

Pferde und Kampfelefanten

Die Reiterei, die die Griechen nach dem Peloponnesischen Krieg systematisch zu nutzen begannen, erforderte die Rekrutierung von Söldnern und bekam im makedonischen Heer vor allem in Kombination mit der Infanterie eine noch größere Bedeutung. Während die Phalanx nämlich ideal dazu geeignet war, den Ansturm des Feindes dank der ihm entgegengerichteten Mauer aus Lanzenspitzen abzufangen, hatte die Kavallerie die Aufgabe, den Feind an seinen Schwachstellen anzugreifen und ihn gegebenenfalls auch zu verfolgen. Die Reiterei des Adels war mit Lanze und Schwert bewaffnet, Pferd und Reiter wurden von einer schweren Rüstung geschützt. Aufgaben wie Aufklärung und Sicherung übernahm hingegen die leichte Reiterei, die mit Schwert und Speer bewaffnet war. Im Laufe seines Eroberungszuges gelangte Alexander bis ins heutige Afghanistan und nach Westindien, wo er auf Elefanten traf.

Auf dem Schlachtfeld
Dieses Mosaik, das 1831 in Pompeji entdeckt wurde, zeigt Alexander den Großen an der Spitze der makedonischen Reiterei im Kampf gegen das persische Heer unter Darius III.

MILITÄRWESEN

Diese furchteinflößenden Dickhäuter konnten aufgrund ihrer Masse äußerst gefährlich werden. In den hellenistischen Heeren der Nachfolger Alexanders gab es Abteilungen mit Elefanten. Natürlich musste man diese Tiere vor dem militärischen Einsatz erst einmal abrichten, und dazu bedurfte es einer erfahrenen Hand. Wenn so ein wild gewordener Dickhäuter sich mitten im Kampf umwandte, konnte er leicht das eigentlich für die Gegner gedachte Blutbad in den eigenen Reihen anrichten. Die Römer lernten die ersten Elefanten am Ende des 3. Jh. v. Chr. durch den Makedonierkönig Pyrrhus kennen, einen der Nachfolger Alexanders und König von Epiros, der fest entschlossen war, sein Reich in Süditalien zu errichten. Wenig später mussten sie sich gegen die afrikanischen Elefanten der Karthager zur Wehr setzen, die noch größer, schwerer und damit furchterregender waren als jene aus Asien.

DIE ZÄHMUNG DER ELEFANTEN

Interessant ist auch der Abschnitt, in dem Flavius Arrianus (2. Jh. n. Chr.) im Rahmen seiner Berichte vom Alexanderzug in Indien erzählt, mit welch grausamen Methoden die Inder ihren Elefanten Gehorsam und die Befolgung von Befehlen beibringen. Dazu werden die Tiere erst lange Zeit ohne Wasser und Nahrung in Gruben gehalten, um sie zu schwächen.

»*Dann steigen die Menschen von ihren [bereits gezähmten] Elefanten und binden den ermatteten wilden Tieren die Beine, drängen dann die zahmen, sie wiederholt zu schlagen, bis sie zu Boden fallen. Nun umschlingen sie sie mit Seilen und setzen sich rittlings auf sie, während sie darnieder liegen. Damit sie den Reiter nicht abschütteln oder sonstiges Unheil anrichten, ritzen sie die Haut um den Hals mit einem scharfen Messer und legen ein Seil in die Wunde, sodass die Tiere Kopf und Hals nicht zu rühren wagen, denn sobald sie sich wenden wollen, schneidet das Seil in die Wunde. So halten sie stille, und wissend, dass sie nunmehr besiegt sind, werden sie am Seil der zahmen Elefanten weggeführt.*«
(Arrianus, *Indika*, XIII, 11–13; dt. n. it. Übers. von A. Oliva)

SCHIFFE UND KRIEGSMASCHINEN

Die Triere wurde im Laufe des 5. Jh. v. Chr. zur Königin der Seeschlachten, nicht nur wegen ihrer überlegenen Manövrierfähigkeit, sondern auch dank des Rammsporns am Bug, mit dem sie gegnerische Schiffe versenken konnte. Die *poliorketik*, die Kunst der Belagerung, entwickelte sich im Laufe des 4. Jh. v. Chr. zu einer wahren Wissenschaft.

Bereits in der letzen Phase der Perserkriege, bei Salamis (480 v. Chr.), stellte die griechische Triere ihre Überlegenheit über die von den Phöniziern übernommenen Schiffe der Perser eindrucksvoll unter Beweis. Die rund 40 Meter langen und kaum sechs Meter breiten Dreiruderer besaßen einen besonders leichten Rumpf ohne Brücke. Der Bug war hochgezogen und trug an der Spitze einen gefürchteten Rammsporn aus Bronze, mit dem man die Flanke eines gegnerischen Schiffes aufreißen konnte. Wie alle Kriegsschiffe der Antike wurde auch die Triere hauptsächlich durch Ruder angetrieben, bei günstigem Wind wurde zusätzlich ein quadratisches Segel gehisst. Handelsschiffe dagegen verließen sich vor allem auf den Wind als Antriebskraft, da sie mit schwerer Ladung segelten und gewöhnlich keine schnellen Manöver auszuführen hatten, um einem Feind auszuweichen oder anzugreifen. Auf den Trieren saßen die Ruderer entweder auf drei Reihen Bänken pro Seite angeordnet, oder aber, wie jüngere Erkenntnisse vermuten lassen, auf schrägen Bänken zu je drei Ruderern, von denen jeder ein Ruder führte. Am Heck stand der Steuermann und lenkte das Boot mit zwei Blattrudern. Die Höchstgeschwindigkeit der Schiffe lag unter sechs Knoten, doch ihr großer Vorteil lag in ihrer Wendigkeit. Ein beliebtes Angriffsmanöver bestand darin, die Triere zwischen die feindlichen Schiffe zu bringen

Anker und Delphin
Ein Anker und ein Delphin bilden das Motiv dieses mehrfarbigen Mosaiks aus Delos.

Rekonstruktion einer Triere
Aus dem Holz von Kiefern, Tannen und der kostbaren Libanonzeder bauten die Griechen ihre Schiffe. Manchmal wurde auch weiches, aber leichtes Pappelholz verwendet, für den Kiel nahm man Eichenholz. Die Kriegsschiffe besaßen außerdem einen Rammsporn am Bug.

und deren Ruder zu brechen, um sie manövrierunfähig zu machen. Die wichtigste Verteidigungstaktik war eine schnelle Wende, wodurch man dem Angriff des Feindes entkam und sogleich die Möglichkeit zu einem Gegenangriff auf die Flanken oder das Heck des gegnerischen Schiffes bestand. Mit einem Stoß in diese verwundbaren Stellen konnten die Trieren dank ihres Sporns ein feindliches Schiff versenken. Natürlich war auch das Entern eine bekannte Kampftechnik, durch die aus der Seeschlacht ein Kampf Mann gegen Mann wurde. Der Staatsmann, der den Athenern am Vorabend ihres Sieges gegen die Perser nahelegte, das Silber aus Laurion in den Bau einer mächtigen Flotte aus Trieren zu investieren, war Themistokles. Und damit hatte er sie gut beraten, denn das gesamte 5. Jh. v. Chr. hindurch blieb die Vormachtstellung der Athener zur See ungebrochen. Nach dem Vorbild der griechischen Triere, die römisch Trireme genannt wurde, baute man später die Quinquereme, einen Fünfruderer, den die hellenistischen Könige und die Römer übernahmen.

EIN HARTER KOPF

Der Rammbock tauchte in der griechischen Welt ab dem 5./4. Jh. v. Chr. auf. Es handelte sich um einen schweren Balken, an dessen Ende ein bronzener Stoßkeil, meist in Form eines Widderkopfes, montiert wurde. Er wurde von Dutzenden Männern herangetragen, die dann damit gegen die Mauern und Tore anrannten, um sie aufzubrechen. Ab dem 14. Jh. wurde der Rammbock von der Artillerie verdrängt.

Rammbock mit Aufhängung
Die größten, oft über eine Tonne schweren Rammböcke wurden in großen Holzgerüsten mit Seilen aufgehängt.

Feuer, Pfeile und Wurfgeschosse gegen den Feind

Die Kriegsmaschinen bekamen in dem Maße Aufwind, in welchem sich zum Kampf auf dem offenen Schlachtfeld (Hoplitenkampf) verfeinerte Belagerungs- und Verteidigungstechniken der Städte gesellten. Die Entscheidung des Themistokles, Athen und Piräus mit starken Mauern zu befestigen, basierte nicht nur darauf, dass Athen mit dem Nachschub aus Piräus unabhängig überleben konnte, sondern auch auf der realen Gefahr einer Belagerung nach der Zerstörung, die die Athener auf ihren Feldzügen hinterlassen hatten. Die Kunst der Stadtbelagerung entwickelte sich im Laufe des 4. Jh. v. Chr. unter der Bezeichnung *poliorketik* zu einer Wissenschaft. Der makedonische Monarch Demetrius I. trägt den Beinamen Poliorketes, was wörtlich Stadtbezwinger bedeutet. Von den Mauern oder Türmen aus schleuderten die Belagerten Feuerbälle, Pfeile und Wurfgeschosse aller Art auf die Feinde, wozu sie immer ausgeklügeltere Maschinen benutzten. Die Belagerer wiederum entwickelten mobile Türme zum Erstürmen der Mauern, errichteten Erdwälle, unter denen sie weitere Kriegsmaschinen verbargen oder untergruben die Festungsmauern, um sie zu lockern.

Assyrischer Panzerwagen
Die Kunst der Belagerung war bereits den Assyrern bekannt, die diese Kriegsmaschine auf Rädern entwarfen – eine Urform des Panzers vor der Prägung dieses Begriffs.

Riesenarmbrust
Diese nach den Zeichnungen Leonardo da Vincis im Codex Atlanticus *angefertigte Riesenarmbrust ähnelt einem Gerät, das im 4. Jh. v. Chr. in Syrakus entwickelt wurde und rund zwei Meter lange Pfeile abschießen konnte.*

Die Götter des Olymp und der Dionysoskult

Als Spiegelbild der mykenischen Aristokratie wurden die Götter des Olymp in der *polis* als Wächter über die Gesetze und Garanten für Harmonie und Wohlstand übernommen. Der Wunsch nach einer intimeren Beziehung zwischen Mensch und Gott förderte die Entwicklung des Dionysoskults.

Lange Zeit herrschte in Griechenland eine polytheistische Religion vor, in der es zahlreiche Gottheiten gab, die das Schicksal der Menschen von einer übergeordneten Position aus beeinflussten, jedoch nicht transzendierten. Ihnen ging es zwar um die Aufrechterhaltung der Ordnung im *kosmos*, aber sie waren mit diesem nicht identisch. Sie waren mächtiger als die Menschen und lebten nach der archaisch-griechischen Vorstellung unsterblich und glücklich auf den Gipfeln des Olymp, wie Homer beschreibt: *»Nie von Orkanen erschüttert, vom Regen nimmer beflutet, nimmer bestöbert vom Schnee; der wolkenloseste Äther wallet ruhig umher, und deckt ihn mit schimmerndem Glanze: Dort erfreut sich ewig die Schar der seligen Götter.«*
(Homer, *Odyssee*, VI. 43–46)

Ein großer Clan

Die Götter des Olymp, wie sie in den Epen Homers beschrieben werden, spiegeln eine aristokratische Gesellschaft wider und stellen eine große Familie dar, deren Individuen frei sind, den eigenen Neigungen und persönlichen Unternehmungen nachzugehen. An der Spitze steht Zeus, der mehr die Rolle eines Clanoberhauptes innehat als eines despotischen Herrschers.

Der Thron der Götter
Unten: *Der Olymp (2917 m), der höchste Berg von Griechenland, galt als Wohnsitz der Götter. Sein Name ist mit übertragener Bedeutung in die Alltagssprache eingegangen und bezeichnet einen exklusiven, nicht jedem zugänglichen Ort.*

Blitz und Donner
Zeus (oben, Skulptur aus dem 2. Jh. v. Chr.), der Jupiter der Römer, ist der mächtigste der Götter des Olymp. Er herrscht über Blitze und Regen und sorgt für die Aufrechterhaltung der Ordnung und Hierarchie innerhalb des Pantheon.

Der hinkende Gott
Hephaistos, der Vulcanus der Römer, war der Gott des Feuers und der Kunst der Metallbearbeitung. Als geschickter Schmied fertigte er Waffen und Schmuck an. Nach der Legende hinkt er, weil er von Zeus vom Olymp gestoßen wurde, als er in einer Familienstreitigkeit für seine Mutter Hera Partei ergriffen hatte. Oben: Fragment einer Vase mit Darstellung des Gottes.

Er wacht über Recht und Unrecht und bestraft die Übeltäter, dabei wirkt er als Garant des kosmischen Gleichgewichts, dessen auch die Menschen bedürfen. Ihm zur Seite stehen Krieger wie Ares und Apoll, Letzterer auch als Gott der Weisheit, der Heilkunde und der Gerechtigkeit. Einen Abglanz einer prä-indoeuropäischen, stark matriarchalischen Gesellschaftsordnung stellen Muttergottheiten wie Hera, die Gemahlin des Zeus, Aphrodite, die Göttin der Liebe, Artemis, die Göttin der Jagd, Athene, die Schutzherrin der *polis*, oder Demeter, die Göttin der Erde und des Ackerbaus, dar. Schließlich wären noch Poseidon, der über das für die Griechen so wichtige Meer herrscht, und Hermes, der den Menschen Botschaften der Götter übermittelt, zu erwähnen. Dem Mythos zufolge sollen Zeus und seine Brüder gegen ihren tyrannischen Vater Chronos rebelliert und diesen nach hartem Kampf schließlich abgesetzt haben. Diese Geschichte reflektiert den Werdegang vieler *poleis,* deren Bürger sich von einem Tyrannen befreien hatten müssen. Sie schuf den notwendigen Raum für Entwicklung in einem einst stark aristokratisch geprägten Gefüge und verwandelte die Götter des Olymp in ein städtisches, der neuen politischen und gesellschaftlichen Realität besser angepasstes, Pantheon.

HERA UND ARTEMIS

Hera, die Gemahlin des Zeus, stellte die mütterliche Seite der Frau dar. Selbst dem Ehemann unbedingt treu, verabscheute und bestrafte sie Ehebruch. Daraus resultieren zahlreiche Mythen über die eifersüchtige Verfolgung der Geliebten des Göttervaters. Artemis, Schwester des Apoll und Herrin über die Tierwelt, eine Jägerin, lebte in den Wäldern in Gesellschaft ihrer Nymphen. Ihre Figur wird mit dem Mond, der Nacht, den Initiationsriten und dem Akt der Geburt in Verbindung gebracht.

Göttliche Jägerin
Die Zwillingsschwester Apolls, Artemis, die Diana der Römer, wurde oft bewaffnet mit Pfeil und Bogen und einer Hirschkuh an ihrer Seite dargestellt, wie hier als römische Marmorstatue aus dem 1./2. Jh. n. Chr.

Königin der Göttinnen
Hera, Tochter der Rhea und des Chronos und Gemahlin des Zeus, entspricht der Juno der Römer und steht an der Spitze der Rangordnung der Göttinnen des Olymp. Links: Dieser Kopf aus Kalkstein soll zu einer Kolossalstatue gehört haben (Olympia, 6. Jh. v. Chr.).

RELIGION

ARES UND ATHENE

Ares, bei den Römern Mars, ist vielleicht der am wenigsten bekannte der Götter des Olymp. In der Stadt Athen gab es keinen ihm gewidmeten Kult, obwohl der wichtigste Rat des Staates, der Areopag, seinen Namen von dem ihm geweihten Hügel herleitet. Er ist der Gott des wütenden Kampfes, vielleicht ein »negativerer« Kriegsgott als die ebenfalls kriegerische Göttin der Gerechtigkeit, Athene. Letztere war auch Schutzherrin der Jugend, der Mutigen, der *polis* und aller Künste.

Öffentliche Religion

Im Stadtstaat spielen Zeus und seine Familie die Rolle der Politiker, deshalb bestand der Kult nicht in einer individuellen, persönlichen Beziehung zwischen Gläubigen und Gottheit, sondern mehr in einer Reihe öffentlicher, kollektiver Akte, um sich des Schutzes der Gottheit für die verschiedenen Aspekte des städtischen Lebens zu versichern. Daher errichtete die *polis* ihren Göttern Tempel, feierte religiöse Feste, organisierte Spiele und Theateraufführungen. Im Gegensatz zu den orientalischen Religionen kannte die griechische kein Prinzip der Orthodoxie, weshalb eine gewisse persönliche Interpretationsfreiheit bestand. Es gab daher auch keine Priesterkaste, die als einzige im Besitz des rechten Glaubens war.

Gerüstet für den Kampf
Diese etruskische Votivstatuette stellt den Gott Ares in der traditionellen Kriegerrüstung dar.

Aus Liebe geboren
Nach der Überlieferung wurde Aphrodite aus der von Uranus befruchteten Meeresgischt geboren. Das römische Gegenstück der Göttin der Liebe ist Venus. Unten: Terrakottaskulptur aus dem 4. Jh. v. Chr.

Die Aufgaben der Priester wurden einigen besonders angesehenen Familien übertragen, die die Interessen der Gemeinschaft wahrnahmen. Als Garanten für Recht und Ordnung forderten die Götter von ihren Getreuen zweierlei Ehrerbietung: Zum einen durfte der Grieche ihre Vorherrschaftsstellung nicht bedrohen, indem er die ihm auferlegten Grenzen der geschriebenen und ungeschriebenen Gesetze überschritt – andernfalls beginge er die Sünde des Hochmuts (*hybris*). Die Strafe würde unweigerlich folgen und die gesamte Gemeinschaft treffen (man denke nur an die Pest, die im Drama von Sophokles Theben durch die Schuld des Ödipus heimsucht, der unwissentlich seinen Vater erschlug und ebenfalls ahnungslos seine Mutter heiratete). Zum anderen durfte der Mensch sich auch nicht der Gottlosigkeit (*asebeia*) schuldig machen, indem er lästerte, einen Tempel oder heilige Bildnisse schändete oder beschädigte oder Opfergaben stahl. Diese Sünde galt als *vulnus*, als Verletzung der institutionellen Funktion der Götter, und wurde als solche von den Richtern der Stadt bestraft.

Seelenbeförderer
Hermes, der Sohn des Zeus, war der Bote der Götter. Die Römer nannten ihn Merkur. Eine seiner Aufgaben war auch das Geleiten der Seelen der Verstorbenen in die Unterwelt, weshalb er den Beinamen psychopompos *trug, was Seelenführer bedeutet.*
Oben: *attische Vase aus dem 6. Jh. v. Chr. mit Hermes, umgeben von zwei Sphingen.*

In den Tiefen der Meere
Der Meeresgott Poseidon heißt bei den Römern Neptun. Er herrscht auch über Stürme und Erdbeben. Die Insel Rhodos leitet ihren Namen von einer seiner Töchter her.
Links: *Bronzestatue des Gottes aus dem 5. Jh. v. Chr.*

Ein sagenhafter Appetit
Chronos, dem Gott der Zeit, den die Römer Saturn nennen, war prophezeit worden, dass einer seiner Söhne ihn einst stürzen würde, deswegen verschlang er sie alle bei lebendigem Leibe gleich nach der Geburt. Doch Rhea, seine Gemahlin, versteckte den kleinen Zeus, und später zwang dieser den Vater mit Hilfe einer Droge, die Brüder wieder auszuspeien.
Rechts: *römische Statue des Chronos aus dem 2. Jh. n. Chr.*

Der Gott der Ausgegrenzten

Die stark kollektive Prägung der griechischen Religion hatte zur Folge, dass die individuelle Bindung mit der Gottheit in den Hintergrund trat. So entwickelte sich stattdessen als Alternative der privater ausgerichtete Dionysoskult. Nach der Überlieferung kam der Gott Dionysos – bei den Römern Bacchus – aus dem Orient und hatte den Menschen den Wein und die

Myrtenkranz
Dem Dionysos war die Myrte geweiht, mit der sich die Initiierten während der Mysterienfeiern die Stirn bekränzten. Oben: Myrtenkranz aus Gold aus dem 4. Jh. v. Chr.

Trunkenheit gebracht, und dazu einige orgiastische Rituale, die in den Wäldern weitab von der städtischen Gemeinschaft praktiziert wurden. Dionysos war auch der Gott der Unvernunft, der Befreiung des Menschen von den eigenen Regeln und Fesseln durch eine göttliche Energie, die in ihn strömte, wenn er sich nach Tänzen zu Flöten- und Trommelklang in einem Zustand der Ekstase (von griech: *ek-stasis*, außer sich sein) befand. Zu diesen orgiastischen Riten waren alle eingeladen, die daran teilnehmen wollten, ungeachtet ihres Rangs oder Ansehens, es kam nur darauf an, dass sie mit dem Gott in Verbindung zu treten wünschten. So erfreute sich der Kult insbesondere auch bei den Ausgegrenzten der *polis*, den Frauen und Sklaven, großer Beliebtheit, die in der städtischen Gesellschaft nur Nachteile in Kauf nehmen mussten. Der Dichter Euripides (5. Jh. v. Chr.) will in der Tragödie *Die Bacchanten* darauf aufmerksam machen, dass in jedem Individuum ein irrationales Element steckt, das nicht negiert werden soll. Als Symbol dafür steht der tragische, aber sinnlose Widerstand des jungen Königs von Theben, Pentheus, der unbedingt die Ausbreitung des Dionysoskults in seiner Stadt verhindern will. Die Mutter Agaue, der Schwager Kadmos und der Seher Theiresias haben sich ihm bereits angeschlossen, und es ist an der Zeit, dass auch Pentheus seine Meinung ändert. Mit den folgenden Worten versucht Teiresias, den König von der Macht des Gottes und von der Notwendigkeit, ihm zu huldigen und ihm zu opfern, zu überzeugen:
»*Die neue Gottheit, die du höhnst – ich kann es nicht aussagen, welche Herrlichkeit sie bald erlangt in Griechenland. Zwei Dinge sind die wichtigsten dem Menschenleben, Jüngling: Göttin Demeter – das heißt die Erde; beide Namen gelten gleich – mit trocknen Früchten sättigt sie die Sterblichen; der aber, Semeles Sprößling, kam aufs Gegenteil, erfand der Traube flüssigen Trank, macht' ihn der Welt bekannt zur Tröstung mühbeladner Sterblicher im Grame, wenn der Rebensaft den Geist belebt. Er leiht auch Schlummer, der des*

Dionysische Riten
Der Dionysoskult als Motiv einer Vasenmalerei aus dem 5. Jh. v. Chr.

Verbreitung des Dionysoskults
In der Römerzeit breiteten sich die orgiastischen Riten, die mit dem Dionysoskult verbunden waren, bis nach Italien aus, wo sie besonders im Süden der Halbinsel Anhänger fanden. Diese Büste zeigt die römische Kopie eines Dionysos-Porträts von Praxiteles.

Silenenkopf
Die Gefährten des Dionysos, die Silenen oder Satyre, waren Inkarnationen der wilden Natur. Sie wurden oft in tierischer Gestalt, mit Hörnern oder Bocks- und Pferdehufen dargestellt.

Tages Hitze und Last vergessen macht und ganz allein den Kummer stillt. Er wird als Spende Göttern dargebracht, ein Gott, sodass durch ihn den Menschen alles Gute kommt [...] Der Gott ist auch ein Seher; denn Verzückung und Begeistrung sind mit Sehergabe nah verwandt. An Krieg und Schlachten hat er gleichfalls einigen Teil: Ein Heer in Waffen, das in Reihn geordnet steht, zersprengt der Schrecken, eh's die Lanze noch berührt; auch das ist Tollheit, von Dionysen eingehaucht. Du siehst ihn einst noch auf dem hohen Delpherfels mit Fackeln springen, dass der Doppelgipfel hell vom Glanze strahlt, und schwingen sein Verzückungsrohr, und groß in griechischen Landen. – Pentheus, folge mir, prahl nicht, dass Macht und Stärke nur die Welt beherrscht. Und wenn der Glaube, den du hegst, ein irriger ist, so halt dich nicht für weise. Nimm den Gott ins Land und bring ihm Spenden, sei verzückt und kränz das Haupt.« (Euripides, *Die Bacchanten*, 272–285; 298–313)

Tanzende Mänaden
Die Mänaden waren die Frauen, die wild in Ekstase tanzend die dionysischen Riten feierten. Nach der Legende waren die ersten Mänaden die Nymphen, die den Gott nährten. Rechts: tanzende Mänade in der römischen Kopie eines Reliefs des Bildhauers Kallimachos.

Spiele, Musik und Sport zu Ehren der Götter

Zur offiziellen griechischen Religion gehörten einige fundamentale Schauplätze und Ereignisse: das Theater, Gebete und Opfer in den Tempeln und die Panhellenischen Spiele, an denen Bürger aus ganz Griechenland teilnahmen.

Die wichtigsten Spiele waren jene, die im Heiligen Hain von Olympia (Peloponnes) zu Ehren des Zeus abgehalten wurden. Dem Mythos zufolge wurden sie von dem Halbgott Herakles begründet, eines Sohnes des Zeus und der Alkmene. Ab 776 v. Chr. fanden sie alle vier Jahre statt. Sie dauerten fünf Tage, an welchen die teilnehmenden Stadtstaaten zur Würdigung des heiligen Ereignisses alle Feindseligkeiten einzustellen hatten. In dieser Zeit namens *ekecheiria,* Festfrieden, durften im Heiligen Hain keine Gewalttaten begangen und keine Waffen getragen werden. Am ersten Tag vereidigte man die Athleten und brachte den Göttern Gaben dar. Erst am zweiten Tag begannen die eigentlichen Spiele mit den Pferderennen, die im Hippodrom in einiger Entfernung vom Zeustempel stattfanden. Sehr beliebt, aber exklusiv und nur den Reichen vorbehalten war das Rennen der vierspännigen Wagen. Die übrigen Rennen wurden im Galopp gelaufen, wobei die Reiter weder Sattel noch Steigbügel benutzten. Am Ende des Tages fand im Stadion der

Der Diskobolos von Myron
Die Bewegung des Diskuswerfers ist in dieser bekannten Marmorstatue für die Ewigkeit festgehalten worden. Erhalten sind in der Antike angefertigte Kopien.

Der Schauplatz der Spiele
Im Stadion von Olympia gab es keine Sitzreihen. Die Zuschauer saßen auf dem Boden, nur für die Kampf- bzw. Schiedsrichter gab es eine Tribüne. Unten: *Eingang.*

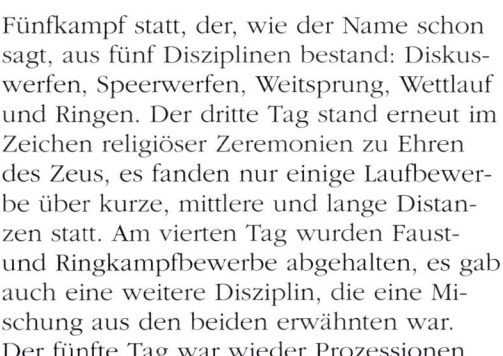

Auf dem Weg zum Sieg
Pferderennen zählten zu den spektakulärsten Disziplinen bei den Spielen von Olympia. Diese herrliche Bronzestatue zeigt einen Reiter im Kindesalter (4. Jh. v. Chr.) und stellte wahrscheinlich ein Siegesdenkmal dar.

Fünfkampf statt, der, wie der Name schon sagt, aus fünf Disziplinen bestand: Diskuswerfen, Speerwerfen, Weitsprung, Wettlauf und Ringen. Der dritte Tag stand erneut im Zeichen religiöser Zeremonien zu Ehren des Zeus, es fanden nur einige Laufbewerbe über kurze, mittlere und lange Distanzen statt. Am vierten Tag wurden Faust- und Ringkampfbewerbe abgehalten, es gab auch eine weitere Disziplin, die eine Mischung aus den beiden erwähnten war. Der fünfte Tag war wieder Prozessionen und Ritualen vorbehalten. Wie man an diesem Veranstaltungskalender gut erkennen kann, waren die sportlichen Wettbewerbe eng mit der Religionsausübung verknüpft, eigentlich stellten sie ein und dasselbe dar. Außerdem erhielten die siegreichen Athleten keine wertvollen Preise und Prämien wie es heute üblich ist, sondern lediglich einen Myrtenkranz. Dazu genossen sie freilich unsterblichen Ruhm und Bewunderung unter ihren Mitbürgern. Mit den folgenden Worten beschwört Pindar (6. Jh. v. Chr.), der die Panhellenischen Spiele in seinen Oden besang, die Gunst des Göttervaters für den siegreichen Athleten im Faustkampf: »Vater Zeus .../ ehre den mit der rituellen Hymne besungenen Sieger von Olympia/ den Mann, der Ruhm gewann im Faustkampf. Leih' ihm Gunst und Ansehen bei Mitbürgern und Fremden./ Er geht die rechte Straße, hält sich fern der Gewalt, und hat wert sich erwiesen der Probe/ mit dem rechten Geist, den seine edlen Väter ihm verliehen«. (Pindar, *VII Olympika*, 87–92)

Weitere Spiele

Weitere Spiele zu Ehren des Zeus fanden in der nemeischen Ebene in Argolida alle zwei Jahre statt. Die Isthmischen Spiele an der Meerenge von Korinth wurden jedes zweite Jahr zu Ehren Poseidons abgehalten, die Pythischen Spiele bei Delphi beim Apolltempel erst alle acht Jahre (wenn Apoll laut dem Mythos nach Delphi kam), später jedes vierte Jahr. Die Pythischen Spiele entstanden als musikalischer Wettstreit, Gesang und Lautenspiel hatten den Sieg Apolls über die Schlange Python zum Thema. Ab dem 4. Jh. v. Chr. gesellte sich das musikalische Element auch zu den Isthmischen und den Nemeischen Spielen.

Kampf der Besten
Als letzte der Disziplinen des Fünfkampfs oder pentathlon *war der Ringkampf den besten Athleten der ersten vier Bewerbe vorbehalten. Diese Amphore aus Magna Graecia (525 v. Chr.) zeigt zwei Ringer.*

Musik und Poesie
Musik und Poesie fielen in Archaik und Klassik in eine Kategorie. Dichter wie Alkaios und Sappho (7./6. Jh. v. Chr.) begleiteten ihre Gesänge auf der Lyra. Unten: *Relief mit Lyraspieler.*

Mysterien, geheime Kulte

Auf die Angst vor dem Tod antwortete die griechische Religion mit einer Reihe von Kulten, die einem kleinen Kreis von Eingeweihten vorbehalten waren: die Mysterien und Eleusis und jene des Orpheus.

Wie wir gehört haben, reagierte der Dionysoskult auf das Bedürfnis nach einer privaten, intimen Beziehung zwischen Mensch und Gott. Außerdem konnte man dadurch jene irrationalen Elemente ausleben, deren Ausdruck die Stadt mit ihren Gesetzen und Verboten und der streng reglementierten öffentlichen Religionsausübung nicht oder nur zum Teil erlaubte. Doch war der Kult des Dionysos nicht die einzige Alternative. Die Griechen kannten auch noch andere Kulte, die keine Ergänzung zur offiziellen Religion darstellten. Die Initiierten konnten aus allen sozialen Schichten stammen, und sie folgten der Versprechung eines glücklichen Lebens nach dem Tod. Die Furcht vor dem Tod war eine fundamentale Angst, auf die die offizielle Religion nicht immer eine zufrieden stellende Antwort geben konnte.

Betörender Gesang
Orpheus, Sohn des Flussgottes Oiagros und der Muse Kalliope, gilt als Erfinder der Kithara. Er besitzt die Gabe, mit seinen süßen Melodien nicht nur Menschen, sondern auch Tiere zu verzaubern. Eine solche Szene ist hier in einem römischen Mosaik aus dem 3. Jh. dargestellt.

Die stark eschatologisch (auf das, was nach dem Tod sein wird) ausgerichteten eleusinischen und Orpheuskulte nahmen sich eben dieser Fragen an.

Abstieg in die Unterwelt
Sehr bekannt aus dem Mythos um Orpheus ist die Geschichte, wie er mit seinem Gesang die Götter der Unterwelt rührt und ins Reich der Toten hinabsteigen kann, um seine Gemahlin Eurydike zurückzuholen. Doch es gelingt ihm nicht, den Anweisungen zu folgen und sich nicht umzudrehen, bis er die Welt der Lebenden wieder betritt: Er verliert sie für immer. Unten: Orpheus und Eurydike, *Gemälde von Nicolas Poussin (1594–1665).*

RELIGION

> **DIE MACHT DER GEWALTLOSIGKEIT**
>
> Die Anhänger des Orpheuskults predigten ein einfaches Leben ohne jegliche Gewalt. Auch das Töten von Tieren war verboten, denn die in ihnen wohnenden Seelen müssten durch die gewaltsame Tötung in einen anderen Körper wandern, was ihr Leiden auf Erden verlängern würde. Ein streng vegetarisches Leben war die Folge. Der Philosoph Seneca (4 v. Chr. bis 65 n. Chr.) gedenkt in einem Brief der Worte seines Lehrers Sotion, der diesem Kult anhing und ihn drängte, kein Fleisch zu essen: *»Glaubst du nicht, es ist der Seele bestimmt, zu wandern von einem Körper zum nächsten, und das, was wir Tod nennen, ist nur ein Übergang? Glaubst du nicht, in Tieren, zahm oder wild, oder in den Fischen im Wasser kann eine Seele sein, die einst in einem Menschen lebte? Glaubst du nicht, dass nichts endet in dieser Welt, sondern nur den Ort wechselt? Dass nicht nur die Himmelskörper vorgezeichneten Bahnen folgen, sondern auch die lebenden Wesen ihre Zyklen haben und die Seelen ihre Läufe? Große Männer haben an diese Theorien geglaubt. Urteile drum nicht und lasse alles offen. Wenn es wahr ist, so bewahrt uns die Enthaltsamkeit vom Fleische vor Schicksalsschlägen. Wenn nicht, so macht sie uns genügsam. Welchen Schaden hast du, es zu glauben? Ich hindere dich, wie Löwen und Geier dich zu nähren.«* (Seneca, *Epistulae*, 108, 20/21)

Der geheime Orpheuskult

Der Kult um den Sänger Orpheus aus den Mythen, der wilde Tiere durch sein Kitharaspiel zähmen konnte, verbreitete sich in der archaischen Gesellschaft und stand bald neben der offiziellen Religion. Es handelte sich um einen Geheimkult, zu dem man erst zugelassen wurde, nachdem man einen Initiationsritus durchlaufen hatte. Er basierte auf dem Glauben an die Metempsychosis oder Seelenwanderung. In einem Prozess der kontinuierlichen Reinkarnation in menschlichen, aber auch tierischen Körpern aller Art wurde die Seele mit der Zeit rein, um sich schließlich von den materiellen Fesseln zu befreien und in ewiger Glückseligkeit zu leben, wie es ihrer wahren Natur entsprach. Den Initiierten wurde das ewige Glück bereits nach diesem Leben versprochen, das sie dank der Einhaltung der von den Eingeweihten dieser Religion empfohlenen asketischen, gewaltlosen und vegetarischen Lebensweise erlangen konnten. Der Orpheuskult hatte enormen Einfluss auf das platonische Gedankengut, aber auch auf das Konzept der Seele und ihres Schicksals der Sieben Gnostiker und des Christentums.

Den Männern vorbehalten
Als Orpheus aus der Unterwelt zurückkommt, begründet er die Mysterien, zu denen nur Initiierte und Männer Zugang haben. Die Frauen sind wütend über ihren Ausschluss, aber auch über Orpheus' unerschütterliche Treue zu seiner Frau, töten ihn und zerreißen seinen Körper. Oben: Vasenmalerei (475 v. Chr.) mit Orpheus' Tod als Motiv.

Unsterblicher Gesang
Das Meer, das die zerrissenen Glieder des Sängers aufgenommen hatte, trug seinen Kopf nach Lesbos. Dort wurde Orpheus von den Einwohnern der Insel mit großen Ehren bestattet, und man erzählt sich, dass aus seinem Grab immer noch der Klang seiner Kithara zu hören ist. Hier nimmt sich der Maler Gustave Moreau (1826–1898) dieser Geschichte als Motiv an.

Prozession nach Eleusis

Der zweite Kult neben der offiziellen Religion hatte seinen Schauplatz in Eleusis, etwas über 20 km von Athen entfernt auf dem Weg nach Korinth. Dieser stand unter dem Schutz einer der Gottheiten des Olymp: Demeter, der Göttin der Erde und der Ernte. So standen diese Mysterien dem öffentlichen Glauben etwas näher. Doch auch zu ihnen hatte jeder Initiierte Zugang, ungeachtet des Ranges und der Herkunft. Einmal im Jahr machte sich der Zug der Initianden gemeinsam von Athen auf den Weg über die Heilige Straße bis zum Heiligtum der Demeter. Dort wohnten sie schweigend den Zeremonien der Priester bei, die den Mythos der Göttin darstellten. Nach einer der wichtigsten überlieferten Legenden hatte Demeter ihre Tochter

Die Erntegöttin
Demeter, hier als römische Marmorkopie eines griechischen Originals aus dem 4. Jh. v. Chr., war die Göttin der bestellten Erde und wurde vor allem mit dem Korn in Verbindung gebracht.

Auf der Suche nach der Tochter
Auf ihrer verzweifelten Suche nach der verschwundenen Tochter Persephone fand Demeter freundliche Aufnahme in Eleusis, am Hof des Königs Keleos. Links: Überreste des telesterion, der heiligen Halle der Demeter in Eleusis, wo die Mysterien gefeiert wurden.

Nur für Eingeweihte
Die stark esoterisch geprägten Eleusinischen Mysterien, die auf dieser römischen Urne dargestellt sind, waren den Initiierten vorbehalten und wurden an geheimen Orten gefeiert.

RELIGION

Liebesraub
Die Tochter der Demeter und des Zeus, Persephone (Proserpina für die Römer), wurde von Hades, dem Gott der Unterwelt, geraubt und zu seiner Gemahlin gemacht. Hier nimmt sich der Bildhauer Bernini dieses Themas an.

Persephone verloren, weil diese von Hades in die Unterwelt verschleppt worden war. Als ihre Suche erfolglos blieb, wurde Demeter von so großer Trauer erfasst, dass sie ihre Aufgabe als Göttin nicht mehr erfüllen wollte und sich freiwillig ins Exil zu den Menschen flüchtete, wo sie bei König Keleos und seiner Gemahlin Metanira als Amme Aufnahme fand. Die Erde aber verdorrte indessen. Zeus befahl Hades nun, Persephone herauszugeben, doch das war nicht mehr möglich, weil diese in der Unterwelt von einem Granatapfel gegessen hatte, der sie für immer an diesen Ort band. Die einzig mögliche Lösung war ein Kompromiss: Demeter nahm ihren Platz im Olymp wieder ein, und Persephone verließ die Unterwelt jeden Frühling, um zur Mutter zurückzukehren, wo sie jeweils zwei Drittel des Jahres verweilen durfte. Auf ihrem Weg zum Olymp erweckte sie die Natur zum Leben. Wenn sie danach wieder in die Unterwelt zu Hades zurückkehrte, versank die Erde von neuem im unfruchtbaren Winter. Die Eleusinischen Mysterien stellten einen tröstlichen Ritus dar, der den ewigen Kreislauf von Tod und Geburt, symbolisiert durch das Werden und Vergehen in der Natur, zum Thema hat.

Triptolemnos, der Sämann
Triptolemnos, der zukünftige König von Eleusis, hatte Demeter zur Amme, und sie betraute ihn mit der Aufgabe, den Weizenanbau unter dem Volk zu verbreiten. Dazu gab sie ihm einen geflügelten Wagen, von dem aus er das Saatgut verstreuen sollte. Oben: Attischer Krater aus dem 5. Jh. v. Chr. mit Demeter und Triptolemnos, der auf dem Wagen sitzt.

Die Suche nach Ursprung und Sinn

Laut der historischen Dokumentation, über die wir bisher verfügen, ist die Philosophie in Griechenland um das 7./6. Jh. v. Chr. als Suche nach dem Ursprung der Welt, die die Menschen umgibt, entstanden.

»Denn wer das Erkennen um seiner selbst willen wählt, der wird die höchste Wissenschaft am meisten wählen, dies ist aber die Wissenschaft des im höchsten Sinne Erkennbaren, im höchsten Sinne erkennbar aber sind das Erste (Prinzipien) und die Ursachen; denn durch diese und aus diesen wird das andere erkannt, nicht aber sie aus dem Untergeordneten.« (Aristoteles, *Metaphysik*, I, 982a/982b). Diese Reflexionen über das Wesen der Philosophie stammen von Aristoteles (384–322 v. Chr.) aus seinem Traktat über die Prinzipien, der *Metaphysik* genannt wurde, weil er in der gesammelten Ausgabe des Werks des großen Philosophen Andronikos von Rhodos (1. Jh. v. Chr.) hinter (das ist die Bedeutung der griechischen Vorsilbe *meta*) dem Traktat über Physik kam. Darin enthalten ist eine Kurzfassung ihrer Geschichte. Sie entsteht gut anderthalb Jahrhunderte vor Aristoteles in Griechenland und beschäftigt sich mit der Frage nach den primären Ursachen der Realität. In relativ kurzer Zeit entwickelt sie sich stark weiter, bis die Fundamente für die Hauptfelder der Natur- und Geisteswissenschaften gelegt waren. Die Philosophie – wörtlich die Liebe zur Weisheit – ist für Aristoteles die Frage nach Ursachen und Sinn, mit einem Wort nach dem »Warum« aller Phänomene, von den höchsten, wie dem Sein (Ontologie), bis zu allen anderen, die damit zusammenhängen, wie die Natur (Physik), die Lebewesen (Biologie), der Mensch (Anthropologie), sein gesellschaftliches Leben (Politik), seine Seele und ihre rationale und irrationale Komponente (Psychologie), aber auch sein Verhalten (Ethik) bis zu seiner Wahrnehmung und deren Genauigkeit (Logik und Epistemologie). Nachdem dies aber bereits die Philosophie nach aristotelischer Ausprägung im 4. Jh. n. Chr. ist, wol-

Der große Denker
Es gibt kaum einen Bereich des Wahrnehmbaren, der Aristoteles nicht interessiert hätte, von der Physik bis zur Poetik, von der Logik bis zur Astronomie. In seiner Philosophie suchte er nach der Konvergenz des platonischen Dualismus zwischen der Welt der Erscheinungen und der Archetypen. Rechts: Porträt des Philosophen in Marmor (1./2. Jh. n. Chr.).

Die erste Wissenschaft
Was später als Metaphysik bezeichnet wurde, ein Begriff, der mitunter auch als Synonym der Philosophie verwendet wird, war für Aristoteles die Wissenschaft vom Ursprung oder die ursprünglichste aller Wissenschaften, denn sie zielte auf ein universelles Prinzip allen Seins ab. Links: die erste Seite der Metaphysik in einer alten Handschrift.

len wir nun noch etwas weiter in der Geschichte zurückgehen und uns damit befassen, wie die Ursprünge ab dem 7./6. Jh. v. Chr. aussehen.

Die ionischen Philosophen

Die ersten Philosophen, von denen wir heute Kenntnis haben, werden auch als Naturphilosophen bezeichnet. Sie alle stammten von der ionischen Küste der Türkei und forschten nach Prinzipien, die den Ursprung und Sinn der Welt und des Lebens erklären könnten. Thales von Milet (7./6. Jh. v. Chr.) fand dieses Prinzip im Wasser, das er für die Quelle und den Ursprung des Lebens der Tiere und Pflanzen hielt und das auch das Element war, in dem man die Erde schwimmend vermutete. Anaximandros (7./6. Jh. v. Chr.) und Hekataios (6. Jh. v. Chr.), beide ebenfalls aus Milet, einer Stadt an der ionischen Küste, verdanken wir die ersten geografischen Karten der bekannten Welt. Dies zeigt das Interesse der beiden Philosophen auch für die Dinge der praktischen Welt, wie etwa die Navigation und der Handel, mit dem die zeitgenössischen *poleis* begannen.

Menschliche Weisheit
Der Begriff Philosophie wird Sokrates zugeschrieben. Ihm zufolge gebührt das Attribut sophos *(weise) nur den Göttern, während die Menschen sich damit zufrieden geben müssen, sich* philosophoi, *Liebhaber der Weisheit, zu nennen. Rechts: Statue der Athene, der Göttin der Weisheit, aus dem 1. Jh. n. Chr.*

Geografische Karten
Der griechische Historiker Hekataios lebte im 6. Jh. v. Chr. und nahm aktiv an der Politik in Milet teil. Er schrieb ein geografisches Werk (Periegesis) *und zeichnete die ersten Karten der bekannten Welt. Oben: Reproduktion einer Karte von Hekataios.*

Das *apeiron* des Anaximandros

Den Ursprung der Welt und des Lebens vermutete Anaximandros in einer primären Substanz des Unermesslichen, die er *apeiron* nannte. Aus jenem sollen sich in einem Prozess der Entwicklung die vier primären Elemente Luft, Wasser, Erde und Feuer entwickelt haben. Mit seinem *apeiron* hatte Anaximandros ein höheres Maß an Abstraktion eingeführt als Thales mit dem Wasser als ursprünglichstem aller Elemente. Außerdem löste die Annahme einer über die Grenzen unserer Welt hinaus gehenden Substanz das Problem der Aufrechterhaltung des notwendigen Gleichgewichts in den Transformationsprozessen, mit anderen Worten lieferte es den nährenden Stoff, damit die Welt nicht »verbraucht« und im Falle des Zurückfallens in den unbestimmten Zustand *(apeiron)* als ähnlich geordnetes Universum neu geschaffen werden konnte. Der letzte große Naturphilosoph des 6. Jh. v. Chr. war Anaximenes, der den Ursprung unserer Welt in der Luft vermutete. Mit Anaximenes kam man auf ein leichter fassbares, als Materie identifizierbares Element wie das Wasser des Thales zurück, das im Tier- und Pflanzenreich gleichermaßen unentbehrlich ist.

Jenseits der Materie
Anaximandros unterscheidet sich von anderen zeitgenössischen Philosophen, indem er als Wurzel allen Seins kein greifbares Element wie Wasser oder Luft annahm, sondern einen anderen, ganz und gar abstrakten Stoff.
Oben: Porträt des Philosophen in einem Fragment eines Reliefs aus der römischen Kaiserzeit.

Der kleine Kreis der Besten
Ab der archaischen Periode verehrte man in Griechenland sieben Männer besonders, die für ihr Wissen, ihre Philosophie und ihre Politik bekannt waren. Mit Sicherheit sind von diesen Sieben Gnostikern oder Weisen folgende bekannt: Thales von Milet, Solon, Bias von Priene und Pittakos von Mytilene, den diese Terrakotta aus dem 1. Jh. v. Chr. darstellt.

DAS GENIE DES THALES VON MILET

Obwohl uns von der Arbeit dieses Philosophen heute nur noch Fragmente eines einzigen Werks bekannt sind, wissen wir einiges über sein facettenreiches Genie durch Aristoteles, Herodot (5. Jh. v. Chr.) und die Doxographie (Schriften meist anonymer Verfasser zu den Ansichten der ältesten griechischen Philosophen). Aristoteles stellt ihn uns als Experten der Chrematistik (der Kunst, Reichtum zu erwerben) vor, Herodot dagegen gedenkt seiner als Kriegstheoretiker und als Befürworter des Bundes der ionischen Städte gegen die Perser. Aus der doxographischen Dokumentation erfahren wir schließlich, Thales sei Mathematiker und Astronom gewesen. Er sagte eine totale Sonnenfinsternis voraus und beobachtete Unregelmäßigkeiten beim Zyklus der Sonnenwenden. Außerdem werden dem Vater der ionischen Philosophie geometrische Lehrsätze und die Entdeckung eines Systems zur Messung der Höhe einer Pyramide zugeschrieben. Wie jeder Körper wirft auch diese zu einer bestimmten Stunde einen Schatten, der so lang ist wie ihre Höhe.

Vom Wasser zum Leben
Der Philosoph, Mathematiker und Astronom Thales (rechts eine Büste) nahm das feuchte Element als Ursprung des Universums an. Dank seiner umfassenden Kenntnisse gilt er als einer der Sieben Weisen des Altertums.

Anaxagoras

Ebenfalls aus dem ionischen Umfeld stammte Anaxagoras (500–428 v. Chr.), ihm war es jedoch bestimmt, größeren Einfluss auf die Athener Kultur des 5. Jh. v. Chr. zu nehmen. Er war Lehrer und Berater des Perikles und zählte zu seinen Schülern auch den großen Arzt Hippokrates, Sokrates und den Historiker Thukydides. Er verfolgte den Weg der ionischen Naturalisten in zwei Richtungen weiter. Zum einen fand der den Ursprung der Welt in einer chaotischen Mischung (*migma*) aus Grundprinzipien (Samen), aus denen alle Dinge entstanden. Es handelte sich um in sich unteilbare Partikel verschiedener, unveränderlicher Qualität, die in verschiedenen Mengenverhältnissen gemischt und nicht gruppiert nach Proportion und Beziehung in einer einzelnen Materie auftraten. Der Idee eines Universums, das sich vom Unbestimmten zum Bestimmten entwickelte, stellte er damit das komplexere Konzept einer Welt gegenüber, deren verschiedene Stadien aus Gleichgewicht und Verbindung ihrer ursprünglichen Komponenten entstehen. Des Weiteren setzte der Philosoph auch als Erster die Existenz eines ordnenden Prinzips, des *Nous* (Geist, Intelligenz), voraus, der die ursprüngliche Unbestimmtheit der Samen zu jener Ordnung organisiert, die die augenscheinliche Welt bildet. In diesem väterlich anmutenden ordnenden Prinzip, das das ursprüngliche Chaos verwaltet, spiegelt sich, wie mittlerweile vielfach angenommen wird, die veränderte politische Realität im Griechenland des 5. Jh. v. Chr. Die Stadtstaaten, allen voran Athen, konnten die Welt in einem ganz anderen Licht sehen als vorangegangene Kulturen. Die nichtgriechischen Völker waren mittlerweile bekannt, wie etwa Persien, das keine Gefahr mehr darstellte, und das Schicksal Griechenlands schien mehr als je zuvor von den Fähigkeiten zur rationalen Kontrolle des Menschen und den Errungenschaften seiner Technik abzuhängen.

Sonnengott
Anaxagoras verließ seinen Geburtsort Klazomenai am Golf von Smyrna in Kleinasien und ging nach Athen, doch bald musste er von dort fliehen: Man beschuldigte ihn der Gotteslästerung, weil er behauptete, die Sonne sei kein Gott, sondern ein großer Ball aus Feuer. Links: *Grabstele aus der Römerzeit mit dem Sonnengott hoch zu Ross.*

Die vier Elemente
Ein großer Vertreter der Philosophie vor Sokrates war Empedokles (Agrigent, ca. 492–432 v. Chr.), für den alle Wesen aus einer unveränderlichen Mischung der vier Grundelemente Wasser, Luft, Erde und Feuer bestanden. Nach seinem Entwurf hielten die gegensätzlichen Kräfte Liebe und Hass diese Elemente zusammen oder trennten sie, woraus die veränderliche Abfolge der Ereignisse entstand. Oben: *Skulptur, die den Philosophen darstellt.*

Die Medizin von Hippokrates bis Galenos

Die Medizin entwickelte sich im Laufe des 5. Jh. v. Chr. dank der Schule des Hippokrates, der die Heilung von Krankheiten zu einer wissenschaftlichen Methode machte.

Der *Nous* des Anaxagoras, das ordnende Prinzip des Universums, fand auch in den menschlichen Techniken seine direkte Entsprechung. Es war im Übrigen ebenfalls Anaxagoras, der behauptete, die Erkenntnis entwickle sich aus der »Erfahrung, dem Gedächtnis, dem Wissen und der Technik«. Wenn sich das Wissen auf die Erfahrung gründet und im Gedächtnis seinen Sitz hat, so findet es in der technischen Anwendung, wo formulierte Hypothesen erprobt werden und sich stets neue Entwicklungen und Anwendungsgebiete ergeben, seinen höchsten Ausdruck.

Die Medizin als Wissenschaft
Mit Hippokrates tritt die Medizin aus dem Dunst der Magie und des religiös geprägten Aberglaubens in die Sphäre der empirischen Wissenschaften ein, in der Erkenntnis auf Beobachtung und Schlussfolgerung fußt. Rechts: Marmorbüste des Hippokrates.

Arzt und Patient
Die Insel Kos war die Wiege der hippokratischen Schule, in der strenges wissenschaftliches Studium mit beinahe einem heiligen Respekt gegenüber dem Kranken einherging. Heute ist die Gesamtheit der berufsethischen Regeln der Ärzteschaft unter dem Begriff »Hippokratischer Eid« bekannt. Oben: Asklepiostempel auf Kos.

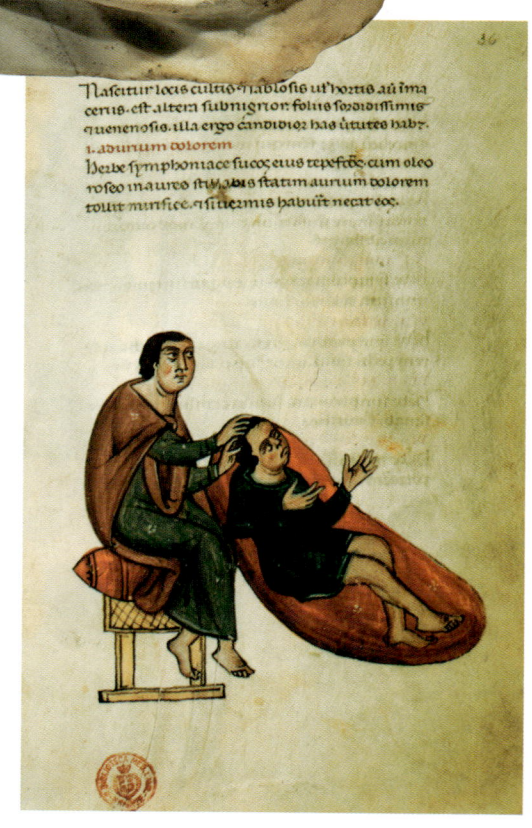

Das Werk des Hippokrates
Im 3. Jh. v. Chr. wurden die Hippokrates zugeordneten Schriften an der Schule von Alexandria in einem Band namens Corpus Hippocraticum *gesammelt. Rechts und ganz rechts: Seiten aus einer mittelalterlichen Handschrift, die Textabschnitte des* Corpus *mit Illustrationen enthält.*

Die Schule des Hippokrates

In der gesellschaftlichen Realität der *polis*, die bereits den Zenit ihrer Entwicklung erreicht hatte, war eine der wichtigsten neuen Anwendungen der Wissenschaft sicherlich die Medizin. Sie dankte ihren Fortschritt vor allem den Gelehrten, die sich auf der Insel Kos um Hippokrates (460–370 v. Chr.) scharten, wo der berühmte Arzt seine Schule begründet hatte.

Die Medizin stand in jener Zeit sowohl in technischer als auch in wissenschaftlicher Hinsicht vor großen Aufgaben. Die ersten Ärzte, die ihre Diagnosen und Behandlungsmethoden auf die Vernunft und die Erfahrung gründeten, standen neben den Priesterheilern in den Tempeln, den Magiern und Sehern, die als bisher einzig anerkannte Methode der Heilung von Krankheiten magisch-religiöse Rituale anboten. Besonders auf dem Lande waren die Menschen davon noch zutiefst überzeugt. Für die Laienmediziner ergab sich so die Notwendigkeit, eine Methode zu entwickeln, die damit konkurrieren konnte. Sie stützte sich vor allem auf zwei Grundpfeiler: Zum einen auf die Erkenntnisse, die sich aus der direkten Untersuchung des Körpers des Kranken ergaben, speziell seiner Ernährung, der Verhältnisse, in welchen er lebte sowie seiner Symptome, und zum zweiten auf die Gesamtheit medizinischer Kenntnisse, die von einem Arzt zum anderen überliefert und ausgetauscht wurden. So ergab sich aus den empirischen Daten eine Diagnose, eine Prognose und auch eine Therapie. Der hippokratische Arzt musste auch Fehler registrieren und manchmal seine Ohnmacht gegenüber einer speziellen Krankheit zugeben (wie etwa im Falle der Pestepidemie, die 429 v. Chr. die Hälfte der Athener Bevölkerung dahinraffte). Aus all dem erwuchsen wertvolle Erkenntnisse für die Zukunft. In der Folge steuerte die hippokratische Medizin, die vielleicht den ausgereiftesten Aspekt der ionischen Naturphilosophie darstellte, auf eine Krise zu. Die Ursachen waren mannigfaltig: Es fehlte an Möglichkeiten und Motivation, anatomische und physiologische Kenntnisse zu vertiefen, da sich das Interesse auf Prognose und Therapie konzentrierte, außerdem gab es keine zentrale Quelle, auf die sich alle Ärzte hätten beziehen können. Und zudem wurde die gesamte ionische Naturphilosophie von den Anhängern des platonischen und aristotelischen Gedankengutes heftig bekämpft, da diese die Kontrolle über das gesamte Wissen, auch das medizinische, für sich allein beanspruchten.

EPILEPSIE, EINE HEILIGE KRANKHEIT?

Hier die Worte, mit denen Hippokrates gegen den Glauben angeht, die Epilepsie sei eine von den Göttern gegebene Krankheit und müsse deswegen mit Magie bekämpft werden. Dies ist ein Dokument, das eindrucksvoll belegt, mit welchen Schwierigkeiten die ersten mit wissenschaftlichen Methoden arbeitenden Ärzte kämpften:

»Ich meine nun: jene, die zuerst diese Krankheit für heilig erklärt haben, waren Menschen, wie sie auch jetzt noch als Zauberer, Entsühner, Bettelpriester und Schwindler herumlaufen und beanspruchen, äußerst gottesfürchtig zu sein und mehr als andere zu wissen. Diese Menschen nahmen die göttliche Macht als Deckmantel ihrer Ratlosigkeit, weil sie nicht wussten, wie sie den Kranken helfen sollten; und damit ihre Unwissenheit nicht offenbar würde brachten sie auf, diese Krankheit sei heilig.«
(Hippokrates, *Die heilige Krankheit*, 2)

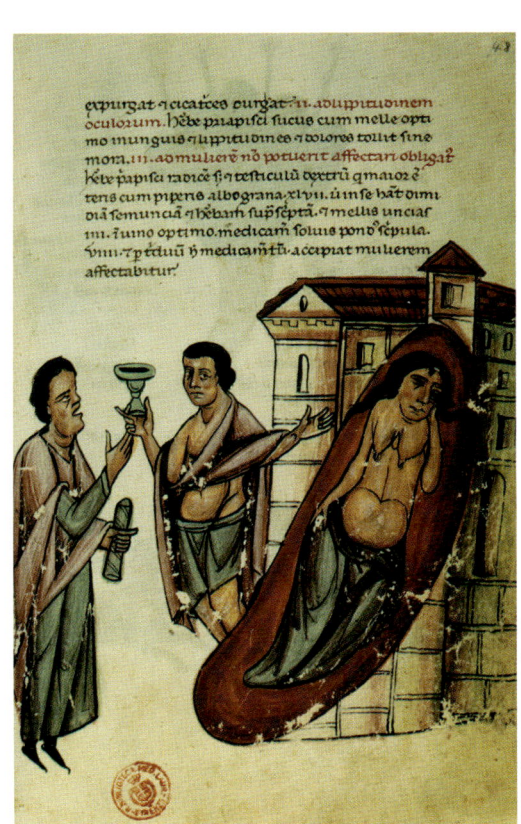
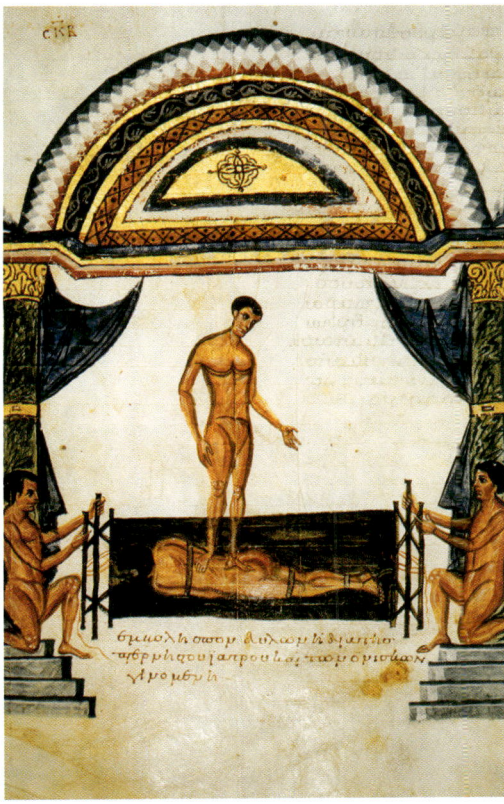

Die Wissenschafter des Museums von Alexandria

Erst Mitte des 4. Jh. v. Chr., genauer gesagt nach der Gründung und Finanzierung des Museums von Alexandria durch die Ptolemäer, konnte die Medizin ihren Weg in die Richtung einer echten biologischen Wissenschaft fortsetzen. Was den hippokratischen Ärzten gefehlt hatte, das systematische Studium der Anatomie und Physiologie des Menschen, wurde durch diese Institution möglich. Denn erstens waren die alexandrinischen Wissenschafter im Gegensatz zu den hippokratischen Ärzten von allen professionellen Pflichten frei, mit anderen Worten, sie mussten für ihren Lebensunterhalt nicht Kranke heilen und für einen guten Ruf sorgen, sondern lediglich forschen und ihre Ergebnisse veröffentlichen. Zweitens konnten sie, dank der absoluten Macht ihrer Herrscher, die über jedes religiöse Verbot erhaben waren, Leichen sezieren und die Vivisektion an Tieren und sogar manchmal an Sklaven vornehmen. So machte man Anfang des 3. Jh. v. Chr. die ersten großen Entdeckungen. Herophilos fand eine Antwort auf die Frage, ob nun das Herz oder das Gehirn Sitz der Seele sei: Er beschrieb als Erster die Verbindungen des Gehirns mit den Nerven (die in sensorische und motorische unterteilt sind) und formulierte die Theorie eines zentralen Nervensystems. Erasistratos fand, ebenfalls

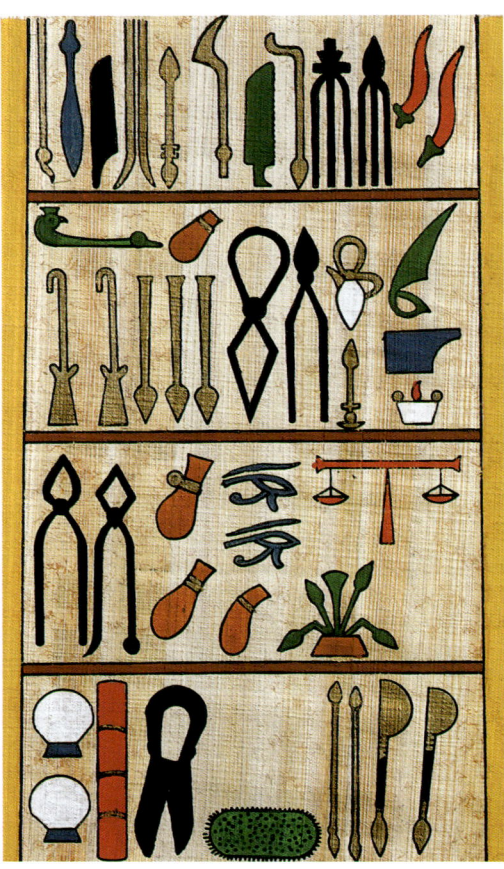

Handwerkszeug
Links: *Papyrus nach einem ägyptischen Relief aus der Epoche Ptolemäus' V. mit chirurgischen Instrumenten.*

Das sagenhafte Silphium
Diese lakonische Schale zeigt, wie Silphium, eine zur damaligen Zeit kostbare und in der Heilkunst und Küche genutzte Pflanze, abgewogen wird. Heute gilt das Gewächs als ausgestorben.

Aderlass
Die Dekoration dieser Vase im Rotfigurenstil zeigt einen Arzt, der einen Patienten zur Ader lässt. Bei diesem Verfahren aus den frühesten Tagen der Heilkunst wurde zu therapeutischen Zwecken eine gewisse Menge Blut aus dem Körper des Kranken entnommen.

im 3. Jh. v. Chr., dass es unterschiedliche Blutgefäße in Form von Venen und Arterien gab und dass das Erstere für den Transport des Blutes zuständig sei und Letzteres das *pneuma*, den Lebenshauch, durch den Körper in die Organe trage.

Soranos und Galenos

Einige Jahrhunderte später traten zwei Ärzte das Erbe der noch durch zahlreiche weitere Protagonisten bereicherten anatomisch-physiologischen Tradition an. Beide hatten ebenfalls in Alexandria studiert, wirkten aber lange Zeit in Rom, der Hauptstadt einer mittlerweile griechisch-römischen Großmacht: Soranos von Ephesus (1./2. Jh. n. Chr.) und Galenos von Pergamon (2. Jh. n. Chr.), auch Soran und Galen genannt. Ersterer hinterließ einen gynäkologischen Traktat in vier Bänden, der mit erstaunlicher Präzision die Anatomie und Physiologie des weiblichen Körpers sowie seine Pathologie, die Embryonalentwicklung, die verschiedenen Arten der Geburt und das Problem des Abortus behandelt.

Galenos
Als geistiger Erbe des Hippokrates, Arzt und Vertrauter Kaiser Mark Aurels, hat uns Galenos (hier sein Porträt) sowohl eine Vielzahl von eigenen wissenschaftlichen Arbeiten als auch diverse Kommentare zur hippokratischen Lehre hinterlassen. Nach ihm ist die Galenik, die Wissenschaft von der Zubereitung von Arzneistoffen, benannt.

Von Galenos sind Traktate über Anatomie, Physiologie, Klinik und Therapeutik, aber auch Kommentare zu den Werken Hippokrates' und Platons sowie Bücher über Logik, Moralphilosophie, Philologie und Literatur erhalten. Außerdem hegte er, der zu den Ärzten des Philosophenkaisers Mark Aurel zählte, den Ehrgeiz, der Arzt solle dank seines Wissens über den Menschen, die Natur und einer umfassenden Allgemeinbildung nicht nur über die physische Gesundheit der Gesellschaft wachen, sondern auch über die Moral, womit er diese Aufgabe den großen philosophischen Schulen – den Platonikern, Aristotelikern, Epikureern und Stoikern – entzog.

Arztvisite
Dieses Relief aus dem 4. Jh. v. Chr. zeigt Asklepios bei der Untersuchung eines Patienten.

Pythagoras und Parmenides

Pythagoras und Parmenides verdanken wir außerordentliche philosophische und naturwissenschaftliche Errungenschaften: Ersterer entdeckte die Natur und die Rolle der Seele in unserem Leben und fand in den Zahlen die ordnenden Prinzipien des Universums, Zweiterer führte eine Form logischer Schlussfolgerung ein.

Eine Aura des Mysteriums umgibt die Figur des Pythagoras, der um 570 v. Chr. auf Samos vor der ionischen Küste Kleinasiens geboren wurde und um 490 v. Chr. in Metaponto in Magna Graecia starb. Da er der Aristokratie angehörte, floh er während der Regierungszeit des Tyrannen Polykrates aus Samos, da dieser eine Politik gegen den Landadel betrieb, und ließ sich in Magna Graecia, in Chroton nieder. Dort gründete Pythagoras eine geheime Sekte, deren mündlich verbreitete Lehren nur Eingeweihten offenbart werden durften. Über diese Sekte erlangte er auf ziemlich undemokratische Weise die politische Kontrolle über die Stadt. Pythagoras wurden Wundertätigkeit und übernatürliche Kräfte zugeschrieben, seine Worte sollen ihm direkt von den Göttern eingegeben worden sein. Er selbst behauptete, über diverse Reinkarnationen seiner Seele direkt von Apoll abzustammen.

Von Samos nach Magna Graecia
Von seiner Geburtsinsel Samos begab sich Pythagoras nach Chroton, wo er eine verschworene Gemeinschaft gründete, in der Religion, Wissenschaft, Politik und Macht zusammenflossen. Der Pythagoreismus nahm großen Einfluss auf das politische Leben der Stadt. Oben: das alte Samos.

Zwei Gegensätze

Die fundamentalen Lehrsätze, die Pythagoras zugeordnet werden, können auf zwei Gegensätze zurückgeführt werden, die ihrerseits die Polarität von Gut und Böse reflektieren: Zum einen der Gegensatz zwischen Geist und Körper, zum anderen jenem zwischen dem Begrenzten oder der Ordnung und dem Unbegrenzten oder dem Chaos. Im Rahmen des ersten Gegensatzpaares wird zum ersten Mal die Natur der Seele theoretisch untersucht. Sie ist unsterblich und göttlich, doch sie muss immer wieder in einem neuen Körper inkarnieren, wenn der alte stirbt, und zwar aufgrund einer Erbsünde, von der sie sich bis zur Erreichung der Katharsis reinwaschen muss. Der Körper ist das Gefängnis der Seele, und je mehr es ihm gelingt, diese durch seine Begierden und materiellen Bedürfnisse in seine Unreinheit zu verstricken, umso länger wird der Weg

Mysteriöser Lebensweg
Der Schleier des Geheimnisses umhüllt einen großen Teil des Lebens des Pythagoras, um das sich einige Legenden ranken. Manche Texte sprechen von ihm als Gott mit geistheilerischen Fähigkeiten. Links: Marmorkopf des Philosophen.

Das Ei der Pythagoreer

Der Pythagoreismus war eine richtige Sekte mit Initiationsriten und auf mystischem Weg offenbarten Regeln. Zu ihren zahlreichen Symbolen, die oft aus dem alten Orpheuskult stammen, zählte das Ei, in dem der gesamte Organismus bereits angelegt ist – ein Sinnbild der vorbestimmten, zyklischen Entwicklung aller Wesen. Rechts: Wandmalerei aus dem Grab des Tauchers in Paestum (Salerno). Der Gast beim Gelage hält Lyra und Ei als Symbole der Pythagoreer.

dieser Seele sein. Der einzige Weg, diesem Schicksal zu entgehen, ist ein asketisches Leben. Die Bindung an den Körper ist zu lösen und die besten Eigenschaften der Seele sind zu pflegen, die da wären Vernunft und Wissen. Deutlichst sieht man hier den indischen Einfluss in den Lehren über die Natur und das Schicksal des Menschen. Doch ebenso stark ist der Einfluss, den diese Lehre auf das platonische Gedankengut und auf das Christentum ausübt. Das andere Gegensatzpaar betrifft nicht mehr den Menschen als Individuum, sondern die Welt, wo ein ständiger Konflikt zwischen dem Endlichen und dem Unendlichen, dem Chaos und der Ordnung, herrscht. Dieser Konflikt ist nur scheinbar, weil das Endliche die Welt ordnet und uns erlaubt, es zu erkennen, wenn wir den Schlüssel dazu haben. Für die Pythagoreer ist dieser Schlüssel das Zahlensystem. Können nicht selbst die Bewegungen der Sterne in Zahlen ausgedrückt werden, verbirgt sich nicht hinter allen Phänomenen der Welt eine physische, nummerische Struktur, die entschlüsselt werden kann? Doch wenn die endlichen Zahlen der scheinbar chaotischen Welt eine Ordnung angedeihen ließen, wie verhielt es sich dann mit der Zeit und allen Veränderungen, die mit ihr einhergehen? Auch auf dieses Problem wussten die Pythagoreer eine Antwort, sie lag im Konzept des Zyklus. Am Ende einer Periode, die in Tausenden von Jahren gemessen wird, wird sich jedes Ereignis von Anfang an in gleicher Abfolge wiederholen, bis am Ende ein neuer Zyklus beginnt, in unendlicher Abfolge. Eine der Konsequenzen aus diesem Konzept war die Schlussfolgerung, dass weder die Entdeckungen auf dem Gebiet der Wissenschaften noch der Fortschritt im gesellschaftlich-politischen Bereich wahre Errungenschaften des Menschen waren, sondern nur Phasen in der ewigen Abfolge der Wiederholungen eines immer gleichen Zyklus. So konnte es eigentlich niemals, auch wenn es den Anschein hatte, wahren Fortschritt, Weiter- oder Neuentwicklung geben. Darin wird die stark aristokratische und bedingungslos konservative Ausrichtung der pythagoreischen Philosophie besonders deutlich.

DIE ZAHL ALS ORDNUNGSPRINZIP

Philolaos, ein Schüler des Pythagoras, gab der Zahl als Prinzip eine definitive theoretische Form, indem er ein kristallartiges Modell konstruierte, durch das man von der Einheit zum Körper gelangt. Nach diesem Schema funktioniert es:

a) • (Punkt)

b) •——• (Linie)

c) (Fläche, Dreieck durch Verbinden von 3 Punkten)

d) (Körper, Pyramide durch Verbinden von Punkten)

Wie man sieht, lässt sich durch fortgesetztes Verbinden von punktförmigen Einheiten ein Körper bilden – der Punkt als Atom der realen Welt.

Pythagoreische Tafel und Lehrsatz

Pythagoras ist heute, besonders bei den Schülern, für seine mathematische Intuition bekannt, die ihn zur Entdeckung des Lehrsatzes geführt hat, der nach ihm benannt ist. Auch die Pythagoreische Tafel, eine Rechenhilfe zu den ganzen Zahlen bis zehn, ist Legende. In diesem Relief von Luca della Robbia sind Pythagoras und Euklid dargestellt, deren Figuren als Allegorien der Arithmetik und der Geometrie stehen.

Sein oder Nicht-Sein

Der zweite große Vertreter des aristokratisch-konservativen philosophischen Denkens war Parmenides, auch Parmenid genannt. Er wurde in Elea in Magna Graecia geboren und wirkte in der ersten Hälfte des 5. Jh. v. Chr. Als Gesetzgeber seiner Stadt schrieb Parmenides in Versen über seine Reise auf der Suche nach der Wahrheit. Geleitet von den Göttern, die ihn als Verkünder der Offenbarung an das Menschengeschlecht auserwählt hatten, ließ er die »Häuser der Nacht« (damit meinte er wohl die Orte der unwissenden Sterblichen, genauer gesagt die Unterstadt von

Das Sein und die Kugel
Parmenides behauptete, nur das absolute, unveränderliche Seiende könne real sein und stellte es als Kugel dar. Sie ist Sinnbild der Perfektion, weil sie nach allen Seiten die gleiche Ausbreitung besitzt. Links: *Dieser Kopf, der den Philosophen darstellt, stammt aus dem 4./3. Jh. v. Chr.*

Elea) hinter sich und kam zu einem Tor, das immerdar Dunkelheit von Licht und Wahrheit von Lüge und Irrtum scheidet. Wer das Privileg besitzt, an diesen Ort, wo »Gerechtigkeit« und »Notwendigkeit« herrschen, zu gelangen, ist in Hinkunft berufen, den Menschen die ewige, unveränderliche Wahrheit zu verkünden. Diese besteht

Die Porta Rosa
In Elea (Velia) an der tyrrhenischen Küste Kampaniens befand sich die Schule der Eleaten, deren Hauptvertreter Zenon und Parmenides waren. Eines der Stadttore in der antiken Einfriedung ist die Porta Rosa (oben), *das älteste Beispiel einer griechischen Tonnenwölbung.*

in der Unterscheidung des Seienden vom Nicht-Seienden. Nach Parmenides muss sich jede Rede und jeder Gedanke notwendigerweise um das drehen, was »ist«. Das alles erfüllende Sein muss unbewegt und unveränderlich sein, da sonst ein vom Seienden verschiedenes Nicht-Seiendes angenommen werden müsste, in das hinein die Bewegung erfolgt. Sobald wir in Reden und Denken die Dimension der Vergangenheit oder der Zukunft einführen, von einer Sache sprechen, die »war« oder »sein wird«, begeben wir uns in die Welt des Nicht-Seins. Ebenso kann, wenn »A und B« sind, nicht »A B sein« und umgekehrt. Zeit und Pluralität werden somit in die Nicht-Existenz gerückt. Die Diskrepanz zwischen dieser These und der Alltagserfahrung einer sich ständig verändernden Natur hebt Parmenides auf, indem er die Sinneswahrnehmung als trügerisch und dem Schein verfallen erklärt. Auch wenn die Welt zu existieren scheint, besitzt sie keine reale Existenz. Parmenides geht davon aus, dass die Wirklichkeit durch die Sinne nicht erkannt werden könne, sondern nur durch das Denken. Dieser rein rationale Ansatz trennt klar zwischen empirischer und rationaler Erkenntnis. Er weist sich damit als Vorläufer des platonischen Idealismus aus. Überträgt man seine Doktrin auf die Politik, so fiele eine Stadt mit all den Bedürfnissen ihrer Bürger, ihren Kämpfen, Kriegen und Nöten, aus dem absoluten Sein heraus. Die Ordnung müsse ihr – wie der Welt der Phänomene durch Ratio und Vernunft – von oben herab auferlegt werden: mit anderen Worten, von der Akropolis einer herrschenden Aristokratie aus.

Die Ruinen von Elea
Bei Ausgrabungen ist man auf zahlreiche Überreste der antiken Stadt Elea gestoßen, die 540 v. Chr. gegründet wurde. Die urbane Struktur konnte in groben Zügen rekonstruiert werden.

Die Atomlehre des Demokrit

Aus Vollem und Leerem bestehen das Universum und die unzähligen möglichen Welten des Demokrit. Das Leere ist dabei ebenso wichtig wie das Volle, und beidem kommt Existenz zu – ebenso wie den Atomen, aus denen alles besteht.

Mit Demokrit (ca. 460–370 v. Chr.) lebt die Tradition der ionischen Naturphilosophie wieder auf, allerdings mit einem rationelleren und komplexeren Betrachtungs- und Deutungssystem zur Erkenntnis der Realität. Der in Abdera in Thrakien geborene Philosoph reiste viel um sich zu bilden. Er war in Athen, in Ägypten und Persien und baute sich im Laufe seiner außergewöhnlich langen Bildungskarriere (er lebte beinahe 100 Jahre) eine wahre Enzyklopädie an Wissen aus den unterschiedlichsten Gebieten auf, von der Biologie über die Medizin bis zur Astronomie und Meteorologie, von der Mathematik über die Agrarwissenschaft bis hin zur Ethik. Von seinem Werk sind uns allerdings nicht mehr als 200 Fragmente erhalten geblieben, die sich hauptsächlich mit der Ethik beschäftigten. Dank zahlreicher späterer Quellen können wir die Grundlinien der Gedanken dieses Philosophen jedoch nachzeichnen.

Das unendlich Kleine

Was die Physik, oder vielmehr seine Theorie über die Beschaffenheit der Welt betrifft, geht Demokrit von den Gedanken der Eleaten über das Seiende und das Nicht-Seiende aus. Sein Seiendes besitzt die Eigenschaften des absoluten Seins von Parmenides, auch dieses ist ja voll, unteilbar und unveränderlich. Im Unterschied jedoch zum eleatischen Seienden, das einzigartig und unbeweglich ist, existiert es bei Demokrit in unendlicher Zahl, denn es handelt sich um lauter verschiedene Einheiten. Diese Atome – er nennt sie so, weil sie seiner Ansicht nach nicht teilbar sind (*atomos* bedeutet unteilbar) – befinden sich in ständiger Bewegung. Die große Neuerung im Gedankengut des Demokrit besteht jedoch darin, dass die unendliche Anzahl und die Beweglichkeit der Atome durch das Nicht-Seiende gewährleistet sind, das er das Leere nennt. Im Leeren stößt ihre Bewegung

Auf der Suche nach der Wahrheit
Charakteristisch für die präsokratischen Philosophen war die Tatsache, dass sie sich auf allen Wissensgebieten bewegten und keine wissenschaftliche Disziplin ausschlossen. Zweck ihres Forschens war es, eine Erklärung für die Realität und eine Antwort auf die Frage nach der rechten Lebensweise zu finden, die im Einklang mit den Gesetzen des Universums stand.
Links: *Bronzeporträt des Philosophen aus dem 2. Jh. v. Chr.*

Gott Zufall
In Demokrits Konzept erfolgte die Bindung und Lösung der Atome nach dem Zufallsprinzip. In der Göttlichen Komödie *von Dante wird von dem Philosophen als »Demokritos« gesprochen, »dessen Welt der Zufall machte«.*
Oben: *Bronzebüste des Demokrit, die in Herculaneum (Neapel) gefunden wurde.*

Die Struktur der Atome
Nach Demokrits Konzept ist das Volle eine Vielzahl von elementaren Teilchen namens Atome, die so klein sind, dass man sie nicht weiter teilen kann. In der Neuzeit wird derselbe Begriff für die kleinsten bekannten Bestandteile der Materie aufgegriffen. Auch von den modernen Atomen nahm man eine gewisse Zeit lang an, sie ließen sich nicht weiter teilen.

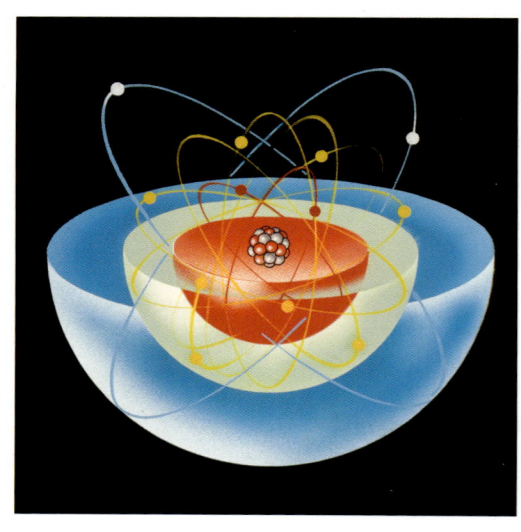

WISSENSCHAFTEN

Zwei große Denker
Links: Heraklit und Demokrit in einem Fresko von Bramante (1444–1514). Heraklit stellte den Fluss der Zeit in einer bekannten Metapher dar: Niemals könne man, um ein Bad zu nehmen, zweimal in denselben Fluss steigen, denn das Wasser darin ist immer wieder ein anderes. Die Atomlehre des Demokrit wurde später von anderen philosophischen Schulen, wie jener des Epikur, aufgegriffen.

HERAKLIT UND DER FLUSS DER ZEIT

Heraklit von Ephesus (ca. 520–460 v. Chr.), eine einzigartige, mysteriöse Figur unter den Philosophen, ist uns nur aus wenigen erhaltenen Fragmenten seines Werks *Peri physeos* (Über die Natur) bekannt. Für seine Zeitgenossen war er ein obskurer Gesell, der in eindringlicher und bildhafter Sprache eine philosophische Konzeption entwarf, welche die Vielfalt und Veränderlichkeit des Lebens anstelle der steinernen, unveränderlichen Ewigkeit des Seins von Parmenides postulierte. Die Realität bestand nach Heraklit in einem Fluss der ständigen Veränderung (*panta rei*, alles fließt), außerhalb davon konnte nichts existieren: Genau wie ein Feuer, das nie verlöscht, und das immer das gleiche, jedoch niemals dasselbe ist, weil es sich ständig verändert.

auf keinerlei Widerstand, sie ist verantwortlich für Leben und Tod aller Wesen des Universums und anderer unendlich vieler möglicher Welten. Demokrit geht mit dem Konzept des einander bedingenden »Vollen« und »Leeren« also über den Gegensatz zwischen dem Seienden und dem Nicht-Seienden von Parmenides hinaus. Einige interessante Konsequenzen ergeben sich daraus für den Menschen, der zwar – wie alles andere – eine Anhäufung an Atomen ist, aber auch eine materielle Seele besitzt, die aus leichteren und glatteren Atomen besteht. Der Tod des Menschen und sein Zerfall betrifft somit auch diese. Auf diese Weise stand das Konzept von der unsterblichen und göttlichen Seele nach Pythagoras in Frage, das auch die Basis des platonischen Gedankengebäudes bildet. In weiterer Folge betrifft dies die Ethik, denn da das Schicksal des Menschen dasselbe ist wie das des Kosmos, dem er angehört, verliert jede Perspektive und Bestrebung über dieses eine irdische Leben hinaus ihren Sinn. Deshalb muss der Mensch danach trachten, seinen Körper so lange wie möglich in einem gesunden und vitalen Gleichgewicht zu halten, was auf psychischer Ebene bedeutet, nach Weisheit ohne große Begierden, Hoffnungen und Projekte zu streben. Diese Gedanken, die im Schatten des aufstrebenden platonischen und aristotelischen Denkens ihre Wirkung nicht entfalten konnten, sollten im 4. Jh. v. Chr. von Epikur aufgegriffen werden.

Vielfältige Interessen
Zu den vielen Feldern, die Demokrit mit seinem Denken erschloss, zählte auch die Medizin. Der Philosoph versuchte, die hippokratischen Studien in die Richtung seiner Sicht vom Aufbau des Universums weiterzuführen. Rechts: Dieses Relief zeigt chirurgische Instrumente.

DIE PLATONISCHE SYNTHESE

Durch Überwindung des Dualismus der bisherigen Philosophie und Anerkennung der Realität der Welt der sinnlich wahrnehmbaren Erscheinungen gelang es Platon, ein neues Konzept vom Menschen zu entwerfen, das sich aus Körper und Seele zusammensetzte. Darauf gründete er sein ethisch-politisches Gedankengut.

Platon war zweifellos der am deutlichsten herausragende Vertreter der griechischen Philosophie. Er vereinte die großen Errungenschaften der bisherigen philosophischen Forschung und beeinflusste das westliche Denken in mannigfacher Hinsicht.

Die ersten Lehrer

Platon, auch Plato genannt, wurde in Athen 427 oder 426 v. Chr. als Aristokratensohn geboren. Mütterlicherseits war er mit dem Sophisten Kritias (dem zukünftigen Tyrannen von Athen) verwandt, der einen ausgeprägten Hang zur Oligarchie hatte. Zu den Freunden dieses nahen Verwandten zählte auch Sokrates, dessen revolutionäre ethische Lehre einen großen Einfluss auf den jungen Platon ausüben sollte. Später wählte er ihn als Gesprächspartner für seine *Dialoge*. Sein gesellschaftlicher Stand und seine Interessen, die er nach und nach entwickelte, ließen ihn eine politische Laufbahn einschlagen, und diese seine Berufung sollte ihn ein Leben lang begleiten. Doch das zeitgenössische Athen stellte kein geeignetes Terrain dar, auf dem er sich entfalten

Illustrer Vorfahre
Mütterlicherseits war Platon mit dem Athener Staatsmann und Poeten Solon verwandt. Dieses mittelalterliche Fresko aus dem Kloster Sucevita in Rumänien zeigt Platon mit Pythagoras und Solon.

Breite Schultern
Platon war nicht der wirkliche Name des Philosophen. Er hieß eigentlich Aristokles. Seinen Spitznamen verdankt er laut der Überlieferung der Tatsache, dass seine Schultern und vielleicht auch seine Stirn besonders breit waren (platos bedeutet breit, flach).
Links: Büste des Philosophen.

Der ideale Staat
Die ersten Versuche Platons, in der Welt der Politik etwas zu bewegen, konfrontierten ihn mit den Dreißig Tyrannen in Athen. Später suchte er anderweitig nach einem geeigneten Umfeld, in dem er die von ihm entworfene gesellschaftliche Struktur verwirklichen konnte. Zuerst versuchte er es in Tarent, dann in Syrakus, doch beide Experimente verliefen enttäuschend. Unten: Das Euryalos-Kastell in Syrakus war die mächtige Festung Dionysios' des Älteren (4. Jh. v. Chr.).

Erkenntnis im Dialog
Für die Ausführung seiner Gedanken wählte Platon in einem wichtigen Teil die Form des Zwiegesprächs. In seinen Dialogen *unterhält sich Sokrates mit einem oder mehreren Gesprächspartnern über die unterschiedlichsten Themen der Philosophie.* Links: *Sokrates, wie ihn der neapolitanische Maler Luca Giordano (1632–1705) sieht.*

Die Akademie
Im heiligen Garten des mystischen Königs Academos am Rande von Athen gründete Platon seine philosophische Schule, deren Name sich von diesem Ort herleitet. Heute bezeichnet dieser Begriff eine Studiengemeinschaft, die unter Einhaltung bestimmter Statuten Literatur, angewandte Künste und Wissenschaft fördert und pflegt. Unten: *Platons Akademie in einem Mosaik einer Villa in Pompeji.*

konnte. Die Dreißig Tyrannen, die er anfangs unterstützt hatte, erwiesen sich als grausam und kurzsichtig, sodass er sich von ihnen abwandte. Die wieder eingesetzte Demokratie erwies sich als ebensowenig tauglich, eine gerechte, ausgewogene Herrschaft aufrechtzuerhalten, was das Todesurteil gegen Sokrates 399 v. Chr. eindrucksvoll bezeugt. Angesichts der wiederholten Enttäuschungen entschloss Platon sich, die Gesellschaft gründlich zu reformieren. Dazu gründete er 387 v. Chr. in Athen die Akademie, ein politisches und wissenschaftliches Forschungszentrum, in dem er die jungen Aristokraten und Intellektuellen seiner Zeit versammelte. Außerdem suchte er außerhalb von Athen nach einem Zentrum der Macht, das sich für eine praktische Anwendung seiner Theorien eignete. Dieses Umfeld fand er zunächst in Tarent, dann in Syrakus. Die Freundschaft mit Dion von Syrakus, dem Schwager des Tyrannen Dionysios, ließ ihn darauf hoffen, dort eine Verfassung einführen zu können, die auf einem Gleichgewicht der politischen Macht, der Wissenschaft und der Philosophie fußte. Das Projekt scheiterte, doch Platon hielt seine Grundzüge in außerordentlich wichtigen Werken wie *Die Republik* und *Gesetze* fest, deren Einfluss auf die westliche Ethik und Politik bis heute anhält. Platon starb 347 v. Chr. in Athen, zehn Jahre bevor das politische Gleichgewicht Griechenlands durch Philipp von Makedonien erschüttert wurde.

Erscheinungen und Ideen

Platons Philosophie stellte eine Synthese vorangegangenen philosophischen Gedankengutes dar, durch die eingeführten Neuerungen aber auch gleichzeitig eine Revolution des Denkens. Auf dem Gebiet der Epistemologie gelang es dem großen Denker, eine Lösung für die von den ionischen Naturphilosophen offen gelassenen Probleme zu finden, die zwar eine primäre Ursache für die Existenz benannt hatten, doch die kontinuierlichen Veränderungen der Welt nicht erklären konnten. Auch den Widerspruch des Parmenides, der der Welt der Erscheinungen die reale Existenz aberkannte, konnte er auflösen. Für Platon entsprachen die Erscheinungen, die einem kontinuierlichen Veränderungsprozess unterworfen waren, ebenfalls nicht dem absoluten, unveränderlichen Sein des Parmenides, doch sie enthielten es gleichsam als unvollkommenes Abbild einer übergeordneten, in sich vollkommenen Realität. Dies war die Welt der Ideen, die – ursprünglich, perfekt und unveränderlich – das Sein in seiner höchsten Form darstellten. Ihre unvollkommenen Abbilder hingegen gehörten der Welt der Erscheinungen an. Die Vermittlung zwischen den beiden Sphären war Aufgabe des Demiurgen, des

Gezügelte Kraft
Um dem Ausdruck seiner Gedanken mehr bildhafte Kraft zu verleihen, greift Platon häufig zu Metaphern. In Phaidros *zum Beispiel vergleicht er den rationalen Anteil der Seele mit einem Wagenlenker, der zwei feurige Pferde am Zügel führt: ein edles, das streitbar und stürmisch ist, sowie ein unedles, das von niedrigen Instinkten dominiert wird.*
Links: eine Statere mit einem zweispännigen Streitwagen als Münzbild.

Die Liebe ist etwas Wunderbares
Zu den Dialogen, *Platons reifem Werk, zählt auch das* Gastmahl, *in dem das Thema der Liebe behandelt wird. Davon ließ sich der Maler Giambattista Gigola (1769–1841) aus Brescia zu dem unten gezeigten Gemälde inspirieren.*

Weltbaumeisters, der die Welt der Erscheinungen nach dem Vorbild der Ideen schafft. Dieser neue Entwurf brachte schwerwiegende Konsequenzen für den Menschen mit sich, die sich, wie wir noch sehen werden, auch in Politik und Gesellschaft auswirkten. Die Koexistenz der beiden Sphären der Realität spiegelte sich im einzelnen Menschen als die Dualität von Geist und Körper wider. Der rationale Anteil seines Geistes ist göttlich und gehört der Welt der Ideen an, doch der andere ist dem Werden unterworfen und gehört der unvollkommenen Welt der Erscheinungen an. Dies betrifft den Körper, aber auch den triebhaften und auf Befriedigung von Bedürfnissen ausgerichteten Anteil der Seele. So kann in der platonischen Anthropologie der Mensch durch beständiges Üben der Tugenden des Geistes (wie Mäßigung, Mut, Gerechtigkeit und der Verzicht auf eigenen Vorteil zu Gunsten eines größeren Wohles) die ihm innewohnenden unvollkommenen Anteile immer mehr dem Ideal annähern, bis er in dem Moment, da sich seine Seele vom toten Körper löst, wieder in die perfekte Welt der Ideen zurückkehrt. In diesem Entwurf sind die aus dem pythagoreischen Gedankengut bezogenen Anregungen deutlich zu erkennen.

Politisches Gedankengut

Es war eben das Studium der menschlichen Seele, durch das Platon begann, sein großes ethisch-politisches Konzept zu entwerfen. Denn wenn die Seele sich tatsächlich aus einem rationalen und einem emotional-aggressiven Anteil sowie einem, der den körperlichen Bedürfnissen und Begierden unterworfen war, zusammensetzte und wenn jedem dieser drei Teile eine besondere Tugend entsprach (die Weisheit der Ratio, die Tapferkeit der Aggression und die Mäßigung der Begierde), so konnte dieses Schema dazu verwendet werden, einen idealen Staat bereits in dieser unserer Welt zu konzipieren. Dort müsste die politische Macht in den Händen

Platonische Liebe
Für Platon musste die wahre Liebe in der geliebten Person nach dem Höchsten suchen und alles andere, alles, das vergänglich war und der Welt der Erscheinungen angehörte, vernachlässigen. Heute bezeichnen wir mit dem Begriff der platonischen Liebe eine Zuneigung, in der körperliche Affekte sublimiert werden. Unten: Keramik aus dem 5. Jh. v. Chr. mit Darstellung des Eros, Sohn der Aphrodite, mit Lyra und Hund.

der weisesten Männer, der Philosophen, liegen, die dank Dialektik und hoher Wissenschaft mit der idealen Welt und dem Prinzip des Guten in Verbindung standen. Die Verteidigung wäre Sache der tapferen Krieger, deren aggressiver Anteil überwiegt, die Produktion der Konsumgüter sollten Handwerker, Händler und Sklaven übernehmen, ein Menschenschlag, bei dem die Begierden und Bedürfnisse stärker ausgeprägt sind, die sie aber durch Übung in der Tugend der Mäßigung unter Kontrolle halten imstande sind. So entstand die Vision einer stark von Klassendenken geprägten Gesellschaft, die jedoch starke Überzeugungskraft aus der unwiderstehlichen Übereinstimmung mit der menschlichen Natur bezog. Von ihr gingen einige Impulse aus, die in späteren Jahrhunderten zur Entfaltung kamen.

Der Neuplatonismus
Viele Philosophen bauten ihre Entwürfe in der Folge mit mehr oder weniger Erweiterung und Modifizierung auf das platonische Konzept auf. In der Spätantike gab es eine regelrechte Welle des Neuplatonismus mit Plotin (hier eine Marmorbüste aus dem 3. Jh.) als Hauptvertreter.

ARISTOTELES: MATERIE UND FORM

Für Aristoteles musste der Philosoph nicht mehr zwischen der übersinnlichen und der sinnlich wahrnehmbaren Welt vermitteln, sondern mit wissenschaftlicher Gründlichkeit eine Landkarte des Realen entwerfen, wie es in unserer Wahrnehmung erscheint.

Aristoteles (384–322 v. Chr.) lebte in einer Epoche des Übergangs und wurde Zeuge, wie die Kultur der *polis* jener der zunehmend zentral organisierten *poleis* der makedonischen Monarchie Platz machte. Er stammte nicht aus der hohen Aristokratie wie Platon, sondern kam als »Fremder« nach Athen, um bei dem großen Philosophen zu studieren. Anschließend wurde er zum »Untertanen« Philipps II. und stellte sich als Lehrer seines Sohnes und anderer Sprösslinge der makedonischen Aristokratie in dessen Dienste. Dieser Werdegang und der soziale Hintergrund, die beide ganz anders waren als bei Platon, sollten sich als entscheidend für die Formulierung einer neuen Philosophie erweisen.

Materie und Form
Im Unterschied zu Platon, dessen Schüler er war, sah Aristoteles in seinem System keine transzendente, übersinnliche Welt der Gedanken oder Ideen vor. Für ihn war die Realität ein Zusammenspiel aus ungeordneter Materie und ordnender Form.

Lehrer des großen Feldherrn
Aristoteles lebte am Hof König Philipps II. von Makedonien als Präzeptor seines Sohnes Alexander. Oben: Marmorkopf des Aristoteles, römische Kopie der Bronzestatue, die Alexander der Große von Lysippos anfertigen ließ.

Systematisches Bewusstsein

Für Aristoteles war das Wissen in seiner höchsten und reinsten Form, das aus der Suche nach dem Ursprung und den Ursachen der Realität erwuchs, nicht wie für Platon einem ethisch-politischen Zusammenhang unterworfen, auch fand der Philosoph diese Prinzipien nicht in einer transzendenten, von der sinnlich wahrnehmbaren Welt getrennten Sphäre wie jener der platonischen Ideen, von der die Welt der Erscheinungen nur eine unvollkommene Kopie ist. Seiner Meinung nach bestand die Aufgabe des Philosophen darin, in rationaler und organischer Form das Universum so zu beschreiben, wie es erscheint. Doch auch in diesem Konzept gibt es einen Gott, der die Rolle der treibenden Kraft in der gesamten physischen Welt übernimmt. Dieser ist aber nicht von ihr verschieden, sondern ein Teil davon. Erst das Christentum stellte über die aristotelische Weltanschauung den eigenen, transzendenten Gott. Nun ist der Philosoph also nicht länger ein Vermittler zwischen einer höheren und einer niedrigen, einer sinnlichen und einer übersinnlichen Welt wie bei Platon, der notwendige Impulse für eine Verwandlung der Gesellschaft und des Menschen von dort bezieht, sondern vielmehr ein Wissenschafter, der sich bemüht, mit größter Genauigkeit eine große Landkarte der realen Welt zu zeichnen und dabei auch Felder erfasst, die Platon vernachlässigt oder nicht systematisch behandelt hatte, wie die Biologie, die Logik, die Rhetorik, die Poetik und die Politik. Aristoteles nimmt sich also der Welt an, wie sie uns erscheint und will sie nur darstellen und weder die Menschen noch die Gesellschaft, in der sie leben, verändern. Die anthropologischen und politisch-sozialen Folgen dieser Haltung waren von außerordentlicher Tragweite. Denn der Mensch war nun nicht länger eine Kombination aus einem unvollkommenen Körper und einem nach Vollkommenheit strebenden Geist, die in ständigem Konflikt miteinander lagen – unter optimaler Führung durch den Verstand konnte eine harmonische Einheit daraus werden. Diese Vernunft oder Ratio ist etwas, mit dem jeder vollwertige Mensch, das heißt der griechische, erwachsene, männliche und freie Bürger, ausgestattet war. Das, was Aristoteles *logos* nennt, ist eine innere Instanz zur Kontrolle über eigene Leidenschaften wie Zorn, Macht- und Habgier und andere weltliche Bedürfnisse, deren Ausdruck in maßvoller Form erlaubt ist, aber auch über all jene, die nicht im Vollbesitz des *logos* sind, wie Sklaven, die bunte Welt der »Barbaren« (die früher oder später unter griechisch-makedonische Herrschaft fielen), Frauen und Kinder. Die aristotelische Anthropologie rechtfertigt die bestehenden gesellschaftlichen Unterschiede zwischen Freien und Unfreien, Männern und Frauen, mit dem Selektionskriterium »Vernunft« und nimmt außerdem eine Überlegenheit der Griechen über die restliche Welt an. Aristoteles übte damit einen enormen Einfluss auf das westliche Bewusstsein

Das Lycaeum
In Athen gründete Aristoteles eine Schule in der Nähe des Tempels des Apoll Lycaeus, die nach dem Gründungsort benannt wurde. Heute bezeichnet dieser Name in moderner Form in manchen europäischen Sprachen die höhere Mittelschule. Da der Unterricht während kleiner Spaziergänge stattfand, nannte man die Schüler auch Peripatetiker, wörtlich die Umhergehenden. Links: *Apoll Lycaeus aus der Römerzeit.*

aus. Bei der Ausbildung ihrer imperialen Ideologie wähnten sich die Römer aus denselben Gründen über den Rest der Menschheit überlegen, auch das Christentum übernahm diese Haltung in einigen Aspekten. Gerade dieser, aber auch einige andere fundamentale Züge der aristotelischen Ideologie sollten jedoch bald heftig in Frage gestellt werden, als sich zwei weitere wichtige, rivalisierende philosophischen Schulen herausbildeten, der Stoizismus einerseits und der Epikureismus andererseits.

Aristotelismus und Christentum
Der hl. Thomas von Aquin (1225–1274) überarbeitete das aristotelische Gedankengut aus christlicher Sicht und suchte nach Gemeinsamkeiten zwischen Philosophie und Theologie, zwischen Offenbarung und Vernunft. Rechts: *Ausschnitt aus dem* Triumph des hl. Thomas von Aquin, *Benozzo Gozzoli (1420–1497).*

Stoiker und Epikureer

Nach dem Entwurf der großen philosophischen Systeme des Aristoteles und des Platon kam es zu einer Veränderung des historisch-sozialen und wirtschaftlichen Hintergrundes in der griechischen Welt, die nach einer neuen ethischen Botschaft riefen, welche näher an den veränderten Bedürfnissen der Menschen lag.

Als Zenon (333–263 v. Chr.), der Vater des Stoizismus, seine Schule in Athen um 300 v. Chr. begründete, hatten sich die historisch-sozialen Verhältnisse der griechischen Gesellschaft gegenüber den Zeiten des Aristoteles maßgeblich verändert. Die makedonischen Könige hatten ganz Persien unterworfen, die Gebiete vom Kaspischen Meer nach Süden bis nach Ägypten und von dort weiter über Syrien bis zum Tal des Indus erobert und hellenisiert. Die Tage der *polis* und die Zeiten der kleinen, autonomen Ballungszentren der Macht wie Athen und Sparta waren längst Vergangenheit, ebenso wie die Freiheit und die Privilegien der Bürgerschaft. Unter den makedonischen Königen wurden auch die freien Menschen zu Untertanen. Weiters stellten die privilegierten Untertanen selbst in der griechisch-makedonischen Ethnie eine kleine Minderheit dar. Wer keine offizielle Funktion oder Anstellung bei Hofe erlangen konnte oder in Ungnade fiel, war der existenziellen Unsicherheit ausgesetzt und lebte nicht selten in Armut. Raum und Ressourcen musste man mit den unterworfenen Völkern teilen, und das oft an fernen Orten, dort, wo die neuen Monarchen ihre Zentren gegründet hatten. In diesem gänzlich veränderten historischen und gesellschaftlichen Kontext mussten die Systeme des Platon und des Aristoteles neuen Philosophien weichen, die näher an den physischen und psychischen Bedürfnissen und Forderungen eines großen Volks von Untertanen lagen.

Fragmente des Wissens
Chrysippos leitete die stoische Schule in Athen und widmete sein ganzes Leben dem Unterrichten. Von seinem umfangreichen Lebenswerk (über 700 Schriften) sind nur Fragmente erhalten. Oben: Büste des Chrysippos.

Büste des Zenon
Zenon von Kition, Begründer der stoischen Schule, räumte in seiner Lehre der Ethik eine vorrangige Stellung ein. Er hielt die Tugend für das einzig wahre Gute und die moralische Schwäche für das einzig wahre Schlechte.

Philosoph und Schriftsteller
Seneca hat außer philosophischen und moralischen Abhandlungen auch Epigramme und Tragödien geschrieben. Diesem herausragenden Vertreter der römisch-stoischen Schule wurde oft die Diskrepanz zwischen der Strenge seiner Schriften und seinem Lebensstil vorgeworfen.

Sowohl der Stoizismus als auch der Epikureismus beschäftigen sich folglich auch mit einem Entwurf, der sowohl eine ethische als auch eine therapeutische Linie verfolgte, mit anderen Worten, der die Instrumente lieferte, um psychisches Wohlbefinden in einer prekären, schwierigen, oft feindlichen Welt zu vermitteln. Beide Schulen gründen ihren ethischen Ansatz auf das Studium der Natur der physischen Welt und des Inneren des Menschen, da dieses in logischer Hinsicht nicht greifbar ist und alle diesbezüglichen Hypothesen aufgrund mangelnder Dementierbarkeit große Überzeugungskraft ausstrahlen.

Ein paar Schritte unter den Säulen
Die Stoa leitet ihren Namen von der Tatsache her, dass ihr Begründer Zenon in der Säulenhalle (griech: stoa) Poikile in Athen zu unterrichten pflegte. Unten: *die stoa Attalus' II. an der Ostseite der agora von Athen.*

Das Schicksal annehmen

Der Stoizismus oder die Stoa, deren Begründer und ältere Hauptvertreter Zenon, Kleantes (331 oder 304–233 v. Chr.) sowie Chrysippos (281 oder 277–208 oder 204 v. Chr.) waren, geht von einer pantheistischen Konzeption des Universums aus. Mit anderen Worten, die gesamte Welt ist von der Allgegenwart einer »göttlichen Vernunft« (*logos*), die sie organisiert und in jedem Aspekt leitet, durchdrungen: Eine Vorsehung also, die nicht nur über der gesamten Weltmaschine steht, sondern die auch deren Seele ist, wodurch alles, was geschieht, in einem großen Zusammenhang seinen Sinn bekommt. Jeder Mensch, einerlei ob Sklave oder freier Bürger, ist gleichberechtigter Teil dieser Welt, denn er trägt ein Fragment, einen Funken des universellen *logos* in sich, der uns alle leitet. Diese neue Einstellung brachte entsprechend tief greifende gesellschaftliche und ethische Konsequenzen mit sich. Zum einen verlangten die Stoiker vom Menschen bedingungslose Akzeptanz des ihnen bestimmten Schicksals, sei es nun angenehm oder schmerzlich. Die Tugend des Wissenden lag in der Übung der Vernunft, vor dem Guten wie vor dem Schlechten, denn alles, was uns widerfährt, ist Teil des göttlichen Plans. Zum anderen wurde jeder gesellschaftliche Unterschied zwischen den Menschen aufgehoben: Die Tugend konnte jedem Menschen, auch dem Geringsten unter den Sklaven, innewohnen, und ihn freier als einen König machen, wenn Letzterer Gefangener seiner Leidenschaften war. Interessanterweise kam es trotz des revolutionären Potenzials dieser Ideen nie zu umstürzlerischen Bestrebungen und Revolten, doch das lag vielleicht an der stoischen Forderung, das eigene Schicksal als solches zu akzeptieren. Später erfuhr die Schule der Stoa weitere Verbreitung in der römischen Kultur, wo Panetius (2. Jh. v. Chr.), Poseidonius (2./1. Jh. v. Chr.), Cicero (1. Jh. v. Chr.) und Seneca (1. Jh. n. Chr.) die Philosophie den ideologischen Anforderungen ihres historischen Moments anzupassen verstanden. Enormen Einfluss hatte vor allem der Glaube an die göttliche Vorsehung auf das Christentum.

Stoizismus und Redekunst
Cicero zeigte sich von den Lehren der Stoa begeistert, da er sie für im Einklang mit den Tugenden und dem Sinn für das Kollektiv des römischen Volkes befand. Dem Epikureismus und seiner beredten, hedonistischen Moral hingegen stand er kritisch gegenüber. Oben: *Cicero.*

Wissenschaften

Die Epikureer und das Vergnügen
Obwohl dieser philosophischen Richtung mittlerweile oft unterstellt wurde, ihre Anhänger frönten rein dem Vergnügen, sah das die Doktrin des Epikur (unten eine Büste des Philosophen) keineswegs vor. Er predigte eine möglichst einfache Lebensführung nach strengen Regeln und mit hohem moralischem Anspruch.

Das Vergnügen als Programm

Ebenfalls als therapeutisch kann man den ethischen Ansatz der zweiten großen Schule, der Epikureer, sehen. Sie begannen ihre Lehrtätigkeit nach Begründung der Doktrin von Epikur (341–271 v. Chr.) und wählten als zentrales Prinzip ihres Systems das des Vergnügens, das jedoch als Abwesenheit von Leiden zu verstehen ist. Um nicht zu leiden, musste der Mensch sich darauf beschränken, die notwendigsten und natürlichsten Bedürfnisse zu befriedigen, wie jene nach Nahrung, Obdach und Kleidung, und dem gesamten Komplex der Leidenschaften entsagen, da sie ihrer Natur nach unstillbar und deshalb sicher Quelle des Leidens waren, wie etwa dem Verlangen nach Macht, Ruhm, Reichtum und Ehre. Daraus ergibt sich eine stark asketisch orientierte Ethik, die nicht ohne Grund – wenn auch in modifizierter Form – von den ersten christlichen Denkern bewundert wurde. Auch die Epikureer gingen dabei von der physischen Welt aus, für die sie eine Erklärung suchten. Für sie bestand das Universum wie bei Demokrit aus Atomen, die sich im Leeren bewegten und sich ständig verbanden und lösten. Auch der Mensch war ein Verband von Atomen, die der Alterung und dem schlussendlichen Untergang unterworfen waren. Da die Seele ebenso aus Atomen bestand, konnte diese den Körper nicht überleben, doch ihre Atome konnten sich in neuen möglichen Körpern und Seelen verbinden. Da nun auch die Seele sterblich war, wurde die Angst vor dem Tode relativiert. Die zweite große Angst, jene vor den Göttern, deren Existenz die Epikureer nicht leugneten, schwächten sie ab, indem sie sie in einer Sphäre zwischen den Welten ansiedelten, wo sie ohne Sorgen und ohne sich um

Der Epikureismus in Rom
In den ca. 7500 Versen seines einzigen Werks mit dem Titel De rerum natura legte Titus Lucretius Carus verschiedene Aspekte der epikureischen Lehre dar, an die er unerschütterlich glaubte.
Rechts: eine Seite des Lehrgedichts in einer mit Miniaturen verzierten Handschrift aus dem 15. Jh.

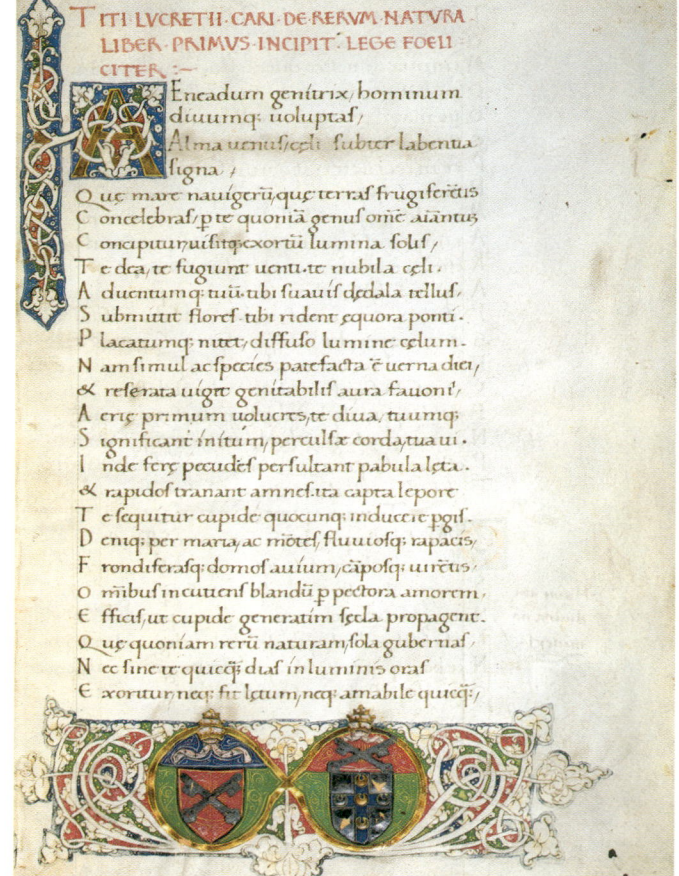

irgendetwas zu kümmern in immerwährendem Glück lebten. Diese desinteressierten und fernen Götter brauchte der Mensch nicht mehr zu fürchten. Der Epikureismus hatte bei weitem nicht so viel Erfolg wie die Stoa, besonders in der römischen Welt. Die Stoiker, die jede Art von *religio* (Praktiken, die mit dem Kult der Götter verbunden sind) ablehnten und von den Wohltaten eines Lebens jenseits von politischem Ehrgeiz und Streben nach Macht und Reichtum predigten, alle sozialen Unterschiede für aufgehoben erklärten und auch rechtlich keine Unterscheidung zwischen den Mitgliedern der epikureischen Gemeinde zuließen, wurden den Herrschenden bald verdächtig und wegen des subversiven Potenzials ihrer Lehren angefeindet. Doch einige ihrer Grundsätze bringt uns Lukrez (1. Jh. v. Chr.) in seinem Lehrgedicht *De rerum natura* heute noch nahe.

Ein Hundeleben
*Die Schule der Kyniker wurde in Athen im 4. Jh. v. Chr. von Antisthenes begründet, der die Abkehr von jeder Art weltlicher Annehmlichkeit predigte. Die Philosophen, die dieser Richtung angehörten, wurden Kyniker genannt, weil sie ein Hundeleben (*kyne *bedeutet Hund) führten. Diogenes von Sinope ist einer ihrer Vertreter und wurde durch sein Leben in einem Fass bekannt. Links:* Diogenes *in einem Schnitt aus dem 18. Jh.*

Wo die Götter wohnen
Nach der Lehre der Epikureer leben die Götter in den Räumen zwischen einer und einer anderen Welt. Diese Zwischenwelt namens intermundia *hatte keinerlei Verbindung zur Welt der Menschen. Rechts: sitzende Göttin aus Magna Graecia.*

EPIKTET UND LUKREZ: ZWEI DENKSCHULEN

In der Folge stellen wir zwei Stellungnahmen dieser Philosophen zum Thema Tod vor. Im ersten Abschnitt erteilt uns der Stoiker Epiktet (1./2. Jh. n. Chr.) den Rat, niemals unserem eigenen irrigen Urteil über das Geschehen auf dieser Welt zum Opfer zu fallen, im zweiten räsoniert Lukrez mit bildhafter Kraft gegen die Angst vor dem Tod.

»Nicht die Dinge selbst, sondern die Meinungen über dieselben beunruhigen die Menschen. So ist der Tod an und für sich nichts Schreckliches, sonst wäre er auch dem Sokrates so vorgekommen; vielmehr ist die vorgefasste Meinung von ihm, dass er etwas Schreckliches sei, das Schreckhafte. Wir wollen daher, wenn wir von etwas gehindert, beunruhigt oder betrübt werden, niemals andere anklagen, sondern uns selber, nämlich unsere Meinung davon. Seines Unglücks wegen andere anklagen, ist die Art der Ungebildeten, sich selbst, die der Anfänger, noch sich, die der Gebildeten und vollständig Erzogenen.«
(Epiktet, *Handbüchlein der Moral*, 5)

»Nichts ist uns der Tod, und in nichts berührt er uns, denn die Natur der Seele ist das Sterblichsein. Wie wir einst in der Vergangenheit keinen Schmerz spürten, als die Punier [Karthager] *auf uns einstürmten von allen Seiten und die ganze Erde davon erbebte bis unter die hohen Kuppeln des Äthers, und man nicht wusste, unter der Herrschaft welches der beiden Völker schließlich die Menschen zu Wasser und zu Lande fallen würden, so wird uns, auch wenn unsere Seele sich vom Körper trennt, mit dem sie verbunden gewesen, uns absolut nichts geschehen können, denn wir werden nicht mehr sein, unsere Sinne keine Reize mehr empfangen, selbst wenn die Erde sich mit dem Meer vermischte oder das Meer mit dem Himmel.«*
(Tullius Lucretius Carus, *De rerum natura*, III, 830–842)

Die Poesie Homers

Für die Griechen, die unter Literatur jegliche schriftliche Dokumentation ihrer Kultur verstehen, stellen die *Ilias* und die *Odyssee* den Beginn des den wohlklingenden Worten der Poesie anvertrauten historischen Gedächtnisses dar. Für uns sind die beiden Epen Momentaufnahmen einer langen Entwicklung.

Bevor wir eine kurze Skizze der Entwicklung der Literatur in der hellenischen Welt entwerfen, sei nochmals darauf hingewiesen, dass die Griechen im Unterschied zum modernen Sprachgebrauch nicht nur Werke, die einer bestimmten Gattung angehörten – wie Epen, Lyrik, Poesie, Tragödie oder Komödie, Roman oder philosophischer Dialog –, als »Literatur« betrachteten. Unter diesem Begriff verstanden sie vielmehr jedes schriftliche Zeugnis, in dem sich ihre Kultur ausdrückte. So gehörten etwa auch die Rhetorik oder die Geschichtsschreibung dazu, und ebenso der

Der legendäre Dichter
Homer, den diese Statue aus dem 5. Jh. v. Chr. darstellt, ist nach der Überlieferung der Autor der Ilias und der Odyssee. Der Legende nach war er blind, wie auch oft die Rhapsoden dargestellt wurden, wandernde Sänger, die die Taten der großen Helden am Hofe der Fürsten besangen.

Die reiche Stadt
Die von Perseus unter der Herrschaft der Atriden gegründete Stadt Mykene, deren König Agamemnon den Feldzug gegen Troja anführte, soll laut Homer reich an Gold gewesen sein.
Oben: die Akropolis von Mykene.

Der schlaue Schachzug
Mit einem strategischen Schachzug, dem berühmten Trojanischen Pferd, gelang es den Achaiern, Oberhand über die Trojaner zu bekommen. In der heutigen Sprache bezeichnet dieser Begriff eine durch Vorspiegelung falscher Tatsachen gestellte Falle. Links: das Trojanische Pferd in einem Fresko in einer antiken römischen Villa in Stabia (Neapel).

Gedächtnis und besingen die Heldentaten mykenischer Krieger, werfen aber auch ein Licht auf die griechische Gesellschaft der dunklen Jahrhunderte und die »Wiedergeburt«, die sich ab dem 9./8. Jh. vollzog. Den Hintergrund beider Heldenepen bildet der Trojanische Krieg. Im ersten geht es um den Zorn des Achill gegen Agamemnon, den König der Achaier, der ihm seine Lieblingssklavin geraubt hatte. Mit dieser Tat wollte sich der König für ein erlittenes Unrecht rächen, denn auch er hatte auf Verlangen des Achill seine Lieblingssklavin ihrem Vater zurückgeben müssen, der ein Priester des Apoll war. Der Gott war erzürnt, weil seinem Priester Unrecht getan wurde. Als dieser nämlich die Herausgabe der Tochter mit Geschenken erbat, wurde er von Agamemnon davongejagt. Daher ließ Apoll eine verheerende Pestepidemie unter den Achaiern wüten. Nun konnte Achill seinem König nicht widersprechen oder ihn gar töten, doch er reagiert, indem er einfach die Waffen niederlegt und das Heer der Achaier seinem Schicksal überlässt. Erst als er einen noch schlimmeren Schmerz erdulden muss, weil sein Freund Patroklos von Hektor, dem tapfersten Krieger der Trojaner, getötet wird, greift er wieder in das Geschehen ein.

Rache für den Freund
In der Ilias erfahren wir, wie Patroklos, der die Rüstung Achills trägt, von Hektor getötet wird. Der Schmerz um den Verlust des Freundes ist der Grund, warum der Held auf das Schlachtfeld zurückkehrt. Unten: der Tod des Patroklos auf einem Krater aus dem 5. Jh. v. Chr. aus dem Tal der Tempel (Agrigent).

philosophische oder wissenschaftliche Traktat, einerlei ob es sich um Astronomie, Biologie, Medizin oder Wirtschaft im weitesten Sinne handelte. Deshalb wollen wir auch hier im Rahmen unserer Möglichkeiten dem Phänomen der Literatur im antiken Griechenland in einem entsprechend erweiterten Sinn Raum geben.

Die Eroberung Trojas

Bei den beiden Werken *Ilias* und *Odyssee* handelt es sich um die ältesten Zeugnisse einer bereits reifen Literatur, die sich in der griechischen Welt entwickelt hatte. Wie bereits erwähnt wurde, ist der Inhalt dieser Epen nicht allein Werk eines einzelnen Autoren, des legendären Homer. Jener hat diese Geschichten lediglich niedergeschrieben, nachdem sie bereits lange Zeit in Liedern und mündlicher Überlieferung von Generation zu Generation weitergegeben wurden und Ereignisse aus dem 8. Jh. v. Chr. beschreiben, als Griechenland aus zahlreichen Stadtstaaten nicht nur auf dem griechischen Festland, sondern auch an den Küsten der Türkei, Süditaliens und an anderen Orten des Mittelmeerraumes bestand. Diese Verse schöpfen aus dem kollektiven

Der Held rüstet sich zum Kampf
Im Schwarzfigurenstil bemalter Teller aus dem 7./6. Jh. v. Chr. mit Achill beim Anlegen der von Hephaistos geschmiedeten Rüstung, die ihm seine Mutter Thetis brachte.

Achills Zorn

Der letzte Teil des Heldenepos ist dem Tod Hektors im Zweikampf gewidmet und der grausamen Rache, die Achill am Leichnam des Besiegten nimmt, bis er durch Eingreifen der Götter schließlich doch seinem alten Vater Priamos übergeben wird. Zorn, Schmerz und Rache sind in den Epen Homers noch keine grundsätzlich verabscheuungswürdigen Leidenschaften, erst später, in der *polis* und noch mehr in der hellenistischen Gesellschaft, werden sie dazu. Hier sind es noch Werte, da Recht auf Führerschaft sich auf die Fähigkeit, erlittenes Unrecht durch Zufügen eines noch größeren zu tilgen, gründet. Lesen wir nur die ersten Zeilen der *Ilias,* um die Stimmung des Werkes aufzunehmen:

Singe den Zorn, o Göttin, des Peleiaden Achilleus, ihn, der entbrannt den Achaiern unnennbaren Jammer erregte und viele tapfere Seelen der Heldensöhne zum Aïs sendete, aber sie selbst zum Raub darstellte den Hunden und dem Gevögel umher. So ward Zeus' Wille vollendet: seit dem Tag, als erst durch bittern Zank sich entzweiten Atreus Sohn, der Herrscher des Volks, und der edle Achilleus. (Homer, *Ilias,* 1–7)

Ganz am Anfang steht also der Zorn in der *Ilias,* und weiter dreht sich alles darum im gesamten Epos. Natürlich gibt es auch ein paar andere Untertöne, die bereits die Weiterentwicklung der Gesellschaft ankündigen, wie etwa der Zusammenhalt, zu dem das Heer der Achaier in der langen Zeit der Belagerung Trojas gezwungen ist; und auch das Zurückstellen eigener Interessen für Belange der Allgemeinheit zeigt sich, als Agamemnon auf Chryseis verzichtet, um nicht das ganze Heer der Pest anheim fallen zu lassen. Dies könnte der erste Widerschein der politischen Einigung Griechenlands sein.

Bande der Liebe
Nach zahlreichen Abenteuern wird Odysseus auf der Insel Ogygia von der Nymphe Kalypso festgehalten, die sich in ihn verliebt hat. Nur durch das Eingreifen der Götter kann Odysseus diesem süßen Gefängnis entfliehen und heimkehren. Rechts: Odysseus und Kalypso als Motiv einer Vasenmalerei.

Rückkehr des Helden

In der *Odyssee* ist der Krieg bereits vorüber, und die Helden der Achaier, die nicht auf dem Schlachtfeld gefallen sind, kehren heim. Einige sofort, einige erst nach vielen Jahren, wie Menelaos, andere nur um in der Heimat den gewaltsamen Tod zu finden wie Agamemnon, der von seiner Gemahlin Klytämnestra aus Rache ermordet wird, weil er die Tochter Iphigenie für einen sicheren Weg nach Troja geopfert hatte. Für Odysseus hält das Schicksal in Gestalt des erzürnten Poseidon, dessen Sohn Polyphemos er geblendet hatte, weitere Prüfungen und Abenteuer bereit. Das letzte davon ist der Kampf gegen die Freier, die während seiner Abwesenheit aus Ithaka seine Güter verprassten und seine Gemahlin Penelope bedrängten. Das Epos beginnt in Ithaka, wo Odysseus' Sohn Telemachos beschließt, sich auf die Suche nach dem Vater zu machen, weil die Freier sein Haus verwüsteten. Erst im fünften Buch begegnet uns Odysseus, der auf der Insel Ogygia die Tage in Gefangenschaft der in Liebe zu ihm entbrannten Nymphe Kalypso verbringt, doch stets darüber nachsinnt, wie er zurück nach Ithaka gelangen könnte. Hermes wird nun von Zeus entsandt, um die Nymphe von der Notwendigkeit der Heimkehr ihres Gefangenen zu überzeugen. So gelangt Odysseus mit Hilfe eines Floßes, mit dem er Schiffbruch erleidet, auf die Insel der Phaiaken, wo er König Alkinoos seine Abenteuer erzählt, im Laufe welcher er all seine Kameraden verloren hat. Der König möchte ihn mit seiner Tochter Nausikaa verloben, hilft ihm jedoch dann bei der Rückkehr und gibt ihm ein magisches Schiff. Endlich kommt er nach Ithaka, wo er durch eine List die Freier besiegt und seinen Platz als König, Vater und Gemahl wieder einnimmt. Zu den in der *Ilias* besungenen Tugenden und Motivationen der Helden wie Zorn, Stärke und Rache gesellen sich hier noch List und Geduld, die Frucht der Erfahrung sowie der Menschen- und Ortskenntnisse. Die Orte spiegeln im Übrigen die Routen der Griechen wider, auf denen sie bis zum 8. Jh. v. Chr. den Mittelmeerraum erkundet hatten. Und so klingt hier der Anfang:

»Sage mir, Muse, die Taten des vielgewanderten Mannes, welcher so weit geirrt, nach des heiligen Troja Zerstörung, vieler Menschen Städte gesehn, und Sitte gelernt hat, und auf dem Meere so viel' unnennbare Leiden erduldet, seine Seele zu retten, und seiner Freunde Zurückkunft.« (Homer, *Odyssee*, 1–5)

Die *Ilias* und die *Odyssee* dienten der gesamten epischen Poesie des Abendlandes als Vorbild. Einer der ersten Nachahmer war Vergil (1. Jh. v. Chr.), der es verstand, in seiner *Aeneis* die zentralen Motive der beiden Epen, den Krieg und die gefahrvolle Reise, zusammenfließen zu lassen, freilich mit einer gänzlich anderen Sensibilität.

Der Gesang der Sirenen
Odysseus und seine Gefährten entkommen dem tödlichen Gesang der Sirenen, indem sich der Held an den Mast binden lässt und die anderen sich die Ohren mit Wachs verstopfen. Hier wird diese Episode als Motiv eines Mosaiks aus dem 2. Jh. n. Chr. gezeigt.

Endlich zu Hause
Zehn Jahre nach Ende des Krieges, nach zahlreiche Wirren und Prüfungen, kann Odysseus seine Gemahlin Penelope – die durch ihre unerschütterliche Treue zum Inbegriff der getreuen Ehefrau wurde – wieder in die Arme schließen. Rechts: Skulptur aus dem 5. Jh. v. Chr.

ARCHAISCHE DICHTUNG

Zwei große Vertreter der archaischen Dichtung, Sappho und Alkaios, lebten beide im 7. und 6. Jh. v. Chr. in Mytilene auf Lesbos und beide gaben in ihren Versen persönliche Gefühle wieder.

Unter archaischer Lyrik versteht man gemeinhin die griechische Dichtung aus dem 7. und 6. Jh. v. Chr., einer Zeit, aus der wir hier zwei Figuren herausgreifen wollen: Sappho und Alkaios, auch Alkäus genannt. Beide drückten in der Poesie stets Gefühle sehr persönlicher Natur aus, ob es nun Schmähreden gegen Politiker jener Zeit, Beschreibungen üppiger Bankette oder schmachtende Liebesgedichte waren.

Die zehnte Muse
Die neun Musen, Göttinnen, die die Dichter und Künstler inspirierten, waren die Töchter des Zeus und der Mnemosyne. Zusammen mit Aphrodite wurde ihnen im thiasos, *der Gemeinschaft der Sappho für junge Frauen, gehuldigt. Platon bezeichnete Sappho als die zehnte Muse. Unten: Dieses hellenistische Relief zeigt drei der Musen.*

Alkaios: Exil und Opulenz

Alkaios wurde Ende des 7. Jh. v. Chr. in Mytilene auf der Insel Lesbos geboren. Als Aristokrat war er vollauf damit beschäftigt, seine politischen Gegner zu bekämpfen, die ein demokratisches Regime auf der Insel errichten wollten. Aus diesem Grunde war er mehrmals gezwungen, ins Exil zu gehen und kam dabei nach Ägypten, Böotien und Thrakien. Seine Poesie, die uns in Fragmenten erhalten blieb, dreht sich einerseits um die Schmähung seiner politischen Gegner, andererseits um die schwärmerische Beschreibung opulenter Bankette

Politik und Weinseligkeit
Die Gedichte des Alkaios waren in zehn Büchern gesammelt, von denen heute noch etwa 200 Fragmente erhalten sind. Neben den politischen Gedichten erstreckt sich sein Werk auch über Oden an die Natur und die Freuden der Geselligkeit, der Festessen und des Weins.

oder der Liebe. Horaz griff anlässlich des Todes der Kleopatra ein bekanntes Fragment auf, in dem Alkaios seiner Freude über den Tod des Tyrannen Myrsilos überschwänglich Ausdruck gibt:
»Jetzt soll man zechen, trinken nach Herzenslust: tot ist endlich nun Myrsilos.«
(Alkaios, *Fr. 332*)

Sappho: Kraft der Liebe

Die biographischen Daten zur Person der Sappho sind spärlich und in mancherlei Hinsicht widersprüchlich. Sicher ist, dass sie auf der Insel Lesbos Ende des 7. Jh. v. Chr. geboren wurde, sich als Kind aber in Sizilien aufhielt und später nach Mytilene (die bedeutendste Stadt der Insel) zurückging, wo sie eine pädagogisch-religiöse Gemeinschaft leitete, in der sie Mädchen der Aristokratie versammelte. Gemeinsam huldigten sie der Aphrodite und den Musen. Zu dieser Zeit war es üblich, dass edle Frauen einen solchen *thiasos* zur Erziehung der Mädchen bildeten, und so gab es mehrere solcher Schulen auf der Insel. Die jungen Frauen lernten dort Tanz, Poesie und die Freude am Schönen. Über Sapphos Tod ist nichts Genaues bekannt. Die Geschichte von ihrem Freitod – sie soll sich aus unerfüllter Liebe zu Phaon vom Leukadischen Felsen gestürzt haben – scheint eine Erfindung der neuen Komödie (jener, deren Hauptvertreter Menandros ist) zu sein, die nur darauf abzielte, die Person der Dichterin zu diskreditieren. Für Platon war sie die »zehnte Muse«, ihr Einfluss auf die erotische Dichtkunst der hellenistischen und römischen Epoche war enorm (Catull imitierte und übersetze einige ihrer Lieder). Der freie Ausdruck der Gefühle gegenüber den Mädchen, die sie erzog, führte im christlichen Umfeld zu einer Abstempelung Sapphos als homosexuelle (der Begriff lesbisch leitet sich von der Insel Lesbos her) und damit moralisch verwerfliche Person. Was die Christen dabei jedoch nicht bedachten: die gleichgeschlechtliche Liebe galt generell in der griechischen Welt als etwas völlig Normales, speziell in den höheren Schichten der Gesellschaft. Sapphos Poesie, zumindest das, was uns davon erhalten geblieben ist, kreist hauptsächlich um Erinnerungen an erlebte Gefühle,

Archaische Lyrik
Auf dieser attischen Hydria (ovales Gefäß für den Transport von Wasser) aus dem 5. Jh. v. Chr. sind Alkaios und Sappho, die beiden größten Vertreter der lyrischen Dichtkunst im archaischen Griechenland, abgebildet. Alkaios musste aus politischen Gründen viel Zeit im Exil verbringen.

Poesie, die die Zeit überdauert
Sapphos dichterische Größe war bereits in der Antike bekannt und überdauerte die Jahrhunderte. Alkaios lernte sie kennen und schätzte sie, Catull bezog aus ihren Versen Inspirationen, Ovid erzählte in den Heroiden *von ihrer unerwiderten Liebe zu Phaon, und Giacomo Leopardi widmete ihr sein Gedicht* Ultimo canto di Saffo. *Unten: Statue der Dichterin in Mytilene, wo sie den Großteil ihres Lebens verbrachte.*

Liebesabenteuer innerhalb der Gemeinschaft und gefühlsintensive Momente, die man immer erleben kann. Die Liebe wird als Naturgewalt betrachtet, gegen die man nichts ausrichten kann: ein Geschenk der Aphrodite, das vielleicht nur Frauen wirklich schätzten. Hier einige Verse über ein geliebtes Mädchen:

Die einen behaupten, ein Heer von Reitern, die anderen, von Fußsoldaten, wieder andere, von Schiffen sei auf der schwarzen Erde das Schönste, ich aber, das, was einer begehrt.

Ganz leicht ist das begreiflich zu machen für einen jeden: Als sie nämlich, die weit überragt an Schönheit die Menschen, Helena, ihren Mann, den (aller)besten, verlassen hatte ging sie zu Schiff nach Troja, gedachte weder des Kindes noch der lieben Eltern, verleitet von Aphrodite (...) hat mich jetzt an Anaktoria erinnert, die nicht hier ist.

Möchte ich doch deren begehrenswerten Gang und den leuchtenden Schimmer des Gesichtes lieber sehen als der Lyder Wagen und Fußkämpfer in Waffen.

(Sappho, *Fr. 16*)

DIE TRAGÖDIE

Durch Darstellung des Konfliktes zwischen dem Willen des Individuums und seinem Schicksal, zwischen seinen Taten und den göttlichen Geboten führte die Tragödie den Zuseher über Schrecken und Mitleid zur Läuterung.

Die Tragödie als literarische Gattung stellt vielleicht den interessantesten Ausdruck der Kultur der griechischen Welt der Antike dar. In ihr fließen alle religiösen, mythologischen, anthropologischen und politischen Elemente zusammen, in welchen sich die Hellenen als Gemeinschaft wiedererkannten. Unsicher und spärlich sind die Informationen über ihren Ursprung. Aristoteles deutet den Begriff Tragödie als »Bocks-Gesang« (*tragos* = Bock; *ode* = Gesang) und weist damit auf eine Etymologie in Verbindung mit dem Dionysoskult hin, da dem Gott von Sängern in Satyrkostümen mit Ziegenfellen und Bockshörnern gehuldigt wurde. Andere Interpretationen machen daraus einen Gesang »zu Ehren« des Bocks, oder aber der Sieger eines Gesangswettbewerbs erhielt einen Bock als Anerkennung. Sicher scheint nur die Verknüpfung der Aufführung von Tragödien mit dem Dionysoskult. Wie der österreichische Philologe Albin Lesky unterstreicht, war dies die Gottheit, die von allen Göttern des Olymp den Menschen am meisten berührte und ihn dazu trieb, das universelle Problem des Leidens auszudrücken. Dessen Ursprung ist ja der Konflikt zwischen dem Willen des Individuums und seinem Schicksal, zwischen seinen Taten und den göttlichen Geboten, den die Tragödie auf der Bühne darstellt. Ein Mann wird unter der Vielzahl legendärer Helden ausgewählt, meist ein König von hohem Ansehen. Dieser begeht einen Fehler (*hamartema*), mit dem er die Grenzen des ihm Erlaubten überschreitet und sich der Anmaßung (*hybris*) schuldig macht. Die Götter strafen ihn dann dafür, was meist seinen Untergang bedeutet.

Vom Ritus zum Drama
Die Wurzeln der Tragödie reichen bis zu den Riten zurück, die zu Ehren des Dionysos zelebriert wurden. Der Gott des ausschweifenden Lebens stellte die Überwindung des Konfliktes zwischen Willen und Schicksal dar. Rechts: Triumph des Bacchus (des Dionysos der Römer) in einem Mosaik aus dem 3. Jh. n. Chr.

Ungehörte Stimme
Kassandra besaß die Gabe der Hellsicht, doch weil sie Apoll nicht zu Willen war, wurde sie verflucht, sodass ihr in Hinkunft niemand mehr glaubte. Als Gefangene des Agamemnon wurde sie von diesem in das Rachedrama mit hineingezogen. Rechts: Klytämnestra tötet Kassandra.

Der erste große Tragiker

Aischylos (525 oder 524–456 oder 455 v. Chr.), der Erste der drei großen Tragiker vor Sophokles und Euripides, erzählt uns in der Trilogie der *Orestie* die tragische Geschichte des Agamemnon, der nach seiner Heimkehr aus dem Trojanischen Krieg von seiner Gattin Klytämnestra und ihrem Geliebten Aigisthos auf grausame Weise ermordet wird. Klytämnestra tut dies, um den Tod ihrer Tochter Iphigenie zu rächen, die Agamemnon wegen einer Prophezeiung geopfert hatte. Soweit das erste Drama. Es folgt die Geschichte des Orestes, der sich nun entscheiden muss ob er der Mutter verzeiht oder den Vater rächt, indem er sie ermordet (zweites Drama). Er tut es schließlich. Doch begeht er mit dem Muttermord das schrecklichste Verbrechen und wird in der Folge von den Erinnyen, Schicksalsgöttinnen, die die schlimmsten Verfehlungen

DER AUFBAU DER TRAGÖDIE

Von Aischylos an erhält die Tragödie eine feste Struktur. Im Prolog, der die erste Szene darstellt, wurde die Handlung mit den zu ihrem Verständnis nötigen Informationen illustriert. Darauf folgte der Parodos, der Einzug des singenden und tanzenden Chors, der die Handlung im Raum vor der Bühne kommentierte und als Bindeglied zwischen Zusehern und Schauspielern fungierte. Dann folgen die Episoden, die von den Schauspielern rezitiert wurden. Aischylos ließ sie zur Steigerung der Dramatik zu zweit auftreten. Zwischen den Episoden lag jeweils ein Stasimon, ein Zwischengesang des Chors. Den Abschluss bildete der Exodus, die letzte Szene mit dem Abgang des Chors. Sophokles führte, ebenfalls aus dramaturgischen Gründen, einen dritten Schauspieler ein, und mit Euripides kamen bühnenbildnerische Elemente dazu. Im Übrigen waren die Schauspieler im griechischen Theater immer Männer, auch wenn sie in der Maske einer Frau auftraten. Erst in der Römerzeit betraten die Frauen die Bühne.

Vorhang auf!
Griechische Masken und die Darstellung einer Bühne in einer Radierung aus dem 18. Jh.

bestrafen, gejagt und mit unerträglichen Schuldgefühlen belegt (drittes Drama). Athene erbarmt sich schließlich seiner und verwandelt die Erinnyen in freundlich gesinnte Eumeniden. Man sieht deutlich, wie alle in diesen Mythos verwickelten Personen in ausweglose Situationen verstrickt sind: Hätte Agamemnon die Tochter verschont, wäre sie wohl in dem Aufstand umgekommen, den das Heer wegen der Verweigerung des Opfers angezettelt hätte. Klytämnestras Alternative wäre gewesen, die Schuld auf sich zu laden, ihre Tochter ungerächt zu lassen. Orestes schließlich hätte durch das Verschonen seiner Mutter das Andenken seines – gleichwohl nicht unschuldigen – Vaters geschändet. Die Absolution der Athene steht symbolisch für die Gesetze der *polis*, die den aus einer archaischen, mittlerweile überkommenen Welt stammenden Teufelskreis der wechselseitigen Blutrache durchbrechen.

Zurück zur Ordnung
Im letzten Akt der Orestie *werden die erbarmungslosen Erinnyen, die auf nichts als schreckliche Rache sinnen, in freundlich gesinnte Göttinnen, die Eumeniden (was wörtlich wohlwollend bedeutet), verwandelt. Links: Diese Vasenmalerei zeigt Apoll, wie er Orestes gegen die wütenden Erinnyen verteidigt.*

Sophokles und die Helden von Theben

Sophokles (496–406 v. Chr.) schöpfte aus dem Kreis der Helden von Theben und präsentiert in *König Ödipus* die Geschichte des Sohnes König Laios' von Theben, Ödipus. Dem Vater war in einem Orakelspruch angekündigt worden, einer seiner Söhne würde ihn einst töten, deswegen solle er keine haben. Er hält sich aber nicht daran, sondern vertraut den kleinen Ödipus, den ihm Iokaste geschenkt hat (erste Verfehlung) einigen Hirten an und verleugnet die Vaterschaft. Als Ödipus erwachsen ist, begegnet er seinem Vater auf der Straße, erkennt ihn aber nicht. Es kommt zu einem Streit zwischen ihm und den Dienern seines Vaters, und im Kampf verliert Laios sein Leben durch die Hand seines Sohnes (Strafe der Götter). Als Ödipus nach Theben kommt, hilft er der Königin, ihre Ansprüche durchzusetzen, ohne zu wissen, dass es sich um seine Mutter handelt. Die beiden verlieben sich und zeugen Kinder (zweite Verfehlung). Nun sucht eine schreckliche Pest das Land heim. Als Ödipus entdeckt, was der Grund für die Geißel der Götter ist, erlegt er sich selbst eine schreckliche Strafe auf und sticht sich die Augen aus. Das Drama des Sophokles erlangte zu Beginn des 20. Jahrhunderts durch Freud und seinen Ödipuskomplex eine neue Bedeutung, doch bereits Aristoteles hatte die läuternde Wirkung der Darstellung dieser Mythen auf die menschliche Seele betont. Dank der Teilnahme an diesen Schauspielen konnten die Zuseher eigene Albträume, Ängste und Konflikte aufarbeiten. Neben *König Ödipus* hat uns Sophokles noch sechs Tragödien sowie Fragmente

Ein erfolgreicher Autor
468 v. Chr. gewinnt Sophokles (rechts: eine Marmorbüste des Poeten) den traditionellen Wettbewerb der Tragiker und löst Aischylos als erfolgreichster Autor ab. Ab diesem Moment geht es mit seiner Karriere bergauf. Er stirbt in hohem Alter, der Legende nach erstickte er an einer Traube.

Du sollst Vater und Mutter ehren
Ohne es zu wissen erschlägt Ödipus seinen Vater und heiratet seine Mutter. Damit wird er zum Helden einer der tragischsten und dramatischsten Episoden der griechischen Mythologie und zum Sinnbild des hilflos einem düsteren Schicksal ausgelieferten Menschen. Viele Autoren wie Seneca, Corneille und Voltaire griffen diesen Stoff auf. Links: Tod des Laios in einem römischen Fresko.

rund hundert weiterer Dramen hinterlassen. In der Antike war auch lyrische Poesie und ein Traktat in Prosa von ihm bekannt.

Überarbeitete Mythen

Mit Euripides (ca. 485–406 v. Chr.) kam es zu einer Revolution im attischen Theater. Zunächst nahm er häufig die weniger bekannten Mythen der Überlieferung zum Thema, doch der interessantere Aspekt ist wahrscheinlich, dass er sich der Haltung des kulturellen Relativismus der Sophisten anschloss: Die Tradition, das Verhalten der Götter, ja sogar das politische System, aus dem Sklaven und Frauen ausgeschlossen waren, sowie viele Lebensgewohnheiten wurden einer scharfsinnigen und erbarmungslosen Kritik ausgesetzt. In seinen Dramen werden Geschichten dargestellt, die der herkömmlichen Moral und den Institutionen der *polis* widersprechen. Phaidra kann in *Hippolytos* der unseligen Liebe zu ihrem Stiefsohn nicht widerstehen. Sie weiß, dass sie der keusche Hippolytos nicht erhören wird und tötet sich, doch zuvor beschuldigt sie jenen in einem Brief, sich an ihr vergangen zu haben. So wird der Jüngling vom Vater verstoßen und findet schließlich den Tod. Leidenschaft, Zorn und Begierde, die die *polis* unter die gestrenge Kontrolle der Gesetze gestellt hatte, flammen auch in *Medea* auf, wo die Heldin ihre eigenen, von Jason empfangenen Kinder tötet, um sich an diesem zu rächen. Hatte sie doch wegen ihm ihre eigene Familie verraten und verlassen, nur um von ihm wiederum mit einer anderen Frau betrogen zu werden. Analog dazu brachen in den *Bakchen* die Gesetze der *polis*, die von König Pentheus personifiziert werden, unter der Raserei des Dionysos, des Gottes des Weines und des Irrationalen, der die Menschen von ihren Hemmungen befreit, zusammen. Die Tragödie in dieser Form wühlte auf und regte die Zuseher zum Nachdenken über die Fragwürdigkeiten, Probleme und Anforderungen im eigenen Leben an. Euripides schrieb 75 bis 92 Dramen; 17 Tragödien und ein satirisches Drama sind zur Gänze erhalten, von den anderen kennen wir nur Fragmente.

Ein ruhiges Leben
Euripides, der Letzte der drei großen griechischen Tragiker (links: eine Büste des Poeten), führte ein zurückgezogenes Leben und studierte viel. Er war zweimal verheiratet, stand aber im Ruf, ein Frauenfeind zu sein. Er starb in Pella, der Hauptstadt Makedoniens, nach der Legende zerrissen ihn Hunde.

Verführt und dann verlassen
In dieser Vasenmalerei aus dem 5. Jh. v. Chr. sehen wir eine Szene aus Medea *von Euripides. Die Tochter des Königs Aietes von Kolchis tötet die Kinder, die sie von Jason empfing, um sich an ihm zu rächen, weil er sie verlassen hatte. Euripides zeigt Medea von ihrer menschlichen Seite, als erniedrigte, enttäuschte und betrogene Frau.*

Die Komödie

Wenn die Tragödie die Verfehlungen der Mächtigen wie der Könige, Fürsten oder Helden aus den Mythen thematisierte, so beschäftigte sich die Komödie mit dem Leben und Leiden der kleinen Leute der *polis* des 5. und 4. Jh. v. Chr.

Mit der attischen Komödie und speziell mit ihrem wichtigsten Vertreter Aristophanes (ca. 445–388 v. Chr.) ziehen der Realismus und die von der komischen Seite her betrachteten Probleme des täglichen Lebens ins Theater ein. In der Komödie *Wolken* wird beispielsweise die Lehre der Sophisten aufs Korn genommen, die mit ihrem ethischen Relativismus die tragenden Werte der *polis* in Frage stellten und potenziell gefährliche neue Erziehungsmethoden

Vom Schwank zur Kunst
Die Komödie, hier als Allegorie, entwickelte sich wahrscheinlich aus der fröhlich-lauten Stimmung nach den Banketten, als zur allgemeinen Erheiterung Schwänke vorgetragen wurden (komos bedeutet Rummel). Mit Aristophanes wurde daraus eine literarische Gattung.

praktizierten. In dieser Komödie wird Sokrates, der später in Athen der Gotteslästerung und der Verhetzung der Jugend beschuldigt und zum Tode verurteilt wird, uns als Oberhaupt der Sophisten vorgestellt. In seiner Schule lernen jene, die in Schwierigkeiten sind – zum Beispiel weil sie sich verschuldet haben –, mit Hilfe der »unrechten Rede« so zu argumentieren, dass am Ende der Gläubiger in der Schuld zu stehen scheint. Als dann ein verzweifelter Alter, der selbst nicht den subtilen Argumenten der Sophisten zu folgen in der La-

Der Krieg ist absurd
Aristophanes lebte in einer Zeit ständiger militärischer Konflikte und wird nicht müde, das Absurde am Krieg aufs Korn zu nehmen. In der Komödie Die Acharner *schließt der Protagonist mit den spartanischen Feinden seinen persönlichen Frieden und feiert, während die anderen in den Krieg ziehen. Unten: Seite aus einem Manuskript dieses Werks.*

ge ist, seinen Sohn in diese Schule schickt, kehrt dieser nach Hause zurück und führt dem Vater nach allen Regeln der Sophisterei aus, dass es Recht ist, das Leben eines Prassers zu führen, selbst wenn dabei der arme Vater ausgeplündert wird, wie sehr er auch protestiert. In den Komödien *Die Ritter* und *Die Wespen* sitzt der grausame Krieg mit seinen verheerenden Folgen für die Bevölkerung auf der Anklagebank, da all das nur wegen der persönlichen Interessen und des Ehrgeizes eines skrupellosen Demagogen erduldet werden muss. Nochmals bildet der Krieg die zentrale Handlung in *Lysistrata*, einer brillanten Satire, in der die gleichnamige Heldin – ihr Name

Büste des Aristophanes
Die elf Komödien, die vom Werk des Aristophanes erhalten sind, weisen ihn als brillanten Autor aus, der seinen Effekt nicht selten aus dem Kontrast zwischen Realität und Fantasie bezieht. Oft kommt es zu absurden Geschehnissen, in die bekannte Personen des öffentlichen Lebens verstrickt werden, wie etwa Sokrates.

bedeutet wörtlich »die die Heere auflöst« – schaffen es die Frauen von Sparta und Athen durch einige Maßnahmen, unter anderem einen Liebesstreik, ihre Männer zum Friedensschluss zu bewegen. Sehen wir uns die Szene an, in der Lysistrata dem Kommissar, dem Vertreter der männlichen Autorität, erklärt, warum die Athener Frauen die Akropolis besetzt halten.

KOMMISSAR: (zu den Frauen) *In Zeus' Namen, erst will ich alles hören darüber, warum ihr euch auf der Akropolis verbarrikadiert.*
LYSISTRATA: *Um das Geld zu hüten, denn dieses macht den Krieg.*
KOMMISSAR: *Warum, macht man denn Krieg wegen des Geldes?*
LYSISTRATA: *Mich fragst du darum? Wir werden es verwalten.*
KOMMISSAR: *Ihr das Geld verwalten?*
LYSISTRATA: *Was ist daran merkwürdig? Verwalten wir nicht auch unseren Haushalt?*
KOMMISSAR: *Das ist nicht dasselbe.*
LYSISTRATA: *Warum ist es nicht dasselbe?*
KOMMISSAR: *Dieses Geld ist da, um Krieg zu führen.*
LYSISTRATA: *Aber es gibt keinen Grund ihn zu führen, den Krieg.*
KOMMISSAR: *Und wie sollen wir uns dann schützen?*
LYSISTRATA: *Wir schützen euch.*
(Aristophanes, *Lysistrata*, 486-498; dt n. it. Übers. v. G. Paduano)

Aristophanes ergreift hier nicht Partei für eine revolutionäre Gleichberechtigung der Frauen – diese Vorstellung war im damaligen Athen so absurd, dass ihm die Lacher sicher waren. Aufzeigen wollte er damit die Unfähigkeit der Männer, eine andere Lösung als den Krieg zur Beilegung ihres Konfliktes mit Sparta zu finden.

Menandros und der »Zufall«

Im 4. Jh. v. Chr., als Athen nur noch eine von vielen *poleis* ist, die alle unter makedonischer Herrschaft stehen, schlägt die Komödie Töne an, die näher an der veränderten politischen und gesellschaftlichen Situation liegen. Mit Menandros (342 oder 341–292 oder 291 v. Chr.), auch Menander genannt, dem markantesten Vertreter der Erneuerung dieser Literaturgattung, entsteht eine Komödie, die um die Themen des bürgerlichen Lebens kreist. Die Darsteller kümmern sich, statt über große Fragen wie den Krieg, den Frieden oder die Erziehung zu debattieren, lieber um ihre privaten Interessen. Als guter Psychologe zeichnet Menandros ein treffendes Bild seiner Charaktere und der komplexen Dynamik ihrer Liebesbeziehungen. Unter dem wenigen von ihm Erhaltenen sticht vor allem *Tyche* hervor, eine Art wechselhafte und unberechenbare Zufallsgottheit als Sinnbild für den Umbruch im damaligen Griechenland und die Zerbrechlichkeit menschlichen Glücks. Sein Werk übte großen Einfluss auf die römische Komödie aus, vor allem auf Terentius (ca. 185–159 v. Chr.).

Bild des Menandros
Dieses Bild befindet sich im Haus des Menandros in Pompeji und zeigt den Dichter. Wahrscheinlich ist es an der Statue inspiriert, die Kephisodot, der Sohn des Praxiteles, in Athen errichtet hatte.

Der Initiator der neuen Komödie
Menandros (unten: römische Büste aus dem 4. Jh. n. Chr.) löste sich vom Stil des Aristophanes, indem er gänzlich auf mythischen oder fantastischen Hintergrund verzichtet. Seine feinsinnige und spontane Kunst wurde zum Vorbild der römischen Komödie, vor allem bei Terentius.

GESCHICHTSSCHREIBUNG

Die Geschichtsschreibung war eine weitere griechische »Erfindung«, die auf das Bedürfnis antwortete, denkwürdige Ereignisse wie die Perserkriege oder den Peloponnesischen Krieg für die Nachwelt festzuhalten.

Das griechische Wort *historia* bezeichnet eigentlich die Beobachtung und Untersuchung der Realität. Und tatsächlich haben die ersten Historiker der griechischen Antike, wie Hekataios und Kadmos von Milet, Xanthos von Lydien und Charon von Lampsakos, alle aus Kleinasien und alle aus dem 6. Jh. v. Chr., ihre Rekonstruktion der Vergangenheit stets in eine allgemeine Beschreibung der Orte, Naturerscheinungen und auch Lebensbedingungen der Menschen eingebunden, auch jener, die nicht die griechische Sprache beherrschten. Die Geschichte und die Geografie – im weitesten Sinne verstanden – stellten damals also eine Einheit für die Forscher und Autoren dar.

Ein kostbares Archiv
Auf seinen zahlreichen Reisen sammelte Herodot historisches und ethnographisches Material, das den Kern der Quellen für sein umfangreiches Werk Historiae *darstellte. Dieser Schatz an Informationen ist uns in Form von neun im Stil der Alexandriner verfassten Büchern zur Gänze erhalten geblieben. Rechts: das neunte Buch als Handschrift aus dem 16. Jh.*

Stets auf Reisen
Herodot (links eine Büste) stammte ursprünglich aus Halikarnassos und floh vor dem Tyrannen Lygdamis II. nach Samos. Seine zahlreichen Reisen führten ihn nach Ägypten, Phönizien, Mesopotamien und Athen. 444 v. Chr. begab er sich nach Süditalien, wo er sich in Thurio, einer (in einem von Perikles initiierten Feldzug) unweit des antiken Sybaris gegründeten Kolonie, niederließ.

Der Vater der Geschichte

Auch Herodot (ca. 484–ca. 430 v. Chr.) war zunächst ein Reisender, den dieselben Interessen beseelten wie seine Vorgänger (auch sie stammten von der Küste Kleinasiens), doch die Dimension des Perserkrieges als historisches Ereignis verlangte nach einer anderen, komplexeren Auffassung von der Geschichtsschreibung. Daher beschäftigt sich Herodot in den ersten fünf Büchern seiner *Historiae* mit der Beschreibung der Sitten und Gebräuche der Völker unter persischer Herrschaft, wie etwa der Ägypter und einiger indischer Ethnien, räumt den Naturerscheinungen ebenfalls einen eigenen, nicht unwesentlichen Raum ein und beschränkt sich in den folgenden fünf Büchern sodann auf den Krieg, dessen Ursachen und Dynamiken er zu ergründen und zu deuten versucht, selbstverständlich von dem ihm eigenen Standpunkt als Vertreter der Sache der Griechen und der Athener Politik aus. Dabei ist er nicht immer konsequent und mischt einmal Legenden unkritisch mit Tatsachen, dann schreibt er wieder die Ereignisse *Tyche*, dem Zufall, zu und verzichtet auf rationelle Deutung. Dennoch markiert sein Werk die Geburtsstunde der Geschichte als eigene wissenschaftliche Disziplin.

Ein gründlicher Forscher

Als Erbe des unvollendeten Werks des Herodot trat bald der Athener Thukydides (ca. 460–ca. 400 v. Chr.) an. Er konzentrierte seine Forschungen auf den Konflikt, der zwischen Sparta und Athen ausgebrochen war und betrachtete diesen als wichtigstes Ereignis aller Zeiten. Die Gründe dafür fand er in den 50 vorangegangenen Jahren, als Athen so mächtig wurde, dass es den Städten des von Sparta angeführten Peloponnesischen Bundes Angst einjagte, unterworfen zu werden. Die gesamte Geschichte des Thukydides ist eine Suche nach Ursache und Wirkung, wie man zum Beispiel am tragischen Epilog des Sizilischen Feldzuges der Athener sehen kann. Bei dieser Gelegenheit verabsäumt der Historiker nicht, die Debatte in Athen zu erwähnen, die man zuvor um diesen Feldzug geführt hatte. Mit Alkibiades und Nikias werden die wichtigsten Befürworter und Gegner angeführt, die darüber diskutieren, ob man sich nun in dieses neue Abenteuer stürzen oder darauf verzichten und sich mit dem Sieg gegen Sparta begnügen solle. Vor dem Hintergrund der folgenden Ereignisse (Niederlage der Athener zu Wasser und zu Lande) kann der Leser die ins Feld geführten Argumente und das Charisma als Anführer der beiden Gegner einschätzen. Ziel des Historikers ist es bei Thukydides, die Ereignisse rational zu beschreiben, damit sie zukünftigen Generationen als Lehrbeispiel dienen können. In der Einführung des so genannten Methodenkapitels legt Thukydides denn auch diese Absicht und seine Auffassung von der Arbeit des Historikers dar:

»Was nun in Reden hüben und drüben vorgebracht wurde, während sie sich zum Kriege anschickten, und als sie schon drin waren, davon die wörtliche Genauigkeit wiederzugeben war schwierig sowohl für mich, wo ich selber zuhörte, wie auch für meine Gewährsleute von anderwärts; nur wie meiner Meinung nach ein jeder in seiner Lage etwa sprechen musste, so stehn die Reden da, in möglichst engem Anschluss an den Gesamtsinn des in Wirklichkeit Gesagten. Was aber tatsächlich geschah in dem Kriege, erlaubte ich mir nicht nach Auskünften des ersten besten aufzuschreiben, auch nicht nach meinem Dafürhalten, sondern bin Selbsterlebtem und Nachrichten von andern mit aller erreichbaren Genauigkeit bis ins Einzelne nachgegangen.« (Thukydides, I. 22)

Wenn Herodot maßgeblichen Einfluss auf die Geschichtsschreibung des Livius (59 v. Chr.–17 n. Chr.) ausübte, der ebenfalls den Sitten und Gebräuchen der von den Römern eroberten Völker große Aufmerksamkeit schenkte, so hinterlässt Thukydides noch tiefere Spuren nicht nur in der Geschichtsschreibung der alten Römer, sondern in der des gesamten neuzeitlichen Abendlandes.

Gründliche Nachforschungen
Thukydides (hier eine Herme aus dem 5. Jh. v. Chr.) pflegte mit größter Genauigkeit allen Nachrichten und Informationen, die er erhielt, auf den Grund zu gehen und bediente sich wann immer möglich authentischer Zeugenberichte. Was die Vergangenheit betraf, versuchte er mit eigener Schlussfolgerung möglichst nahe an die Wahrheit zu kommen.

Bewunderer von Rom
Der griechische Historiker und Geograf Strabon (64/63 v. Chr.–ca. 20 n. Chr.) war ein großer Bewunderer des Römischen Reichs und zog 44 v. Chr. nach Rom. Sein Werk Historische Kommentare *ging weit gehend verloren, während die 17 Bände der* Geographikà *erhalten blieben.*

Der Weg zurück
Der griechische Historiker Xenophon (ca. 430–350 v. Chr.) begleitete den persischen Satrapen Kyros den Jüngeren auf dessen Feldzug gegen den Bruder Artaxerxes II. Nachdem Kyros in Mesopotamien eine Niederlage hinnehmen musste, führte Xenophon 10.000 Griechen auf dem Weg zurück und beschreibt diesen langen Marsch in Anabasis.
Unten: Relief eines persischen Kriegers.

Literaturgattungen im Hellenismus

Die großen Fortschritte auf dem Gebiet der Wissenschaften sind ein fundamentales Merkmal der hellenistischen Literatur. Doch auch Poesie, Roman und Geschichtsschreibung erlebten eine Blüte.

Im veränderten politischen und sozialen Umfeld der Diadochenreiche entwickelte sich die Literatur auf demselben Weg weiter wie in der archaischen und klassischen Tradition, doch es gab auch substanzielle Neuerungen. Vor allem durch Forschungszentren wie das Museum von Alexandria kam es in der wissenschaftlichen Literatur zu einer sprunghaften Entwicklung auf den Gebieten der Geometrie, Physik, Medizin und Astronomie. Die Protagonisten dieses Aufschwungs waren Euklid (4./3. Jh. v. Chr.), Autor des bekannten Geometriehandbuchs *Elemente* in 13 Bänden, Aratos (315–ca. 240 v. Chr.), Autor des astronomischen Lehrgedichts *Phänomene*, Erasistratos (ca. 304–ca. 250 v. Chr.), der große Arzt, der den Unterschied zwischen Venen und Arterien entdeckte, Archimedes (287–211 v. Chr.), der uns Theorien zu Mathematik und Physik hinterließ, Eratosthenes (ca. 280–ca. 190 v. Chr.) und Aristarch von Samos (3. Jh. v. Chr.), ebenfalls Mathematiker und Astronomen (Aristarch formulierte als Erster ein heliozentrisches Weltbild), Herophilos (1. Hälfte 3. Jh. v. Chr.), der als Anatom und Physiologe das Nervensystem studierte und das Gehirn als

Ein mathematischer Geist
Euklid lebte um 300 v. Chr. in Alexandria, wo er eine über Jahrhunderte weithin bekannte mathematische Schule begründete. Die Klarheit und Konsequenz des Ausdrucks in Elemente, *seinem wichtigsten Werk, machten ihn zum Vorbild auf dem Gebiet der wissenschaftlichen Abhandlung. Rechts: Diese Relieftafel vom Glockenturm des Doms zu Florenz zeigt Euklid.*

Der große Wissenschafter
Die Studien des Archimedes (links in einer Radierung aus dem 18. Jh.) umfassten weite Felder der Wissenschaft, berühmt wurde er jedoch vor allem durch seine Entdeckungen auf dem Gebiet der Geometrie und das nach ihm benannte Gesetz von der Auftriebskraft eines Körpers im Wasser.

Grab des Archimedes in Syrakus
Der Sohn eines Astronomen studierte teilweise in Alexandria und unterhielt ständig Kontakte mit den alexandrinischen Mathematikern. Um seiner Geburtsstadt Syrakus zu helfen, die von Rom belagert wurde, entwarf er zahlreiche Kriegsmaschinen. Nach drei Jahren musste Syrakus kapitulieren, und auch Archimedes fand den Tod.

seinen zentralen Sitz identifizierte, und Asklepiades von Prusa (ca. 130–40 v. Chr.), Arzt und Epikureer. Die Forschung auf all diesen Gebieten dauerte auch in der römischen Kaiserzeit fort, denn das Museum von Alexandria blieb weiterhin das wichtigste Zentrum des Wissens und der Wissenschaft im Mittelmeerraum. Wie sonst wären die medizinischen Errungenschaften von Rufus und Soran von Ephesus (1./2. Jh. n. Chr.) möglich gewesen, die für ihre Erkenntnisse auf dem Gebiet der Physiologie und Anatomie der Frau bekannt wurden, oder das monumentale, zur Gänze erhaltene Werk des Claudius Galenos (ca. 129–200 n. Chr.) über Anatomie, Physiologie und therapeutische Methoden? In Mathematik und Astronomie gebühren dem Museum Verdienste um das Werk des Claudius Ptolemäus (100–170 n. Chr.), der in *Tetrabiblos* die vollständigste Theorie des geozentrischen Weltbildes entwarf und die Lehre vom Einfluss der Sterne auf die Menschen in wissenschaftlichen Rang erhob.

DIE EVOLUTION DER VÖLKER NACH POLYBIOS

Polybios, Autor der *Geschichte*, eines Werkes in 40 Bänden über den Werdegang Roms vom ersten bis zum dritten Punischen Krieg, zögert nicht, seine Theorie über die Evolution der Völker auch auf die führende Großmacht seiner Zeit anzuwenden. In Kapitel 57 des 6. Buches seines Monumentalwerks zeigt er auf, wie eine Gesellschaft in dem Moment, in welchem sie einen allgemeinen Wohlstand genießt (nach siegreicher Beendigung der Konflikte mit den Völkern, die sie bedrohten), sich vom »natürlichen Zustand« des ständigen Kampfes ums Überleben und von einer einfachen Lebensweise entfernt, zunehmend der Dekadenz anheimfällt und durch innere Spannungen und Machtkämpfe korrumpiert wird. Dies ist der Anfang vom unweigerlichen Ende. In dieser Hinsicht übte Polybios großen Einfluss auf die römischen Historiker aus, von Cicero über Sallust bis hin zu Tacitus.

Vorbild römischer Geschichtsschreiber
Als präziser Historiker beschrieb Polybios Aufstieg und Fall eines mächtigen Volkes mit einer treffenden Genauigkeit, die ihn für viele Geschichtsschreiber – bis hin zu Tacitus (ca. 55–ca. 120 n. Chr.), dem Autor der Annalen (hier als Handschrift aus dem 16. Jh. gezeigt) – zum Vorbild machte.

Herophilos, der Anatom
Die anatomischen Studien des Herophilos führten zur Identifizierung des Gehirns als Zentrum des menschlichen Nervensystems.
Links: Zeichnung des menschlichen Nervensystems aus dem Traktat über Anatomie von Andrea Vesalio aus dem 16. Jh.

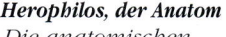

Die Erde im Zentrum des Universums
Der Astronom und Geograf Claudius Ptolemäus (hier mit einem Globus in der Hand gezeigt) entwarf ein Weltbild, nach dem die Erde unbewegt in der Mitte des Universums stand. An diesem »ptolemäischen Weltbild« hielt man bis in die Anfänge der Renaissance hinein fest.

Die epische Poesie: Apollonius von Rhodos

Auf dem Gebiet der Literatur, wie wir sie im heutigen Sprachgebrauch verstehen, ist uns vom hellenistischen Theater zwar nichts erhalten geblieben, die epische Poesie darf sich jedoch über ein Großwerk von Apollonius von Rhodos (ca. 295–ca. 215 v. Chr.) freuen, die *Argonautik*. In seiner Niederschrift der Argonautensage geht es um Jason, der an der Spitze seiner Krieger nach Kolchis zieht, um das sagenhafte Goldene Vlies zu erobern, denn nur dadurch bekommt er von seinem Onkel Pelias den Thron in seiner Heimat zurück. Dank der Hilfe einer faszinierenden jungen Zauberin, der Medea, Tochter des König Aiatos von Kolchis, kann Jason das Vlies in seinen Be-

Das erste Schiff
Die sagenhaften Argonauten segeln unter Jasons Führung nach Kolchis, wo sie das Goldene Vlies erobern wollen. Ihren Namen verdanken sie ihrem Schiff Argo, *das nach der Legende das erste war, das je die Wasser des Meeres durchpflügte. Links: attischer Krater aus dem 5. Jh. v. Chr.*

Kultur und Gefühl
Die Argonautik *von Apollonius von Rhodos ist reich an mythologischen und geografischen Anspielungen, räumt aber auch der dramatischen Liebesgeschichte zwischen Jason und Medea große Bedeutung ein. Dieses Fragment eines Sarkophags zeigt das Eheversprechen des Helden.*

sitz bringen. Kern der Erzählung ist die Liebesgeschichte zwischen Jason und Medea. Bisher stand dieser Aspekt noch nie im Mittelpunkt eines Epos, doch später folgt Vergil dem Beispiel des Apollonius in der Geschichte von Aeneas und Dido, die in der *Aeneis* besungen wird. Dieses neue Moment hält in dem Augenblick in die literarische Tradition Einzug, als die Leidenschaft der Medea für den Gefangenen des Vaters in ihre Seele einbricht. Die Beschreibung ähnelt stark jener Vergils, als Dido zu ihrem Unglück von der Liebe zu Aeneas, ebenfalls einem Fremden, ergriffen wird. Hier die Erzählung des Apollonius von Rhodos: »*Sie gingen* [es sind die Argonauten, die den Palast des Aietes verlassen, nachdem der König ihnen die unüberwindbare Prüfung auferlegt hat, durch die sie das Goldene Vlies erhalten sollen] *hinaus und unter allen strahlte/ Aesons Sohn in Schönheit und Anmut;/ und hinter ihm das Mädchen* [Medea] *hielt ihren Blick/ schräg, lüftete es den kostbaren Schleier und es traf/ ihr Herz ein Schmerz; wie im Traum, flog ihr Geist/ auf den Pfaden dessen, der*

Tragische Leidenschaft

Wie Apollonius von Rhodos in der Argonautik *widmet auch Vergil in der* Aeneis *einer großen Liebesgeschichte viel Raum. Dido, Königin von Karthago, verliebt sich in Aeneas, den trojanischen Helden auf der Flucht. Als dieser durch den Willen der Götter entkommt, nimmt sich Dido das Leben. Unten:* Aeneas und Dido in Karthago, *Claude Lorrain (1600–1682).*

ging./ Die Helden verließen den Palast mit bangem Herzen; Chalkiope [Medeas Schwester], auf der Hut vor Aietes' Zorn,/ floh mit ihren Kindern in ihre Gemächer/ auch Medea tat dies/ doch in ihrem Herzen regte sich der Drang der Liebe:/ vor ihren Augen formten sich die Bilder/ von allem: Jason und den Kleidern, die er trug,/ wie er sprach, wie er saß, wie er sich bewegte beim Gehen,/ und sie dachte, wie ihn gibt es keinen/ keinen anderen Mann; ihr klangen noch in den Ohren/ die Stimme und die süßen Worte, die sie gehört.«
(Apollonius von Rhodos, *Argonautik*, III. 442–458; dt. n. it. Übers. v. G. Paduano)
Bei Vergil klingt die Beschreibung der Liebe Didos zu Aeneas so: »Anna [Dido, bereits verliebt, vertraut ihren Schmerz der Schwester Anna an, die sie drängt, den Treuepakt mit dem verstorbenen Ehemann zu brechen], welcherlei Träum', o Schwesterchen, schrecken mit Angst mich? Welch ein seltsamer Gast, der unserer Schwelle genaht ist? Wie er sich hebt an Gestalt! wie beherzt und tapfer in Waffen! Ja ich glaub', und fürwahr ungetäuscht, er stamme von Göttern. Ausgeartete Seelen verrät Furcht. Wehe, wie trieb ihn Schicksal umher! Von welchen bestandenen Kriegen erzählt er! Wenn's nicht fest in der Seel' und unverbrüchlich mir stände, keinem woll' ich hinfort durch ehliches Band mich gesellen, seit mit dem Erstgeliebten mir Freud' und Hoffnung dahinstarb, wenn nicht vernasst Brautkammer und Hochzeitfackel mir wäre: Dieser einen Versuchung vielleicht noch könnt' ich erliegen.«
(Vergil, *Aeneis*, IV, 9–19)

Lyriker und Historiker

Von Apollonius von Rhodos abgesehen scheint der poetische Geschmack der hellenistischen Zeit kurze Kompositionen zu bevorzugen, in die sich leicht autobiographische, beschreibende, lyrische oder auch polemische und ironische Elemente einbauen lassen. Die repräsentativen Figuren der Epoche waren Kallimachos (ca. 305– ca. 240 v. Chr.), der in seinen in Hexametern verfassten Kurzgedichten die verschiedensten Ableitungen von Episoden aus den Mythen fand, sowie sein Zeitgenosse Theokrit, der in seinen *Idyllen* in naturalistischen Tönen die Schönheit des Landlebens im Gegensatz zum Tumult in den Städten lobte. Beide Dichter wurden im alten Rom gerne imitiert, besonders von Catull und Vergil. Im Rahmen der hellenistischen Literatur lebt nicht nur das philosophische Werk des Epikur, der Stoiker und der Nachfolger des Platon und des Aristoteles auf, sondern auch die Geschichtsschreibung mit Polybios (200–118 v. Chr.), der nach den Vorgaben des zeitgenössischen Stoizismus eine interessante Theorie über die Evolution der Gesellschaft ausarbeitet, wobei er die ihm bekannte römische einbindet. Weiters kommt der Liebesroman stark auf, doch auch die Heldengeschichten erfreuen sich ungebrochener Beliebtheit, allen voran jene Alexanders des Großen, die in Romanform während der Kaiserzeit bis zum 3. Jh. eine Blüte erlebt.

DIE RHETORIK

Die aus der Reflexion über die juristische Sprache und Wege der Argumentation gewachsene Redekunst wurde bald zum festen Bestandteil des politischen Lebens im antiken Griechenland. Ihr großer Einfluss auf die römische Kultur zeigt sich an Cicero.

Auch in der Kunst der verbalen Überzeugung, der Rhetorik, waren die Griechen große Meister. Sie entsteht aus der Reflexion über die Möglichkeiten der Überzeugung in der juristischen Sprache anlässlich des Sturzes des Tyrannen Thrasybulos (465 v. Chr.) in Syrakus. Die Rückforderung der angeeigneten Güter führte zu einer Reihe von Prozessen, in denen die Nützlichkeit geeigneter Techniken der Argumentation für alle offenbar wurde.

Von der Sophistik zur Rhetorik

In Athen legten die Sophisten die Regeln der Rhetorik fest, die zur Zeit des Perikles zu einem unverzichtbaren Instrument geworden war, um mit politischen und juristischen Reden Erfolg zu haben. Das beweist unter anderem der bewusste Gebrauch, den Thukydides in seiner Geschichte des Peloponnesischen Krieges von der Rede macht: Vor jedem großen Ereignis gibt der Historiker zuerst die Worte der Anführer der gegnerischen Parteien wieder, wie sie versuchen, die Zuhörer davon zu überzeugen, eine bestimmte Handlung zu setzen oder über deren Ausgang reflektieren. Die ins Treffen geführten Argumente werden dann vom Ausgang der Ereignisse entweder bestätigt oder entkräftet, und der Leser lernt, wie man sich in der einen oder anderen Situation verhalten solle. Platon nimmt feierlich Abstand von der Redekunst, da sie ihm mehr für die praktischen Dinge des Lebens geeignet, vergänglich, veränderlich und daher nicht zum Ergründen der Wahrheit geeignet, vertraut er doch dazu rein auf die hehre Wissenschaft der Dialektik. Doch nach ihm ist sich Aristoteles bewusst, dass die Redekunst mittlerweile ein essenzielles Instrument in Politik und Kultur geworden ist und widmet ihr einen ganzen Traktat, die *Rhetorik,* indem er ihre Natur ergründet und ihre Regeln festschreibt.

Große Redner

Große Athener Redner waren neben den Sophisten, die wir bereits erwähnten, und die politischen Führer des 5. Jh. v. Chr. auch Lysias (ca. 445–ca. 365 v. Chr.), Isokrates (436–338 v. Chr.) und Demosthenes (384–322 v. Chr.), lauter Meister der politischen und juristischen Rede. Isokrates und Demosthenes nahmen in Zusammenhang mit dem Vordringen der Makedonier in Griechenland gegnerische Positionen ein.

Büste des Lysias
Er war der Meister der einfachen, gelassenen Rede: Lysias (ca. 450–380 v. Chr.) überzeugte die Gerichte durch die Natürlichkeit seiner Ausführungen und wurde zum gefeierten Vorbild der römischen Redner. Nach der Überlieferung wollten Sokrates' Freunde ihn als Verteidiger im Prozess gegen den großen Philosophen gewinnen, doch jener zog es vor, diese Aufgabe selbst zu übernehmen.

Sprecher und Redner
Diese etruskische Statue aus dem 1. Jh. v. Chr. zeigt einen Redner bei einer Ansprache. Die Ursprünge der Redekunst lassen sich bis zu den Grabgebeten der primitiven Religionen zurückverfolgen. Als sich in Griechenland eine auf der Volksversammlung beruhende Regierungsform herauskristallisierte, wurde die Redekunst zu einer autonomen literarischen Gattung.

Die Rhetorik gestern und heute
Wie wichtig es war und ist, reden zu können, sieht man daran, dass die Rhetorik in diesem Fresko aus dem späten 14. Jh. als Königin dargestellt wird. Auch heute hat die Rhetorik ihren Stellenwert in der Politik, in der Rechtsprechung und in anderen Feldern, wie etwa der Werbung, wo sie ebenfalls zu überzeugen sucht.

Während Isokrates in seinen Reden Philipps Politik unterstützte und ihn sogar dazu ermutigte, gegen das Persische Reich zu Felde zu ziehen, beschwor Demosthenes in seinen Ausführungen die Gefahr des Verlustes von Unabhängigkeit und Freiheit für Athen und die übrigen griechischen *poleis* in glühenden Farben herauf. Das Thema ist interessant genug, um hier wenigstens einen kurzen Ausschnitt aus seiner antimakedonischen Kampagne anzuführen:

»*Wohlan: wenn es möglich ist, wenn es in unserer Macht steht, im Frieden zu bleiben, so sage ich, wir müssen es, und es erscheint mir recht, dass der diese Meinung hat, vortreten dürfe mit seiner Rede ohne ehrgeizige Spiele zu treiben. Doch wenn einer, die Waffen in der Hand und ein mächtiges Heer hinter sich, euch das reine Wort des Friedens gibt, doch in Wirklichkeit Krieg führt, was bleibt da zu tun als sich zu verteidigen? Wenn ihr wollt, so habe ich nichts dagegen weiter in Frieden zu leben, genau wie er. Wer es jedoch Frieden nennt, wenn Philipp, nachdem er sich alles andere genommen hat, gegen uns marschieren kann, der ist erstens verrückt und spricht zweitens von einem Frieden, den wir mit Philipp schließen, nicht er mit uns. Mit all seinem Reichtum erkauft Philipp das Recht, uns zu bekriegen, ohne dass wir ihn bekriegen könnten.*«

(Demosthenes, *3. Philippica*, IX, 8–10; dt. n. it. Übers. v. G. Paduano)

Die Rhetorik entwickelte sich in der hellenistischen Zeit kräftig weiter, doch hauptsächlich als Instrument der Diplomatie in den Beziehungen zwischen einer Monarchie und der anderen, speziell auch der aufsteigenden imperialen Macht Roms. Im 2. und 1. Jh. v. Chr. leben die klassischen Meister der Überzeugungskunst wieder auf, wie man besonders gut an den berühmten politischen und juristischen Reden Ciceros (106–43 v. Chr.) sehen kann, der seine Inspirationen von Lysias, aber auch und vor allem von Demosthenes bezieht.

Vor Gericht und Versammlung
Demosthenes (rechts eine römische Büste) wird aus Notwehr zum Redner, als er sich mit nur 18 Jahren gegen seine Tutoren verteidigen muss, die ihn bestohlen haben. Von den 60 erhaltenen Reden sind die wichtigsten politischer Natur.

RELIGIÖSE SCHRIFTEN

Die Bibel wurde für die florierenden griechischsprachigen jüdischen Gemeinden in den hellenistischen Reichen übersetzt, und Griechisch wurde zur Sprache der Schriften zur Verbreitung des Christentums; die frühe Apologetik bediente sich ebenso des Griechischen wie die Lehren, die man unter dem Begriff Gnostizismus zusammenfasst.

Als Syrien und Ägypten unter die Herrschaft der griechisch-makedonischen Dynastien der Seleukiden und der Ptolemäer fielen, gelang es den zahlreichen jüdischen Gemeinden in den betroffenen Gebieten rasch, sich mit der neuen Macht zu arrangieren. In Ägypten übertrugen die Ptolemäer den Juden immer wichtigere Aufgaben in der Bürokratie, in der Steuereinhebung und innerhalb von Heer und Polizei. In den israelischen Stammlanden, nunmehr von den Seleukiden beherrscht, erkämpften sie sich spezielle Privilegien von den Machthabern. Außerdem betätigten sie sich mit großem Erfolg als Händler, Reeder, Bankiers oder, bescheidener, auch als Bauern, Matrosen und Handwerker. Insgesamt stellten sie eine vielfältige wirtschaftliche Macht innerhalb der hellenistischen Reiche dar, allein in Alexandria machten sie 30 bis 40 Prozent der Bevölkerung aus. Es ist daher nicht weiter verwunderlich, dass die Rechtsgelehrten der ägyptischen Hauptstadt, wahrscheinlich im Auftrag von Ptolemäus II., die erste Bibelübersetzung in Angriff nahmen. Man nannte sie später die Version der Siebzig, weil so viele Übersetzer daran beteiligt gewesen

Inspiration von oben
Nach der Überlieferung arbeiteten die siebzig Weisen, die Ptolemäus II. nach Alexandria geschickt hatte, um die Bibel zu übersetzen (rechts die Genesis als lateinisches Manuskript aus dem 12. Jh.), unabhängig voneinander und sahen, als sie die Texte verglichen, dass diese durch göttliche Inspiration identisch waren.

Apostel des Volkes
So nannte man den hl. Paulus wegen seiner Reisen zur Verbreitung der Evangelien durch Griechenland und Kleinasien (hier ein Elfenbeinrelief mit einer Darstellung des Heiligen). Er war der Autor der Apostelgeschichte und der Briefe. Bis zu seiner Bekehrung in Damaskus war er ein unbarmherziger Verfolger der Christen.

Die Synagoge von Kapharnaum
Die Synagoge war Heiligtum und Versammlungsort der jüdischen Gemeinschaften, sowohl in Palästina als auch in den Städten, in der sie nach der Diaspora Aufnahme fanden.
Unten: Überreste der Synagoge von Kapharnaum, einem antiken Ort in Galiläa.

sein sollen. Die heiligen Texte ins Griechische zu übertragen war für die ptolemäischen Herrscher ein Weg, die Kultur und das Gedankengut dieser wichtigen Gemeinschaft kennen zu lernen, aber auch sie zu kontrollieren. Andererseits war das Griechische die Universalsprache der damaligen Zeit und erlaubte es den Christen, mehr Anhänger zu finden. Im Umfeld der griechisch-hebräischen Kultur ragt die Figur des Philon Judaeus (ca. 20 v. Chr.–50 n. Chr.) heraus, eines Philosophen stoischer und platonischer Prägung, der sich nicht nur mit der allegorischen Deutung der Bibel beschäftigte, sondern auch ein philosophisches System entwarf, in dem er das Ende des Menschen mit einer Annäherung an und einer Verschmelzung mit Gott verband, die durch Entsagung in der materiellen Welt zu erreichen wäre.

Christentum und Apologetik

Griechisch war die Sprache der ersten Texte zur Verbreitung des christlichen Glaubens, die innerhalb des Judentums ab dem 1. Jh. n. Chr. entstanden. Man denke nur an die griechischen Versionen der *Evangelien*, der *Apostelgeschichte* und der *Briefe*, die generell alle aus der 2. Hälfte des 1. Jh. stammten. Im 2. Jh. entwickelte sich dann eine Literaturgattung, die ihre Wurzeln im Sophismus und in der Rhetorik hatte und sich damit beschäftigte, zur Verteidigung des Christentums zu sprechen: die Apologetik. Zu den wichtigsten Apologeten zählen Justinus (100–165 n. Chr.), Irenäus (130–200 n. Chr.), Clemens Alexandrinus (ca. 150–215 n. Chr.) und Origenes (185–283 n. Chr.). Alle diese Autoren unterscheiden sich in zweierlei Hinsicht von den neuzeitlichen römischen Kirchenvätern: Erstens legten sie eine versöhnliche Haltung gegenüber heidnischen Kulturen an den Tag und versuchten, Gemeinsamkeiten zu finden, und zweitens gaben sie der allegorischen Interpretation der Heiligen Schrift viel Freiraum und erlaubten damit vielen Christen kommender Generationen, wie bereits Paulus (5/15–67 n. Chr.) empfohlen hatte, »den Geist, der belebt«, über oft lokal verhaftete Mythen und Legenden hinaus zu erfassen.

Lieblingsapostel
In Griechisch wird das Johannesevangelium, das letzte der vier Evangelien in chronologischer Reihenfolge, niedergeschrieben. Oben: Johannes in einem Mosaik der Kirche San Vitale, Ravenna.

Der Gnostizismus

Darunter versteht man ein Sammelsurium an synkretischen Geheimlehren, die in den Anfängen des Christentums einige Verbreitung fanden. Einige davon zeigten stark platonische Prägung, andere magisch-astrologische Inhalte, auch der Hermetismus und der alexandrinische Judaismus sowie Variationen von hellenistischen Philosophien fielen in diese Kategorie. Allen gemeinsam war die Tatsache, dass nur die Erleuchtung zu Erkenntnis (griech. *gnosis* = Kenntnis) führte, die jedoch wenigen Eingeweihten vorbehalten blieb, und ein ausgeprägter Dualismus (platonischer Prägung) zwischen Geist und Materie, Seele und Körper, Gut und Böse. Dieser Haltung wohnten zwei für das Christentum besonders gefährliche Aspekte inne: Erstens wurde ein ausgeprägter ethischer Asketismus gepredigt, was zur Geringschätzung unserer materiellen Welt führte, die jedoch den Christen als Schöpfung Gottes galt. Zweitens wurde jede Moral, jedes Gesetz oder Gebot abgelehnt, da alle diese der Erleuchtung als untergeordnet betrachtet wurden, was zu einer völligen Freiheit der Sitten führte. Auch diese widersprach der christlichen Lehre. Zu den wichtigsten Autoren der Gnosis zählen Basilides, Valentinos und Marcion, sie alle lebten im 2. Jh.

Käuflicher Glaube
Die legendäre Figur des Gnostikers und Hexers Simon Magus wird hier mit Nero in einem Fresko aus dem 15. Jh. von Filippino Lippi gezeigt. Er verlangte Geld dafür, durch Auflegen seiner Hände den Heiligen Geist auf den Zahlenden zu übertragen. Von seinem Namen leitet sich der Begriff »Simonie« für den Kauf oder Verkauf christlicher Ämter her.

Heiligtum und Tempel

Gewöhnlich stand der griechische Tempel am ersten geweihten Platz eines größeren Heiligtums, zu dem weitere Gebäude gehörten. Im Gegensatz zu den christlichen Kirchen oder den muslimischen Moscheen hatten die Gläubigen aber keinen Zutritt, er war Priestern vorbehalten.

Die Bezeichnung Tempel stammt vom griechischen Wort *temenos* ab, das für einen »abgegrenzten, geweihten« Ort steht. Der durch eine Mauer oder Grenzsteine eingefriedete *temenos* mitsamt dem Altar in seinem Inneren war das erste Element eines heiligen Bezirks, der rundherum aufgebaut wurde. Dieser entwickelte sich mit der Zeit zu einem größeren Komplex mit für den religiösen Kult bestimmten Bauten, der von einem Mauergürtel umschlossen war. Eine Heilige Straße führte hindurch, rechts und links davon erhoben sich ein oder mehrere Tempel, Unterkünfte für die Gläubigen, Denkmäler, Säulenhallen und auch das Theater, manchmal sogar ein Stadion. Hierher kamen die Gläubigen, um zu den Göttern zu beten, sie in persönlichen Dingen um Rat zu fragen, ein Orakel zu hören oder sich einer therapeutischen Behandlung zu unterziehen, denn das Heiligtum war auch ein Ort der physischen Heilung. Man kam aber ebenso, um sich eine Vorstellung im Theater oder einen athletischen Wettkampf anzusehen, wie zum Beispiel in Delphi, wo die Spielstätten im Bereich des Heiligtums lagen. Der heilige Bezirk konnte mitten in der Stadt liegen oder auf der Akropolis, wie im Fall von Athen, aber auch außerhalb der Stadt, wie in Delphi oder Epidauros. Häufig handelte es sich um einen abgelegenen Ort mit einer heiligen Quelle oder einem Wald.

ENTWICKLUNG DES TEMPELS

Wahrscheinlich liegt der Ursprung des Tempels im *megaron*, dem größten Saal der mykenischen Paläste. Ursprünglich wurde die Cella des griechischen Tempels in rohen Ziegeln und Holz auf ein Steinfundament gebaut. Die Form war rechteckig, der Eingang lag an einer der Schmalseiten hinter einer kleinen Säulenvorhalle. In der Folge, genauer gesagt um das 8. Jh. v. Chr., wurde er dann zum Peripteros, dem Tempel mit rechteckigem Säulenumgang, wie wir ihn heute noch bewundern können. Er bestand aus drei Räumen, dem *pronaos* oder Vorhalle, dem *naos* oder dem eigentlichen Heiligtum, und einer hinteren Vorhalle namens *opistodomos*. Etwa zur gleichen Zeit begann man nur noch Stein zum Tempelbau zu benutzen und die dorische und die ionische Ordnung bildeten sich heraus.

Der Tempel C von Selinunte
Hier eine grafische Rekonstruktion der Fassade des Tempels C von Selinunte und des kleinen megaron *an der Südseite. Er wurde im dorischen Stil zwischen 560 und 550 v. Chr. erbaut. Heute ist nur noch wenig davon erhalten* (oben).

Kultorte

Der Tempel, der eigentlich *naos* genannt wurde, war das wichtigste Gebäude des Heiligtums, dort war die göttliche Präsenz am stärksten. Doch es wurde mehr als nur ein Gott verehrt, was dazu führte, dass meist mehrere Tempel an den heiligen Orten standen. Natürlich waren diese kleiner und weniger bedeutend als der der Hauptgottheit. Was für Christen die Kirche und für Muslime die Moschee ist, kann nur bedingt mit dem Tempel verglichen werden, denn die Gläubigen durften diesen niemals betreten. Nur die Priester, die das Bindeglied zwischen Mensch und Gott darstellen, hatten Zugang und direkte Verbindung mit den Göttern. In architektonischer Hinsicht besteht der griechische Tempel aus einem plattformartigen Unterbau mit Stufen, auf dem sich die Cella erhebt, eine Reihe im Rechteck angeordneter Säulen, die das Hauptmerkmal des Gebäudes darstellen und den optischen Eindruck dominieren. Auf den Schmalseiten des Baus ruht auf den Säulenkapitellen über Architrav und Fries das dreieckige Giebelfeld oder Tympanon. An den Kapitellen kann man die Ordnung ablesen, der der Bau angehört. Die älteste Ordnung ist die dorische, deren Kapitell aus einem polsterförmigen Unterteil, dem Echinus, und dem Abakus, einer dicken Platte, auf der der Architrav ruht, besteht. Das ionische Kapitell weist die typischen großen Voluten auf, während das Kapitell korinthischer Ordnung kleine Voluten und Akanthusblätter zeigt. Unter den dorischen Tempeln sind insbesondere der Parthenon in Athen, der Tempel C in Selinunte, die so genannte »Basilika« in Paestum sowie der Tempel der Concordia in Agrigent zu nennen. Beispiele für die ionische Ordnung sind der kleine Tempel der Nike auf der Akropolis von Athen sowie – unter jenen in Kleinasien – der Artemistempel in Ephesus (eines der Sieben Weltwunder) und der Heratempel auf Samos.

Korinthisch dagegen ist das Olympieion, der Tempel des olympischen Zeus in Athen aus der hellenistischen Ära.

Der größte korinthische Tempel
Das Olympieion von Athen (oben: *Detailansicht der Säulen*), *der Tempel des olympischen Zeus. Der Bau wurde gegen Ende des 4. Jh. v. Chr. in Angriff genommen und 130 n. Chr. vom römischen Kaiser Hadrian, einem Liebhaber der hellenischen Kultur, vollendet. Es handelte sich um den größten korinthischen Tempel der Antike.*

DAS THEATER

Das griechische Theater war der Ort, an welchem alle Bürger an immer gut besuchten Vorstellungen teilnehmen konnten. Die Bauweise passte sich mit der Zeit der Art der Schauspiele und dem Bezug zum Zuschauer an.

Der Begriff Theater bezeichnet im ursprünglichen Sinne den »Ort, wo man hinschaut«. Treffender könnte man es nicht sagen, sitzen doch die Zuschauer gewöhnlich reihum und verfolgen, den Blick gespannt auf die Bühne gerichtet, was dort vor sich geht. Wie bereits zuvor angedeutet lag das griechische Theater meist im Tempelbezirk, der in der Stadt oder außerhalb angesiedelt sein konnte. Alle Bürger hatten Zugang, oft auch die Frauen, denn im Inneren des Halbrunds fand ein kollektiver Ritus statt, ein großes Fest, das vom Staat organisiert wurde. Letzterer wählte Dichter, Musiker, Schauspieler und Tänzer aus. Zweck dieses kollektiven Ereignisses war – besonders, wenn es sich um eine Tragödie handelte – die Zuschauer mit den großen Leidenschaften des Menschen und seinen inneren Konflikten zu konfrontierten, damit sie diese durch das Beispiel der Helden aus den Schauspielen verarbeiten und überwinden konnten. Die Protagonisten stammten meist aus dem Kreis der

Masken und Narren
Diese oinochoe *(Weinkanne) stammt aus Apulien (ca. 350 v. Chr.) und zeigte einen Narren in Theaterkostüm und Maske.*

Das schönste Theater der Welt
In der Antike und noch zur Zeit Kaiser Hadrians war man der Ansicht, das schönste Theater der Welt sei jenes von Epidauros. Es ist auch so gut erhalten, dass wir es gerne als Beispiel zur Erläuterung der wichtigsten baulichen Elemente des griechischen Theaters heranziehen:

1 orchestra, 2 koilon, 3 skene,
4 parodos, 5 proskenion

Helden von Troja, wie Agamemnon, oder Theben, wie Ödipus und Antigone. Ihre Abenteuer jedoch entsprachen – dank geschickter Neuinterpretation – den Problemstellungen, die sich im Gesellschaftsleben innerhalb der *polis* ergaben. So wurden das Inzestverbot (*König Ödipus* von Sophokles), die Notwendigkeit, den Teufelskreis der Blutrache zu beenden und die Autorität über das Recht dem Staat zu übergeben (die Trilogie der *Orestie* von Aischylos) oder die Bedeutung ungeschriebener Gesetze thematisiert, die wichtiger sein können als die schriftlich niedergelegten (*Antigone* von Sophokles). Wir wissen aber auch von mindestens einem Fall, in welchem ein damals brandaktuelles Thema behandelt wurde, nämlich der Krieg, den die Griechen gerade führten (im Drama *Die Perser* von Aischylos).

Die Struktur des Theaters

Wie war so ein griechisches Theater aufgebaut? Ursprünglich handelte es sich einfach um einen Platz, um den sich die Zuseher versammelten. Später wurde daraus ein trapezförmiger oder kreisrunder, von hölzernen Bänken umgebener Raum. Erst ab dem 5. Jh. v. Chr. begann man mit dem Bau der Arenen aus Stein, die wir heute noch in vielen griechischen Städten und ehemaligen Kolonien bewundern können. Die Bühne liegt unter freiem Himmel im Zentrum des Baus, dessen Kernstück die für den Chor reservierte *orchestra* ist, wo gesungen und getanzt wurde. Das Publikum saß im *koilon* mit abgestuften Sitzreihen, das in einen natürlichen Hang gebaut wurde. Von der *orchestra* führten zwei Zu- und Abgänge an den Flanken des *koilon* vorbei, die *porodoi*. Daran anschließend stand die *skene*, ursprünglich eine kleine Struktur aus Holz, die den Schauspielern erlaubte, sich auf den Auftritt vorzubereiten und sich danach zurückzuziehen. Mit der Zeit wurde daraus ein richtiges Gebäude. Zwischen *skene* und *orchestra* befand sich das *proskenion*, wo der Schauspieler seine Vorstellung gab. Auch hier arbeitete man zunächst mit Holz, später wurde daraus eine bis zu drei Meter hohe Steinplattform. An ihrem Fuße lag ein Graben, aus dem die für das Schauspiel benötigten Requisiten hervorgeholt werden konnten.

Ehrenplatz
Dieser edle Sitz war sicherlich für einen hohen Würdenträger gedacht. Man entdeckte ihn im hellenistischen Theater von Priene (in Ionien, in Kleinasien), das nach dem Vorbild des Athener Theaters erbaut worden war.

Alles hereinspaziert!
Das imposante Theater von Dodona (unten) im Nordwesten von Griechenland stammt aus der Zeit des Molosserkönigs Pyrrhos (297–272 v. Chr.). Das aus dem Hügel der Akropolis gebaute Halbrund fasste 14.000 bis 18.000 Zuseher.

Vom Ritus zum Spektakel

Die Bauweise des Theaters blieb bis ins 2. Jh. v. Chr. unverändert. Dann änderten sich die Darbietungen jedoch, und die stärkere Konzentration auf die immer komplexere Handlung sowie der wachsende Realismus der Darstellung erforderten drastische Veränderungen. Der Chor wurde als überholt angesehen und abgeschafft, und die *orchestra* zu einer halbrunden Bühne umfunktioniert, wo berühmte Schauspieler auftraten. Auch das *koilon*, das nun keinen kreisrunden Raum mehr umgab, wurde zu einem Halbrund. Durch die Abschaffung des Chors und die neue Raumaufteilung entstand ein gänzlich anderer Bezug zu den Zusehern. Sie waren nun nicht mehr aufgerufen, wie früher über die Vermittlung des Chors an einem kollektiven Ereignis mit großer anthropologischer, psychologischer und religiöser Bedeutung »teilzuhaben«, sondern konnten der Aufführung auf dem *proskenion* nur noch »beiwohnen«. Wenn ursprünglich der Raum, in welchem der Chor agierte, im Mittelpunkt der Aufmerksamkeit stand, so war es nun das Geschehen auf der Bühne, die mit immer mehr bühnenbildnerischen Neuheiten ausgestattet wurde. Diese Form des Theaters wurde später von den Römern vollständig übernommen.

DIE BILDHAUEREI

Als Meister in der Kunst der Bildhauerei interessierten sich die Griechen von Anfang an für die Darstellung der menschlichen Figur. In der klassischen Periode gelangten sie darin zu wahrscheinlich unerreichter Vollendung.

Der Koloss von Rhodos
Wir wissen nur wenig über diese Kolossalstatue aus Bronze, die 36 m hoch und dem Helios (dem Gott der Sonne) geweiht gewesen sein soll. Der Römer Plinius erzählt, allein seine Finger seien größer als die meisten Statuen gewesen. Am Koloss wurde 12 Jahre gebaut, 227/26 v. Chr. stürzte er ein.

Bereits in den langen Jahrhunderten vor dem Aufschwung der Plastik im 9. und 8. Jh. v. Chr. zeigte die griechische Plastik eine ausgeprägte Vorliebe für die menschliche Figur, deren stumme Zeugen diverse Terrakotten sowie Stein-, Bronze- und Bleistatuetten sind. Doch erst mit der Verbreitung der Heiligtümer ab dem 8. und dem 7. Jh. v. Chr. erfährt die Plastik mit dem Menschen als zentralem Motiv eine sprunghafte Entwicklung als Votiv- und Kultbildnis und in gewissen Zeiten auch als Architekturschmuck, wobei die Künstler ihre Fertigkeiten beim Verzieren der Friese und Giebelfelder der Tempel üben können, Beispiele hierfür finden wir auf der Akropolis von Athen und in den Tempeln von Sizilien und Magna Graecia. In dieser Zeit bilden sich auch drei große Bildhauerschulen heraus, die dorisch-kretische, die ionische und die attische, die schließlich – nicht zuletzt wegen der führenden Rolle Athens ab dem 6. Jh. v. Chr. – die anderen beiden an Bedeutung übertreffen sollte. Zu ihr zählen die *kuroi* (Jünglinge) von Kap Sounion und die *korai* (Mädchen) der Akropolis. Neben der Plastik in Stein oder Marmor entwickelte sich im Laufe des 6. Jh. v. Chr. auch eine bedeutende Produktion an Bronzestatuen. Diese Technik erlaubte eine ausdrucksvollere Dynamik und auch größere Dimensionen der Skulpturen. Zu den wenigen erhaltenen Exemplaren zählen die Auriga von Delphi und die große Statue des Zeus oder Poseidon vom Kap Artemision.

Schön wie Venus
Zufällig wurde diese Statue der Aphrodite 1820 von einem Bauern bei Milo entdeckt, dem Hauptort der gleichnamigen Insel. Sie stammt aus dem 2. Jh. v. Chr. und ist als Venus von Milo bekannt. Ihre Grazie und Harmonie machten aus ihr ein Sinnbild fraulicher Schönheit.

ARCHITEKTUR UND KUNST 183

***Die* Nike von Samothrake**
In Samothrake auf der gleichnamigen Insel wurde 1863 die hier gezeigte Statue zum Gedenken an den Sieg der Einwohner der Insel über Antiochos III. von Syrien entdeckt. Es könnte sich um ein Werk des Bildhauers Pytokrit aus Rhodos handeln, der dort im 2. Jh. v. Chr. wirkte.

***Die* Sphinx der Naxier**
Die imposante Sphinx der Naxier, *eine der bedeutendsten Skulpturen der archaischen Periode, war eine Weihgabe an das Heiligtum von Delphi zwischen 570 und 560 v. Chr.*

KUROI UND KORAI

Die griechischen Statuen, die man als *kuroi* (Jünglinge) und *korai* (Mädchen) bezeichnet, haben ihren Ursprung im Griechenland des 8. Jh. v. Chr., eventuell reichen die Wurzeln auch bis nach Ägypten oder Mesopotamien. Sie stellen Göttinnen oder Helden dar, auch Grabstelen oder Votivgaben an die Götter. Einigen von ihnen wurden magische Kräfte zugeschrieben. Dimensionen und Materialien konnten sehr unterschiedlich sein, von der Elfenbeinminiatur bis zum überlebensgroßen Standbild aus Stein. Auch waren sie ursprünglich bemalt. Die Harmonie der Proportionen, die geometrische Analyse der Details des menschlichen Körpers und die Feinheit und Eleganz der Darstellung von Kleidung und Haartracht fallen besonders ins Auge.

Die* Koren *der Akropolis
Auf der Akropolis von Athen gab es (6./5. Jh. v. Chr.) zahlreiche Koren *wie die hier gezeigte; sie standen auf Säulen und waren in lebhaften Farben bemalt.*

ARCHITEKTUR UND KUNST

Der Gabenträger
Durch die vollendeten Proportionen und die Harmonie der Formen gilt der Doriphoros (Gabenträger) von Polyklet dem Älteren (unten) als Meisterwerk der klassischen Plastik.

Apoll Saurochthonos
Praxiteles war ein Bildhauer, der es in seiner Kunst zu einer lässig-zarten Feinheit des Ausdrucks brachte, wie man an dieser römischen Kopie (oben) eines Originals von 340 v. Chr. sieht.

Phidias, der Meister
Einer langen Liste von Werken des Phidias stehen nur wenige Zeugnisse seiner bildhauerischen Kunst gegenüber, die nur teilweise aus seiner Hand stammen, wie der Figurenschmuck des Parthenon (rechts: Detail von der Ostseite).

Blüte der griechischen Plastik

In der ersten Hälfte des 5. Jh. v. Chr. erreicht die Plastik einen Höhepunkt mit Myron und seinem *Diskobolos* (460 v. Chr.; *siehe S. 126*) sowie Polyklet und seinem Gabenträger, dem *Doriphoros*. Sie läuteten das klassische Zeitalter ein und bereiteten der formalen Vollendung eines Phidias (490–430 v. Chr.) mit seiner heiter-harmonischen Sicht der Menschen und der Götter den Weg. Aus der zweiten Hälfte desselben Jahrhunderts stammen die beiden Bronzestatuen, die 1972 vor Kalabrien im Meer gefunden und seither als »Bronzen von Riace« bezeichnet werden. Zur zweiten »klassischen« Hochblüte kommt es im 4. Jh. v. Chr. mit Skopas (375–330 v. Chr.) und Praxiteles. Ersterer beeinflusst die hellenistische Plastik mit Leidenschaft und Dynamik, Zweiterer findet mit dem verträumten und lasziven Ausdruck der Motive vor allem unter den Römern Nachahmer. Insgesamt diente die griechische Plastik nicht nur den Römern als Vorbild, deren Kopien wir verdanken, heute eine Vorstellung von den verlorenen Werken zu haben, sondern auch für die Renaissance und Neoklassik und alle Stile, die sich daran inspirierten.

DIE BRONZEN VON RIACE: EINE SENSATIONELLE ENTDECKUNG

Im August 1972 entdeckte ein Taucher zufällig etwa 300 Meter vom Strand von Riace Marina (RC) entfernt die erste von zwei Bronzestatuen, die sich sofort als archäologische Fundstücke von großer Bedeutung erwiesen. Es stellte sich heraus, dass es sich um griechische Originale aus dem 5. Jh. v. Chr. handelte. Die beiden bärtigen Männerfiguren wurden schlicht A und B getauft. A (*unten und links*) stellt einen jungen, B (*ganz unten und rechts*) einen älteren Krieger dar. Nach sorgfältiger Restaurierung wurden die beiden Statuen 1980 schließlich ausgestellt. Die lebendige Natürlichkeit der Haltung, die fein gearbeiteten Locken von Bart und Haar, die ausdrucksvollen Augen in Stein und Glas sowie die Kupfereinlagen an Lippen und Brustwarzen zeugen von ausgefeilter Technik und großer Kunstfertigkeit des unbekannten Bildhauers. Archäologische Nachforschungen haben keine tauglichen Rückschlüsse auf den Grund ihrer Ablagerung auf dem kalabrischen Meeresgrund ergeben. Denkbar wäre, dass sie über Bord geworfen wurden, um ein Schiff von Ballast zu befreien, oder sie wurden stumme Zeugen eines Schiffbruchs in der Antike.

Die Arbeit konservieren
1984 wurden die Bronzen von Riace mit einer neuen Technik behandelt, um dem Korrosionsprozess des Metalls von innen her Einhalt zu gebieten.

DIE MALEREI

Die verschiedenen Entwicklungsphasen der griechischen Malerei können wir heute nur anhand der Vasenmalerei rekonstruieren, da uns nur diese Form durch erhaltene Keramiken bekannt ist. Vom ältesten geometrischen Stil über den orientalisierenden nimmt schließlich der realistisch angelegte Stil im 6. Jh. v. Chr. Gestalt an.

Die griechische Malerei auf Tafeln oder Wänden (wie zum Beispiel die großen Kompositionen auf den Giebelfeldern der Tempel) sind uns nur durch Beschreibungen aus der Literatur bekannt, oder mittelbar durch den Einfluss, den diese auf die etruskische und römische Kultur ausübte. Originale sind aufgrund der Unbeständigkeit der Materialien (Holztafeln und Farben) oder durch die Zerstörung der mit Fresken geschmückten Gebäude keine erhalten. Die Vasenmalerei jedoch können wir aus erster Hand beurteilen, es sind reiche Funde aus allen Epochen vorhanden.

Geometrische Figuren und Fabeltiere

Die so genannte geometrische Vasenmalerei geht auf das 9. Jh. v. Chr. zurück und ist durch abstrakte Figuren gekennzeichnet, die perfekt in die Struktur der Vase nach einem streng geometrischen Schema integriert sind. Auch die menschliche Figur, die ab dem 8. Jh. v. Chr. vorkommt, ist noch sehr einfach und aus geometrischen Formen zusammengesetzt. Sie wird ornamental und manchmal fast verschwindend in die Dekoration eingefügt. Nach und nach wird der Schematismus durch zunehmenden Realismus gebrochen. Tier- und Menschenfiguren werden oft in pflanzliche Motive eingefügt. Zu Fabeltieren sowie Wild- und Haustieren gesellen sich Lotosblüten, Palmen und andere orientalische Stilelemente, die über Syrien nach Griechenland eingeführt werden. Zentren der Produktion dieser Art von Vasenmalerei sind Korinth, das weithin bekannt ist für seine wunderschönen Alabastervasen und Salbengefäße, Rhodos sowie auch Sparta und Athen.

Die Kunst des Mosaiks
Die bereits bei den ersten aufstrebenden Kulturen Kleinasiens und Ägyptens bekannte Technik des Mosaiks findet in Griechenland ab dem 5. Jh. v. Chr. größere Verbreitung. Ihre Glanzzeit erlebte sie in der hellenistischen Zeit, aus der dieses polychrome Mosaik mit zwei gegen einen Löwen kämpfenden Männern stammt. Es wurde in Pella, der Hauptstadt Makedoniens, entdeckt.

Effiziente Stilisierung
Diese Vase (links), ein Meisterwerk des geometrischen Stils, wurde auf dem Athener Friedhof gefunden. Sie zeigt einen aufgebahrten Toten, um den trauernde Angehörige versammelt sind. In der Detailaufnahme sieht man die stark stilisierten menschlichen Figuren, die aus geometrischen Formen zusammengesetzt sind: Dreiecke für Oberkörper und Schenkel, ein Kreis für den Kopf und Striche für die Glieder.

ARCHITEKTUR UND KUNST 187

Der Taucher von Paestum
Dieser junge Taucher (unten), der auf der Innenseite einer Grabplatte in Paestum (Salerno) entdeckt wurde, ist eines der wenigen erhaltenen Zeugnisse der präklassischen Malerei auf flachem Untergrund (ca. 480 v. Chr.).

Römische Kopien
Die Fresken, die man in den Häusern von Pompeji fand (oben: das Opfer der Iphigenie), vermitteln uns zumindest indirekt eine Ahnung von der griechischen Wandmalerei, da sie klar davon inspiriert sind.

ARCHITEKTUR UND KUNST

Die menschliche Figur

Die attische Vasenmalerei, die sich zusammen mit der korinthischen im Laufe des 7. Jh. v. Chr. auf komplexe figurale Darstellungen aus der Mythologie mit Helden und Göttern als Motive spezialisiert hatte, gibt ab dem folgenden Jahrhundert der menschlichen Figur Vorrang gegenüber der pflanzlich-ornamentalen Dekoration. Es beginnt die Phase der schwarzen Figuren, die sich vom roten Ton deutlich abheben. Zu den schönsten Exemplaren zählen die *François-Vase* aus der 1. Hälfte des 6. Jh. v. Chr. sowie die Werke der Vasenmaler Amasis und Exechias (550 v. Chr.). Einige Jahrzehnte später erscheinen die Rotfigurenmalereien. Die Werke der großen Maler dieser Zeit wie Kymon und Polygnotos sind für uns leider verloren, doch kunstfertige attische Vasenmaler tun es ihnen mit großer Kunstfertigkeit gleich und stellen den Raum sowie die psychische Verfassung der Personen dar. Zu erwähnen sind besonders die Werke der Vasenmaler Euphronios, Duris und des Brygos-Malers. Der Niedergang der Vasenmalerei kommt Anfang des 4. Jh. v. Chr. mit der Blüte der Wandmalerei (Zeuxis, Parrhasios und Apelles).

APELLES, MEISTER DER MALEREI

Von den Werken des Apelles, der im 4. Jh. v. Chr. lebte, wissen wir nur durch literarische Quellen, die von ihm als größten griechischen Maler der Antike sprechen. Er wurde für die Lebendigkeit seiner Figuren und für seine exquisite Farbwahl gelobt. Er war der Hofmaler Philipps II. und Alexanders des Großen und seine Werke, die zu Höchstpreisen verkauft wurden, schmückten die feinsten Häuser. Doch das stieg ihm nicht zu Kopfe: Er zeigte seine Werke öffentlich, um Kritiker anzuhören, und hielt den Pinsel bereit, um eventuell entdeckte Fehler gleich zu korrigieren.

Die Klassifikation griechischer Vasen

Experten für antike Keramik haben eine Terminologie erarbeitet, nach der die verschiedenen Formen der Keramikgefäße klassifiziert werden. Dabei benutzten sie Bezeichnungen, die von den Griechen überliefert sind. Sehr oft konnten die entsprechenden Begriffe leicht bestimmten Formen zugeordnet werden, daher ist auch die Verwendung der entsprechenden Fachwörter absolut gerechtfertigt. Zur ersten Gruppe gehören mittelgroße Behälter zur Aufbewahrung flüssiger Lebensmittel wie Öl, Wasser und Wein: die Amphore mit zwei Griffen und die Hydria mit drei Griffen, die nur für Wasser verwendet wurde, der Krater mit großer Öffnung für Wein, der dem Krater ähnliche *stamnos* sowie einige andere. Unter den großen Behältern sind die *pithoi* für Vorräte zu nennen, die gewöhnlich im Hof oder in Magazinen eingegraben wurden. Der Wein wurde mit einer Art Kelle namens *kyatos* in den Weinkrug (*oinochoe*) geschöpft und von dort in

Schwarzfiguren
Der Schwarzfigurenstil ist nach der Tatsache benannt, dass der Vasenmaler das Gefäß vor dem Brennen mit den Umrissen der Figuren in Schwarz bemalte. Dann wurde für die Details mit feinen Griffeln der darunterliegende rote Ton wieder freigelegt. Links: im Schwarzfigurenstil dekorierte Vase des Meisters Exechias (6. Jh. v. Chr.).

ARCHITEKTUR UND KUNST 189

Wasserbehälter
An dieser Hydria aus dem 2. Jh. v. Chr. erkennt man gut die drei Griffe, zwei kleinere waagrechte und ein größerer senkrechter.

Trinkgefäße (*kylikes, kantharoi, skyphoi*) gegossen. Ein hornförmiger Trinkbecher ist der *rhyton*, der fast immer in Form eines Tierkopfes gestaltet ist. Eine andere Gruppe von mittelgroßen bis kleineren Gefäßen ist für Hygiene- und Schönheitspflegeprodukte wie Duftöle, Salben und Ähnliches bestimmt. Dazu zählen der bauchige *aryballos*, das schlankere *alabastron* und der kleine schlauchartige *askos* aus Terrakotta.

Rotfiguren
Die Rotfigurentechnik kam um 530 v. Chr. in der Werkstatt des Athener Malers Andocides auf. Man färbte den Hintergrund schwarz, wodurch die hellen Figuren gut hervortraten. Man konnte sie realistischer und detailgetreuer gestalten. Unten: im Rotfigurenstil bemalter Krater aus Magna Graecia.

Schönheitspflege in der Antike
Der aryballos *war ein kleines, fast kugelrundes Gefäß mit schmalem Hals und kleinem Griff, in dem duftende Öle, Salben und Cremes, aufbewahrt wurden. Oben: einige dieser Gefäße aus dem 7. Jh. v. Chr.*

SZENEN AUS DEM ALLTAG IN ODYSSEUS' WELT

Das Alltagsleben in der Welt des Odysseus können wir uns anhand einiger Themen vorstellen, die in der *Odyssee* beschrieben werden: wie ein Gast empfangen, wie man ein Boot baut, aber auch wie die Mägde und Prinzessin Nausikaa am Fluss Wäsche waschen.

Im Unterschied zur *Ilias*, in der sich die Handlung auf die Helden der Achaier und Trojaner und die lange Belagerung konzentriert, erfahren wir in der *Odyssee* viele Details aus dem täglichen Leben, die bewusst in die Erzählung von Odysseus' Heimkehr nach Ithaka eingestreut wurden.

Ein illustrer Gast

Das Gedicht beginnt mit einem Ratschluss der Götter, die über das Schicksal des Odysseus, des einzigen griechischen Helden, der nach der Zerstörung Trojas noch nicht nach Hause zurückgekehrt ist, diskutiert hatten. Sie meinen, es sei an der Zeit, zu intervenieren, um seine Heimkehr zu beschleunigen: Hermes wird auf die Insel Ogygia entsandt, um Kalypso zu überreden, Odysseus ziehen zu lassen; Athene geht nach Ithaka, wo sie Telemachos in Gestalt des alten Freundes Mentes besucht und ihn anspornt, nicht länger zu zögern:

Ein kostbarer Becher
Gewöhnliche Bürger tranken aus Bechern aus Holz oder Ton, bei Angehörigen des Heeres waren metallene Trinkgefäße verbreitet. Es waren sicher nicht viele, die einander mit goldenen Bechern zutrinken konnten, wie mit diesem schönen Exemplar aus Mykene.

Er soll sich nach Kunde vom Vater umhören und dann, je nachdem, was er erführe, eine Entscheidung treffen, was mit den Freiern geschehen soll. Wie Athene/Mentes von Telemachos empfangen wird, beschreibt die typischen Regeln der Gastfreundschaft im aristokratischen *oikos*: »Freue dich, fremder Mann! Sei uns willkommen; und hast du dich mit Speise gestärkt, dann sage, was du begehrest. Also sprach er, und ging; ihm folgte Pallas Athene. Als sie jetzt in den Saal des hohen Palastes gekommen, trug er die Lanz' in das schöngetäfelte Speerbehältnis, an die hohe Säule sie lehnend, an welcher noch viele andere Lanzen stunden des leidengeübten Odysseus. Pallas führt' er zum Thron, und breitet' ein Polster ihr unter, schön und künstlich gewirkt; ein Schemel stützte die Füße, neben ihr setzt' er sich selbst auf einen prächtigen Sessel, von den Freiern entfernt: dass nicht dem Gaste die Mahlzeit durch das wüste Getümmel der Trotzigen würde verleidet, und er um Kundschaft ihn von seinem Vater befragte. Eine Dienerin trug in der schönen goldenen Kanne, über dem silbernen Becken, das Wasser, beströmte zum Waschen ihnen die Händ', und stellte vor sie die geglättete Tafel. Und die ehrbare Schaffnerin kam, und tischte das Brot auf, und der Gerichte

Der Gast ist König
In der Antike wollte der Brauch, dass ein Gast mit großem Respekt und Speis und Trank empfangen wurde. Während Sklaven und Mägde sich um ihn kümmerten, wurden viele Köstlichkeiten aufgetragen, wie hier auf einer attischen Vase aus dem 4. Jh. v. Chr. dargestellt.

DAS TÄGLICHE LEBEN

viel aus ihrem gesammelten Vorrat. Hierauf kam der Zerleger, und bracht' in erhobenen Schüsseln allerlei Fleisch, und setzte vor sie die goldenen Becher. Und ein geschäftiger Herold versorgte sie reichlich mit Weine.« (Homer, Odyssee, I, 125–143). Man legt also erst die Lanze beiseite, die ein Fürst oder König in der Öffentlichkeit stets bei sich trägt. (Telemachos tritt beispielsweise so vor die von ihm einberufene Versammlung: »Als die Versammelten jetzt in geschlossener Reihe sich drängten, ging er unter das Volk, in der Hand die eherne Lanze, nicht allein, ihn begleiteten zwei schnellfüßige Hunde.«) Dann lässt man den Gast waschen und trägt Speisen und Getränke auf, erst danach fragt man nach seinem Begehr.

Symbol der Macht
Dieser auf einer Rotfigurenvase aus dem 5. Jh. v. Chr. dargestellte Edelmann hält eine Lanze in der Hand, wie sie Fürsten und Könige immer trugen, wenn sie sich in der Öffentlichkeit bewegten.

Wasserspender
Mykenisches Goldsiegel, das wahrscheinlich einen Fruchtbarkeitsritus darstellt: Eine Göttin empfängt einen Zug monströser Wesen, die ihr aus Krügen Wasser in den Kelch gießen.

Königliche Gemächer
Das megaron des Königspalastes von Mykene (rechts die Überreste) war der Hauptraum der königlichen Residenz. In der Mitte gab es einen Herd, der von vier Säulen eingegrenzt wurde, welche das Dach trugen. Der Fußboden war mit Kraken und Delphinen dekoriert, die Wände mit Rosetten- und Spiralmustern.

Die ersten Laternen
Das Dunkel der Nacht ließ sich dank dieser einfachen Laternen aus Terrakotta vertreiben, die man mit Fett füllte.

Wie man ein Boot baut

Die Griechen der dunklen Jahrhunderte lebten, wie wir wissen, neben dem Fischfang auch vom regionalen Handel über den Seeweg. Vom 9. bis zum 8. Jh. v. Chr. bauten sie ihre Routen auf der Suche nach neuen Märkten und Siedlungsgebieten immer weiter aus. Es ist daher nicht überraschend, dass in der *Odyssee*, die diesen langen Übergangszeitraum reflektiert, auch einige Anmerkungen zur Technik des Schiffsbaus enthalten sind. Im 5. Gesang der *Odyssee* baut sich Odysseus mit Hilfe der Nymphe Kalypso ein Floß, um sich wieder auf die Heimreise machen zu können. Die detailreiche Beschreibung dient unter anderem auch dazu, die Leser in der Technik des Schiffsbaus zu instruieren:

»*Zwanzig* [Bäume] *stürzt' er in allem, umhaute mit eherner Axt sie, schlichtete sie mit dem Beil, und nach dem Maße der Richtschnur. Jetzo brachte sie Bohrer, die hehre Göttin Kalypso. Und er bohrte die Balken, und fügte sie wohl aneinander, und verband nun das Floß mit ehernen Nägeln und Klammern. Von der Größe, wie etwa ein kluger Meister im Schiffbau zimmern würde den Boden des breiten geräumigen Lastschiffs, baute das breite Floß der erfindungsreiche Odysseus. Nun umstellt' er ihn dicht mit Pfählen, heftete Bohlen ringsherum, und schloss das Verdeck mit langen Brettern. Drinnen erhob er den Mast, von der Segelstange durchkreuzet. Endlich zimmert' er sich ein Steuer, die Fahrt zu lenken. Beide Seiten des Floßes beschirmt' er mit weidenen Flechten gegen die rollende Flut; und füllte den Boden mit Ballast. Jetzo brachte sie Tücher, die hehre Göttin Kalypso, Segel davon zu schneiden; auch diese bereitet' er künstlich; band die Taue des Mastes und segelwendenden Seile; wälzte darauf mit Hebeln das Floß in die heilige Meeresflut.*«
(Homer, V, 244–261).

Königliche Wäscherin

Nausikaa, die junge, schöne Prinzessin der Phaiaken, will unbedingt heiraten. Im Traum erscheint ihr Athene in Gestalt einer gleichaltrigen Freundin und ruft sie auf, im Morgengrauen die Wäsche des Hauses zu waschen, denn das gehöre zu ihren Aufgaben als junge Frau, und außerdem stehe sie kurz vor der Hochzeit, weshalb alles sauber sein müsse. Die Aussicht auf baldige Hochzeit ist das rechte Mittel, ihre Begeisterung für diese Haushaltspflicht zu wecken. Und so wendet sie sich mit den folgenden Worten an den Vater Alkinoos, damit sie zum Fluss fahren dürfe: »*Lieber Vater, lass mir doch einen Wagen bespannen, damit ich die kostbare Kleidung, die mir im Schmutze liegt, an den Strom hinfahre zum Waschen. Und es wohnen im Haus auch fünf erwachsene Söhne, zwei von ihnen vermählt, und drei noch blühende Knaben. Diese wollen beständig mit reiner Wäsche sich schmücken, wenn sie zum Reigen gehn; und es kommt doch alles*

Archaisches Schiff
Diese Bronzefibel aus Böotien stammt aus dem 7. Jh. v. Chr. und zeigt ein Boot und zwei Bogenschützen.

DAS TÄGLICHE LEBEN

Gefäße in allen Formen
Die Behälter zum Aufbewahren von Flüssigkeiten konnten die verschiedensten, oft äußerst fantasievollen Formen aufweisen, wie dieser askos aus dem 6. Jh. v. Chr. (oben) in Gestalt eines Amphoren tragenden Lasttiers.

Zeitvertreib
Viele der Spiele, die dem Zeitvertreib dienten, wurden ursprünglich in schwierigen Zeiten erfunden, wahrscheinlich zur Zerstreuung und Beruhigung der angespannten Nerven etwa in Zeiten des Krieges oder der Belagerung. Der griechische Held Palamedes, der an der Belagerung von Troja teilnahm, soll die Würfel erfunden haben. Auf dieser attischen Amphore aus dem 6. Jh. v. Chr. vertreiben sich Achill und Ajax die Zeit mit diesem beliebten Spiel.

auf mich an.« Und schon geht es an die Vorbereitungen: »Also sprach er, und schnell gehorchten die Knechte, rüsteten den Wagen mit rollenden Rädern, führten die Esel hinzu, und spanneten sie an die Deichsel. Und Nausikaa trug die feinen Gewande und legte sie auf den zierlichen Wagen. Die Mutter legt' ihr allerlei Süßes und Gemüs' in ein Körbchen, und gab ihr des edelsten Weines und die Jungfrau stieg auf den Wagen; gab ihr auch geschmeidiges Öl in goldener Flasche, dass sie sich nach dem Bade mit ihren Gehilfinnen salbte. Als sie nun das Gestade des herrlichen Stromes erreichten, [...] und nahmen vom Wagen die Kleidung, trugen sie Stück für Stück in der Gruben dunkles Gewässer, stampften sie drein mit den Füßen, und eiferten untereinander. Als sie ihr Zeug nun gewaschen und alle Flecken gereinigt, breiteten sie's in Reihen am warmen Ufer des Meeres, wo die Woge den Strand mit glatten Kieseln bespület.« (Homer, VI, 57–95)

Das Leben in Athen im 5. Jh. v. Chr.

Der Bezug zu Arbeit, politischem und gesellschaftlichem Leben hing für die Athener von der gesellschaftlichen Schicht ab. Frauen verbrachten den Tag gewöhnlich im Haus und kümmerten sich um die Kinder, nur Frauen aus bescheidenen Verhältnissen nahmen stärker am Leben des Mannes teil.

Wir haben bereits gehört, dass die Gesellschaft im Athen der klassischen Periode ein komplexes Gefüge war und Frauen, Männer, Freie und Leibeigene jeweils unterschiedliche Rollen zu erfüllen hatten. Doch auch innerhalb der Kategorie der freien männlichen Bürger gab es große Unterschiede, je nachdem, welcher gesellschaftlichen Schicht sie angehörten. Hier wollen wir uns auf eine Beschreibung des Alltagslebens in Athen zu seiner Glanzzeit beschränken und den Alltag der freien Bürger näher betrachten.

Arbeit und Politik

Der Athener pflegte seinen Tag nach Pflichten in Arbeit und Politik aufzuteilen, widmete sich aber auch dem kulturellen Leben und der Freizeitgestaltung, ging ins Theater oder traf auf der *agora* Freunde und schloss neue Bekanntschaften. Auch dort wurde viel über Fragen individuellen und öffentlichen Interesses debattiert. Wie viel Zeit ein Athener nun tatsächlich mit

Grausame Spiele
Manche der Spiele, mit denen sich die alten Griechen die Zeit vertrieben, waren auch grausamer Natur. Häufig wettete man etwa auf kämpfende Tiere, meistens Hähne, aber auch Hunde und Katzen, wie in diesem Relief aus dem 6. Jh. v. Chr. gezeigt wird.

Ganymed und der Reifen
Manche der Spiele der kleinen Jungen und Mädchen ähneln einander in allen Epochen und Kulturen. Schon in der Antike spielten Kinder mit einem Reifen, wie hier Ganymed auf einem attischen Krater aus dem 6./5. Jh. v. Chr.

Fröhliche Zerstreuung
Die Schauspiele im Theater waren eine willkommene Gelegenheit, sich zu amüsieren und soziale Kontakte zu pflegen. Neben Tragödie und Komödie gab es auch unterhaltsame Darbietungen von Gauklern und Jongleuren, wie in dieser Wandmalerei aus einem Grab gezeigt wird.

seiner Arbeit verbrachte, hing von seiner gesellschaftlichen Stellung ab. Ein Großgrundbesitzer hatte nicht viel mehr zu tun als die Leistung seiner mit der Überwachung der Sklaven betrauten Vorarbeiter in der landwirtschaftlichen Produktion zu kontrollieren. Er hatte daher genügend Zeit, sich auf hohem Niveau mit der Politik zu beschäftigen, das heißt die höchsten Ämter im Staate wie das eines Archonten oder Strategen zu bekleiden. Er konnte sich der Kultur widmen und Schauspiele organisieren und finanzieren sowie bei den Philosophen oder Sophisten studieren. Ein kleiner Landbesitzer hatte zwar auch Sklaven, doch nur wenige, manchmal nur einen, und war so unverhältnismäßig stärker in die eigentliche Arbeit eingebunden. Damit blieb ihm weniger Zeit für Politik und Kultur. Und so schildert Aristophanes die nächtlichen Sorgen des Strepsiades, eines typischen Bürgers des Mittelstandes. Als armer Vater hatte er schwer unter den finanziellen Eskapaden seines missratenen Sohnes zu leiden, der einen ausgeprägten Hang besaß, auf Kosten der Familie auf großem Fuß zu leben. Kein Wunder, dass er keinen Schlaf finden konnte: »*Ich Ärmster, wie lang sind diese Nächte! Unendlich scheinen sie. Wird denn kein Tag? Dabei hat der Hahn schon einmal gekräht. Aber die Diener schnarchen, einmal genügt da sicher nicht. Der Blitz soll dich treffen, Krieg* [der Peloponnesische Krieg]*, aus tausend Gründen: nicht einmal meine Diener kann ich strafen!* [in Kriegszeiten hatten sie tausend Gelegenheiten, zu entkommen]*. Und erst dieser Junge, der wacht auch nicht auf; da schnarcht er unter fünf Decken. Ja, so wie die Dinge liegen, kriechen wir lieber auch unter die Decke und schnarchen selbst. Aber wie kann ich schlafen, mit diesen Ausgaben, die Schulden, all das Futter… und alles nur wegen meinem Sohn. Er trägt langes Haar und liebt Pferde* [lange Haare und eine Leidenschaft für Pferde waren typische Merkmale der Aristokratie]*, lenkt den Wagen und träumt sogar nächtens von den Gäulen; und ich, zu jedem neuen Mond, wenn die Zinsen wieder fällig sind, fühle mich zum Sterben.* (Er ruft einen Diener herbei) *Rasch, hol mir die Lampe, Bursche, und die Bücher. Ich will sehen, wie viel sie betragen, die Schulden, und die Zinsen ausrechnen. Nun denn: Zwölf Minen an Paxias. Warum das? Was hat er damit gemacht? Ach ja, er hat dieses störrische Pferd gekauft: ich sollte störrisch sein, ich Dummkopf!*« (Aristophanes, Wolken, 1–24; dt. n. it. Übers. v. G. Paduano)

Ist es Zeit?
Für die astronomische Zeitmessung hatten die Griechen Sonnenquadranten, während die Wasseruhr in Form der Klepshydra (links) dazu bestimmt war, einen bestimmten kürzeren Zeitraum zu messen. Es handelte sich um einen Wasserbehälter mit einigen kleinen Löchern, aus dem das Wasser in einem bekannten Zeitraum auslief. Sie wurde zum Beispiel bei Gericht verwendet, um die Sprechzeit der Parteien zu messen.

DAS TÄGLICHE LEBEN

Wirtschaft und Krieg
Kriege waren in der Antike alles andere als selten und richteten schweren wirtschaftlichen Schaden an. Waffenschmiede allerdings konnten sich durch die vermehrte Produktion von Schwertern, Schilden und Panzern über eine Belebung des Geschäfts freuen. Links: Athene in Waffen.

Der Faktor Krieg

Der Faktor Krieg spielte im Alltagsleben sicherlich eine große Rolle. Alle Männer im kampftauglichen Alter (zwischen 18 und 60 Jahren) verließen die Stadt für Monate und kamen oft nicht zurück, die Wirtschaft stagnierte, die Geschäfte der kleinen Bauern und Handwerker brachen zusammen, weil die in der militärischen Pflicht stehenden Männer nicht mehr ihrer Arbeit nachgehen konnten. Nur wer Waffen irgendwelcher Art oder Schiffe produzierte, konnte einen Vorteil aus dem Krieg ziehen. Die Aristokratie konnte die daraus erwachsenden Schäden besser verkraften und hatte auch im Falle des Sieges Anrecht auf den interessantesten Teil der Kriegsbeute. Frieden oder Krieg, diese Frage betraf daher am stärksten die mittleren und unteren Schichten der Bevölkerung, da die meisten von ihnen im Kriegsfall nicht mehr ihren täglichen Pflichten in Arbeit und Politik nachgehen konnten.

Künstler oder Handwerker?
Die Begriffe für Künstler und Handwerker wurden im antiken Griechenland oft übergreifend verwendet. Ein typisches Beispiel hierfür waren die Vasenmaler, die die Gefäße auch selbst fertigten. Die Dekoration dieser Vase zeigt einen Keramiker bei der Arbeit (rechts).

Frauen in Athen und Sparta im Vergleich

Ganz anders war das Leben der Frauen in Athen. Gewöhnlich hatten sie, abgesehen von wenigen Ausnahmen in der Oberschicht, keinerlei Bildung genossen und nahmen nur selten an den Vorstellungen im Theater oder an religiösen Feierlichkeiten teil. Sie verbrachten ihre Tage im Haus, in einem abgetrennten Bereich, und ihre einzige Aufgabe war es, Kinder zu gebären und die Söhne so lange zu erziehen, bis sie groß genug waren, ihre Väter im öffentlichen Leben zu begleiten. Die Mädchen erhielten dieselbe Erziehung wie die Mütter, sie wurden bis zu ihrer Hochzeit im Haus gehalten. Die Athenerin hatte einige Sklaven im Haus, die ihr zur Hand gingen. Die Anzahl hing vom Stand der Familie ab. Je weiter man aber die soziale Leiter hinabstieg, umso mehr waren die Frauen in die Probleme des Alltags eingebunden und nahmen am bescheidenen Leben ihres Ehemannes teil. Im Vergleich dazu waren die Frauen der Spartiaten – eine kleine Gruppe, wie wir wissen – dazu erzogen, sich sehr wohl in der Öffentlichkeit zu zeigen, und auch körperliche Betätigung war ihnen empfohlen, damit sie gesunde Söhne bekämen. Die Erziehung der Kinder wurde aber den Sklaven überlassen, und so hatten die Frauen der Spartiaten Zeit, sich auch mit Musik und Tanz zu beschäftigen. Diese größere Bewegungsfreiheit, die die Frauen der Spartiaten im Gegensatz zu den Athenerinnen hatten, kam wohl teilweise daher, dass sich ihre Männer ständig in den Kampfkünsten übten und auch homosexuelle Beziehungen pflegten, was den Frauen ebenfalls größere erotische Freiheiten einräumte als es in den meisten griechischen Städten damals gab.

Nur für Frauen
Die Frauen bewohnten separate Räumlichkeiten im Inneren des Hauses oder im oberen Stockwerk, die man Gynaikeion (von griech. gyne für Frau) nannte. Rechts: Vasenmalerei aus dem 5. Jh. v. Chr. aus Magna Graecia, die eine Szene aus dem Gynaikeion zeigt.

Eros und die Athener

Während die Frauen für die Fortpflanzung zu sorgen hatten, genossen die Athener Männer große sexuelle und emotionelle Freiheit. Außer über ihre Sklavinnen konnten sie auch über eine Konkubine oder eine Hetäre verfügen, Prostitution war kein Tabu. An der Tagesordnung waren auch homosexuelle Beziehungen zu jungen Sklaven oder freien Jünglingen.

Für im Sinne des westlichen Christentums, der Aufklärung und Demokratie erzogene Menschen, die die Gleichberechtigung der Partner als fundamental ansehen, gründet sich die Beziehung zwischen Mann und Frau auf die sexuelle und emotionelle Treue. Falls es an dieser mangelt, kann ein stillschweigendes Abkommen zwischen den Partnern getroffen werden. Ist auch das nicht möglich, bleibt nur die Geheimhaltung alternativer Beziehungen oder die Trennung. Ganz anders stellt sich in dieser Hinsicht die Lage im klassischen Athen dar, speziell für den Mann.

Schönheitspflege
Die griechischen Frauen kannten bereits Haarfärbemittel und verwendeten Cremes und andere Pflegeprodukte wie Öle und Duftessenzen, die sie in speziellen Gefäßen wie den hier dargestellten aus dem 5./4. Jh. v. Chr. aufbewahrten.

Frühe Hochzeit
Im antiken Griechenland wurden die Frauen früh verheiratet, oft bereits mit 15 Jahren, und während Inzest als von den Göttern verboten galt, wurde häufig unter Mitgliedern derselben Familien (Endogamie) geheiratet, um die verwandtschaftlichen Beziehungen zu stärken. Rechts: Vasenmalerei mit Hochzeitszug.

Gleichberechtigung?

Während die Frauen der Spartiaten, wie wir bereits feststellten, möglicherweise gewisse sexuelle Freiheiten hatten – etwa mit ihren Sklaven –, wurde von der Athener Frau absolute Treue zu ihrem Ehemann gefordert. Jener hingegen hatte verschiedene Möglichkeiten, seine sexuellen Bedürfnisse und seinen Wunsch nach weiblicher Gesellschaft zufrieden zu stellen. Mit seiner Frau beschränkte er sich gewöhnlich darauf, Kinder zu zeugen. Für das sexuelle Vergnügen standen die Hausklavinnen zur Verfügung, die sich den Begehrlichkeiten ihres Herrn keinesfalls entziehen durften. Männer aus der Oberschicht hielten sich oft eine Konkubine, mit der sie eine regelmäßige sexuelle Beziehung unterhielten und auch Kinder haben konnten, die allerdings nicht erbberechtigt waren. Außerdem pflegten sich die wohlhabenden Männer zu großen gesellschaftlichen Anlässen gegen Bezahlung von einer Hetäre begleiten zu lassen. Diese Frauen waren gebildet, verstanden sich in Gesang, Tanz und Dichtung, und man konnte mit ihnen über Politik und Philosophie diskutieren. Für gelegentliche sexuelle Kontakte, aber auch für Männer, die sich weder Sklavinnen noch Konkubinen oder Hetären leisten konnten, gab es schließlich die *pornai*, die Prostituierten im eigentlichen Sinne: Frauen aus allen Schichten, die ihre Besucher in entsprechenden Häusern oder auch auf der Straße empfingen. Als Frau war das Leben in Athen in der klassischen Zeit wahrlich kein Vergnügen, ganz zu schweigen von der Existenz, die Sklavinnen führten. Als Erste wiesen die Sophisten darauf hin, wie ungleich Mann und Frau behandelt wurden

und zeigten, zumindest in theoretischer Hinsicht, die Absurdität dieser Haltung immer wieder auf. Zumindest kann man das indirekt aus der lebhaften Darstellung politischer Macht in den Händen der Frauen in *Lysistrata* und *Die Ekklesiaszusen* von Aristophanes (ca.445–388 v. Chr.) lesen, einem Komödiendichter, der ganz von diesem kulturellen Klima durchdrungen scheint, sich aber dennoch im Namen der traditionellen Werte der *polis* mit den Mitteln der absurden Überzeichnung dagegen wendet. Vor dem Aufkommen des Christentums waren es vor allem die Epikureer, die die Ansicht vertraten, den Frauen seien grundsätzlich die gleichen Rechte zuzugestehen wie den Männern, und, wenn auch auf eher indirekte Art, die Stoiker.

Mythos männlicher Schönheit
Ganymed, Held der griechischen Mythologie, wird als Jüngling von so beispielloser Schönheit dargestellt, dass sogar Zeus davon überwältigt war und ihn raubte (wie diese Skulptur aus dem 5. Jh. v. Chr. zeigt), um ihn zum Mundschenk der Götter zu machen.

Die Götter der Liebe
Diese Malerei aus dem 6. Jh. v. Chr. zeigt Aphrodite mit Himeros und Eros auf dem Arm. Letzterer, der Gott der Liebe, war als Naturgewalt konzipiert, der für den Fortbestand der Harmonie des Universums sorgen sollte. Himeros dagegen war die personifizierte Sehnsucht und der Begleiter des Eros.

Frauen an die Macht!

Kommen wir aber zurück auf Aristophanes, der Anfang des 4. Jh. v. Chr. mit der Komödie *Die Ekklesiaszusen* etwas damals zutiefst Paradoxes genüsslich in Szene setzte: die Ergreifung politischer Macht durch Frauen. Die Konsequenzen, die sich daraus ergeben, sind durchaus auch auf der erotischen Ebene spürbar. Angeführt von Praxagora, der Frau des Bürgers Blepyros, besetzen die Athener Frauen seit dem Morgengrauen die Volksversammlung und übernehmen, während ihre Männer noch tief schlafend in ihren Betten liegen, die Regierung über die Stadt. Das neue Regime beschließt, dass alles der Allgemeinheit gehört, Reichtümer, Güter und auch Frauen. Um Ungerechtigkeit zu vermeiden, werden jedoch zusätzliche Regelungen getroffen. So muss ein Mann, auch ein junger, bevor er einer schönen Frau beiwohnt, dasselbe mit einer alten oder hässlichen tun. Um der Gerechtigkeit willen gilt das jedoch auch für die Frauen, ein alter Mann musste ihnen ebenso viel gelten wie ein junger. Hier eine Szene der dritten Episode, wo eine alte Frau an einen schöner Jüngling ihre Absichten darlegt:

ERSTE ALTE: *Bei Aphrodite, nichts wär mir lieber auf der Welt als mit einem Jüngling in deinem Alter zu liegen.*
JÜNGLING: *Mir aber graut vor solchen wie dir, und nie, nie würd ich's tun.*
ERSTE ALTE: *Doch beim Zeus, hier hab ich, was dich dazu verpflichtet* (sie zeigt ihm ein Dokument).
JÜNGLING: *Was in aller Welt ist das?*
ERSTE ALTE: *Ein Dekret, das dich verpflichtet, mit mir zu gehen!*
JÜNGLING: *Lies erst mal vor.*
ERSTE ALTE: *So höre: »Die Frauen haben beschlossen, dass ein junger Mann, der eine*

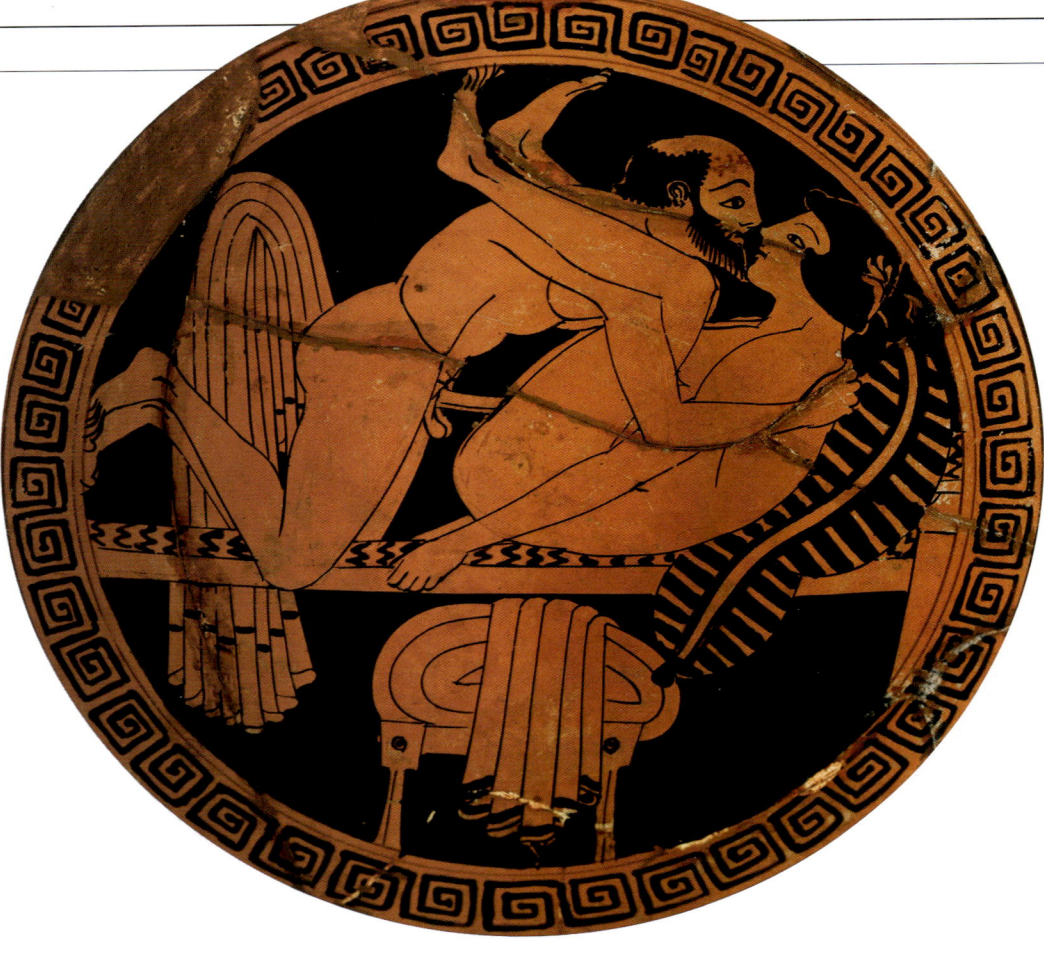

Erotik ohne Schuldgefühl
Die Erotik wurde von den Griechen als etwas völlig Natürliches erlebt und war nicht in den mysteriösen Schleier der Tabuisierung gehüllt. So waren auch heiter-freizügige Darstellungen in der Malerei wie diese im Rotfigurenstil bemalte Schale aus dem 6. Jh. v. Chr. möglich.

junge Frau begehrt, ihr nur beiwohnen kann, nachdem er eine alte zufrieden gestellt hat; wenn er sich verweigert und doch zu der Jungen geht, so dürfen die Alten ihn packen und mit sich schleppen.«
JÜNGLING: *Ich Unglücklicher, nun musste ich dasselbe Ende nehmen wie Prokrustes.*
ERSTE ALTE: *Tu dem Gesetz Genüge.*
(Dt. n. it. Übers. v. M. Menghi)
Mit deftiger Situationskomik (der Junge war von der Alten an der Schwelle des Hauses seiner Angebeteten festgehalten worden) zeigt Aristophanes auf, welche Gefahren darin lägen, würden die Frauen so zu denken beginnen wie die Männer.

Nicht nur Sex
Die Hetären stellten die höchste Ebene des Geschäftes mit der Liebe dar. Doch sie waren keine einfachen Prostituierten, sondern kultivierte Begleiterinnen, die in Kunst und Literatur beschlagen waren und Instrumente spielen konnten, wie diese Malerei aus dem 5. Jh. v. Chr. zeigt.

Statue eines Epheben
Oft waren Jünglinge an der Schwelle zum Mannesalter das Objekt der Begierde erwachsener Männer. Der Begriff Ephebe wurde im antiken Griechenland auf junge Männer angewandt, die eben das Alter erreicht hatten, das sie zum Militärdienst qualifizierte (18 Jahre).

Freie Sitten

Dem Gesagten muss zum Thema Homosexualität noch eine wichtige Anmerkung hinzugefügt werden. Die freien Griechen praktizierten neben heterosexuellen auch homosexuelle Beziehungen, doch ohne diese so wahrzunehmen, wie wir es heute tun. Heute bedeutet homosexuell zu sein gemeinhin, ausschließlich mit dem eigenen Geschlecht sexuelle Beziehungen zu pflegen. Für den freien Griechen war die Situation dagegen völlig anders. Ebenso wie für Römer bestand für die Griechen das Vergnügen der Sexualität hauptsächlich in der phallischen Penetration, und diese konnte nicht nur mit Frauen praktiziert werden, sondern auch mit Männern, die dabei die passive Rolle akzeptierten. Das konnten Sklaven sein oder auch freie Knaben, die – von den entsprechenden sozialen Konventionen geschützt – derartige Beziehungen bis zum Erwachsenenalter zulassen konnten. Nach Erreichen des Mannesalters jedoch galten solche Kontakte als unehrenhaft und demütigend. Wahrscheinlich wurde die gleichgeschlechtliche Liebe auch unter Frauen gepflegt, wie manche Malereien vermuten lassen.

Lust und Pflicht
Da der griechische Mann die Ehe als Zweckgemeinschaft zur Fortpflanzung ansah, suchte er die Lust häufig auch bei anderen Personen, wobei das eigene Geschlecht nicht ausgeschlossen war. Unten: ein Grieche mit einem Epheben auf einer antiken Schale.

ERNÄHRUNG

Brot und Käse bildeten die Grundlage der Ernährung im antiken Griechenland, zusammen mit Hülsenfrüchten, aus denen kräftige Suppen bereitet wurden. Der Genuss von Fleisch war den Reichen vorbehalten, Fisch konnte sich jeder leisten. Die beliebtesten Getränke waren Wein und Honigwasser.

Im 24. Gesang der *Ilias* gibt es eine vielsagende Szene. Im Morgengrauen beweint Achill in seinem Zelt noch immer den Verlust seines geliebten Freundes Patroklos, der von Hektor getötet wurde. Es war nicht genug, ihn zu rächen, seinen Mörder zu töten und dessen Leiche grausam zu schänden, Achill ist untröstlich. Seine Kameraden versuchen ihn aufzumuntern und bereiten ihm ein Mahl: »*Und umher die trauten Genossen eilten mit emsigem Fleiße das Morgenmahl zu bereiten; Denn ein Schaf, dickwollig und groß, war im Zelte geschlachtet.*« (123-125)

Zu besonderen Anlässen (eben waren die Begräbnisfeierlichkeiten zu Ehren des Patroklos vorüber), insbesondere in der homerischen, von Helden bevölkerten Gesellschaft, die gerne ihre Macht durch üppige Bankette zur Schau stellten, konnte das Hauptgericht aus einem ganzen Schaf oder mehreren Arten von Fleisch bestehen, dazu gehörte reichlich Wein, wie man zum Beispiel in diesem Abschnitt der *Odyssee* nachlesen kann, wo die Freier vor der Tür des Palastes warten, bis das Mahl bereitet ist: »*Herold' eilten umher und fleißige Diener im Hause: Jene mischten für sie den Wein in den Kelchen mit Wasser; diese säuberten wieder mit lockern Schwämmen die Tische, stellten in Reihen sie hin, und teilten die Menge des Fleisches*« (I, 109–112).

Olivenernte
Diese Vasenmalerei (6. Jh. v. Chr.) zeigt die Olivenernte. Die meisten Früchte waren für die Ölgewinnung bestimmt, Oliven wurden aber auch in der Küche verwendet.

Doch in der Kultur der *polis* lagen die Dinge ein wenig anders. Im 5. Jh. v. Chr. waren die Athener Frühaufsteher. Sie erwachten im Morgengrauen, und ihr erstes Frühstück, *akratismos* genannt, bestand aus einem in Wein getränkten Fladenbrot. Dies musste vorhalten bis zur nächsten Mahlzeit, dem Mittagessen oder *deipnon*, wo gekochtes Fleisch mit Getreide und Gemüse auf dem Speiseplan stand. Am Abend stellte die letzte Mahlzeit das *dorpon* dar, das gewöhnlich weniger reichlich ausfiel als das Mittagsmahl. Im 5. Jh. v. Chr. war Fleisch – mit Ausnahme von Schweinefleisch – teuer und nur den wohlhabenden Bevölkerungsschichten vorbehalten. Die gemeinen Bürger aßen viel Fisch, besonders Sardellen und Sardinen, weiters Mollusken wie etwa Tintenfische. Grundlage der Ernährung waren allerdings Brot und Brotbelag. Es gab grundsätzlich zwei Arten von Brot, das eine hieß *maza* und war ein billiges Fladenbrot aus Gersten-,

Ein Mahl für die Reichen
Im antiken Griechenland war Fleisch kostspielig und stellte für die ärmeren Schichten einen Luxus dar, zu dem sie nur zu besonderen Gelegenheiten, wie etwa zu Opferfesten, Zugang hatten. Religiöse Feste begannen mit der Schlachtung und endeten gewöhnlich mit großen Festessen. Links: Auf dieser Schale aus dem 5. Jh. v. Chr. wird ein Mann beim Schlachten gezeigt.

Roggen- oder Hafermehl, das man entweder kaufte oder zu Hause selbst herstellte. Die andere Brotsorte namens *artos* wurde aus Weizenmehl hergestellt und zu besonderen Gelegenheiten gegessen. Als Brotbelag dienten vor allem die vielen verschiedenen Arten von Käse. Weiters waren Hülsenfrüchte wie Bohnen, Kichererbsen oder Linsen – die zur Zubereitung kräftiger Suppen genutzt wurden – reichlich vertreten, Gemüse kamen im antiken Speiseplan eher selten vor. Die Mahlzeiten, zu denen man immer Knoblauch und Zwiebeln reichte, wurden mit Früchten, aber auch Süßspeisen auf der Basis von Honig abgeschlossen. Die Griechen tranken viel Wein, wenn auch mehr oder weniger mit Wasser gestreckt, doch zählten zu ihren Getränken auch Milch und eine Mischung aus Honig und Wasser. Ein besonders nahrhaftes Getränk war eine Mischung aus Wein, Honig und Gerstenmehl, der in der homerischen Epoche noch Ziegenkäse hinzugefügt wurde.

Grundnahrungsmittel
Dieser Terrakottateller aus dem 5. Jh. v. Chr. zeigt, dass Fisch einen besonders hohen Stellenwert in der Ernährung der Griechen darstellte, da er wenig kostete. Allerdings gab es auch unter den Fischen eine Luxusklasse. Der geschätzte Aal vom kopaischen See in Böotien etwa landete nur auf den Tischen der Reichen.

Das tägliche Brot
Diese Terrakottatafel zeigt Persephone und Hades mit Kornblumen und Ähren in der Hand. Getreide spielte eine große Rolle in der Ernährung, und das am meisten konsumierte Lebensmittel war Brot. Brot aus Weizenmehl wurde allerdings nicht alle Tage gegessen, Solon erließ sogar eine Vorschrift, dass es nur an Festtagen zu genießen sei.

DAS BANKETT

Bankette konnten im Rahmen religiöser Rituale stattfinden oder auch einfach Zusammenkünfte privater oder öffentlicher Natur darstellen. Unter Freunden war es üblich, dass sich die männlichen Gäste dem Wein und dem Eros hingaben, oft wurde aber auch diskutiert.

In der griechischen Welt war das Bankett eine Institution. Man versammelte sich zu einem reichlichen Mahl zu Ehren der Götter. Es gab rein religiös motivierte Bankette und rituelle Gastmahle zu Ehren bestimmter Gottheiten, andere hatten öffentlichen Charakter und die Bürger versammelten sich, um über gewisse Themen zu debattieren (in Sparta etwa waren die Spartiaten verpflichtet, an diesen öffentlichen Mahlen teilzunehmen). In der Oberschicht lud man häufig unter Freunden privat zum Gastmahl. Dank reichlicher literarischer Dokumentation verfügen wir über zahlreiche Informationen von solchen privaten Banketten. Grundsätzlich bestanden sie aus zwei Teilen, am ersten konnten auch Frauen teilnehmen. Die Teilnehmer zogen die Sandalen aus und ließen sich von den Sklaven die Füße waschen, setzten Blütenkränze auf und legten sich auf die Liegen rund um den Tisch. Die Mahlzeit nahm man zur Stunde des Sonnenuntergangs ein, doch war diese nur der erste Teil des Banketts.

Wein und Philosophie in guter Gesellschaft

Anschließend begann das Symposion (von griech: *syn* = zusammen und *pinein* = trinken), das gemeinsame Trinken, von dem die Frauen ausgeschlossen waren, ein wenig wie in der Aristokratie des 19. und Anfang des 20. Jh., als die Männer sich in das Raucherzimmer zurückzogen, wo sie Cognac tranken und Zigarren rauchten. Bei den Gastmahlen traten auch Tänzerinnen und Flötenspielerinnen auf, wobei es sich um Hetären handeln konnte, die einzigen Frauen, denen die Teilnahme an diesem Teil des Festes gestattet war. Die Männer gaben sich entweder hemmungslos dem Wein und den erotischen Spielen mit Sklaven, Sklavinnen und Hetären hin, oder sie tranken mit Maß und diskutierten ein bestimmtes Thema. Platon lässt in *Symposion* diese Wahlmöglichkeit von einem

Trink, Brüderlein …
Der zweite Teil des Gastmahls war das Symposion, wo ausgiebig dem Weine zugesprochen wurde. Diesen bewahrte man in speziellen Krügen, den oinochoi *(oben) auf. Getrunken wurde er gewöhnlich mit Wasser vermischt. Nur zu Beginn des Symposions trank man eine kleine Menge unverdünnten Weins zu Ehren des Dionysos.*

Nur nicht zu viel Etikette
Die Gäste beim Symposion lagen, teilweise auf Kissen gestüzt, zu Tisch und bedienten sich an den Speisen mit den Fingern, die danach in bereitgestellten Schalen gewaschen wurden. Reste und Knochen wurden zu Boden geworfen, wo schon die Hunde lauerten.
Links: *Bankettszene auf einer Rotfigurenvase (490–480 v. Chr.)*

der Eingeladenen, Pausanias, ansprechen: »Nun gut, Männer, habe er gesagt, auf welche Weise werden wir am leichtesten trinken? Ich sage euch nun, dass mir wirklich ganz und gar übel ist von dem gestrigen Trinkgelage und dass ich irgendeine Erholung benötige, ich denke jedoch, dass es auch den meisten von euch so geht. Denn ihr wart ja gestern dabei. Überlegt also, auf welche Weise wir wohl möglichst leicht trinken.« (Platon, *Symposion*, 176a). Alle stimmten zu und man schreitet zur Wahl des Themas. Auf Vorschlag des Eryximachos geht es um die Liebe, jeder der Anwesenden soll den Gott der Liebe auf bestmögliche Art preisen, einer nach dem anderen: »Wenn dies nun auch eure Ansicht ist, so werden wir hinläng-

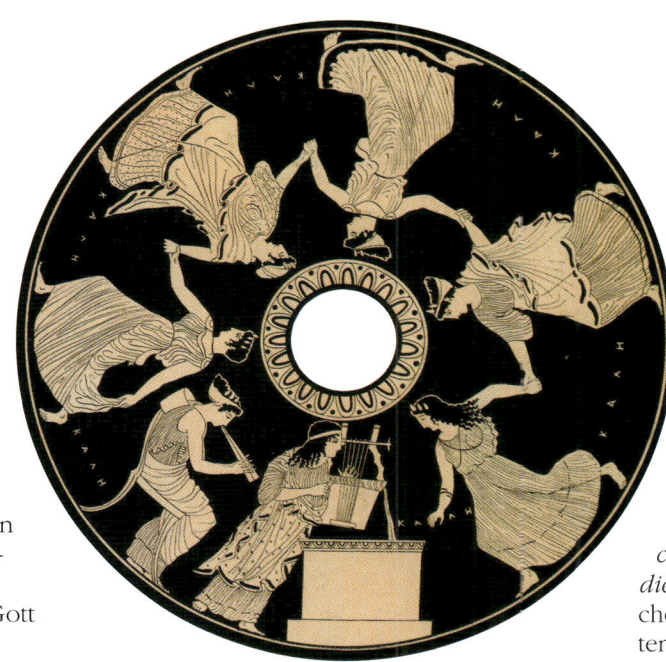

Ein Tänzchen in Ehren
Beim Symposion, an dem nur Männer teilnahmen, gab es unterhaltsame Darbietungen aller Art. Musikerinnen mit Lyra, Flöte oder Oboe sowie Tänzerinnen durften nicht fehlen, wie wir auf diesem Vasendeckel sehen können.

lichen Stoff für Unterhaltung haben. Ich denke nämlich, es sollte jeder von der rechten Hand an reihum eine Lobrede auf die Liebe halten, so schön er nur kann; Phaidros aber soll den Anfang machen, da er zuoberst liegt und der Urheber dieses Vorschlages ist. [Nun wird von Eryximachos bemängelt, dass die Poeten und Sophisten einen Vorteil haben, da sie immer nur von der Liebe reden]. *Niemand, lieber Eryximachos, habe darauf Sokrates bemerkt, wird dir entgegenstimmen. Denn weder ich dürfte mich weigern, der ich zugebe, auf nichts anderes als auf die Liebesangelegenheiten mich zu verstehen, noch auch Agathon und Pausanias, noch Aristophanes, dessen ganzes Treiben sich um den Dionysos und die Aphrodite dreht, noch überhaupt irgendeiner von denen, die ich hier vor mir sehe. Freilich kommen wir, die wir zuunterst liegen, am schlechtesten dabei weg;* [Damit meint er, dass er als Letzter sprechen würde; dennoch gab Sokrates die interessanteste Definition von Liebe ab, indem er sie als einen Dämon zwischen Mensch und Gott bezeichnete, und ausführte, dass man von der Liebe zum Irdischen schrittweise zum »Schönen an sich« gelangen könne], *wenn nur unsere Vorgänger recht und schön sprechen, so soll uns das genügen. So fange denn an Phaidros, in Gottes Namen, und preise die Liebe«* (177 d – e). Dies ist ein typisches Beispiel für ein philosophisches Gastmahl, von dem die modernen wissenschaftlichen Symposien ihren Namen herleiten. In allen anderen Fällen handelte es sich um ein Fest zum Vergnügen erwachsener Männer.

Den Göttern zutrinken
Das Bankett begann mit dem Preisen der Götter und konnte manchmal auch einen gänzlich religiösen Charakter annehmen. Dabei wurden einer bestimmten Gottheit Speis und Trank als Gaben dargeboten.
Links: *Rotfigurenschale aus dem 6. Jh. v. Chr.*

DIE KLEIDUNG

Griechische Frauen trugen über Brustbinde und einer Art transparenter Unterwäsche einen Chiton, ein rechteckiges Stück drapierten Stoffes, und darüber noch einen mantelartigen Überwurf (*himation*).

Die Frauen im antiken Griechenland trugen bereits transparente Unterwäsche und eine Art Büstenhalter, der im Wesentlichen aus einer Binde bestand und *strophion*, *stethodesmos* oder auch *tainya* genannt wurde. Er hatte den Zweck, die Büste zu stützen und – falls sie zu klein geraten war – hervorzuheben beziehungsweise im gegenteiligen Fall etwas zu komprimieren. Es gibt eine witzige Episode in den *Thesmophoriazusen* von Aristophanes, wo ein Verwandter des Euripides in den sauren Apfel beißt und Frauenkleider anlegt, um heimlich an der Verhandlung teilzunehmen, die die Frauen gegen den Philosophen wegen Misogynie (Frauenfeindlichkeit) führten. Er wollte dabei zu seiner Verteidigung sprechen. Doch während der Verhandlung kommt auf, Euripides habe eine Spionin eingeführt und sofort fällt der Verdacht auf den Verwandten. Er wird nun von Kleisthenes, der für seine homosexuellen Neigungen bekannt war, ins Visier genommen und enttarnt:

VERWANDTER: *Ihr wollt eine Mutter von neun Kindern entkleiden?*
KLEISTHENES: *Weg mit dem Büstenhalter, Schamloser!*
1. FRAU: *Was für eine kräftige, starke Frau! Aber Brüste wie wir hat sie nicht, bei Zeus!*
VERWANDTER: *Weil ich unfruchtbar bin und nie schwanger war.*
1. FRAU: *Gerade warst du noch Mutter von neun Kindern.*
(Aristophanes, *Thesmophoriazusen*, 638)

Frau mit Peplos
Darstellung des Peplos, der mit seinem großen Faltenwurf den griechischen Bildhauern besonders entgegenkam. In der ersten Hälfte des 5. Jh. v. Chr. wurden zahlreiche Frauengestalten im Peplos dargestellt und daher als Peplophoren bezeichnet.

Die Tunika des Hephaistos
*Bronzestatuette des Hephaistos aus dem 3. Jh. v. Chr. aus Metaponto. Der Gott ist mit einer Tunika bekleidet und trägt einen kegelförmigen Hut (*pilos*).*

In diesem Fall sollte die Brustbinde einen Busen vorspiegeln, wo keiner war. Außer diesem typisch weiblichen Accessoire war eines der am meisten verbreiteten Kleidungsstücke der Peplos, ein Obergewand, das mit Fibeln auf beiden Schultern gehalten wurde, gewöhnlich nahtlos und ohne Gürtel, doch mitunter auch gegürtet getragen. In der klassischen Periode trugen die freien Frauen in der Stadt den Peplos nicht mehr, und er wurde zunehmend zu einem Merkmal der ländlichen Bevölkerung und der Sklavinnen. Verdrängt wurde er vom Chiton, einem Leibrock aus Wolle oder Leinen, der aus Ionien oder Sizilien importiert

Der Chiton der Demeter
Aus Syrakus stammt diese Statue von der sitzenden Demeter mit Chiton und himation.

wurde. Falls es kalt wurde, warf man über den Chiton noch ein *himation* aus Wolle, das auch Männer trugen, allerdings weniger fantasievoll drapiert als die holde Weiblichkeit.

Männliche Eleganz

Der griechische Mann der Antike kannte keinerlei Unterwäsche. Sein Kleidungsstück, die Tunika, trug er direkt auf der Haut. Die freien Männer erkannte man im Übrigen, ebenso wie die freien Frauen, am Chiton in Wolle oder Leinen, der drapiert und um die Leibesmitte gegürtet wurde. Bei einer anderen Art von Tunika blieb eine Schulter frei. Diese so genannte *exomis* wurde vorwiegend von Soldaten, Männern, die schwere Arbeiten verrichteten, und Sklaven getragen. Darüber trug man ebenfalls einen Umhang, der bei den Reichen mit farbigen Bordüren geschmückt war. Die Soldaten, später nur noch die Offiziere, trugen dagegen die Chlamys, einen kurzen Überwurf aus leichter Wolle, der wahrscheinlich aus Thessalien oder Makedonien stammte, über die linke Schulter geworfen und an der rechten mit einer Fibel zusammengehalten wurde. Dabei blieben die rechte Schulter und die rechte Seite des Oberkörpers unbedeckt. Die Chlamys, die später ein Merkmal hoher Offiziere war (in Rom durfte die purpurne Chlamys nur der Oberbefehlshaber des Heeres tragen) wurde jungen Männern zum Geschenk gemacht, wenn sie in die Pubertät kamen.

Aphrodite
In der klassischen Periode wurden die Frisuren der Frauen immer raffinierter: Zöpfe, Locken und Knoten wurden mit Bändern und kostbaren Spangen geschmückt.

Der Bart des Kämpfers
Die Griechen trugen meist lange Bärte, mochten sie aber nicht ungepflegt, sondern verwandten viel Zeit auf ihre Pflege. Sie wuschen, parfümierten und drehten sie mit fast weiblicher Eitelkeit zu Locken. Unten: Bronzekopf eines Kämpfers aus Olympia.

Schuhmode
Die Griechen zeigten Erfindungsreichtum beim Kreieren von Schuhen, Sandalen und Pantoffeln aller Art, um der weiblichen, aber auch männlichen Eitelkeit einen Anreiz zu verschaffen. Links: Balsamflasche aus Terrakotta in Form eines Fußes mit Sandale aus dem 6. Jh. v. Chr.

Glossar

A

Agora
In der Niederstadt der griechischen Städte der große Platz der *polis*. Dort hielt man den Markt ab, Fischer, Bauern und Handwerker boten Waren feil, Dienstleister fanden Kundschaft und die Volksversammlung (*ekklesia*) fand dort statt.

Akademie
Von Platon im 4. Jh. v. Chr. nicht weit von Athen gegründete Schule, die ihren Namen von den Gärten des Helden Akademos herleitet. Dort wird bis zur Schließung der Schule 529 n. Chr. Philosophie unterrichtet.

Akropolis
Die Hochstadt der griechischen Städte mit Burganlage und geschütztem Heiligtum entwickelte im Laufe der Jahrhunderte mehrere Formen (Felsenfestung zur Mykenerzeit, heiliger, aber auch bewohnter Ort in der archaischen Zeit), in der klassischen Periode ist sie das Heiligtum der Stadt.

Apeiron
Dieser Begriff gibt das Unbestimmte und Unendliche an und wurde von Anaximander (7./6. Jh. v. Chr.) geprägt. Später wurde er von den Pythagoreern wieder aufgenommen und dem Begrenzten gegenübergestellt.

Apologetik
Christliche Literaturgattung in Griechisch oder Latein, die der Verteidigung der neuen Religion diente, als diese ab der zweiten Hälfte des 1. Jh. zu verschiedenen Anlässen von der römischen Oberhoheit angegriffen wurde. Zu den bekannten Apologeten zählen Justinus, Clemens, Irenäus und Origenes, die alle im 2. und 3. Jh. wirkten.

Archont
Dies war das höchste Amt in der *polis* und in Sachen der Rechtsprechung, der zivilen Rechte sowie im Militärwesen oberste Instanz. Ab dem 5. Jh. v. Chr. hatten den Oberbefehl über das Heer die Strategen inne. Von diesem Moment an schwand die Macht der Archonten zusehends zugunsten des Rats der 500.

Areopag
Name des nordwestlichen Hügels der Akropolis von Athen, wörtlich Hügel (*pagos*) des Ares. Sitz des Ältestenrats der Aristokraten, der ursprünglich die rechtliche und politische Kontrolle ausübte. Wurde im Lauf des 5. Jh. v. Chr. mit der Einsetzung des Rats der 500 durch Kleisthenes entmachtet und saß nur noch über Bluttaten zu Gericht.

Aristokratie
Wörtlich Herrschaft (*kratos*) der besten (*aristoi*). Darunter verstand man im antiken Griechenland die großen Familien, die ursprünglich an der Spitze der Dorfgemeinschaften (*oikoi*) standen und über die man viel in den Epen Homers lesen kann. Sie kontrollierten Politik und Wirtschaft in der *polis*. Ab der klassischen Zeit (5. Jh. v. Chr.) steht der Terminus Aristokratie jenem der Demokratie, der Herrschaft des Volkes, gegenüber.

Asebie
Gottlosigkeit, Akt der Gotteslästerung oder der Missachtung und Schändung gegenüber den religiösen Werten der griechischen Welt und ihren Symbolen wie Tempel, Altäre, Statuen von Göttern etc.

B

Basileus
Zur Zeit Mykenes war dies der Titel eines Beamten bei Hofe, der dem König oder *anax* diente. Doch schon zu Homers Zeiten wurden beide Bezeichnungen für König verwendet. In der klassischen Zeit, als die Monarchie durch oligarchische oder demokratische Regierungsformen ersetzt wurde, bezeichnete dieser Titel nur noch ein Amt mit rein sakralen Funktionen, doch in Sparta blieb der Titel für die beiden Könige der Diarchie. In der hellenistischen Zeit schließlich war der *basileus* der Monarch der Diadochenreiche.

Bule
Ursprünglich war dies ein Rat der noblen Ältesten, der dem König beim Erfüllen seiner Aufgaben zur Seite stand, mit dem Abstieg der Monarchie wurde daraus ein Organ der Regierung. In Athen wurde die Bule unter Kleisthenes von 400 auf 500 Mitglieder aufgestockt, wobei je 50 aus jedem der 10 Stämme der Bürger kamen. Die gewählten Mitglieder hatten ihre Funktion ein Jahr lang inne, konnten aber nur einmal im Leben gewählt werden.

Buleuterion
Zunächst der Versammlungsraum der Bule, später wurde daraus ein ganzes Gebäude.

C

Choregie
Siehe S. 96.

Chor
Siehe S. 163.

Chrematistik
Wissenschaft, die sich mit dem Erwerb von Reichtum befasst, vom griechischen Substantiv *chrema/chrematos* für Substanz, Gut, Reichtum.

D

Demiurg
Begriff aus den griechischen Worten *demios*, vom Volk, und *ergon*, Werk, ursprünglich also öffentlicher Arbeiter. In den homerischen Epen versteht man unter dem Demiurgen gewöhnlich einen Handwerker (Schreiner oder Schmied), mitunter aber auch den Arzt, den Boten und den Seher. Im klassischen Athen ver-

DAS GRIECHISCHE ALPHABET

Kleinbuchstabe	Großbuchstabe	Name	Wert
α	Α	alpha	a
β	Β	beta	b
γ	Γ	gamma	g; wird als n gesprochen nach κ, γ, ξ, χ
δ	Δ	delta	d
ε	Ε	epsilon	e geschlossen, kurz
ζ	Ζ	zeta	dz
η	Η	eta	e offen, lang
ϑ	Θ	theta	wie th in Englisch
ι	Ι	iota	i
κ	Κ	kappa	k
λ	Λ	lambda	l
μ	Μ	my	m
ν	Ν	ny	n
ξ	Ξ	xi	ks
ο	Ο	omikron	o geschlossen, kurz
π	Π	pi	p
ρ	Ρ	rho	r
σ ς	Σ	sigma	s stimmlos; als ς am Wortende geschrieben
τ	Τ	tau	t
υ	Υ	ypsilon	ü; der Diphthong ου wird wie u gesprochen.
φ	Φ	phi	f (ph in Latein)
χ	Χ	chi	kh
ψ	Ψ	psi	ps
ω	Ω	omega	o offen, lang

stand man darunter die Handwerker, die der untersten Bevölkerungsschicht angehörten. In philosophischen Kreisen bediente sich Platon dieses Begriffs, um das schöpferische Prinzip hinter der wahrnehmbaren Welt zu bezeichnen – der Demiurg formt die Materie nach dem Vorbild der Ideen.

Demokratie
Von *demos* (Volk) und *kratos* (Macht, Regierung). Mit diesem Begriff bezeichnen wir hier die Regierungsform, in der den Bürgern einer *polis* (Fremde und Sklaven ausgenommen) die Macht zukommt. Die Funktionen der Bürger reichten von der Stimme in der Volksversammlung bis zu den höchsten politischen Ämtern. In Athen führte Kleisthenes am Ende des 6. Jh. v. Chr. die erste in diesem Sinne demokratische Regierung ein.

Demos
Mit diesem griechischen Wort wurde ursprünglich sowohl ein Gebiet als auch das Volk, das sich dort befindet, bezeichnet. Später bedeutete das Wort nur noch Volk, zuerst im Gegensatz zum König, dann zur Aristokratie. In Athen wurde mit der demokratischen Reform des Kleisthenes (Ende des 5. Jh. v. Chr.) das gesamte Gebiet der Stadt und Attikas in *demoi* (rund 100 oder vielleicht mehr) eingeteilt, deren Einwohner die 10 Stämme des Kleisthenes bildeten, aus denen je 50 Vertreter in den Rat der 500, das Regierungsorgan der Stadt, gewählt wurden.

Diadochen
Dies sind die Nachfolger Alexanders, seine bedeutendsten Generäle, die nach seinem Tod und rund 20 Jahren Krieges (die so genannten Diadochenkriege) das riesige Reich, das der makedonische Herrscher erobert hatte, unter sich aufteilten.

Doxographie
Mit diesem Begriff bezeichnet man die Arbeit der hellenistischen Gelehrten, die mündlich Überliefertes, Nachrichten und Historisches über die griechischen Philosophen sammelten (von griech. *doxa*, Meinung, und *graphia*, Schrift, Niederschrift).

E

Eisphora
Sondersteuer, mit der viele *poleis* im Kriegsfall ihre Bürger belegten.

Ekecheiria
Wörtlich bedeutet dieser Begriff, seine Hände heraus halten (von *ech* aus *echo*, halten, *ek*, heraus und *cheir*, »Hand«), gemeint war damit der Festfriede, das Niederlegen aller Feindseligkeiten während der Olympischen Spiele.

Ekklesia
Volksversammlung der Bürger, die einberufen wird, um über bestimmte Fragen von öffentlichem Interesse zu debattieren. In den demokratischen *poleis* hatte die *ekklesia* bestimmte Regierungsaufgaben inne, wie etwa die Wahl der Beamten, die Kontrolle ihrer Arbeit, Angelegenheiten der Innen- und Außenpolitik sowie finanzielle und administrative Belange.

Eliea
Dieser Begriff bezeichnet sowohl den Ort, wo sich in Athen das Staatsgericht versammelte, als auch das Gericht selbst. Es handelte sich ursprünglich um ein Volksgericht, das von Solon eingeführt worden war und von Kleisthenes mit umfangreicheren Funktionen gestärkt wurde. Im Gegensatz zum Areopag (der in den Händen der Aristokratie lag) oblagen der *Eliea* alle Angelegenheiten der Rechtsprechung bis auf die Bluttaten, über die weiterhin der Areopag befand.

Epistemologie
Von griech. *episteme*, Wissenschaft, bezeichnet dieser Terminus den Teil der Philosophie, der sich damit beschäftigt, was tatsächlich Wissenschaft ist. Für Platon war Wissenschaft Dialektik, für Aristoteles Metaphysik, Mathematik und Physik.

Ethik
Philosophisches Gebiet, der das Verhalten (griech. *ethos*) studiert, das der Mensch als Individuum und Kollektiv an den Tag legen soll, um Gleichgewicht, Wohlstand oder Glück zu erreichen.

Euergetismus
Wörtlich heißt dieser Begriff »gute Werke« (von *eu*, gut, und *ergon*, Werk). Euergeten waren in der klassischen Epoche vor allem Fremde, die sich um eine *polis* besonders verdient gemacht hatten. In der hellenistischen Zeit wurde der Titel Herrschern zuerkannt, die Gutes für ihr Volk taten.

Exodus
Siehe S. 163.

G

Gherusia
Dies war der Ältestenrat, am bekanntesten ist jener von Sparta, der aus 28 Mitgliedern über 60 Jahren, zwei Königen und fünf Ephoren (höchste Richter) bestand. Die *Gherusia* war in Sparta das höchste Organ des Staates mit Gewalt über Gesetzgebung und Rechtsprechung.

Gnoseologie
Bereich der Philosophie, der sich mit den Prozessen der Wahrnehmung und der Erkenntnis beschäftigt.

Gnostizismus
Darunter versteht man ein Sammelsurium an synkretischen Geheimlehren, die in den Anfängen des Christentums einige Verbreitung fanden, speziell im 2. Jh. Allen gemeinsam war die Tatsache, dass nur die Erleuchtung zu Erkenntnis (griech. *gnosis* = Kenntnis) führte, die jedoch wenigen Eingeweihten vorbehalten blieb, und ein ausgeprägter Dualismus (platonischer Prägung) zwischen Geist und Materie, Seele und Körper, Gut und Böse.

Gymnosophisten
Siehe S. 112.

Gynekaion
In griechischen Häusern ein Teil im Inneren oder im oberen Stockwerk, der den Frauen vorbehalten war, die dort mit Hilfe der Sklaven ihre Aufgabe erfüllen. Manchmal verstand man darunter auch die Frauen, die dort wohnten.

H

Hamartema
siehe S. 162.

Heloten
Bevölkerung von Lakonien und Messenien, die von den Spartiaten versklavt wurde und deren Land bestellen musste, damit diese sich ausschließlich dem Militärdienst widmen konnten.

Hetäre
Besonders gebildete Frau, die gegen Bezahlung Beziehungen (auch erotischer Natur) mit Männern der oberen Schichten der klassischen *polis* pflegte.

Hopliten
Dies sind die Fußsoldaten im archaischen und klassischen Griechenland, die in voller Rüstung (*panoplia*) kämpften.

Hybris
Dies ist die Anmaßung, die der Held einer Tragödie, meist ein König, als Verfehlung begeht, wenn sein Verhalten ein von einem bestimmten Gott geschütztes Gesetz verletzt. Die Strafe folgt unmittelbar, und oft kommen auch Unbeteiligte zu Schaden.

I

Ideen
Siehe Platon (S. 146–149).

Intermundia
Im kosmischen Konzept der Epikureer eine Zwischenwelt zwischen einem und einem anderen Universum, denn der Kosmos besteht aus unzähligen davon. In diesem Niemandsland lebten die Götter in immerwährender Glückseligkeit und kümmerten sich nicht um die Menschen, wodurch man sie auch nicht fürchten musste.

K

Karyatiden
Frauen- oder Mädchenfiguren, die anstelle einer Säule einen Achitrav stützten.

Katharsis
Reinigung. Aristoteles spricht vom katharsischen Effekt der Tragödie auf die Psyche der Zuseher.

Kleruchie
In Athen verstand man unter diesem Begriff ein Stück Land, das Bürgern auf der Landkarte eines eroberten Gebietes zugestanden wurde oder wo man einen Stützpunkt für die Flotte zu errichten gedachte. Im ptolemäischen Ägypten hingegen war die Kleruchie ein Stück Land, das Soldaten zugestanden wurde, die im Kriegsfall zu dienen versprachen. Damit sicherte sich der Herrscher die Loyalität der Truppen im Falle der Notwendigkeit.

Koilon
Siehe S. 180/81.

Komödie
Siehe S. 166/67.

Kouroi, Korai
Darunter versteht man in der Archäologie die männlichen *(kouroi)* und weiblichen *(korai)* Figuren oder besser Standbilder, die ab dem 8./7. Jh. erscheinen und die ganze archaische Zeit hindurch vorkommen.

L

Liturgie
Darunter verstand man im klassischen Athen die Dienste, die den wohlhabenden Athener Bürgern oder Fremden für die Öffentlichkeit auferlegt wurden, wie die Finanzierung der religiösen Feste, der Theatervorstellungen, das Ausstatten einer Triere und ihrer Mannschaft im Kriegsfall etc.

Logik
Bereich der Philosophie, aber auch der Rhetorik, der die Korrektheit der Argumentation überprüft, damit man zu unwiderlegbaren Schlüssen kommt.

Logos
Die ursprüngliche Bedeutung ist vermutlich Rede (von *lego*, ich sage), auch vernünftige Begründung und abstrakter Vernunft. Die Stoiker sahen im *Logos* die universelle, göttliche Ratio, die Vorsehung, die die Welt zusammenhält und von der jede Seele einen Teil in sich trägt.

Lycaeum
Von Aristoteles begründete philosophische Schule, die nach dem nahe gelegenen Heiligtum des Apollo Lycaeos benannt war. Man nannte ihre Anhänger auch Peripatetiker, weil sie oft im nahen Garten im Gehen studierten (von griech. *peripatein*, umhergehen).

M

Maieutik
Die Maieutik ist die Kunst der Hebamme, die einer gebärenden Mutter hilft, ihr Kind ans Licht der Welt zu bringen. Sokrates verstand darunter im übertragenen Sinne die Dialektik, dank welcher er es verstand, seinem Gesprächspartner zu helfen, die Wahrheit über ein bestimmtes Thema ans Licht zu bringen.

Mänaden
Von *mainomai*, die Rasenden, bezeichnet dieser Begriff die Frauen, die an den heiligen Riten zu Ehren des Dionysos teilnahmen. Meist werden sie nackt oder in durchsichtigen Schleiern dargestellt. Ekstatisch gaben sie sich wilden Tänzen zum Klang der Flöte und der Trommeln hin.

Megaron
In den Palästen von Mykene war das ein rechteckiger Raum mit Herd und Säulen im Zentrum des Gebäudes, in dem der König Audienz hielt. Im griechischen archaischen Haus verstand man darunter das Esszimmer. In den homerischen Epen bezeichnet *megaron* den wichtigsten Raum einer königlichen Residenz.

Metaphysik
Für Aristoteles ist das der wichtigste Teil der Philosophie, eigentlich der erste, denn hier wird nach den Ursachen und Prinzipien der Welt gefragt und geforscht bis hin zu Gott oder dem Urprinzip, dem Motor der Weltmaschine. Als vom Christentum die neuplatonische Philosophie in ihren Grundzügen als syntaktische Basis der Glaubenssätze übernommen wurde, stand dieser Begriff für die transzendente, göttliche Realität, von der alles abstammt.

Metempsychose
Dies ist der ursprünglich aus dem Orient stammende Glaube an die Wanderung der Seele nach dem Tod des Individuums in einen anderen menschlichen oder tierischen Körper. Der Zyklus der Reinkarnationen ist erst vorüber, wenn die Seele sich von all ihren Unreinheiten befreit hat. Vielleicht muss sie dazu durch immer niederträchtigere Körper gehen, um die Leidenschaften zu durchleben, die die härteste Prüfung darstellen.

Metropole
Wörtlich Mutterstadt, von der aus Gruppen von Bürgern an einem anderen Ort eine neue Kolonialstadt gründeten.

Mythos
Eigentlich bedeutet dieser Begriff nur Geschichte, Erzählung. Doch da diese Erzählungen meist von Helden, Königen oder sonstigen großen Persönlichkeiten (wie etwa Herakles, Ödipus, Agamemnon) handelte, wurde daraus immer mehr ein Wort für eine außergewöhnliche Geschichte.

N

Naos
Siehe S. 178/79.

Nauarch
Der Admiral einer Flotte, von griech. *naus* für Schiff und *archo* für ich bin der Erste, ich befehle.

Nostos
Dies ist die Rückkehr, normalerweise eines Helden, in seine Heimat, wie etwa des Odysseus oder vieler anderer Helden aus der epischen Dichtung. Heute steckt dieses Wort noch in dem Begriff Nostalgie.

O

Obolos
Griechische Silbermünze, die dem sechsten Teil einer Drachme entspricht. Ursprünglich war der *obolos* ein Eisenspieß, der als Geld verwendet wurde.

Oikos
Dies ist die Art von Dorfgemeinschaft, die in Homers *Odyssee* beschrieben wird, mit König, Fürsten und Untertanen und dem Königspalast als zentralen Bezugspunkt für alle. Einen Nachklang dieses Wortes gibt es im lateinischen *vicus* für Gasse. Später wurde draus das Wohnhaus der Griechen.

Oligarchie
Dies ist die Herrschaft weniger, von griech. *oligos* (wenig) und *archein* (herrschen). Sie stellte die Regierungsform aller Stadtstaaten dar, die sich im 5. Jh. v. Chr. zum Peloponnesischen Bund unter der Führung von Sparta, der Stadt mit der beispielhaftesten oligarchischen Verfassung, zusammenschlossen.

Ontologie
Bereich der Philosophie, in dem die Natur und die Eigenschaften des Seins im Gegensatz zum Werden erforscht werden.

Orchestra
Siehe S. 47, 180/81.

Orpheuskult, Orphismus
Philosophisch-religiöse Bewegung, die nach der Überlieferung vom legendären Sänger Orpheus aus Thrakien begründet wurde. Die Lehre fußte auf dem Glauben an die Seelenwanderung und hatte unter anderem Einfluss auf Pythagoras und seine Anhänger.

Ostrakismus
Das Athener Scherbengericht, bei dem im 5. Jh. v. Chr. die Öffentlichkeit Personen in ein zehnjähriges Exil schicken konnte, die der *polis* gefährlich wurden oder von denen man das annahm. Von griech. *ostrakon*, Scherbe, auf die die Namen der Personen geschrieben wurden, die ins Exil geschickt werden sollten.

P

Panoplia
Die Rüstung der Hopliten, die aus Helm, schwerem Panzer und Beinschutz aus Bronze sowie Kurzschwert, Lanze und rundem Schild bestand. Diese Rüstung war ziemlich schwer, doch funktionell im Zusammenprall mit der feindlichen Linie.

Paredros
Ursprünglich waren die Peredren Gottheiten von niedrigem Rang, die eine Hauptgottheit begleiteten, meist entstand so ein männlich-weibliches Paar. In Athen bezeichnete der Begriff einen Beamten von etwas niedrigerem Rang, der dem Archonten beisaß. Von griech. *paredros*, der daneben sitzt.

Parodos
Siehe S. 163.

Perioiken
Siedlungen in gewisser Entfernung um eine *polis*, die normalerweise dieser unterworfen sind, sowie deren Bewohner. In Sparta hatten die Perioiken einige Städtchen in den Bergen Lakoniens und Messeniens. Ihre Bewohner genossen gewisse Rechte und durften auf eigene Rechnung arbeiten, doch sie mussten den Spartiaten im Kriegsfall beistehen.

Peripatetiker
Dies ist eine Bezeichnung für die Schüler des Aristoteles, da diese oft im Garten um die Schule im Gehen diskutierten. Von *peripatein*, umhergehen. *Siehe* Lycaeum.

Phalanx
In der klassischen Zeit war die Phalanx eine kompakte Infanterieformation, die sich gut zum Bekämpfen

barbarischer Horden eignete. Mit dem General Epaminondas (418–362 v. Chr.) aus Theben und später bei den Makedoniern wurden die Soldaten der Phalanx mit den gefürchteten sechs Meter langen Lanzen, den Sarissen, ausgestattet. So war die Phalanx nun eine Stoßspitze zum Durchbrechen der feindlichen Linien.

Phänomen
Von griech. *phainomenon*, das, was erscheint. In der Philosophie des Parmenides und auch Platons waren die Phänomene (die Welt der Erscheinungen) dem Werden und Vergehen ausgesetzt und deswegen verschieden vom reinen, wahren, perfekten und unveränderlichen Sein.

Philosophie
Wörtlich die Liebe zur Weisheit, von griech. *philein* (lieben) und *sophia* (Weisheit). Die Gesamtheit der Reflexionen über die Prinzipien und den Ursprung der Welt, die Rolle des Menschen und seine Beziehungen zu den anderen sowie sein Schicksal.

Physik
Jener Bereich der Philosophie, der die Natur studiert, sowohl auf der Erde als auch im Kosmos, ihre Dynamiken, aber auch den Menschen und seine Beziehungen zum eigenen Lebensraum. *Über die Natur (Peri physeos)* war der Titel, den die ionischen Philosophen gerne ihren Werken gaben.

Poliorketik
Dies ist die Wissenschaft von der Belagerung einer Stadt mit Hilfe von Kriegsmaschinen. Der Begriff stammt vom makedonischen Herrscher Demetrios Poliorketes (4./3. Jh. v. Chr.), der diesen Beinamen durch seine geschickten Strategien bei Belagerungen erhielt.

Polis
Das ist der Stadtstaat der griechischen Welt mit seinen Gesetzen, seiner Verfassung und seinen Einwohnern. Von diesem Begriff stammt das Wort Politik ab.

Pornai
Frauen der niedrigsten Gesellschaftsschicht in der klassischen *polis*, die keinerlei politische oder zivile Rechte besaßen und deren Gewerbe die käufliche Liebe war. Sie boten sich den Bürgern an, die sich Konkubinen oder Hetären nicht leisten konnten.

Prolog
Siehe S. 163

Pronaos
Siehe S. 178

Propyläen
Monumentaler Eingangsbereich eines Heiligtums, oft mit vorgelagerter Treppe. Bekannt sind die Propyläen der Akropolis von Athen, die im 5. Jh. v. Chr. erbaut wurden. Von griech. *pro* für vor und *pilai* für Tor, Eingang.

Proskenion
Siehe S. 180/81.

R

Rhapsode
In der griechischen Welt verstand man darunter den Autor oder Vortragenden epischer Poesie. Oft waren diese Sänger und Dichter ständig unterwegs, um die Mythen und Legenden überall zu verkünden.

Rhetorik
Dies ist die Kunst der rednerischen Überzeugung, in der die Griechen große Meister waren, sowohl auf juristischem als auch auf politischem Gebiet. Der Kontakt des römischen Imperiums mit den hellenistischen Monarchien ab dem 3. Jh. v. Chr. führte dazu, dass sich diese Kunst auch im Römischen Reich weiter entwickelte und verbreitete.

S

Satrapie
Bei der Verwaltungsreform des Persischen Reiches unter Darius am Ende des 6. Jh. unterteilte der König der Könige das riesige Gebiet in 20 Einheiten, die Satrapien genannt wurden. Sie genossen nach innen eine gewisse Autonomie und wurden von einem Satrapen (was wörtlich Helfer des Königs bedeutet) regiert.

Seiendes, Nicht-Seiendes
Dies sind Kategorien der Realität nach Parmenides. Das Seiende ist statisch, einzigartig, unveränderlich und perfekt und kann nur von wenigen erkannt werden, das Nicht-Seiende hingegen ist alles, was dem entgegensteht, also auch Pluralität und Werden. *Siehe* Werden.

Skene
Siehe S. 180/81.

Spartiaten
Sie wurden auch die »Gleichen« genannt. Es handelte sich um die einzige Kaste in Sparta und seinem Einflussgebiet, die zivile und politische Rechte besaß. Spartiaten verbrachten mehr oder weniger ihr ganzes erwachsenes Leben (von 18 bis 60 Jahren) beim Exerzieren und waren immer bereit, gegen innere (sie hatten die Heloten versklavt und beherrschten die Perioiken) und äußere Feinde zu kämpfen.

Stasimon
Siehe S. 163.

Stoa
Ein typisches Gebäude im antiken Griechenland mit rechteckigem Grundriss und säulengestütztem Portikus an einer der beiden Langseiten.
Der Name der Stoiker leitet sich vom Sitz ihrer ersten philosophischen Schule her, die sich an der bemalten Stoa, der *Stoa Poikile*, befand.

Stratege
Das des Strategen war vielleicht das wichtigste Amt in der Athener Demokratie, weil dieser das Kommando über die Flotte und das Heer hatte. Im Unterschied zu den anderen Ämtern konnten Strategen ohne Einschränkung wiedergewählt werden. Es waren insgesamt zehn mit ursprünglich gleich viel Macht, doch in Sonderfällen erhielt einer von ihnen oberste Befehlsgewalt.

Symposion
Dies ist der Teil der griechischen Bankette, bei dem nach dem Mahl getrunken (von griech. *syn*, zusammen, und *pinein*, trinken), in Gesellschaft der Hetären Musik gehört, erotische Spiele mit Letzteren und Sklavinnen oder schönen Jünglingen getrieben oder aber über Themen der Politik, Wissenschaft oder Literatur diskutiert wurde.

Synkretismus
Vermischung philosophischer Inhalte und Ideen mit religiösem Gedankengut. Das Christentum etwa kann als synkretische Lehre angesehen werden, da sie Elemente der jüdischen Religion mit den Evangelien und den Gedanken der platonischen und stoischen Philosophie verschmolz.

T

Tholos
Ein Bau mit kreisrundem Grundriss, der von einer Scheinkuppel aus konzentrischen Ziegelreihen überwölbt ist. Ursprünglich handelte es sich um einen Grabbau (*tholos-Gräber*). Es gibt allerdings mehrere Typen von solchen Bauten in den heiligen Bezirken der klassischen Zeit, deren Zweck man nicht immer bestimmen kann.

Tiasos
Hierbei handelt es sich um eine religiöse Gemeinschaft, die ursprünglich mit dem Dionysoskult verbunden war. Doch über seine religiöse Natur hinaus konnte der Tiasos auch ein Ort sein, wo edle Frauen die jungen Mädchen der Aristokratie in Musik und Poesie unterwiesen, wie im Fall der Dichterin Sappho.

Tympanon
Siehe S. 179.

Tragödie
Siehe S. 162–165.

Trierarchie
Dies war eine der Liturgien der wohlhabenden Athener Bürger und bestand darin, dass im Kriegsfall eine Triere für die Flotte komplett mit der gesamten Mannschaft auszustatten war.

W

Werden
Das Werden in der griechischen Philosophie steht im Zusammenhang mit dem Zyklus allen Lebens aus Geburt, Wachstum und Tod. Das Werden bildet einen Gegensatz zum einzigartigen, vollendeten, unbeweglichen und unvergänglichen absoluten Sein des Parmenides. Für Platon dagegen stellte es den Übergang vom relativen Nicht-Sein (denn aus nichts kann nichts kommen) zum Sein der Welt der Ideen dar.

Alphabetischer Index

A

Abakus 179
Abdera 144
Achaier 18, 20, 22, 62, 81, 109, 157
Acharner, Die (Aristophanes) 166
Achill 62, 63, 74, 80, 81, 157, 158, 193, 202
adyton 90
Aeneas 173
Aeneis 159, 173
Aegina 40, 105
Aeoler 9, 21
Aeolien 90
Aeolus 54
Afghanistan 35, 36, 37, 117
Agamemnon 21, 22, 23, 62, 63, 80, 81, 156, 157, 158, 162, 163, 181
Agaue 124
Agrigent 9, 105, 135
– Tempel der Concordia 179
Ägypten 9, 11, 12, 17, 18, 28, 35, 36, 37, 38, 39, 52, 74, 75, 76-79, 94, 99, 101, 107, 113, 144, 152, 160, 168, 176, 183, 186
Ägypter 168
Ahriman 73
Ahura Mazda 73
Aigospotamoi 33
Aischylos 50, 162, 163, 164, 181
Ajax 62, 193
Akademos 147
Akademie 147
akratismos 202
alabastron 101, 189
Alexander der Große 11, 12, 34, 35, 36, 37, 52, 60, 73, 74-75, 76, 77, 88, 101, 103, 112-113, 114-117, 150, 173, 188
Alexandria, Ägypten 35, 36, 51, 52-53, 75, 76, 77, 78, 136, 170, 176
– Bibliothek von 36, 38, 52, 77
– Leuchtturm von 52, 53, 97
– Museum von 36, 38, 52, 77, 97, 138, 170, 171
Alkeus 127, 160-161
Alkibiades 33, 66-69, 70, 169
Alkinoos 54, 55, 159, 192
Alkmene 126
Alkmeoniden 66
Altes Testament 13
Amasis 188
Anabasis (Xenophon) 169
Anatolien 35, 60, 101, 113
Anaxagoras 135, 136

Anaximandros 133, 134
Anaximenes 134
Andronikos von Rhodos 132
Annalen (Tacitus) 171
Antigone 181
Antigone (Sophokles) 180
Antiochia 37
Antiochos 36
Antiochos III. 183
Antisthenes 155
apeiron 134
Apelles 188
Aphrodite 19, 81, 121, 122, 149, 160, 161, 182, 199
Apoll 42, 43, 44, 45, 46, 56, 57, 62, 63, 100, 104, 121, 127, 140, 157, 162, 163
Apoll Lycaeus 42, 151
Apollonios von Rhodos 79, 172, 173
Apologetik 13, 176, 177
Apostelgeschichte 13, 176, 177
Apostel Johannes 177
Arabien 74
Aratos 170
Archäologie 16
Archimedes 50, 51, 52, 102, 170
Architrav 179
Areopag 67, 83, 122
Ares 121, 122
Arginusen, Schlacht bei den 70
Argos 172
Argolides 46, 127
Argonauten 79, 172
Argonautik (Apollonios v. Rhodos) 172, 173
Arianos 72
Arimaspen 56
Aristarch von Samos 52, 79, 170
Aristokles 146
Aristonikos 60, 61
Aristophanes 71, 166, 167, 195, 199, 200, 206
Aristoteles 10, 16, 34, 59, 76, 86, 112, 132, 134, 150-151, 152, 162, 164, 173, 174
Arrianus 112, 117
Arsinoe 76
Arsinoe I. 79
Arsinoe II. 76, 77, 79
Artaxerxes II. 169
Artemis 49, 100, 121
Artemision, Kap 182
aryballos 186, 189
asebeia 123
Asklepiades von Prusa 171
Asklepios 46, 136

askos 189, 193
Asoka 78
Assyrer 28, 119
Athen 9, 25, 26-27, 28, 29, 32-33, 34, 40-41, 43, 46, 57, 63, 64, 65, 66, 67, 68, 69, 70, 71, 82, 83, 84, 85, 90, 92, 93, 99, 106, 107, 110, 113, 119, 122, 130, 135, 144, 146, 147, 151, 152, 155, 166, 167, 168, 169, 174, 175, 178, 182, 186, 194, 198, 199
– *agora* 41, 83, 91, 95, 153
– Akropolis 40-41, 167, 182, 183
– Buleuterion 41
– Erechtheion 40, 67
– Olympieion 179
– Parthenon 24, 40, 41, 65, 67, 107, 179, 184
– Propyläen 40, 41
– *stoá* des Attalos III. 153
– Theater 181
– Tempel der Athene Nike 179
– Tempel der Athene 105
Athene 24, 33, 54, 61, 80, 104, 121, 122, 163, 190, 192, 196
Athene Nike 40
Athene Parthenos 40, 65
Atomismus 144-145
Atreus 81
Atreiden 156
Attaliden 60
Attalos I. 60, 61
Attalos III. 13, 60
Attika 9, 21, 26, 29, 69, 99, 101, 103
Augustus, Caesar 12, 50, 60
Auriga von Delphi 182
Auriga, Mythos der 148

B

Babylon 35
Bacchanten 125
Bacchus 124, 162
Bakchen, Die (Euripides) 124, 125, 165
Bankett 204-205
Baktrien 35, 37
Basilides 177
Berenike II. 52
Bergbau 100-103
Bias von Priene 134
Bibel 52, 176, 177
Bildhauerei 182-185
Blauer Fluss 98
Blegen, Charles William 22
Blephyros 200

Blossios von Cyme 61
Böotien 9, 21, 27, 30, 34, 85, 88, 160, 203
Bosporus 30
Briefe (Paulus) 13, 48, 176, 177
Brise 62
Briseis 62, 63, 157
Britannien 57
Bronzen von Riace 184, 185
Brygos-Maler 188
Bukephala 113
Bukephalos 113
Bule 26, 41, 64, 65
Bund, Delisch-Attischer See- 32, 33, 43, 68, 83, 105
Bundeskasse, Athener 31
Bund, Peloponnesischer 27, 32, 33, 46, 68, 169
Bürger 84-87
Bythinien 61
Byzantiner 50
Byzanz 13

C

Cadmos 124, 168
Caesar, Julius 51, 52, 171
Catull 13, 161, 173
Celeos 130, 131
Celsus Polemeanus, Julius 48
– Bibliothek des 48
Chalciope 128
Charon von Lampsakos 168
Charybdis 54
Cheironeia 34
Chersones 43
Chito 207
Chlamys 207
choregie 96
Choro 163
Chronos (Gott) 121, 123
Chronos (Insel des) 57
Chryseis 62, 63, 157, 158
Chryses 62, 157
Chrysippos 103, 152, 153
Cicero 13, 153, 174, 175
Circe 54
Clemens Alexandrinus 13, 177
Corneille 164
Corpus Hippocraticum 136
Curtius Rufus 112
Cyme 9, 90
Cyrenaika 76

ALPHABETISCHER INDEX

D

Dardanellen, Meerenge der 33
Darius I. 28, 29, 30, 34, 48, 72-73, 74
Darius III. 11, 35, 74, 113, 116
deipnon 202
Delos 32, 33, 40, 42-43, 44, 56, 84, 85, 104, 118
– Apolltempel 42, 105
Delphi 44-47, 56, 96, 178
– Apolltempel 44, 90, 127, 183
– Orakel von 45, 90, 91
Demaratos 29
Demeter 121, 130, 131, 207
Demetrios von Baktrien 37
Demetrios I. Poliorketes 119
Demiurg 148
Demokrit 144-145, 154
Demosthenes 92, 174, 175
De rerum natura (Lucrez) 154, 155
Diadumenos 97
Diana 121
diazoma 47
Dido 173
Diodoros Siculos 103, 112
Diodotos 92, 93
Diogenes von Sinope 155
Diokletian 38, 75
Diomedes 80, 81
Dion 147
Dionysios I. der Ältere 59, 146, 147
Dionysios II. der Jüngere 59
Dionysios, Ohr des 59
Dionysos 44, 47, 99, 120, 124, 125, 128, 162, 165, 204
Diskobolos von Myron 126, 184
Dodona, Theater von 181
Dorer 9, 18, 21
Doriphoros 184
dorpon 202
Drachme 105
Drakon 90
Dreros 90
Durides 188

E

Echekrates 45
Echinus 179
eisphora 107
ekecheiria 126
Ekklesiaszusen, Die (Aristophanes) 199, 200
Ekklesia 26, 65, 83

Ekstase 124
Elea 58, 142, 143
Elefanten 117
Elemente (Euklid) 170
Eleusis 130, 131
– Heiligtum der Demeter 130
Eliea 83
Empedokles 135
Epaminondas 32
Ephebe 201
Epheserbriefe (Paulus) 48
Ephesus 48-49, 89, 99, 139, 145
– Theater von 96
– Tempel der Artemis (*Artemision*) 48, 179
– Terrassenhaus 71
Ephoren 83
Epikureer 152-155
Epikur 145, 154, 173
Epidauros 44, 47, 178
– Theater 47, 180
– Tempel des Asklepios 46
Epiros 117, 181
Epistulae (Seneca) 129
Epiktet 155
Erasistratos 139, 170
Eratostenes 170
Eretria 29
Erinnyen 163
Ernährung 202-203, 204-205
Eros (Gott) 149, 199
Eros 198-201
Eryximachos 205
Etrusker 51
Euböa 29, 93
Euklid 17, 51, 52, 140, 170
Eumenes I. 60
Eumeniden, Die (Aischylos) 163
Euphorbos, Teller des 109
Euphrat 98
Eupronios 188
Euridyke 128
Euripides 124, 125, 162, 163, 165, 206
Evangelien 13, 177
Evans, Arthur 16, 21
Exechia 188
Exodus 163

F

François-Vase 188
Freier 54, 81, 94, 95, 158, 159, 190, 202
Fries 179

G

Galater 61
Galenos, Claudius 17, 38, 52, 136-139, 171
Galiläa 176
Gallier 51
Ganges 98
Ganymed 194, 199
Gastmahl (Platon) siehe Symposion
Gaugamela 35
Gelber Fluss 98
Genesis 176
Geographia (Strabon) 169
Geometrischer Stil 186
Germanen 57, 81
Geschichtsschreibung 17, 168-169
Gesetze (Platon) 147
Gesetzgebung 64-65, 82-83
Gherusia 83
Gigantomachie 61
Gizeh, Pyramiden von 74
Glaukos 81
Gnostiker 176, 177
Gortina, Gesetze von 17, 26
Goten 50
Granikos, Schlacht am 35, 113
Gymnosophisten 112
Gynaikeion 197

H

Hades 131, 203
Hadrian 49, 179, 180
Halikarnassos 89, 168
– Mausoleum von 89
hamartema 162, 164
Handbüchlein der Moral (Epiktet) 155
Handel 98-99
Hannibal 12
Harmonie 160
Heer 108-111, 112-113
Heilige Krankheit, Die (Hippokrates) 137
Hekataios 133, 168
Hektor 63, 80, 109, 157, 158, 202
Hellenistische Reiche 36-37, 88-89
Heliopolis 60, 61
Heliopolitaner 60-61
Helios, Rinder des 54
Heloten 27, 83, 106, 111
Hephaistos 120, 158, 206
Hera 25, 42, 57, 79, 120, 121, 123
Herakles 90, 126, 172

Heraklit 145
Herculaneum 112, 144
Herkules siehe Herakles
Hermes 121, 123, 159
Herodot 10, 17, 29, 134, 168, 169
Heroiden (Ovid) 161
Herophilos 52, 79, 138, 170, 171
Hetäre 198, 200, 204
Hethiter 100
Hieron, Altar des 50, 51
Hieron II. 50, 51
himation 206, 207
Himeros 199
Hippokrates 17, 46, 50, 135, 136-139
Hippolytos (Euripides) 165
Historiae (Herodot) 17, 29, 168
Historiae (Polybios) 38, 39
Historische Kommentare (Strabon) 169
Homer 10, 16, 18, 22-23, 54-55, 62-63, 109, 120, 156-159, 190, 191, 192, 193, 202
Hopliten 114-117
Horaz 161
hybris 123, 162, 164
Hydria 188, 189
Hymnen (Kallimachos) 79
Hyperboräer 42, 56-57, 127
Hystaspes 72

I

Idyllen (Theokrit) 79, 173
Iktinos 67
Ilias 8, 21, 22-23, 62-63, 64, 80-81, 108, 109, 156-159, 190, 202
Indien 17, 37, 112, 117
Indika (Arrianus) 112
Indus 11, 28, 35, 36, 37, 52, 72, 89, 98, 152
Intermundia 155
Iokaste 164
Ioner 9, 21, 23
Ionien 181, 207
Ionische Philosophie 132-135
Iphidamas 23
Iphigenie 158, 162
Iran 35, 73
Irenaeus 177
Isis 79
Island 57
Isokrates 174, 175
Issedonen 56
Issos 35, 113
Ithaka 54, 80, 81, 158, 159, 190

J

Jalalpur 113
Jason 165, 172
Juno 121
Jupiter 120
Justinian 39
Justinus 13, 177
Justiz 90-91, 92-93

K

Kalabrien 9, 90, 184, 185
Kallikrates 67
Kallimachos (Bildhauer) 125
Kallimachos (Dichter) 79, 173
Kalypso 158, 159, 190, 192
Kampanien 9
Kanaan 11
kantaros 189
Kantharos 41
Kapharnaum 176
Kapitel 179
Kappadokien 61
Karnak 75
Karthago 11, 12, 37, 43, 173
Karthager 12, 50, 51
Karyatiden, Loge der 40, 67
Kassandra 162
Kastell des Euryelos 146
Katharsis 140, 164
kegel 111
Keos 40
Keramik 63
Kephisodot 167
Kilikien 35, 37
Klazomenai 135
Kleantes 153
Kleinasien 11, 12, 13, 21, 22, 23, 25, 28, 35, 37, 39, 43, 57, 61, 79, 99, 101, 104, 113, 134, 135, 140, 168, 176, 179, 181, 186
Kleomenes (Bildhauer) 12
Kleomenes (Satrap) 76
Kleon 92
Kleopatra 53, 161
Kleruchie 77
Klepshydra 195
Kleisthenes 26, 65, 66, 67, 83, 110, 206
Klytemnestra 158, 162, 163
Knossos 19
– Palast von 8, 9, 16, 18, 19, 21, 107
– Tafeln von 21, 106, 107
koilon 180, 181

Kolchis 165, 172
Kolonien 9
Koloss von Rhodos 182
Kom-esh-Shuqafah 52
Komödie 166-167
Konstantinopel 38, 48
Korai 50, 182, 183, 207
Korinth 12, 27, 36, 50, 99, 127, 186
– Kongress von 34
Kos 46, 136, 137
Krater 188
Kreta 8, 9, 16, 18, 19, 26, 90, 93
Kreter 18, 19
Kriegsschiffe 118-119
Kritias 70, 71, 146
Krösus 48, 49
Kroton 9, 140
Kultur, kretische 9, 18-19
Kultur, mykenische 9, 16, 20-21
Kuroi 182, 183
Kybele 49
Kydonen 18
Kykladen 40, 101
kylix 64, 189
Kymon 188
Kyniker 155
Kyrene 9, 25, 85, 99
Kyros der Jüngere 169

L

Lagos 76
Laios 164
Laistrygonen 54
Lampsakos 168
Latomien 51
Laurion 99, 101, 102, 103, 119
Lenormant, Relief 31
Leo VI. 39
Leonidas 27, 30, 82
Lesbos 90, 93, 129, 160, 161
Leto 42, 57
Leuchtturm von Alexandria *siehe* Alexandria
Leuktra 33
Liber (Catull) 13
Ligurer 51
Linear A 21
Linear B 9, 21, 107
Liturgie 96, 107
Livius, Andronicus 38
Livius, Titus 169
Logos 61, 151, 153
Lokri 9, 90

Löwenterrasse 42
Lucretius Carus, Titus 19, 154, 155
Lycaeum 151
Lydien 48, 49, 168
Lygdamis II 168
Lyrik, archaische 160-161
Lysias 174, 175
Lysimachos 79
Lysippos 150
Lysistrata 167
Lysistrata (Aristophanes) 166, 199

M

Mäander 48
Machiavelli 69
Magna Graecia 13, 23, 45, 65, 95, 99, 127, 140, 142, 155, 182, 189
Maieutik 70
Makedonier 114
Makedonien 11, 12, 28, 34, 37, 76, 77, 100, 165, 207
– Makedonisches Reich 186
Malerei 186-189
Mänaden 125
Mantinea 27
Marathon 29, 41, 104
Marcellus 12
Marcion 177
Marc Aurel 38, 139
Mars 122
Massilia 9, 25, 50-51
Matoiken 106
Mausoleum von Halikarnassos *siehe* Halikarnassos
Mausolos 89
maza 202
Medea 172
Medea (Euripides) 165
Medizin 136-139
Menandros 161, 167
Menandros, Haus des 167
Menelaos 81, 109, 158
Memphis 76
Mentes 190
Merkur 123
Mesopotamien 11, 18, 28, 35, 48, 168, 169, 183
Metaphysik (Aristoteles) 132
Metalle 100-103
Metanira 131
Metaponto 140, 206
– Heratempel 25
Metempsychose 129, 140

migma 135
Milet 49, 99, 133, 134, 168
– *Buleuterion* 64
Milo 182
Mine 105
Minerva 24
Mnemosine 160
Mnesikles 41
Munichia 41
Münze 104-105
Muse 160, 161
Muttergöttin 19
Mykale 43, 66
Mykene 20, 62, 81, 156, 190, 191
– Burg von 20, 21
– Löwentor 20
Mykener 8, 9, 18, 19, 20, 21, 22, 62
Mykonos 22
Myron 126, 184
Myrsilos 161
Myrte 124
Mysterien 128-131
Mysterien, des Orpheus 128, 129
Mysterien, eleusinische 128, 130
Mytilene 90, 91, 93, 160, 161

N

Nahrung 202-203
naos 178, 179
Naturalis Historia (Plinius) 57
Nausikaa 54, 55, 159, 190, 192
Naxen, Haus der 43
Naxos 43
Neapel 9
Neapolis 51
Nemea 96, 127
Neoplatonische Philosophen 149
Neptun 123
Nikias 33, 69, 169
Nike 66
Nike von Delos 43
Nike von Samothrake 183
Nil 18, 72, 76, 77, 98, 107
Nous 135, 136
Numidien 43

O

oboloi 104
Ödipus 123, 164, 181
Ödipus, König (Sophokles) 164, 181
Odyssee 18, 21, 22-23, 38, 54, 55, 62-63, 80-81, 120, 156-159, 190-193, 202
Odysseus 18, 21, 23, 54, 55, 80, 81, 94, 95, 158, 159, 190-193
Ogygia 158, 159, 190
Oiagros 128
oinochoe 180, 204
Oktavianus Augustus, Caesar 37
Olymp 120, 121, 131
Olympia 35, 96, 121, 207
– Zeustempel 48, 126
opistodomos 178
orchestra 47, 180, 181
Orestes 162, 163
Orestie (Aischylos) 162, 181
Orpheus 128, 129
Orpheuskult 129, 141
Origenes 177
Osiris 79
Ostrakismus 91
Ovid 161

P

Paestum 9, 140, 179, 187
– Basilika 179
– Grab des Tauchers 141, 187
Pakistan 113
Palamedes 193
Palästina 176
Palastkultur 19
Palladion 80
Panaitios 38, 153
Pangaios, Gebirge 34, 99, 100, 101, 113
Pankratius 127
panoplia 114
Parallele Leben (Plutarch) 35
Paris 62, 81
Parmenides 58, 140-143, 148
Parnass, Berg 44
Paros 40, 103
parodos 180, 181
Parrhasios 188
Parther 36, 37
Patroklos 63, 80, 157, 202
Paulus 48, 176, 177
Pausanias 30, 205

Pazyryk, Teppich von 10
Pelasger 18
Pelias 172
Pella 34, 35, 165, 186
Peloponnes 8, 9, 20, 21, 126
– Peloponnesischer Krieg 17, 26, 32, 33, 34, 50, 69, 70, 95, 110, 116, 168, 174
– Peloponnesischer Bund 27, 32, 33, 46, 68, 169
Penelope 80, 94, 158, 159
Pentathlon 127
Pentheus 124, 165
peplos 206
Perdikkas 36, 76
Pergamon 12, 13, 35, 36, 37, 48, 60, 99, 139
– Akropolis 60, 61
– Hadrian-Tempel 13
– Theater von 60
Perikles 33, 40, 65, 66-69, 83, 91, 95, 135, 168, 174
Perioiken 27, 83, 106, 111
Periegesis (Hekataios) 133
Peripatetiker 151
Persephone 130, 131, 203
Perseus 156
Persepolis 11, 29, 35, 73
Persien 113, 135, 144
Perser, Die (Aischylos) 181
Perser 10, 11, 17, 28-31, 32, 40, 43, 48, 66, 74, 101, 113, 119, 134, 181
Pferd, Trojanisches 22, 157
Phaiaken 54-55, 159, 192
Phaidra 165
Phaidros (Platon) 148
Phaistos 19
Phalanx 34, 113, 114-117
Phaleros 41
Phänomene (Aratoa) 170
Phaon 161
Pharnabazos 69
Pharos 53
Phidias 65, 67, 184
Phidippides 29, 71
Philippica (Demosthenes) 175
Philipp II. 34, 35, 76, 101, 113, 147, 150, 175
Philon Judaeus 177
Phokis 44
Phönizier 8, 11, 99, 100, 101, 104
Phönizien 113, 168
Phrygien 69
pilos 206

Pindaros 50, 127
Piräus, 32, 33, 40, 41, 57, 119
Pisistratos 26
pithos 188
Pittakos von Mytilene 134
Plataä 30
Platon 16, 41, 58-61, 71, 87, 139, 141, 143, 146-149, 150, 151, 152, 160, 161, 173, 174, 204, 205
Plinius 57, 182
Plotin 13, 149
Plutarch 35, 66, 112
Poikile, Portikus 153
Poliorketik 118-119
polis 24-25, 64-65
Politik (Aristoteles) 10, 86
Polybios 38, 39, 171, 173
Polyklet der Ältere 97, 184
Polykrates 140
Polyphemos 55, 158
Polygnotos 188
Pompeji 116, 187
Pompeius 37
Pompeiussäule 75
pornai 198
Poseidon 127, 158, 182, 123
Poseidonios 38, 103, 153
Praxagoras 200
Praxiteles 167, 184
Präsokratische Philosophen 132-135
Priamos 81, 158
Priene, Theater von 181
Prolog 163
Prometheus 90
pronaos 178
Proserpina 131
proskenion 180, 181
Ptolemäer 48, 49, 52, 53, 75, 107, 138, 176
Ptolemäus I. Soter 36, 53, 76-79
Ptolemäus II. 76-79, 176
Ptolemäus III. 52
Ptolemäus V. 139
Ptolemäus VIII. 97
Ptolemäus, Claudius 17, 52, 56, 171
Punjab 37
Pyrrhus 117, 181
Pythagoras 140-143, 145
Pytheas von Massilia 57
Pythia 44, 45, 90
Pytokrit 183
Python 127

R

Raffael 59
Redner 92-93, 94-97, 174-175
Reich, Byzantinisches 13
Reich, der Hethiter 9
Reich, Persisches 10, 11, 28, 34-35, 72-73, 76, 152
Reich, Römisches 13
– Oströmisches 38-39, 48
– Weströmisches 13, 38
Reiter, Die (Aristophanes) 166
Religion 120-125, 126-127, 178-179
Religiöse Schriften 176-177
Republica (Platon) 41, 58, 71, 147
Rhapsoden 156
Rhegion 9, 99
Rhetorik 174-175
Rhetorik (Aristoteles) 174
Rhodos 109, 123, 183, 186
– *Koloss von* 182
rhyton 189
Riace Marina 184, 185
Rif, Gebirge 56
Rom 12, 13, 37, 38, 48, 60, 61, 77, 117, 139, 151, 169, 171, 173, 175, 181, 207
Römer 36, 38, 44, 48, 50, 53, 60, 61, 77, 119, 120, 121, 122, 123, 124, 131, 151, 170, 201
Rotfigurenstil 189
Roxane 35, 36
Rufus 171

S

Sappho 13, 127, 160-161
Salamis 30, 40, 118
Sallust 171
Samos 140, 168
– Heratempel 179
Samothrake 183
Santorin 19
Sardinien 99
Sarissen 113, 114, 116
Satyr 125
Satrap 28, 69, 73, 76
Saturn 123
Sklaven 84-87
Schatzhaus des Atreus 20
Schatz des Priamos 17
Schliemann, Heinrich 16, 17, 21, 62, 102
Schule von Athen, Die (Raffael) 59
Schwarzfigurenstil 188
Scilla 54

Scipio Africanus 12
Seevölker 9, 21, 100
See, kopaischer 203
Selbstbetrachtungen (Marc Aurel) 38
Seleukiden 48, 176
Seleukos I. 36, 37
Selinunte 9
– Tempel C 197
Seneca 129, 153, 164
Serapides 49, 76
Sybaris 9, 168
Sibylle 44
Silenos 99
Silla 44
Simon Magus 177
Sirene 54, 159
Sizilien 9, 13, 25, 50, 69, 87, 99, 161, 169, 182, 207
skene 180, 181
Skythen 10, 11, 28, 29, 34, 56, 74
Skythien 85
Skopas 184
skyphos 189
Smyrna, Golf von 135
Sokrates 41, 69, 70-71, 133, 135, 146, 147, 166, 174
Sophisten 10, 69, 71
Sophokles 123, 162, 163, 164
Solon 26, 40, 64, 65, 110, 203
Sparta 9, 25, 26-27, 28, 30, 32-33, 34, 46, 64, 69, 81, 82, 83, 84, 85, 106, 111, 152, 167, 169, 186, 204
– Akropolis 27
– Tempel der Artemis Orthia 26
Spartiaten 27, 82, 83, 85, 106, 111, 198, 204
Sphinx der Naxen 182
Spiele 126-127
– Isthmische 127
– Nemeische 127
– Olympische 126-127
– Pythische 44

stamnos 188
Stasimon 163
stethodesmos 206
stoa 153
Stoiker 152-155
Strabon 60, 169
Stratege 82, 85
Strepsiades 71, 195
Sunion, Kap 182
Susa 35, 72
Symposion 204, 205
Syrakus 9, 33, 50-51, 59, 104, 105, 119, 146, 147, 170, 174, 207
– griechisches Theater 51
– römisches Amphitheater 51
Syrien 11, 12, 36, 37, 39, 75, 79, 99, 113, 152, 176, 186
– Krieg gegen 77, 78
Syrer 37

T

Tacitus 57, 81, 171
tainia 206
Tal der Tempel 157
Tanagra 88
Tarent 9, 99, 146, 147
Tauchers, Grab des 141, 187
Tegea 27
Telemachos 80, 81, 159, 190
Tempel 178-179
Terentius 13, 167
Tethys 158
Tetrabiblos (Claudius Ptolemäus) 171
Thales 133, 134
Theater 47, 180-181
Theben 27, 32, 33, 34, 86, 113, 123, 124, 164
Theiresias 124
Themistokles 30, 32, 33, 40, 41, 68, 119
Theodosios 44

Theokrit 79, 173
The Palace of Minos (Arthur Evans) 16
Thermopylen 30, 82
Thesmophoriazusen (Aristophanes) 206
Thessalien 207
Thomas von Aquin 151
Thrakien 23, 28, 34, 78, 79, 85, 99, 101, 113, 144, 160
Thukydides 17, 26, 33, 66, 69, 92, 95, 135, 169, 174
Thule 57
Thurio 168
Tiasoa 160, 161
Tiberius 13
Tigris 98
Timotheos 46
Tragödie 162-165
Traian 48
Trasibulos 174
trierarchie 96
Triere 118-119
Triptolemnos 131
Troja 9, 20, 21, 22-23, 34, 62, 63, 64, 80, 81, 102, 156, 157, 158, 162, 190, 193
Türkei 18, 22, 37, 133
Tyche 51
Tyche 167, 168
Tympanon 179, 182
Tyndaros 81
Tyros 113

U

Uranus 122

V

Valentinos 177
Veii 44
Velia 142
– Porta Rosa 142

Venus 19, 122
Venus von Milo 182
Ventris, Michael 21
Vergil 13, 159, 173
Vergina 101
Via Arcadiana 48, 49
Vlies, Goldenes 172
Voltaire 164
Vulcan 120

W

Waffen 108-111
wanax 20
Wespen, Die (Aristophanes) 166
Wolken, Die (Aristophanes) 71, 166, 195

X

Xanthippos 65
Xanthos 57
Xanthos von Lydien 168
Xenophon 169
Xerxes 29, 30

Z

Zama 12
Zarathustra 72, 73
Zea 41
Zenon von Elea 142
Zenon von Kition 60, 153
Zeus 42, 50, 54, 56, 79, 90, 120, 121, 122, 123, 126, 127, 131, 159, 160, 182, 199
Zeus-Ammon 35
Zeuxis 188
Zoroaster 72
Zoroastrismus 73
Zyklop 54
Zypern 18, 76

DAS RÖMISCHE REICH

DAS RÖMISCHE REICH

Die antiken Wurzeln unserer Kultur

herausgegeben von
Flavio Conti

VERLEGT BEI
KAISER

Flavio Conti
Nachdem er sein Studium an der architektonischen Fakultät der Politechnik in Mailand nebst eines begleitenden Lehrganges absolviert hatte, ließ sich Flavio Conti als Architekt in Mailand nieder und betätigte sich auch als Restaurator, Industrial Designer und Verlagskonsulent. Neben seinem Hauptberuf unterrichtet er an der Universität und hat bereits an rund hundert Sach- und Fachbüchern gearbeitet. Kontinuierlich beschäftigte er sich mit Kunst- und Architekturgeschichte, insbesondere mit der Baukunst des Mittelalters. Als Gymnasiast faszinierte ihn das Werk von E. Gibbon, das ihn für die Archäologie aus der Spätantike und dem Hochmittelalter begeisterte. Auch aus dieser Leidenschaft machte er einen Beruf, zahlreiche seiner Publikationen zum Thema Kunst in der klassischen Antike wurden in mehrere Sprachen übersetzt. Bereits als Student interessierten ihn Untersuchung und Erhaltung von Festungsbauten, und so fungiert er als Vorsitzender des Istituto Italiano dei Castelli und Chefredakteur der Zeitschrift *Cronache Castellane*.

Chefredaktion: Valeria Camaschella
Graphische Leitung: Marco Volpati
Technische Leitung: Roberto Ghidoli
Redaktionsleitung: Miryam Lamarque

Bildredaktion: Centro Iconografico
dell'Istituto Geografico De Agostini
Fotografien: Archivio IGDA
Herausgegeben von Studio Booksystem, Novara

Deutsche Erstausgabe

Titel des italienischen Originals: »Atlante dell'Antica Roma«
Einzig berechtigte Übertragung aus dem Italienischen:
Manuela Eder

Copyright © 2003 Istituto Geografico De Agostini S.p.A., Novara
Copyright der deutschen Ausgabe
© 2010 Neuer Kaiser Verlag Gesellschaft mbH, Klagenfurt
Neuauflage
E-Mail: office@kaiserverlag.com
www.kaiserverlag.com

Kein Teil des Werkes darf in irgendeiner Form (durch Fotografie, Mikrofilm oder ein anderes Verfahren) ohne schriftliche Genehmigung des Verlages reproduziert oder unter Verwendung elektronischer Systeme verarbeitet, vervielfältigt oder verbreitet werden.
Satz: Context Type & Sign Pink GmbH, St. Veit/Glan
Druck und Bindearbeit: Gorenjski Tisk, Kranj-Slowenien

INHALT

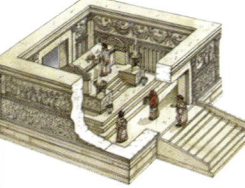

6 Einführung

IMPERIALER GEIST

8 *Parcere subiectis, debellare superbos*

GESCHICHTE

10 Zeittafel
12 Italien vor der Römerzeit
14 Die Zeit der Könige
16 Die Geburt der Republik
18 Die Eroberung der Halbinsel
20 Der Konflikt mit Karthago
22 Geburtsstunde des Imperiums
24 Bürger- und Bruderkriege
26 Von der Republik zum Prinzipat
28 Vom Prinzipat zur Monarchie
30 Der Glanz des Imperiums
32 Autokratie und Anarchie
34 Die Neuordnung des Reiches
36 Das christliche Imperium
38 Invasionen und Niedergang
40 Rom nach der Römerzeit
42 Rückkehr zur Form

ORTE UND MONUMENTE

44 Die Hauptstadt des Reiches
46 Die Städte im Norden
48 Vom Vulkan bewahrt
50 Die Rolle Afrikas
52 Tore zum Orient
54 Die Grenzen des Reiches
56 Ein Palast wie eine Stadt
58 Wechselnde Hauptstädte

DIE PROTAGONISTEN

60 Die Begründer: Aeneas und Romulus
62 Väter des Vaterlandes: Camillus und Scipio
64 Die Gracchen, Marius und Sulla
66 Die Gründer des Imperiums: Caesar und Augustus
68 Der Gipfel der Macht: Messalina und Nero
70 Die Philosophenkaiser: Hadrian und Marc Aurel
72 Die Teilung des Reiches: Diokletian und Konstantin
74 Julian Apostata und Galla Placidia

INHALT

RELIGION

76 Eine Trias und viele Götter
78 Importierte Kulte
80 Mythen, Legenden und Traditionen
82 Die Priesterkollegien
84 Die Deutung der Zeichen der Götter
86 Die Religion im Privatleben
88 Bestattungsriten
90 Aberglaube und Magie

SPRACHE UND LITERATUR

92 Eine Sprache in den Kinderschuhen
94 Die Entdeckung des Gefühls
96 Die Redekunst
98 Das Gewissen des Schicksals: die Historiker
100 Geistige Führer in einer Welt im Wandel

POLITIK UND RECHTSWESEN

102 Senat und Volk
104 Zivile und militärische Macht
106 Ämter und Ehren
108 Der Preis des Ansehens
110 Verwaltung der Provinzen und des Staates
112 Die Insignien der Macht
114 *Civis romanus sum*
116 Die Verwaltung der Justiz
118 Delikte und Strafen
120 Anwälte und Rechtsberater
122 Die Schaffung von Konsens

MILITÄRWESEN

124 Pflicht- und Berufssoldaten
126 Waffen und Ausrüstung
128 Der Feind
130 Verteidigungsanlagen
132 Der Glanz des Sieges
134 Die erste Garde: die Prätorianer

WIRTSCHAFT UND GESELLSCHAFT

136 Die Landwirtschaft
138 Viehzucht und Weidewirtschaft
140 Der Bergbau
142 Die Organisation der Arbeit
144 Banken und Münzen

146 Der Handel
148 Der Fiskus in Rom

ARCHITEKTUR UND KUNST

150 Baumaterialien und Techniken
152 Häuser der Römer: *domus* und *insula*
154 Gebäudetypen
156 Stadt- und Landschaftsplanung
158 Die Darstellung der Wirklichkeit
160 Malerei und Mosaik
162 Zwischen Kunst und Kunsthandwerk

DIE BEDEUTENDSTEN WERKE

164 Via Appia, Königin der Straßen
166 *Domus Aurea*, Neros Utopia
168 Das Kolosseum, Symbol des Imperiums
170 Das *Palatium*, Wohnstätte der Kaiser
172 Das Forum, Herz der Stadt
174 Die Hadriansvilla, Abglanz der Kaiserzeit
176 Die Trajanssäule, Monument des Sieges
178 Die Aurelianische Mauer, Schutzwall Roms
180 Die Villa del Casale, Lusthaus eines Aristokraten

DAS TÄGLICHE LEBEN

182 Kleidung und Haartracht
184 Kunst der Verführung
186 Die Gesundheit
188 Die Römer bei Tisch
190 Spiele und Sport
192 Körperpflege
194 Thermen und Gesellschaft
196 Kindheit und Schule
198 Die Rolle der Frau
200 Die Liebe in Rom
202 Einrichtung
204 Probleme mit dem Verkehr
206 Musik und Tanz
208 Kalender und Zeitmessung

210 ERGÄNZENDES GLOSSAR

215 ALPHABETISCHER INDEX

Einführung

Rom war es bestimmt, in seiner über tausendjährigen Geschichte nicht nur zu einem großen Reich aufzusteigen, sondern auch einen politischen, militärischen, kulturellen und gesellschaftlichen Einfluss zu erlangen, der bis heute seinesgleichen sucht. Der Glanz dieser Großmacht strahlte so lange und knüpfte so viele bis ins Heute fortwirkende Verbindungen zum modernen Leben, dass die meisten Europäer zumindest von der Schulzeit an glauben, die antiken römischen Vorfahren wie nahe Verwandte zu kennen. Doch der Schein trügt: Obgleich viele Aspekte ihres Lebens den heutigen Gepflogenheiten überraschend ähnlich sind und der Eindruck entsteht, dieser historische Moment sei gerade gestern gewesen, tun sich die dazwischenliegenden Jahrhunderte jäh wie ein Abgrund auf, sobald das Licht auf eine Facette fällt, die unserem aktuellen Empfinden fremd ist. Dieses Buch setzt sich zum Ziel, im Rahmen seiner Möglichkeiten diesen oft unsichtbaren, aber immer präsenten Graben auszuleuchten. Der interessierte Leser erfährt nicht nur alles Wissenswerte über die geschichtlichen Meilensteine, sondern auch eine Fülle an weniger bekannten, oft überraschenden Fakten und Details aus dem Leben der alten Römer, wie sie aßen, schliefen, studierten und arbeiteten, was sie lasen, wie sie rechneten, die Zeit maßen, Handel trieben, sich kleideten und ihre Freizeit verbrachten. Weit mehr als ein Geschichtsbuch, versteht sich dieser Band als

packende Reportage über die Welt der alten Römer, die den Ausdruck ihrer Kultur (Politik, Gesellschaftsleben, Militärwesen, Religion, Kunst und Kultur, Wirtschaft) und ihre größten Werke (Städte und Straßen, Thermen und Amphitheater, Villen und Foren, Festungen und Aquädukte) dokumentiert, die bedeutendsten Persönlichkeiten des öffentlichen Lebens (von Julius Caesar bis Diokletian, von Cicero bis Seneca, von Messalina bis Galla Placidia) Revue passieren lässt und dabei auch ein Auge auf ihre Gewohnheiten, Ticks, Überzeugungen sowie die Lebensart des einfachen Volkes wirft, von Müttern, Kindern, Soldaten, Staatsdienern, Musikern, Künstlern und Handwerkern bis zu Sklaven, Bauern, Geldwechslern und Dichtern. Während der informative Haupttext einen vollständigen Überblick gibt, werden in jedem der reich bebilderten Kapitel interessante Details und wissenswerte Fakten kurz und prägnant hervorgehoben: Eine faszinierende, spannende Reise durch eine antike Welt mit zahlreichen überraschenden Facetten und ungewohnt nahen Einblicken ins Leben der Menschen im alten Rom.

Flavio Conti

PARCERE SUBIECTIS, DEBELLARE SUPERBOS

»Andere mögen das Erz lebensvoller beseelen, sei's – und lebendiger Züge Gestalt abringen dem Marmor, besser zu reden verstehn vor Gericht, mit dem Zirkel die Bahnen zeichnen des kreisenden Runds und das Nahn der Gestirne verkünden: Du sollst, Römer, beherrschen des Erdreichs Völker mit Obmacht, (dies sei'n Künste für dich) und Zucht anordnen des Friedens, mild dem Ergebenen sein und niederducken den Trotzer.«

Paquius Proculus und seine Frau
Dieses junge Ehepaar, im Freskenschmuck seines Hauses in Pompeji verewigt, scheint uns aus den Tiefen der Geschichte ungerührt zu beobachten.

So schildert der Greis Anchises, als sein Sohn Aeneas ihn im Hades aufsucht, im sechsten Gesang der *Aeneis* das Volk, das seinem Stamm entspringen sollte. *Parcere subiectis, debellare superbos*: ein außergewöhnliches Motto, das von Stolz zeugt und in einem griffigen Satz den Geist des Römischen Reiches ausdrückt. Die Hochmütigen zu bekämpfen und die Demütigen zu schonen wird gleichermaßen zum Auftrag der Vorsehung. Denselben Gedanken mit anderen Akzenten, doch mit ähnlichem Pathos, drückt Jahrhunderte später im Augenblick des Zusammenbruchs des Römischen Reiches Rutilius Namatianus, ein römischer Stadtpräfekt auf der Reise an der italienischen Küste entlang ins heimatliche Gallien zum Abschied an die Stadt der Städte aus:

Höre, schönste Königin einer Welt, gemacht von deinen Händen, o Rom, ewige, umhüllt vom sternenbesetzten Firmament, höre, Mutter der Menschen und der Götter. Dem Himmel sind wir niemals näher als in deinen Tempeln ...

Gleich der Sonne strahlst du deine Gaben über die ringsum fließenden Meere ...

Die feurigen libyschen Sande konnten dir nicht Einhalt gebieten noch das eisbewehrte ferne Land ...

Gabst mannigfachen Völkern eine einzge Heimat, Gesetzlose machtest du zu Bürgern einer Stadt, wie es ihresgleichen auf dieser Welt noch nie gegeben hatte.

Offenbar stellte dieser Aspekt tatsächlich eine Art Mission im tieferen Sinne für das Römische Reich dar. Es hat in der Geschichte der Menschheit größere Eroberungszüge gegeben, fulminantere Siege und dauerhaftere politische Systeme. Doch niemals wurden mehr unterschiedliche Völker und Kulturen

Rekonstruktion der Ara Pacis
Die Ara Pacis wurde zwischen dem 13. und dem 9. Jh. v. Chr. auf dem Marsfeld von Kaiser Augustus errichtet. Der große Altar war mit Mauern von etwa 10 m Seitenlänge umgeben. Der Reliefschmuck, der im Laufe der Jahrhunderte teilweise verloren ging und verschleppt wurde, zeigte die Meilensteine der römischen Geschichte und die Großtaten Kaiser Augustus'. Oben: Prozessionsszene, in der man die Gesichter des Kaisers und seiner Sippe, der Gens Iulia, *erkennt.*

IMPERIALER GEIST

Die Schätze Roms
Ansichten aus dem Alten Rom, *Gemälde aus dem 18. Jh. von Paolo Pannini.*

in einem System zusammengefasst. Dieser Meilenstein der Weltgeschichte ist dabei nicht das Werk einer einzigen genialen und besonders vom Glück gesegneten Persönlichkeit (obgleich es in der römischen Geschichte an großen militärischen und politischen Genies nicht mangelt). Ebenso wenig ist er einem besonders glücklichen Wurf des Schicksals am Spieltisch der Geschichte zu danken (wiewohl der Werdegang der Ewigen Stadt auch nicht arm an unvorhergesehenen Wendungen, Glücksgriffen und Überraschungen aller Art ist). Vielmehr trugen die geeinten Kräfte des kleinen Volkes das gesamte Gefüge. In vielem verschieden, doch einig im Entscheidenden – einer gemeinsamen Disziplin, einer Wertschätzung für ein Staatsgefüge und einem Sinn für die Pflichten des Bürgers sowie in einem starken, wenn auch oft unbewussten Antrieb für die gemeinsame Mission Roms in der Welt, die mit Nachdruck, Organisation und Methode verfolgt wurde. Dies waren die Qualitäten der Menschen, die den Glanz des Römischen Reiches ermöglichten, ein lebendiges Netzwerk, das den englischen Historiker Edward Gibbon begeisterte, Karl den Großen und Napoleon in seinen Bann schlug und bis heute als Maß jeder politischen, militärischen oder gesellschaftlichen Struktur gilt. Allein das Vokabular, das die Jahrhunderte überdauert hat und in den politischen Systemen aller Welt geläufig ist zeigt in welchem Ausmaß Rom die globale Gesellschaft zu beeinflussen vermochte: Kapitol, Senat, Republik, auch Palast, Imperium, Kodex sind nur einige der bekanntesten Beispiele für Begriffe, die alle von Rom aus die fünf Kontinente erobert haben. Vielleicht weiß mancher US-Amerikaner gar nicht, warum das Zentrum der Macht seines Staates in Washington Capitol Hill heißt, doch dies vermag das starke symbolische Band zwischen Antike und Gegenwart nicht zu schwächen. Ebenso wenig werden alle diejenigen, die heute von Faschismus sprechen, um die Bedeutung der *fasces* wissen, der Rutenbündel, die die römischen Liktoren als Zeichen ihrer Macht trugen – ein weiteres Relikt aus altrömischer Zeit, das in den politischen Kämpfen der Gegenwart überlebt hat. Die straffe Organisation und solide Struktur des Reiches ermöglichte die großen Werke der römischen Kultur: weltumspannende Handels- und Straßennetze, Thermen, umfassende Geschichtsschreibung, imposante öffentliche und private Bauten, große Epen und Poesie. Der Staub der Jahrhunderte hat sich auf einiges davon gelegt, anderes ist noch so lebendig, um aus Rom ein *monumentum aere perennius*, »ein Denkmal dauerhafter als Erz« zu machen.

ZEITTAFEL

	800 v. Chr.	600 v. Chr.	500 v. Chr.	400 v. Chr.	300 v. Chr.	200 v. Chr.
ROM UND ITALIEN	– Gründung Roms 753 (nach der Überlieferung) – Tarquinius Priskus, 616-579 – Expansion der Stadt	– Servius Tullius, 579-534 – Neuordnung der Stämme, Heer- und Verfassungsreform – Tarquinius Superbus, 534-509 – Beginn der Republik 509 – Vormachtstellung Roms in Latium	– Niederlage der Latiner am Lagus Regillus 499 – Einfälle der Sabiner, Aequer und Volsker – Patrizierherrschaft – Die Samniter besetzen Kampanien, 420 – Belagerung und Eroberung von Veji, 405-396	– Die Gallier plündern Rom – Krieg gegen die Latiner, 340 – Auflösung des Latinerbundes, Rom annektiert Kampanien, 338 – Eroberung Italiens; 334-264 – Zweiter Samniterkrieg, 327-304	– Dritter Samniterkrieg, 298-290 – Pyrrhus zieht nach Italien, 280-275 – Erste römische Münzen (ca. 280) – Erster Punischer Krieg, 264-241 – Die Gallier fallen 225 in Italien ein – Zweiter Punischer Krieg, 218-202	– Scipionenprozesse, 187 – Cato wird 184 Zensor – Abschaffung direkter Steuern für römische Bürger, 167 – Tribunate Tiberius und Gaius Gracchus: 133, 123-122 – Marius sieben Mal Konsul 107, 104-100, 86 – Niederlage der Kimbern und Teutonen, 102-101
KUNST UND ARCHITEKTUR	– Primitive Behausungen am Palatin – Orientalische Grabanlagen in Cere, Praeneste etc. – erste Gebäude aus Stein, das Forum Romanum entsteht	– Diana-, Fortuna- und Mater Matuta-Tempel, ca. 560 – Servische Mauer – Jupitertempel am Kapitol, 509 – Etruskische Grabmalereien	– Saturn-Tempel, 497 – Ceres-Tempel, 493 – Kastor-und-Pollux-Tempel, 484 – Apoll-Tempel, 431	– Neubau der römischen Stadtmauern, 378 – Tempel C am Largo Argentina, ca. 350 – Via Appia und Aqua Appia, 312 – Grab François di Vulci, ca. 320-310	– Bau neuer Tempel in Rom, 302-272 – Produktion feiner Glaswaren in Rom – Grab der Scipionen, ca. 280 – Circus Flaminius, 221	– Die griechische Kunst erreicht Rom – Bau der Basilica Porcia am Forum Romanum, 184 – Basilica Emilia und Ponte Emilio, 179 – Fortunatempel von Praeneste, ca. 120
LATEINISCHE LITERATUR		– Erste lateinische Inschriften ca. 600	– Zwölftafelgesetz, 451-450		– Appius Claudius Caecus, Redner – Livius Andronicus, Nevius, Plautus, Ennius, Caecilius Statius und Pacuvius, Komödienschreiber und Dichter – Cato, Redner, Historiker, Literat	– Terentius und Achius, Komödienautoren – Lucilius, Satire – Calpurnius Pisus und Celius Antipatrus, Historiker – G. Gracchus, L. Crassus und Q. Hortensius, Redner
AFRIKA, SPANIEN UND WESTLICHES MITTELMEER	– Gründung Karthagos 814 – Phönizier siedeln im westlichen Mittelmeer – Beginn der griechischen Kolonisierung Siziliens und Süditaliens, ca. 750	– Die Griechen aus Phokaia werden bei Alalia (Korsika) von Etruskern und Karthagern besiegt, 535 – Erster Vertrag mit Karthago, 509	– Niederlage der Karthager bei Himera, 480 – Hieron besiegt die Etrusker bei Kyme, 474 – Die Athener unterliegen in Syrakus, 413	– Zweiter Vertrag mit Karthago, 348 – Timoleontes vertreibt die Karthager aus Sizilien, 344 – Agathokles, Tyrann von Syrakus (317-289), fällt in Afrika ein, 310-307	– Sizilien römische Provinz, 241 – Besetzung von Sardinien und Korsika, 238 – Die Römer besetzen die spanischen Gebiete der Karthager	– Dritter Punischer Krieg, 149-146 – Erster Sklavenkrieg in Sizilien, 136-132 – Jugurthinischer Krieg, 112-105 – Zweiter Sklavenkrieg in Sizilien, 104-102
GALLIEN, BRITANNIEN UND MITTELEUROPA	– Hallstatt-Kultur		– La Tène-Kultur – Einfall der Kelten in Norditalien (und Plünderung Roms 390)		– Die Gallier fallen in Mazedonien, Griechenland und Kleinasien ein, 279 – Invasion der Gallier in Italien wird bei Talamone 225 gestoppt	– Rom erobert Gallia Cisalpina, 202-191 – Narbonne wird römische Provinz, 121 (?) – Wanderzüge der Kimbern und Teutonen, (120-100) – Römischer Feldzug in Dalmatien, 118-117
GRIECHENLAND UND ORIENT	– Erste Olympische Spiele, 776 – Homer, Hesiod, ca. 700 – Griechische Kolonisationszeit (ab ca. 750) – Griechische Tyrannenzeit, ca. 655-510	– Kyros der Große begründet das Perserreich, ca. 550-530 – Sparta dominiert die Peloponnes ab ca. 560 – Pisistratos Tyrann von Athen, 546-528	– Ionischer Aufstand, 499-494 – Einfälle der Perser in Griechenland, 490-481-479 – Vorherrschaft Athens in der Ägäis, 478-404 – Bau des Parthenon, 447-432 – Peloponnesischer Krieg, 431-404	– Philipp II. sichert Mazedonien die Vormacht in Griechenland, 359-336 – Alexander der Große erobert Persien, 333-323 – Seleukidenreich in Syrien und Mesopotamien – Ptolemäer in Ägypten	– Mazedonien besetzt Athen, 261 – Krieg zwischen Rom und Illyrien, 229-219	– Zweiter Mazedonischer Krieg, 200-197 – Syrischer Krieg, 191, 188 – Dritter Mazedonischer Krieg, 172, 168 – Zerstörung von Korinth, 146

GESCHICHTE

100 v. Chr.	n. Chr.	100 n. Chr.	200 n. Chr.	300 n. Chr.	400 n. Chr.
– Bruderkrieg, 91-89 – Bürgerkrieg: Silla Diktator, 83-82 – Spartakusaufstand, 73-71 – Erstes Triumvirat, 60 – Bürgerkrieg: Caesar Diktator, 49-44 – Tod Caesars, 44 – Zweites Triumvirat, 43 – Prinzipat des Octavianus Augustus, 31 v.Chr.-14 n.Chr.	– Julisch-Claudische Dynastie, 27 v.Chr.-68 n.Chr. – Brand Roms, 64 – Flavische Dynastie und Reich Trajans, 69-117 – Ausbruch des Vesuvs 79	– Kaiser der antoninischen Dynastie, 117-193	– Severische Dynastie, 193-235 – Alle freien Einwohner der Provinzen werden 212 römische Bürger – Soldatenkaiser, 235-284 – Diokletian begründet die Tetrarchie, 293	– Große Christenverfolgung, 303-305 – Wiedereinsetzung der Religionsfreiheit, 313 – Konstantin einziger Kaiser, 324-337 – Julianus will das Heidentum wieder einführen, 361-363 – »Abschaffung« des Heidentums, 382 – Teilung des Reichs, 395	– Umzug des Kaiserhofes nach Ravenna, 402 – Alarich plündert Rom, 410 – Rom wird von den Vandalen 455 verwüstet – Der letzte Weströmische Kaiser dankt 476 ab – Gotenkönige in Ravenna, 476-540
Tabularium, 78 – Pompejus-Theater, 55 – Caesarforum, 46 – Augustusbogen, 21 – Thermen von Agrippa, 19 – Marcellus-Theater, 17 – *Ara Pacis Augustae*, 9 – Augustusforum, 2	– Bauprogramm Kaiser Augustus' in Rom – Einweihung des Kolosseums, 79	– Einweihung des Trajanforums, 112 – Neubau des Pantheon, 118-128 – Hadriansvilla in Tivoli, 126-134	– Bauvorhaben des Septimius Severus in Leptis Magna – Bau der Caracalla-Thermen in Rom, 216 – Aurelianus baut die nach ihm benannte Stadtmauer von Rom, 271	– Konstantinsbogen – Kirchenbauten in Rom, Jerusalem und Konstantinopel	– Mosaiken in den Kirchen Ravennas
– Cicero, Redner und Philosoph – Caesar, Historiker – Lucrez, Dichter und Philosoph – Sallust und Livius, Historiker – Catull, Vergil, Horaz, Tibull, Properz und Ovid, Dichter	– »Silbernes Zeitalter« der lat. Literatur – Seneca, Redner und Philosoph – Persius, Lucanus, Martialis, Dichter – Plinius der Ältere, Naturwissenschaftler – Plinius der Jüngere, Briefe – Tacitus, Historiker	– Juvenal, Dichter – Sueton, Historiker – Apuleius, Erzähler	– Ulpian und Papinian, Juristen – Tertullian, christlicher Apologist	– Ausonius und Claudianus, Dichter – Lactantius, christlicher Apologist – Ambrosius, Hieronymus und Augustinus, christliche Autoren – Symmachus, Redner – Ammianus Marcellinus, Historiker	– Hieronymus vollendet die *Vulgata* ca. 404 – Orosius, Historiker – Servius und Macrobius, Literaten – Der Codex Theodosianus wird 429-437 verfasst – Sidonius Apollinaris, Dichter
– Niederlage des Pompejus in Spanien (49), Afrika (46) und bei Munda (45) – Sextus Pompejus kontrolliert das westliche Mittelmeer 40-36 – Agrippa erobert Nordwest-Spanien, 27-19	– Annexion Mauretaniens		– Expansion der römischen Kolonisierung Nordafrikas	– Donatisches Schisma, 311-312	– Die Vandalen fallen in Spanien ein – Reich der Vandalen in Karthago, 439
– Caesar erobert ganz Gallien, 58-51; Feldzug gegen Britannien, 55-54 – Norikum und Raetien werden römische Provinzen, 16-15 – Tiberius erobert Pannonien, 12-9	– Aufstand unter Vercingetorix, 68 – Rom besetzt Britannien, 43 – Befestigung der Grenzen in Germanien und Illyrien – Dakische Kriege, 86-92	– Bildung der Provinz Dakien, 107 – Mark Aurels Krieg gegen die Markomannen – Einfälle der Barbaren in Dakien, 167	– Gallisches Sonderreich, 259-273 – Sonderreich in Britannien (Carausius und Allectus, 287-296) – Trier wird Hauptstadt von Gallien – Dakien fällt 272 an die Goten	– Die Goten finden im Reichsgebiet Schutz, 376 – Schlacht bei Hadrianopolis, 378	– Gotische Herrschaft in Südgallien – Britannien wird von den Sachsen kolonisiert – Die Burgunder besetzten das mittlere Rhonetal – Hunnenreich unter Attila
– Mithridatische Kriege: 88-84, 83-82, 74-63 – Pompejus erobert den Orient, 66-63 – Pompejus unterliegt bei Pharsalos, 48 – Brutus und Cassius bei Philippi besiegt, 42 – Antonius unterliegt bei Actium, 31	– Erster Judenaufstand, 66-73 – Zerstörung des Tempels von Jerusalem, 70 – Iosephus Flavius, jüdischer Historiker	– Zweiter Judenaufstand unter Bar Kochba, 132-135 – Gründung der Provinz Mesopotamien, 165 – Plutarch und Pausanias, griechische Autoren – Neosophismus in der griech. Literatur	– Sassanidenherrscher in Persien – Aufstand von Palmyra, 266-272 – Die Heruler fallen in Attika und der Peloponnes ein, 267 – Cassius, Dio und Herodian, griechische Historiker	– Konzil von Nicäa, 325 – Konstantinopel wird neue Hauptstadt des Reichs, 330 – Einfall der Westgoten in Griechenland, 395 – Eunap, griechischer Historiker	– Einfall der Hunnen – Konzil von Chalkedon, 451 – Olympiodorus, Priskus und Malkus, griechische Historiker

Italien vor der Römerzeit

Ein vielfältiges Panorama, in dem einander autochthone und von außen eingewanderte Völker begegnen, von denen ein jedes eine eigene Kultur mitsamt den jeweils besonderen Kenntnissen und Fertigkeiten mitbringt.

Das politische und kulturelle Bild Italiens vor der Geburtsstunde Roms ist von großer Vielfalt gekennzeichnet. Grob vereinfacht ausgedrückt wurde die Halbinsel von zweierlei Völkern bewohnt, den indigenen »italischen«, die mit einiger Sicherheit von dort stammten, und jenen, von denen man weiß oder annimmt, dass sie von außen eingewandert waren: Etrusker, Griechen, Phönizier, Kelten.

Die eingewanderten Völker

Die Griechen und Phönizier kamen sozusagen als alte Bekannte, Händler aus Mykene hatten die Inseln im Tyrrhenischen Meer und die Küsten Italiens bereits Mitte des 2. Jahrtausends v. Chr. besucht. Gegen Ende des Jahrtausends rissen die Kontakte ab oder wurden sehr viel spärlicher, um erst

Der Krieger von Capestrano
Diese bekannte Steinfigur aus dem 6. Jh. v. Chr. mit Spuren rosafarbener Bemalung stammt aus der Nekropolis von Capestrano in den Abruzzen. Sie stellt einen Krieger mit Maske und langem Umhang dar, der ein Schwert trägt.

In voller Rüstung
Kriegerstatuette aus Bronze mit Schwert und Schild (8. Jh. v. Chr.) aus Venetien. Nach der Überlieferung waren die Veneter einst übers Meer aus Kleinasien gekommen und hatten sich in der nach ihnen benannten Region niedergelassen.

Sardische Bronzefigur
Kleine Votivfiguren aus Bronze wie die unten abgebildete, die ein Schiff darstellt, geben wertvolle Hinweise auf die vorrömische Gesellschaft in Sardinien.

um das 8. Jh. v. Chr. verstärkt wieder einzusetzen. Es begann eine regelrechte Kolonisationsbewegung: Die Griechen siedelten an den Küsten Süditaliens, auf den kleineren der tyrrhenischen Inseln und im östlichen Sizilien, während die Phönizier im Westen Siziliens und in Sardinien heimisch wurden. Mehr oder weniger zur gleichen Zeit drangen keltische Stämme über die tiefen Alpentäler von Norden in die Po-Ebene vor, wo ihre Anwesenheit und steigende Bedeutung ab dem 6. Jh. v. Chr. dokumentiert ist. Zwischen diesen beiden Siedlungsgebieten lag das Gebiet der Etrusker. Ihre Stadtstaaten nahmen das Gebiet zwischen Arno und Tiber ein, mit vereinzelten Ausläufern weit nach Norden über den Apennin hinaus und tief in den Süden bis Kampanien, wo das etruskische Capua mutig den griechischen Städten Kyme und Neapolis trotzte.

Die italischen Völker

Doch dazwischen, überall verstreut, lebte ein buntes Gemisch an italischen Völkern: Apulier, Lukaner, Samniten, Latiner, Umbrier, Picener, Ligurer, Veneter und nicht zu vergessen Sikuler und Sarden. Alle diese Ethnien wiesen eigene Charakteristika auf, doch gab es auch mehr oder weniger ausgeprägte Verbindungen zwischen ihnen sowie manchmal gemeinsame religiöse Zentren. Sie unterschieden sich durch den Charakter ihrer Siedlungen (wie die kompakten Stadtstaaten der Latiner im Vergleich zu den verstreuten Ansiedlungen der Samniten oder Ligurer) und Sprachen (trotz der gemeinsamen indogermanischen Wurzel konnte etwa ein Umbrier nur schwer einen Veneter verstehen), aber auch die gesellschaftlichen Bedingungen (man denke nur an die Stellung der Frau, die bei den Latinern gleichsam versklavt, im nahen Etrurien dagegen hoch angesehen war). Die Beziehungen zwischen den italischen Völkern sowie diesen und den Kolonisten waren oft kriegerisch, aber auf lange Sicht fruchtbar, führten doch beispielsweise Griechen und Phönizier auf der Halbinsel das Alphabet ein. Die griechische Architektur beeinflusste die etruskische und über diese auch die römische und italische Baukunst. Die Keramikkunst der Griechen wurde bald zum Statussymbol auf der italischen Halbinsel, ebenso wie der Wein, den diese Gefäße enthalten haben mussten. Die Eroberung durch Rom übte auf dieses bunte, enorm vielfältige Mosaik einen starken Effekt aus: Sprache, Tradition und Gebräuche wurden vereinheitlicht und seit Jahrhunderten verfestigte Strukturen gründlich durchgemischt – am Ende dieses Prozesses stand eine völlig neue Kultur, die jene ihrer zahlreichen Vorgänger gleichzeitig beerbt und überwunden hatte.

Ein Haus für die Toten
Miniaturdarstellungen aus Terrakotta oder Bronze, wie sie speziell gegen Ende der Bronzezeit und in der frühen Eisenzeit häufig in Etrurien und Latium als Urnen verwendet wurden, vermitteln eine Ahnung von Architektur und Ausstattung der damaligen Behausungen. Oben: Graburne aus Vulci.

REGIONEN UND VÖLKER

Zusammenfassung altitalischer Völker nach aktuellen italienischen Regionen geordnet:

Piemont und Aostatal
Tauriner, Salasser, Lepontier, Ligurer, Victimuler
Ligurien
Ligurer
Lombardei
Camuner, Etrusker, Kelten
Venetien
Veneter
Emilia-Romagna
Etrusker, Gallier, Zenoner, Boier, Lingonen
Toskana
Etrusker
Umbrien
Umbrer, Etrusker
Marken
Picener, Zenoner
Latium
Latiner, Sabiner, Volsker, Herniker, Falisker, Capenaten
Abruzzen und Molise
Samniten, Äquer, Marser, Vestiner, Peligner, Pretuzer, Marrukiner
Kampanien
Kampaner, Lukaner, Sidiziner, Osker
Apulien
Japygen (Dauner, Peuketier, Messapier), Salentiner, Kalabrer
Basilikata
Lukaner, Enotrer
Kalabrien
Bruzier, Kalabrer
Sizilien
Sikuler, Sikaner, Elymer
Sardinien
Sarden

Vögel auf Rädern
Dieses Terrakottagefäß in Tierform mit Rädern aus Venetien stammt aus dem 10. Jh. v. Chr.

DIE ZEIT DER KÖNIGE

Zwischen Legende und historisch dokumentierte Realität, mitten ins Zeitalter der Könige, fällt die Geburtsstunde der Ewigen Stadt sowie jener Mythen, auf die sich die spätere römische Identität gründen sollte.

Adoptivmutter
Nach der Legende wurden die Zwillinge Romulus und Remus von einer Wölfin gesäugt. Viele Skulpturen und Reliefs (wie das oben gezeigte) nehmen diese Geschichte zum Motiv.

Rom schlüpfte nicht am 21. April 753 v. Chr. aus dem Ei, wie es die Überlieferung und eine beliebte Eselsbrücke für Schüler wollen, und ganz bestimmt nicht an einem einzigen Tag. Mit einer Geburt hat der Werdegang der Stadt vielmehr den langen Prozess des Wachstums und der Entwicklung gemeinsam, im Zuge dessen sich mehrere prähistorische Dörfer immer enger zu einem größeren Ganzen zusammenschlossen. Dieser *Synoikismus* hatte wahrscheinlich den Palatin zum Zentrum, als treibende Kraft fungierte der kommerzielle Austausch zwischen den Etruskern im Norden und den Griechen im Süden – das neue Siedlungszentrum übernahm die Rolle eines Warenumschlagplatzes. Der Kontakt mit höher entwickelten Gesellschaften brachte der noch weit gehend primitiven Latinergemeinschaft viele Vorteile: Von den Griechen lernten die Römer den Anbau von Wein und Oliven, von den Etruskern übernahmen sie vieles aus Handwerk, Kunst und Religion.

Der Gründungsmythos

Nach der Legende begann die Geschichte Roms mit den beiden Zwillingen Romulus und Remus, die mütterlicherseits vom trojanischen Helden Aeneas, väterlicherseits vom Kriegsgott Mars abstammten. Nachdem sie am Ufer des Tibers in einem Korb ausgesetzt worden waren, nahm sich eine Wölfin ihrer an. Sie wuchsen zwischen den Hügeln der zukünftigen Stadt heran, bis beide zu Oberhäuptern einer Gemeinschaft von Latinern und Sabinern wurden, für die

Der Raub der Sabinerinnen
Die in diesem Gemälde aus dem 17. Jh. von Pietro da Cortona dargestellte Episode ereignete sich nach der Legende anlässlich der Consualien *(benannt nach der lokalen Gottheit* Consus*), eines von Romulus ausgerichteten Festes, zu dem die Sabiner mit Frauen und Kindern geladen waren. Nach einem augenscheinlich freundlichen Empfang wurde ein Tumult inszeniert, im Zuge dessen die Römer die jungen Sabinerinnen raubten, um sich mit ihnen zu vermählen.*

DIE SIEBEN KÖNIGE

Die chronologische Reihenfolge der sieben mythischen Könige Roms, die später in die Annalen der spätrepublikanischen und augustinischen Periode einging, entspricht der hier folgenden:
753–715 v. Chr. Romulus
715–672 v. Chr. Numa Pompilius
672–640 v. Chr. Tullius Hostilius
640–616 v. Chr. Ancus Marcius
616–578 v. Chr. Tarquinius Priskus
578–534 v. Chr. Servius Tullius
534–509 v. Chr. Tarquinius Superbus

Gründerporträt
Romulus, König von Rom, hier auf dem Revers einer 51 v. Chr. geprägten Münze.

sie jeweils eine eigene Ansiedlung gründen wollten. Jeder der Brüder zog einen Kreis, Romulus auf dem Palatin, Remus auf dem Aventin. Doch als Remus die vom Bruder gezogene Grenze nicht respektierte, wurde er von diesem getötet. Dies ist natürlich nur eine Legende, doch sie enthält, wie viele der jahrhundertelang mündlich überlieferten Geschichten, einen wahren Kern: Auf dem Palatin hat man anlässlich archäologischer Grabungen tatsächlich die Überreste einer Siedlung entdeckt, die aus dem 8. Jh. v. Chr. stammt, eben jener Zeit, die traditionell als die Geburtsstunde Roms angegeben wird.

Die italischen Könige

Nach Romulus sollen zwischen dem 8. und dem 6. Jh. v. Chr. noch sechs Könige geherrscht haben. Die ersten drei – Numa Pompilius, Tullius Hostilius und Ancus Marcius – gehörten der Gründergemeinschaft der Latiner und Sabiner an, wobei jeder nach eigenen Neigungen und zum Vorteil seiner ethnischen Gruppe wirkte: Numa Pompilius systematisierte den religiösen Bereich, Tullius Hostilius organisierte das Heer und Ancus Marcius führte es zur Eroberung der umliegenden Gebiete.

Die Etruskerkönige und der Niedergang der Macht

Auf die Sabiner und Latiner folgten drei etruskische Könige: Tarquinius Priskus, Servus Tullius und Tarquinius Superbus. Sie führten in Rom jene Kultur ein, deren Träger sie waren, und führten große öffentliche Bauvorhaben durch wie eine Kanalisation und eine Stadtmauer. Doch sie veränderten die Struktur der Macht auch zunehmend in autokratische Richtung, bis der letzte König schließlich als Tyrann herrschte. Darauf reagierten die Bürger mit Widerstand, woraus der Niedergang der königlichen Macht folgte. Der wahre Kern dieser Geschichte hat schon etwas mehr Substanz: Es gilt als erwiesen, dass die Ewige Stadt in ihren Anfängen von einer Art König regiert wurde, und dass es unter dieser Regierung zu umfangreichen Eroberungen kam, die später die Grundpfeiler des Römischen Reiches darstellen sollten. Die etruskische Kultur spielte bei dieser Entwicklung eine wichtige Rolle, prägte sie doch viele der Glaubenssätze und der später für Rom so typischen politischen Strukturen.

Etruskisches Lächeln
Die Kontakte mit etruskischen Städten, vor allem mit Veji, hatten enormen Einfluss auf das kulturelle Leben der ersten Römer. Rechts: Der Apoll von Veji (5. Jh. v. Chr.) schmückte zusammen mit anderen Statuen das Dach eines Tempels der Stadt.

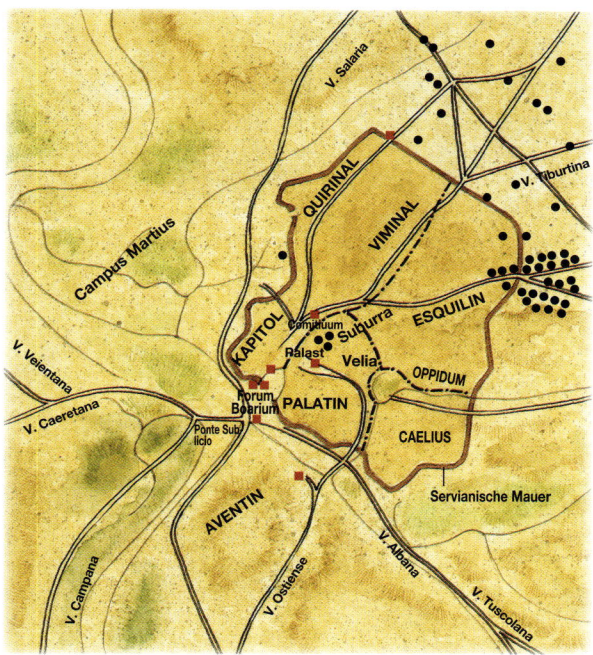

Die Ewige Stadt zur Zeit der Tarquinier
Links: Grundriss Roms in der archaischen Zeit. Die Stadt lag geschützt innerhalb der Servianischen Mauer und war in vier Viertel unterteilt (gestrichelte Linie). Die schwarzen gefüllten Kreise zeigen Gräber an, die roten Quadrate Tempel.

Die Geburt der Republik

Gegen Ende des 6. Jh. v. Chr. – die Überlieferung gibt als Datum das Jahr *244 ab Urbe condita*, das heißt nach Gründung der Stadt an, was 509 v. Chr. entspricht – stürzten die Römer ihren siebten König Tarquinius Superbus und führten eine republikanische Regierungsform ein.

Der erste Konsul
Der Brutus Capitolinus, den diese herrliche, heute in den Kapitolinischen Museen verwahrte Bronzestatue darstellt, gilt seit dem 16. Jh. als Junius Brutus, erster Konsul von Rom in der republikanischen Zeit.

Die antike Geschichtsschreibung gibt als zündenden Funken für diesen Umsturz den Zorn des Volkes auf Sextus Tarquinius, den Sohn des Königs an, der einer beliebten Edelfrau namens Lucrezia Gewalt angetan hatte: eine sicherlich stark vereinfachte und romantisierte Version der Tatsachen. Eine Revolution von solcher Tragweite ereignet sich nicht von einem Moment auf den anderen, und es bedarf gewiss einer tiefer greifenden sozialen Dynamik als der Schmach einer Vergewaltigung als Auslöser. Einen Hinweis darauf, welcher Art diese Kräfte gewesen sein könnten, erhalten wir durch die Art der Regierung, die nach dem Sturz des Etruskerkönigs entstand: eine Republik stark aristokratischer Prägung, in der die Gewalt der Exekutive zwei Konsuln überantwortet wurde, welche den Oberbefehl über das Heer innehatten und im Falle extremer Gefahr für kurze Zeit durch einen Diktator ersetzt werden konnten. Es mutet daher eher wahrscheinlich an, dass die Einsetzung der Republik auf einen Staatsstreich oder zumindest den gewaltsamen Bruch mit der bisherigen Ordnung folgte, der das Werk einiger der mächtigen römischen *gentes* war. Diese Patrizierfamilien sicherten sich die wichtigsten Ämter, sowohl die neuen, wie das Konsulat, als auch die alten, wie das Priesteramt. Während der Herrschaftszeit der Könige zählten die Hauptvertreter dieser *gentes* wahrscheinlich zu den *patres*, den Mitgliedern des Senats. Sie hatten großen Einfluss und kontrollierten kraft ihrer Ämter eine große Anzahl ihnen verpflichteter Bürger, die sie für ihre Zwecke mobilisieren konnten. Wahrscheinlich richtete sich der Umsturz gegen die Pläne des Königs, ihre Macht und Privilegien auf längere Sicht zugunsten der aufstrebenden Stände der Handwerker und Händler zu beschneiden.

REVOLUTIONÄRE VERÄNDERUNG

Die Überlieferung schreibt Servius Tullius die revolutionäre Heeresreform zu, die den Übergang von der Monarchie zur Republik entscheidend beeinflusste. Der von ihm eingeführte Zensus teilte die Bürger nach ihrem Vermögen ein, und das zuvor hauptsächlich vom Adel dominierte Heer wurde nunmehr aus allen Schichten rekrutiert: Jeder Bürger, der sich die militärische Ausrüstung leisten konnte, war den anderen gleichgestellt, die mit der Zugehörigkeit zur Aristokratie verbundenen Privilegien wurden dadurch abgeschafft.

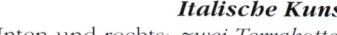

Italische Kunst
Unten und rechts: *zwei Terrakotten aus dem 4. Jh. v. Chr., Werke unbekannter italischer Künstler.*

DIE FEINDE DER REPUBLIK

Vom Beginn ihrer Existenz an musste die Republik sowohl den Etruskern die Stirn bieten, die ihren Hoheitsbereich auf Rom auszudehnen versuchten, sowie den Latinern, die die Expansionsbestrebungen der Stadt im Latium kritisch betrachteten. Die Latiner hatten gegen die wachsende Macht Roms einen Bund ins Leben gerufen, dem Städte wie Tusculum, Lanuvium, Pometia und Tivoli angehörten. 499 v. Chr. kam es am Lagus Regillus zur Schlacht zwischen Rom und dem Latinerbund, deren Ausgang zum Abschluss eines Bundesvertrages, des *foedus Cassianum* (493 v. Chr.), kam, in dem sich die Kontrahenten (Latinerstädte und Rom) im Falle eines Angriffs von außen gegenseitig Beistand zusicherten.

Der Sturz der Monarchie führte auch auf dem Gebiet der Religion, wo der König an der Spitze der klerikalen Hierarchie stand, zu tief greifenden Veränderungen. Die aristokratische Regierung schuf ein neues Amt, das des *rex sacrorum*. Titel und zeremonielle Aufgaben des Monarchen blieben erhalten, jedoch einzig auf den sakralen Bereich beschränkt und unter strikter Kontrolle des *pontifex maximus*, der wiederum ein Vertreter der weltlichen Macht war und kein Priester (unter anderen hatte auch Julius Caesar dieses Amt inne).

Neue soziale Schichten

Die Regierungsform der Republik verdankte Rom jedoch nicht nur dem Aufstand der Aristokraten gegen die Monarchie, sondern auch dem Druck, den neue einflussreiche Mitglieder der Gesellschaft ausübten, die den alten Staat für rückständig hielten und das Instrument ihres Aufstiegs in einer militärischen Laufbahn fanden. Die wichtigste Autorität in der Hierarchie der neuen Ämter war das *imperium militiae*, das Kommando über das Heer, dessen Lebensnerv die schwere Infanterie bildete. Die Kavallerie unterstand dem *magister equitum* und setzte sich aus Patriziern zusammen. Sie wurde von den Zenturien der Infanterie flankiert, die aus Plebejern bestanden, welche wohlhabend genug waren, sich die dafür notwendige Ausrüstung leisten zu können. An ihrer Spitze stand der *magister populi*, auch als *dictator* bekannt. Diese umwälzende Neuerung, durch die reiche Plebejer mit der Aristokratie zu einer Gesamtheit verschmolzen, stellte die Basis der Republik dar, die sich über ihr Motto definierte: *Senatus PopulusQue Romanus* (Senat und Volk von Rom). Die Struktur der Republik wurde im Laufe des 5. Jh. v. Chr. mit der Einsetzung der Praetur für Rechtsfragen und der Quaestur für die staatliche Verwaltung perfektioniert. Gemeinsame Merkmale des Quaestors und Praetors waren die einjährige Amtsperiode und die Tatsache, dass jedes Amt durch Wahl und immer mit zwei Männern besetzt wurde, um möglichem Machtmissbrauch und Korruption einen Riegel vorzuschieben.

Die Minerva von Lavinium
Diese Statue der Göttin Minerva stammt aus der Latinerstadt Lavinium, die unter den Römern als heilig galt, weil sie der Überlieferung nach von Aeneas gegründet worden war.

Die Eroberung der Halbinsel

Die beiden Jahrhunderte nach der Gründung der römischen Republik standen im Zeichen eines langwierigen Kampfes gegen die übrigen Völker der italienischen Halbinsel, die eines nach dem anderen unterworfen wurden.

Bürger und Soldat
Im frühen römischen Reich hatte sich das Individuum voll und ganz dem Kollektiv unterzuordnen. Auch der Militärdienst war Teil der civitas romana *und wurde ganz selbstverständlich geleistet, ohne dass es einer gesetzlichen Grundlage bedurfte.*
Rechts: *gerüsteter Latinerkrieger, (4. Jh. v. Chr.).*

Gegen Ende des Zeitalters der Könige hatte Rom eine – wenn auch immer wieder angefochtene – Vormachtstellung gegenüber den anderen Städten im Latium inne. Die Wirren des Umsturzes bedrohten jedoch diese Vorherrschaft, die Ewige Stadt musste ums eigene Überleben kämpfen. Erst im Laufe einer Reihe langwieriger und erbitterter Kriege, die oft mit der Macht der Verzweiflung geführt wurden, eroberten die Römer Zug um Zug ihre Hoheitsgebiete zurück und konnten sie schließlich schrittweise ausdehnen. Der Latinerbund, der Rom den Weg nach Süden versperrte, wurde eineinhalb Jahrhunderte lang bekämpft, bis 338 v. Chr. endgültig Frie-

Dickhäutiger Stoßtrupp
Die erste Schlacht der Römer gegen Pyrrhus von Epirus fand bei Herakleia in Lukanien um 280 v. Chr. statt. Die Elefanten von Epirus lösten eine Panik unter der Römern aus, die schwere Verluste verzeichnen mussten.
Oben: *Teller aus dem 3. Jh. v. Chr. mit für den Kampf gerüsteten Elefanten.*

Das kaudinische Joch
Im Laufe des zweiten Samnitenkrieges gelang es den Gegnern, die Römer bei den kaudinischen Pässen in einen Hinterhalt zu locken. Um ihr Leben zu retten, waren die Legionäre gezwungen, ein aus Speeren gebildetes Joch zu durchschreiten, das man nur unbewaffnet passieren konnte.
Unten: *Dieses Relief zeigt einen als Gladiator gerüsteten Samniten.*

Vertreibung der Plünderer
Die Gallier brandschatzten und herrschten mit Waffengewalt in Rom, sie zwangen die Bürger, ihre Freiheit gegen einen hohen Preis in Gold zu erkaufen. Erst dem Diktator Furius Camillus gelang es, dem Treiben ein Ende zu setzen, indem er die Gallier mit seinen Legionen in die Flucht schlug. Oben: vergoldeter Dolch mit Futteral, ein Meisterstück keltischer Schmiedekunst.

DER KULT UM DIE DIOSKUREN

Die Schlacht am Lagus Regillus, als sich Römer und verbündete Latiner gegenüberstanden, ist untrennbar mit der Einführung des Dioskurenkultes (*oben: Relief am Altar der Juturna am Forum Romanum*) in Rom verbunden. Mitten im wildesten Kampf sollen auf dem Schlachtfeld plötzlich zwei geheimnisvolle Reiter aufgetaucht sein, die die römischen Heerscharen zum Sieg führten. Danach sah man die beiden jungen Männer erst wieder in Rom, wo sie ihre Pferde an der Quelle der Nymphe Juturna tränkten und den Bürgern den Sieg über die Latiner verkündeten. Anschließend verschwanden sie, als hätten sie sich in Luft aufgelöst. Den beiden jungen Reitern – den Dioskuren – wurde 484 v. Chr. ein Tempel auf dem Forum geweiht. Diese Legende kann man als Übertragung eines aus dem hellenistischen Umfeld Magna Graecias stammenden Mythos in die römische Tradition interpretieren: Tatsächlich galten die Zwillinge Castor und Pollux in den Städten Süditaliens als Schutzpatrone der Kavallerie, die sich ausschließlich aus Mitgliedern der Aristokratie zusammensetzte. So könnte man in ideologischer Hinsicht vermuten, dass die Einführung eines Kultes um zwei Edelleute in jenem entscheidenden Moment, als die politische Macht von der Monarchie auf republikanische Institutionen überging, die Position des Adels stärken sollte.

den an dieser Front herrschte. Die große etruskische Stadt Veji im Norden Roms wurde 396 erobert, und erstmals griffen die Machtbestrebungen der Römer über die Grenzen Latiums hinaus. Im Laufe des 4. Jh. unterwarfen sie in drei hart geführten Kriegen, im Zuge welcher sie einiges an Verlusten hinnehmen mussten, die Samniten: Mit dem Sieg standen Rom die fruchtbaren Gebiete Kampaniens offen. In der ersten Hälfte des 3. Jh. waren schließlich die hellenistischen Städte Magna Graecias an der Reihe, Tarent fiel 272. Ganz Italien südlich des Tibers war damit in römischer Hand.

Feinde aus Norden und Osten

Auch der weitere Eroberungszug Roms über die italienische Halbinsel verlief keineswegs reibungslos. Die Ewige Stadt erholte sich gerade vom Krieg gegen Veji, als 390 v. Chr. aus den nördlichen Ebenen eine Horde Gallier (wie die Römer die Kelten zu nennen pflegten) einfiel. Sie überrannten das römische Heer am Fluss Allia und belagerten und plünderten schließlich die Stadt. Die endgültige Katastrophe blieb nur deshalb aus, weil die anderen Latinerstädte vom keltischen Überfall zu sehr geschwächt waren, um die Gelegenheit wahrzunehmen und das römische Joch abzuschütteln. Ein Jahrhundert später rief Tarent Pyrrhus, König von Epirus (heute Albanien) zu Hilfe, der erstmals hellenistische Methoden der Kriegsführung nach Italien brachte und die Römer mit den Kriegselefanten, den gefürchteten Stoßtrupps der orientalischen Heere, bekannt machte. Er siegte, doch um einen fatalen Preis: Seine Streitkräfte waren aufgerieben, und so ging der sprichwörtliche Pyrrhussieg in die Geschichte ein. In dieser einen Schlacht waren die Römer zwar unterlegen, doch am Ende gewannen sie den Krieg. Mitte des 3. Jh. v. Chr. war Rom bereits zu einer kontinentalen Großmacht aufgestiegen.

Konsul, Diktator und Bauer
Lucius Quintus Cincinnatus muss wohl den Prototypen des alten Römers schlechthin darstellen, war er doch zugleich Staatsmann und Bauer. Er wurde 460 v. Chr., mitten im Kampf zwischen Patriziern und Plebejern, zum Konsul ernannt und schaffte Frieden, um dann sogleich zu seinem Pflug zurückzukehren. Als Diktator besiegte er 458 v. Chr. die Äquer und die Volsker, verzichtete aber auf die Verlängerung seines Amtes, um sich neuerlich der Landwirtschaft zu widmen. Rechts: Feldarbeit.

Der Konflikt mit Karthago

Der Konflikt zwischen zwei bedeutenden Städten beherrschte über 120 Jahre die Geschichte der Region, bis Rom sich schließlich mit dem Sieg als Großmacht im Mittelmeerraum durchsetzte.

Die Vorwände, unter welchen es zum Ausbruch der Feindseligkeiten kam, muten ebenso banal wie beliebig an – die wahren Gründe, die zu einem Kampf auf Leben und Tod zwischen den beiden Städten führen sollten, standen längst in den Sternen: Ein friedliches Zusammenleben zweier Mächte, die beide eine ungebremste Expansionspolitik im Mittelmeerraum verfolgten, konnte auf Dauer nicht möglich sein. Solange die Einflussbereiche noch durch eine Pufferzone voneinander getrennt waren, ließ sich der Friede mittels einer Reihe von Verträgen mit Anerkenntnis der jeweiligen Ansprüche noch wahren. Als im Zuge der Eroberung Magna Graecias die römischen Legionen jedoch direkt auf die Garnisonen der Karthager stießen, war es nur noch eine Frage der Zeit, wann der zündende Funke losgeschlagen werden würde. Es kam schließlich so weit, als römische Legionen trotz gegenteiliger Vereinbarungen auf Sizilien übersetzten, um die Mamertiner – ehemalige, in Messina ansässige Söldner – zu unterstützen. Ein über ein Jahrhundert anhaltender Konflikt brach aus, an dessen Ende von Karthago nichts als verbrannte Erde blieb, auf die die Römer noch Salz streuten, um sie unfruchtbar zu machen: Der Machtkampf um den westlichen Mittelmeerraum war entschieden.

Navigare necesse est …
Ihrem Ursprung und ihrer Berufung nach ein Volk von Bauern, waren die Römer aus militärischen Gründen ebenso wie zum Zwecke der Nahrungsbeschaffung gezwungen, von einem Moment auf den anderen Seefahrer zu werden.
Dies erledigten sie so gründlich, dass sie bald zu den Herrschern des Mittelmeers wurden, das sie stolz Mare Nostrum *nannten.*
Oben: *Relief mit einem römischen Kriegsschiff.*

Erster Punischer Krieg

Zum Ausbruch des Krieges kam es 264 v. Chr. auf Initiative der Römer: Auf den Hilferuf der Mamertiner entsandten sie Truppen nach Sizilien, obwohl vereinbart war, kein römischer Soldat dürfe einen Fuß auf die Insel setzen. Die Kämpfe dauerten bis 241 v. Chr. und endeten mit einer Schlacht bei den Ägäischen Inseln, wo Rom eine überraschende Überlegenheit zu Wasser demonstrierte. Die Friedensbedingungen waren hart: Sizilien wurde römische Provinz, bald folgten Sardinien und Korsika. Die Karthager (lateinisch: Punier) mussten sich aus ihren Kolonien zurückziehen und hohe Reparationen zahlen.

Zweiter Punischer Krieg

In den 17 Jahren von 218 bis 201 v. Chr. hatte Rom den sicherlich schwersten und auch blutigsten Krieg seiner langen Geschichte auszufechten: Der Karthager Hannibal, dessen Vater Hamilkar Barkas Spanien erobert hatte, brachte die Römer durch eine Reihe

Der Aufstieg des Imperialismus
Dieses Marmorrelief zeigt eine allegorische Darstellung des Sieges. Die weibliche Gestalt der Viktoria trägt eine Trophäe in der rechten Hand.

ROM UND DER KRIEG

Das heroische Ideal der Römer der Antike war eigentlich nicht der Angriff zum Zwecke der Eroberung, sondern der Schutz der Grenzen zur Bewahrung der Sicherheit im eigenen Staatsgebiet. Traditionell galt ein Krieg daher nur zum Zwecke der Verteidigung als gerechtfertigt, und es waren ganz bestimmte rechtliche Voraussetzungen dafür zu erfüllen. Zuerst musste der Feind offiziell zur Wiedergutmachung eines erlittenen Unrechts aufgefordert werden, erst wenn er dies verweigerte, durfte man zu den Waffen greifen, denn damit war der Krieg als gerecht und gottgefällig, als *bellum iustum piumque* definiert. Analog dazu konnten die Kampfhandlungen nur mit einem Vertrag abgeschlossen werden, zu dessen Erfüllung beide Parteien moralisch verpflichtet waren. An diese Prozedur hielt man sich freilich zu Zeiten der Expansion wie in den Punischen Kriegen vor allem formell. Die Annexion neuer Gebiete wurde als notwendige Verteidigung der eigenen Grenzen oder Hilfestellung an Bündnispartner dargestellt. Dass daraus letztlich die Errichtung eines Weltreichs resultierte, war aus römischer Sicht nichts weiter als eine Begleiterscheinung.

strategisch klug geführter Schlachten an den Rand der Niederlage. Nach schweren Verlusten am Tessin, an der Trebia, am Trasimener See und bei Cannae schien der Krieg schon beinahe verloren, als es einem jungen, genialen General namens Publius Cornelius Scipio gelang, dem Feind auf afrikanischem Boden, bei Zama, eine irreparable Niederlage beizubringen.

Das Ende

Der Dritte Punische Krieg stellte beim herrschenden Ungleichgewicht der Kräfte im Grunde nur einen Epilog zum vorhergehenden dar: Der Gegner wurde ein für alle Mal unschädlich gemacht, und neben Spanien und den italienischen Inseln waren nun auch die afrikanischen Provinzen der Karthager ins Reich eingegliedert.

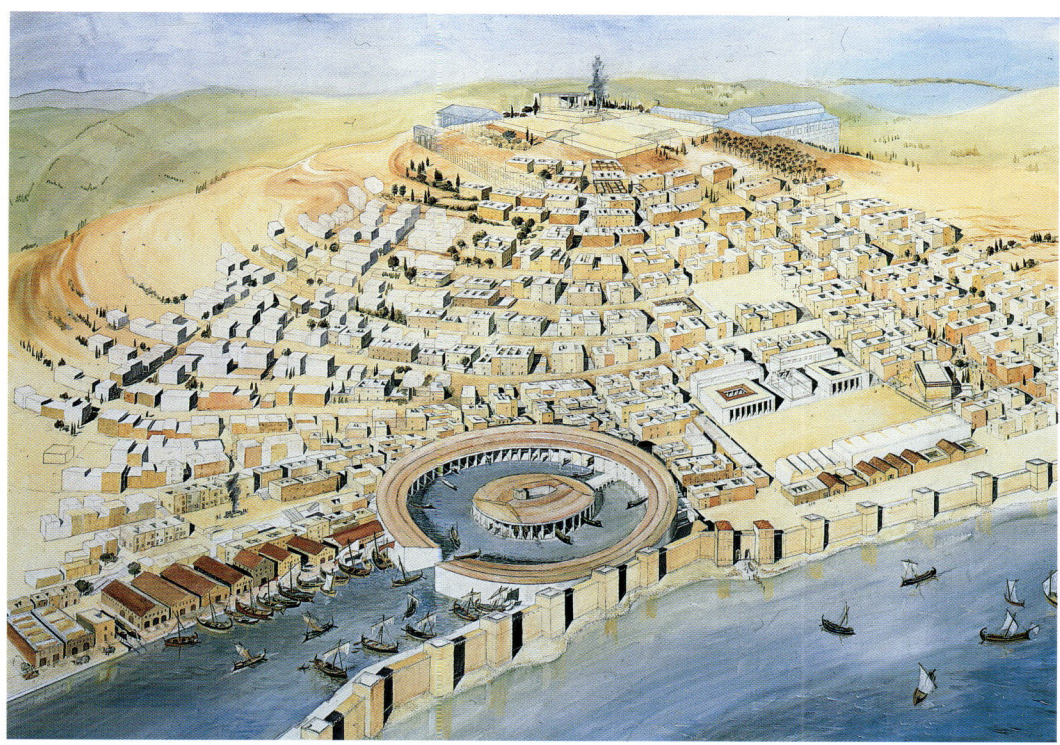

Doppelter Hafen
Karthago lag im Golf von Tunis an der Nordküste Afrikas und war eine befestigte Stadt mit breiten Straßen und mehrstöckigen Häusern. Es gab zwei Häfen einen rechteckigen Handelshafen und einen runden, innen liegenden Militärhafen. In der Mitte des Hafenbeckens erhob sich imposant der Sitz des Militärkommandos.

Schlachtfelder und Feldzüge
Die Karte zeigt den Weg, der Hannibal mit seinen Truppen von Spanien über Italien bis nach Afrika führte, und die Schauplätze der wichtigsten Schlachten des Zweiten Punischen Krieges.

DIE REFORMEN DES SCIPIO AFRICANUS

Als gebildeter, mit einem scharfen Verstand ausgestatteter Bewunderer der griechischen Kultur wurde der junge Publius Cornelius Scipio mit gewissen Erwartungen in den Senat aufgenommen, wo er auch sogleich die ihm als Sprössling einer adeligen Familie angeborenen Führungsqualitäten entfaltete. Sein Potenzial als Reformator schöpfte er vor allem auf militärischem Gebiet aus und führte einige entscheidende Änderungen ein: Er steigerte die Wendigkeit der Legionen im Kampf durch offenere Formationen und stattete die Soldaten mit dem *gladius hispaniensis*, einem längeren und effizienteren Schwert aus, das bis zum Schluss die charakteristische Waffe der römischen Legionäre bleiben sollte.

Scipio Africanus
Publius Cornelius Scipio, hier eine Büste aus dem 2. Jh. v. Chr., erhielt seinen Beinamen als Anerkennung des Sieges gegen Karthago in Afrika.

GEBURTSSTUNDE DES IMPERIUMS

Im Laufe des 2. Jh. v. Chr. dehnt Rom seine Herrschaft auf Mazedonien, Griechenland sowie Kleinasien aus, unterwirft Syrien, konsolidiert seinen Einfluss im zisalpinen und transalpinen Gallien und in Spanien sowie die Hegemonie im Mittelmeerraum: Das Imperium ist geboren.

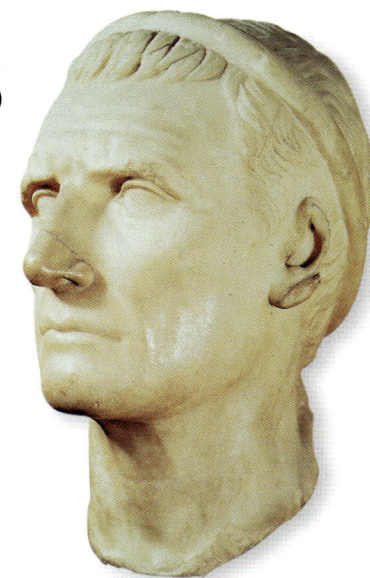

Antiochus III. der Große
Als König von Syrien 223 bis 186 v. Chr. führte Antiochus sein Reich zu einer Großmacht, musste jedoch in der Schlacht bei Magnesia eine empfindliche Niederlage gegen die Römer hinnehmen. Hier wird der große Herrscher in einem Meisterstück der Porträtkunst dargestellt, einer Büste aus der mittleren hellenistischen Periode, die heute im Louvre in Paris aufbewahrt wird.

Im Laufe des Zweiten Punischen Krieges, als Rom gerade verzweifelt geben seinen Niedergang ankämpfte, schloss Philipp V. von Mazedonien ein Bündnis mit Hannibal. Der mazedonische König wollte sich dadurch vermutlich nur mit demjenigen gut stellen, der aus der damaligen Perspektive der zukünftige Herrscher Italiens zu sein schien. Doch dann wendete sich das Blatt, und Philipp wurde in eine Reihe von Interventionen und Kriegen mit Rom verwickelt, durch die sich das Imperium schließlich Mazedonien und Griechenland einverleibte. Die römische Expansion in den Orient führte zum Konflikt mit Syrien, dessen König Antiochus III. ebenfalls vom Zusammenbruch Mazedoniens profitieren und seine Hände nach Kleinasien ausstrecken wollte. Als militärischer Berater stand ihm dafür niemand anders als der größten Gegner Roms zur Seite, der Karthager Hannibal. Das konnten die Römer nicht einfach hinnehmen, und so mischten sie sich nun auch in die komplexen Angelegenheiten des Mittleren Orients. In sämtlichen Kampfhandlungen trugen die Römer relativ leicht den Sieg davon, da sie dank ihres Kommandosystems und ihrer Taktik den griechischen, mazedonischen und asiatischen Heeren überlegen waren. Nach dem militärischen Sieg galt es allerdings, die eroberte Macht zu festigen und die neuen Provinzen zu sichern, zusätzlich zu jenen, die sich im Westen gerade gebildet hatten: Gallia Cisalpina diente dabei dem Schutz Italiens vor keltischen Invasionen, Gallia Transalpina sicherte Spanien, das Binnenland Spaniens die von den Karthagern übernommenen Küstenstriche der Iberischen Halbinsel. So war Rom sozusagen aus Sicherheitsgründen zum Weltreich geworden.

TAKTISCHE KRIEGSFÜHRUNG

Bei Kynoskephalai in der letzen Schlacht gegen Philipp V. trafen die Römer auf die gefürchtete Formation der mazedonischen Phalanx, die Alexander dem Großen zu zahlreichen Siegen verholfen hatte. Wie man auf diesem Relief *(unten)* sehen kann, bestand sie aus dichten Reihen mit langen Lanzen (Sarissen) bewaffneter Soldaten. Fiel die erste Reihe, senkte die nachfolgende die Sarissen und übernahm den Platz an der Spitze. Die ersten römischen Reihen wurden so durchbrochen, doch die nachfolgenden konnten dank gut organisierten Nachschubs standhalten und die Mazedonier umzingeln. In der entscheidenden Schlacht zwischen Römern und Syrern im Dezember 190 oder Januar 189 v. Chr. bei Magnesia boten Letztere ein ungeheuer starkes Heer mit einer Phalanx aus 16.000 Mann auf, flankiert von gepanzerten Reitern, Kreter Bogenschützen arabischen Kamelreitern, Streitwagen mit Sicheln an den Rädern und einer beeindruckenden Menge an Kriegselefanten. Das römische Heer bestand aus zwei Legionen, italischen Verbündeten, Pergamenern und Achaiern und zählte insgesamt gerade 30.000 Mann. Dass sie dennoch den Sieg davontrugen, verdankten die Römer in beiden Fällen ihrer überlegenen Taktik. Der eisernen Disziplin und großen Wendigkeit der römischen Legionen hatten die hellenistischen und orientalischen Heere nichts oder nur wenig entgegenzusetzen. Die glorreiche Zeit der mazedonischen Phalanx war vorbei.

Hüter der griechischen Freiheit
Der Krieg gegen Philipp V. war die erste große militärische Operation Roms in der Ägäis. Um den Feldzug zu rechtfertigen führten die Römer an, die Freiheit der Griechen gegen die expansionistischen Bestrebungen des ehrgeizigen mazedonischen Herrschers verteidigen zu müssen.
Oben: Korintherhelm aus dem 4. Jh. v. Chr.

Imperiale Eigendynamik

Die Geburt eines Weltreichs erfolgte also eher zufällig, als Frucht korrelierender Umstände, wenn auch griechische Philosophen wie der Geschichtsschreiber Polybios darin eine von langer Hand geplante Systematik zu erkennen glaubten. Die römische Gesellschaft wurde dadurch jedenfalls tiefgreifend verändert. Da die Außenkriege reiche Kriegsbeute einbrachten, wurden sie immer populärer, besonders in den unteren Bevölkerungsschichten, die darin eine Gelegenheit sahen, ihren persönlichen Status zu verbessern. Noch größeren Gewinn aus den Kriegen zogen die *negotiatores*, die italischen und latinischen Kaufleute, denen sich neue Märkte eröffneten. Die Heerführer wiederum konnten sich von Kriegserfolgen in Übersee eine rasche Karriere im Heimatland erhoffen und hingen dem hellenistischen Ideal vom geborenen Anführer an. All diese Faktoren – zusammen mit der Überzeugung, über eine schier unbezwingbare »Kriegsmaschine« zu verfügen – führten dazu, dass das imperiale Rom in seiner Politik tatsächlich imperialistisch wurde und das bisher zumindest formell eingehaltene Verteidigungsprinzip über Bord warf.

Schlacht von Pydna
168 v. Chr. war die mazedonische Stadt Pydna Schauplatz eines denkwürdigen Kampfes zwischen den Römern unter Konsul Lucius Emilius Paulus und dem Heer des Königs Perseus. Am Ende unterlag die mazedonische Phalanx und verlor 25.000 Soldaten. Diese 71 v. Chr. ausgegebene Münze zeigt Emilius Paulus mit Trophäe und den unterlegenen Perseus mit seinen Kindern.

KULTURELLE HERAUSFORDERUNG

Im Kampf gegen Mazedonien kamen die Römer erstmals mit den Griechen und ihren faszinierenden philosophischen Konzepten, ihrer Kunst und Kultur in Berührung, aber auch mit einigen für die lateinische Welt ungewöhnlichen Sitten. Die griechische Liebe zu Jünglingen und die oft dargestellte Beziehung zwischen dem Erasten (dem älteren Liebhaber) und dem Eromenen (dem jüngeren Geliebten) war für die Römer skandalös. Noch schwerer fiel es ihnen jedoch, das Phänomen der Hetären zu verstehen, gebildeter Frauen, mit denen Männer nicht nur das Lager, sondern auch Konversation, kulturelle und politische Ideen teilten: undenkbar für einen Römer!

Eine harte Lektion
Nachdem sie in den römischen Einflussbereich geraten waren, behielten die griechischen Städte einen gewissen Grad an Autonomie, zumindest bis ihre internen Machtkämpfe die Römer dazu zwangen, mit eiserner Hand einzugreifen. 146 v. Chr. rückte ein Heer von 30.000 Soldaten unter Konsul Lucius Mummius aus und besiegte den Achäischen Bund bei Leukopetra. Korinth (links) wurde erbarmungslos geschleift.

Bürger- und Bruderkriege

Das nach außen hin so erfolgreiche Rom wurde im Inneren während des 1. Jh. v. Chr. von einer Serie schwerster Probleme erschüttert: Machtkämpfe wurden bis zur Vernichtung des Gegners ausgetragen, ein Bruderkrieg tobte gegen die verbündeten Latiner und der Bürgerkrieg kulminierte in blutigen Sklavenaufständen und Verschwörungen gegen die Republik.

All diese Episoden erschütterten eine politische Struktur, welche sich zunehmend als ungeeignet erwies, die mit der territorialen Expansion verbundenen politischen und gesellschaftlichen Probleme zu meistern und gleichzeitig unfähig war, aus sich selbst die Kraft zur Schaffung jener Instrumente zu schöpfen, die eine Erneuerung in der Kontinuität ermöglicht hätten.

Die Herausforderung der Gracchen
Die Verbesserung der wirtschaftlichen und gesellschaftlichen Lage der Bauern stand im Zentrum der Politik von Tiberius und Gajus Gracchus. Sie wollten der Aristokratie das Monopol über den ager publicus *entreißen.*
Rechts: rekonstruiertes Modell eines militärischen Landvermessers.

- Römische Gebiete
- Römische Provinzen
- Latinersiedlungen
- Gallia Cisalpina
- Bundesbrüder und Verbündete Roms
- Nördliche Grenze des römischen Stammlandes

Italien im Jahre 91 v. Chr.
Diese Karte zeigt die politische Einteilung Italiens vor Ausbruch des Bruderkrieges.

Die Reformen der Gracchen (133–121 v. Chr.)

Die siegreichen Kriege hatten dem Staat neue Ländereien verschafft, doch die ländliche Bevölkerung, die die Hauptlast getragen hatte, war dadurch in Besorgnis erregendem Ausmaß verarmt. Zwei mutige Volkstribunen des *plebs*, Tiberius und Gajus Gracchus, versuchten dieses Problem durch eine Agrarreform zu lösen, die den Besitzlosen aus dem *ager publicus*, dem im Zuge des Krieges dem Staatsgebiet hinzugefügten Territorium, ein Stück Land zukommen ließ. Doch sie stießen auf den erbitterten Widerstand der Senatoren, die dieses Land zu einem Spottpreis vom Staat pachteten. Tiberius und Gajus Gracchus wurden ermordet, ihre Anhänger grausam hingemetzelt.

Der Aufstand der Bundesbrüder (90–88 v. Chr.)

Die italischen Verbündeten der römischen Republik – die *socii* – hatten nicht weniger als die Bauern zum Sieg beigetragen. Im Gegenzug erwarteten sie, dass man ihnen das volle römische Bürgerrecht zuerkannte, doch davon wollten die Römer nichts wissen. Verzweifelt griffen die Bundesbrüder

Kampf der Generäle (88–80 v. Chr.)

Durch die Heeresreform des Gajus Marius 107 v. Chr. wurden die römischen Soldaten nicht mehr nach dem Zensus verpflichtet, sondern auf freiwilliger Basis gegen Altersversorgung angeworben. Die Rekruten identifizierten sich so mehr mit ihren Generälen als mit dem Staat und wurden von diesen oft zur Erreichung oder Erhaltung persönlicher Macht instrumentalisiert. Gajus Marius selbst war keine Ausnahme, und auch Lucius Cornelius Sulla löste auf diese Weise erbitterte Kämpfe zwischen Bundesgenossen aus.

nun zu gewaltsamen Mitteln, um ihre Ziele dennoch zu erreichen, und der Bruderkrieg gegen Rom brach aus. Sie wurden geschlagen, doch um dies zu erreichen, mussten die Römer den treu gebliebenen Bundesgenossen das Bürgerrecht zuerkennen, ebenso wie all jenen, die die Waffen niederlegten.

Götter der Arena
Manche Gladiatoren waren Stars, die die Massen begeisterten und zu Inschriften wie der folgenden inspirierten, die man in Pompeji fand: »Celadus der Thraker bringt die Mädchen zum Seufzen.« Oben: Gladiatorenhelm, 1. Jh. v. Chr.

Der Sklavenaufstand (73–71 v. Chr.)

Unter der Führung des Gladiators Spartakus nutzten zehntausende Sklaven die Wirren des Bürgerkriegs, um sich zu erheben. Sie richteten schwere Verwüstungen in Süditalien an. Der Aufstand wurde von den Legionen unter Publius Licinius Crassus niedergeworfen, doch dem gesellschaftlichen Gefüge der römischen Republik versetzten die Unruhen einen weiteren Schlag.

Die Verschwörung des Catilina (63/62 v. Chr.)

Die schwere Krise der Republik veranlasste auch einen ehrgeizigen Aristokraten, Lucius Sergius Catilina, eine Verschwörung anzuzetteln, um die Macht an sich zu reißen. Sie wurde zwar von Marcus Tullius Cicero vereitelt, demonstrierte aber dennoch die Störungsanfälligkeit des Staatsgefüges.

Lucius Cornelius Sulla

Marius und Sulla
Die beiden erbitterten Rivalen schrieben mit ihrem grausamen Kampf um die Macht eines der düstersten und blutigsten Kapitel der römischen Geschichte, an dessen Ende die von Sulla errichtete Diktatur stand.

Gajus Marius

DER AUFSTAND DES SPARTAKUS

Der Sklavenaufstand, der Italien zwischen 73 und 71 v. Chr. erschütterte, war die bekannteste Episode einer Reihe von Sklavenrevolten, die auch auf Sizilien und Kleinasien übergriffen. Allerdings handelte es sich auch um die folgenschwersten Unruhen, die selbst die Stadt Rom in Gefahr brachten und alle Einwohner des Reiches in Angst und Schrecken versetzten. Auf die blutige Vehemenz des Aufstandes antwortete Rom mit umso grausamerer Repression: Die 6000 Überlebenden der Kämpfe wurden entlang der Via Appia als Abschreckung für alle, die ähnliche Absichten hegten, gekreuzigt. Für Jahrhunderte verhinderte diese »Lektion« neue Sklavenaufstände im Römischen Reich. Der Aufstand unter Spartakus hatte keinerlei ideologischen Hintergrund, abgesehen von der Tatsache, dass die Sklaven den Demütigungen und Risiken des Lebens in der Knechtschaft entfliehen und frei sein wollten. Dennoch gab es in der Neuzeit immer wieder »Spartakisten«, die aus dem revoltierenden Gladiator eine mystische Figur machten – ein Symbol für den Kampf gegen die Unterdrückung, das sogar ins internationale Kino Einzug hielt. *Rechts: Relief mit Gladiatorenkämpfen.*

Von der Republik zum Prinzipat

Erstes Triumvirat, Bürgerkrieg, Diktatur, zweites Triumvirat, Bürgerkrieg, Prinzipat: Turbulent geht die glorreiche Republik zu Ende und räumt das Feld für die autokratische, auf das Heer gestützte Macht des Princeps.

Triumph des Octavian
Allegorie des Sieges, den Octavian gegen Antonius und Kleopatra bei Actium errang. Die Seeschlacht markiert seinen raschen Aufstieg zum Prinzipat als Augustus.

Im Jahre 60 v. Chr., 693 Jahre nach der Gründung Roms, wurde unter den Konsuln Quintus Caecilius Metellus Celerus und Lucius Afranius jener Pakt geschlossen, der zwar nicht offiziell, jedoch faktisch das Ende der Republik besiegelte. Unterzeichnet haben ihn Publius Licinius Crassus, Gnaeus Pompejus Magnus und Gajus Julius Caesar, offiziell drei ganz gewöhnlich Bürger. Vertragsgegenstand war die Aufteilung der Macht in Rom.

Mosaik der Völker
Das unabhängige Gallien wurde laut Caesar von einem Gemisch aus Stämmen, die er civitates *nennt, bewohnt. Er unterscheidet territoriale Abschnitte, den Norden etwa bewohnten belgische Völker, speziell Nervier, Treverer, Sachsen und Bellovaken. Auch in Zentralgallien lebten mächtige Stämme wie die Arverner, Karnuten, Haeduer und Sequaner. In Aquitanien, der südlichsten der Regionen, lebten vorwiegend Ethnien iberischen Ursprungs.*

Erstes Triumvirat

Unter den Protagonisten dessen, was als »Erstes Triumvirat« in die Geschichte einging, Caesar der jüngste, am wenigsten reiche und bekannte. Er schien der Schwächste zu sein, stellte sich jedoch später als der Stärkste heraus.

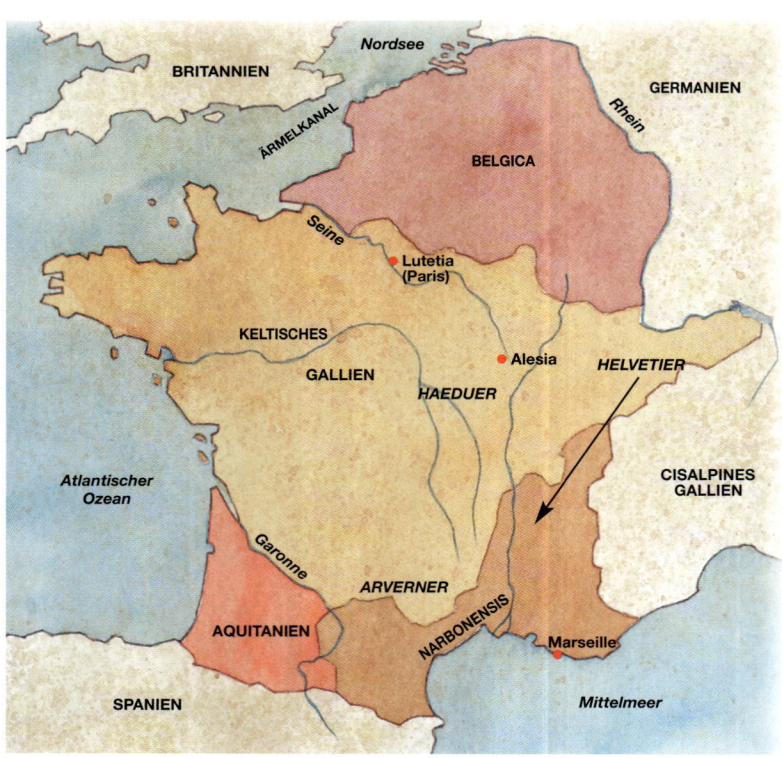

Der Aufstand des Vercingetorix
Vercingetorix, dessen Name auf diese Goldmünze geprägt wurde, stand an der Spitze des gallischen Aufstandes gegen die römische Besatzung 52 v. Chr. Nach anfänglichen Erfolgen der Gallier zog Caesar einen Belagerungsring um Alesia, und Vercingetorix musste sich ergeben.

DE BELLO GALLICO

»Gallien in seiner Gesamtheit ist in drei Teile geteilt, von denen den einen die Belgier bewohnen, den anderen die Aquitanier und den dritten, die welche in ihrer eigen Sprache Kelten, in unserer Gallier heißen. Diese sind nach Sprache, Einrichtungen und Gesetzen untereinander verschieden.« Mit diesen Worten beginnt das erste der sieben Bücher *De bello gallico* von Caesar, die, wie er selbst sagte, geschrieben wurden, damit Historiker der Zukunft Zeugnis von diesem wichtigen Unternehmen erhielten. Ein nobler Zweck, wenn auch die Absicht des Autors vielmehr gewesen sein mag, die Ereignisse aus eigener Sicht darzustellen und möglichen Kritikern den Wind aus den Segeln zu nehmen. Sein Lebenswerk sollte vor Interpretation und Verzerrung geschützt werden. Es genügte nicht, die Barbaren unterworfen zu haben, nun musste man die öffentliche Meinung vom Wert dieser Unternehmung überzeugen: Eine Aufgabe, in welcher sich Caesar als ebenso großer Meister erwies wie als Feldherr auf dem Schlachtfeld. Der interessanteste Aspekt daran ist jedoch zweifellos, dass Caesar in seinem Werk nicht nur Schlachten und Truppenbewegungen beschrieb, sondern auch die Völker, ihre Lebensgewohnheiten, ihre Institutionen und ihre Religion. So besitzen wir heute, rund zweitausend Jahre später, einen reichen Schatz an Informationen über die Kelten.

Als er 59 v. Chr. Konsul und danach Prokonsul der Provinz Gallia Cisalpina wurde, nahm er sich die Eroberung Galliens zum Ziel. Dieses Unternehmen, das er selbst in meisterhafter Prosa in seinem Werk *De bello gallico* erzählte, brachte Rom eine enorme Vergrößerung des Reiches und ihm den Ruf eines Helden ein. Als 49 v. Chr. Crassus im Kampf gegen die Parther fiel, gerieten die beiden überlebenden Generäle aufeinander. Caesar war, an der Spitze seiner Legionen, die er seit Jahren siegreich anführte und die in ihm den unbezwingbaren Feldherrn sahen, zweifellos stärker und trug gegen Pompejus und das Heer des Senats ohne große Mühe im Jahre 48 v. Chr. bei Pharsalos den Sieg davon. In den folgenden vier Jahren, bevor Dolche des Brutus und anderer Verschwörer seinem Leben ein Ende setzten, herrschte Gajus Julius Caesar als ungekrönter König in Rom. Der *Erste Bürger* war vom Glorienschein großer Siege umgeben, die dem Schicksal der Stadt und der Welt eine neue Wendung gaben. Das Imperium trug noch nicht diesen Namen, doch der Grundstein dafür war gelegt.

Zweites Triumvirat

Mangels eigener Kinder hinterließ Caesar sein Vermächtnis seinem an Sohnes statt angenommenen Großneffen Gajus Octavius, der damals gerade 18 Jahre alt war und nach der Adoption den Namen Gajus Julius Caesar Octavianus annahm. Er schloss einen neuen Pakt, das zweite Triumvirat, mit Marcus Antonius und Aelius Lepidus, den beiden weiteren Anwärtern auf das Erbe Caesars. Wie sein Adoptivvater schien auch er zunächst der Schwächste unter den dreien zu sein. Marcus Antonius besaß bereits militärischen Ruhm, Kontrolle über reiche orientalische Provinzen sowie die Unterstützung Ägyptens und seiner Herrscherin Kleopatra. Dennoch sollte Octavian am Ende die Oberhand gewinnen. Er schlug die ägyptisch-römische Flotte 31 v. Chr. bei Actium und hatte damit Antonius endgültig besiegt, der sich daraufhin das Leben nahm. Nun hielt Caesars Erbe das Schicksal des Imperiums allein in Händen. Er nannte sich *princeps* und erhielt später den Beinamen Augustus, der Erhabene. Er stand am Anfang einer Macht, die fünf Jahrhunderte bestehen sollte.

CAESAR, DER *KAISER* VON ROM

Caesar (*oben:* Bronzebüste), eine geniale und enorm facettenreiche Persönlichkeit, war nicht nur einer der größten Staatsmänner, Feldherrn und Schriftsteller im antiken Rom, sondern in der Geschichte der gesamten Welt. Sein Name wurde in Hinkunft von den Herrschern Roms mit Stolz als Titel getragen und eroberte mühelos auch andere Kulturen und Sprachräume: Der deutsche *Kaiser* und der russische *Zar* leiten ihre ehrenvollen Bezeichnungen eindeutig vom Namen des großen Römers her. Außerdem ist bis heute sein Geburtsmonat Juli nach seinem Familiennamen, *Julius*, benannt.

Der Gegenspieler
Gnaeus Pompejus Magnus, hier (links) *als Marmorbüste dargestellt, war eine herausragende Figur im öffentlichen Leben der ausgehenden römischen Republik: Vom Ehrgeiz getrieben sammelte er unermüdlich militärische Erfolge, die er vor allem seinen organisatorischen Fähigkeiten verdankte.*

Marcus Antonius
Marcus Antonius wurde aus Caesars Vermächtnis ausgeschlossen, da Letzterer seinen Adoptivsohn Octavian als Erben eingesetzt hatte. Das wollte Antonius nicht akzeptieren, und so kam es zu Kampfhandlungen, die erst beigelegt wurden, als beide zu einer Einigung gelangten, welche das zweite Triumvirat begründete.

Vom Prinzipat zur Monarchie

Im Laufe des 1. Jh. v. Chr. bildete sich ein System heraus, das zwar die republikanische Verfassung formell beibehielt, jedoch alle Macht in die Händen eines *princeps* legte, welcher in seinem Handeln niemandem zur Rechenschaft verpflichtet war.

In jenem Moment, als Julius Caesar nach dem Sieg über die Gallier an der Spitze eines gut ausgebildeten Heeres den Rubikon überschritt und damit den Bürgerkrieg gegen Pompejus und den Senat auslöste, erfolgte der eigentliche Bruch mit der republikanischen Tradition. Die Niederlage und der Tod des Pompejus bescheren Caesar uneingeschränkte Macht in Rom. Da dort die Führung fehlte und er selbst zutiefst von der Notwendigkeit einer Reform des Staates überzeugt war, ergriff er sogleich legislative Schritte zum Ausbau seiner Macht in Richtung Alleinherrschaft. Doch die Dolchstiche der Verschwörer setzten seinem Vorhaben an den Iden des März 44 v. Chr. ein vorzeitiges Ende. Nach seinem Sieg bei Actium nahm Octavian den Plan seines Großonkels auf und führte ihn zu Ende. Nun lag alle Macht der republikanischen und religiösen Institutionen in den Händen des *princeps*. Was die Römer lange verhindern wollten, war nun, nach einem Jahrhundert Bürgerkrieg, doch noch eingetroffen.

Der Mechanismus der Macht

An der Basis des Systems stand die Anerkennung des *princeps* und seiner Hoheit, einer *potestas*, die auf dem Fundament des *consensus universorum* stand. Formell gesehen legte also die gesamte Bevölkerung einhellig die Macht in die Hände ihres ersten Bürgers, und damit auch die Kontrolle *(auctoritas)*

Ein Mann mit Weitblick
Claudius, hier als Jupiter dargestellt, war ein weiser Herrscher mit Blick für große Zusammenhänge. Dank seines Weitblicks wurden für den Bestand des Reiches wichtige Entscheidungen getroffen, wie das Bürgerrecht für die Provinzen.

Von Germanien bis Ägypten
Diese Karte zeigt das Imperium zum Zeitpunkt des Todes Kaiser Augustus'. Außer Italien umfasste es die direkt dem Kaiser unterstellten Prinzipatsprovinzen, die noch als weniger sicher galten, sowie die befriedeten Senatsprovinzen. Das unter Augustus eroberte Moesien wurde unter Tiberius zur Provinz erhoben.

 *Prinzipatsprovinz*

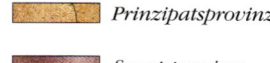 *Senatsprovinz*

DIE JULISCH-CLAUDISCHE DYNASTIE	
27 v. Chr.–14 n. Chr.	Augustus
14–37 n. Chr.	Tiberius
37–41 n. Chr.	Caligula
41–54 n. Chr.	Claudius
54–68 n. Chr.	Nero

Augustus als pontifex
Diese Statue zeigt Augustus im Gewand des pontifex maximus. Diese Aufgabe konnte der princeps erst ab 12 v. Chr. wahrnehmen, da das Amt seinem Bundesbruder Lepidus 44 v. Chr. bis zum Tode zuerkannt worden war. Von Augustus bis Gratianus (375 n. Chr.) wurde es von den Kaisern ausgeübt.

Augustus' Erbe
Avers einer Goldmünze des Tiberius aus dem 1. Jh. n. Chr. Auf der Vorderseite der Münze wurde immer ein Porträt des Herrschers oder eines Mitglieds seiner Familie gezeigt, da diese das so genannte Effigienrecht besaßen.

AUGUSTUS: ALLE MACHT IN EINER HAND

27 v. Chr. wurde Augustus in seinem Amt als Konsul bestätigt, das er bis 31 v. Chr. bekleidete, allerdings mit einigen Vorrechten, wie das Recht, den Senat einzuberufen und gewisse Ämter zu besetzen. In der Folge wurden ihm das *imperium proconsulare* und der Titel *Augustus* zuerkannt. Ersteres war ein *imperium maius*, das heißt ein Amt, das höher stand als das anderer militärischer Befehlshaber und sicherte ihm den Oberbefehl über alle Provinzen des Imperiums, auch wenn er dort nicht Prokonsul war. Der Titel schließlich bestätigte ihn als den »Auserwählten der Auguren« und somit als vom Schicksal für sein Amt bestimmt. Mit der *tribunicia potestas* (23 v. Chr.) konnte Augustus nun seine Macht auch gegenüber dem Volk ausspielen, und entzog den *plebs* dem Einfluss anderer mächtiger Gruppen. Nun war er in der Lage, sowohl Senat als auch Volksversammlung einzuberufen, wo er über seine Vorschläge abstimmen ließ und andere mit einem Veto belegen konnte. 12 v. Chr. übernahm er das Amt des *pontifex maximus*: zivile, militärische und religiöse Macht in einer Person.

über die traditionellen republikanischen Ämter, das *imperium* der Prokonsuln in jenen römischen Provinzen, wo noch Militärpräsenz nötig war, und sogar die *tribunicia potestas*, die bislang unantastbaren Befugnisse der Volkstribunen. All diese Ämter bestanden auf dem Papier weiter, doch der *princeps* verwaltete und kontrollierte sie alle.

Autokratische Tendenzen

Schritt die absolute Macht unter Augustus noch im republikanischen Gewande einher, so sollten seine Nachfolger, die einander in dynastischer Folge ablösten, die Physiognomie des Imperiums sukzessive verändern. Immer stärker traten die autokratischen Züge hervor. Die Rolle des Heers, speziell der Prätorianer – jener Truppe, die die Leibgarde des Herrschers darstellte und gegen jede republikanische Norm in Rom stationiert war – wurde immer wichtiger, während die Bedeutung des Senats schwand. Immer despotischer gab sich die Staatsführung, bis es unter dem letzten Vertreter der julisch-claudischen Dynastie, Nero, zu einer wahren Schreckensherrschaft kam. Der Prinzipat war bereits einer Monarchie im Stile der orientalischen Alleinherrscher gewichen: Die Zustände arteten aus, bis es zu einem Aufruhr unter den Militärkommandanten kam, die sich nach der Ermordung Neros einen blutigen Nachfolgekrieg um den Thron lieferten. In der Zwischenzeit wurde das Imperium bereits von einem anderen Einfluss aus dem Orient durchdrungen, einer Religion und Weltanschauung, die die antike römische Ordnung zum Teil assimilieren, jedenfalls aber völlig transformieren sollte: Das noch junge Christentum breitete sich, ausgehend vom Mittleren Osten, unaufhaltsam aus.

Wahn und Grauen
Nero, erster Sohn der Agrippina Minor, der letzten Frau des Kaisers Claudius, bestieg den Thron im Alter von nur sechzehn Jahren. Nach einem guten Anfang uferte sein Prinzipat in blutige Ausschweifungen und wahnhafte Exzesse aus.

Der Glanz des Imperiums

Die Flavier durchliefen denselben Zyklus wie die julisch-claudische Dynastie in noch kürzerer Zeit: Der erste Kaiser gelangte durch Waffengewalt an die Macht, der zweite war ein exzellenter Administrator und der dritte, ein korrupter Autokrat, wurde im Zuge eines Aufstands ermordet. Erst unter den Nachfolgern der Flavier wurde das 2. Jh. n. Chr. zum Goldenen Zeitalter des Römischen Reiches.

Nach Neros Tod lieferten sich die vier Generäle, die seinen Sturz veranlasst hatten, einen erbitterten Kampf um die Nachfolge, aus dem der erste römische Kaiser des Mittelstandes als Sieger hervorging: Titus Flavius Vespasianus, genannt Vespasian. Er erwies sich als energischer und kluger Souverän und hinterließ den Thron seinen beiden Söhnen: Titus, ein milder, gutherziger Herrscher, starb bereits nach zwei Jahren an einem Fieber. Sein aggressiver, korrupter und autoritärer Bruder Domitian schließlich wurde mit Billigung des Senats von Verschwörern ermordet.

Die Bauten der Flavier

Die Flavier waren große Bauherren. Vespasian unternahm den Wiederaufbau des nach dem Brand unter Nero 64 n. Chr. zerstörten Roms. Er begann mit dem monumentalen Bau des Flavischen Amphitheaters, besser bekannt als Kolosseum. Damit gab er dem Volk symbolisch jenen Raum zurück, den ein künstlicher See um Neros Königspalast *Domus Aurea* eingenommen hatte. Sein Sohn Titus hatte in seiner kurzen, von Katastrophen wie dem verheerenden Vesuvausbruch im Jahre 79 erschütterten Amtsperiode nur Zeit, das Kolosseum zu vollenden und einzuweihen. Domitian schließlich stürzte sich in eine Reihe grandioser Bauvorhaben, die die Kassen des Staates ebenso erschöpften wie seine eigenen Mittel.

Der neue Mann
Vespasian war der erste Kaiser, der nicht aus einer adeligen Familie stammte. Sein Aufstieg an die Macht markiert einen wichtigen Wendepunkt in der römischen Geschichte: Man musste nun nicht mehr dem Adel angehören, um das höchste Amt des Staates zu bekleiden.

Marc Aurel
Die einzige bis heute erhaltene Reiterstatue eines Kaisers in vergoldeter Bronze ist dieses bekannte Standbild Marc Aurels. Es wurde 176 zur Feier des Sieges über die Sarmaten errichtet und zeigt den Kaiser mit einer Tunika bekleidet, den rechten Arm zur traditionellen adlocutio-Geste erhoben, die Schweigen in Erwartung einer Ansprache gebietet.

GESCHICHTE

Die Spiele des Domitian
Domitian liebte Spiele und Gladiatorenkämpfe. 86 ließ er ein Stadion für athletische Wettkämpfe an jenem Ort errichten, wo heute die Piazza Navona liegt. Der gigantische Bau war 275 m lang und 106 m breit und bot mit zwei übereinander angeordneten Säulenordnungen Plätze für rund 30.000 Zuschauer.

Trajans Erbe
Die Trajansmärkte (oben) waren Teil des Forums, das Trajan bauen ließ, ein monumentaler Komplex zwischen den beiden Hügeln Kapitol und Quirinal.

Ein beliebter Kaiser
Titus, dessen Profil auf dieser Münze zu sehen ist, war ein weiser, ausgeglichener Herrscher, der die Bedürfnisse seiner Untertanen respektierte und dafür unter der Bevölkerung hoch geschätzt wurde.

DIE FLAVIER, NERVA, TRAJAN, DIE ANTONINER	
69–79	Vespasian
79–81	Titus
81–96	Domitian
96–98	Nerva
97–117	Trajan (97/98 mit Nerva)
117–138	Hadrian
138–161	Antoninus Pius
161–180	Marc Aurel (161–169 mit Lucius Verus)
180–192	Commodus

Die Adoptivkaiser

Nach Domitians Tod gelang es dem Senat, einen neuen Modus der Thronfolge zu bestimmen: Nominierung durch die Senatoren und Adoption. Der vom Senat gewählte Marcus Coccejus Nerva adoptierte seinen Nachfolger Marcus Ulpius Trajanus, einen Vertreter der senatorialen Aristokratie spanischer Abstammung, und ließ seine Nominierung durch den Senat ratifizieren. Durch diese Vorgangsweise, die auch seine Nachfolger anwandten, ließen sich die schlimmsten Folgen der Problematik der dynastischen Thronfolge vermeiden – ungeeignete oder despotisch veranlagte Söhne gelangten nicht automatisch an die Macht. Das Ergebnis ließ sich sehen: Dank der dauerhaften inneren Stabilität konnten eine effiziente Verwaltung und beträchtlicher allgemeiner Wohlstand aufgebaut werden. Die Provinzen verschmolzen mit dem Reich und es entstand eine universelle römische Kultur, die das gesamte Mittelmeerbecken umfasste. Doch gerade einer der beliebtesten, moderatesten und intelligentesten Kaiser der römischen Geschichte sollte mit dieser Tradition brechen: Marc Aurel. Anstatt, wie bisher, durch Adoption einen geeigneten Nachfolger zu bestimmen, hinterließ er den Thron seinem leiblichen Sohn Commodus, der für diese Aufgabe völlig ungeeignet war. Despotisch und von korrupten Günstlingen umgeben fiel dieser bei der senatorialen Aristokratie in Ungnade. Von neuem hielten Willkür und dynastischer Eigennutz Einzug ins Reich, und ein weiterer Zyklus von Wirren, Unruhen, Verschwörungen und Meuchelmorden ließ die römische Welt im Chaos versinken.

Autokratie und Anarchie

Nach einer langen Reihe an »aufgeklärten« Adoptivkaisern hielt das Prinzip der dynastischen Thronfolge wieder Einzug. Die militärische und die damit verbundene wirtschaftliche Krise erschütterten die Grundfesten des Imperiums.

Es war der Beginn einer Periode der Instabilität. Wiederholt artete die Lage zu einer regelrechten Anarchie aus, die das Staatsgefüge in seinem Bestand bedrohte. So wurde das 3. Jh. n. Chr. zur am stärksten von Krisen geschüttelten Epoche der gesamten römischen Kaiserzeit.

Eine neue Dynastie

Die Thronbesteigung durch Commodus markierte eine weitere dramatische Wende in der Geschichte des römischen Kaiserreichs. Die Zurückweisung des Prinzips der Wahl eines geeigneten Nachfolgers und dessen Legitimation durch Adoption führte zu kritischen Spannungen mit dem Senat. Gleichzeitig erwies sich die Strategie der linearen Verteidigung der Grenzen unter

Konkubinen und Gladiatoren
Kaiser Commodus, hier als Jugendlicher dargestellt, regierte zwölf Jahre mit der Hand eines Despoten, bis er von einem Gladiatoren im Zuge einer Palastverschwörung ermordet wurde. Das Soldatenleben gefiel ihm nicht sehr, lieber zog er nächtelang mit seinen meist in den Rang von Beratern erhobenen Kumpanen in Gesellschaft leichter Mädchen durch die Tavernen oder trat selbst als Gladiator bei zirzensischen Spielen auf, was ihm alsbald die Missbilligung des Senates einbrachte.

Triumphbogen
Dieser 203 im westlichen Teil des Forum Romanum errichtete Bogen des Septimius Severus erinnert an den Triumph des Kaisers über die Parther.

Caracalla
Unten: *Avers einer Goldmünze mit dem Porträt Kaiser Caracallas. Der Sohn des Septimius Severus folgte seinem Vater zusammen mit dem Bruder auf den Thron, doch er befreite sich bald von ihm, indem er ihn ermorden ließ. Er war ein grausamer, selbstgerechter Herrscher und angeblich besessen vom Mythos Alexanders des Großen, in dessen Fußstapfen er treten wollte.*

DIE DYNASTIE DER SEVERER	
193	Helvius Pertinax
193	Didius Julianus
193–211	Septimius Severus
211–217	Caracalla
	(211/12 mit Geta)
217–218	Macrinus
218–222	Heliogabal
222–235	Severus Alexander

Körper an Körper
Relief aus Marmor am so genannten Amendola-Sarkophag mit Szenen aus dem Kampf der Römer gegen die Barbaren.

dem wiederholten Ansturm der Barbaren als ungeeignet, weil die Kräfte des Heers dadurch zu stark zerstreut wurden. Dazu führten die steigenden Militärausgaben zu einer Wirtschaftskrise, und es ergab sich eine insgesamt höchst prekäre Lage. Selbst als der Kaiser von Verschwörern ermordet wurde und mit Septimius Severus ein ehrgeiziger Feldherr seinen Platz einnahm, kehrte nur augenscheinlich Ruhe ein. Das Problem war nicht gelöst: Unter seinem Sohn Caracalla baute sich der Druck neu auf. Zwar war durch die Zuerkennung des römischen Bürgerrechts an alle Einwohner des Reiches (212 n. Chr.) die Zahl der Steuerpflichtigen drastisch gewachsen, doch stiegen die militärischen Ausgaben in Schwindel erregende Höhen. Da die wirtschaftliche Krise nicht unter Kontrolle zu bringen war, wurde der Führungsstil despotischer und stützte sich mehr auf Gewalt denn Konsens: eine Tyrannei skandiert von wiederholten Meuchelmorden.

Anarchie in Politik und Heer

Nur den letzten Vertreter der Dynastie der Severer ereilte ein anderes Schicksal: Severus Alexander wurde von seinen Soldaten umgebracht (235 n. Chr.), denen er eine zu harte Disziplin aufgezwungen hatte.
Nun brach für das Imperium eine verheerende Zeit der politischen und militärischen Anarchie an, die fünfzig folgenden Jahre zählen wohl zu den düstersten in der römischen Geschichte. Revolten, Machtkämpfe zwischen Generälen – es gab Jahre mit fünf, ja sechs Kaisern –, Niederlagen in Außenkriegen (ein Kaiser, Valerian, wurde sogar von den Persern gefangen genommen), der Druck der Barbaren wuchs (selbst Rom musste erstmals seit der Königszeit wieder mit Mauern befestigt werden), Provinzen drohten abzufallen, schon zeichnete sich das scheinbar einzig mögliche Ende ab: die Auflösung des Reiches.

Gefangener der Perser
Was 260 geschah, hatte die Welt bisher noch nicht gesehen: Ein römischer Kaiser wurde vom Feind gefangen gesetzt. Erleiden musste die Schmach Kaiser Valerian in der Schlacht bei Edessa, dafür verantwortlich war der Sassanidenkönig Shapur I. von Persien. Dieses Relief in Naqsh-i-Rustam (Iran) zeigt den Kniefall des Kaisers vor König Shapur.

NEUE MILITÄRISCHE STRUKTUREN

Die Krise im 3. Jh. zeigte deutlich, wie wenig ein militärischer Apparat, der vorwiegend auf Eroberung ausgerichtet war, zur Verteidigung taugte. Denn zu diesem Zeitpunkt stand die defensive Funktion an erster Stelle, die Grenzen mussten verteidigt werden, um die territoriale Einheit zu wahren, und die Einwohner, die von Untertanen zu römischen Bürgern aufgestiegen waren, erwarteten sich Schutz gegen Angriffe von außen. An der Ostgrenze entlang des Euphrat baute sich Druck unter der Dynastie der Sassaniden auf, die in Persien an die Macht gekommen waren. Die Goten, zu denen sich in ihren Stellungen am Schwarzen Meer und am Unterlauf der Donau noch die Karpen gesellt hatten, stellten eine ernste Bedrohung für Kleinasien, die nördliche Ägäis und den Balkan dar, die Jazygen drängten an der mittleren Donau gegen den Limes und die Alemannen und Sarmaten am Rhein. Um die Mitte des Jahrhunderts kam eine weitere Bedrohung hinzu: Germanen- und Keltenstämme brachten der römischen Flotte, die bisher unangefochtene Herrscherin zur See gewesen war, immer öfter schwere Verluste bei. All diese Erfahrungen führten zu den jeweils nötigen Anpassungen des Heereskörpers. Zur Sicherung der Grenzen wurden mehr leichte, wendige Kavallerieeinheiten gebildet, gegen die im Kampf zu Pferd erfahrenen Steppenvölker hingegen benötigte man auch schwere Reiterei. Schließlich wurden noch die Legionen, das traditionelle Kernstück der römischen Heeresstruktur, mit Infanterietruppen verstärkt, die mit Lanzen bewaffnet waren. Sie wurden im Kampf gegen die germanischen Reiter eingesetzt.

DIE NEUORDNUNG DES REICHES

Im ausgehenden 3. Jh. gelang es Kaiser Diokletian, den Zerfall des Römischen Reiches zu stoppen, doch um einen hohen Preis: Ein straff durchorganisierter Bürokraten- und Militärstaat wurde errichtet und in geografisch-politische Verwaltungseinheiten unterteilt, die für einen baldigen Abfall geradezu prädestiniert waren.

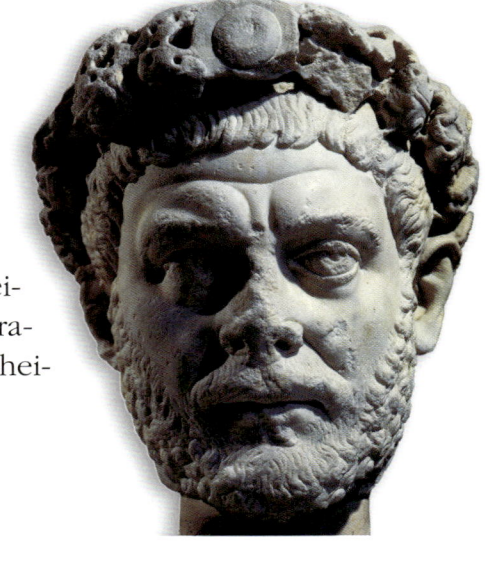

Nikomedia
Das heutige Izmit in der Türkei erwählte Diokletian für sich als kaiserliche Residenz. Aus der römischen Stadt stammt dieses Marmorporträt des Kaisers.

Als Diokletian am 17. September 284 zum Kaiser proklamiert wurde, schien auch ihm nur eine weitere Episode nach bekanntem Muster bevorzustehen: Aufstand der Legionen in einem Teil des Reichs, kurzfristiger Aufstieg ihres Kommandanten an die Macht, bis die großen Pläne von einem neuen Aufstand zunichte gemacht werden. Doch Gajus Valerius Diocletianus, der sich als Kaiser Diokletian nannte, konnte sich halten. Seine Regierungszeit (284–305) zählte zu den längsten unter den römischen Kaisern, und er führte auch die meisten seiner Vorhaben durch. Sein Reformwerk war getragen von immensem Pflichtgefühl und unerschütterlichem Glauben an die Größe der Aufgabe Roms in der Welt, von eiserner Entschlossenheit und der Fähigkeit zu unermüdlicher Arbeit und Akribie, mit der er die Verwaltung durchforstete und ihre Mechanismen veränderte.

Die Staatsreform

Der markanteste Aspekt der Neuordnung unter Diokletian war die Zweiteilung des Reiches. Jeder der Teile sollte von einem Souverän mit dem Titel »Augustus« regiert

Zu viert an der Macht
Diese Karte zeigt das Römische Reich nach der von Diokletian vorgenommenen tetrarchischen Einteilung mit kaiserlichen Residenzen in dezentraler Lage.

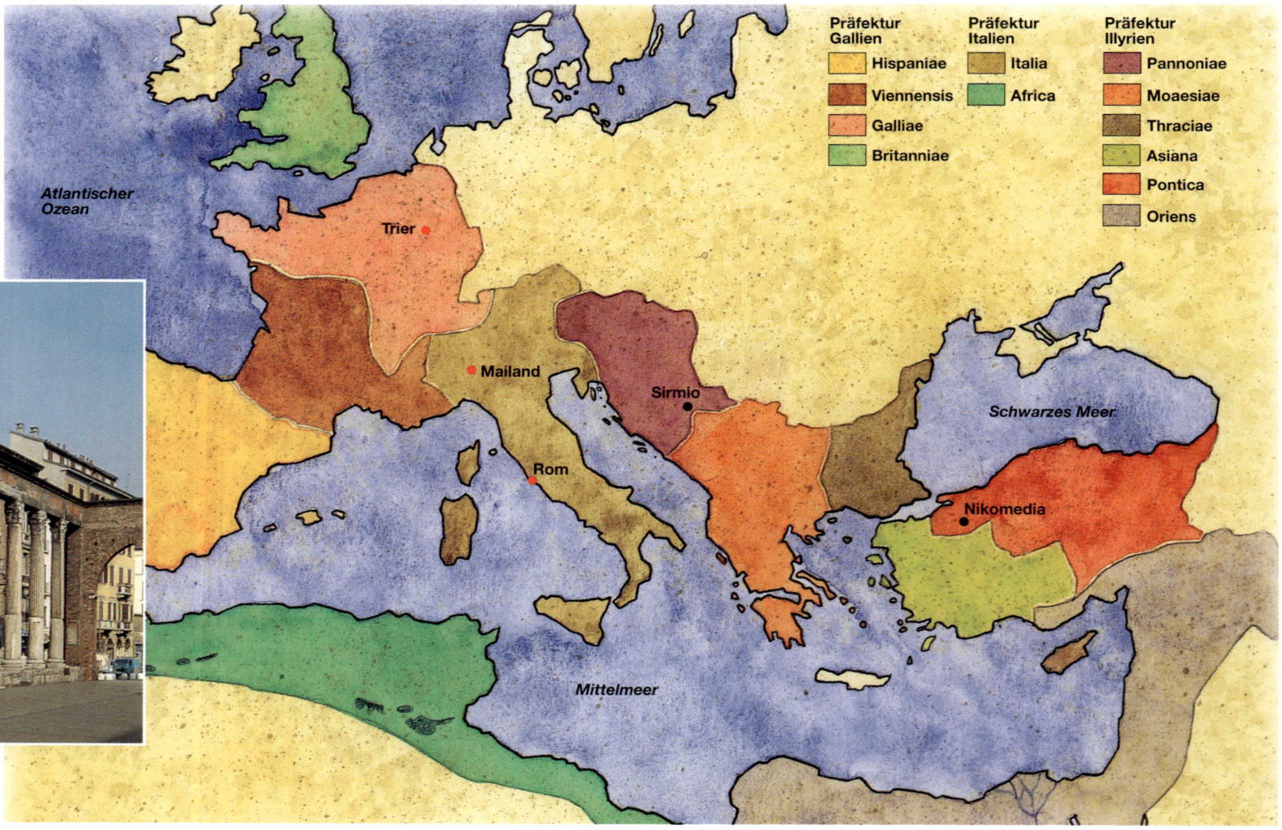
Präfektur Gallien
Hispaniae
Viennensis
Galliae
Britanniae
Präfektur Italien
Italia
Africa
Präfektur Illyrien
Pannoniae
Moaesiae
Thraciae
Asiana
Pontica
Oriens
Atlantischer Ozean
Trier
Mailand
Sirmio
Rom
Nikomedia
Schwarzes Meer
Mittelmeer

Mailand
Unter den wenigen Überresten des römischen Mediolanum *ist der Portikus der Laurentiusbasilika sicherlich der eindrucksvollste Zeuge jenes Jahrhunderts, als die Stadt kaiserliche Residenz war.*

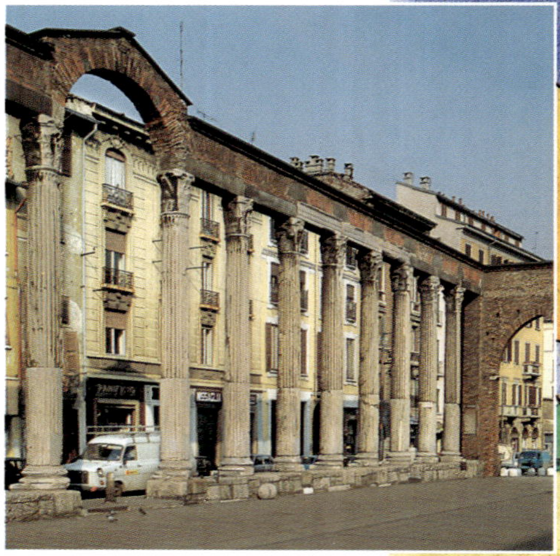

werden. Diokletian übernahm den östlichen Teil, zu dem Illyrien, Griechenland, Pannonien, Kleinasien, Syrien und Ägypten gehörten, den westlichen Teil mit Italien, Gallien, Britannien, Spanien und Nordafrika vertraute er Maximianus an. Jedem Augustus sollte des Weiteren ein Caesar unterstellt werden, der einen Teil des Reiches beherrschte und im Falle der Abdankung oder des Todes als Nachfolger bestimmt war. Zur Bestärkung der territorialen Neuordnung wurden die jeweiligen Hauptstädte weiter in Richtung der Außengrenzen verlagert: Diokletian ließ sich in Nikomedia in Kleinasien nieder, Maximianus in Mediolanum, dem heutigen Mailand. Die beiden Caesaren Konstantin und Galerius in Trier und *Sirmio* (im heutigen Serbien). Mit dieser Tetrarchie war sichergestellt, dass jede Region einen nahen, direkten Ansprechpartner für wichtige Entscheidungen hatte und die Reaktionen im Angriffsfall schneller erfolgten als mit einem Kaiser im fernen Rom. Dazu wurde die innere Struktur des Imperiums von Grund auf reformiert und eine starr hierarchische Gesellschaftsordnung mit rigide geregelter Planwirtschaft nebst erbarmungsloser Besteuerung eingeführt. Das Reichsgebiet wurde in Präfekturen und diese wiederum in kleinere Einheiten fragmentiert. Alle diese Diözesen besaßen eine zivile und eine militärische Führung, welche einander gegenseitig kontrollierten, wobei jede einzelne zu schwach war, gegen die zentrale Macht zu opponieren. Die Verteidigung der Grenzen wurde ebenfalls neu organisiert, man errichtete eine Reihe ununterbrochener Wälle und an strategischen Punkten Festungsbauten, dahinter waren weitere Verteidigungslinien vorgesehen, um eventuell durchbrechende Feinde abfangen und einkesseln zu können. Nach kurzer Zeit zeigten sich die Resultate, und diese schienen auf den ersten Blick überzeugend: Die äußeren Feinde waren besiegt, die Aufstände im Inneren niedergeworfen, die Ordnung wieder hergestellt. Nach 20 Jahren Regierungszeit zog sich Diokletian in den Palast zurück, den er sich in seiner Geburtsstadt Salona hatte bauen lassen, und durfte sich auf den Lorbeeren seiner Verdienste ausruhen: Er hatte den drohenden Zerfall des Imperiums abgewendet. Doch bei näherem Hinsehen lagen hinter der starken Fassade ungelöste Probleme verborgen. Das komplizierte Nachfolgesystem konnte als Bremsklotz wirken, die Kosten für die aufwändige Verteidigung explodierten, und die Verwaltungseinheiten waren prädestiniert für Ablösungstendenzen. Bereits sein eigener Nachfolger Konstantin warf Diokletians Konzept in wesentlichen Teilen um: Er legalisierte das Christentum, das 250 Jahre von den Caesaren bekämpft worden war, und verlegte die Hauptstadt des Reiches dorthin, wo sein eigentlicher Ursprung und seine Wiege war: nach Rom.

Der purpurne Mantel
Otto II. von Sachsen, der 973 zum Kaiser des Heiligen Römischen Reiches gewählt wurde, ist hier mit den klassischen Attributen der Macht aus der Römerzeit dargestellt: Szepter, Globus und Krönungsmantel.

DAS HOFZEREMONIELL

Diokletian ließ ein komplexes Hofzeremoniell einführen, das bei näherer Betrachtung jenem glich, das seit Jahrhunderten am persischen Königshof praktiziert wurde. Das Ritual der *adoratio*, der öffentlichen Anbetung durch die Untertanen, zeigt typisch orientalische Prägung und war einer der markantesten Aspekte – im Angesicht des Kaisers hatten alle Untertanen niederzuknien. Sämtliche Ereignisse, die mit der Person des Kaisers oder seiner Familie zu tun hatten, wie Thronbesteigung oder Geburt eines Sohnes, aber auch einfach das Erscheinen in der Öffentlichkeit, wurden mit großem Prunk gefeiert. Der *adventus*, die Ankunft des Kaisers in einer Stadt, wurde wie eine göttliche Erscheinung behandelt und als außergewöhnliches Schauspiel inszeniert: Festbankette und Spiele für das Volk sowie Ehrengeschenke für die Angehörigen des Heeres sorgten für Popularität. Die Verwendung des teuren Purpurs, die schon zuvor stark auf edle Kreise eingeschränkt war, wurde nun zum exklusiven kaiserlichen Symbol. Wer unberechtigt Purpur trug, konnte sogar mit dem Tode bestraft werden, denn dies galt als Anmaßung von Macht. Der typische Kaisermantel war ein purpurroter Umhang, der an der Schulter von einer goldenen, mit Edelsteinen besetzten Nadel gehalten wurde. Darunter trug man eine goldbestickte Seidentunika mit ebenfalls purpurfarbenem Gürtel um die Leibesmitte. Diese kaiserliche Tracht ergänzten Symbole wie Szepter und Globus, sowie Brustpanzer, Helm/Diadem und Schwert der Prachtrüstung. All dies waren die äußerlichen Attribute, die die Erhabenheit des Kaisers ausdrückten und ihn als Inkarnation einer universellen Macht auswiesen.

Der Geburtsort Kaiser Diokletians
Blick auf die römischen Ruinen von Salona (dem heutigen Split), der Geburtsstadt Diokletians. Der Kaiser lebte dort nach seiner Abdankung im Jahre 305 bis zu seinem Tod 313.

DAS CHRISTLICHE IMPERIUM

Mit Kaiser Konstantin tritt das Christentum aus der Finsternis der Katakomben an die Seite der weltlichen Macht und geht mit dieser eine Symbiose ein, die die römische Welt verändert.

Die von Diokletian eingeführte Tetrarchie funktionierte, wie vorauszusehen war, nicht lange. Nach seinem Tod kam es zu Streitigkeiten um die Nachfolge, aus denen Maximianus' Sohn Konstantin siegreich hervorging. Doch auch für seinen Erfolg hatte das Imperium einen Preis zu zahlen: die Anerkennung der Christen, die den neuen Souverän wirkungsvoll unterstützt hatten. Im Edikt von Mailand sanktionierte Konstantin 313 ihre Anerkennung und gestattete freie Ausübung der Religion. So trat das Christentum aus dem Untergrund ans Licht, und seine Verbreitung erfuhr einen explosionsartigen Schub, obwohl Konstantins Neffe Julianus hartnäckig versuchte, die alten heidnischen Kulte zu stärken. Ein weiterer wichtiger Faktor in

Sonnenanbeter
Konstantin konvertierte nicht so rasch zum Christentum wie es einige Kirchenväter überliefert haben. Der Kaiser hing zeit seines Lebens dem Sonnenkult an, im Sinne dessen ihn sein Vater Constantius Chlorus erzogen hatte. Erst im Angesicht des Todes entschloss er sich zur Taufe. Diese Skulpturengruppe aus Rom zeigt die Figur des Mitras, die oft als Sonnengott interpretiert wird, beim Töten des Stiers.

Konstantins Plänen, eine große Veränderung, wirkte sich ebenfalls günstig für das Christentum aus: die Verlegung der Residenz in eine neu errichtete Stadt am Bosporus, dorthin, wo sich einst die griechische Stadt Byzanz erhob. Sie erhielt den Namen des Kaisers, Konstantinopel. Rom, die Stadt der alten Götter, wurde aufgegeben, doch

EINE KÖNIGIN UND HEILIGE

Eine wichtige Figur stellt die Helena, Mutter Kaiser Konstantins dar. Sie war eine Frau aus einfachen Verhältnissen (sie hatte eine kleine Schänke oder arbeitete nur dort) und konvertierte früh zum Christentum. 326 oder 327 reiste sie ins Heilige Land, wo sie nach der Überlieferung auf dem Kalvarienberg das Kreuz Christi fand und es nach Rom brachte. Zu Ehren der Reliquie soll sie beschlossen haben, hinter der Aurelianischen Mauer, unweit des Laterans, eine monumentale Basilika, Santa Croce in Gerusalemme, zu errichten. Ihre sterblichen Überreste wurden in einem reich geschmückten Sarkophag aus Porphyr bestattet *(unten)*, der heute in den Vatikanischen Museen aufbewahrt wird.

GESCHICHTE

Der Konstantinsbogen
Im Jahr als der Konstantinsbogen (rechts) errichtet wurde, verlor Rom seine Rolle als caput mundi *und es stand nur noch ein eingeschränktes Budget für den architektonischen Schmuck zur Verfügung. So verwendete man zur Dekoration des Bogens einige Elemente älterer Monumente für Trajan, Domitian, Hadrian und Commodus.*

Konstantins Tochter
Feinste Beispiele kunstvoller musivischer Technik sind in der Kirche Santa Costanza in Rom zu bewundern. Sie wurde Anfang des 4. Jh. als Mausoleum für die Töchter Kaiser Konstantins, Helena und Konstanze (unten im Detail), erbaut.

weiterhin nannte sich das Imperium »Römisches« Reich, bis 1453 Kaiser Konstantin XI. bei der Verteidigung der Stadt, die seither alle »römischen« Kaiser beherbergt hatte, gegen die Türken fiel.

Eine neue Legitimität

Rasch stieg der eben erst anerkannte Glaube zur neuen offiziellen Religion auf. Formell wurde dieser Schritt von Kaiser Theodosius 380 vollzogen, in der Luft lag er jedoch bereits seit Konstantin. Reich und Religion waren zu einer Einheit verschmolzen, das eine legitimierte die andere und umgekehrt, und so war eine Tradition begründet, die im Mittelalter wieder aufgenommen werden sollte. Und wenn es zu Anfang noch die Kaiser waren, die die höchste Stellung einnahmen und sogar, wie Konstantin, bei Streitigkeiten bezüglich der christlichen Lehre intervenierten, so schlug das Pendel bald in die andere Richtung aus, wie man am Beispiel des hl. Ambrosius sehen kann, der beträchtlichen Einfluss auf die Entscheidungen des Kaisers nahm, diese sanktionierte oder auch aufhob. Eine neue Großmacht, die jene Roms überdauern sollte, begann ihren Aufstieg.

DIE VERBREITUNG DES CHRISTENTUMS

Zu Beginn der konstantinischen Regierungsperiode war die Verbreitung des Christentums in den Regionen des Imperiums noch ziemlich unterschiedlich:
– Größere Verbreitung hatte die neue Religion bereits in Kleinasien (besonders Phrygien, Bithynien und Pontus bis zum Kaukasus), Armenien, den Regionen westlich des Euphrat, Thrakien, den Ägäischen Inseln, Zypern und im Gebiet um Edessa erfahren.
– Verbreitet, doch gegenüber den anderen Religionen in der Minderheit war das Christentum in einige weiteren Regionen wie Griechenland, Mazedonien, Syrien, einigen Städten Palästinas, Ägypten, dem Prokonsularen Afrika und Numidien, in und um Rom, an den südlichen Küsten Italiens und Siziliens sowie in Spanien und Gallien bis zum Massif Central.
– Erst am Anfang stand die Evangelisierung in Palästina, Teilen Arabiens und Mesopotamiens, Epirus, Dalmatien, Mittel- und Norditalien, den Donauländern, Moesien, Pannonien, Cyrenaika, Libyen und Mauretanien. Isolierte christliche Zellen gab es an der nördlichen Schwarzmeerküste, in Nordgallien, am Rhein, in Raetien, Britannien und im Noricum.

Invasionen und Niedergang

Die Barbarenstämme, die an Rhein und Donau gegen den Limes drängten, ließen sich umso schwerer zurückhalten, umso mehr das Imperium von innen durch ständige Revolten im Heer geschwächt wurde. Anfang des 5. Jh. brachen schließlich die Dämme.

Seit der Mitte des 3. Jh. mehrte sich der Druck von außen gegen die Grenzen des Römischen Reiches. Die Bevölkerung der germanischen Stämme, die seit einiger Zeit in Grenznähe siedelten, war stark angewachsen, doch der Raum, den sie zur Verfügung hatten, verringerte sich stets. Zwischen Ende des 4. und Anfang des 5. Jh. drangen diese Völker unter dem Druck der Hunnen, die ihnen im Nacken saßen, ermutigt von der inneren Schwäche des Imperiums aufgrund beständiger Revolten, Umstürze, religiöser Spaltung und harter Besteuerung, immer weiter hinter die Grenzen vor, bis sie schließlich das Gleichgewicht des Reiches erschütterten.

Ein wahrer Dammbruch

Häufig blieb den Kaisern nun nichts mehr anderes übrig, als nach erfolgter Invasion diese zu legitimieren, indem sie die Barbaren zu *foederates*, zu Verbündeten erklärten

Friedliche Invasion
376 baten die Goten, die von den Hunnen vertrieben worden waren, um Aufnahme ins Oströmische Reich, wo sie in Thrakien siedelten.
Oben: gotische Bronzefigur.

Die Waffen der Barbaren
Die eisernen Schwerter der Barbarenheere waren zwischen 80 und 90 cm lang. Die Griffe waren aus Bronze, glatt oder für einen sichereren Griff gehämmert.

Ravenna, Mausoleum der Galla Placidia
402/03 verlegte der weströmische Kaiser Honorius die Kaiserresidenz von Mailand nach Ravenna. Bis Mitte des Jahrhunderts war es jedoch Galla Placidia, Honorius' Schwester und Mutter seines Nachfolgers Valentinian III., die die Macht in der Stadt und in Italien innehatte. Das Mausoleum der Kaiserin (rechts) ist im Inneren reich mit Mosaiken geschmückt.

DIE KLAGEN DES HL. HIERONYMUS

»Mir fehlen die Worte, die Kehle ist mir zugeschnürt, sodass ich keinen Laut sagen kann. Gefallen ist die Stadt, die die Welt beherrschte ... das Haupt wurde der Welt abgeschlagen, und in den Trümmern einer Stadt ging sie zugrunde.« Dies sollen die Worte des hl. Hieronymus gewesen sein, als er von der Plünderung Roms hörte.

und sie in den Kampf um die Verteidigung des eroberten Gebietes zusammen mit den römischen Truppen einbanden. Diese Strategie war oft erfolgreich, wie etwa 451, als es mit gotischer Hilfe gelang, die Hunnen unter Attila zurückzuschlagen, doch damit vertraute Rom die Verteidigung immer stärker jenen an, vor welchen es sich zu verteidigen galt. Zur Assimilierung der Barbaren hätte es Zeit gebraucht, und genau diese fehlte. Oft begannen die neuen »Verbündeten«, sobald sie ins Innere des Reiches vorgedrungen waren, erneut zu plündern, zu brandschatzen und die römischen Truppen zu bekämpfen, und schlimmer noch: Sie siegten dabei. 378 brachten die Westgoten den kaiserlichen Truppen bei Adrianopel eine empfindliche Niederlage bei, selbst Kaiser Valens fiel in der Schlacht. 410 wurde Rom von den Westgoten geplündert; 455 taten es ihnen die Vandalen gleich. 452 konnte der Marsch der Hunnen unter Attila durch Italien nur durch die Intervention Papst Leos des Großen aufgehalten werden. Die Hauptstadt des Weströmischen Reiches, des schwächeren der Teile, in die das Imperium seit Diokletian verwaltungstechnisch (und ab 395 auch politisch und militärisch) geteilt worden war, musste nach Ravenna verlegt werden, wo die Sümpfe jenen Schutz gaben, den die römischen Legionen nicht mehr zu bieten in der Lage waren.

Das Ende

Was jedoch in Ravenna überlebte war nur noch der Schatten des einstigen Imperiums. Als 476 der Germane Odoaker den letzten Kaiser stürzte, der – Ironie des Schicksals – den Namen der Begründer der Stadt und des Imperiums trug, Romulus Augustulus (wobei er selbst väterlicherseits von germanischer Abstammung war), bedeutete dies den Todesstoß. Das glorreiche Römische Reich hatte, zumindest im Westen, aufgehört zu existieren. Im Osten sollte es noch über tausend Jahre fortdauern – doch mit einer anderen Sprache, einer anderen Religion und anderen Traditionen. Nun war die Zeit der Barbarenkönige gekommen.

Westgotisches Votivkreuz
Im Kunsthandwerk der so genannten Barbaren nahm die Goldschmiedekunst einen hohen Stellenwert ein. Dieses goldene Kreuz ist mit gefassten Edelsteinen und Quarzen besetzt.

Der letzte General
Flavius Stilicho (ca. 360–408) war der letzte große römische Feldherr. 402 besiegte er die Westgoten unter Alarich bei Pollentia und vernichtete 406 bei Faesulae eine Horde einfallender Ostgoten unter Radagais. Hier ist der General mit seiner Familie in einem Elfenbeinrelief dargestellt. Als Sohn eines Vandalen und einer Römerin galt er als semibarbarus.

WAS MONTESQUIEU DAZU MEINTE

»Hier die Geschichte der Römer in einem Wort. Mit ihren Prinzipien besiegten sie alle Völker, doch als dies erreicht war, konnte die Republik sich nicht halten: Man musste die Regierungsform wechseln, und zu ihrer Tradition konträre Prinzipien verursachten ihren Niedergang«. In *Considérations sur les causes de la grandeur des Romains et de leur décadence* (1734) hat Baron Montesquieu keinerlei Zweifel: Es waren der Verlust der Freiheit und die Verwandlung aktiver Bürger in Untertanen, die den Verfall Roms verursacht hatten.

ROM NACH DER RÖMERZEIT

Die tausendjährige Geschichte des Römischen Reiches, die Ausdehnung des Reiches und die Pracht seiner Monumente haben im Laufe der Jahrhunderte Philosophen, Künstler, Herrscher, Feldherren und Staatsmänner immer wieder fasziniert. Seine führende Rolle in Europas Kultur ist unbestritten.

Mehr als tausend Jahre: so lange dauerte die Geschichte Roms. Allein die Kaiserzeit überspannte rund fünf Jahrhunderte und fand ihre Schauplätze auf drei Kontinenten. Was von dieser langen Ära blieb, ist ein so umfangreiches und vielschichtiges Erbe, dass man Mühe hat, seine Umrisse auch nur grob zu skizzieren. Man denke nur an die Entwicklung der Rechtsprechung und der Gesetze oder der staatlichen Institutionen, um lediglich die offensichtlichsten Spuren Roms zu nennen, die bis in die Neuzeit überdauert haben. Schon wenn wir den Mythos von der Gründung und der wirtschaftlichen Aktivitäten der Ewigen Stadt studieren, untersuchen wir eine wichtige Quelle zur Geschichte der Gesellschaft, Politik und Kultur. Überall in Europa treffen wir wieder und wieder auf das Erbe der Caesaren: »Ich kannte die Angelegenheiten Roms ehe ich jene meines eigenen Hauses wahrnahm, kannte das Kapitol vor dem Louvre, den Tiber vor der Seine … Die Orte zu sehen, an welchen einst sich illustre Menschen aufhielten, bewegt in der Tat mehr als ihre Geschichten zu hören oder ihre Schriften zu lesen«, schrieb der französische Schriftsteller Michel Eyquem de Montaigne (1533–1592).

Bücher und Reisen

Im europäischen Kulturkreis entsprang die Wiederentdeckung der römischen Kultur hauptsächlich zwei Quellen. Die erste davon war die Literatur, genauer gesagt die Werke von Cicero, Tacitus, Livius, Vergil, Horaz, Caesar und anderer lateinischer Au-

Der Neubegründer des Imperiums
Detailansicht des Sarkophags Karls des Großen in der Pfalzkapelle in Aachen.

Das Kolosseum nach Canaletto
Auch Giovanni Antonio Canàl, besser bekannt als Canaletto (1697–1768), hat in Rom eine Periode fruchtbaren Schaffens als Maler und Kupferstecher verbracht.

Rom und Regime
Der Palazzo della Civiltà e del Lavoro im EUR-Viertel (Rom). Das faschistische war das letzte, aber nicht das einzige Regime, das sich an Rom als Symbol universeller Macht inspirierte.

toren, die uns das gesamte Mittelalter hindurch erhalten blieben. Die zweite Quelle war die Kunst, speziell die Architektur. Ab der Renaissance faszinierte der erhabene Ausdruck der antiken Ruinen Künstler, Kirchenmänner und Wissenschaftler gleichermaßen, und Reisen nach Italien erfreuten sich höchster Beliebtheit. Immer mehr Menschen wollten in direkten Dialog mit der Vergangenheit treten und die Schauplätze einer großen Geschichte mit eigenen Augen sehen – dieses unvergleichliche Erlebnis entschädigte wohl für alle Strapazen, die man im damaligen Rom auf sich zu nehmen hatte, wenn man den eingehenden Schilderungen in vielen Reiseberichten Glauben schenken darf. Ab dem 17. Jh. galt die Italienreise mit dem Hauptziel Rom als ein fundamentaler Bestandteil gehobener Bildung, speziell unter der herrschenden Klasse Europas: *Grand Tour* nannte man diese Bildungsreise, die gleichzeitig als eine Art Initiationsritus galt, die schulische Ausbildung ergänzen und vertiefen sollte und die gemeinsame Basis der Bildung der *élites* des Alten Kontinents darstellte. Die Angehörigen der Oberschicht teilten diese Erfahrung und legten sie ihrer Kultur als Fundament zugrunde.

Napoleon als Kaiser
Napoleon Bonaparte auf dem Thron mit den Symbolen kaiserlicher Macht, gemalt von Jean-Auguste-Dominique Ingres (1780–1867).

Die Wiederentdeckung Roms
Dieses Gemälde von Claude Gellée Le Lorrain, (1600–1682) zeigt den Campo Vaccino in Rom. Der Künstler zeigte große Sensibilität für die Faszination der antiken Ruinen.

DAS EINE UND DAS ANDERE ROM

Die Anziehungskraft, die von der Geschichte und den Monumenten des antiken Roms ausging, hat sich allem Anschein nach nicht auf das neuzeitliche Rom übertragen, nach den Berichten insbesondere der Besucher aus den Ländern nördlich der Alpen zu schließen war sogar das Gegenteil der Fall: »Neuankömmling, der du in Rom nach Rom suchest, findest nichts in Rom was an Rom dich gemahnt«, hieß es in einem verbreiteten Vers im 16. Jh. »Kein Römer, wenn er denn ein richtiger Römer ist, kann je eine Maus töten ohne eine genaue Chronik des Ereignisses zu hinterlassen«, lästerte etwa um dieselbe Zeit der englische Dramaturg Thomas Nasche (der außerdem nicht viele Römer gekannt haben dürfte, da es keinen Hinweis gibt, dass er je in Italien gewesen ist). 1796 urteilte Karl Ludwig Fernow: »Wie das antike Rom alles enthielt, was je an Schönem und Edlem dem menschlichen Geiste entsprang, so vereint das moderne Rom zweifellos alles Unwürdige, Widerliche und Peinliche, das je dem menschlichen Unverstand entsprungen ist.« Für die Römer bleibt als Trost wohl nur Goethe, der die Ewige Stadt weit mehr schätzte (und auch ein größerer Schriftsteller war) als Fernow.

Jedem das Seine

Aus dem reichen Schatz dieser glorreichen Vergangenheit lobten Besucher und Bildungsuchende immer wieder, je nach Zeitqualität und persönlichen Neigungen, die große republikanische Tradition oder aber jene der Kaiserzeit. Zweifellos fand im Laufe der Zeit die Zweitere weit mehr Anhänger als die Erstere, doch auch jene erlebte Momente des ruhmreichen Wiederauflebens, wie etwa zwischen dem 11. und dem 13. Jh., als sich in Italien die kommunale Bewegung formierte, oder zur Zeit der Französischen Revolution. Das Imperium erstand durch Karl den Großen wieder, auch durch Napoleon, der sein Lebenswerk danach inszenierte, bis zum Faschismus, wo der künstlerische Bezug auf das kaiserliche Rom oft unfreiwillig komisch wirkte. In Europa – und nicht nur dort, wurden doch die USA bereits als das »Vierte Rom« bezeichnet – ist das symbolische Angesicht der Macht immer noch jenes der Caesaren.

RÜCKKEHR ZUR FORM

Im Mittelalter wurden antike Gebäude häufig als Steinbrüche genutzt, die bereits bearbeitete Baumaterialien billig lieferten. Mit der Renaissance wurden sie zu erhaltenswerten Spuren der Vergangenheit, an denen man sich für eine bessere Architektur inspirierte. Das blieben sie bis heute.

Der Zusammenbruch des Imperiums bedingte sinkende Bevölkerungszahlen, was wiederum dazu führte, dass zahlreiche antike Gebäude leer standen und für neue Bauten regelrecht ausgeschlachtet wurden. Trotz einiger Gesetze, die das Phänomen bremsen sollten, wurden Rom und andere bedeutende Städte des Kaiserreichs zu billigen Quellen bereits bearbeiteten Baumaterials: Man trug Kapitelle, Architrave, Säulen, Wand- und Bodenplatten, Friese, Stufen, ja alles ab, was sich irgendwie einbauen oder, häufiger noch, als Modell für einen Abguss verwenden ließ. Mit der Zeit gingen die Kenntnisse zu Architektur, Proportion und Symbolik der ursprünglichen Bauten verloren, die Neuverwendung wurde immer beliebiger und entbehrte zunehmend jeder Grundlage: verkehrt montierte Säulenschäfte, im Verhältnis zu den Säulen über- oder unterdimensionierte Kapitelle, Sarkophage als Taufbecken, Kassetten von Decken als Fassadendekor und so fort. Dasselbe Schicksal in etwas kleinerem Maßstab ereilte Objekte von geringerer Größe wie Schmuck, Kameen, Gebrauchsgegenstände und kleinere Kunstobjekte. Oft wurde den Stücken – sei es wegen ihrer Seltenheit, sei

Wie die Karolinger wohnten
Dieses Marmorfragment (oben) mit geflügelter Viktoria fand man in der Karolingerresidenz zu Ingelheim, die auf den Trümmern einer grandiosen römischen Villa erbaut worden war. Als sich Karl der Große 777 entschloss, sie wieder aufzubauen, gab er Anweisung, den alten Marmor und auch das Holz so zu verwenden wie in einer römischen Kaiservilla.

DER MARMORHANDEL

Der schwunghafte Handel mit dem Marmor aus der Antike wurde im Mittelalter zu einem regelrechten Wirtschaftszweig. In Rom und den anderen wichtigen Städten des Imperiums schossen Marmor- und Gusswerkstätten wie die Pilze aus dem Boden. Doch die einträglichen Aktivitäten waren wahrscheinlich den Angehörigen weniger Familien vorbehalten, die ihren Beruf auf dem Erbweg weitergaben. Ab dem 8. Jh. hatte der Papst die alleinige Obhut über die Vergabe von Rechten für die Abtragung und Nutzung der Materialien antiker Bauwerke – dieser Umstand unterstreicht die wirtschaftliche Bedeutung dieser neuen Branche, die vermutlich zu den einträglichsten Wirtschaftszweigen des Hochmittelalters zählte. Der römische Marmor kam weit herum, in der Karolingerzeit bis in den Norden Europas. Die Marmorsäulen und -kapitelle der Pfalzkapelle Aachen *(rechts)* ließ Karl der Große nach der Überlieferung, mit Billigung des Papstes, aus Rom und Ravenna holen. Äußerst begehrt waren auch Statuen aus der heidnischen Antike, die – oft nach dem Vorbild kirchlicher Heiliger umgestaltet und mit deren Attributen ausgestattet – wie Reliquien behandelt wurden. Der wertvolle Marmor wurde auf eigens für diesen Zweck gebauten Pferdewagen und großen, für so schwere Ladungen geeigneten Schiffen außer Landes geschafft.

Sitz des Kaisers
Im Zentrum der Pfalzkapelle zu Aachen steht der Thron Karls des Großen.

es wegen der Werte, die man mit ihrer antiken Herkunft verband, sogar magische oder heilende Kräfte nachgesagt. Die Überreste eines zusammengebrochenen Imperiums dienten der herrschenden Klasse der Nachfolgereiche, die sich aus seiner Asche erhoben, als begehrte Prestigeobjekte.

Die Wiederentdeckung

Mit dem Humanismus und mehr noch mit der Renaissancebewegung, die der antiken Architektur zu einer neuen Blüte verhalf, wurden die Spuren des Römischen Reiches dann zunehmend als Inspiration und als Vorbilder für eine rationale Baukunst gesehen, welche im Gegensatz zur »gotischen« Beliebigkeit bestimmten Regeln der Formen und Proportionen folgte. Mit Hilfe der erhaltenen römischen Bauten (die nun gewissenhaft studiert wurden) rekonstruierte und perfektionierte man die Theorie der Ordnungen – dorisch, ionisch und korinthisch – die der jeweiligen baulichen Gliederung zugrunde lagen. Die Wiederentdeckung der antiken Bauformen führte zu einer umwälzenden Veränderung in der Architektur und der darstellenden Kunst. Die Gotik wurde abgelöst und wich einer neuen, klassisch inspirierten Baukunst, die bis heute nachwirkt. Italien, Wiege dieser Bewegung, übte darin einen führenden Einfluss in der ganzen westlichen Welt aus. Die Monumente der Römer leben weltweit im Geist der Architekten und Künstler weiter: das letzte, doch sicher nicht das geringste Vermächtnis der Ewigen Stadt.

Die Thermen von Bath
Im 1. Jh. n. Chr. bauten die Römer in Aquae Sulis, dem heutigen Bath im Süden Englands, ein großes Thermalzentrum mit reichem Skulpturen- und Mosaikschmuck. Viele Elemente, wie die Statue, die man im Vordergrund sieht, wurden in den folgenden Epochen wiederverwendet (oben).

Kreuz mit römischer Kamee
Am Schnittpunkt der Balken dieses mit Gemmen und Perlen besetzten Kreuzes aus dem Mittelalter befindet sich eine Kamee mit Augustus.

DIE PLÜNDERUNG DES PANTHEONS

Eines der bedeutendsten Werke der römischen Baukunst, das Pantheon, wurde in Rom unter Marcus Vipsanius Agrippa 27 v. Chr. zu Ehren aller Götter errichtet. Unter Domitian wurde es restauriert, die heute erhaltene Bauform geht auf Kaiser Hadrian zurück, der es 130 n. Chr. neu errichten ließ. Markant an diesem Bau sind die kolossalen Dimensionen der Kuppel, die im Durchmesser wie in der Höhe 43,4 m misst, sowie der Front aus 14 m hohen Säulen *(oben)*. Die Kuppel war mit Bronzeschindeln gedeckt, die der byzantinische Kaiser Konstantin II. abtragen ließ. Papst Urban VIII. (1623–1644) ließ schließlich die restlichen Bronzeelemente aus dem Pronaos einschmelzen. Das Material wurde für den Baldachin von Sankt Peter benötigt.

Die Hauptstadt des Reiches

Unbeschränkte Größe und Komplexität: So sieht das Gesicht der Ewigen Stadt aus, Inbegriff und Vorbild aller bedeutenden Städte der antiken Welt.

Rom zur Zeit der Caesaren
Dieses Modell der imperialen Stadt zeigt einen Teil Roms mit dem Circus Maximus im Vordergrund und dem Kolosseum im Hintergrund. Zu jener Zeit zählte man in der Ewigen Stadt wahrscheinlich mehr als eine Million Einwohner.

Wenn es je ein Volk gegeben hat, für das Ordnung und Planung an oberster Stelle stand, so waren es die Römer. Sie legten nicht nur den Städten, die sie in der halben Welt – von Schottland bis Mesopotamien – gründeten, eine strikte geometrische Raumordnung zugrunde, sondern auch dem umliegenden Ackerland, das rigoros auf der Basis der Zenturiation, der römischen Landvermessung, eingeteilt wurde. Und dennoch war die Hauptstadt dieses planenden, ordnenden Staates ein Monument der Improvisation, der Irrationalität, ja des Chaos. Schuld daran war – mehr als der übereilte Wiederaufbau nach dem Einfall der Gallier, den römische Historiker gerne ins Treffen führten – die Art und Weise, wie die Stadt ursprünglich entstanden war: Nicht aufgrund eines gründlich durchdachten urbanistischen Programms, sondern durch Synoikismus, durch das spontane, von der Wirtschaft gesteuerte Zusammenwachsen mehrerer dörflicher Gemeinschaften an den verschiedenen Hügeln am linken Ufer des Tibers. Dies geschah zu einer Zeit, als noch niemand auch nur im Entferntesten ahnte, welcher Glanz der eben erst geborenen Stadt noch bevorstand. Die raschen, siegreichen Eroberungszüge der Römer gaben ihr als Hauptstadt dann eine Bedeutung, zu der die mangelnde urbanistische Gliederung ebenso in erschreckendem Widerspruch stand wie zur Tendenz der römischen Herrscher, eine straffe, administrative Ordnung zu führen. Erst Augustus fasste einen Plan zur Sanierung und Verschönerung der Stadt, sodass man ihm später nachsagen würde, er habe sie »in Ziegeln vorgefunden und in Marmor

Modell des Kapitols
Das Kapitol war zwar der kleinste der sieben Hügel von Rom, entwickelte sich jedoch bald zum Bollwerk der Stadt und zum Symbol und Garanten für ihren ewigen Fortbestand.

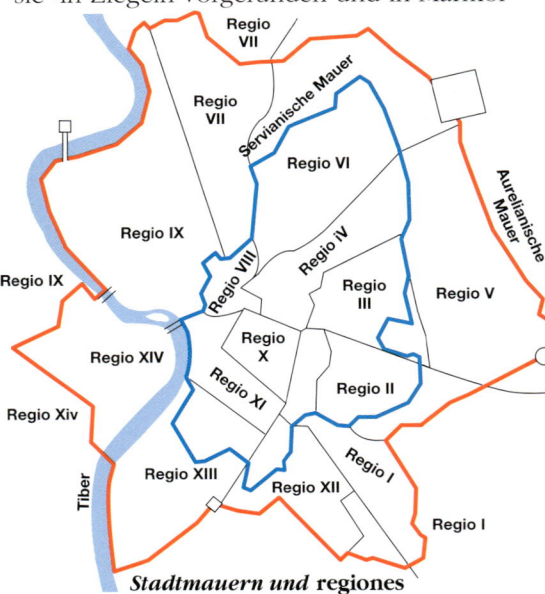

Stadtmauern und regiones
Schematischer Grundriss von Rom mit der Unterteilung in 14 regiones, die in etwa den heutigen Stadtvierteln entsprechen, und der Servianischen und Aurelianischen Stadtmauer.

ORTE UND MONUMENTE

Portikus am Caesarforum
Der Bau des Caesarforums wurde mit der Kriegsbeute aus den siegreichen Feldzügen, vor allem jenen gegen Gallien, finanziert.

Der Hafen von Rom
*Der von Ancus Marcius an der Mündung des Tibers gegründete Ort Ostia wurde ab Augustus zum Hafen von Rom. Die Waren, die dort aus allen Winkeln des Reichs ankamen, lagerte man in Magazinen (*horrea*) wie dem oben gezeigten.*

DAS CAESARFORUM

Um 54 v. Chr. reifte in Caesar die Idee, neben dem alten römischen Forum, das mit vielen Erinnerungen und symbolischer Bedeutung behaftet, aber klein und ungeordnet war, ein neues, durchdachtes Forum zu errichten, das aus der Kriegsbeute seiner Feldzüge in Gallien finanziert werden sollte. Das Hauptproblem für den Diktator bestand jedoch nicht in den Finanzen, sondern in den zahlreichen Enteignungen, die dem Vorhaben Raum schaffen sollten. Damit betraute er eine Reihe von Anwälten, darunter auch Cicero. Viele leitende Funktionen im Staat wurden damit vom republikanischen Forum in einen Bereich übertragen, der die *gens Iulia* glorifizierte. Doch das Forum war auch Schauplatz von Aktivitäten, die der Begründer nicht vorgesehen hatte, wie etwa Begegnungen zwischen Liebenden, zumindest wenn man den Schriften Ovids in seinem Werk *Ars amandi* Glauben schenken darf: Verliebte sollen sich dort unter den Säulengängen, im Schutze der Göttin Venus, besonders gerne aufgehalten haben. An Prunk übertrafen jene der folgenden Kaiser Caesars Foren zwar bei weitem, doch ohne seine Vorarbeit wären diese wahrscheinlich nie entstanden.

zurückgelassen«. Nachdem unter Nero 64 n. Chr. halb Rom ein Raub der Flammen geworden war, nahm auch dieser den planmäßigen Wiederaufbau in Angriff, doch das Projekt kam bald darauf wegen seines unerwarteten Todes zum Stillstand. Das großartige Rom, dessen erhaltene Monumente heute noch zahllose Besucher zu beeindrucken verstehen, ist zum Großteil Werk der Kaiser des 2. Jh. n. Chr. Sie schufen die Foren im Zentrum und bauten die kleine Residenz am Palatin zu einem großen Komplex aus, der den ganzen Hügel einnahm. Die letzten ihrer Nachfolger errichteten viele der Monumente, die heute als Sinnbild für die Größe Roms stehen, von den Thermen des Caracalla bis zur Maxentius-Basilika. Wie grandios Bauten und Pläne jedoch auch waren, nie konnte das eigentliche, ungeordnete Konzept der ursprünglichen Stadt korrigiert werden.

Ein Herz und zwei Mauerringe

Roms Herz (und das der römischen Welt) schlug am Forum Romanum, das später durch die Kaiserforen zu einem monumentalen Komplex zwischen Palatin, Kapitol, Quirinal und Viminal ausgebaut wurde. Dort befanden sich die wichtigsten Tempel, die Kurie der Senatoren, die ältesten und heiligsten Plätze der Stadt, ihre bedeutendsten symbolischen Orte. In diesen immensen urbanen Ballungsraum – in der Kaiserzeit dem größten der gesamten antiken Welt – sorgten zwei Mauerringe für zumindest ein wenig Organisation und Ordnung. Der erste davon wird gewöhnlich König Servius Tullius zugeschrieben und umschließt die ursprünglichen Hügel Roms. Der zweite wurde gegen Ende des 3. Jh. n. Chr. von Kaiser Aurelianus errichtet, umschloss das römische Siedlungsgebiet seiner Zeit und übersprang auch den Tiber im Bereich der Tiberinsel. Das Stadtgebiet wurde auf der Basis einer Verwaltungsreform Kaiser Augustus' in 14 *regiones* eingeteilt. Außerhalb der Mauer erstreckte sich die Peripherie mit Gräbern, Mausoleen, Landsitzen, Poststationen, Stallungen und die Vorstädte um die Konsularstraßen, die von den Stadttoren bis an die Grenzen des Imperiums führten – eines Reiches, das jahrhundertelang zu den größten der Geschichte gezählt hatte.

Die Städte im Norden

Immer weiter stießen die Legionen der Römer vor und brachten römische Gesetze, ihre gesellschaftliche Ordnung und ihre Kenntnis von der urbanen Entwicklung und deren Vorteilen mit. Nördlich des Mittelmeeres entstanden neue, große, rational angelegte Städte nach lateinischem Vorbild.

Die erste von den Römern besiedelte Kolonie außerhalb der italischen Halbinsel war *Narbo* (Narbonne), das 118 v. Chr. an den Ufern einer breiten (heute verschütteten) Lagune an der Via Domitia, der Konsularstraße zwischen Italien und den spanischen Provinzen, gegründet wurde. Sie spielte in der römischen Geschichte mehrmals eine große Rolle, wie etwa als Brückenkopf während des Feldzugs gegen Kimbern und Teutonen oder als Hauptquartier während Caesars Eroberungszügen in Gallien (von Caesar wurde es auch 45 v. Chr. als *Colonia Iulia Narbo Martius Decumanorum* neu begründet und mit Veteranen der legendären X. Legion besiedelt). Unter Augustus wurde es Hauptstadt am Meer gelegener gallischer Provinzen, die unter dem Namen Gallia Narbonensis zusammengefasst wurden. Später verlor es an Bedeutung, blieb jedoch bis zum Ende des Römischen Reiches eine der größten römischen Städte Galliens.

Köln am Rhein
Dieser runde Turm ist alles, was von dem großen, etwa vier Kilometer langen Mauerring um die einstige römische Stadt erhalten blieb.

Die Hauptstadt am Rhein

Trier wurde wahrscheinlich von Kaiser Augustus um 16 n. Chr. gegründet, doch erst unter Claudius zur Kolonie mit dem Namen *Augusta Treverorum* erhoben. Jahrhundertelang spielte es die Rolle einer Rückzugbasis der am Rhein operierenden Legionen, bis es im 3. Jh. Hauptstadt des *Imperium Galliarum* wurde und unter

Provinz-Metropolen
Unter Augustus wurden in den Städten der Gallia Narbonensis große Bau- und urbanistische Konzepte realisiert. Besonders in Arles und Nîmes entstanden öffentliche Bauten, die mit jenen Roms an Eleganz und Größe konkurrieren konnten Unten: *das Amphitheater in Arles.*

Die Porta Nigra
Das bedeutendste erhaltene römische Monument in Trier ist die Porta Nigra (oben)*, die ihren Namen der dunklen Farbe verdankt, den die großen Sandsteinblöcke im Laufe der Jahrhunderte angenommen haben.*

ORTE UND MONUMENTE

KÖLNER GLASWAREN

In der Antike war Köln im gesamten Römischen Reich für seine Glaswaren bekannt: Flacons für Duftessenzen und Öle, Trinkgläser und Schalen mit Reliefschmuck sowie die vierkantigen so genannten Merkurflaschen. Einige Stücke wurden mit dem bekannten Rohr der Glasbläser hergestellt, andere, wie die Schalen, in Modeln gepresst. Die exquisite Ware war so gefragt, dass sie sogar über die Grenzen des Reiches hinaus gelangte: ein internationaler Verkaufsschlager aus der deutschen Stadt, lange bevor das berühmte Kölnisch Wasser, das zu Beginn des 18. Jh. zunächst für medizinische Zwecke entwickelt worden war, als Duftwasser für Herren in ähnlicher Weise den internationalen Markt eroberte.

An der Via Domitia
Durch Narbonne führte die Via Domitia, eine wichtige Verkehrsader, die Italien mit Spanien verband. Oben: ein Abschnitt der alten Römerstraße im Zentrum von Narbonne.

Kölner Handwerk
Dieser mundgeblasene Flacon (2. Jh. n. Chr.) ist ein kleines Kunstwerk.

Diokletian Residenz des Weströmischen Kaisers. Zu jener Zeit war Trier eine der größten Städte des gesamten Reiches, erstreckte sich über ein Gebiet von rund 300 Hektar und war von einer imposanten Stadtmauer umgeben (die bekannte Porta Nigra zählt zu den größten Verteidigungsbauten, die uns aus der Römerzeit erhalten blieben). In der Stadt selbst war alles gigantisch: von den kaiserlichen Thermen, die über 3,5 Hektar einnahmen, bis zu den riesigen *horrea*, den Kornspeichern, wo die Vorräte der am Rhein stationierten Legionen lagerten. Der Abstieg begann zu Beginn des 5. Jh., als General Stilicho die letzten seiner Truppen vom Rhein abberief und die Nordgrenze aufgab. So verlor Rom nach rund vier Jahrhunderten seinen nördlichen Vorposten.

Die Stadt der Kaiserin

Das heutige Köln entstand um 39/38 v. Chr., als Kaiser Augustus' Schwiegersohn, der römische General Marcus Agrippa, dort einen germanischen Stamm siedeln ließ, als *oppidum Ubiorum*, Festung der Ubier. Der Kaiser wollte daraus den Hauptort einer neuen römischen Provinz zwischen Rhein und Elbe machen. Doch die Niederlage in der Varusschlacht machte die Expansionspläne der Römer zunichte. Zumindest hatten sie die Stadt nicht verloren: Agrippina Minor, Tochter des Germanicus und Gattin des Claudius, wurde dort geboren und ließ den Ort, den sie sehr liebte, zur Kolonie mit dem Namen *Colonia Claudia Ara Agrippinensium* erheben. Sie setzte sich für den Ausbau Kölns zum wichtigsten römischen Posten des nördlichen *limes* ein. Schließlich wurde Köln 80 n. Chr. doch noch Hauptstadt einer Provinz namens *Germania inferior*, was Wirtschaftswachstum und urbane Entwicklung enorm anregte. Solange die Römer die nördliche Grenze halten konnten, wuchs und gedieh die Stadt prächtig. Doch mit dem Fall der Grenze begann auch für diese römische Kolonie der Niedergang – allerdings nicht der definitive Abstieg. Es dauerte nur eine Weile, bis Köln wieder zu dem wurde, was es noch heute ist: eine der bedeutendsten deutschen Städte.

VOM VULKAN BEWAHRT

Die beiden Städte Pompeji und Herculaneum in Kampanien, die ein großer Vulkanausbruch 79 n. Chr. verschüttet hatte, wurden im 18. Jh. wiederentdeckt und lassen das Bild zweier blühender römischer Provinzstädte des 1. Jh. erstehen.

Pompeji wurde mitsamt all seiner Einwohner innerhalb weniger Augenblicke ausgelöscht. Über Straßen, Häuser und Monumente legte sich für viele Jahrhunderte eine mehrere Meter dicke Decke aus Asche und Schutt. So verschwand eine Ansiedlung mit einer reichen Geschichte, deren Ursprünge auf das 6./5. Jh. v. Chr. zurückgehen. Bereits vor der Römerzeit war der Ort ein wichtiges Ballungszentrum der Etrusker und Samniter gewesen. Unter den Samnitern nahm die Stadt ihre definitiven Formen an, mit ihrem nach den Lehren des Hippodamus von Milet angelegten Grundriss mit rechtwinkeliger Straßenkreuzung im Zentrum, dem Forum bei der südlichen Stadtmauer, wo wichtige öffentliche Gebäude und Tempel lagen, und den Wohnvierteln im Norden. Als der Vulkan ausbrach, erholte man sich in Pompeji immer noch von den Auswirkungen eines großen Erdbebens 62 n. Chr. So blieb uns eine im Aufbau befindliche Stadt erhalten, dazu alltägliche Details, die an herkömmlichen Ausgrabungsstätten nicht zu finden sind.

Herculaneum

Unmittelbar bei der Eruption wurden Pompeji und Stabiae innerhalb kürzester Zeit von einem dichten Aschen- und Schuttregen verschüttet. Dem etwas weiter entfernten Herculaneum blieb dieses Schicksal erspart, doch wurde es wenige Tage später unter einer Welle aus Schlamm begraben, der dann fest wurde und so alles versiegelte, was unter ihm lag. Damit blieben auch die oberen Stockwerke der Häuser erhalten sowie organisches Material, das sich dort befand, wie etwa hölzerne Bauteile, Papyrus und andere Gegenstände, die in Pompeji von der Hitze des Vulkans zerstört worden waren. Aus der Sicht der Einwohner eine grausame Naturkatastrophe, erwies sich das Ereignis für die Nachwelt als unerschöpfliche Quelle der Information über die Vergangenheit der menschlichen

Alltagsleben
In Pompeji wurden nicht nur große Kunstwerke wie Fresken und Mosaiken freigelegt, sondern auch zahlreiche Gebrauchsgegenstände wie dieser Teller mit einigen Eiern, aus denen sich das tägliche Leben der Bewohner einer ländlichen Provinzstadt anschaulich rekonstruieren ließ.

Die Thermen
Oben: *Vorhalle der Thermen von Herculaneum, mit von einer Laterne bekrönten Säulen, durch die das Tageslicht einfällt.*

DIE ENTDECKUNG VON HERCULANEUM

Die Ausgrabungen von Herculaneum zählen wohl zu den düstersten Kapiteln der Geschichte der Archäologie. Als man es durch Zufall im frühen 18. Jh. entdeckte, schickte der Prinz d'Elboeuf Bauarbeiter, um die antiken Statuen aus dem Theater zu plündern. Ab 1738 gab es offizielle Ausgrabungen unter Karl III. von Bourbon. Doch geschah dies nicht bei Tageslicht, sondern im Schutze des Tuffgesteins, wo man Gänge von einem Fundort zum anderen grub. Der einzige Zweck des Unternehmens war, die königlichen Villen in Portici zu dekorieren. Im 19. Jh. wurden die Grabungen mehrmals aufgegeben und wieder aufgenommen. Erst ab 1927 gab es geordnete Ausgrabungen nach modernen Grundsätzen, die bis heute betrieben werden. Bisher ist das südliche Viertel zum Großteil freigelegt, zwei der Thermenbauten, eine große Gymnastikhalle, ein Vorstadtheiligtum und ein Teil des Forums. Im bekanntesten Gebäude, der Villa der Papyri, wird in jüngster Zeit neuerlich geforscht.

Das Herz der Stadt
Oben: *die Überreste des Forums von Pompeji mit Triumphbogen und Eingang zu den Markthallen* (macellum).

Das Mosaik von der Alexanderschlacht
Dieses Mosaik besteht aus rund einer Million Steinen und gilt als eines der Meisterwerke musivischer Kunst der Antike. 1831 hat man es im Haus des Fauns in Pompeji entdeckt. Es stellt die Schlacht bei Issos zwischen Alexander dem Großen und dem Perserkönig Darius III. dar.

Tödlicher Regen
Abguss eines Einwohners von Pompeji, der vom tödlichen Regen aus Asche und Schutt überrascht wurde.

DIE LETZTEN STUNDEN VON POMPEJI

Der Todeskampf der Einwohner von Pompeji unter dem tödlichen Regen aus Asche, Gasen und Steinen muss schrecklich gewesen sein. Die Leichen der Einwohner, die der Tod auf den Straßen und in den Häusern ereilte, verwesten und hinterließen Hohlräume in den sie umgebenden vulkanischen Ablagerungen, die sich verfestigt hatten. Es wurden Abgüsse angefertigt, die eine erschütternde Galerie von »Statuen« der Opfer des Vulkanausbruchs ergaben. Menschen und Tiere sind in der Position ihrer letzten lebendigen Augenblicke dargestellt.

Zivilisation. Ganze Häuser mitsamt Inventar und allen Gebrauchsgegenständen blieben erhalten, das alltägliche Leben der Menschen jener Epoche liegt vor uns wie ein offenes Buch. Die Stadt der Etrusker, Osker und Samniter fiel bereits zu Beginn des 3. Jh. v. Chr. unter römischen Einfluss, doch erst nach dem Bundesgenossenkrieg (an dem es an der Seite der Gegner der römischen Vorherrschaft teilnahm) wurde es zum *municipium* erhoben und mit römischen Siedlern bevölkert. Zur Zeit des Vulkanausbruchs war die Stadt perfekt in die römische Welt integriert und als elegante Sommerfrische bekannt. Obwohl kleiner als Pompeji, förderten die Ausgrabungen in Herculaneum eine noch vollständiger erhaltene, lebendige Stadt zutage, mit gepflasterten Straßen, säulengeschmückten Hauseingängen, Thermen, öffentlichen Bauten, einem prächtigen Theater und geräumigen herrschaftlichen Villen mit allem Komfort.

DIE ROLLE AFRIKAS

Die Besetzung Nordwestafrikas, des heutigen Libyen mit dem Maghreb, war für die Römer lang und mühevoll. Nach der Zerstörung Karthagos regierte Rom dieses Gebiet eine Weile über ein Protektorat, die Verwaltung wurde verschiedenen lokalen Regierungen überlassen.

Erst später, als die afrikanischen Provinzen geschaffen wurden, kam eine urbane Hochkultur auf, und die Möglichkeiten des Seehandels und eines Gebietes, das damals viel reicher war als heute, konnten voll genutzt werden.

Leptis Magna: Glanz unter Wüstensand

Die Ruinen von Leptis Magna, der Geburtsstadt des Kaisers Septimius Severus, blieben im Schutze einer bis zu 12 m hohen Decke aus Sand vor Plünderung und Zerstörung verschont und lassen heute vor unseren Augen das unverfälschte Bild einer afrikanischen Römerstadt erstehen. Die an der Küste von Libyen als punische Siedlung gegründete Stadt fiel nach der Zerstörung Karthagos unter den politischen Einfluss Numidiens und orientierte sich geistig am nahen Alexandria. Leptis Magna (zur Unterscheidung vom weniger wichtigen Leptis *Minor* mit dem Adjektiv »groß« versehen) war eine wichtige Stadt im römischen Afrika. Bereits im 2./1. Jh. v. Chr. hatte es eine gewisse Größe erreicht, wurde von

DER MARMORHAFEN

Leptis Magna fungierte als Hauptumschlagplatz für das Baumaterial (vor allem Marmor) und die Kunstwerke (vor allem Skulpturen), die für Bau und Schmuck der römischen Städte Afrikas benötigt wurden. Der größte Teil des Marmors – und wahrscheinlich zahlreiche Steinmetze, die ihn an Ort und Stelle bearbeiteten – kam aus Prokonnesos, dem heutigen Marmara in Kleinasien. Das Material wurde in Form von halb bearbeiteten oder rohen Blöcken eingeführt, nur die Säulen trafen bereits fertig bearbeitet in Afrika ein. Auch die Skulpturen wurden zumindest zum Teil in der Stadt angefertigt, nur die kostbarsten kamen bereits vollendet aus Griechenland, Italien oder Kleinasien. Durch den schwunghaften Marmor- und Skulpturenhandel wurde Leptis Magna in der mittleren Kaiserzeit zur reichsten Stadt des gesamten römischen Gebietes in Nordafrika.

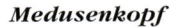

Medusenkopf
Oben: *architektonisches Detail vom Forum von Leptis Magna.*

Säulenwald
Unten: *Das Theater von Leptis Magna wurde unter den Severern erbaut.*

Musivische Kunst
Dieses Mosaik aus dem 2. Jh. n. Chr. stellt Venus auf einem Zentauren sitzend dar und wurde in einem Wohnhaus in Timgad entdeckt.

Der Trajansbogen
Dies ist das am besten erhaltene Monument in Timgad. Der Triumphbogen trägt diesen Namen, weil in einer Inschrift der Gründung der Stadt durch Kaiser Trajan gedacht wird. Erbaut wurde er jedoch später, unter den Antoninern oder Severern.

Augustus neu organisiert und von Septimius Severus bevorzugt. Bekannt war der große Hafen, der sich über mehr als zehn Hektar erstreckte. Dort kamen zur Kaiserzeit große Mengen an italienischem und asiatischem Marmor an, der für die Monumente der afrikanischen Städte verwendet wurde, da es dieses Material vor Ort nicht gab. Mehrere Erdbeben zerstörten die Stadt teilweise, vom letzten großen Beben, das den Bruch eines Dammes auslöste, erholte sie sich nie. Die Einwohner gaben sie schließlich auf und sie versank im Wüstensand. Sie wurde bereits im 17. Jh. wiederentdeckt, verdankt ihre gänzliche Freilegung jedoch archäologischen Expeditionen der Italiener in den 20er-Jahren des 20. Jh.

Die Stadt Kaiser Trajans

Die um 100 n. Chr. auf Anordnung Kaiser Trajans gegründete Kolonie Timgad – lateinisch *Colonia Marciana Traiana Thamugadi* – zählte zu den größten städtischen Ballungsräumen der Region. Der Glanz dieser Metropole war im gesamten Mittelmeerraum bekannt. Die unter dem Kommandanten Munatius Gallus im heutigen Algerien am Fuße der Berge an jener Stelle aufgebaute Stadt, wo die Küstenstraße ins Landesinnere abzweigte, zeigte eine klare Anlage nach der zu jener Zeit üblichen römischen Stadtplanung, mit *insulae* und einem Forum in der Nähe des Schnittpunktes der Hauptverkehrsadern. Die blühende Entwicklung der Kolonie führte zu einem raschen Wachstum der Stadt, bald mussten die Befestigungsmauern eingerissen und ein neues monumentales Zentrum westlich vom ursprünglichen gegründet werden. In diese Periode der Expansion, deren Höhepunkt in die Zeit der Severer fiel, wurde wahrscheinlich auch der große Triumphbogen erbaut, der heute die Ruinen von Timgad dominiert. Das komplexe Handels- und Ackerbausystem der Römer überlebte jedoch den Einfall der Vandalen im 5. Jh. und jenen der Araber im 7. Jh. nicht, es folgte der Niedergang, bis die Einwohner die Stadt aufgaben.

Der Kaiser in Afrika
Septimius Severus wurde 145 in Leptis Magna geboren und kehrte als Kaiser (202/03) im Zuge einer langen Reise durch Afrika dorthin zurück.

TORE ZUM ORIENT

War der Handel mit dem Orient schon von Beginn an bedeutend, so wurde er für die römische Wirtschaft zwischen dem 2. und dem 5. Jh. lebenswichtig. Die Drehscheiben, über die ein beständiger Strom von Waren und Personen in beide Richtungen floss, entwickelten sich zu großen, reichen Städten: Dura Europos, Gerasa und Palmyra waren der Stolz des Imperiums.

Wachposten über dem Fluss
Dura Europos wurde am Euphrat erbaut. Die Akropolis überragte den Fluss, an ihren Hängen lag die eigentliche Stadt, die in rechteckige Abschnitte zwischen rasterförmigen Straßenzügen unterteilt war.

Dura Europos wurde von einem Seleukidengeneral auf den Trümmern einer noch älteren Siedlung gegründet und stellte für die Römer das Tor zum Tal des Euphrat dar, eines für Truppen- und Handelsbewegungen äußerst wichtigen Flusses. Die Stadt, Drehscheibe des Personen- und Warenverkehrs, war nach römischen und griechischen architektonischen Vorbildern gestaltet, auch die Parther, unter deren Herrschaft sie sich lange befand, hinterließen ihre Spuren. Unter den Kaisern Septimius Severus und Caracalla im 3. Jh. n. Chr. gelangte sie zur höchsten Blüte, eine starke Garnison unter dem Kommando des *dux ripae*, des Generals, der die stets unruhige Flussgrenze kontrollierte, war dort stationiert. Die glorreiche Zeit endete 256 n. Chr. mit der Eroberung durch die Sassaniden.

Juwel der Wüste

Gerasa – das heutige Jerash in Jordanien, etwa 40 km von Amman entfernt gelegen – ist eine der schönsten Ausgrabungsstätten des Orients. Bereits in der Bronzezeit gab es eine Ansiedlung in einem kleinen Tal, wo man den reichsten Schatz der Wüste fand, das Wasser, das Nabatäern, Hellenen und Römern Leben gespendet hatte.

Bühne frei für die Schönheit
Das Mitte des 2. Jh. n. Chr. erbaute Theater von Palmyra ist eines der schönsten der Antike. Besonders gut erhalten ist die untere Ebene der Bühne (rechts) *mit ihrer durch Säulen und drei Exedren gegliederten Bühnenwand.*

Die Säulenstraße von Palmyra
Dieser Bogen mit drei Durchgängen wurde unter den Severern erbaut und führte in eine 1100 m lange Prachtstraße mit 11 m breiter Hauptstraße und überdachten, jeweils 6 m breiten Säulengängen zu beiden Seiten.

Der Ovale Platz
Der Ovale Platz (links) *mit seiner in der Antike einzigartigen Form ist einer der faszinierendsten und mysteriösesten Orte von Gerasa. Die unregelmäßige Ellipse mit Achsen von 90 und 80 m ist von einem Säulengang umgeben. Welche Funktion dieser ungewöhnliche Platz zu erfüllen hatte, ist bis heute nicht gänzlich geklärt.*

Die Säulen der Artemis
Das größte Heiligtum von Gerasa war der Tempel der Stadtgöttin Artemis, die der großen orientalischen Göttin Ishtar gleicht. Der Bau wurde am Höhepunkt der wirtschaftlichen Blüte der Stadt im 2. Jh. n. Chr. errichtet.

DAS POMPEJI DER WÜSTE

Unter Archäologen genießt Dura Europos diesen Ruf nicht nur wegen des ausgezeichneten Erhaltungszustandes seiner Bauten, sondern auch und vor allem weil es, wie die Stadt am Vesuv, eine reiche Galerie an Wandmalereien aufweist. Dem Zusammenwirken glücklicher Umstände (insbesondere dem trockenen Wüstenklima) ist es zu danken, dass hier organische Materialien, die anderswo zur Gänze verloren gingen, teilweise erhalten geblieben sind: Fragmente von Stoffen, Leder, und, noch wichtiger, zahlreiche Schriften auf Papyrus und Pergament. Dazu fand man zahlreiche Flachreliefs *(unten)* und Malereien mit historisch-religiösen Motiven an öffentlichen und privaten Gebäuden – und, genau wie in Pompeji, Inschriften, die mit dem täglichen Leben der Bewohner zu tun hatten.

Die Stadt war großartig angelegt, mit zwei Theatern und einzigartigen Monumenten wie dem Ovalen Platz und dem Tempel der Artemis, der Schutzpatronin des Ortes. Zur höchsten Blüte gelangte sie im 2. Jh. n. Chr., als die dortigen Händler die Karawanenwege und die neue Straße zwischen Rom und Damaskus sowie den Hafen von Aqaba am Roten Meer dominierten. Beinahe unbeschadet überstand sie den Übergang von weströmischer zu byzantinischer Herrschaft, wurde dann aber zuerst von den Sassaniden und später von den Arabern geplündert. Das definitive Ende bedeutete eine Serie von Erdbeben, die sie im 8. Jh. heimsuchten.

Imperiale Oase

Palmyra, eine Oasenstadt in der syrischen Wüste, war jahrhundertelang einer der bedeutendsten Umschlagplätze für die Waren der Handelskarawanen aus dem Orient. Die Händler von Palmyra gelangten bis an die Grenzen Indiens, ja sogar Chinas, und stießen tief in die arabische Wüste vor, und seine Herrscher verstanden es, mit Römern und Parthern so geschickt umzugehen, dass sie von beiden unabhängig blieben. Dies änderte sich jedoch im 3. Jh., als die Sassaniden die Parther ablösten. Ihre restriktive Handelspolitik schnitt der Stadt die Absatzwege ab, sodass sie sich gezwungen sah, sich stärker an das Römische Reich zu halten, was letztlich zu ihrer Einverleibung führte. Nicht ganz reibungslos allerdings: Der Aufstand unter Fürstin Zenobia (eine der bemerkenswertesten Frauen der Antike), die Anspruch auf das Reich erhob, und die Härte, mit der der römische Kaiser Aurelian darauf reagierte, gingen in die Geschichte ein. Das war ein Schlag, von dem sich Palmyra – obgleich es noch einige Jahre unter byzantinischer und arabischer Herrschaft existierte – nicht mehr erholte.

Die Grenzen des Reiches

Wenige Monumente in der Geschichte hatten eine so offensichtlich erkennbare Bestimmung wie die Wälle der Kaiser Hadrian und Antoninus Pius – auf der einen Seite das romanisierte Britannien, die Ordnung und Kultur eines durchorganisierten Staates, auf der anderen Seite die wilde schottische Welt der rebellischen keltischen Stämme.

Lange Zeit blieb der militärische Geist Roms einzig auf Eroberung ausgerichtet. Dementsprechend waren die Verteidigungsanlagen, die die Legionen reichlich und klug zum Schutz ihrer Stellungen einsetzten, kurzlebige Feldstrukturen, die ein Winterlager oder einen Kommandoposten während kriegerischer Operationen schützen sollten. Zu Beginn des 2. Jh. änderten sich jedoch die Prämissen. Mit zunehmender Größe des Reiches wurde die Verwaltung immer schwieriger und kostspieliger, und so ließ der Eroberungsdrang merklich nach. Statt neue, siegreiche Feldzüge zu planen, beschäftigten sich die Kaiser nun immer häufiger mit der dringenden Frage, was sie tun konnten, um die eroberten Gebiete dauerhaft zu verteidigen und im Römischen Reich zu halten.

Römische Kunst in Britannien
Dieser Bronzekopf mit Zermonienhelm aus dem 2. Jh. n. Chr. wurde bei London gefunden.

Ein *vallum* entlang des *limes*

In dieser Zeit wurde der Begriff des *limes* geprägt, eine Bezeichnung für die Grenze zwischen der romanisierten Welt, die es zu verteidigen galt, und den wilden Gebieten, in welchen die barbarischen Stämme nicht unterworfen werden konnten. Der Verlauf

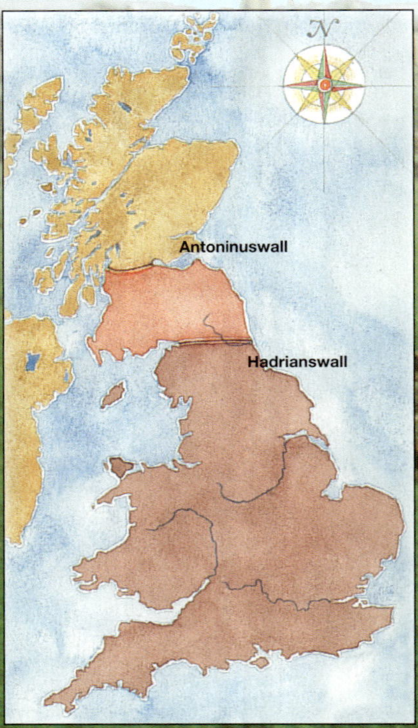

Der nördliche *limes*
Diese Karte zeigt die römischen Grenzen in Britannien unter Hadrian und Antoninus Pius.

Corbridge, Northumberland
Unten: *Hadrianswall bei Corbridge. Im Vordergrund sieht man die Fundamente der Bauten des Militärlagers.*

dieser Grenze wurde zu einem erheblichen Teil von großen Flussläufen – Rhein, Donau, Euphrat – oder Wüsten wie der arabischen, syrischen und afrikanischen markiert, da diese ein schwer zu überwindendes Hindernis darstellten. Wo der natürliche Schutz fehlte, wurden umfangreiche Arbeiten begonnen, um angreifenden feindlichen Stämmen eine künstliche Barriere entgegenzusetzen. Unter all jenen Festungsbauten ist keiner so eindrucksvoll, emblematisch und so militärisch und architektonisch kohärent wie die Wälle, die die Grenzen des Imperiums in Britannien sicherten. Der anfangs erfolgreiche römische Eroberungszug war vor Wales und Schottland stecken geblieben. Während Ersteres sich nach und nach eingliedern ließ, erwies sich die Unterwerfung des Letzteren als mühseliges, kostspieliges Unterfangen. So beschloss Kaiser Hadrian, nachdem er das Gelände um 121/22 inspiziert hatte, auf weitere Eroberungen im Norden zu verzichten und stattdessen eine permanente Barriere zu errichten, »um die Römer von den Barbaren zu trennen«. An einer Engstelle der Insel, zwischen den Mündungen von Tyne und Solway, wurde der mächtige, etwa 80 römische Meilen lange Wall errichtet, der die Verteidigungsstärke des Imperiums eindrucksvoll zur Schau stellte. Er bestand aus einem *vallum*, einem Graben zwischen zwei hohen Dämmen, der das romanisierte Britannien klar abgrenzte. Dahinter erhob sich eine durchgehende, ca. 4,5 m hohe Mauer, die als geschützter Umgang und zugleich als Bollwerk gegen Angriffe diente.

Ein Abschnitt des Walls
Kaiser Hadrian ließ den Wall zum Schutz der fruchtbaren und romanisierten Gebiete im Süden vor den Angriffen kriegerischer Stämme aus dem Norden errichten.

In regelmäßigen Abständen waren Garnisonen in Festungen (mindestens 17) zur Verteidigung des betreffenden Abschnitts stationiert. Wachtürme und Lager für die Interventionstruppen vervollständigten die Anlage. Ein gut funktionierendes Wegenetz sorgte für Kommunikation und rasche Truppenbewegungen zwischen den einzelnen Abschnitten. Rund zwanzig Jahre später wollte Kaiser Antoninus Pius die Verteidigung rationalisieren und verlegte die Grenze etwa 120 km nach Norden. Dort verjüngt sich die Insel so stark, dass der Wall nur halb so lang sein musste, was wesentliche Einsparungen an Truppen bedeutete. Zum Schutz der neuen Verteidigungslinie wurden mächtige Grenzfestungen wie jene von Newstead gebaut. Doch dieser vorgezogene *limes* erwies sich als unhaltbar, da es immer wieder Kämpfe mit den Stämmen nördlich und südlich davon gab. Noch vor Ende des 2. Jh. mussten sich die Römer schließlich doch wieder hinter den Hadrianswall verschanzen, der drei Jahrhunderte lang die weithin sichtbare Grenze zwischen der römischen und der keltischen Welt bildete.

Ein Palast wie eine Stadt

Diokletian, ein einfacher Soldat aus Dalmatien, der einer der größten Kaiser Roms werden sollte, hinterließ als Zeugnis von Glanz und Macht einen Stein gewordenen Traum: die Palaststadt von Split drückt den Anspruch der Römer auf Führung und Ordnung deutlich aus.

Diokletian war einer der wenigen römischen Kaiser, der abdankte und sich ins Privatleben zurückzog. Als Sitz seines freiwilligen Exils wählte er eine Landzunge, die sich wenige Kilometer von seiner Geburtsstadt Salona in Dalmatien entfernt in das Adriatische Meer erstreckt. Dort ließ er einen riesigen befestigten Palast errichten, in dem er von seiner Abdankung 305 bis zu seinem Tod 313 n. Chr. lebte. Der imposante Komplex besteht zur Gänze aus Kalksteinblöcken, die von der nahe gelegenen Insel Brac stammen. Er nahm eine Fläche von etwa 190 mal 160 m ein und war in der klassischen Form der römischen *castra*, der militärischen Lager angelegt: rechteckig, von einer durch vier- oder achteckige Türme verstärkten Mauer umgeben und von Säulengängen, die die Hauptachsen *cardo* und *decumanus* bildeten, in vier regelmäßige Abschnitte eingeteilt. Südlich des *decumanus* lagen der Südteil des Palastes mit den repräsentativen Gebäuden und der kaiserlichen Residenz, nördlich davon die »Dienstgebäude«. Der *cardo* mündete gleich nach der Kreuzung in einen mit Säulen umgebenen, als Peristyl bezeichneten Platz, der wahrscheinlich für religiöse Riten und kaiserliche Zeremonien bestimmt war und bis heute gut erhalten ist. Von dort führte ein unterirdischer Gang zur dem Meer zugewandten Front des Palastes, wo es ein Tor zur Anlegestelle gab. Das optisch markanteste Element war sicherlich der Arkadengang, der sich über die gesamte seeseitige Fassade zog. An dieser vom Meer bereits ausreichend geschützten Seite konnte der Kaiser ohne Risiko für die Sicherheit den offenen Wandelgang bauen lassen, der ihm erlaubte, den herrlichen Blick über das Mittelmeer zu genießen. Ebenfalls im Palast untergebracht war das Mausoleum des Kaisers, ein mächtiger oktogonaler Zentralbau im mittleren Bereich, der im Mittelalter zur Kathedrale umfunktioniert wurde (wodurch er erhalten blieb). Die kompakte Architektur des Palastes von Split ist eine Ausnahme unter den Residenzbauten der Spätantike, die gewöhnlich offen angelegt und reich gegliedert waren, um die Schönheit der Landschaft zu nutzen – man denke nur an die Villa Kaiser Hadrians bei Tivoli. In Split jedoch ist die Inspiration an den römischen Militärlagern unverkennbar und erinnert an den Werdegang dieses Kaisers. Doch hinter dem blockartigen Grundriss

Palast und Festung
Hier eine Rekonstruktion des Palastes von Kaiser Diokletian von Südwesten aus gesehen. An der Seefassade mit Arkadengang gab es ein Tor mit Anlegestelle.

Der große Organisator
In seiner Regierungszeit (284–305 n. Chr.) zeigte Kaiser Diokletian, hier auf einer Münze (links) dargestellt, organisatorische Kompetenz und ein gutes Gespür bei der Wahl seiner Berater.

Das Mausoleum
Das Mausoleum ist noch erhalten, weil es im Mittelalter zur Kathedrale umgebaut wurde. Es besteht aus einem achteckigen Zentralbau mit ebenfalls achteckigem Säulengang entlang der Außenfassade.

Das Peristyl
Bestens erhalten ist das Peristyl des antiken Kaiserpalastes, das wahrscheinlich als offene Zeremonienhalle für Kaiser Diokletian diente.

und dem trutzigen Festungscharakter verbirgt sich große technische und künstlerische Raffinesse. Als Baumaterial nahm man nicht den betonartigen Gussstein, den die Römer für Nutzgebäude zu verwenden pflegten (*opus coementicium*), sondern quadratisch behauene Steinblöcke, alle Bauten sind mit Skulpturenschmuck in kostbarem Marmor versehen. Für die Wasserversorgung wurde aus dem Nichts ein imposanter Aquädukt erbaut, der Trinkwasser vom Fluss Jadro herleitete. So glich der monumentale Bau zwar äußerlich einem Soldatenlager, war aber mit seinem Komfort und der prunkvollen Ausstattung durchaus eines Kaisers würdig. Als im 7. Jh. Awaren- und Slawenstämme im nahen Salona einfielen und die Stadt dem Erdboden gleichmachten, flüchteten die Bewohner hinter die Mauern des kaiserlichen Palastes, wo sie weitere Angriffe abwehren konnten. So wurde die antike Residenz zur Keimzelle einer neuen Stadt, die ihren Namen von der Wurzel erhielt, aus der sie entsprang: *ex palatio*, aus einem Palast. Daraus entstand im Laufe der Jahrhunderte der aktuelle Name Split.

WECHSELNDE HAUPTSTÄDTE

Als der Druck der Barbarenvölker an den Grenzen des Reiches zunahm, mussten die römischen Kaiser immer mehr Zeit in den Randgebieten verbringen. So suchten sie nach einer Residenz, die näher am Einsatzgebiet lag. Diese Rolle übernahm zunächst Mailand, dann im Osten Konstantinopel und im Westen kurz vor dem Niedergang Ravenna.

Konstantinopel in Ravenna
Oben: *Bodenmosaik mit der Darstellung einer Szene in den Straßen von Konstantinopel aus der Johannesbasilika in Ravenna.*

Nach dem Sieg über seinen letzten Rivalen, Licinius, begann Kaiser Konstantin 324 n. Chr. damit, eine neue Hauptstadt für das Reich aufzubauen, ein »neues Rom«. Dafür wählte er einen Ort in der Nähe der am meisten gefährdeten Grenzen an der Donau und entlang des Partherreichs, dort wo einst das alte Byzanz lag, am Bosporus, der Brücke zwischen Europa und Asien. Zur feierlichen Gründung wurde ein Ritus zelebriert, der stark an die Geburtsstunde Roms erinnerte. Die Anlage der Stadt erfolgte nach einem modernen Konzept, zur Befestigung erhielt sie einen Mauerring, der von den Nachfolgern jeweils verstärkt wurde, sodass er ein ganzes Jahrtausend standhielt. Die Häfen wurden ebenfalls ganz neu angelegt und sollten für Jahrhunderte die Basis für die römische Flotte und ihre Dominanz im Mittelmeer darstellen. Die neue Hauptstadt erhielt den Namen Konstantinopel und wurde am 11. Mai 330 mit grandiosen Festlichkeiten eröffnet, die 40 Tage dauerten. Es brauchte jedoch ein weiteres Jahrhundert, bis Konstantins Pläne vollendet waren. Die Stadt wuchs rasch, als Hauptstadt des östlichen, stabileren Teils des römischen Weltreichs florierte sie bis 1453.

Die Mauern von Konstantinopel
In der ersten Hälfte des 5. Jh. errichtete Kaiser Theodosius II. einen imposanten Mauerring zum Schutze der Stadt mit einem Graben davor und Wehrtürmen wie dem hier gezeigten.

DAS ZWEITE ROM

Als Konstantin *(unten)* per Gesetz alle Einwohner des Römischen Reiches zur Anerkennung Konstantinopels als »zweites Rom« verpflichtete, zeigten sich die Einwohner des ersten Rom konsterniert: Noch nie hatte irgendjemand den anmaßenden Vergleich mit der Ewigen Stadt gesucht. Doch das ehrgeizige Projekt des Kaisers zielte nicht darauf ab, die frühere Hauptstadt zu deklassieren. Die tiefere Bedeutung des zweiten Rom war vielmehr mit dem Christentum verbunden, das – von Konstantin zum politischen Programm erhoben – dem Römischen Reich zu einer Auferstehung oder zweiten Geburt verhelfen sollte. Tatsächlich übernahm die Stadt auch die Rolle des Herzens eines neuen imperialen Staatsapparates. Damit begann ein historischer Zyklus, der die gesamte römische Welt und ihre Kultur vor dem drohenden Untergang rettete und für ein weiteres Jahrtausend weiterbestehen ließ.

ORTE UND MONUMENTE

Die letzte Bastion

Während die Hauptstadt des Oströmischen Reiches prächtig gedieh, musste jene des Weströmischen Reiches von Mailand nach Ravenna verlegt werden. Diese Stadt wurde nicht wegen ihrer Grenznähe gewählt, sondern wegen der undurchdringlichen Sümpfe, die sie wie eine natürliche Festung umgaben. Damit war der Zugang zum Meer, das von den byzantinischen Schiffen dominiert wurde, ebenfalls gesichert. Doch die Stadt war das Herz in der Brust eines schwächelnden Reiches – innere Unruhen entzweiten es zunehmend, seine Provinzen beherrschten Barbaren, die sich nur auf dem Papier Verbündete nannten. Noch reichten seine Kräfte jedoch aus, um aus dem neuen Regierungssitz eine herrliche Stadt der Kunst mit prunkvollen Monumenten und raffiniertem Zierrat zu machen. Auch nach dem Zusammenbruch des Weströmischen Reiches florierte Ravenna noch unter der Herrschaft der oströmischen Kaiser und erreichte im 6. Jh. die höchste Blüte. Erwähnenswert unter den vielen Prachtbauten sind vor allem das Mausoleum der Galla Placidia, die Basiliken Sant'Apollinare Nuovo und Sant'Apollinare in Classe, San Vitale und das Mausoleum des Theoderich. Bis heute gilt Ravenna als eine der Hauptstädte spätantiker Kunst in Europa.

Byzantinische Kunst
Oben: *Apsis der Basilika San Vitale in Ravenna. Die Kirche ist reich mit prächtigen Mosaiken im byzantinischen Stil geschmückt. Dieses hier* (links) *stellt eine Gruppe römischer Edelfrauen in edlen Gewändern und Juwelen dar.*

DIE GASTWIRTE VON RAVENNA

Ehe es dank seiner strategisch günstigen Lage zur letzten Residenz der weströmischen Kaiser wurde, war Ravenna bereits seit Augustus ein großer und wichtiger Flottenstützpunkt des Römischen Reiches gewesen. Die Marinesoldaten brachten Leben und Wohlstand in die Stadt, was man ihnen jedoch nicht in gleicher Münze vergalt. In der römischen Welt war die schlechte Qualität des Weines, der in den Tavernen Ravennas kredenzt wurde, bereits sprichwörtlich. Martialis meinte, in Ravenna hätte er lieber eine Zisterne als einen Weinberg, da sich das Wasser sicher besser verkaufe. Dazu beschrieb er in einem seiner Epigramme die Dreistigkeit eines wohl zudem mit Humor gesegneten lokalen Gastwirtes: »Ich verlangte gewässerten Wein, und den schöpfte er mir frech direkt aus dem Fass.« Seeleute sind ja gottlob nicht so wählerisch.

Die Begründer: Aeneas und Romulus

Ein legendärer Held, Erbe der griechischen Kultur, und ein Halbgott, der sich zum Gründerkönig aufschwingt: Dies sind die wichtigsten Schlüsselfiguren an den Wurzeln der römischen Überlieferung.

Wahrscheinlich entsprangen beide Gestalten den Mythen vergangener Epochen und verdanken ihre Existenz dem Bedürfnis nach einer sinnhaften Erklärung des Ursprungs der Stadt. Sie reflektieren die Werte, denen ihre Bürger verhaftet waren.

Aeneas auf der Flucht

Aeneas, Sohn des trojanischen Königs Anchises und der Göttin Aphrodite, ist eine Figur aus der griechischen Mythologie und einer der von Homer besungenen Helden. In der *Ilias* erscheint er als ausgeglichene Persönlichkeit und als der stärkste und weiseste Trojaner nach Hektor. Seine Mutter (die ihn zweimal vor den Lanzen des Diomedes und des Achilles rettet) übergibt ihm die Aufgabe, die glorreiche Stadt nach der Zerstörung neu zu gründen. Wahrscheinlich über die Etrusker nahm die römische Mythologie diese Geschichte mit einigen Modifikationen auf. Anstatt in der griechischen Welt lag das neue Troja nun auf italischem Boden und wurde als Albalonga, das seine Gründung auf Aeneas' Sohn Askanios zurückführt, identifiziert. Dieser nahm in der neuen Heimat den Namen Iulus an und wurde zum Stammvater der Gründer Roms, Romulus und Remus. Der Mythos in der heute allgemein bekannten Version stammt aus Vergils *Aeneis*, die unter dem Prinzipat des Augustus zur Glorifizierung der *gens Iulia* geschrieben worden war, zirkulierte jedoch bereits Jahrhunderte zuvor in der italischen Welt. In die Hauptgeschichte wurden dabei immer wieder neue Episoden verknüpft, wie etwa die von Dido und Aeneas. Um seinen Auftrag zu erfüllen, soll der Held die karthagische Königin, die ihn liebte, verlassen und sie so zum Selbstmord veranlasst haben, was der Rivalität zwischen Rom und Karthago eine »historische« Dimension verlieh. All diese Erzählungen zusammen ergeben einen der größten geschlossenen mythologischen Zyklen der römischen Kultur.

Etruskische Milch
Das bekannteste Symbol der Stadt Rom ist eine »Fälschung«: Die Kapitolinische Wölfin ist eine etruskische Bronzefigur, die Zwillinge Romulus und Remus wurden erst im 16. Jh. vom Bildhauer Antonio Pollaiolo hinzugefügt.

Offizielles Dokument
Die Inschrift in dieser in Rom entdeckten Steintafel beginnt mit den folgenden Worten: »Romulus, Sohn des Mars, gründete die Stadt Rom …«

Romulus, Gründer der Ewigen Stadt

Die legendäre Figur des Romulus, die ins größere Epos von Aeneas und seinen Nachfahren eingebunden ist, verlieh der Entstehung und der Bestimmung Roms einen soliden »rationalen« Anstrich, der viele Aspekte der komplexen mythologisch-religiösen Geschichte Roms erklärte. Historiker sehen die Details zwar mit einiger Skepsis, doch einen wahren Kern gibt es auch in den fantastischen Erzählungen rund um den Gründer der Stadt, der aus dem Königsgeschlecht von Albalonga stammte und mit seinem Bruder Remus zusammen von einer Wölfin aufgezogen wurde, um dann nach dem Brudermord König zu werden und schließlich unter dem Namen Quirin zu den Göttern aufzusteigen. So siedelt die Überlieferung die Gründung Roms etwa um die Mitte des 8. Jh. v. Chr. an, und tatsächlich haben Ausgrabungen ergeben, dass in eben jener Zeit erste Behausungen am Palatin entstanden. Trotz aller Zweifel an den Einzelheiten betrachteten die alten Römer viele der Romulus zugeschriebenen Taten – von der Einsetzung des Senats bis zum Konflikt mit den Sabinern, der zum Raub der Frauen des rivalisierenden Stammes und dann durch deren Einmischung zum Bündnis führte – als gesicherte historische Fakten, die eine Basis für ihre eigene nationale Identität bildeten. Vom Namen Quirin, den Romulus als Gott annahm, leitet sich weiters eine kollektive Bezeichnung her, die nur Mitglieder der ältesten in Rom angestammten Familien tragen durften. Mit Stolz nannten sie sich »Quiriten«.

Romulus' Vater
Diese Statue des Kriegsgottes Mars gehört zu einer Marmorgruppe aus der Zeit Kaiser Hadrians (120–140 n. Chr.).

ILLUSTRE HERKUNFT

Romulus und Remus sollen Söhne des Kriegsgottes Mars gewesen sein und stammten mütterlicherseits vom Königshaus von Albalonga und somit auch von Iulus ab. Über ihn ging die Ahnenlinie bis zur Göttin Venus zurück. Die *gens Iulia* behauptete ebenfalls, von den Königen von Albalonga abzustammen und pflegte daher die Legenden von Aeneas sowie Romulus und Remus mit besonderer Sorgfalt. Die Urahnen wurden von Caesar und Augustus mit der Errichtung eines Tempels der Venus Genetrix und einiger Statuen am Forum Romanum gefeiert.

Verletzter Held
Fresko aus Herculaneum. Neben dem verletzten Aeneas steht sein Sohn Alkanios, Gründer von Albalonga und Stammvater der gens Iulia.

Die letzte Heldentat
Mit dem Duell zwischen Aeneas und Turnus, dem König der Rutuler, endet die Aeneis, *in der Vergil den trojanischen Helden besingt. Nachdem er den Rivalen besiegt hatte, dem die Tochter des Latinerkönigs, Lavinia, versprochen war, konnte Aeneas sie heiraten und Nachfolger des Schwiegervaters werden. Rechts: Aeneas besiegt Turnus, Detail, Luca Giordano (1632–1705).*

Väter des Vaterlandes: Camillus und Scipio

Ein weiterer Protagonist fast legendären Formats sowie ein General, Politiker und Intellektueller von bereits aufgeklärtem Geist spielen die Rolle der Väter des Vaterlandes im republikanischen Rom.

Die Gestalt des Camillus ging in die Geschichte in einer höchst theatralischen Pose ein: Mit einem Entsatzheer kommt er in die Stadt und unterbricht die Römer, als sie gerade dem König Brennus für dessen Abzug aus der von den Galliern verwüsteten Stadt Tribut zahlen wollen. Er ruft: »Non auro sed ferro recuperanda est patria« (Nicht mit Gold, sondern mit Eisen holen wir uns die Heimat zurück). Seine Initiative mobilisiert den Stolz der Quiriten, richtet den Mut der besiegten Legionen wieder auf und führt zum Sieg gegen die Invasoren.

Er kann sich als zweiter Gründer Roms feiern lassen. Hinter diesem klischeehaften, vermutlich nicht sehr wirklichkeitsgetreuen Bild steht ein sehr viel komplexerer Charakter.

Der Einfluss Griechenlands
Die Epoche der Scipionen stand im Zeichen der Entdeckung der griechischen Welt, ihrer Kultur und ihrer Kunst. Der konservative Flügel des Senats mit Cato an der Spitze sah darin eine potenzielle Gefahr für die Integrität der römischen Sitten.
Links: Aphrodite im Bade, römische Kopie eines griechischen Originals aus dem 3. Jh. v. Chr.

Die Eroberung von Veji
Am Westufer des Tibers nur 20 km von Rom entfernt gelegen, war Veji eine der bedeutendsten etruskischen Städte. Furius Camillus brachte sie durch eine List zu Fall: Er ließ einen Tunnel unter der Stadtmauer graben, durch den er Soldaten einschleuste, die die Stadttore öffneten. Dieser Mädchenkopf aus Terrakotta stammt aus Veji (5. Jh. v. Chr.).

Das Charisma eines Führers
Ohne besondere Ämter zu bekleiden besaß Scipio Africanus (rechts) in Rom einen Einfluss, der dem eines Königs gleichkam. Daran wurde deutlich, wie wenig die republikanische Struktur starken Persönlichkeiten entgegenzusetzen vermochte.

Camillus war ein geschickter Politiker, der sich mindestens sechs Mal das *imperium* des Konsuls zu sichern verstand, ein gewiefter und zielstrebiger General, der die Römer zum entscheidenden Sieg gegen die große Etruskerstadt Veji führte und eine charismatische Autorität, die einen Konflikt allein durch die Majestät der Erscheinung beilegen konnte. Er war aber auch eine kontroversielle Figur und man behauptete, er habe einen Großteil der Beute von der Plünderung Vejis für sich beiseite geschafft. Außerdem soll er sich mit Jupiter Optimus Maximus, dem höchsten Gott des römischen Pantheons, verglichen haben. Diese Anschuldigungen trugen ihm die Verbannung ein, doch der Einfall der Gallier bewahrte ihn vor diesem Schicksal. Dennoch überwogen die Verdienste die angeblichen Missetaten in der Erinnerung der Römer anscheinend, denn es wurde ihm – was damals ein außergewöhnliches Ereignis darstellte – eine Statue am Forum errichtet, außerdem verglich man seine Person mit dem legendären Romulus.

Innovativer General und Intellektueller

Neben Julius Caesar, dem zweifellos größten Genie in Politik und Strategie, war Publius Cornelius Scipio sicherlich der bedeutendste unter den Generälen im alten Rom. Es gelang ihm, die von den Niederlagen gegen eine weitere Ausnahmeerscheinung in Sachen Kriegskunst, den Karthager Hannibal, demoralisierten Legionäre zu motivieren und sie zu neuen Siegen zu führen. Die Schlacht bei Zama (202 v. Chr.), die den Zweiten Punischen Krieg beendete, trug ihm den Beinamen »Africanus« ein, unter dem er in die Geschichte einging. Doch seine Größe beschränkte sich nicht allein auf die Kriegsführung, war er doch stolzer Spross einer Aristokratenfamilie, um die sich die gesamte römische Politik damals drehte, und ein Intellektueller von vielfältiger und hoher Bildung, der in Rom die Ideen, die Sprache und die Kultur der Griechen einführte. Er stand am Beginn jener klassischen Kultur, die wir heute kennen, einer Fusion aus griechischem Gedankengut und römischem Pragmatismus. Damals zog er sich jedoch durch seine hellenismusfreundliche Politik den Zorn konservativer Senatskreise zu, bis schließlich eine groß angelegte Hetzkampagne, die mit einem öffentlichen Prozess endete, gegen ihn entfesselt wurde. Gedemütigt und verbittert zog sich der einst gefeierte Bezwinger Hannibals daraufhin auf seinen Landsitz in Kampanien zurück, wo er bis zu seinem Tod in Abgeschiedenheit lebte.

Plünderer
Dieses Relief auf einer Urne zeigt gallische Krieger bei der Plünderung eines Tempels (5. Jh. v. Chr.).

Letzte Ruhestätte
Der älteste Sarkophag im Scipionengrab (rechts) gehörte Lucius Scipio Barbatus.

DAS SCIPIONENGRAB

An der Via Appia, kurz vor der Porta San Sebastiano, liegt das Grabmal der Scipionenfamilie. Es ist so gut erhalten, weil diese Familie bereits in der Antike berühmt war und ihr Grab als Monument gestaltet war, das schon damals viel besucht wurde. Die *gens Cornelia*, zu der die Scipionen gehörten, war die einzige der alten römischen Familien, die ihre Toten nicht einäscherten sondern bestatteten. So sind zahlreiche Sarkophage in aus dem Tuff gehauenen Grabkammern erhalten, deren Inschriften einen interessanten Einblick in das Leben einiger Vertreter dieser großen Dynastie erlauben. Auf einem der einfachsten steht zum Beispiel zu lesen: »Dieser Stein schließt viele Tugenden und ein kurzes Leben ein. Um die höchsten Ehren zu erreichen fehlte dem, der hier ruht, die Zeit, nicht der Mut.«

Die Gracchen, Marius und Sulla

Während Rom nach außen hin immer größer wurde und bald das gesamte Mittelmeerbecken dominierte, verschärften sich im Inneren die sozialen Kontraste, die teilweise durch die Eroberungen erst geschaffen wurden.

Dieses turbulente Szenario bildete das Aktionsfeld für die Gracchen, Gajus Marius, Lucius Cornelius Sulla und ihre Versuche, der römischen Führungsschicht neben großen Eroberungen, persönlicher Macht und Bereicherung eine gesellschaftliche Vision vom Leben zu vermitteln.

Revolutionäre Aristokraten

Tiberius Sempronius Gracchus und sein Bruder Gajus stammten aus einer der großen römischen Aristokratenfamilien. Ihre Mutter Cornelia war die Tochter des Scipio Africanus und wählte die Päzeptoren, der

Privatarmeen
Marius und Sulla verfügten jeweils über ein Heer, das ihnen persönlich verpflichtet war und das sie mit der Beute ihrer Feldzüge unterhielten. Oben: Flachrelief mit zwei Legionären beim Angriff.

Das Geschäft mit dem ager publicus
Der ager publicus *bestand aus den Ländereien der unterworfenen Völker, zum Großteil Weide- und Ackerland. Senatoren pachteten ihn billig und ließen ihn von Sklaven bestellen. Links: Mosaik aus Caesarea mit Szenen aus der Landarbeit.*

beiden – ihre Lehrer – nach dem frühen Tod des Vaters allein aus. Darunter waren zwei der bekanntesten griechischen Intellektuellen jener Zeit: der Redner Diophanes von Mytilene und der Philosoph Bloxios von Kyme. Trotz ihrer privilegierten Herkunft erkannten die beiden rasch die Probleme der Gesellschaft, in der sie lebten. Die Klasse der kleinen Landbesitzer, das Rückgrat des Heeres, schwand dahin: Wer nicht in einem der vielen Kriege fiel, konnte der Konkurrenz der Latifundien, die mit Sklavenarbeit bewirtschaftet wurden, nicht standhalten. Diese Lage trieb Tiberius Gracchus dazu, 133 v. Chr. als Volkstribun zu kandidieren und nach seiner Wahl den Entwurf einer Landreform zu präsentieren, die den weniger wohlhabenden Bürgern ein Recht auf einen Teil des *ager publicus*, des immensen und durch Eroberungen stets wachsenden Landbesitzes des Staates, zuerkannte. Bisher hatten dieses Land stets die Mitglieder des Senates zu billigsten Preisen gepachtet. Daher taten diese alles, um das Gesetz zu blockieren und scheuten selbst vor der Ermordung des unbequemen Tiberius nicht zurück. Zehn Jahre später nahm dessen Bruder Gajus den Kampf neuerlich auf, kandidierte ebenfalls als Volkstribun, legte die Landreform neu vor und zeigte dabei eine Hartnäckigkeit und Entschlossenheit, wie

Für die besitzlosen Klassen
Gajus Gracchus beschäftigte sich nicht nur mit der Landreform. Er setzte sich auch für eine gesetzliche Regelung des Verkaufs von Weizen zu einem vom Staat festgelegten Preis an die Armen und für ein Gesetz ein, das den Staat verpflichtete, den Soldaten ihre gesamte Ausrüstung kostenlos zur Verfügung zu stellen. Oben: Gesetze der Gracchen in Stein gemeißelt (2. Jh. v. Chr.).

man sie von Tiberius nicht kannte. Auch ihn kostete der Kampf das Leben, das er sich lieber selbst nahm, als seinen Gegnern in die Hände zu fallen. Das Problem blieb, doch die Gracchen hatten den Weg für zukünftige große Staatsmänner wie Marius und Caesar geebnet.

Das Heer als Weg zur Macht

Anfang des 1. Jh. v. Chr. hatte man sich bereits an Gewalt und Bluttaten als normaler Bestandteil politischer Machtkämpfe gewöhnt. Es war nur noch eine Frage der Zeit, bis dafür auch das Heer instrumentalisiert werden sollte. Diesen Schritt tat Gajus Marius, ein kluger General aus Latium. Da sich die Reihen der Legionen lichteten, weil es nicht mehr genügend kleine Landbesitzer gab, öffnete er die Tore auch für Bürger *capite censi*, jene, die nichts besaßen. Und diese strömten, von der Aussicht auf Karriere und Beute gelockt, in Scharen herbei. Das neue Heer, das auch strukturell und strate-

Legionärshelm
Dieser Bronzehelm aus der spätrepublikanischen Epoche trägt die Namen zweier Legionäre und ihrer Zenturien eingraviert.

gisch reformiert worden war, erwies sich als unbesiegbar, fühlte sich aber nicht mehr der Republik verpflichtet, sondern seinem Anführer, da nicht nur der laufende Unterhalt, sondern vor allem auch die Zuerkennung eines Landstücks nach dem Kampf allein von ihm abhing. Marius nutzte diese Abhängigkeit, um seine politischen Gegner aus der Aristokratie auszuschalten. Zum ersten Mal wurden römische Legionen gegen den Staat geführt. Marius' Stellvertreter Lucius Cornelius Sulla wurde zu seinem schärfsten Gegner und tat es ihm gleich, er benutzte die Truppen aus dem Orientfeldzug, um gegen Marius und seine Getreuen die Herrschaft über Rom zu erkämpfen, wo er sich zum Diktator ausrufen ließ. Die Demokratie in Rom stand kurz vor ihrem Untergang. Es sollte nicht mehr lange dauern, bis Gajus Julius Caesar, Marius' Neffe, daraus die letzten Konsequenzen ziehen würde.

Triumph
Dieser Denar aus Sullas Zeit zeigt wahrscheinlich den Diktator selbst wie er auf einer Quadrige im Triumph einzieht. Um seine Alleinherrschaft in Rom zu zementieren, ließ er in der bekannten Proskriptionsliste tausende seiner politischen Gegner für vogelfrei erklären, was ihren Tod zur Folge hatte.

»KÄMPFEN UND STERBEN FÜR DEN REICHTUM ANDERER«

Die traurigen Bedingungen, unter welchen die Armen im alten Rom lebten, sind in dieser Rede von Tiberius Gracchus beschrieben, die Plutarch (vielleicht verschönert) wiedergegeben hat: »Die wilden Tiere, die Italien bevölkern, haben ihre Höhlen und kennen ihre Lagerstätte, ihren Schlupfwinkel. Die Männer aber, die für Italien kämpfen und sterben, haben nichts als Luft und Licht, und unstet, ohne Haus und Heim, ziehen sie mit Weib und Kind im Lande umher (...) Für Wohlleben und Reichtum anderer setzen sie im Krieg ihr Leben ein.«

Die Gründer des Imperiums: Caesar und Augustus

Um die Mitte des 1. Jh. v. Chr. lag die Republik im Todeskampf: rivalisierende Nachfolger, gesellschaftliche Krisen und persönlicher Ehrgeiz zerfraßen sie. Dies war die Stunde eines der größten Staatsmänner der Geschichte, Gajus Julius Caesar, der die neue Staatsform, die die römische Gesellschaft für die folgenden Jahrhunderte tragen sollte, in ihren Grundzügen entwarf. Caesars Neffe und Erbe, Octavianus Augustus, stattete den Prinzipat schließlich mit all dem aus, was für einen dauerhaften Bestand notwendig war.

Gajus Julius Caesar, ein Mann von feinsinnigem Humor und erlesenem Geschmack, hätte wahrscheinlich die Nase gerümpft, als sich sein Adoptiverbe mit dem stolzen Titel *Divi filius* schmückte: Der Sohn des Gottes wollte er sein, zu dem er selbst nach seiner Ermordung geworden sein soll. Doch im Laufe seines Lebens (100–44 v. Chr.) gelangen ihm so viele gewagte und in den Augen gewöhnlicher Sterblicher scheinbar unmögliche Unternehmen, dass es gar nicht so weit hergeholt schien, von göttlichem Ursprung zu sprechen. Der Spross einer zwar mittlerweile verarmten, aber noblen Familie, deren Wurzeln angeblich bis zum König von Albalonga und über diesen zu Aeneas und der Göttin Aphrodite reichten, vollbrachte dank seines Ehrgeizes und seiner genialen Begabung das Kunststück, sich in den Mittelpunkt der Weltgeschichte zu stellen. Doch der Lebemann und verwöhnte Aristokrat war auch ein mutiger Soldat, wenn es darauf ankam, ein genialer Feldherr, ein professioneller Schriftsteller und vor allem ein geschickter Politiker mit Durchsetzungsvermögen. Er wurde Pontifex maximus, eroberte Gallien, rückte in Britannien ein, verwickelte Pompejus in einen Bruderkrieg und drückte innerhalb weniger Jahre so verschiedenen

Wie Caesar aussah
Hier das »menschliche« Gesicht einer Legende nach dem Schriftsteller und Biographen Sueton: »Man sagt er sei hoch gewachsen und hellhäutig gewesen, von robuster Statur... Er ertrug es nicht, kahl zu sein, besonders als er merkte, dass seine Gegner sich darüber lustig machten.«

Die Iden des März
Caesar wurde am 15. März des Jahres 44 v. Chr. von 23 Dolchstichen niedergestreckt, von denen nur einer tödlich war. Der Diktator fiel zu Füßen einer Statue des Pompejus, in der Kurie, die sein einstiger Feind bauen hatte lassen. Diese Episode ist hier in einem Gemälde von Vincenzo Camuccini (1771–1844) dargestellt.

Imperiales Privileg
Dieser Denar mit dem Profil von Julius Caesar war die erste römische Münze, die das Abbild einer Person zu Lebzeiten zeigte.

DIE PROTAGONISTEN

Rekonstruktion des Tempels des Mars Ultor
Im Zentrum des Augustusforums lag der Tempel des Mars Ultor (»Rächer«), in welchem der Senat über Krieg und Frieden entschied und ausländische Gesandte empfing, die nach Rom kamen, um Verbündete zu werden oder ihre Unterwerfung zu deklarieren.

Bereichen wie dem Urbanismus und der Kalenderreform seinen Stempel auf. Um seinem Leben ein Ende zu setzen bedurfte es der Dolchstiche mehrerer Verschwörer, unter denen sich auch Brutus befand, den er wie einen Sohn (der er vielleicht auch war) liebte. Sein Lebenswerk hatte den Weg des Staates indessen bereits vorgezeichnet: Die Republik mit ihren einjährigen Ämtern, mit der sich ein Gebiet, das größer war als das aktuelle Europa, unmöglich regieren ließ, wurde durch eine imperiale Führung ersetzt, die eine langfristige und kohärente Planung erlaubte.

Der schüchterne Autokrat

Als Caesar den Dolchen der Verschwörer zum Opfer fiel, war sein mangels eigener Nachkommen angenommener Adoptivsohn Gajus Octavius – nun Gajus Julius Caesar Octavian genannt – erst 18 Jahre alt, ein schüchterner Jüngling von schwächlicher Konstitution. Trotz seines illustren Adoptivvaters schien er der am wenigsten begabte und bestimmt nicht der wichtigste der drei Männer (neben ihm selbst Marc Anton und Aemilius Lepidus) zu sein, die sich die Macht teilten. Doch am Ende triumphierte er. Bei Actium besiegte er 31 n. Chr. die Flotte von Marc Anton und Kleopatra, ein Meilenstein, mit dem die imperiale Geschichte Roms beginnt. Octavian entwarf die Basis der politischen Struktur, die für ein halbes Jahrtausend im Mittelmeerraum die herrschende Macht bleiben sollte: eine Autokratie mit dem Militär als Basis und einem Princeps an der Spitze, der seinen Herrschaftsanspruch durch die Vergöttlichung seiner Person zementierte. Viele seiner Institutionen erwiesen sich als bleibend: die Prätorianer als Leibgarde des Herrschers, das permanente Berufsheer, die durch Freigelassene anstelle des Senats ausgeübte Verwaltung und die systematische Nutzung der Kunst zu Legitimation und Glorifizierung der Macht. Caesars improvisierter Entwurf nahm unter ihm konkrete Gestalt an. Den Titel Augustus (der Erhabene, wörtlich: der Großgewordene) hat er damit zweifellos verdient.

EIN GANZ NEUES ROM

Augustus hinterließ nicht nur in der Politik, sondern auch in der Architektur Roms bleibende Spuren. Er ließ zahlreiche öffentliche und sakrale Bauten errichten, Plätze öffnen, ein Theater und die ersten dauerhaften Thermen der Stadt bauen. All diese Projekte waren von einem elegant-strengen Klassizismus gekennzeichnet, der zum stilistischen Markenzeichen der imperialen Baukunst wurde. Auch die Materialen änderten sich, an die Stelle von Travertin, Tuff und Terracotta trat der feine Apuaner Marmor, der unweit der Stadt Luni abgebaut wurde.

Augustus' Gattin
Basaltkopf der Livia, der dritten Frau von Augustus, die sowohl neben ihm als auch neben ihrem Sohn Tiberius eine wichtige Rolle spielte. Letzterer ließ sie auch nach ihrem Tod (29 n. Chr.) vergöttlichen.

In voller Rüstung
Obwohl er sich nicht sonderlich für die Kriegskunst interessiert, nimmt Augustus (hier als militärischer Oberbefehlshaber dargestellt) einige wichtige Reformen im Militärwesen in Angriff. Er führt zum Beispiel ein permanentes Berufsheer ein, das bis zur Mitte des 3. Jh. n. Chr. unverändert beibehalten wurde.

Der Gipfel der Macht: Messalina und Nero

Aufstieg und Fall der julisch-claudischen Dynastie beschrieben eine Parabel, die symptomatisch für die großen römischen Herrschergeschlechter wurde: Auf ein aufgeklärtes, tolerantes Regime folgten Autokraten, die immer zügelloser in ihren Machtkämpfen und der Verfolgung eigener Interessen wurden, bis das Heer sie schließlich stürzte.

Valeria Messalina, die blutjunge dritte Frau des Claudius, des vierten Kaisers der julisch-claudischen Dynastie, wusste was sie wollte und übte auf ihren alten, zaghaften Gefährten, der ihr nichts abschlagen konnte, enormen Einfluss aus. Diesen nutzte Messalina auch weidlich aus, ließ unschuldige Bürger verfolgen, nur um sich ihrer Güter zu bemächtigen, und unterhielt immer zahlreichere und immer dreister zur Schau gestellte Liebesbeziehungen. Ihre heimliche Heirat mit Gajus Silius, einem Jüngling, dessen einzige Qualität es war, der »schönste Mann Roms« zu sein, war schließlich der Tropfen, der das Fass zum Überlaufen brachte: Claudius ließ sie mitsamt ihres Geliebten hinrichten und ersetzte sie durch die ebenfalls blutjunge Agrippina. Doch diese stand ihrer Vorgängerin in Sachen Skandale und Intrigen keineswegs nach. Sie schreckte nicht einmal davor zurück, den ältlichen Gatten zu vergiften, um ihren Lieblingssohn Nero an die Macht zu bringen. Dennoch sollte es am Ende Messalina sein, die als Archetyp der ausschweifenden, zügellosen Kaiserin in die Geschichte einging.

Giftige Beziehungen
Agrippina Minor (oben), *die vierte Frau des Claudius, entledigte sich ihres Ehemannes und griff dabei zu einem bei Hofe altbewährten Mittel: Gift. Anschließend setzte sie ihren Sohn Nero auf den Thron, was er ihr jedoch nicht dankte: Er ließ sie durch Schächer ermorden.*

Messalinas Kinder
Aus der Ehe mit Claudius gebar Messalina zwei Kinder, Octavia und Britannicus. Die Tochter wurde Neros unglückliche Gattin und zu Unrecht des Ehebruchs beschuldigt. Dem Sohn setzte Nero systematisch mit verschiedenen Intrigen und Schikanen zu, bis er ihn schließlich vergiften ließ. Rechts: *Messalina und Britannicus.*

Nero
Dieser Bronzekopf des Nero stammt aus Kilikien (1. Jh. n. Chr.). Der Kaiser war ein Exzentriker, was sich auch in seiner Frisur ausdrückte, er trug das Haar länger als gewöhnlich und manchmal mit abgestuft geschnittenen Locken.

DIE PROTAGONISTEN

Das Martyrium von Petrus und Paulus
Petrus und Paulus, hier auf einem Fresko in den Katakomben von San Gennaro in Neapel dargestellt, zählten zu den ersten Opfern der Christenverfolgung unter Nero, wenn auch über genaue Daten und Modalitäten Unklarheit herrscht. Einige Quellen sprechen bei Petrus von 64 n. Chr., andere datieren beide Martyrien auf das Jahr 67; Tertullian spricht von der Kreuzigung des Petrus, spätere Autoren berichten von einer Kreuzigung mit dem Kopf nach unten des Apostelfürsten und einer Enthauptung des Paulus.

Der Despotismus eines verwöhnten Jungen

Die ersten Regierungsjahre unter Nero (54–68 n. Chr.) verliefen ausgeglichen und effizient unter der Leitung exzellenter Berater wie dem Gardepräfekten Afranius Burrus und dem Philosophen Lucius Annaeus Seneca. Als Burrus 62 n. Chr. starb und Seneca sich ins Privatleben zurückzog, verschlechterte sich die Lage jedoch rapide, sowohl im privaten wie im öffentlichen Bereich. Der Kaiser ließ seine erste Frau Octavia zuerst verbannen, dann ermorden, um sie durch Poppäa zu ersetzen, und der neue Gardepräfekt Tigellinus erwarb traurigen Ruhm mit kollektiven Anklagen, Enteignungen und niedergemetzelten angeblichen und wahren Verschwörern sowie einer erbarmungslosen Verfolgung der Christen, denen die Schuld für den Großbrand in Rom im Jahre 64 n. Chr. in die Schuhe geschoben wurde. Militärisch lief es nicht besser: Plünderungen in Armenien, Aufstände in Britannien, die Hebräer revoltierten in Palästina. 68 n. Chr. kam es zur Rebellion der Legionen in Gallien und Spanien. Der Aufstand des Julius Vindex konnte niedergeschlagen werden, doch Sulpicius Galba und Salvius Otho in Iberien hatten Erfolg. Allein und gebrochen ließ Nero sich von einem Sklaven töten. Die glorreiche Dynastie des Julius Caesar war am Ende.

Der Kaiser trifft den Ton nicht
Die Musik, die Poesie und das Theater waren Neros große Leidenschaft. Schon als Knabe schrieb er Verse und als Kaiser übte er sich unermüdlich im Gesang – für den er jedoch völlig untalentiert gewesen sein soll – und im Harfenspiel, wie hier diese Statue des Gottes Apoll mit dem himmlischen Instrument.

DIE CHRISTENVERFOLGUNG

Unter Nero kam es zur ersten großen Verfolgung der Christen, einer Minderheit, die bisher im Reich zwar nicht gerne gesehen, aber immerhin geduldet gewesen war. Der Grund dürfte ganz profan gewesen sein: Nero wurde (wahrscheinlich zu Unrecht) für den großen Brand 64 n. Chr. verantwortlich gemacht und benötigte einen Sündenbock, auf den er die Schuld abwälzen konnte. Die Grausamkeit der Christenverfolgung war beispiellos, wie der Historiker Tacitus berichtet: »In Tierhäuten steckend wurden sie von Hunden zerrissen oder ans Kreuz geschlagen und als lebende Fackeln für die nächtliche Beleuchtung angezündet. Seine Gärten hatte Nero für dieses Schauspiel zur Verfügung gestellt, er selbst mischte sich als Wagenlenker verkleidet unters Volk oder stand auf einem Rennwagen.«

Die Philosophenkaiser: Hadrian und Marc Aurel

Sie regierten mit maßvoller Hand, schätzten die Kunst, die Literatur und die Philosophie und verstanden gleichzeitig ihr Geschäft als gewiefte und nötigenfalls erbarmungslose Feldherrn: Die Adoptivkaiser des 2. Jh. stellten den Höhepunkt der imperialen Laufbahn Roms dar.

Manche Quellen berichten, Trajan hätte große Bedenken gehabt, seinen jungen Gefährten Hadrian zum Erben und Nachfolger zu erklären, so unterschiedlich seien die Ansichten der beiden in vielerlei Hinsicht gewesen. Kaum an die Macht gekommen, gab er auch schon die drei orientalischen Provinzen Assyrien, Mesopotamien und Armenien auf, die Trajan annektiert und damit dem Reich zu seiner größten Ausdehnung verholfen hatte. Dies war ein klarer Ausdruck seiner Absicht, den Frieden in der antiken Welt zu erhalten. Zur großen Enttäuschung des Heeres und des Handels gab er die Expansionspolitik seines Vorgängers auf. Stattdessen bereiste er das immense Gebiet und versuchte, Problembereiche aus erster Hand kennen zu lernen und vor Ort Lösungen für dringende Fragen zu finden. Seine Eindrücke setzte er in seiner herrlichen Villa bei Tivoli um, wo er seine Architekten jene Gebäude reproduzieren ließ, die ihn auf seinen Reisen besonders beeindruckt hatten. Hadrian war eine komplexe und vielschichtige Persönlichkeit voller Widersprüche: Er schätzte Griechenland hoch, vertrat aber gleichzeitig vehement die römische Überlegenheit. Der sensible Förderer der Kunst war ebenso ein erfahrener General, er kannte die Bürokratie des Imperiums wie kein Zweiter und

Chronik eines Krieges
Die Antoninsäule wurde zum Gedenken an die Siege Marc Aurels gegen die Sarmaten und Markomannen errichtet. Ein Figurenfries zieht sich spiralförmig über die Säule und beginnt mit dem Ausrücken der Truppen an die Donau, danach entfaltet sich ein Crescendo an Schlachtszenen, Ansprachen des Kaisers, Abführung der Gefangenen und Unterwerfung der Gegner.

Hadrian, der reisende Kaiser
Von 121 bis 134 (mit einer kurzen Unterbrechung und Rückkehr nach Rom 127) reiste Hadrian, hier als Marmorbüste dargestellt, ununterbrochen durch sein Reich. Überall hinterließ er administrative Neuerungen und öffentliche Bauten.

wurde doch bei langwierigen Verfahren stets ungeduldig. Darüber hinaus war er ein leidenschaftlicher Liebhaber beider Geschlechter (seinem Favoriten Antinoos erbaute er eine herrliche Stadt am Nil) und dazu kein schlechter Dichter. Ihm verdanken wir eine der heitersten poetischen Meditationen über den Tod: »*Animula vagula blandula, hospes comesque corporis, quae nunc abibis in loca …*« (»Zarte schweifende Seele, Gast und Gefährte des Körpers, wohin es dich nun auch ziehen mag …«). Auch seine Herrschaft hatte zweifellos ihre Schattenseiten, stellte jedoch sicherlich einen der Höhepunkte der römischen Kultur dar.

Marc Aurel: ein Philosoph auf dem Thron

»Das beste Reich aller Zeiten«: So ging die Epoche Kaiser Marc Aurels (161–180 n. Chr.) in die römische Geschichte ein. Milde, gebildet und kompetent betrachtete der Kaiser die Philosophie als seine Berufung und das Herrschen als eine undankbare Aufgabe. Doch gerade in diese glanzvolle Zeit fällt – wie die meisten Historiker annehmen – der Beginn des Abstiegs des Imperiums. Nach 50 Jahren des Friedens flammten an den Grenzen plötzlich erneut schwere Konflikte auf, die die Orient- und Donaugrenzen bedrohten und den Kaiser zu einer Reihe ausgedehnter militärischer Operationen zwangen. Die heimgekehrten Legionäre aus dem Feldzug gegen die Parther brachten überdies die Pest nach Rom, und eine Epidemie wütete im gesamten Reich. Einigen Quellen zufolge fiel gut die Hälfte der Bevölkerung damals dem Schwarzen Tod zum Opfer, was eine Kettenreaktion auslöste: Die Produktion brach zusammen, damit auch die Einkünfte, es gab keine Rekruten mehr für das Heer, die Ländereien lagen brach. Während die dezimierten Legionen an der Donau versuchten, die wiederholten Einfälle der Germanen abzuwehren, rebellierten die Truppen im Orient und riefen ihren Kommandanten Avidius Cassius zum Kaiser aus. Als Marc Aurel im März 180 in Wien starb, hinterließ er seinem Nachfolger ein Reich, dessen Grundfesten im Einsturz begriffen waren.

Opfer für die Götter
Dieses Relief zeigt Marc Aurel bei einer Opferzeremonie vor dem Jupitertempel. Der sonst so tolerante Kaiser kannte keine Milde, wenn Christen das Opfer an die Götter verweigerten, da dies einem Verrat am römischen Staat gleichkam.

Memoiren eines Kaisers
Marc Aurel, hier als goldene Büste, hinterließ ein kostbares Vermächtnis, seine in Griechisch verfassten Selbstbetrachtungen, *die neben den autobiographischen Einblicken auch den moralischen Kodex beleuchten, an dem sich der Kaiser zeit seines Lebens orientierte.*

ZEITALTER DER MONUMENTE

Hadrian und Marc Aurel verdanken wir einige der bekanntesten Baudenkmäler aus römischer Zeit, die Hadriansvilla bei Tivoli, das Mausoleum des Hadrian in Rom (das Herz der Engelsburg), die Reiterstatue des Marc Aurel (die Michelangelo später am Kapitol aufstellen ließ) und die Antoninsäule (die Marc Aurel zu Ehren des Vaters Antoninus Pius errichten ließ) vor dem Palazzo Chigi. All diese Bauwerke sind stumme Zeugen einer glanzvollen Zeit, die Rom im Laufe des 2. Jh. erlebte, einer künstlerischen Blüte, während der besonders die Baukunst ihre mittlerweile erworbenen technischen Mittel voll ausschöpfen und das expressive Potenzial zur Entfaltung bringen konnte.

Engelsburg mit Brücke
134 n. Chr. weihte Hadrian eine Brücke über den Tiber ein, die nach seiner Familie Pons Aelius genannt wurde und sein Mausoleum mit der Stadt verband. Die umgebaute Brücke nennt sich heute Engelsbrücke, wie die Burg, die um das Mausoleum erbaut wurde.

Die Teilung des Reiches: Diokletian und Konstantin

Um das Reich vor dem Zusammenbruch zu bewahren, traf Diokletian eine folgenschwere Entscheidung und teilte das riesige Gebiet in zwei Abschnitte. Sein Nachfolger Konstantin entzog Rom das Privileg, Hauptstadt zu sein.

Diokletians Maßnahme führte zu einer drastischen Strukturveränderung im Kaiserreich. Um es an den Grenzen effizient verteidigen und gleichzeitig den inneren Krisen begegnen zu können, holte Diokletian seinen treuen Freund Maximianus an die Macht und vertraute ihm die Kontrolle über den Westen an, während er selbst den östlichen Teil des Reiches regierte. Mit vereinten Kräften gelang es den beiden, in kurzer Zeit wieder Recht und Ordnung herzustellen, der gesetzlosen Banden (*bagaudae*), die in den Provinzen ihr Unwesen trieben, Herr zu werden und die durchlässig gewordenen Grenzen im Orient abzuriegeln. Unmittelbar danach nahmen sie eine umfassende Neuordnung in Angriff: ein neues Nachfolgesystem, nach dem ein designierter Erbe (Caesar) jeweils auf einen Herrscher (Augustus) folgen sollte, eine starre Klassen-

Die rettende Idee
Weil er erkannte, dass das Gebiet des Römischen Reiches zu weitläufig war, um von einem einzigen Herrscher regiert zu werden, setzte Diokletian die Tetrarchie (»Vierherrschaft«) mit je zwei Caesaren und Augusti ein. So war an jeder Ecke immer sogleich ein Herrscher bereit zu intervenieren, sobald es zu Übergriffen kam.
Links: *Detail einer Skulpturengruppe, zwei der Tetrarchen sind dargestellt.*

Das kaiserliche Diadem
Konstantin trägt auf diesem Ausschnitt aus einem Mosaik aus der Hagia Sophia in Istanbul, dem früheren Konstantinopel, das Kaiserdiadem.

Kolossalporträt Kaiser Konstantins
Nach Diokletian kämpften sechs Bewerber um die Nachfolge: Maximianus, Maxentius, Licinius, Galerius, Maximin und Konstantin, der in den weströmischen Provinzen herrschte. Die Entscheidung fiel in der Schlacht zwischen Maxentius und Konstantin bei der Milvischen Brücke bei Rom am 28. Oktober 312.

DIE GEMMEN DES KAISERS

Unter Diokletian war das Tragen von Edelsteinen, die mit ihrem vielfarbigen Glanz die Erscheinung des Herrschers prächtig gestalten sollten, enorm verbreitet. Böse Zungen behaupteten, er trüge sie sogar an den Schuhen, was bisher eigentlich nur eitle und putzsüchtige Herrscher vom Schlage eines Heliogabalus getan hätten. Ebenfalls Diokletian und seiner vermeintlichen Eitelkeit (die in Wirklichkeit eine wohlüberlegte Propaganda zur Glorifizierung des Amtes des Kaisers war, damit das gemeine Volk es nie anzustreben wagen würde) wird die Umgestaltung des Kaiserdiadems zugeschrieben: Das ursprünglich einfach weiße Band, das die hellenistischen Herrscher um die Stirn getragen hatten, war nun aus Gold und mit Kreuz und Edelsteinen besetzt.

Grab eines Christen
Dieses Fragment eines Grabsteins (Ende 3. bis Anfang 4. Jh. n. Chr.) zeigt eine bekannte Episode aus dem Neuen Testament: die wunderbare Brotvermehrung.

und Gewerbeordnung, die die Bürger zu strengen Abgaben an den Staat, auch auf Kosten ihrer wirtschaftlichen und persönlichen Freiheit, verpflichtete, sowie eine ganz neu durchorganisierte Verteidigungsstrategie mit befestigten Grenzen (*limites*), von denen man hoffte, sie würden undurchdringlich sein. Das Christentum wurde erbarmungslos bekämpft, da es als subversive, gegen den Staat gerichtete Kraft galt. All diese Maßnahmen konnten die Probleme des Imperiums zwar nicht lösen, sein drohendes Ende jedoch noch um einige Jahrzehnte hinauszögern.

Der Aufstieg des Christentums

Die komplizierte Erbfolge, die sich Diokletian ausgedacht hatte, funktionierte in der Praxis nicht. Als er abdankte, kam es sofort zu Kämpfen zwischen den designierten Nachfolgern, aus denen Konstantin als Sieger hervorging. Dieser sollte mehr als ein Vierteljahrhundert regieren und einige dauerhafte Neuerungen einführen. Die Christen, die Konstantin im Kampf um die Erbfolge unterstützt hatten, erhielten 313 das Recht der freien Religionsausübung und gewannen rasch an Bedeutung im Staatsapparat. Ihr steiler Aufstieg begann. Gleichzeitig löste ein »neues Rom« am Bosporus die altehrwürdige Hauptstadt ab: Konstantinopel. Der Kaiserhof zog dort um 330 feierlich ein und hielt noch über ein Jahrtausend die Tradition der römischen Kaiser an der Schwelle zwischen Asien und Europa aufrecht.

Sant'Apollinare in Classe
*Die im 6. Jh. erbaute Basilika Sant'Apollinare in Classe vor den Toren von Ravenna weist die typische bauliche Gliederung der frühchristlichen Kirchen auf.
Unten: Hauptschiff und Apsis.*

DIE CHRISTLICHE BASILIKA

Dank der neuen Freiheit, die das Edikt Kaiser Konstantins den Christen beschert hatte, durften sie nun ihre Kirchen in aller Ruhe dort errichten, wo jedermann sie bewundern konnte und nicht mehr in finsteren Verstecken. Daraus ergab sich das Problem, dem christlichen Sakralbau in kurzer Zeit eine kanonisierte Form zu geben. Die Lösung war die *basilica*, ein Bau, der seinen Namen (und teilweise auch seine Form) von den gleichnamigen Profanbauten herleitet, die hauptsächlich als Gerichtsgebäude dienten. Die typische frühchristliche Basilika, wie sie unter Konstantin entstand, wies einen rechteckigen Grundriss mit drei (manchmal auch fünf) Schiffen, einen Eingang an einer Schmalseite und gegenüber davon eine Exedra (auch *Apsis* genannt) auf und war öfter von einem einfachen Satteldach als von Gewölben wie in den Bauten der Kaiserzeit üblich überspannt. Ein großer Portikus mit vier Säulen vor dem Gebäude war für die *catecumenes* bestimmt, so nannte man jene, die noch nicht getauft waren.

Julian Apostata und Galla Placidia

Für das im 4. Jh. noch große und mächtige Reich begann die Phase des Abstiegs, der im folgenden Jahrhundert unumkehrbar wurde. Zwei große Persönlichkeiten brachte es noch hervor, Kaiser Julian und die Prinzessin Galla Placidia.

Der abtrünnige Kaiser
Flavius Claudius Julianus, hier in der Toga der griechischen Philosophen und dem Kopfschmuck eines heidnischen Priesters dargestellt, wurde im christlichen Glauben erzogen. Als er jedoch die heidnischen Traditionen und den neuplatonischen Mystizismus kennen lernte, schwörte er dieser Religion ab und erhielt so seinen Beinamen Apostata, der Abtrünnige.

Julian, der mit der Unterstützung der gallischen Legionen 360 n. Chr. zum Kaiser proklamiert wurde, erwies sich als Herrscher von Format, der sich mit den großen Figuren des 2. Jh. n. Chr. wie Trajan, Hadrian und Marc Aurel durchaus messen konnte. Ihr Vermächtnis inspirierte ihn auch zu seinem Lebenswerk, einer großen Gesetzes-, Steuer- und Wirtschaftsreform, die er jedoch durch seinen allzu frühen Tod nicht zu Ende führen konnte. In historischer Erinnerung ist er allerdings fast nur durch seinen Versuch geblieben, die heidnischen Kulte wieder einzuführen, ein Ansinnen, das ihm auch seinen Beinamen eingebracht

Kaiserin der Römer
Diese byzantinische Schmuckmünze trägt das Porträt der Galla Placidia.

hatte. Dagegen sträubte sich besonders der bereits gründlich christianisierte östliche Teil des Imperiums. Der Kaiser verstand es jedoch äußerst geschickt, verschiedene Bräuche der Christen für seine Zwecke abzuändern und einzusetzen, wie etwa die Almosen und die Wohltätigkeit, und hätte wahrscheinlich sogar Erfolg gehabt, wäre er nicht auf einem Feldzug gegen die Perser 363 vorzeitig vom Tode ereilt worden. Mit ihm schied der letzte Kaiser dahin, der noch den Versuch unternahm, an die klassische Tradition Roms anzubinden.

Die heidnischen Basiliken
Diese Malerei schmückte die Basilika am Hause des Konsuls Junius Bassus, das im 4. Jh. auf dem Esquilin in Rom erbaut wurde. An jenen Orten begegnet man den letzten Vertretern der heidnischen Aristokratie der Ewigen Stadt.

Prinzessin im goldenen Käfig

Galla Placidia, die Tochter des großen Kaisers Theodosius, erlebte die Jahre des Zusammenbruchs des Weströmischen Reiches als unfreiwillige Schlüsselfigur. Sie wurde um 388 geboren und in Rom erzogen, wo sie sich auch 410, bei der Plünderung der Stadt durch die Goten unter Alarich, befand. Als diese die zerstörte Stadt aufgaben, nahmen sie die Prinzessin als Gefangene mit sich. In den folgenden Jahren begleitete Galla Placidia die Wanderungen der Barbaren als wertvolle Geisel, bis ihre Ehe mit Athaulf, Alarichs Nachfolger, den Frieden zwischen Römern und Goten sichern sollte. Als Inkarnation dieses Gedankens wurde dem Paar ein Sohn geboren, der nach seinem Großvater Theodosius benannt wurde. Als Sohn und Gatte jedoch innerhalb kurzer Zeit starben, wurde sie wieder zur Gefangenen und konnte nur dank einer weiteren politischen Heirat mit einem ehrgeizigen General, den sie im Grunde ihres Herzens verachtete, an den Hof in Ravenna zurückkehren: Es handelte sich um den zukünftigen Kaiser Constantinus III. Aus dieser Ehe entsprangen zwei Kinder, Honoria und Valentinian. Doch Galla Placidia hatte nur wenig Freude an ihnen, sie zog sich immer mehr in den kaiserlichen Palast in Ravenna zurück, wo sie Trost im christlichen Glauben und in der Lektüre religiöser Schriften fand. Die gebildete, sensible und intelligente Frau wurde von ihrer Zeit überrollt, die sie zu einer Figur auf dem politischen Schachbrett machte. Eines gelang der zarten Prinzessin jedoch noch, obwohl sie sich immer mehr auf spirituelle Fragen konzentrierte: Sie setzte ihren Sohn als Kaiser Valentinian III. ein und bewahrte die Dynastie so noch für ein Vierteljahrhundert, während das Weströmische Reich unter den Invasionen der Sueben, Vandalen, Parther, Franken und Hunnen zusammenbrach. Sie starb 450 in Rom.

LETZTER ROMANISCHER ODER ERSTER BYZANTINISCHER BAU?

Das Mausoleum der Galla Placidia in Ravenna *(oben)* ist ein kleiner Zentralbau mit kreuzförmigem Grundriss, der von außen mit seiner unverkleideten Ziegelfassade einfach und nüchtern erscheint. Im Inneren jedoch entfaltet sich eine vielfältige Pracht an Farben und Formen, die vom weichen, durch in die Fenster eingesetzten Alabasterscheiben einfallenden Licht kunstvoll in Szene gesetzt wird: Spätromanische Architektur nimmt byzantinischen Prunk vorweg.

Der gute Hirte
Dieses Mosaik über dem Eingang zum Mausoleum der Galla Placidia ist ein Meisterwerk antiker Kunst. Die Perspektive und die zart abgestuften Farben erwecken den Eindruck der Tiefe und lassen die Gegenstände in mystischer Ferne erscheinen, während das golden umrahmte Antlitz Jesu Christi dominiert.

Eine Trias und viele Götter

Im alten Rom gab es keine »Religion« wie wir sie uns heute vorstellen, mit einer hierarchischen Struktur der Götterwelt und bestimmten Glaubenssätzen, sondern eine Vielzahl an uralten Ritualen unterschiedlicher Herkunft.

Die heidnischen Kulte im alten Rom tendierten weniger in Richtung Mystizismus oder Anbetung – Haltungen, die der latinischen Mentalität eher fern lagen – sondern stellten vielmehr eine Art strikt geregeltes »Vertragsverhältnis« zwischen den Menschen und den Göttern dar, wo Geben und Nehmen sich die Waage halten musste. So empfanden die alten Quiriten weniger Bewunderung und Ehrfurcht vor ihren Gottheiten, als vielmehr Angst vor deren Zorn, der leicht durch ein vergessenes oder nicht korrekt ausgeführtes Ritual herausgefordert werden konnte. Daher bemühten sie sich, ihre Verpflichtungen peinlich genau zu erfüllen und den Göttern die Ehren zukommen zu lassen, die ihnen gebührten. Im Austausch dafür erwarteten sich die Gläubigen Schutz, oder zumindest Schonung vor den Schäden, die die Launen der Götter leicht anrichten konnten.

Trias auf dem Thron
Die Kapitolinische Trias bestand aus Jupiter, Juno und Minerva. Am weitesten verbreitet ist die Darstellung der drei Gottheiten sitzend auf einem Thron mit Jupiter in der Mitte. Oben: Diese Kapitolinische Trias hat man bei Ausgrabungen auf der antiken römischen Festung bei Scarbantia, *dem aktuellen Sopron in Ungarn, gefunden.*

DIE ZWEIFEL DES SIMONIDES

Bezeichnend für die römische Haltung gegenüber der Religion ist ein Ausschnitt aus einem Dialog in Ciceros Werk *De natura deorum* (Von der Natur der Götter), in welchem eine der beiden Personen, die ein wichtiges Priesteramt bekleidet, die folgende Anekdote erzählt: »Von Simonides sagt man, er habe den Tyrannen Hieron, der ihn nach der Natur der Göttlichkeit befragte, um einen Tag Zeit gebeten, um die Antwort zu erwägen. Als er ihm am nächsten Tag dieselbe Frage stellte, bat er ihn um zwei. So ging es immer fort, immer längere Bedenkzeit bat er sich aus, bis Hieron die Geduld verlor und endlich wissen wollte, warum er sich so verhielt. Da antwortete Simonides: ›Je länger ich darüber nachdenke, umso unklarer wird mir die Frage.‹«

Die Kapitolinische Trias von Sufetula
Oben: *der dreigeteilte, der Kapitolinischen Trias gewidmete Tempel der antiken Stadt* Sufetula *in Tunesien. Bauten wie dieser wurden zuerst in Italien, dann in allen Kolonien des Imperiums errichtet, als die unterworfenen Völker Glauben und Institutionen der Römer übernahmen.*

Öffentliches Opfer
Fragment eines Reliefs aus Rom mit der Darstellung von Vorbereitungen zu einem öffentlichen Opfer zu Ehren der Götter.

Die Kapitolinische Trias

An der Spitze dieses komplexen Systems stand die so genannte Kapitolinische Trias, die aus den Göttern Jupiter, Juno und Minerva bestand. Ihr wichtigstes Heiligtum war der Tempel mit dreifacher Cella am Kapitol, das Motiv findet sich jedoch in unzähligen Varianten in allen römischen Kolonien. Jupiter dominierte die Trias und wurde daher mit den Beinamen *Optimus* und *Maximus* als bester und größter aller Götter verehrt. Neben diesem Dreigestirn boten sich hunderte weiterer geringerer Gottheiten für die Verehrung an, deren Beziehungen zueinander höchst komplex und auch veränderlich waren. Typisch für die Antike war außerdem die Tendenz, Götter anderer Völker mit den lokalen Gottheiten zu identifizieren und umgekehrt.

Die Elysischen Felder
Fresko aus dem 3. Jh. mit der Darstellung der Elysischen Felder, des Paradieses der griechischen und römischen Mythologie. Dort sollte der Mensch nach dem Tode in immerwährender Glückseligkeit leben und niemals Krankheit, Mühsal oder Not leiden müssen.

Griechisches Erbe
Antike Quellen berichten, das Motiv des Gottes Jupiter auf dem Thron (hier in einem Relief des 1. Jh. n. Chr.) sei unter Sulla in Rom eingeführt worden. Vorbild dafür war der Olympische Zeus, ein Werk des großen Athener Bildhauers Phidias.

Somit wurde das römische Pantheon zu einem offenen, toleranten System, das mehr Bedeutung für das gesellschaftliche als das religiöse Leben im modernen Sinn besaß. Es ist kein Zufall, dass die römischen Priesterämter ebenso wie die öffentlichen Aufgaben durch Wahl vergeben wurden. Für die damaligen Bewohner der Ewigen Stadt war eine eigenständige religiöse Struktur, die nur der Verehrung eines Gottes diente, ein schwer vorstellbares Konzept.

Die Haltung der Intellektuellen

Dass diese mangelnde emotionelle Beteiligung eine Schwäche darstellte, war für die Intellektuellen klar. Sie standen der traditionellen Religionsausübung darum oft kritisch und zwiespältig gegenüber: Offiziell erwiesen sie den Göttern und ihrem Kult höchsten Respekt, doch im privaten Bereich oder im täglichen Leben machten sie sich darüber lustig und prangerten Formalismus und Sinnlosigkeit an. Mehr als der Religion wandten sie sich der Philosophie zu, um der Ethik Substanz und dem Leben Sinn zu geben: Epikureismus und Stoizismus, aus Griechenland übernommene philosophische Lehren, waren die wahre Religion der römischen Oberschicht der Antike.

IMPORTIERTE KULTE

Eine besondere Eigenschaft der Religion der alten Römer war ihre Fähigkeit zur Erneuerung und Anpassung an politische und soziale Veränderung.

Schon zur Zeit der Expansion in Italien assimilierten die Römer zahlreiche fremde Götter und Glaubensinhalte. Sie setzten aber auch gezielt neue Kulte ein, die abstrakte Tugenden verehrten (*Concordia, Fides, Virtus*). Zudem führte das Römische Reich den orientalischen und hellenistischen Brauch der Vergöttlichung der Kaiser nach ihrem Tode in Europa ein. Diese Offenheit spielte eine wichtige Rolle und förderte die Loyalität eroberter Provinzen, als Begleiterscheinung fanden jedoch auch einige Kulte Eingang, die sich weniger leicht in die Traditionen integrieren ließen.

Orientalische Religionen

Noch in republikanischer Zeit, als der Staat unter den Niederlagen gegen Hannibal zu leiden hatte und dringend einen Glauben benötigte, der für Optimismus und Zusammenhalt in der Bevölkerung sorgte, kam der von den Hethitern übernommene Kult der Kybele auf, einer *Magna Mater* (Große Mutter) und Herrscherin der Natur, der man in der Folge zahlreiche Feste und Riten im römischen Kalender widmete. Die Tendenz verstärkte sich zu Beginn der Kaiserzeit noch. Unter den Flaviern verehrte

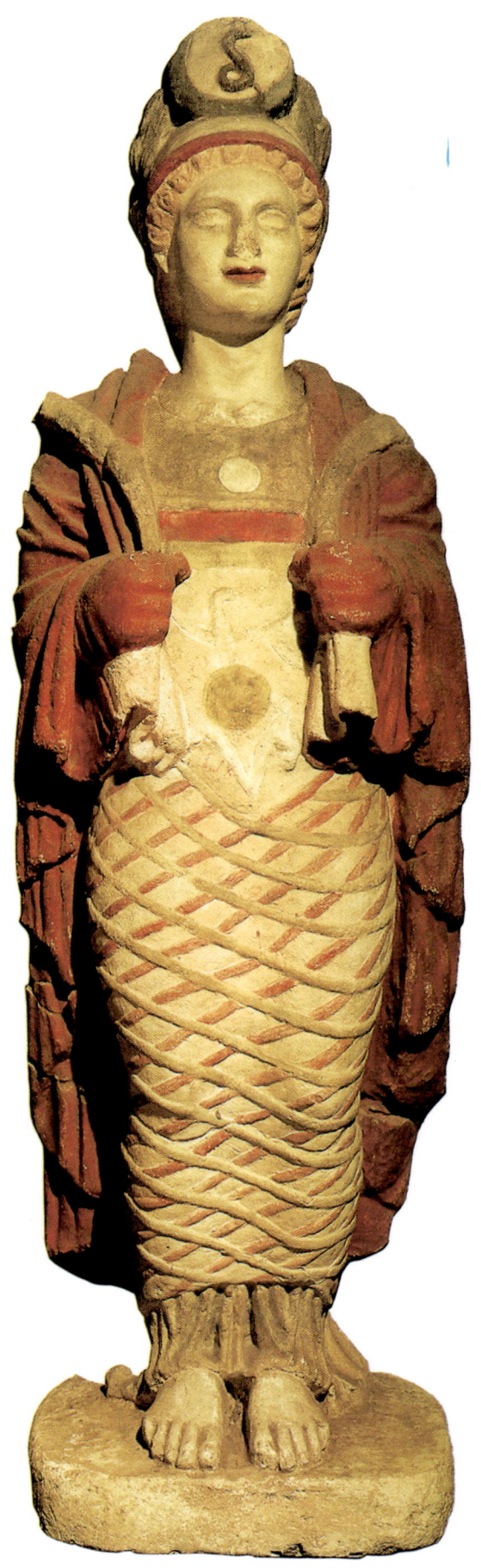

Isis, die Schutzherrin
Isis (rechts), die mit Mond und Sirius assoziiert wird, war eine mächtige Muttergestalt, die die Familie und die Seefahrer schützte und über Gerechtigkeit wachte. Als Herrin der Sterne bestimmte sie das Schicksal der Menschen.

DER KULT DER GROSSEN MUTTER

Trotz einiger für die römische Mentalität irritierender und grausamer Aspekte wie der Selbstkastration der Priester war der Kult der Großen Mutter, Kybele, in Rom stark verwurzelt und fand in zahlreichen rituellen Feierlichkeiten Ausdruck, die mit großem Prunk begangen wurden, wie etwa die *Megalensien* (von *Megále Méter*, der griechischen Bezeichnung für Große Mutter) im April oder die *Hilarien* am 25. März, wo die Auferstehung von Kybeles Gefährten Attis gefeiert wurde. In der Kaiserzeit wurde das *taurobolium* eingeführt, ein Opfer, bei dem einem Stier die Hoden abgeschnitten wurden und sein Blut über den Opferplatz lief, sodass die Anhänger des Kultes eine Bluttaufe erhielten. Dieser Ritus sollte wohl die Selbstkastration des Priesters ersetzen und Römern ermöglichen, dieses Amt ohne Verlust der Manneskraft auszuüben. Später wurde daraus ein einfacher Initiationsritus. Der Kult der Kybele blieb noch bis weit ins 4. Jh. n. Chr. in vielen Gebieten des Römischen Reiches verwurzelt.

Die Opferschale des Priesters
Vergoldete Schale aus Silber mit Kybele, Attis und einigen Personifikationen der Natur. Diese flachen Schalen wurden von den Priestern beim Getränkeopfer verwendet.

man Isis und andere ägyptische Gottheiten, auch die Mitglieder der kaiserlichen Familie hingen diesem Kult an. Commodus war ein erklärter Anhänger von Isis und Mithras, Heliogabal und Aurelian führten die Anbetung orientalischer Sonnengötter ein (Elagabal von Emesa und Malachbel von Palmyra, den man in Rom *Sol Invictus* nannte). Zwischen dem Ende des 1. und dem Beginn des 2. Jh. n. Chr. war der Mithraskult im gesamten Römischen Reich stark verbreitet, besonders Soldaten hingen ihm an.

Entthronung der Götter

All diese Kulte hatten zwei gefährliche Eigenschaften: Erstens kamen sie aus oft weit entfernten Gegenden, deren geografische und kulturelle Bedingungen dem latinischen Praktizismus und Rationalismus fremd waren. Man denke nur an den Kybelekult, für dessen Priester eine Selbstkastration vorgesehen war – römische Bürger konnte lange Zeit das Priesteramt nicht ausüben, da das Gesetz ihnen solche Praktiken verbot. Zweitens appellierten sie an die tiefen, emotionalen Aspekte der menschlichen Seele, was ihre Anhänger schwer kontrollierbar machte, sobald ihre bürgerlichen Pflichten in Konflikt zu ihrem Glauben standen. Und genau das war das Problem mit dem Christentum, ja schlimmer noch, diese Glaubensgemeinschaft wollte nicht nur eine, sondern »die« Religion sein und machte aus der Verweigerung jeglichen anderen Kultes ein Bekenntnis der Loyalität zum eigenen Gott. Diese Haltung musste in einem multikulturellen Vielvölkerstaat wie dem Römischen Reich zwangsläufig Konflikte säen und barg enormen politischen und kulturellen Sprengstoff.

Der Nil in Rom
Diese Marmorstatue aus dem 2. Jh. n. Chr. stellt die Personifikation des Nils dar und stand im Isistempel in Rom.

Eine subversive Religion
Zu Beginn der Verbreitung des Christentums in Rom sagte man von seinen Anhängern, sie würden sich an geheimen Orten zu Orgien und Inzesthandlungen versammeln. Doch auch wer diesen Gerüchten keinen Glauben schenkte, betrachtete die Christen als Staatsfeinde, war doch in ihren Schriften von einem neuen Reich die Rede, das kommen sollte. Links: Fresko aus der Jordanier-Katakombe in Rom mit betender Frau.

Mythen, Legenden und Traditionen

Die römische Mythologie war zwar weniger komplex als die griechische, doch keineswegs uninteressant. Zwar gab es in Rom keinen Homer oder Hesiod, dennoch sind die Mythen vielfältig und oft überraschend in den Details.

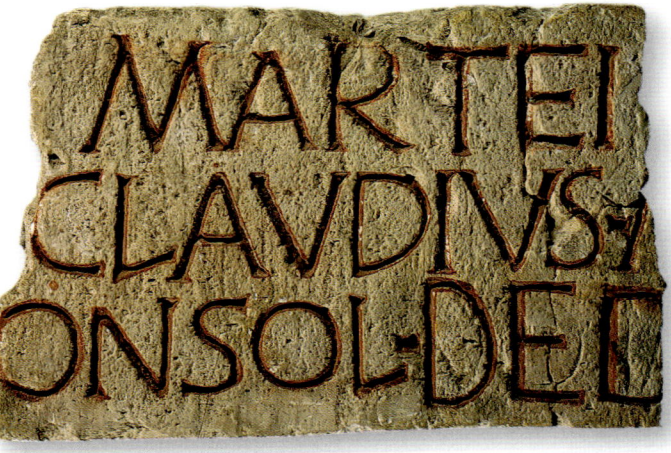

Dem Mars geweiht
Dem Kriegsgott, der hier in einer Inschrift aus republikanischer Zeit erwähnt wird, war der erste Monat des römischen Kalenders gewidmet, der März.

Die ältesten Mythen der Latiner waren vermutlich jene der »primigenen« Götter, von denen man glaubte, sie hätten vor dem Kosmos existiert. Es gab aber auch Mythen über Gottheiten, die später erschienen, und andere, die mit der Zivilisationsgeschichte zu tun hatten und Heldenfiguren vergöttlichten. Diese waren oft mit der Entstehung der verschiedenen Siedlungen verknüpft. Alte Götter der ersten Ordnung waren Janus, Saturn und Vulcan, auch der Kult der Fortuna Primigenia als Mutter von Jupiter und Juno ist früh dokumentiert, jedoch in Rom nicht präsent, vermutlich weil er im Gegensatz zur Religion des Staates stand. In *Praeneste* (Palestrina) dagegen war er sehr wohl vorhanden. Unter den Helden und Kulturbringern sind besonders Picus und Faunus zu erwähnen, Dämonenkönige mit zwiespältigem Charakter, in denen menschliche und tierische Eigenschaften verschmelzen (Picus wird der Specht zugeordnet, ein Orakelvogel, während bei Faunus je nach Region die Eigenschaften des Wolfs, des Ziegenbocks und der Schlange zusammenspielen). Ein sehr altes Götterpaar sind auch Mars und Ops, Letztere war die Göttin der königlichen Macht und des reichen Erntesegens. Sie erscheint bereits in einigen Gräbern zwischen Ende der Bronze- und Beginn der Eisenzeit. Ihr Mythos ist eng mit jenem

Personifikation des Tibers
Diese Marmorstatue aus dem 2. Jh. n. Chr. aus dem Tempel der Isis und Serapis in Rom stellt die Personifikation des Tibers dar, der die Wölfin mit den Zwillingen Romulus und Remus beschützt.

Bärtiger Mars
Diese Goldmünze, eine der ersten, die in Rom geprägt wurden (um 296 v. Chr.), zeigt einen Marskopf mit Bart auf der Vorderseite.

des Mars verbunden, dem jungen, kriegerischen König, den sie zum Gemahl nahm – ein starkes Symbol: die Wut und zerstörerische Kraft des Krieges als Begleiter und Gegenstück zu Fülle, Überfluss und wohlwollender Macht.

Die Gründungsmythen

Viele dieser Mythen flossen – wobei auch nachgeholfen wurde – im größten mythologischen Konstrukt der römischen Kultur zusammen, dem Gründungsmythos der Ewigen Stadt. Einer möglichen Genealogie zufolge soll Picus, der Sohn des Mars, mit einer Nymphe Faunus gezeugt haben, den Wolf-Ziegen-Schlangen-Gott, der wiederum mit Fauna Latinus zeugte, den ersten König und Namensgeber der Latiner, welcher als Erster keinen der monströsen Aspekte der Vorfahren geerbt hatte. Zur Zeit der Tarquinier wurde diese Sage von der Herkuleslegende überlagert, der Latinus mit einer Tochter des Faunus gezeugt haben soll. Analog besagt der Mythos von Romulus, er sei ein Sohn des Mars und einer Latinerprinzessin gewesen (die selbst von Mars abstammte). Als Gott nannte er sich Quirin.

Das glorifizierende Epos

Unter Augustus erhielten die Gründungsmythen eine neue Systematik, für die Vergil verantwortlich zeichnete: In seiner *Aeneis* nahm er die verschiedenen, bereits weit verbreiteten Geschichten auf und führte als Vorfahren der Römer Ascanius Iulus ein, den Sohn des Aeneas und Stammvater der *gens Iulia,* zu der der Kaiser gehörte. Am Ende hat Rom also doch noch seinen Homer bekommen, doch im Unterschied zu Griechenland am Gipfel seines Aufstiegs und nicht am Beginn.

Fortuna im Brunnen
Der Tempel der Fortuna Primigenia in Praeneste, *dem heutigen Palestrina (Rom) war Sitz eines der wichtigsten Orakel und wurde in der republikanischen Epoche oft besucht. Antike Quellen berichten, die Gottheit habe die* sortes *ersetzt, ein Orakel, bei dem man ein Kind in einen Brunnen hinabließ.*

Stark wie ein Stier
Detail eines Sarkophages mit den Prüfungen des Herkules (3. Jh. n. Chr.).

ROM, DIE WÖLFIN UND DER SPECHT

»Am Ufereinschnitt, wo der Korb mit den Zwillingen gestrandet war, stand ein wilder Figbaum, den die Römer Ruminalis nannten, nach Romulus oder vielleicht, weil die Kinder dort gesäugt wurden und die Römer die Brustwarze Ruma nannten. Unter dem Baume, so will die Überlieferung weiter, warteten sie auf die Wölfin, die kam um sie zu säugen. Ein Specht habe ihr geholfen sie zu nähren und zu hüten. Die beiden Tiere sind dem Mars geweiht, und die Latiner verehren den Specht ganz besonders, daher war es wohl nicht schwer für die Mutter, den anderen zu erklären, sie habe die Zwillinge von Mars. Anderen zufolge war es aber nur ein Irrtum, der bei der Gestaltung der Erzählung zur Fabel passiert sei, da man ›Wölfin‹ sowohl das Weibchen des Wolfs nennt als auch eine Frau, die großzügig ist mit ihrer Gunst, wie es die Frau des Faustulus war, welche die Zwillinge an ihrer Brust genährt hatte ...«

Plutarch, *Leben des Romulus,* 4

Gott der Wälder
Dieser Hirtengott symbolisiert die primitiven und wilden Kräfte. Im Volksmund wurde er auch Sylvan genannt.
Oben: *punische Terrakottamaske eines Fauns.*

DIE PRIESTERKOLLEGIEN

Die Aufgaben der Priester waren zahlreich und auf eine entsprechend große Zahl an Personen verteilt. Noch komplexer wurde die Situation durch die Tendenz der Römer, ausländische Kulte zu übernehmen, von welchen wieder jeder einzelne seine eigene Priesterschaft hatte.

Die Religionsausübung erfolgte auf mehreren Ebenen. Es gab öffentliche Kulte, die die Gesamtbevölkerung einbezogen, lokale religiöse Gemeinschaften in einer bestimmten Stadt oder Region und private Kulte, die innerhalb von Kollegien, Berufsgruppen oder Familien ausgeübt wurden. Grundsätzlich war für die Römer jeder ein Priester, der Kulthandlungen auf einer dieser Ebenen vornahm, nicht nur die *sacerdotes* als institutionelle Administratoren eines bestimmten Kultes, sondern auch Beamte und *pater familias*, die mit zivilen und familiären Religionsangelegenheiten betraut waren.

Priester und Priesterinnen

Das Priesteramt war zumeist den Männern vorbehalten, weibliche Gottesdienerinnen waren grundsätzlich einem Mann als Hohepriester untergeordnet. Selbst die Vestalinnen, die höchsten Priesterinnen im Römischen Reich, die auch in der Öffentlichkeit eine wichtige Stellung innehatten, unterstanden dem Pontifex maximus, der die Funktion des *pater familias* in dieser speziellen Gemeinschaft erfüllte.

Priester und Gesellschaft

Nicht alle Bewohner des Römischen Reiches hatten Zugang zum Priesteramt: Nur voll berechtigte römische Bürger durften öffentliche Priesterämter ausüben, und nur die Männer einer Familie die privaten. Das, was wir heute unter Berufung verstehen, spielte hingegen überhaupt keine

Das Feuer der Vesta
*Die wichtigste Aufgabe der Vestalinnen war es, das heilige Feuer im Tempel der Schutzpatronin des römischen Staates zu hüten.
Rechts: römisches Relief mit der Darstellung eines Opfers an die Göttin Vesta.*

Einladung zum Bankett
Unten: *Relief mit der Darstellung von Tieropfern. Bei diesen Zeremonien wurde die Nahrung symbolisch mit der jeweiligen Gottheit geteilt.*

Rolle. Zum Priester wurde man, wie in die öffentlichen Ämter, durch Wahl bestellt und übte seine Funktion ohne einen Auftrag der Verbreitung der jeweiligen Religion aus. Man hatte hingegen peinlich genau auf die korrekte Ausübung aller Rituale zu achten, da diese eine Art Vertrag zwischen den Menschen und ihren Göttern darstellte, der nicht verletzt werden durfte. Da öffentliche und priesterliche Ämter nicht in Widerspruch zueinander standen, übten die Konsuln zahlreiche wichtige Rituale und die bedeutendsten Opferzeremonien aus, setzten die Daten religiöser Feierlichkeiten fest, überwachten die Auspizien, die vor jeder wichtigen Entscheidung eingeholt wurden, und konnten auch entscheiden, einen neuen Kult in Rom einzuführen. Den Kollegien der wichtigen Priester (Pontifex, Auguren, Decem- und Quindecemvirn, Septemvirn, Vestalinnen) kamen einige besonders bedeutende Aufgaben zu wie das Zelebrieren besonderer Kulthandlungen, die Einweihung öffentlicher ziviler oder sakraler Räume, die Bewahrung der Sibyllinischen Bücher mit prophetischen Schriften sowie die Organisation ritueller Bankette und Prozessionen. Weiters gab es spezialisierte Kollegien (Fetialen, Arvalen, Salier, Lupercer und so weiter), die besondere Kulte oder archaische Riten ausübten. Diese komplexe Vielfalt wurde in der Kaiserzeit reduziert, als der *princeps* allen Priesterkollegien vorstand und direkt oder indirekt ihre Vertreter auswählte, die dann zu reinen ausführenden Organen eines einzigen übergeordneten Willens wurden: jenes des Herrschers. Dies wird wohl mit ein Grund dafür gewesen sein, dass die traditionelle Religion in der Bevölkerung in zunehmendem Maße an Bedeutung verlor.

Keusch und rein
Die Priesterinnen der Vesta wurden durch das Los aus mehreren Kandidatinnen zwischen sechs und 16 Jahren für einen Zeitraum von 30 Jahren gewählt. Während der gesamten Zeit mussten sie bei Todesstrafe keusch und rein bleiben.
Links: *Haus der Vestalinnen, Forum Romanum.*

Der Sitz des Priesters
Rechts: *Priesterthron aus Marmor, Rekonstruktion aus dem 16. Jh. nach dem Vorbild der römischen Antike aus teilweise antiken Materialien.*

DIE PRIESTER, BEWAHRER DER RITEN

Die traditionelle römische Religion betraf nicht das Individuum, sondern das Kollektiv: Die Gesamtheit der Zeremonien begleitete und beeinflusste jeden Aspekt des Lebens. Völlig frei von mystischen oder emotionalen Inhalten, zog sie ihre Kraft aus der starken Integration der Religionsausübung in das institutionelle und öffentliche Leben, durch die kaum ein Römer es gewagt hätte, die Riten zu vernachlässigen. Das, was wir heute Glauben nennen, hatte in diesem Zusammenhang keinen Stellenwert. Den Priestern kam auch nicht die Aufgabe zu, das religiöse Leben einzelner Bürger zu überwachen, ihre Kompetenzen erstreckten sich auf das römische Volk als Gesamtheit. Gab es einen Skandal im Zusammenhang mit religiösen Praktiken, fiel dies in die Zuständigkeit der Beamten als Hüter der öffentlichen Ordnung. Daher intervenierten auch während des Zweiten Punischen Krieges, als das Volk, von den Niederlagen gegen Hannibal demoralisiert, bei fremden esoterischen Kulten Trost suchte, nicht die Priester, sondern der zuständige Prätor, der diese Handlungen als subversiven Akt gegen den Staat betrachtete.

DIE DEUTUNG DER ZEICHEN DER GÖTTER

Die Antwort der Götter war für die Römer von höchster Bedeutung. Es ist kein Zufall, dass die Kunst der Wahrsagerei schon an der Wiege der Ewigen Stadt stand.

Als sie vor der Wahl standen, nach welchem von ihnen, Romulus oder Remus, die neu gegründete Stadt benannt werden sollte, vertrauten die beiden Zwillinge die Entscheidung einem Zeichen des Himmels an. Streit gab es nur darüber, wie dieses Zeichen zu deuten war, und in die Auseinandersetzung kostete Remus das Leben. Die Geschichte steht symbolisch für Rom und seine Beziehung zu diesem Zweig der esoterischen Künste.

Systeme und Zeichen

Es gab mehrere Systeme, nach welchen man die Botschaften der Götter anhand von Zeichen interpretieren konnte, welche die Götter schickten. Das älteste davon wählten auch die beiden Zwillinge Romulus und Remus: die Beobachtung der Rufe und des Flugs der Vögel. Diese Praxis wurde von einer Gruppe professioneller Spezialisten, den Auguren, ausgeübt, die in Rom hohes Ansehen und großen Einfluss genossen. Einem Konsul stand immer einer der Auguren zur Seite und lieferte, falls wichtige Entscheidungen zu treffen waren, eine Deutung der beobachteten Zeichen. Später entwickelten sich andere Methoden, etwa das Lesen von Zeichen in den Eingeweiden von Opfertieren, die Beobachtung und Deutung von Naturerscheinungen wie Erdbeben, Überschwemmungen, Kometen oder Sonnen- und Mondfinsternisse, aber auch weniger ob-

Wahrsager-Unwesen
Kaiser Tiberius sah sich gezwungen, die Wahrsagerei gesetzlich einzuschränken, weil Auguren und Haruspizien großen Einfluss auf das einfache Volk hatten.

Wahrsagerschule
Die Haruspizien nahmen positive oder negative Auspizien aus der Untersuchung der Eingeweide von Opfertieren. Dieses Bronzemodell einer Schafsleber mit beschrifteten Feldern (2. Jh. v. Chr.) diente wahrscheinlich zu Lehrzwecken.

jektiver Phänomene wie weinender Statuen oder sprechender Kühe. Die Resultate der Deutung wurden dem Senat vorgelegt, der Experten – die Haruspizien – konsultierte, um herauszufinden welche Gottheit erzürnt war und mit welchen Riten man sie besänftigen konnte. Auguren und Haruspizien hüteten die Geheimnisse ihrer Kunst eifersüchtig, doch lokale Experten waren wenig angesehen. In wichtigen Fragen konsultier-

DAS GÖTTLICHE SIEGEL AUF WELTLICHEN ENTSCHEIDUNGEN

Heute schmunzeln wir über die Praktiken der römischen Wahrsager, doch damals besaßen sie einen nicht unerheblichen Einfluss im Staat. Die Amtsträger ließen sich vor jeder Entscheidung die Auspizien deuten, um die Zustimmung der Götter zu ihren Maßnahmen zu erhalten. Dadurch wurden ihre Amtshandlungen sozusagen von höchster Stelle genehmigt und vom Volk leichter angenommen. Politische Gegner, die eine von den Göttern gebilligte Entscheidung kritisieren wollten, hatten es damit schwerer. Selbst der große Julius Caesar musste sich gefallen lassen, dass manche seiner Entscheidungen als Konsul verhindert wurden, weil er die Auspizien, die sein Konsulkollege und Gegner Lucius Calpurnius Bibulus auf der Basis von Himmelserscheinungen genommen hatte, missachtete.

Die Bedeutung der Auspizien

Im antiken Rom wurde keine wichtige Frage entschieden, ohne zuvor die Auspizien zu nehmen. Dieser Brauch hielt sich bis weit in die Kaiserzeit hinein und verlor erst mit zunehmender Christianisierung an Bedeutung. Die Militärkommandanten trugen Käfige mit heiligen Hühnern mit sich, um Hinweise auf den rechten Zeitpunkt, in die Schlacht zu ziehen oder einen Fluss zu überqueren, zu bekommen; öffentliche Versammlungen wurden unterbrochen, wenn die Amtspersonen oder Auguren ungünstige Vorzeichen sahen, wie etwa einen Blitz am heiteren Himmel oder ähnliche Erscheinungen (man kann sich vorstellen, wie leicht dies politisch auszunutzen war). Doch nicht jeder hielt sich immer daran.

Ein besonders resoluter Konsul warf die Hühner ins Meer, die vor einer Seeschlacht nicht fressen wollten (ein negatives Vorzeichen) und meinte sarkastisch: »Wenn sie nicht fressen wollen, sollen sie eben trinken.« Falls etwas schief ging, fand sich jedoch auf diese Weise immer ein schlecht beobachtetes oder nicht beachtetes Vorzeichen, das Schuld hatte. Besonders auf die mittleren und unteren Schichten war der Einfluss der Auguren und Haruspizien so groß, dass Kaiser Tiberius sich genötigt sah, ihre Aktivitäten per Gesetz einzuschränken. Er verpflichtete sie, nur noch vor Zeugen wahrzusagen, denn nur allzu oft wurden arglose Bürger hinters Licht geführt. Viele Autoren (auch Cicero) machten sich in ihren Werken über die Wahrsagerei lustig. Insgesamt herrschte in der römischen Gesellschaft eine Art Doppelmoral nach dem Motto: »Es kann zwar nicht wahr sein, aber wenn jeder daran glaubt ...«

Etruskischer Wahrsager
Die Kompetenz der Etrusker in der Deutung der Zeichen der Götter war in einem Traktat dokumentiert, den Cicero unter dem Namen Haruspizienbücher *kannte, von dem jedoch nichts erhalten ist. Links: etruskische Bronzestatuette eines Haruspizen (3. Jh. v. Chr.).*

Priester aus Volterra
Dieser Deckel einer Urne (2. Jh. v. Chr.) zeigt einen Priester mit einer Schafsleber in der Hand. Die Skulptur stammt aus Volterra und ist das Werk eines etruskischen Künstlers.

Ewige Auguren
Diese beiden Figuren gaben dem etruskischen Augurengrab in Tarquinia seinen Namen.

Die Religion im Privatleben

Im privaten Bereich finden wir Religionen und Riten vor, die noch aus der Latinerzeit stammen und vom Anthropomorphismus der griechischen Götterwelt nicht verfälscht sind.

Das Haus stellte das Zentrum des Volksglaubens dar. Dort wurden die für die italischen Regionen typischen animistischen Götter verehrt, die wenig von der vermenschlichten Erscheinung hatten wie sie für die griechische Götterwelt charakteristisch ist: Die Penaten *(penus)* waren die Beschützer der Vorräte, über die Manen *(manes)* verehrte man die Verstorbenen, und die Laren *(lares)* schützten das Haus und die Familie samt ihren Sklaven. Neben diesen Hausgöttern gab es in der Volksreligion auch noch einige öffentliche Götter wie Vesta, die Schutzherrin des Herdes im Privathaus sowie im Staate, oder Janus, der über die Türen des Hauses ebenso wachte wie über die Tore der Stadt *(ianua)*. Jeder Mann besaß außerdem seinen eigenen Schutzgeist *(genius),* der ihn im Leben und im Tode begleitete. Dieser wurde oft als Schlange dargestellt und verkörperte die Zeugungskraft, die für den Fortbestand der Sippe unerlässlich war.

Das Haus der Laren
Jedes römische Haus besaß ein Lararium, einen Schrein, wo die Laren verehrt wurden. Oft war es ein Standaltar mit Säulen oder Pilastern und einem dreieckigen Tympanon darüber auf einem solide gemauerten Sockel, wie dieser hier im Haus der Vettier in Pompeji.

Durchgangs-Gottheit
Der Janusbogen in Rom, hier auf einem Gemälde aus dem 18. Jh. von Ippolito Caffi, wurde im 4. Jh. v. Chr. zu Ehren des Gottes des Ein- und Ausgangs erbaut. Ihm waren alle Hauseingänge und auch wichtige Durchzugsstraßen geweiht.

Porträts der Familie
Die hier dargestellte Person ist als Togatus Barberini bekannt und trägt die »Bilder« seiner Vorfahren mit sich.

Kontinuität der Hausreligion

Im Gegensatz zur Staatsreligion veränderte sich die Hausreligion über die Jahrhunderte praktisch nicht: Generation um Generation bot den Laren ein Feueropfer, dem Genius reinen Wein und den Penaten Duftessenzen dar. Die Verantwortung für die sakralen Handlungen hatte der *pater familias*, die Söhne halfen ihm dabei. Alle Zeremonien erfolgten im Namen und oft unter den Augen der gesamten Familie, im Falle von Hochzeiten und Begräbnisfeiern nahm die gesamte Nachbarschaft oder auch das ganze Dorf daran teil. Das Familienoberhaupt hatte die Verantwortung für die traditionellen Riten von seinen Vorfahren übernommen und musste diese seinerseits an die Nachfahren weitergeben.

Der Ahnenkult

Besonders wichtig im Bereich der familiären Hausreligion war der Ahnenkult. Der Fortbestand der Familie garantierte das Weiterleben über den Tod des Einzelnen hinaus, da sich keiner als abgetrenntes Individuum empfand, sondern als Teil eines jahrhundertealten Organismus, zu dessen Weiterbestehen er beitragen konnte. In diesem Zusammenhang versteht sich auch der in römisch-italischen Regionen typische Brauch, beim Begräbnis eines Mitglieds der Familie die Ahnen wiederaufleben zu lassen. Zu diesem Zweck traten Schauspieler in Kleidern auf, die dem Rang der Verstorbenen entsprachen, und trugen Masken aus Wachs, welche von den Gesichtern der Dahingeschiedenen genommen worden waren. Diese *imagines maiorum* wurden in einem Schrank des Hauses aufbewahrt und wie ein Schatz gehütet. Am Ende der Zeremonie, nachdem die Tugenden des Verstorbenen aufgezählt waren, sprach jeder der Vorfahren, vom ältesten angefangen, über seine Großtaten zum Ruhme der Familie.

DAS »RECHT DER ABBILDUNG«

Die herrschende Klasse wusste sehr wohl, wie groß der Einfluss glorifizierter Ahnen und ihre Auferstehung durch deren Bilder, die *imagines maiorum*, auf das einfache Volk war. Daher wurde gesetzlich verfügt, dass das Recht der Abbildung (*ius imaginum*) nur den Mitgliedern der herrschenden Oligarchie zustand. »Bilder« zu besitzen bedeutete also, von edler Abstammung zu sein, was wiederum eine Voraussetzung für die herrschende Klasse darstellte. Der fast obsessive Exhibitionismus, mit dem – wie man bei Ausgrabungen feststellen konnte – Büsten von Ahnen und Verwandten in den mächtigen römischen Familien ausgestellt wurden, wird unter diesem Aspekt leichter verständlich.

Religio *und* pietas
In der römischen Welt bezeichnete der Begriff religio *das Einhalten eines Schwurs, während die peinlich genaue und verlässliche Erfüllung aller Verpflichtungen gegenüber einem Gott im privaten wie auch im öffentlichen Bereich* pietas *genannt wurde. Links: Mosaik mit Opferszene.*

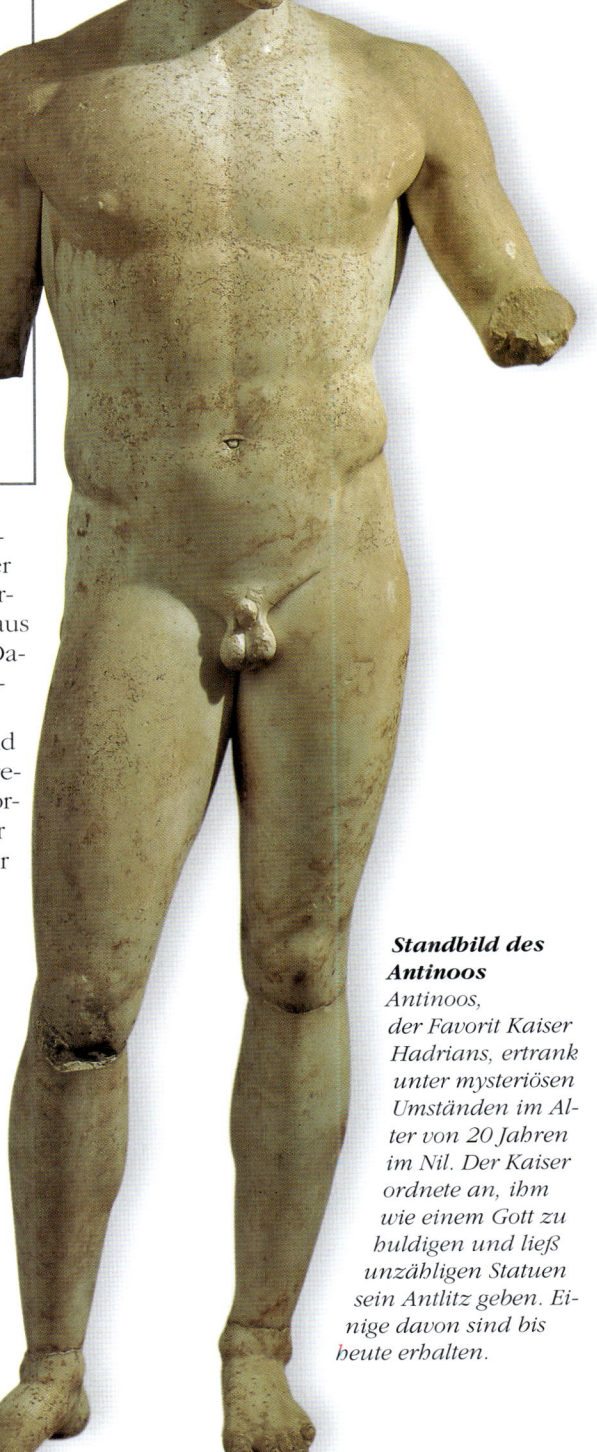

Standbild des Antinoos
Antinoos, der Favorit Kaiser Hadrians, ertrank unter mysteriösen Umständen im Alter von 20 Jahren im Nil. Der Kaiser ordnete an, ihm wie einem Gott zu huldigen und ließ unzähligen Statuen sein Antlitz geben. Einige davon sind bis heute erhalten.

BESTATTUNGSRITEN

Im alten Rom war der Tod eine öffentliche Angelegenheit: Je prunkvoller die Trauerfeier, umso illustrer waren – oder schienen – der Tote und seine *gens*.

Die Bestattungsriten waren in der Betonung des Wertes des Individuums stark von der griechischen und im gleichzeitigen Hochhalten der Sippe (der *gens*) auch von der etruskischen Kultur beeinflusst. Ziel der Riten war einerseits, Mut und Stärke (bei Männern) oder Tugend (bei Frauen) des oder der Verstorbenen zu unterstreichen, aber auch Reichtum, Ruhm und gesellschaftlichen Rang seiner *gens* stolz zu präsentieren. Mochte der Tod eines Mitglieds das Gleichgewicht innerhalb einer Familie verschieben, keinesfalls durfte das nach außen, in den Beziehungen zu den anderen *gentes* im Staat, geschehen.

Der Trauerzug

Der römische Bestattungsritus hatte vier wichtige Komponenten: die öffentliche Aufbahrung des Leichnams in seinen schönsten Kleidern, einen großen Trauerzug mit Zurschaustellung der Masken der Vorfahren *(imagines)*, eine öffentliche Trauerrede und zum Schluss die Verbrennung des Toten auf dem Scheiterhaufen. Reiche Familien vertrauten die Organisation der Zeremonie einem professionellen Bestattungsunternehmen an, dessen Mitarbeiter *(libitinarii)* die zahlreichen und komplexen Aufgaben erledigten: Sie wuschen und salbten den Leichnam und bahrten ihn am *lectus funebris* im Atrium des Hauses auf und organisierten den Begräbniszug mit Flötenspielern, Schauspielern, Tänzern und Klageweibern, welche die Trauernden begleiteten. Falls

Öffentliche Leichenschau
Dieses Relief auf einer Graburne zeigt eine Totenwache. Die Zeremonie fand im Haus des Verstorbenen statt, wo der Leichnam nach der Waschung und Balsamierung auf dem Totenbett (lectus funebris) *aufgebahrt lag.*

Bezahlte Tränen
Professionelle Klageweiber – wie hier auf dem Relief dargestellt – wurden engagiert, um die Trauer der Hinterbliebenen zu verdeutlichen.

Trauerrede
Unten: Relief mit einer Darstellung Kaiser Hadrians bei der Abhaltung einer Trauerrede zu Ehren seiner Frau Sabina.

RELIGION

Votivgaben
Graburne mit Votivgaben aus Gallien aus dem 1. Jh. n. Chr.

der Verstorbene ein hohes Amt bekleidet hatte, wurde die Totenbahre von Liktoren mit trauergeschmückten Rutenbündeln begleitet, dahinter wurden Schilder hergetragen, die die Taten des Verstorbenen rühmten. Besondere Bedeutung kam auch der Trauerrede *(laudatio)* zu, die öffentlich am Forum gehalten wurde. Manche *laudationes*, wie jene von Caesar zu Ehren seiner ersten Frau Cinnilla, wurden aufgezeichnet, andere, wie jene des Antonius über Caesar, gingen in die unsterbliche Poesie eines William Shakespeare ein.

Das Totenbankett

Den Abschluss der Bestattungsfeierlichkeiten bildete ein rituelles Bankett, das *silicernium*, das am Grab stattfand und zu dem der gesamte Trauerzug eingeladen war. Ein Teil der Mahlzeit wurde dem Toten mitgegeben, da das Bankett hauptsächlich für ihn stattfand. Das Leichenmahl hatte aber auch eine rituelle Funktion der Reinigung und der Rückkehr zum normalen Alltag für die Trauerfamilie, die von diesem Moment an wieder ihren Weg in der diesseitigen Welt gehen musste. So feierliche Ehren wurden selbstredend nicht allen zuteil. Für weniger wohlhabende Familien, die sich eine solche Zeremonie nicht leisten konnten, gab es entsprechend einfachere Riten je nach Schicht, der sie angehörten. Die Besitzlosen *(capite censi)* erhielten eine Bestattung auf Staatskosten, von welcher der Dichter Martial eine treffende Beschreibung gab: »Vier staatliche Leichenbestatter tragen einen der Leichname heran, die zu tausenden auf dem Scheiterhaufen der Armen verbrannt werden.« Nicht einmal vor dem Tode sind alle Menschen gleich.

EINÄSCHERN ODER BEGRABEN?

In Rom gab es beide Arten der Totenbestattung. Je nach Epoche wurde die eine oder andere Methode bevorzugt, oder auch nach der Tradition bestimmter Familien (die Verstorbenen der *gens Cornelia* etwa wurden immer begraben und nicht eingeäschert). Historiker der Antike neigten zur Annahme, die Beerdigung wäre der archaische Ritus und erst später von der Einäscherung verdrängt worden, doch archäologische Forschungen der Neuzeit haben ergeben, dass beide Arten bereits im 8./7. Jh. v. Chr. nebeneinander existiert hatten und erst ab dem 4. Jh. v. Chr. bis etwa ins 1. Jh. n. Chr. die Einäscherung überwog. Die Urnen konnten einfachste Gefäße aus Terrakotta für einfache Menschen, aber auch wahre Kunstwerke in Form eines Altars, eines Schreins oder eines Hauses aus Marmor und, im Falle sehr reicher oder bekannter Persönlichkeiten, sogar aus Gold sein. Unter Kaiser Hadrian wurde dann die Beerdigung wieder bevorzugt, bis sie die Einäscherung ablöste und zu einer Hochblüte der römischen Sarkophage führte.

Auf ewig vereint
Grabstele eines Ehepaares, gefunden an der Via Statilia (1. Jh. v. Chr.).

Miniatur-Sarkophag
Graburne aus Alabaster in Form eines Hauses (1./2. Jh. n. Chr.)

Aberglaube und Magie

Unter den Vagabunden und Abenteurern, die durch die Straßen Roms streiften, gab es besonders viele Magier und Hexer aller Art, die ihr Glück mit der Gutgläubigkeit der einfachen Leute und ihrem Aberglauben machten.

Während des Zweiten Punischen Krieges, in einer Zeit, als das Schicksal Roms unsicher war, hatten Astrologen, Traumdeuter und allerlei Volk, das die Zukunft aus der Hand las oder Amulette verkaufte, Hochsaison im Reich. Sie wurden schon zu einer regelrechten Plage, sodass der Gesetzgeber sich veranlasst sah, drastische Maßnahmen zu ergreifen und sie aus der Stadt zu jagen. Doch ihre Gattung erwies sich als schwerer ausrottbar als Unkraut: Über das gesamte Imperium breiteten sie sich aus und gaben ihrer Hexerei oft einen »wissenschaftlichen Anstrich«.

Weiße und schwarze Magie

Es war eine bunte Gesellschaft, die da ihr Unwesen trieb: Scharlatane, die der ländlichen Bevölkerung Rituale zur Rettung der Ernte verkauften, zwielichtige Weiber, die die Nekropolen heimlich nach Knochen und Kräutern absuchten, um daraus magische Tränke zu brauen, Zauberer, die Bannflüche anboten, rituelle Kindermörder, Hexen, die Zaubersprüche auf Bleitafeln schrieben, um sportliche Gegner oder Nebenbuhler zu schwächen oder politischen Feinden Schaden zuzufügen. Zur Zeit der Antoniner bildete sich die Gestalt des Magier-Philosophen heraus, der mit den Himmelsmächten in Kontakt trat, um die Wirklichkeit besser zu erkennen und zu verändern, eine Art Erleuchteter, der magische Praktiken mit religiöser und philosophischer Meditation sowie wissenschaftlicher und medizinischer Forschung verband. In dieser Zeit begann die Gesellschaft damit, eine Unterscheidung

Amulett für Kinder
Etruskische Bulla *aus Vulci (4. Jh. v. Chr.). Die* Bulla *war ein Metallanhänger mit Amulett, das die Kinder in der römischen Welt bis zum Erwachsenenalter um den Hals trugen.*

Schutz für die Hand
Votivhand aus Bronze mit Symbolen, die negative Kräfte abwehren sollten.

Die Hexe und der Wanderer
Wandmalerei aus dem Haus der Dioskuren in Pompeji mit einer Hexe, die einem Wanderer einen magischen Trank reicht.

ETYMOLOGIE DER MAGIE

Der Begriff *magus* (mit seinen Ableitungen *magia, ars magica, herba magica*) erscheint etwa um die Zeit Ciceros in der lateinischen Literatur. Ursprünglich bezeichnete dieses Wort einfach nur eine Person, die aus Mesopotamien kam, wo viele Praktiken der esoterischen Künste heimisch waren, doch bald bekam es einen negativen Beigeschmack, weil es immer mehr für Zauberer, Astrologen, Wunderheiler, Hexen und Scharlatane aller Art verwendet wurde. Unter Kaiser Tiberius wurde es zum juristischen Terminus für alle, die illegale magische Praktiken ausübten. Mehr oder weniger negativ besetzt waren auch andere Begriffe aus der Welt der Magie, wie die Adjektive *maleficus* und *veneficus* (Übel oder Gift bringend), mit denen man oft Hexer und Schamanen belegte, ebenso wie die Bezeichnungen *striges* (wörtliche »Vampire«) und *sagae* für Frauen, die dem magischen Gewerbe frönten.

zwischen schwarzer und weißer Magie zu machen. Die *Goetik* wurde geächtet und als ausschließlich dem Bösen dienende Hexerei betrachtet, während die *Theurgie* edle Ziele verfolgte: Diese Sichtweise sollte die kommenden Epochen stark beeinflussen.

Aussichtsloser Kampf

Um die Ausbreitung des Aberglaubens und der Magie zu unterbinden, stellten sie die Kaiser oft unter drakonische Strafen. Augustus ließ 13 n. Chr. zweitausend Pergamente mit magischen Schriften verbrennen; Tiberius, Claudius, Vitellius und Diokletian gingen scharf gegen jeden vor, der irgendwelche Magie betrieb. Doch die Mühe war vergebens. Erst mit dem aufstrebenden Christentum, das jede magische Betätigung als Verrat gegen den einzig wahren Gott ansah, und gleichzeitig das allgemeine Bedürfnis nach Spiritualität bediente, indem es dem eigenen Glauben eine mystische Dimension verlieh, begannen die Praktiken der Magier aus Europa zu verschwinden.

Das Blut vieler unschuldiger Kinder
Die Inschrift auf dem Grab eines Knaben, der im Alter von vier Jahren durch die Hand einer grausamen Hexe sterben musste, dokumentiert einen der tragischsten Aspekte der Magie in der Welt der Antike: das Opfern unschuldiger Kinder im Zuge satanischer Zeremonien. Die Inschrift schließt mit einer herzzerreißenden Warnung an alle Eltern: »Wacht aufmerksam über eure Kinder, wenn ihr nicht wollt, dass das Schwert der Verzweiflung euer Herz durchbohrt.« Rechts: Fresko aus Pompeji mit Hexen.

Über der Haustür
Oscillum *aus weißem Marmor mit Reliefdekoration aus Pompeji (1. Jh. v. Chr.). Kleine Tafeln wie diese waren meist Saturn oder Bacchus geweiht und wurden über dem Hauseingang aufgehängt, um Übeltäter fernzuhalten.*

Eine Sprache in den Kinderschuhen

Jahrhundertelang war Latein die Weltsprache schlechthin gewesen, in der wissenschaftliche Schriften und wichtige literarische Werke verfasst wurden. Doch ihre Anfänge waren bescheiden und sind in vielerlei Hinsicht kaum bekannt.

Die ältesten poetischen Texte in lateinischer Sprache, von denen heute noch Spuren erhalten sind, waren religiöse Gesänge wie das *carmen* der Arvalen (einer uralten Glaubensgemeinschaft, die einer Erdreligion huldigte), das nur in einer späten Fassung aus dem 1. Jh. n. Chr. vorliegt, die jedoch den Text des Originals getreu wiederzugeben scheint. Wir wissen auch von der Existenz gewisser *carmina*, die bei Banketten gesungen wurden, und dass es andere Gesänge gab, die die Großtaten der Ahnen lobten: Dies waren die ersten epischen Kompositionen in lateinischer Sprache. Doch die charakteristischsten Formen der Dichtung im alten Rom waren die *fescennini* und die *satura*. Erstere leiten ihren Namen von einer Stadt in Mitteletrurien her und waren Spottverse *(fescennina licentia)* mit oft obszönem Inhalt, die die Interpreten abwechselnd improvisierten, eine Urform der Komödie vielleicht. Die *satura* dagegen war komplexer, ausgefeilter und von Musik und Tanz begleitet.

Das Theater

Die aus dem Kontakt mit den griechischen Städten in Süditalien übernommene Literaturgattung blieb lange Zeit ein »Importartikel«, war doch ihr erster Autor, Livius Andronicus, ein aus Tarent verschleppter griechischer Sklave. Selbst der lateinische Name der Komödie, *palliata* (von Pallium, dem Gewand der griechischen Schauspieler) zeugt von ihrem Ursprung. Erst in der zweiten Hälfte des 3. Jh. v. Chr. mit dem ungeschlachten, aber lebendigen Werk des Titus Maccius Plautus erscheinen eigenständige, in lateinischer Sprache verfasste Stücke auf den römischen Bühnen.

Importierte Gattung
Eine Theatermaske aus Terrakotta, die aus Magna Graecia stammt.

Das Theater von Mérida
Eines der am besten erhaltenen römischen Theater steht in Mérida in Spanien. Es konnte bis zu 5000 Zuschauer aufnehmen. Mérida wurde 25 v. Chr. von Augustus unter dem Namen Emerita Augusta *gegründet.*

SPRACHE UND LITERATUR

EIN GEFÄHRLICHER ORT

Rom erhielt sein erstes festes Theater erst unter Pompejus um 55 v. Chr., als schon viele andere Städte in Italien eines gebaut hatten. Bis zu diesem Zeitpunkt gab man sich mit provisorischen Theatern zufrieden, die an den Tempeln jener Gottheiten errichtet wurden, denen die jeweiligen Festlichkeiten gewidmet waren. Anschließend baute man sie wieder ab. Dies hatte weniger mit übertriebener Sparsamkeit der Herrschenden in Rom zu tun als mit deren Sorge, feste Theaterbauten könnten leicht zu einem Ort potenziell gefährlicher Treffen und Versammlungen mit möglicherweise umstürzlerischen Zielen werden.

Tafel und Griffel
In Rom kannte man früh die Schrift, die am Ende des 8. Jh. v. Chr. von griechischen Siedlern in Italien eingeführt worden war, und nutzte sie viel. Dennoch waren weniger als 20 Prozent der römischen Bevölkerung des Lesens und Schreibens mächtig. In allen Städten gab es jedoch Schreiber, die gegen Bezahlung die gewünschten Texte für die Analphabeten in kleine, mit Wachs bedeckte Holztafeln ritzten.

Theater in Pompeji
Vom Theater von Pompeji blieben nur Reste der Cavea (links) erhalten, die als Fundament für ein neues Gebäude dienten. Die Wölbung wurde dabei nachgezeichnet.

Die Prosa

Die Rolle der Schmiede der lateinischen Prosa spielte die Welt der Politik, die ersten Texte waren die in den Tempeln ausgehängten internationalen Verträge, die Fasten (das heißt der Kalender der zivilen und religiösen Feste), die Annalen, in denen der Pontifex maximus die Ereignisse über das Jahr festhielt, und vor allem die Reden, die Bürger oder Senatoren hielten, um eine politische Entscheidung oder ein Gesetz zu unterstützen oder zu bekämpfen. Dieser Umstand hatte einen nicht unerheblichen Einfluss auf die Struktur der Sprache. Auf diese Weise konditioniert, wurde sie feierlich im Ton, spitzfindig in den Begriffen und neigte zu Binsenweisheiten und Phrasen. Wenig trug in der Anfangsphase eine literarische Gattung zur Entwicklung der Sprache bei, in der die Römer später im wahrsten Sinne des Wortes federführend wurden, die Geschichtsschreibung. Ebenfalls mehr durch griechisches Vorbild als durch eigenen Impuls entstanden, waren die ersten Chroniken Roms in Griechisch verfasst. Als erster Autor einer historischen Schrift in Latein firmierte Cato der Zensor, und sein Werk war mehr das eines Politikers, der seine Ansichten verbreiten wollte als das eines unparteiischen Historikers. Sein Beispiel sollte Schule machen: Lange blieb die Geschichtsschreibung eine literarische Gattung in der Hand der herrschenden Oligarchie, für deren Exponenten es gleichsam Pflicht war, aus den Ereignissen ihres Lebens eine Historie nach ihrer persönlichen Sichtweise zu machen.

Griechische Epik
Er hatte nicht nur das Theater nach Rom gebracht, Livius Andronicus übersetzte auch die Odyssee, *das Epos Homers, in saturnische Verse. So trat die große griechische Epik in die Welt der römischen Kultur ein, die gewisse Persönlichkeiten und Episoden bereits von der Vasenmalerei kannte. Die hier gezeigte stammt aus Pharsalos und stellt den Kampf um die sterbliche Hülle des Patroklos dar.*

DIE ENTDECKUNG DES GEFÜHLS

Bis zum 1. Jh. v. Chr. bedienten die lateinischen Poeten das Theater und das Epos, bei beiden überwog der tragische Aspekt. Die fröhliche, angenehmere Seite des Lebens blieb auf die Komödie beschränkt.

Doch nun bevölkerte eine neue Generation die Ränge der Theater, begierig nach mondäner Raffinesse und neuen Zerstreuungen, die von der Düsternis und den Wirren der Bundesgenossenkriege ablenken sollten. Dieses gebildete und vor allem anspruchsvolle Publikum fand seine Inspiration in Dichtern wie Gajus Valerius Catullus, Albius Tibullus und Publius Ovidius Naso, die zwischen Caesars und Augustus' Regierungszeit lebten. Jene drei Autoren waren es, die der bisher so formellen und ernsten lateinischen Sprache der öffentlichen Ansprachen und Gesetze die galante Weichheit und spielerische Geschmeidigkeit gaben, um in ihr die Freuden und Schmerzen der Liebe besingen zu können.

Catull

Geboren um 84 v. Chr. in Verona, war Catull einer der größten lateinischen Dichter. Als der Anspruch der Literatur, allein dem Lobgesang auf die kollektiven Werte der römischen Kultur zu dienen, einmal aufgegeben war, gab seine Lyrik den Gefühlen der Menschen eine Stimme. Die zentralen Themen, die ihn inspirierten, waren die Freundschaft und vor allem die glühende Liebe zu Lesbia, einer gebildeten, feinsinnigen Frau, die von Historikern als die bekannte römische Edelfrau Clodia identifiziert wurde. Doch Catull konnte auch Feindseligkeit versprühen, wie etwa gegen Julius Caesar. Er starb 54 v. Chr.

Der Raub des Ganymed
Eine der bekanntesten Episoden aus den Metamorphosen von Ovid erzählt, wie Zeus sich in einen Adler verwandelt und den Knaben Ganymed raubt und zum Gespielen der Götter macht.

Tibull

Über das Leben des Albius Tibullus ist wenig dokumentiert. Er stammte wohl aus einer adeligen Familie aus Latium und wurde etwa zur Zeit von Catulls Tod geboren, um 55 bis 50 v. Chr. Als unfreiwilliger Rekrut in den Legionen, die unter Octavian gegen

DIE POESIE CATULLS

»Feiern wir das Leben, o meine Lesbia, und die Freuden der Liebe […]. Schenk mir tausend Küsse, dann noch hundert, und wieder tausend, und noch hundert …«
Hinter der augenscheinlichen Schlichtheit Catulls steckt große poetische Raffinesse, die sich in der originellen Verschmelzung von Alltagssprache mit sorgsam gewählten Begriffen offenbart. Hier noch zwei weitere Beispiele: »Ich hasse und liebe. Du fragst wohl, wie ich das mache. Ich weiß es nicht; doch fühle ich, es geschieht mir so: Es ist meine Qual.« »Nimm hin diese Geschenke […] nass sind sie von vielen brüderlichen Tränen; lebe wohl nun für immer, Bruder.«

Die Grotte des Catull
Von diesen Überresten eines großen römischen Bauwerks am Gardasee bei Sirmione sagt man, es handle sich um die Villa, die Catull oft in seinen Carmina besungen hat.

Marc Anton zogen, lernte er Marcus Valerius Messalla Corvinus, einen Aristokraten und Dichter kennen, der den jungen Poeten unter seine Fittiche nahm und ihn in den Kreis der Intellektuellen, die im Schutze des Kaisers standen, einführte. Tibull war einer der größten elegischen Dichter der römischen Welt. Unglücklich verliebt (doch ohne die Leidenschaft eines Catull) besang er die beiden Angebeteten und die Sehnsucht nach dem einfachen Landleben mit melancholischer Hingabe in eleganten Versen. Er starb um 19 v. Chr.

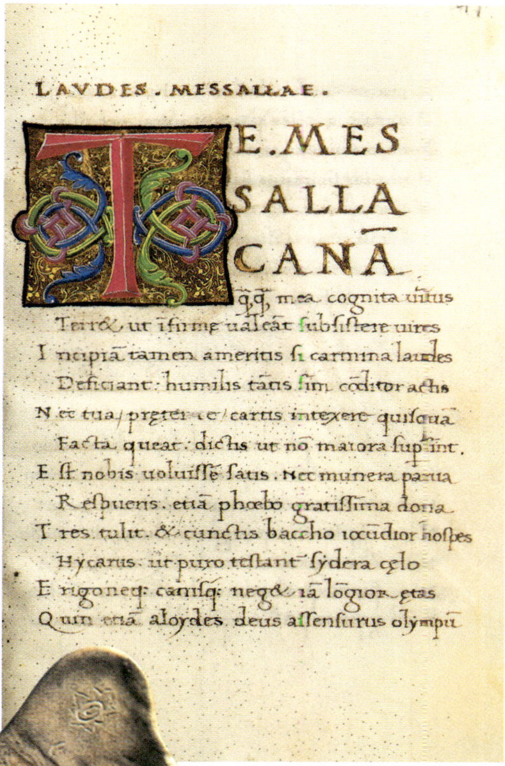
LAVDES . MESSALLAE .
TE . MES
SALLA
CANA
q.q. mea cognita uirtus
Terret, ut infirme ualeat subsistere uires
Incipia tamen ameritus si carmina laudes
Deficiant: humilis tantus sim conditor actis
Nec tua preter te chartis intexere quisquam
Facta queat: dictis ut non maiora supersint.
Est nobis uoluisse satis. nec munera parua
Respueris. etiam phoebo gratissima dona
Tres tulit. et cunctis baccho iocundior hospes
Hycarus: ut puro testant sydera celo
Erigoneque: canisque neque ia logior etas
Quin etiam alcydes deus assensurus olympum

Die Carmina des Tibull
Handschrift aus dem 15. Jh. mit der Carmina von Tibull.

Ovid

Carmen et error: In Versen besungen und erlebt zu haben, was er besser nicht gewusst hätte, war lange Jahre der Leidensweg des Publius Ovidius Naso, der 43 v. Chr. in Sulmona geboren wurde und 17 n. Chr. an einem verwahrlosten, kalten Ort namens *Tomis* (im heutigen Bulgarien) starb. Kaiser Augustus hatte ihn neun Jahre zuvor dorthin verbannt. Seine großen Werke, darunter *Ars amatoria* und *Metamorphosen*, lehrten die Römer nicht nur zu lieben, sondern auch ihre Liebe in sanfter Leichtigkeit auszudrücken. Der Fehler, den Ovid gemacht hatte, war wahrscheinlich der, den kaiserlichen Frauen bei ihren Liebesabenteuern zu nahe gewesen zu sein (und sie vielleicht noch dazu angestachelt zu haben) – das genügte für eine Verbannung ins Exil, wo die Muse des Poeten, die an elegante Gemächer gewöhnt war, nur noch *Tristia* sang, die hoffnungslosen Klagen eines Poeten fern der Heimat.

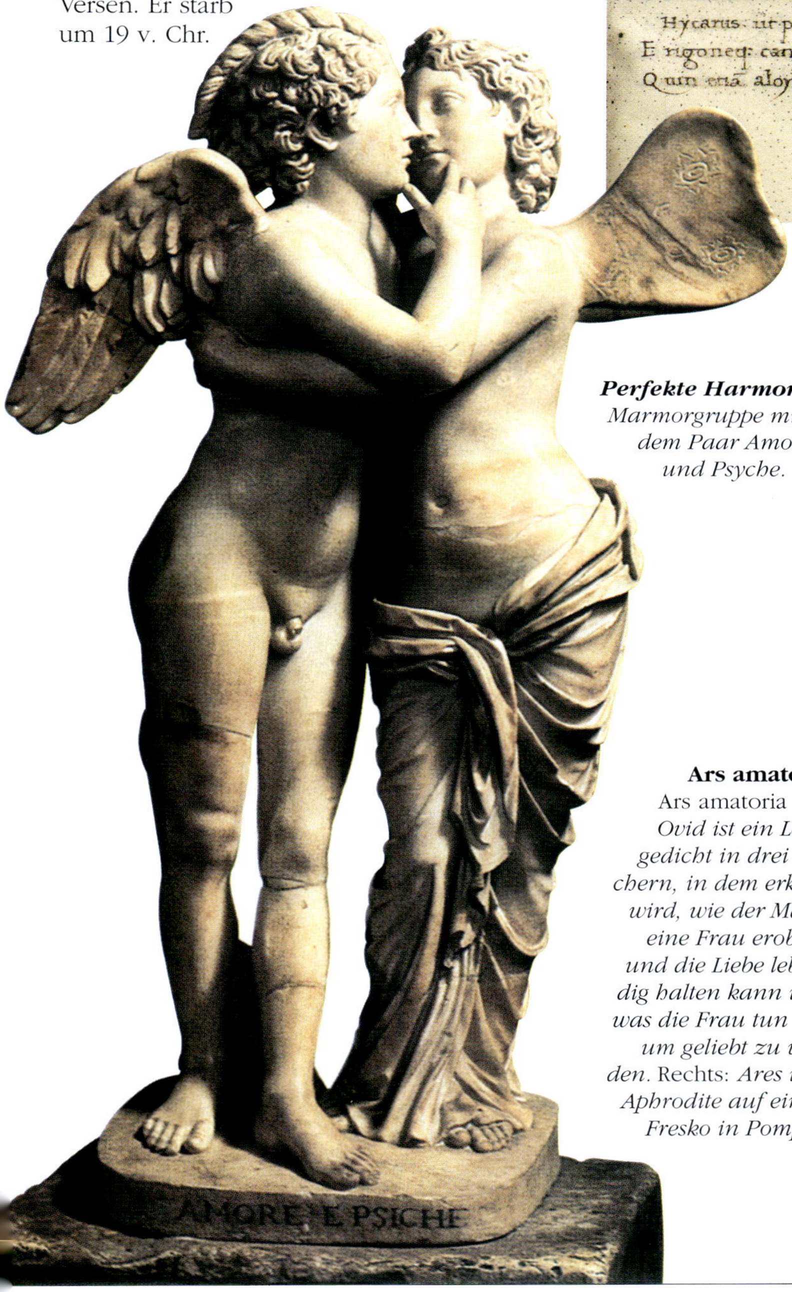

Perfekte Harmonie
Marmorgruppe mit dem Paar Amor und Psyche.

Ars amatoria
Ars amatoria *von Ovid ist ein Lehrgedicht in drei Büchern, in dem erklärt wird, wie der Mann eine Frau erobern und die Liebe lebendig halten kann und was die Frau tun soll, um geliebt zu werden.* Rechts: *Ares und Aphrodite auf einem Fresko in Pompeji.*

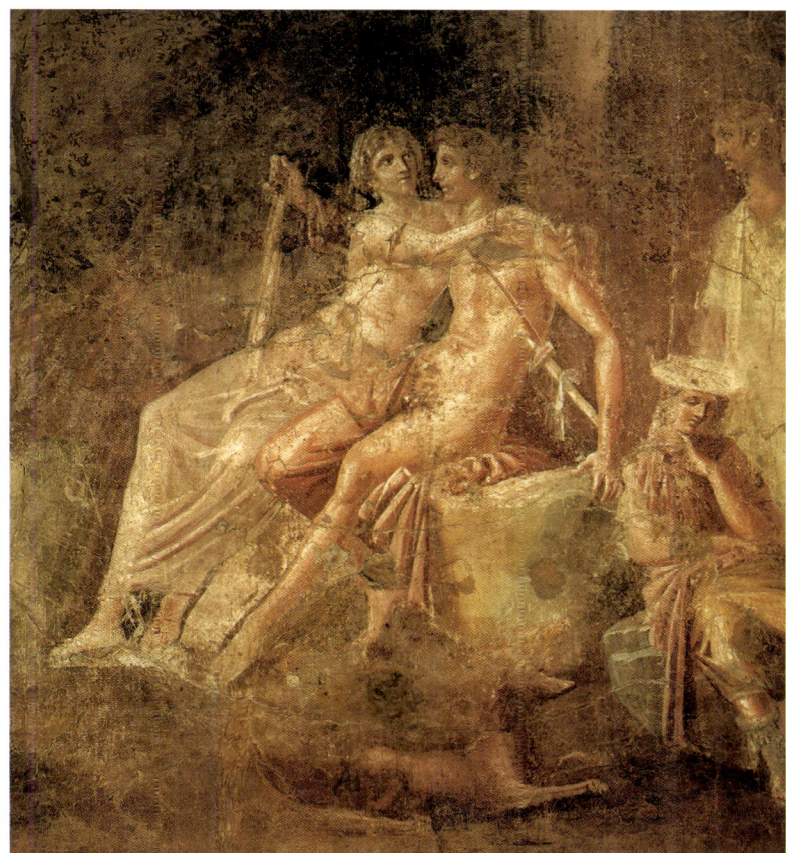

DIE REDEKUNST

Rühren, schmeicheln, überzeugen: laut Cicero sind dies die Ziele, die ein guter Redner sich zu setzen hat.

Die Oratorik, die propagandistische Schwester der Rhetorik, die Kunst von der »schönen Rede«, war das Hauptinstrument der Politik, die sich hauptsächlich in Versammlungen abspielte, und der Rechtsprechung, die in Rom einen wichtigen Teil des politischen Lebens darstellte und damit untrennbar vermengt war.

Lehrjahre am Forum

Die politische Rolle der Oratorik war den Römern wohl bewusst. In seinem Traktat *De oratore* führt Cicero aus, dass der Unterschied zwischen Griechen und Römern darin bestand, dass Erstere die Redekunst von eigens dafür bezahlten Lehrern lernten, während die Römer sich von Kindheit an am Beispiel eines in Gesellschaft und Politik herausragenden Redners bilden könnten, an dessen Beispiel sie die Kunst der Eloquenz hautnah erlebten. In diesen »Lehrjahren am Forum« wurden nicht nur geschickte Redner herangebildet, sondern auch und vor allem die zukünftigen Träger politischer Aufgaben, die in der Lage waren, Senat und Volksversammlung mit ihren Ausführungen zu beeinflussen.

DIE TRICKS DES MEISTERS

Lucius Crassus ist heute weniger bekannt als Cicero, Caesar oder Hortensius. Doch zu seiner Zeit war er ein hoch geschätzter Redner und erhielt sogar den Beinamen Orator. Er war ein Virtuose des gesprochenen Wortes und verstand es ebenso, sein Publikum mit wortgewaltiger, zitatreicher und ausführlicher Sprache in Spannung zu versetzen wie im rechten Moment präzise und unumwunden auf den Punkt zu kommen. Um sein Ziel zu erreichen, setzte er neben raffinierter Eloquenz auch dramaturgische Mittel von großer Wirkung ein: Mit riesigen Schritten durchmaß er die Tribüne, setzte gern und reichlich große Gesten ein und ließ einmal sogar seine Rede von einem Flötenspieler begleiten, der, hinter einem Stand versteckt, an Stellen mit starker Suggestivkraft sein Instrument erklingen ließ.

Die Briefe des Cicero
Von Cicero gibt es 774 Briefe, die er hauptsächlich an den Bruder Quintus, an Verwandte und seine Freunde Atticus und Brutus geschrieben hat. Sie erlauben heute, seine Persönlichkeit zu rekonstruieren und etwas über die Psyche des großen Redners zu erfahren. Rechts: Marmorbüste des Cicero.

Ausbildungsstätte der Redner
Das Forum Romanum war der Mittelpunkt des Handels, der Verwaltung sowie des politischen und kulturellen Lebens der Ewigen Stadt.

Der griechische Einfluss

Während der Kriege im Orient zeigten sich die römischen Aristokraten beeindruckt von der Eleganz und Effizienz der griechischen Redekunst, die auf einer weit reichenden philosophischen und literarischen Bildung basierte und in der Lage war, Meinungen zu beeinflussen, ja zu gängeln. Die großen Redner der ausgehenden Republik – Cato, Lucius Crassus, Hortensius, Cicero, Caesar – hingen alle einer der griechischen Rhetorikschulen an. Es gab mehrere, die wichtigsten waren die von bildhaftem Stil geprägte asianische und die nüchterner gehaltene, aber raffinierte attische Schule.

Cicero

Der herausragende Vertreter der römischen Redekunst war Marcus Tullius Cicero (106–43 v. Chr.), ein Rechtsanwalt, Politiker und Schriftsteller von enormer Effizienz. Er bezog Einflüsse aus beiden Rhetorikschulen, wobei er deren Elemente verwendete und diese zu einem zwischen den beiden angesiedelten Stil verschmolz, der nicht so schnell und prägnant war wie der attische, aber auch nicht so weitschweifig und bildhaft wie der asianische. Ebendieses Gehen eines Mittelweges charakterisierte auch seine Politik, insbesondere im sozialen Bereich, wo er für die *concordia ordinum*, die Eintracht der Stände eintrat. Mit Cicero erreichte die Redekunst ihren Höhepunkt. Nach ihm verfiel diese edle Fertigkeit der Republik, nicht etwa weil sein oder Caesars Beispiel unerreichbar gewesen wäre, sondern weil die politische Debatte mit zunehmender Autorität der Regierung und durch die autokratisch getroffenen Entscheidungen der Kaiser immer mehr aus dem täglichen Leben verschwand.

Ciceros Grab
Cicero wurde in Formia, wo er eine Villa besaß, von den Schächern des Marc Anton ermordet, weil er diesen im Senat scharf angegriffen hatte. Seine Angriffe sind heute als die 14 Philippischen Reden bekannt.
Unten: *Ciceros Grab in Formia.*

Beamter in der Toga
Die Redekunst fand eine ideale Bühne in den Gerichtssälen, wo die Anwälte und Richter unter den Augen des gespannten Publikums einen Wettstreit ausfochten.

DAS GEWISSEN DES SCHICKSALS: DIE HISTORIKER

Sallust, Titus Livius, Tacitus, Sueton: wenige Kulturen können sich einer Reihe von Historikern rühmen, die mit so großer Objektivität und schonungsloser Klarheit Ereignisse und deren Hintergründe zu schildern vermochten.

Domitian der Schreckliche
Bei Tacitus liest man die schonungslose Verurteilung dieses grausamen Kaisers. Zu seinem Tod kommentiert der Historiker: »Nun endlich kann man wieder atmen.«

Es waren die Griechen, die die Geschichtsschreibung erfunden und mit Herodot und Thukydides die Vorbilder lieferten. Die Römer lernten diese Kunst von ihnen, ein »Kauf für die Ewigkeit«, wie Thukydides meinte. Anfangs bewegten sie sich darin noch etwas ungeschickt, doch bald brachten ihre Historiker Werke hervor, die den griechischen Vorbildern in nichts nachstanden.

Schon Sallust und nach ihm Caesar verstanden es, die Kriege ihrer Zeit (jener gegen Jugurtha im Falle von Sallust, die eigenen Feldzüge in Gallien und jener gegen Pompejus im Falle Caesars) meisterhaft zu erzählen. In der frühen Kaiserzeit jedoch (1./2. Jh. n. Chr.) erreichte die römische Geschichtsschreibung ihren Höhepunkt, an dem die Ereignisse mit unbestechlicher Genauigkeit packender Dramatik erzählt wurden.

Erste Seite
Erste Seite einer Handschrift aus dem 15. Jh. mit dem Beginn des Werks Ab Urbe condita *von Titus Livius. Die Bücher waren in der Renaissance weit verbreitet und gaben Inspirationen zu zahlreichen Theaterstücken über die Antike, die damals groß in Mode waren.*

Das große Fresko der römischen Geschichte

Titus Livius, der große Erzähler der römischen Geschichte der Antike, wurde 59 v. Chr. in Padua geboren. Sein bekanntestes Werk ist unter dem Titel *Ab Urbe condita* (»Von der Gründung

Das Werk des Tacitus
Die Historiae *erzählten die Geschichte Roms in 12 Büchern von Galba bis Domitian (69–97 n. Chr.), die 16 Bücher der* Annalen *die Regimes der vorherigen Kaiser von Tiberius bis Nero (14–68 n. Chr.). Heute sind nur die ersten vier Bücher der* Historiae *und die ersten und letzten sechs der* Annalen *erhalten. Rechts: Radierung aus dem 17. Jh. mit dem Profil des Tacitus.*

Roms an«) bekannt. Im Laufe von 40 Jahren wurde es mehrmals herausgegeben. Im Gegensatz zu den bisherigen historischen Schriften wie etwa jenen von Sallust, die über einzelne historische Perioden berichten, erfasste Titus Livius mit seinem Werk den gesamten Bogen der römischen Geschichte, der sich von der Gründung bis zur zeitgenössischen Aktualität spannte; ein Beispiel, das in den folgenden Epochen Schule machen sollte. Seine 142 Bücher, von denen nur 35 erhalten sind, erfreuten sich in der Römerzeit ebenso großer Beliebtheit wie später in der Renaissance, und inspirierten Politiker und Geschichtsschreiber zu weiteren großen Werken (wie *Abhandlungen über die ersten zehn Bücher des Titus Livius* von Machiavelli).

Tragik und Größe des Imperiums

Wenn Titus Livius, der unter Augustus wirkte, die Gründung und den Aufstieg zur Herrschaft Roms – die Geschichte der Republik – erzählte, so konzentrierten sich die großen Historiker der folgenden Jahrhunderte auf die Erfolge und Misserfolge der Kaiser, die inzwischen die wichtigste, wenn nicht die einzige treibende Kraft hinter den Ereignissen waren. Diese personalisierte Erzählform erreichte ihre Hochblüte

Die Horti Sallustiani
Sallust fand es für seine persönlichen Studien besonders anregend, sich in den Gärten seines Hauses in Rom aufzuhalten, die das gesamte Tal zwischen Quirinal und Pincio einnahmen. Darin gab es mehrere Bauten und eine eindrucksvolle Sammlung an Kunstwerken. Unter den dort gefundenen Skulpturen ist dieser reich dekorierte Marmorkrater ein besonders schönes Stück.

mit zwei großen Schriftstellern, Cornelius Tacitus, dessen Wirken sich auf die Jahre unmittelbar nach dem Niedergang der Flavierdynastie erstreckte, sowie Gajus Suetonius Tranquillus, der Bibliothekar und Sekretär Kaiser Hadrians war. Die Bücher des Tacitus – *De Agricola*, *Historiae* und *Annales* – sind jedoch nicht nur geschichtlich höchst aufschlussreich, sondern auch wahre literarische Meisterwerke. Bei Sueton, der stilistisch weniger begabt erscheint, bestechen Anekdoten, die er reichlich in seine nach dem traditionellen biographischen Schema verfassten Werke (*De viris illustribus*, *De vita Caesarum*) einstreute. Dort lesen wir neben allerlei Kuriosem und Überraschendem spannende Geschichten von Ausschweifung, Verschwörung, Verbrechen, auch Verleumdung (mancher Kaiser machte gern seine Vorgänger schlecht), und nicht zu vergessen von der Weisheit, den klugen Entscheidungen und brillanten Schachzügen sowie denkwürdigen Charaktereigenschaften berühmter Männer.

Galba und der Adler
Diese Radierung aus einem Traktat über Physiognomie aus dem 17. Jh. stellt Galbas Profil zum Vergleich einem Adlerkopf gegenüber.

GEGENPROPAGANDA

Sueton hat uns einige moralisch wie physisch schonungslose Porträts der Kaiser des 1. Jh. n. Chr. hinterlassen. So soll etwa Kaiser Augustus den Hals voll juckender Ekzeme gehabt haben, darüber hinaus einen humpelnden Gang und eine kindische Angst vor Blitzen; Galba wird als kleiner, korpulenter Mann mit trüben Augen, Hakennase und von der Gicht deformierten Gliedmaßen beschrieben; Claudius als wankelmütig, saftlos und inkompetent, eine Witzfigur, die von den Höflingen mit Dattel- und Olivenkernen beworfen wurde. Der Kontrast zum geschönten, majestätischen Bild, das die kaiserliche Propaganda und die Hofmaler für die Öffentlichkeit abgaben, hätte größer kaum sein können: Heute hieße sein Werk wohl »Die Wahrheit über ...«

Geistige Führer in einer Welt im Wandel

Als ihre Welt schließlich langsam, aber unaufhaltsam auf den Verfall zusteuerte, begannen die Römer zunehmend, sich selbst, ihren Glauben und ihr Schicksal in Frage zu stellen.

Je weiter das kaiserliche Zeitalter voranschritt, traten an der Schwelle zum 2. Jh. die Philosophen und Meister der Rhetorik an die Stelle der Poeten und Historiker als geistige Führer der Gesellschaft. Wieder kam es zu einer umwälzenden Veränderung der Sprache, die intellektuelle Horizonte erschloss und das Bild reflektierte, das die lateinische Welt von sich hatte.

Der Berater des Princeps

Lucius Annaeus Seneca wurde in Cordoba, Spanien, um 4 v. Chr. geboren und kam noch jung nach Rom, um dort seine Studien zu vollenden und eine Laufbahn im Rechtswesen einzuschlagen. Unter Kaiser Claudius wurde er verbannt, weil man ihm eine Liebschaft mit Julia Livia, der Schwester des verstorbenen Kaisers Caligula nachsagte. Nach Claudius' Tod kam er als einflussreicher Berater für dessen Nachfolger Nero zurück. Wieder fiel er in Ungnade, weil er an einer Verschwörung gegen den Kaiser beteiligt gewesen sein soll, und wählte 65 n. Chr. den Freitod. Sein philosophisches Werk, Ausdruck der stoischen Gesinnung der damaligen Herrscherklasse, spielte die Rolle eines strengen ethischen Gewissens. Wenn man Historikern wie Dion Cassius glauben schenken darf, lebte er zwar nicht nach den Prinzipien, die er auf dem Papier vertrat, dennoch zählen seine Schriften zu den bedeutendsten ethischen Werken der klassischen Literatur.

Mutmaßliches Porträt Plotins
Es ist nicht gesichert, dass die Porträts Plotins authentisch sind. Einmal weigerte er sich zu posieren, und soll dabei gesagt haben, es genüge doch, das Bild, das die Natur einem gegeben hat, mit sich herumzutragen. Wozu sollte man auch noch ein Bild von diesem Bild hinterlassen, als sei es ein betrachtenswertes Kunstwerk?

Glaube an das Unglaubliche

Credo quia absurdum, »ich glaube es, weil es absurd ist«: Dieser Satz war eine berühmte Maxime von Tertullian, einem Anwalt, Redner und ehemaligen Offizier, der um 150 n. Chr. in Karthago das Licht der Welt erblickte. Als Erwachsener konvertierte er zum Christentum, das er in der Folge gründlich studierte, verteidigte und verbreitete. Für sein bevorzugtes Stilmittel, das Paradox, war ebenso bekannt wie für seinen hohen moralischen Anspruch und seinen Enthusiasmus, durch den er beinahe zum Ketzer wurde. Er war der Prototyp einer Figur, die in Hinkunft häufiger auftreten sollte: der passionierte, unerschütterliche christliche Denker, der in einer Welt, in der die Werte immer unsicherer wurden, einen Fels in der Brandung darstellte.

Der Tod des Seneca
Das Gemälde Der Tod des Seneca *des französischen Malers Jacques-Louis David (1748–1825) stellt den dramatischen Augenblick des Selbstmordes des Philosophen dar, der verdächtigt wurde, an einer Verschwörung gegen Nero beteiligt gewesen zu sein. Seneca ließ sich die Schlagadern aufschneiden und wollte dann noch den Schierlingsbecher. Seine Frau Pompeja Paulina wollte es ihm gleichtun, wurde aber gehindert.*

SPRACHE UND LITERATUR

Paladin des neuen Glaubens
Das wichtigste Werk Tertullians ist Apologeticus, *wahrscheinlich die erste Schrift der christlichen Literatur. Ihr Inhalt ist eine konzentrierte Verteidigung auf juristischer Basis gegen Anschuldigungen des Frevels gegen die Staatsreligion und des Verrats, die gegen die Christen erhoben wurden. Rechts:* Der gute Hirte, *Mosaik aus Aquileia.*

Der letzte Philosoph der Antike

Plotin, geboren in Ägypten 205 n. Chr., studierte in Alexandria bei Ammonios Sakkas und gilt als bedeutendster spätrömischer Philosoph. Sein umfangreiches Werk (das von seinem Schüler Porphyrios geordnet und herausgegeben wurde) schließt an die Philosophie Platons an, passt sie jedoch an den veränderten kulturellen Zusammenhang einer Welt an, in der Christentum und mystische Religionen wie der Mithraskult die Gesellschaft stark beeinflussten. Ohne Erfolg versuchte er, in Kampanien eine Philosophenstadt zu gründen. Plotin verhalf dem Neuplatonismus dank seiner mystischen und religiösen Prägung zu dauerhaftem Erfolg nicht nur unter seinen Zeitgenossen, sondern auch in folgenden Jahrhunderten.

Vielfältiges Genie
Das literarische Werk Senecas (hier eine Bronzebüste aus der Villa dei Pisoni in Herculaneum) umfasst zahlreiche Gattungen und Themenbereiche, von der Philosophie bis zur Geographie, von der Poesie bis zur Tragödie.

RAT AN DIE FRAUEN

»Mit den Farben und Abzeichen der Propheten und Apostel angetan, nehmt an von der Einfalt das Weiß, von der Züchtigkeit das Rot, die Schminke für die Augen sei die Schamhaftigkeit, für den Mund das Schweigen; euren Ohren seien eingeprägt die Worte Gottes, auf euren Nacken flechtet das Joch Christi! Senket das Haupt vor euren Ehemännern, und ihr werdet geputzt genug sein! Lasst die Hände nach der Wolle greifen und bannt die Füße innerhalb des Hauses fest, so werdet ihr mehr Gefallen erregen, als mit Gold geschmückt! Kleidet euch in die Seide der Rechtschaffenheit, in das Linnen der Heiligkeit und den Purpur der Keuschheit! So angetan, werdet ihr Gott zum Liebhaber haben.« Tertullian, *Über den Putz der Frauen*, II 13.

Heidnische Putzsucht
Tertullian hätte die Aufmachung der Frau des Tertius Neo, die auf diesem Fresko in Pompeji dargestellt ist, bestimmt nicht gefallen: Zu raffiniert ist die Frisur, zu prächtig die kostbaren Ohrgehänge und das purpurfarbene Kleid.

SENAT UND VOLK

Die Buchstaben S.P.Q.R. (Akronym für *Senatus Populusque Romanus*, Senat und Volk von Rom), die die römische Kultur überallhin begleiteten, stehen für die Dyarchie, die lange die Geschicke des Reiches bestimmte.

Senatoriales Siegel
Sesterze aus der Zeit Kaiser Trajans mit der Abkürzung S.P.Q.R.

Der Senat war nicht nur die höchste, sondern auch eine der ältesten römischen Institutionen – nach der Überlieferung war er von Romulus höchstpersönlich gegründet worden. Es handelte sich um einen Rat von Ältesten *(senes)*, der sich aus den Oberhäuptern *(patres)* der alteingesessenen noblen Familien zusammensetzte. Mit der Zeit wurden auch jene aufgenommen *(conscripti)*, die die höchsten Ämter im Staat innegehabt hatten, wie Konsulat und Quästur. Daher kommt die traditionelle Formel, mit der Senatoren bezeichnet wurden, *patres conscripti*. Um zusammentreten zu können, musste der Senat stets von einem dazu befugten Beamten einberufen werden, wie etwa einem Konsul, Prätor oder Volkstribun. Einmal versammelt jedoch war seine Macht immens. Er beriet die Konsuln und gab die politische Linie vor, regelte die Staatsfinanzen, wachte über die öffentliche Sicherheit, beaufsichtigte die Verwaltung des Staates, ernannte Gesandte, gab bindende Dekrete heraus *(senatus consultum)*. Im Falle drohender Gefahr bestand die Möglichkeit, mit einem *senatus*

Senatorentracht
Links: *Marmorstatue mit Toga. Die Senatoren trugen als Erkennungszeichen einen breiten Purpurstreifen am Saum ihrer Toga.*

Sklavenleben
Zur Zeit der Republik besaßen die Sklaven nicht nur keinerlei politische Rechte, sie wurden juristisch auch als Privateigentum ihres Halters angesehen, der mit ihnen machen konnte, was er wollte. Oben: Relief mit der Darstellung einer Gruppe von Sklaven bei der Arbeit in einem Marmorsteinbruch.

POLITIK UND RECHTSWESEN

consultum de re publica defendenda (Senatsdekret zur Verteidigung des Staates) das römische Äquivalent eines Kriegsrechts zu verhängen. Seine Mitglieder genossen hohes Ansehen, und ihre Kleidung unterstrich ihren Rang: Die *toga praetexta* trug eine breite Purpurbordüre, selbst die Schuhe waren besonders gefertigt und die besten Plätze in den Theatern und bei öffentlichen Veranstaltungen waren für Senatoren reserviert. Sie stellten die herrschende Klasse dar und waren stolz darauf.

Das Volk, vom Untertan zur politischen Kraft

Der Begriff »Volk« bezeichnete in Rom nicht die Gesamtbevölkerung, sondern lediglich jene, die politische Rechte genossen. Doch auch zwischen diesen machten der Zensus und die gesellschaftliche Stellung enorme Unterschiede. Die Bürger stimmten nicht jeder mit einer Stimme ab, sondern nach Zensusklassen getrennt, wobei die Stimmen der zwei reichsten jene aller anderen überwogen. Somit hatte die weniger wohlhabende Bevölkerung viel weniger politisches Gewicht. Dazu blieben viele Ämter anfangs den Patriziern vorbehalten und waren den Plebejern – alle jenen, die nicht zu den alten Senatorenfamilien zählten – unzugänglich. Doch nach langem, hartem Kampf mit auch extremen Mitteln wie der Spaltung der Stadt in zwei Lager verschafften sich die niedrigen Klassen Gehör und organisierten sich, um in der Politik eine Rolle zu spielen.

Feierlicher Zug
Dieses Fragment des so genannten Sarkophags von Acilia (3. Jh. n. Chr.) zeigt einen Senatorenzug, der vom jungen Kaiser Gordian III. angeführt wird.

Das Instrument dieses Aufstiegs war das Volkstribunat, ein Amt, dessen Träger von einer persönlichen Unantastbarkeit (*tribunicia potestas*) geschützt wurden. Sie konnten bei jeder Entscheidung, die nicht die Volksinteressen vertrat, ihr Veto einlegen. Die *concilia plebis*, die Versammlung aller Plebejer, konnte Entscheide mit Gesetzeswirkung treffen (*plebiscita*), wenn auch manche vom Senat ratifiziert werden mussten. Dieser »Staat im Staate« bewährte sich, indem er lange Zeit ein dynamisches Gleichgewicht mit den anderen Mächten der Republik herstellte: eines der am besten gelungenen politischen Experimente der Geschichte.

SENAT: VERSAMMLUNG UND BESCHLÜSSE

Der Beamte, der den Senat zusammenrief, musste immer das Datum und den Ort (gewöhnlich die *Curia Hostilia* oder einer der Tempel) angeben sowie die Tagesordnung der Versammlung. Maximale Dauer der Versammlung war von Sonnenaufgang bis zur Dämmerung. Eine strenge Ordnung musste eingehalten werden: Zuerst sprachen die Konsuln, dann andere Amtsträger je nach Stellung in der Hierarchie, dann die Patrizier und zuletzt die Plebejer (innerhalb der einzelnen Gruppen sprachen jeweils die Älteren vor den Jungen). Ganz unten in der senatorialen Hierarchie befanden sich die Neulinge der niedrigen Schichten. Sie durften nicht sprechen und wurden *pedarii* genannt, weil sie ihre Meinung nur »mit den Füßen« kundtun konnten, indem sie sich bei einer Abstimmung auf die eine oder andere Seite des Vorsitzenden der Versammlung stellten. Auf diese Weise, *per discessionem*, wurde generell abgestimmt.

Der Sitz des Senats
Rekonstruktion der Curia Hostilia, wo sich der Senat gewöhnlich versammelte. 29 v. Chr. zog der Senat in die Curia Iulia um, deren Bau Caesar begonnen und Augustus beendet hatte.

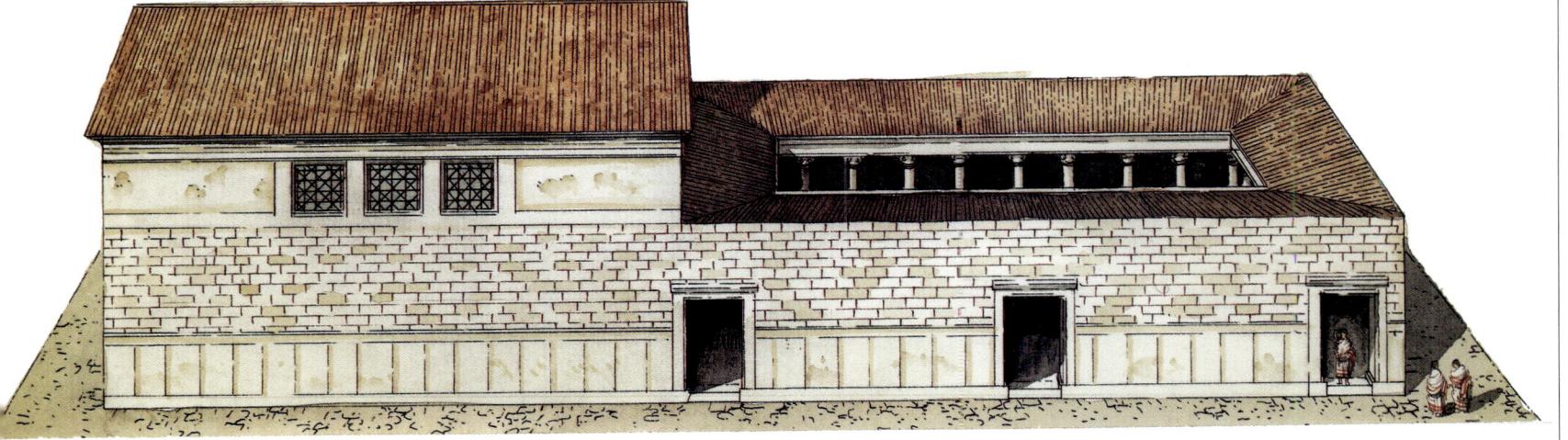

ZIVILE UND MILITÄRISCHE MACHT

Rom entstand als Demokratie, in der der Militärdienst Voraussetzung für den Genuss des Bürgerrechts war. Doch die ständigen Kriege führten zur Schaffung eines Berufsheers und später zur Instrumentalisierung des Militärs für die persönlichen Machtkämpfe der Kommandanten.

Porträt des Septimius Severus
Septimius Severus, der Stammvater der Dynastie der Severer, wurde im Jahre 193 n. Chr. von den Legionen in Pannonien, die er befehligte, zum Kaiser ausgerufen.

In den frühen Tagen Roms bestand das Heer aus Bürgern. Waffen zu tragen war Recht und Pflicht all jener, die Bürgerrechte genossen – meist kleine Landbesitzer und Bauern. Im Bedarfsfall wurden diese für die Dauer des Feldzuges einberufen, für die Waffen kamen sie selbst auf. Sie kämpften in Legionen und durften erst nach ihrer Entlassung auf ihr Land zurückkehren. Die Offiziere waren die Jahr für Jahr gewählten Konsuln, Prätoren und Quästoren. Je dichter die Kriege jedoch aufeinander folgten und je weitläufiger die Fronten wurden, umso schwieriger wurde die Aufrechterhaltung dieser Tradition. Die kontinuierlichen Verluste dezimierten die Klasse der kleinen Landbesitzer, die weit entfernten Kriegsschauplätze hielten die Bauern über Jahre von ihrem Land fern, was ihre wirtschaftliche Lage gefährdete, und der jährliche Wechsel der Kommandanten erhöhte das Risiko, dass ein unfähiger General die Truppen befehligte.

Überraschende Einberufung
In der archaischen und republikanischen Zeit konnten alle römischen Bürger im Alter von 17 bis 60 Jahren in jedem Moment ohne Vorwarnung einberufen werden. Es gab zwei Arten der Rekrutierung zum Dienst, dilectus, *die reguläre Vorgangsweise, oder* tumultus, *das außerordentliche Ausheben von Truppen im Falle einer unmittelbar drohenden Gefahr.*
Unten: *Relief aus dem 2./1. Jh. v. Chr., Kampf zwischen Römern und Italikern.*

Geburtsstunde des Berufsheers

Zwischen dem 3. und dem 1. Jh. v. Chr. öffnete eine Reihe von Reformen – darunter insbesondere jene des Gajus Marius am Ende des 2. Jh. v. Chr. – auch den besitzlosen Proletariern den Zugang zum Heer. Sie machten von dieser Möglichkeit weniger aus bürgerlichem Pflichtgefühl Gebrauch als aus dem Bestreben, ihre persönliche Stellung zu verbessern: Kriegsbeute und besonders ein Stück Land, das ihnen nach dem Ende ihres Dienstes versprochen wurde, lockte sie in Scharen an. So entstand

das Berufsheer. Positiv an dieser Neuerung war die Möglichkeit, die Legionen taktisch besser in Kohorten organisieren zu können, die längere Ausbildung der Soldaten, der Vorteil einer standardisierten Bewaffnung und Ausrüstung sowie nicht zu vergessen die Tatsache, dass die kleinen Landbesitzer nun in eigene Kolonien für altgediente Soldaten integriert werden konnten. Allerdings gab es auch einige negative Begleiterscheinungen, vor allem den Umstand, das sich die Soldaten mehr ihren Kommandanten verpflichtet fühlten als dem Staat: Diese neue Tendenz wussten Oberbefehlshaber, die wie Marius, Sulla, Pompejus und Caesar mit starkem persönlichem Charisma gesegnet waren, weidlich für ihre politischen Ziele auszunutzen.

Die Basis der Macht

Die Herrschaftsform des Prinzipats entstand als Konsequenz der Bundesgenossenkriege, die von Politikern entfacht worden waren, welche auch herausragende Fähigkeiten als militärische Führer besaßen. Nicht von ungefähr stammt der Titel des Trägers der Macht, *imperator*, aus der militärischen Terminologie. Doch die Idee der Unterordnung des Militärs unter die zivile Macht war noch so stark verwurzelt, dass von Augustus bis Ende des 2. Jh. n. Chr. die Militärkommandanten immer aus dem Stand der Senatoren oder Ritter kommen und deren Ideale vertreten mussten. Dann jedoch führte der Dauerkrieg an den Grenzen zu einer progressiven Militarisierung der gesamten Staatsstruktur, bis sich Mitte des 3. Jh. n. Chr. das Blatt gänzlich wendete. Von nun an verlief für die *viri*

Prätorianerstele
Um einen militärischen Staatsstreich zu verhindern verbot das Gesetz die Stationierung bewaffneter Truppen in Rom. Doch die Lage änderte sich im Imperium, als die Prätorianergarde als Leibgarde des Herrschers in Rom einquartiert wurde Links: *Stele des Prätorianers Proculus.*

militares nicht nur die gesamte Karriere innerhalb des Heeres, sondern eine erfolgreiche militärische Laufbahn stellte auch noch den Schlüssel zu den höchsten zivilen Ämtern im Kaiserreich dar. Diese Wende, herbeigeführt von der drohenden Gefahr des Zusammenbruchs, sollte schließlich das definitive Ende des römischen Staatsentwurfs herbeiführen.

DAS LAND DER GENERÄLE

Der neue *status* der Militärs ab dem 2. Jh. n. Chr. veränderte auch das Gewicht gewisser Provinzen im Reich. Größere Bedeutung kam fortan einigen Balkanländern zu, besonders Illyrien und Pannonien, wo die Kriegskunst Tradition hatte und woher einige der »Imperatoren« des 3. und 4. Jh. kamen: Decius, Maximin der Thraker, Trebonianus Gallus, Valerian, Diokletian, Konstantin. Manche Historiker sprachen sogar von einer regelrechten illyrischen Lobby, sofern man diesen modernen Begriff hier anwenden kann.

Die Frau des Soldaten
Stele des Sextus A. Macrinus, Tribun der VI Legion Victrix, und seiner Frau.

Trebonianus Gallus
Der General vom Balkan, Trebonianus Gallus, herrschte nur zwei Jahre, von 251 bis 253. Er wurde im Laufe der Schlacht von Interamna (heute: Terni) vom Usurpator Aemilianus getötet.

ÄMTER UND EHREN

Die Magistratsämter, die mit der Republik entstanden waren, überlebten auch – zumindest dem Namen nach – die Kaiserzeit und dürfen sich einer bemerkenswerten Kontinuität in der Geschichte der Politik rühmen.

Die Hierarchie der römischen Magistratsämter (das, was in Latein als *cursus honorum* bezeichnet wird) bildete sich bereits ab dem 5./4. Jh. v. Chr. heraus und überdauerte die gesamte Republik. An ihrer Spitze standen die zwei Konsuln als Träger der *suprema potestas* (der höchsten zivilen Macht) und des *imperium maius* (des militärischen Oberbefehls). Waren sich die beiden einig (denn jeder der Konsuln konnte die Initiative des anderen blockieren), verfügten sie theoretisch über uneingeschränkte Macht in Kriegs- und Friedenszeiten: Sie riefen den Senat zusammen und saßen ihm vor, schlugen Gesetze vor, befehligten das Heer, wachten über die öffentliche Ordnung und setzten Steuern und Tribute fest. Ihr hoher gesellschaftlicher Rang war an einigen Kennzeichen abzulesen. Sie trugen die *toga praetexta* mit Purpurbordüre in Friedenszeiten und das *paludamentum*, den purpurnen Soldatenmantel, in Zeiten des Krieges, sie besaßen das *ius imaginum* (das Recht, auf Münzen und in Bildern dargestellt zu werden und Bilder der Ahnen auszustellen), saßen auf der *sella curulis* (einem speziellen Sitz, der hohen Amtsträgern vorbehalten war) und wurden in der Öffentlichkeit von zwölf Liktoren begleitet, deren Rutenbündel zum Zeichen der Autorität mit Äxten versehen waren. Eine Stufe niedriger stand der Prätor, eine Art »Unterkonsul«, der als *collega minor* angesprochen wurde und mehr oder weniger alle Voraussetzungen des Konsuls aufweisen musste. Aus dem ursprünglich militärischen Amt wurde mit der Zeit die Verwaltung der römischen Justiz zwischen Römern und Römern und Fremden in den Provinzen. Konsuln und Prätoren waren die wichtigsten Vertreter der höheren Magistratsämter, denn sie verfügten über ein *imperium*. Danach folgten die niedrigen Ämter: Volkstribunen (zehn im Jahr), die Ädilen (welchen Archive, Stadtplanung, Lebensmittelbevorratung, Feste und Feiern anvertraut waren), weiters die Quästoren, die die Finanzen verwalteten (Steuern, Tribute, Kriegsbeute und -ausgaben). Auf der untersten Sprosse der Leiter standen die »Sechsundzwanzig« (*vigintisexviri*), die Aufgaben als Polizeifunktionäre, Friedensrichter und Kontrollorgane in Bergbau, Technik und Bauwesen übernahmen.

Außergewöhnliche Aufgaben

Außerhalb der regulären politischen Laufbahn standen zwei außergewöhnliche Ämter zur Verfügung: Diktatur und Zensur. Der Diktator wurde auf Vorschlag der Konsuln bei höchster Gefahr für die Republik ernannt und übernahm für sechs Monate die absolute Macht im Staat. Die Zensur

Reservierter Platz
Relief aus republikanischer Zeit mit der sella curulis, *dem Sitz der hohen Amtsträger.*

Amtliche Eskorte
Alle hohen Amtsträger wurden innerhalb des Pomerium (heilige Grenze des Stadtgebietes) von Liktoren begleitet, deren Zahl je nach Rang variierte. Unten: Relief mit einem der Liktoren.

Öffentliche Projekte

Appius Claudius Ciecus, dem hier auf einer Stele lobend gedacht wird, war der verdienstvollste Vertreter der gens Claudia in der republikanischen Zeit. Er war Zensor und Konsul und blieb vor allem dank zweier großer öffentlicher Bauvorhaben in Erinnerung: die Aqua Appia, der erste römische Aquädukt, und die Via Appia, die Rom mit Capua in Kampanien verband.

hingegen wurde für eine jeweils fünfjährige Periode von zwei Altkonsuln oder Prätoren übernommen. Sie hatten die Aufgabe, die Bürger nach dem Zensus zu klassieren, ihre Steuern festzusetzen, über ihr öffentliches und privates Wohlverhalten zu wachen sowie die Zusammensetzung des Senats zu bestimmen, indem sie verfügten, wer in den Rat aufgenommen wurde oder dort verbleiben durfte und wer nicht.

Der Ausgleich zur Macht

Alle Ämter mit Ausnahme der Diktatur und der Zensur waren einjährig und kollegial, das heißt es gab jeweils ein Gegengewicht zu ihrer Macht. Und alle waren den Versammlungen, die sie gewählt hatten, den *comitia*, zu Rechenschaft verpflichtet. So war das Regieren in Rom eher ein Balanceakt als einfache Machtausübung. Wer es schaffte, Schritt für Schritt die einzelnen Stufen des *cursus honorum* hinauf bis zum Konsulat zu erklimmen, musste neben persönlichen Qualitäten auch ein Vermögen besitzen, das der Aufstieg großteils verschlang. Der Senat (dessen Mitglieder lebenslang im Amt blieben) stellte somit die einzig kontinuierliche Regierung in Rom dar. Dies ändert sich im Imperium, wo die Kaiser den traditionellen Ämtern nicht vertrauten und ihre Funktionäre direkt ernannten.

WETTLAUF NACH ETAPPEN

Der Usus – wenn nicht immer das Gesetz – bestimmte aufs Genaueste nicht nur die Etappen des *cursus honorum*, sondern auch die rechte Zeit, in der sie zurückzulegen waren, das heißt welches Alter für welches Amt angemessen war. Der höchste Ehrgeiz des römischen Politikers war es, jedes Amt *in suo anno*, das heißt im ersten dafür möglichen Lebensjahr, zu bekleiden. Damit bewies man das rechte Maß an Ehrgeiz und Charisma, mit einem Wort *auctoritas*, jene Eigenschaft, die in der römischen Politik als höchstes und erstrebenswertestes Gut galt.

Büste des Cato von Utica

Als Anhänger der Stoa durchlief Cato von Utica (95–46 v. Chr.) den gesamten cursus honorum der römischen Politik. Es heißt, er habe nie bei einer Sitzung des Senats gefehlt – aus Pflichtgefühl, aber auch aus Angst, skrupellose Kollegen könnten ein unliebsames Gesetz durchsetzen.

Das tägliche Brot

Zu den Kompetenzen der Ädilen zählte auch die cura annonae *(»Lebensmittelaufsicht«), die die Kontrolle der Qualität ebenso vorsah wie des Preises und das korrekte Abwiegen der Ware. Links: Relief mit der Prüfung des Brotes.*

DER PREIS DES ANSEHENS

Euergetes, »Wohltäter« nannte man die reichen Bürger, die Aufgaben übernahmen, die wir heute als öffentlich sehen: einen Tempel erbauen, ein Fest ausrichten, im Namen der Stadt ein reiches Opfer darbringen. Ohne sie hätte das antike Verwaltungssystem wohl nicht funktionieren können.

In Rom wurde der Aufwand für die öffentlichen Aufgaben nicht ersetzt, im Gegenteil, sie kosteten enorme Summen. Wer sie erfüllen wollte, musste sich bei den Wählern mit wohltätigen Akten beliebt machen und ihnen Spiele, Bankette, Feste und Geschenke in Form von Korn oder auch Geld bieten. Einmal im Amt, erwartete das Volk dann auch, dass der Gewählte alle mit seiner Funktion verbundenen Ausgaben aus eigener Tasche bestritt, sei es das Pflastern einer Straße, der Bau eines Tempel oder öffentlichen Gebäudes, die Entlohnung der mit der jeweiligen Aufgabe betrauten Arbeiter, Schauspieler oder Beamten, ja sogar das Ausheben und Bewaffnen von Legionen. Das Konzept des Euergetismus (von griech. *evergetès*, Wohltäter) hängt mit dem antiken Ideal zusammen, nach dem im Leben das *otium*, das heißt die Beschäftigung mit nicht gewinnbringenden Tätigkeiten, als erstrebenswerter gilt als das *negotium* (von *nec otium*, Verneinung), die Erwerbstätigkeit: Die Politik war die »Arbeit« der höheren Klassen, deren Vertreter dafür auch zu jedem Opfer bereit waren. Viele Politiker haben sich buchstäblich ruiniert, um Ansehen und Wählerstimmen zu erhalten, sich jedoch oft reichlich entschädigt, sobald sie eine Aufgabe innehatten. Caesar etwa hat die enormen Schulden, die er während seiner politischen Laufbahn anhäufte, mit den Einkünften aus der Verwaltung der spanischen Provinzen zurückgezahlt. In kleinen Städten, wo die Ehre des Euergetismus auf einige wenige Familien aufgeteilt wurde, fand man oft nur schwer einen Kandidaten für bestimmte Aufgaben. Doch das System

Domitian scheute keine Kosten
Domitian unternahm zahlreiche große öffentliche Projekte: Neben Bau und Erhaltung von Straßen und Gebäuden ließ er auch häufig Geld oder Waren an die Bürger verteilen und prächtige zirzensische Spiele im von ihm erbauten Kolosseum organisieren.
Unten: ein Quadrigenrennen in einem herrlichen Mosaik, das 1806 im römischen Circus von Lyon entdeckt wurde.

Panem et circenses
Diese Formel prägte der Dichter Juvenal (1./2. Jh. n. Chr): »Seit keine Stimmen mehr verkauft werden, hat das Volk jedes politische Interesse verloren: wer einst Kommandos befehligten, Konsulate, Legionen und alles andere, interessiert sich nicht mehr dafür, und wünscht sich ängstlich nur noch zwei Dinge – Brot und Spiele.« Links: Mosaik aus dem Amphitheater von Sisa (Tunesien).

Katalog der öffentlichen Gebäude
Dieses Fragment zeigt eine Reihe öffentlicher Bauten in Rom, die auf die Dynastie der Flavier zurückgehen. Von links nach rechts sind das ein Triumphbogen, das Kolosseum, zwei weitere Bögen (der erste von der Seite gesehen) und ein Tempel. Wahrscheinlich stammt das Fragment von einem Monumentalgrab des Wohltäters, der die dargestellten öffentlichen Gebäude vollendet hatte.

war so stark in der Tradition verwurzelt, dass niemand je daran dachte, es zu ändern. Erst mit dem Aufkommen des Christentums verlagerte sich die Aufmerksamkeit vom Wohltäter der Gesellschaft auf die persönliche Mildtätigkeit des Einzelnen.

Philosophie und Praxis des Euergetismus

Der Euergetismus entstand in Griechenland im 4. Jh. v. Chr., und die Griechen legten auch die Regeln fest: Die Zuwendungen mussten immer öffentlich sein und sie durften nicht der Erlangung eines materiellen Gewinns dienen, allein Ansehen und politische Anerkennung durften daraus erwachsen. In der römischen Welt war der Euergetismus die Kehrseite der Oligarchie: Da die öffentlichen Aufgaben nur den Reichen zugänglich waren, hielt man es für angemessen, dass sie auch für die daraus resultierenden Kosten aufkamen – wobei die Grenze zwischen öffentlich und privat dabei äußerst unklar war. Darüber hinaus waren diese wohltätigen Akte ein optimales Mittel, die niedrigen Klassen von der Politik fernzuhalten. In der Kaiserzeit wurde das Konzept auf die Formel *panem et circenses* reduziert. Der Euergetismus der Kaiser, die regelmäßig Feste und Korn boten, war die gängige politische Praxis, sich die Gunst des Volkes zu sichern.

> ### KONSENS UNTER DEM VOLK
>
> Marcus Cornelius Fronto, ein aus Numidien stammender lateinischer Schriftsteller, war einer der Lehrer von Marc Aurel. Er liefert eine aufschlussreiche Beschreibung des Euergetismus als Instrument zur Schaffung von Konsens. Über Trajan sagte er: »Nie vernachlässigte er die Schauspieler und übrigen Protagonisten des Circus und Amphitheaters. Er wusste zu gut, dass die Römer insbesondere mit zwei Dingen bei Laune zu halten waren: mit der Verteilung von Korn und mit öffentlichen Spielen. Das Reich eines Kaisers wird an den gebotenen Zerstreuungen ebenso gemessen wie an den ernsten Dingen. Das Vernachlässigen ernster Dinge richtet mehr Schaden an, doch das Vernachlässigen der Unterhaltung mehr Unmut. Wenn die Kornzuteilung nur die Plebejer auf der Liste und jeden nur einmal trifft, an den Schauspielen erfreuen sich alle.« Die kaiserliche Wohltätigkeit war also eine Methode, den Konsens der Massen herbeizuführen und nicht allein auf der Basis der drei starken Mächte Heer, Bürokratie und Senat zu regieren.

Die Thermen von Centumcellae
Kaiser Trajan ließ den Hafen und die Thermen von Centumcellae (heute Civitavecchia, Rom) auf Ländereien aus seinem Besitz bauen.

VERWALTUNG DER PROVINZEN UND DES STAATES

Die römische Bürokratie unterschied sich stark von der heutigen, in vielen Bereichen war sie unter dem Druck der Erfordernisse improvisiert worden.

Erst in der Kaiserzeit wurde ein Körper aus berufsmäßigen Beamten und Funktionären aufgestellt, die mit den verschiedenen Bereichen der Verwaltung betraut wurden. Dennoch funktionierte das System und trug jahrhundertelang eine der größten politisch-militärischen Konstruktionen der antiken Welt.

Die Verwaltung der Provinzen

Das Wort *provincia* bezeichnete ursprünglich die »Sphäre der Tätigkeit eines Amtsträgers«, also die Aufgabe, die ihm zugeteilt wurde oder die er übernehmen wollte. Diese Bedeutung blieb auch erhalten, solange die Eroberungen der Römer sich auf die italienische Halbinsel beschränkten, die sie trotz der vielen dort vertretenen Ethnien und der geografischen Unterteilungen als Einheit betrachteten. Als jedoch die Kriege dazu führten, dass Rom immer mehr außeritalienische Gebiete beherrschte, entstand der Bedarf, einige Funktionäre (anfangs aus dem Stand der Prätoren) zu ernennen, die die neuen Gebiete (Sizilien, Sardinien, Korsika, dann Spanien, Mazedonien, Griechenland, Afrika, Gallien, Kleinasien) regieren sollten. Nun bezeichnete *provincia* einen Verwaltungsdistrikt außerhalb Italiens. Das administrative System in diesen Provinzen bildete sich langsam heraus, immer wieder kam es zu Änderungen und Modifizierungen. Es wurde Brauch, dass die Regierung dieser Gebiete einem kurulischen Amtsträger (Konsul oder Prätor) für die Dauer seines Mandates anvertraut wurde. Das Mandat (*imperium pro consule* oder

Die Römer in Spanien
Römische Säulen im antiken Augustobriga in Spanien. Die römische Besetzung der Iberischen Halbinsel, die während der Punischen Kriege begann, endete mit den letzten Eroberungen unter Kaiser Augustus.

POLITIK UND RECHTSWESEN

Staatsdiener
Oben: Sarkophag des Präfekten Tiberius Flavius Miccalus (Marmor).

Stadt und Land
Die Geschichte der gallischen Provinzen ist vom Unterschied zwischen dem Süden, wo es viele Städte gab wie Massilia *(Marseille),* Arelate *(Arles) und* Nemausus *(Nîmes) und den Regionen im Norden und Osten, wo ländliche Gebiete vorherrschten, gekennzeichnet. Unten: der Pont du Gard, ein bekannter Aquädukt, der unter Augustus errichtet wurde, um Wasser nach* Nemausus *zu bringen.*

pro praetore) dauerte gewöhnlich ein Jahr, konnte aber mehrmals verlängert werden. In der Provinz besaß der Regierende gleichsam absolute Macht: Er prägte Münzen, setzte Steuern fest, befehligte die dort stationierten Truppen, verwaltete die Justiz. Diese hohen Befugnisse führten zu einem ebenso hohen Maß an Korruption und Missbrauch (wovon die immer strengeren Gesetze *de repetundis*, das heißt gegen die Korruption, im Laufe der Jahrhunderte zeugen). Das System war außerdem kompliziert und ständigen Änderungen unterworfen. Dennoch blieb es bis zum Ende die Basis der römischen Verwaltung in außeritalienischen Gebieten.

Die imperiale Bürokratie

Einer der Hauptgründe für den Übergang von der Republik zum Imperium war die schlecht funktionierende und chaotische Verwaltung. Daher suchten die Kaiser natürlich ständig nach Verbesserungen und schufen einen Apparat von Berufsbeamten, welche die Aufgaben übernehmen sollten, die zuerst im Wahlverfahren oder per Ernennung durch die Versammlungen verteilt worden waren. Die alten Ämter sowie das

Die afrikanische Provinz
Die afrikanische Provinz belieferte Rom nicht nur mit Korn und Olivenöl, sondern auch mit zahlreichen illustren Persönlichkeiten, darunter Juristen, Senatoren, Ritter und Schriftsteller. Unten: Ruinen bei Djemila in Algerien, es war die antike Kolonie Cuicul *des Kaisers Nerva.*

Verwaltungssystem für die Provinzen blieben formell unangetastet, doch die ausführenden Amtsträger wurden nun nicht mehr gewählt, sondern vom Herrscher bestimmt. Oft stammten sie auch nicht mehr aus dem Senatoren- oder Patrizierstand, sondern aus höfischen Kreisen. Das neue System steigerte die Effizienz und die Einheitlichkeit der Verwaltung sicherlich, doch der Preis dafür war eine immer stärkere Zentralisierung, die am Ende eine Lähmung des gesamten Verwaltungsapparates zur Folge hatte. Wie in jedem rigide bürokratischen System nahmen Korruption und Nepotismus zu. Zum Schluss waren die Kosten des Systems höher als sein Nutzen, was den bereits fragilen Zusammenhalt des Imperiums zusätzlich gefährdete. Doch zuvor wurde es noch zu einem Vorbild, das folgenden Generationen noch lange als Inspiration dienen sollte.

DIE INSIGNIEN DER MACHT

Wenige Völker nahmen die Insignien von Rang und Macht so ernst wie die Römer, die ihren Gebrauch genauesten Regeln unterwarfen. Sie waren der höchste Ausdruck der Autorität, die der Staat seinen Beamten verlieh, und wurden dementsprechend verehrt.

Schon am Anfang ihrer Geschichte entwickelten die Römer eine hoch komplexe Vorstellung von Macht und Autorität. Bereits im Zeitalter der Könige lag ihrer Mentalität nichts ferner als der orientalische Entwurf, nach welchem jeder Mensch Abgesandter des Souveräns ist, der alle Macht und alle Ehren in sich vereint. Dagegen verstanden sie die Macht als ein ausgewogenes Zusammenspiel verschiedener unter- und übergeordneter Autoritäten, von denen jede einzelne mit bestimmten Ehren verbunden war. Als das Königreich schließlich der Republik weichen musste, fand dieses Konzept seinen vollendeten Ausdruck und drang in sämtliche Bereiche des öffentlichen Lebens im alten Rom ein.

Otacilius Oppianus, Beamter
Dieses Fragment des Grabsteins des Otacilius Oppianus, gefunden in Gaveson in Frankreich, zeigt den Klappsitz der höchsten Amtsträger als Relief.

Römischer Adler
Das Symbol der militärischen Macht Roms, der Adler, thronte in Bronze gegossen auf den Insignien der Legionen und in Stein gehauen an weithin sichtbaren Orten in allen römischen Städten.

Fasces, Sella curulis und Toga

Eine so stark artikulierte Idee strebte natürlich nach sichtbarem Ausdruck, und so entwickelte sich von Anfang an eine komplexe Symbolik, die in gewisser Hinsicht an jene in heutigen Militärkreisen erinnert – Gegenstände und Kleidungsstücke sollten sofort jedem Betrachter die Würden des *imperiums* enthüllen, das ihr Träger innehatte. Die Fasces der Liktoren aus eng zusammengebunden Ruten enthielten eine Axt als Symbol für die höchsten Ämter, ebenso wie der charakteristische Klappsitz ihnen vorbehalten war. Der Lituus, ein an der Spitze spiralig gekrümmter Stab, war das Erkennungszeichen der Auguren. Das Kleidungsstück, das römische Bürger als solche auswies, war die Toga, ein kompliziert anzulegendes, aber sehr effektvoll drapiertes Gewand. Die Senatoren trugen einen breiten Purpursaum (*latus clavus*) an ihrer Toga, der Ritterstand einen schmalen (*angustus clavus*), und ein siegreicher General durfte sich (je-

POLITIK UND RECHTSWESEN

DER MANTEL DES WAHRSAGERS

Das Kleidungsstück, das wir heute als Mantel bezeichnen, hatte im alten Rom je nach Machart verschiedene Namen. Einem Mantel am ähnlichsten war der *mantellus* (von griech. *mantāno*, Wahrsager) der Haruspizien, der Wahrsager, die aus den Eingeweiden von Tieren die Zukunft voraussagen konnten. Es handelte sich um einen Lederüberwurf mit Kapuze, wie man ihn bereits aus der Zeit der Nuraghen kennt. Er geht vielleicht auf prähistorische Zeiten zurück.

Amtskleidung
Bronzestatuette eines Haruspizen mit dem traditionellen Überwurf mit Kapuze (4. Jh. v. Chr).

Etruskischer Lituus
Der Lituus, ein liturgisches Instrument und Würdenzeichen der Auguren, ist etruskischen Ursprungs, wie dieses Fundstück (oben) aus einem Grab in Cerveteri (4. Jh. v. Chr.) beweist.

doch nur am Tag seines Triumphes) ganz in Purpur kleiden und die *toga picta* tragen. Militärkommandanten stellten auf ihrer scharlachroten Tunika (*paludamentum*) und dem Brustpanzer je nach Rang verschiedene Schärpen zur Schau. Sogar die Priester besaßen ihre unverwechselbaren Erkennungszeichen, wie den *apex*, die aufgesetzte Spitze auf dem Priesterhelm aus Leder, den sie in der Öffentlichkeit trugen.

Langfristige Kontinuität

Viele dieser Insignien der Macht waren etruskischen Ursprungs, doch ganz und gar römisch mutet die sorgsame Genauigkeit an, mit der man sie kodifizierte und trug, bis sie schließlich zu wahren Archetypen der Macht wurden, die sie repräsentierten. Ihre Bedeutung nahm während der gesamten römischen Geschichte niemals ab. In der Kaiserzeit wurden die Symbole der Republik keineswegs abgeschafft. Man beschränkte sich lediglich darauf, insbesondere in der späten imperialen Epoche, weitere Insignien hinzuzufügen, denen ebenfalls ein langer Bestand bestimmt war, wie etwa Strahlenkrone, Szepter und Globus (symbolisch für die Macht über Festland und Wasser des Erdkreises) als Zeichen der höchsten kaiserlichen Würde.

Römische Toga
Dieses Relief zeigt Männer in der Toga und stammt aus Brescia. Farbige Säume auf der Toga standen für Amt und Würden dessen, der sie trug.

CIVIS ROMANUS SUM

»Römischer Bürger bin ich«: Diese stolze Erklärung bedeutete für viele Jahrhunderte im gesamten Mittelmeerraum die Zugehörigkeit zur herrschenden Klasse. Doch für dieses Privileg war ein hoher Preis zu zahlen.

Rom entstand als Stadtstaat in einem Gebiet, das von anderen, oft mächtigeren Stadtstaaten bevölkert war. Sein Überleben und seine Expansion verdankte es der kontinuierlichen Nutzung von Waffen. Römischer Bürger zu sein bedeutete vor allem, als potenzieller Soldat zu dienen: Jeder Mann zwischen 17 und 60 Jahren konnte jederzeit zum Militär eingezogen werden, und selbst wenn er nicht gerade mit Waffengewalt die Stadt verteidigte, hatte er die eigene Existenz jener der *civitas*, der städtischen Gemeinschaft, in der er lebte, unterzuordnen. Im Austausch dafür genoss er politische Rechte, das heißt ein Mitspracherecht und die Möglichkeit, für ein öffentliches Amt zu kandidieren oder zumindest mit der eigenen Stimme auf die Führung des Staates Einfluss zu nehmen.
Wer mehr besaß, musste mehr geben, hatte aber auch mehr Einfluss. Jeder Bürger wurde nach seinem Einkommen einer der fünf Klassen des Zensus zugeordnet, in die die römische Bevölkerung eingeteilt war. Jede Klasse war wiederum in Zenturien unterteilt. Abgestimmt wurde nach Zenturien, und die Anzahl Letzterer nahm von einer Klasse zur anderen ab: Die erste zählte mehr als die zweite, diese mehr als die dritte, und so weiter. Praktisch lag damit das Schwergewicht der Stimmen in den

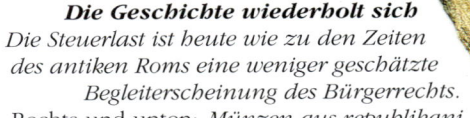

Die Geschichte wiederholt sich
Die Steuerlast ist heute wie zu den Zeiten des antiken Roms eine weniger geschätzte Begleiterscheinung des Bürgerrechts. Rechts und unten: *Münzen aus republikanischer Zeit, gefunden in Civitavecchia.*

Bürger zum Rapport
Detail eines Reliefs aus dem 2. Jh. n. Chr. vom Marsfeld in Rom, das einen Zensoren bei der Registrierung der Bürger zeigt.

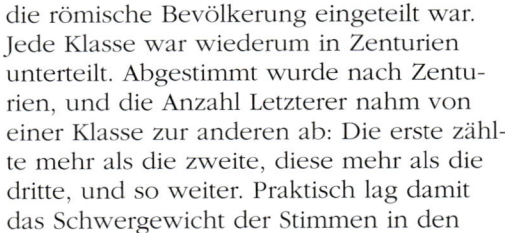

DER ZENSUS

Beim Zensus, an dem alle Bürger verpflichtend teilnehmen mussten, wurden sie in Listen eingetragen. In der Antike fand die Prozedur auf dem Marsfeld außerhalb des Pomeriums statt, damit auch die Soldaten in Waffen daran teilnehmen konnten, die die heilige Stadtgrenze nicht überschreiten durften. Das Familienoberhaupt trat vor den Zensor und gab ihm alle erforderlichen persönlichen Daten bekannt sowie eine Schätzung seines Besitzes und Einkommens, wobei er eine Art Schwur auf die Richtigkeit der gemachten Angaben leistete. Der Name des Vaters sowie Alter und Namen der Frau und der Kinder wurden vermerkt. Am Ende des Zensus stellten die Zensoren die Bürgerlisten zusammen, wo jeder den Platz erhielt, der ihm zustand. Ein religiöses Fest namens *lustrum* signalisierte das Ende des *census*, der alle fünf Jahre wiederholt wurde und so die demographischen Veränderungen in der römischen Gesellschaft genau aufzeichnete und dokumentierte.

Händen der Reichen. Dafür mussten sie jedoch mehr für ihre Waffen bezahlen (die Ausrüstung des Soldaten ging auf Kosten des Bürgers, nicht des Staates), länger im Heer dienen und aus eigener Tasche alle Kosten bestreiten, die aus öffentlichen Aufgaben und Verteidigung erwuchsen.

Umkämpftes Bürgerrecht

Solange Rom noch ein kleiner Stadtstaat war, funktionierte dieses System ziemlich gut. Die Sache wurde jedoch komplizierter, als die Römer nach der Eroberung Italiens ihren Bündnispartnern höhere Pflichten aufbürdeten als den Bürgern selbst (Männer für Legionen und Hilfstruppen stellen, Tribute und Steuern bezahlen, die Außenpolitik der dominierenden Stadt übernehmen), ohne dafür irgendeine Gegenleistung zu erbringen. So wurde rasch die Forderung nach dem römischen Bürgerrecht überall laut, und im 1. Jh. kam es darum zu einem Krieg zwischen Römern und Italikern. Erst mit Caesar und Augustus wurde das Problem gelöst und das Bürgerrecht schrittweise ausgedehnt, bis es für die Bewohner der gesamten Halbinsel galt.

Das Edikt des Caracalla

Die restlichen Einwohner des Imperiums mussten sich noch zwei Jahrhunderte gedulden: Erst 212 (oder 213) n. Chr. gab Kaiser Caracalla die *Constitutio Antoniniana* heraus, nach welcher alle freien Männer, die innerhalb der Grenzen des Imperiums lebten, das römische Bürgerrecht erhielten – und damit auch politische Rechte. Der Geschichtsschreiber Dion Cassius vermutet, die Maßnahme sei wohl der Notwendigkeit entsprungen, die Staatskassen mit den Steuergeldern der neuen Bürger aufzufüllen. Jedenfalls dokumentiert die *Constitutio Antoniniana*, dass Rom seine Mission erfüllt und alle ihm unterworfenen Länder zivilisiert hatte, sodass jene ab diesem Moment mit vollen Rechten und Pflichten in das Reich integriert werden konnten.

Etruskischer Krieger
Die Etrusker waren die Ersten, die nach dem Bundesgenossenkrieg das römische Bürgerrecht erhielten. Links: *Bronzestatuette eines etruskischen Kriegers aus dem 4. Jh. v. Chr.*

Ruf zu den Waffen
Links: *Relief auf einer Alabasterurne. Ein Soldat verabschiedet sich von seiner Frau.*

Edikt des Kaisers
Diese Inschrift gibt den Text eines Ediktes von Caracalla nach der Constitutio Antoniniana *wieder, in der der Kaiser die Steuerpflichtigen ermahnt, bei der Zahlung nicht säumig zu sein (215 n. Chr.).*

Die Verwaltung der Justiz

Im juristischen Bereich ist das römische Erbe sicherlich am lebendigsten, bis heute bildet es die Basis des Rechtswesens in vielen westlichen Ländern.

Die älteste Quelle über das römische Recht sind sicherlich die berühmten Zwölftafelgesetze, ein Codex, der um das 5. Jh. v. Chr. erschien. Damit wurde den Priestern, die bisher über das mündlich überlieferte Recht gewacht hatten, dieses Privileg aus den Händen genommen. Im Laufe der Jahrhunderte entwickelte sich das römische Rechtswesen, wobei sich einiges änderte, wenn auch gewisse Konstanten die ganze Zeit über erhalten blieben. Jahr um

Überliefertes Erbe
Seite einer Handschrift mit Buchmalerei des Corpus Iuris Civilis *von Justinian.*

Jahr wurde der Codex neu überarbeitet und in einer Art Gesetzesblatt, dem »Prätorischen Edikt«, verkündet. Erst Kaiser Hadrian setzte die Initiative, dem Edikt eine definitive Form zu geben und betraute mit dem Verfassen des Textes den Juristen Salvius Julianus: Nun lag ein dauerhafter Klagenkatalog vor. Das Amt des Richters wurde von gewählten Beamten ausgeübt, erst gegen Ende der Kaiserzeit erschien die Figur des Berufsrichters. Es gab keine staatliche Anklage, damit ein Verfahren eröffnet wurde, musste eine Partei eine Klage einreichen. Die Anklage wurde anfangs direkt vom Kläger vertreten, nur die Verteidigung hatte Anrecht auf einen Anwalt. Wichtige Prozesse wurden vom Senat geführt, ebenso wie in der imperialen Epoche Anklagen wegen Hochverrats, Korruption und schweren Gewalttaten der Kaiser selbst behandelte. In den Provinzen waren die jeweils Regierenden mit der Gerichtsbarkeit betraut, in Rom generell die mit dem Konsul ranggleichen Prätoren, was dazu führte, dass ihr Titel schließlich jene juristische Bedeutung annahm, die ihm heute noch, besonders in romanischen Sprachen, anhaftet.

Justinian und die Gesetzgebung
Kaiser Justinian, hier in einem Mosaik der Basilika San Vitale in Ravenna dargestellt, war der Auftraggeber des Corpus Iuris Civilis, *eines kolossalen Kompendiums, der die gesamte bisherige römische Rechtsprechung zur Grundlage hat.*

POLITIK UND RECHTSWESEN

Die Tafeln I–V
*Nach der plausibelsten Rekonstruktion betrafen die Tafeln I–III das Prozessrecht, die Tafel IV Familien- und die Tafel V Vormundschaftsangelegenheiten sowie Erbrecht.
Oben: Relief mit der Eröffnung eines Testaments.*

Der Verlauf der Prozesse

Der als Richter eingesetzte Beamte beschränkte sich anfangs darauf, dem Prozess vorzusitzen und ihn zu organisieren. Er hörte beide Parteien an und fand die für die Streitsache passende juristische Formel. Diese Phase nannte man *in iure*. Wenn sich der Angeklagte schuldig bekannte, fällte er einen Urteilsspruch, im gegenteiligen Fall setzte er die Verhandlung fest (Phase *in iudicio*), die am Forum oder in einer der umliegenden Basiliken abgehalten wurde. Nachdem beide Parteien den Sachverhalt dargestellt hatten, wurden die Zeugen der Anklage und der Verteidigung gehört, anschließend fällten die Geschworenen ihren Spruch (A für *absolvo*, C für *condemno*). Nun verkündete der vorsitzende Beamte das Urteil und setzte die Strafe fest, für den Vollzug waren seine Liktoren zuständig, die auch die Rolle von Polizeibeamten spielen mussten. Der Verurteilte konnte gegen Entscheidungen des Beamten im Untersuchungsverfahren oder bei der Verhängung der Strafe Berufung einlegen, nicht aber gegen das Urteil, das unverrückbar feststand. Mit dem Berufungsverfahren wurde ein um einen Grad höher stehender Beamter betraut, in der Kaiserzeit der *princeps* selbst. Wurde der Beschuldigte freigesprochen, konnte er den Kläger wegen Verleumdung (*calumnia*) belangen.

Die Tafeln VI–XII
*Die Tafeln VI und VII betrafen die Juristerei, Eigentum und Beschränkung von Eigentum an Immobilien, die Tafeln VIII und IX strafrechtliche Delikte und Prozesse, die Tafel X sakrales Recht. Die Tafeln XI und XII enthielten Anhänge und Ergänzungen zu den anderen Tafeln.
Links: Relief mit Tuchhändler und Kunden.*

Der Corpus Iuris Civilis

Die Neuordnung der römischen Rechtsprechung in einem zusammenhängenden Werk verdanken wir dem oströmischen Kaiser Justinian (482–565 n. Chr.). Der *Corpus Iuris Civilis* gilt als Basis der modernen Jurisprudenz und besteht aus vier Teilen, dem fundamentalen Lehrwerk *Institutiones*, den *Digestae* oder *Pandectae* mit Kommentaren und Auszügen römischer Rechtstexte, dem Ende 533 in Kraft getretenen *Codex Iustinianus* und den *Novellae* mit den nach 534 erlassenen Gesetzen.

DELIKTE UND STRAFEN

»Jedem Delikt seine Strafe« war ein Satz, der bereits bei den alten Römern galt. Doch viele dieser Strafen muten für uns heute schrecklich an, und die Einstufung der Delikte nach Schwere war ebenfalls sehr verschieden von der modernen.

Grausamer Tod
Dieses römische Mosaik aus dem 2. Jh. n. Chr. zeigt einen zum Tode Verurteilten, der von wilden Tieren zerrissen wird.

Wie merkwürdig das auch erscheinen mag, die am wenigsten verbreitete Strafe im alten Rom war jene, die wir heute als die gängigste ansehen: die Haft. Der Gedanke, jemanden für eine mehr oder weniger lange Zeit in eine Zelle zu sperren, war der latinischen Mentalität fremd. Ein römischer Bürger, besonders einer von hohem Rang, hatte zwei »standesgemäße« Strafen zur Auswahl, die ihn gesellschaftlich nicht entehrten, die zeitweilige oder permanente Verbannung einerseits oder die Selbsttötung andererseits. Letztere konnte durch Öffnen der Schlagadern, Gift oder Verhungern erfolgen, der Verurteilte konnte sich aber auch ins eigene Schwert stürzen oder mit einem ganz bestimmten Band, dem *laqueum*, das viele Aristokraten stets bei sich trugen, strangulieren.

Warten auf das Urteil
Diese Skulptur zeigt einen gallischen Gefangenen in Ketten, der auf die Verkündung seines Urteils wartet.

Der Selbstmord des Cato
Cato von Utica, einer der bekanntesten Politiker der republikanischen Zeit, hatte sich bei dessen Auseinandersetzung mit Caesar auf die Seite des Pompejus gestellt. Als Caesar gewann, wartete Cato nicht auf das Urteil seines Widersachers: In einer Aprilnacht im Jahre 46 v. Chr. zog er sein Schwert aus der Scheide und stieß es sich in die Brust. Diese Episode ist hier in einem Gemälde aus dem 17. Jh. von Gian Battista Langetti dargestellt.

Die Todesstrafe

Sehr verbreitet hingegen war die Todesstrafe, die für eine ganze Reihe an Delikten mit einer beeindruckenden Vielfalt verschiedener Modalitäten verhängt wurde: Die Enthauptung erfolgte anfangs mit dem Beil der Liktoren, in der Kaiserzeit dann durch das Schwert, die Geißelung, eine alte Form der Strafe, war vor allem in Militärkreisen gängig, die Verbrennung auf dem Scheiterhaufen traf hauptsächlich passive männliche Homosexuelle und Magier, die Kreuzigung war die typische Strafe für die Sklaven und wurde daher als *servile supplicium* bezeichnet. Die Kaiser verhängten die Todesstrafe noch häufiger und die Hinrichtungsarten wurden grausamer: Das Urteil *ad bestias* bedeutete, der Übeltäter wurde wilden Tieren im Circus vorgeworfen, anderen legte man eine mit Schwefel oder Pech getränkte Tunika an und verbrannte sie so, die Kastration war eine neue Strafe für Homosexuelle, und wer als Sklave unter Kaiser Konstantin einem Mädchen aus gutem Hause zur Flucht mit einem Mann verhalf, dem wurde flüssiges Blei in den Rachen gegossen.

Strafen für Frauen

Nach dem *mos maiorum*, dem traditionellen römischen Brauch, galt es als *nefas*, also nicht statthaft, Frauen zu einer öffentlich vollstreckten Strafe oder einer Form körperlicher Gewalt zu verurteilen. Die Todesstrafe, die das Gesetz für Ehebrecherinnen vorsah, aber auch für Frauen, die man beim Weintrinken ertappt hatte, erfolgte durch Verhungern. Die Todesstrafe durch Strangulation oder Stockhiebe ist bei Frauen selten dokumentiert. Der Vollzug der Strafe erfolgte im Familienkreis, da der Tod der Frau öffentlich nicht gesehen werden durfte. Eine charakteristische Vorgangsweise gab es bei Vestalinnen, die ihr Keuschheitsgelübde nicht eingehalten hatten: Sie wurden auf das »Feld der Niedertracht« in der Nähe der Porta Collina der Servianischen Mauer geführt und in eine unterirdische Kammer mit einem Bett, einer Fackel und einer Ration Brot, Wasser und Öl eingemauert. Eine bekannte Ausnahme zu diesen Regeln sind die christlichen Märtyrerinnen, in ihnen sah man einen Sonderfall, wiesen sie doch durch ihren Glauben die Struktur der traditionellen römischen Gesellschaft zurück, und so wurden ihnen auch die »Schonung« verweigert, die anderen Frauen zustand. Die öffentliche Demütigung war ein wesentlicher Teil des Urteils gegen sie.

Porträt einer Vestalin
Charakteristisch für die Vestalinnen war ihr Keuschheitsgelübde. Verletzten sie es, wurden sie lebendig begraben oder von einem Berg gestürzt.

DIE TODESSTRAFE AUF DIEBSTAHL

Nach dem Zwölftafelgesetz konnte Diebstahl mit dem Tod bestraft werden, wenn er nachts erfolgte, was als besonders unsozial und verachtenswert galt. Wurde die Tat bei Tag begangen, durfte der Bestohlene den Dieb nur töten, wenn andere erschwerende Umstände eintraten, wie etwa wenn der Übeltäter Waffengewalt einsetzte: Doch auch in diesem Fall musste er zuerst um Hilfe rufen (die Nachbarn oder Passanten konnten dann gleich als Zeugen fungieren) und erst dann reagieren.

Gesetzliche Ausnahme
Wenn es römischen Frauen verboten war, Wein zu trinken, so stellten die Mänaden eine Ausnahme dar. Den Anhängerinnen des orgiastischen Dionysos-Kultes war das Weintrinken erlaubt, da der Rausch für die Riten, an denen sie teilnahmen, erforderlich war.

ANWÄLTE UND RECHTSBERATER

Im antiken Rom galt der Beruf des Anwalts als edle Aufgabe, die im Dienste der Gesellschaft ehrenamtlich ausgeübt wurde. Später wurde er zum einträglichen Geschäft, für das sich bald auch Dilettanten von zweifelhaften Fähigkeiten interessierten, die wenig vertrauenswürdig waren.

Wer sich zur Zeit der Republik einer Tätigkeit als Anwalt widmete, tat dies nicht um damit Geld zu verdienen, sondern allein für Ansehen und Ruhm. Sein Talent einzusetzen, um einen Bürger Roms zu verteidigen, war eine freiwillige Aufgabe, die jeder junge Mann aus noblem Hause oder ehrgeizige *homo novus* gerne übernahm, um sich Verdienste zu erwerben, die sich dann im Laufe der politischen Karriere bezahlt machten. Folglich beschäftigte er sich auch nicht mit dem juristischen Aspekt der Sache, dafür gab es einen amtlichen Rechtsberater (*iuris consultus*, gewöhnlich ein hoher Beamter, der in Ehren alle Stufen des *cursus honorum* erklommen hatte), sondern nur mit dem Prozess. Er stellte seine Eloquenz und nicht selten seine pantomimische Begabung zur Verfügung, um die Geschworenen zu überzeugen. Dabei konnte er öffentlich zur Schau stellen, wie er es verstand, am Forum zu brillieren, was eine unerlässliche Voraussetzung für eine große politische Karriere darstellte.

Der Lohn des Anwalts
Im republikanischen Rom war es verboten, ein Honorar für Leistungen eines Rechtsanwaltes zu verlangen. Doch zu jedem Gesetz gibt es auch immer seine Umgehung, in diesem Fall die Gepflogenheit, dem Verteidiger ein »Geschenk« in Form einer höheren Summe oder eines Kunstwerks, eines Stücks Land oder einer Villa zu machen. Da Großzügigkeit nicht verboten war, gab es dagegen keinen Einwand. Rechts: eine der ersten römischen Goldmünzen (ca. 296 v. Chr.).

Plädoyer
Diese bekannte Statue aus dem 1. Jh. v. Chr. zeigt einen Anwalt beim Entfalten seiner Eloquenz.

Ein edler Beruf

In der frühen Kaiserzeit, als der politische Wettstreit an Bedeutung verlor, wurde die Tätigkeit des Anwalts zu einem richtigen Beruf, und obwohl es immer noch einige gab, die spontan und ehrenamtlich solche Aufgaben übernahmen, setzte sich der Usus durch, dem Anwalt ein geregeltes Honorar zu zahlen. Ein Gesetz aus der Zeit des Kaisers Claudius regelte diese Tätigkeit und die dafür zu entrichtende Bezahlung und setzte unter anderem die gesetzliche Obergrenze der in Rechnung gestellten Kosten mit zehntausend Sesterzen fest.

Die Basilica Giulia
Die Überreste des dreischiffigen Gebäudes mit rechteckigem Grundriss sind am Forum Romanum noch zu sehen.

POLITIK UND RECHTSWESEN

Streitsache vor Gericht
Malerei aus dem antiken Ostia mit Darstellung einer Gerichtsverhandlung.

Hochsaison der Rechtsverdreher

In der späten Kaiserzeit war das antike Band zwischen der Politik und dem Beruf des Anwalts gelöst. Nun handelte es sich um eine Beschäftigung wie jede andere, der sich bald auch Personen von zweifelhafter moralischer Integrität und Qualifikation hingaben. Sie machten aus dem einst so noblen Beruf einen halsabschneiderischen Gelderwerb. Jeder, der mit einer flinken Zunge gesegnet war und oberflächliche juristische Kenntnisse besaß, spielte sich als Redner auf und suchte sich seine Kundschaft unter den unbedarften Leuten des kleinen Volkes. Unter wortreichen Schilderungen der großen Gewinne, die man mit einem gewonnenen Prozess machen konnte, hetzten sie diese dann in lange Verfahren, an denen außer dem Rechtsverdreher niemand verdiente. Scharlatane dieses Schlages waren eine Plage am Forum, und sie brachten dem Beruf des Anwalts einen zwielichtigen Ruf ein, der noch Jahrhunderte nachwirkte.

DER GERICHTSSAAL ALS BÜHNE

Die Römer waren nicht nur notorische Streithähne, sie sahen auch gerne bei einer juristischen Auseinandersetzung zu. Einem Prozess beizuwohnen war ein wenig wie ein Besuch im Theater: Plinius der Jüngere gibt eine lebhafte Beschreibung dessen, was sich in der großen Halle der Basilica Giulia, die unter Caesar begonnen und unter Augustus vollendet worden war und wo Streitsachen verhandelt wurden, an einem Prozesstag abspielte. An den Seiten des Prätors, des Vorsitzenden der Verhandlung, nahmen die 180 *centumvirn* Platz, aus welchen das Gericht bestand. Davor saßen die Streitparteien auf einer Holzbank, umgeben von Freunden, Verwandten, Klienten und den Anwälten der Verteidigung. Hinten und in den Seitenschiffen drängten sich die Zuschauer, begierig auf jede Wendung, die sich ergab, und jeden gelungen Schachzug eines Anwalts. Von den geringeren Streitsachen wurden oft vier gleichzeitig abgehandelt, dafür teilte man die Basilika provisorisch mit Holzwänden und Planen ab. Es herrschte ein großes Durcheinander und Stimmengewirr, doch allem Anschein nach störte das niemanden.

DIE SCHAFFUNG VON KONSENS

Die Macht des Kaisers stützte sich vor allem auf das Heer, doch in einer komplexen Gesellschaft wie der römischen bot Gewalt allein kein sicheres Fundament. Es war für einen Herrscher unerlässlich, auf breiten Konsens unter seinen Untertanen zählen zu können.

In dieser Hinsicht war Augustus wohl einer der geschicktesten Herrscher, denn er musste die eigene autokratische Macht gegenüber einem Volk rechtfertigen, das die Republik noch frisch in Erinnerung hatte. Unter der aufmerksamen Führung des Maecenas, eines Aristokraten aus Arezzo, der – wie wir heute vielleicht sagen würden – die Stellung eines Kulturministers des Princeps innehatte, entstand eine effiziente »Propagandamaschine«, deren Ziel die Glorifizierung des Kaisers, seiner Familie und seiner Taten war. Treibende Kraft in der Maschinerie waren zahlreiche Poeten wie Vergil, Horaz und Ovid, die Maecenas »entdeckt« hatte und großzügig förderte, damit sie der Dynastie zuträgliche dichterische Werke verfassten. Das größte Verdienst des noblen Etruskers (der auf diese Weise seinen Namen als Bezeichnung für

Ehren- und Triumphbögen
Die Funktion der Bögen war die Glorifizierung einer Person oder eines Ereignisses, das nicht notwendigerweise ein militärischer Sieg sein musste. Alle Bögen waren von gewöhnlich vergoldeten Bronzestatuen bekrönt, welche Feldherren, Kaiser und ihre Familien darstellten.

Die Thermen des Caracalla
Kaiser Caracalla wollte Rom mit einem wahrlich grandiosen Thermenkomplex ausstatten und ließ ihn am Hang des Aventin auf einer Fläche von über 11.000 Quadratmetern samt Einfriedung errichten. Das Hauptgebäude allein war größer als der aktuelle Petersdom. Die Thermen waren von Gärten umgeben (unten), *in denen die Römer spazieren gingen und die Sonne genossen.*

Publius Vergilius Maro
Der wichtigste der so genannten augustischen Dichter war Vergil, der Autor der Aeneis, hier in einem Mosaik aus dem 2. Jh. n. Chr. dargestellt.

Kunstförderer unsterblich machte) waren seine glückliche Auswahl der Dichter und das Gefühl für das rechte Maß, mit dem er seine Funktion ausübte, ohne in die exaltierte Lobhudelei zu verfallen, die in den folgenden Jahrhunderten Usus werden sollte. Ihm verdanken wir nicht nur die Verherrlichung des Kaisers Augustus und seiner Vorfahren, sondern zweifellos auch einige der schönsten Kapitel der lateinischen Literatur.

Die Geschenke des Maecenas
Bei Tivoli (Rom) sind die Reste der Villa zu sehen, die Maecenas Horaz zum Geschenk machte und wo er den Großteil seines Lebens verbrachte.

FASZINATION DER MACHT

Maecenas war nicht nur ein begnadeter Kunstförderer, sondern auch ein guter Menschenkenner, der es verstand, mit seiner Persönlichkeit zu überzeugen. Symptomatisch dafür ist seine Beziehung zu Horaz. Der Dichter, der bei Philippi an der Seite des Brutus gekämpft hatte, wurde von Vergil bei Maecenas eingeführt. Von dieser Begegnung erzählt der Dichter selbst, er habe, zum ersten Mal vor Augustus' mächtigen Berater geführt, kaum ein paar Worte stammeln können. Einige Monate später ließ Maecenas, der selbst nie viele Worte machte, ihn rufen und führte ihn in den Kreis seiner engsten Freunde ein. Horaz sollte diese ersten Tage einer Freundschaft nie vergessen, diese gemeinsamen Spaziergänge in der Umgebung Roms, auf welchen die beiden Männer nur wenige Sätze austauschten, sich aber sofort verstanden: Mehr als das Gespräch verband sie das Schweigen.

Gegner in Misskredit bringen

Ebenso wie ihre positive Schwester war die Negativpropaganda weit verbreitet. Sie nahm hauptsächlich die Form einer »kritischen Neubetrachtung« der Vergangenheit (vor allem der unmittelbaren) an und zielte darauf ab, vorhergehende Kaiser oder Dynastien in möglichst schlechtes Licht zu rücken – natürlich mit dem Hintergedanken, das aktuelle Regime umso strahlender darzustellen. Die wichtigsten Vertreter dieser »Kunst« waren Geschichtsschreiber wie Tacitus, Sueton und Dion Cassius. Es ist hauptsächlich ihnen zu verdanken, wenn wir heute über die privaten Unzulänglichkeiten, Laster und Gräueltaten der julisch-claudischen Dynastie – wenn auch in wahrscheinlich dramatisch überzeichneter Form – Bescheid wissen.

Massenmedien

Was in der Antike am ehesten der Rolle der Massenmedien in der modernen Welt gleichkam, war der öffentliche Bau: Tempel, Aquädukte, Basiliken, Thermen, Häfen Straßen und Foren stellten das Wohlwollen und die Sorge um den allgemeinen Wohlstand des Herrschers unter Beweis und unterstützten die Propaganda über Reliefs und Inschriften. Die Liste ist lang, von der *Ara Pacis Augustae*, dem Mausoleum Kaiser Hadrians und dem Pantheon bis zu den Kaiserforen, den Thermen des Caracalla und der Maxentiusbasilika allein in der Hauptstadt.

Büste des Caligula
Tiberius' Nachfolger war eines der Opfer der »kritischen Neubetrachtung« der römischen Geschichtsschreiber. Sueton teilte seinen Bericht über Caligula in zwei Teile, der zweite beginnt so: »Bis jetzt sprach ich vom Kaiser, nun von den Taten des Monsters.«

Pflicht- und Berufssoldaten

Unter den Königen und in der Zeit der Republik besaß Rom kein Heer. Jeder Bürger war auch Soldat und hatte das Recht und die Pflicht, sein Land zu verteidigen.

Der Militärdienst war obligatorisch, davon ausgenommen waren nur die Ärmsten, basierend auf dem in antiken Gesellschaften verwurzelten Prinzip, dass diejenigen, welche Besitz haben, am meisten an der Verteidigung interessiert sind.

Der Soldat hatte außerdem für seine Ausrüstung und Bewaffnung selbst zu sorgen, deshalb zogen nur diejenigen in den Krieg, die es sich leisten konnten. Ab dem 17. Lebensjahr trug der junge Römer die *toga virilis* zum Zeichen seiner Volljährigkeit und wurde in die Liste der *iuniores* eingeschrieben. Von diesem Moment an konnte er jederzeit zu den Waffen gerufen werden. Sich diesem Ruf zu entziehen war unmöglich: Verweigerer riskierten die Enteignung ihres Besitzes und die Degradierung zum Sklaven. Der Rekrut besorgte sich seine Ausrüstung, leistete seinen Schwur und machte dann mit der eisernen Disziplin und den rauen Methoden in den Legionen Bekanntschaft, die ihn zu einem Kämpfer ausbildeten, der mit jeder Situation fertig wurde. Der Bauer galt nicht von ungefähr als bester Soldat. Das harte, arbeitsame Leben, bei dem jede Wetterlage und Arbeit bis zur Erschöpfung hingenommen wurden, machte aus ihm den idealen Kandidaten für die römische Armee, wo Disziplin, Ausdauer und Gehorsam hoch geschätzt wurden. Dann entstand das Berufsheer in der ausgehenden Republik mit dem Aufstieg des Prinzipats, und Struktur und Konzeption änderten sich radikal. Die Soldaten wurden nun in großer Zahl unter den Proletariern rekrutiert, die im Heer eine Gelegenheit sahen, ihr ärmliches Leben dank reicher Kriegsbeute oder Zuerkennung eines Grundstücks nach abgeleistetem Dienst zum Besseren zu wenden. Fatalerweise verlagerte sich die Loyalität nun vom Staat, einem abstrakten,

Im Galopp
Bronzestatuette eines römischen Reiters aus Frankreich.

Geplante Feldzüge
Vor der großen Expansion bestanden die Kriege vor allem aus jährlichen Feldzügen in Italien, die den Soldaten erlaubten, im Winter heimzukehren und im Frühjahr wieder auszuziehen. Links: ländlicher Kalender, der am Marsfeld in Rom gefunden wurde.

Kampfschild
Dieses Detail aus einem Mosaik der Basilika San Vitale in Ravenna zeigt einen römischen Kampfschild.

für sie wenig bedeutsamen Begriff, auf den eigenen Kommandanten. Unter ihnen, die Jahre, ja Jahrzehnte in den Militärlagern verbrachten, und den Bürgern, die Städte und Landgebiete bewohnten, gab es immer weniger Verbindung. Das Heer war zu einem Fremdkörper geworden, der eine Gesellschaft verteidigte, die ihm selbst fremd war. Die wachsenden Kosten des Berufsheers belasteten außerdem die Kassen des Staates so schwer, dass sie kein unwesentlicher Faktor bei seinem Zusammenbruch waren.

Strafen

Die eiserne Disziplin im römischen Heer wurde mit harten Mitteln aufrechterhalten. Verstöße wurden mittels eines umfangreichen Kataloges an Strafen geahndet, die von der Geldstrafe (*pecuniaria multa*) bis zur Geißelung (*castigatio*), von der Degradierung (*gradus deiectio*) oder unehrenhaften Entlassung (*ignominiosa missio*, im Gegensatz zur ehrenhaften Entlassung *honesta missio*) bis zur Todesstrafe (*supplicium*) reichten. Hatte sich eine ganze Abteilung strafbar gemacht, schritt man zur »Dezimierung« und bestimmte durch das Los jene, die man stellvertretend bestrafte.

Lohn und Abschied

Der Lohn des Legionärs (*stipendium*) war auch für Berufssoldaten niedrig, doch er konnte mit Kriegsbeute, von denen die Generäle immer einen Teil den Soldaten überließen, aufgebessert werden. Was jedoch am meisten lockte war ein Stück Land, das dem Soldaten nach abgeleistetem Dienst in einer der neu gegründeten Kolonien oder auf vom Staat von Rebellen oder Verrätern beschlagnahmten Gründen zugeteilt wurde. Dazu bekamen jene, die es noch nicht besaßen, das römische Bürgerrecht. Diese Art der Entlohnung bedeutete nicht nur eine gesicherte Altersversorgung, sondern auch und vor allem einen verbesserten gesellschaftlichen Rang: Nun konnte der Veteran in den Kolonien und am Ort seiner Herkunft öffentliche Ämter ausüben.

Erste Konflikte
Die Schlacht zwischen Römern und Sabinern in einem bekannten Gemälde des französischen Malers Jacques-Louis David.

Waffen und Ausrüstung

Das römische Heer verdankte seine Siege sicherlich mehr der Disziplin, dem Zusammenhalt und dem unerschütterlichen Glauben an seine Kommandanten als einer Überlegenheit der Waffen. Doch deshalb wurden Bewaffnung und Kampftechnik keineswegs vernachlässigt.

Oft verloren die Römer die ersten Schlachten eines Krieges, doch die letzten gewannen sie mit schöner Regelmäßigkeit: Ein Beweis für die große Lernfähigkeit und die taktische Flexibilität, die sie zu entwickeln wussten. Ihr Heer bestand hauptsächlich aus Infanterie, die taktische Einheit war die Legion. Diese bestand anfangs aus 3000 Infanteristen mit schwerer Bewaffnung (1200 *hastati* in der ersten Reihe, 1200 *principes* in der zweiten und 600 *triarii* als Rückendeckung), dazu kamen 1200 *velites* der leichten Infanterie und 300 Reiter *(equites)* für Aufklärung und Verfolgung. Die Rüstung der schweren Infanterie bestand für alle drei Reihen aus einem Schuppenpanzer aus Bronze *(pectorale)*, der den Oberkörper schützte, einem rechteckigen Schild *(scutum)* mit gewölbter Oberfläche und einem Helm mit einem Helmbusch aus Federn. Bewaffnet waren *hastati* und *principes* mit einem zweischneidigen Schwert *(gladius)* und zwei schweren Spießen *(pila)*, die *triarii* trugen zwei Lanzen *(hastae)*. Die *velites* waren ebenfalls mit Schwert und Spießen bewaffnet, als einzigen Schutz trugen sie einen leichten Schild *(parma)* und einen manchmal mit Wolfsfell bedeckten Helm. Marius, der erste General, der systematisch auch besitzlose Bürger einzog, begann nicht nur ein Berufsheer heranzubilden, er unternahm auch eine wegweisende Heeresreform. Er organisierte die Legionen neu in 10 taktisch autonome Einheiten *(cohortes)* zu je 600 Infanteristen, schaffte die leichte Infanterie ab und setzte stattdessen Hilfstruppen *(auxilia)* ein, die von den Bundesbrüdern gestellt werden mussten. Jede Abteilung erhielt eigene Insignien (wie etwa die Legionen den Adler) mit starkem symbolischem Wert, der in etwa mit jenem der modernen Fahnen gleichzusetzen ist. Weitere Verbesserungen wurden nach der Niederlage von Crassus gegen die Parther eingeführt, die Legionäre bekamen einen Schienenpanzer aus Metallplatten *(lorica segmentata)* anstelle des Schuppenpanzers als besseren Schutz gegen Pfeile, das *pilum,* der schwere Wurfspieß, wurde so verändert, dass er sich beim ersten Treffer

Die Waffe der Infanterie
Römisches Schwert in seinem Futteral aus Bronze, Holz und Knochenfragmenten.

Soldaten im Lager
Eine Gruppe römischer Soldaten in einem Mosaik in einem Heiligtum in Praeneste (Palestrina).

Der Aufbau der Legionen
Diese Skizze zeigt den Aufbau der römischen Legionen im Zeitalter der Könige (1) und nach der Reform unter Marius (2).

> **AUSZEICHNUNGEN**
>
> Im römischen Heer wurden oft und gerne Auszeichnungen vergeben. Es gab zwei Klassen, die *dona minora*, die einfachen Soldaten und Unteroffizieren verliehen wurden, und die den Offizieren (Tribunen, Präfekten, Legaten) vorbehaltenen *dona maiora*. Die Dekorationen der Soldaten bestanden aus gewöhnlich silbernen Armspangen (*armillae*), Halsketten (*torques*) und Ehrenscheiben (*phalerae*). Am begehrtesten waren die Ehrenkronen, die es je nach Heldentat in verschiedenen Kategorien gab: Die Bürgerkrone erhielt ein Soldat, der einen römischen Bürger unter den Augen des Generals vor dem Feind gerettet hatte, die *corona muralis* derjenige, der als Erster die Mauer einer feindlichen Stadt überwand. Die seltenste und höchste Auszeichnung war die *corona obsidionalis* oder *graminea*, ein einfacher Kranz aus Gräsern für die Rettung einer belagerten Stadt oder eines ganzen Heers aus höchster Gefahr.

verformte und für den Feind unbrauchbar wurde, außerdem erhielt er ein Gegengewicht, das ihn besser ausbalancierte und die Treffsicherheit erhöhte. Die reformierte Heeresstruktur und die optimierte Ausrüstung blieben im Wesentlichen bis zum Ende des Imperiums erhalten, alle weiteren Veränderungen betrafen nur noch Detailbereiche wie etwa die zahlenmäßige Stärke und Funktion der Kavallerie, den Einsatz des Langschwertes anstelle des kurzen *gladus* sowie die Aufstockung der *auxilia*.

Kriegsmaschinen

Einen großen Unterschied zwischen den Römern und den meisten ihrer Feinde stellten die Kriegsmaschinen dar, die die Legionen ständig mit sich führten: Katapulte, Laufhallen, Rammböcke, Belagerungstürme. Diese Hilfsmittel waren bei Belagerungen äußerst hilfreich. Vom 2. Jh. n. Chr. an wurden die fahrbaren Wurfmaschinen auch auf dem Schlachtfeld eingesetzt, eine regelrechte Artillerie also, die die Fußsoldaten effektiv unterstützte. Natürlich waren diese Hilfsmittel beim Feind nicht unbekannt, doch niemand wusste sie so systematisch und rationell einzusetzen wie die Römer.

Stele der Brüder Vettius
Oben: *die Auszeichnungen der Brüder Gajus und Quintus Vettius: neun* phalerae, *zwei* torques *und zwei* armillae.

Die Karriere des Titus Calidius Severus
Auf der Grabstele des Centurio Titus Calidius Severus sind sein Schuppenpanzer samt Offiziershelm und Beinschienen abgebildet.

DER FEIND

Im Laufe seiner langen Geschichte wurde Rom mit vielerlei Feinden konfrontiert, von denen jeder seine eigenen Stärken und Schwachpunkte hatte. Die römischen Truppen und ihre Kommandanten verstanden es jedoch, sich mit Erfolg an verschiedenste Situationen anzupassen.

Am Beginn ihrer Geschichte waren die Römer mit Feinden konfrontiert, die eine ähnliche Abstammung, Kultur, Sprache sowie gesellschaftliche und militärische Strukturen hatten wie sie, etwa mit den verschiedenen italischen Völkern (Latiner, Samniten, Picener). Es gab aber auch Kulturen, mit denen sie bereits in Kontakt waren und von welchen sie Techniken, Traditionen oder Religion übernommen hatten wie die Etrusker. Konflikte spielten sich hier auf taktisch und logistisch gleichem Niveau ab. Den Unterschied machten weder Waffen noch Organisation der Römer aus, sondern ihre Disziplin, ihre Opferbereitschaft und Entschlossenheit.

Dakerhelm
Im Krieg gegen die Daker im 2. Jh. n. Chr. errang Kaiser Trajan entlang der Donaugrenze einige der glorreichsten Siege der Kaiserzeit. Oben: Dakerhelm aus Silber.

Büste des Pyrrhus
Für Hannibal war Pyrrhus der größte Feldherr der Geschichte. Für seine Zeitgenossen stand nur Alexander der Große über dem König von Epiros.

DER GRÖSSTE FEIND

Wahrscheinlich gab es in der gesamten römischen Geschichte keinen gefährlicheren Feind als Hannibal, den Karthager General, der das Schlachtfeld bis auf italienisches Gebiet verlagerte und der Einzige, der die Römer je in vier großen Schlachten hintereinander zu besiegen vermochte. Über ihn schrieb der römische Historiker Cornelius Nepos: »Sein Genie überragte alle anderen Feldherrn wie das römische Volk alle anderen Völker an Mut übertraf.« Doch auch Hannibal wurde geschlagen, weniger durch das Genie seines Gegners Scipio als durch das taktische Geschick der Legionen, die er mit einem neuen, längeren Schwert, dem *gladius hispaniensis,* bewaffnet hatte. Die mobilen Abteilungen ließen die Karthager Elefanten durch und formierten sich dahinter neu gegen die Infanterie des Feindes.

Hannibal ante portas!
Hannibal, hier in einem Fresko aus dem 16. Jh., hätte Rom beinahe von der Bühne der Weltgeschichte gedrängt. Alles zitterte vor ihm und seinen Elefanten, wenn der Ruf ertönte: »Hannibal vor den Toren!«

Begegnung mit dem Orient

Ganz anders stellte sich jedoch die Lage dar, als Rom seine Hegemonie im Mittelmeerraum bekräftigt hatte und auf die ersten großen griechischen Städte im Süden (und ihre Verteidiger am jenseitigen Ufer, wie Pyrrhus) traf, dann auf Karthago und schließlich auf die mazedonisch-hellenischen Heere und jene der hellenistischen Staaten. Fast immer war die erste Begegnung mit diesen Streitkräften, die auf eine lange kriegerische Tradition im Zuge der Perserkriege und unter Alexander dem Großen zurückblicken konnten, eine katastrophale Niederlage. Die Elefanten von König Pyrrhus terrorisierten die Legionen in Lukanien, ebenso wie Hannibal mit seinen genialen Schachzügen nicht nur die Truppen der Republik, sondern auch ihren Kampfgeist zerstörte. Die orientalischen Potentaten boten Masse auf, mehrere zehn- ja hunderttausende Männer auf dem Schlachtfeld. Hier waren die taktische Flexibilität der römischen Legionen und die Fähigkeit, aus Fehlern zu lernen – die besonders Generäle wie Quintus Fabius Maximus, Scipio, Marius, Sulla und Lucullus auszeichnete – gefragt. Am Ende waren die Römer so von ihrer Überlegenheit überzeugt, dass sie behaupteten, mit vier gut geschulten römischen Legionen könnte man jedes orientalische Heer ungeachtet seiner Größe besiegen.

Nahkampf
Detail aus einem Relief der Trajanssäule mit einem Barbaren, der das Schwert gegen einen römischen Soldaten schwingt.

Das Gesicht des Feindes
Marmorporträt eines Barbarenfürsten aus dem 3. Jh. n. Chr.

Die Wut der Teutonen

Der schwierigste Feind der Römer, der die tausendjährige Kultur am Ende in die Knie zwingen sollte, waren jedoch die Barbaren, die immer wieder in Scharen von Norden her einfielen. Schon die Gallier unter Brennus hatten den Lebensnerv der Stadt selbst bedroht. Caesar brauchte zehn Jahre, um Gallien zu unterwerfen, über ein Jahrhundert dauerte es, Spanien zu befrieden, und im Norden Britanniens gelang die Eroberung nie. Germanenstämme metzelten die Legionen des Varus an Rhein und Elbe nieder, Vandalen, Goten, Franken, Burgunder und Alemannen brachen überall durch den *limes* der Römer. Jahrhundertelang konnten wohl organisierte Legionen, eine kluge Befestigungstechnik, gezielte Strafexpeditionen (»sie hinterließen eine Wüste und nannten das Frieden«, lässt Tacitus einen schottischen Stammesführer sagen) und Barbaren, die rekrutiert wurden, um gegen andere Barbaren zu kämpfen, den *furor teutonicus* in Schach halten, der Kimbern und Teutonen dazu brachte, nackt und im Blutrausch gegen die gepanzerten Soldaten anzustürmen. Doch um einen wirtschaftlich, menschlich und moralisch hohen, ja am Ende doch zu hohen Preis.

VERTEIDIGUNGSANLAGEN

Ob Vorposten für Manöver der Legionen, Bastion zur Sicherung der Grenze oder Abwehrschild gegen den Ansturm der Barbaren: Festungsbauten waren ein charakteristisches Merkmal des militärischen Systems der Römer.

Die Römer waren Meister im Bau von Verteidigungsanlagen, wobei es keine Rolle spielte, ob es sich um permanente Festungen oder provisorische Militärlager handelte. Sie optimierten das Konzept des *oppidum*, des befestigten Dorfes aus frühen italischen Kulturen, für ihre Zwecke und wendeten es systematisch in ihren Kolonien an. So waren ihre Ansiedlungen nicht nur Zentren der Romanisierung, sondern auch und vor allem Festungen zur Kontrolle des Territoriums. Eine andere typische Erfindung der alten Römer war das *castrum*, ein befestigtes Lager, das das römische Heer am Ende eines jeden Marschtages errichtete. Die Lager wurden nach einem ganz bestimmten Schema aufgebaut, mit rechteckigem Grundriss, dem Zelt des Kommandanten in der Mitte und jenen der Abteilungen immer am gleichen Platz exakt aufgereiht. Rundherum zog man einen Graben, auf einem mit dem Aushubmaterial aufgeschütteten Wall wurden Palisaden aufgestellt. Diese *castra* gewährleisteten die Sicherheit während der Marschpausen und Nachtstunden und schützten Vorräte, Waffen und anderes Kriegsgerät. Falls die Römer einmal eine Schlacht verloren, stellten sie die Basis für einen sicheren Rückzug dar und bildeten damit einen unverzichtbaren Bestandteil der ausgeklügelten Feldzugtaktik, die die römischen Generäle und ihre Truppen beherrschten wie kaum je ein anderes Heer.

Verteidigung der Grenze
Rechts: *Detail eines Reliefs der Trajanssäule mit der Darstellung römischer Soldaten, die gemeinsam am Bau eines befestigten Lagers arbeiten.*

Die Porta Palatina
Die Porta Palatina in Turin ist eines der am besten erhaltenen Beispiele für ein römisches Stadttor. Es führte von Norden genau auf den cardus maximus, *die Längsachse der Stadt, zu.*

DIE KONTROLLE DER GRENZGEBIETE

Die »Grenze« war für die Römer keine durchgehende Linie, entlang welcher man die eigenen Festungsanlagen errichtete, sondern ein Gebiet, in dem alle Verkehrswege, von den Straßen bis zu den Flüssen, kontrolliert wurden. Das konnten mitunter auch weit von der Grenze entfernte, aber strategisch wichtige Bereiche sein, die man für Kommunikation und Nachschub benötigte. Bei dieser Art der Verteidigung sprach man von der *praetentura*, einem Begriff, mit dem eine Kette von Beobachtungsposten entlang von Straßen oder Tälern bezeichnet wurde. Wachtürme, befestigte Siedlungen und Festungen gab es dort, wo man mit Angriffen von außen zu rechnen hatte. Da keine Massenoffensiven, sondern Einfälle kleinerer Gruppen und Horden drohten, genügte die Kontrolle unumgehbarer Engstellen.

Wachturm
Rechts: *Detail eines Reliefs mit einem der Wachtürme entlang des* limes *an der Donaugrenze.*

MILITÄRWESEN

Der limes

Der römische Festungsbau entwickelte sich im Laufe der Jahrhunderte dank vielfältiger Erfahrungen stets weiter und fand seinen höchsten Ausdruck in jenem Moment, als der Schwung des Eroberungswillens, der die römischen Legionen bis in den Norden Britanniens, über Rhein und Donau hinaus, nach Mesopotamien und an den Rand der afrikanischen Wüste vorstoßen hatte lassen, langsam nachließ. Nun galt es, das immense eroberte Gebiet zu verteidigen. In dieser Zeit kommt das Konzept des *limes* auf, einer befestigten Grenze zur Trennung der imperialen Gebiete von jenen der Barbaren. Zwischen Ende des 1. und Mitte des 4. Jh. n. Chr. entstand ein dichtes Netz an Festungen aller Art, deren Aufgabe es war, die römischen Garnisonen zu beherbergen und den Ansturm der Barbaren aufzuhalten oder wenigstens auszudünnen. Darunter gab es lineare Grenzwälle wie jene der Kaiser Hadrian und Antoninus Pius in Britannien, Grenzfestungen wie am Rhein und entlang des afrikanischen *limes*, und schließlich Grabenanlagen mit Türmen und Feldfestungen, wie etwa im Keil zwischen Oberrhein und Donau in Germanien. Der Zweck war allen gemeinsam: Nummerische Überlegenheit sollte durch technischen Vorsprung ersetzt werden und die römischen Garnisonen mussten zur Abwehr der Barbarenhorden beweglich bleiben.

Vindolandia
Die Festung Vindolandia *(heute Chesterholm in Großbritannien) wurde von römischen Legionen um 9 v. Chr. erbaut und ins Verteidigungssystem des Hadrianswalls integriert.*

Rekonstruktion eines castrum
In der frühen imperialen Periode fungierten die Militärlager auch als Nachschub- und Logistikbasen für Offensiven über die Grenzen hinaus. Doch ab dem 3. Jh. rückte die Verteidigungsfunktion deutlich in den Vordergrund, da das Imperium ständig damit beschäftigt war, einfallende Barbarenhorden abzuwehren.

Die Städte

Neben Grenz- und Feldfestungen bauten die Römer auch befestigte Städte. Sie besaßen, wie die Militärlager auch, Graben, Wall und Türme, nur in solider Bauweise. Charakteristisch dabei waren die Stadttore, die mit den beiden seitlichen Türmen wie eine kleine, eigenständige Burg konzipiert waren, welche auch dann noch widerstehen konnte, wenn die Mauern bereits gefallen waren. Ein besonders markantes Beispiel für die Meisterschaft der Römer im Festungsbau ist die Aurelianische Mauer von Rom, die erste Verteidigungsanlage, die in der Ewigen Stadt seit dem Zeitalter der Könige gebaut worden war.

Der Glanz des Sieges

Es war der heimliche Traum jedes römischen Generals: der große Triumphzug, der den Ruhm des siegreichen Feldherrn öffentlich feierte und ihn definitiv zum Helden erklärte.

Wenn ein römischer General als oberster Kommandant eines Heers einen entscheidenden Sieg gegen ein feindliches Volk errang oder selbst an einer Schlacht teilnahm, in der mindestens 5000 Feinde fielen, so bedeutete dies die Anwartschaft auf den Triumph, die höchste Ehre, die die Ewige Stadt für ihre Feldherrn bereithielt. Die ursprünglich relativ einfache religiöse Zeremonie, anlässlich welcher der siegreiche General mit seinen Truppen durch die Stadt zum Tempel des Jupiter Optimus Maximus zog, um dort für den Sieg zu danken, wurde mit der Zeit zu einer prachtvollen Feierlichkeit, bei der der Sieger unter großem Pomp und Prunk vor aller Augen gleichsam offiziell in die Reihen der Helden des Imperiums aufgenommen wurde.

Vorbereitung und Ablauf

Der siegreiche General musste mit seinen Männern vor den Toren Roms verweilen (die Stadtgrenze zu überschreiten hätte den unmittelbaren Verlust des militärischen *imperiums* zur Folge gehabt) und dem Senat einen Bericht über die Ereignisse zukommen lassen, aufgrund dessen die Versammlung dann ihre Entscheidung traf (und oft den ungeduldig wartenden Feldherrn Monate oder gar Jahre im Unklaren ließ). Fiel das Urteil des Senats günstig aus, wurde der große Tag festgesetzt, an dem das gesamte Volk in den Straßen zusammenlief, um den Triumphzug vorbeiziehen zu sehen. Straßen, Plätze und Monumente wurden mit Girlanden geschmückt, die Tore

Bereit für die Parade
Oben: *Marmorstatue eines Offiziers des römischen Heers in der Prachtrüstung.*

Der Moment des Triumphes
Links: *Stich aus dem Jahre 1919 von J. Hoffbauer mit der Darstellung eines Triumphzuges am Forum Romanum.*

Panoplie
Relieftafel mit der Darstellung militärischer Trophäen (panoplia) mit Beilen und Schild.

der Tempel standen weit offen, auf den Altären verbrannte man Weihrauch. Langsam setzte sich der Zug vom Marsfeld in Bewegung, unter dem Triumphbogen hindurch, über Velabrum und Forum Boarium hinweg am Circus Maximus und am Forum vorbei bis zum Kapitol. Die Wangen mit Zinnober gefärbt, stand der Sieger stolz auf dem Triumphwagen, angetan mit der *toga picta*, inmitten seiner Soldaten, und die ganze Stadt jubelte ihm zu. Er führte die Zeugnisse seines Sieges (die gefangenen feindlichen Anführer, Wagen mit der Kriegsbeute sowie Bilder und Skulpturen, die die Schlacht darstellten) mit sich. Am Kapitol angekommen stieg er zum Tempel des Jupiter hinauf, übergab ihm Krone und Szepter, die er beim Triumphzug getragen hatte, brachte ein Opfer dar und saß dann dem Bankett vor, an dem Soldaten, Amtsträger und die ganze Stadt teilnahmen.

Vom *imperium* zum *imperator*

Der Triumph war in der republikanischen Zeit am prächtigsten, als er den Lohn des Bürgers für die erfolgreiche Erfüllung eines *imperiums* darstellte, für das er von seinesgleichen erwählt worden war. In der Kaiserzeit war der einzige Träger des *imperium* der Princeps, der nicht von ungefähr *imperator* genannt wurde. Die Generäle stellten nur den »verlängerten Arm« des Souveräns dar und wurden so gut wie nie mit dem Triumph belohnt. Stattdessen trug der *imperator* in staatlichen Zeremonien gewohnheitsmäßig die *ornamenta triumphalia*. Nun verlor der Triumph an Bedeutung, den letzten feierte man 302 für Diokletian. Dennoch hat gerade die Kaiserzeit die eindrucksvollsten Spuren des Triumphes hinterlassen, die monumentalen Bögen auf dem Forum zur Feier der siegreichen Kaiser.

Der Triumphbogen von Orange
Zwischen der Herrschaft des Augustus und jener des Tiberius wurde in der Provinz Gallia Narbonensis eine Reihe eindrucksvoller Triumphbögen errichtet. Besonders markant ist jener von Orange mit drei Durchgängen und Reliefs mit Waffen, Schiffen, Trophäen und Gefangenen.

EINIGE TRIUMPHATOREN DER REPUBLIK

209 v. Chr.	Fabius Maximus für den Sieg über die Tarantiner.
201 v. Chr.	Scipio Africanus für den Sieg über Karthago.
168 v. Chr.	Lucius Emilius Paulus für den Sieg über die Mazedonier.
105 v. Chr.	Gajus Marius für den Sieg über Jugurtha.
61 v. Chr.	Pompejus für den Sieg über Mithridates.
46 v. Chr.	Caesar für den Sieg über die Gallier.
29 v. Chr.	Octavian feiert gleich drei Triumphe, für den Sieg über die Dalmatier, jenen bei Actium und die Eroberung Alexandrias.

DIE ERSTE GARDE: DIE PRÄTORIANER

Als Heer im Heer lag in den Händen der Prätorianer, der Leibgarde des *princeps*, mehr als einmal das Schicksal des gesamten Imperiums.

Die Prätorianergarde in Rom wurde von Augustus 22/21 v. Chr. begründet, nachdem eine Verschwörung die Stabilität des Imperiums, ja sogar das Leben des *princeps* in Gefahr gebracht hatte. Sie bestand aus einer variablen Anzahl (neun bis sechzehn) Kohorten, die bereits von der Regierungszeit Kaiser Tiberius' an – entgegen dem Gesetz, nach welchem in Rom keine bewaffneten Soldaten stationiert sein durften – in der Hauptstadt selbst untergebracht waren. Der oberste Offizier der Garde war der *praefectus praetorio* aus dem Ritterstand, der wegen der heiklen Aufgabe das vollste Vertrauen des Kaisers genoss und eine wichtige Rolle bei Hofe spielte. Die Garde bestand aus ausgezeichnet ausgebildeten Berufssoldaten, die jeder Aufgabe gewachsen waren, und stellte die Elite des römischen Heers dar. Oft war sie in Nachfolgestreitigkeiten verwickelt, wie etwa bei der Ermordung des Caligula 41 n. Chr., als die Prätorianer Claudius zu seinem Nachfolger ausriefen. Ihr Einfluss war im 2. Jh., als eine stabile imperiale Macht die Kontrolle des Staates fest in Händen hielt, eher geringer geworden, stieg jedoch in den folgenden Jahrhunderten, als neue Unruhen und Wirren das Reich erschütterten, wieder beträchtlich an, bis Septimius Severus das Korps schließlich auflöste und mit Soldaten aus den Legionen neu zusammenstellte. Unter Konstantin kam es aber neuerlich zum Aufflammen der alten Probleme, sodass sich der Kaiser veranlasst sah, einer eventuellen Eskalation vorzubeugen, indem er die Institution der Prätorianergarde gänzlich und definitiv abschaffte.

Offizier mit Helm
Kopf eines Offiziers mit Helm, typisch die Helmzier als Kamm mit Pferdemähne oder Federn.

Leibgarde des Kaisers
Relief mit Prätorianeroffizieren. Man erkannte sie leicht an den auf den Leib geschmiedeten und mit Reliefs geschmückten Brustpanzern.

Organisation, Rekrutierung und Leben der Prätorianer

Jede Kohorte wurde von einem Tribun befehligt und bestand aus sechs Zenturien mit insgesamt rund 1000 Infanteriesoldaten, die von einer Kavallerieabteilung unterstützt wurden. Anfangs mussten sich die Soldaten alle freiwillig melden und freie Bürger Roms sein. Mit der Zeit stieg jedoch der Anteil der nichtitalischen Soldaten immer stärker an, bis Septimius Severus diese von der Aufnahme in die Prätorianerkohorten ausschloss. Die Dienstzeit betrug 16 Jahre (gegen 20–25 in den »gewöhnlichen« Legionen) und die Bezahlung war hervorragend: von 500 Denaren unter Augustus bis zu stattlichen 2500 zur Zeit des Caracalla. Zu diesem Gehalt kamen noch großzügige Zuwendungen anlässlich von Feierlichkeiten oder als Anerkennung für besondere Verdienste. Das Alltagsleben eines Soldaten der Prätorianergarde abseits der Kampfhandlungen war weitaus angenehmer als das eines gewöhnlichen Legionärs. Zur täglichen Routine gehörte nach kurzem morgendlichen Exerzieren die Körperpflege in den Thermen, danach eine Mahlzeit und freier Ausgang. Der Speiseplan war reichhaltiger als jener der Legionen und enthielt täglich Fleischspeisen. In der Freizeit standen alle Attraktionen der Stadt zur Verfügung: Theater, Gladiatorenkämpfe, Tavernen und *thermopolia* (die Snack-Bars jener Zeit). Als Unterkunft dienten die *castra praetoria*, die unter Tiberius auf dem Viminal, knapp außerhalb der Servianischen Mauer, errichtet wurden. Dieses weitläufige Areal war befestigt und beherbergte die Kammern für die Soldaten, großzügigere Räumlichkeiten für die Offiziere, die Kommandogebäude, Vorrats- und Waffenlager, Stallungen und sogar ein Feldlazarett, wobei all das von außen völlig unabhängig und autark funktionierte.

Das Kommando im castrum
Im Inneren jedes römischen castrum *war das* preatorium *die Unterkunft des Kommandanten. Links: Überreste des* praetorium *der römischen Armee in* Lambaesis, *Algerien.*

DIE INSIGNIEN DER PRÄTORIANER

Jeder Bürger erkannte einen Angehörigen der Prätorianergarde sofort, sei es an der unverwechselbaren Ausrüstung – ein auf den Leib geschmiedeter Brustpanzer statt der typischen *lorica segmentata* der Legionäre, Lederstreifenschurz zum Schutz vor Hieben (*pteryges*), kammartige Helmzier und hoher Stirnschutz, ovaler Schild mit Blitzemblem – oder am Antlitz des Kaisers auf den Bannern, die über ihnen wehten. Sie stellten den bewaffneten Arm der Macht dar, was ihnen wohl bewusst war.

Schwertgurt
Bandelier aus Bronze mit Kampfszenen zwischen Römern und Barbaren. Der Schwertgurt wurde über die rechte Schulter zur linken Hüfte getragen, damit das schwere Schwert den Leibgurt nicht zu stark hinunterziehen konnte.

Tapferkeitsmedaillen
Relieftafel mit zahlreichen militärischen Auszeichnungen verschiedenster Art.

DIE LANDWIRTSCHAFT

An der Basis der römischen Staatsstruktur stand ein komplexes und sehr effizientes Agrarsystem, das Ein- und Zuteilung des Ackerlandes zum Zwecke der landwirtschaftlichen Produktion sowie den Handel mit Agrarprodukten im großen Stil regelte.

Getreidemühle
Getreidemühle aus Lavastein aus dem 1. Jh. n. Chr., die in Pompeji gefunden und zum Herstellen von Mehl benutzt wurde.

Lange Zeit basierte die Gesellschaft der Ewigen Stadt auf der Landwirtschaft, und ihre Bürger waren zum größten Teil Bauern. Nach der Überlieferung hatte Romulus persönlich zwei Joch (rund 5000 Quadratmeter) Land mit einem Pflug eingegrenzt, das erste *heredium*, das für viele Jahrhunderte die Keimzelle der italischen Landwirtschaft darstellen sollte. Der Gründer Roms gab jedem Einwohner davon einen Teil, damit er über den minimalen Landbesitz verfüge, der notwendig war, um als Bürger mit vollen Rechten anerkannt zu sein. Diese Geschichte mag grob vereinfacht oder auch frei erfunden sein, sie zeigt jedoch, wie viel Bedeutung man den kleinen Landbesitzern im römischen Staat zumaß. Von diesen *heredia* schufen die Römer im Laufe der Jahrhunderte mehrere Zehntausend und stellten ein komplexes System der Landverteilung und -vermessung auf, die »Centuriation«, die zum unverwechselbaren Merkmal der latinischen Kultur wurde. Grob vereinfacht kann man ihre

Die Mosaiken von Tabarka
Die Mosaiken aus dem 5. Jh. n. Chr. in der römischen Villa von Tabarka, Tunesien, liefern ausgezeichnetes dokumentarisches Material über das Leben auf den Landgütern.
Unten: Wirtschaftsgebäude mit Kornspeichern, Gesindehäusern und Stallungen.

Beim Pflügen
Oben: *Votivfigur aus Bronze, die einen Mann mit Pflug darstellt. Die Römer lernten viele ihrer Ackerbautechniken von den Etruskern, die bereits im 7. Jh. v. Chr. einen von einem Paar Ochsen gezogenen Pflug benutzten.*

WIRTSCHAFT UND GESELLSCHAFT

Methode beschreiben wie folgt: Das Land wurde vermessen und in regelmäßige quadratische Einheiten von 200 Joch (ca. 50 Hektar) eingeteilt, die man *centuriae* nannte. Diese wurden wiederum in Parzellen von jeweils zwei Joch (die besagten *heredia*) unterteilt und den Siedlern zugeteilt. So gab es also für jede Einheit hundert Landbesitzer, was den Namen »Centurie« erklärt. Ganze Regionen, wie etwa die Po-Ebene, wurden auf diese Weise systematisch segmentiert. Bis heute kann man auf Luftaufnahmen oder Landkarten dieser Gegend die Spuren der antiken Gliederung unschwer erkennen. Auch die von den Römern gegründeten Städte wurden nach einem klaren Schema in regelmäßige Abschnitte (*insulae*) unterteilt, die das Stadtgebiet dem umliegenden Land entsprechend strukturierten. Die Straßen lagen oft genau in einer Achse mit den Grenzen der Felder: Stadt und Land in perfekt durchstrukturierter Ordnung.

Der Agrimensor
Diese Stele des L. Ebutis Faustus zeigt die Attribute eines Agrimensors, eines römischen Landvermessers, dessen Aufgabe die Centuriation des Ackerlandes war.

Kleiner Landbesitz und Latifundien

Doch bald kam es unter den kleinen Landbesitzern zu einer Krise. Für die Bauern wurde es immer schwerer, selbst für ihre Ausrüstung und Waffen als Soldaten aufzukommen und lange Zeit fern von ihren Feldern in den Legionen Dienst zu tun, Dürreperioden taten ein Übriges. Am schlimmsten jedoch lastete die Konkurrenz eines neuen Agrarsystems auf ihnen, das sich zur Zeit der Punischen Kriege herauszubilden begann, die Latifundienwirtschaft. Große Landgebiete wurden von Sklavenhand bearbeitet, die Produktionskosten waren gering, der Ertrag durch extensive Monokultur hoch, und selbst ein schlechtes Erntejahr konnte einem Großgrundbesitzer wenig anhaben. Die kleinen Bauern wurden immer mehr an den Rand gedrängt, und viele verkauften ihren Besitz und gingen in die Stadt, wo sie am untersten Rand der gesellschaftlichen Rangordnung ihr Dasein fristeten, da sie weder Besitz hatten noch eines Handwerks mächtig waren. Römische Herrscher von den Gracchen bis zu Julius Caesar und Augustus versuchten wiederholt, die kleinen Landbesitzer, die sie als wichtiges Reservoir für die Legionen ansahen, zu stärken. Doch gegen Ende der Kaiserzeit waren die Latifundien mitunter so groß wie ganze Provinzen, und ihre Besitzer regierten dort wie Könige: Vorboten des Feudalsystems.

FREIE BÜRGER UND SKLAVEN

Der römische Schriftsteller Varro (1. Jh. v. Chr.) liefert diese aufschlussreiche Beschreibung der Beziehung zwischen freien und Sklavenarbeitskräften: »Nun zu den notwendigen Mitteln zur Bestellung des Landes. Manche teilen dieses Thema in zwei Teile: Arbeitskräfte und Werkzeuge, andere in drei Teile: sprechende (d. h. Sklaven), lautgebende (Nutztiere) und stumme Werkzeuge (z. B. Wagen). Die ländlichen Arbeiten können von Sklaven erledigt werden, von freien Bürgern oder von beiderlei. Die Freien können selbst anbauen, wie es viele arme Bauern nur mit Hilfe der eigenen Familie tun, oder, wenn es die Landwirtschaft zu bestimmten Zeiten erfordert, als Hilfskräfte zusammenarbeiten wie bei der Weinlese oder beim Einbringen von Heu [...]. Meinem Dafürhalten nach sollte man die freien Arbeitskräfte auf ungesundem Land einsetzen und Tagelöhner als Hilfskräfte bei schweren Arbeiten wie etwa Ernte, Weinlese und Konservierung der Feldfrüchte auch auf gesundem Land.«

Varro, *De re rustica*, I, XVII. 1-3

Viehzucht und Weidewirtschaft

Eng mit der Landwirtschaft verbunden, stellten Viehzucht und Weidewirtschaft eine der wichtigsten Grundlagen der Versorgung der Gesellschaft in der Antike dar.

Nach einer in der antiken Welt weit verbreiteten und von Varro in seinen Schriften kolportierten Überzeugung hatten die Menschen eine Entwicklung in drei Phasen hinter sich: Die erste Stufe war demnach jene, als sie sammelten und von dem lebten, was die Erde ihnen bot, dann wurden sie zu Hirten, indem sie Tiere einfingen und zu züchten begannen, und die dritte, die höchste Stufe, war mit der Landwirtschaft erreicht. In Wirklichkeit jedoch gingen Weidewirtschaft und Viehzucht immer schon mit der Landwirtschaft Hand in Hand und ergänzten sich bestens, wenn zum Beispiel Nutztiere für Pflug- oder Transportarbeiten herangezogen wurden. Somit steht fest, dass beide Sparten wichtige Pfeiler der römischen Wirtschaft gewesen sind. Die wertvollsten Tiere waren sicherlich die Rinder, die große Mengen an Fleisch, Milch, Butter, Käse, Dünger, Horn, Knochen und Leder lieferten und außerdem als Zugtiere verwendet werden konnten. Mit all diesen Diensten entgolten sie den Menschen die Haltung und das Anlegen von Futtervorräten für den Winter. Ebenfalls hoch geschätzt wurden die Pferde, nicht nur als Transportmittel, sondern

Gallischer Stier
Bronzestatuette eines Stiers aus Gallien, einer Provinz, die zur Römerzeit besonders im Norden aus weitläufiger Hügellandschaft mit vereinzelten bäuerlichen Dörfern bestand.

Landleben
Detail eines Sarkophags mit ländlichen Szenen: Bauern, die Gemüse ernten, und Viehhirten beim Melken ihrer Schafe.

auch und vor allem weil sie für sportliche und militärische Zwecke äußerst gefragt waren. Die aufwändige Haltung konnten sich allerdings nur die oberen Schichten leisten, die kleinen Bauern begnügten sich mit den weniger edlen, aber genügsameren Eseln oder Maultieren. Auch Schafe waren weit verbreitet, wenn auch nicht so hoch geschätzt. Allein an ihrer Anzahl konnte man bereits ablesen, dass sie die Basis des Viehbestands und damit auch des Wohlstands in der römischen Welt darstellten.

WIRTSCHAFT UND GESELLSCHAFT

Im Galopp
Bronzefigur eines galoppierenden Pferdes aus Spanien. Vielleicht handelt es sich um die Rasse, die Julius Caesar in De bello gallico *als* caballus ibericus *bezeichnet.*

Nicht von ungefähr kommt das lateinische Wort für Reichtum, *pecunia*, von *pecus*, »Schaf«. Diese genügsamen Tiere widerstanden dem ariden mediterranen Klima gut, benötigten wenig Pflege und gaben im Überfluss Wolle, Leder, Milch und Käse. Andererseits standen sie jedoch im Ruf, ärmliche Nomadentiere zu sein, und waren wegen ihrer Eigenart, Weideflächen regelrecht kahl zu fressen, nicht so gerne gesehen. Wenn Rinder, Pferde und Schafe das Gros des Viehbestands ausmachten, so sind doch noch einige andere Arten zu verzeichnen, die ebenfalls häufig gehalten wurden, wie die Schweine wegen ihres quer durch alle Klassen gefragten Fleisches, aber auch Federvieh wie Hühner und Gänse, die als Nebenprodukt gleich noch einen beliebten Dünger für Weinberge und magere Felder lieferten. Eine Sonderstellung nahm die Bienenzucht ein, deren exquisites Produkt, der Honig, in der römischen Küche viel verwendet wurde.

Die Pflege der Tiere

Wegen des hohen Preises, den Tiere und ihre Produkte auf dem Markt erzielen konnten, entwickelten sich die Römer zu wahren Spezialisten in Sachen Tierhaltung und -pflege. Nicht nur die edlen Pferde, auch Rinder und Schweine erhielten eine Menge Zuwendung und Aufmerksamkeit. Die römischen Agronomen ergingen sich in langen Abhandlungen über den rechten Zeitpunkt für Ankauf, Verkauf oder Paarung der Tiere, ihre Ernährung sowie die Behandlung allenfalls auftretender Erkrankungen. Tierärzte waren zwar unbekannt, dafür besaß jeder Viehzüchter allerlei Kenntnisse über Heilnahrung, Packungen, Salben und natürlich auch den Aderlass, das bekannte Allheilmittel der antiken Welt.

OPFER FÜR DIE GÖTTER

In der römischen Welt wurden den Göttern zwei Arten von Opfern dargebracht, unblutige wie etwa die schönsten Feldfrüchte der neuen Ernte, und blutige, anlässlich welcher ein oder mehrere Tiere am Altar geschlachtet wurden. Als Schlachtopfer eigneten sich Ochsen, Schafe, Schweine, Ziegen und auch andere Tiere, je nach Charakter des Gottes, dem sie dargeboten wurden. Die Tiere durften keinen Makel aufweisen, das Ritual war streng reglementiert: Sobald sie ausgewählt waren, wurden sie von der Herde getrennt gehalten, sorgfältig gewaschen, mit Girlanden geschmückt und mit *mola salsa*, einem Gemisch aus Getreideschrot und Salz, das die Vestalinnen zubereiteten, bestreut, ehe sie zum Altar geführt wurden. Dort kamen ein mit der Aufsicht über die Opferfeier betrauter Magistrat oder, im Falle eines privaten Opfers, der *pater familias*, die für das rituelle Töten des Tiers zuständigen Bediensteten, die Haruspizien, die aus den Eingeweiden des Opfertiers weissagten, eine lange Reihe von Gottesdienern und die Öffentlichkeit zusammen. Nach rituellen Gebeten wurde das Tier geschlachtet, das Blut aufgefangen und auf dem Opferplatz verspritzt, die Eingeweide für die Weissagung herausgenommen, danach zerschnitten und mit Öl und Salz bestreut den Göttern dargeboten. Der entweihte Rest endete als Mahlzeit für alle.

Nomadenleben
Relief aus republikanischer Zeit mit der Darstellung eines Viehhirten auf der Weide.

Rhyton *in Form eines Hahns*
Unter dem Begriff rhyton *werden Behälter in Tierform zusammengefasst, die in vielen Kulturen der Antike verbreitet waren. Der hier gezeigte stammt aus einem Wohnhaus in Pompeji und stellt einen stattlichen Hahn dar.*

DER BERGBAU

Aus den Steinbrüchen kamen Marmor und Baustoffe, aus den Bergwerken Metalle für Werkzeuge, Schmuck und Münzen. Was die Erde in ihren Adern barg, waren lebensnotwendige Güter für die Römer. Dennoch erscheinen ihre Kenntnisse über Abbau und Bearbeitung von Bodenschätzen nicht sonderlich ausgereift.

Die Verurteilung *ad metalla*, zur Zwangsarbeit in den Bergwerken, war eine der grausamsten Strafen der römischen Welt. Die Arbeit in Steinbrüchen und Minen war wohl die härteste und gefährlichste Tätigkeit in der damaligen Wirtschaft. Im Tagbau gab es dabei weniger Probleme als in den Minen. Wenn die Römer mit dem Abbau an einem Rohstofflager begannen, waren die oberflächlichen Vorkommen meist rasch erschöpft, und es wurde notwendig, unter Tage weiterzuarbeiten – kein leichtes Unterfangen bei den beschränkten Kenntnissen und der rudimentären Technologie, die damals zur Verfügung standen. Im Allgemeinen wurden rechteckige oder runde Gruben angelegt, in die man über grob gehauene Stufen oder einfache Leitern hinabstieg. Hatte man eine Erzader erreicht, wurden horizontale Stollen gegraben. Die Belüftung erfolgte über die in regelmäßigen Abständen angelegten Gruben oder Stichschächte. Um eventuellen Gasaustritt zu kontrollieren, wurden in den Stollen Lampen aufgehängt: Brannten die Lampen, konnte man hinabsteigen. Zur Arbeitsbeleuchtung wurden weitere kleine Laternen in dafür ausgehauene Nischen gestellt. Gegen Wassereinbrüche behalf man sich mit der Archimedischen Schraube oder dem Wasserrad. Um das notwendige Wasser zur Lockerung von Gestein oder zum Fortspülen von Geröll einzuleiten, baute man Aquädukte, Kanäle und Sammelbecken – Spuren dieser Aktivitäten kann man heute noch in betroffenen Gebieten entdecken.

Produkte

Neben dem Marmor für die Bauwirtschaft (im alten Rom verwendete man ihn besonders zur Vertäfelung von Wänden) gewannen die Römer auch Gold, Silber, Zinn, Kupfer, Eisen und Blei. Mit Ausnah-

Silberverarbeitung
Silberne Büste eines Patriziers. Sie stammt aus Vasio Vocontiorum in der Provinz Gallia Narbonensis (heute Vaison-la-Romaine, Frankreich).

Rohstofftransport
In diesem Mosaik aus Tunesien wird das Abladen von Eisenerz von einem speziell dafür ausgestatteten Schiff dargestellt.

Bronzeguss
Bronzestatuette aus Pompeji, die einen Laren in kurzer Tunika beim Ausführen eines Tanzschritts zeigt.

me von Gold kamen alle diese Metalle nicht rein, sondern als Erze vor, die erst bearbeitet werden mussten, um ihnen den Rohstoff zu entziehen. Über die Verfahren zur Gewinnung der Metalle, ebenso wie über die Herstellung von Metalllegierungen wie Bronze, Messing oder Gusszinn besaßen die Römer keine gesicherten Kenntnisse, weswegen sie auch alle Legierungen einfach nur als Bronze zu bezeichnen pflegten. Neben der eigentlichen Bronze aus Zinn und Kupfer gab es zum Beispiel noch »korinthische« Bronze aus Kupfer, Gold und Silber oder »Glockenbronze« aus Kupfer, Zinn und Blei. Ebenso wenig schienen sie das Verfahren der Stahlherstellung mit Eisen und Kohle zu kennen, obgleich sie durch mehrmaliges Schmelzen von Eisenerz in Steinbehältern mit Kohlen und Blättern gewisser Pflanzen ein stahlartiges Metall von ziemlich unterschiedlicher Qualität erhielten. Doch in jedem Fall war die römische Metallurgie zumindest in der Lage, der Gesellschaft Werkzeuge und Ausrüstungsgegenstände zu bieten, deren Qualität an der zur Verfügung stehenden Technologie gemessen doch passabel war – allerdings um den Preis erschreckender, menschenunwürdiger Arbeitsbedingungen in den Betrieben.

GOLDABBAU IM RÖMISCHEN REICH

In der Kaiserzeit waren die meisten der Gold führenden Flüsse und der von den griechischen Städten und hellenistischen Reichen genutzten Goldminen bereits erschöpft. In Ägypten gab es allerdings noch reiche Vorkommen, die von den Römern im großen Stil abgebaut wurden. Doch auch auf der Iberischen Halbinsel und mit der weiteren Expansion des Römischen Reiches in Dalmatien, im Noricum, in Britannien und Dakien wurden neue, reichhaltige Goldadern entdeckt. In Italien gab es Goldabbau im Piemont und in Friaul-Julisch Venetien. Doch trotz all dieser Vorkommen genügte die Eigenproduktion des Imperiums nicht, um die enorme Nachfrage abzudecken, und so musste das begehrte Edelmetall zusätzlich aus so fernen Gebieten wie Arabien, Indien und Sibirien herbeigeschafft werden.

Schwerarbeit
Relief mit der Darstellung von Sklaven bei der Arbeit in einem Marmorsteinbruch.

DIE ORGANISATION DER ARBEIT

Berufsgenossenschaftliche Organisationen, die zahlreichen handwerklichen Betriebe, die aus dem Boden schossen, das harte Leben der Sklaven: Die Organisation der Arbeit war im alten Rom ein komplexes Thema.

In der römischen Welt gab es zahlreiche berufsgenossenschaftliche Organisationen (*collegia* oder *corpora*), in welchen sich meist Unternehmer, Großhändler, Kaufleute und Handwerker zusammenschlossen. Sie wurden streng vom Staat kontrolliert, genossen jedoch hohes Ansehen und ließen nicht selten ihren Einfluss spielen, indem sie um Wählerstimmen für einen genehmen Kandidaten warben. Eine ihrer wichtigsten Funktionen war die einer Lobby, wie wir heute wohl sagen würden. Jede Organisation hatte ihre eigenen Statuten (*lex collegii*), die die Normen der Gemeinschaft und die Voraussetzungen für eine Zugehörigkeit festlegten. Diese waren jedoch ziemlich weit gefasst, auch Frauen waren zugelassen, vorausgesetzt, sie waren reich und großzügig. An der Spitze der Vereinigung stand ein *patronus*, der nicht nur für die Geschäftsführung, sondern auch für die guten Beziehungen zum Staat verantwortlich war und entsprechend oft aus den Reihen aufstrebender Politiker, dem Ritter- oder Senatorenstand stammte.

Tabernae *und Geschäfte*

Die *taberna* im alten Rom war keine Taverne, sondern eine Art kombiniertes Produktions- und Verkaufslokal, in welchem Handwerker ihre Ware herstellten und auch feilboten. Mit solchen Lokalen waren die

Die Arbeitskraft der Sklaven
Seneca riet seinen Zeitgenossen, Sklaven gut und würdig zu behandeln: »Sei milde und auch herzlich mit dem Sklaven, lass ihn teilhaben am Gespräch, frage ihn um Rat bei Entscheidungen und rufe ihn an deinen Tisch.« Rechts: Statue eines jungen Sklaven in schwarzem Marmor.

Das tägliche Brot
Brotverteilung in einem Fresko aus Pompeji (1. Jh. n. Chr.).

ARBEITSZEITEN

Der Arbeitstag begann für die Römer ziemlich früh. Weil künstliches Licht nur spärlich zur Verfügung stand, musste das Tageslicht so gut wie möglich genutzt werden. Noch vor dem Morgengrauen ertönten in den Gassen die Hammerschläge der Schmiede und die Rufe der fahrenden Verkäufer, die auf ihren Wagen landwirtschaftliche Produkte aus den ländlichen Gebieten brachten. Für Kaufleute, die Luxusartikel feilboten, brach die betriebsamste Zeit jedoch erst am späten Nachmittag an, wenn sich ihre wohlhabenden Kunden von den nächtlichen Ausschweifungen erholt hatten und ihre Häuser wieder verließen. Im Großen und Ganzen waren die Gepflogenheiten nicht anders als heutzutage: Viele der Genossenschaften schrieben fixe Arbeitszeiten vor, die gewöhnlich acht Stunden nicht überschritten. Wer daher bei Tagesanbruch zu arbeiten begann, hatte ab dem frühen Nachmittag frei. Nur einige Kategorien wie Trinklokale, Barbiere und Parfumeure arbeiteten in den Abendstunden.

Die Via Biberatica
Oben: Die Via Biberatica der Trajansmärkte in Rom leitet ihren Namen von bibere (trinken) her: Man kann sich daher unschwer vorstellen, welche Art von Geschäften hier vorherrschten.

WIRTSCHAFT UND GESELLSCHAFT

Rekonstruktion eines Geschäfts
Der Laden im Haus des Neptun und der Amphitrite in Herculaneum.

Städte im Allgemeinen und Rom im Besonderen übersät. Sie bildeten sozusagen die Existenzgrundlage der Stadt, dort wurden die Gegenstände hergestellt, die man gegen die Agrarprodukte der ländlichen Gebiete eintauschen konnte: Waffen, Werkzeuge, Kunstwerke, Schmuck. In den Geschäften gab es alles, was die Gesellschaft brauchte: Bäcker, Zuckerbäcker und Parfumeure boten ihre Waren neben Waffen- und Goldschmieden feil, dazwischen Töpfer, Glasbläser und die vielen anderen Handwerker, die zur produktiven Bevölkerung zählten. Oft gab es in bestimmten Städten typische Produkte, die in großer Zahl in einer Art Kette von Läden hergestellt wurden, wie Vasen in Kyme, Alabastergegenstände in Volterra, allerlei Duftessenzen in Rom, Waffen in Norditalien und so weiter.

Schiffsbau
Die fabri navales, *die Schiffsbauer, waren eine der wichtigsten Berufsgenossenschaften in Ostia, dem Hafen von Rom. Unten: Grabstele des faber navalis P. Longidienus.*

Sklavenarbeit

Die Verfügbarkeit von Sklaven als Arbeitskräfte stellte in der Welt der Antike allgemein einen relevanten Wirtschaftsfaktor dar, und ganz besonders in der römischen. Sie galten als »Ware«, als Eigentum ihres Herrn und brachten bei geringen Kosten hohen Nutzen ein, was bei vielen Tätigkeiten von großer Relevanz war. Es gab ländliche Sklaven (*familia rustica*), die Felder – meist weitläufige Latifundien – unter den wachsamen Augen eines Aufsehers (*vilicus*), auch er ein Sklave, bearbeiteten, weiters städtische Sklaven (*familia urbana*), die im persönlichen Dienst ihrer Herren standen: Sie erfüllten die Aufgaben eines Barbiers, Portiers, Lehrers oder Sekretärs, verrichteten aber auch Hausarbeit und Reinigungsdienste. Ab der ausgehenden Republik wurden viele große Manufakturen (Töpfereien, Ziegelbrennereien, Schmieden und so weiter) intensiv mit Sklavenarbeitskräften betrieben. Damit wurde der Sklave zur hoch effizienten Maschine und wiederholte stets die gleichen Handgriffe unendliche Male im Rhythmus der Produktion. Diese intensive Ausnutzung der Arbeitskraft von Sklaven ließ die Werkstätten, die freie Arbeiter beschäftigten, ins Hintertreffen geraten, außerdem gehörte dies wohl zu den schlechtesten Losen, die einen Leibeigenen im alten Rom treffen konnten.

Luxuriöse Ware
Relief mit der Darstellung eines Geschäftes, in dem Kissen verkauft werden.

BANKEN UND MÜNZEN

Vom Geldwechsler zum Spezialisten für finanzielle Transaktionen aller Art: Das römische Bankwesen entwickelte sich im Laufe der Jahrhunderte zum ersten globalen Handels- und Finanzsystem.

Römisches Kleingeld
Oben: zwei Sesterzen aus der Kaiserzeit. Aufgrund einer komplexen Serie von Schätzungen und Berechnungen ist es gelungen, den damaligen Wert eines Sesterzes auf etwa 60 bis 70 Eurocent einzustufen.

Argentarii, Geldhändler: So nannten die Römer ihre ersten »Bankiers«, die ab dem 4. Jh. v. Chr. ihre Dienste in den Städten anboten. Zunächst beschränkten sie sich darauf, Münzen zu wechseln und deren Echtheit zu bestätigen, Kassier- und Hinterlegungsdienste wurden allerdings auch schon angeboten. Bereits im 2. Jh. n. Chr. sind Pfandverkäufe, Treuhandgeschäfte und Darlehen gegen Zinsen neben den üblichen Bankgeschäften dokumentiert. Einen großen Unterschied zum heutigen System gab es allerdings: Hinterlegtes Geld brachte nichts ein, weder dem Eigentümer noch dem Bewahrer. Nach römischem Gesetz durften diese Gelder nur für die vereinbarte Dauer verwahrt und mussten dann zurückgegeben werden. Das hat viele Sparer offenbar dazu veranlasst, ihr Geld lieber unter der Matratze aufzubewahren, wo man bei zahlreichen Ausgrabungen in römischen Häusern auf kleine Schätze gestoßen ist. Manche versuchten auch vorzugeben, bei dem verwahrten Geld habe es sich in Wirklichkeit um ein Darlehen gehandelt, um so Zinsen dafür zu erhalten. Darlehen unterlagen einem gesetzlich geregelten Höchstzinssatz. Dieser betrug bis zur späten Kaiserzeit 12 %, später wurde er zur Ankurbelung der maroden Wirtschaft auf 6 % gedrückt. Doch die Realität auf dem Markt sah anders aus: Wucher war an der Tagesordnung, und wie streng die Gesetze auch sein mochten, es gab immer irgendwo eine Lücke und einen guten Anwalt, der in der Lage war, sie zu finden.

Münzen und Währung

Die Römer brachten erst in der zweiten Hälfte des 4. Jh. v. Chr. eine eigene Münze heraus (As aus Bronze, ca. 327 Gramm schwer), mit Verspätung im Vergleich zu den Griechen oder Karthagern, doch gerade noch rechtzeitig, um das traurige Schicksal aller damals im Verkehr befindlichen Münzen, insbesondere des Kupfergeldes,

MÜNZEN UND PROPAGANDA

Die in Verbindung mit den »nationalen« Prägungen des Euro geführten langwierigen Diskussionen über das zu wählende Münzbild haben wieder einmal gezeigt, wie stark der politische und kulturelle Wert einer Münze auch heute noch empfunden wird. Das Bild auf einer Münze übermittelt eine Botschaft jener Behörde, die sie in Umlauf bringt. In einer Welt ohne schnelle Massenmedien wie der römischen hatten die Münzbilder besonders große Bedeutung, weil sie lange in Umlauf waren, im gesamten Reich zirkulierten und so immer wieder durch alle Hände gingen. Bereits in spätrepublikanischer Zeit nutzten die mit der Münze betrauten Senatoren diesen Umstand zur Glorifizierung der – wahren oder vermeintlichen – Großtaten der eigenen Familie. Ab Augustus war die Münze Propagandamittel der imperialen Politik und stellte in erster Linie die zahlreichen Tugenden des Herrschers, emblematische Bilder militärischer Siege und Eroberungen oder, als die Erbfolge über Adoption erfolgte, den vom Souverän bestimmten Nachfolger dar.

Himmlische Münze
Fresko aus dem Haus der Vettier in Pompeji mit Amoretten bei der Arbeit in der Münze.

Solidus und Aureus
Ein *solidus* und ein *aureus* aus der Zeit Theodosius' I., beide mit dem Bildnis des Kaisers auf dem Avers.

Die* taberna *des Geldwechslers
Dieses Relief zeigt eine taberna argentaria, *eine Wechselstube, wie wir heute sagen würden.*

DAS ARCHIV DES CAECILIUS IUCUNDUS

Die Ausgrabungen in Pompeji haben auch das Archiv eines *argentarius* namens Caecilius Iucundus zu Tage befördert, eine Reihe von kleinen Tafeln, auf welchen finanzielle Transaktionen unterschiedlichster Größenordnung vermerkt waren. Von 520 für ein Maultier bezahlten Sesterzen spannt sich die Bandbreite bis zu einer komplexen Transaktion über insgesamt 38.079 Sesterzen. Zahlreiche seiner Geschäfte (48%) betrafen Summen zwischen 1000 und 5000 Sesterzen, ein bedeutender Anteil (24%) lag zwischen 5000 und 10.000 Sesterzen.

Stammvater des Bankiers
Im Atrium des Hauses von Caecilius Iucundus in Pompeji wurde diese Herme des Vaters des Bankiers gefunden, Lucius Caecilius.

zu erfahren, ihre Entwertung. Schon ein Jahrhundert später war es nötig, eine neue Währung einzuführen, den Sesterz, der zweieinhalb Asse wert war und die bekannteste römische Münze werden sollte. Fatalerweise wurde auch sie durch die von den hohen Kriegskosten geschürte Inflation entwertet, und so mussten verschiedene Herrscher immer wieder mit einer Währungsreform stabilisierend eingreifen. Julius Caesar schuf den *aureus nummus*, der zwar seinen Namen behielt, aber nicht seinen Goldgehalt – der nahm rapide ab. Konstantin führte den *solidus* ein, doch trotz des massiv klingenden Namens erhielt dieser noch weniger Gold. Eine Unzahl an kleineren Werten – neben Denaren und Sesterzen gab es Dupondius, Semis, Follis, Triens, Quadrans, Centenionalis und andere – waren im Umlauf. Dazu kam die Vielzahl der verschiedenen Metalllegierungen, die zur Prägung verwendet wurden. Die zahlreichen *argentarii* im Römischen Reich hatten sicher ihre Freude daran.

DER HANDEL

Dank ihrer siegreichen Eroberungen erschlossen sich die Römer auch einen riesigen Markt, der die Länder um das Mittelmeer umfasste und jahrhundertelang für Reichtum und Wohlstand in der gesamten römischen Welt sorgte.

Der Moment, in dem die römische Wirtschaft die Grenzen einer der reinen Versorgung der Grundbedürfnisse genügenden Produktionswirtschaft sprengte, liegt in der spätrepublikanischen Zeit, zwischen den beiden Punischen Kriegen. Damals begannen die Römer, Luxusgüter (Marmor, Kunstwerke, kostbare Stoffe, exotische Nahrungsmittel, gebildete Sklaven, bequeme Möbel) zu kaufen und damit zu handeln. Ein großer Teil der Bevölkerung blieb von dieser Entwicklung unberührt, nur die oberen Schichten konnten sich diese Güter leisten, und dennoch resultierte daraus eine immense Expansion des Handels. Ein weiterer den Handel stimulierender Faktor waren das Heer und seine Erhaltung: Allein für vier Legionen musste man, um ein Beispiel zu nennen, rund 70.000 Hektoliter Wein im Jahr von den Produktionsstätten an die Orte schaffen, wo die Garnisonen stationiert waren. Von solchen Legionen standen mitunter 15 oder 20 gleichzeitig im Einsatz. Die Familien des Senatorenstandes waren reich und unternahmen, auch wenn das vom Gesetz strengstens verboten war, zahlreiche lukrative Geschäfte wie Vermietung, Verleih, Handel (besonders blühte der Handel mit Sklaven rund um den Hauptumschlagplatz, die griechische Insel Delos). Öle, Weine, kulinarische Spezialitäten, Schmuck und Kunstwerke wurden mit einer Frequenz über die Handelsrouten des Mittelmeerraumes verschifft, die in den Jahrhunderten danach nie mehr in diesem Ausmaß erreicht wurde.

Der Handel mit den Sklaven
Sklavenhändler (mangones) stellten ihre »Ware« am Forum oder in Geschäften und Lokalen zur Schau. Jeder Sklave trug ein Schild um den Hals, auf dem seine Eigenschaften vermerkt waren, von der Nationalität bis zu etwaigen körperlichen Mängeln.
Oben: *kleiner schlafender Sklave.*

Weit gereistes Leinen
Das feinste Leinen kam aus Ägypten nach Rom, das festere Segeltuch hingegen wurde aus Spanien importiert.
Oben: *Grabtuch eines Kindes aus bemaltem Leinen aus dem 3. Jh. n. Chr.*

Im Hafen
Unten: *Relief mit zwei im Hafen von Ostia einlaufenden Schiffen mit Amphoren an Bord.*

WIRTSCHAFT UND GESELLSCHAFT

Produkte der »Industrie« und der Landwirtschaft

Ein großer zentraler Absatzmarkt mit hohem Konsum wie die Hauptstadt ließ die Produktion und den Handel mit Luxusgütern in der Kaiserzeit neuerlich ansteigen, von Schmuckstücken bis zu Stoffen, allen möglichen Instrumenten, Waffen und exquisiten Keramikgegenständen für die Küche. Mit der Lebensmittelbevorratung der Ewigen Stadt waren ganze Flotten beschäftigt, die Getreide aus den Provinzen heranschafften. Doch diese Situation hatte auch ihre negativen Seiten. In Italien konnte man der Konkurrenz billiger Agrarprodukte aus den Provinzen nur standhalten, indem man die Produktion intensivierte, und so wurde das Land zu einem einzigen Acker, die Latifundien breiteten sich zu Lasten der kleinen Bauern aus. Auch die Münzgeldentwertung traf den Handel. Doch insbesondere die Dezimierung der Bevölkerung und deren Verarmung als Folge der hohen Besteuerung führten dann im 3. und 4. Jh. n. Chr. dazu, dass sich die Provinzen wirtschaftlich immer stärker nach innen orientierten und für den Eigenkonsum arbeiteten. Die für die hohe Kaiserzeit typische »industrielle« Produktion von Öl, Wein, und Luxusobjekten ging zurück und die Waren bewegten sich in einem engeren Kreis. Die politische und militärische Zweiteilung des Reiches war in erster Linie auch wirtschaftlicher Natur, Orient und Okzident entwickelten sich in diesem Bereich immer stärker auseinander. Im 4. Jh. neigte sich die große Zeit der agilen italischen *mercatores* im Mittelmeerraum ihrem Ende zu. Quelle des Reichtums war nun nicht mehr der Handel, sondern die Erde.

AMPHORENSCHIFFE

Ein Großteil der antiken Handelswaren, wie etwa Wein und Olivenöl, wurden im großen Stil verschifft. Dafür baute man eigene Lastschiffe, auf welchen die Amphoren bis obenhin in Lagen so gestapelt waren, dass die Spitzen der oberen in den von den Hälsen der unteren Amphoren gebildeten Lücken passten. So wurde der Platz optimal genutzt und die Ladung blieb stabil. Zwischen die Amphoren stopfte man Stroh oder ein ähnliches Material, um Schläge zu dämpfen. Um die Kosten zu optimieren, versuchte man natürlich, Leerfahrten unter allen Umständen zu vermeiden, und so nahmen auf dem Rückweg oft Baumaterialien wie bearbeiteter Marmor, Säulen oder Holz den Platz ein, den die mittlerweile abgeladenen Amphoren freigegeben hatten.

Keramik aus Afrika
Ab dem 1. Jh. n. Chr. fasste die Herstellung von Töpferwaren auch in den afrikanischen Provinzen Fuß. Bald wurden ihre Erzeugnisse im gesamten Reich gehandelt und geschätzt. Links: große Keramikschale mit Relief.

Import und Export für das schöne Heim
Krüge aus Bronze und Glas sowie ein Keramik-Mischbecher, die in Italien hergestellt und in Gallien gefunden wurden. Die Handelswege führten vor allem über das Meer.

Der Fiskus in Rom

Die ständigen Kriege verschlangen gewaltige finanzielle Mittel, die Hauptlast mussten die Bürger tragen. Diesen Druck glichen Kriegsbeute und Tribute eroberter Völker nur teilweise aus – jahrhundertelang kreiste die gesamte Steuerpolitik des Imperiums nur um diese Problematik.

Das Steuersystem im alten Rom war so beschaffen, dass es heutzutage in neoliberalen Kreisen sicherlich begeisterte Zustimmung finden würde. Es gab keine Einkommensteuer auf Arbeit, Kapitalrenditen oder Grundbesitz, und es steckte auch keinerlei Absicht einer Umverteilung dahinter. Die Römer waren weit davon entfernt, das Anhäufen von Reichtümern als negativ anzusehen, ganz im Gegenteil war dies ein erstrebenswertes Ziel für sie. Fast sämtliche Steuern, denen die Bürger unterlagen, waren indirekt. Am meisten ins Gewicht fiel das *portorium*, eine variable, für Luxusgüter ziemlich hohe und für Güter des täglichen Bedarfs wesentlich geringere Abgabe auf Waren, die die Stadt erreichten oder verließen. Die einzige wirkliche Abgabe in Relation zum Einkommen, die der Staat seinen Bürgern vorschrieb, war diejenige zur Finanzierung der Kriegskosten. Sie wies fünf progressive Stufen auf, die sich jedoch auch in stark unterschiedlichem politischem Gewicht ausdrückten: Wer mehr zahlte (und die Bürger der Oberschicht zahlten viel mehr), hatte auch in der Politik mehr zu sagen. Der Krieg kostete aber nicht nur, er brachte auch ein – Kriegsbeute, Tributzahlungen unterworfener Völker, Sklaven sowie neue Ländereien, die verteilt werden konnten, wobei man selbstredend ganz besonders die Bürger der obersten Schichten berücksichtigte. Dieser Umstand veranlasste manchen römischen Historiker zu der Feststellung, die Einzigen, die an der Expansionspolitik des Imperiums wirklich verdienten, seien die *mercatores*, die reichen Kaufleute, die nach jedem siegreichen Feldzug sogleich die von den Legionen eröffneten Märkte besetzten.

Schutzpatron der Händler
Detail einer römischen Waage mit dem Kopf des Schutzpatrons der Händler, Merkur.

Reiche Beute
Unten: *Detail des Reliefs der Trajanssäule. Die von den besiegten Völkern erbeuteten Schätze werden im Triumph nach Rom gebracht.*

Vom Schatzmeister zum Fiskus

Anfangs wurde der Staatsschatz im Tempel des Saturn (*aerarium Saturni*) aufbewahrt. Unter dem Prinzipat des Augustus kam eine kaiserliche Staatskasse dazu, der *fiscus* (wörtlich »Korb«), in welchen steuerliche Einnahmen aus Ägypten und später weitere Einkünfte verschiedener Herkunft wie die Hinterlassenschaften Verstorbener ohne Erben, Strafen und Erlöse aus dem Verkauf nicht abgeholter Fundstücke eingingen. Ebenfalls auf Augustus geht das *aerarium militare* zurück, das die Finanzierung der

WIRTSCHAFT UND GESELLSCHAFT

Prämien für die Veteranen sichern sollte. Um diese Kasse zu füllen, wurden zwei neue Steuern eingeführt, die *centesima venalium* (entspricht 1% auf den Verkaufserlös) und die *vicesima* (5% auf Schenkungen und Erbschaften). Nach heutigen Maßstäben erscheint es zwar fast unglaublich, doch die Steuer von 1% auf Verkäufe löste so großen Unmut in der Bevölkerung aus, dass Caligula sie bereits wieder abschaffen musste. Das waren noch Zeiten.

Aderlass am Steuerzahler
Einhebung von Tributen in einem Relief aus Gallien.

Der Fiskus zum Ende des Reiches

Als der Druck an den Grenzen wuchs und die Bevölkerung indessen von einer verheerenden Pestepidemie auf die Hälfte reduziert wurde, erhöhte sich die Steuerlast für den einzelnen Bürger dramatisch. Die historische Entscheidung Caracallas, das römische Bürgerrecht allen Bewohnern des Imperiums zuzuerkennen, wurde schon in der Antike als ein Versuch gesehen, die Staatseinnahmen durch Ausdehnung der Steuerpflicht auf eine größere Basis zu vermehren. Unter Septimius Severus erschien schließlich eine neue Steuer, die *annona*, die auch in Naturalien bezahlt werden konnte, was erhebliche Vorteile brachte. Es gab weniger bürokratischen Aufwand, und vor allem das Heer konnte sofort über Lebensmittel und Güter verfügen, die nicht über ein kompliziertes Verteilungssystem laufen mussten. Die Bürger schätzten diese Neuerung allerdings nicht besonders und wollten lieber in Geld (*adaeratio*) bezahlen. Mit der Währungsreform unter Konstantin änderte sich dies jedoch, denn die Steuern wogen schwerer im neuen, vom Kaiser geprägten und gegenüber den anderen Münzen stark aufgewerteten *solidus* – nun erfreute sich die Zahlung von Steuern in Naturalien plötzlich wachsender Beliebtheit. Das Mittelalter war angebrochen.

Steuerpächter bei der Arbeit
Dieses Relief an einer Grabstele zeigt publicani *beim Einheben von Steuern.*

DIE PUBLICANI

Im antiken römischen Staat waren alle Steuern direkt eingehoben worden. 123 v. Chr. aber wurde von Gajus Gracchus ein Gesetz eingeführt (oder generalisiert), das ein Pachtsystem für die Einhebung von Tributen in den Provinzen einsetzte. Die *publicani*, die Steuerpächter, erkauften sich mittels Zahlung einer Pauschalsumme an den Staat das Recht, in einem bestimmten Gebiet Steuern einzuheben. Das befreite die Bürokratie von einer großen Last, begünstigte aber, wie man sich vorstellen kann, auch Missbrauch und Korruption aller Art. Damit wurden die *publicani* zu einer der reichsten, aber auch unbeliebtesten Klassen der römischen Gesellschaft.

BAUMATERIALIEN UND TECHNIKEN

Die Architektur war die Kunst der Römer schlechthin und das Gebiet, in welchem sie die meisten Spuren hinterließen. Wenn die Formen auch zum Großteil aus der durch den Hellenismus gefilterten griechischen Baukunst stammten, setzen Techniken und Materialien absolut eigenständig ein.

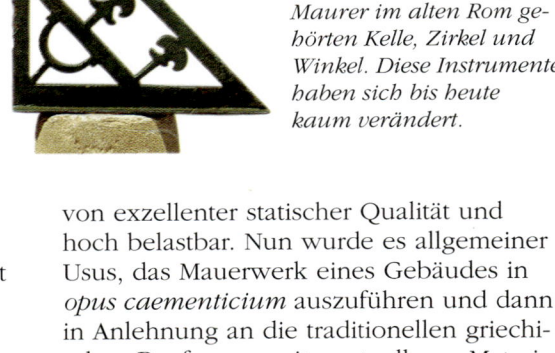

Handwerkszeug des Maurers
Zum Handwerkszeug der Maurer im alten Rom gehörten Kelle, Zirkel und Winkel. Diese Instrumente haben sich bis heute kaum verändert.

In der Antike waren die wichtigsten Baumaterialien Stein, Ziegel und Holz für die Dachkonstruktionen. Auf dieser Basis entstanden die Formen der Gebäude (die mit den Griechen den Höhepunkt der Perfektion erreichten) und so wurden auch die Bautechniken erarbeitet. In Rom ging man diesen Weg zu Anfang weiter und verwendete häufig den weichen Tuff, der im Latium in großen Mengen vorkam, doch schon bald (3. Jh. v. Chr.) wurde ein neues Material entwickelt: *opus caementicium*.

Leicht, kostengünstig und stabil löste es eine Revolution in der Baukunst aus. Es handelte sich um einen Gussstein, eine Art Beton, wie wir heute sagen würden, aus Steinfragmenten *(caementa)*, die mittels eines widerstandsfähigen Bindemittels aus ungelöschtem Kalk und Sand gebunden wurden. Im Vergleich zu Naturstein war dieses Material leichter und in kürzerer Zeit zu be- und verarbeiten und war, besonders wenn man in den Binder Sand aus Pozzuoli, die so genannte »Pozzolana« mischte, von exzellenter statischer Qualität und hoch belastbar. Nun wurde es allgemeiner Usus, das Mauerwerk eines Gebäudes in *opus caementicium* auszuführen und dann in Anlehnung an die traditionellen griechischen Bauformen mit wertvolleren Materialien zu verkleiden. Unter den vollkommen neuen Voraussetzungen, die das innovative Baumaterial der Römer schuf, verloren die alten Formen ihren bautechnischen Stellenwert ganz oder zum Teil und wurden zu rein ornamentalen Strukturen.

Baumaschinen
In diesem Grabrelief ist ein Gebäude zu sehen, an dem gerade gearbeitet wird, daneben steht ein Baukran.

VERKLEIDUNG VON MAUERWERK

Die Römer kannten mehrere Methoden, das Mauerwerk eines Gebäudes zu verkleiden. Häufig kam das so genannte *opus incertum* zum Einsatz, das aus kleinen unregelmäßigen Steinchen an den Außenseiten gekennzeichnet war. Ab dem 1. Jh. v. Chr. kam das *opus reticulatum* auf, eine Reihe kleiner Ziegel in Pyramidenform, die mit der Spitze nach unten in einen Zementkern eingelegt wurden, sodass sie ein annähernd regelmäßiges Netz diagonal angeordneter Quadrate bildeten. In der Kaiserzeit kam die Form des *opus latericium* dazu, bei der flache Ziegel mit der Schmalseite nach außen eingelegt wurden. Diese Oberfläche konnte man auf Sicht belassen oder wiederum mit Marmorplatten *(opus sectile)* verkleiden. Die standardisierte Vorfertigung der Fassadenelemente bot in jedem Fall den Vorteil, schnell und produktiv arbeiten und dabei Mauern von hoher Stabilität aufführen zu können.

Opus incertum

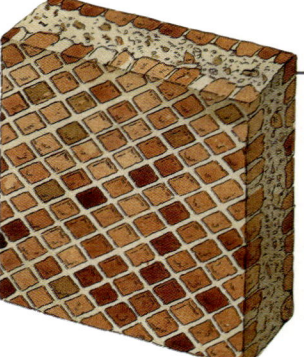

Opus reticulatum

Bögen und Gewölbe

Das neue Baumaterial löste jedoch noch auf einem weiteren Gebiet eine technische Revolution aus, die nachhaltige Wirkung auf die gesamte nachfolgende Architektur haben sollte: Bogen und Gewölbe. Der Bogen war keine Erfindung der Römer. Die Technik, Steine oder Ziegel so entlang einer gekrümmten Linie aufzureihen, dass jedes Element gegen seine beiden Nachbarn schiebt, war bereits bei Etruskern und Griechen bekannt, wurde jedoch nicht so häufig verwendet. Die Römer setzten sie dagegen im großen Maßstab ein und machten daraus die Basis für eine eigenständige Baukunst, besonders in Form ihrer speziellen Anwendung als Gewölbe. Diese geometrische Weiterentwicklung des Bogens war eine weitaus komplexere Konstruktion als das hölzernen Satteldach der Griechen. In Ziegel- oder Natursteinbauweise wäre sie wohl schwierig oder undurchführbar gewesen, der römische Beton vereinfachte das Unterfangen wesentlich. So eröffnete sich der römischen Baukunst ein weites und ganz und gar neues Feld, auf dem ihre Architekten experimentieren konnten: Tempel wie das Pantheon, große Hallen wie jene der Thermen, Gewölbe wie in der Hadriansvilla wurden möglich. Bogen und Gewölbe gingen in dieser Zeit tief in die Formensprache ein, prägten sie nachhaltig und sind in der künftigen Geschichte der Architektur nicht mehr wegzudenken.

Ein früher Bogen
Die ersten römischen Bogenkonstruktionen kommen mit einiger Sicherheit aus dem hellenistischen Umfeld und finden sich in Brücken oder Nutzgebäuden, besonders Magazinen, ab dem frühen 3. Jh. v. Chr. Mehr oder weniger aus derselben Zeit stammen die in Zentralitalien verbreiteten Tore mit Rundbogen wie zum Beispiel die Porta Marzia in Perugia (links).

Gewölbe und Kuppel
Ausgehend vom Rundbogen, der entlang einer Achse verschoben wurde, entwickelten die Römer das Tonnengewölbe. In die spätrepublikanische Zeit fällt das Kreuzgewölbe als rechtwinkelige Durchdringung zweier Tonnengewölbe. Kurze Zeit später kommt die Schalenkuppel auf, die durch Drehung des Rundbogens um seine Symmetrieachse entsteht. Oben: *Pantheon.*

HÄUSER DER RÖMER: *DOMUS* UND *INSULA*

Das typische römische Haus der Wohlhabenden, *domus*, war eine Variation des traditionellen Einfamilienhauses, wie es im gesamten Mittelmeerraum verbreitet war. Die *insula* dagegen, der städtische Wohnblock, war eine römische Erfindung.

Die typische Form des *domus* hatte sich zwischen dem 7. und 4. Jh. v. Chr. entwickelt und blieb viele Jahrhunderte lang unverändert. Es handelte sich sozusagen um ein Einfamilienhaus, wobei zu bedenken ist, dass eine *familia* in Rom mehrere Generationen umfasste. Zentrum des Hauses war ein Atrium, von dem aus die verschiedenen Räume zu begehen waren. Die Außenmauern blieben gewöhnlich fensterlos, die einzige Öffnung war der Eingang und eventuelle straßenseitig gelegene Geschäftsräumlichkeiten *(tabernae)*, die jedoch mit dem Rest des Hauses nicht in Verbindung standen. Gegenüber dem Eingang lagen die repräsentativen Räumlichkeiten wie das *tablinum*, das Zimmer des Hausherrn, in dem auch Besucher empfangen wurden, und das *triclinium*, das Esszimmer, das es oft in zweifacher Ausführung für Sommer und Winter gab. Davor erstreckte sich ein offener Bereich namens *hortus*, der in reichen Häusern einen Säulenumgang *(peristylium)* aufwies. In den seitlichen Bereichen lagen private Räume der einzelnen Familienmitglieder *(cubicula)*, direkt im Eingangstrakt befanden sich die Küche und die Unterkünfte der Dienstboten. Zu diesem Schema gab es selbstredend eine Unzahl an Variationen je nach Raumangebot, Zahl der Familienmitglieder, Einkommen und Geschmack des Hausherrn und natürlich auch topographischer Lage. Besonders in den Provinzstädten, wo das Land viel weniger

Das Haus des Fauns
Unten: *Das* peristylium *im »Haus des Fauns«, einem besonders schönen* domus *in Pompeji, das seinen Namen der Statue eines tanzenden Fauns (rechts) verdankt, die man dort fand.*

Bankett im Freien
Das sommerliche triclinium *des »Hauses der Hirsche« in Herculaneum.*

kostete, waren die Räumlichkeiten oft großzügiger und die Häuser mit mehreren Säulenhöfen komplexer gegliedert. Das klassische Schema mit einem Atrium in der Mitte und nach außen hin abgeschlossenen Mauern wurde jedoch überall eingehalten, von Britannien bis Afrika, und stellte so eine der charakteristischen Konstanten der römischen Lebensart dar.

Die insula, Haus für das Volk

In vielen Vierteln Roms und auch im nahen Hafen Ostia, wo eine große Nachfrage nach Wohnraum bestand, doch aufgrund der bereits hohen Baudichte nur wenig Platz zur Verfügung stand, bildete sich eine völlig neue, bisher unbekannte Art zu wohnen heraus. Die *insula* war, wie ihr Name schon vermuten lässt, ein größerer, isolierter Baukomplex. Das Schema war dasselbe wie beim *domus*, vier Baukörper umschlossen einen Hof in der Mitte. Doch diese Gebäude waren mehrstöckig, und in den kleinen, ja oft winzigen Wohneinheiten zu einem, zwei oder drei Zimmern fanden viele verschiedene Familien Platz. Dort richteten sich kleine Händler, Handwerker, aber auch Freiberufler wie Ärzte, Hebammen und Schreiber ein, und nicht selten jugendliche Sprösslinge der Aristokratie, die sich dem oft stark einengenden elterlichen Einfluss so weit als nur möglich entziehen wollten.

Etruskisches Antefix
Das Antefix war ein Stirnziegel aus Terrakotta oder Marmor zur Verdeckung der Dachtraufe bei griechischen, etruskischen und römischen Bauten.

An heutigen Standards gemessen waren die Lebensbedingungen dort allerdings nicht besonders komfortabel. In den engen Gebäuden herrschte ständig ein hoher Lärmpegel, die hygienische Situation muss bei den oft primitiven Anlagen ebenfalls höchst unbefriedigend gewesen sein, außerdem brachte ein Brand, der bei den vielen Herdstellen durchaus ausbrechen konnte, die zahlreichen Bewohner in höchste Gefahr, denn die Enge erschwerte auch die Flucht. Vom städtebaulichen Gesichtspunkt aus gesehen stellen die *insulae* dennoch einen Meilenstein der urbanen architektonischen Entwicklung dar.

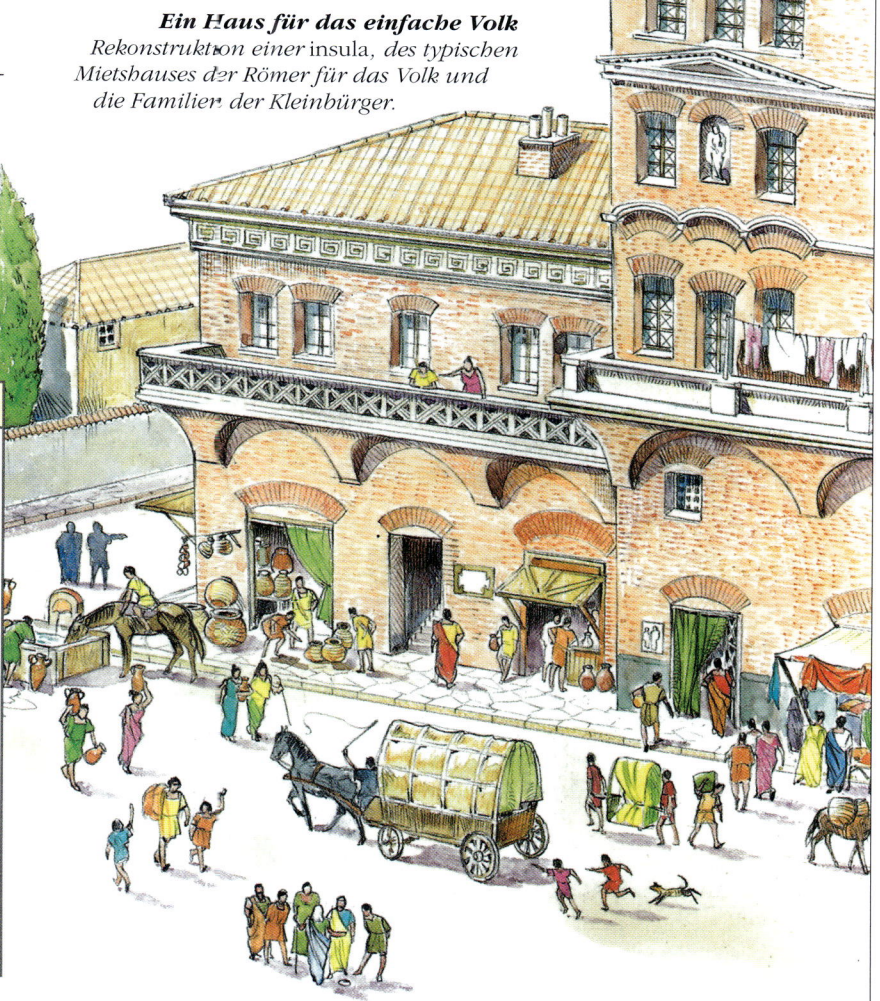

Ein Haus für das einfache Volk
Rekonstruktion einer insula, *des typischen Mietshauses der Römer für das Volk und die Familien der Kleinbürger.*

SCHLICHTE FASSADE, PRÄCHTIGES DACH

Von außen sahen alle römischen Häuser, auch die nobelsten, gleich anonym aus. Abgesehen von den Eingängen der Geschäfte wies die verputzte Außenfassade keinerlei Öffnungen oder architektonische Gliederung auf. Jeglicher Schmuck befand sich im Inneren. Nur ein Element wurde dekorativ ausgestaltet und ließ die Kunde vom Wohlstand seiner Bewohner nach außen dringen: das Dach. Gedeckt war es fast immer im lakonisch-korinthischen Stil, der sich von den griechischen Kolonien in Sizilien aus verbreitet hatte. Dabei verwendete man abwechselnd flache Tonschindeln mit aufgebogenem Rand und halbe Tonzylinder. Der First wurde mit Halbzylindern größeren Durchmessers abgedeckt. Eine Reihe dekorativer Elemente (Gesimse, Friesbänder, mit Palmetten verzierte Stirnziegel) schützte die exponierten Teile der hölzernen Dachkonstruktion vor dem Wetter. Mit dem Aufkommen modellierter Terrakotta wurde das Dach zum prunkvollen Blickfänger mit Relief-, Durchbruch- und Malereischmuck. Oft prangten am Giebelfirst Akroterien, Schmuckelemente in mitunter monumentaler Ausführung, an den Giebelecken mit menschlichen Gesichtern, die Wasserspeier nahmen die Form von Fabeltieren an und alle von unten sichtbaren Teile waren bemalt oder mit Reliefs geschmückt.

GEBÄUDETYPEN

Die römische Stadt wies eine Vielzahl von Gebäudetypen auf, wie man sie nur in modernen Städten antrifft. Daran kann man ablesen, wie hoch entwickelt und spezialisiert die Kultur im alten Rom bereits war.

Konstantinischer Triumph
Relief von der Schauseite des Konstantinsbogens mit Darstellung der Wildschweinjagd. Das Monument wurde 315 n. Chr. in der Nähe des Kolosseums zur Feier des Sieges des Kaisers über seinen Gegenspieler Maxentius errichtet.

Familienhäuser und *insulae*, Tempel, Thermen, Theater, Amphitheater, Basiliken, Straßen und Plätze mit Säulengängen, Triumphbögen, Monumentalsäulen, Märkte, Bibliotheken, Mausoleen, Kornspeicher, da und dort ein Circus, ein Aquädukt oder eine Schiffsanlegestelle oder Hafenanlage: Das waren nur einige Gebäudetypen, die man in jeder römischen Stadt antraf – die römische war eine wahrlich »urbane« Kultur. Kein Volk der Antike erreichte je auch nur annähernd eine ähnlich hohe Diversifizierung seiner Bauten. Einige davon – Thermen, Amphitheater, Triumphbögen, Aquädukte – sind römische Originale, andere wie zum Beispiel Theater, Monumentalsäulen und Basiliken stammen zwar aus anderen Kulturen, wurden aber gründlich überdacht und modifiziert. Alle zusammen machten eine römische Stadt zur Keimzelle, die das Leben des Imperiums in sich trug und mehr als alles andere zur Romanisierung der eroberten Gebiete beitrug.

Die Thermen

Typisch römisch war die alles durchdringende Verbreitung von Gebäuden, deren Funktion hauptsächliche die Befriedigung nicht nur primärer Bedürfnisse der Bevölkerung war. Amphitheater, Theater und Circus belegen die römische Begeisterung für das Schauspiel in allen seinen Ausprägungen. Mehr praktischen Nutzen boten Gebäude, die wir heute wohl »Infrastruktur« nennen würden, wie gepflasterte Straßen, Brücken und Märkte wie jener, den Kaiser Trajan

Der Aquädukt von Segovia
Eine der gewagtesten und am schönsten erhaltenen Konstruktionen der Römer ist der Aquädukt von Segovia (1. Jh. n. Chr.), der noch heute über eine Strecke von etwa 800 m durch die spanische Stadt verläuft. Er ist aus quadratisch behauenen Blöcken mit zwei übereinander liegenden Säulenordnungen erbaut und 29 m hoch.

neben den Kaiserforen errichten ließ, sowie Aquädukte und Kloaken. Am bedeutendsten jedoch – und wahrscheinlich am charakteristischsten für die römische Kultur – waren jene, deren Funktion mit dem körperlichen und geistigen Wohlbefinden zu tun hatte, wie die Thermen. Dort konnte man neben kalten und warmen Bädern Massagen genießen, die Muskulatur bei gymnastischen Übungen stärken, einfach nur entspannen oder Lesungen von Dichtern und Geschichtsschreibern beiwohnen, wohl sortierte Bibliotheken konsultieren, Freunde treffen und an philosophischen oder politischen Diskussionen teilnehmen.

Die Thermen von Trier
Die im 4. Jh. n. Chr. erbauten und im Mittelalter in eine Festung umgebauten Thermen von Trier zählten zu den größten im Römischen Reich. Erhalten sind die imposanten Überreste des Komplexes (oben) sowie ein Netz unterirdischer Gänge.

ARCHITETKUR UND KUNST

Monumente der Macht

So gut wie jedes antike Volk errichtete Monumente zur Feier der Herrschenden, der eigenen Götter, Triumphe und Großtaten, und die Römer waren da keine Ausnahme. Einige ihrer Monumente spiegeln jedoch typische Eigenheiten der römischen Welt wider, wie der Triumphbogen und die Siegessäule. Der Triumphbogen ist eine rein römische »Erfindung« ohne Entsprechung in anderen antiken Kulturen der klassischen Epoche und trägt dem Bedürfnis der Römer Rechnung, ihre siegreich von den Feldzügen heimgekehrten Heerführer gebührend zu feiern und ihr Andenken für die Nachwelt zu bewahren, hing doch das gesamte Schicksal des Staates von ihrem Erfolg oder Misserfolg ab.

BAULICHE FORMEN

Die Römer gingen weitaus pragmatischer an die Baukunst heran als die Griechen, die versuchten, jeden Gebäudetyp aus einem tendenziell unveränderlichen Archetypus zu konstruieren. Dennoch etablierten auch sie einige kanonische Formen für jede Art von Gebäude, der bei einem entsprechenden Bau bevorzugt angewandt wurde. Für Tempel war das der traditionelle rechteckige Grundriss, abgesehen von einigen Ausnahmen wie dem Pantheon oder dem Tempel der Vesta, wo der Kult eine andere Form verlangte. Für die Theater übernahm man den bewährten griechischen Entwurf in Halbkreisform, jedoch mit dem Unterschied, dass die abgestuften Sitzreihen für die Zuschauer nicht aus einem Hang gehauen, sondern auf einen starken gemauerten Unterbau aufgebaut wurden. So konnte das Theater ohne Rücksicht auf topographische Gegebenheiten überall errichtet werden, auch mitten in der Stadt. Für die Amphitheater setzte sich der elliptische oder ovale Grundriss durch. Thermen, speziell größere Anlagen wie die des Caracalla und Diokletian in Rom, bestanden aus einem großen zentralen Baukörper, der von Gärten umgeben war, Aquädukte baute man mit nach oben an Höhe abnehmenden Bogenordnungen. Am variantenreichsten stellen sich die Brücken dar, deren Form je nach Dimension des zu überspannenden Wasserlaufes unterschiedlich sein konnte.

Innenleben eines Amphitheaters
Der Name stammt vom griechischen Wort amphitheatron *für einen Schauplatz, den man »von rundherum« betrachtet und bezieht sich auf die runde oder elliptische Form. Oben: unterirdische Gänge im Amphitheater von Pozzuoli (Neapel).*

Der Pons Fabricio
Die 62 v. Chr. erbaute Fabricio-Brücke in Rom (unten) *verbindet die Tiberinsel mit dem linken Flussufer. Die 62 Meter lange und 5,5 Meter breite Konstruktion aus Tuffblöcken weist zwei große, leicht abgesenkte Rundbögen auf, die von einem breiten Mittelpfeiler getragen werden. Bei Hochwasser soll die Konstruktion durch einen Durchflussbogen vom Druck entlastet werden.*

Stadt- und Landschaftsplanung

Ihre Fähigkeit, effiziente rationelle Systeme zu schaffen, zeichnete die Römer in vielen Gebieten aus und half ihnen bei der Kontrolle und Besiedelung eroberter Länder. Die Städte fungierten dabei als wichtige Instrumente der Romanisierung und der politischen Verschmelzung unterworfener Völker mit dem Imperium.

»*Civilitas a civitate*«, verkündeten die Römer, »die Kultur kommt aus der Stadt«, und damit meinten sie sicher die ihrige, die eine starke urbane Prägung aufwies. Dementsprechend stellten die Städte auch eines der wichtigsten Instrumente der Romanisierung eroberter Gebiete dar. So »exportierte« die Ewige Stadt ihr Vorbild in jeden Winkel des Imperiums, als Konzept ebenso wie als urbanistische Anlage. Eine Stadt war nicht nur eine administrative Einheit für das Römische Reich, sondern auch ein kulturelles, militärisches und gesellschaftliches Zentrum, dem kleinere Einheiten auf dem Territorium (*oppidum, castellum, forum, conciliabulum, vicus, pagus*) untergeordnet waren. Die Anlage beruhte fast immer auf demselben Schema, einem Raster aus zwei Arten einander rechtwinklig schneidenden Straßen, den von Norden nach Süden verlaufenden *cardines* und den von Osten nach Westen verlaufenden *decumani*. An der Kreuzung der Hauptachsen lag das Forum als Dreh- und Angelpunkt des städtischen Lebens, rundherum Tempel sowie öffentliche und kommerzielle Gebäude. Im gesamten Stadtgebiet verteilt fand man weitere typische Gebäude der römischen *civitates* wie Theater oder Thermen vor. Knapp außerhalb der Stadtmauern lag ein Amphitheater, dessen Schauspiele auch von der ländlichen Bevölkerung besucht

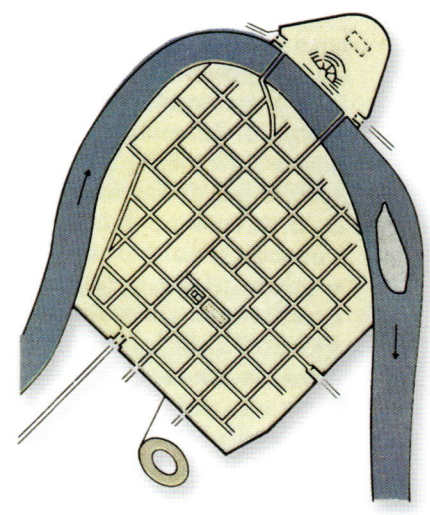

Verona, eine römische Stadt
Das für römische Städte typische Netz aus cardines *und* decumani *charakterisiert das Zentrum von Verona, wie man auf diesem Plan* (oben) *aus dem* Corpus *der* Gromatici, *einer Sammlung von Traktaten zu Agrimensur und Centuriation, sehen kann. Außerhalb der Stadtmauer erhob sich die Arena* (unten), *die im 1. Jh. n. Chr. entstand und so gut erhalten ist, dass sie heute noch jeden Sommer Opernfestspiele beherbergt.*

Die Via Aemilia
Die Trassenführung von überregionalen Straßen konditionierte die Entwicklung in den betroffenen Gebieten stark und dauerhaft. Ein Beispiel dafür ist die Via Aemilia, die 187 v. Chr. unter Konsul Marcus Aemilius Lepidus von Rimini nach Piacenza gebaut wurde, heute noch ist die Region nach ihr benannt.
Oben: *Meilensteine der Via Aemilia.*

ARCHITEKTUR UND KUNST

wurden. Das Schema mit den rechtwinkeligen Straßenzügen wird von Experten oft nach dem großen griechischen Urbanisten Hippodamus von Milet als »hippodamisch« bezeichnet. Die Römer entwickelten es weiter, indem sie es über die Centuriation – die Einteilung des Ackerlandes in Einheiten zu 200 Joch, die an der Basis der römischen landwirtschaftlichen Kolonisation stand – auch ins ländliche Umfeld der Städte projizierten. Stadt und Land waren in ein kohärentes Raumordnungskonzept eingebunden, das das gesamte Reichsgebiet prägte.

Ein Beispiel macht Schule

Das urbanistische Modell nach römischem Vorbild setzte sich oft bereits vor der Eroberung durch die Römer in den kleineren Ballungsräumen durch. Die keltische Siedlung *Coninbriga* (das heutige Coimbra) wurde zunächst Sitz nobler Einheimischer und verschmolz dann mit der römischen Stadt. *Cularo* (das aktuelle Grenoble) wurde im 3. Jh. mit Mauern befestigt, im 4. Jh. zur Stadt mit dem Namen *Gratianopolis* erhoben. Sogar die *canabae*, die kleinen Ansiedlungen aus bescheidenen Hütten, die im Norden des Reichs um die Lager der Legionäre entstanden, besaßen manchmal Gebäude mit ansatzweise monumentalem Charakter. Einige davon, wie *Aquincum* (Budapest), *Carnuntum* (Wien), *Argentoratum* (Straßburg), stiegen später in den Rang von Städten auf.

Im Westen des Imperiums
Unter Augustus wurden viele römische Städte in Gallien und Spanien mit monumentalen Zentren ausgestattet (Arles, Nîmes, Tarragona) oder mit Stadtmauern befestigt (Autum, Zaragoza, Barcelona). Links: Detail an einem Sarkophag aus Arles.

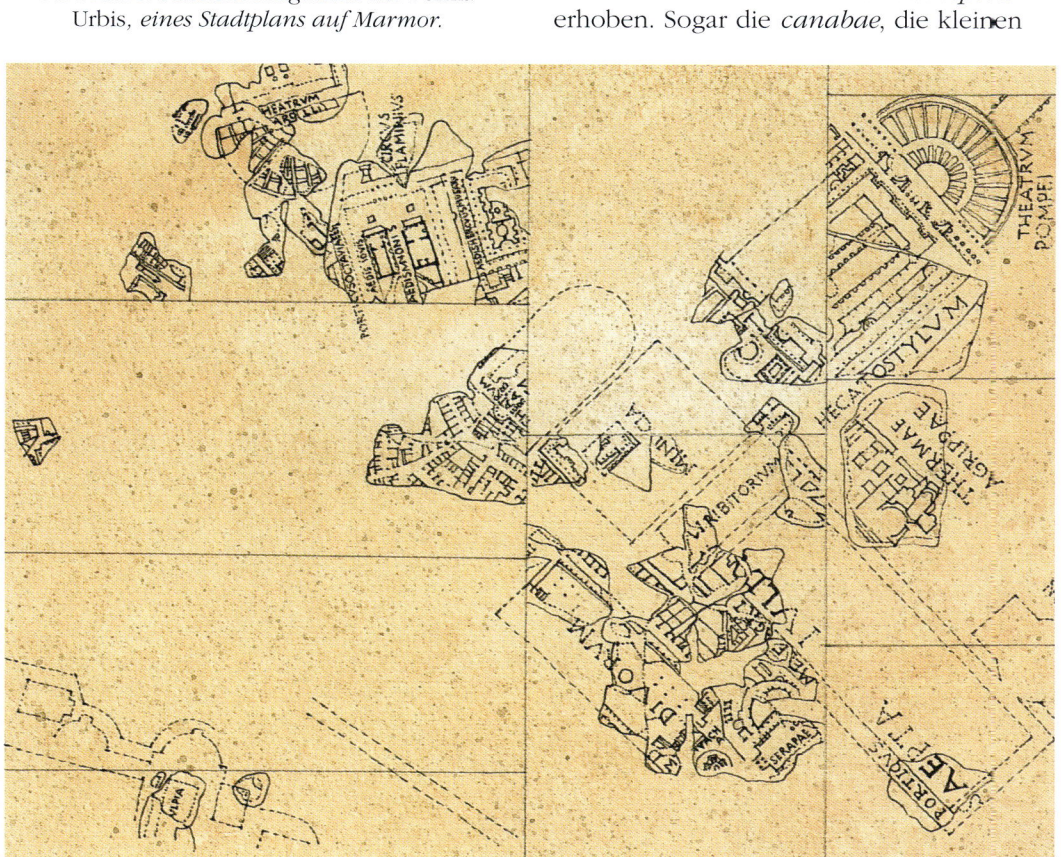

Ein spannendes Puzzle
Die Zeichnung hier zeigt eine Rekonstruktion des Bereichs des Marchfeldes auf der Basis der bis heute erhaltenen Fragmente der Forma Urbis*, eines Stadtplans auf Marmor.*

DIE *FORMA URBIS*

Zu Beginn des 3. Jh. n. Chr. entstand ein gigantischer Plan der Ewigen Stadt auf Marmor, der leider nur in wenigen Fragmenten erhalten ist. Die Bruchstücke stellen für die Archäologen ein kolossales Puzzle dar, um dessen Rekonstruktion sie sich bemühen. Die *Forma Urbis*, wie das Werk genannt wird, maß ursprünglich 13 x 18 m und befand sich am Friedensforum, das zur Zeit Kaiser Vespasians errichtet wurde. Die Marmorplatten waren sorgfältig zusammengefügt, um eine gleichmäßige Oberfläche zu bilden, der Maßstab (1:240) zeigte öffentliche und private Bauten, Tempel, Thermen, Straßen, Theater, Märkte und Brücken ziemlich detailgenau. Oft sind die Namen der Gebäude angegeben, was nahelegt, dass es sich um einen öffentlichen Stadtplan gehandelt haben könnte. Die große Präzision, mit der nicht nur die öffentlichen, sondern alle Gebäude dargestellt sind, lässt darauf schließen, dass der Plan aufgrund einer präzisen, katasterartigen Erhebung erstellt wurde. Und er war keine Einzelerscheinung: Aus Texten wissen wir, dass es analoge *formae urbis* auch in den Provinzstädten gegeben hat.

Die Darstellung der Wirklichkeit

Die römische Bildhauerei bezog Inspiration aus zahlreichen Quellen und unterlag in ihrer über tausendjährigen Geschichte zahlreichen stilistischen Veränderungen. Eine spezifische und für sie charakteristische Eigenschaft behielt sie jedoch stets bei: die leidenschaftliche Treue zur Realität.

In der antiken Kultur war das Porträt nicht beliebt. Die realistische Darstellung von Menschen war mit einer magisch-religiösen Bedeutung behaftet, die zwar oft bereits vergessen war, jedoch im Unterbewusstsein nachwirkte. Erst ab dem 4. Jh. v. Chr. begannen die Griechen damit, »Abbilder« von Personen zu schaffen, die zwar nicht immer die körperlichen, doch die moralisch-charakterlichen Merkmale des oder der Dargestellten berücksichtigten. Die Etrusker kamen praktisch nie über die Darstellung menschlicher Typen (der Alte, die Edelfrau, der Dicke und so weiter) hinaus. Ganz anders bei den Römern. Die Verehrung der Vorfahren und ihrer *imagines*, die in der Aristokratie stark verwurzelt war, regte die Bildhauer dazu an, die spezifischen physio-

Provinzadeliger
In verschiedenen Regionen Italiens hat man zahlreiche Porträts aus republikanischer Zeit gefunden, wie etwa das hier gezeigte aus Fiesole (Florenz). Sie stellen eine aufschlussreiche Dokumentation des kulturellen Klimas der italischen Städte dar, die nach der Beilegung des Konfliktes mit Rom aktiv am politischen Leben und der Wirtschaft der res publica *teilzunehmen begannen.*

Vom Wachs zum Marmor
Als Ursprung der römischen Porträtkunst wird oft der Brauch angesehen, zum Gedenken an die Verstorbenen der Familie Wachsmasken von ihren Gesichtern aufzubewahren. Später wurden diese Ahnenbilder zu Büsten, zuerst aus Wachs, dann aus dauerhafteren Materialien wie Bronze und Marmor. Unten: ein Gedenkopfer zu Ehren eines Toten, dessen Bild der Spender hält.

Porträt einer Frau
Die römische Porträtkunst hat uns eine umfangreiche Galerie an Persönlichkeiten hinterlassen, die heute die menschlichen Typen der latinischen Gesellschaft lebendig vor unseren Augen erstehen lässt. Oben: Porträt einer Edelfrau in Bronze aus dem 1. Jh. n. Chr.

ARCHITEKTUR UND KUNST

Die Tochter des Augustus
Zur Zeit Kaiser Augustus' und der julisch-claudischen Dynastie veränderte sich der Stil in Richtung einer stärker klassizierenden und idealisierenden Darstellung. Oben: Marmorbüste der Julia, der Tochter des Augustus.

Porträt des Vespasian
Unter den Flaviern kehrte der Verismus zurück, wie man an diesem Marmorkopf des Kaisers Vespasian sehen kann. Unter Diokletian und seinen Nachfolgern wurden die Gesichtszüge der Kaiser stark stilisiert dargestellt, um die göttliche Natur der Person des Souveräns hervorzuheben.

Perfekte Replik
Römische Kopie des Apoxyomenos *(Athlet, der sich mit dem Schabeisen reinigt) des großen griechischen Bildhauers der Klassik, Lysippos.*

gnomischen Merkmale ihrer Motive immer so realitätsgetreu abzubilden, wie es ihre Fähigkeiten und die zur Verfügung stehenden technischen Mittel erlaubten. So hatte die römische Skulptur von Anfang an die realistische, manchmal auch schonungslose Darstellung der Wirklichkeit zum Thema, und diesen Weg verließ sie auch nie. Später versuchte man dann, zusätzlich zu den körperlichen die charakterlichen Eigenschaften einer Person darzustellen. So kam es in der späten Republik und hohen Kaiserzeit zu einer Hochblüte der römischen Porträtkunst.

Massenproduktion

Nur ein geringer Teil dessen, was früher die römischen Häuser, Tempel, Straßen und Plätze schmückte, ist bis heute erhalten. Der Großteil der Bronzestatuen wurde im Laufe der Jahrhunderte zur Wiederverwendung des Materials eingeschmolzen, Marmorskulpturen landeten oft in den Kalköfen. Doch die Produktion von Statuen, Reliefs, Büsten und Hermen war so groß, dass selbst der kleine, bis heute erhaltene Prozentsatz einen künstlerischen Schatz von unermesslichem Wert darstellt. Man kann tatsächlich von der römischen Skulptur als einer Art Industrie sprechen: Griechische Originale wurden zu tausenden kopiert, um Villen, Peristylien, Paläste und Grabmäler zu schmücken. Nicht nur die hohe Aristokratie, auch jeder kleine Provinzadelige, wohlhabende Kaufmann oder ehrgeizige Beamte, der auf sich hielt, dekorierte sein Haus mit Repliken der Werke von Scopas, Praxiteles oder Lysippos. Ein ganzes Netz an Werkstätten und Läden lebte von diesem Geschäft. Die großen Bauprogramme der Herrscher zur Verherrlichung der eigenen Dynastie stellten eine andere Quelle von gewinnträchtigen Aufträgen dar. Durch diese ihre Leidenschaft trieben die Römer die Kunst der Skulptur zu einer der größten Blüten der Geschichte und hinterließen der Nachwelt ein außergewöhnlich lebendiges Vermächtnis.

MALEREI UND MOSAIK

Von pompösen Malereien zur Feier der Triumphe bis zu feinen musivischen Kompositionen für die gediegene Innengestaltung: Die darstellende Kunst der Römer zählte sicher zu den vielseitigsten und originellsten der antiken Welt.

Das Plättchenmosaik
Die gängigste musivische Technik war das Setzen kleiner Plättchen in verschiedenen Farben mit oft verglaster Oberfläche, was besonders schöne Glanzeffekte ergab. Ein bekanntes Motiv sind, wie hier gezeigt, Tauben am Vogelbad.

Kurios, aber auch bezeichnend ist die Tatsache, dass die römische Malerei ihre Impulse aus im Krieg errungenen Erfolgen bezog: Bereits im 3. Jh. v. Chr. gab es am Ufer des Tibers eine eigene Gattung, die sich Triumphalmalerei nannte und zum Ziel hatte, dem Volk einen Überblick über die Ereignisse in den siegreichen Schlachten zu verschaffen. Die Bilder wurden in den Triumphzügen mitgetragen und dann am Kapitol oder an einem anderen Ort aufgestellt, wo so viele Menschen wie möglich sie bewundern konnten. Etwa gleichzeitig erschienen die ersten dekorativen Malereien an Sakralbauten wie am Tempel der Gesundheit, wo Fabius Pictor, der erste dokumentierte römische figurative Maler, 304 v. Chr. wirkte. Das große »Archiv« der römischen Malerei und ihrer Tendenzen stammt aus einer späteren Zeit und wurde großteils vom Ausbruch des Vesuvs 79 n. Chr. bewahrt. Zu diesem *corpus* gesellen sich weitere Werke derselben Gattung, die vor allem am Palatin in Rom gefunden wurden. Auf der Basis dieses malerischen Vermächtnisses identifizierte der deutsche Archäologe August Mau vier verschiedene Stile, die die Evolution der römischen Malerei vom 2. Jh. v. Chr. bis zum Ende des 1. Jh. n. Chr. abdecken – eine Klassifizierung, die mit leichten Modifikationen bis heute gilt. Ganz anderer Art und Inspiration ist die zweite bekannte Sparte der römischen Malerei, die mit dem Christentum verbunden ist. Ihre Entwicklung begann in den Katakomben des 1. Jh. und fand später ihren höchsten Ausdruck in der Dekoration der frühchristlichen Basiliken, die nach dem konstantinischen Edikt 313 errichtet wurden. Doch auch diese Malereien spielten immer eine untergeordnete Rolle im Vergleich zu den großen Werken der musivischen Kunst: Das Mosaik war die charakteristische künstlerische Ausdrucksform der frühchristlichen bildnerischen Darstellung.

Steinchenmosaik
Bei der ältesten (doch jahrhundertelang mit oft feinster gestalterischer Qualität eingesetzten) musivischen Technik werden kleine farbige Steine zu einem Bild gesetzt. Eines der schönsten Beispiele dafür zeigt Alexander den Großen bei der Jagd und stammt aus Pella in Mazedonien.

ARCHITEKTUR UND KUNST

Das Mosaik

Während Malerei und Bildhauerei als Kunstformen ihre Wurzeln bereits in der Steinzeit haben, ist das Mosaik eine typische Kreation der griechisch-römischen Kultur. Gegen Ende des 5. Jh. v. Chr. entwickelte es sich in Griechenland und wurde von der römischen Welt mit Begeisterung aufgenommen. Anfangs arbeitete man mit kleinen farbigen Steinchen, ab dem 3. Jh. v. Chr. verbreitete sich jedoch das *opus tessellatum*, das klassische Mosaik aus farbigen Plättchen. Die Römer nutzen die musivische Technik intensiv, nicht nur als Wandschmuck und dekoratives Element, wie das Mosaik heute fast ausschließlich bekannt, sondern auch funktional, etwa für die Gestaltung von Fußböden. Die technischen Varianten und die dargestellten Themen umfassen in der römischen Welt eine schier unermessliche Bandbreite, von geometrischen Motiven zu floralen und vegetabilen Mustern, von Jagd- und Kampfszenen bis zu ländlichen, erotischen oder mythologischen Motiven. Mit der Durchsetzung des Christentums kommen Szenen aus den Evangelien, Darstellungen von Heiligen, Bischöfen, Aposteln und Kirchenvätern hinzu. Diese Mosaiken – mittlerweile fast ausschließlich an den Wänden – zählen zu den am weitesten verbreiteten Ausdrucksformen der frühen christlichen Kunst, zumindest bis zum Mittelalter.

Mosaiken mit Marmorintarsien oder Goldgrund
Wegen der hohen Kosten weniger verbreitet war das Marmorintarsienmosaik (oben) *aus präzise zugeschnittenen Marmorteilen. In der frühen Christenzeit fand das Mosaik mit Goldgrund allgemeine Verbreitung* (oben rechts), *in dem die Figuren vor einem Hintergrund aus vergoldeten Mosaikplättchen abgebildet sind.*

Der vierte pompejische Stil
Die Fresken im Haus des Meleager in Pompeji (unten) *sind ein schönes Beispiel für die römische Wandmalerei im so genannten vierten pompejischen Stil.*

DIE VIER STILE DER RÖMISCHEN MALEREI

Der Archäologe August Mau teilte die Wandmalereien in Pompeji und Herculaneum 1872 in vier Stilrichtungen ein.
– **Erster Stil** (ab dem 2. Jh. v. Chr.): Imitation architektonischer Elemente und Materialien (Marmor) in Stuck.
– **Zweiter Stil** (1. Jh. v. Chr.): Illusionsmalerei mit komplexen Sujets in architektonischer Perspektive, die einen weiteren Raum oder eine Aussicht vorspiegeln sollten.
– **Dritter Stil** (unter Augustus und Tiberius): Mit charakteristischen ägyptisierenden und exotischen Elementen.
– **Vierter Stil** (zwischen 40 und 79 n. Chr.): Kraftvolle Scheinarchitektur als Rahmen für große mythologische Figuren.

ZWISCHEN KUNST UND KUNSTHANDWERK

Keramik, Bronze, Silber, Gold und Glas: römische Kunsthandwerker bearbeiteten viele Materialien und hinterließen der Nachwelt einen reichen Schatz an Formen als lebendiges Abbild ihrer Kultur.

Durch den Kontakt mit den Etruskern und später mit den griechischen Städten in Kampanien kannten und schätzten die Römer die feine attische Keramik und die eleganten etruskischen Buccheri, schwarze Tongefäße mit schöner plastischer Dekoration. Später entwickelte sich aus diesem Handwerk eine regelrechte Industrie. In den Zentren auf den griechischen Inseln, der Halbinsel Peloponnes und in Kampanien entstanden die Gebrauchsgegenstände für die Haushalte der Antike: Amphoren, Schalen, Kelche, Becher, Teller und Lampen verließen die Produktionsstätten in großer Zahl und zirkulierten in einem immensen »gemeinsamen Markt«. Von groberen Stücken für den Alltagsgebrauch bis zu feinsten und kostbarsten Kunstgegenständen reichte die Bandbreite, wobei die Techniken und oft auch die Formen über Jahrhunderte unverändert blieben.

Edelmetalle

Zweifellos war Bronze das am meisten verwendete Metall bei den Römern und in jedem Aspekt des täglichen Lebens präsent, in der Einrichtung, als Statuen und in Form zahlloser Gebrauchsgegenstände wie Lampen, Messer, Toilettartikel, Teller, Pfannen, Becher, Kelche, Schüsseln, Kellen und so weiter. Die Römer nannten sie *aes*, ebenso wie das Kupfer, das ihren Hauptbestandteil ausmachte (Bronze enthielt 70 bis 90%, dazu 10 bis 30% Zinn und kleine Mengen Silber, Blei und Zink), und sie verstanden es meisterhaft, sie zu bearbeiten. Mehr als Eisen, das hauptsächlich zur Herstellung von Waffen diente, war sie das universelle Grundmaterial, unter anderem auch weil die Gusstechnik (hauptsächlich die »verlorene Wachsform«) große gestalterische Freiheit erlaubte. Silber und Gold dagegen waren sehr viel selte-

Meisterwerk römischer Glasschneidekunst
Die Portland-Vase ist eines der schönsten Stücke römischer Kameenglaskunst aus der frühen augusteischen Periode und erzählt die Geschichte einer amourösen Begegnung zwischen der Tochter des Kaisers, Julia, und ihrem zweiten Mann Tiberius.

Ornamentale Bronze
Wagenzier aus Bronze aus der Provinz Pannonien (3. Jh. n. Chr.) mit Pan, Dionysos und einem Satyr.

Venus und ihre Mägde
Die Toilette der Venus, hier auf einem silbernen Schöpfgefäß aus Pompeji (1. Jh. n. Chr.).

ARCHITEKTUR UND KUNST

Kameenglas
Glasschnitt mit weißen Figuren auf blauem Grund mit der Darstellung der Initiation Ariadnes zu den dionysischen Riten. Das Kleinkunstwerk stammt aus einer Zeit zwischen Ende des 1. Jh. v. Chr. und Anfang des 2. Jh. n. Chr.

ner, doch im Zuge der Kriege wurde doch einiges davon erbeutet. Manchmal schmiedete man auch diese edlen Metalle zu Bechern und Schalen, doch meistens stellte man daraus Schmuckstücke her wie Halsketten, Armspangen, Fibeln und Ohrringe. Die Formen waren vielfältig, aber dennoch wurden in allen Winkeln des Imperiums ähnliche Stücke gefunden: Dies beweist einerseits, wie eng die Handelsbeziehungen besonders ab dem 2. Jh. n. Chr. zwischen den verschiedenen Teilen des Römischen Reiches gewesen sein müssen, und andererseits, dass die Romanisierung sich nicht nur in Form einer gemeinsamen Verwaltung ausdrückte, sondern auch in einem einheitlichen Geschmack samt der dazugehörigen Mode.

Zerbrechliche Ware

In der römischen Welt nutzte und kannte man Glas schon früh. Die Herstellungstechnik, die Glasbläserei, erlaubte zwar nur die Produktion von Objekten bis zu einer gewissen Größe, doch dafür brachten es die römischen Glasbläser in der Bearbeitung des zerbrechlichen Werkstoffes zu vollendeter Meisterschaft. Die exquisitesten Stücke stammten meist aus dem Orient und waren überall im Reich gefragt. Immer häufiger stieß man auch bei Ausgrabungen auf Gläser und Glaswaren, die zu den faszinierendsten und schönsten Fundstücken aus der Welt der Antike zählen.

Terra sigillata
Wörtlich bedeutet dieser Begriff »bebilderte Erde« und meint die typische ziegelrote römische Keramik mit figürlichem Reliefschmuck. Hier ein Trinkkelch aus dem 1. Jh. v. Chr. aus Marokko.

GELÜFTETES GEHEIMNIS

Die römischen Glasbläser schufen einige faszinierende Objekte von hohem künstlerischem Wert in raffinierten Techniken wie etwa dem Glasschnitt, bei dem das Dekor auf der Grundform oft in mehreren Schichten aus unterschiedlichen Farben erhaben herausgearbeitet ist wie bei einer Kamee. Sehr schön und in der Antike wie heute hoch geschätzt sind die blauen Glasgefäße mit weißem Relief. Der Großteil der römischen Gläser war jedoch einfach und ohne ästhetischen Anspruch, bis auf ein faszinierendes Detail: Im Gegenlicht erschienen sie irisierend oder wechselten gar die Farbe, etwa von undurchsichtigem Grün zu transparentem Rot. Lange Zeit glaubte man, es hier mit einer besonderen Technik der Herstellung zu tun zu haben. Gab es etwa ein geheimes Rezept, das im Laufe der Zeit verloren ging? Neuere Untersuchungen lieferten die eher prosaische Antwort: Es handelt sich um eine simple Veränderung des Materials im Laufe der Zeit, die wahrscheinlich durch den Kontakt mit Erde hervorgerufen wird. Der beginnende Verfall ist sogar greifbar, beim Berühren eines solchen Glases bleiben lauter farbige Schüppchen an den Fingern – ein Albtraum für Restauratoren!

Changierendes Glas
Kelch aus Glas in undurchsichtigem Grün, das im Gegenlicht transparent rot erscheint (4. Jh. n. Chr.).

Via Appia, Königin der Strassen

312 v. Chr. vom Zensor Appius Claudius erbaut, verband sie Rom mit Capua als eine der ersten großen römischen Straßen, und sie war definitiv die erste, die den Namen ihres Erbauers trug.

So sprach man von der Via Appia in der Antike: »Vorbild, edelste und Königin unter den Straßen«. 312 v. Chr. vom Zensor Appius Claudius erbaut, führte sie ursprünglich von der Porta Capena und später, nach dem Bau der Aurelianischen Mauer am Ende des 3. Jh. n. Chr., von der Porta Appia, der heutigen Porta San Sebastiano, von Rom nach Capua, der reichen Stadt und Drehscheibe auf dem Weg nach Süden. 268 v. Chr. wurde sie bis Benevento verlängert und in der Folge immer weiter bis nach Brindisi, wo sich ein großer Hafen für den Schiffsverkehr nach Griechenland und in den Orient befand. Die Via Appia war die Hauptverkehrsader für Handel, Kommunikation und Militär, die bekannteste, wichtigste und am meisten frequentierte Straße des gesamten Römischen Reiches.

Sie war die erste der großen von den Römern erbauten Straßen, die den Namen ihres Erbauers trugen: Nie zuvor war einem römischen Bürger diese Ehre zuteil geworden. Bisher hatten die Straßen immer einen Namen angenommen, der entweder ihrer Destination (Nomentana, Tiburtina, Ardeatina, Praenestina) entsprach oder dem Gebiet, das sie durchquerten (Via Latina). Die einzige Ausnahme von dieser Regel bildete die Via Salaria, die Rom mit der Adria verband, wo das wertvolle, für die Zubereitung und Konservierung von Lebensmitteln so wichtige Salz herkam.

Sondertransport
Oben: *Relief von der Via Appia mit der Darstellung eines mit Elfenbein beladenen Elefanten.*

Römisches Umland
Der erste außerstädtische Abschnitt der Via Appia strahlt noch den Charme der ländlichen Gegend um Rom aus, der die Maler und Literaten des 19. Jh. so sehr begeisterte.

Das Mausoleum der Caecilia Metella
Am dritten Meilenstein der Via Appia steht eines der bekanntesten Monumentalgräber der Römerzeit, das Mausoleum der Caecilia Metella, einer Angehörigen einer der wichtigsten gentes der republikanischen Zeit. An der Außenfassade des Rundbaus sind stellenweise noch die Marmorplatten erhalten, die die Fassade verkleideten.

Eine Militärstraße wird zum Handelsweg

Der Hauptgrund, der zum Bau der Via Appia führte, war strategischer Natur: Die Ewige Stadt sollte mit den Garnisonen verbunden werden, die als Kontrollposten in Kampanien stationiert waren, wo die Samniter eine ihrer Hochburgen hatten. Doch diese ursprünglich militärische Funktion trat rasch in den Hintergrund, als die Via Appia zur Hauptachse des immer dichter geknüpften Handelsnetzes zwischen der Hauptstadt und den Häfen Kampaniens wurde, wo Waren aus allen Winkeln des Mittelmeeres eintrafen: Immerhin lagen dort die kommerziellen Interessen des Aristokraten- und Senatorenstandes. Außerdem musste sie jeder passieren, der in den Orient wollte, und so wurde sie zur Hauptverkehrsader im Süden Italiens.

Die Säule von Brindisi
Von den beiden Säulen, die am Hafen von Brindisi den Endpunkt der Via Appia markierten, ist eine noch gut erhalten. Die zweite brach im 16. Jh. zusammen, die Überreste wurden der Stadt Lecce übergeben und bilden heute den imposanten Sockel für das Standbild des hl. Orontius auf dem gleichnamigen Platz.

Stetige Verbesserung

Anfangs war die Straße ein nicht gepflasterter Weg, der einige bereits vorhandene Wege verband und begradigte. Doch bald wurde der gesamte urbane Verlauf gepflastert und danach der Rest. Ihre Erhaltung wurde zu einer der wichtigsten, aber auch prestigeträchtigsten administrativen Aufgaben in ganz Rom: Sogar Caesar höchstpersönlich übernahm dieses Amt gerne. Selbst in Krisenzeiten hatten Aufrechterhaltung und Wartung dieser langen Straße vorrangige Bedeutung für den römischen Staat. Speziell Trajan legte großes Augenmerk darauf und ließ bei Terracina einen bis an die Küste vorspringenden Berg abtragen, um die Trasse zu verkürzen und vor der Einwirkung der Gezeiten zu schützen. An anderen Stellen nahm er weitere verbessernde Eingriffe vor, sodass die Straße schließlich in Via Trajana umbenannt wurde.

MONUMENTALE TRASSE

Der erste Abschnitt der Via Appia außerhalb der Stadt mit seinen Monumenten, wie etwa den Mausoleen der großen römischen Familien, aber auch einfacher Bürger oder freigelassener Sklaven, und ihr holpriges Pflaster mit ausladenden Pinien am Rand ist eine der bekanntesten Postkartenansichten im historischen und touristischen Rom. Doch auch der restliche Verlauf ist mit Monumenten durchsetzt, darunter einige sehr auffällige wie die bekannte »Conocchia« bei Capua (*siehe unten*), die den hohen Stellenwert der Straße weithin sichtbar untermauern.

Domus Aurea, Neros Utopia

Gleich nach dem Brand Roms 64 n. Chr. setzte Nero ein Projekt in die Realität um, von dem er schon eine Weile geträumt hatte: ein Haus, das in Größe, Prunk und Ausstattung eines Kaisers würdig war.

Eingang zum Domizil des Kaisers
Oben: *einer der Eingänge der Domus Aurea. Der Komplex nahm den gesamten Südosten der Stadt ein.*

Der große Brand in Rom war eine schreckliche Tragödie, hatte jedoch auch seine positiven Seiten: Es entstand der Raum, den Nero benötigte, um seine urbanistischen Pläne in die Tat umzusetzen. Er wollte eine moderne, rationelle Stadt bauen, mit breiten Straßen und größeren Abständen zwischen den Gebäuden, um das Risiko weiterer verheerender Großbrände in Grenzen zu halten. Dabei nutzte der Kaiser gleich die Gelegenheit und nahm neben diesen öffentlichen Bauprojekten auch eines in Angriff, das ihm ganz besonders am Herzen lag: *Domus Aurea*, »das goldene Haus«, nannte er diesen Palast, der eines Kaisers würdig war.

Der Colle Oppio
Ansicht des Colle Oppio mit den Überresten der Domus Aurea. Die Residenz wurde in sehr kurzer Zeit errichtet, von 64 bis 66 n. Chr.

Bauprogramm und Architekten

Der grandiose Entwurf integrierte nicht nur die Hügel Palatin und Esquilin in den Gesamtkomplex, sondern auch noch den Monte Celio mitsamt des kleinen Tales an seinem Fuße, wo sich kurze Zeit später das Kolosseum erhob. Eine richtige kleine Stadt in der Stadt, sogar mit einem großen See, der von einer Kolossalstatue des Kaisers dominiert wurde. Zur Verwirklichung seiner Pläne rief der Kaiser zwei Architekten, Severus und Celer, sowie einen begabten Künstler für die Innendekoration, Fabullus oder Famulus, die den Auftrag erhielten, ihm eine würdige Wohnstatt zu errichten. Obwohl die Bevölkerung dem

Wandteppich aus der Renaissance
Die grotesken Malereien auf diesem Wandteppich zeigen Anlehnungen an die Domus Aurea *von Kaiser Nero.*

Kaiser zugetan war, wurden bald Proteste laut, denn das Projekt nahm einen großen Teil des städtischen Raums in Beschlag und die Kosten waren exorbitant. Darum beeilte sich nach Neros Tod sein Nachfolger Vespasian, der Stadt die unter seinem Vorgänger enteigneten Gebiete zurückzugeben. Der Großteil der *Domus Aurea* wurde abgebaut, nur ein relativ kleiner Teil am Colle Oppio, einer Erhebung am Esquilin, blieb erhalten und wurde in die Fundamente der unter Trajan 109 n. Chr. erbauten großen Thermen integriert.

Inspirationsquelle für Architekten und Künstler

Was vom gesamten Komplex blieb ist eine zusammenhängende Folge von in zwei Flügeln gruppierten Räumen, die eine Fläche von etwa 300 mal 200 m einnehmen. Im Westen befindet sich ein großer rechteckiger Hof mit Säulengang und Nymphäum sowie im Zentrum ein Saal mit reich dekoriertem Gewölbe. Den östlichen Teil dominiert ein achteckiger Saal. Auffällig ist das Ungleichgewicht des Entwurfs, das mehrere Gründe haben kann. Vielleicht wurden zwei verschiedene Baumeister beauftragt, oder es lag zwischen der Ausführung der beiden Flügel ein längerer Zeitraum. Gemeinsames Element ist jedoch die prächtige Dekoration, die zwar zum Teil abgetragen und anderweitig verwendet wurde, aber dennoch die Renaissance- und Barockkünstler nachhaltig beeinflusste, sodass es zur Ausprägung einer eigenen Stilrichtung kam.

DER URSPRUNG DES GROTESKEN

Gegen Ende des 15. Jh., als man in die Höhlen des Colle Oppio hinabstieg, fand man die reichen Schätze der *Domus Aurea*. Viele Renaissancekünstler waren angetan von den dort verborgenen Malereien und ließen sich von Formen und Motiven inspirieren: Fabeltiere und Pflanzen, geometrische Ornamente in bizarrer Komposition. Da diese Art von Motiven aus Höhlen stammt (ital.: grotte), wurde das zugehörige Adjektiv Bezeichnung für den Stil. Aus dem italienischen »dipiniti grotteschi« wurde im Deutschen die groteske Malerei.

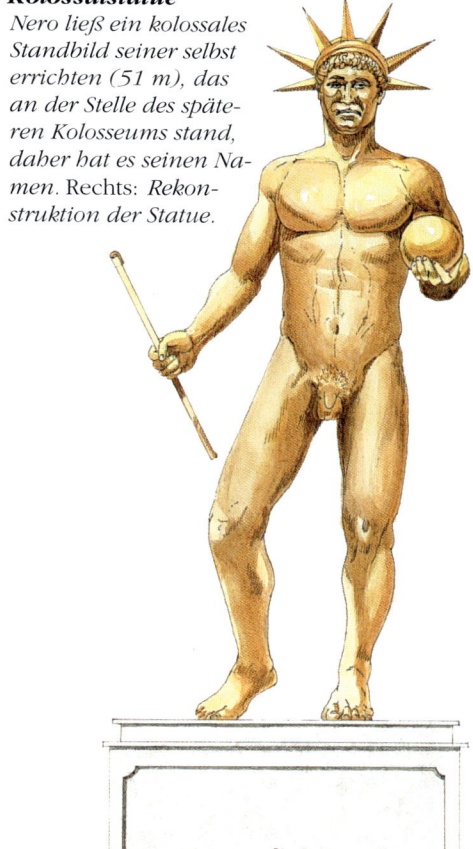

Kolossalstatue
Nero ließ ein kolossales Standbild seiner selbst errichten (51 m), das an der Stelle des späteren Kolosseums stand, daher hat es seinen Namen. Rechts: *Rekonstruktion der Statue.*

Der achteckige Saal
Rekonstruktion des achteckigen Saals, eines der originellsten Räume der Domus Aurea, *mit weitem Kuppelgewölbe und großen Öffnungen in allen Wänden.*

DAS KOLOSSEUM, SYMBOL DES IMPERIUMS

Begonnen unter Vespasian, eingeweiht unter dessen Sohn Titus, fertig gestellt von Domitian war das *Amphitheatrum Novum*, heute als Kolosseum bekannt, das bekannteste Monument von Rom, Wahrzeichen der Stadt und des Reiches.

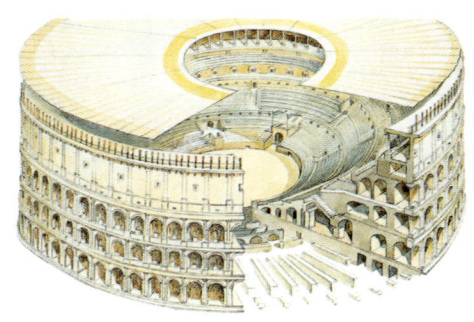

Noch Mitte des 1. Jh. n. Chr. fehlte in Rom, was viele andere Städte längst besaßen – ein festes Amphitheater, das groß genug war, jene Schauspiele zu beherbergen, die das Volk am meisten begeisterte, die Gladiatorenkämpfe und die so genannten *venationes*, Jagdspiele mit wilden Tieren aus fernen Ländern. Vespasian setzte ein Zeichen von stark politischem Wert, als er anordnete, den Bau neben dem Forum an jener Stelle zu errichten, wo sich zuvor der künstliche See in den Gärten der *Domus Aurea* Neros befunden hatte: Ein für das Volk errichtetes Bauwerk nahm damit den Platz eines prunksüchtigen Luxusbaus für den privaten Gebrauch des Kaisers ein. Der große Ringbau war 50 m hoch und in vier architektonische Ordnungen gegliedert. Er umschloss eine kolossale Cavea, in die man durch 80 Bogen gelangte, von denen

DAS VELARIUM

Das »technische Wunderwerk« des Flavischen Amphitheaters war das *velarium (oben eine Rekonstruktion)*, ein ausgeklügeltes System an Tuchflächen, die die Zuschauer vor der Sonne schützten. Am obersten Mauerring sind noch die Auflager zu sehen, auf denen hölzerne Träger lagen. An den Trägern befestigt war der Sonnenschutz aus Tuch mit einem komplizierten Seilzugsystem, das je nach den Erfordernissen das Zusammenfalten oder Ausbreiten der Tuchbahnen erlaubte. Das Prinzip glich jenem, das bei den Segeln großer Schiffe zum Einsatz kam, daher wurde es auch von einer Mannschaft von Seeleuten bedient, welche in einer eigens erbauten Kaserne logierten.

Grausames Spiel
Detail eines Mosaiks mit der Darstellung eines Gladiators. Es stammt aus Terranova in der Nähe der antiken Latinerstadt Tusculum.

ein jeder mit einer Nummer gekennzeichnet war, um den Zustrom der Zuschauer geordnet zu gestalten. Die Haupteingänge lagen an den Enden der Achsen des Ovals, der größte davon war die *porta triumphalis*, durch die der Eröffnungszug eintrat, gegenüber davon lag die *porta libitinaria*, die der Totengöttin Libitina gewidmet war und durch die die Opfer der Spiele die Arena verließen. Die Cavea war in drei konzentrische Sektoren (*maeniana*) mit Steinsitzen unterteilt, ein ganz oben liegender vierter Sektor besaß Holzstufen (*maenianum summum in ligneis*). Am Südende der kurzen Achse, zum Monte Celio hin gerichtet, lag die kaiserliche Loge.

»Wenn das Kolosseum fällt, fällt auch Rom«

Der monumentale Großbau präsentiert sich heute stark beschädigt. Besonders der innere Teil wurde im Laufe der Jahrhunderte systematisch abgetragen, und so sind die Stufenreihen (*gradus*) sowie die Arena fast

Fehlende Teile
Ab dem 14. Jh. fungierte das bereits durch mehrere Erdbeben beschädigte Kolosseum als regelrechter Travertin-Steinbruch, wo man sich das Material für den Bau vieler der noch heute besuchten Monumente Roms holte. Der Abbau dauerte an, bis Papst Benedikt XV. im 18. Jh. das Amphitheater wegen des Blutes, das von christlichen Märtyrern dort vergossen worden war, zum Heiligtum erklärte.

Das Innenleben des Kolosseums
Wie in modernen Theatern gab es auch im Kolosseum verschiedene Kategorien von Plätzen, die jedoch nicht vom Preis der Eintrittskarten abhingen (gewöhnlich waren die Spiele frei zugänglich), sondern vom sozialen Rang des Besuchers. Die Plätze unten, nahe an der Arena, waren für den Senatorenstand, die folgenden darüber für den Ritterstand reserviert. Mit zunehmender Höhe wurde der gesellschaftliche Rang niedriger.

gänzlich verschwunden, man kann also in die unterirdischen Gänge sehen, die die Eingeweide des Riesen ausmachten, das Verteilungssystem, das seine Funktion gewährleistete. Ebenfalls verschwunden sind der Bühnenapparat (schiefe Ebenen, mobile und drehbare Plattformen, Aufzugskonstruktionen mit Gegengewicht), durch die es möglich war, Tiere in die Arena einzulassen und im selben Moment die Szene vollkommen zu verändern. Es mag geplündert worden sein, doch noch heute ist das Amphitheater eine beeindruckende Konstruktion, die dem Namen »Kolosseum«, den sie recht bald erhielt, alle Ehre machte. Die schiere Größe beeindruckte jeden der es sah, bis es schließlich als wichtigste Sehenswürdigkeit und Wahrzeichen der Stadt galt. Im Mittelalter glaubten viele an die Prophezeiung des Mönchs Beda aus dem 8. Jh.: »Solange das Kolosseum steht, besteht auch Rom. Wenn das Kolosseum fällt, fällt auch Rom. Wenn Rom fällt, fällt auch die Welt.«

Das *Palatium*, Wohnstätte der Kaiser

Auf dem Hügel Palatin, an jenem mystischen Ort, wo laut der Überlieferung Romulus die Ewige Stadt gegründet haben soll, erhob sich die majestätische Residenz der römischen Kaiser.

Palast, *palace, palais, palazzo, palacio*: In vielen modernen Sprachen lautet die Bezeichnung für das städtische Domizil eines Kaisers, Königs oder Mitglieds der herrschenden Klasse ähnlich, und das ist kein Zufall. All diese Worte gehen auf die bedeutendste und bekannteste dieser Residenzen zurück, das *Palatium* der römischen Kaiser, das seinerseits seinen Namen von dem Hügel herleitet, auf dem es sich befindet. In der republikanischen und frühen Kaiserzeit lag dort noch ein Wohngebiet der besseren Gesellschaft, eine *domus* der reichen Familien aus dem Senatorenstand reihte sich an die andere. Doch dort lagen auch einige der heiligsten Kultorte Roms. So war es kein Zufall, als Augustus just diesen Hügel zu seinem Domizil auserkor, verknüpfte er doch auf diese Weise die kaiserliche Residenz direkt mit der Geschichte Roms. Dieses erste *Palatium* sah allerdings noch wie ein zwar luxuriöses, doch mehr oder weniger normales Wohnhaus aus. Erst Augustus' Nachfolger machten daraus eine hochherrschaftliche Residenz, die sich immer mehr ausdehnte, bis sie schließlich den gesamten Hügel einnahm. Unter Nero »stiegen« die Kaiserpaläste sogar vom Palatin herab und nahmen die umliegenden Gebiete zum Esquilin und Monte Celio hin ein. Nach diesem größenwahnsinnigem Intermezzo zogen sich die Kaiser neuerlich auf den Palatin zurück, wo ihre jeweiligen Neubauten einander von Vespasian bis Konstantin überlagerten.

KAISERLICHER PRUNK

Selbst die Ruinen des römischen Kaiserpalastes sind noch eindrucksvoll anzusehen, speziell vom Circus Maximus aus. In der Antike war der Eindruck freilich ein völlig anderer: Säulenvorbauten, Wandmalereien und Marmortafeln in unterschiedlichen Farben schmückten das *Palatium*, Statuen, Gemälde und exquisite Kunstgegenstände taten ein Übriges. Eine Ahnung davon vermittelt die Sammlung im Museum auf dem Palatin, doch trotz wertvollster Exponate kann auch sie nur ein schwacher Abglanz des Prunks der hohen Kaiserzeit sein.

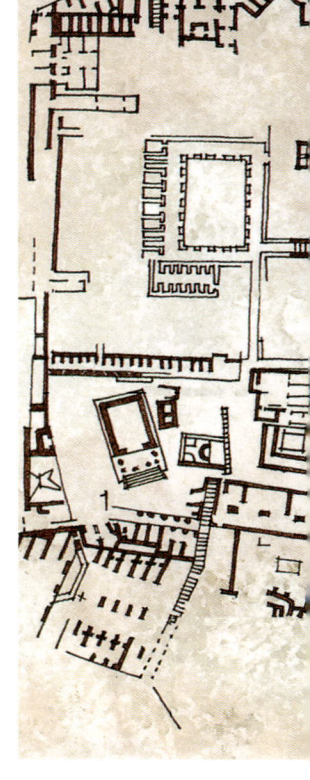

Ein Labyrinth aus Gebäuden
Rekonstruierter Grundriss des kaiserlichen Palatium. *In der Mitte erkennt man das Peristyl mit Brunnen und rechts das Stadion Kaiser Domitians, die auf den Fotos unten abgebildet sind.*

Domus Flavia *und* Domus Augustana

Der Schlüsselmoment für die Herausbildung des *Palatium* fällt in die Zeit der Flavier. Noch heute nennt sich ein Teil des großen Komplexes *Domus Flavia*, es scheint sich (mit nicht gänzlicher Sicherheit) um einen »öffentlichen« Bereich für die Erfüllung der offiziellen Pflichten des

Peristyl mit Brunnen
Blick auf das große rechteckige Peristyl der Domus Flavia *mit von einem Labyrinth umgebenem Brunnen.*

Das Stadion des Domitian
Das Stadion mit Pferderennbahn liegt an der Ostseite des Palastes von Kaiser Domitian und ist 160 m lang und 80 m breit.

DIE BEDEUTENDSTEN WERKE

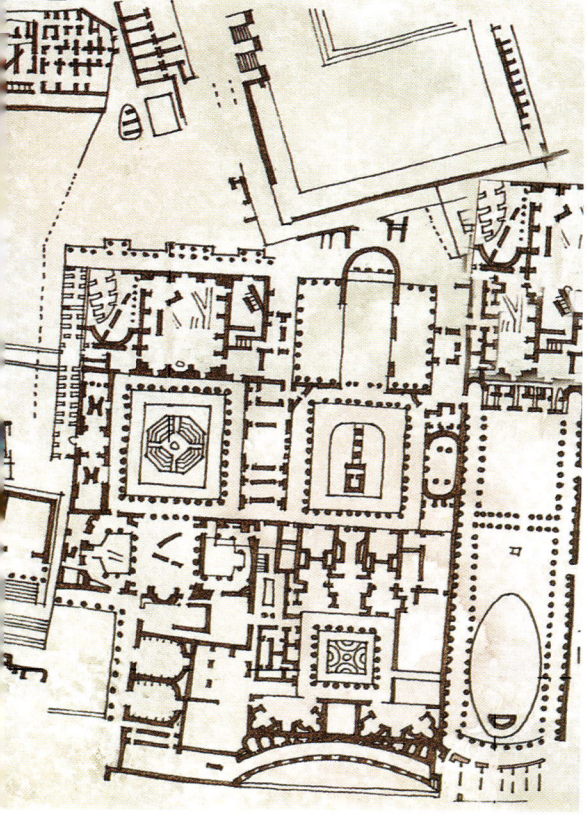

Kaiserlicher Zeitvertreib
Eine weitere Ansicht des Stadions von Kaiser Domitian, das wahrscheinlich für Spaziergänge und sportliche Betätigung, vorwiegend zu Pferd, gedacht war.

Private Gemächer
Die Gemächer der Livia, der Gattin Kaiser Augustus', waren mit Wandmalereien im pompejischen Stil geschmückt.

Princeps gehandelt zu haben. Damit verbunden ist ein weiterer Komplex namens *Domus Augustana*, der (wieder ohne gänzlich gesicherten Beweis) die privaten Räumlichkeiten des Kaisers und seiner Familie dargestellt haben könnte. Im Inneren der Residenz gab es gedeckte und freie Räume aller erdenklichen Arten wie Peristylien, Exedren, Gärten, Tempel, ja sogar ein Stadion mit Pferderennbahn für die sportliche Zerstreuung des Herrschers – ein unglaubliches, faszinierendes Labyrinth, das wahrscheinlich zum Großteil unter Domitian entstand und später mehrmals modifiziert wurde. Vom Architekten Rabirius, der den Erstentwurf konzipierte, würden wir gerne etwas mehr wissen, hat er doch ein imposantes, innovatives Gebäude entworfen, das zum klassischen Vorbild künftiger Herrscherresidenzen werden sollte.

DER EINGANG ZUM PALAST

Der Haupteingang besaß eine monumentale Fassade, von der nur ein Teil der Stützen erhalten ist. Nach einer hypothetischen Rekonstruktion gab es drei Portale, deren Höhendrang eine Freitreppe betonte. Oben lag eine Reihe von Fensteröffnungen, durch die das Licht ins Innere fiel, darüber vermutlich Kolonnaden in Form eines Tempels.

Kontinuierliche Entwicklung
Eine weitere Gruppe von unter Domitian errichteten Gebäuden. Nach ihm führte noch Septimius Severus größere Bauvorhaben durch.

Das Maskenzimmer
Detailansicht der Wandmalereien aus dem Maskenzimmer, einem der Gemächer im Inneren der Domus Augustana.

Das Forum, Herz der Stadt

In jeder römischen Stadt gab es ein Forum, einen Platz, wo sich das öffentliche Leben vom Markt bis zu politischen Kundgebungen abspielte. Rund um diesen Platz wurden die wichtigsten Tempel der Stadt errichtet. Doch an keinem schlug das Herz des Imperiums wie am Forum Romanum.

Das Forum Romanum nahm eine rechteckige Fläche zwischen Palatin, Monte Celio und Kapitol ein. Von Anfang an war es Schauplatz vielfältiger Aktivitäten kommerzieller, politischer und ritueller Natur. Doch im Laufe der Zeit und mit zunehmender Größe der Stadt wurden Handel sowie andere Darbietungen in dafür spezialisierte Bereiche wie Markthallen, Theater, Zirkusarenen und Amphitheater verlagert. Das Forum blieb jedoch weiterhin Zentrum politischer Aktivitäten und der wichtigsten öffentlichen Kulthandlungen.

Heidnischer Tempel und christliche Kirche
Eines der augenfälligsten Bauwerke am Forum Romanum ist der Tempel des Antoninus und der Faustina (rechts), der 141 n. Chr. von Antoninus Pius erbaut und der Gemahlin des Kaisers gewidmet wurde. Heute ist das Gebäude in eine 1602 errichtete Kirche integriert.

Der Saturntempel
Unten: Ansicht des Forum Romanum mit den Überresten des Saturntempels im Vordergrund. In seinem Inneren bewahrte man eine Statue des Gottes auf, die während der Triumphzüge durch die Straßen getragen wurde.

Der Tempel der Venus Genetrix
Caesar behauptete, direkt von Aeneas und über diesen von dessen Mutter Venus abzustammen, daher ließ er auf dem Forum den Tempel der Venus Genetrix errichten, von dem heute nur drei korinthische Säulen (links) vom äußeren Säulengang erhalten sind.

Der Ort übernahm und behielt bis zum Zusammenbruch des Imperiums die unangefochtene Rolle des Brennpunktes, um den sich das politische, gesellschaftliche und öffentliche religiöse Leben in der römischen Welt drehte. Dort standen die den wichtigsten Göttern gewidmeten Tempel, die bedeutendsten Basiliken und zahllose Symbole des Römischen Reiches, vom Meilenstein für den Nullpunkt des Konsularstraßennetzes über die Häuser des Pontifex maximus und der Vestalinnen bis zur Kurie, in der der Senat zusammentrat. Wenn es in Rom einen im öffentlichen Bewusstsein heiligen Ort gab, dann war es dieser.

Caesars Werk

Um 54 v. Chr. wollte Caesar ein neues Forum neben dem alten erbauen, das *Forum Iulium*, das den Namen seiner Familie in alle Ewigkeit glorifizieren sollte. Diese Idee war zwar praktisch (das alte Forum platzte sprichwörtlich aus allen Nähten, eine Vergrößerung war ohnehin notwendig), doch auch im wahrsten Sinne des Wortes unerhört: Bisher hatten siegreiche Generäle ihre Monumente an peripheren Orten errichtet. Doch Caesars Hartnäckigkeit und sein Ehrgeiz brachten ihn schließlich doch noch ans Ziel, und so konnte er die noch unvollendete Anlage 46 v. Chr., zwei Jahre vor seiner Ermordung, einweihen. Sein Nachfolger Octavian stellte sie später fertig, unter Kaiser Trajan erfolgte eine umfassende Neustrukturierung. Die regelmäßige, vom Tempel der Venus Genetrix dominierte Form und der feierliche Charakter machten Schule: Caesars Forum war nur das erste einer ganzen Reihe analoger und noch größerer Anlagen, die unter dem Sammelbegriff »Kaiserforen« geführt werden, und vergrößerten das Areal des Forums im Laufe der Zeit bis an die Hänge des Quirinal.

Der Zauber der Ruinen
Die Ruinen des Forum Romanum, Stich aus der ersten Hälfte des 19. Jh.

Rekonstruktion des Platzes am Trajansforum
Die Hauptquellen für die Rekonstruktion des Trajansforums sind Fragmente der Forma Urbis, Ansichten von Gebäuden auf zeitgenössischen Münzen, Rekonstruktionsversuche antiker Autoren und die noch vor Ort befindlichen Überreste.

Die Kaiserforen

Ausgehend von Caesars Forum als Anknüpfungspunkt ans Forum Romanum reihen sich die Anlagen der Kaiser Augustus, Vespasian, Nerva und Trajan aneinander. Jedes dieser Foren basiert auf demselben Konzept, einen großen Platz mit Säulenumgang um einen wichtigen Tempel oder ein bedeutendes öffentliches Gebäude, der zwei Funktionen erfüllte: Zum einen handelte es sich um ein kolossales Monument zur Verherrlichung des jeweiligen Princeps, und zum anderen erweiterten und gliederten die Kaiserforen das Nervenzentrum der Ewigen Stadt als Brennpunkt des Lebens und der Gesellschaft im alten Rom. Während der glorreichen Zeiten war diese schier unendliche Abfolge von Säulen, Tempeln, Statuen, Bibliotheken und Basiliken zweifellos beeindruckend und trug sicherlich nicht wenig zu dem hohen Ansehen bei, das die Hauptstadt des Römischen Reiches überall in der antiken Welt genoss.

Die Hadriansvilla, Abglanz der Kaiserzeit

Eine Stadt in Form einer Villa, und das in bestem Erhaltungszustand: Die Hadriansvilla ist eines der faszinierendsten Monumente aus der Antike.

Hadrian entfaltete eine umtriebige Bautätigkeit in Rom und im gesamten Reich. Die Villa, die er sich bei Tivoli erbauen ließ, zählt zusammen mit seinem Mausoleum am Ufer des Tibers zu den eindrucksvollsten Resultaten dieser seiner Unternehmungen. Erbaut auf einem bereits seit dem 2. Jh. v. Chr. von einer Villa eingenommenen Gebiet, handelt es sich um einen komplexen Mikrokosmos, eine kleine Stadt für die *otia* des Kaisers, wo neben den üblichen Wohnbereichen Peristylien, Portiken und Kryptoportiken, Nymphäen, künstliche Seen, Tempel, Thermenanlagen und Lustpavillons im Wechsel mit Gärten und Grünanlagen eine Synthese jener Orte im antiken Griechenland zelebrieren, die der Kaiser einst mit seinem Favoriten Antinoos besucht hatte: das Lykeion, die Akademie, den Kanal von Kanopos, die Stoa Poikile und das Prytaneion von Athen.

Der Venustempel
In den Trümmern dieser Rekonstruktion des Rundtempels von Knidos, wo mit der Knidischen Aphrodite eines der Hauptwerke des Praxiteles stand, hat man eine Kopie dieser Statue gefunden.

KUNSTSCHÄTZE

Historischen Berichten ist zu entnehmen, dass Hadrian in seiner Villa eine reiche Sammlung an Kunstwerken zusammengetragen hatte: Originale und Kopien bedeutender griechischer Skulpturen und Malereien, aber auch zahlreiche kleinere Kunstgegenstände von unschätzbarem Wert. Erhalten blieb nur ein geringer Teil, doch daran lässt sich abschätzen, wie die kaiserliche Villa einst gewirkt haben muss. Zu den eindrucksvollsten Fundstücken zählen zwei Kentauren in grauschwarzem Bigio der Bildhauer Aristas und Papias aus der Schule von Aphrodisius in Kleinasien. Bedeutend ist auch eine Serie von Kopien griechischer Originale vom Kanal von Kanopos. Die Wertschätzung des Kaisers für die Kultur des Geistes kommt in seiner Sammlung von Porträts griechischer Philosophen zum Ausdruck. Ebenfalls erwähnenswert sind die herrlichen Marmorfußböden mit ihren kunstvollen Intarsienarbeiten. Diese Technik (*opus sectile*) fasste zu dieser Zeit gerade Fuß und kam in der Spätantike zur Hochblüte.

Innovative Architektur

Bei der Umsetzung dieses Bauvorhabens, das im Laufe der Jahre mehrfach abgeändert und adaptiert wurde, gingen Hadrian und seine Architekten einen höchst originellen Weg, sowohl was die verwendeten Techniken (etwa die Wiederaufnahme des schon seit einiger Zeit nicht mehr gebräuchlichen *opus reticulatum*), wie auch den Umgang mit Grundriss, Struktur und Linienführung betraf: Geschickt wurden verschiedenste Grundrissformen kombiniert, zusammengesetzte Kuppeln und Gewölbe konstruiert und die perspektivische Gestaltung genutzt, um schlüssige, aber auch spielerische optische Bezüge zwischen den so verschiedenen Teilen des Ganzen zu schaffen.

Hadrians Versailles
Oben: eines der Reliefs, die in der Hadriansvilla entdeckt wurden. Die szenische Wirkung der Anordnung der Gebäude und die zahlreichen Kunstschätze, die dort gefunden wurden, inspirierten mehrfach dazu, die Hadriansvilla mit dem Königsschloss von Versailles zu vergleichen.

Synthetisiertes Vermächtnis klassischer Kultur

Die zum Zeitpunkt des Todes des Kaisers unvollendete und von seinen Nachfolgern vernachlässigte Hadriansvilla ist ein architektonisches Vermächtnis, das die kulturelle Komplexität des Erbauers atmet. Der Entwurf will mittels repräsentativer Symbole das gesamte kulturelle Erbe der klassischen Gesellschaft zusammenfassen, zeigt jedoch auch gleichzeitig die Kulturbesessenheit und den unruhigen Geist dieses Kaisers, der wohl zu den feinsinnigsten und gleichzeitig widersprüchlichsten Persönlichkeiten der römischen Geschichte zählt.

Die Großen Thermen
Unten: Überreste der Großen Thermen. Sie gehören zu einer grandiosen Gruppe von Baukörpern im zentralen Bereich der Anlage, wie auch die Kleinen Thermen und das Vestibulum.

Die Inselvilla
Links: Ansicht der Inselvilla. Das wahrscheinlich originellste Gebäude der Hadriansvilla besteht aus einem kreisrunden Hof mit Wasserbecken in der Mitte, aus dem sich eine Miniaturvilla mit kleinem Peristyl, Triklinium und winziger Thermenanlage erhebt.

Die Trajanssäule, Monument eines Sieges

Als ideelles Zentrum des imposanten *Forum Ulpium*, des größten unter den Kaiserforen, begeisterte die monumentale Säule zum Lob der Großtaten Kaiser Marcus Ulpius Trajanus' Jahrhunderte lang Künstler, Literaten und Päpste.

Nach dem großen Sieg über die Daker schwebte Kaiser Trajan 107 n. Chr. ein ehrgeiziges Projekt zur Feier dieses militärischen Meilensteins vor: Er betraute den Architekten Apollodorus von Damaskus mit dem Bau eines großen Forums, das 112 feierlich eröffnet wurde. Allerdings stand im innerstädtischen Bereich unter dem Kapitol nur noch wenig Platz für ein monumentales Bauvorhaben zur Verfügung, nahmen doch das Forum Romanum und die Kaiserforen von Caesar, Augustus und Nerva bereits alles ebene Gelände ein. Also ließ Trajan den kleinen Sattel abtragen, der das Kapitol mit dem Quirinal verband, und gewann so den Raum für sein Großprojekt: Kolonnaden umrahmten einen großen Platz, eine riesige Basilika, ein kleinerer Platz mit zwei Bibliotheken (einer lateinischen und einer griechischen) sowie ein dem Kaiser geweihter Tempel nebst einer gigantischen Exedra für die neuen Märkte wurden errichtet. Im Zentrum des Komplexes ragte eine Siegessäule in die Höhe. Sie war ebenso hoch wie der Hügel, den man abgetragen hatte, um für das neue Forum Platz zu schaffen, ein Wahrzeichen der Romanisierung für viele Jahrhunderte.

Ablöse an der Spitze
Die Trajansstatue auf der Siegessäule ging im Zuge der Plünderung Roms durch die Barbaren verloren und wurde Ende des 16. Jh. durch ein Standbild des hl. Petrus ersetzt.

Antiker Dokumentarfilm

Die aus Marmorblöcken aus Carrara erbaute Säule ist insgesamt rund 40 m hoch, allein der Säulenschaft misst 100 römische Fuß (*columna centenaria*), was 29,78 m entspricht. An ihrer Spitze, die man über

Kriegschronik
In den Reliefs der Trajanssäule (links und oben) verschmelzen Elemente aus der hellenistischen künstlerischen Tradition mit der typisch römischen Art, den Inhalt historischer Ereignisse zu erzählen.

DIE BEDEUTENDSTEN WERKE

Für die Gunst der Götter
Trajan im Zentrum eines Rituals: Bevor er sich mit seinen Männern auf den Feldzug gegen die Daker einschifft, wird Neptun ein Stier geopfert. Der Kaiser erscheint rund 60 Mal im Reliefband der Siegessäule.

MONUMENT UND MAUSOLEUM

Die Trajanssäule ist nicht das einzige Monument, das die Großtaten dieses Kaisers verherrlichen sollte. Jahrhundertelang tat das auch sein Grab. Auf einem altarförmigen Unterbau mit Reliefdarstellungen der von den Feinden erbeuteten Waffen standen die goldenen Urnen mit der Asche Trajans und seiner Gemahlin Plautina. Der eigentliche Zweck der zu Lebzeiten des Kaisers zur Feier des Sieges erbauten Säule war es sicherlich, den Moment des Triumphes festzuhalten und für die Nachwelt zu verewigen.

EINE SÄULE MACHT FURORE

Im Laufe der Jahrhunderte fand die Trajanssäule reichlich Liebhaber und Nachahmer. Sie wurde der christlichen Religion geweiht und von den Päpsten geschützt, vor allem wegen ihres ungewöhnlichen Erscheinungsbildes. Im Laufe der Renaissance ließen sich Künstler in Körben von der Plattform abseilen, um Szenen aus dem Reliefzyklus zu kopieren. Das Konzept der Säule mit spiralig gewundenem Fries wurde noch in der Antike mehrmals kopiert, wie etwa für die Antoninische Siegessäule in Rom und jenen des Theodosius und Arcadius in Konstantinopel, aber auch in der Neuzeit, wie man auf der Place Vendôme in Paris und in London am Trafalgar Square sehen kann.

eine Wendeltreppe im Inneren erreichen kann, prangte einst das vergoldete Standbild des Kaisers, das jedoch verloren ging und durch eine Statue des hl. Petrus ersetzt wurde. Sie ist das erste bekannte Beispiel einer von innen begehbaren Spiralsäule *(columna cochlis)*, und auch die erste mit durchgehendem Figurenschmuck, ihr Beispiel sollte schon bald Schule machen. Durch eine unregelmäßige, erhabene Trennlinie hervorgehoben, stellt das rund

Farbenfrohe Säule
In dieser Rekonstruktion des Längsschnitts des Trajansforums ist auch die Siegessäule zu sehen, die ursprünglich bemalt und mit Metallfriesen verziert war.

200 m lange Band eine riesige Schriftrolle *(volumen)* dar, wie sie in den Bibliotheken zu beiden Seiten des Monument aufbewahrt wurden. Das durchgehende Figurenrelief erzählt die Geschichte des Feldzugs in Szenen, ähnlich wie ein Dokumentarfilm. Als Hauptdarsteller kommt Trajan rund 60 Mal darin vor, einmal im Kampf, dann wieder bei einer Ansprache vor den Soldaten, beim feierlichen Opferritual oder wie er sich von den besiegten Feinden huldigen lässt. Doch trotz dieser Star-Inszenierung ist er immer als siegreicher Feldherr dargestellt, nie als Souverän von Gottes Gnaden mit den Attributen absoluter Macht. Erst unter seinen Nachfolgern sollte sich die Ikonographie in diese Richtung entwickeln.

Die Aurelianische Mauer, Schutzwall Roms

271 n. Chr. musste die stolze Stadt Rom, nachdem jahrhundertelang kein Feind auf der italienischen Halbinsel gesichtet worden war, sich schließlich doch mit einem Mauerring umgeben.

Die Porta Maggiore
Dieses Tor wurde unter Kaiser Claudius als Ausgangspunkt der Via Praenestina erbaut und später in die Aurelianische Mauer integriert.

Jahrhundertelang hatte es keine Notwendigkeit gegeben, die Ewige Stadt vor Feinden zu schützen. Die Hauptstadt der Weltmacht stand völlig offen, ohne Verteidigungsanlagen im Herzen der Halbinsel. Die einzigen existenten Mauern waren jene, die man König Servius Tullius zuschrieb und die in Wirklichkeit im 4. Jh. v. Chr. errichtet worden waren. Davon waren zwar einige Abschnitte übrig, die aber bereits unter Augustus nur noch symbolischen Wert hatten. Man erhielt und restaurierte sie aus sakralen oder rechtlichen Gründen, nicht um der Verteidigung willen, war die Stadt doch längst über diese Mauern hinausgewachsen und nahm weite Gebiete des umliegenden Landes ein. In den 70er-Jahren des 3. Jh. jedoch änderte sich die Lage, sodass Maßnahmen erforderlich wurden. Im Jahre 270 war es Kaiser Aurelianus gerade noch gelungen, den Einfall alemannischer Stämme abzuwehren, die bis nach Pavia vorgedrungen waren. An den Grenzen wuchs die Bedrohung seit Jahrzehnten stetig, und selbst die Hauptstadt konnte sich nicht mehr in Sicherheit wähnen. Die ruhigen Zeiten waren ein für alle Mal vorüber.

Militärische Architekten und zivile Arbeitskräfte

Den Entwurf der Stadtmauern nahmen, wahrscheinlich noch unter der Leitung ebendiesen Kaisers, Militärarchitekten in die Hand. Doch die Arbeit konnte nicht das Heer tun, das an den Grenzen ständig mit Kämpfen beschäftigt war. Die zivile Gesellschaft musste Hand anlegen. Alle Mitglieder der Bürgerorganisationen der Stadt, die am Bau der Mauer mitarbeiteten, erhielten als Anerkennung für die geleisteten Dienste den Titel *aureliani*. Die Mauer wurde in Ziegelbauweise errichtet,

Rom zur Zeit der Renaissance
Dieser Stich zeigt die Stadt Rom im Jahre 1549. Der unter Kaiser Aurelianus erbaute Ring der Stadtmauern ist deutlich zu erkennen.

Die Porta San Pancrazio
Ganz oben auf dem Gianicolo-Hügel gelegen, entspricht sie der antiken Porta Aurelia der Aurelianischen Mauer. Sie ist Ausgangspunkt der gleichnamigen Konsularstraße.

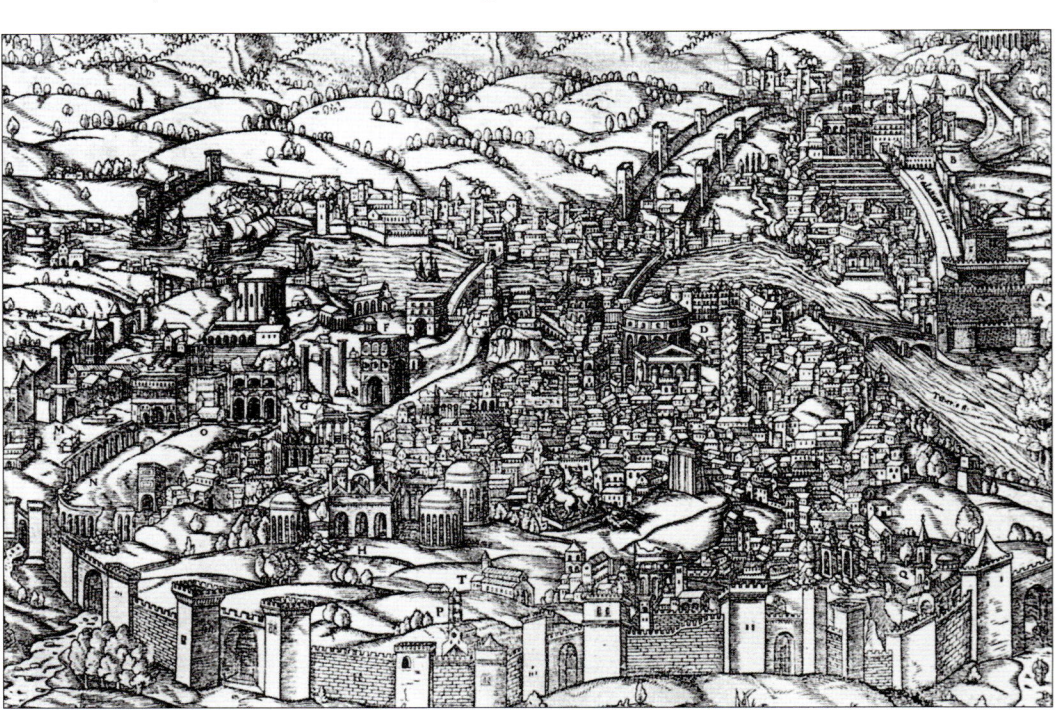

DIE BEDEUTENDSTEN WERKE

DIE PORTA SAN SEBASTIANO

Die 17 Stadttore von Rom gehören zu den markantesten architektonischen Elementen des Stadtbildes. Eines der bedeutendsten Tore war die Porta Appia, heute Porta San Sebastiano. Die Grundstruktur geht auf Honorius (Anfang 5. Jh. n. Chr.) zurück und wies ursprünglich zwei Durchgänge auf. Einer davon wurde später geschlossen und in ein neues, von zwei runden Wehrtürmen flankiertes Tor integriert. Es wurde auch ein Innenhof mit Durchgang erbaut. Heute beherbergt die Porta San Sebastiano das kleine Museum der Stadtmauern (Museo delle Mura); von dort aus erreicht man auch den ausgezeichnet erhaltenen Wehrgang.

Das größte der Tore Roms
Die Porta San Sebastiano, die man als Ersatz für die alte Porta Capena errichtete, als Aurelianus den Befestigungsgürtel erweiterte, war der Ausgangspunkt der Via Appia.

da dieses Material vor Ort am leichtesten verfügbar war. Die lokalen Brennereien arbeiteten auf Hochtouren. Im Verlauf der Arbeiten wurden zahlreiche existente Bauwerke in die Verteidigungsanlagen integriert und zu Festungen ausgebaut. Dieses Schicksal ereilte nicht nur die *Castra Praetoria*, sondern auch das Amphitheatrum Castrense, die Grundmauern einiger Privatbauten und sogar Grabmäler wie die Pyramide des Gajus Cestius. Die so umschriebene Fläche des Stadtgebietes blieb für viele Jahrhunderte unverändert.

Die Porta San Giovanni
Dieses grandiose, massive Stadttor wurde von Iacopo Del Duca im Auftrag von Papst Gregor XIII. im Jahre 1574 erbaut.

Die Struktur

Die in nicht mehr als acht Jahren errichtete Befestigungsanlage stellte ein kolossales Bauwerk dar. Die ursprünglich 6 m hohen und 3 m dicken Stadtmauern waren alle 30 m mit Türmen von quadratischem Grundriss bewehrt. Die gesamte Anlage wurde unter Maxentius und vor allem Honorius (395–423) verstärkt und mit Plattformen für das Manövrieren von Kriegsmaschinen ausgestattet, nach der Belagerung von Alarich (410) und dem Angriff der Ostgoten unter Totila (547) sowie im Mittelalter mehrfach restauriert und in der Renaissance mit neuen Festungen versehen. Heute noch prägen ihre Tore und Festen sowie einzelne markante Abschnitte das Stadtbild von Rom.

Die Villa del Casale, Lusthaus eines Aristokraten

In einer römischen Villa bei Piazza Armerina, im sizilianischen Binnenland, wurde der größte bisher bekannte Mosaikenzyklus aus der Spätantike gefunden.

Sizilien war die erste römische Provinz und die Kornkammer Roms, jedoch auch ein Gebiet, wo Unterdrückung herrschte und blutige Sklavenaufstände an der Tagesordnung waren. Ab dem Ende des 3. Jh. n. Chr. interessierte sich die senatoriale Aristokratie zunehmend für die Insel, und inmitten der Latifundien entstanden große, luxuriöse Landsitze, darunter auch die Villa del Casale bei Piazza Armerina. In der Antike als *Philosophiana* bekannt, wurde sie zwischen 320 und 330 n. Chr. erbaut und erst im 12. Jh., auf dem Höhepunkt des Zeitalters der Normannenkönige, wieder aufgegeben. In ihrem Inneren ist der reichste und vollständigsten Mosaikenzyklus zu bewundern, der aus der Spätantike bis heute erhalten blieb.

Außenansicht der Villa
Der auf einem terrassierten Hang errichtete Jagd- und Landsitz nahm eine enorme Fläche ein: Bis heute wurden rund 4000 Quadratmeter ausgegraben, davon 3500 mit Mosaiken bedeckt.

Fanfarenstoß
Dieser Musiker mit Blasinstrument ist in den Bodenmosaiken der Villa del Casale dargestellt.

Ein großer Aristokrat

Die reiche musivische Dekoration wurde offensichtlich von Kunsthandwerkern afrikanischen Ursprungs ausgeführt, doch die Themen entsprechen nicht den ihren. Die Thematik der Bilder ist sicherlich vom Herrn der Villa in Auftrag gegeben worden, der sich mit Motiven umgeben wollte, welche seiner Geisteshaltung entsprachen. Wer der zweifellos reiche Besitzer der Villa gewesen ist, wissen wir nicht genau. Es kann ausgeschlossen werden, dass es sich um einen Kaiser gehandelt hat, doch mit Sicherheit um eine wichtige Persönlichkeit von hohem Stand. Die zahlreichen Darstellungen von Soldaten und militärischen Insignien lassen an einen hohen Offizier denken, die zirzensischen Szenen dürften auf den Euergetismus eines reichen Mitglieds

Zugtiere
Nach einigen Charakteristika der Mosaiken zu schließen, müssen sie das Werk von Künstlern aus Nordafrika gewesen sein.

der Aristokratie hindeuten, der dem Volk gerne *panem et circenses* gab. Doch es finden sich auch Hinweise auf Literatur, Theater und Musik. All diese Indizien deuteten schließlich auf Gajus Cejonius Rufus Volusianus hin, einen Senator afrikanischen Ursprungs, der unter Maxentius und Konstantin einen wichtigen Rang im Heer innehatte, und seinen Sohn Cejonius Rufus Albinus, einen Beamten, Literaten und Intellektuellen, der über Logik, Geometrie, Geschichte und Musik schrieb. Dem *philosophus*, wie man damals sagte, versüßte die herrliche Villa sicherlich das Exil, zu dem er eine Zeit lang verurteilt war. Uns hat er, wer immer er war, eines der lebendigsten Zeugnisse der römischen Spätantike hinterlassen.

Dionysischer Kult
Links: *Detail aus einem Mosaik, das dem Kult um Dionysos-Bacchus gewidmet ist.*

Der Korridor der großen Jagd
Unten: *ein Schiff auf der Fahrt von Rom nach Alexandria, Teil der Bodenmosaiken im Korridor der großen Jagd, einem rund 66 m langen Gang mit Apsiden an den Enden.*

Kleidung und Haartracht

Für die Männer besaß die Kleidung symbolischen Wert, stellte sie doch den Rang, das Alter und den *status* des Trägers dar. Die vom Gesetz in der Wahl der Kleider eingeschränkten Frauen entschädigten sich dafür mit Frisuren.

Raffinierte Eleganz
In den pompejanischen Wandmalereien hat man ausgiebig Gelegenheit, die Eleganz der Frauen der höheren Gesellschaft zu bestaunen. Die hier dargestellte trägt kostbare Ringe und Ohrringe, ein mit Gold durchwirktes Haarnetz und einen Umhang aus edlem Tuch. Jüngere Frauen bevorzugten Weiß und Pastellfarben, ältere Purpur und gedeckte Farbtöne.

Das traditionelle Kleidungsstück des römischen Mannes war die Toga, ein halbkreisförmiges Stück Tuch aus Wolle oder Leinen, reinweiß und mit bis zu 5 m Durchmesser, das um den Körper drapiert wurde. Es handelte sich um ein repräsentatives Gewand, das die *gravitas,* auf die die Römer so viel Wert legten, sicherlich betonte, aber zweifellos höchst unbequem war. Sooft sie konnten, legten die Römer sie daher ab und ersetzten sie durch die weitaus praktischere Tunika, die knielang war und um die Mitte gegürtet wurde. Wenn die Temperaturen es erforderten, konnte man darüber einen Umhang tragen, der auf einer Schulter gehalten wurde. Die Toga wurde bei offiziellen Anlässen getragen, wo sie verpflichtend vorgeschrieben war, auch wegen der eventuellen Abzeichen (ein breiter Purpurstreifen für die Senatoren, ein schmaler für die Ritter) und der Drapierung, die den gesellschaftlichen Rang und *status* des Trägers anzeigten. Auch der Übergang von den Jugendjahren, in denen man die *toga praetexta* (mit Purpursaum wie die der Senatoren) trug, zum Mannesalter war von der Kleidung gekennzeichnet: Nun hatte der junge Mann das Recht, die reinweiße *toga virilis* anzulegen.

Die Kleidung der Frauen

Das weibliche Äquivalent zur Toga war die Stola, eine ärmellose, knöchellange Weste, die man über einer Tunika trug. Darüber trugen die Damen, falls es das Klima verlangte, noch einen weiten Überwurf (die *palla*), der auch den Kopf bedecken konnte. Die Strenge der Bekleidung wurde durch die Möglichkeit, verschiedene Farben zu tragen, für die Frauen gelockert – und vor allem durch die Haartracht.

Drapierte Toga
An dieser Statue sieht man die Art, wie die große, halbkreisförmige Toga, die Tracht der römischen Bürger, drapiert wurde.

Textilbranche
Als edle Stoffe aufkamen, kam es auch zu einer Spezialisierung der Händler und Schneider auf diesem Gebiet, wie etwa für Leinen und Seide.

STOFFE

Wolle war die am weitesten verbreitete Faser, am längsten bekannt und von Anfang an genutzt. Leinen, das zumeist aus ägyptischer Herstellung stammte, galt als besonders edel und war den höheren Schichten vorbehalten, ebenso wie die feinen, transparenten Schleier, die von verschiedenen griechischen Inseln kamen. Seide gab es in Rom ab der späten republikanischen Zeit. Durch den langen Weg aus China war sie besonders teuer und nur für die reichsten Bürger und Mitglieder der kaiserlichen Familie erschwinglich, auch wegen der zunächst nicht bekannten Herstellungstechnik: Die ersten Seidenraupen kamen erst um das 6. Jh. n. Chr. nach Konstantinopel.

Frisurenkunst

Nach den lateinischen Schriftstellern hing die Schönheit einer Frau vor allem von der Pflege des Gesichts und von der Art ab, wie sie ihr Haar frisierte. Es gab unzählige Formen von Frisuren, je nach Gesichtsform, sozialer Stellung, Alter, Gelegenheit und Laune. Die traditionellen Frisuren waren relativ einfach, mit nach hinten gekämmtem und mit einem Knoten fixiertem oder in der Mitte gescheiteltem Haar. Doch besonders zur Kaiserzeit entstanden unzählige komplizierte Frisuren mit unterschiedlichen Zöpfen, Locken, Knoten, Wellen und Schmuckstücken (Diademe, Ketten, Nadeln etc.). Bereits bekannt und beliebt waren rote und schwarze Haarfärbemittel. Blond galt als gewagt, weil es die typische Farbe der Prostituierten war, die auch als *flava coma*, Frauen mit blondem Haar, bezeichnet wurden. Auch Perücken gab es schon.

Die Locken der Julia
Links: *Julia, die Tochter des Kaisers Titus und Gattin Domitians, trägt hier eine raffinierte Frisur aus hochgesteckten Locken.*

Octavias Haarmode
Die in der frühen Kaiserzeit am weitesten verbreitete Haartracht war die nach der Schwester Kaiser Augustus' benannte Octavia-Frisur (unten) mit einer Art Tolle an der Stirn und einem Knoten im Nacken.

Accessoires für das Haar
Haarnadeln aus Elfenbein aus römischen Gräbern (1./2. Jh. n. Chr.). Im Notfall konnten diese Utensilien auch zur Verteidigung benutzt werden.

Kunst der Verführung

Eines hatten die Frauen aller Klassen gemeinsam. Sie wollten verführerisch sein, egal ob Poeten, Moralisten, Philosophen und manchmal sogar das Gesetz die weibliche Eitelkeit zu unterdrücken suchten.

Der Dichter Ovid, zweifellos ein Kenner der sanften Kunst der Verführung, ermutigte die Frauen dazu, sich zu pflegen und möglichst das Beste aus ihrer Erscheinung zu machen. Und die römischen Frauen folgten seinem Rat mit Begeisterung, auf Pflege und Kosmetik wurde allergrößter Wert gelegt. Mit zunehmender Verbreitung der Thermen wurde das Bad zur täglichen Gewohnheit, und wenn auch die verwendeten Reinigungsmittel (Soda und Lauge mit Reibetuch und Bimsstein) der Haut oft ein regelrechtes Peeling verpassten, so gaben ihr Öle, Salben und Massagen die Elastizität und Weichheit zurück. Mit Duftstoffen wurde großzügig umgegangen. Man parfümierte den ganzen Körper, besonders das Haar und die Füße, aber auch den Atem und die Kleider. Duftende Salben wurden aus Blütenblättern hergestellt, die man in tierische Fette einlegte, Öle erhitzte man mit duftenden Substanzen und filterte sie sodann. Essenzen wurden gepresst, es gab aber auch Duftstoffe in Puderform, meist aus getrockneten Pflanzenteilen. Besonders beliebt waren weiters Schönheits-

Unverzichtbares Accessoire
Spiegel aus Silber mit Reliefmotiv und spindelförmigem Griff aus Pompeji (1. Jh. n. Chr.).

Geschmückte Frauen
Die Frauenporträts aus Fayyum in Ägypten (unten) dokumentieren sehr schön, welch anmutige Geschmeide römische Damen zur Kaiserzeit zu tragen pflegten.

Venus im Spiegel
Dieses Mosaik aus dem 2. Jh. n. Chr. zeigt die Toilette der Venus.

masken. Plinius berichtet, Kaiserin Poppäa habe sich für ihre Schönheitsbäder 500 Eselstuten wegen ihrer Milch gehalten. Wer nicht über die Mittel einer Herrscherin verfügte, nahm Linsen gegen Pigmentflecken, Narzissenzwiebeln für weiche und helle Haut, Natron ebenfalls zum Bleichen und zur besseren Narbenbildung, Butter gegen Akne, die Plazenta der Kuh gegen Falten und Hautwucherungen, ganz zu schweigen von weiteren, noch unorthodoxeren, aber weniger verbreiteten Mitteln.

Halskette mit Medaillon
Goldene Halskette mit Edelsteinen und Medaillon, auf dem Kaiser Caracalla dargestellt ist.

Toilettartikel

Toilettartikel wurden sorgsam unter Verschluss gehalten, der wichtigste darunter war zweifellos der Spiegel. Quadratisch, rund oder oval, zunächst aus poliertem Metall, dann mit Glasfläche, war er der treue Begleiter jeder Dame. Daneben wurden Behälter für Cremes, Duftessenzen und Schminkfarben, Mörser, Spatel, Pinzetten und Kämme aufbewahrt. Dieses Arsenal stand dem Kosmetikkoffer der Dame von Welt von heute kaum nach. Ein gutes *Make-up* begann mit der Vorbereitung der Haut, auf die zuerst eine Grundierung aufgetragen wurde, ein Gemisch aus Bleiweiß- oder Kreidepuder und Honig mit fetthaltigen Substanzen für bessere Haltbarkeit. Für einen leuchtenden Teint konnte man feinsten Hämatitstaub darüber verteilen. Mit Asche oder Antimonpuder wurden die Linien der Brauen nachgezogen und die Wimpern schwarz gefärbt. Die Lippen und Wangen wurden mit Purpur oder aus der Lackmusflechte gewonnener Farbe, den Vorfahren des heutigen Rouge, geschminkt. Auch Schönheitspflaster auf Stirn, Kinn oder Wangen waren bekannt.

Schmuck

Die Römer, Männer wie Frauen, liebten Schmuck jeder Art, damit unterstrichen sie die eigene Persönlichkeit. Doch im Gegensatz zu den Etruskern trugen sie ihre Juwelen nicht bis ins Grab, weshalb wir wenig Kenntnis von einer Produktion haben, die zu den größten in der antiken Welt gezählt haben muss. Doch das wenige Erhaltene genügt, um uns von der Kunst der römischen Goldschmiede zu überzeugen: Halsketten, Broschen, Nadeln, Fibeln, Ohrringe, Armspangen, Fußkettchen, Geschmeide und Colliers schmückten Hals, Hand- und Fußgelenke, Arme, Ohren, ja oft den ganzen Körper wohlhabender Frauen. Eine typische Liebhaberei der römischen Damenwelt waren bis zu zweieinhalb Meter lange Ketten, die um den Hals gelegt, unter dem Busen gekreuzt und im Rücken geschlossen wurden. Der verführerische Schmuck sollte den Geliebten auf raffinierte Weise einladen, die zarten Ketten zu lösen, die die Hüllen seiner Angebeteten verschlossen hielten.

Parfümbehälter in Form einer Taube
Während der Festmahle gossen die Sklaven Duftessenzen auf die Füße der Gäste, auf die Wände und sogar über die Flügel von Tauben und ließen sie dann frei.

DAS REZEPT DES DICHTERS

Hier gibt uns Ovid sein Rezept für »eine Haut glatter als ein Spiegel«:

- 2 Pfund (654,9 g) afrikanische Gerste
- 2 Pfund (654,9 g) Erven (linsenartige Hülsenfrucht)
- 10 Eier
- 1 Sechstelpfund (54,575 g) Hirschhorn
- 12 Narzissenzwiebeln
- 1 Sechstelpfund (54,575 g) etruskische Harz-Getreide-Mischung (Spelt)
- 9 Sechstelpfund (491,17 g) ital. Honig

Die Gerste mit den zuvor in den Eiern eingeweichten Erven vermischen. Die sodann getrocknete Mischung mahlen, zu dem geriebenen Hirschhorn geben und sieben. Mit den geschälten, im Mörser zerkleinerten Narzissenzwiebeln, Harz, Spelt und Honig gut vermengen. Nun ist die Mischung fertig zur Verwendung. Gutes Gelingen!

DIE GESUNDHEIT

Die Römer aller Klassen waren häufig krank, und ihre Heilmittel dienten oft mehr der Beschwichtigung als der Wiederherstellung der Gesundheit: Die durchschnittliche Lebenserwartung betrug nur rund 30 Jahre.

In seiner *Naturgeschichte* berichtet Plinius der Ältere, dass die Römer über 300 Krankheiten unterscheiden konnten und praktisch jeden Tag neue entdeckten. Es gab alle erdenklichen Arten: Erkrankungen der Atemwege (auch Tuberkulose), des Magen-Darm-Traktes (Ruhr, Salmonellosen, Typhus), rheumatische Erkrankungen, Ohrenleiden und Hautkrankheiten. Ab der Regierungszeit Marc Aurels häufen sich die Pestepidemien, die besonders viele Opfer forderten. Doch auch die Lebensumstände förderten die Ausbreitung von Krankheiten: Der Speiseplan war nicht gerade reichhaltig und abwechslungsreich, und nach einer schlechten Ernte konnte die Nahrung oft knapp werden. In den Wohnhäusern herrschten miserable hygienische Bedingungen, sie waren schlecht belüftet und beleuchtet, es gab kaum Latrinen und oft war das Trinkwasser verschmutzt.

Krankenpflege

Die Behandlung von Krankheiten erfolgte ursprünglich im Kreis der Familie und beruhte mehr oder weniger auf empirischer Basis. Die vom *pater familias* verordneten Therapien bestanden aus einer Kombination von magischen Formeln und Heilkräutern. Im Zuge des Kontaktes mit Griechenland und seinen medizinischen Schulen bildete sich jedoch auch in Rom eine »professionelle« Ärzteschaft heraus. Lange Zeit stammten die meisten Ärzte aus der hellenistischen Welt und waren entweder als

Das Studium der Anatomie
*Im 5. Jh. v. Chr. wurde die Anatomie in der medizinischen Schule von Alexandria zum ersten Mal zum Gegenstand systematischer Studien und es wurden auch menschliche Leichen seziert. In der Römerzeit hatte das Werk des Galenos von Pergamon (129–200 n. Chr.) enorme Bedeutung, seine anatomischen Theorien wurden erst ein Jahrtausend später widerlegt.
Oben: silberner Becher (1. Jh. v.–1. Jh. n. Chr.) mit der Darstellung von Skeletten.*

Beim Augenarzt
*Augenleiden mussten, zumindest nach der Anzahl von Augenärzten zu schließen, ziemlich verbreitet gewesen sein.
Unten: Relief mit der Darstellung eines Besuchs beim Augenarzt (2. Jh. n. Chr.).*

Untersuchung
Eine allgemeinmedizinische Untersuchung ist das Motiv dieses Reliefs aus dem 2. Jh. n. Chr.

ÄRZTLICHE VERANTWORTUNG

In der römischen Rechtstradition, ebenso wie in der griechischen, konnte ein Arzt für dem Patienten durch eine falsche Behandlung zugefügte Schäden nicht bestraft werden, es sei denn, man konnte beweisen, dass es vorsätzlich geschah. Falls er sich jedoch für einen getöteten Sklaven verantworten musste, wurde er nur wegen Beschädigung fremden Besitzes angeklagt und hatte nur eine Geldstrafe zu erwarten.

Instrumentensatz
Die Instrumente der Ärzte waren gewöhnlich aus Bronze. Für Klingen wurde Eisen benutzt, das, durch ein spezielles Verfahren gehärtet, eine Qualität ähnlich wie Stahl annahm.

Beim Zahnarzt
Diese Zange (1. Jh. n. Chr.) wurde zum Ziehen von Zahnwurzeln benutzt, oder zum Entfernen von Fremdkörpern aus Wunden.

Kriegsgefangene oder als Glücksritter in die Ewige Stadt gekommen. Später gab es auch römische Ärzte. Ab den ersten Jahrzehnten der christlichen Zeitrechnung konnte man von einer blühenden lateinischen Medizin sprechen, wenn sie auch auf den Kenntnissen der Griechen aufbaute.

Krankheiten und Klassen

Die Krankheiten waren nicht für alle Schichten gleich. Die Reichen litten oft an Beschwerden, die durch Exzesse beim Essen und Trinken verursacht wurden, die Plebejer in den Städten dagegen, die in schlechten hygienischen Verhältnissen eng zusammengepfercht lebten und oft unterernährt waren, an Erkrankungen der Atemwege, Mangelerscheinungen, Rheumatismus und Hautparasiten. Die Bauern aus den sumpfigen Ebenen litten an Malaria; Soldaten, Matrosen und Sklaven, die schwer und häufig der Feuchtigkeit ausgesetzt arbeiteten, an Arthrose, rheumatischen Erkrankungen und Hernien. Ein das ganze Volk betreffendes Leiden waren Zahnschmerzen. Dazu gab es heute selten gewordene Erkrankungen wie Bleivergiftungen durch Trinkwasser aus Bleileitungen. Diese konnten unter anderem auch Sterilität verursachen, was einen merklichen Einfluss auf die Geburtenrate hatte.

HEILEN MIT WASSER

Die Römer waren überzeugte Anhänger der heilenden Wirkung kalter Bäder und Güsse. Der Erste, der eine solche Kur verordnete, war Antonius Musa, der Leibarzt von Kaiser Augustus. Als die kalten Bäder den Kaiser kurierten, wurde nicht nur er, sondern auch seine therapeutische Methode berühmt. Die Hydrotherapie mit kaltem Wasser galt als probates Mittel gegen Leber- und Magenbeschwerden sowie gegen Kopfschmerzen, gegen die, wie Celsus im 1. Jh. n. Chr. schrieb, »nichts besser wirkt als das kalte Wasser«.

DIE RÖMER BEI TISCH

Die Gastronomie ist eines der Gebiete, auf welchen der Unterschied zwischen den Geschmäckern in der Antike und heute am deutlichsten zum Ausdruck kommt: Die Römer liebten es deftig.

Die Römer konsumierten, wie die Italiener von heute, reichlich Gemüse und Hülsenfrüchte, woraus sie schmackhafte Suppen bereiteten. Linsen, Erbsen, Kichererbsen und Kürbis wurden sehr geschätzt, doch der König der Küche war der Kohl, der roh in Essig getaucht oder gekocht mit Kümmel, Salz und Öl gegessen wurde. Zwiebel und Knoblauch waren das Brot der Armen, und die Oliven durften nie auf dem Tisch fehlen, waren sie doch auch der

Fischereiprodukte
Fische und Meeresfrüchte in einem Korb sind das Motiv dieses Mosaiks aus dem 3. Jh. n. Chr., das in Tunesien entdeckt wurde.

Auf dem Triklinium
Relief mit der Darstellung einer Sklavin, die einer Frau mit Kind auf einem gepolsterten Lager ein mit Speisen gefülltes Tablett bringt. Die Römer verwendeten den Ausdruck Ab ovo usque ad mala *(»von den Eiern bis zu den Äpfeln«) für eine vollständige Mahlzeit aus drei Gängen.*

Rohstoff für eine typische Zutat der römischen Küche, das Olivenöl – soweit die Gemeinsamkeiten, die die Römer an kulinarischen Vorlieben mit den modernen Menschen teilten. Anders sieht es bei den Fleischspeisen aus. Lamm, Schaf, Schwein sowie Haus- und Wildgeflügel wurden stets mit stark gewürzten Saucen zubereitet, die uns heute wohl eher abstoßen würden. Typisch etwa war das in reichen Häusern beliebte *porcellum hortolanum*, für das man ein Schwein entbeinen und sodann mit Hühnerfleischbällchen, Spatzen, Datteln, geräucherten Hyazinthenzwiebeln, Schnecken, Rüben, Lauch, Sellerie, gekochten Kohlköpfen, Pfeffer und Pinienkernen füllen musste. Wem das Gericht noch zu »leicht« vorkam, der gab einfach rund 15 Eier dazu. Gereicht wurde es mit gepfeffertem *liquamen*. Letzteres, auch *garum* genannt, war ein charakteristisches Produkt der römischen Küche, eine hochgeschätzte Sauce aus Fischinnereien von penetrant sauer-scharfem Geschmack. Fische und Meeresfrüchte gehörten immer dazu: Muränen in aromatischer Sauce, Austern aus dem Lucrino-See (einem kleinen Küstenbecken des Golfs von Pozzuoli), Krabben und Crevetten, Tintenfisch gekocht oder gebraten. Nie fehlte es an solchen Köstlichkeiten, doch im Unterschied zur heutigen Küche legte man wenig Wert auf den Eigengeschmack von Fisch und Fleisch, alles wurde in stark gewürzten Saucen ertränkt. Dennoch waren die beliebtesten Lebensmittelprodukte der Römer die einfachsten: Brot, Honig und Früchte. Von Weißbrot aus weichkörnigem Weizen (*triticum siligeo*) bis zum Fladen (*panis autopyres*) oder »Vollkornbrot« (*panis secundarius*), das aus weniger fein gemahlenem Getreide hergestellt wurde, gab es zahlreiche Bäckereiprodukte. Der Honig war das wichtigste Süßungsmittel einer Gesellschaft, die keinen Zucker kannte. Was die Früchte betrifft, wurde die Auswahl im selben Maße größer, wie sich die Grenzen des Imperiums erweiterten. Zu den heimischen Äpfeln, Trauben und Feigen kamen die Steinfrüchte aus dem Orient, wie Kirschen, Pfirsiche und Aprikosen.

Tafelwein
Relief mit der Darstellung eines Weinkellers mit Amphoren. Der beliebteste römische Wein war der Falerno aus Kampanien.

Der Wein, Geschenk der Götter

Wie die Griechen tranken auch die Römer den Wein nicht pur, sondern mit Wasser vermischt und manchmal mit Honig oder Harz aromatisiert. Allerdings unterschied sich dieses Getränk deutlich von modernen Weinen, wies eine trübe Farbe auf und hinterließ reichlich Satz im Becher. Trotzdem schätzte man ihn, nicht allein wegen seines Geschmacks, sondern auch wegen der berauschenden Wirkung. Der römische Wein war zudem ein wichtiges Handelsgut, das über die Grenzen des Imperiums hinaus gelangte und bei den Barbaren das Bier (das bei den Römern als Kindergetränk galt) und den Met ersetzte. Den besten Ruf hatten die Weine, die an den Hängen des Vesuvs wuchsen, wo sie auf dem fruchtbaren vulkanischen Boden vor dem Ausbruch 79 n. Chr. bis zum Rand des Kraters hinauf angebaut wurden.

EIN REZEPT FÜR DAS *GARUM*

Hier ein Rezept für die Zubereitung von *liquamen* oder *garum*, der typischen Sauce der römischen Küche: »Fischinnereien zusammen mit kleinen Fischen, vor allem Ährenfische, Barben, Sardellen, alle möglichst gleich groß, in ein Behältnis geben, salzen, in die Sonne stellen und häufig umrühren. Wenn die Sauce in der Sonne gereift ist, alles zusammen in einen dicht geflochtenen Korb gießen und die durch das Geflecht austretende Flüssigkeit auffangen. Die aufgefangene Flüssigkeit ist das *garum*, die festen Teile im Korb das *allec*.« Das *allec* wurde zu Austern und Meeresfischen, insbesondere Barben gereicht.

Tafelobst
Stillleben mit Früchten und Gläsern, Wandmalerei im Haus der Hirsche in Herculaneum.

Spiele und Sport

Es gab den sportlichen Wettkampf, der bei den Römern als wichtig für die harmonische Entwicklung der Persönlichkeit galt, und den *munus publicum gladiatorium*, ein grausames Spektakel, das mit unserem heutigen Verständnis von Kampfsport oder Schaukampf nichts mehr zu tun hat. Diese beiden Aspekte beherrschten das Freizeitprogramm der Römer.

Die körperliche Ertüchtigung besaß einen hohen Stellenwert in der römischen Welt. In der Antike kamen junge Leute auf dem Marsfeld (damals eine grüne Ebene zwischen Forum und Tiberknie) zum Laufen, Schwimmen und Reiten zusammen. Besonders das Schwimmen war sehr verbreitet und praktisch obligatorisch für alle jungen Männer. Zusammen mit der Athletik war es eine Aktivität, die eine wichtige Vorbereitung auf den Kriegsdienst darstellte. Um ihre Kräfte zu messen, übernahmen die Römer begeistert das Konzept des sportlichen Wettkampfs von den Griechen *(graecum certamen)* und traten im Laufen, Faustkampf und Ringkampf gegeneinander an. Die Wettkämpfe waren aufs Genaueste geregelt und die Öffentlichkeit verfolgte sie gespannt, doch sie waren grausamer als man sie heute kennt, Verstümmelung oder Tod eines Kämpfers kamen nicht selten vor. Doch es traten nur professionelle Sportler darin an, die um das Risiko wussten. Die Grundtechniken wurden jedoch allen jungen Männern beigebracht.

Die Gladiatorenkämpfe

Ganz anders verliefen die Gladiatorenkämpfe. Nach der Überlieferung wurden sie in Rom eingeführt, als 264 v. Chr. Decimus Iunius Brutus drei Gladiatorenpaare beim Begräbnis seines Vaters gegeneinander kämpfen ließ, und bald wurden sie zum liebsten Zeitvertreib der Römer. Die Magistrate und später die Kaiser gaben ein Vermögen aus, um sie zu organisieren und geeignete Veranstaltungsorte, die Amphitheater, zu bauen, die zu den größten Bauwerken der Römerzeit zählten. Erst ab dem 4./5. Jh. n. Chr. wurden sie abgeschafft. Die Gladiatoren selbst waren zum Großteil Sklaven und Kriegsgefangene oder für schwere Verbrechen (wie Mord, Brandlegung, im Falle der Christen Ketzerei) verurteilte Sträflinge. Früher oder später ereilte sie alle das Schicksal des Todes. Doch es gab auch junge, ehrgeizige Männer, oft Sprösslinge nobler Familien, die das Leben in der Arena aus freien Stücken wählten. Sie versprachen sich davon Ruhm, Geld, Prestige und Erfolg bei den Frauen. Diese Art Gladiatoren hatte die Möglichkeit, nach einigen überlebten Kämpfen ihre »Karriere« aufzugeben. In der Kaiserzeit kamen weiters die *venationes* in Mode, Kämpfe gegen wilde Tiere, aber auch die Verurteilung von eines schweren

Die Faust als Waffe
Links: *Bronzestatue eines Faustkämpfers (1. Jh. v. Chr.). Der Athlet trägt genagelte »Boxhandschuhe«, die Hand und Handgelenk umschließen.*

DAS TÄGLICHE LEBEN 191

Pferdesport
Detail aus einem Mosaik mit Wagenlenker und Pferd (4. Jh. n. Chr.).

Bis aufs Blut
Die Zweikämpfe zwischen den Gladiatoren endeten mit dem Tod eines oder beider Kontrahenten, wie dieses Mosaik aus dem 4. Jh. n. Chr. mit dramatischem Realismus zeigt.

TACITUS, DER MORALIST

Das Ausüben von Wettkampfsport statt dem Praktizieren gymnastischer Übungen, die als gute Vorbereitung auf den Waffendienst galten, erregte den Unmut traditioneller Kreise in Rom, zu deren Sprecher sich der Historiker Tacitus machte: »Leider wurden die alten Bräuche mehr und mehr unterdrückt, umgestürzt von den Lastern aus anderen Ländern, sodass man in Rom alles sehen konnte was andernorts korrumpierte und korrupt war. Unter dem Einfluss fremder Bräuche wurde die Jugend verdorben: sie gingen in die Sportarenen, gewöhnten sich ans Nichtstun und an Liebesabenteuer, in allem vom Kaiser [Nero] und dem Senat ermutigt ... Was bleibt heute noch als sich nackt auszuziehen, die Handschuhe überzustreifen und sich im Kampf mit diesen Athleten zu stählen, anstelle Soldat zu werden und sich mit Waffen zu ertüchtigen?«

Verbrechens schuldiger Gefangener *ad bestias*, das heißt sie wurden ohne eine Möglichkeit, sich zu verteidigen, in der Arena wilden Tieren vorgeworfen. Die Gladiatorenkämpfe wurden zu wahren Blutorgien, während welcher wilde Tiere, zum Tode Verurteilte und eine ganze Horde von Gladiatoren gleichzeitig in die Arena gejagt wurden. Es war ein grausiges Spektakel, und doch begeisterten sich die Massen dafür und sprachen und diskutierten darüber wie heute über Fußball oder die Formel 1.

Kämpfende Ringer
Der sportliche Ringkampf im modernen Sinne wurde zuerst von Griechen in Regeln gefasst, ab 708 v. Chr. war er in den Olympischen Spielen vertreten. In der Römerzeit war er weit verbreitet, in den Wettkämpfen traten oft professionelle Athleten an.

KÖRPERPFLEGE

Cura corporis, die persönliche Körperpflege, war bereits bei den Römern der Antike eine tägliche Gewohnheit, der sie besonders viel Zeit und Aufmerksamkeit widmeten.

Schon früh gehörte das tägliche Bad zu einer allgemein verbreiteten Gewohnheit der römischen Bürger jeder sozialen Schicht. So wurde der Körpergeruch beseitigt, der unter den schweren Stoffen leicht entstand, die Durchblutung angeregt und auch die Muskeln entspannt, die unter stärkerer Beanspruchung standen als unsere heute. Anfangs badete man im kalten Wasser des Tibers, doch bald entstanden in reichen Privathäusern und an öffentlichen Orten die ersten Waschgelegenheiten mit kaltem und warmem Wasser, und so musste man sich nicht mehr der gefährlichen Strömung im Fluss aussetzen. Das waren, wie Seneca von Scipios Bad berichtet, »kleine, dunkle Zimmer«, wo man sich mit ungefiltertem und vielleicht, wenn es zuvor geregnet hatte, auch schlammigem Wasser wusch. Täglich kamen nur die von der Arbeit verschmutzten Beine und Arme dran, den ganzen Körper badete man jede *nundina*, das heißt alle neun Tage zur Marktzeit. Doch bereits in der späten Republik hatten die Reichen sauberes Wasser und konnten Gästen warme Bäder anbieten und sich selbst waschen. Anschließend trug man Cremes und Öle auf und parfümierte den Körper.

Der Ursprungs des Parfüms
Die Göttin Pietas wird oft dargestellt, wie sie wohlriechende Substanzen auf einem Altar verbrennt. Dieser Akt wird als pro fumo tribuere, *»opfern durch den Rauch« bezeichnet: Daher stammt auch das Wort Parfüm, das zuallererst sakrale Bedeutung hatte.*
Oben: *Detail aus einem Fresko mit einer Frau, die Parfüm in eine Ampulle gießt.*

Schabeisen
Unter den vielen für die Körperpflege bestimmten Gegenständen gab es auch die unentbehrlichen Schabeisen, mit welchen die Haut nach einer kräftigen Einreibung mit Öl, Asche und Bimsstein abgeschabt wurde.

RAT DES POETEN

In seinem Traktat über die Liebeskunst widmet der Dichter Ovid auch einige Kapitel der persönlichen Körperpflege. So hielt er für Folgendes einer amourösen Eroberung unbedingt zuträglich: »Starr nicht klebe die Zunge, von Rost frei seien die Zähne; in zu weitem Schuh schlappe der Fuß nicht herum … Lass die Nägel auch nicht vorragen und halte sie schmutzfrei; aus dem Nasenloch stehe kein Haar dir heraus. Nicht beschwerlich auch sei der Hauch schlimm riechenden Mundes.« Und für die Frauen: »Mit geringer Gebärde begleite, was immer sie spreche, deren Finger zu fett sind und die Nägel zu rau. Der aus dem Munde es riecht, die hüte sich nüchtern zu sprechen.«

Cremetiegel
Schale aus Achat, die wahrscheinlich als Behälter für Creme verwendet wurde (1. Jh. n. Chr.).

Creme, Parfüm und Zahnpaste

Sowohl die Männer als auch die Frauen legten nach einem ausgiebigen Bad Duftstoffe und Cremes zur Hautpflege auf. Dazu verwendete man aber auch andere Pflegemittel, wie etwa Zahnpaste, die man aus Natron und – wie sich das auf das Zahnfleisch auswirkte, wissen wir nicht – Harn herstellte, von dem man annahm, er würde den Zahnschmelz härten. Zum Entfernen von Essensresten verwendete man nach den Mahlzeiten Zahnstocher aus Holz, Knochen oder Metall.

Fließendes Wasser
In den Städten war die Verfügbarkeit von fließendem Wasser ein Zeichen des Reichtums nicht nur einzelner Bürger, sondern für die gesamte Gemeinschaft. Oben: *ein Brunnen am Decumanus Maximus von Herculaneum.*

Sanitäre Anlagen

Die sanitären Anlagen der Römer mögen im Vergleich zu den heutigen rudimentär gewesen sein, doch in der antiken Welt zählten sie sicher zu den fortschrittlichsten. Es gab öffentliche Latrinen mit Steinsitzen in einer Reihe, darunter Kanäle, in denen fließendes Wasser die Exkremente fortspülte. Sie standen meist in großen Thermenanlagen, in der Nähe der Foren oder an großen Straßen. Sie glichen den Mangel an fließendem Wasser in den Privathäusern aus, wo man für die Verrichtung der körperlichen Bedürfnisse Eimer verwendete (deren Inhalt man, wie es in Europa teilweise bis zum 18. Jh. üblich war, dann und wann auf die Straße schüttete). Statt Toilettenpapier benutzte man kleine Stofffetzen oder mit Wasser getränkte Schwämme. Rom hatte außerdem ein effizientes Kloakensystem, das allen Schmutz zusammen mit dem Regenwasser von den Straßen in Kanälen in eine große Sammelkloake leitete, die in den Tiber mündete. Dorthin floss das Abwasser öffentlicher Gebäude, der Latrinen und der *domus* der Patrizier, die sich eine ähnliche Kanalisation leisten konnten: Eine Kombination aus rudimentären und raffinierten Lösungen, wie man sie in Europa bis zum Anbruch der Neuzeit nicht mehr sehen sollte.

Öffentliche Toiletten
Die Ausgrabungen in Sabratha in Libyen haben diese Latrinen mit einem Unterbau aus Stein oder Marmor mit in einer Reihe darauf angeordneten Sitzen zutage gefördert. Auffällig ist der geringe Abstand zwischen den Plätzen.

Thermen und Gesellschaft

In der Kaiserzeit stellten die Thermen einen täglichen Ort der Begegnung für Bürger aller Klassen dar. Von Männern und Frauen besucht, taten sie Geist und Körper wohl.

Der Text einer antiken Grabinschrift lautet: »Bäder, Wein und Liebe verderben den Körper, doch machen das Leben angenehm.« Getreu nach diesem Motto verwendeten die reichen Quiriten vom 1. Jh. n. Chr. an große Sorgfalt auf ihre privaten Bäder. Und bald fand auch das Volk daran Gefallen, sodass die Kaiser und oft auch wohlhabende Bürger gezwungen waren, kostspielige öffentliche Thermenanlagen zu errichten. Ihren höchsten Ausdruck fand diese Entwicklung in den gigantischen Thermen der Kaiser Caracalla und Diokletian, die die größten jemals erbauten Thermen darstellen. Der Besuch der Bäder war zum Massenphänomen geworden: Tausende besuchten sie täglich, nicht nur um dort zu baden, sondern auch zum Spazieren, Spielen, Essen und Trinken, Bestaunen von Kunstwerken, zu öffentlichen Lesungen oder Schauspielen oder einfach nur um zu sehen und gesehen zu werden, die Geschehnisse des Tages mit Freunden zu besprechen, hübsche Mädchen und Jünglinge zu erspähen und ihnen den Hof zu machen. Die Thermen öffneten gewöhnlich um die fünfte Stunde (11 Uhr morgens), doch es war nicht Usus, vor der siebten Stunde hinzugehen. Der Eintritt kostete wenig oder nichts dank der Wohltätigkeit einiger Magistrate, die den geringen Eintrittsbeitrag übernahmen. So konnten alle diese Einrichtungen besuchen, stellten sie doch einen der wichtigsten Orte gesellschaftlicher Begegnung dar.

Konstante Temperatur
Unten: *Das calidarium der Thermen am Forum von Pompeji. Die Räume der Thermen wurden zu Anfang mit großen Bronzekesseln mit Kohlen geheizt, später wurde die so erhitze Luft über eingebaute Systeme im Fußboden oder in den Wänden in die Räume geleitet.*

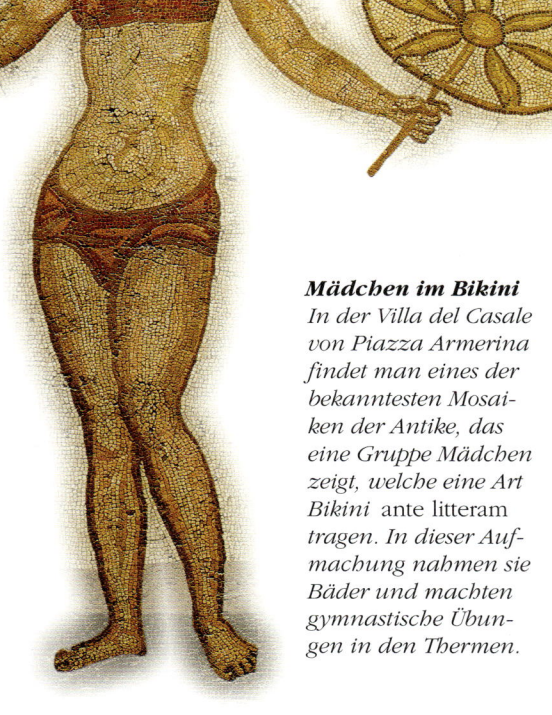

Mädchen im Bikini
In der Villa del Casale von Piazza Armerina findet man eines der bekanntesten Mosaiken der Antike, das eine Gruppe Mädchen zeigt, welche eine Art Bikini ante litteram tragen. In dieser Aufmachung nahmen sie Bäder und machten gymnastische Übungen in den Thermen.

Die Stammkunden

Es gab, wie wir heute wohl sagen würden, mehrere unterschiedliche Kundenprofile:

MUSAEA ET AUDITORIA

Die Thermen besuchte man nicht nur zur Pflege des Körpers, sondern auch des Geistes. In vielen Anlagen gab es Lesesäle sowie Vortrags- und Konzerträume. In manchen, wie etwa in jenen des Diokletian, stand sogar eine wohl sortierte Bibliothek der Kundschaft zur Verfügung, was beweist, dass die Thermen neben ihrer gesellschaftlichen Rolle auch eine kulturelle bekleideten.

Einrichtung der Thermen
In den Thermen des Caracalla gab es zahlreiche Kunstwerke höchster Qualität, wie etwa diese als »Farnesischer Stier« bekannte Skulpturengruppe aus Marmor, die in einem Gymnastiksaal gefunden wurde.

Provinzthermen
Links: *die römischen Thermen von Cyrene im heutigen Libyen. Die von Rom 96 v. Chr. annektierte Stadt war ein blühendes Zentrum an der mediterranen Handelsroute.*

Mit der Zeit änderten sich die Sitten jedoch und es besuchten immer mehr Frauen die Bäder zusammen mit den Männern, und oft wurde das Schamgefühl zusammen mit den Kleidern abgelegt. Immer häufiger kam es zu Skandalen, sodass Kaiser Hadrian neuerlich Trennung nach Geschlechtern anordnete, damit jedoch wenig Erfolg hatte. Die Thermen blieben gemischt, die Geschlechter begegneten einander dort weiterhin in freizügiger Art, wenn auch in der besseren Gesellschaft die Frauen und Mädchen, die sie frequentierten, als wenig tugendhaft galten. Mit der zunehmenden Verbreitung des Christentums und dem Verfall der römischen Kultur wurden schließlich weniger Thermenanlagen gebaut und auch die Frauen besuchten sie weitaus seltener.

Da waren der Gesundheitsfanatiker, der Lebemann, der eitle Reiche, der soziale Aufsteiger, der Schmarotzer und noch viele mehr. Jeder nutzte auf seine Weise die Einrichtung der Thermen. Wenn der Gesundheitsfanatiker aufs Genaueste die vier Phasen einhielt (Gymnastik, langsames Eintauchen in die heißen Wasser des *calidarium*, Aufenthalt im *tepidarium* und entschlossenes Untertauchen im kalten Wasser des *frigidarium*, gefolgt von einer belebenden Massage mit Duftöl), so mied der Lebemann die Bäder eher und ließ stattdessen den Blick nach geeigneter Beute schweifen, und der ehrgeizige Aufsteiger suchte nach Prominenz, wo etwa eine Einladung zu ergattern wäre. Diese bunte Mischung machte aus den Thermen einen wirren, lauten, aber auch unterhaltsamen Ort.

Platz für die Frauen

Die Thermen waren auch für Frauen zugänglich, doch lange Zeit gab es für sie eigene Räume oder ganz eigene Anlagen.

Extras nicht inkludiert
Der Eintritt in die Thermen kostete wenig oder nichts, doch alle anderen Dienstleistungen waren ziemlich kostspielig, wie etwa das Aufbewahren der Kleider, das Handtuch (wenn man nicht selbst eines mitbrachte), der Masseur, der Barbier, das Öl zum Einfetten der Haut, die Seife, und natürlich auch Speisen und Getränke, die dort konsumiert wurden. Rechts: Detail aus einem Gemälde mit der Darstellung des tepidarium *für Frauen der Thermen von Pompeji.*

KINDHEIT UND SCHULE

Das Leben der Römer war von Geburt an hart: Um in Familie und Gesellschaft aufgenommen zu werden, mussten die Neugeborenen vom Vater anerkannt sein. Von ihm erhielten sie auch die Grundlagen der Erziehung.

Wenn in einem Haus ein Knabe geboren wurde, drückte der *pater familias* seine Akzeptanz rituell damit aus, dass er es vom Boden aufhob, wo es die Hebamme hingelegt hatte. Mit diesem Akt war das Neugeborene in die Familie aufgenommen und erwarb die Menschenrechte. Zurückgewiesene Kinder, etwa wegen Missbildungen oder weil sie, wirklich oder vermutlich, von anderen Vätern stammten, wurde auf der Türschwelle ausgesetzt oder zum Abfall geworfen. Dies war eine legale Vorgangsweise, die in allen sozialen Schichten akzeptiert war, und stützte sich auf die felsenfeste Überzeugung, dass das Recht auf Leben durch die Anerkennung begründet wurde, nicht durch die Geburt. Erst gegen Ende des 2. Jh. n. Chr., als sich die christliche Weltanschauung durchsetzte, wurde sie gesetzlich verboten.

Kindheit eines Kaisers
Links: *Nero als kleiner Junge. Seine ehrgeizige Mutter Agrippina sorgte mit Seneca für den bestmöglichen Lehrer, doch der junge Kaiser interessierte sich mehr für Poesie, Musik und Malerei als für Rhetorik und Philosophie.*

Erziehung

Waren sie jedoch erst einmal akzeptiert, wurden die Kinder geliebt und geschützt. Jene aus reichen Familien wurden von der Amme an den Hauslehrer weitergereicht, bis im Alter von sieben Jahren die Ausbildung in einer Schule oder zu Hause unter Aufsicht des Vaters begann. Die schulische

Spielzeug aus Terrakotta
*Bei den Römern galt das Spiel der Kinder als eine dem Lernen förderliche Aktivität bis zum Schulbeginn mit sieben Jahren.
Unten: Schäfchen aus Terrakotta.*

Grundausbildung dauerte für Jungen und oft auch für Mädchen bis zu zwölf Jahren, danach konnten nur die Söhne der wohlhabenden Klassen die Studien weiterführen. Die Töchter galten im Alter von vierzehn Jahren als heiratsfähig, und viele hatten in diesem Alter schon einen Ehemann. Unterrichtet wurden viele Fächer: Literatur in Griechisch und Latein, Rhetorik und natürlich Sport. Alles andere sollten die Kinder von ihren Eltern und natürlich auch von der Erfahrung, der besten Lehrmeisterin im Leben, gelernt haben.

Unterrichtsfächer und Lehrer

Besonders in der Kaiserzeit wurde die Schulbildung komplexer. Die erste Stufe, *ludus letterarius*, dauerte vom siebten bis zum 13. bis 15. Lebensjahr. Der Unterricht umfasste häufige Prüfungen nach strengen Kriterien in Lesen, Schreiben und Rechnen. Wer bestanden hatte, stieg zum *grammaticus* auf und lernte Rhetorik, was vor allem für eine politische Laufbahn wichtig war, aber auch in der Gesellschaft nützte, da ein gebildeter Römer sich vor allem in Griechisch ausdrücken können musste. Weiters wurden Geschichte, Geographie und Naturwissenschaften unterrichtet, generell über ausgewählte Texte von Dichtern, Philosophen und Historikern. Der letzte Ausbildungsgrad war die Schule des *rethor*, wo man die Kunst der Eloquenz, der logischen Argumentation und die Fähigkeit, in kritischen politischen und rechtlichen Situationen zu bestehen erlernte – kurz alles, was man für die Politik, den einzig würdigen Beruf für die höheren römischen Klassen, an Fähigkeiten benötigte.

DIE ZWEI SPRACHEN DER RÖMER

Innerhalb der aristokratischen Familien pflegte man sich in Griechisch zu verständigen. Die Sprache Homers war im Osten des Römischen Reiches weit verbreitet, sowohl weil sie als unentbehrlich für die höhere Bildung galt, als auch weil zahlreiche Sklaven, Kinderpfleger, Präzeptoren, Ärzte und Rhetoriker in den römischen Haushalten der herrschaftlichen Klassen aus Griechenland stammten. Auch die Frauen sprachen fließend Griechisch, und unter Liebespaaren soll es sehr chic gewesen sein, Zärtlichkeiten in dieser Sprache auszutauschen

Schulische Lektion
Im ludus letterarius *brachte der Lehrer seinen Schülern Lesen und Schreiben bei.*
Unten: *Relief aus Trier, Szenen in der Schule.*

Gebildetes Publikum
Schon zu Zeiten des Plautus verstand das Volk die zahlreichen griechischen Vokabeln, die in den Komödien verwendet wurden.
Links: *Detail eines Mosaiks mit Theatermaske.*

DIE ROLLE DER FRAU

Sie heirateten noch als Kinder, oft viel ältere Männer, wurden Mütter und nahmen damit die Gefahren der Geburt auf sich, unterstanden dem Befehl von Vater und Ehemann, dennoch hatten sie einen hohen Stellenwert im alten Rom.

Der *pater familias* drückte die Akzeptanz einer neugeborenen Tochter aus, indem er anordnete, sie zu stillen. Im gegenteiligen Fall wurde die Kleine ausgesetzt, was den Tod für sie bedeutete. Doch dies war nur das erste einer Reihe von Risiken, die eine Frau in Rom zu bestehen hatte. Sofern sie denn überhaupt eine hatte, dauerte die Kindheit nur kurz. Mit zwölf bis vierzehn Jahren galten Mädchen als heiratsfähig, und oft wurden sie noch vor Erreichen dieses Alters ins Haus des künftigen Ehemannes – den selbstverständlich der Vater auswählte – geschickt, um sich an die neue Familie zu gewöhnen. Von Ehefrauen wurde absolute Treue, zurückhaltendes Benehmen und völlige Unterordnung unter die männliche Autorität, zunächst in Form der *patria potestas* des Erzeugers (die auch teilweise erhalten blieb, wie etwa im Recht des Vaters, die Tochter einem unwürdigen Ehemann zu entziehen), dann der des Ehegatten, verlangt. Auch das Erbe wurde, sofern vorhanden, vom Ehemann verwaltet, wenn auch das Gesetz mit der Zeit wohlhabenden Frauen das Recht zusprach, die eigenen Güter zu verwalten oder zu vererben. Ehefrauen, die ihre Fruchtbarkeit bewiesen hatten, konnten auch zeitweilig an Freunde oder politische Verbündete »verliehen« werden, die einen Erben benötigten.

Römische Matrone
Statue einer römischen Matrone aus Colonia Cirta im heutigen Algerien.

Mutterschaft

Die ganze Welt der Frau drehte sich um die Mutterschaft. In einer Gesellschaft, in der die Säuglingssterblichkeit um die 20 Prozent betrug, war die »Produktion« zahlreicher Nachkommenschaft gefragt, wenn auch die höheren Klassen danach trachteten, nicht mehr als einen männlichen Erben zu haben und überzählige Söhne unfruchtbaren Paaren zur Adoption überließen. Das Gesetz verpflichtete freie

Ubi Gaius ego Gaia
*Mit diesen Worten gelobte die römische Ehefrau, den Namen des Mannes anzunehmen, ihm zu folgen wohin er auch ginge und ihm ganz zu gehören. Kaum waren die Worte ausgesprochen, wurde die Frau aufgehoben und ins Haus des Gatten getragen ohne den Boden zu berühren. Dieser Brauch, der in Zusammenhang mit der ersten Ehe stand, könnte die Jungfräulichkeit der Braut symbolisieren.
Links: Darstellung einer Hochzeit auf einem Sarkophag.*

Frauen zur Geburt von zumindest drei Kindern, um in den Genuss einiger Vorteile durch den so erworbenen *status* zu kommen. Doch die Schwangerschaft war mit zahlreichen Risiken behaftet. Rund ein Zehntel der Frauen starb bei der Geburt oder durch damit verbundene Komplikationen (Blutungen, Kindbettfieber). Das zarte Alter der von Gesetzes wegen heiratsfähigen Mädchen verschlimmerte die Gefahr, da sie körperlich oft noch nicht reif genug waren. Oft wurden Ehen mit der Auflage geschlossen, sie erst Jahre später zu vollziehen. Oft flüchteten sich Frauen, die mit 20 bis 25 Jahren die vorgesehenen drei Kinder geboren hatten, in die sexuelle Abstinenz, um nicht das Risiko einer weiteren Geburt einzugehen.

Zahlreiche Nachkommenschaft
Das Gesetz sah eine Reihe von Vergünstigungen für freie Frauen vor, die mindestens drei Kinder geboren hatten.
Unten: etruskische Ex-voto-Figuren aus Terrakotta (4. Jh. v. Chr.).

Der Pantoffelheld
Kurioserweise wurde bei den Römern ein Ehepaar, das bereits die drei gesetzlich vorgesehenen Kinder gezeugt hatte und sich immer noch treu war, scheel angesehen. Der Ehemann, der zu stark an die Frau gebunden war, galt als uxorius, *ein der Gattin* (uxor) *höriger Pantoffelheld.*
Oben: *Detail von einem Sarkophag aus dem 3. Jh. mit einem Ehepaar.*

Plauderei unter Frauen
Detail eines Freskos aus dem Haus der Alten Jagd in Pompeji mit der Darstellung dreier ins Gespräch vertiefter Römerinnen.

Gesetz und Gepflogenheiten

Doch wie so oft gingen Gesetz und Gepflogenheit auch hier nicht immer konform. Die de jure schwache Position der Frau sah de facto oft viel stärker aus. Fälle wie jener der Cornelia, der Mutter der Gracchen, die mit fester Hand ihre beiden »Schmuckstücke« erzog (die einzigen Überlebenden einer Nachkommenschaft von zwölf Kindern), waren nicht selten. Die Notwendigkeit, Häuser und oft große Besitztümer allein zu führen, wenn der Ehemann manchmal über Jahre abwesend war, gab den Ehefrauen Gelegenheit, ihre Persönlichkeit zu entfalten. In der Kaiserzeit wurde die Rolle des *pater familias* zunehmend zugunsten einer gleichgestellteren Elternschaft zurückgedrängt. Nie aber, nicht einmal zu Zeiten der Republik, teilte die römische Frau das Schicksal der Griechinnen, die, vom öffentlichen Leben ausgeschlossen, im eigenen Haus gefangen waren. In Rom bewegten sich die Frauen frei.

DIE LIEBE IN ROM

Nach einem rauen Anfang mit dem Raub der Sabinerinnen entwickelten sich die amourösen Beziehungen der Römer mit der Zeit »gesitteter«, um in der späten Republik und während der Kaiserzeit turbulenter zu werden.

Am Anfang des römischen Liebeslebens stand, zumindest der Legende nach, ein organisierter Raub von Frauen, die unter einem Vorwand in die Stadt gelockt worden waren. Doch bald nach diesem wilden Anfang gestalteten sich die Liebesbeziehungen deutlich beschaulicher: Rechtschaffene Familien und strenge weibliche Figuren, die als einziges Ziel die Mutterschaft zum Wohle des Vaterlandes sahen, waren Vorbilder ehelicher Tugend. Erst in den späten Jahren der Republik änderten sich die Sitten, denn die Eroberungen im Orient brachten Düfte, Kosmetika und Luxusware ins Land, die den römischen Frauen die Kunst der Verführung nahebrachten.

Die Liebeslust der Kaiserzeit

Im Rom der späten Republik und frühen Kaiserzeit waren die amourösen Beziehungen bereits gewagter und zahlreicher geworden. Im Schatten der Säulenhallen und vor allem im Theater (nach Ovid für amouröse Begegnungen geradezu prädestinierte Orte) häuften sich die Schäferstündchen mit oft verheirateten Partnern, denn, um wieder mit Ovid zu sprechen, »des anderen Gut lockt immer mehr als das eigene«. Caesar war ein berüchtigter Eroberer weiblicher Herzen, nichtsdestoweniger trennte er sich von der eigenen Frau, weil »Caesars Gemahlin nicht einmal vom Verdacht berührt werden

Königin der Herzen
Unter den vielen Geliebten Caesars war sicherlich die ägyptische Königin Kleopatra, hier in einem Relief dargestellt, die berühmteste. Sie verdrehte nach ihm auch Marc Anton den Kopf.

Legendäres Paar
Fresko aus Pompeji mit Venus und Mars, rechts neben ihnen ist Amor zu sehen.

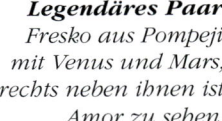

Pikante Szenen
Detail aus einer Wandmalerei in der Villa der Mysterien in Pompeji. In diesem Gebäude wurde ein großes Fresko gefunden, das Initiationsriten zu den dionysischen Mysterien zeigt und wegen seiner erotischen Szenen bekannt wurde.

darf«. Viele Kaiserinnen huldigten dem süßen Leben, eine von ihnen, Messalina, ging just dafür in die Geschichte ein.

Das Problem der Prostitution

Doch das Verhältnis zwischen den Geschlechtern war immer unausgeglichen. Die römischen Edelfrauen konnten ihre Gatten vielleicht betrügen, doch die Männer wurden geradezu von der Gesellschaft dazu ermutigt. Sich eine Geliebte zu halten oder eine Kurtisane zu bezahlen (was das Thema der *Asinaria*, einer bekannten Komödie von Plautus ist), galt als normal. So blühte die Prostitution und war weit verbreitet. Sie lief über die Kanäle des Sklavenhandels, wo junge Mädchen und Kinder die Leidtragenden waren, und es bildeten sich regelrechte Viertel der käuflichen Liebe heraus, wo alles und jedes zu finden war. Weiters gab es erfahrene und professionelle Liebesdienerinnen, die sich in luxuriösen Gemächern am Aventin eingerichtet hatten. Der Besuch bei ihnen galt als gesund, denn er ließ, wie Cato sagte, »den männlichen Instinkten ihren Lauf und bewahrt die Keuschheit verheirateter Frauen«. Sogar strenge Sittenwächter wie Augustinus befürworteten die Prostitution. Der Autor der *Confessiones* schrieb: «Verbannt die Huren, und die Gesellschaft versinkt im Chaos.« Daran dachte freilich niemand ernsthaft.

Unerwartete Komplizin
In einem von Sueton überlieferten Brief macht sich Marc Anton über Kaiser Augustus und seine Vorliebe für junge Frauen lustig. Die Frau des Kaisers, Livia, hier in Marmor dargestellt, wusste das und tolerierte es. Sie soll ihm sogar oft junge Gespielinnen zugeführt haben.

Das älteste Gewerbe
Die offizielle Bezeichnung für eine Prostituierte in Rom lautete meretrix, *»die Geld verdient«: In einer Gesellschaft, die den Frauen Erwerbstätigkeit verbot, waren sie tatsächlich die einzigen »Gewerblichen«. Rechts: Dieses Mosaik aus dem 3. Jh. n. Chr. zeigt zwei Liebesdienerinnen.*

SCHEIDUNG AUF RÖMISCH

Sie ließen zwar nicht zu, dass eine Ehe aufgrund einer zeitweiligen Laune aufgelöst wurde, dennoch lösten und erneuerten die Römer die ehelichen Bande mit überraschender Leichtigkeit. Eine Scheidung war, vor allem für den Mann, nicht schwierig. Es genügte, einen hinreichenden Grund anzugeben, der von der Familie akzeptiert wurde (die Begründungen variierten natürlich im Laufe der Jahrhunderte mit der Veränderung der Sitten) und den *consilium amicorum* (Rat der Freunde der Familie) einzuberufen, dem die Aufgabe zukam, die erfolgte Scheidung anzuerkennen. Für die Frauen gestaltete sich die Prozedur freilich schwieriger, das Verlangen nach Scheidung musste mit schwerwiegenden, unbegründeten Misshandlungen begründet werden, die das Einschreiten des Oberhauptes der Ursprungsfamilie der Frau notwendig machten – er war die Instanz, die das Band lösen konnte.

EINRICHTUNG

Die alten Römer legten großen Wert auf das eigene Haus, das sozialen Rang und Amt des Besitzers widerspiegeln musste, und sie richteten es viel aufwändiger ein als man meinen könnte.

Unsere Kenntnis von der Einrichtung römischer Häuser ist begrenzt. Einen Großteil dessen, was wir heute darüber wissen, verdanken wir den von der vulkanischen Asche des Vesuvausbruchs bewahrten Häusern der reichen Römer in Pompeji und Herculaneum. Der römische Autor Marcus Vitruvius Pollio gibt uns eine recht überschwängliche Beschreibung der dortigen Residenzen, die jedoch von den Ausgrabungen weitgehend bestätigt wird: »Hohe, ja königliche Vorhallen, Atrien und Peristylien, riesige Gärten und luxuriöse, imposante Portiken«. Dieses Schema entsprach den Erfordernissen des römischen Klientelsystems, wo im Hause eines reichen Aristokraten morgens zahlreiche *clientes* zur *salutatio* erschienen und sich des Schutzes des Herrn und der guten Beziehungen zu ihm versicherten, indem sie sich ihm für den Tag zur Verfügung stellten. Für sie gab es draußen vor dem Haus

Beleuchtung
Laterne aus Bronze in Form eines afrikanischen Sklavenkopfes mit Einlegearbeiten aus Silber aus Ampurias, Spanien.

Steinbänke, auf denen sie saßen, um zu warten, bis das Tor geöffnet wurde und der *patronus* erschien. Jenseits der Eingangstore *(fauces)* eröffnete sich das Herz der *domus*, das Atrium mit zentralem Wasserbecken *(impluvium),* in welchem das Regenwasser gesammelt wurde. Dort befanden sich das Lararium, der Altar für die Hausgeister, und das *cartibulum*, ein Prunktisch aus Marmor oder Bronze, oft mit Tierbeinen ausgestattet, eines der wertvollsten Prestigeobjekte des Hauses, sowie die *arcae*, Holztruhen mit starken Beschlägen, in welchen der Familienschmuck aufbewahrt wurde. Gegenüber des Eingangs befanden sich die repräsentativen Räumlichkeiten, das *tablinum*, das Büro des Hausherrn, und das Triklinium, das Esszimmer. In Ersterem stand ein großer, thronartiger Sessel mit breiten Armlehnen, in dem der *dominus* Klienten und Besucher empfing, in Zweiterem wohl die wichtigsten Einrichtungsgegenstände, die U-förmig um einen Tisch angeordneten, gepolsterten Lager. Die Möbel waren gewöhnlich kunstvoll von Handwerkern aus Griechenland oder Süditalien gearbeitet, Meisterstücke aus Holz mit Einlegearbeiten in Bronze.

Prunkvolles Interieur
Dieser Ausschnitt aus einem Gemälde des 19. Jh. mit dem Titel Gladiatoren im Triklinium *zeigt eine realistische Rekonstruktion des Inneren einer römischen* domus.

Einrichtung im Triklinium
Dieses Relief zeigt eine Gruppe von Gästen bei einem Bankett auf einem U-förmig angeordneten Lager um einen runden Tisch.

Im Liegen speisen

Ebendiese Lager im Speisezimmer und die Gewohnheit der Römer, im Liegen ihre Mahlzeiten einzunehmen, machen den wahrscheinlich größten Unterschied zwischen der Einrichtung eines Hauses der römischen Antike und unserem modernen Wohnstil aus. Ursprünglich war es jedoch nur dem *pater familias* erlaubt, im Liegen zu speisen, die Ehefrau saß zu Füßen des Lagers und die Kinder auf Hockern und Schemeln. Schließlich wurde es Usus, dass alle Männer bei den Festmahlen im Liegen speisten, während die Frauen vorne saßen.

Die cista Ficoroni
Die cista *war ein zylindrischer, gänzlich mit Leder verkleideter Behälter mit Füßen und Deckel, in welchen wohlhabende Frauen ihre Kleidung aufbewahrten. Die hier gezeigte ist wunderschön gearbeitet und trägt sogar den Namen des Handwerkers, der sie 4. Jh. v. Chr. in Rom herstellte:* Novios Plautios med Romai fecit.

Statuette mit Glöckchen
In den Häusern durften keinesfalls Amulette gegen den bösen Blick und Glücksbringer fehlen. Besonders Glockenspiele, am besten in menschlicher Form (rechts), waren beliebt.

Erst sehr spät durften Frauen ebenfalls im Liegen teilnehmen. Gegen Ende des 3. Jh. n. Chr. ersetzte das *sigma*, ein halbkreisförmiger Diwan, die Lager des Trikliniums.

Die cubicula

Weitaus bescheidener präsentierten sich die Schlafzimmer *(cubicula)*. Die Betten waren einfache Holzrahmen mit einem Geflecht aus Lederstreifen als Auflager für die Matratze. Erst in der späten Kaiserzeit kamen Betten mit Kopfenden oder auch Lehnen an drei Seiten auf, die mehr einem Diwan glichen. Einfach waren auch die Schränke mit Türen aus quadratischen Holzrahmen. Doch das kümmerte die Römer im Grunde wenig, denn sie lebten ihr Leben weitaus mehr außerhalb dieser Räume.

Mitten im Grünen
In den römischen Häusern waren Fresken ein wichtiges Element der Innengestaltung. Oft findet man in Portiken, die sich in Gärten öffnen, illusionistische Landschaftsmalereien (unten). Ein Besucher konnte sich so mitten im Grünen wähnen, mit echter Natur auf der einen und gemalter auf der anderen Seite.

BESUCH IN EINEM RÖMISCHEN HAUS

Wenn wir heute eine bewohnte *domus* aus der Kaiserzeit besuchen könnten, würde wohl zuallererst die spärliche Beleuchtung auffallen, die von den Innenhöfen und kleinen Öllampen oder Kandelabern kommt. Das Zweite wäre wohl der Kontrast zwischen der üppigen Wand- und Bodendekoration und der spärlichen Möblierung. Nähmen wir uns noch Zeit, die wenigen Möbelstücke genauer zu betrachten, würde uns manches bekannt vorkommen: Tischbeine in Form von Tierpfoten, Sphingen, geschwungene Rückenlehnen an Bett und Diwan waren Elemente, die auf der neoklassischen Welle der Begeisterung über die Neuentdeckung von Herculaneum und Pompeji in ganz Europa kopiert wurden.

Katzenpfoten
Dieser runde Bronzetisch steht auf drei Raubkatzenpfoten.

Probleme mit dem Verkehr

Zur Kaiserzeit wie heute hielt der Verkehr Rom in Atem. Der erste – vergebliche – Versuch, ihn zu regeln, geht auf das Jahr 45 v. Chr. zurück.

Rom war in jedem Moment seiner Entwicklung eine Tentakelstadt mit engen, zwischene hohen Häusern eingezwängten Straßen, deren Straßenkarte wie ein unentwirrbares Knäuel aussieht. Nur wenige Straßen besaßen eine gewisse Breite, die meisten waren ungepflasterte Gassen, steile Wege, die sich die Hügel hochwanden, kaum drei Meter breite Schneisen, in die noch die Balkone der flankierenden Häuser hineinragten. Sich in diesem ständig überlaufenen Gassengewirr zu bewegen muss anstrengend gewesen sein. Im Jahre 45 v. Chr. beschloss Julius Caesar, der Situation die Stirn zu bieten. Seine *lex Iulia municipalis* verbot unter anderem den Verkehr von Wagen mit Zugtieren in den Straßen der Stadt von Sonnenauf- bis Sonnenuntergang, beschränkte ihn also auf die Nachtstunden. Zur »Entlastung« des Verkehrs wurden sogar Wagenparkplätze (*areae carruces*) jeweils vor der Stadt in der Nähe der Stadttore eingerichtet.

Alle auf der Straße

Doch das Problem waren nicht nur die Fahrzeuge. Ganz Rom war sozusagen auf den Beinen, und in der Straße herrschte ein schier unerträglicher Lärmpegel und ständiges Chaos. Verkäufer und Händler aller Art nahmen einen großen Teil der Straße mit ihren Verkaufsständen ein und zwangen Fußgänger und Sänftenträger, sich im verbleibenden Platz vorbeizudrängeln. Während der Nacht war es Zeit für die Warenanlieferung, und das Geklapper der Wagen und das Scharren der Hufe der Zug- und Schlachttiere erfüllte die Gassen. Andererseits war die Versorgung ein enormes Problem: Jeden Tag mussten Lebensmittel, Brennholz und Rohstoffe für rund eine Million Einwohner in die Stadt gebracht werden, die zum Teil auf hügeligem, teilweise sumpfigem Gebiet eng zusammengepfercht lebten: ein Albtraum.

Die Rechnung, bitte!
Diese Stele zeigt einen Gastwirt, der einem Gast vor der Abreise mit seinem Maultier die Rechnung präsentiert.

Rausch der Geschwindigkeit
Rekonstruktion eines kleinen zweirädrigen Wagens, den besonders Reisende ohne Gepäck für schnelle Fahrten schätzten.

Fußgängerübergang
Rechts: Ansicht einer Straße in Pompeji mit Steinblöcken als Fußgängerübergang.

DAS TÄGLICHE LEBEN

Für lange Reisen
Rekonstruktion eines gedeckten Reisewagens mit vier Rädern.

Verkehrsbeschränkung
Links: *Ein Bauer geht mit seiner Kuh auf den Markt. Die Verkehrsbeschränkung am Tag in der Stadt sah wenige Ausnahmen vor, wie etwa den Abtransport von Abfall oder die Anlieferung von Baumaterial.*

POLIZEI UND WACHPERSONAL

Augustus vertraute die Kontrolle über die öffentliche Ordnung zwei verschiedenen Organen an, den Städtischen Kohorten und den Vigiles. Erstere übernahmen die Aufgaben der städtischen Polizei bei Tage und patrouillierten in den verschiedenen Zonen der Stadt. Ihr Kommandant, der *praefectus Urbi*, ein hoher Amts- und Würdenträger, war direkt dem Kaiser unterstellt und besaß einige Macht auf dem Gebiet der Rechtsprechung. Er konnte nicht nur Verstöße gegen die öffentliche Ordnung direkt abhandeln, sondern auch Streitfälle zwischen Herren und Sklaven, unrechtmäßige Aneignung von Erbgut, Sittenfragen etc. In der Nacht hingegen patrouillierten die Vigiles, die den zahlreichen Gewaltverbrechen in den nächtlichen Gassen Einhalt zu gebieten suchten – leider mit mäßigem Erfolg, wenn man den Berichten der Zeitgenossen Glauben schenken darf.

Transportmittel

Die reichen Bürger bewegten sich in der *lectiga* durch die Stadt, die von sechs bis acht Sklaven getragen wurde. Man reiste liegend unter einem Baldachin und hinter in der Regel geschlossenen Vorhängen. Zwei bis vier Sklaven genügten für die *sella gestatoria*, einem sitzenden Transportmittel. Wegen der Verkehrseinschränkungen bei Tag benutze man für Begräbnisse ebenfalls die Sänfte, bei ärmeren Bürgern war es eine einfache Bahre. Außerhalb der Stadt reiste man in vier- oder zweirädrigen Wagen und Kutschen. Für schnelle, kurze Passagen gab es das zweirädrige *essedum*, natürlich mit Kutscher. *Cisium, covinnus* und *birotus* waren leichte, einfachere aber schnelle Kutschen, die die Jugend bevorzugte. Mit Gepäck und langsamer reiste man in der *rheda* oder *carruca*, vierrädrigen Wagen, die von vier Maultieren oder Pferden gezogen wurden. Für lange Reisen gab es auch *carrucae dormitoriae*, Vorfahren unseres Schlafwagens, wo man auch schlafen konnte, sofern einen die Schlaglöcher nicht störten. Waren, Produkte der Landwirtschaft und Baumaterialien schließlich wurden auf dem *plaustrum* oder *sarracum* transportiert, archaischen, aber soliden Karren mit zwei Scheibenrädern mit Eisenbeschlägen *(tympana)*, die von Ochsen, Maultieren oder Eseln gezogen wurden.

Etappenziel
Unten: *Szene einer Ankunft bei einer* mansio, *einer Poststation. Generell waren die* mansiones *mit Gasthof, Lager und Stallungen ausgestattet.*

Musik und Tanz

In Rom besaß die Musik, zumindest nicht von Anfang an, denselben hohen Stellenwert wie in Griechenland, doch mit der Zeit wurde sie zu einem unverzichtbaren Bestandteil des Gesellschaftslebens.

In der römischen Welt beschränkte sich der Brauch, von Musikinstrumenten und Tanz begleitet zu singen, zunächst auf öffentliche Feierlichkeiten wie religiöse Zeremonien, Bestattungen und Triumphzüge. Ab dem 2. Jh. v. Chr. kamen durch die griechischen Eroberungen Schauspieler und Musiker aus Griechenland nach Rom, die nicht nur selbst auftraten, sondern auch junge Römer in ihrer Kunst unterrichteten. Diese neue Mode gefiel den Moralisten natürlich gar nicht, dennoch konnte sie sich festsetzen und zu einem fixen Bestandteil der Erziehung der neuen Generationen werden. Sogar manch gestrenge Matrone übte sich im Tanz, wenn auch oft nur heimlich und ohne Anspruch auf »künstlerische Vollendung«. Gegen Ende der Republik und später in der Kaiserzeit wurde es unter den reichen Familien Usus, Musiker anzustellen, die verschiedene Instrumente spielen konnten. Sehr gefragt waren die Vorführungen professioneller Musiker und Tänzer, die oft astronomische Summen als Honorar verlangten. Und mit Nero fand schließlich selbst ein Kaiser nichts dabei, öffentlich als Musiker und selbst ernannter Künstler aufzutreten.

Virtuosen und Gaukler

Neben berühmten Virtuosen wie dem Flötisten und Sänger Tigellius, den Caesar und Kleopatra schätzten, oder dem Sänger und Cythara-Spieler Terpnos, dem Benjamin an Neros Hof, gab es in der römischen Gesellschaft ein buntes Gemisch an Gauklern und Musikern, die ihr Geld auf den Straßen verdienten. Man nannte sie *circulatores*, denn ihr vom Zufall ausgewähltes Publikum pflegte sich im Kreis um sie aufzustellen und ihnen am Ende der Vorstellung ein

Vorführung der circulatores
Eine Gruppe Straßenmusiker (circulatores) in einem Mosaik aus Pompeji.

Saiteninstrument
Oben: *Relief mit zwei Musikern, die ein Saiteninstrument spielen. Die Saiten aus Darm oder Hanf wurden mit einem Plektron angeschlagen.*

Göttliche Musik
Unten: *eine Syrinx oder Panflöte aus Holz. Die Röhren sind in ein Holzstück gebohrt, die Oberfläche ist geometrisch graviert.*

Musik und Tanz
Marmorrelief mit Musik- und Tanzszenen zu Ehren der Göttin Isis.

paar Münzen zuzuwerfen. Die Musik machte sich breit, sodass mit Ammianus Marcellinus auch Historiker davon Notiz zu nehmen begannen (4. Jh. n. Chr.): »Aus den Häusern, wo man früher die Studien pflegte, klingen heute Gesänge und Zitherspiel. Statt eines Philosophen kommt ein Sänger, den Redner ersetzt der Schauspieler. Die Bibliotheken gleichen für immer versiegelten Gräbern, indessen man Wasserorgeln und riesige Lyren erbaut.«

Musikinstrumente

In der römischen Welt bevorzugte man Blasinstrumente wie das *cornu* aus Bronze, das als Militärinstrument und für religiöse Zeremonien eingesetzt wurde, den etruskischen *lituus*, die *bucina* aus Ochsenhorn, die *tuba*, die die Manöver der Infanterie begleitete, die *syrinx* des Gottes Pan und verschiedene Flöten. Unter den Saiteninstrumenten am beliebtesten waren die *lyra* und die *cytara*, beide aus einem Resonanzkörper mit zwei oben durch eine Querstrebe verbundenen Holzarmen, die auf den Gott Hermes zurückgehen sollen.

Die Tuba
Eines der am weitesten verbreiteten Musikinstrumente war die Tuba, die auch vom Militär benutzt wurde.

Konzert für Zimbeln
Detail aus einem Fresko mit Silenos, einem mystischen Waldbewohner, der die Zimbeln erschallen lässt. Dieses Instrument (unten) besteht aus zwei konkaven Metallschalen, die aneinander geschlagen einen hellen Klang ertönen lassen.

DIE WASSERORGEL

Die Quellen schreiben die Erfindung der Wasserorgel Ktesibios von Alexandria zu, der um die Mitte des 3. Jh. v. Chr. lebte. Bereits im 1. Jh. wurde dieses Instrument häufig in Rom bei zirzensischen Spielen und Theateraufführungen eingesetzt. Dank archäologischer Funde und der Beschreibungen von Heron Alexandrinus und Vitruv wissen wir heute, wie das Instrument funktioniert haben muss: Mit Hilfe von hydraulischem Druck wurde Luft in den Orgelkasten gepumpt, in welchem sich der Mechanismus zum Öffnen und Schließen der Ventile in den Orgelpfeifen befand. Zu Beginn der Kaiserzeit kam die Balgenorgel auf, bei der Balgen an den Orgelkasten montiert waren und die komprimierte Luft direkt hineingepumpt werden konnte.

KALENDER UND ZEITMESSUNG

Vom ersten römischen Kalender, der Romulus zugeschrieben wird, bis zu dem von Julius Caesar eingesetzten, der bis in die Renaissance beibehalten wurde, die Römer hatten immer ein kompliziertes Verhältnis zur Zeit.

Der Historiker Varro schreibt Romulus die Einsetzung des ersten römischen Kalenders zu. Dieser basierte auf den Mondphasen und bestand aus 304 Tagen, die in 10 Monate eingeteilt waren, darunter 6 mit 30 und 4 (März, Mai, Juli und Oktober) mit 31 Tagen. Das Jahr begann im März und endete im Dezember. Nach der Überlieferung war es bereits der Nachfolger von Romulus, Numa Pompilius, der dem ersten Kalender die Monate Januar und Februar voranstellte und so das Jahr in 355 Tage und 12 Monate (vier davon zu 31, sieben zu 29 und eines zu 28 Tagen) einteilte. Um dieses vom Mond bestimmte Kalenderschema auf das Sonnenjahr abzustimmen, dem der Lauf der Jahreszeiten folgte, wurde dann und wann im Februar ein »Zwischenmonat« von 22 oder 23 Tagen eingeschoben.

Die julianische Reform

Doch als man über die Einsetzung des Zwischenmonats den Pontifex maximus entscheiden ließ, hat man den Bock zum Gärtner gemacht, denn diese Maßnahme konnte eine Amtszeit verlängern. Und das kam so häufig vor, dass um die Mitte des 1. Jh. v. Chr. Kalender und Jahreszeit um gut drei Monate auseinander klafften. Julius Caesar beauftragte daher 46 v. Chr. den Astronom und Mathematiker Sosigenes von Alexandria mit der Berechnung eines verlässlichen Kalenders. Nach der radikalen Reform zählte das Sonnenjahr nach ägyptischem Vorbild 365 Tage, alle vier Jahre wurde ein Schalttag namens *bis sexto Kalendas Martias* eingeführt, eine Bezeichnung, die sich bis heute im Französischen »année bisextile« erhalten hat.

Sonnenuhr
Sonnenuhr aus Marmor mit Gnomon aus Bronze aus dem 1. Jh. n. Chr. Sie steht auf zwei Löwenfüßen, die Seiten tragen Reliefschmuck mit pflanzlichen Motiven.

Marktszene
Auf sieben Arbeitstage kamen im römischen Kalender ein Markttag und ein Feiertag.

Das Zählen der Tage

Die Monate waren in *nundinae*, vom Markttag an in Intervalle zu je 8 Tagen unterteilt, auf die ein Feiertag folgte. Die Tage der Woche waren mit den Namen der Planeten bezeichnet: *Lunae dies*, *Martis dies*, *Mercuri dies* und so weiter, bis *dies Saturni* und *dies Solis* (aus welchen später *Sabbatum* und *Dominica*, Tag des Herrn, wurde). Gezählt wurde allerdings nicht nach vorne, wie wir es heute gewohnt sind, sondern gleichsam im Rückwärtsgang, indem man angab, wie viele Tage bis zu einem bestimmten Moment des Monats fehlten, nämlich den Kalenden (der 1. Tag des Monats), den Nonen (der 5. oder 7.) und den Iden (13. oder 15.). Dieses komplizierte System basierte immer noch auf den archaischen Mondphasen, nach denen man außerdem für gewisse Unternehmungen günstige und ungünstige Tage unterschied. So hing es vom Tag ab, ob man eine Versammlung einberief oder etwa ein religiöses Fest begann. Diese Tage hießen *dies fasti* oder *nefasti*. Es konnte natürlich auch ein *dies fari*, ein Tag des Sprechens, vorkommen, und, gottlob eher selten, ein *dies ater*, ein schwarzer Tag.

Der Turm der Winde
Auf der römischen Agorà von Athen steht noch immer dieses Gebäude aus dem 1. Jh. v. Chr., das ursprünglich eine Wasseruhr enthielt und Turm der Winde genannt wird.

NICHT ALLE STUNDEN SIND GLEICH LANG

Im Gegensatz zu uns, die wir die Stunden ausgehend von Mitternacht zählen und den Tag in immer gleich lange Einheiten einteilen, unterteilten die alten Römer die Zeit von Sonnenauf- bis Sonnenuntergang in zwölf gleiche Abschnitte. Zur sechsten Stunde stand also die Sonne im Zenit, und mit der Länge des Tages veränderte sich natürlich auch die Länge der Stunden im Verlauf der Jahreszeiten: Im Sommer waren sie gut doppelt so lang wie im Winter. Der Gebrauch von Messinstrumenten für die Zeit wurde dadurch, wie man sich vorstellen kann, erheblich erschwert. Neben der Sonnenuhr, die nur bei wolkenlosem Himmel funktionierte, und der Klepshydra oder Wasserauslaufuhr kannten die Römer weitere genial anmutende Wasseruhren, von denen heute nicht mehr klar ist, wie man sie einstellte. Doch damals hat man wohl der Zeit – oder, um genau zu sein, ihrer präzisen Messung – noch keinen so absoluten Stellenwert eingeräumt wie heute.

Bronzekalender
Keltischer Kalender auf Bronzeplatten aus dem 1. Jh. v. Chr. In diese Zeit fällt auch die julianische Kalenderreform, mit der das Jahr von 355 auf 365 Tage angewachsen war.

Öffentliche Uhr
Unten: Sonnenquadranten auf einem Götterporträt aus Timgad in Algerien.

Mondphasen
Oben: gallischer Mondkalender aus dem 1./2. Jh. n. Chr., die Tage wurden nach den Mondphasen gezählt.

Ergänzendes Glossar

Dieses Glossar, das keinen Anspruch auf Vollständigkeit erhebt, will die Bedeutung einiger spezifischer, ungewöhnlicher oder sich stark von analogen heutigen Begriffen unterscheidender Vokabeln erklären. So kann sich der Leser mit leichterem Verständnis der Lektüre des Textes widmen.

A

Ab Urbe Condita
»Seit Gründung der Stadt«, die von der Überlieferung auf den 21. April 753 v. Chr. festgelegt wird. Mit diesem Datum begann die antike römische Zeitrechnung.

Acheron
Name eines Flusses in Epiros, der vermutlich als in die Unterwelt führender Fluss in den Mythos der Schöpfung einging, weil sein Lauf tatsächlich unter die Erde führt. Für die Römer war er das Tor zum Jenseits.

Adler
Symbol der Macht von Rom. Gajus Marius machte daraus das Hauptemblem der Legionen und entfachte einen fast sakralen Kult rund um den Adler.

Aes
Bezeichnung, unter welcher die Römer nicht nur Bronze, sondern auch Kupfer, das Prägemetall der ältesten Münzen, verstanden. Daher kommt der Name *aerarium* für den Staatsschatz.

Ager publicus
»Öffentlicher Acker«, Bezeichnung für im Zuge von Kriegen oder Straffeldzügen gegen rebellische Städte dem Staatsgebiet einverleibte Ländereien. In der spätrepublikanischen Periode war er Gegenstand zahlreicher gesellschaftlicher Auseinandersetzungen.

Akropolis
Höher gelegener, befestigter Teil antiker Städte. Festungsbauten, innerhalb welcher sich auch Tempel der wichtigsten Götter und öffentliche Gebäude befanden.

Akroterion
Architektonischer Fachbegriff für Giebelverzierungen an antiken Tempeln oder diesen nachempfundene Elemente.

Altar
Bei den Römern wurden Altare (*ara*) hauptsächlich zum öffentlichen Opferritual benutzt und waren gewöhnlich quaderförmig und aus Stein.

Annone
Bei den Römern war das ursprünglich die Kornernte eines Jahres (*annus*), später umfasste der Begriff mehr und mehr auch andere bis alle Produkte des Erntejahres.

Antefix
Stirnziegel aus Terrakotta zur Verdeckung der Dachtraufe an antiken Bauwerken, oft halbrund und mit Palmetten verziert.

Aphrodite
Griechische Göttin der Schönheit und Liebe, die auf die phönizische Ishtar zurückgeht und im römischen Pantheon als Venus vertreten ist.

Asklepios
Griechischer Gott der Heilkunst, Sohn des Apoll und der Fürstentochter Koronis. Er wurde in Rom unter dem Namen Äskulap verehrt.

As
Die älteste römische Münze, sie wog ursprünglich ein römisches Pfund (ca. 327 g).

Auguren
Priesterschaft in Rom, deren Aufgabe es war, den Willen der Götter anhand des Fluges der Vögel und anderer Zeichen zu entschlüsseln.

Auxiliar
Soldat, der in selbstständigen Abteilungen des römischen Heers, oft aus verbündeten Kräften aus Italien oder den Provinzen gebildet, seinen Dienst als Unterstützung der Legionen tat.

B

Bagaudae
Gallische Bauern, die in Banden organisiert gegen die reichen Grundbesitzer und die römische Vorherrschaft im 3./4. Jh. n. Chr. kämpften.

Bellona
Römische Kriegsgöttin (von lat. *bellum*), auch *Duellona* genannt. Ihre Kultorte waren ein heiliger Wald auf dem Kapitol und ein Tempel außerhalb der Stadt.

Bona Dea
Römische Göttin, die am 1. Mai und einem nicht genau fixierten Tag im Dezember geehrt wurde.

Bulla
Kleine, zweischalige Kapsel, die junge Etrusker und Römer als Amulett am Hals trugen.

Bürgerschaft
Die Bürgerschaft erwirbt man durch Geburt, Annahme oder Zuerkennung von Seiten des Volkes. In Rom hing die Ausübung politischer Ämter von ihr ab.

C

Calidarium
Bereich in den Thermen mit heißen Bädern.

Calumnia
Unbegründete Anklage eines Bürgers vor Gericht. Ein Freigesprochener konnte den Kläger dafür belangen.

Cardus
Straßenachse von Norden nach Süden in den römischen Städten und Militärlagern.

Causidicus
So nannte man die skrupellosen Rechtsverdreher, die im alten Rom auf den Foren auf leichtgläubige Kunden einschwatzten, damit sie Nachbarn, Verwandte oder Bekannte verklagten.

Census
Gesetzliche Erhebung des Einkommens aller Bürger und ihre damit verbundene Einstufung, die alle fünf Jahre stattfand. Wichtig für die Rekrutierung von Truppen zum Militär und für die Zuerkennung politischer Rechte, die vom *status* abhingen.

Censor
Der Beamte, der den Census ausführt. Eine weitere Aufgabe des Censors war die Überwachung der öffentlichen Moral. Verwarnungen erteilte er mittels *nota censoria*.

Centuriation
Römisches System der Einteilung von Freiland in quadratische Einheiten namens Centurien, die die Basis für die Landzuteilung an Bürger darstellten.

Centurio
Unteroffizier im römischen Heer, Kommandant einer Centurie in einer Legion.

Ceres
Römische Göttin, die mit dem Wachstum von Nutzpflanzen und Getreide in Zusammenhang steht.

Charon
In der antiken griechischen Religion ein Dämon der Unterwelt, der die Verstorbenen über den Acheron brachte. Man legte ihnen ein Geldstück in den Mund, damit sie die Überfahrt bezahlen konnten.

Circulatores
Gaukler und Straßenmusiker, um die sich das Publikum gewöhnlich im Kreis scharte.

Civitas
Alle Bürger einer Ansiedlung. In Rom auch der rechtliche *status*, der aus den Einwohnern Bürger mit Rechten und Pflichten machte.

Cocciopesto
Mischung aus Naturkalk und gemahlenem Ziegelton, die von den Römern als Boden- und Terrassenbelag sowie als Putz verwendet wurde und wasserabweisend wirkt.

Cognomen
Name – zum Beispiel Caesar oder Scipio – an den man den Namen der Gens *(nomen)* sowie eventuelle Beinamen – etwa Africanus, Caecus – hängte, welche die Person für besondere Taten oder Eigenschaften bekam.

Columna cochlis
Typisch römische Siegessäule mit innen liegender Wendeltreppe und ihrem Verlauf außen folgendem spiralig gewundenem Fries.

Corona
Die höchste militärische Auszeichnung in Rom. Es gab verschiedene: *muralis, obsidionalis, vallaria*. Am begehrtesten war die *graminea* aus geflochtenen Gräsern, die ein General gewann, wenn er durch seine Tat sein ganzes Heer gerettet hatte.

Cubiculum
Wörtlich: »zum Liegen« Dies war die römische Bezeichnung für Schlafzimmer.

Cursus honorum
Die politische Laufbahn im antiken Rom, die über Ämter wachsender Bedeutung in obligatorischer Reihenfolge verlief.

D

Decumanus
Die Straßenachse von Osten nach Westen in römischen Städten oder Militärlagern.

Deductio
Im antiken Rom nannte man so das Verbringen der Siedler zu einer neu zu gründenden Kolonie.

Diadem
Band oder Reifen aus Gold, auf der Stirn getragen ein hohes ziviles oder religiöses Würdenzeichen.

Diana
Latinische Göttin der Jagd, entspricht der griechischen Artemis. Ihr wichtigstes Heiligtum stand zu Füßen des Monte Albano (heute Monte Cavo).

Dilectus
Regulärer Truppenaushub, bei dem alle Männer ab dem 17. Lebensjahr eingezogen werden konnten.

Dioskuren
In der griechischen Mythologie nannte man so die Zwillinge Castor und Pollux.

Dis
Römischer Gott, wurde bald vom griechischen Pluto als Herr der Unterwelt und des Reichtums abgelöst.

Domus
Das typische Haus der römischen wohlhabenden Familie, das um ein Atrium angeordnet war.

Dromos
In der Archäologie Zugang zu unterirdisch gelegenen Gräbern (etwa in den etruskischen Totenstädten) oder Felsengräbern (wie in den *tholos* von Mykene oder in den hellenistischen Totenstädten).

E

Eponym
Der Namensgeber. In der klassischen Welt konnte das etwa der Begründer einer Stadt, ein Gott oder das Oberhaupt einer Gens oder Familie sein.

F

Falera
Auszeichnung für Tapferkeit in Form einer Metallscheibe, die Legionäre mit Bändern am Brustpanzer befestigt trugen.

Familia
Begriff, der in der lateinischen Sprache eine viel weiter gefasste Bedeutung hatte als heute. Es gehörten nicht nur mehrere Generationen eines Familienstamms unter der Oberhoheit des ältesten Mannes *(pater familias)* dazu, sondern auch Dienstboten und Sklaven.

Familia rustica
Die Gesamtheit der Sklaven, die unter der Aufsicht eines Vorarbeiters *(vilicus)* auf Äckern und Feldern arbeiteten.

Familia urbana
Alle Sklaven, die im persönlichen Dienst des Herrn und seiner Familie standen (Portier, Barbier, Reinigungspersonal, aber auch Hauslehrer, Sekretär, Verwalter).

Favissa
In den italisch-römischen Heiligtümern unterirdischer Ort, wo Votivgegenstände aufbewahrt wurden, die überzählig waren oder nicht mehr in Gebrauch standen.

Feszenninen
Obszöne Spottverse etruskischen Ursprungs, die bei bäuerlichen Festen oder Hochzeiten im Wechselgesang vorgetragen wurden. Der Name stammt von der etruskischen Stadt Fescennia.

Frigidarium
Bereich für kalte Bäder in den römischen Thermen.

G

Garum
Sauce *(liquamen)* aus Innereien von Fischen, die für den modernen Gaumen sicher nicht ansprechend schmeckt, bei den antiken Römern aber äußerst beliebt war.

Genius
In der römischen Religion Schutzwesen, das mit einer Person oder Institution zusammen geboren wurde. Öffentlich verehrt wurde der Genius des Volks von Rom und in der Kaiserzeit der der Kaiser.

Gens
Familienverband (Geschlecht), der auf einen gemeinsamen Vorfahren zurückgeht, von der er den Namen annahm: *gens Iulia, gens Cornelia, gens Fabia*.

Gentilicium
Zum Geschlecht im Sinne der römischen Gens gehörig, etwa Nomen gentilicium.

Gladius
Typische Stichwaffe der Infanterie mit kurzer, spitzer, doppelschneidiger Klinge.

Gnomon
Der vertikale Schattenstab der Sonnenuhr, der die Stunde durch sein projiziertes Schattenbild auf einer Skala anzeigt.

Gravitas
Wörtlich: »Schwere, Gewichtigkeit«: Diesen Begriff benutzten die Römer im Sinne eines würdigen und majestätischen Auftretens, was unbedingt zum Erscheinungsbild und Wesen eines römischen Bürgers gehörte.

Groma
Gerät, das die Römer zur Vermessung von Land, beim Anlegen von Lagern oder Ziehen von Straßentrassen benutzten.

H

Haruspizien
Wahrsagekunst ägyptischen Ursprungs. Die in den Eingeweiden von Opfertieren oder in verschiedenen Himmelserscheinungen gefundenen Vorzeichen, aber auch jene, die sie deuten konnten.

Hastaten
Leichte Infanterie der ersten Reihe, dazu zählten die jüngsten und stärksten Männer.

Heredium
Kleiner Landbesitz im Ausmaß von zwei Joch, dessen Größe nach der Überlieferung auf Romulus selbst zurückgehen soll. Das Heredium stellte lange Zeit die Basiseinheit der italischen Landwirtschaft dar.

Hercules
Lateinischer Name des griechischen Gottes Herakles, Sohn des Zeus und der Alkmene, der für seine übermenschlichen Kräfte bekannt ist.

Homo novus
Der neue Mann: So nannte man den Mann, der als Erster in seiner Familie ein kurulisches Amt (Praetor, Konsul, Censor) erreicht hatte. Berühmte *homines novi* waren Marius und Cicero.

Hopliten
Die Hopliten waren griechische Soldaten der schweren Infanterie und mit Lanze und Schwert bewaffnet. Sie trugen einen großen Schild und eine Rüstung aus Helm, Brustpanzer und Beinschutz.

Hortus
Eine Art Hof der *domus*, der mehr ein Zier- als ein Gemüsegarten im ursprünglichen Sinn des Wortes war. Oft war er größer ausgestaltet und nahm die Form eines Säulenhofs an *(peristilium)*.

Hypocaust
Griechische Bezeichnung für das zentralheizungsartige System der Thermen und reichen Häuser, bei dem der heiße Rauch eines Feuers unter der Erde durch Hohlräume unter die Fußböden geleitet wurde.

I

Iden
Im römischen Kalender der 13. der Monate Januar, Februar, April, Juni, August und September sowie der 15. der Monate März, Mai, Juli, Oktober.

Imperator
Inhaber eines *imperium*. Der Begriff bezeichnete bald nur noch Träger eines besonderen militärischen Imperiums, das ihm von seinen Soldaten nach einem außergewöhnlich wichtigen Sieg zuerkannt wurde.

Imperium
Generell ein Kommando, aber auch die Regierung einer Stadt, einer Provinz oder des Staates. Das *imperium proconsulare* etwa war der Oberbefehl über das Heer.

Ingenuus
Ein Individuum, das frei geboren war, weil es von einem freien, regulär verheirateten Vater stammte oder von einer freien Mutter, auch wenn es unehelich geboren war. Das römische Recht stellte diesen Status über den eines Freigelassenen.

Insigine
Eine Lanze mit einem Erkennungszeichen an der Spitze, mit dem römische Militärabteilungen angeführt wurden.

Insula
Wörtlich: Insel, isolierte Einheit. Dies war der Name der mehrstöckigen römischen Häuser, in denen das einfache Volk wohnte.

Ius imaginum
Dies war das begehrte »Recht auf Bilder«, das einem noblen Inhaber eines kurulischen Amtes erlaubte, sein Bild und jene seiner Vorfahren, die die gleichen Würden trugen, öffentlich auszustellen.

J

Janus
Römischer Gott des Anfangs, von ihm hat der erste Monat des Jahres (*Ianuarius*) seinen Namen. Er symbolisiert den Übergang zu etwas Neuem.

Juno
Latinische Göttin, in der man die ideale Frau sah, besonders in ihrer arrivierten Stellung als Ehefrau.

K

Kalenden
Bei den Römern Beginn eines Monats.

Kenotaph
Scheingrab, zu Ehren berühmter Verstorbener errichtetes Grabmal ohne die sterblichen Überreste, die anderswo bestattet oder nicht auffindbar sind.

Klient
So hieß bei den Römern eine Person, die gegenüber einem wichtigen Bürger (Patron) offiziell anerkannte Verpflichtungen der Loyalität und des Gehorsams hatte. Klient zu sein war nicht per se negativ. Zu den Klienten wichtiger Politiker wie Gajus Marius, Caesar, Crassus oder Pompejus zählten Bankiers, Senatoren, Generäle und sogar Herrscher.

Kohorte
Taktische Einheit des römischen Heers aus 600 Mann, die in 6 Zenturien unterteilt waren.

Kollegien
Arbeitsvereinigungen, die vom Staat kontrolliert wurden und in die alle eingegliedert waren, die einen bestimmten Beruf oder ein Handwerk ausübten.

Kurulische Ämter
Die höchsten Ämter im antiken römischen Verwaltungsapparat (Konsulat, Praetura), die Zugang zum Senat (Curia) gaben.

L

Laqueum
Band, das viele Aristokraten stets bei sich trugen, um sich im Notfall, wenn sie beim Princeps in Ungnade gefallen waren, selbst strangulieren zu können. Der Selbstmord verhinderte, dass die Familie auch in Ungnade fiel.

Legatus
Im römischen Heer Kommandeur einer Legion, der in die Provinz entsandt wird, um diese zu regieren.

Legion
Wichtigste taktische Einheit des römischen Heers. Ursprünglich bestand sie aus 3000 Infanteristen und 300 Reitern, doch die Zusammensetzung änderte sich im Zuge von Heeresreformen drastisch.

Libera
Antike römische Göttin der Fruchtbarkeit.

Libero
Antiker römischer Gott, der dem griechischen Dionysios entspricht. Oft als Paar mit der Göttin Libera (die manchmal mit der griechischen Persephone gleichgestellt wird) dargestellt, beide als Kinder der Göttin Ceres.

Libertus
Der Freigelassene, eine aus der Knechtschaft entlassene Person. Die Freigelassenen blieben in ihrem Status immer niedriger als die Freigeborenen, erst in der späten Kaiserzeit wurden ihnen die Möglichkeit einer Gleichstellung gegeben.

Limes
Grenze, eigentlich ein Grenzstreifen, der die Gebiete des Römischen Reiches von jenen der Barbaren trennte.

Lupa
»Wölfin« – so bezeichneten die alten Römer Prostituierte, daher auch der Name *lupanar* für Bordell.

Lustrum
Religiöses Fest zum Ende des Census alle fünf Jahre, später auch Bezeichnung für dieses Zeitintervall.

M

Meretrix
Wörtlich »die Geld verdient«, heute würden wir sagen »eine Professionelle«. So nannte man in Rom die Prostituierten, die tatsächlich die einzigen Frauen waren, die ein Gewerbe ausübten.

Maeniana
So hießen die nach oben abgestuften Sektoren der Zuschauerplätze in Circus und Amphitheater.

Metope
Rechteckige Stein-, Marmor- oder Terrakottaplatte mit Malerei- und Reliefschmuck zwischen den Triglyphen des Frieses der Tempel dorischer Ordnung.

Mysterium
Ursprünglich antiker griechischer Kult am Heiligtum von Eleusis. Der Name enthält einen Hinweis auf den geheimen Charakter (von *myo*, »verschlossen«).

Mitras
Indisch-persischer Sonnengott. Der Mitraskult war im gesamten Römischen Reich verbreitet und fand vor allem unter den Soldaten Anhänger, was auf sein ursprüngliches Wesen als Kriegsgott hinweist.

Mos maiorum
Die Sitten der Alten, die Gesamtheit der Traditionen und Vorbilder, an die sich jeder römische Bürger halten sollte.

N

Neptun
Römischer Gott des Wassers, speziell der Meere.

Nomen
Der Familien- oder Sippennamen, der von jenem der *gens* abstammte – zum Beispiel Julius – und der für das Individuum den Hauptnamen darstellte (für Frauen den einzigen).

Nonen
Der 5. oder 7. des Monats.

O

Odeion
Im Unterschied zum Theater überdachtes Gebäude für musikalische und theatralische Aufführungen.

Oneraria
Schiff für den Transport von Waren, speziell Amphoren mit Wein, Oliven oder Öl, aber auch Getreide.

Olpe
Eine Art Krug, eine Variante der *oinochoe* (griechische Kleeblattvase für Wein), die in der protokorinthischen und korinthischen Keramik des 7. und 6. Jh. v. Chr. häufig vertreten ist.

Onomastik
Die Lehre vom Gebrauch und der Bedeutung der Namen. Die römische Onomastik war besonders komplex. Männer bekamen immer mindestens zwei Namen, einen eigenen *(praenomen)* und den Namen der Familie oder *gens (nomen)*, zum Beispiel Publius Cornelius. Dazu kam meistens noch ein Name für den Familienzweig innerhalb der Gens *(cognomen)*, zum Beispiel Scipio. Zu diesen drei Namen konnte sich in manchen Fällen noch ein *ad personam* zuerkannter Beiname gesellen, der mit besonderen Taten zu tun hatte, zum Beispiel Africanus. Der berühmte General, der Hannibal besiegte, wurde also Publius Cornelius Scipio Africanus genannt. Man sprach eine Person formell mit Eigen- und Familiennamen an, also Publius Cornelius. In vertrautem Kreise genügte *praenomen* oder *cognomen* allein. Die Frauen trugen einen einzigen Namen, jenen der *gens*: Julia, Claudia, Cornelia. Um Verwechslungen innerhalb der Familie zu vermeiden, verwendete man Kurz- und Koseformen wie Julilla, Lia etc.

Oppidum
Bezeichnung der Römer für befestigte Orte zunächst auf der Halbinsel Italien, später auch in Gallien, Spanien und den Gebieten der Barbaren. Viele *oppida* wurden mit der Zeit zu *municipia*.

Opus
Dieser Begriff mit einem Adjektiv versehen (*incertum, reticulatum, sectile, latericium*) gab in der römischen Welt an, in welcher Art Mauerwerk ein Bau ausgeführt war (mit unregelmäßigen oder quaderförmigen Steinen, mit Marmorplatten oder Ziegeln).

Opus caementicium
Mörtel aus Steinkomponenten *(caementa)* mit ungelöschtem Kalk und Sand.

Opus incertum
Mauerwerk mit einem Kern aus unregelmäßig verteilten kleinen Steinen.

Opus tessellatum
Diesen Namen gaben die Römer dem klassischen Plättchenmosaik, das ab dem 3. Jh. v. Chr. das ältere Mosaik aus kleinen Steinchen ablöste.

Ordnung, architektonische
Konzept aus der klassischen Architektur, das den standardisierten formalen und proportionalen Bezug zwischen den verschiedenen Bestandteilen der Säule und des Gebälks bezeichnet. In Griechenland hatten die Ordnungen statische Funktion, in Rom wurden sie zum dekorativen Motiv.

Ovation
Eine Art kleiner Triumph, bei dem der siegreiche General auf dem Kapitol ein Schaf opferte.

P

Pales
Antike römische Gottheit, die mit der Heiligkeit des Palatin in Verbindung steht und dem Fest *Parilia*, mit dem man den Geburtstag Roms (21 April) feierte, den Namen gab.

Palliata
So hieß die griechische Komödie nach dem typischen Umhang (Pallium), den die Schauspieler trugen.

Pallium
Überwurf in Form eines rechteckigen Tuches, das man unter dem Kinn und über der Schulter mit einer Fibel geschlossen über der Tunika trug.

Panoplia
Die volle Rüstung, ursprünglich die der Hopliten bei den alten Griechen.

Pater familias
Gewöhnlich der älteste Mann einer Familie, der über alle anderen Mitglieder fast absolute Macht hatte (siehe *familia*).

Patres conscripti
Traditionelle Formel, mit der die Senatoren angesprochen wurden, die ihren Sitz teilweise der Herkunft aus einer der altehrwürdigen Familien *(patres)* und teilweise der Tatsache verdankten, dass sie in eines der kurulischen Ämter gewählt worden waren *(conscripti)*.

Patronus
»Der die Rolle eines Vaters spielt«: So wurden angesehene und mächtige Bürger von ihren Klienten genannt. Sie fühlten sich dem Patronus verpflichtet und brachten ihm Loyalität und Gehorsam entgegen.

Peristyl
Von Säulen umgebener Hof, gewöhnlich im hinteren Bereich der großen *domus* einer der wohlhabenderen römischen Familien.

Plebiszit
Volksabstimmung. Von einigen Ausnahmen abgesehen hatte das Plebiszit die gleiche Wirkung wie ein Gesetz. Um Beschlüsse des Senates zu kippen, haben sich mehrere politische Erneuerer, wie etwa die Gracchen, immer wieder dieses Mittels bedient.

Pomerium
Das Pomerium war die heilige Grenze des römischen Stadtgebiets. Physisch bestand sie aus einem brachen Geländestreifen, der ohne Unterbrechung um die Stadt verlief.

Pontifex maximus
Der höchste Vertreter des Priesterkollegiums, der die Aufgabe hatte, die religiösen Traditionen zu interpretieren und an künftige Generationen weiterzugeben sowie öffentliche Ausdrucksformen der Religion, wie Feste etc., überwachte.

Portorium
Indirekte Steuer in Form eines Hafenzolls, die in verschiedener Höhe für alle Waren anfiel, die in die Stadt gebracht wurden oder diese verließen.

Potestas tribunicia
Die Gesamtheit der Befugnisse und Aufgaben, die den Volkstribunen zuerkannt wurden. Ursprünglich waren es zwei oder vier, später stieg ihre Zahl auf zehn an.

Pozzolana
Sand aus Pozzuoli, den die Römer vorzugsweise für die Herstellung ihres Mörtels opus caementicium verwendeten, weil er sich durch hohe Belastbarkeit auszeichnete.

Praefectus praetorio
Bis Konstantin der Oberbefehlshaber der Elitetruppen, die als Leibgarde des Kaisers für den Schutz seines Hauptquartiers und seiner Person verantwortlich waren.

Praefectus urbi
Kommandeur der städtischen Kohorten, der direkt dem Befehl des Kaisers unterstand und über einige judizielle Befugnisse verfügte.

Praenomen
Der eigene, individuelle Name einer Person, der sie innerhalb der *gens* von den anderen unterschied, zum Beispiel Gajus oder Publius. Der vollständige Name einer Person (eigentlich eines Mannes) bestand aus *praenomen, nomen* und *cognomen* in dieser Abfolge, zum Beispiel Gajus Julius Caesar.

Praetorium
Teil des römischen Militärlagers, in welchem sich die Zelte des Kommandanten befanden, die man ebenfalls als *praetorium* bezeichnete. Auch die Zelte der hohen Offiziere standen dort.

Praetorianer
Elitetruppe, die zur Leibgarde des Kaisers bestellt war. Eingeführt wurde das Korps von Augustus, Kaiser Konstantin schaffte es wieder ab.

Princeps
In der republikanischen Zeit war dies die Bezeichnung für den ältesten Patrizier-Senator, ab Augustus für das höchste Amt im römischen Staat.

Principes
Im römischen Heer die Legionäre der zweiten Linie, die mit zum Kern der Truppe gehörten. Sie führten den Hauptschlag aus, nachdem die Hastaten mit dem ersten Angriff die Linien des Feindes geöffnet hatten.

Prokonsul
Konsul, dessen Amt über das normale Dienstjahr hinaus verlängert wurde. In der spätrepublikanischen Zeit waren die Provinzherrscher Prokonsuln oder Propraetoren. In der Kaiserzeit stellte der Prokonsul die Regierung einer senatorialen Provinz dar.

Protom
Dekoratives Element an Bauwerken oder Gegenständen (Vasen, Schmuck, Waffen etc.) in Form eines Tier- oder Menschenkopfes.

Q

Quaestor
Im alten Rom, vielleicht schon im Zeitalter der Könige, ein untergeordnetes Amt, das die Rechtsprechung in Strafsachen beinhaltete. Mit Sulla wurde die Quästur zur Voraussetzung für den Zugang zum Senat.

Quirin
Einer der ältesten und wichtigsten römischen Götter, der mit Jupiter und Mars eine Trias formte. Er gilt als göttliche Darstellung des römischen Staates und gab einem der Hügel Roms seinen Namen.

R

Rostrum
Metall- oder Holzbalken mit Metallspitze am Bug etruskischer und römischer Schiffe, dessen Zweck es war, feindliche Schiffe zu rammen und manövrierunfähig zu machen.

S

Sacellum
Im alten Rom ein kleines, eingefriedetes Gebiet oder ein Altar für eine Gottheit, es konnte sich auch um ein privates Heiligtum handeln.

Saepta
Die Einfriedungen, innerhalb welcher die Gruppen der römischen Bürger wählten.

Salier
Priesterkollegium im alten Rom, das einen Kult im Zusammenhang mit dem Gott Mars ausübte.

Salutatio
Römischer Brauch des Klientelsystems. Die Klienten eines mächtigen Bürgers (Patronus) kamen früh am Morgen zu dessen Haus, um ihm ihre Dienste anzubieten oder Gaben abzuliefern (*sportula*).

Schabeisen
Ein typisches Instrument für die Körperpflege in der Antike, eine sichelförmige, stumpfe Klinge zum Abschaben der Haut, nachdem man sie mit Asche und Öl anstatt Seife (die zu damaligen Zeit so gut wie unbekannt war) abgerieben hatte.

Serapis
Ägyptische Gottheit aus der Zeit der Ptolemäer. Er vereinte die Eigenschaften von Osiris und Apis in sich. Wie Osiris wird er mit Isis und der Welt der Toten in Zusammenhang gebracht.

Servile supplicium
Die »Strafe der Sklaven«. Gemeint ist die Kreuzigung, die als besonders mit Schande behaftete Todesstrafe galt, da sie normalerweise Sklaven vorbehalten war.

Sesterze
Die geläufigste der römischen Münzen, sie entsprach dem Wert von zweieinhalb As.

Silvan
Alter illyrisch-römischer Gott des Waldes und der unberührten Natur, der Faun ähnelte. Seine heiligen Bäume waren Pinie und Zypresse.

Solidus
Goldmünze, die von Kaiser Konstantin eingeführt wurde und lange in Gebrauch blieb. Sie wog 1/72 eines römischen Pfundes.

S.P.Q.R.
Abkürzung für *Senatus Populusque Romanus*, der Senat und das Volk von Rom. Diese Bezeichnung symbolisierte die beiden Säulen der Macht im römischen Volk, die Aristokratie im Senat und die Demokratie im Volk.

Stand, Ritter-
Der Ritterstand bestand aus den reichen römischen Bürgern, die es sich dank ihres Wohlstands leisten konnten, in der Reiterei des Heers zu dienen.

Stand, Senatoren-
Zu diesem Stand gehörten Senatoren und deren Familien. Man wurde in diesen Stand entweder hineingeboren oder durch Wahl in die hohen kurulischen Ämter aufgenommen. Um sich dort zu halten, war ein entsprechender Census notwendig.

Stipendium
So nannte man im alten Rom den Sold der Legionäre. Er war niedrig, doch im Falle eines Sieges kam ein Anteil der Kriegsbeute dazu, was die Bezahlung erheblich aufbesserte.

Suovetaurilia
Ein rituelles Opfer, bei der ein Schwein (*sus*), ein Schaf (*ovis*) und ein Stier (*taurus*) am Altar zu Ehren der Götter geschlachtet wurden.

T

Taberna
Werkstätte mit Verkaufsraum für Handwerker, oft in der straßenseitigen Fassade einer *domus* oder im Erdgeschoss der *insulae* eingebaut.

Tablinum
Studier- und Arbeitszimmer des Hausherrn, typischer Raum in der *domus*. Er lag gleich gegenüber des Eingangs, zwischen Atrium und Peristyl, da der Hausherr dort auch Besucher zu empfangen pflegte.

Tepidarium
Übergangsbereich der Thermen zwischen den Bädern mit heißem (*calidarium*) und kaltem Wasser (*frigidarium*) mit lauwarmem Wasser und ebensolcher Raumtemperatur.

Toga
Traditionelles Kleidungsstück der männlichen römischen Bürger, das bei offiziellen oder feierlichen Anlässen getragen werden musste. Das schwere, durch die Drapierung auch unbequeme Stück drückte Würde aus. Für gewöhnliche Bürger reinweiß, trug die Toga verschiedene Purpurstreifen für besondere Kategorien (Jungmänner, Ritter, Senatoren) am Saum.

Triares
Die Reserve der Legion aus alten, erfahrenen Soldaten. Sie wurden als letztes Mittel in die Schlacht geworfen, wenn es Hastaten und Principes nicht gelungen war, den Feind in ausreichende Bedrängnis zu bringen.

Tribun
Offizier der Legion. Diesen Rang konnte man über eine herkömmliche Laufbahn durch Tüchtigkeit in vorhergehenden Offiziersämtern erreichen oder über Nominierung durch den Senat.

Triklinium
Name des Raums »der drei Betten«, das Esszimmer der *domus*, wo drei U-förmig um einen Tisch angeordnete Betten standen.

Triumph
Pompöse Feier mit großem Einzug zu Ehren eines siegreichen Generals am Kapitol.

Tumultus
Massenrekrutierung von Soldaten im Falle drohender höchster Gefahr für den Staat.

V

Veliten
Die leichte Infanterie der Legionen, die oft in den Eröffnungsgefechten einer Schlacht in den Kampf geschickt wurde.

Verbündeter und Freund des römischen Volkes
Mit dieser traditionellen Formel bezeichnete man Könige oder Völker, die mit Rom in einer Art Klientelbeziehung standen, das heißt dessen Oberhoheit gegen Schutz und Beistand anerkannten.

Vesta
Eine der wichtigsten Gottheiten der öffentlichen Religion im antiken Rom, in ihrem runden Tempel am Forum bewahrten ihre Priesterinnen, die Vestalinnen, ihr immerwährendes, heiliges Feuer.

Vir militaris
Wer seine Laufbahn durch die Ämter mehr im Heer als in der Politik abgeleistet hatte. Berühmte Beispiele für *viri militares* waren etwa Gajus Marius, Sulla, Pompejus, Scipio und Caesar.

Vulcan
Römischer Gott des Feuers als Element kosmischer Ordnung, entspricht dem griechischen Hephaistos.

W

Wall
Lang gezogene Festungsanlage zur Verteidigung des *limes*, wie der bekannte Hadrianswall in Britannien.

Z

Zwischenmonat
Monat mit 22 oder 23 Tagen, das man immer wieder zwischen Februar und März einschob, um den Kalender auf Mondbasis an das Sonnenjahr mit seinem Rhythmus der Jahreszeiten anzupassen.

Alphabetischer Index

Aberglaube 90-91
Ackerbau 136-139
Aemilius Lepidus 67
Aeneas 60-61
Aeneis 60, 61, 81
Afrika 50-51
Agrippina 68
Agrippina Minor 47
Alarich 39, 75
Albalonga 60, 61
Alexandrus Severus 33
Ammianus Marcellinus 207
Amphitheater 154, 155, 156, 190
Amphitheater, Flavisches *s.* Kolosseum
Ämter 83, 106-107
Ancus Martius 14-15
Antiochos III. der Große 22
Antoninus Pius 54, 55
Anwälte 120-121
Apollodorus von Damaskus 176
Aquädukt 154
– von Segovia 154
Ara Pacis 8
Architektur 150-181
Arena von Verona 156
Ascanius *s.* Iulus
As 144, 145
Ataulf 75
Atrium 202
Attila 39
Auguren 84, 85
Augustus, Oktavian 27, 28-29, 44, 66-67, 122, 123, 170
Augustobriga 110
Aurelianus 178
aureus nummus 145
Avidius Cassius 71

Banken 144-145
Barbaren 38-39
Basilika 73
Basilika San Vitale 59
Basilika Giulia 120-121
Bath 43
Baumaterialien 150-151
Bauwesen 106
Bergbau 140-141
Bestattung 88-89
Bogen 151
Bogen, des Konstantin 154
Brand von Rom 69, 166
Brennus 62
Brindisi 164, 165
Britannien 54-55

Brücken 155
Bund, der Achäer 23
Bund, der Latiner 17
Bürgerrecht, römisches 114-115
Bürokratie 110-111
Burrus, Afranius 69

Caesar, Gajus Julius 26-27, 28, 66-67, 97, 98, 208, 209
Camillus, Furius 19, 62, 63
Capua 164
Caracalla 32, 33, 115, 122
cardines 156
castrum 130-131
Catilina, Lucius Sergius 25
Cato der Censor 93, 97
Cato von Utica 107, 118
Catullus, Gajus Valerius 94
Cejonius Rufus Albinus 181
Cejonius Rufus Volusianus 180-181
Census 114
Centuriation 136-137, 157
Christentum 36-37, 73, 79, 160
Christen, Verfolgung der 69
Cicero, Marcus Tullius 25, 76, 96-97
Cincinnatus, Lucius Quinctius 19
Circus 154
Circus Maximus 44
circuiatores 206
Claudius 28, 29, 47, 68
Claudius Ciecus, Appius 107, 164
Cloaca Maxima 193
Commodus 31, 32
Constitutio Antoniniana 115
Constantinus Chlorus 35, 36
Cornelia 64
Corpus Iuris Civilis 116, 117
Crassus, Lucius 96, 97
Crassus, Publius Licinius 25, 26-27
cubicula 152, 203
Curia Hostilia 103
cursus honorum 107

De bello gallico 26
decumanus 156
Diktatur 106
Diokletian 34-35, 56-57, 72-73
Domitian 30-31, 108, 168
domus 152-153, 202-203
Domus Augustana 170-171
Domus Aurea 166-167
Domus Flavia 170-171
Dura Europos 52, 53

Dynastie
– Antoninische 31
– Flavische 30, 31, 170, 171
– Julisch-claudische 28-29, 68
– der Severer 32-33

Edikt des Caracalla
  s. Constitutio Antoniniana
Edikt von Mailand 36, 160
Elysische Felder 77
Epikureismus 77
Ernährung 188-189
Etrusker 15
Euergetes 108-109

Fabius Pictor 92, 160
Faun 80, 81
Forma Urbis 157
Forum 156
Forum, Caesar- 45, 173
Forum, Trajans- 173, 176
Forum Romanum 45, 172-173
Frau, Stellung der 184-185, 198-201
Frisuren 182-183
Furius Camillus *s.* Camillus

Galenos von Pergamon 186
Galerius 35, 72
Galla Placidia 38, 74-75
Gallier 19, 26, 62
Gallia Narbonensis 46
Gemeinwesen 136-149
Genius 86, 87
gens Cornelia 63
gens Iulia 60, 61, 81
Gerasa 52-53
Gewölbe 151
Gladiatorenkämpfe 190-191
Gladiatoren 168, 180-191
Glasbläser 163
Gracchus, Gajus 24-25, 64-65
Gracchus, Tiberius Sempronius 24-25, 64-65
Grotte des Catull 94

Hadrian 54-55, 70-71, 174, 175
Hadriansvilla 174-175
Handel 146-147
Handelsschiffe 147
Hannibal 20-21, 22, 63, 128, 129
Häuser 152-153
Haruspizien 84, 85
Herculaneum 48-49, 152, 161, 202

Hercules 81
Heer 104-105, 115, 124-135
Honorius 38
Horaz 123
Hortensius 97
Hunnen 38, 39

Infanterie 126
insula 152-153
Isis 78-79
Iulus 60, 61, 81

Janus 80, 86, 87
Jupiter 76-77, 80
Julianus Apostata 36, 74
Junius Brutus 16
Juno 76-77, 80
Justinian 116, 117
Justiz 116-119

Kaiserforen 45, 173, 176
Kalender 208-209
– julianischer 208, 209
– romulanischer 208
Kapitol 44
Karthago 20-21
Kaudinisches Joch 18
Kavallerie 126
Kelten *s.* Gallier
Kindheit 196-197
Kleidung 182-183
Kleopatra 67
Kolosseum 168-169
Köln 46, 47
Konstantin 35, 36-37, 58, 72-73, 160
Konstantinopel 58, 73
Konsuln 106
Korinth 23
Körperpflege 184, 185, 192-193
Krankheiten 186-187
Krieg, Bundesgenossen- 24-25, 115
Kriege, Punische 20-21, 63
Kunst 150-181
Kunsthandwerk 162-163
Kuppel 151
Kybele 78-79

Landwirtschaft 136-149
Laren 86, 87
Latifundien 137
Latiner 14, 15, 18, 19
Legionen 126, 128, 129
Leo der Große 39
Leptis Magna 50

ALPHABETISCHER INDEX

Literatur, lateinische 92-101
Licinius 58, 72
limes 54, 55, 130-131
Livius Andronicus 92, 93
Lucius Afranius 26
Lucius Mummius 23

Maecenas 122-123
Magie 90-91
Mailand 58, 59
Malerei 160-161
Manen 86
Marcus Agrippa 47
Marc Anton 27, 67
Marc Aurel 30-31, 70-71
Marius, Gajus 25, 64-65, 104, 126
Mars 80, 81
Mau, August 160, 161
Mauer, Aurelianische 44, 178-179
Mauer, Servianische 44
Mausoleum der Caecilia Metella 164
Mausoleum der Galla Placidia 75
Maxentius 72
Maximianus 35, 72
Maximinus 72
Medizin 186-187
Mérida 92
Messalina 68
Metellus Celerus, Quintus Caecilius 26
Minerva 76-77
Mitras 79
Mosaik 160-161
Münzen 144-145
Musik 206-207
Musikinstrumente 206-207

Narbonne 46, 47
Nero 29, 30, 44, 68-69, 166, 167
Nerva, Marcus Coccejus 31
Numa Pompilius 14, 15

Octavianus, Gajus Julius Caesar
  s. Augustus
Odoaker 39
Ops 80, 81
Orange 133
Ovid 94, 95, 184, 185, 192

Palatin 170
Palatium 170-171
Palmyra 52, 53
Pantheon 43, 151
Penaten 86, 87
Peristyl 152
Perser 33
Perseus 23
Philipp V. von Mazedonien 22
Philosophiana s. Villa del Casale
Philosophie 100-101
Piazza Armerina 180
Picus 80, 81
Plautus, Titus Maccius 92
Plinius der Ältere 186
Plotin 100, 101
Plünderung Roms 39, 75
Pompeji 48-49, 152, 161, 202
Pompejus Magnus, Gnaeus 26-27, 28
Pont du Gard 111
Ponte Fabricio 155
Poppäa 69
praefectus Urbis 205
Praetor 106
Praetorianer 134-135
Priester 82-85
Provinzen 110-111
Pyrrhus 18, 19, 128, 129

Quaestor 106
Quirin *s.* Romulus

Ravenna 38, 58, 59
Recht, römisches 116-117
Rechtswesen 102-123
Redekunst 96-97
Reich, Weströmisches 58-59, 72, 75
Reich, Oströmisches 58-59, 72
Religion 76-91
Remus 14-15, 60, 84
Romulus 14-15, 60-61, 81, 84, 208
Romulus Augustulus 39
Rubikon 28

Sabiner 14, 15
Sabinerinnen, Raub der 14
Sallust 98, 99

Samniten 18, 19
Sant'Apollinare in Classe 73
Saturn 80
Säule, Antoninische 70, 71
Säule, Trajans- 176-177
Scheidung 201
Schmuck 185
Schottland 54, 55
Schule 196-197
Scipio, Publius Cornelius
  genannt Africanus 21, 62, 63, 64, 128
Scipionen 63
Senat 102-103
Seneca, Lucius Annaeus 69, 100, 101
Septimius Severus 32-33, 50-51
Servius Tullius 14, 15, 16
Sesterze 144, 145
Sklaven 102, 137, 143, 146
Skulptur 158-159
solidus 145
Sosigenes von Alexandria 208
Spartakus 25
Split 56-57
Sport 189, 190
Sprache, lateinische 92-101
Stadion, des Domitian 170, 171
Stadt 156-157
Steuersystem 148-149
Stilicho 39
Stoizismus 77
Sueton Tranquillus, Gajus 98, 99, 123
Sulla, Lucius Cornelius 25, 64-65

Tacitus, Cornelius 98, 99, 191
Tanz 206
Tarquinius Superbus 14, 15, 16
Tarquinius Priscus 14, 15
Tertullian 100, 101
Tetrarchie 72
Theater 92, 154, 155
Theodosius 37, 75
Thermen 154, 155, 194-195
– des Caracalla 122, 123, 194
– des Diokletian 194
Tiberius 29
Tibullus, Albius 94-95
Tigellinus 69
Timgad 51

Titus 30, 31, 168
Titus Livius 98-99
Trajanus, Marcus Ulpius 31, 51, 165, 176
Trebonianus Gallus 105
Trias, Kapitolinische 76-77
Trier 46-47, 154
Triklinium 152, 202
Triumphbögen 155
Triumvirat, erstes und zweites 26-27
Tullius Hostilius 14, 15

Ubier 47

Valens 39
Valentinian III. 75
Valerianus 33
Wall, Hadrians- 54-55
Wall, des Antoninus Pius 54, 55
Vandalen 39
Varro 137
Veji 18, 19, 62, 63
venationes 168, 190-191
Vercingetorix 26-27
Vergil 60, 61, 81, 122, 123
Verona 156
Vespasian, Titus Flavius 30, 167, 168
Vesta 82, 86
Vestalinnen 82, 83
Via Appia 164-165
Via Domitia 46
Via Emilia 156
Via Salaria 164
Via Trajana 165
Viehzucht 138-139
Villa del Casale 180-181
Vitruvius Pollo, Marcus 202
Volkstribun 103, 106

Waffen 126-127
Wahrsagerei 84
Weidewirtschaft 138-139
Wein 189
Westgoten 39, 75
Wirtschaft 136-149

Zenobia 53
Zwölftafelgesetz 116, 117